Roman Stoi

Management & Leadership

Management & Leadership

Die Erfolgsfaktoren der Unternehmensführung

von

Prof. Dr. Roman Stoi

Mit Illustrationen von
Martin Pfaender

Verlag Franz Vahlen München

Dr. Roman Stoi ist Professor für Unternehmensführung und Controlling an der Dualen Hochschule Baden-Württemberg Stuttgart. Er wurde unter anderem mit dem Landeslehrpreis Baden-Württemberg und dem TheoPrax-Preis für herausragende Projekte zwischen Hochschulen und Wirtschaft ausgezeichnet.

vahlen.de

ISBN Print 978 3 8006 7742 9
ISBN E-Book (ePDF) 978 3 8006 7743 6

© 2026 Verlag Franz Vahlen GmbH,
Wilhelmstr. 9, 80801 München
info@vahlen.de
Druck und Bindung: Buchdruck-Zentrum Prüm/PNB Print „Jansil“,
Silakrogs, LV-2133 Lettland

Satz: Fotosatz Buck
Zweikirchener Str. 7, 84036 Kumhausen
Produktion: Sieveking Agentur, München
Illustrationen: Martin Pfaender
Umschlag: Ralph Zimmermann – Bureau Parapluie

myclimate
shape our future

vahlen.de/nachhaltig
produktsicherheit.vahlen.de

Gedruckt auf säurefreiem, alterungsbeständigem Papier
(hergestellt aus chlorfrei gebleichtem Zellstoff)

Alle urheberrechtlichen Nutzungsrechte bleiben vorbehalten.
Der Verlag behält sich auch das Recht vor, Vervielfältigungen dieses Werkes
zum Zwecke des Text and Data Mining vorzunehmen.

Vorwort

Führen heißt, Verantwortung zu übernehmen. In welche Richtung sich ein Unternehmen entwickelt, hängt stark davon ab, wie und von wem es geleitet wird. Wirksames Führen hat dabei zwei Seiten: **Leadership** inspiriert Menschen durch visionäre Ziele zu herausragenden Leistungen, schafft Aufbruchsstimmung und setzt Impulse für Veränderungen. **Management** stellt sicher, dass die zur Umsetzung von Vision und Strategie erforderlichen Maßnahmen effizient ausgeführt und dabei auftretende Herausforderungen gemeistert werden. Auch wenn der Fokus je nach Verantwortungsbereich unterschiedlich ist, sollte jede Führungskraft sowohl über Managementkompetenzen als auch Leadership-Fähigkeiten verfügen. Wirksame Führung ist weder eine geheimnisvolle Gabe noch eine Frage der persönlichen Ausstrahlung. Entscheidend sind handwerkliches Können, ein klarer Blick für das Wesentliche und ausreichend Erfahrung. All dies lässt sich lernen. Dieses Buch möchte Ihnen hierfür die wichtigsten Konzepte und Werkzeuge vermitteln und Impulse für Ihre praktische Führungsarbeit liefern.

Im Folgenden wird die Unternehmensführung in ihrer Gesamtheit nach Funktionen, Ebenen und Perspektiven dargestellt. Kapitel 1 erläutert die wichtigsten Begriffe und Zusammenhänge. Kapitel 2 behandelt die normative Führung, die die übergeordneten Werte, Ziele und Verhaltensweisen festlegt und damit die Identität und Zukunft des Unternehmens prägt. Kapitel 3 zeigt, wie Wettbewerbsvorteile und Erfolgspotenziale durch strategische Führung aufgebaut werden, um sich erfolgreich am Markt zu behaupten. Die anschließenden Kapitel vertiefen die vier Führungsfunktionen: Planung und Kontrolle, Organisation, Personal sowie Information und Kommunikation. Das Buch basiert auf dem **Stuttgarter Führungsmodell**, das in Kapitel 1.5 erläutert wird. Je nach Führungskontext, in dem sich ein Unternehmen befindet, lassen sich damit die passende Organisationsstruktur und ein geeigneter Führungsstil auswählen.

Bei der Konzeption des Buches lagen mir insbesondere die **Verständlichkeit** und **Praxisorientierung** am Herzen. Der Schwerpunkt liegt auf aktuellen Themen und modernen Instrumenten. Mein herzlicher Dank gilt allen Führungskräften, die mit anschaulichen Beispielen zur Praxisnähe des Buches beigetragen haben. Die grafische Aufbereitung soll das Verständnis der Inhalte zusätzlich erleichtern.

Jedes Hauptkapitel folgt einem einheitlichen **Aufbau**:

- **Führungsimpulse** benennen zentrale Fragestellungen.
- **Merksätze** bringen wichtige Begriffe verständlich auf den Punkt.
- **Praxisbeispiele** schlagen eine Brücke zwischen Theorie und Praxis.
- **Fallstudien** zeigen die Anwendung der Methoden anhand der fiktiven Unternehmensgruppe *MöBella*, die in Kapitel 1.1.4 vorgestellt wird.
- **Executive Summaries** fassen die wichtigsten Aussagen kompakt zusammen.
- **Lesetipps** empfehlen vertiefende Literatur.

Für Hochschuldozenten steht nach Registrierung unter www.vahlen.de ein PowerPoint-Foliensatz zur Verfügung. Über Rückmeldungen und Anregungen freue ich mich. Sie erreichen mich unter roman.stoi@dhbw-stuttgart.de.

Aus Gründen der besseren Lesbarkeit verwende ich die im Deutschen üblichen generischen Formen der Nomina, wie *Führungskräfte* (Femininum), *Mitarbeiter* (Maskulinum) oder *Mitglieder* (Neutrum). Diese beziehen selbstverständlich alle Geschlechter mit ein.

Für die ausgezeichnete Zusammenarbeit bedanke ich mich herzlich bei *Dennis Brunotte* vom Lektorat des *Verlags Vahlen*. Für die Unterstützung bei der Erstellung dieses Buches danke ich *Niels Pfläging*, *Silke Hermann* und ganz besonders meiner Frau *Elvira*. Dem Künstler *Martin Pfaender* gilt mein Dank für seine wunderbaren Illustrationen. Ich widme dieses Buch meinem Sohn *Emil* – vielleicht nimmt er eines Tages etwas davon mit auf seinen Weg.

Ich wünsche Ihnen spannende Einblicke und hoffe, dass Sie beim Lesen ebenso viel Freude haben wie ich beim Schreiben.

Roman Stoi

Leonberg, im August 2025

Inhaltsverzeichnis

Vorwort V

1 Unternehmen brauchen Führung 1

1.1 Unternehmensführung im Überblick 2
1.1.1 Was ist Unternehmensführung? 2
1.1.2 Theorien zum besseren Verständnis der Unternehmensführung 5
1.1.3 Welche Dimensionen hat die Unternehmensführung? 13
1.1.4 Das Fallbeispiel MöBella GmbH 13

1.2 Auf welchen Ebenen findet Unternehmensführung statt? 15
1.2.1 Worin unterscheiden sich die Führungsebenen? 15
1.2.2 Welche Aufgaben umfassen die Führungsebenen? 17

1.3 Prozesse und Funktionen der Unternehmensführung 18
1.3.1 Wie laufen Führungsprozesse ab? 18
1.3.2 Welche Funktionen hat die Unternehmensführung? 20

1.4 Perspektiven der Unternehmensführung 21
1.4.1 Auf die Qualität kommt es an 21
1.4.2 Von der Gewinnorientierung zur Wertsteigerung 23
1.4.3 Immaterielle Werte – Immer wichtiger, aber kaum bekannt 26
1.4.4 Wie die Führung mit Risiken umgeht 29
1.4.5 Internationalisierung bietet neue Chancen 33
1.4.6 Wettbewerbsvorteile durch Innovationen 36
1.4.7 Die digitale Transformation des Unternehmens 40

1.5 Management & Leadership am Führungskontext ausrichten 42
1.5.1 Welche Führungskontexte gibt es? 42
1.5.2 Ein geeignetes Führungssystem auswählen 44

2 Dem Unternehmen Werte und Orientierung verleihen 51

2.1 Unternehmenswerte und -kultur 53
2.1.1 Woran glaubt das Unternehmen? 53
2.1.2 Wie denkt und handelt das Unternehmen? 60

2.2 Purpose, Vision und Mission 63
2.2.1 Warum gibt es das Unternehmen? 63
2.2.2 Was will das Unternehmen erreichen? 66
2.2.3 Welchen Zweck verfolgt das Unternehmen? 69

2.3 Unternehmensverfassung und Corporate Governance 72
2.3.1 Wer führt das Unternehmen? 72
2.3.2 Wie soll das Unternehmen geführt werden? 74

3 Das Unternehmen fit für den Wettbewerb machen 81

3.1 Auf der Suche nach Wettbewerbsvorteilen 82
3.1.1 Wozu braucht das Unternehmen eine Strategie? 82
3.1.2 Wie wird eine Strategie aufgestellt? 89

3.2 Die strategische Ausgangssituation beurteilen 93
3.2.1 Chancen und Gefahren erkennen 94
3.2.2 Die eigenen Stärken und Schwächen einschätzen 117
3.2.3 Die strategischen Handlungsoptionen bestimmen 128

3.3 Die richtige Strategie auswählen 131
3.3.1 Portfoliostrategien: Die Geschäftseinheiten ausbalancieren 131
3.3.2 Wettbewerbsstrategien: Die Geschäftseinheiten erfolgreich positionieren 140
3.3.3 Wachstumsstrategien: Die strategische Lücke schließen 152
3.3.4 Geschäftsmodellstrategien: Die eigenen Stärken nutzen 157

4 Die Unternehmensaktivitäten planen und kontrollieren . . . 169

4.1 Wie lassen sich Ziele setzen und erreichen? . . 170
4.1.1 Welche Möglichkeiten und Formen der Planung und Kontrolle gibt es? . . . 173
4.1.2 Das Planungs- und Kontrollsystem: Ablauf und Verantwortliche . . . 182
4.1.3 Wie lassen sich Planung und Kontrolle digitalisieren? . . . 196
4.1.4 Planung und Kontrolle wirkungsvoll gestalten . . . 198

4.2 Die Strategie mit Perfomance Management umsetzen . . . 200
4.2.1 Die Balanced Scorecard macht strategische Fortschritte messbar . . . 203
4.2.2 Ziele agil verfolgen durch Objectives and Key Results . . . 210
4.2.3 Integratives Performance Management: Von der Vision zur Zielerreichung . . . 214

4.3 Operativ führen durch Budgets und Ergebnisverantwortung . . . 220
4.3.1 Wie wird ein Budget aufgestellt? . . . 221
4.3.2 Wie beeinflussen Budgets das Verhalten? 237
4.3.3 Lassen sich Unternehmen auch anders führen? . . . 242

5 Struktur und Abläufe des Unternehmens gestalten . . . 255

5.1 Das Unternehmen organisieren . . . 256
5.1.1 Welche Organisationsformen gibt es? . . . 262
5.1.2 Marktorientiert und flexibel durch agile Organisation . . . 269

5.2 Zusammen geht vieles besser . . . 281
5.2.1 Wie können Unternehmen miteinander kooperieren? . . . 284
5.2.2 Gemeinsam zur offenen Innovation . . . 301

5.3 Projekte zum Erfolg führen . . . 308
5.3.1 Wie lassen sich Projekte managen? . . . 309
5.3.2 Werkzeuge des Projektmanagements . . . 316

5.4 Prozesse gezielt erneuern und laufend verbessern . . . 329
5.4.1 Woraus bestehen Prozesse und woran werden sie gemessen? . . . 331
5.4.2 Aus Alt mach Neu: Prozesse umgestalten und perfektionieren . . . 341

6 Das Potenzial der Mitarbeiter entfalten . . . 355

6.1 Die Aufgaben des Personalmanagements . . . 358
6.1.1 Welches und wie viel Personal wird gebraucht? . . . 359
6.1.2 Wie kann das Personal weiterentwickelt werden? . . . 361
6.1.3 Wie lässt sich Personal beschaffen? . . . 363
6.1.4 Wie kann Personal abgebaut werden? . . . 367
6.1.5 Wie wird der Personaleinsatz geplant? . . . 369
6.1.6 Wie kann das Personal beurteilt werden? 373
6.1.7 Wie soll das Personal für seine Leistung entlohnt werden? . . . 374

6.2 Leadership: Menschen fordern, fördern und begeistern . . . 377
6.2.1 Wie lassen sich Menschen führen? . . . 378
6.2.2 Leadership entfacht das Feuer . . . 392
6.2.3 Agil Führen . . . 399

6.3 Die Führung des Wandels . . . 414
6.3.1 Wie verläuft fundamentaler Wandel? . . . 417
6.3.2 Die Emotionen der Mitarbeiter ernst nehmen . . . 419
6.3.3 Den Wandel erfolgreich gestalten . . . 428
6.3.4 Grundsätze erfolgreichen Wandels . . . 438

7 Für Transparenz und Dialog im Unternehmen sorgen . . . 445

7.1 Weshalb Information und Kommunikation entscheidend sind . . . 446
7.1.1 Was sind Informationen und wie wird daraus Wissen? . . . 446
7.1.2 Wie lassen sich Informationen austauschen? . . . 448
7.1.3 Wie lässt sich Wissen im Unternehmen aufbauen und nutzen? . . . 452

7.2 Informationen empfängerorientiert vermitteln 464
7.2.1 Welche Informationen sind erforderlich? . 465
7.2.2 Wo kommen die Informationen her? 466
7.2.3 Wie lassen sich Informationen übermitteln? 471
7.2.4 Was ist bei der Verwendung von Informationen zu beachten? 484

7.3 Digitale Werkzeuge zur Information und Kommunikation 488
7.3.1 Big Data und Business Analytics 495
7.3.2 Internet der Dinge und Industrie 4.0 500
7.3.3 Cloud Computing 504
7.3.4 Künstliche Intelligenz 506
7.3.5 Robotergestützte Prozessautomatisierung 512
7.3.6 Blockchain 515

Quellen 527
Bildnachweise 537
Literaturverzeichnis 539
Über den Autor 553
Stichwortverzeichnis 555

KAPITEL 1

Unternehmen brauchen Führung

1.1 Unternehmensführung im Überblick 2

1.2 Auf welchen Ebenen findet Unternehmensführung statt? 15

1.3 Prozesse und Funktionen der Unternehmensführung 18

1.4 Perspektiven der Unternehmensführung 21

1.5 Management & Leadership am Führungskontext ausrichten 42

Führungsimpulse

- Was sind die zentralen Aufgaben der Unternehmensführung?
- In welche drei Ebenen lässt sich die Unternehmensführung unterteilen?
- Welche wesentlichen Funktionen hat die Unternehmensführung?
- An welchen Perspektiven orientiert sich die Unternehmensführung?
- Wie lässt sich die Unternehmensführung an den Führungskontext anpassen?

1.1 Unternehmensführung im Überblick

1.1.1 Was ist Unternehmensführung?

Damit ein Unternehmen erfolgreich sein kann, sollte seine Führung möglichst rational handeln – also sich bei der Wahl zwischen mehreren Alternativen für die beste Lösung entscheiden. Nach dem **erwerbswirtschaftlichen Prinzip** ist dafür das Verhältnis von Ertrag (Output) zu Aufwand (Input) zu maximieren. Eine Bäckerei versucht beispielsweise, viele Brötchen kostengünstig herzustellen und gewinnbringend zu verkaufen.

Wirtschaftseinheiten nutzen Ressourcen, um durch die Herstellung und den Vertrieb von Gütern oder Dienstleistungen einen Nutzen zu erzielen. Je nach abgedecktem Bedarf lassen sich unterscheiden:

- **Haushalte** befriedigen nur ihren eigenen Bedarf.
- **Unternehmen** decken einen fremden Bedarf.

Ein **Unternehmen** ist eine wirtschaftliche Einheit, die Güter und Dienstleistungen für den Fremdbedarf produziert, anbietet oder vertreibt.

Nach ihrem Träger und dessen Zielsetzung lassen sich Unternehmen in zwei **Kategorien** einteilen:

- **Öffentliche Unternehmen** befinden sich ganz oder teilweise im Besitz des Staates (Bund, Länder, Kommunen). Sie dienen meist einem gemeinwohlorientierten Zweck und verfolgen in der Regel keine Gewinnerzielungsabsicht. Beispiele sind Stadtwerke, öffentliche Nahverkehrsbetriebe oder kommunale Kliniken sowie die *Bundesdruckerei GmbH* oder die *Autobahn GmbH.*
- **Private Unternehmen** gehören privaten Eigentümern wie Einzelpersonen, Familien, Stiftungen oder Aktionären. Sie handeln nach dem erwerbswirtschaftlichen Prinzip und sind üblicherweise gewinnorientiert. Beispiele sind Handwerksbetriebe, Einzelhandelsgeschäfte, Dienstleis-

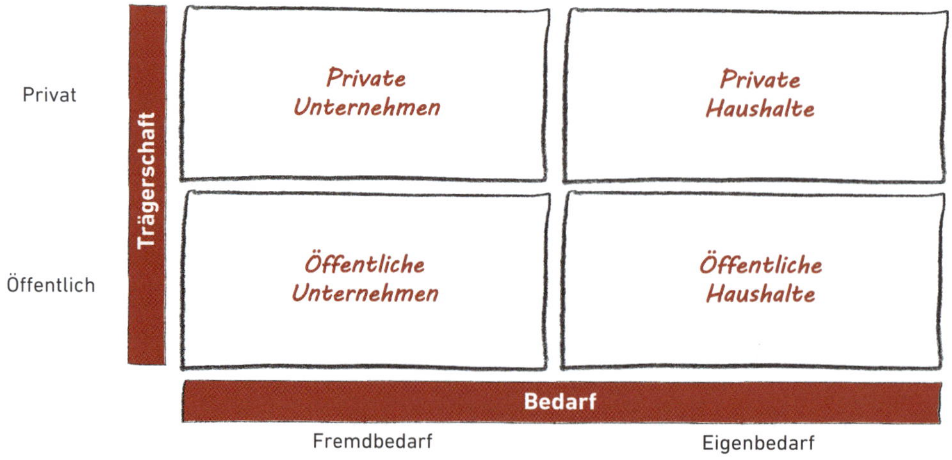

Abb. 1.1.1: Arten wirtschaftlicher Einheiten

tungsunternehmen oder Gastronomiebetriebe sowie die *Robert Bosch GmbH* oder die *Siemens AG*.

Die möglichen Ausprägungen wirtschaftlicher Einheiten zeigt Abb. 1.1.1. Die meisten Unternehmen sind in Privatbesitz und streben nach Gewinn, ohne den sie langfristig nicht überleben können. Welche Ziele sie darüber hinaus verfolgen, können sie weitgehend selbst bestimmen.

Unternehmenstypen

Die unterschiedlichen Typen von Unternehmen haben jeweils eigene Führungsanforderungen. Zu den wesentlichen Unterscheidungsmerkmalen zählen der Wirtschaftssektor, die Größe, die Rechtsform und die Eigentumsform.

Unternehmen lassen sich einem der drei **volkswirtschaftlichen Sektoren** zuordnen:

- **Landwirtschafts-, Forstwirtschafts- und Fischereiunternehmen** gehören zum primären Sektor.
- **Sachleistungsunternehmen** produzieren und vertreiben materielle Güter. Die Unternehmen des sekundären Sektors werden nach der Erzeugungsstufe unterteilt in Bergbau, verarbeitendes Gewerbe (Industrie), Baugewerbe sowie Energie und Versorgung.
- **Dienstleistungsunternehmen** gehören zum tertiären Sektor und werden weiter unterteilt in Handel, Verkehr & Gastgewerbe, Information & Kommunikation, Finanzen & Versicherungen, Grundstücks- und Wohnungswesen, freie Berufe, Wissenschaft, technische & wirtschaftliche Dienste sowie Gesundheits- und Sozialwesen.

Unternehmensgrößen	Kriterien	EU	HGB
Kleinstunternehmen	Beschäftigte Umsatz Bilanzsumme	≤ 10 ≤ 900 T€ ≤ 450 T€	≤ 10 ≤ 900 T€ ≤ 450 T€
Kleine Unternehmen	Beschäftigte Umsatz Bilanzsumme	≤ 50 ≤ 10 Mio. € ≤ 5 Mio. €	≤ 50 ≤ 15 Mio. € ≤ 7,5 Mio. €
Mittlere Unternehmen	Beschäftigte Umsatz Bilanzsumme	≤ 250 ≤ 50 Mio. € ≤ 25 Mio. €	≤ 250 ≤ 50 Mio. € ≤ 25 Mio. €
KMU	Beschäftigte Umsatz Bilanzsumme	≤ 250 ≤ 50 Mio. € ≤ 25 Mio. €	≤ 250 ≤ 50 Mio. € ≤ 25 Mio. €
Große Unternehmen	Beschäftigte Umsatz Bilanzsumme	> 250 > 50 Mio. € > 25 Mio. €	> 250 > 50 Mio. € > 25 Mio. €

Abb. 1.1.2: Kriterien zur Einteilung der Unternehmensgrößen

In Deutschland arbeiten rund drei Viertel der Beschäftigten im Dienstleistungssektor, der fast 70 % der Bruttowertschöpfung erzeugt. Die Industrie erwirtschaftet einen Anteil von rund 29 %, während der primäre Sektor nur knapp 1 % beiträgt.[1]

Zur Bestimmung der **Unternehmensgröße** werden in der Regel die Beschäftigtenzahl, der Umsatz und die Bilanzsumme herangezogen. Die Größenkategorien nach der *EU-Bilanzrichtlinie* wurden zuletzt 2023 inflationsbedingt angepasst. In Deutschland gelten nach HGB § 267 für kleine Unternehmen höhere Grenzwerte. Überschreiten Unternehmen mindestens zwei der drei Kriterien, werden sie einer höheren Kategorie zugeordnet. Börsennotierte Unternehmen gelten nach HGB stets als Großunternehmen. Abb. 1.1.2 gibt einen Überblick.

Im Fokus der Öffentlichkeit stehen meist die Großunternehmen, da sie rund zwei Drittel des Gesamtumsatzes in Deutschland erwirtschaften. Dennoch gehören mit 99,3 % fast alle deutschen Unternehmen zu den kleinen und mittelständischen Unternehmen (KMUs). Die rund 3,1 Millionen KMUs beschäftigen etwa 55 % aller Erwerbstätigen und gelten als Rückgrat der deutschen Wirtschaft.[2]

Nach der **Rechtsform** können Unternehmen unterteilt werden in:

- **Einzelunternehmen** befinden sich im alleinigen Besitz ihrer Inhaber, welche die Geschäfte auf eigene Verantwortung führen. Typische Formen sind eingetragene Kaufleute (e. K.) und Kleingewerbetreibende.
- **Personengesellschaften** werden von mindestens zwei Personen gegründet. Dabei kann es sich sowohl um natürliche als auch juristische Personen handeln. Beispiele sind Gesellschaften des bürgerlichen Rechts (GbR), Kommanditgesellschaften (KG) oder offene Handelsgesellschaften (OHG).
- **Kapitalgesellschaften** sind eigenständige, rechtsfähige juristische Personen, deren Gesellschafter nicht persönlich haften. Dazu zählen etwa Gesellschaften mit beschränkter Haftung (GmbH) oder Aktiengesellschaften (AG).

Darüber hinaus gibt es weitere spezielle Rechtsformen, wie etwa Genossenschaften. Die Rechtsform entscheidet insbesondere über das **Ausmaß der persönlichen Haftung** der Unternehmensführung. Einzelunternehmer haften beispielsweise auch mit ihrem Privatvermögen. In Deutschland stellen Einzelunternehmen mit rund 60 % die überwiegende Mehrheit dar, wobei es sich meist um Kleinunternehmen handelt. Kapitalgesellschaften machen 24 % der Unternehmen aus, während nur 12 % Personengesellschaften sind. Kapitalgesellschaften stellen rund zwei Drittel der Unternehmen mit mehr als 50 Beschäftigten und sind damit die vorherrschende Rechtsform bei mittleren und großen Unternehmen.[3]

Nach der **Eigentumsform** lassen sich unterscheiden:

- **Staatsunternehmen** (State-owned Enterprises) sind privatrechtlich organisiert, aber mehrheitlich oder vollständig im Eigentum eines Staates. Im Gegensatz zu den meisten anderen öffentlichen Unternehmen sind sie häufig gewinnorientiert und nicht auf das Gemeinwohl beschränkt. Sie sind in der Regel in politisch und strategisch bedeutsamen Bereichen tätig, wie der Energieversorgung, dem Verkehr, dem Bankensektor oder der Luft- und Raumfahrt. Beispiele sind die *Deutsche Bahn AG*, die *Deutsche Flugsicherung GmbH* oder die *Staatsbrauerei Rothaus*. Auch Schlüsselindustrien werden in vielen Ländern vom Staat kontrolliert. Russland hält etwa die Mehrheit am weltgrößten Erdgasförderunternehmen *Gazprom* und Saudi-Arabien ist Mehrheitseigentümer der weltgrößten Erdölfördergesellschaft *Saudi Aramco*. In China erwirtschaften Staatsunternehmen rund 25 % des Bruttoinlandsprodukts. Im Jahr 2024 stammten 135 der 500 größten Unternehmen der Welt aus China, von denen etwa 85 % staatlich kontrolliert waren.
- **Sich selbst gehörende Unternehmen** (Self-owned Enterprises) haben keine externen Eigentümer. Sie können weder verkauft noch vererbt werden und sind daher vor einer Zerschlagung geschützt. Das Vermögen soll dauerhaft im Unternehmen gebunden bleiben („Asset-Lock"). Gewinne dürfen nicht ausgeschüttet, sondern müssen reinvestiert oder gespendet werden. Die organisatorische Umsetzung erfolgt meist durch eine komplizierte Stiftungsstruktur. Prominente deutsche Beispiele sind *Robert Bosch, Alnatura* oder *Zeiss*. Zur Förderung des Verantwortungseigentums plant die Bundesregierung derzeit die Einführung einer neuen Rechtsform: die Gesellschaft mit gebundenem Vermögen (GmgV).
- **Privatunternehmen** (Private-owned Enterprises) befinden sich im persönlichen Eigentum von natürlichen oder juristischen Personen, die über das Vermögen und Kapital des Unternehmens verfügen. Privatunternehmen können am Kapitalmarkt teilnehmen und dort Eigentumsrechte übertragen. Rund 90 % der privaten Unternehmen in Deutschland sind Familienunternehmen (Family-owned Enterprises), die den Gründern bzw. deren Nachkommen gehören. Die meisten von ihnen sind inhabergeführt. Bekannte Beispiele sind etwa die *Dr. Oetker KG*, die *Würth-Gruppe* oder die *Miele & Cie. KG*. Bei börsennotierten Familienunternehmen verfügt die Gründerfamilie in der Regel über eine bedeutende Anzahl an Stimmrechten oder ein Familienmitglied ist im Vorstand oder Aufsichtsrat vertreten. Beispiele sind *Volkswagen, BMW, Henkel, Merck* oder *Beiersdorf*. Familienunternehmen streben nach langfristiger wirtschaftlicher Unabhängigkeit und zeichnen sich häufig durch ein hohes Verantwortungsbewusstsein gegenüber ihren Mitarbeitern und der Gesellschaft aus.

Rund zwei Drittel der sogenannten **Hidden Champions** (vgl. Kap. 3.1.1) sind Familienunternehmen. Hidden Champions sind Unternehmen mit Jahresumsätzen unter 5 Mrd. Euro, die in ihrer Marktnische entweder weltweit zu den Top 3 gehören oder die Nummer 1 auf ihrem Heimatkontinent sind. In der Regel sind sie inhabergeführt, nicht börsennotiert und der breiten Öffentlichkeit weitgehend unbekannt. Rund die Hälfte dieser heimlichen Weltmarktführer stammt aus Deutschland.[4] Beispiele sind Tunnelbaumaschinen von *Herrenknecht*, Kopfhörer und Mikrofone von *Sennheiser*, Reinigungsgeräte von *Kärcher*, Sanitärtechnik von *Duravit* oder die Fernwartungssoftware *TeamViewer*.

Was ist Führung?

Führung bezeichnet allgemein die Autorität und Entscheidungskompetenz in einer Organisation. Da der Begriff „Führer" historisch belastet ist, werden Führungskräfte im Deutschen häufig als „Leader" oder „Manager" bezeichnet. Allerdings haben beide Begriffe eine unterschiedliche Bedeutung.

Leader inspirieren ihre Mitarbeiter durch visionäre Ziele zu herausragenden Leistungen. Sie schaffen Aufbruchstimmung und geben Impulse für Veränderungen. **Manager** sorgen hingegen dafür, dass operative Maßnahmen effizient umgesetzt und dabei auftretende Probleme gelöst werden. Während im **Management** die Führungsfunktionen Planung und Kontrolle sowie Organisation dominieren, stehen beim **Leadership** vor allem Information und Kommunikation sowie Personalführung im Mittelpunkt. Die Unternehmensführung umfasst beide Aufgabenbereiche, die sich bestmöglich ergänzen sollten. Dies wird ausführlich in Kap. 6.2.2 erläutert.

Führung hat zwei **Bedeutungen**:[6]

- **Funktional** umfasst Führung sämtliche Aufgaben und Handlungen zur zielorientierten Gestaltung, Lenkung und Entwicklung eines Unternehmens. Dazu gehören

Weltmarktführer HARIBO

Das Familienunternehmen *Haribo* steht seit über 100 Jahren für süßen Genuss und wird heute in dritter Generation geführt. 1920 gründete der gelernte Bonbon-Kocher *Hans Riegel* das Unternehmen *Haribo* (HAns RIegel BOnn) und begann seine Süßwarenproduktion in einer Waschküche. Die Tagesproduktion wurde damals von seiner Frau *Gertrud* mit dem Fahrrad ausgeliefert. Zwei Jahre später erfand er eine Bärenfigur aus Fruchtgummi, die er *Tanzbär* nannte. 1925 begann er mit der Herstellung von Lakritzprodukten und entwickelte daraus beliebte Spezialitäten wie die Lakritzschnecke.

Seit 1930 wird die Marke durch den einprägsamen Slogan „*Haribo macht Kinder froh*" beworben, der Mitte der 1960er-Jahre um den Zusatz „*und Erwachsene ebenso*" ergänzt wurde. Bis 1933 entwickelte sich das Unternehmen zu einem mittelständischen Betrieb mit 400 Mitarbeitern, und der Bau der Fabrikationsanlage in Bonn wurde abgeschlossen. Nach dem Zweiten Weltkrieg und dem Tod des Firmengründers begannen die Söhne *Hans Riegel jr.* und *Paul Riegel* mit nur 30 Mitarbeitern den Wiederaufbau. In der Folgezeit wuchs das Unternehmen rasant und beschäftigte 1950 bereits über 1.000 Mitarbeiter. 1960 kam der heute weltberühmte *Goldbär* auf den Markt, und 1980 erwarb das Unternehmen die Traditionsmarke *MAOAM*.

Als weltweit führender Hersteller von Süßigkeiten aus Fruchtgummi und Lakritz ist *Haribo* heute mit über 7.000 Mitarbeitern und 16 Produktionsstandorten in mehr als 120 Ländern vertreten. Die Bekanntheit der Marke in Deutschland liegt bei 99 %. Die Produktpalette wird kontinuierlich durch Neuentwicklungen und Zukäufe erweitert, während das Vertriebs- und Produktionsnetz stetig ausgebaut wird. *Haribo* produziert weltweit rund 1.200 verschiedene Produkte, die auf die geschmacklichen Vorlieben der verschiedenen Länder abgestimmt sind.[5]

insbesondere die Planung, Steuerung und Kontrolle der auszuführenden Tätigkeiten, die Organisation des hierarchischen Aufbaus und der betrieblichen Abläufe, die Information und Kommunikation sowie die gezielte Beeinflussung des Verhaltens, der Leistung und der Entwicklung von Mitarbeitern.

- **Institutional** wird Führung als Instanz verstanden, die eine Organisation leitet. Hierarchische Führungsinstitutionen verfügen über Entscheidungsgewalt, um die Handlungen der Mitarbeiter auf angestrebte Ziele auszurichten. Dies können sowohl die Eigentümer einer Organisation als auch angestellte Führungskräfte sein. Führung umfasst demnach alle Personen oder Gruppen, die mit Weisungsbefugnissen ausgestattet sind.

In diesem Buch wird Unternehmensführung vor allem in funktionaler Hinsicht betrachtet.

> Die **Unternehmensführung** umfasst sowohl Management als auch Leadership. Sie soll das Führungssystem gestalten, das Unternehmen zielgerichtet steuern und seine langfristige Wettbewerbsfähigkeit sicherstellen.

1.1.2 Theorien zum besseren Verständnis der Unternehmensführung

Wer Unternehmen erfolgreich führen will, sollte wissen, warum sie existieren, wie sie funktionieren und wie sie sich verändern. Theoretische Erklärungsansätze helfen dabei,

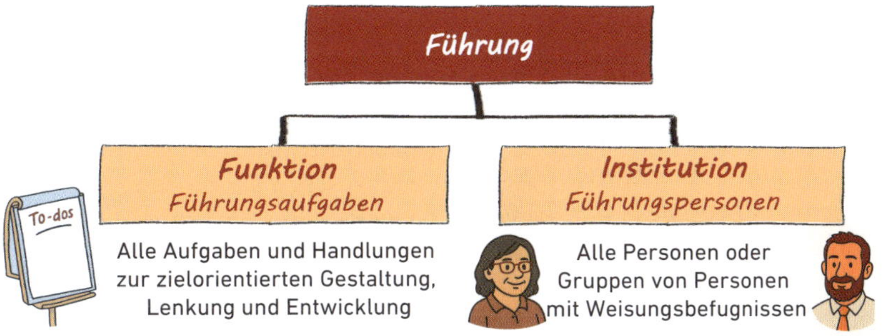

Abb. 1.1.3: Differenzierung des Führungsbegriffs

diese Zusammenhänge zu verstehen und bilden die Grundlage für eine wirksame Unternehmensführung. In diesem Sinne gilt: Nichts ist praktischer als eine gute Theorie![7]

In der Führungslehre stehen meist anwendungsorientierte Fragestellungen im Mittelpunkt. So gilt es beispielsweise zu klären, warum manche Unternehmen erfolgreicher sind als andere. Warum bestehen einige Firmen über Jahrzehnte, während andere bereits nach kurzer Zeit scheitern? Zur Beantwortung solcher Fragen gibt es verschiedene Theorien. Überdurchschnittlicher Erfolg lässt sich etwa durch eine besonders starke Marktpositionierung, den Besitz einzigartiger Ressourcen, den Aufbau herausragender Fähigkeiten, die Minimierung von Transaktionskosten, das geschickte Ausmanövrieren von Wettbewerbern oder durch charismatische Führungspersönlichkeiten erklären.

Bei den Theorien der Unternehmensführung handelt es sich nicht um naturgesetzliche Allgemeingültigkeiten. Sie beruhen häufig auf Beobachtungen, Erfahrungen oder Experimenten. Frühe Theorien basieren etwa auf persönlichen Erlebnissen: So formulierte *Henri Fayol* auf Grundlage seiner Tätigkeit als Direktor einer französischen Bergbaugesellschaft eine Sammlung von Führungsprinzipien, während *Frederick Winslow Taylor* auf Basis kontrollierter Experimente das *System der wissenschaftlichen Betriebsführung* (Scientific Management) entwickelte.[8] Weitere Ansätze nutzen Erkenntnisse aus anderen Disziplinen, wie etwa den Sozialwissenschaften, und übertragen diese auf die Unternehmensführung. Einige Führungsmodelle entstanden durch die Analyse besonders erfolgreicher Unternehmen in Form sogenannter *Best Practices.* Was in der Vergangenheit bei einem bestimmten Unternehmen funktioniert hat, lässt sich jedoch nicht ohne Weiteres auf andere Unternehmen übertragen. Eine universell gültige Theorie der Unternehmensführung existiert daher nicht.[9]

Die Vielzahl an Theorien zur Unternehmensführung erklärt sich auch dadurch, dass es sich um ein abstraktes, vielschichtiges, mehrdeutiges und interdisziplinäres Themenfeld handelt.[10] Im Folgenden werden einige grundlegende Theorien vorgestellt, wobei insbesondere die Systemtheorie für die weiteren Ausführungen von Bedeutung ist. Theorien, die sich nur auf Teilaspekte der Unternehmensführung beziehen, werden jeweils im entsprechenden thematischen Zusammenhang erläutert. So werden beispielsweise Führungs- und Motivationstheorien in Kapitel 6.2.1 im Rahmen der Personalführung behandelt.

Entscheidungsorientierte Theorien

Nahezu alle Vorgänge in einem Unternehmen erfordern Entscheidungen. Die Entscheidungstheorie untersucht, wie man diese möglichst sinnvoll trifft. Zur Abbildung, Erklärung und Gestaltung von Entscheidungsprozessen wird typischerweise von einer gegebenen Zielfunktion sowie bekannten Umweltzuständen und Handlungsalternativen ausgegangen. Entscheidungsprobleme lassen sich auf dieser Basis durch den Einsatz mathematisch-statistischer Verfahren lösen.

> Die **Entscheidungstheorie** befasst sich mit der systematischen Analyse und Gestaltung von Entscheidungsprozessen, um unter gegebenen Bedingungen rationale Entscheidungen zu treffen.

Für die Entscheidungsfindung ist das Wissen über die jeweiligen Umweltbedingungen von besonderer Bedeutung. Dabei werden folgende **Umweltzustände** unterschieden:[11]

- **Entscheidung unter Sicherheit:** Es ist bekannt, welche Ereignisse eintreten werden. Um eine Entscheidung zu treffen, vergleicht man die möglichen Handlungsalternativen und wählt jene mit dem besten Ergebnis.
- **Entscheidung unter Unsicherheit:** Meist lässt sich nicht sicher bestimmen, welche Ereignisse eintreten werden. Dabei lassen sich drei Entscheidungssituationen unterscheiden:
  - **Risiko**: Die möglichen Ereignisse sind bekannt, und es lassen sich Wahrscheinlichkeiten für ihr Eintreten ermitteln. Damit können Erwartungswerte für die Handlungsoptionen berechnet werden.
  - **Ungewissheit**: Die möglichen Ereignisse sind zwar bekannt, ihre Eintrittswahrscheinlichkeiten lassen sich jedoch nicht zuverlässig bestimmen. Entscheidungen werden deshalb oft mithilfe von Heuristiken getroffen, wie etwa einfachen Faustregeln.
  - **Unkenntnis / vollkommene Ungewissheit**: In dieser Situation sind selbst die möglichen Ereignisse unbekannt. Nach einem Pionier der Risikoforschung wird dies als *Knightsche Unsicherheit* bezeichnet.

Entscheidungen unter Unsicherheit sind in der Unternehmensführung der Normalfall. Dies gilt insbesondere in der strategischen Unternehmensführung. Je nach Grad der Unsicherheit stehen verschiedene Entscheidungsinstrumente zur Verfügung. So empfiehlt etwa die sogenannte *Bayes*-Regel bei Entscheidungen unter Risiko die Handlungsalternative mit dem höchsten Erwartungswert.

Bei mehreren Beteiligten, deren Entscheidungen sich gegenseitig beeinflussen, kommt die **Spieltheorie** zum Einsatz. Der Erfolg des Einzelnen hängt dabei nicht nur vom eigenen Handeln, sondern auch von den Entscheidungen anderer Akteure ab. Die Spieltheorie bildet rationales Entscheidungsverhalten in sozialen Konfliktsituationen durch mathematische Modelle ab. Dabei wird festgelegt, welche Spieler beteiligt sind, welchem Ablauf das Spiel folgt und welche Handlungsoptionen den einzelnen Spielern zur Verfügung stehen. Eine Auszahlungsfunktion zeigt, welchen Gewinn ein Spieler bei einem bestimmten Spielausgang erzielt. Mithilfe der Spieltheorie lässt sich so eine optimale Spielstrategie bestimmen.[12]

> Die **Spieltheorie** untersucht, wie mehrere voneinander abhängige und interagierende Akteure zu rationalen Entscheidungen gelangen.

Mithilfe der Entscheidungstheorie lassen sich vielfältige Fragestellungen der Unternehmensführung unterstützen. Dazu zählen unter anderem die Priorisierung von Zielen, die Bewertung von Handlungsalternativen, Investitionsentscheidungen, die Zuweisung knapper Ressourcen und das strategische Verhalten im Wettbewerb. Die Digitalisierung eröffnet dabei neue Anwendungsfelder, beispielsweise mithilfe von Business Analytics (vgl. Kap. 7.3.1).

Umweltorientierte Theorien

Nach den Umwelttheorien hängt der Erfolg eines Unternehmens vor allem von umweltbezogenen Faktoren ab. Ausgangspunkt ist die volkswirtschaftliche Mikroökonomie, die sich mit dem wirtschaftlichen Verhalten einzelner Akteure befasst. Sie analysiert Märkte, auf denen Güter und Dienstleistungen gehandelt werden. Neben den ökonomischen Beziehungen zwischen Anbietern und Nachfragern werden auch Marktstrukturen und institutionelle Rahmenbedingungen untersucht. Das Angebots- und Nachfrageverhalten wird durch idealtypische Modelle beschrieben. Diese gehen unter anderem von rational handelnden Marktteilnehmern aus, deren Kaufverhalten ausschließlich durch den Preis bestimmt wird – dem sogenannten *Homo Oeconomicus*.

Die **Industrieökonomie** (Industrial Economics) befasst sich mit der Leistungsfähigkeit ganzer Branchen. Im Mittelpunkt stehen Fragen zur Größenstruktur, Anbieterkonzentration und Wettbewerbsintensität. Ausgangspunkt ist das sogenannte Struktur-Verhalten-Ergebnis-Paradigma (Structure-Conduct-Performance-Paradigm). Danach beeinflussen die zentralen Merkmale einer Branche das Verhalten der darin tätigen Unternehmen, welches wiederum ausschlaggebend für deren wirtschaftlichen Erfolg ist.[13]

Die Industrieökonomie basiert auf folgenden **Grundannahmen**:[14]

- Unternehmen sind überdurchschnittlich erfolgreich, wenn sie sich besser an veränderte Rahmenbedingungen anpassen können als ihre Wettbewerber.
- Alle Unternehmen eines bestimmten Branchensegments verfügen über eine vergleichbare Ressourcenausstattung und verfolgen daher ähnliche Strategien.
- Die zur Umsetzung dieser Strategien erforderlichen Ressourcen sind entweder bereits im Unternehmen vorhanden oder am Markt frei verfügbar.
- Führungskräfte handeln rational und im Interesse des Unternehmens.
- Der Fokus liegt auf der Positionierung in der Branche und in den Märkten, nicht auf der Entwicklung interner Ressourcen.

Während die klassische Industrieökonomie die Branche (Industry) betrachtet, richtet die moderne Industrieökonomie den Fokus auf das einzelne Unternehmen. Die sogenannte **marktorientierte Unternehmensführung** (Market-based View) beschreibt die Anpassung des Unternehmensverhaltens an die von außen vorgegebenen Branchen- und Marktstrukturen (Outside-in). Auf Basis strategischer Analysen wird die ideale Positionierung des Unternehmens in der Branche und in den Märkten festgelegt, um dadurch Wettbewerbsvorteile zu erzielen. Der Harvard-Ökonom *Michael Porter* entwickelte hierfür unter anderem das Konzept der fünf Wettbewerbskräfte, mit dem sich die Attraktivität einer Branche bestimmen lässt (vgl. Kap. 3.2).[15] An der Industrieökonomie wird jedoch kritisiert, dass Wettbewerbsvorteile nicht ausschließlich auf Branchen- und Marktstrukturen zurückzuführen sind, sondern auch auf unternehmensspezifischen Ressourcen, Fähigkeiten und Kompetenzen beruhen.

> Nach der **marktorientierten Unternehmensführung** (Market-based View) richtet ein Unternehmen sein Verhalten und seine Positionierung an den von außen vorgegebenen Strukturen der Umwelt, Branchen und Märkte aus, in denen es tätig ist oder tätig werden möchte (Outside-in-Perspektive).

Ressourcenorientierte Theorien

Ressourcen sind die für die Leistungserstellung eines Unternehmens erforderlichen materiellen und immateriellen Güter sowie finanziellen Mittel.[16] Materielle Ressourcen umfassen physische Gegenstände wie Gebäude, Maschinen oder Rohstoffe. Zu den immateriellen Ressourcen zählen beispielsweise Marken, Patente, Kundenbeziehungen oder das Humankapital (vgl. Kap. 1.4.3). Finanzielle Ressourcen beinhalten das Eigen- und Fremdkapital, liquide Mittel sowie verfügbare Kreditlinien.

Die ressourcenorientierte Sichtweise (Resource-based View) geht davon aus, dass Wettbewerbsvorteile von Unternehmen weniger durch ihre Marktstellung, sondern vielmehr durch ihre unterschiedliche Ressourcenausstattung bestimmt werden. Unternehmen streben daher nach Ressourcen, mit denen sich dauerhafte Wettbewerbsvorteile erzielen lassen. Die Einzigartigkeit der Ressourcen gilt dabei als Schlüssel zum Unternehmenserfolg. Nach dieser Inside-out-Perspektive geht die strategische Ausrichtung also von den unternehmensinternen Ressourcen aus. Dieses Ressourcen-Verhalten-Ergebnis-Paradigma (Resources-Conduct-Performance-Paradigm) steht im Gegensatz zur industrieökonomischen Sichtweise.[17]

Eine erweiterte Betrachtung bezieht auch die Fähigkeiten (Capability-based View) und Kompetenzen (Competence-based View) eines Unternehmens ein.[18] Für die Erstellung ihrer Leistungen benötigen Unternehmen eine Vielzahl spezifischer Fähigkeiten, wie etwa technologisches Know-how, geschickte Mitarbeiter, intensiven Kundenkontakt oder effiziente Prozesse. Kompetenzen entstehen, wenn Ressourcen und Fähigkeiten so miteinander verknüpft werden, dass sie sich optimal ergänzen und gegenseitig verstärken.

Da sich Fähigkeiten und Kompetenzen nur begrenzt extern beschaffen lassen, sind sie in erster Linie selbst zu entwickeln. Wettbewerbsvorteile entstehen durch risikofreudige, unternehmerische Entscheidungen in einer ungewissen Umwelt. Im Sinne der von *Joseph Alois Schumpeter* beschriebenen „kreativen Zerstörung" wird durch Innovation etwas Neues geschaffen.[19] Der Unternehmenserfolg resultiert dabei weniger aus den einzelnen Eigenschaften von Ressourcen und Fähigkeiten als vielmehr aus deren neuartiger Kombination.

Die Ressourcen eines gehobenen Restaurants sind beispielsweise eine hochwertige Küchenausstattung, stilvolle Räumlichkeiten und frische Zutaten. Um diese wirkungsvoll zu nutzen, braucht es besondere Fähigkeiten, wie etwa kreative Kochkunst, exzellenten Service und ein feines Gespür für kulinarische Trends. Aus der Kombination dieser Ressourcen und Fähigkeiten ergibt sich die Kompetenz des Restaurants, ein einzigartiges Genusserlebnis zu bieten, das die Gäste begeistert.

Ein bekanntes Beispiel ist der Automobilhersteller *Toyota*. Seine Fähigkeit zur sogenannten schlanken Produktion (Lean Production) ermöglicht effiziente und zuverlässige Abläufe, wodurch sich die Montageressourcen besser nutzen lassen (vgl. Kap. 5.4.2). Die daraus resultierende überdurchschnittliche Produktivität macht *Toyota* zu einem der profitabelsten Automobilhersteller der Welt.

Nach der erweiterten **ressourcenorientierten Unternehmensführung** (Resource-based View) soll ein Unternehmen strategisch wertvolle Ressourcen und Fähigkeiten intern aufbauen und diese zu Kompetenzen bündeln, um daraus dauerhafte Wettbewerbsvorteile zu erzielen (Inside-out-Perspektive).

Institutionenorientierte Theorien

Die Neue Institutionenökonomie kombiniert Ansätze der Industrieökonomie mit sozialwissenschaftlich geprägten Entscheidungstheorien.[20] Im Mittelpunkt steht die Gestaltung wirtschaftlicher Beziehungen zwischen verschiedenen Akteuren durch institutionelle Regelungen. Diese verursachen Aushandlungs-, Überwachungs- und Durchsetzungskosten, denen die Kosten alternativer Markttransaktionen gegenüberstehen. Besonders hilfreich sind solche Regelungen, wenn nicht alle Beteiligten über denselben Informationsstand verfügen.

Unter **Institutionen** werden soziale Regeln und Vereinbarungen verstanden, die das Verhalten einzelner oder mehrerer Individuen in eine bestimmte Richtung lenken sollen. Dazu zählen etwa Gesetze, Normen, Konventionen oder Verträge. Sie informieren die Akteure sowohl über ihren eigenen Handlungsspielraum als auch über das zu erwartende Verhalten der anderen Beteiligten. Dadurch stabilisieren und erleichtern sie das menschliche Zusammenleben sowie insbesondere die arbeitsteilige Leistungserstellung. Ein Unternehmen besteht aus einer Vielzahl solcher Institutionen im Sinne sozialer Vereinbarungen zwischen den Akteuren. Die Neue Institutionenökonomie untersucht deren Entstehung und ihre Auswirkungen auf das Verhalten der Akteure. Institutionen werden in der Regel dann gebildet, wenn sie für die Beteiligten vorteilhafter sind als andere Formen der Verhaltenssteuerung.[21]

Es werden folgende **Grundannahmen** über das menschliche Verhalten getroffen:[22]

- **Individuelle Nutzenmaximierung**: Menschen verfolgen als eigenständige Akteure klare Ziele und streben danach, ihren materiellen oder immateriellen Nutzen zu maximieren. Dieser kann aus Einkommen, Prestige, Selbstverwirklichung oder Macht bestehen.

- **Begrenzte Rationalität**: Menschen verfügen nur über begrenzte Informationen und treffen Entscheidungen nicht vollständig rational. Dies steht im Gegensatz zur Industrieökonomie, in der von vollkommenen Märkten ohne Transaktionskosten und vollständig rationalen Akteuren ausgegangen wird.
- **Opportunistisches Verhalten**: Bezeichnet das gezielte Inkaufnehmen von Nachteilen für andere zur Durchsetzung eigener Interessen, zum Beispiel gegenüber Vertragspartnern oder Vorgesetzten.

Die Neue Institutionenökonomie umfasst verschiedene **Teiltheorien**, die sich gegenseitig ergänzen, teilweise überschneiden und in bestimmten Punkten auch voneinander abweichen. Sie betrachten jeweils unterschiedliche Aspekte der Unternehmensführung:[23]

- Die **Principal-Agent-Theorie** befasst sich mit arbeitsteiligen Auftraggeber-Auftragnehmer-Beziehungen. Dabei übernimmt ein Auftragnehmer (Agent) mit bestimmten Entscheidungskompetenzen eine Aufgabe für einen Auftraggeber (Prinzipal). Zwischen beiden wird ein Vertrag geschlossen, der jedoch nicht alle künftig möglichen Eventualitäten abdeckt, da eine vollständige Vertragsgestaltung mit sehr hohen Kosten verbunden wäre. Unternehmen lassen sich als ein Geflecht solcher Auftraggeber-Auftragnehmer-Beziehungen verstehen.

  Der Agent handelt jedoch nicht immer im Interesse des Prinzipals, sondern verfolgt auch eigene Ziele, wie etwa ein höheres Gehalt, beruflichen Aufstieg, Einfluss, Ansehen oder mehr Freizeit. Diese Ziele kann er unter Umständen mithilfe opportunistischen Verhaltens auf Kosten des Auftraggebers durchsetzen, was als sogenanntes *Moral Hazard* bezeichnet wird. Typische Beispiele sind die Verschwendung von Ressourcen, das Zurückhalten relevanter Informationen, strategisches Abwarten, verzögerte Aufgabenerfüllung oder das Eingehen überhöhter Risiken.

  Aufgrund unzureichender Informationen kann der Prinzipal weder die Entscheidungen noch das Verhalten des Agenten vollständig nachvollziehen. Solche Konstellationen finden sich etwa zwischen Vorgesetzten und Mitarbeitern, Kunden und Lieferanten, Eigentümern und Managern oder Aufsichtsräten und Vorständen.

  Anwendungsfelder der Principal-Agent-Theorie sind die Gestaltung von Anreiz- und Informationssystemen oder die Leistungsbeurteilung und Zielvereinbarung. Darüber hinaus dienen sie der Analyse und Begrenzung unerwünschten Verhaltens, etwa im Rahmen der Budgetierung (vgl. Kap. 4.3.2), der Vertragsgestaltung oder der Corporate Governance (vgl. Kap. 2.3).
- Die **Property-Rights-Theorie** (Theorie der Verfügungsrechte) untersucht die Verteilung, Nutzung und Übertragung von Verfügungsrechten an Ressourcen. Diese Rechte können einem einzelnen Akteur zustehen oder auf mehrere verteilt sein. Bei verteilten Verfügungsrechten wirken sich die Handlungen der Akteure wechselseitig auf ihren individuellen Nutzen aus.

  Die Property-Rights-Theorie dient der Klärung von Verantwortlichkeiten und Entscheidungsrechten im Unternehmen. Sie bildet die Grundlage für die Gestaltung von Organisationsstrukturen und Eigentumsverhältnissen sowie der Mitarbeiterbeteiligung und Corporate Governance.
- Die **Transaktionskostentheorie** berücksichtigt, dass die Übertragung von Verfügungsrechten im Rahmen eines Leistungsaustauschs mit Koordinationsaufwand verbunden ist. Sie betrachtet die Kosten der Anbahnung, Vereinbarung, Durchführung und Kontrolle von Verträgen und Austauschbeziehungen. Solche Transaktionskosten entstehen, weil die Akteure unterschiedliche Interessen verfolgen und über ungleiche Informationen verfügen.

  Der Leistungsaustausch soll möglichst effizient erfolgen. Eine Koordination über Preise und Mengen auf Märkten ist dann vorteilhaft, wenn sie mit geringeren Kosten verbunden ist als die hierarchische Koordination durch vertragliche Regelungen innerhalb des Unternehmens. Für jede Transaktion gilt es daher, eine geeignete Ausprägung zwischen Markt und Hierarchie zu finden.

  Hierarchische Beziehungen basieren im Gegensatz zu marktlichen Transaktionen auf Stabilität und Kontinuität, verursachen jedoch hohe fixe Transaktionskosten. Je höher die Spezifität, Unsicherheit und Häufigkeit einer Transaktion, desto eher sollte sie innerhalb eines Unternehmens hierarchisch koordiniert werden. Auch häufig wiederkehrende Transaktionen lassen sich in hierarchischen Strukturen effizienter abwickeln. Eine hohe Spezifität birgt bei Marktkoordination das Risiko einseitiger Abhängigkeiten. Anbieter in einer Monopolstellung können nicht nur höhere Preise verlangen, sondern erfordern aus Sicht des Kunden zusätzliche vertragliche Absicherungen und engere Kontrollen, um Qualitätsmängel, Lieferverzögerungen oder einseitige Preis- und Leistungsänderungen zu verhindern – was die Transaktionskosten erhöht.

Abb. 1.1.4: Effiziente Koordinationsformen für Transaktionen

Neue Institutionentheorie bei Versicherungen

Das Versicherungsgeschäft ist mit hohen Risiken verbunden. Weder der genaue Schadensumfang noch die Wahrscheinlichkeit des Eintritts lassen sich im Vorfeld exakt bestimmen. Zudem hängt die Schadenshöhe auch vom Verhalten des Versicherungsnehmers ab, wie etwa von dessen Sorgfalt oder ob dieser präventive Maßnahmen ergriffen hat. Ein Versicherungsvertrag kann daher nicht alle Eventualitäten regeln, da die damit verbundenen Transaktionskosten zu hoch wären. Aus diesem Grund werden meist **relationale Verträge** geschlossen. Diese sind unvollständig und enthalten auch weiche Übereinkünfte.

Beim Abschluss eines relationalen Versicherungsvertrags spielt der Informationsstand der Beteiligten eine zentrale Rolle. Das Versicherungsunternehmen stützt sich auf die Selbstauskünfte des Versicherungsnehmers, der wiederum verschiedene Angebote miteinander vergleichen kann. Die relationale Vertragsgestaltung ist günstiger, wovon auch der Versicherungsnehmer durch niedrigere Beiträge profitiert. Der Vertrag ist zudem kürzer und leichter verständlich.

Allerdings birgt die Unvollständigkeit auch Risiken: Der Versicherungsnehmer könnte falsche Angaben gemacht haben oder auf Präventionsmaßnahmen verzichten, wodurch das Versicherungsunternehmen das tatsächliche Schadensrisiko falsch einschätzt. Umgekehrt können unvollständige Verträge zu überhöhten Beiträgen führen, wenn das Versicherungsunternehmen die Risiken pauschal zu großzügig kalkuliert. Ist zudem nicht eindeutig geregelt, in welchen Fällen eine Leistungspflicht besteht, kann der Versicherer im Schadensfall die Zahlung verweigern. Damit die Vorteile relationaler Verträge überwiegen, sollte zwischen den Vertragsparteien deshalb eine vertrauensvolle Beziehung bestehen.[24]

Bei geringer Spezifität, Unsicherheit und Häufigkeit ist dagegen die marktliche Koordination wirtschaftlicher. Standardisierte Leistungen lassen sich in diesem Fall mit niedrigen Transaktionskosten an viele Kunden vertreiben. Bei mittlerer Ausprägung der Einflussfaktoren können Kooperationen als Mischform zwischen Markt und Hierarchie sinnvoll sein. Diese werden in Kapitel 5.2 erläutert.

Die Transaktionskostentheorie unterstützt Entscheidungen über die effizienteste Form der Leistungserbringung, etwa bei Make-or-Buy-Fragen, der Wahl geeigneter Organisationsformen, der Vertragsgestaltung oder der Auslagerung von Geschäftsprozessen wie IT, Logistik oder Kundenservice.

Systemorientierte Theorien

Die allgemeine Systemtheorie befasst sich mit den Eigenschaften, dem Verhalten und der Entwicklung von Systemen. Ein System ist eine Menge von Elementen, die in wechselseitiger Beziehung zueinanderstehen und sich gegenseitig beeinflussen. Es kann in verschiedene Subsysteme untergliedert werden und zugleich Teil eines übergeordneten Systems sein.[25] Beispielsweise besteht ein Unternehmen aus verschiedenen Geschäftseinheiten (= Subsysteme) und ist selbst Teil einer Branche (= Systemumwelt). Die Systemelemente stellen die kleinsten Bestandteile eines Systems dar. Im Unternehmenskontext können dies beispielsweise Mitarbeiter, Maschinen oder Prozesse sein. Die Beziehungen bezeichnen die Verknüpfungen zwischen diesen Elementen. Abb. 1.1.5 veranschaulicht die Bestandteile eines Systems.

Wesentliche **Merkmale** von Systemen sind:

- **Zweckorientierung**: Alle Systemelemente und ihre Beziehungen dienen einem gemeinsamen Ziel.
- **Systemgrenze**: Sie trennt das System von seiner Umwelt. Verfügt ein System über Austauschbeziehungen zur Umwelt, handelt es sich um ein offenes System.
- **Systemstruktur**: Die gezielte Anordnung und Verbindung aller relevanten Elemente innerhalb des Systems erleichtert die Steuerung und unterstützt die Zielerreichung.

- **Selbststeuerung**: Systeme sind dynamisch, passen sich an ihre Umwelt an und erhalten sich selbst.
- **Innere Struktur**: Sie ergibt sich aus der Anordnung der Systemelemente und ihrer Beziehungen.

Systeme lassen sich aus unterschiedlichen **Perspektiven** betrachten:

- **Atomistisch**: Das Verhalten eines Systems lässt sich aus den Eigenschaften seiner Elemente erklären. Es wird in seine Bestandteile zerlegt, die dann genauer untersucht werden. Im System „Fußballmannschaft" werden demnach die Fähigkeiten und Qualitäten der einzelnen Spieler betrachtet.
- **Holistisch**: Ein System ist mehr als die Summe seiner Teile. Damit aus einzelnen Elementen ein leistungsfähiges Ganzes entsteht, muss deren Zusammenwirken aufeinander abgestimmt werden. Eine Gruppe talentierter Fußballspieler macht noch lange keine gute Mannschaft. Vielmehr muss der Trainer die einzelnen Spieler zu einer schlagkräftigen Einheit formen.

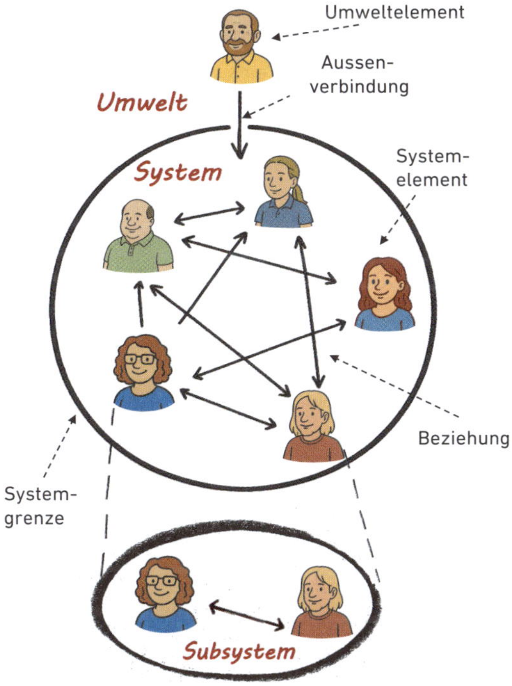

Abb. 1.1.5: Bestandteile eines Systems

Um die Wirkung und das Verhalten eines Systems zu verstehen, müssen beide Perspektiven miteinander kombiniert werden. Eine ganzheitliche Betrachtung berücksichtigt das Wechselspiel zwischen den einzelnen Teilen und der Gesamtheit. Für das Verhalten eines Systems sind kausale Zusammenhänge von zentraler Bedeutung. Einfache Ursache-Wirkungs-Ketten gehen davon aus, dass Maßnahmen mit Sicherheit zu einem bestimmten Ergebnis führen. Dies gilt jedoch nur unter gewissen Rahmenbedingungen, wie etwa bei einem Fließband als technischem System. Da sich soziale Systeme ständig verändern und ihre Wirkungsmechanismen mehrdeutig sind, lässt sich das Ergebnis eines Eingriffs in das Systemgefüge nicht mit Sicherheit vorhersagen.

Systeme lassen sich nach folgenden **Eigenschaften** unterscheiden:[26]

- **Dynamik** beschreibt die Veränderlichkeit der Systemelemente und ihrer Beziehungen. Man unterscheidet zwischen statischen und dynamischen Systemen.

Abb. 1.1.6: Arten und Merkmale von Systemen

- **Kompliziertheit** bezeichnet die Anzahl der miteinander interagierenden Elemente, deren Verschiedenheit und die Intensität ihrer Beziehungen. Es gibt einfache und komplizierte Systeme.

Sind beide Merkmale erfüllt, handelt es sich um ein **komplexes System**. Die häufig verwendete Floskel, wir lebten in einer Zeit „zunehmender Komplexität und Dynamik", ist daher irreführend, denn Komplexität umfasst sowohl Kompliziertheit als auch Dynamik. Komplexe Systeme zeigen ein vielschichtiges und schwer vorhersehbares Verhalten und sind daher nur begrenzt beherrschbar. Abb. 1.1.6 veranschaulicht diesen Zusammenhang.

Ein **komplexes System** ist sowohl kompliziert als auch dynamisch. Es besteht aus einer Vielzahl von Systemelementen und Beziehungen, die sich laufend verändern.

Nach dem von *William Ashby* formulierten **Gesetz der erforderlichen Varietät** (Law of Requisite Variety) lässt sich Komplexität nur mit Komplexität begegnen. Ein komplexes System erfordert daher einen ebenso komplexen Steuerungsmechanismus.[27] Das Führungssystem muss folglich über eine Komplexität verfügen, die mindestens der des Unternehmens und seiner relevanten Umwelt entspricht. Dies zeigt sich beispielsweise in der agilen Organisation, die aus miteinander vernetzten, selbstgesteuerten Zellen besteht und in komplexen Führungskontexten zum Einsatz kommt (vgl. Kap. 5.2).

Vorreiter für die Anwendung der Systemtheorie auf **Organisationen** war *Niklas Luhmann*.[28] Unternehmen sind demnach soziale Systeme, deren Elemente in Beziehung zueinanderstehen. Die zentralen Elemente sind die Mitarbeiter, die Ressourcen nutzen und innerhalb vorgegebener Strukturen und Prozesse zusammenarbeiten, um gemeinsame Ziele zu verwirklichen. Jedes Unternehmen ist zugleich Teil eines übergeordneten Systems und steht in Beziehung zu anderen Systemen, wie etwa Kunden, Lieferanten oder Wettbewerbern.

Zur Erklärung, wie sich ein System nach und nach eigenständig weiterentwickelt, dient die **Evolutionstheorie** von *Charles Darwin*. Sie stammt aus der Biologie, in der Evolution als zufällige Anpassung von Lebewesen an veränderte Umweltbedingungen verstanden wird.[29] Da sich evolutionäre Prozesse nur begrenzt steuern lassen, ist auch die Entwicklung eines Unternehmens nicht vollständig planbar. Um langfristig überlebensfähig zu sein, muss sich ein Unternehmen wie ein lebender Organismus selbst erhalten, anpassen und weiterentwickeln.[30] Unternehmen sind demnach selbststeuernde Systeme, in denen die Unternehmensführung dafür verantwortlich ist, geeignete Rahmenbedingungen für eine vorteilhafte evolutionäre Entwicklung zu schaffen.[31] Wenn sich dadurch geordnete Strukturen spontan und ohne äußere Steuerung bilden, spricht man von **Selbstorganisation**.[32]

Hans Ulrich beschreibt die Unternehmensführung im **St.-Galler-Management-Modell** (SGMM) als ein Subsystem des Unternehmens, das sowohl das Unternehmen als auch dessen Umweltbeziehungen koordiniert.[33] Er war damit der Wegbereiter der **systemorientierten Unternehmensführung**. In der zweiten Generation wurde das Modell von *Knut Bleicher* zu einem umfassenden Führungssystem weiterentwickelt, das in Abb. 1.1.7 dargestellt ist.[34]

Zusammenfassend ist ein Unternehmen ein soziales System aus Elementen, Beziehungen und Zielen. Die Elemente umfassen die Mitglieder und Ressourcen sowie die Prozesse, Strukturen und die Unternehmenskultur. Diese Elemente sind durch Interaktion und Kommunikation miteinander verbunden und stehen im offenen Austausch mit der Unternehmensumwelt.

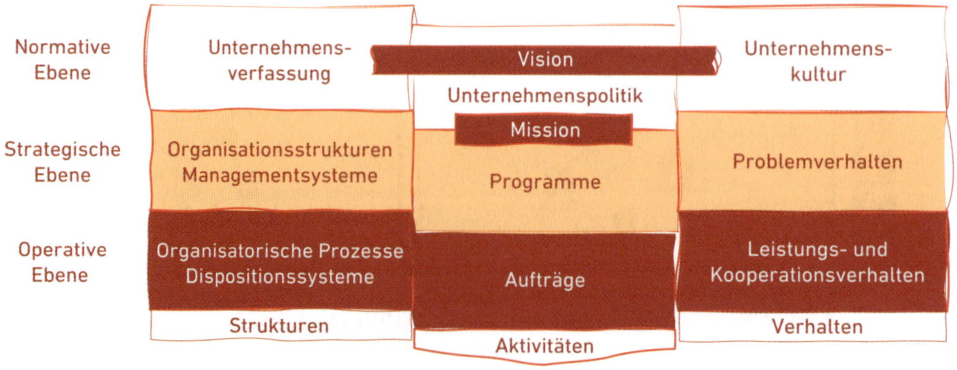

Abb. 1.1.7: Die 2. Generation des St.-Galler-Management-Modells[35]

1.1.3 Welche Dimensionen hat die Unternehmensführung?

Die Unternehmensführung lässt sich in **drei Teilbereiche** unterteilen:

- Die **Führungsebenen** (vgl. Kap. 1.2) beschreiben die unterschiedliche Tragweite der Führungsentscheidungen. Sie bauen hierarchisch aufeinander auf, sodass die jeweils übergeordneten Stufen den Rahmen für die nachfolgenden Ebenen bilden. Die normative Ebene prägt den Gestaltungsrahmen, der einem Unternehmen seine Identität verleiht. Die strategische Unternehmensführung beschäftigt sich innerhalb dieser normativen Vorgaben mit der Weiterentwicklung bestehender sowie der Erschließung neuer Wettbewerbsvorteile und Erfolgspotenziale. Auf der operativen Ebene werden die Maßnahmen zur Umsetzung der Strategie ausgeführt und die laufenden Aktivitäten gesteuert.
- Die **Führungsfunktionen** (vgl. Kap. 1.3) zur Lenkung, Gestaltung und Entwicklung des Unternehmens umfassen Personal, Planung und Kontrolle sowie Organisation. Information und Kommunikation verbinden alle Ebenen, Funktionen und Perspektiven miteinander.
- Die **Führungsperspektiven** (vgl. Kap. 1.4) bestimmen die inhaltlichen Schwerpunkte der Unternehmensführung. Beispielsweise können in einem Unternehmen qualitäts- oder risikoorientierte Aspekte im Vordergrund stehen. Diese Schwerpunkte können sich im Laufe der Zeit verschieben.

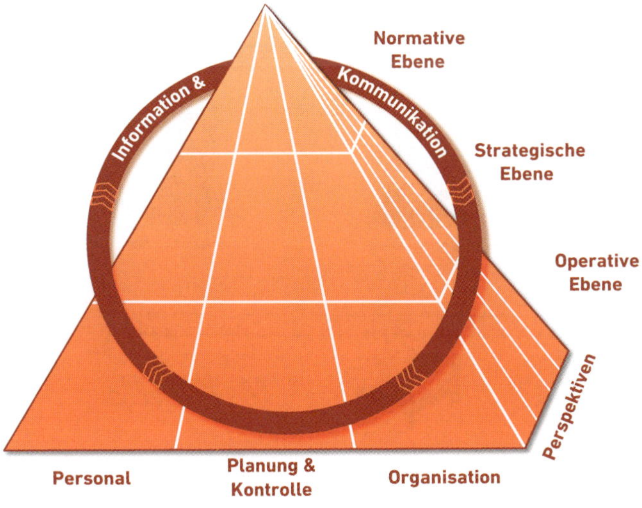

Abb. 1.1.8: Integriertes System der Unternehmensführung

Werden diese Dimensionen abgestimmt und verknüpft, ergibt sich das in Abb. 1.1.8 dargestellte **integrierte System der Unternehmensführung**. Die Pyramidenform veranschaulicht die Anzahl der beteiligten Personen. Während die normative Ebene vor allem von der Führungsspitze gestaltet wird, nimmt die Zahl der Führungskräfte auf der strategischen und insbesondere auf der operativen Ebene deutlich zu.

Da Funktionen, Ebenen und Perspektiven eng miteinander verbunden sind, ist eine intensive **Koordination des Führungssystems** erforderlich. Hierfür sind zunächst die Funktionen horizontal aufeinander abzustimmen. Beispielsweise sind für die Umsetzung strategischer Maßnahmen geeignete organisatorische Strukturen erforderlich. Zur konsequenten strategischen Ausrichtung eines Geschäftsbereichs kann etwa die Bildung einer Division sinnvoll sein. Zudem kann die Umsetzung der Strategie auf der Personalebene durch entsprechende Anreiz- und Entlohnungsmodelle unterstützt werden. Da die Führungsebenen hierarchisch ineinandergreifen, müssen sie auch vertikal koordiniert werden: Die operativen Aktivitäten leiten sich aus der Unternehmensstrategie ab, die wiederum auf der Vision des Unternehmens beruht.

> Die Unternehmensführung umfasst Ebenen, Funktionen und Perspektiven, die durch ein **integriertes Führungssystem** aufeinander abgestimmt werden.

1.1.4 Das Fallbeispiel MöBella GmbH

Die fiktive Unternehmensgruppe *MöBella* dient in diesem Buch als durchgängiges Fallbeispiel. Sie umfasst mehrere Unternehmen und steht unter der Leitung von Inhaber und Geschäftsführer *Erwin Eder*. Im letzten Geschäftsjahr erzielte die *MöBella GmbH* mit rund 350 Mitarbeitern einen Umsatz von 80 Mio. Euro.

Abb. 1.1.9 zeigt einige Meilensteine in der Unternehmensgeschichte. Das Unternehmen wurde 1925 unter dem Namen *Eder Möbel GmbH* von *Egon Eder* gegründet. Er war der Erfinder des klappbaren Gartenstuhls, den er sich auch patentieren ließ. Das Unternehmenswachstum wurde durch den Ausbruch des Zweiten Weltkriegs abrupt gestoppt, und der Betrieb zwangsweise auf die Produktion von Feldbetten umgestellt.

Nach dem Tod des Firmengründers übernahm 1958 dessen Tochter *Elise Eder* das Unternehmen, die sich auf die Fertigung einfacher, aber robuster Holzmöbel konzentrierte.

1995 übergab sie die Unternehmensführung an ihren Sohn *Erwin*. Seitdem führt er als Vollblutunternehmer die Geschäfte. Durch den Einsatz neuer Werkstoffe wie Kunststoff und Metall konnte er ein kontinuierliches Wachstum erzielen. Mit dem Erwerb der *Schlummer GmbH* im Jahr 2010 erweiterte er das Sortiment um Komplettbetten.

Erwin Eder hält zusammen mit seiner Schwester *Erna* jeweils die Hälfte der Gesellschaftsanteile, besitzt jedoch die alleinigen Stimmrechte. Er versteht sich als Bewahrer der Familientradition und führt das Unternehmen im Sinne seiner Mutter und seines Großvaters weiter. Dabei steht für ihn das Wohl seiner Kunden und Mitarbeiter stets über den Familieninteressen. „Tradition verpflichtet" pflegt er stets zu sagen. Bei wichtigen Entscheidungen wird in der Geschäftsführung häufig diskutiert, wie *Egon* oder *Elise Eder* entschieden hätten.

MöBella

Nach seinem Abschluss in Industriedesign trat *Erwins* Sohn *Emil* im Jahr 2025 als Geschäftsführer der *Eder Design GmbH* in das Unternehmen ein. Nach langen Diskussionen überzeugte er seinen Vater, den Firmennamen in *MöBella* umzubenennen. Mit neuem Markenauftritt, frischem Design und pfiffigen Produkten will er verstärkt jüngere Kunden ansprechen.

Das Organigramm der *MöBella GmbH* zeigt Abb. 1.1.10. Die *Eder Garten GmbH* produziert Gartenmöbel und vertreibt diese im Einzelhandel, etwa über Kaufhäuser, Baumärkte, Discounter und Möbelgeschäfte. Seit vielen Jahren wird *Eder Garten* von *Holger Wurm* geleitet, der das uneingeschränkte Vertrauen von *Erwin Eder* genießt. Das Tochterunternehmen *Schlummer* bietet Komplettbetten aus Rahmen, Lattenrost und Matratze an. *Susanne Schlummer* hat das Unternehmen aufgebaut und führt es seit der Übernahme mit der ursprünglichen Belegschaft weiter. Das Unternehmen ist stark von ihrer Person geprägt und führt bislang ein Eigenleben innerhalb der Firmengruppe. Seit *Erwin Eder* von ihr eine neue strategische Ausrichtung und eine stärkere Integration der *Schlummer GmbH* erwartet, gibt es zwischen ihnen erhebliche Spannungen.

Die *Eder Design GmbH* bündelt die Produktentwicklung der *Eder Garten GmbH* und der *Schlummer GmbH*. Neben internen Projekten werden auch externe Entwicklungsaufträge durchgeführt, etwa für einen marktführenden schwedischen Möbelkonzern. Seit 2025 leitet *Emil Eder* diese Tochtergesellschaft.

Die *Eder Service GmbH* ist innerhalb der Unternehmensgruppe für das Ersatzteilgeschäft, die Kundenmontage und die Logistik verantwortlich. Geleitet wird sie von *Elvira Rasch*, die nach ihrem BWL-Studium seit rund zehn Jahren in der Firmengruppe tätig ist. Sie gilt als ausgesprochen empathisch und sorgt für ein angenehmes Arbeitsklima in der Geschäftsführung.

Wesentliche **Merkmale** der *MöBella GmbH* sind:

- Die *MöBella GmbH* ist die Muttergesellschaft eines Konzerns mit vier rechtlich selbstständigen Tochterunternehmen.
- Obwohl die *MöBella GmbH* auch Dienstleistungen erbringt, ist sie überwiegend als Sachleistungsunternehmen tätig und dem Wirtschaftszweig des verarbeitenden Gewerbes zuzuordnen.
- Im letzten Geschäftsjahr erzielte der Konzern mit rund 350 Mitarbeitern einen Umsatz von 80 Mio. Euro und hatte eine Bilanzsumme von 45 Mio. Euro. Danach gehört *MöBella* nach allen drei Kriterien in die höchste Kategorie und ist ein großes Unternehmen.

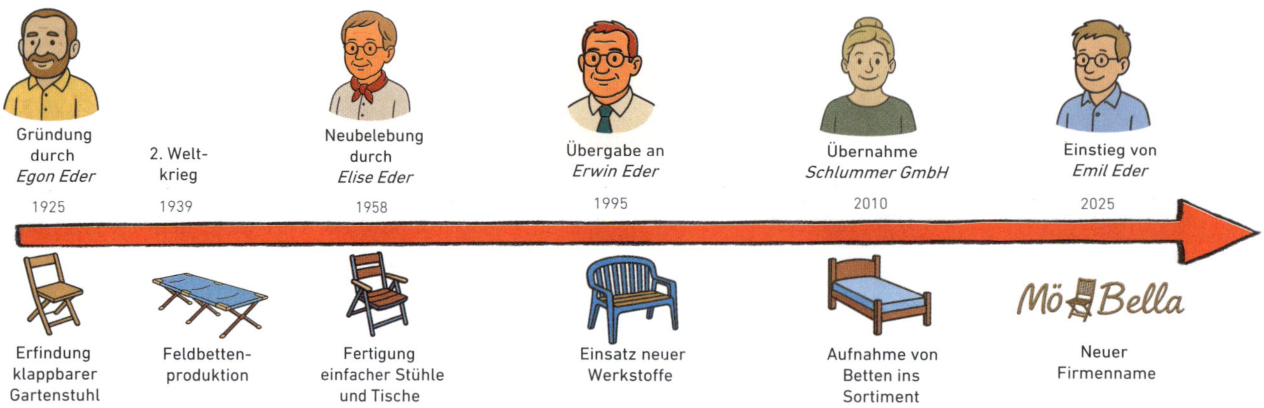

Abb. 1.1.9: Meilensteine in der Entwicklung der MöBella GmbH

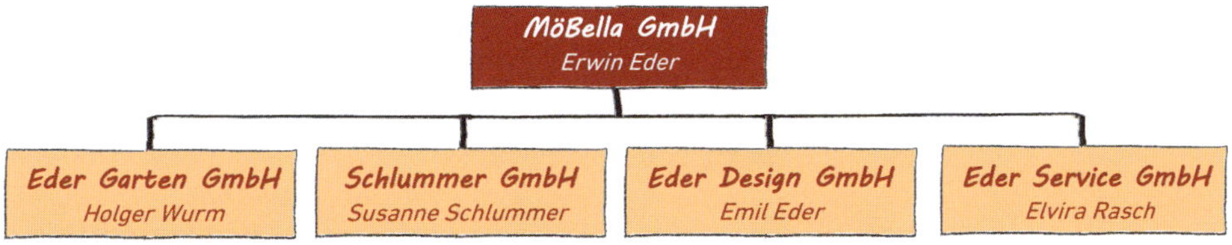

Abb. 1.1.10: Organigramm der MöBella GmbH

- Die Firmengruppe ist in der Rechtsform einer Gesellschaft mit beschränkter Haftung (GmbH) organisiert und somit eine Kapitalgesellschaft.
- Die *MöBella GmbH* ist ein inhabergeführtes Familienunternehmen in dritter Generation, wobei der Übergang zur vierten Generation bereits eingeleitet ist. 2025 feierte das traditionsreiche Unternehmen bereits sein hundertjähriges Jubiläum.

1.2 Auf welchen Ebenen findet Unternehmensführung statt?

1.2.1 Worin unterscheiden sich die Führungsebenen?

Die Unternehmensführung wird nach der **Tragweite** ihrer Entscheidungen in hierarchische Ebenen gegliedert. Maßgeblich sind dabei die folgenden Kriterien:

- Die **Bindungswirkung** beschreibt, ob getroffene Entscheidungen rückgängig gemacht oder kurzfristig verändert werden können. Ein Unternehmenskauf hat eine hohe Bindungswirkung, während eine Maschinenbelegung rasch angepasst werden kann.
- Die **zeitliche Reichweite** gibt an, wie lange die Auswirkungen einer Entscheidung in die Zukunft reichen. Dabei wird zwischen kurz-, mittel- und langfristigen Entscheidungen unterschieden. Die Abgrenzung hängt stark von der Branche ab. In einem Modeunternehmen gelten bereits drei Jahre als langfristig, da dieser Zeitraum mehrere Kollektionen umfasst. Für einen Kraftwerksbetreiber sind hingegen selbst fünf Jahre noch kurzfristig.
- Die **Strukturierung** beschreibt, wie verständlich und vorhersehbar die benötigten Informationen und Lösungswege in einer konkreten Entscheidungssituation sind. Je höher der Strukturierungsgrad, desto eher lassen sich Entscheidungen standardisieren, delegieren und automatisieren.
- Der **Geltungsbereich** gibt an, auf welche Bereiche oder Ebenen des Unternehmens sich eine Entscheidung auswirkt. Entscheidungen mit hohem Geltungsbereich, wie etwa die Fusion mit einem Wettbewerber, betreffen das gesamte Unternehmen. Entscheidungen mit geringem Geltungsbereich, wie die Reorganisation einer Abteilung, wirken sich nur auf einen begrenzten Teilbereich aus.
- Die **Grundsätzlichkeit** beschreibt, wie stark eine Entscheidung das gesamte Unternehmen beeinflusst. Grundsatzentscheidungen haben hohe Bedeutung für die Entwicklung und den Erfolg des Unternehmens. Sie lösen weiteren Entscheidungsbedarf aus und schränken zukünftige Handlungsmöglichkeiten ein. So ist beispielsweise ein Unternehmenskauf eine Grundsatzentscheidung, die Festlegung der wöchentlichen Maschinenbelegung jedoch nicht.
- Der **monetäre Wert** gibt an, welche Auswirkungen eine Entscheidung auf die Vermögens- und Ertragslage hat. Während die Entwicklung eines neuen Fahrzeugtyps in der Automobilindustrie Investitionen in Milliardenhöhe verursacht, kostet die Anschaffung eines neuen Abteilungsdruckers lediglich wenige Hundert Euro.

Die Aufgaben der Unternehmensführung lassen sich danach folgenden drei **Ebenen** zuordnen:[36]

- **Normativ:** Diese Ebene hat die höchste Tragweite. Sie bestimmt übergeordnete Werte, Ziele und Verhaltensnormen, welche die Zukunft und Identität des Unternehmens prägen und dessen Überleben sicherstellen sollen.
- **Strategisch:** Die strategische Ebene umfasst die Entwicklung, Verteidigung und den Ausbau von Wettbewerbsvorteilen und Erfolgspotenzialen. Im Mittelpunkt steht die Effektivität, also die richtigen Dinge zu tun („Doing the right things").

- **Operativ:** Die operative Ebene befasst sich mit Führungsaufgaben geringer Tragweite und der Steuerung des laufenden Geschäftsbetriebs. Ziel ist eine möglichst effiziente Umsetzung, also die Dinge richtig zu tun („Doing the things right").

Jede Ebene setzt den Rahmen für die Aufgaben der jeweils darunterliegenden Ebene, woraus sich eine Hierarchie der Unternehmensführung ergibt.[37]

> Die Unternehmensführung wird je nach Tragweite der Führungsaufgaben in eine normative, strategische und operative **Führungsebene** unterteilt.

In Anlehnung an das Militär wurde früher noch eine zusätzliche taktische Ebene betrachtet, die zwischen der strategischen und operativen Ebene angesiedelt war.[38] Auf dieser Ebene sollten die strategischen Vorgaben konkretisiert und in operative Tätigkeiten überführt werden. In der Praxis spielt diese Ebene jedoch kaum eine Rolle, da ihre Aufgaben und Inhalte nicht klar von den angrenzenden Ebenen zu trennen sind. Strategische Vorgaben lassen sich mithilfe einer Balanced Scorecard oder durch Objectives and Key Results (vgl. Kap. 4.2) deutlich wirksamer umsetzen. Daher wird im Folgenden auf eine taktische Ebene verzichtet.

Die Ebenen der Unternehmensführung sind eng miteinander verknüpft und erfordern laufende Abstimmungsprozesse. Dabei weisen die Vorgaben auf normativer und strategischer Ebene die Richtung für die operative Umsetzung. Umgekehrt kann die operative Ebene auch Grenzen aufzeigen, etwa wenn bestimmte Ziele nicht realisierbar sind und eine strategische Anpassung erforderlich wird. Normative und strategische Führung gestalten und entwickeln das Unternehmen, während die operative Führung es im Tagesgeschäft lenkt.[39] Wie Abb. 1.2.2 veranschaulicht, geben die oberen Ebenen die Richtung vor und konkretisieren die Inhalte. Die operative Ebene setzt diese Vorgaben um und zeigt dabei, ob sie in der Praxis funktionieren. Diese Erfahrungen fließen wieder in die übergeordneten Ebenen zurück.

Nach den Führungsebenen richten sich auch die Tätigkeitsschwerpunkte in der **Führungshierarchie**:[40]

- Die **oberste Führungsebene** bildet die Leitung des Gesamtunternehmens, etwa durch die Geschäftsführung oder den Vorstand. Sie ist vor allem für die normative Unternehmensführung sowie für Grundsatz- und Richtungsentscheidungen verantwortlich.
- Die **mittlere Führungsebene** ist für die strategische Ausrichtung ihres jeweiligen Verantwortungsbereichs zuständig und bereitet die Umsetzung der Strategie vor. Die Bereichsführung konzentriert sich dabei auf einen regional oder produktbezogen abgegrenzten Teil des Unternehmens und dessen strategische Entwicklung und Positionierung.
- Die **unteren Führungsebenen** sind hauptsächlich für die operative Unternehmensführung verantwortlich und setzen die strategischen Vorgaben im Tagesgeschäft um. Eine wichtige Rolle spielt dabei die sogenannte Funktionalführung: Sie sorgt bereichsübergreifend dafür, dass in einem Funktionsbereich gemeinsame Strategien verfolgt, verbindliche Regeln eingehalten und Methoden einheitlich angewendet werden. So wird im Unternehmen beispielsweise auf Standards bei IT-Systemen und verbindliche Führungsgrundsätze im Personalbereich geachtet.

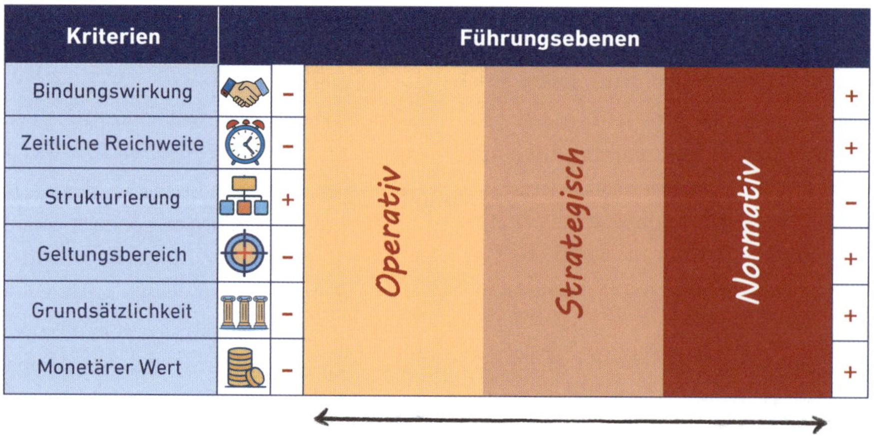

Abb. 1.2.1: Führungsebenen nach der Tragweite der Entscheidungen

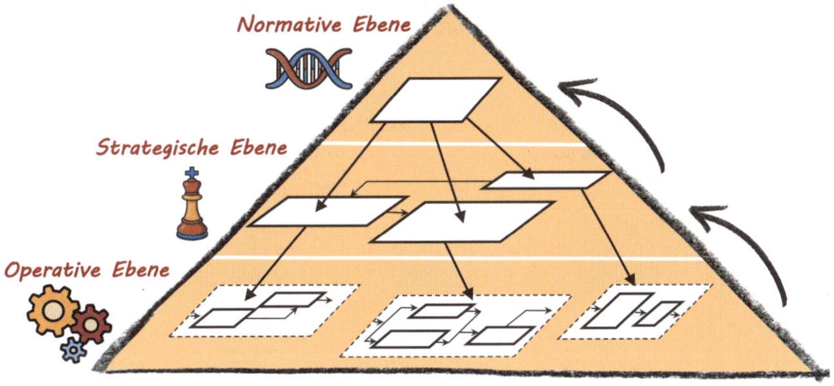

Abb. 1.2.2: Zusammenhang der Führungsebenen

1.2.2 Welche Aufgaben umfassen die Führungsebenen?

Die **normative Unternehmensführung** legt den Gestaltungsrahmen fest, der dem Unternehmen seine Persönlichkeit und Identität verleiht. Sie bestimmt die grundlegenden Ziele des Unternehmens und prägt dessen Beziehung zu seiner Umwelt. Die dabei getroffenen übergeordneten Entscheidungen beruhen auf den Wertvorstellungen der obersten Führungshierarchie und haben den Charakter von Richtlinien oder Normen, was die Bezeichnung dieser Ebene erklärt.

> Die **normative Unternehmensführung** beschreibt die Identität und Daseinsberechtigung eines Unternehmens. Sie bestimmt dessen Werte, Purpose, Zweck und langfristige Entwicklung. Darüber hinaus prägt sie das Verhalten der Beschäftigten und regelt die Leitung und Überwachung des Unternehmens.

Ziel der normativen Unternehmensführung ist es, das Selbstverständnis des Unternehmens sowie dessen Legitimität, Werte und langfristige Ausrichtung festzulegen. Damit soll sichergestellt werden, dass das Unternehmen dauerhaft bestehen und sich weiterentwickeln kann. Dazu gehört auch, das Unternehmen rechtzeitig an veränderte Rahmenbedingungen anzupassen.

Die normative Unternehmensführung bietet dem Unternehmen eine grundlegende Orientierung. Der Purpose beschreibt die Bestimmung und den übergeordneten Sinn des Unternehmens. Die Unternehmensvision stellt das angestrebte Zukunftsbild dar, während die Mission den Zweck konkretisiert. Die Unternehmenskultur umfasst alle historisch gewachsenen und gemeinsam gelebten Werte, Verhaltensweisen und Denkhaltungen. Schließlich legt die Unternehmensverfassung die Organe sowie deren Rechte und Pflichten fest. Die normative Unternehmensführung wird in Kapitel 2 ausführlich erläutert.

Die **strategische Unternehmensführung** ist dafür verantwortlich, die normativen Ziele langfristig umzusetzen. Sie positioniert das Unternehmen und dessen Geschäftsfelder in den Branchen und Märkten und entwickelt wettbewerbsrelevante Ressourcen, Fähigkeiten und Kompetenzen. Dadurch sollen gegenüber der Konkurrenz nachhaltige Wettbewerbsvorteile aufgebaut und Erfolgspotenziale erschlossen werden. Erfolgspotenziale sind produkt- und marktspezifische Voraussetzungen für wirtschaftlichen Erfolg, wie etwa Marktpositionen, Produkte, Technologien, Strukturen oder Prozesse. Die strategische Unternehmensführung wird in Kapitel 3 dargestellt.

> Die **strategische Unternehmensführung** legt das langfristige Vorgehen zum Aufbau von Wettbewerbsvorteilen fest und bestimmt, wie daraus Erfolgspotenziale entwickelt werden. Sie beschreibt, welche Ressourcen, Fähigkeiten und Kompetenzen dafür erforderlich sind und wie sich das Unternehmen im Wettbewerb positionieren soll.

Die **operative Unternehmensführung** setzt die strategischen Vorgaben im Tagesgeschäft (Day-to-Day Business) um und stellt sicher, dass die laufenden Aktivitäten mit der langfristigen Ausrichtung des Unternehmens übereinstimmen. Sie umfasst die Planung, Steuerung und Kontrolle dieser Aktivitäten, um die vorhandenen Erfolgspotenziale möglichst wirksam zu nutzen. Dazu werden konkrete Maßnahmen zur Strategieumsetzung entwickelt und anschließend so effizient wie möglich ausgeführt. Zudem werden die operativen Funktionsbereiche wie Produktion, Vertrieb, Einkauf, Finanzen, Personal und IT laufend aufeinander abgestimmt, um ein koordiniertes und zielgerichtetes Handeln im gesamten Unternehmen sicherzustellen.

	Normativ	Strategisch	Operativ
Zielsetzung	Überlebens- und Entwicklungsfähigkeit	Effektivität	Effizienz
Zielgrößen	Werte, Sinn, Kultur, Mission, Vision, Verfassung	Wettbewerbsvorteile und Erfolgspotenziale	Wertbeitrag, Gewinn, Rentabilität, Liquidität
Detaillierungsgrad	Gering	Mittel	Hoch
Fristigkeit	Dauerhaft	Langfristig	Kurzfristig
Grundsätzlichkeit	Grundsatzentscheidungen	Richtungsentscheidungen	Einzelentscheidungen
Hierarchieebene	Oberste Führungsebene	Obere und mittlere Führungsebene	Mittlere und untere Führungsebene
Entscheidungs-freiheit	Prinzipiell unbegrenzt	Hoch	Gering
Tragweite	Gesamtunternehmen	Unternehmensbereiche	Abgegrenzte Teilbereiche

Abb. 1.2.3: Unterscheidungsmerkmale der Führungsebenen

Die **operative Unternehmensführung** umfasst die Planung, Steuerung und Kontrolle der laufenden Aktivitäten eines Unternehmens, um die Strategie umzusetzen und bestehende Erfolgspotenziale möglichst effizient zu nutzen.

Abb. 1.2.3 fasst die Merkmale der verschiedenen Führungsebenen zusammen.

1.3 Prozesse und Funktionen der Unternehmensführung

1.3.1 Wie laufen Führungsprozesse ab?

Zu den Kernaufgaben der Unternehmensführung gehört es, Entscheidungen zu treffen, für deren Umsetzung zu sorgen und die erzielten Ergebnisse zu kontrollieren. Führungsprozesse bestehen aus drei **Phasen**:

- **Planung:** Zunächst werden die Ziele festgelegt, also was in welchem Ausmaß bis wann erreicht werden soll. Nach der Analyse der Problemstellung werden alternative Lösungswege erarbeitet und bewertet. Anschließend wird entschieden, welche Alternative umgesetzt wird.
- **Steuerung:** Für die gewählte Lösung sind geeignete Maßnahmen zur Umsetzung festzulegen. Da deren Realisierung in der Regel nicht durch die Unternehmensführung selbst, sondern durch ausführende Mitarbeiter erfolgt, müssen diese entsprechend angeleitet und motiviert werden.
- **Kontrolle:** Die Ergebnisse der Maßnahmen werden erfasst und mit den angestrebten Zielen verglichen. So lassen sich Abweichungen erkennen und Erfahrungen für künftige Entscheidungen sammeln.

Diese drei Phasen werden häufig unter dem Begriff **Management** zusammengefasst.

Die Ausführung zählt nicht zum Führungsprozess, da sie spezialisiertes Fachwissen erfordert. Darüber hinaus setzt die Kontrolle der Handlungen eine neutrale und distanzierte Perspektive voraus. Außerdem fehlt den ausführenden Mitarbeitern in der Regel der nötige Überblick sowie der Zugang zu bereichsübergreifenden Informationen, um die Auswirkungen ihres Handelns einschätzen zu können. Aus diesen Gründen sollten Führung und Ausführung klar voneinander getrennt werden.

Der **Führungsprozess** umfasst die Phasen Planung, Steuerung und Kontrolle. Er beschreibt den typischen Ablauf von Entscheidungen und wird häufig unter dem Begriff „Management" zusammengefasst.

Führungsprozesse fallen im Unternehmen täglich an und folgen dabei nicht immer einem starren Ablauf. Mitunter werden einzelne Phasen übersprungen oder mehrfach wiederholt. Da die Zukunft nicht vorhersehbar ist, ist die Planung stets mit Unsicherheiten verbunden. Dies führt

Führung	Planung	Zielbildung
		Problemanalyse
		Alternativensuche
		Alternativen bewerten
		Entscheidung
	Steuerung	Maßnahmen festlegen
		Instruktion und Motivation
Ausführung	Umsetzung	Maßnahmen durchführen
		Ergebniserreichung
Führung	Kontrolle	Kontrollkriterien festlegen
		Kontrollen durchführen

Abb. 1.3.1: Zusammenspiel zwischen Führung und Ausführung im Führungsprozess

zu Abweichungen zwischen den geplanten und den tatsächlich realisierten Ergebnissen. Um die gesetzten Ziele dennoch zu erreichen, sind Rückkopplungen erforderlich. Dabei werden die erzielten Resultate kontinuierlich mit den Zielvorgaben abgeglichen. Weichen Ist- und Soll-Zustand voneinander ab, sind entsprechende Korrekturmaßnahmen einzuleiten. Die gewonnenen Kontrollinformationen fließen in nachfolgende Führungsprozesse ein und tragen dazu bei, die zukünftige Zielerreichung zu verbessern. Abb. 1.3.2 stellt diesen Führungskreislauf dar.

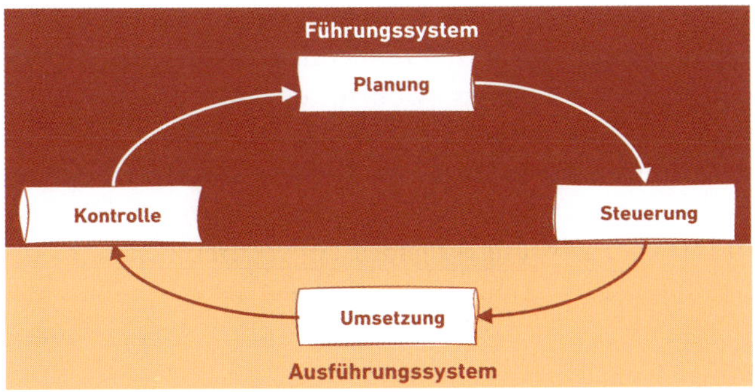

Abb. 1.3.2: Führungskreislauf

Führungsprozess Produktentwicklung

- **Zielbildung:** Es soll ein neues Produkt entwickelt werden, das zu einem festgelegten Termin auf den Markt kommt.
- **Problemanalyse:** Das bestehende Produkt ist bereits seit vier Jahren im Sortiment; Produkte der Wettbewerber sind inzwischen technisch überlegen. Umsatz und Ergebnis sind in den letzten beiden Jahren deutlich zurückgegangen. Das neue Produkt soll nicht nur zur Konkurrenz aufschließen, sondern auch wesentliche Neuerungen bieten.
- **Alternativensuche:** Auf Basis von Marktforschungsdaten werden Kundenanforderungen festgelegt, aus denen die Entwicklungsabteilung mehrere Produktvorschläge erarbeitet.
- **Alternativen bewerten:** Die Vorschläge werden anhand von Kundenbefragungen und Wirtschaftlichkeitsrechnungen qualitativ und quantitativ beurteilt.
- **Entscheidung**: In einer Geschäftsleitungssitzung werden die Alternativen diskutiert und eine davon ausgewählt.
- **Maßnahmen festlegen:** Die Meilensteine des Entwicklungsprojekts werden definiert und die Projektleitung bestimmt.
- **Instruktion und Motivation:** Die Projektleitung stellt das Team zusammen und weist den Mitgliedern Aufgaben und Kompetenzen zu.
- **Umsetzung:** Die Entwicklung wird durch das Projektteam durchgeführt.
- **Kontrolle:** Sowohl während als auch nach dem Projekt informiert das Team die Projektleitung über die erzielten Ergebnisse. Sollte sich die Entwicklung schwieriger als geplant gestalten, sind gegebenenfalls zusätzliche Maßnahmen erforderlich, um die Markteinführung zum festgelegten Termin sicherzustellen.

1.3.2 Welche Funktionen hat die Unternehmensführung?

Die Unternehmensführung soll ein funktionierendes Führungssystem gestalten, das Unternehmen erfolgreich steuern und es kontinuierlich weiterentwickeln, um dessen langfristiges Überleben zu sichern.[41] Zur Erfüllung dieser Aufgaben übernimmt sie folgende **Führungsfunktionen**:

- **Planung und Kontrolle** (Kap. 4): Planung ist das systematische Festlegen von Zielen sowie der erforderlichen Maßnahmen, Mittel und Wege, um diese zu erreichen. Die Kontrolle prüft, ob diese Ziele realisiert wurden. Beide Funktionen gehören untrennbar zusammen: Ohne Planung gibt es nichts zu kontrollieren, und ohne Kontrolle bleibt unklar, ob die Pläne erfüllt wurden. Gemeinsam beantworten sie die Frage: „Was soll wie, womit und bis wann erreicht werden – und welches Ergebnis wurde tatsächlich erzielt?".
- **Organisation** (Kap. 5) betrifft die zweckgerichtete Gestaltung betrieblicher Strukturen. Sie regelt sowohl den hierarchischen Aufbau des Unternehmens als auch den Ablauf innerbetrieblicher Prozesse. Im Zentrum steht die Frage: „Wer soll was, wann, wo und wie im Unternehmen umsetzen – und wie sind die Aufgaben, Zuständigkeiten und Abläufe geregelt?".
- Die **Personalfunktion** (Kap. 6) umfasst sämtliche mitarbeiterbezogenen Führungsaufgaben. Dazu zählen das Personalmanagement, das Leadership und die Führung des Wandels. Es geht um die Frage: „Wer wird wie und von wem geführt?".
- **Information und Kommunikation** (Kap. 7) bilden die Grundlage für die Führung eines Unternehmens als soziales System und arbeitsteilige Organisation. Sie sind auf allen Ebenen und für sämtliche Funktionen der Unternehmensführung von zentraler Bedeutung. Information und Kommunikation ermöglichen, verbinden und koordinieren alle Führungsfunktionen und schlagen die Brücke zwischen Führungs- und Ausführungssystem. Deshalb stehen sie in der Darstellung der Führungsfunktionen in Abb. 1.3.3 als verbindendes Element im Zentrum. Die maßgebliche Frage lautet: „Welche Informationen benötigen die Aufgaben- und Entscheidungsträger und wie lassen sich diese beschaffen, aufbereiten, verbreiten und nutzen?".

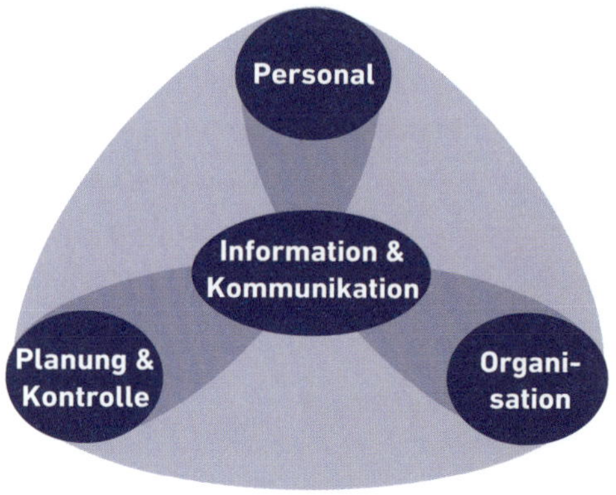

Abb. 1.3.3: Funktionen der Unternehmensführung

> Die zentralen Aufgabenbereiche der Unternehmensführung gliedern sich in vier **Führungsfunktionen**: Planung und Kontrolle, Organisation, Personal sowie Information und Kommunikation.

Diese Führungsfunktionen sind eng miteinander verknüpft und beeinflussen sich gegenseitig. Deshalb müssen sie abgestimmt und zu einem konsistenten Führungssystem integriert werden, damit keine gegensätzlichen Führungsimpulse entstehen. So würde etwa eine restriktive Planung und Kontrolle in einem jungen Start-up kaum zu einer Personalführung passen, die auf Mitbestimmung und Eigenverantwortung setzt.

Je nach Größe, Branche und Führungskontext ist die Unternehmensführung unterschiedlich ausgestaltet. Kleine Unternehmen in einem stabilen Umfeld können von einer einzelnen Person geführt werden, wie etwa Dienstleistungsunternehmen oder Handwerks- und Gastronomiebetriebe. Mit wachsender Unternehmensgröße werden die vielfältigen Führungsaufgaben auf mehrere Personen als Leitungsorgan verteilt. Gleichzeitig entstehen spezialisierte Institutionen, welche die Unternehmensführung bei einzelnen Aufgaben oder bei der Koordination von Funktionen und Ebenen unterstützen. Dabei handelt es sich um interne Dienstleister mit fachlicher Spezialisierung, die jedoch selbst keine eigenständige Führungsfunktion ausüben.

Beispiele für solche **Unterstützungsfunktionen** sind:

- **Marketing** hilft dabei, die Kundenbedürfnisse zu verstehen und besser als die Wettbewerber zu erfüllen.[42]
- **Logistik** unterstützt bei der Planung, Steuerung und Kontrolle des gesamten Material- und Warenflusses.[43]
- **Controlling** koordiniert Planung und Kontrolle und versorgt die Führungskräfte mit entscheidungsrelevanten Informationen.[44]

1.4 Perspektiven der Unternehmensführung

Um das Unternehmen in einem erfolgskritischen Themenfeld voranzubringen, kann sich die Unternehmensführung gezielt auf ausgewählte Schwerpunkte konzentrieren. Diese Führungsperspektiven wirken sich auf alle Ebenen und Funktionen aus und bilden die dritte Dimension des Führungssystems (vgl. Kap. 1.1.4).

Wesentliche **Perspektiven** der Unternehmensführung sind:

- **Qualität:** Die qualitätsorientierte Unternehmensführung richtet alle Mitarbeiter und Unternehmensbereiche auf die Erfüllung der Kundenanforderungen aus.
- **Unternehmenswert (Shareholder Value):** Die wertorientierte Unternehmensführung fokussiert sich auf die Steigerung des Eigentümerwerts.
- **Immaterielles Vermögen (Intangibles):** Die immateriell orientierte Unternehmensführung stellt immaterielle Werte wie Human-, Kunden-, Beziehungs- und Strukturkapital in den Vordergrund.
- **Risiko:** Die risikoorientierte Unternehmensführung umfasst die fortlaufende und systematische Erkennung, Analyse, Steuerung und Dokumentation betrieblicher Chancen und Gefahren.
- **Internationalisierung:** Die internationale Unternehmensführung zielt auf die länderübergreifende Expansion der Geschäftstätigkeit.
- **Innovation:** Die innovationsorientierte Unternehmensführung entwickelt neue Produkte, Dienstleistungen, Verfahren oder Geschäftsmodelle.
- **Digitalisierung:** Eine an der Digitalisierung orientierte Unternehmensführung nutzt digitale Technologien, um das Geschäftsmodell, die Geschäftsprozesse sowie die Produkte und Dienstleistungen zukunftsfähig zu gestalten.

Die Inhalte dieser Perspektiven werden im Folgenden kurz erläutert. Eine ausführliche Darstellung sowie weiterführende Literaturhinweise finden Sie im achten Kapitel meines Standardwerks *Unternehmensführung.*[45]

1.4.1 Auf die Qualität kommt es an

Seit Güter und Dienstleistungen hergestellt werden, spielt deren Qualität für die verantwortlichen Betriebe eine wichtige Rolle. Bereits um 1.700 v. Chr. drohte Baumeistern in Babylon die Todesstrafe, wenn durch den Einsturz ihrer Gebäude Menschen ums Leben kamen. Im Mittelalter gab es bereits Qualitätssiegel in Form des jeweiligen Stadtwappens, die von amtlich bestellten Sachverständigen vergeben wurden. Mit der zunehmenden Industrialisierung gewann Qualität ab dem 19. Jahrhundert immer mehr an Bedeutung.[46]

Die Qualität von Objekten – etwa Produkten, Dienstleistungen oder Prozessen – ist ein relatives Maß für die Übereinstimmung zwischen der geforderten und der tatsächlich realisierten Ausprägung einzelner Merkmale. Vereinfachend lässt sich Qualität als Waage veranschaulichen. Da ein Objekt über viele Eigenschaften verfügen kann, müssen Führungskräfte zunächst entscheiden, welche davon qualitätsrelevant sind. Besonders kritische Merkmale können bei der Beurteilung eines Objekts stärker gewichtet werden oder sogar als K.-o.-Kriterien gelten.[47]

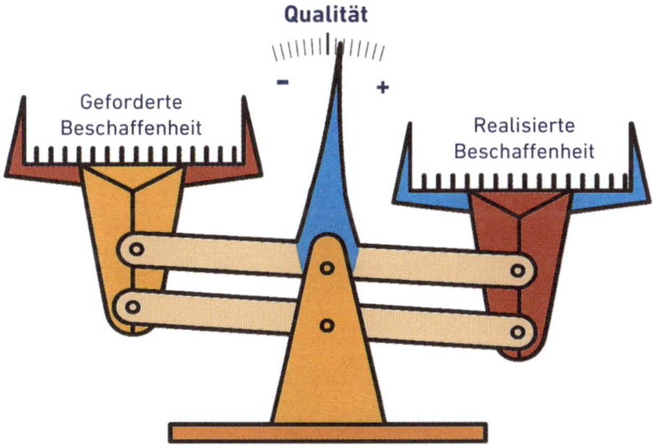

Abb. 1.4.1: Qualität als Waage[48]

Wie in Abb. 1.4.2 dargestellt, lassen sich die Qualitätsmerkmale sowohl aus technischer als auch aus kundenorientierter Sicht beurteilen. Die technische Qualität wird durch objektiv messbare Eigenschaften beschrieben. Sie gewährleistet die Fehlerfreiheit eines Produkts, garantiert jedoch noch keinen Markterfolg. Denn dafür muss ein Produkt auch die subjektiven Erwartungen der Kunden erfüllen. Die Sicherstellung technischer Qualität ist somit eine notwendige, aber keine hinreichende Bedingung zur Erreichung einer hohen Kundenzufriedenheit.[49] Während die kundenorientierten Anforderungen die Wünsche der Kunden widerspiegeln, werden die technischen Anforderungen vom Unternehmen festgelegt.[50] Die Qualität ergibt sich somit aus der Schnittmenge zwischen den erfüllten Kundenanforderungen und den unternehmensseitigen Qualitätsvorgaben.

Für die Kaufentscheidung der Kunden ist neben der Qualität auch der Preis eines Produkts ausschlaggebend. In der Regel besteht hier eine **Austauschbeziehung**: Bei einem niedrigen Preis sind die Kundenanforderungen geringer und somit einfacher zu erfüllen, während hohe Preise auch höhere Erwartungen wecken. Der Preis beeinflusst also die Anforderungen der Kunden. Er ist jedoch kein Qualitätsmerkmal, sondern ein externer Einflussfaktor der Kaufentscheidung.

Das Unternehmen hat auch die Kosten zur Erfüllung der Kundenanforderungen zu berücksichtigen. Abhängig von der strategischen Zielsetzung ist eine geeignete Marktpositionierung festzulegen (vgl. Kap. 3.3). Eine Differenzierungsstrategie kann nur erfolgreich sein, wenn die Kundenanforderungen auch zu vertretbaren Kosten realisiert werden können. Eine Strategie der Kostenführerschaft hingegen basiert auf einem standardisierten Produkt, das lediglich grundlegende Anforderungen abdeckt. Aufgrund des niedrigen Preises verzichtet der Kunde zwar auf besondere Produktmerkmale, wird aber dennoch keine gravierenden Mängel hinnehmen.

Total Quality Management & Leadership

Beim Total Quality Management (TQM) wird Qualität zur obersten Priorität im gesamten Unternehmen und für alle Mitarbeiter – getreu dem Motto: „Quality first". Die DIN EN ISO 9000 beschreibt TQM als eine „auf der Mitwirkung aller Mitglieder basierende Managementmethode einer Organisation, die Qualität in den Mittelpunkt stellt und durch Zufriedenstellung der Kunden auf langfristigen Geschäftserfolg sowie auf Nutzen für die Mitglieder der Organisation und für die Gesellschaft zielt". Dahinter steht die Überzeugung, dass die Kunden die Qualität beurteilen und zur Erfüllung ihrer Anforderungen alle Mitarbeiter einen Beitrag leisten müssen.

Total Quality Management (TQM) bezeichnet einen umfassenden Führungsansatz, der Qualität in den Mittelpunkt stellt und das gesamte Unternehmen auf die Erfüllung der Kundenanforderungen ausrichtet.

Getrieben durch die *European Foundation for Quality Management* (EFQM) wurde der Begriff des Total Quality Managements seit den 2000er-Jahren zunehmend durch die Bezeichnung „Business Excellence" verdrängt.[51] Die *EFQM* ist eine gemeinnützige Organisation, die 1989 gegründet wurde, um die Ausbreitung des Qualitätsmanagements in Europa voranzutreiben. Die aktuelle Version des *EFQM-Modells*[52] entwirft ein umfassendes Performance-Management-System im Sinne einer nachhaltigen Unternehmensführung, weist jedoch keine explizite Qualitätsorientierung mehr auf.

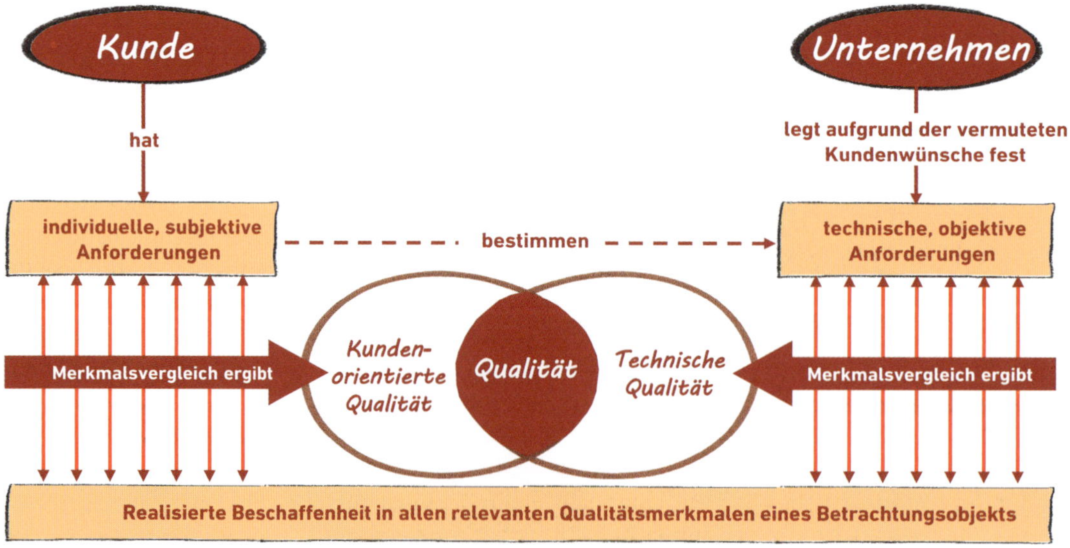

Abb. 1.4.2: Qualität als Schnittmenge der Erfüllung der Anforderungen von Kunden und Unternehmen

Exzellenz am Beispiel der Dabba Wallahs in Mumbai

In der indischen Metropole *Mumbai* leben über 20 Millionen Menschen unterschiedlichster religiöser Herkunft. Um deren Gewohnheiten und Ernährungsvorschriften zu berücksichtigen, schwören viele Inder auf selbstgekochte Mahlzeiten. Deshalb lassen sich zahlreiche Angestellte im Geschäftszentrum der Stadt ihr Mittagessen von zu Hause an den Arbeitsplatz liefern. Das Essen wird vormittags daheim zubereitet und in mehrere Warmhaltebehälter aus Blech gefüllt – die sogenannten *Dabbas*. Diese werden anschließend von einem der über 5.000 *Dabba Wallahs* abgeholt, wobei *Wallah* für Dienstleister steht.

Damit jeder Essensbehälter sein Ziel erreicht, ist er mit Farben, Zahlen und Buchstaben gekennzeichnet. Dieser Code aus Stadtteil, Gebäude, Stockwerk und Büro legt genau fest, wohin das Essen geliefert werden soll. Die Dabba Wallahs arbeiten in Teams, die sich die Aufgaben – von der Abholung über den Transport bis zur Auslieferung – untereinander aufteilen. Nach der Mittagspause wird die Lieferkette in umgekehrter Reihenfolge durchlaufen, und die Behälter werden wieder zurückgebracht. Trotz mehrerer Übergaben kommt es dabei kaum zu Fehlern: Bei täglich rund 200.000 Lieferungen geht so gut wie nie ein Essen verloren.

Diese logistische Meisterleistung ist umso bemerkenswerter, als die meisten Dabba Wallahs Analphabeten sind. Die Essenszusteller sind selbstständige Unternehmer, die in Kooperativen organisiert sind und durch einen zentralen Interessenverband vertreten werden. Die Dienstältesten springen ein, wenn jemand ausfällt, und kümmern sich um verirrte Essensboxen, damit die Lieferqualität stets sichergestellt ist.[53]

Um ein Unternehmen konsequent auf Qualität auszurichten, genügt es nicht, Qualität lediglich zu managen. Die qualitätsorientierte Perspektive der Unternehmensführung erfordert vielmehr ein Total Quality Leadership.

Total Quality Leadership (TQL) soll die Mitarbeiter zu herausragenden Leistungen anspornen, um die Vision eines kundenorientierten Unternehmens zu verwirklichen.

Die Ausrichtung des Unternehmens auf Qualität erfordert langen Atem, bis das Streben nach besseren Leistungen in den Köpfen aller Mitarbeiter verankert ist. Doch die Anstrengung lohnt sich, denn schlechte Qualität verursacht nicht nur Kosten, sondern führt vor allem zur Unzufriedenheit der Kunden. Im schlimmsten Fall sind diese dauerhaft verloren. Unzufriedene Kunden sorgen zudem durch Mundpropaganda für ein schlechtes Unternehmensimage. Vereinfacht ausgedrückt bedeutet Qualität daher: „Nicht das Produkt kommt zurück, sondern der Kunde."[54]

1.4.2 Von der Gewinnorientierung zur Wertsteigerung

Die wertorientierte Perspektive spielt heute bei den meisten Kapitalgesellschaften eine zentrale Rolle. Aus Sicht der Eigentümer ist ein Unternehmen nur dann erfolgreich, wenn es eine ausreichende Rendite erwirtschaftet. Um als Kapitalanlage attraktiv zu sein, müssen die Unternehmen für ihre Kapitalgeber deshalb eine Mindestverzinsung erzielen, deren Höhe vom Investitionsrisiko abhängt. Eine Wertsteigerung wird erst dann erreicht, wenn der Unternehmenserfolg die Kosten des eingesetzten Eigen- und Fremdkapitals übersteigt. Sie ist die Voraussetzung, um das langfristige Überleben des Unternehmens sicherzustellen. Wertsteigerungen sind auch erforderlich, um die Interessen anderer Stakeholder wie Mitarbeiter, Kunden oder Gesellschaft zu erfüllen.

Wertorientierte Unternehmensführung bedeutet, aus Sicht der Eigentümer eine angemessene Rendite auf das eingesetzte Kapital zu erwirtschaften. Die erwartete Mindestrendite hängt dabei vom Risiko ab, das mit der Investition in das Unternehmen verbunden ist.

Einsatzbereiche des Shareholder Value Managements sind:[55]

- **Leistungsmessung der Unternehmensführung:** Wie erfolgreich wurde das Unternehmen aus Sicht der Eigentümer geführt? Welche Geschäftsbereiche tragen wesentlich zum Unternehmenswert bei?
- **Bewertung von Strategien:** Welche Strategien schaffen Unternehmenswert? Wie wirken sich strategische Optionen auf den Shareholder Value aus?
- **Bewertung von Akquisitionen, Beteiligungen, Kooperationen und Fusionen:** Wie viel ist ein Übernahmekandidat wert? Welcher Preis ist maximal vertretbar? Welche Geschäftseinheiten haben nur geringes Potenzial und kommen für einen Verkauf infrage?
- **Beurteilung von Investitionen:** Welche Investitionen schaffen und welche vernichten Unternehmenswert?

- **Ermittlung erfolgskritischer Faktoren:** Welche Werttreiber beeinflussen den Unternehmenswert? Wie wirkt sich eine Veränderung dieser Einflussfaktoren auf den Unternehmenswert aus?

In einer wertorientierten Sichtweise ersetzt eine risikoadäquate Kapitalverzinsung die traditionelle Gewinnorientierung. Wie in Abb. 1.4.3 zu sehen, werden dabei auch die Eigenkapitalkosten als erwartete Mindestrendite der Kapitalgeber berücksichtigt. Im Mittelpunkt steht die zukunftsgerichtete Steigerung des Unternehmenswerts, während die gewinnorientierte Perspektive primär vergangenheitsbezogen ist.[56] Der Marktwert eines Unternehmens steigt, wenn durch die Geschäftstätigkeit mehr Erträge erzielt werden, als das eingesetzte Kapital kostet. Dies gilt auch für nicht börsennotierte Unternehmen, deren Eigentümer grundsätzlich dieselben Ziele verfolgen wie Aktionäre.

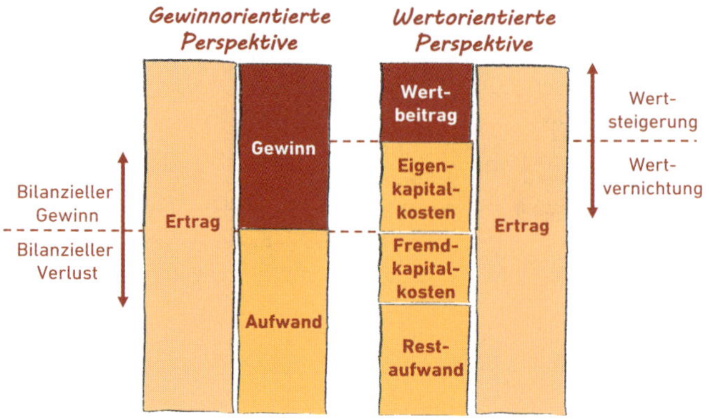

Abb. 1.4.3: Gewinn- versus wertorientierte Perspektive[57]

Wertorientierung am Beispiel einer Immobilieninvestition

Ein Investor kauft eine Immobilie für eine Million Euro. Dieser Betrag wird zur Hälfte fremdfinanziert, wofür ein Hypothekendarlehen mit 5 % Verzinsung aufgenommen wird. Die Fremdkapitalkosten betragen somit 25.000 € pro Jahr. Die andere Hälfte der Investitionssumme ist Eigenkapital, das sich aus Sicht des Investors mit mindestens 6 % verzinsen soll. Die Eigenkapitalkosten betragen daher 30.000 € pro Jahr. Diese Verzinsung würde der Investor auch für eine Alternativanlage mit vergleichbarem Risiko erhalten. Daraus ergeben sich Brutto-Kapitalkosten von 55.000 € pro Jahr und ein nach den Anteilen von Eigen- und Fremdkapital gewichteter Kapitalkostensatz von 5,5 % (WACC: Weighted Average Cost of Capital). Da der Steuervorteil des Fremdkapitals dabei noch nicht berücksichtigt wurde, handelt es sich um einen Brutto-Kapitalkostensatz.

Aus Investorensicht ist die Immobilie nur dann attraktiv, wenn die Einnahmen mindestens die Kapitalkosten decken. Diese stellen die Mindesthürde dar, die es zu übertreffen gilt. Die Immobilie wird vermietet und erwirtschaftet nach Abzug sämtlicher Kosten und Steuern einen jährlichen Rückfluss von 75.000 € bzw. 7,5 %. In diesem Fall erzielt der Investor nach Abzug der Kapitalkosten eine Wertsteigerung von 20.000 € oder eine Überrendite von 2 %. Dies ist für den Kapitalgeber die entscheidende Größe zur Beurteilung des Erfolgs seiner Immobilieninvestition. Der Gewinn berücksichtigt hingegen nur die Fremdkapitalkosten und beträgt somit 50.000 € bzw. 5 %.

Würden die Rückflüsse aber geringer ausfallen und lediglich 45.000 € betragen, würde das Eigenkapital trotz eines Gewinns von 20.000 € nicht ausreichend verzinst. In diesem Fall erleidet der Investor deshalb einen Wertverlust von 10.000 €, da er sein Kapital anderweitig zur Mindestrendite hätte anlegen können.

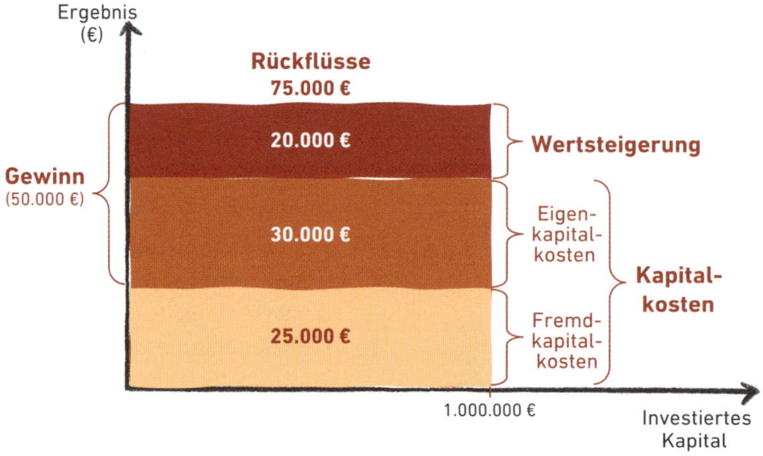

Abb. 1.4.4: Wertorientierte Denkweise bei einer Immobilieninvestition

Für Investoren zählt vor allem die zukünftige Ertragskraft eines Unternehmens. Der Aktienkurs spiegelt diese Erwartungen wider, sofern spekulative und konjunkturelle Einflüsse außer Betracht bleiben. Investoren oder Eigentümer interessieren sich weniger für den Gesamtwert des Unternehmens (Entity Value), sondern in erster Linie für den Wert des Eigenkapitals (Equity Value). Dieser ergibt sich, indem das Fremdkapital vom Unternehmenswert abgezogen wird. Das Ergebnis ist der Marktwert des Eigenkapitals, der auch als **Shareholder Value** bezeichnet wird.

Die Wertermittlung ist dabei nicht nur auf klassische Bewertungsanlässe wie Kauf, Verkauf oder Fusion beschränkt. Die wertorientierte Sichtweise macht die Steigerung des Shareholder Value zum Maßstab für die Bewertung von Unternehmen, Strategien und Investitionen.[58] Wertorientierte Unternehmensführung überbrückt somit den Interessenkonflikt zwischen angestellten Führungskräften und Eigentümern, wie etwa zwischen Vorständen und Aktionären.

Zur Unternehmenssteuerung werden die Werttreiber oder Wertgeneratoren ermittelt, die den Shareholder Value maßgeblich beeinflussen.[59] Hierfür eignen sich sowohl monetäre als auch nicht-finanzielle Kennzahlen. Beispiele sind Umsatzwachstum, Liefertreue, Innovationsrate, Marktanteil oder Produktivität. Die rechnerische oder inhaltliche Verknüpfung der Werttreiber wird in einem **Werttreiber-Baum** dargestellt. Dieser veranschaulicht die Zusammenhänge und Ursache-Wirkungs-Beziehungen zwischen den Werttreibern und zeigt, wie sich der Wertbeitrag steigern lässt.[60]

Wertorientierte Leistungsgrößen

Zur Messung der Wertsteigerung stehen zahlreiche Verfahren zur Verfügung, die entweder auf buchwertorientierten Erfolgsgrößen oder zahlungsorientierten Cashflows basieren.[61] Der Betrachtungshorizont kann zudem eine oder mehrere Perioden umfassen. Daraus folgen die in Abb. 1.4.5 dargestellten Verfahren. Der **Economic Value Added (EVA)** ist der absolute Übergewinn einer Periode, der auf Basis des bereinigten Jahresabschlusses ermittelt wird.[62] Er ergibt sich aus dem operativen Gewinn nach Steuern (NOPAT) abzüglich der gesamten Kapitalkosten auf das eingesetzte Kapital. Werden die EVAs für mehrere Jahre prognostiziert und mit dem gewichteten Kapitalkostensatz abgezinst, ergibt sich der **Discounted Economic Value Added (DEVA)**. Unter Berücksichtigung des diskontierten End- bzw. Fortführungswerts nach dem Prognosezeitraum und nach Abzug des verzinslichen Fremdkapitals lässt sich daraus der Eigenkapitalwert des Unternehmens ableiten. Eine relative buchhalterische Kennzahl ist der **Return on Capital Employed (ROCE)**, der die Rendite auf das eingesetzte Kapital angibt.

Der **freie Cashflow** ist eine absolute, zahlungsorientierte Erfolgsgröße einer Periode, die im Gegensatz zum EVA weitgehend unabhängig von Bilanzierungs- und Bewertungswahlrechten ist. Er zeigt, welche überschüssigen Zahlungsmittel dem Unternehmen nach Abzug aller operativen Ausgaben und Investitionen zur Verfügung stehen. Diese können ohne Beeinträchtigung der laufenden Geschäftstätigkeit zunächst zur Zahlung von Zinsen an Fremdkapitalgeber und anschließend zur Ausschüttung an Eigenkapitalgeber verwendet werden. In Relation zum investierten Kapital folgt daraus der **Cashflow Return on**

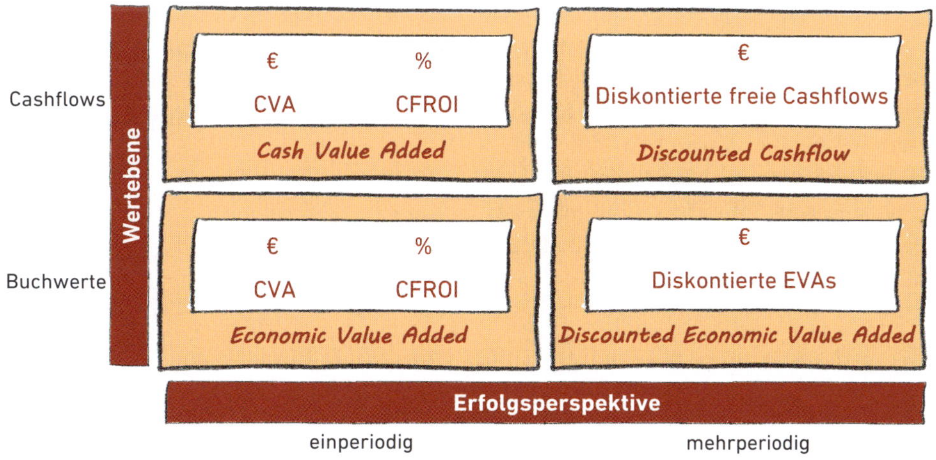

Abb. 1.4.5: Systematik wertorientierter Kennzahlen

Investment (CFROI). Beim **Discounted Cashflow-Verfahren (DCF)** werden die freien Cashflows über einen mehrjährigen Zeitraum prognostiziert und mit dem gewichteten Kapitalkostensatz abgezinst. Nach Addition des diskontierten End- bzw. Fortführungswerts ergibt sich zunächst der Unternehmenswert, aus dem sich durch Abzug des verzinslichen Fremdkapitals der Eigenkapitalwert errechnet. Eine ausführliche Erklärung dieser Verfahren finden Sie in Kapitel 8.2.2 meines Standardwerks *Unternehmensführung*.[63]

Die Wahl der wertorientierten Maßgröße hängt vom konkreten Verwendungszweck ab. Sie ist oft ein Kompromiss zwischen der Genauigkeit der Wertermittlung und der Schwierigkeit der Berechnung. Neben der Aussagekraft der Kennzahlen ist es besonders wichtig, dass die Führungskräfte die Ergebnisse korrekt interpretieren können. Von den deutschen börsennotierten Unternehmen nutzen über 80 % ein wertorientiertes Verfahren. Am weitesten verbreitet ist der EVA. Er ist leicht zu berechnen und misst den periodenbezogenen Wertbeitrag. Um seine Aussagekraft zu erhöhen, werden oft unternehmensindividuelle Anpassungen vorgenommen.[64]

Warum ist SAP so viel wert?

Der Weltmarktführer für Unternehmenssoftware *SAP* war im Frühjahr 2025 mit einer Marktkapitalisierung von über 320 Mrd. Euro zeitweise die wertvollste Aktiengesellschaft Europas. Die Grundstücke, Gebäude oder Hardware des Unternehmens spielen dabei kaum eine Rolle. Ausschlaggebend für die hohe Börsenbewertung ist das immaterielle Kapital von *SAP*. Dazu zählt zum einen das Wissen der rund 110.000 Mitarbeiter, welche über fundierte Expertise in der Anwendungsentwicklung, Prozessorganisation, In-Memory-Technologie, Cloud und künstlicher Intelligenz verfügen. Hinzu kommen die innovative Unternehmenskultur, die Geschäftsbeziehungen zu weltweit rund 480.000 Kunden sowie ein globales Netzwerk aus über 22.000 unabhängigen Partnerunternehmen mit mehr als einer Million aktiver Berater.

Damit liegt *SAP* an der Börse deutlich vor *Siemens*, dessen Marktwert Mitte 2025 bei rund 165 Mrd. Euro lag, sowie dem deutsch-französischen Gemeinschaftsunternehmen *Airbus*, das einen Marktwert von rund 125 Mrd. Euro aufwies. Dabei verfügen sowohl *Siemens* als auch *Airbus* über weitaus höhere materielle Ressourcen als *SAP*.

1.4.3 Immaterielle Werte – Immer wichtiger, aber kaum bekannt

Immaterielle Ressourcen wie Mitarbeiterkompetenzen, Führungsstrukturen, Kundenbeziehungen oder Marken spielen für die meisten Unternehmen im Wettbewerb eine immer wichtigere Rolle und bestimmen oft den Großteil des Unternehmenswerts. Materielle Ressourcen wie Gebäude, Maschinen oder Grundstücke haben dagegen in vielen Branchen stark an Bedeutung verloren.

Viele Unternehmen verfügen über ein beträchtliches immaterielles Vermögen, ohne sich dessen bewusst zu sein. Um den immateriellen Anteil am Unternehmenswert abzuschätzen, wird bei Aktiengesellschaften die Differenz zwischen Markt- und Buchwert herangezogen. Bei den 500 größten börsennotierten US-amerikanischen Unternehmen sank der Anteil des Buchwerts am Marktwert von 83 % im Jahr 1975 auf nur noch 10 % im Jahr 2020.[65] Offenbar ist ein Großteil des Wertes vieler Unternehmen nicht mehr in den Bilanzen ersichtlich.

Immaterielle Werte sind „alle Vermögenswerte, die einen Wert für das Unternehmen besitzen und keine materiellen Güter oder monetären Werte darstellen."[66] Finanz- und Sachanlagen gehören somit nicht zu den immateriellen Werten. Der verbleibende Unternehmenswert lässt sich auf immaterielle Ressourcen zurückführen. Immaterielle Werte werden auch als immaterielles Vermögen, Intangible Assets, Intangibles oder intellektuelles Kapital bezeichnet.

Nach den Quellen immateriellen Vermögens lassen sich die in Abb. 1.4.6 dargestellten **Bestandteile** unterscheiden.[67] Nur das Strukturkapital ist dabei Eigentum des Unternehmens. Der Zugriff auf die übrigen immateriellen Ressourcen, wie etwa Mitarbeiter, Kunden und Geschäftspartner, ist hingegen lediglich zeitlich begrenzt im Rahmen vertraglicher Vereinbarungen möglich.

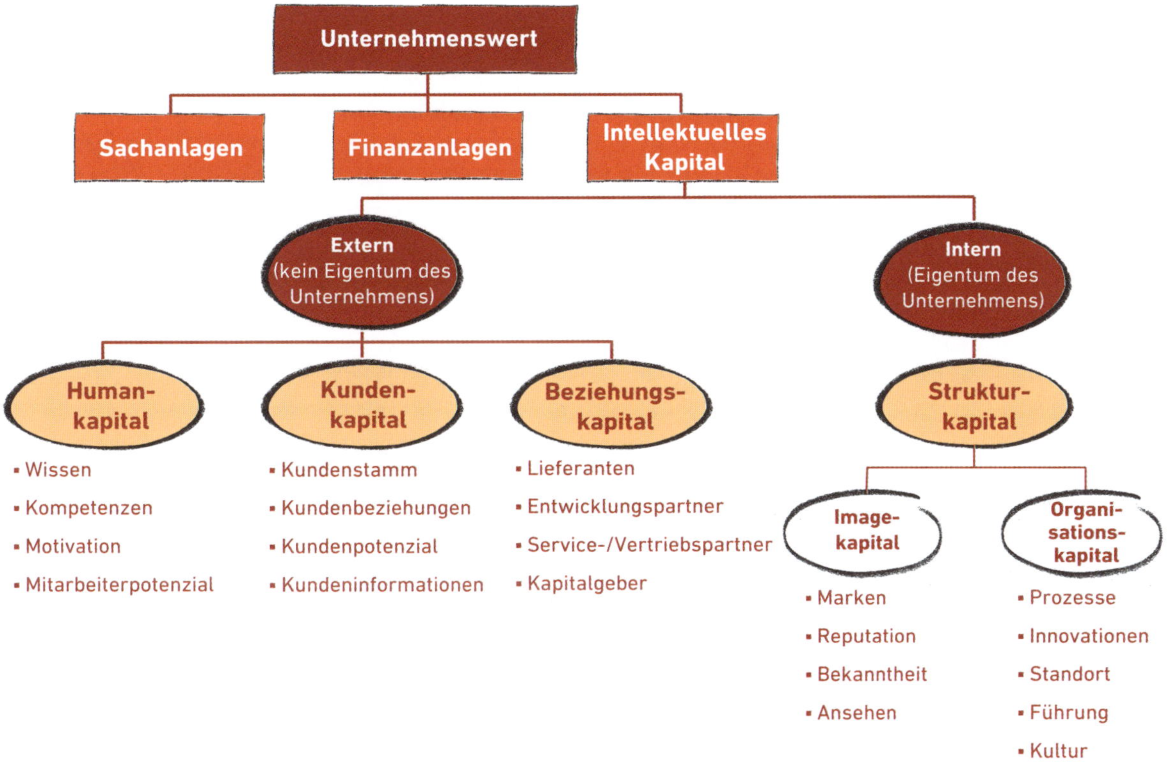

Abb. 1.4.6: Differenzierung der immateriellen Werte[68]

Immaterielle Werte sind alle Vermögensteile, die für ein Unternehmen wertvoll sind, jedoch weder aus Geldanlagen noch aus physischen Gegenständen bestehen. Sie umfassen das Human-, Kunden-, Beziehungs- und Strukturkapital eines Unternehmens.

Da sie schwer objektiv zu erfassen und zu bewerten sind, werden immaterielle Werte im externen Rechnungswesen oft vernachlässigt. Daran haben auch Anpassungen der *International Accounting Standards* (*IAS*) und das *Bilanzrechtsmodernisierungsgesetz (BilMoG)* wenig geändert, obwohl seitdem ausgewählte immaterielle Werte unter bestimmten Bedingungen aktiviert werden dürfen. Aufgrund zahlreicher Einschränkungen, mangelnder Identifizierbarkeit und Bewertungsschwierigkeiten nutzen jedoch nur wenige Unternehmen diese Möglichkeit.[69] Da immer größere Vermögensanteile in der herkömmlichen Rechnungslegung nicht mehr erfasst werden, ist die Unternehmensführung über große Teile des Unternehmenswerts nicht ausreichend informiert.

Integrated Reporting

Eine **integrierte Berichterstattung** umfasst sowohl materielle als auch immaterielle Erfolgsfaktoren. Sie soll verdeutlichen, welche Werttreiber für den Erfolg eines Unternehmens verantwortlich sind. Ein **ESG-Bericht** gibt Auskunft über die Ökologie (Environment), Soziales (Social) und die Unternehmensführung (Governance). Die EU hat hierzu die *Corporate Sustainability Reporting Directive (CSRD)* erlassen. Seit 2024 müssen Unternehmen von öffentlichem Interesse mit mehr als 500 Mitarbeitern einen Nachhaltigkeitsbericht nach den *European Sustainability Reporting Standards (ESRS)* erstellen (vgl. Kap. 2.1.1). Ab dem Geschäftsjahr 2027 gilt diese Pflicht auch für bilanzrechtlich große Unternehmen und ab 2028 für börsennotierte kleine und mittlere Unternehmen.

Die *IFRS-Stiftung* (International Financial Reporting Standards) hat 2021 das *International Sustainability Standards Board* (ISSB) ins Leben gerufen, um einen globalen Standard für die internationale Nachhaltigkeitsberichterstattung zu entwickeln. Im Rahmenkonzept zum **Integrated Reporting** werden folgende **Kapitalarten** unterschieden:[70]

- **Finanzkapital** (Financial Capital)
- **Produktionskapital** (Manufactured Capital): Neben den Sachanlagen fällt hierunter auch die betrieblich genutzte öffentliche Infrastruktur, wie etwa Straßen, Häfen, Brücken sowie Müll- und Kläranlagen.
- **Humankapital** (Human Capital)
- **Intellektuelles Kapital** (Intellectual Capital): Entspricht weitgehend dem Strukturkapital.
- **Sozial- und Beziehungskapital** (Social and Relationship Capital): Entspricht weitgehend dem Kunden- und Beziehungskapital.
- **Umweltkapital** (Natural Capital): Soll die Auswirkungen der Unternehmenstätigkeit auf die natürlichen Ressourcen und das Ökosystem erfassen, wie etwa auf Wasser, Land, Mineralien, Wälder oder Luft.

Die integrierte Berichterstattung soll verdeutlichen, wie sich diese verschiedenen Kapitalarten verändert haben. Betriebliche Informationen über die Strategie, das Geschäftsmodell, die Führungsstrukturen, erzielte Leistungen, Risiken und Zukunftsaussichten werden dabei miteinander in Beziehung gesetzt. Die Leistungen des Unternehmens umfassen nicht nur finanzielle und materielle Wertsteigerungen, sondern auch den Zuwachs an immateriellen Werten sowie die Auswirkungen auf die öffentlichen und natürlichen Ressourcen.

Der integrierte Bericht erläutert das Geschäftsmodell und die dabei zu beachtenden Ursache-Wirkungszusammenhänge. Abb. 1.4.7 veranschaulicht den Prozess der Schaffung, Erhaltung und Minderung der sechs Kapitalarten: Im Rahmen ihres Geschäftsmodells transformieren Unternehmen die Kapitalarten (Inputs) durch Geschäftsaktivitäten (Business Activities) in Produkte und Dienstleistungen (Outputs). Diese führen zu kurz-, mittel- und langfristigen Ergebnissen (Outcomes), die sich auf den Wert der einzelnen Kapitalarten sowohl für das Unternehmen als auch für dessen Stakeholder und die Gesellschaft auswirken. Dabei sollen auch die Wechselwirkungen zwischen den Kapitalarten berücksichtigt werden. Beispielsweise lässt sich der Unternehmenswert nicht nachhaltig steigern, wenn finanzielle Ergebnisse durch hohen Leistungsdruck zulasten des Humankapitals erzielt werden.[71]

Immer mehr Unternehmen schätzen die integrierte Berichterstattung, um für Investoren ein ganzheitliches Bild ihrer Leistungsfähigkeit zu zeichnen.[72] Bislang beschränken sich die Angaben integrierter Berichte jedoch meist auf generelle Aussagen und imagewirksame Darstellungen. Da sich die Wettbewerbsvorteile aus der Strategie und dem Geschäftsmodell ergeben, ist es auch nicht ratsam, Konkurrenten darin einen detaillierten Einblick zu gewähren. Ebenso werden Unternehmen kaum freiwillig über die negativen Auswirkungen ihrer Geschäftstätigkeit berichten, wie etwa auf die Luft- und Wasserqualität oder die Einhaltung von Menschenrechten.

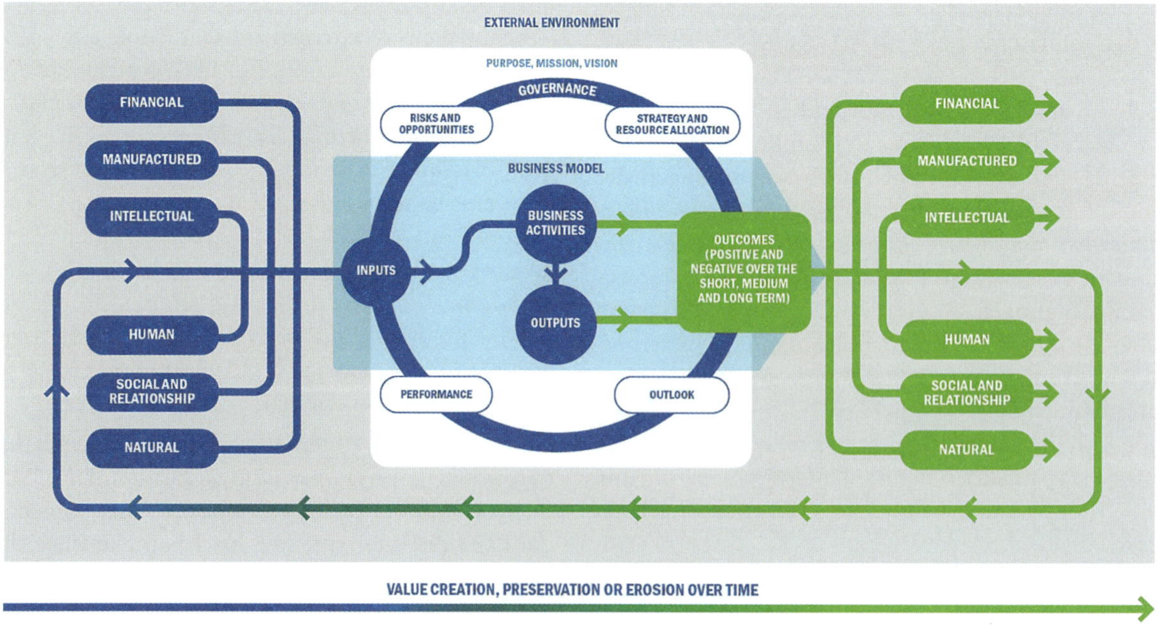

Abb. 1.4.7: Prozess der Erzeugung, Erhaltung und Minderung der Kapitalarten[73]

Integrated Reporting bei SAP

Bereits seit 2012 veröffentlicht *SAP* einen integrierten Online-Report: www.sap.com/integrated-reports. Dieser bietet eine umfassende Darstellung der finanziellen, gesellschaftlichen und ökologischen Faktoren des Geschäftserfolgs. Der integrierte Bericht erläutert die Vision, Mission und Strategie sowie das Geschäftsmodell von *SAP*. Die Kennzahlen und Angaben zur gesellschaftlichen und ökologischen Leistung orientieren sich an den Standards der *Global Reporting Initiative* (GRI; vgl. Kap. 2.2).

Abb. 1.4.8 veranschaulicht den **Führungskreislauf für immaterielle Ressourcen**. Zunächst müssen diese identifiziert und in messbare Größen überführt werden. Dabei geht es nicht um eine monetäre Bewertung, die kaum objektiv möglich ist und deren Nutzen ohnehin fraglich wäre. Die Messung erfolgt stattdessen mithilfe nicht-monetärer Kennzahlen im Rahmen eines Scoring-Modells. In Deutschland wird die Berichterstattung über immaterielle Werte häufig missverständlich als **Wissensbilanz** bezeichnet. Allerdings geht es dabei nicht nur um Wissen, sondern um alle immateriellen Vermögenswerte, und es handelt sich auch nicht um eine Bilanz mit Aktiva und Passiva. Vielmehr ist die Wissensbilanz eine tabellarische Aufstellung nicht-monetärer Kennzahlen, um die immateriellen Werte zu quantifizieren. Besser geeignet ist deshalb die englische Bezeichnung **Intellectual Capital Statement**.[74] Nach der Erfassung der immateriellen Ressourcen ist zu klären, wie diese zur Wertschöpfung beitragen und ob sie sich auch anderweitig nutzen lassen. Anschließend wird untersucht, welche immateriellen Werte zukünftig benötigt werden und wie sie sich entwickeln lassen.[75]

1.4.4 Wie die Führung mit Risiken umgeht

Unternehmerisches Handeln ist immer mit Risiken verbunden. Die Unternehmensführung sollte dabei nicht nach Bauchgefühl entscheiden, sondern Risiken vorausschauend erkennen und bewusst mit ihnen umgehen. Dafür ist es wichtig, zwischen den folgenden Begriffen zu differenzieren:[77]

- Eine **Gefahr** besteht, wenn schädliche Wirkungen auftreten können. Gefahren gehen etwa von Maschinen, Naturgewalten, Tieren oder Krankheiten aus. Ein Jaguar kann etwa eine Gefahr sein, da er Menschen angreifen könnte.
- Die **Exposition** beschreibt, wie stark etwa eine Person oder ein Unternehmen einer Gefahr ausgesetzt ist. Solange sich der Jaguar in einem verschlossenen Käfig befindet, besteht für den Zoobesucher keine Exposition.
- Ein **Risiko** im engeren Sinne besteht, wenn Gefahr und Exposition zusammen auftreten. Allerdings lassen sich weder die Wahrscheinlichkeit des Eintretens noch das Ausmaß eines möglichen Schadens genau bestimmen. Bricht der Jaguar aus dem Zoo aus, dann ist das für die Bürger der Stadt ein Risiko.

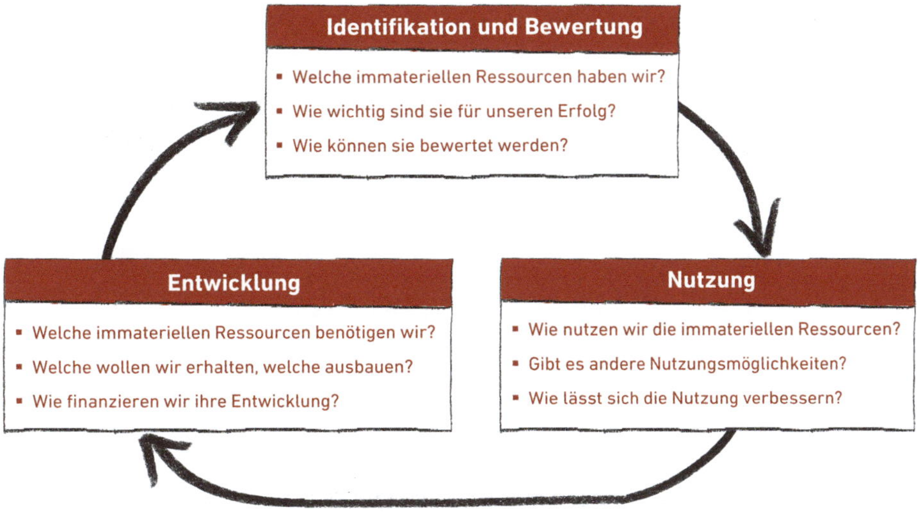

Abb. 1.4.8: Führungskreislauf für immaterielle Ressourcen[76]

- Ein **Wagnis** ist das bewusste Eingehen eines Risikos. Es ist immer mit einer Handlung verbunden, bei der sich jemand auf eine riskante Situation einlässt. Wenn etwa ein Tierpfleger zu einem Jaguar in den Käfig geht, dann ist dies für ihn ein Wagnis.

Ein **Risiko im engeren Sinne** besteht, wenn bei zukünftigen Ereignissen sowohl eine Gefahr als auch eine Exposition vorliegen.

Dieser eng gefasste Risikobegriff berücksichtigt nur Gefahren als negative Entwicklungsmöglichkeiten. In der Praxis treten jedoch auch Chancen im Sinne positiver Abweichungen ein, durch die das angestrebte Ziel übertroffen werden kann. Abb. 1.4.9 verdeutlicht diesen Zusammenhang. Die Unternehmensführung sollte Risiken daher stets im weiteren Sinne betrachten. Wer Risiken ausschließlich als Bedrohung versteht, übersieht mögliche Wachstumspotenziale. Passend dazu besteht das chinesische Schriftzeichen für Risiko 危机 aus den Zeichen für Gefahr und Chance.

Ein **Risiko im weiteren Sinne** liegt vor, wenn zukünftige Ereignisse sowohl zu positiven als auch zu negativen Abweichungen vom erwarteten Ergebnis führen können. Es umfasst damit sowohl Chancen als auch Gefahren.

Viele Führungskräfte scheuen sich davor, sich aktiv mit Risiken auseinanderzusetzen. Allzu oft werden sie verdrängt, verharmlost, ignoriert oder nur am Rande berücksichtigt. Die Folgen einer solchen **Risikoblindheit** treten meist erst dann zutage, wenn es zu spät ist. So hatten sich viele Unternehmen vor der Corona-Krise 2020/21 kaum mit der realen Gefahr einer Pandemie befasst, obwohl diese schon lange als ernstzunehmendes Extremrisiko bekannt war.

Die Ignoranz gegenüber unwahrscheinlichen, aber potenziell katastrophalen Gefahren führt dazu, dass Unternehmen in Krisensituationen unzureichend vorbereitet sind. Viele in der Praxis eingesetzten Risikomanagementsysteme bleiben hinter den gesetzlichen Mindestanforderungen zurück. Noch schwerer wiegt jedoch, dass die daraus gewonnenen Erkenntnisse häufig nicht in betriebliche Entscheidungen einfließen. So bleibt ihr Nutzen für die Unternehmensführung gering und im Ernstfall fehlt das Fundament, um die eingetretene Krise zu bewältigen.[79]

Um der Risikoblindheit vieler Unternehmen entgegenzuwirken, hat der Gesetzgeber zahlreiche **Vorschriften zum Umgang mit Risiken** erlassen. Seit 1998 ist ein Risikomanagementsystem in Deutschland durch das *Gesetz zur Kontrolle und Transparenz im Unternehmensbereich (KonTraG)* für börsennotierte Gesellschaften verpflichtend. Darüber hinaus wurden die regulatorischen Anforderungen durch den US-amerikanischen *Sarbanes-Oxley Act*, die *8. EU-Richtlinie (EuroSox)* und das *deutsche Bilanzrechtsmodernisierungsgesetz (BilMoG)* weiter verschärft.

Nach § 93 AktG haftet die Unternehmensführung bei einem Verstoß gegen die sogenannte **Business Judgement Rule**. Danach ist sie verpflichtet, bei ihren Entscheidungen die damit verbundenen Risiken sorgfältig abzuwägen und auf Grundlage angemessener Informationen, im Interesse der Gesellschaft, in gutem Glauben und unbeeinflusst von sachfremden Einflüssen zu handeln. Diese Vorschrift gilt nicht nur für den Vorstand einer Aktiengesellschaft, son-

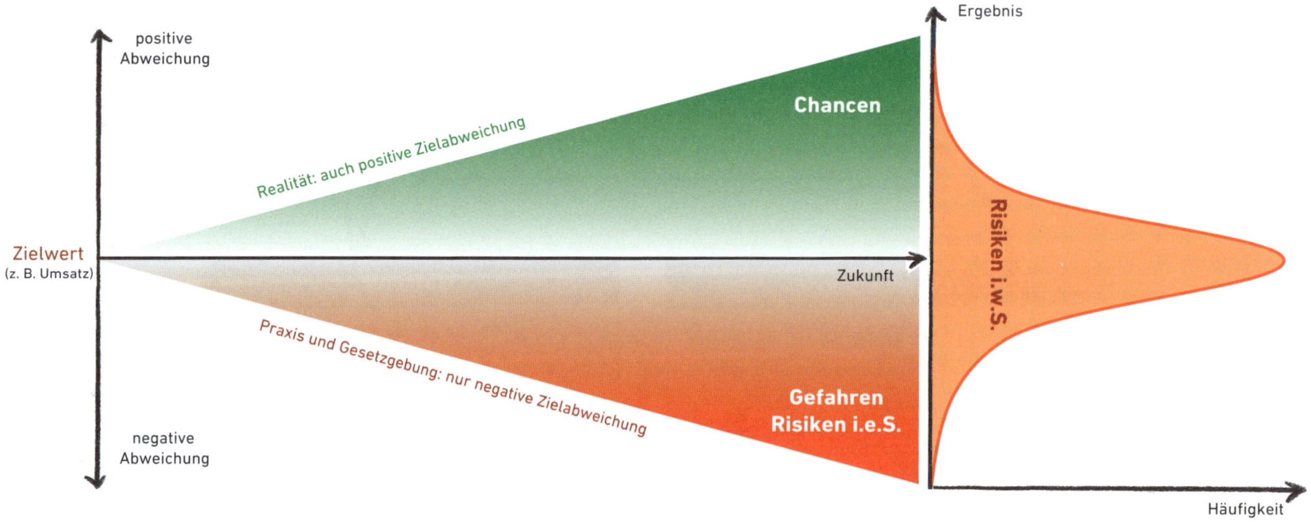

Abb. 1.4.9: Risiken sind sowohl Chancen als auch Gefahren[78]

dern sinngemäß auch für andere Rechtsformen, wie etwa für die Geschäftsführung einer GmbH.[80]

Ein wirksames Risikomanagement dient der nachhaltigen Existenzsicherung des Unternehmens. Eine risikoorientierte Unternehmensführung soll sowohl Chancen als auch Gefahren systematisch erfassen, analysieren, bewerten, steuern und überwachen.[81] Hierfür dient der in Abb. 1.4.10 dargestellte **Risikomanagementzyklus**:[82]

- **Risikopolitik:** Sie bildet den Rahmen des Risikomanagements und legt fest, wie offensiv Chancen genutzt und welche maximalen Gefahren eingegangen werden sollen.
- **Risikoidentifikation:** Sie erfasst systematisch und kontinuierlich die auf das Unternehmen einwirkenden Unsicherheiten. Ziel ist es, Risiken zu erkennen und möglichst frühzeitig vorherzusagen (Risikowahrnehmung).
- **Risikobewertung:** Sie beurteilt die Beeinflussbarkeit und die finanziellen Auswirkungen erwarteter Risiken. Üblicherweise werden Risiken anhand ihrer Eintrittswahrscheinlichkeit und ihres Schadens- bzw. Nutzenausmaßes bewertet und kategorisiert. Die Kombination aus Risikoidentifikation und -bewertung wird auch als Risikoanalyse bezeichnet.
- **Risikoaggregation:** Sie fasst die wesentlichen Risiken zusammen und ordnet sie nach Eintrittswahrscheinlichkeit und potenzieller Auswirkung in ein Risikoportfolio ein. Daraus lassen sich Normstrategien für die Risikosteuerung ableiten.
- **Risikosteuerung:** Sie legt fest, wie mit Risiken umgegangen werden soll.
  - ***Aktive Steuerung*** umfasst Maßnahmen zur Beeinflussung der Risikoursachen. Bei Gefahren zielt sie auf deren Vermeidung, Verminderung oder Diversifikation ab – also bevor diese eintreten. Bei Chancen kann sie darauf ausgerichtet sein, deren Eintrittswahrscheinlichkeit oder Nutzen zu erhöhen.
  - ***Passive Steuerung*** setzt an den Auswirkungen der Risiken an. Bei Gefahren geht es um die Abfederung von Schäden oder die Übertragung auf Dritte, etwa durch Finanzierung oder Risikotransfer. Für Chancen können im Vorfeld geeignete Rahmenbedingungen geschaffen werden, damit diese im Falle ihres Eintretens genutzt werden können.
  - ***Risikoakzeptanz*** bedeutet, Risiken bewusst in Kauf zu nehmen und abzuwarten – sei es durch das Hinnehmen potenzieller Gefahren oder den Verzicht auf erkannte Chancen. Bei Gefahren ist dies jedoch nur dann empfehlenswert, wenn sie wenig wahrscheinlich sind und ein geringes Schadenspotenzial aufweisen.
- **Risikoüberwachung:** Sie umfasst die kontinuierliche Beobachtung der Risiken sowie die Kontrolle der Wirksamkeit und Angemessenheit der ergriffenen Maßnahmen.
- **Risikoberichterstattung:** Sie informiert die Unternehmensführung über die Entwicklung der Risiken, ins-

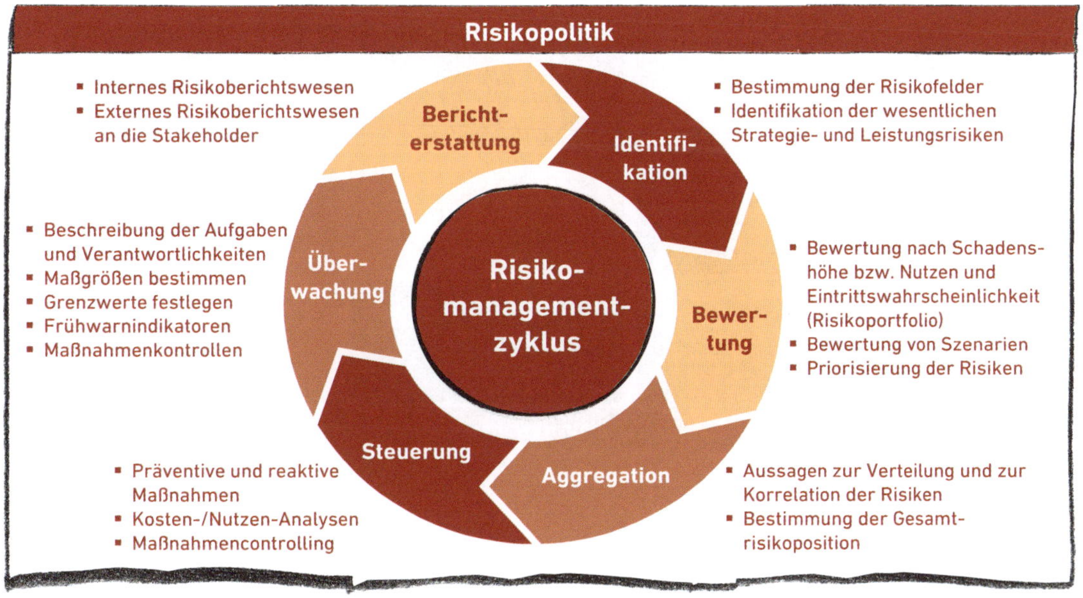

Abb. 1.4.10: Phasen und Prozess des Risikomanagements

Risikomanagement bei MöBella

Die *MöBella GmbH* stellt Gartenmöbel und Betten her (vgl. Kap. 1.1.4). Die Möbelbranche ist mit außerordentlich hohen **Risiken** behaftet:

- **Marktrisiko:** Die Nachfrage in der Möbelindustrie unterliegt starken konjunkturellen Schwankungen. Zudem kommt es häufig zu Marktanteilsverschiebungen, da in der Einkaufspolitik großer Möbelhäuser vor allem der Angebotspreis entscheidend ist.
- **Kostenstrukturrisiko:** Hohe Fixkosten bewirken, dass Möbelhersteller erst bei starker Auslastung die Gewinnzone erreichen. Bei zurückgehender Nachfrage treten deshalb schnell Verluste ein.
- **Finanzstrukturrisiko:** Die oft geringe Eigenkapitalausstattung vieler Möbelhersteller kann in Kombination mit hohen Fixkosten rasch zur Insolvenz führen.

In einem solchen Umfeld spielt das Risikomanagement eine wesentliche Rolle für die Existenzsicherung. Deshalb betrachtet die *MöBella GmbH* zunächst die möglichen Gefahren, während Chancen erst später analysiert werden sollen. Die Risikoidentifikation ergab bei *MöBella* folgende **Risikofelder**:

1. **Vertriebsrisiko**: Starke Abhängigkeit von etablierten Vertriebskanälen bei gleichzeitig unzureichend entwickeltem E-Commerce.
2. **Strategisches Risiko:** Markteintritt neuer Wettbewerber aus dem E-Commerce-Bereich.
3. **Pandemie-Risiko:** Möglicher Ausfall von Produktionsmitarbeitern oder die Schließung von Möbelhäusern im Falle eines Lockdowns.
4. **Rohstoffrisiko:** Steigende Einstandspreise für hochwertiges Holz infolge von Klimawandel und starkem Borkenkäferbefall. Diese Kostensteigerungen lassen sich kurzfristig nicht vollständig an die Kunden weitergeben.

Die **Risikobewertung** erfolgt bei *MöBella* qualitativ. Für jedes identifizierte Risiko werden Checklisten erstellt, in denen die jeweiligen Bedingungen sowie Maßnahmen zur Vermeidung und Handhabung aufgeführt sind. Jede Bedingung wird daraufhin analysiert, ob sie vollständig, teilweise oder gar nicht erfüllt ist, und entsprechend mit einem Punktwert von 1 bis 5 bewertet. Auf dieser Basis ergibt sich eine Risikobewertung zwischen 1 (= kein Risiko) und 5 (= hohes Risiko). Die identifizierten Risiken werden anhand des potenziellen Schadensausmaßes und der prognostizierten Eintrittswahrscheinlichkeit in das Risikoportfolio eingeordnet.

Auf Basis des Risikoinventars und der Risikobewertung ist für jedes identifizierte Risiko ein Maßnahmenkatalog zur **Risikosteuerung** zu erstellen. Insgesamt verfolgt *MöBella* das Ziel einer Risikostreuung. Dies soll unter anderem durch den Ausbau des E-Commerce und die Erweiterung des Leistungsspektrums erfolgen. Dies wirkt sich auch auf das Pandemierisiko aus, da bei einer Schließung des stationären Handels dem Kundenkontakt über den E-Commerce-Kanal eine zentrale Bedeutung zukommt. Zusätzlich werden Masken und Desinfektionsmittel bevorratet, und sämtliche Verwaltungsmitarbeiter können einen Tag pro Woche im Homeoffice arbeiten. Das Kostenstruktur- und Finanzrisiko soll durch die Reduktion von Fixkosten und den Einsatz flexibler, bedarfsorientierter Kapazitäten verringert werden. Darüber hinaus werden bestehende Risiken nach Möglichkeit auf Lieferanten übertragen oder versichert.

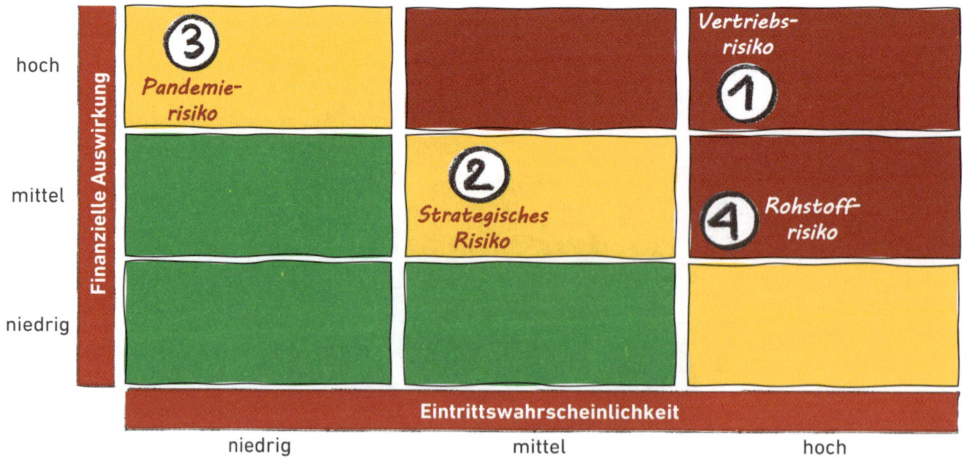

Abb. 1.4.11: Risikoportfolio der MöBella GmbH

besondere hinsichtlich ihrer finanziellen Auswirkungen und Eintrittswahrscheinlichkeiten. Kapitalgesellschaften sind zudem verpflichtet, im Lagebericht auf die Entwicklung wesentlicher Chancen und Gefahren einzugehen.

1.4.5 Internationalisierung bietet neue Chancen

In einer global vernetzten Wirtschaft sind viele Unternehmen international aktiv. Sie nutzen regionale Standortvorteile und vertreiben ihre Produkte in unterschiedlichen Ländern. Dies gilt insbesondere für viele deutsche Unternehmen, die häufig den Großteil ihres Umsatzes im Ausland erwirtschaften. Die Internationalisierung eröffnet vielfältige Chancen, etwa durch den Zugang zu neuen Kunden, Ressourcen oder Innovationspotenzialen. Gleichzeitig stellt sie Unternehmen vor erhebliche Herausforderungen wie kulturelle Unterschiede, regulatorische Hürden oder logistische Komplexität.

Auswirkungen der Globalisierung auf Unternehmen sind:[83]

- **Standardisierung** von Vorleistungen auf globalen Märkten, von Absatzmärkten mit zunehmend homogenen Kundenbedürfnissen, von Verträgen und Normen sowie von Technologien.
- **Kostendruck:** Intensiver Wettbewerb und homogenere Produkte in globalen Massenmärkten erhöhen den Kostendruck. Dies erfordert Skaleneffekte durch hohe Stückzahlen in Produktion und Beschaffung. Zusätzlich lassen sich die Kosten durch Produktionsverlagerung oder Outsourcing senken.
- **Differenzierungsdruck:** Um dem Preiswettbewerb zu entgehen, steigt auch der Druck zur Differenzierung. Dieser resultiert aus dem Abbau von Handelsbarrieren und der Ausweitung der Märkte. Der Wettbewerb erstreckt sich zunehmend auf Innovationen, Technologien und Qualität.
- **Innovationsdruck**: In technologieorientierten Branchen und in Ländern mit hohen Produktionskosten führt der Zwang zur Differenzierung zu einem starken Innovationsdruck. Da Innovationen mit hohem F&E-Aufwand verbunden sind, müssen sie über möglichst große Stückzahlen amortisiert werden. Hierfür reicht der Heimatmarkt allein meist nicht aus.
- **Technologielebenszyklen:** In Branchen mit kurzen technologischen Lebenszyklen ist ebenfalls ein größerer geografischer Absatzmarkt erforderlich, um die sinkende Nutzungsdauer neuer Technologien wirtschaftlich auszugleichen.
- **Wettbewerbsdruck:** Unternehmen in globalen Branchen mit internationalen Konkurrenten müssen selbst international tätig sein, um durch Skalenvorteile wettbewerbsfähig zu bleiben.

Protektionistische Handelsbarrieren wie die im Frühjahr 2025 vom US-Präsidenten *Trump* verhängten Sonderzölle beeinträchtigen die Wettbewerbsfähigkeit international tätiger Unternehmen, da sie zu höheren Verkaufspreisen in den jeweiligen Märkten führen. Davon sind auch inländische Unternehmen betroffenen, da importierte Rohstoffe und Vorprodukte ebenfalls teurer werden. Insgesamt wirkt dies für das betreffende Land preistreibend und verstärkt dessen Inflation. Zudem verursachen Zölle zusätzlichen bürokratischen Aufwand und erhöhen die strategische Unsicherheit etwa im Hinblick auf Investitionen. Eine solche Politik verkennt die zahlreichen Vorteile der internationalen Arbeitsteilung, die eine effizientere Nutzung globaler Ressourcen, Spezialisierungsvorteile und geringere Produktionskosten ermöglicht – zum Wohle aller beteiligten Länder und Unternehmen.

Internationalisierungsformen

Internationale Unternehmen sind in einem Land beheimatet, aber auch in anderen Ländern geschäftlich tätig. Dort unterliegen sie jeweils den nationalen Gesetzen, Gebräuchen und standortspezifischen Bedingungen. Eine grundlegende Frage bei der Internationalisierung ist, auf welche Weise die Geschäftstätigkeit ins Ausland verlagert werden soll. Die verschiedenen **Formen der Internationalisierung** lassen sich nach dem geografischen Schwerpunkt der Wertschöpfung und der Notwendigkeit eines Kapitaltransfers unterscheiden:[84]

- **Export:** Produkte oder Dienstleistungen werden im Inland erzeugt und im Ausland abgesetzt, ohne dass dafür im Ausland zusätzlich Kapital investiert werden muss. Der Export stellt damit die einfachste Form der Internationalisierung dar. Er ist insbesondere dann sinnvoll, wenn die Auslandsnachfrage gering ist, die politischen oder rechtlichen Rahmenbedingungen im Zielland instabil sind oder das Unternehmen seine Ressourcen vor allem auf den Heimatmarkt konzentrieren will. Exporte gelten zudem als risikoarm und erfordern nur geringe Marktkenntnisse. Sie werden deshalb häufig für den Eintritt in einen Auslandsmarkt gewählt.

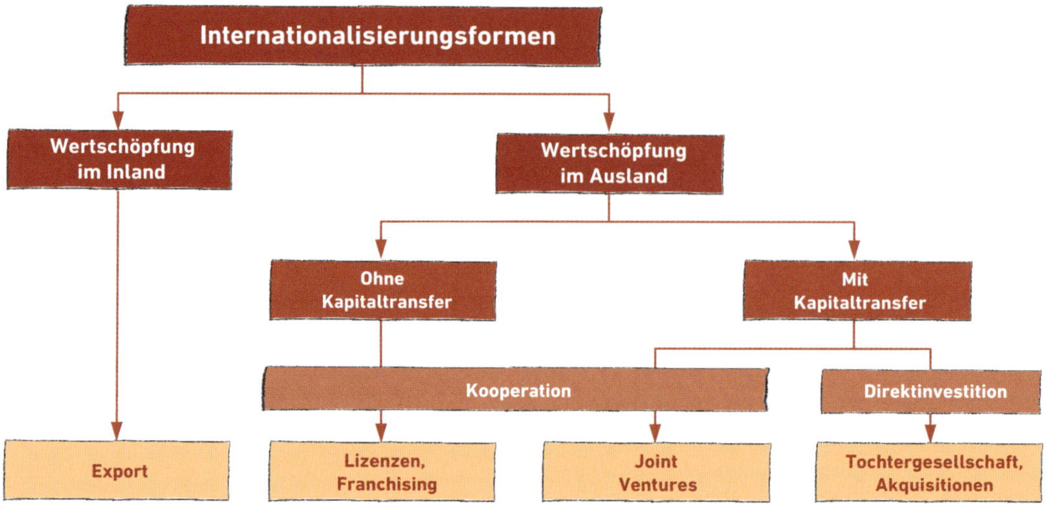

Abb. 1.4.12: Formen der Internationalisierung

- **Kooperation:** Das inländische Unternehmen geht eine längerfristige Zusammenarbeit mit einem rechtlich selbstständigen ausländischen Partner ein, etwa in den Bereichen Beschaffung, Produktion oder Absatz. Kooperationsmöglichkeiten sind:
  - ***Lizenzvergabe*:** Der inländische Lizenzgeber stellt dem ausländischen Lizenznehmer bestimmte Vermögenswerte, etwa Urheberrechte, Marken, Know-how oder Patente, zur Nutzung unter vertraglich festgelegten Bedingungen zur Verfügung.
  - ***Franchising*:** Der Franchisegeber überlässt rechtlich selbstständigen internationalen Franchisenehmern Marken-, Vertriebs- und Produktionsrechte und unterstützt sie beim Aufbau sowie der laufenden Führung ihres Unternehmens.
  - ***Joint Venture*:** Die Kooperationspartner gründen ein gemeinsames, rechtlich selbstständiges Unternehmen, in das beide Seiten Ressourcen, Fähigkeiten und Kompetenzen einbringen. Ein Joint Venture eignet sich insbesondere zur Bewältigung technologischer Herausforderungen, zur Erschließung protektionistisch abgeschotteter Märkte sowie zur Aufteilung von Kosten und Risiken, etwa im Bereich Forschung und Entwicklung.
- **Direktinvestitionen:** Langfristige finanzielle Beteiligung an einem ausländischen Unternehmen, um die Wertschöpfung ganz oder teilweise ins Ausland zu verlagern. Dazu ist in der Regel der Erwerb von mindestens 10 % der Stimmrechte am ausländischen Unternehmen erforderlich. Ziel ist der Aufbau einer langfristigen Geschäftsbeziehung, bei der die Unternehmensführung aktiv die strategische Ausrichtung des ausländischen Unternehmens mitgestalten kann. Eine solche Beteiligung kann entweder durch die Gründung einer rechtlich selbstständigen Tochtergesellschaft (Greenfield-Investment) oder durch den Erwerb eines bestehenden Unternehmens (Brownfield-Investment) realisiert werden. Akquisitionen ermöglichen aufgrund des direkten Zugangs zu bestehenden Kundenbeziehungen, Ressourcen und Vertriebskanälen einen schnellen Markteintritt. Dem hohen Maß an Einfluss- und Kontrollmöglichkeiten stehen jedoch ein erheblicher Kapitalbedarf und ein erhöhtes unternehmerisches Risiko gegenüber.

Internationalisierungsstrategien

Bei der Wahl der Internationalisierungsstrategie muss die Unternehmensführung zwischen der Anpassung an länderspezifische Besonderheiten einerseits und den Vorteilen der Produktstandardisierung und zentralen Konzernsteuerung andererseits abwägen. Je nachdem, welche dieser Aspekte im Vordergrund stehen, ergeben sich die in Abb. 1.4.13 aufgeführten **Internationalisierungsstrategien**:[85]

- **Internationale Unternehmen** („From Home into the World") verfolgen eine Strategie selektiver Auslandsgeschäfte. Im Zentrum ihrer Geschäftsstrategie steht der Heimatmarkt und die dortige Konkurrenzsituation. Solche Unternehmen verstehen sich primär als nationale Anbieter. Sie wollen ihren Erfolg durch Auslandsgeschäfte steigern, ohne ihre Produkte dafür maßgeblich zu verändern.

International: Ritter Sport

Die *Alfred Ritter GmbH & Co. KG* mit Sitz in Waldenbuch vertreibt quadratische Schokoladentafeln unter der Marke *Ritter Sport*. Das Unternehmen fokussiert sich stark auf den deutschen Heimatmarkt, ist jedoch auch in zahlreichen Auslandsmärkten aktiv. Die Produkte werden mit weitgehend einheitlichem Sortiment und Design exportiert, ohne wesentliche Anpassungen an regionale Geschmäcker oder kulturelle Besonderheiten.[86]

- **Multinationale Unternehmen** („At Home abroad") sind in mehreren Ländern aktiv und dort mit eigenen Produktionsstätten und Tochtergesellschaften vertreten. Die Unternehmensführung ist weitgehend dezentral organisiert, sodass die Tochterunternehmen eigenständig auf ihren jeweiligen Märkten agieren – mit angepassten Produkten und marktspezifischen Strategien. Jeder Markt wird individuell bearbeitet, wodurch eine hohe Reaktionsfähigkeit auf lokale Anforderungen gewährleistet ist.

Multinational: Unilever

Unilever ist einer der weltweit größten Hersteller von Konsumgütern und wird von zwei Konzernzentralen in den Niederlanden und Großbritannien geführt. Das Unternehmen vertreibt über 400 Markenartikel, darunter international bekannte Marken wie *Lipton*, *Knorr*, *Dove* oder *Omo* sowie regionale Marken wie *Blue Band* oder *Suave*. Die Organisation ist dezentral aufgebaut und fördert durch lokale Verantwortung und flache Hierarchien eine regionalspezifische Unternehmensführung. Im Nahrungsmittelsegment ist *Knorr* die stärkste Marke und in mehr als 80 Ländern vertreten. Die *Knorr*-Produkte sind jeweils an die geschmacklichen Vorlieben der lokalen Märkte angepasst.[87]

- **Globale Unternehmen** („At Home in the World") vertreiben standardisierte Produkte weltweit und werden von einer Unternehmenszentrale einheitlich geführt. Diese plant und kontrolliert sämtliche Auslandseinheiten, die vor allem als Distributionskanäle für ein einheitliches Leistungsprogramm dienen. Forschung und Entwicklung sind häufig auf wenige Standorte konzentriert, während die Produktion an ressourcenreichen Standorten oder in Ländern mit niedrigen Lohnkosten erfolgt. Durch die Nutzung von Skaleneffekten können sie besonders effizient wirtschaften.

Global: ExxonMobil

Die *Exxon Mobil Corporation* zählt zu den weltweit führenden Öl- und Gaskonzernen und ist gemessen am Börsenwert das größte privatwirtschaftliche Unternehmen der Branche. Sie fördert, verarbeitet und vertreibt petrochemische Produkte, die stark standardisiert sind und nur geringe lokale Unterschiede aufweisen. In der Vermarktung kommen zum Teil nationale Marken zum Einsatz, wie etwa *ESSO* in Deutschland.[88]

- **Transnationale Unternehmen** („Multiple Homes at once") haben sich aufgrund des zunehmenden globalen Wettbewerbs meist aus multinationalen Unternehmen entwickelt. Sie orientieren sich zwar weiterhin an den Besonderheiten der einzelnen Länder, ihre Unternehmensführung ist jedoch nicht mehr national, sondern global ausgerichtet. Dadurch entstehen Weltunternehmen, deren Leistungen immer weniger einem bestimmten Herkunftsland zugeordnet werden können. Die Kunden sollen die Produkte nicht mehr mit einem Land, sondern mit dem Unternehmen identifizieren. Die Standorte sind miteinander vernetzt und arbeiten eng zusammen. Die Unternehmensführung führt die Tochtergesellschaften teilautonom, verpflichtet sie jedoch auf gemeinsame strategische Ziele und funktionale Aufgaben. Die Produkte basieren auf gemeinsamer Forschung und Entwicklung und werden an die jeweiligen lokalen Anforderungen angepasst.

Transnational: Airbus

Airbus ist der größte Luft- und Raumfahrtkonzern Europas, der zweitgrößte Rüstungskonzern der Welt und der weltweit führende Hersteller ziviler Verkehrsflugzeuge. Das Unternehmen entstand als multinationale Kooperation europäischer Flugzeugbauer und firmiert heute als europäische Aktiengesellschaft (SE) mit rechtlichem Sitz in den Niederlanden. Die Unternehmensführung erfolgt durch die Konzernzentrale in Toulouse, Frankreich. Die Wertschöpfung ist weltweit verteilt: Rumpfsektionen entstehen in Deutschland, Tragflächen in Großbritannien, die Endmontage findet unter anderem in Frankreich, China und den USA statt. Entwicklung, Produktion und Führung sind über Ländergrenzen hinweg eng vernetzt. Gleichzeitig passt *Airbus* seine Produktion gezielt an lokale Marktbedürfnisse an, etwa durch ein Endmontagewerk im chinesischen Tianjin, und verbindet so globale Integration mit regionaler Präsenz (vgl. Kap. 5.2).[89]

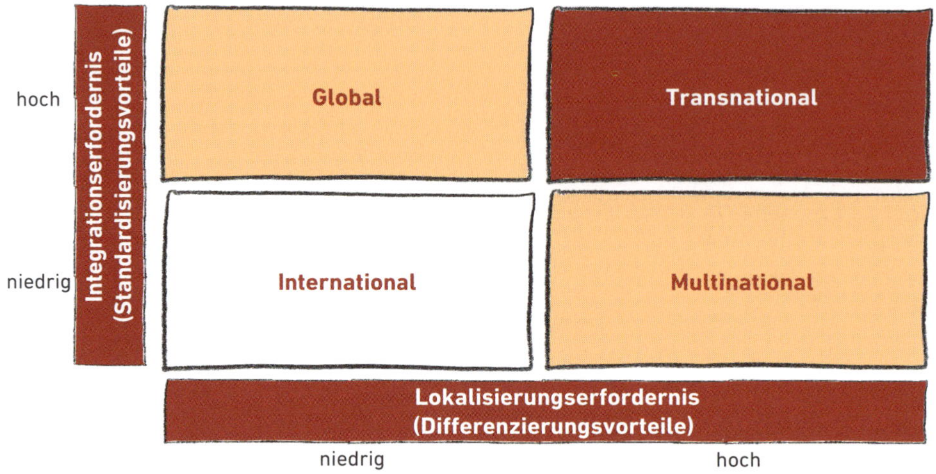

Abb. 1.4.13: Internationalisierungsstrategien[90]

1.4.6 Wettbewerbsvorteile durch Innovationen

Innovationen sind eine wesentliche Quelle für den Erfolg und das Wachstum eines Unternehmens. Dabei kann es sich um neuartige Produkte, Dienstleistungen, Verfahren oder Geschäftsmodelle handeln. Sie unterscheiden sich deutlich von bestehenden Lösungen und sind immer riskant, beinhalten also sowohl Chancen als auch Gefahren (vgl. Kap. 1.4.5).

Die Neuartigkeit einer Innovation kann sich auf verschiedene Dimensionen beziehen: den Inhalt (Was ist neu?), die Intensität (Wie neu?), die subjektive Perspektive (Neu für wen?), den Akteur (Von wem stammt die Neuerung?), den Prozess (Wo beginnt und endet die Innovation?) sowie das Ergebnis (Ist das Neue auch erfolgreich?).[91]

Nach dem **Neuigkeitsgrad** einer Innovation lassen sich unterscheiden:[92]

- **Radikale Innovationen** kommen meist in unerschlossenen Märkten oder neuartigen Anwendungsfeldern zum Einsatz. Sie erfordern ein hohes Maß an Veränderung und Ressourceneinsatz. Solche ***Basis- oder Pionierinnovationen*** markieren häufig technologische Durchbrüche und ermöglichen völlig neue Produkte oder Verfahren. Beispiele hierfür sind die Dampfmaschine, Mikroprozessoren, Smartphones, das Internet oder künstliche Intelligenz.
- **Inkrementelle Innovationen** weisen nur einen geringen Neuigkeitsgrad auf und beziehen sich auf bekannte Anwendungsgebiete. Sie finden auf bestehenden oder verwandten Märkten statt und erfordern vergleichsweise wenig Veränderung und Ressourceneinsatz.
  - ***Verbesserungsinnovationen*** sind Weiterentwicklungen bestehender Problemlösungen, etwa im Hinblick auf ökologische, qualitative oder wirtschaftliche Aspekte. Ein Beispiel sind die erheblichen Leistungssteigerungen bei Computerchips in den letzten Jahrzehnten.
  - ***Anpassungsinnovationen*** übertragen bekannte Problemlösungen auf neue Rahmenbedingungen, wie etwa Kundenwünsche oder regionale Besonderheiten. Ein Beispiel ist die Anpassung eines in China entwickelten Smartphones an die in Europa geltenden Datenschutzbestimmungen und Netzstandards.

Innovationen lassen sich auch nach ihrem **Gegenstand** unterteilen:[93]

- **Produktinnovationen** sind neuartige materielle oder immaterielle Güter, um bestehende Kundenanforderungen besser zu erfüllen oder neue Kundenbedürfnisse zu schaffen. Die Innovation kann sich auf zentrale Merkmale und Grundfunktionen eines Produkts beziehen, aber auch auf dessen Erscheinungsbild oder begleitende Dienstleistungen. So entwickelte *Dyson* beispielsweise einen beutellosen Zyklonstaubsauger mit dauerhaft hoher Saugkraft.
- **Verfahrensinnovationen** verbessern die für die Leistungserstellung erforderlichen direkten und indirekten Prozesse. Sie können auf die Zeit, Qualität oder Effizienz betrieblicher Abläufe sowie auf die Kundenzufriedenheit abzielen. Ein Beispiel ist der Einsatz automatisierter Lager- und Logistiksysteme bei *Amazon*, um den Versand von Produkten zu beschleunigen.

- **Sozialinnovationen** zielen vorrangig auf die Verbesserung von Arbeitsbedingungen und die Steigerung der Leistungsfähigkeit der Mitarbeiter. Darüber hinaus können sie gesellschaftliche Probleme adressieren, die auch das Unternehmen betreffen. Ein betriebliches Beispiel ist die Einführung von New Work (vgl. Kap. 6.2.3).

Produkt- und Verfahrensinnovationen sind häufig eng miteinander verbunden und können sich gegenseitig beeinflussen oder fördern. Ein verbesserter Fertigungsprozess kann sich beispielsweise direkt auf die Qualität oder die Eigenschaften eines Produkts auswirken. So ermöglicht etwa die additive Fertigung (3D-Druck) die kostengünstige Herstellung komplexer Produkte mit neuen Formen und Funktionalitäten – etwa leichte Flugzeugkomponenten, personalisierte Brillen, Schuhe oder Prothesen sowie kundenspezifische Ersatzteile für die Industrie.

Auf welche Innovationsart sich ein Unternehmen konzentriert, ist eine strategische Entscheidung (vgl. Kap. 3.3). Einige Unternehmen setzen im Wettbewerb auf Differenzierung durch Produktinnovationen. So gelang *Apple* mit Erfindungen wie dem *iPod*, *iPhone* oder *iPad* der Aufstieg zu einem der weltweit führenden Anbieter im Bereich Unterhaltungselektronik, während die Fertigung an externe Partner wie *Foxconn* ausgelagert wurde. Andere Unternehmen verfolgen eine Strategie der Kostenführerschaft und steigern dazu gezielt die Effizienz ihrer Verfahren. Die Entwicklung eines schlanken Produktionskonzepts (Lean Production) war für *Toyota* ein entscheidender Erfolgsfaktor, um zu einem der größten und profitabelsten Automobilhersteller der Welt aufzusteigen.

Sozialinnovationen können Produkt- und Verfahrensinnovationen sinnvoll ergänzen oder unterstützen. Für Non-Profit-Organisationen stehen sie oft im Zentrum des unternehmerischen Handelns. Ein bekanntes Beispiel ist die *Grameen Bank*, die Mikrokredite an Kleinstgewerbetreibende in Entwicklungsländern vergibt – eine Zielgruppe, die für klassische Banken meist uninteressant ist.

Innovationen in der Firmengeschichte von MöBella

Egon Eder gründete das Unternehmen 1925, um den von ihm erfundenen klappbaren Gartenstuhl zu vermarkten – eine Basisinnovation, die bei den Kunden auf große Begeisterung stieß und den Grundstein für das Unternehmen legte.

Seine Tochter *Elise* führte das Unternehmen durch die Herstellung robuster Holzmöbel nach dem Krieg wieder zurück auf die Erfolgsspur. Im Laufe der Zeit setzte sie Verbesserungsinnovationen in den Fertigungsprozessen um, wodurch das Unternehmen den Ruf eines Qualitätsmöbelherstellers erlangte. 1965 führte sie als einer der ersten Mittelständler die 40-Stunden-Woche ein.

Erwin Eder, Enkel des Firmengründers, fertigte ab 1995 erstmals Gartenmöbel aus Kunststoff und Metall. Diese neuen Werkstoffe ermöglichten sowohl bessere Haltbarkeit, attraktivere Designs und Farben als auch erhebliche Kosteneinsparungen. Mithilfe dieser inkrementellen Verbesserungsinnovationen führte er das Unternehmen in neue Größenordnungen. Um die Produkte erfolgreich ins europäische Ausland zu exportieren, nahm er zudem mehrere Anpassungsinnovationen vor – etwa an die Sitzgewohnheiten süd- und nordeuropäischer Kunden. Darüber hinaus engagiert sich *Erwin Eder* seit Langem für eine qualifizierte Zuwanderung nach Deutschland. Dadurch möchte er dem Fachkräftemangel entgegenwirken, mit dem er besonders im Schreinerhandwerk zu kämpfen hat.

Innovationsprozess

Der Prozess der Entstehung von Innovationen lässt sich in drei **Phasen** unterteilen:[94]

- **Ideengenerierung:** Zunächst werden Innovationsziele und -bedarf festgelegt, um das Suchfeld für potenzielle Ideen einzugrenzen. In der anschließenden Ideenfindung werden möglichst viele Lösungsvorschläge entwickelt, die in der Ideenformulierung konkretisiert und dokumentiert werden.
- **Ideenevaluation:** Die gesammelten Ideen werden möglichst objektiv bewertet, um diejenigen mit dem höchsten Realisierungspotenzial zu bestimmen. In der anschließenden Realisierbarkeitsprüfung (Feasibility Study) werden die ausgewählten Ideen auf ihre grundsätzliche Umsetzbarkeit untersucht. Dazu gehören in der Regel Markt-, Herstellbarkeits- und Risikoanalysen sowie die Entwicklung von Produktionskonzepten. Zusätzlich werden Produktkosten, Absatzpreise und erwartete Absatzmengen geschätzt. Auf dieser Grundlage erfolgt die Entscheidung, welche Idee verwirklicht werden soll.
- **Ideenrealisierung:** Diese Phase ist oft langwierig und mit hohen Investitionen verbunden, etwa in neue Produktionsanlagen. Die zuvor entwickelten Projektpläne werden umgesetzt und technische Entwicklungsarbeiten durchgeführt. Das Ergebnis ist eine Invention, also eine konkret formulierte neuartige Lösung. Diese muss sich jedoch erst im Markt oder innerbetrieblichen Einsatz bewähren, um zur Innovation zu werden. Den Abschluss der Ideenrealisierung bildet die Verbreitung der Innovation durch Diffusion.

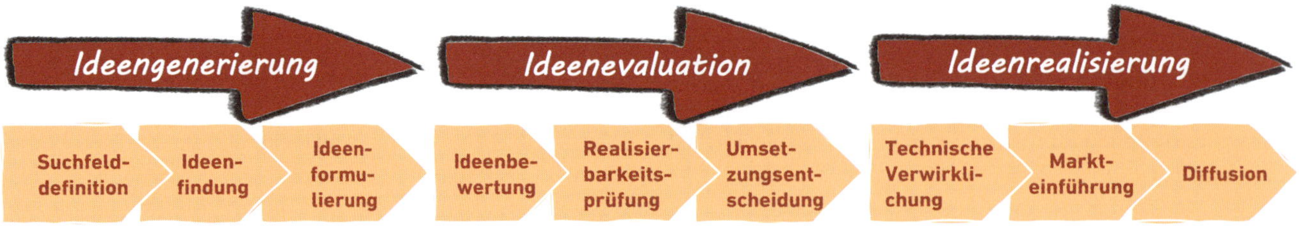

Abb. 1.4.14: Phasen des Innovationsprozesses[95]

Innovationskultur bei 3M

3M ist ein global tätiges Innovationsunternehmen mit rund 96.000 Mitarbeitern und einem Jahresumsatz von rund 24 Mrd. US-Dollar. Mit mehr als 55.000 Produkten sind *3M*-Innovationen heute in nahezu allen Lebens-, Arbeits- und Technologiebereichen präsent. Das Unternehmen verfügt über rund 50 Basistechnologien und hält über 100.000 Patente. *3M* pflegt eine offene Innovationskultur, in der jeder Mitarbeiter zum Hinterfragen und Forschen ermutigt wird.

Ein zentrales Element ist die sogenannte **Bootleg Rule** (sinngemäß „Schwarzarbeitsregel"): Die Entwickler dürfen bis zu 15 % ihrer Arbeitszeit für eigene Projekte nutzen. So entdeckte ein *3M*-Wissenschaftler einen Klebstoff, der zuverlässig haftete, sich aber rückstandsfrei wieder ablösen ließ. Ein Kollege suchte zur selben Zeit nach einem leicht klebendem Lesezeichen. Gemeinsam entwickelten sie daraus das *Post-it* – eine bahnbrechende Innovation, die zunächst niemand für notwendig hielt, sich aber schnell als unentbehrlich erwies.[96]

Verbreitung einer Innovation

Wenn Kunden eine Innovation annehmen und tatsächlich nutzen, wird dies als **Adoption** bezeichnet. Wie die blaue Kurve in Abb. 1.4.15 zeigt, lassen sich die potenziellen Kunden in verschiedene Gruppen einteilen. *Innovatoren* sind die Ersten, die ein neues Produkt anwenden. Fällt ihr Feedback positiv aus, folgen die *frühen Adoptoren*. Mit dem Erreichen der großen Gruppe der *frühen Mehrheit* kann eine kritische Masse entstehen, die der Innovation zum Durchbruch verhilft. Diese ist in der Regel erforderlich, um die getätigten Investitionen zu decken und die Preise für die *späte Mehrheit* auf ein erschwingliches Niveau zu senken. Den Abschluss bilden die *Nachzügler*, die wenig Interesse an Neuerungen haben.

Die **Diffusionskurve** stellt den Anteil der kumulierten Adoptionsentscheidungen am Markt dar. Die rote Kurve in Abb. 1.4.15 verdeutlicht den typischen S-förmigen Verlauf der Diffusion: Zunächst steigt die Zahl der Anwender langsam an, beschleunigt sich mit dem Eintritt der frühen Mehrheit deutlich und flacht mit dem Erreichen der Marktsättigung wieder ab.[97]

Die **Diffusionsgeschwindigkeit** variiert je nach Produkt und Branche. Während Innovationen in der Luftfahrtindustrie oft viele Jahre benötigen, verbreiten sich digitale Produkte häufig in rasantem Tempo. Insgesamt ist heutzutage eine deutliche Beschleunigung der Diffusionsgeschwindigkeit zu beobachten: Das Radio brauchte etwa 38 Jahre, um 50 Millionen Nutzer zu erreichen, das Fernsehen 13 Jahre, das Internet vier Jahre, *Instagram* sechs Monate und *Angry Birds* nur 35 Tage. Für 100 Millionen Nutzer benötigte *Uber* 5 Jahre und 10 Monate, *Spotify* 4 ½ Jahre, *Pinterest* 3 Jahre und 5 Monate, *Instagram* 2 ½ Jahre, *TikTok* 9 Monate und *ChatGPT* nur 2 Monate. Aufgrund der enormen Diffusionsgeschwindigkeit lässt sich bei digitalen Produkten eine Komprimierung der Adoptionskurve auf zwei Phasen beobachten. Wie in Abb. 8.6.10 zu sehen, ähnelt diese einer Haifischflosse.[98]

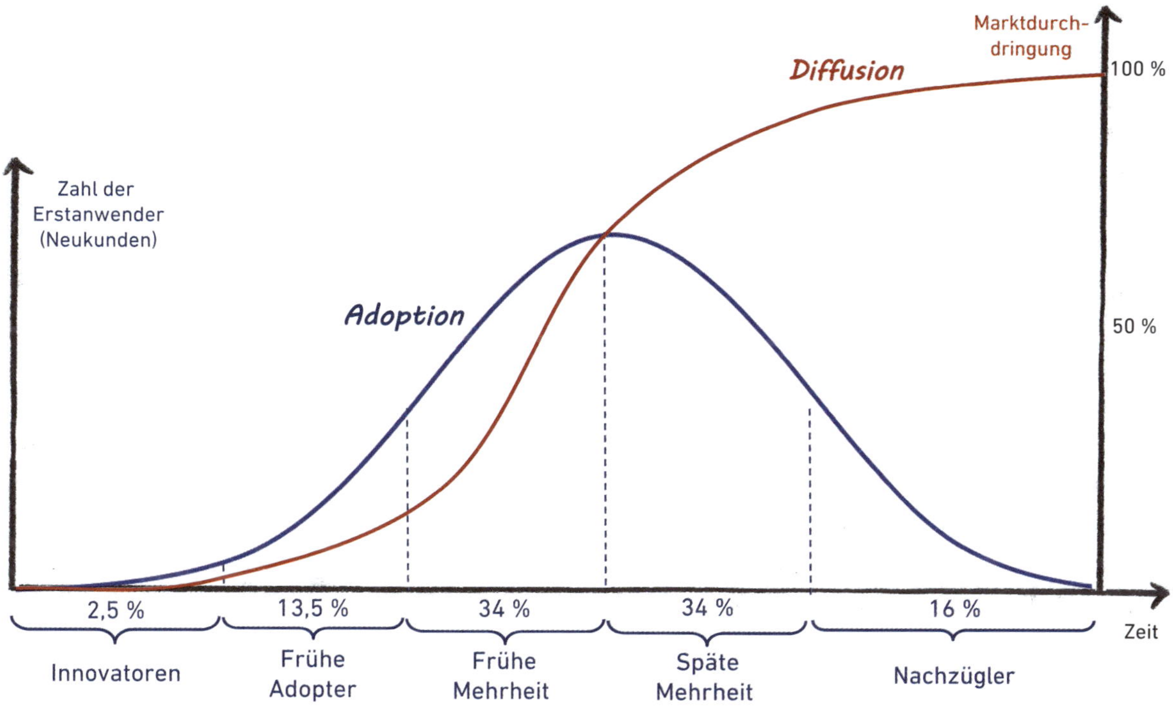

Abb. 1.4.15: Adoptionsgruppen und Diffusionskurve[99]

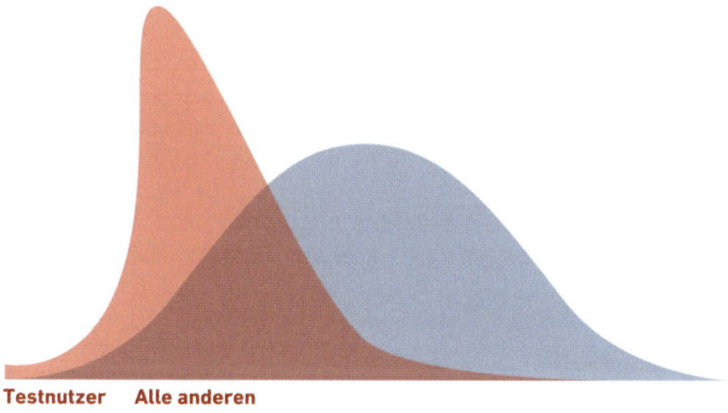

Abb. 1.4.16: Von der Glockenkurve zur Haifischflosse[100]

Innovationsstrategien

Der Zeitpunkt des Markteintritts ist eine zentrale Frage der Innovationsstrategie. Pioniere streben nach **Innovationsführerschaft**, um die Umsätze mit Innovatoren und frühen Adoptern abzuschöpfen und sich als Marktführer zu etablieren. Solche First Mover profitieren von temporären Wettbewerbs- oder Monopolvorteilen, die Preisaufschläge, starkes Umsatzwachstum und einen längeren Abschöpfungszeitraum ermöglichen.[101] Im Idealfall gelingt es ihnen, Produktstandards zu setzen und sich langfristig eine vorteilhafte Marktposition zu sichern – wie etwa *Apple* bei Smartphones oder *Dyson* bei beutellosen Staubsaugern. Allerdings scheitern viele Pioniere, denn die mangelnde Kundenerfahrung führt zu einem hohen Marktrisiko, und die Neuartigkeit des Produkts birgt technische Risiken. Eine Pionierstrategie erfordert zudem hohe Investitionen in Forschung und Entwicklung sowie eine kostenintensive Markterschließung.

Schnelle **Innovationsfolger** mit breitem Marktzugang und starker finanzieller Ausstattung können das Risiko der Markteinführung deutlich verringern und das wirtschaftliche Potenzial einer Innovation erfolgreich ausschöpfen. Dank geringerer Entwicklungs- und Markterschließungskosten können sie Eintrittsbarrieren durch Niedrigpreisangebote überwinden. So brachte zwar *Apple* 2007 das erste Smartphone auf den Markt, doch *Samsung* nutzte seine technologischen Kernkompetenzen in der Halbleiter- und Displayfertigung sowie seine starke internationale Präsenz, um ab 2009 als schneller Innovationsfolger mit der *Galaxy*-Reihe in den Markt einzutreten. Im zweiten Quartal 2025 lag *Samsung* mit einem weltweiten Absatzanteil von rund 20 % vor *Apple*, das mit 16 % den zweiten Platz belegte.[102]

Innovationen werden heute nicht mehr ausschließlich vom Unternehmen selbst entwickelt. Durch **Open Innovation** (offene Innovation) können externe Kooperationspartner wie Kunden, Zulieferer oder Forschungseinrichtungen aktiv in den Entwicklungsprozess eingebunden werden.[103] Dies bietet zahlreiche Vorteile, wie etwa die Verkürzung der Entwicklungszeiten, die Aufteilung der Innovationskosten und -risiken auf mehrere Partner, den Ausgleich fehlender Kompetenzen sowie einen höheren Innovationsgrad. Allerdings besteht bei zu großer Offenheit die Gefahr, dass wertvolles Know-how verloren geht und die Innovationskompetenz des Unternehmens geschwächt wird.[104] Open Innovation wird in Kapitel 5.2.2 ausführlich erläutert.

1.4.7 Die digitale Transformation des Unternehmens

Die Digitalisierung beeinflusst sämtliche Ebenen, Funktionen und Perspektiven der Unternehmensführung. Sie wirkt sich auf Produkte und Dienstleistungen, Geschäftsprozesse, Organisationsstrukturen, Geschäftsmodelle und die Unternehmenskultur aus. Diese digitale Transformation wird geprägt von der weltweiten Vernetzung von Menschen, Unternehmen und Dingen, einem exponentiell wachsenden Datenvolumen, disruptiven Informationstechnologien, digitalen Produkten, Dienstleistungen und Geschäftsmodellen, dem Wandel der Arbeitswelt, agilen Organisationsformen und mobiler Kommunikation.[105]

Aus Sicht der Unternehmensführung beeinflusst die Digitalisierung insbesondere die Kommunikation, das Kundenverhalten und den Wettbewerb. Dies erfordert eine stärkere Vernetzung, höhere Agilität und zunehmende Innovationsgeschwindigkeit.[106] Da die Digitalisierung alle Führungsfunktionen betrifft, werden ihre Auswirkungen in den betreffenden Kapiteln näher erläutert.

Die digitale Transformation der Musikindustrie

Durch die **CD** erlebte die Musikindustrie in den 1990er-Jahren einen regelrechten Boom. Der Erlösanteil der großen Musiklabel *Universal*, *Warner*, *EMI* und *Sony* lag bei rund 26 %, während sich die Musiker mit nur 10 % zufriedengeben mussten.[107] Ab Mitte der 1990er-Jahre ließen sich Musikdateien mithilfe der **MP3-Technologie** ohne hörbaren Qualitätsverlust stark komprimieren.[108] Der digitale Download passte jedoch nicht zum damaligen Geschäftsmodell der Musikindustrie, denn die Erlösanteile waren geringer, und die Kunden mussten keine kompletten Alben mehr kaufen. In der Folge entstanden illegale Tauschbörsen, die zu gravierenden Umsatzeinbußen führten. Als Reaktion begann die Musikindustrie Anfang der 2000er-Jahre damit, einzelne Musikstücke online als MP3-Dateien zu verkaufen („Download-to-Own"). *Apple* sorgte 2001 mit dem Siegeszug des *iPods* sowie 2003 mit dem Multimedia-Verwaltungsprogramm *iTunes* und der Verkaufsplattform *iTunes Music Store* für die erste Disruption der Branche.

Ab Mitte der 2010er-Jahre wurde dieses Geschäftsmodell von **Streaming-Diensten** wie *Spotify* abgelöst. Musikdateien werden dabei nicht mehr lokal auf dem Endgerät gespeichert, sondern nur noch online angehört. Diese zweite Disruption der Branche machte Musik zu einem jederzeit und überall verfügbaren Produkt. Die Kunden können auf eine nahezu unbegrenzte Auswahl aus Millionen von Titeln zugreifen, wofür sie eine zeitliche Nutzungsgebühr zahlen.[109] Streaming macht heute weltweit rund 70 % des Umsatzes der Musikbranche aus.[110] Für die nächste Disruption könnte die **Blockchain** sorgen (vgl. Kap. 7.3.6). Sie ermöglicht Künstlern einen direkten Zugang zu den Hörern und damit attraktivere Vermarktungschancen. Ein Beispiel ist der Blockchain-Streaming-Dienst *OPUS*.

Digitale Technologien

Folgende Informationstechnologien gelten als zentrale **Treiber** der digitalen Transformation:

- **Big Data** bezeichnet die echtzeitbasierte Analyse großer Mengen überwiegend unstrukturierter digitaler Daten aus verschiedenen Quellen, um daraus verlässliche Erkenntnisse für betriebliche Aufgaben und Entscheidungen zu gewinnen.
- **Business Analytics (BA)** umfasst die datengestützte Analyse, Prognose und Optimierung erfolgsrelevanter Unternehmensgrößen, um künftige Entwicklungen vorherzusagen und fundierte Entscheidungen zu ermöglichen.
- Das **Internet der Dinge** (Internet of Things, kurz: IoT) bezeichnet die Vernetzung physischer Gegenstände, die mithilfe eingebetteter Systeme fortlaufend nutzungs- und umgebungsbezogene Daten erfassen und diese als intelligente Objekte drahtlos und eigenständig untereinander austauschen.
- **Cloud Computing** ermöglicht den bedarfsgerechten Zugriff auf IT-Ressourcen, der in der Regel über das Internet erfolgt.
- **Künstliche Intelligenz (KI)** erledigt Aufgaben, die kognitive Fähigkeiten erfordern und bislang dem Menschen vorbehalten waren. Durch maschinelles Lernen kann

sie ihre Fertigkeiten kontinuierlich verbessern und erweitern.

- **Robotergestützte Prozessautomatisierung** (Robotic Process Automation) bezeichnet die automatisierte Ausführung wiederkehrender Benutzeraktivitäten in digitalen Informationssystemen durch Softwareroboter (Bots).
- Eine **Blockchain** (Blockkette) ist ein fälschungssicheres, dezentrales Register, in dem Transaktionen dauerhaft gespeichert werden und dessen Einträge weder gelöscht noch verändert werden können.

Neben den internen Unternehmensdaten etwa aus dem ERP-System sorgt die zunehmende Vernetzung von Unternehmen, Menschen und intelligenten Objekten für eine rasant wachsende Flut digitaler Daten. Ein wesentlicher Treiber von Big Data ist dabei das Internet der Dinge (IoT). Für die Bereitstellung entscheidungsrelevanter Daten ist ein professionelles Datenmanagement erforderlich, das eine hohe Datenqualität sicherstellen soll. Dazu werden die Daten etwa in einem Data Warehouse zentral zusammengeführt und aufbereitet, um eine einheitliche Entscheidungsbasis zu schaffen – die sogenannte *Single Source of Truth*.

Diese digitalen Werkzeuge werden ausführlich in Kapitel 7.3 erläutert. Ihren Zusammenhang veranschaulicht Abb. 1.4.17. Die Speicherung und Nutzung großer Datenmengen erfolgt heute in der Regel über Cloud Computing. Unternehmenseigene Transaktionen lassen sich zudem mit Blockchain-Technologie fälschungssicher in einer dezentralen Datenbank dokumentieren. Da viele Aufgaben im Datenmanagement zeitaufwendig und weitgehend repetitiv sind, kommt zunehmend robotergestützte Prozessautomatisierung (RPA) zum Einsatz. Auf Basis der bereitgestellten Daten lassen sich mithilfe von Business Analytics erfolgsrelevante Kennzahlen analysieren, prognostizieren und optimieren. Selbstlernende Algorithmen mit künstlicher Intelligenz (KI) ermöglichen es, die zugrunde liegenden Datenmodelle kontinuierlich weiterzuentwickeln und zu verbessern.[111]

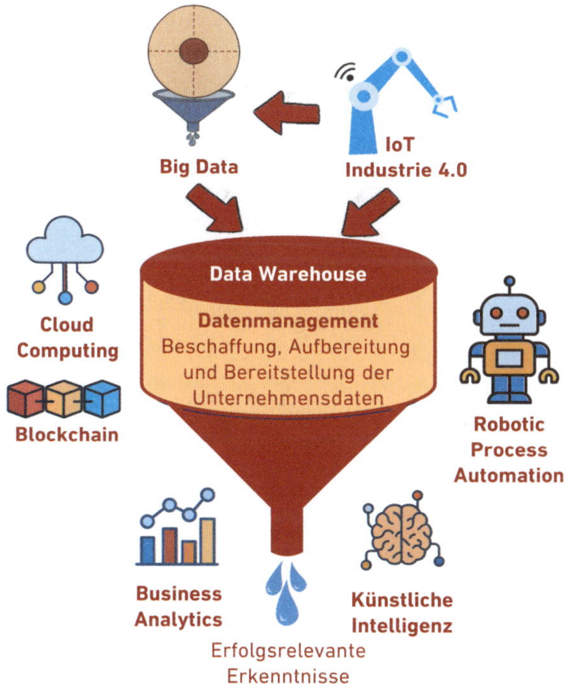

Abb. 1.4.17: Zusammenhang digitaler Informationstechnologien

E-Business

E-Business bezeichnet allgemein die Unterstützung von Geschäftsprozessen durch digitale Informationssysteme. Besondere Bedeutung kommt dabei dem **E-Commerce** als elektronischer Abwicklung von Markttransaktionen beim Kauf oder Verkauf von Produkten oder Dienstleistungen zu. Aus Kundensicht führt die Digitalisierung zu einer Veränderung der Art und Weise, wie Produkte und Dienstleistungen beschafft und konsumiert werden.[112] Die hohe Transparenz von Angeboten und Preisen im Internet erhöht den Wettbewerbsdruck und führt zu einem Machtzuwachs des Kunden. Dies wird auch als Phänomen des reversen Marktes bezeichnet. Gleichzeitig bietet das Internet auch kleinen Unternehmen und Einzelpersonen die Möglichkeit, ihre Produkte und Dienstleistungen weltweit zu vermarkten.

> **E-Business** beschreibt die digitale Durchführung von Transaktionen zwischen Anbietern und Nachfragern – von der Anbahnung über die Abwicklung bis hin zur Aufrechterhaltung der Geschäftsbeziehung.[113]

Die Abwicklung und Integration von Geschäftsprozessen kann innerhalb des Unternehmens, zwischen verschiedenen Unternehmen (Business-to-Business: B2B) oder zwischen Unternehmen und Endkunden (Business-to-Consumer: B2C) erfolgen. E-Business eröffnet neue Vertriebswege und führt zu grundlegenden Veränderungen entlang der Wertschöpfungskette.

Digitale Formen der Zusammenarbeit

Digitale Informationssysteme ermöglichen und fördern die kooperative Zusammenarbeit in Unternehmensnetzwerken. **Virtuelle Organisationen** sind temporäre Kooperationen unabhängiger Unternehmen oder autonom handelnder

Unternehmensteile, die ihre Geschäftsprozesse mithilfe digitaler Informationstechnologie organisieren und optimieren. Sie verfügen weder über ein zentrales Entscheidungsorgan noch über eine feste Organisationsstruktur, wirken nach außen jedoch wie ein einheitliches Unternehmen.

Unternehmensnetzwerke erbringen für den Kunden eine kooperative Wertschöpfung. Da hierzu die gebündelten Ressourcen, Fähigkeiten und Kompetenzen des gesamten Netzwerks erforderlich sind, kann sie von keinem der beteiligten Unternehmen allein erzeugt werden. Die Partner bilden ein **wirtschaftliches Ökosystem** (Business Ecosystem), in dem die gemeinsame Wertschaffung im Vordergrund steht und traditionelle Unternehmensgrenzen verschwimmen.[114]

Viele wirtschaftliche Ökosysteme basieren auf einer Plattform als digitaler Infrastruktur, welche die Interaktionen und Transaktionen der beteiligten Unternehmen und Personen ermöglicht. Sie vermittelt zwischen Anbietern und Nachfragern, um möglichst starke Netzwerkeffekte zu erzeugen. Durch die Plattformbetreiber wird eine Vielzahl von Unternehmen eingebunden, welche auf der Plattform ihre Dienstleistungen oder Waren einstellen. Davon profitieren die Nachfrager durch ein breiteres Angebot und die Anbieter durch den Zugang zu einer größeren Zahl potenzieller Kunden. Mit dem Wachstum der Kundenzahl steigt die Attraktivität der Plattform für weitere Anbieter – was wiederum die Plattform für die Nachfrager noch interessanter macht. Dieser sich selbst verstärkende Kreislauf führt dazu, dass die Betreiber **plattformbasierter Ökosysteme** häufig eine Monopolstellung erreichen.[115] Virtuelle Organisationen, wirtschaftliche Ökosysteme und digitale Plattformen werden in Kapitel 5.2.2 behandelt.

1.5 Management & Leadership am Führungskontext ausrichten

Die heutigen Rahmenbedingungen der Unternehmensumwelt werden häufig mit dem Akronym **VUKA** (engl. VUCA) beschrieben. Es steht für folgende Merkmale:[116]

- **Volatilität** (Volatility): Die Häufigkeit und Geschwindigkeit von Veränderungen nehmen zu, wodurch die Entwicklung der Unternehmensumwelt starken Schwankungen unterliegt.
- **Unsicherheit** (Uncertainty): Die Vorhersagbarkeit der Umwelt sinkt, weshalb vergangene Erfahrungen für die Prognose der Zukunft an Bedeutung verlieren.
- **Komplexität** (Complexity): Die Vielzahl miteinander verknüpfter Einflussfaktoren (Kompliziertheit) sowie deren ständige Veränderung (Dynamik) erschweren die Entscheidungsfindung.
- **Ambiguität** (Ambiguity): Die Umweltfaktoren sind oft mehrdeutig, widersprüchlich und schwer zu verstehen.

In einer VUKA-Welt muss die Unternehmensführung anders handeln als unter stabilen Umweltbedingungen. Sie sollte zunächst die Merkmale ihrer spezifischen Unternehmensumwelt verstehen und ihr Führungsverhalten daran ausrichten. Da jedes Unternehmen dabei vor individuellen Herausforderungen steht, kann es kein einheitliches, universell geeignetes Führungssystem nach dem Prinzip „One Size fits all" geben. Stattdessen muss je nach Führungskontext bestimmt werden, welches System sich zur Steuerung des Unternehmens am besten eignet.

1.5.1 Welche Führungskontexte gibt es?

Zur Bestimmung des Führungskontexts wird beurteilt, inwieweit sowohl die Ziele und Anforderungen der Unternehmensumwelt als auch die zur Zielerreichung notwendigen Maßnahmen bekannt sind. Daraus ergeben sich die in Abb. 1.5.1 dargestellten vier möglichen **Führungskontexte**:[117]

- Im **einfachen Führungskontext** besteht ein eindeutiger und offensichtlicher Zusammenhang von Ursache und Wirkung. Für die auftretenden strukturierten Probleme lassen sich optimale Lösungen finden („Best Practice"). Die Umweltanforderungen sind ausreichend bekannt und gut planbar.

  Ein typisches Beispiel ist ein Malerbetrieb, der den Auftrag erhält, ein Haus zu streichen. Sind die Auftragsmerkmale wie Fläche, Untergrund oder Farbe bekannt, liegt die Durchführung auf der Hand. Die Umsetzung erfolgt mit bewährten Verfahren und kann im Vorfeld anhand wesentlicher Parameter wie An- und Abfahrtszeiten, Materialbedarf und Arbeitszeit genau geplant werden. Ein anderes Beispiel ist die Behandlung eines grippalen Infekts durch einen Hausarzt.

- Im **komplizierten Führungskontext** erfordert das Erkennen von Ursache-Wirkungs-Zusammenhängen die Expertise von Fachkräften wie Referenten, Beratern oder Wissenschaftlern. Für ein Problem existieren mehrere Lösungsansätze, sodass nach einer zweckmäßigen Lösung gesucht wird („Good Practice"). Die möglichen Ausprägungen der Umwelt lassen sich zwar beschreiben, jedoch nicht eindeutig vorhersagen. In der Regel lassen sich zumindest Wahrscheinlichkeiten für verschiedene Szenarien schätzen.

  Beim Bau eines Hauses sind beispielsweise eine Vielzahl an Gewerken beteiligt, welche durch den Bauherrn sachlich und zeitlich koordiniert werden müssen. Die Anforderungen sind nicht vollständig vorab festgelegt, da etwa der Baufortschritt oder die Qualität einzelner Arbeiten nicht exakt planbar sind. Architekten, Sachverständige oder ein Bauträger können als Experten hinzugezogen werden. Ein weiteres Beispiel ist die jährliche Entwicklung eines Grippeimpfstoffs, der an die zirkulierenden Virusstämme angepasst wird – obwohl im Vorfeld unklar ist, welche Varianten tatsächlich die nächste Grippewelle dominieren werden.

- Im **komplexen Führungskontext** lassen sich keine klaren Ursache-Wirkungs-Beziehungen erkennen. Zusammenhänge und geeignete Lösungen werden häufig erst im Nachhinein sichtbar („Next Practice"). Die sich stetig wandelnden Rahmenbedingungen erfordern ein schrittweises, experimentelles Vorgehen. Potenzielle Umweltentwicklungen können zwar identifiziert werden, jedoch nur innerhalb gewisser Bandbreiten.

  Ein Beispiel sind große öffentliche Bauprojekte wie der Berliner Flughafen oder Stuttgart 21, deren Komplexität häufig zu hohen Budgetüberschreitungen und langen Terminverzögerungen führt. Auch zu Beginn der Corona-Pandemie im Jahr 2020 war unklar, wie die Erkrankung COVID-19 erfolgreich behandelt werden kann. Deshalb wurden bestehende Therapien und Medikamente erprobt, um ihre Wirksamkeit zu bewerten. Dabei arbeiteten Forscher weltweit interdisziplinär zusammen.

- Im **chaotischen Führungskontext** sind Ursache-Wirkungs-Zusammenhänge nicht mehr nachvollziehbar, da sie sich laufend verändern und keine Muster erkennbar sind. In solchen Krisensituationen ist es sinnlos, nach richtigen Antworten zu suchen. Aufgrund der bestehenden Unkenntnis können keine belastbaren Vorhersagen über die Entwicklung der Umwelt getroffen werden. Solche Situationen sind glücklicherweise selten und meist von kurzer Dauer. Die Unternehmensführung sollte versuchen, die Organisation durch die konsequente Einleitung wirksamer Gegenmaßnahmen wieder in einen stabileren Führungskontext zu bringen.

  Ein Beispiel ist der Wiederaufbau eines Hauses nach einer Naturkatastrophe wie einem Erdbeben. In einer solchen Notlage sind viele Rahmenbedingungen unklar oder instabil, wie etwa die Verfügbarkeit von Baumaschinen und Materialien, die Gefahr von Nachbeben oder die Versorgung mit Trinkwasser. Entscheidungen wie die Bergung von Verschütteten oder die Sicherung einsturzgefährdeter Gebäude müssen unter Zeitdruck und hoher Unsicherheit getroffen werden, bevor sich nach und nach wieder ein planbarer Zustand herstellen lässt. Zu Beginn der Corona-Krise im Frühjahr 2020 waren ebenfalls keine verlässlichen Prognosen möglich. Welche Auswirkungen die ergriffenen Maßnahmen zur Pandemiebekämpfung hatten, konnte erst im Nachhinein beurteilt werden. Zahlreiche Einflussfaktoren auf die Ausbreitung des SARS-CoV-2-Virus waren unklar und widersprüchlich. Diese Beispiele zeigen, wie schwierig es ist, Entscheidungen in einer völlig ungewissen Umwelt zu treffen. Sie machen aber auch deutlich, dass derartige Situationen meist nur vorübergehend sind. So zielten alle Maßnahmen in der Corona-Krise darauf ab, wieder mehr Stabilität herzustellen und Unsicherheiten zu verringern.

> Je nachdem, inwieweit die Ziele und Anforderungen (Was?) sowie die zur Zielerreichung erforderlichen Maßnahmen (Wie?) bekannt sind, lassen sich einfache, komplizierte, komplexe und chaotische **Führungskontexte** unterscheiden.

Einfache und komplizierte Führungskontexte gelten als *geordnet*, sodass die auftretenden Probleme analysiert und systematisch gelöst werden können. Komplexe und chaotische Kontexte hingegen sind *ungeordnet*: Die Probleme sind schwer durchschaubar und erfordern kontinuierliche Interventionen. Die Übergänge zwischen den Führungskontexten sind fließend und nicht eindeutig abgrenzbar. Zudem kann sich der Führungskontext eines Unternehmens dynamisch verändern. Insbesondere chaotische Situationen treten oft plötzlich und unerwartet auf.[118]

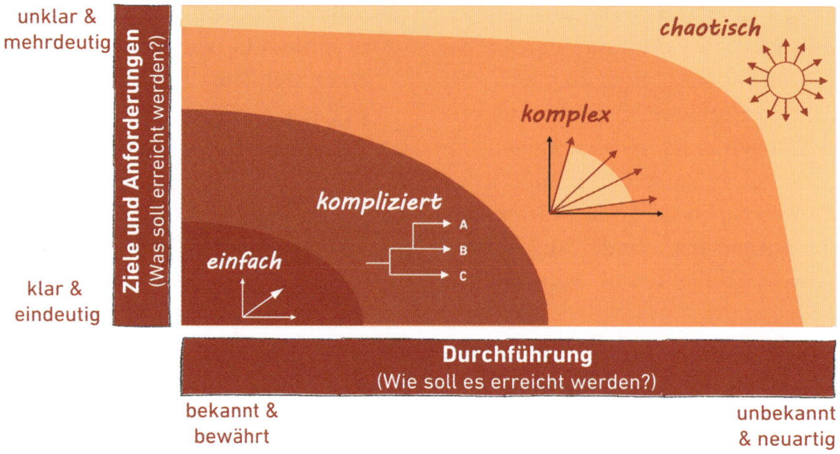

Abb. 1.5.1: Die vier verschiedenen Führungskontexte[119]

Führungskontexte bei TUI

Der Touristikkonzern *TUI* wurde in der Corona-Krise mit Beginn des ersten deutschen Shutdowns am 23. März 2020 unversehens aus einem komplizierten in einen chaotischen Führungskontext geschleudert. *Friedrich Joussen*, damaliger Vorstandsvorsitzender der *TUI AG*, schilderte die dramatische Situation: „Der Shutdown war wie eine Vollbremsung auf der Autobahn. Damit ging der Umsatz der *TUI* praktisch über Nacht auf Null. Wir hatten von heute auf morgen drei Krisen gleichzeitig zu bewältigen: Erstens ging es darum, unsere rund 200.000 Urlauber und 2.000 Mitarbeiter … zurückzuholen, die von dem Shutdown überrascht worden waren … Zweitens mussten wir den laufenden Betrieb anhalten und so schnell wie möglich unsere Ausgaben reduzieren … [und] Anzahlungen für abgesagte Reisen zurückzahlen. Drittens war es überlebensnotwendig, dass wir umgehend bei der Bundesregierung die Überbrückungskredite beantragt haben."[120] All diese Maßnahmen dienten dazu, die Existenz des Unternehmens zu sichern und *TUI* aus dem chaotischen Führungskontext herauszuführen. Der Vorstand hatte dabei keinen Einfluss auf den Verlauf der Pandemie, sondern konnte den Konzern lediglich auf Sicht steuern.

1.5.2 Ein geeignetes Führungssystem auswählen

Eine wirksame Unternehmensführung erfordert das Erkennen des jeweiligen Führungskontexts und ein situatives, daran angepasstes Führungshandeln. Diese kontextbedingte Führung wird ausführlich in Kapitel 6.3.1 erläutert. Das zugrunde liegende Führungssystem sollte hingegen nicht ständig verändert werden, sondern über einen gewissen Zeitraum stabil bleiben, um unter den Mitarbeitern nicht für Unruhe oder Verwirrung zu sorgen. Die situative Ausgestaltung des Führungssystems sollte sich daher am dominierenden Kontext orientieren, in dem sich das Unternehmen überwiegend befindet. Eine Ausnahme bildet die krisenorientierte Unternehmensführung, die nur in akuten Notlagen zur Anwendung kommt und das bestehende Führungssystem zeitweise überlagert. Strukturell tiefgreifende Veränderungen des dominierenden Kontexts sollten Anlass für eine organisatorische Neuausrichtung sein.[121]

Ein solcher **situativer Ansatz der Organisationstheorie** (Contingency Approach) berücksichtigt bei der Gestaltung der Organisation sowohl interne als auch externe Einflussgrößen. Ziel ist es, die Zusammenhänge zwischen der jeweiligen Situation, der Organisationsstruktur, dem Verhalten der Stakeholder und deren Einfluss auf den Unternehmenserfolg aufzuzeigen.[122] Pragmatisch betrachtet geht es um konkrete Handlungsempfehlungen zur Gestaltung der Organisation, um den sich verändernden situativen Anforderungen gerecht zu werden. Da auf ein Unternehmen stets eine Vielzahl von Einflussgrößen einwirkt, sollten hierfür multivariate Modelle zum Einsatz kommen.[123]

Folglich sind bei der Bestimmung des Führungskontexts mehrere Situationsvariablen zu berücksichtigen, deren Einfluss unterschiedlich stark ausfallen kann. Dabei kann auf bewährte Verfahren der strategischen Analyse zurückgegriffen werden, die in Kapitel 3.2 dargestellt sind. Für den praktischen Einsatz bieten sich Scoring-Modelle an, in denen relevante Einflussfaktoren wie Marktdynamik, technologische Entwicklungen oder Wettbewerbsintensität mit unterschiedlicher Gewichtung einfließen. Berücksichtigt werden dabei auch die Bekanntheit, Erkennbarkeit und Prognostizierbarkeit des erforderlichen Wissens. Die sich daraus ergebenden Ausprägungen des Wissens werden in Kapitel 7.1.1 erklärt.

Nach der Bestimmung des vorherrschenden Führungskontexts stellt sich die Frage nach der passenden Ausgestaltung des Führungssystems. Nach **Ashbys Gesetz der erforderlichen Varietät** sollte die Komplexität eines Führungssystems mindestens der Komplexität des jeweiligen Kontexts entsprechen.[124] Andernfalls ist die Unternehmensführung überfordert und kann das Überleben des Unternehmens nicht dauerhaft sicherstellen. Umgekehrt ist eine auf unsichere Führungskontexte ausgerichtete Unternehmensführung zwar ebenfalls in der Lage, weniger komplexe Situationen zu bewältigen – in solchen Fällen sind die eingesetzten Führungssysteme jedoch überdimensioniert und dadurch ineffizient. Dies zeigt sich beispielsweise in zeitaufwendigen Abstimmungsprozessen bei einfachen Problemstellungen, bei denen „das Rad immer wieder neu erfunden wird".

Die daraus folgenden **Ausprägungen** kontextbezogener Unternehmensführung im **Stuttgarter Führungsmodell (SFM)** veranschaulicht Abb. 1.5.2:

- **Managementorientierte Unternehmensführung** eignet sich für einfache, relativ gut beherrschbare Kontexte. Die bekannten Anforderungen sollen durch die Planung, Steuerung und Kontrolle der ausführenden Tätigkeiten erfüllt werden. Dies geschieht insbesondere mithilfe der Budgetierung (vgl. Kap. 4.3). Charakteristisch sind hierarchisches Denken und Top-down-Vorgaben, um möglichst effiziente Prozesse und eine hohe Rentabilität sicherzustellen. Das Management ist in erster Linie für die Entwicklung und Umsetzung von Maßnahmen sowie die Lösung auftretender Probleme zuständig, während der Aspekt des Leaderships in den Hintergrund tritt. Führungsaufgaben nach Ebenen und Funktionen konzentrieren sich häufig auf wenige Personen, was insbesondere auf familiengeführte Unternehmen zutrifft. So wurde die Entwicklung der *Adolf Würth GmbH & Co. KG* von einer kleinen Schraubengroßhandlung zum Weltmarktführer für Befestigungsmaterial über 70 Jahre lang maßgeblich von *Reinhold Würth* geprägt. Geeignet ist eine managementorientierte Unternehmensführung vor allem für kleine und mittlere Unternehmen in stabilen Branchen, wie etwa Handwerksbetriebe, Gaststätten oder regionale Dienstleister wie Supermärkte, Kfz-Werkstätten oder Rechtsanwaltskanzleien.
- **Integrierte Unternehmensführung** ist in komplizierten Kontexten empfehlenswert. Mit zunehmendem Wachstum des Unternehmens stößt die managementorientierte Unternehmensführung wegen ihrer Machtkonzentration an ihre Grenzen. Deshalb wird die Führungsverantwortung auf mehrere Personen aufgeteilt und funktionale Strukturen mit klar verteilten Kompetenzen und Zuständigkeiten eingeführt. Unternehmensführung in solchen Kontexten erfordert Expertenwissen und analytisches Handeln. Die Führungsaufgaben werden auf mehreren hierarchischen Ebenen wahrgenommen, wobei sämtliche Führungsfunktionen und -ebenen aufeinander abgestimmt und integriert werden müssen. Gleichzeitig spielt auch das Leadership eine wichtige Rolle: Die Mitarbeiter sollen für die Vision begeistert und auf die Strategie des Unternehmens ausgerichtet werden. Integrierte Unternehmensführung ist weit verbreitet und typisch für viele industrielle Großunternehmen, wie etwa *Mercedes*, *Bosch* oder *Siemens*.
- **Agile Unternehmensführung** soll für die notwendige Anpassungsfähigkeit sorgen, um ein Unternehmen in komplexen Führungskontexten erfolgreich steuern zu können (vgl. Kap. 5.1.2). Das experimentelle Ausprobieren verschiedener Lösungswege ist die Antwort auf die begrenzte Beherrschbarkeit komplexer Situationen. Die durch selbstorganisierte Teams erzeugte interne Komplexität trägt dazu bei, die externe Komplexität des unternehmerischen Umfelds hinreichend zu bewältigen. Die Teams können sich innerhalb eines festgelegten Gestaltungsrahmens flexibel an strukturelle Veränderungen anpassen. Eine beidhändige Führung (vgl. Kap. 6.2.2) soll einen sinnvollen Mittelweg zwischen perfekter Ordnung und völliger Unordnung sowie zwischen Flexibilität und Stabilität finden. Agile Unternehmensführung fördert einen Prozess gelenkter Selbstorganisation, um flexibel und initiativ handeln zu können. Leadership soll dem Unternehmen eine gemeinsame Richtung geben und Sinn stiften, etwa durch einen klar formulierten Purpose und eine herausfordernde Vision. Komplexe Führungskontexte finden sich vor allem in dynamischen

Branchen, wie etwa in plattformbasierten Ökosystemen (vgl. Kap. 5.2.1). Beispiele sind *Spotify* oder *T-Systems*.

- **Krisenorientierte Unternehmensführung** ist in chaotischen Kontexten erforderlich. Eine Krise ist eine problematische, oft plötzlich auftretende Notlage und stellt in der Regel einen seltenen Ausnahmefall dar. Sie kann selbstverschuldet (endogen) entstehen, etwa durch technische Probleme oder betriebliche Fehlentscheidungen. Sie kann aber auch fremdverschuldet (exogen) sein, etwa infolge eines konjunkturellen Abschwungs, politischer Umbrüche oder globaler Ereignisse wie Pandemien, Kriege und Naturkatastrophen. Die Steuerung in einer Krise erfolgt auf Sicht: Entscheidungen werden kurzfristig und auf Basis der aktuell verfügbaren Informationen getroffen. Die krisenorientierte Unternehmensführung verfolgt das Ziel, zunächst im „Feuerwehrmodus" die Handlungsfähigkeit wiederherzustellen und das Überleben des Unternehmens zu sichern. Alle eingeleiteten Maßnahmen zielen darauf ab, das Unternehmen in einen beherrschbaren Kontext zurückzuführen. So war die Corona-Krise für Unternehmen aus der Touristik, Gastronomie oder Luftfahrt existenzbedrohlich.

Nach dem **Stuttgarter Führungsmodell (SFM)** soll das Führungssystem den Anforderungen des jeweiligen Führungskontexts entsprechen:

- Managementorientierte Unternehmensführung im einfachen Kontext,
- Integrierte Unternehmensführung im komplizierten Kontext,
- Agile Unternehmensführung im komplexen Kontext,
- Krisenorientierte Unternehmensführung im chaotischen Kontext.

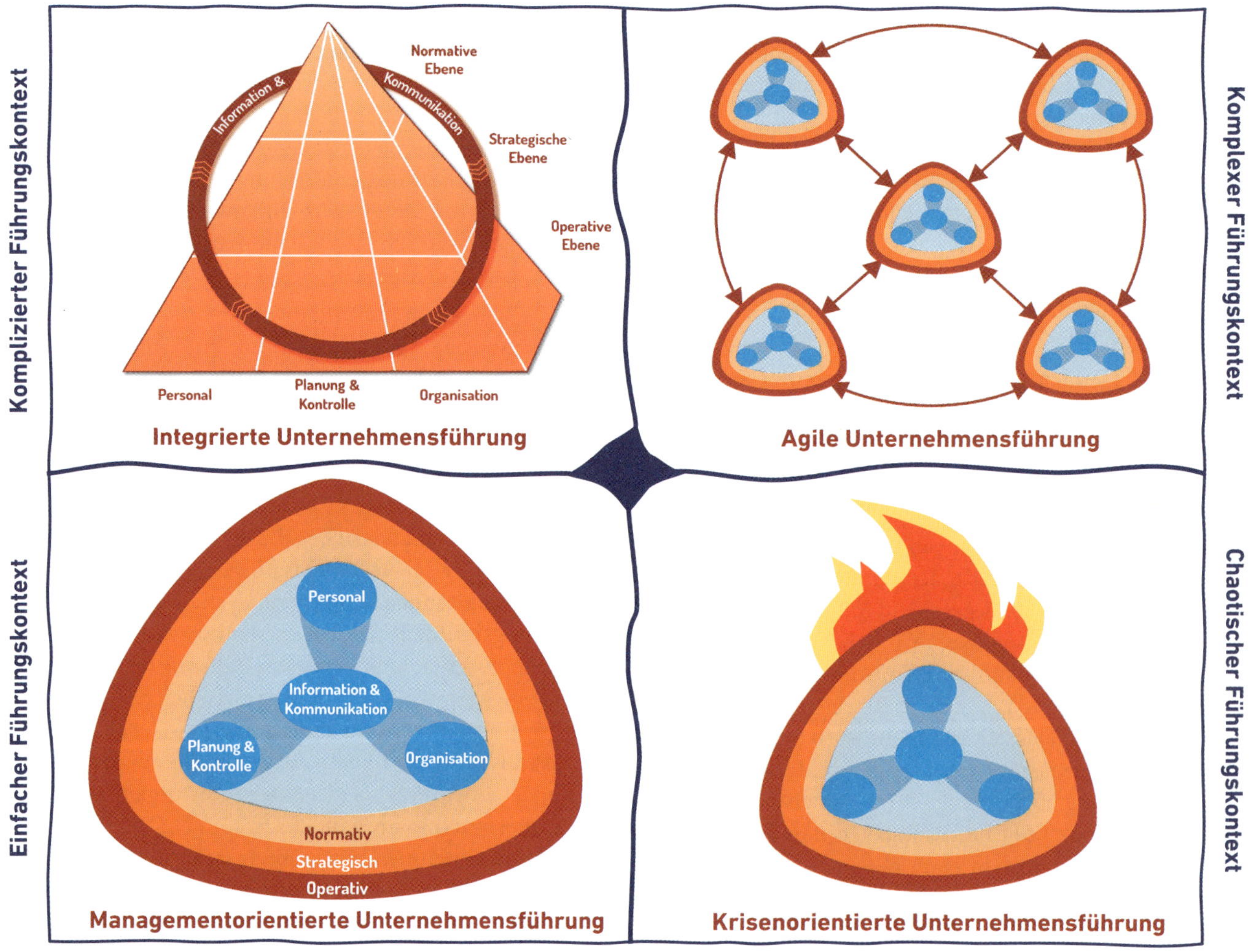

Abb. 1.5.2: Das Stuttgarter Führungsmodell als System kontextorientierter Unternehmensführung[125]

Die **Organisationsstruktur** ist am dominierenden Führungskontext auszurichten. In größeren Unternehmen können auch unterschiedliche Kontexte gleichzeitig auftreten, die differenzierte Führungssysteme erforderlich machen. So kann in einem Geschäftsbereich eine agile Führung sinnvoll sein, während in einem anderen eine integrierte Führung besser geeignet ist. Sollte sich der vorherrschende Kontext langfristig ändern, dann ist das Führungssystem entsprechend anzupassen.

Allerdings lassen sich bei der Bestimmung des Führungskontexts nicht alle relevanten Einflussfaktoren und deren Wechselwirkungen hinreichend erfassen und berücksichtigen.[126] Zudem ist die bei Scoring-Modellen inhärente Subjektivität bei der Auswahl, Bewertung und Gewichtung der Einflussgrößen zu beachten. Während sich diese Problematik bei der Wahl einer geeigneten Führungsstruktur durch eine breite und tiefgehende Analyse in einem interdisziplinären Gremium abmildern lässt, erfordert die praktische Umsetzung eines kontextbezogenen Führungsstils ein pragmatisches Werkzeug für den Führungsalltag. Hierfür können etwa Checklisten oder Heuristiken eingesetzt werden (vgl. Kap. 6.2.1).

Die Betrachtung des Führungskontexts sollte nicht zu vereinfachend oder schematisch erfolgen, denn kein Unternehmen befindet sich ausschließlich in einem einzigen Kontext. Vielmehr wird der Führungskontext regelmäßig durch Elemente anderer Kontexte überlagert, wobei der chaotische Kontext eine (hoffentlich seltene) Ausnahme darstellt. In der Unternehmenspraxis erfreuen sich allerdings vor allem leicht verständliche Instrumente großer Beliebtheit. Die kontextorientierte Führung erfordert deshalb eine Gratwanderung zwischen praktischer Anwendbarkeit und einer ausreichend präzisen Bestimmung des jeweils dominierenden Führungskontexts. Die Unternehmensführung sollte sich dabei nicht auf eine schablonenhafte Anwendung der skizzierten Systematik beschränken, sondern die Ausgestaltung des Führungssystems an den Rückmeldungen der Stakeholder und nicht zuletzt am unternehmerischen Erfolg messen. Zusammenfassend empfiehlt das Stuttgarter Führungsmodell kein für alle Unternehmen gleichermaßen geeignetes Führungssystem, sondern eine an den jeweiligen Führungskontext angepasste situative Führung und Organisation.

Executive Summary

- Ein Unternehmen ist eine wirtschaftliche Einheit, die Güter und Dienstleistungen für den Fremdbedarf produziert, anbietet oder vertreibt.
- Je nach Wirtschaftssektor, Größe, Rechts- und Eigentumsform lassen sich verschiedene Unternehmenstypen unterscheiden.
- Die Unternehmensführung umfasst sowohl Management als auch Leadership. Sie soll das Führungssystem gestalten, das Unternehmen zielgerichtet steuern und seine langfristige Wettbewerbsfähigkeit sicherstellen.
- Zum Verständnis der Unternehmensführung dienen Entscheidungs-, Umwelt-, Ressourcen-, Institutions- und Systemtheorien.
- Die Entscheidungstheorie befasst sich mit der systematischen Analyse und Gestaltung von Entscheidungsprozessen, um unter gegebenen Bedingungen rationale Entscheidungen zu treffen.
- Die Spieltheorie untersucht, wie mehrere voneinander abhängige und interagierende Akteure zu rationalen Entscheidungen gelangen.
- Nach der marktorientierten Unternehmensführung (Market-based View) richtet ein Unternehmen sein Verhalten und seine Positionierung an den von außen vorgegebenen Strukturen der Umwelt, Branchen und Märkte aus, in denen es tätig ist oder tätig werden möchte (Outside-in-Perspektive).
- Nach der erweiterten ressourcenorientierten Unternehmensführung (Resource-based View) soll ein Unternehmen strategisch wertvolle Ressourcen und Fähigkeiten intern aufbauen und diese zu Kompetenzen bündeln, um daraus dauerhafte Wettbewerbsvorteile zu erzielen (Inside-out-Perspektive).

- Ein komplexes System ist sowohl kompliziert als auch dynamisch. Es besteht aus einer Vielzahl von Systemelementen und Beziehungen, die sich laufend verändern.
- Ein Unternehmen ist ein soziales System aus Elementen, Beziehungen und Zielen. Die Elemente umfassen Mitglieder, Ressourcen, Prozesse, Strukturen und die Unternehmenskultur. Diese Elemente sind durch Interaktionen und Kommunikation miteinander verbunden und stehen im offenen Austausch mit der Unternehmensumwelt.
- Die Unternehmensführung umfasst Ebenen, Funktionen und Perspektiven, die durch ein integriertes Führungssystem aufeinander abgestimmt werden.
- Die Unternehmensführung wird je nach Tragweite der Führungsaufgaben in eine normative, strategische und operative Führungsebene unterteilt.
- Die normative Unternehmensführung beschreibt die Identität und Daseinsberechtigung eines Unternehmens. Sie bestimmt dessen Werte, Purpose, Zweck und langfristige Entwicklung. Darüber hinaus prägt sie das Verhalten der Beschäftigten und regelt die Leitung und Überwachung des Unternehmens.
- Die strategische Unternehmensführung legt das langfristige Vorgehen zum Aufbau von Wettbewerbsvorteilen fest und bestimmt, wie daraus Erfolgspotenziale entwickelt werden. Sie beschreibt, welche Ressourcen, Fähigkeiten und Kompetenzen dafür erforderlich sind und wie sich das Unternehmen im Wettbewerb positionieren soll.
- Die operative Unternehmensführung umfasst die Planung, Steuerung und Kontrolle der laufenden Aktivitäten eines Unternehmens, um die Strategie umzusetzen und bestehende Erfolgspotenziale möglichst effizient zu nutzen.
- Der Führungsprozess umfasst die Phasen Planung, Steuerung und Kontrolle. Er beschreibt den typischen Ablauf von Entscheidungen und wird häufig unter dem Begriff „Management" zusammengefasst.
- Die zentralen Tätigkeitsfelder der Unternehmensführung gliedern sich in vier Führungsfunktionen: Planung und Kontrolle, Organisation, Personal sowie Information und Kommunikation.
- Die Unternehmensführung kann auf einzelne Führungsperspektiven im Sinne von thematischen Schwerpunkten ausgerichtet sein. Hierzu gehören Qualität, Unternehmenswert, immaterielle Werte, Risiken, Internationalisierung, Innovation und Digitalisierung.
- Total Quality Management (TQM) bezeichnet einen umfassenden Führungsansatz, der Qualität in den Mittelpunkt stellt und das gesamte Unternehmen auf die Erfüllung der Kundenanforderungen ausrichtet. Total Quality Leadership (TQL) soll die Mitarbeiter zu herausragenden Leistungen anspornen, um die Vision eines kundenorientierten Unternehmens zu verwirklichen.
- Wertorientierte Unternehmensführung bedeutet, aus Sicht der Eigentümer eine angemessene Rendite auf das eingesetzte Kapital zu erwirtschaften. Die erwartete Mindestrendite hängt dabei vom Risiko ab, das mit der Investition in das Unternehmen verbunden ist.
- Immaterielle Werte sind alle Vermögensteile, die für ein Unternehmen wertvoll sind, jedoch weder aus Geldanlagen noch aus physischen Gegenständen bestehen. Sie umfassen das Human-, Kunden-, Beziehungs- und Strukturkapital eines Unternehmens.
- Ein Risiko im engeren Sinne besteht, wenn bei zukünftigen Ereignissen sowohl eine Gefahr als auch eine Exposition vorliegen. Ein Risiko im weiteren Sinne liegt vor, wenn zukünftige Ereignisse sowohl zu positiven als auch zu negativen Abweichungen vom erwarteten Ergebnis führen können. Es umfasst damit sowohl Chancen als auch Gefahren.
- Internationalisierungsmöglichkeiten sind Export, Kooperation und Direktinvestition. Bei der Wahl der Internationalisierungsstrategie ist zwischen der Berücksichtigung länderspezifischer Besonderheiten und den Vorteilen einer Produktstandardisierung sowie zentralen Konzernsteuerung abzuwägen. Unternehmen können international, multinational, global oder transnational agieren.
- Nach dem Gegenstand lassen sich Produkt-, Verfahrens- und Sozialinnovationen unterscheiden. Der Innovationsprozess besteht aus den Phasen Ideengenerierung, -evaluation und -realisierung. Die Adoptionskurve zeigt den zeitlichen Verlauf der Übernahme einer Innovation durch die Marktteilnehmer. Ausgehend von den Innovatoren folgen die frühen Adoptoren und die frühe Mehrheit und anschließend die späte Mehrheit und die Nachzügler. Die Diffusionskurve einer Innovation hat typischerweise einen S-förmigen Verlauf, bei digitalen Produkten ähnelt sie eher einer Haifischflosse.
- Die Digitalisierung beeinflusst sämtliche Ebenen, Funktionen und Perspektiven der Unternehmensführung und wirkt sich auf das gesamte Unternehmen aus. E-Business beschreibt die digitale Durchführung von Trans-

aktionen zwischen Anbietern und Nachfragern – von der Anbahnung über die Abwicklung bis hin zur Aufrechterhaltung der Geschäftsbeziehung.

- Je nachdem, inwieweit die Ziele und Anforderungen (Was?) sowie die zur Zielerreichung erforderlichen Maßnahmen (Wie?) bekannt sind, lassen sich einfache, komplizierte, komplexe und chaotische Führungskontexte unterscheiden.
- Nach dem Stuttgarter Führungsmodell sollte das Führungssystem den Anforderungen des jeweiligen Führungskontexts entsprechen: Managementorientierte Unternehmensführung im einfachen Kontext, integrierte Unternehmensführung im komplizierten Kontext, agile Unternehmensführung im komplexen Kontext und krisenorientierte Unternehmensführung im chaotischen Kontext.
- Das Stuttgarter Führungsmodell empfiehlt kein für alle Unternehmen gleichermaßen geeignetes Führungssystem, sondern eine an den jeweiligen Führungskontext angepasste situative Führung und Organisation.

Lesetipps

Abegglen, C./Bleicher, K.: Das Konzept Integriertes Management, 10. Aufl., Frankfurt/New York 2021.

Beyer, D./Kirchner-Khairy.: Wert- und risikoorientiertes Controlling, München 2024.

Gleißner, W.: Grundlagen des Risikomanagements im Unternehmen, 4. Aufl., München 2022.

Holtbrügge, D./Welge, M. K.: Internationales Management, 6. Aufl., Stuttgart 2015.

Lev, B.: Intangibles – Management, Measurement and Reporting, Washington 2001.

Stacey, R. D.: The Chaos Frontier: Creative Strategic Control for Business, Oxford 1991.

Stoi, R.: Kontextorientierte Führung und Organisation, in: zfo, 91. Jg., 2022, Nr. 2, S. 70–78.

Vahs, D./Brem, A./Oswald, C.: Innovationsmanagement, 6. Aufl., Stuttgart 2023.

Zollondz, H.-D./ Ketting, M./ Pfundtner, R. (Hrsg.): Lexikon Qualitätsmanagement, 2. Aufl., München 2016.

KAPITEL 2

Dem Unternehmen Werte und Orientierung verleihen

2.1 Unternehmenswerte und -kultur 53

2.2 Purpose, Vision und Mission 64

2.3 Unternehmensverfassung und Corporate Governance 72

Führungsimpulse

- Welche Aufgaben und Elemente umfasst die normative Unternehmensführung?
- Was versteht man unter nachhaltiger Unternehmensführung?
- Welche Ebenen hat die Unternehmenskultur?
- Was beschreiben Purpose, Vision und Mission – und wie hängen sie zusammen?
- Wozu dient die Unternehmensverfassung, und was bedeutet Corporate Governance?

Die normative Unternehmensführung prägt die Persönlichkeit eines Unternehmens. Sie umfasst richtungsweisende Entscheidungen der obersten Führungsebene mit hoher Tragweite und langfristiger Gültigkeit. Die festgelegten grundlegenden Ziele und Werte bilden einen Handlungsrahmen für das gesamte Unternehmen und sollen seinen langfristigen Erfolg und Bestand sichern.

Die **normative Unternehmensführung** beschreibt die Identität und Daseinsberechtigung eines Unternehmens. Sie bestimmt dessen Werte, Purpose, Zweck und langfristige Entwicklung. Darüber hinaus prägt sie das Verhalten der Beschäftigten und regelt die Leitung und Überwachung des Unternehmens.

Die **Unternehmensidentität** (Corporate Identity) besteht aus eigenständigen Merkmalen und Eigenschaften, die dem Unternehmen ein unverwechselbares Profil verleihen. Dieses Selbstverständnis prägt das Auftreten nach innen und außen und ermöglicht eine klare Positionierung gegenüber externen Anspruchsgruppen wie Kunden oder Lieferanten. Gleichzeitig stärkt eine gefestigte Identität die Bindung wichtiger Stakeholder an das Unternehmen. Die normative Ebene begründet zudem die Legitimität des Unternehmens, also die Einhaltung gesetzlicher Vorgaben und seine gesellschaftliche Akzeptanz, ohne die es langfristig nicht bestehen kann.

Die **Bestandteile normativer Unternehmensführung** sind:

- Die **Werte** beschreiben den ethischen Anspruch des Unternehmens als Richtschnur für dessen Denken und Handeln.

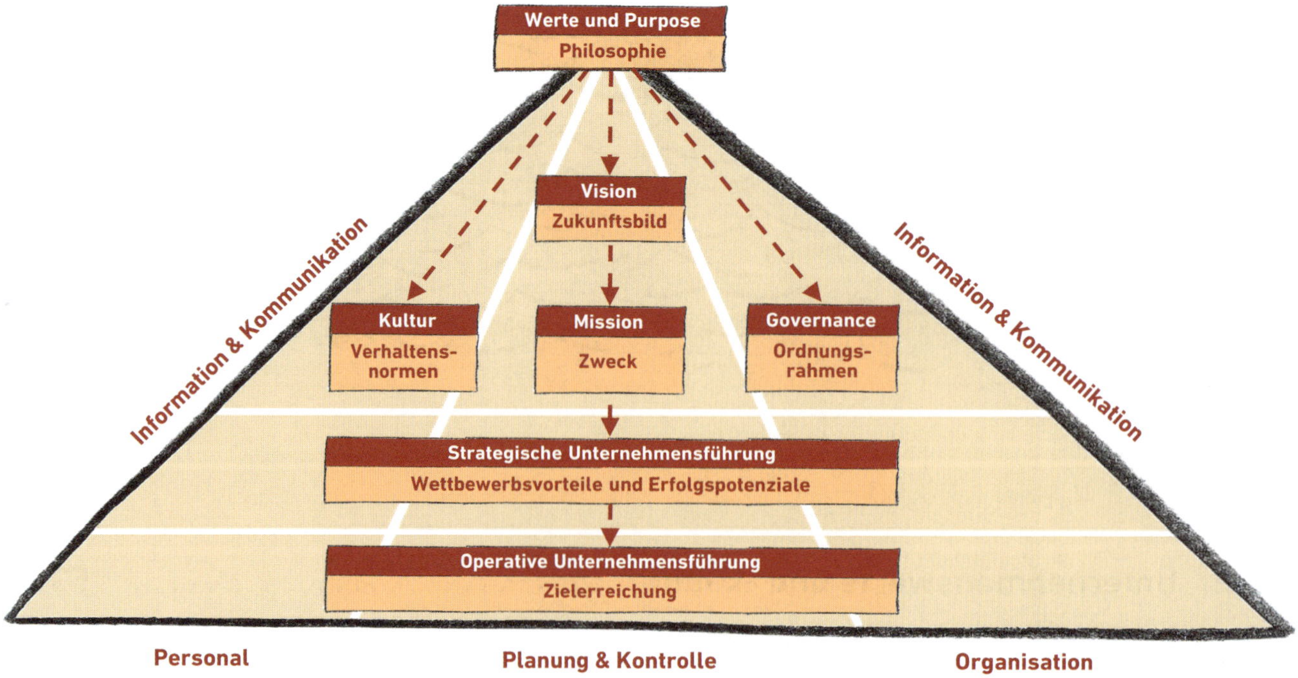

Abb. 2.1.1: Zusammenhang der Bestandteile der normativen Unternehmensführung

- Die **Kultur** umfasst die gelebten Werte, Denkhaltungen, Normen und Rituale sowie sichtbare Artefakte und Symbole, die das Verhalten der Organisationsmitglieder prägen.
- Der **Purpose** beschreibt die Bestimmung und den übergeordneten Sinn des Unternehmens.
- Die **Vision** ist das angestrebte Zukunftsbild des Unternehmens.
- Die **Mission** beschreibt den Zweck des Unternehmens.
- Die **Verfassung** legt die Organe des Unternehmens sowie deren Rechte und Pflichten fest.
- Die **Corporate Governance** beinhaltet die Regeln für eine ordnungsgemäße und verantwortungsvolle Unternehmensführung.

Den inhaltlichen Zusammenhang dieser normativen Bestandteile verdeutlicht Abb. 2.1.1. In diesem Kapitel werden sie anhand des Fallbeispiels der *MöBella GmbH* veranschaulicht. Daher ist es empfehlenswert, zuvor einen Blick auf die Vorstellung des Unternehmens in Kapitel 1.1.4 zu werfen.

2.1 Unternehmenswerte und -kultur

2.1.1 Woran glaubt das Unternehmen?

Werte sind Vorstellungen, Ideen, Normen oder Verhaltensweisen, die in einer Gemeinschaft als wünschenswert anerkannt sind und ihren Mitgliedern als Orientierung dienen.[1] Welche Werte gemeinhin als legitim gelten, hängt unter anderem von der religiösen und kulturellen Prägung einer Gesellschaft ab. Darüber hinaus verändern sich Werte im Laufe der Zeit. Abb. 2.1.2 zeigt dies am Beispiel Deutschlands. Ein solcher gesellschaftlicher Wertewandel erfordert auch eine Anpassung der Unternehmenswerte.

Die **Unternehmenswerte** bestimmen den ethischen Anspruch und das „Gewissen" eines Unternehmens. Sie werden von der Unternehmensführung entweder bewusst festgelegt oder unbewusst aus individuellen Wertvorstellungen der Organisationsmitglieder abgeleitet. Um sie den Mitarbeitern näherzubringen, sollten sie von den Führungskräften glaubhaft vorgelebt werden. Die Werte eines Unternehmens drücken aus, in welchem Umfang es bereit ist, Verantwortung gegenüber seinen Stakeholdern zu übernehmen. Die Gesamtheit der gewünschten Einstellungen und Verhaltensweisen bildet die Unternehmensphilosophie.[3]

> Die **Unternehmensphilosophie** beschreibt die ethischen Grundsätze und Wertvorstellungen eines Unternehmens. Sie dient als moralischer Orientierungsrahmen für das Verhalten aller Organisationsmitglieder.[4]

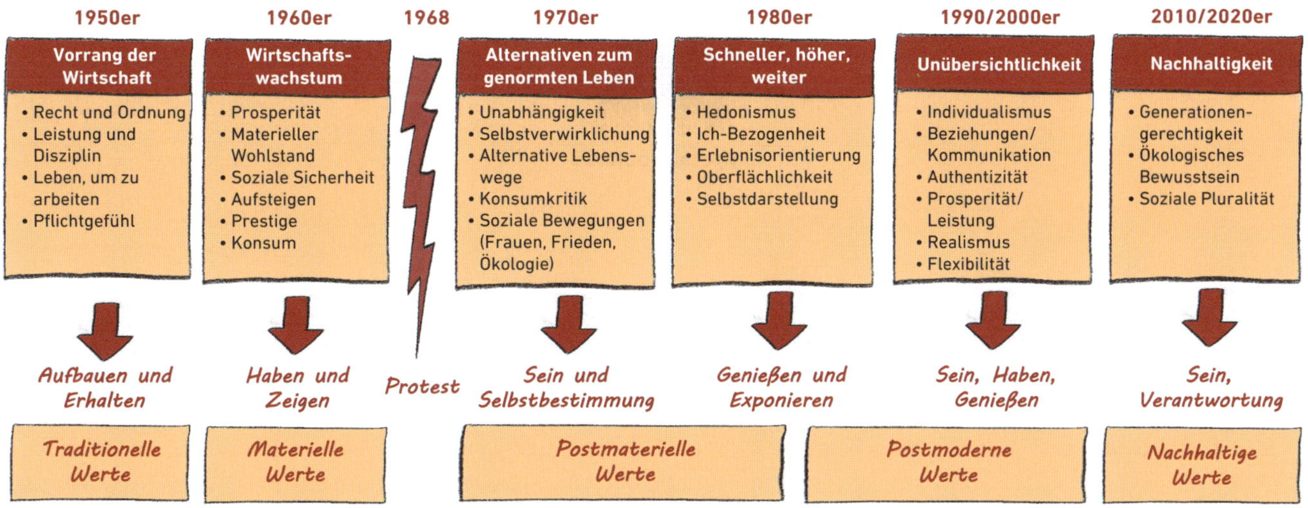

Abb. 2.1.2: Wertewandel in Deutschland[2]

Der Wertebaum von Upstalsboom

Die *Upstalsboom Hotel + Freizeit GmbH & Co. KG* betreibt mit etwa 635 Mitarbeitern zehn Hotels und rund 500 Ferienwohnungen an der Nord- und Ostsee sowie in Berlin. In der werteorientierten Unternehmensphilosophie steht der Mensch im Mittelpunkt (vgl. Kap. 6).

Upstalsboom
HOTELS UND FERIENWOHNUNGEN

Ziel ist eine Arbeitswelt mit mehr Sinn und Menschlichkeit. Die Entfaltung des Potenzials jedes einzelnen Mitarbeiters hat dabei höchste Priorität – und sorgt letztlich dafür, dass sich die Gäste wohlfühlen. Der *Upstalsboom*-Weg steht für gemeinschaftlich erarbeitete Werte als Herz des Unternehmens. Um ein einheitliches Verständnis sicherzustellen, wurde zu jedem Wert ein prägnanter Slogan entwickelt.

Abb. 2.1.3: Wertebaum von Upstalsboom[5]

In einer Marktwirtschaft steht die Unternehmensphilosophie im Spannungsfeld zwischen Moral und Ökonomie. Das legitime Streben nach Gewinn kann auch negative Folgen haben – wie etwa Umweltverschmutzung oder gesundheitliche Belastungen für die Mitarbeiter. Was ökonomisch sinnvoll und zugleich moralisch vertretbar ist, ist Gegenstand der **Unternehmensethik**. Kurzfristig mögen unmoralische Handlungen zur Gewinnmaximierung verlockend erscheinen, doch langfristig kommt kein Unternehmen ohne ethische Werte aus. Unternehmen werden von ihren Stakeholdern an moralischen Maßstäben gemessen. Ein Verhalten im Rahmen gesellschaftlich akzeptierter Normen ist daher unerlässlich, um dauerhaft erfolgreich zu sein. Ethisch bedenklich ist nicht das Gewinnstreben an sich, sondern wenn es mit unlauteren Mitteln erfolgt.[6]

Werte der MöBella GmbH

Die Unternehmenswerte leiten sich aus den persönlichen Moralvorstellungen des Firmeninhabers *Erwin Eder* ab und werden von ihm tagtäglich vorgelebt. Einen schriftlichen Ethikkodex gibt es jedoch nicht. Das führt mitunter zu unterschiedlichen Auffassungen und Missverständnissen über die geltenden Verhaltensregeln. Einen Überblick über die Werte der *MöBella GmbH* gibt Abb. 2.1.4.

Werte	Merkmale und Verhaltensweisen
Tradition	• Gegründet 1925 – über hundertjährige Firmengeschichte • Bewahrung der Familientradition im Sinne von *Egon* und *Elise Eder* • Entscheidungsregel: „Wie hätten *Egon* und *Elise Eder* gehandelt?“
Verantwortung	• Weiterbeschäftigung von *Susi Schlummer* nach der Firmenübernahme • Die Verpflichtung des Unternehmens gegenüber Kunden und Mitarbeitern hat Vorrang • „Langen Atem haben“ – kurzfristiger Aktionismus ist nicht *Eders* Sache • Soziale Innovationen in der Firmengeschichte wie Betriebsrente oder 40-Stunden-Woche • Qualität umfasst auch die Umweltverträglichkeit der Produkte
Vertrauen, Respekt und Verbindlichkeit	• *Holger Wurms* langjährige Zusammenarbeit mit *Erwin Eder* • Vertrauensvoller Umgang mit den Hausbanken • Erfolgsfaktor ist der hohe Qualitätsanspruch • Der gute Name des Unternehmens steht über allem • Gleichberechtigte Zusammensetzung der Geschäftsführung
Erfolgs- und Leistungsorientierung	• Unternehmerisch Denken & Handeln • Ehrgeizige Wachstumsziele • Verstärkte Internationalisierung • Bislang ist es *Erwin Eder* noch immer gelungen, seine Ziele zu erreichen • Wir bei *MöBella* sind keine Planungsriesen und Umsetzungszwerge • *Erwin Eder arbeitet* hart, plant akribisch und erwartet von seinen Führungskräften eine hohe Leistungsbereitschaft

Abb. 2.1.4: Die Werte der MöBella GmbH

Die Werte des Unternehmers Robert Bosch

Robert Bosch (1861–1942) war ein sozial engagierter Unternehmer, der wirtschaftlichen Erfolg mit gesellschaftlicher Verantwortung verband: „Immer habe ich nach dem Grundsatz gehandelt: Lieber Geld verlieren als Vertrauen. Die Unantastbarkeit meiner Versprechungen, der Glaube an den Wert meiner Ware und an mein Wort, standen mir stets höher als ein vorübergehender Gewinn“.

Er bezahlte seine Arbeiter weit überdurchschnittlich, denn sie sollten nicht nur reine Lohnempfänger sein, sondern sich als Teil des Ganzen sehen: „Ich zahle nicht gute Löhne, weil ich viel Geld habe, sondern ich habe viel Geld, weil ich gute Löhne bezahle.“ 1906 senkte er als einer der ersten Unternehmer die tägliche Arbeitszeit von zehn auf acht Stunden – zwölf Jahre, bevor dies gesetzlich vorgeschrieben wurde.

Es dauerte nicht lange, bis ihn seine Mitarbeiter respektvoll „Vater Bosch“ nannten, weil sie erkannten, wie sehr ihm ihr Wohlergehen am Herzen lag. Diese Verantwortung nahm er zeitlebens sehr ernst. Und in seiner Fähigkeit, eigenständiges Handeln zu fördern, war er auch ein Pionier in heute modernen Führungsprinzipien: „Es war ferner bei mir ständiger Grundsatz, mir willige Mitarbeiter heranzuziehen, und zwar dadurch, dass ich jeden möglichst weit selbstständig arbeiten ließ, ihm dabei aber auch die entsprechende Verantwortung auferlegte.“

Robert Bosch legte mit der Gründung der *Vermögensverwaltung Bosch GmbH* im Jahr 1921 den Grundstein für sein langfristiges gemeinnütziges Engagement. Sein Ziel war es, „Not zu lindern [sowie] Gesundheit, Erziehung, [...] Begabte und Völkerversöhnung“ zu fördern. Auf dieser Basis wurde 1964 die *Robert Bosch Stiftung* gegründet. Sie hält 92 % der Kapitalanteile an der *Robert Bosch GmbH* und fördert Projekte aus den Bereichen Bildung, Gesundheit, Wissenschaft und internationale Verständigung.[7]

Eine **werteorientierte Unternehmensführung** orientiert sich an moralischen und sozialen Prinzipien. Werte bieten Orientierung, beeinflussen die Wahrnehmung der Mitarbeiter und sind ein zentrales Merkmal der Unternehmensidentität. Häufig werden sie durch Führungspersönlichkeiten wie den Unternehmensgründer geprägt. Diese leben durch ihre Vorbildfunktion erstrebenswerte Verhaltensweisen vor, die sich auf die Mitarbeiter übertragen. Dies gilt besonders in kleinen, eigentümergeführten Unternehmen.

Wie das Beispiel von *Robert Bosch* zeigt, können aber auch Großunternehmen durch charismatische Persönlichkeiten nachhaltig beeinflusst werden. Zur Kommunikation der Verhaltensgrundsätze ist es ratsam, diese in einem **Ethikkodex** (Code of Ethics) schriftlich festzuhalten.[8] Ergänzend beschreibt die **Corporate Social Responsibility (CSR)** die freiwillige soziale Verantwortung eines Unternehmens, die über gesetzliche Vorgaben hinausgeht und auf das Wohl seiner Stakeholder ausgerichtet ist.

Die Werte des Unternehmers Jochen Schweizer

Der ehemalige Stuntman und Extremsportler *Jochen Schweizer* (geb. 1957) errichtete ab 1989 zunächst mehrere stationäre Bungee-Sprunganlagen, bevor er 2003 eine Online-Plattform gründete, um Erlebnisangebote von Drittanbietern aus den Bereichen Action, Reisen, Wellness und Kulinarik zu vermarkten. 2017 verkaufte er sein Unternehmen für 108 Mio. Euro an die *ProSieben-Sat.1-Gruppe* und eröffnete bei München seine eigene Erlebniswelt mit Aktivitäten wie Indoor-Surfen und Bodyflying.[9]

Jochen Schweizer steht authentisch für seine Marke. Aus seiner Leidenschaft für außergewöhnliche Erlebnisse entstand bereits vor über 35 Jahren die Vision, solche Erfahrungen für jedermann zugänglich zu machen. Als er Ende der 1980er-Jahre das Bungee-Springen in Deutschland verbreitete, „ging es anfangs nicht um ein Business, sondern nur um dieses völlig neue, unfassbar intensive Erlebnis. Der kommerzielle Erfolg kam viel später und war kein Selbstläufer, weil vielen der Sinn solcher Erlebnisse nicht bewusst war."

Die Werte seines Unternehmens sind untrennbar mit seinen persönlichen Überzeugungen verbunden: Integrität, Unabhängigkeit, Freiheit und Glaubwürdigkeit. Er ist überzeugt, dass jedes Ziel, das nicht mit den eigenen Werten übereinstimmt, ein falsches Ziel ist. Erfolg ist für ihn kein Zufall und beruht vor allem auf harter Arbeit. Charakter entsteht für ihn nicht bei schönem Wetter, sondern im Sturm unter Druck. „Echte Freude am Tun – nicht nur oberflächlicher Spaß – und wirtschaftlicher Erfolg gehen Hand in Hand", so *Schweizer*. Ganz nach dem Motto: „Money follows passion."

Nachhaltige Unternehmensführung

Der Begriff Nachhaltigkeit geht auf den Freiberger Oberberghauptmann *Hans Carl von Carlowitz* zurück. Im Jahr 1732 forderte er eine „nachhaltende Forstwirtschaft", um der damals herrschenden Holzknappheit entgegenzuwirken. Demnach sollte jährlich nur so viel Holz geschlagen werden, wie auch wieder nachwächst.[10] Damit wurde erstmals das ökonomische Ziel eines effizienten Ressourceneinsatzes mit dem ökologischen Ziel einer dauerhaften Ressourcenerhaltung verknüpft. Zunehmend kommt auch der soziale Aspekt hinzu: Ressourcen sollen so eingesetzt werden, dass die Lebensqualität der Menschen langfristig gewahrt bleibt.[11] Eine nachhaltige Entwicklung entspricht damit sowohl den Bedürfnissen der heutigen Generation als auch denen zukünftiger Generationen.[12]

Im Jahr 2015 verabschiedeten die *Vereinten Nationen* die **Agenda 2030** für nachhaltige Entwicklung. Sie verfolgt das Ziel, die Umwelt zu bewahren und allen Menschen ein Leben in Würde, Frieden und Freiheit zu ermöglichen. Zu diesem Zweck wurden die in Abb. 2.1.5 aufgeführten **Sustainable Development Goals (SDGs)** beschlossen. Auch private Organisationen sind aufgerufen, an der Erreichung dieser rechtlich unverbindlichen globalen Nachhaltigkeitsziele mitzuwirken. Viele Unternehmen zeigen in ihrem Nachhaltigkeitsbericht, welchen Beitrag sie zu einzelnen Zielen leisten.

Eine nachhaltige Unternehmensführung strebt nicht nur nach wirtschaftlichem Erfolg, sondern bezieht auch ökologische und soziale Ziele mit ein. Dabei kann es jedoch zu Interessenskonflikten kommen. Die gegenseitigen Abhängigkeiten dieser drei Zieldimensionen veranschaulicht das in Abb. 2.1.6 dargestellte **Nachhaltigkeitsdreieck**. Wirtschaftlicher Erfolg bildet zunächst die Grundlage für den Fortbestand des Unternehmens und ist Voraussetzung für die Finanzierung ökologischer und sozialer Aktivitäten. Die Ökoeffizienz beschreibt das Verhältnis zwischen der ökonomischen Wertschöpfung und dem dafür eingesetzten Verbrauch natürlicher Ressourcen. Sie lässt sich etwa durch die Reduktion von CO_2-Emissionen steigern. Entsprechend drückt die Sozioeffizienz die Relation des wirtschaftlichen Ergebnisses zu den damit verbundenen sozialen Auswirkungen aus, die sich beispielsweise durch bessere Arbeitsbedingungen erhöhen lässt.[13] Ökologische Gerechtigkeit fordert einen Ausgleich zwischen ökologischen und sozialen Zielen. So können Mitarbeiter beispielsweise dazu angehalten werden, umweltbelastende Flugreisen durch Bahnfahrten zu ersetzen, auch wenn diese deutlich mehr Zeit in Anspruch nehmen.

Nachhaltige Unternehmensführung verfolgt gleichermaßen sowohl wirtschaftliche als auch ökologische und soziale Ziele.

Abb. 2.1.5: Ziele für eine nachhaltige Entwicklung (SDGs) der UN-Agenda 2030[14]

Abb. 2.1.6: Nachhaltigkeitsdreieck[15]

Den Zusammenhang zwischen ökonomischen und ökologisch-sozialen Ergebnissen zeigt Abb. 2.1.7. Daraus lassen sich vier **Stufen unternehmerischer Nachhaltigkeit** ableiten:

- Nachhaltigkeit als **Pflicht** erfüllt lediglich gesetzliche oder gesellschaftliche Mindestanforderungen, um Punkt A zu erreichen. Solche Maßnahmen sind notwendig, um die Legalität unternehmerischen Handelns sicherzustellen. Beispiele sind Investitionen in den Umweltschutz zur Einhaltung gesetzlicher Emissionswerte oder die Zahlung des vorgeschriebenen Mindestlohns. Ein Unterschreiten dieser Mindestanforderungen mag sich kurzfristig lohnen, führt langfristig jedoch zu erheblichen wirtschaftlichen Schäden – wie etwa der Dieselskandal bei *Volkswagen* oder die Bilanzmanipulationen bei *Wirecard* zeigen.
- Nachhaltigkeit als **Erfolgsfaktor** bewegt sich zwischen den Punkten A und B. In diesem Bereich lassen sich sowohl der ökonomische als auch der ökologisch-soziale Nutzen steigern. Diese Form der Nachhaltigkeit ist damit wirtschaftlich vorteilhaft. So können etwa durch Investitionen in erneuerbare Energien sowohl die betrieblichen Energiekosten als auch die Umweltbelastung reduziert werden. Maßnahmen zur Gesundheitsförderung wirken sich etwa positiv auf den Krankenstand und die Mitarbeiterbindung aus. Nachhaltigkeit kann sogar zu einem Wettbewerbsvorteil werden – etwa durch die Erschließung neuer Märkte und Kundengruppen, die Durchsetzung von Preisprämien oder Imagegewinne. Ein Beispiel ist die biologische Babynahrung von *Hipp*.
- Nachhaltigkeit aus **Überzeugung** bedeutet den bewussten Verzicht auf wirtschaftlichen Erfolg zugunsten sozialer und ökologischer Ziele. Im Bereich zwischen den Punkten B und C entfernt sich das Unternehmen vom ökonomischen Optimum. Diese Form der Nachhaltigkeit beruht meist auf den persönlichen Werten der Eigentümer und findet sich daher vor allem in Familienunternehmen. Diese fühlen sich häufig moralisch gegenüber ihren Mitarbeitern oder dem regionalen Umfeld verpflichtet. Ein Beispiel ist der Umweltversandhändler *Waschbär*, der eine Gesellschaft anstrebt, in der Wirtschaften und Konsumieren sinnvoll und bewusst gestaltet werden (vgl. Kap. 2.2.1).
- **Nachhaltigkeit aus Altruismus:** Über den Punkt C hinausgehende ökologisch-soziale Aktivitäten zehren den ökonomischen Erfolg auf. Ein derart idealistisches Handeln ist betriebswirtschaftlich nicht sinnvoll und daher für privatwirtschaftliche Unternehmen kaum empfehlenswert. Typisch ist dieser Ansatz dagegen für Non-Profit-Organisationen wie *Greenpeace*, *Ärzte ohne Grenzen* oder *Brot für die Welt*.

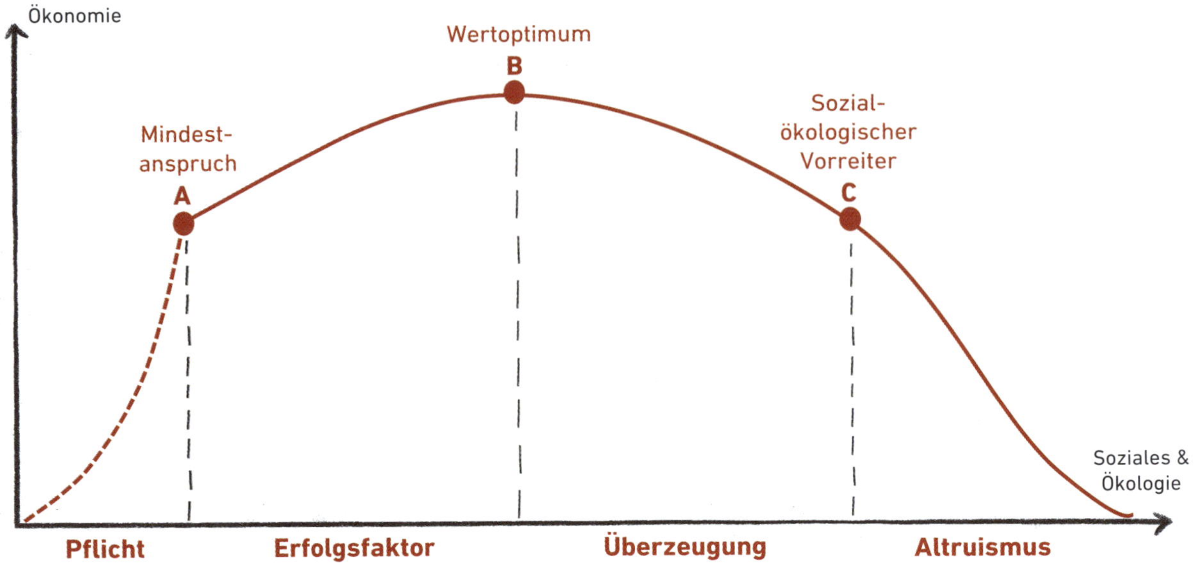

Abb. 2.1.7: Stufen unternehmerischer Nachhaltigkeit[16]

Um die Nachhaltigkeit von Unternehmen beurteilen zu können, muss sie mithilfe geeigneter Kennzahlen messbar gemacht werden. Ein **ESG-Bericht** enthält Angaben zu ökologischen und sozialen Themen sowie zur verantwortungsvollen Unternehmensführung (Environment, Social, Governance). Seit 2024 sind Unternehmen von öffentlichem Interesse mit mehr als 500 Beschäftigten verpflichtet, einen umfassenden Nachhaltigkeitsbericht nach den *European Sustainability Reporting Standards* (ESRS) zu erstellen. Die EU hat hierzu mit der *Corporate Sustainability Reporting Directive* (CSRD) eine verbindliche Richtlinie zur nichtfinanziellen Berichterstattung erlassen. Das umfangreiche Regelwerk und die Ermittlung von bis zu 1.178 Kennzahlen stellen jedoch eine erhebliche Herausforderung dar, auch wenn sich Unternehmen nach Durchführung einer Wesentlichkeitsanalyse auf relevante Themen konzentrieren können. Viele halten die Richtlinie für übertrieben, denn laut dem deutschen Normenkontrollrat kostet die Erstellung der Berichte die deutsche Wirtschaft schätzungsweise 1,6 Milliarden Euro pro Jahr.[17] Aufgrund massiver Kritik verabschiedete die *EU* deshalb Mitte 2025 das Vereinfachungspaket *Omnibus I*, das auch als „Stop-the-Clock" bezeichnet wird. Dadurch wird die Zahl verpflichtender Kennzahlen verringert, die Schwellenwerte für die Berichtspflicht angehoben und die Einführung zeitlich gestaffelt. Bilanzrechtlich große Unternehmen müssen nun erst ab dem Geschäftsjahr 2027 und börsennotierte kleine und mittlere Unternehmen ab 2028 einen ESRS-Nachhaltigkeitsbericht erstellen.[18]

Weltweit wird zur Nachhaltigkeitsberichterstattung häufig der rechtlich unverbindliche Leitfaden der gemeinnützigen **Global Reporting Initiative** (GRI) verwendet.[19] Er besteht aus modular aufgebauten, kombinierbaren Standards und umfasst rund 120 frei wählbare Indikatoren. Neben den für sämtliche Unternehmen geltenden Universalstandards gibt es ergänzende Module für bestimmte Branchen und Themenbereiche. Unternehmen, die nach den GRI-Standards berichten, müssen eine Reihe von Anforderungen einhalten, wie etwa die Prinzipien Genauigkeit, Ausgewogenheit, Aktualität oder Nachprüfbarkeit.[20] Daneben existieren weitere Rahmenwerke, wie etwa der *Deutsche Nachhaltigkeitskodex* (DNK).[21]

Die *IFRS-Stiftung* (International Financial Reporting Standards) hat 2021 das *International Sustainability Standards Board* (ISSB) gegründet, um die internationale Nachhaltigkeitsberichterstattung zu vereinheitlichen. Dazu gehört auch das Rahmenkonzept der **integrierten Berichterstattung** (Integrated Reporting). Es umfasst Informationen über das Finanz-, Produktions-, Human-, Umwelt-, Sozial- und Beziehungskapital sowie das sogenannte intellektuelle Kapital. Ziel der integrierten Berichterstattung ist es, die Entwicklung immaterieller Werte und deren Auswirkungen auf das Unternehmen und seine Stakeholder transparent zu machen.[22] Das Integrated Reporting wird in Kapitel 1.4.3 näher erläutert.

Nachhaltigkeitsberichte bergen in der externen Kommunikation allerdings auch Risiken. Manche Unternehmen versuchen, sich durch **Green- oder Bluewashing** ein besonders ökologisches oder soziales Image zu verleihen, das nicht der Realität entspricht. Wird dies öffentlich, drohen erhebliche Reputationsverluste und Umsatzeinbrüche, etwa durch einen Shitstorm in den sozialen Medien. So vermarktet *McDonald's* die schrittweise Umstellung von Plastik auf Papier als großen ökologischen Erfolg. Dabei handelt es sich weiterhin um Einwegverpackungen, durch die allein in Deutschland jährlich über 45.000 Tonnen Verpackungsmüll entstehen.[23] Der weltgrößte Lebensmittelkonzern *Nestlé* präsentiert sich unter dem Motto „Good Food, Good Life" als besonders nachhaltig. Gleichzeitig steht das Unternehmen seit vielen Jahren in der Kritik – unter anderem wegen hoher CO_2-Emissionen, der Verwendung von Palmöl aus Regenwaldgebieten, belastender Arbeitsbedingungen, des Verkaufs abgepumpten Grundwassers in Entwicklungsländern, umweltschädlicher Einwegverpackungen wie *Nespresso*-Kapseln sowie wegen irreführender Werbung für künstliche Babynahrung in armen Regionen, deren Zubereitung mit verunreinigtem Wasser das Leben von Kleinkindern gefährden kann.[24]

Werte und Nachhaltigkeit bei HIPP

Die *HiPP GmbH & Co. KG* mit Sitz in Pfaffenhofen stellt Nahrung, Getränke und Pflegeprodukte für Babys und Kleinkinder her. Das Unternehmen erwirtschaftet mit über 3.200 Mitarbeitern rund 1 Mrd. Euro Umsatz und feierte 2024 sein 125-jähriges Bestehen.[25]

Im Jahr 1898 entwickelte der Konditor *Joseph Hipp* den ersten Babybrei aus Zwieback und Milch, da seine Frau ihre Zwillinge nicht ausreichend stillen konnte. Aufgrund der wachsenden Nachfrage gründete sein Sohn *Georg* 1932 das Unternehmen *HiPP*. 1956 begann er mit der industriellen Herstellung von Babynahrung und führte 1959 das Gläschen als praktische und hygienische Verpackung ein. Die Begegnung mit dem Wegbereiter des biologischen Landbaus, *Dr. Hans Müller*, inspirierte ihn zur ökologischen Erzeugung von Obst und Gemüse. Bereits ab 1956 stammten erste Rohstoffe für *HiPP*-Produkte von ökologisch bewirtschafteten Böden. Nach seinem Tod übernahm sein 29-jähriger Sohn *Claus* die Leitung des Unternehmens und baute das ökologische Konzept konsequent aus. Anfangs musste der Bio-Pionier noch von Hof zu Hof fahren, um Landwirte für seine Vision zu gewinnen. Heute arbeitet *HiPP* mit über 8.000 Vertragslandwirten zusammen und gilt als weltweit größter Verarbeiter biologischer Rohstoffe. *HiPP* ist ein Symbol für nachhaltiges Wirtschaften: „Das Beste aus der Natur. Das Beste für die Natur."

Werte und Philosophie von *HiPP* sind maßgeblich durch die Geschichte als Familienunternehmen geprägt. *Claus Hipp* gilt als vielseitiger Generalist, der unterschiedliche Talente pflegt. Er verkörpert die Balance aus Denken, Entscheiden, künstlerischem Wirken und sozialer Verantwortung. Seine Werte – Kontinuität, Verlässlichkeit und Glaubwürdigkeit – bleiben auch nach der Geschäftsübergabe 2021 an seine Söhne *Stefan* und *Sebastian Hipp* tief im Unternehmen verankert. Gemeinsam führen sie das Familienunternehmen in vierter Generation. Mit dem Satz „Dafür stehe ich mit meinem Namen" bekräftigt *Stefan Hipp* das Versprechen des Unternehmens zu höchster Qualität und konsequenter biologischer Landwirtschaft.

Nachhaltigkeit ist für *HiPP* kein Modethema, sondern ein zentraler Bestandteil der Unternehmensphilosophie. Das Unternehmen möchte nicht nur gesunde Ernährung herstellen, sondern auch die Zukunft für kommende Generationen lebens- und liebenswert erhalten. Gemäß seinen Nachhaltigkeitsleitlinien handelt *HiPP* entlang der gesamten Wertschöpfungskette achtsam gegenüber Mensch und Natur. So sind beispielsweise alle *HiPP*-Verpackungen zu mindestens 90 % recyclebar.

Seit rund 70 Jahren ist das Unternehmen dem Bioanbau verpflichtet und hat als Pionier der ökologischen Landwirtschaft nachhaltige Standards geprägt. Diese werden gemeinsam mit Zulieferern und Erzeugern zur Sicherung hoher Produktqualität, zum Umweltschutz und zur Gewährleistung fairer Arbeitsbedingungen umgesetzt. Seit 2024 sind alle fünf europäischen *HiPP*-Standorte nach dem Nachhaltigkeitsmanagementsystem *We Impact* zertifiziert, das vom Bundesumweltministerium entwickelt wurde. Seit dem Geschäftsjahr 2025 erstellt *HiPP* seinen Nachhaltigkeitsbericht nach den *European Sustainability Reporting Standards*.

2.1.2 Wie denkt und handelt das Unternehmen?

Die Unternehmenskultur bestimmt das Bild, das Führungskräfte, Mitarbeiter und externe Stakeholder von der Organisation haben. Sie wird stark durch das Verhalten hochrangiger Führungspersönlichkeiten beeinflusst. Während die Unternehmensphilosophie die angestrebten Verhaltensweisen beschreibt, spiegelt die Unternehmenskultur, was tatsächlich im Alltag gelebt wird. Sie wird von den Mitarbeitern nicht bewusst erlernt, sondern im Laufe der Zeit durch eigene Erfahrungen im Umgang mit Kollegen und Vorgesetzten unbewusst übernommen.

Eine starke Unternehmenskultur ist leicht verständlich, den meisten Mitarbeitern bekannt und fest in deren Bewusstsein verankert.[26] Sie bietet einen Maßstab, an dem sich das Handeln der Organisationsmitglieder orientiert. So kann ein Wir-Gefühl entstehen, das intrinsische Motivation und die Identifikation mit dem Unternehmen fördert. Eine gemeinsame Wahrnehmung erleichtert zudem die Zusammenarbeit.[27] Allerdings kann eine starke Unternehmenskultur auch notwendige Veränderungen behindern. Dies gilt insbesondere dann, wenn Entwicklungen in der Unternehmensumwelt den bestehenden kulturellen Werten widersprechen.[28]

Die **Unternehmenskultur** umfasst die gelebten Werte, Überzeugungen, Normen und Standards, die das Verhalten der Organisationsmitglieder prägen. Symbole und Artefakte wie Architektur, Kleidung oder Corporate Design machen diese Kultur nach außen sichtbar.

Aus dem Zusammenspiel dieser Elemente entsteht die unverwechselbare Kultur eines Unternehmens. Sie beinhaltet nicht nur sichtbare und bewusste, sondern auch verborgene und unbewusste Merkmale. Nach dem Organisationspsychologen *Edgar Schein* lassen sich drei **Ebenen** unterscheiden:[30]

- **Basisannahmen** sind tief verankerte, meist unbewusste Grundüberzeugungen, die von allen Mitgliedern einer Organisation geteilt werden. Sie umfassen Vorstellungen über die menschliche Natur und prägen die Wahrnehmung sowie das Denken und Fühlen der Mitglieder. Basisannahmen entwickeln sich im Laufe der Zeit aus gemeinsamen Erfahrungen und sind von außen kaum erkennbar. Sie gelten als selbstverständlich und werden nicht mehr hinterfragt. Sie beeinflussen, wie Gruppenmitglieder emotional auf Ereignisse reagieren und wie sie sich in unterschiedlichen Situationen verhalten. Beispiele für solche verinnerlichten Überzeugungen sind etwa Pflichterfüllung oder die Annahme, dass Menschen selbstmotiviert sind.
- **Normen und Standards** bestimmen, was als wünschens- oder erstrebenswert gilt und sollen das Verhalten der Mitarbeiter beeinflussen. Werden sie von der Mehrheit geteilt, entwickeln sie sich zu verbindlichen Verhaltensmaximen und prägen die gelebte Kultur. Häufig sind sie nicht schriftlich festgehalten und wirken daher unbewusst, etwa in Form informeller Regeln oder unausgesprochener Erwartungen. Beispiele sind das pünktliche Erscheinen zu Besprechungen und die Beantwortung von E-Mails innerhalb eines Werktags.

Abb. 2.1.8: Elemente der Unternehmenskultur[29]

- **Symbole und Artefakte** bilden die sicht- und spürbare Ebene der Unternehmenskultur. Dazu zählen wahrnehmbare Verhaltensweisen, Umgangsformen und Rituale sowie unternehmensspezifische Sprache, Kleidung, Büroeinrichtung oder Statussymbole. So können etwa die Größe eines Firmenwagens oder die Lage eines Parkplatzes die hierarchische Position eines Mitarbeiters zum Ausdruck bringen. Auch Logos, architektonische Merkmale oder charakteristische Farben gehören zu dieser Ebene, wie beispielsweise das Magenta der *Telekom*. In ihrer Gesamtheit vermitteln diese äußeren Zeichen, welche Werte, Normen und Standards in einer Organisation wichtig sind.

Dieses Drei-Ebenen-Modell lässt sich durch die **Metapher des Seerosenteichs** veranschaulichen:[31]

- Die **Blüten und Blätter** an der Oberfläche des Teichs repräsentieren alles, was von außen sichtbar ist. Im Unternehmenskontext sind dies die beobachtbaren **Symbole und Artefakte**, wie etwa Farben, Logos oder Verhaltensweisen. Je nach Wasserstand und Wind bewegen sich die Blüten in verschiedene Richtungen. Ihr Aussehen kann sich durch Wachstum, Jahreszeit oder Schädlingsbefall rasch verändern – so wie ein Unternehmen beispielsweise durch eine nachhaltigere Gestaltung seines Produktportfolios anders wahrgenommen wird.
- Der **Gärtner** steht sinnbildlich für die Unternehmensführung. Er fördert auf Basis seiner Erfahrungen und gewählten Werte das Wachstum der Seerosen. Dazu filtert er etwa das Wasser oder düngt den Teich. Seine Handlungen symbolisieren die **Normen und Standards**. Wenn die Seerosen nicht gedeihen, muss er sein Vorgehen hinterfragen. Möchte er Seerosen in einer anderen Farbe, Größe oder Form, müssen die Samen, die Wasserqualität oder der Dünger angepasst werden – also die unsichtbare DNA des Teichs.
- Die **Wurzeln** liegen verborgen im schlammigen Grund des Sees und sind schwer zugänglich. Sie sind jedoch wesentlich, da sie die Pflanze verankern und mit Nährstoffen versorgen. Im Unternehmenskontext stehen sie für die **Basisannahmen** und tief verinnerlichten Einstellungen. Diese sind fest im Denken und Handeln des Unternehmens verwurzelt und nach außen kaum erkennbar. Wer die Unternehmenskultur verändern will, muss an diesen grundlegenden Überzeugungen ansetzen.

Abb. 2.1.9: Metapher vom Seerosenteich[32]

Da sich die Unternehmenskultur in der täglichen Zusammenarbeit allmählich herausbildet, lässt sie sich nur begrenzt direkt beeinflussen. Eine Anpassung kann erforderlich sein, wenn Diskrepanzen zwischen formulierten und gelebten Werten entstehen oder wenn sich die Unternehmensumwelt grundlegend verändert.[33] Auslöser können etwa ein gesellschaftlicher Wertewandel, eine Fusion oder ein Generationenwechsel an der Führungsspitze sein. Solche Veränderungen führen häufig zu Verunsicherung, wodurch bisherige Symbole und Rituale an Glaubwürdigkeit verlieren. Funktionieren die bestehenden Handlungsmuster in der neuen Situation nicht mehr, entsteht ein Gefühl des Kontrollverlusts. Es wachsen Schattenkulturen mit abweichenden Verhaltensmustern oder die Geschäftsführung versucht, andere Handlungsweisen zu etablieren. Da ein Kulturwandel meist mit einer veränderten Ressourcenverteilung einhergeht, ist von den Nutznießern der alten Kultur mit erheblichem Widerstand zu rechnen – bis hin zu Machtkämpfen oder offener Rebellion. Neue Traditionen setzen sich nur dann durch, wenn die Mitarbeiter den Eindruck gewinnen, dass diese zur Bewältigung der Krise beitragen.[34] Abb. 2.2.21 verdeutlicht den Verlauf eines Kulturwandels, der sich mit jeder neuen Krise wiederholt.

Unternehmenskultur der Würth-Gruppe

Die *Würth-Gruppe* ist Weltmarktführer im Handel mit Montage- und Befestigungsmaterial. 1954 übernahm *Reinhold Würth* (geb. 1935) im Alter von 19 Jahren den Zwei-Mann-Betrieb seines verstorbenen Vaters und machte daraus in den folgenden 70 Jahren einen Konzern mit rund 90.000 Mitarbeitern und einem Umsatz von über 20 Mrd. Euro.[35]

Die Werte und Kultur des Familienunternehmens sind untrennbar mit ihm verbunden und gelten als Erfolgsmotor für das beeindruckende Wachstum des Unternehmens:

- **Basisannahmen:** Die *Würth-Gruppe* handelt optimistisch, dynamisch und verantwortungsbewusst. Leistung zu fordern und zu fördern, gehört ebenso dazu wie die Hochachtung vor den Mitarbeitern. Wachstum ist ein wesentlicher innerer Antrieb des Unternehmens. Traditionelle Werte wie Zuverlässigkeit, Berechenbarkeit, Ehrlichkeit und vor allem Bodenständigkeit prägen das Selbstverständnis und sorgen dafür, dass *Würth* als verlässlicher Partner des Handwerks und der Industrie wahrgenommen wird. „Wir sind die Angestellten unserer Kunden" – so lautet das Credo von *Reinhold Würth*, der sich auch klar zu seiner gesellschaftlichen Verantwortung bekennt.
- **Normen und Standards:** Die Unternehmensführung erwartet zweistellige jährliche Wachstumsraten. Tatsächlich erzielte *Würth* seit seiner Gründung ein jährliches Umsatzwachstum von durchschnittlich 20 %. Von den Führungskräften werden ein vorbildliches Verhalten und eine hohe Leistungs- und Zielorientierung sowie tatkräftiges Anpacken erwartet. Eine zentrale Maxime ist die dezentrale Ergebnisverantwortung nach dem Grundsatz: „Je größer die Erfolge, desto höher die Freiheitsgrade." Überdurchschnittliche Leistungen werden anerkannt und honoriert. Das wichtigste Wort im Miteinander heißt „Danke". *Würth* will seine Kunden nicht nur zufriedenstellen, sondern begeistern – und strebt in jedem Bereich nach Perfektion. Die eingefahrenen Wege verlassen und „hinter den Berg und ums Eck schauen", lautet ein Leitspruch von *Reinhold Würth.*
- **Symbole und Artefakte**: Die Farbe Rot und das Firmenlogo sind unverkennbare Erkennungsmerkmale von *Würth.* Der Erfolg der Außendienstmitarbeiter wird durch Leistungsanreize wie etwa die Art des Firmenwagens oder Urlaubsreisen sichtbar. Für die Mitarbeiter gibt es zahlreiche Angebote zur Gesundheitsförderung, der Vereinbarkeit von Familie und Beruf sowie kostenlose Kulturveranstaltungen. Die *Stiftung Würth* unterstützt gemeinnützige Einrichtungen und fördert eine Vielzahl von Projekten aus Kunst und Kultur, Forschung und Wissenschaft sowie Bildung und Erziehung. Die Verhaltensregeln für die Mitarbeiter sind im *Code of Compliance* festgehalten.

WÜRTH GROUP

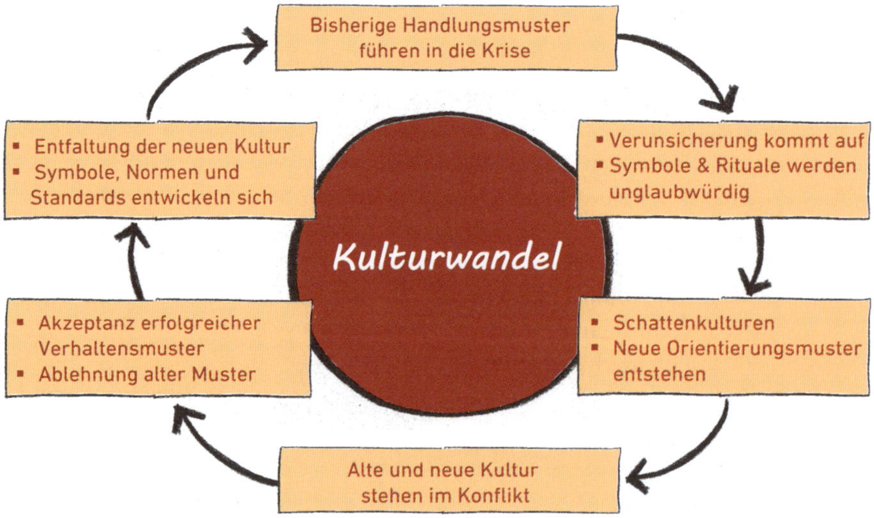

Abb. 2.1.10: Typischer Verlauf eines Kulturwandels[36]

Kultur der MöBella GmbH

Die **Merkmale der Unternehmenskultur** von *MöBella* sind:

- Die **Grundannahmen** gehen auf die Werte der Familie *Eder* zurück und lauten: Tradition, Verantwortung, Vertrauen, Respekt, Verbindlichkeit sowie Erfolgs- und Leistungsorientierung (vgl. Abb. 2.1.4).
- **Normen und Standards**
  - Entscheidungsregel: „Wie hätten *Egon* und *Elise Eder* gehandelt?"
  - In der Geschäftsführung hat *Erwin Eder* ein Veto-Recht, um seine Eigentümerinteressen zu wahren.
  - „Wir bei *MöBella* sind keine Planungsriesen und Umsetzungszwerge – im Gegenteil, wir setzen konsequent um, was wir uns vornehmen und prüfen sehr genau, wie viel wir uns vornehmen können."
  - Der Umgang mit Mitarbeitern ist offen und Dialog wird großgeschrieben.
  - *Eders* Lieblingsspruch ist „langen Atem haben" – kurzfristiger Aktionismus ist nicht seine Sache.
  - Im Unternehmen gilt die Devise: „Auf Qualität kommt es an!".
- **Symbole und Artefakte**
  - Erkennungsmerkmale sind das Firmenlogo mit dem Klappstuhl und die Farbe Holzbraun.
  - Geschäftssprache ist Schwäbisch; Anglizismen gelten als verpönt.
  - Mitarbeiter und Führungskräfte treffen sich in der Mittagspause in der Kantine.
  - Die Weihnachtsfeier und das Sommerfest sind beliebte Firmenveranstaltungen.
  - Führungskräfte erhalten einen unauffälligen Firmenwagen der Mittelklasse.

Die *MöBella GmbH* hat aufgrund der Vorbildfunktion von *Erwin Eder* eine ausgeprägte Unternehmenskultur, wie sie häufig in eigentümergeführten Familienunternehmen anzutreffen ist. Die *Schlummer GmbH* führt hingegen bislang ein Eigenleben, wodurch regelmäßig Missverständnisse entstehen. Deshalb sollten die Mitarbeiter von *Schlummer* behutsam an die Unternehmenskultur von *MöBella* herangeführt werden. Dies kann etwa durch offene Gespräche, persönliche Begegnungen, das gemeinsame Erarbeiten zentraler Werte sowie die Beteiligung an gelebten Ritualen wie dem jährlichen Sommerfest geschehen. Im Integrationsprozess ist insbesondere die aktive Unterstützung der Führungskräfte beider Seiten entscheidend, welche die gemeinsame Kultur vorleben sollten.

2.2 Purpose, Vision und Mission

2.2.1 Warum gibt es das Unternehmen?

Ausgangspunkt der normativen Unternehmensführung ist die Festlegung des Purpose als innerer Antrieb und übergeordnete Zielsetzung des Unternehmens. Er legt fest, wofür das Unternehmen existiert.

Der Purpose stellt die Bestimmung des Unternehmens dar und stiftet Sinn und Identität. Er beschreibt den Beitrag, den das Unternehmen für Umwelt und Gemeinwohl leisten will, und legitimiert damit seine Existenz.

Sinn ist für jeden Menschen ein innerer Antrieb, der Energie verleiht. Der Purpose soll verdeutlichen, wofür die Menschen im Unternehmen arbeiten, und den Willen entfachen, sich dafür zu engagieren. Er lässt sich nicht verordnen, sondern muss durch die Führungskräfte vorgelebt werden. In einer VUKA-Welt (vgl. Kap. 1.5) dient er als Nordstern zur Orientierung in grundlegenden Fragen nach dem Warum und Wofür. Der Purpose stiftet Stabilität und Resilienz, gerade in schwierigen Zeiten. Gleichzeitig kann er auch Veränderungen anstoßen und damit Flexibilität fördern. Er ist kein Ziel, das irgendwann erreicht wird, sondern eine dauerhafte Motivation für das unternehmerische Handeln.[37] Laut *WHU Controller Panel* ist ein von allen geteilter Purpose bereits für ein Drittel der befragten Unternehmen dauerhaft richtungsweisend.[38]

Golden Circle

Der **Golden Circle** besteht aus drei konzentrischen Kreisen und soll folgende Fragen beantworten:[39]

- **Why? – Warum machen wir es?** Im Zentrum steht der Purpose als Frage nach dem *Warum*, der die Identität und den inneren Antrieb des Unternehmens prägt.
- **How? – Wie wollen wir es machen?** Mit dem *Wie* wird das Vorgehen zur Zielerreichung beschrieben. Die Vision

und Strategie dienen dabei als Wegweiser. Wenn das Warum ein versteckter Schatz wäre, dann ist das Wie die Schatzkarte.

- **What? – Was machen wir?** Das *Was* benennt die konkreten Handlungen und beschreibt die Produkte oder Dienstleistungen eines Unternehmens. Es bildet die Mission und macht die Identität nach außen sichtbar.

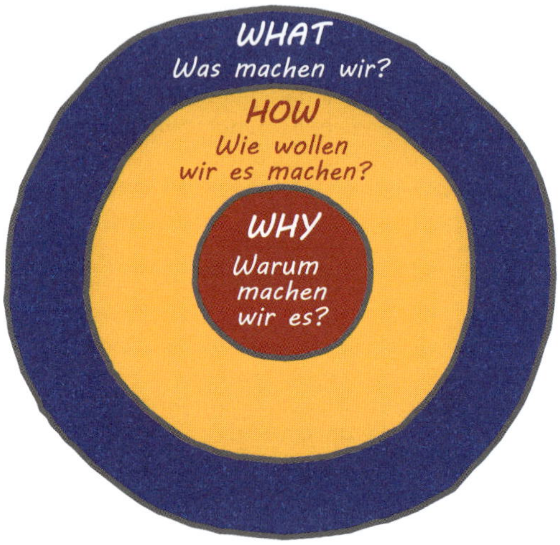

Abb. 2.2.1: Golden Circle[40]

Die meisten Unternehmen beginnen mit dem *Was* und überlegen sich anschließend das *Wie* – ohne das *Warum* zu hinterfragen. Erfolgreiche Unternehmen gehen den umgekehrten Weg: Sie starten mit dem *Warum*, klären dann das *Wie* und beschäftigen sich erst danach mit dem *Was*. Die Maxime lautet: „Frag immer erst: Warum? Menschen kaufen nicht, *was* du tust, sondern *warum* du es tust."[41]

Erfolgreiche Unternehmen wissen, warum sie tun, was sie tun. Der Gewinn ist dabei nicht ihr Antrieb, sondern das Ergebnis ihres Handelns. So wollte *Apple* in den Anfangsjahren nicht primär Computer verkaufen. Vielmehr war es das Ziel der Gründer *Steve Wozniak* und *Steve Jobs*, etablierte Geschäftsmodelle aufzubrechen, konventionelles Denken zu hinterfragen und Kunden zu inspirieren. Wäre *Apple* vom *Was* ausgegangen, hätte die Botschaft etwa so gelautet: „Wir stellen großartige Computer her (Was). Sie sind schön und benutzerfreundlich (Wie). Wollen Sie einen kaufen, damit wir Geld verdienen? (Wofür)." *Apple* begann jedoch mit dem *Warum*: „Bei allem, was wir tun, glauben wir daran, die Welt zu verändern, neue Wege zu gehen und anders zu sein (Warum). Wir tun dies, indem wir unsere Produkte schön und benutzerfreundlich gestalten (Wie). Wir stellen großartige Computer her. Wollen Sie einen kaufen? (Was)."[42] Den Zusammenhang von Purpose, Vision, Strategie und Mission veranschaulicht Abb. 2.2.2.

Abb. 2.2.2: Denkrichtung und Fragen im Golden Circle

Soll der Purpose tatsächlich Wirkung entfalten, darf er kein bloßes Lippenbekenntnis sein. Alle unternehmerischen Aktivitäten sollten damit im Einklang stehen, auch wenn dies bedeutet, auf lukrative Geschäfte zu verzichten. Eine konsequente Ausrichtung stärkt die Reputation des Unternehmens und schafft Vertrauen. Langfristig führt das zu höherer Preisbereitschaft und stärkerer Kundenbindung – klare Wettbewerbsvorteile gegenüber der Konkurrenz.[43] Gesellschaftlicher Beitrag und finanzieller Erfolg sind somit kein Widerspruch. **Sinnorientierte Unternehmen** (Purpose-driven Organizations) sind sogar häufig überdurchschnittlich erfolgreich.[44]

Besonders wirkungsvoll ist es, wenn die persönlichen Ziele der Mitarbeiter mit dem Purpose übereinstimmen.[45] Dies kann ein Ausmaß an Begeisterung auslösen, das durch materielle Anreize nicht erreichbar ist. Menschen engagieren sich für das, woran sie glauben. Sie bringen mehr Energie in ihre Arbeit ein, wenn sie diese als Beitrag zum Gemeinwohl und zur Gesellschaft empfinden. In sinnorientierten Unternehmen ist das Ausdrücken der eigenen Persönlichkeit erwünscht und die Arbeit gilt als Teil eines gelungenen Lebens.[46] In diesem Fall muss sich die Führung um Motivation keine Gedanken mehr machen. Denn wer das macht, was er liebt, muss praktisch nie mehr arbeiten:

„Get paid for what you love!".[47] Dies steigert auch die Attraktivität des Unternehmens auf dem Arbeitsmarkt. Das gilt insbesondere für Wissensarbeiter und die jüngeren Generationen Y und Z.

Erkennen die Mitarbeiter den Sinn in ihrer Arbeit, dann empfinden sie diese als erfüllend. Daraus entsteht **Passion**, also Begeisterung und Leidenschaft.[48] Allerdings sind Purpose und Passion voneinander zu unterscheiden. Passion ist selbstbezogen: „Was macht mir Spaß? Was gibt mir die Welt?". Purpose beschreibt das Gegenteil: „Was gebe ich der Welt? Was kann ich zu ihr beitragen?".[49] Wichtiger als Passion ist der Beitrag zu einem höheren Ziel.[50] Denn Passion treibt an, aber der Purpose zeigt die Richtung. Im Idealfall treffen beide zusammen – dann arbeiten die Beschäftigten mit Freude an etwas, das anderen nützt und sie selbst erfüllt.

Golden Circle von MöBella

Die **Fragen des Golden Circle** beantwortet der geschäftsführende Gesellschafter *Erwin Eder* für die *MöBella GmbH* wie folgt:

- **WARUM**: Mit unseren Markenmöbeln wollen wir das Leben der Menschen bereichern und ihre Gesundheit fördern. Unsere Gartenmöbel laden dazu ein, die Natur zu genießen und unsere Betten sorgen für erholsamen Schlaf. Als nachhaltiges Familienunternehmen denken wir in Generationen und übernehmen soziale wie ökologische Verantwortung. Für unsere Kunden, Lieferanten und Mitarbeiter wollen wir ein verlässlicher Partner sein – gemeinsam gestalten wir die Zukunft des Wohnens.
- **WIE**: Unsere Möbel entstehen aus nachhaltigen, besonders langlebigen Materialien, die ökologisch abbaubar oder vollständig recycelbar sind. Durch die Kompetenz und das Know-how unserer Mitarbeiter zeichnen sich unsere Produkte durch außergewöhnliche Funktion und Form aus. Zudem bieten wir unseren Kunden einen exzellenten Service rund um all unsere Produkte.
- **WAS**: Wir fertigen hochwertige und elegante Gartenmöbel und Betten, die höchste Ansprüche erfüllen.

Folgende **Praxisbeispiele** verdeutlichen die unterschiedlichen Facetten des Purpose:

- ***Airbnb:*** „To create a world where anyone can belong anywhere."[51]
- ***IKEA***: „[Wir wollen] ... vielen Menschen einen besseren Alltag schaffen. Wir möchten, dass unser Geschäft eine positive Wirkung auf die Welt hat – angefangen dort, wo wir unsere Materialien beziehen, bis hin zu der Art und Weise, wie wir unseren Kunden helfen, zu Hause ein nachhaltigeres Leben zu führen."[52]
- ***Instagram***: „Capture and Share the World's Moments."[53]
- ***Oxfam***: „Für eine gerechte Welt. Ohne Armut."[54]
- ***Patagonia***: „Wir bei *Patagonia* wissen, dass alles Leben auf der Erde vom Aussterben bedroht ist. Wir wollen die uns zur Verfügung stehenden Ressourcen – unser Unternehmen, unsere Investitionen, unsere Stimme und unsere Vorstellungskraft – nutzen, um etwas dagegen zu tun. Die Erde ist jetzt unsere einzige Anteilseignerin. [Um] ... unseren Heimatplaneten zu retten, stellen wir Kapitalismus auf den Kopf: Unser jährlich erzielter Gewinn wird zur Bekämpfung der Umweltkrise verwendet."[55]
- ***Viva con Agua:*** „[Wir] ... sind eine sinnstiftende Gemeinschaft, die mit Freude die Welt positiv verändert ... [und] sich für einen menschenwürdigen Zugang zu sauberem Trinkwasser und sanitärer Grundversorgung einsetzt."[56]
- ***Walt Disney:*** „Make people happy."[57]
- ***Walmart***: "To give ordinary people the opportunity to buy the same things as rich people."[58]
- ***Wikipedia***: „Our purpose is to benefit readers by acting as a free widely accessible encyclopedia."[59]

Bei der Verwendung normativer Begriffe herrscht in der Praxis oft großes Durcheinander. So bezeichnet etwa *Volkswagen* seine Zielsetzung „New Auto – Mobility for Generations to Come" als *Strategie 2030*. Tatsächlich verbirgt sich dahinter die Vision, zu einem weltweit führenden Anbieter der Elektromobilität zu werden.[60]

Die normativen Begriffe sind jedoch klar voneinander zu trennen, da sie verschiedene Zielsetzungen verfolgen: Der **Purpose** beschreibt das *Warum* als übergeordnete Bestimmung des Unternehmens. Die **Vision** steht für das *Wohin*, also die langfristige Zukunftsperspektive. Die **Strategie** legt das *Wie* der Zielerreichung fest und die **Mission** beschreibt das *Was*, also die konkreten Leistungen, die ein Unternehmen erbringt. Es lohnt sich daher, sämtliche Themenfelder sorgfältig zu durchdenken und aufeinander abzustimmen.

Sinnorientiertes Unternehmen Waschbär

Die Ursprünge von *Waschbär* liegen in der ökologischen Protestbewegung der 1980er-Jahre. Die Geschichte des Umweltversandhändlers begann 1987 in der Garage von *Leo Pröstler*, dem damaligen Leiter des Freiburger Öko-Instituts. Dort stellte er als erstes Produkt die „Ökoputzkiste“ mit umweltschonenden Reinigungsmitteln zusammen. Heute zählt *Waschbär* mit einem Sortiment von rund 6.000 Produkten zu den größten Versandhändlern für umwelt- und sozialverträgliche Produkte im deutschsprachigen Raum.[61]

Der Purpose von *Waschbär* ist es, Menschen dafür zu begeistern, mit ihrem Handeln die Welt in all ihrer Vielfalt zu schützen. Das Unternehmen möchte seine Kunden auf dem Weg zu bewussterem Konsum begleiten und dazu ermutigen, ökologischer zu leben und soziale Verantwortung zu übernehmen. Dafür bietet *Waschbär* eine breite Auswahl an Produkten, mit denen sich alltägliche Handlungen wie Kochen, Putzen oder Wohnen nachhaltig gestalten lassen. Dahinter steht die Überzeugung, dass jeder Einzelne etwas verändern kann und viele kleine Beiträge ein Leben im Einklang von Mensch und Natur ermöglichen.

Seit 2017 ist *Waschbär* ein Unternehmen in Verantwortungseigentum und gehört damit sich selbst (vgl. Kap. 1.1.1). Die erwirtschafteten Gewinne werden reinvestiert, gespendet oder an die Mitarbeiter ausgezahlt. Die Verantwortungseigentümer sind treuhänderisch tätig und dürfen das Unternehmen weder verkaufen noch vererben. Dadurch muss *Waschbär* keinen hohen Gewinn für Investoren oder Eigentümer erwirtschaften, sondern kann sich ganz der Erfüllung seines Purpose widmen: ein gutes und sinnvolles Leben für alle Menschen zu ermöglichen.

2.2.2 Was will das Unternehmen erreichen?

Eine Vision weist den Weg in die Zukunft und kann sowohl Menschen als auch Organisationen zu Höchstleistungen inspirieren. Sie sollte nah genug sein, um als erreichbar zu gelten, zugleich aber so weit in der Ferne liegen, dass sie die Sehnsucht nach einer besseren Wirklichkeit entfacht. Das bringt der Schriftsteller *Antoine de Saint-Exupéry* treffend zum Ausdruck: „Wenn Du ein Schiff bauen willst, dann trommle nicht Männer zusammen, um Holz zu beschaffen, Aufgaben zu vergeben und die Arbeit einzuteilen, sondern lehre sie die Sehnsucht nach dem weiten, endlosen Meer“.[62] Die Vision zeigt somit, wohin die Reise gehen soll.

Visionen haben die Kraft, die Welt zu verändern:[63]

- *Christopher Kolumbus* wollte Indien auf dem Seeweg erreichen.
- *Mahatma Gandhi* wollte die Fesseln des britischen Kolonialismus gewaltfrei abstreifen.
- *Gottlieb Daimler* wollte einen Fahrzeugmotor entwickeln, der Pferde ersetzen kann.
- *Werner von Siemens* wollte das Leben durch Elektrizität erleichtern.
- *Martin Luther King* träumte von einer Gesellschaft, in der alle Menschen gleichberechtigt leben.

Für Unternehmen ist die Vision das Leitmotiv und die treibende Kraft für Veränderungen. Sie basiert auf dem Purpose und gibt die Richtung vor, wie das Unternehmen seine Bestimmung verwirklichen will. Unternehmensvisionen sind keine Phantastereien, sondern klare, anspruchsvolle, langfristige und emotional ansprechende Zukunftsbilder. Denn die Mitarbeiter stehen morgens nicht auf, um einer langweiligen Arbeit in einer durchschnittlichen Firma nachzugehen. Die Vision macht ihnen deutlich, wofür es sich lohnt, ihre Zeit und Energie zu investieren. Sie muss anspornend sein und die Mitarbeiter emotional begeistern. *Martin Luther King* sagte bewusst: „I have a dream“ und nicht „I have a plan“.[64] Erst wenn die Mitarbeiter die Vision verinnerlichen und ihr Verhalten danach ausrichten, kann sie ihre volle Wirkung entfalten.[65]

> Eine **Unternehmensvision** ist ein herausforderndes und erstrebenswertes Zukunftsbild, das dem Unternehmen die Richtung weist und die Mitarbeiter begeistert, sich aktiv für dessen Verwirklichung einzusetzen.

Visionen sollten keine leeren Floskeln oder vagen Aussagen wie „das Beste geben“ sein. **Anforderungskriterien** für eine wirkungsvolle Vision sind:[66]

- **Richtungsweisend:** Sie zeigt den Weg und setzt einen klaren Fokus.
- **Anspornend:** Sie stellt eine echte Herausforderung dar, weckt positive Emotionen und begeistert die Mitarbeiter.
- **Plausibel:** Sie wird als erreichbar, wünschenswert und glaubwürdig wahrgenommen.
- **Prägnant:** Sie ist einfach und klar formuliert, sodass sie jeder versteht.

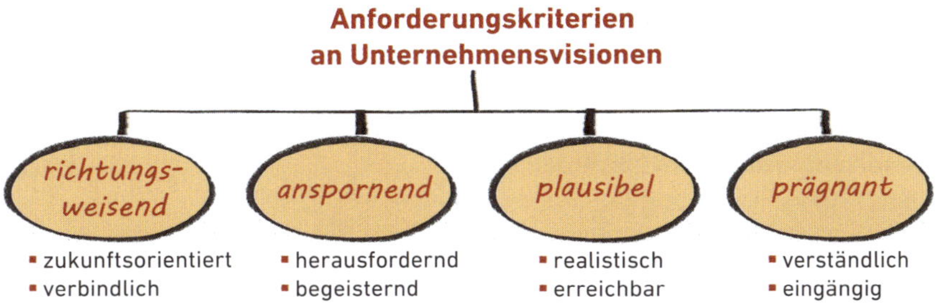

Abb. 2.2.3: Anforderungskriterien an Visionen[67]

Beispiele für wirkungsvolle Unternehmensvisionen sind:

- ***Amazon***: „Our vision is to be earth's most customer centric company."[68]
- ***Biontech:*** „Wir möchten ... als führendes Unternehmen im Bereich Immuntherapien ... mithilfe wissenschaftlicher Erkenntnisse neue ... Therapien entwickeln, ... um Krebs, Infektionskrankheiten und andere schwere Erkrankungen zu bekämpfen ... und so das Leben der Menschen verbessern."[69]
- ***Google:*** „Provide access to the world's information in one klick."[70]
- ***SpaceX:*** „Making Humanity multiplantetary". Hierfür entwirft das Unternehmen folgendes Zukunftsbild: „You want to wake up in the morning and think the future is going to be great – and that's what being a spacefaring civilization is all about. And I can't think of anything more exciting than going out there and being among the stars."[71]
- ***Viva con Agua:*** „[Wir] verfolgen die Vision, dass alle Menschen Zugang zu sauberem Trinkwasser, Hygieneeinrichtungen und sanitärer Grundversorgung bekommen. Wasser für Alle – Alle für Wasser!".[72]
- ***Walmart***: „To become the worldwide leader in retailing."[73]
- ***Walt Disney***: "To be one of the world's leading producers and providers of entertainment and information."[74]
- **Waschbär**: „Unsere Vision ist eine Gesellschaft, in der Wirtschaften und Konsumieren sinnvoll, bewusst und nachhaltig erfolgt."[75]
- ***Wikipedia***: „Imagine a world in which every single person is given free access to the sum of all human knowledge."[76]

Vision von MöBella

MöBella

Erwin Eder hat für die *MöBella GmbH* sehr ehrgeizige Wachstumsziele und strebt alle fünf Jahre eine Umsatz- und Ergebnisverdopplung an. Seine Vision lautet: „Mit herausragender Qualität und unverwechselbarem Design erzielt die *MöBella GmbH* bis zum Jahr 2040 einen Jahresumsatz von über 600 Mio. Euro. Als einer der renommiertesten Möbelhersteller Europas begeistert sie ihre Kunden durch exzellente Handwerkskunst."

Die Unternehmensvision beantwortet die Frage, welches übergeordnete Ziel ein Unternehmen erreichen will. Denn ein Schiff, das seinen Hafen nicht kennt, für das weht kein Wind günstig. Erst wenn das Ziel der Reise bekannt ist, kann die Mannschaft lossegeln.[77]

Ein anschauliches Beispiel ist die Rede des US-Präsidenten *John F. Kennedy* am 25. Mai 1961 vor dem US-Kongress: „Ich glaube, dass diese Nation sich dazu verpflichten sollte, noch vor Ende dieses Jahrzehnts einen Menschen auf dem Mond landen zu lassen und ihn dann wieder sicher zur Erde zurückzubringen." Angesichts der damaligen Computertechnologie und der fehlenden Finanzmittel war dies eine gewaltige, nahezu wahnwitzige Herausforderung. Besonders langfristige und kühne Visionen werden deshalb heute auch als **Moonshots** oder **Big Hairy Audacious Goals** (BHAG; sprich: „Bi-häg") bezeichnet.

Ein **BHAG** ist klar und überzeugend, bündelt sämtliche Aktivitäten und entfacht einen starken Teamgeist. Es ist für jeden nachvollziehbar und begeistert die Menschen, gemeinsam ein außergewöhnliches Ziel zu erreichen.[78] Die Entwicklung von Visionen, die dem Unternehmen neue Richtungen geben, ist eine wesentliche Aufgabe des Leaderships. Leader befähigen und motivieren ihre Mitarbeiter, bei der Umsetzung von Veränderungen herausragende Leistungen zu vollbringen. Beispiele für solche visionären Unternehmer sind *Gottlieb Daimler, Karl Benz, Werner von Siemens, Ferdinand Porsche, Robert Bosch, Bill Gates, Steve Jobs* oder *Elon Musk*. Leadership und BHAGs werden in Kapitel 6.3.2 näher erläutert.

Eine überzeugende Vision schafft ein Gefühl von Zugehörigkeit, das die gesamte Organisation durchdringt und vielfältige Aktivitäten auf ein gemeinsames Ziel ausrichtet. Mitarbeiter fühlen sich dem Unternehmen stärker verbunden, wenn sie sich mit dessen Vision identifizieren.[79] Allerdings gibt es auch viele Visionen, die nicht mehr sind als leere Floskeln in Hochglanzbroschüren und im Arbeitsalltag keinen Effekt haben.[80]

Empfehlungen zur Erstellung und Kommunikation einer wirksamen Vision sind:[81]

- Die Vision so einfach wie möglich formulieren und dabei emotionale Bilder und Metaphern verwenden.
- Die Vision gemeinsam im Rahmen eines Dialogs entwickeln.
- Mögliche Widersprüche offenlegen und nachvollziehbar erläutern.
- Die Führungskräfte sollen als Vorbild vorangehen und im Einklang mit der Vision handeln.

X Development – Die Moonshot-Factory

X Development ist eine Tochtergesellschaft des *Alphabet*-Konzerns und dient als Innovationslabor für radikale Zukunftsprojekte. Das Unternehmen verfolgt das Ziel, mithilfe bahnbrechender Technologien einige der drängendsten Probleme der Menschheit zu lösen. Das „X" symbolisiert das Unbekannte, also den Schritt über die Grenzen des technisch Machbaren hinaus.[82]

Die **Leitprinzipien** des Unternehmens lauten:

- **Auf das Zehnfache, nicht auf 10 % abzielen:** Es ist oft einfacher, etwas zehnmal besser zu machen als nur um zehn Prozent. Sich das Zehnfache zum Ziel zu setzen, entfacht ein Feuer im Herzen und kann dazu führen, dass die schwierigsten Dinge viel leichter zu erreichen sind. Es zwingt auch dazu, sich von bestehenden Annahmen zu befreien und völlig neu an Probleme heranzugehen.
- **Kreativität durch diverse Teams:** Der einsame geniale Erfinder ist ein Mythos. Innovation entsteht durch vielfältige Teams aus unterschiedlichen Gemeinschaften, Kulturen und Disziplinen.
- **Sich in das Problem verlieben:** Der Ausgangspunkt jeder Herausforderung sollte sein, sich auf das Problem zu konzentrieren und es zu durchdringen. So lassen sich neue Lösungsansätze entdecken.
- **Frühzeitiger Kontakt mit der realen Welt:** Lösungsansätze sind so früh und oft wie möglich in der Praxis zu testen. Andere Menschen oder die Natur werden schnell und unverblümt deutlich machen, was an der Idee nicht stimmt und wie diese verbessert werden kann.
- **Den Affen zuerst anpacken:** Wenn ein Affe darauf trainiert werden soll, auf einem Podest zu stehen und Shakespeare zu rezitieren – womit beginnt man? Die meisten Menschen würden mit dem Bau des Podests anfangen. Dabei ist das Training des Affen die entscheidende Herausforderung. Es ist meist besser, sich zuerst der schwierigsten Aufgabe zu widmen, anstatt Zeit mit leichteren Dingen zu verschwenden.
- **Lernen aus Fehlern** („Fail fast"): Moonshots lassen sich nicht erreichen, ohne auf dem Weg ein paar Mal zu scheitern. Jedes Scheitern ist eine Gelegenheit, um zu lernen und die Lösung zu verbessern.

Beispiele für Projekte der *X-Company* sind:

- **Everyday Robot**: Entwicklung von lernfähigen Robotern für tägliche Einsatzzwecke.
- **Tidal**: Schutz der Ozeane und deren nachhaltige Nutzung zur Ernährung der Menschheit.
- **Mineral**: Erforschung pflanzlicher Intelligenz mithilfe von KI und Robotik zur Förderung einer effizienteren und nachhaltigeren Landwirtschaft.

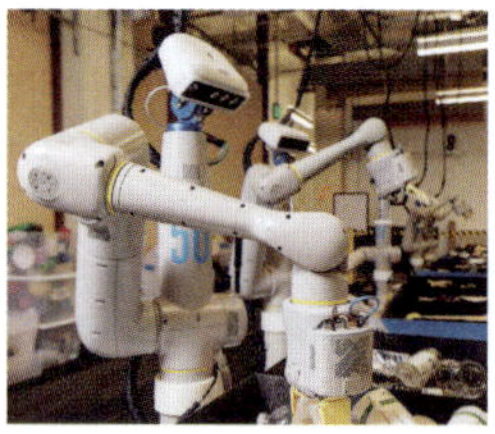

- **Bellwether**: Präzise Vorhersage extremer Wetterereignisse mithilfe künstlicher Intelligenz.
- **Skip**: Kleidung mit eingebauter Technik, die das Gehen erleichtert, etwa beim Treppensteigen oder Wandern. Die sogenannte „Powered Pants" nutzt Sensoren, künstliche Intelligenz und ein leichtes Exoskelett. Skip wurde 2023 als eigenständiges Unternehmen ausgegliedert und kooperiert seit 2024 mit dem Outdoor-Bekleidungshersteller *Arc'teryx*.
- **Chorus**: KI-gestützte Optimierung globaler Lieferketten (2025 ausgegliedert).
- **Taara**: Schnelle und kostengünstige Internetverbindungen durch laserbasierte, drahtlose optische Kommunikation (2025 ausgegliedert).

Die Unternehmensvision soll eine langfristige Orientierung bieten. Häufige Anpassungen untergraben deshalb ihre Glaubwürdigkeit und wecken Zweifel. Im Unterschied zum Purpose sind jedoch selbst die erfolgreichsten Visionen nicht auf Dauer angelegt. In dynamischen Branchen mit starkem Wettbewerb und raschem technologischem Wandel kann ihre Haltbarkeit begrenzt sein. Dass eine Vision in die Jahre gekommen ist, zeigt sich etwa daran, dass die formulierten Ziele weitgehend erreicht wurden oder sich als unrealistisch herausgestellt haben. In solchen Fällen entfaltet die Vision keine motivierende Wirkung mehr.[83]

So verfolgt das IT-Systemhaus *Bechtle* seit seiner Gründung im Jahr 1983 bereits die vierte Vision, nachdem die vorhergehenden alle erreicht wurden. Aktuell fokussiert sich das Unternehmen auf IT-Märkte, in denen es eine führende Position einnehmen kann, und strebt bis 2030 einen Umsatz von 10 Mrd. Euro an.[84] Ein Visionswechsel ist stets eine tiefgreifende Veränderung. Um Verunsicherung und Orientierungslosigkeit zu vermeiden, sollte rechtzeitig mit der Entwicklung einer neuen Vision begonnen werden. Dies gilt insbesondere dann, wenn die bisherige Vision über längere Zeit erfolgreich war.[85]

2.2.3 Welchen Zweck verfolgt das Unternehmen?

In der Praxis wird die Mission eines Unternehmens häufig nicht klar von der Vision abgegrenzt; teilweise werden beide Begriffe sogar miteinander verwechselt. Tatsächlich verfolgt jedes Unternehmen eine Mission im Sinne eines bestimmten Unternehmenszwecks, auch wenn dieser nicht immer schriftlich dokumentiert ist. Die Mission besteht nicht allein im Streben nach Gewinn, sondern soll den konkreten Gegenstand der unternehmerischen Tätigkeit verdeutlichen. Dadurch entsteht bei den Mitarbeitern das Gefühl, mit ihrer Arbeit einen wertvollen Beitrag zu leisten.[86] Die Heilung von Krankheiten wie Krebs oder die Bekämpfung von Armut sind zum Beispiel plausible Gründe, sich für ein Unternehmen zu engagieren. Eine wirkungsvolle Unternehmensmission sollte allgemeingültig, wesentlich, konsistent, vollständig, wahr, realisierbar, unmissverständlich und langfristig gültig sein.[87]

> Die **Unternehmensmission** legt das Tätigkeitsfeld eines Unternehmens fest und beschreibt dessen Zweck. Sie bestimmt, welchen konkreten Beitrag das Unternehmen für seine Stakeholder erbringt.

Der Unternehmenszweck sollte die Interessen unterschiedlicher **Stakeholder** berücksichtigen. Dabei handelt es sich um Personen, Gruppen oder Organisationen, die mit dem Unternehmen in Beziehung stehen. Sie erwarten eine angemessene Gegenleistung für ihren Beitrag zur Wertschöpfung oder als Ausgleich für nachteilige Auswirkungen der Geschäftstätigkeit auf ihre Bedürfnisse. Man unterscheidet zwischen **internen Anspruchsgruppen**, die eng mit dem Unternehmen verbunden sind und es aktiv mitgestalten, und **externen Einflussgruppen**, die nur mittelbar auf das Unternehmen einwirken. Während interne Gruppen wie Mitarbeiter oder Eigentümer an Entscheidungen direkt beteiligt sind, entfalten externe Gruppen ihren Einfluss vor allem über Erwartungen, Marktmechanismen oder gesellschaftlichen Druck.[88]

Ein Unternehmen kann nur dann langfristig erfolgreich sein, wenn es die berechtigten Interessen seiner Stakeholder berücksichtigt. Dabei kommt es jedoch häufig zu Zielkonflikten. Vorrang haben in der Regel die Eigentümer, da sie das unternehmerische Risiko tragen. Ihnen steht der unsichere Gewinn zu, der nach Erfüllung der vertrag-

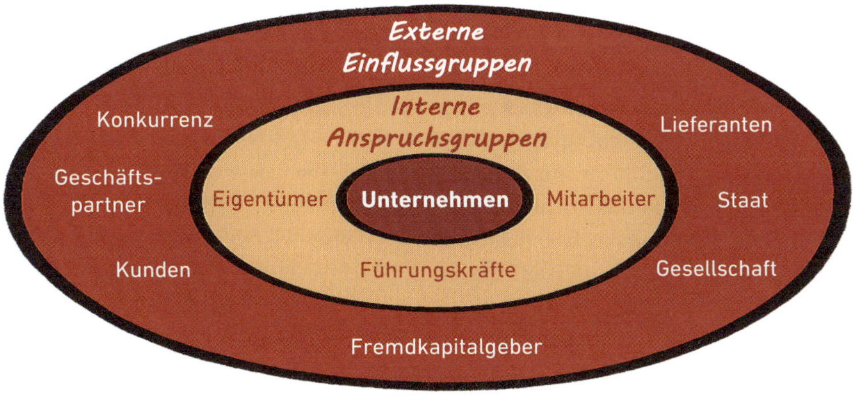

Abb. 2.2.4: Mögliche Stakeholder eines Unternehmens

lichen Verpflichtungen gegenüber den anderen Stakeholdern übrigbleibt. Die Ausrichtung an den Interessen der Shareholder ist deshalb weder einseitig noch kurzfristig motiviert (vgl. Kap. 1.4.2). Im Idealfall profitieren davon auch die übrigen Stakeholder. Eine nachhaltige Steigerung des Unternehmenswerts ist die Voraussetzung, um etwa sichere Arbeitsplätze zu schaffen, verlässliche Lieferbeziehungen aufrechtzuerhalten und einen gesellschaftlichen Beitrag zu erbringen.[89]

Beispiele für Unternehmensmissionen sind:

- ***Amazon***: „Our mission is to continually raise the bar of the customer experience by using the internet and technology to help consumers find, discover and buy anything, and empower businesses and content creators to maximise their success."[90]
- ***Biontec***: „Unser Unternehmen verfügt über ein breites Spektrum neuartiger Technologien, das aus unserer jahrzehntelangen umfangreichen Erfahrung im Bereich der Immunologie und bei der Entwicklung und Optimierung von mRNA hervorgeht. Wir arbeiten mit Menschen und Institutionen auf der ganzen Welt zusammen, um lebensbedrohliche und schwere Krankheiten wie Krebs, COVID-19, Malaria und Tuberkulose zu bekämpfen."[91]
- ***Google***: „[Our mission] is to organize the world's information and make it universally accessible and useful."[92]
- ***SpaceX:*** „[We are] working on a next generation of fully reusable launch vehicles that will be the most powerful ever built, capable of carrying humans to Mars and other destinations in the solar system."[93]
- ***Walt Disney***: „[Our] mission ... is to entertain, inform and inspire people around the globe through the power of unparalleled storytelling, reflecting the iconic brands, creative minds and innovative technologies that make ours the world's premier entertainment company."[94]
- ***Waschbär***: „Mit unserem Angebot von ökologisch und sozial hergestellten Produkten ermöglichen wir ein gutes Leben im Einklang ... [von] Mensch und Natur."[95]
- ***Wikipedia***: „We are the people who keep knowledge free. We take care of the technical infrastructure, the legal challenges, and the growing pains ... [Our mission is to] empower and engage people around the world to collect and develop educational content under a free license or in the public domain, and to disseminate it effectively and globally."[96]

Der Vergleich der Praxisbeispiele für Purpose, Vision und Mission macht deren Zusammenhänge und unterschiedliche Zielsetzungen deutlich.

Unternehmensleitbild

Das Unternehmensleitbild fasst die wichtigsten Inhalte der normativen Unternehmensführung in verständlicher Form zusammen. Es wird nach innen und außen kommuniziert, um externen Stakeholdern ein klares Bild vom Unternehmen zu geben und die Identifikation der internen Anspruchsgruppen zu stärken. Das Leitbild gibt die Richtung vor und bildet die Ausgangsbasis für die strategische und operative Unternehmensführung.[97]

> Das **Unternehmensleitbild** fasst Werte, Purpose, Vision und Mission zu einem angestrebten Selbstbild zusammen. Es dient als gemeinsame Orientierung für das Denken und Handeln der Organisationsmitglieder und zeigt nach außen, wofür das Unternehmen steht.

Ein Leitbild erfüllt folgende **Funktionen**:[98]

- **Orientierung:** Ein Leitbild dient den Mitarbeitern als eine Art Kompass, der ihr Verhalten koordiniert und ausrichtet. Grundlage dafür sind gemeinsame Werte und Verhaltensstandards. Zudem beschreibt das Leitbild den Zweck, die Tätigkeitsfelder sowie die angestrebte Entwicklung des Unternehmens.
- **Konkretisierung:** Die schriftliche Dokumentation zwingt die Unternehmensführung dazu, das Leitbild klar und präzise zu formulieren. Das erleichtert die Kommunikation und erhöht dessen Verbindlichkeit.
- **Legitimation:** Die Kommunikation des Leitbilds nach außen macht den Purpose, die Vision und den Zweck des Unternehmens für die wichtigsten Stakeholder nachvollziehbar. Dies dient auch dazu, unternehmerische Entscheidungen zu begründen.
- **Motivation:** Das Leitbild macht deutlich, warum es sinnvoll ist, sich für das Unternehmen zu engagieren.

Zusammenfassend soll ein Leitbild die Ziele und den angestrebten Entwicklungspfad des Unternehmens verständlich machen. Es dient als Orientierungsrahmen für Führungskräfte und Mitarbeiter und soll Motivation, Identifikation und gemeinsames Handeln fördern. In der Praxis wird diese Erwartung jedoch nicht immer erfüllt, da die Zielsetzungen im Leitbild häufig zu ehrgeizig, unklar oder mehrdeutig formuliert sind.[99] Um inhaltsleere Aussagen zu vermeiden, sollten auch Führungskräfte der mittleren und unteren Hierarchieebenen in die Erarbeitung des Leitbilds einbezogen werden. So lässt sich dessen Akzeptanz spürbar erhöhen.[100] Für die Glaubwürdigkeit des Leitbilds ist es entscheidend, dass sämtliche Führungskräfte die darin verankerten Verhaltensweisen vorleben.[101]

Leitbild der Motorservice Gruppe

Die *Motorservice Gruppe* ist ein führender Anbieter von Motorkomponenten für den freien Ersatzteilmarkt. Das Leitbild des Unternehmens wird in Form eines Schiffes visualisiert: Die Werte bilden den Rumpf und sorgen für Stabilität. Darauf aufbauend stellt die Mission die Plattform dar, auf der die Unternehmensziele ruhen. Diese Ziele können sich im Zeitverlauf ändern – dargestellt durch Container, die bei Zielerreichung entladen werden. Die Reise wird anschließend mit neuen Zielen fortgesetzt.[102]

Um den Kurs des Schiffes zu bestimmen, dient die Vision als eine Art Suchscheinwerfer in die Zukunft. Zur Kommunikation des Leitbilds werden bewusst nautische Begriffe verwendet: Die Geschäftsführung übernimmt die Rolle des Kapitäns, während die Zielverantwortlichen als Containermanager bezeichnet werden.

Abb. 2.2.5: Leitbild der Motorservice Gruppe[103]

Mission und Leitbild der MöBella GmbH

Die von *Erwin Eder* ausgegebene **Mission** beschreibt den Unternehmenszweck: „Wir entwickeln, produzieren und vertreiben hochwertige Gartenmöbel und Betten mit herausragender Qualität und unverwechselbarem Design. Die Begeisterung unserer anspruchsvollen Kunden durch exzellente Handwerkskunst ist der Schlüssel für unseren wirtschaftlichen Erfolg und unser nachhaltiges Wachstum." Daraus wird deutlich, dass für *MöBella* die Herstellung von Premiumprodukten im Vordergrund steht.

Zusammenfassend formuliert *Erwin Eder* folgendes **Leitbild**: „Mit unseren Markenmöbeln wollen wir das Leben der Menschen bereichern und ihre Gesundheit fördern. Als nachhaltiges Familienunternehmen übernehmen wir soziale und ökologische Verantwortung und pflegen einen vertrauensvollen Umgang mit Kunden, Mitarbeitern und Lieferanten. Wir entwickeln, produzieren und vertreiben hochwertige Garten- und Schlafmöbel mit herausragender Qualität und unverwechselbarem Design. Wir sind erfolgs- und leistungsorientiert und wollen bis zum Jahr 2040 einen Jahresumsatz von über 600 Mio. Euro erreichen und zu einem der renommiertesten Möbelhersteller Europas werden."

2.3 Unternehmensverfassung und Corporate Governance

Mit wachsender Unternehmensgröße wird die Führung nicht mehr ausschließlich von den Eigentümern selbst ausgeübt, sondern zunehmend auch von angestellten Führungskräften übernommen. Diese verfolgen jedoch auch eigene Ziele. Solche Interessengegensätze nehmen zu, je stärker das Eigentum gestreut und je größer das Unternehmen ist. Besonders deutlich zeigt sich dies bei Aktiengesellschaften.

Um diesen potenziellen Zielkonflikten entgegenzuwirken, regeln die Unternehmensverfassung und die Corporate Governance die Zusammensetzung der Führungsorgane sowie deren Aufgaben und Verantwortlichkeiten. Dadurch soll gewährleistet werden, dass die Führungskräfte im Sinne der Eigentümer handeln. Diese Überlegungen basieren auf der in Kapitel 1.1.2 erläuterten Principal-Agent-Theorie.

Instrumente zur Sicherstellung einer eigentümerorientierten Unternehmensführung sind:

- **Anreizsysteme**, um die persönlichen Ziele der Führungskräfte mit denen der Eigentümer in Einklang zu bringen, etwa durch Aktienoptionen.
- **Überwachungs- und Kontrollinstrumente** zur Beurteilung der Ordnungsmäßigkeit der Unternehmensführung, etwa durch Wirtschaftsprüfer oder einen Aufsichtsrat.
- **Berichte**, um die Informationslage der Eigentümer zu verbessern und Informationsasymmetrien zu verringern.

2.3.1 Wer führt das Unternehmen?

Die Unternehmensverfassung bildet den Ordnungsrahmen für die Organisation eines Unternehmens. Sie besteht zum einen aus gesetzlichen Vorgaben (z. B. Gesellschaftsrecht, Arbeitsrecht, Betriebsverfassung) und zum anderen aus unternehmensspezifischen Regelungen wie Satzungen oder Geschäftsordnungen. Sie umfasst alle Bestimmungen zur Gründung und Beendigung des Unternehmens, zu dessen Vertretung nach außen, zu grundlegenden Entscheidungsprozessen sowie zur Verteilung des ökonomischen Erfolgs.

Die Unternehmensverfassung bestimmt die obersten Führungsgremien und regelt, wie diese zusammengesetzt sind und auf welche Weise sie gebildet werden. Zudem legt sie fest, wie diese Gremien zusammenarbeiten und welche Aufgaben und Befugnisse ihnen zukommen.[104] Einige dieser Regelungen sind gesetzlich vorgeschrieben, andere kann das Unternehmen selbst gestalten. So ist beispielsweise in Deutschland die Arbeitnehmermitbestimmung in Großunternehmen verbindlich, während sie in den USA freiwillig vereinbart werden kann.[105]

Die Unternehmensverfassung legt fest, wer in welcher Form an der Unternehmensführung beteiligt ist, und bestimmt die Rechte und Pflichten der obersten Leitungsorgane. Sie regelt zum einen die Aufgaben, Zuständigkeiten und die Arbeitsweise der Organe, was als **Organverfassung** bezeichnet wird. Zum anderen beschreibt sie das Zusammenspiel zwischen den Organen, das in der **Kooperationsverfassung** geregelt ist.

> Die **Unternehmensverfassung** legt die obersten Leitungsorgane eines Unternehmens fest und regelt deren Aufgaben, Rechte, Pflichten, Zusammensetzung sowie wechselseitige Beziehungen.

Dabei gibt es verschiedene **Gestaltungsoptionen**, zwischen denen jeweils gewählt werden muss:

- Orientierung am Interesse der Shareholder oder der Stakeholder?
- Trennung oder Zusammenführung von Leitung und Kontrolle (dualistisch vs. monoistisch)?
- Direktoriale oder kollegiale Führung innerhalb des Leitungsgremiums?
- Ausschließlich gesetzliche oder freiwillig erweiterte Arbeitnehmerbeteiligung?

Zudem unterscheiden sich die Publizitäts- und Prüfungspflichten je nach Rechtsform und Größe des Unternehmens. Aus der Kombination dieser Strukturmerkmale ergeben sich unterschiedliche **Modelle der Unternehmensverfassung**. Besonders deutlich sind die Unterschiede zwischen der angelsächsischen und der kontinentaleuropäischen Unternehmensverfassung.

US-Aktiengesellschaften (Stock Corporations) verfügen über zwei Gesellschaftsorgane, weshalb diese Verfassungsform als *zweistufiges Modell* bezeichnet wird.[106] Die *Aktionärsversammlung* (Shareholders' Meeting) entspricht weitgehend der deutschen Hauptversammlung und entscheidet einmal jährlich unter anderem über die Bestellung und Abberufung der Mitglieder des *Verwaltungsrats* (Board of

Directors). Dieser übernimmt sowohl die Leitungs- als auch die Kontrollfunktion, weshalb es sich um eine *monoistische Verfassung* handelt. Innerhalb des Boards werden für spezifische Aufgaben verschiedene Ausschüsse und Komitees gebildet, wie etwa das Audit Committee zur Vorbereitung der Abschlussprüfung. Die operative Unternehmensführung wird an sogenannte Officers delegiert, die vom Board of Directors ernannt, überwacht und bei Bedarf abberufen werden. Die Executive Officers – etwa der Chief Executive Officer (CEO) oder der Chief Financial Officer (CFO) – bilden rechtlich kein eigenständiges Organ, sondern nehmen als angestellte Führungskräfte operative Leitungsfunktionen wahr, die ihnen vom Board of Directors übertragen werden. In vielen Unternehmen ist der CEO jedoch zugleich Vorsitzender des Verwaltungsrats (Chairman of the Board) und vereint damit Leitung und Aufsicht in einer Person. Diese Machtkonzentration ermöglicht einerseits ein flexibles und durchsetzungsstarkes Handeln, verringert andererseits jedoch spürbar die Möglichkeiten wirksamer Kontrolle. Deshalb gilt die Trennung beider Rollen in den USA zunehmend als anerkanntes Prinzip guter Corporate Governance.

Bei **deutschen Aktiengesellschaften** besteht eine institutionelle Trennung zwischen der Leitung durch den Vorstand und der Kontrolle durch den Aufsichtsrat, der die Vorstandsmitglieder bestellt und abberuft. Daher spricht man von einer *dualistischen Verfassung*. Im Aufsichtsrat sitzen auch Arbeitnehmervertreter, die so ebenfalls Einfluss auf die Unternehmensführung ausüben können. Das dritte Organ ist die Hauptversammlung, in der die Aktionäre als Eigentümer des Unternehmens ihre Rechte wahrnehmen. Sie wird einmal jährlich einberufen und entscheidet unter anderem über die Besetzung des Aufsichtsrats. Deshalb wird die deutsche Unternehmensverfassung auch als *dreistufiges Modell* bezeichnet.

In **eigentümergeführten Unternehmen** übernehmen Familienangehörige häufig sowohl Leitungs- als auch Kontrollfunktionen. Allerdings sollte sichergestellt werden, dass die Mitglieder des Führungsgremiums auch die hierfür erforderliche Qualifikation mitbringen. Die Kontinuität der Geschäftsführung über mehrere Familiengenerationen ist durch eine langfristig angelegte Nachfolgeregelung sicherzustellen. Instrumente wie Familienverfassungen, Mediation oder externe Beiräte tragen dazu bei, Interessenkonflikte zu vermeiden und eine klare Trennung zwischen familiären und betrieblichen Angelegenheiten sicherzustellen.[107] Prominente Beispiele für große Familienunternehmen sind die *Schwarz-Gruppe*, zu der *Lidl* und *Kaufland* gehören, die *Miele & Cie. KG* und die *Dr. August Oetker KG*.

Unternehmensverfassung von MöBella

MöBella ist eine Gesellschaft mit beschränkter Haftung. Die Gesellschaftsanteile verteilen sich je zur Hälfte auf *Erwin Eder* und seine Schwester *Erna*. Allerdings liegen 100 % der Stimmrechte und damit die alleinige Verfügungsgewalt bei *Erwin Eder*. Die Organe des Unternehmens zeigt das Organigramm in Abb. 2.3.1. Die Geschäftsführung bildet ein Gremium, in dem neben *Erwin Eder* auch die Geschäftsführer der einzelnen Tochtergesellschaften vertreten sind. Jedes der fünf Mitglieder verfügt über eine Stimme. *Erwin Eder* besitzt jedoch ein Vetorecht, um Entscheidungen gegen seine Eigentümerinteressen verhindern zu können.

Die Geschäftsführer der Gesellschaften verfügen über weitreichenden Entscheidungsspielraum. Dennoch wird *Erwin Eder* bei wichtigen Themen nach einem ungeschriebenen Gesetz stets zu Rate gezogen. Zwar ist *Eder* noch voller Tatendrang, jedoch befindet er sich in einem Alter, in dem er seine Nachfolge regeln sollte. Deshalb denkt er darüber nach, wie die Zukunft der *MöBella GmbH* dauerhaft gesichert werden kann. Seine bevorzugte Lösung ist die Überführung der Unternehmensanteile in eine Stiftung, über welche die Familie *Eder* ihre Interessen wahrnimmt.

Abb. 2.3.1: Organigramm der MöBella GmbH

Unternehmensverfassung der Würth-Gruppe

Die *Würth-Gruppe* wurde 1945 von *Adolf Würth* gegründet. Nach dem Tod seines Vaters im Jahr 1954 übernahm *Reinhold Würth* die Leitung des Unternehmens und machte es zum Weltmarktführer im Handel mit Montage- und Befestigungsmaterial. Im Jahr 1987 wurde das Firmenvermögen der *Würth-Gruppe* in eine **Stiftung** überführt. Mit dem Rückzug *Reinhold Würths* aus der operativen Geschäftsführung im Jahr 1994 wandelte sich die *Würth-Gruppe* von einem familiengeführten zu einem familienkontrollierten Unternehmen.[108]

Die obersten **Führungsgremien** der *Würth-Gruppe* sind:

- Der **Stiftungsaufsichtsrat** vertritt die einzelnen Familienstiftungen, die Eigentümer der Unternehmensgruppe sind. Er besteht aus drei Familienmitgliedern und zwei externen Führungskräften. Vorsitzender ist *Benjamin Würth* aus der vierten Familiengeneration.
- Der **Unternehmensbeirat** ist das oberste Überwachungs- und Kontrollorgan. Er berät die Konzernführung in strategischen Fragen und genehmigt die Unternehmensplanung sowie die Verwendung der Finanzmittel. Darüber hinaus bestellt er die Mitglieder der Konzernführung, der Geschäftsbereichsleitung sowie die Geschäftsführer der umsatzstärksten Gesellschaften. Der Beirat besteht aus neun Mitgliedern und wird vom Stiftungsaufsichtsrat ernannt. Vorsitzender ist *Sebastian Würth*, ebenfalls aus der vierten Generation.
- Die **Konzernführung** ist das oberste operative Entscheidungsgremium. Sie besteht aus sieben familienfremden Führungskräften und ist in ihrer Funktion mit dem Vorstand einer Konzernholding vergleichbar. Ihre Aufgabe ist die Steuerung der strategischen Geschäftseinheiten und der zentralen Funktionsbereiche.

2.3.2 Wie soll das Unternehmen geführt werden?

In der Vergangenheit kam es wiederholt zu Skandalen aufgrund betrügerischen Verhaltens der Unternehmensführung. Ein Schlüsselmoment war die Aufdeckung der massiven Bilanzfälschungen beim US-Energiekonzern *Enron* im Jahr 2001, wodurch ein Schaden von über 60 Mrd. US-Dollar entstand. Der Skandal führte zur Insolvenz des Unternehmens und zum Zusammenbruch des verantwortlichen Wirtschaftsprüfers *Arthur Andersen*, der die manipulierten Bilanzen testiert und Beweise vernichtet hatte. Infolgedessen wurde in den USA im Jahr 2002 der *Sarbanes-Oxley Act* (SOX) verabschiedet, um die Kontrolle über börsennotierte Unternehmen zu stärken und die Transparenz der Unternehmensführung zu verbessern.

Auch in Deutschland kam es in der Vergangenheit zu mehreren Skandalen, etwa zur *Siemens*-Schmiergeldaffäre (2006), zu Abgasmanipulationen bei *Volkswagen* (2015) sowie zur größten Steuerhinterziehung der Bundesrepublik in Höhe von über 30 Mrd. Euro durch Cum-Cum- und Cum-Ex-Geschäfte, die unter anderem mithilfe der *Deutschen Bank* und der *Commerzbank* durchgeführt wurden (2005–2011). 2020 musste zudem der Zahlungsdienstleister *Wirecard* als erstes DAX-Unternehmen Insolvenz anmelden, da dessen Bilanzen jahrelang gefälscht wurden und Vermögenswerte von fast 2 Mrd. Euro nicht mehr auffindbar waren.

Um Betrügereien zu verhindern, wurden bereits mehrere Gesetze erlassen oder bestehende Regelungen verschärft – etwa das *Gesetz zur Kontrolle und Transparenz im Unternehmensbereich* (KonTraG), das *Bilanzkontrollgesetz* (BilKoG) oder das *Bilanzrechtsmodernisierungsgesetz* (BilMoG). Organisatorische Verhaltensregeln spielen deshalb für Unternehmen heute eine wichtige Rolle.

Corporate Governance bezeichnet den rechtlichen und faktischen Ordnungsrahmen für die Leitung und Überwachung eines Unternehmens. Dabei geht es um transparente Entscheidungsprozesse, effektive Kontrolle und die Wahrung berechtigter Stakeholder-Interessen. Zunehmend werden dabei auch soziale und ökologische Faktoren berücksichtigt, was als nachhaltige Corporate Governance (Sustainable Corporate Governance) bezeichnet wird.[109]

Die Corporate Governance beschreibt die Grundsätze einer ordnungsgemäßen und verantwortungsvollen Unternehmensführung und dient als Rahmen für die Leitung und Überwachung eines Unternehmens.

Zu den **Aufgaben** der Corporate Governance gehören:

- die Festlegung der übergeordneten Unternehmensausrichtung, um Interessenkonflikte zwischen den Stakeholdern auszugleichen;
- die Gestaltung der Führungsstrukturen und die Besetzung leitender Positionen, um die Erreichung der Unternehmensziele zu unterstützen;

- die regelmäßige Überprüfung der Führungsaktivitäten zur Sicherstellung einer ordnungsgemäßen und verantwortungsvollen Unternehmensführung;
- die proaktive Kommunikation mit den Stakeholdern, um Transparenz zu schaffen und Vertrauen in die Unternehmensführung zu fördern.

Die Corporate Governance umfasst sowohl gesetzlich verbindliche Vorschriften, die als Mindeststandards einzuhalten sind, als auch freiwillige Selbstverpflichtungen. Diese Regelungen sind weltweit nicht einheitlich, sondern werden meist länderspezifisch festgelegt. Darüber hinaus existieren branchen- oder unternehmensbezogene Kodizes, wie etwa der Governance Kodex für Familienunternehmen.[110]

Corporate-Governance-Standards sind Verhaltensgrundsätze im Sinne von Best Practices, die in einem verantwortungsvoll geführten Unternehmen beachtet werden sollen. Die Verbindlichkeit eines Kodex kann von völliger Freiwilligkeit bis zu faktischem Zwang reichen. So kann etwa die Einhaltung bestimmter Regeln für eine Börsenzulassung erforderlich sein.[111] Im Gegensatz zum Gesetzgebungsverfahren kann ein Kodex schneller an aktuelle Entwicklungen angepasst werden. Außerdem kann er es einzelnen Unternehmen in begründeten Ausnahmefällen erlauben, von den genannten Vorgaben abzuweichen.

Deutscher Corporate Governance Kodex

Im Jahr 2002 wurde von einer Regierungskommission der **Deutsche Corporate Governance Kodex** aufgestellt, der die „Standards guter und verantwortungsvoller Unternehmensführung" beschreibt.[112] Seitdem wird der Kodex jährlich überarbeitet. Die Formulierung „gute Unternehmensführung" wird allerdings oft missverstanden. Tatsächlich zielt der Kodex auf eine ordnungsgemäße Führung, nicht auf wirtschaftlichen Erfolg.

Nach § 161 AktG müssen Aktiengesellschaften jährlich darlegen, inwieweit sie den Empfehlungen des *Deutschen Corporate Governance Kodex* entsprechen. Durch diese **Comply-or-Explain-Erklärung** erlangt der Kodex eine hohe faktische Verbindlichkeit. Er soll das Vertrauen von Anlegern, Kunden, Mitarbeitern und der Öffentlichkeit in die Leitung und Überwachung deutscher Aktiengesellschaften stärken.

Obwohl der Kodex primär für Aktiengesellschaften entwickelt wurde, ist seine Anwendung auch für nicht börsennotierte Gesellschaften empfehlenswert. Darüber hinaus ist die Zusammenführung verstreuter Regeln und Standards in einem einzigen Kodex für ausländische Investoren hilfreich.

Der *Deutsche Corporate Governance Kodex* enthält drei **Arten von Regeln** mit unterschiedlichem Verbindlichkeitsgrad:

- **Grundsätze** geben die wesentlichen gesetzlichen Vorgaben für die Leitung und Überwachung von Aktiengesellschaften wieder.
- **Empfehlungen** sind als „Soll"-Regeln formuliert; Abweichungen davon müssen begründet werden.
- **Anregungen** sind unverbindlich und an der Formulierung „sollte" erkennbar.

Ausgewählte **Inhalte** des *Deutschen Corporate Governance Kodex* sind:

- **Leitung und Überwachung**: „Für einen verantwortungsvollen Umgang mit den Risiken der Geschäftstätigkeit bedarf es eines angemessenen und wirksamen internen Kontrollsystems und Risikomanagementsystems. [Diese] *sollen* [...] auch nachhaltigkeitsbezogene Ziele abdecken. Beschäftigten *soll* auf geeignete Weise die Möglichkeit eingeräumt werden, geschützt Hinweise auf Rechtsverstöße im Unternehmen zu geben; auch Dritten *sollte* diese Möglichkeit eingeräumt werden."
- **Besetzung des Vorstands**: „Der Aufsichtsrat entscheidet [...] über die Anzahl der Vorstandsmitglieder, die erforderlichen Qualifikationen sowie über die Besetzung der einzelnen Positionen. [...] Bei der Zusammensetzung des Vorstands *soll* der Aufsichtsrat auf die Diversität achten."
- **Interessenkonflikte**: „Die Mitglieder von Vorstand und Aufsichtsrat sind dem Unternehmensinteresse verpflichtet. Sie dürfen bei ihren Entscheidungen weder persönliche Interessen verfolgen noch Geschäftschancen für sich nutzen, die dem Unternehmen zustehen. Vorstandsmitglieder *sollen* Nebentätigkeiten [...] nur mit Zustimmung des Aufsichtsrats übernehmen."
- **Vorstandsvergütung**: „Der Aufsichtsrat beschließt ein klares und verständliches System zur Vergütung der Vorstandsmitglieder und bestimmt [...] [deren] konkrete Vergütung. Die dem Vorstandsmitglied gewährten variablen Vergütungsbeträge *sollen* [...] überwiegend in Aktien der Gesellschaft angelegt [...] werden. Zusagen für Leistungen aus Anlass der vorzeitigen Beendigung des Anstellungsvertrags [...] *sollten* nicht vereinbart werden."

Corporate Governance und Compliance bei Würth

Die *Würth-Gruppe* orientiert sich am *Deutschen Corporate Governance Kodex* sowie am *Kodex für Familienunternehmen*. Sie verfügt über eine schriftliche Unternehmensverfassung, die das Zusammenspiel zwischen Konzernführung, Unternehmensbeirat und Familienstiftungen festlegt.

Durch die Trennung von operativer Führung und Aufsichtsorganen wurde ein duales Führungssystem eingerichtet. Das Unternehmen besitzt eine interne Revision, und die Jahresabschlüsse werden von unabhängigen Wirtschaftsprüfern geprüft. Außerdem verfügt das Unternehmen über ein systematisches Risikomanagement und Controlling.[113]

Die *Würth-Gruppe* braucht mit ihren rund 90.000 Beschäftigten klare Verhaltensregeln. Zu diesem Zweck wurde ein **Code of Compliance** erarbeitet. Dabei handelt es sich um ein internes Regelwerk, das verbindliche Verhaltensgrundsätze zur Einhaltung gesetzlicher Vorschriften und ethischer Standards festlegt. Er zeigt den Mitarbeitern, was im Unternehmen erlaubt und erwünscht ist und wie sie sich in bestimmten Situationen angemessen verhalten. Unter dem Motto „Sprich's an" können Hinweise auf kriminelle Handlungen und schwerwiegende Compliance-Verstöße anonym gemeldet werden.

Überwachung der Corporate Governance

Zur Überwachung der Corporate Governance stehen drei **Kontroll- und Sanktionsmechanismen** zur Verfügung:[114]

- **Externe Kontrolle:** Der Markt sanktioniert unverantwortliches Verhalten der Unternehmensführung. Dies geschieht etwa bei Aktiengesellschaften durch Aktienverkäufe, Kursrückgänge oder feindliche Übernahmen. Auch Fremdkapitalgeber üben externen Druck aus: So beeinflusst etwa das Ergebnis eines Ratings nach *Basel III* die Finanzierungskosten eines Unternehmens. Zudem sind publizitätspflichtige Unternehmen gesetzlich verpflichtet, im Rahmen der externen Rechnungslegung ihre Vermögens-, Finanz- und Ertragslage transparent darzustellen.
- **Gesetzliche Kontrolle:** Verstöße gegen gesetzliche Vorschriften können zivil- oder strafrechtlich verfolgt werden. Besonders in den USA spielen Schadensersatzklagen und die persönliche Haftung von Mitgliedern der Unternehmensführung eine zentrale Rolle.
- **Interne Kontrolle (Organkontrolle):** Durch interne Kontrollinstanzen sollen Risiken frühzeitig erkannt und die Entscheidungs- sowie Handlungsspielräume der Unternehmensführung begrenzt werden. Solche Kontrollorgane bestehen aus Personen mit umfassenden Informations-, Überwachungs- und Entscheidungsrechten. So ernennt und überwacht beispielsweise der Aufsichtsrat einer Aktiengesellschaft den Vorstand und kann bei Fehlverhalten einzelne Mitglieder oder das gesamte Gremium abberufen. Ein zentrales Instrument der internen Kontrolle ist das interne Kontrollsystem.

Das **interne Kontrollsystem** umfasst alle Grundsätze, Verfahren und Maßnahmen, um eine ordnungsgemäße Rechnungslegung zu gewährleisten sowie die Einhaltung gesetzlicher und interner Vorgaben sicherzustellen.

Das interne Kontrollsystem soll sowohl die Richtigkeit der Zahlen des internen Rechnungswesens als auch die Vollständigkeit, Genauigkeit und fristgerechte Erstellung der externen Finanzberichterstattung garantieren. Die Compliance überwacht als Teil des internen Kontrollsystems die Ordnungsmäßigkeit der betrieblichen Prozesse und die Einhaltung rechtlicher und interner Vorgaben. Dies erfolgt mithilfe präventiver, prozessintegrierter Kontrollen, die unmittelbar in die operativen Abläufe eingebunden sind. Ein Beispiel sind die in Abb. 2.3.2 aufgeführten *Goldenden Regeln* des Industriedienstleisters *Bilfinger*.

Die **Compliance** umfasst alle organisatorischen Regelungen, Verhaltensvorgaben und Kontrollmechanismen, um dafür zu sorgen, dass das Unternehmen sämtliche gesetzlichen Vorschriften, internen Richtlinien und freiwilligen Kodizes einhält.

Die interne Revision unterstützt die Unternehmensführung bei ihrer Kontrollfunktion durch unabhängige Prüfungen. Diese erfolgen außerhalb des operativen Tagesgeschäfts, da die Revision nicht in laufende Abläufe eingebunden ist. Dadurch kann sie betriebliche Prozesse und Strukturen sachlich und objektiv beurteilen.

Die **interne Revision** führt eine unabhängige und systematische Prüfung betrieblicher Prozesse und Strukturen durch, um deren Ordnungsmäßigkeit, Wirtschaftlichkeit und Funktionsfähigkeit zu beurteilen sowie Verbesserungspotenziale und Handlungsbedarfe aufzuzeigen.

10 GOLDENE COMPLIANCE REGELN

Compliance bei Bilfinger besteht aus drei Grundelementen:
Antikorruption, Antikartell, Datenschutz

1 _ Gesetze und interne Regeln berücksichtigen und integer handeln
2 _ Vorbild für andere sein
3 _ Geschützte Daten und Vermögenswerte bewahren
4 _ Bestechung und Korruption ablehnen
5 _ Fairness im Wettbewerb beachten
6 _ Im Interesse des Unternehmens handeln und Konflikte mit persönlichen Interessen vermeiden
7 _ Geschenke, Bewirtung und Unterhaltung angemessen halten
8 _ Geschäftspartner vor der Zusammenarbeit überprüfen
9 _ Mit Amtsträgern besonders sorgfältig umgehen
10 _ Vermutete Verstöße gegen den Verhaltenskodex melden

BILFINGER

Abb. 2.3.2: Compliance-Regeln von Bilfinger

Ein wirksames Kontroll- und Überwachungssystem erfordert eine abgestimmte Zusammenarbeit der Unternehmensorgane. Hierzu wurde 2020 vom *Institute of Internal Auditors* (IIA) das **Drei-Linien-Modell** (Three Lines Model) veröffentlicht. Dabei handelt es sich um eine Weiterentwicklung des klassischen Drei-Verteidigungslinien-Modells (Three Lines of Defense Model).[115] Es beschreibt die Rollenverteilung zwischen operativer Führung, Risikomanagement & Compliance und interner Revision, die gemeinsam die drei Verteidigungslinien bilden. Sie dienen der systematischen Verhinderung von Fehlverhalten und Verstößen gegen gesetzliche sowie interne Vorgaben.

Sowohl die erste als auch die zweite Linie sind in der operativen Unternehmensführung angesiedelt. Die interne Revision bildet als „Auge und Ohr" des Leitungsorgans die dritte Linie und ist für die unabhängige Überwachung der Corporate Governance verantwortlich. Die externe Revision ergänzt die internen Kontroll- und Überwachungsmechanismen durch eine unabhängige Prüfung durch außenstehende Dritte, wie etwa Wirtschaftsprüfer. Die Jahresabschlussprüfung schafft dabei für Eigentümer, Aufsichtsorgane und externe Stakeholder zusätzliche Sicherheit.[116]

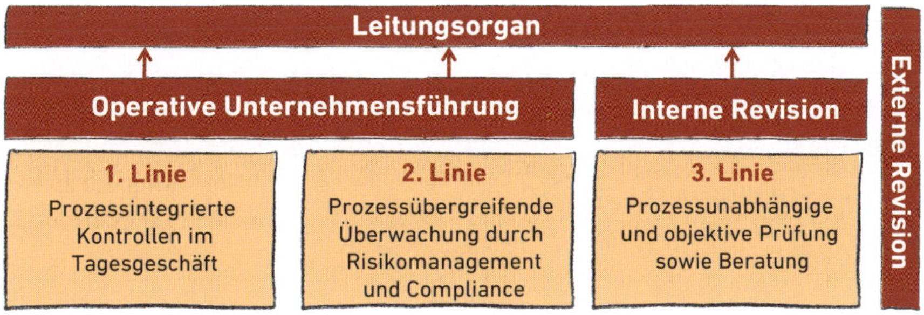

Abb. 2.3.3: Das Drei-Linien-Modell[117]

Executive Summary

- Die normative Unternehmensführung beschreibt die Identität und Daseinsberechtigung eines Unternehmens. Sie bestimmt dessen Werte, Purpose, Zweck und langfristige Entwicklung. Darüber hinaus prägt sie das Verhalten der Beschäftigten und regelt die Leitung und Überwachung des Unternehmens.
- Die Unternehmensphilosophie beschreibt die ethischen Grundsätze und Wertvorstellungen eines Unternehmens. Sie dient als moralischer Orientierungsrahmen für das Verhalten aller Organisationsmitglieder.
- Nachhaltige Unternehmensführung verfolgt gleichermaßen sowohl wirtschaftliche als auch ökologische und soziale Ziele.
- Die Unternehmenskultur umfasst die gelebten Werte, Überzeugungen, Normen und Standards, die das Verhalten der Organisationsmitglieder prägen. Symbole und Artefakte wie Architektur, Kleidung oder Corporate Design machen diese Kultur nach außen sichtbar.
- Der Purpose stellt die Bestimmung des Unternehmens dar und stiftet Sinn und Identität. Er beschreibt den Beitrag, den das Unternehmen für Umwelt und Gemeinwohl leisten will, und legitimiert damit seine Existenz.
- Der Golden Circle beinhaltet die Fragen nach dem Why (Warum machen wir es?), How (Wie wollen wir es machen?) und What (Was machen wir?). Erfolgreiche Unternehmen starten mit der Frage nach dem Warum.
- Eine Unternehmensvision ist ein herausforderndes und erstrebenswertes Zukunftsbild, das dem Unternehmen die Richtung weist und die Mitarbeiter begeistert, sich aktiv für dessen Verwirklichung einzusetzen.
- Die Unternehmensmission legt das Tätigkeitsfeld eines Unternehmens fest und beschreibt dessen Zweck. Sie bestimmt, welchen konkreten Beitrag das Unternehmen für seine Stakeholder erbringt.
- Stakeholder sind Personen, Gruppen oder Organisationen, die mit dem Unternehmen in Beziehung stehen. Für ihren Beitrag zur Wertschöpfung oder als Ausgleich für nachteilige Auswirkungen der Geschäftstätigkeit auf ihre Bedürfnisse erwarten sie eine angemessene Gegenleistung.
- Das Unternehmensleitbild fasst Werte, Purpose, Vision und Mission zu einem angestrebten Selbstbild zusammen. Es dient als gemeinsame Orientierung für das Denken und Handeln der Organisationsmitglieder und zeigt nach außen, wofür das Unternehmen steht.
- Die Unternehmensverfassung legt die obersten Leitungsorgane eines Unternehmens fest und regelt deren Aufgaben, Rechte, Pflichten, Zusammensetzung sowie wechselseitige Beziehungen.
- Die Corporate Governance beschreibt die Grundsätze einer ordnungsgemäßen und verantwortungsvollen Unternehmensführung und dient als Rahmen für die Leitung und Überwachung eines Unternehmens.
- Der Deutsche Corporate Governance Kodex enthält Grundsätze, Empfehlungen und Anregungen für die Unternehmensführung in deutschen Aktiengesellschaften. Diese müssen Abweichungen von den Empfehlungen begründen.
- Das interne Kontrollsystem umfasst alle Grundsätze, Verfahren und Maßnahmen, um eine ordnungsgemäße Rechnungslegung zu gewährleisten sowie die Einhaltung gesetzlicher und interner Vorgaben sicherzustellen.
- Die Compliance umfasst alle organisatorischen Regelungen, Verhaltensvorgaben und Kontrollmechanismen, um dafür zu sorgen, dass das Unternehmen sämtliche gesetzlichen Vorschriften, internen Richtlinien und freiwilligen Kodizes einhält.
- Die interne Revision führt eine unabhängige und systematische Prüfung betrieblicher Prozesse und Strukturen durch, um deren Ordnungsmäßigkeit, Wirtschaftlichkeit und Funktionsfähigkeit zu beurteilen sowie Verbesserungspotenziale und Handlungsbedarfe aufzuzeigen.

Lesetipps

Bleicher, K.: Normatives Management, Frankfurt a.M. 1994.

Schaltegger, S.: Nachhaltigkeitsmanagement in Unternehmen, Berlin/Lüneburg 2007.

Schein, E. H./Schein, P.: Organisationskultur und Leadership, 5. Aufl., München 2017.

Sinek, S.: Frag immer erst: Warum, München 2014.

Welge, M./Eulerich, M.: Corporate-Governance-Management, 3. Aufl., Wiesbaden 2021.

KAPITEL 3

Das Unternehmen fit für den Wettbewerb machen

3.1 Auf der Suche nach Wettbewerbsvorteilen 82

3.2 Die strategische Ausgangssituation beurteilen 93

3.3 Die richtige Strategie auswählen 131

Führungsimpulse

- Was ist eine Strategie und wie entstehen daraus Wettbewerbsvorteile und Erfolgspotenziale?
- Welche strategischen Ebenen gibt es, und was sind strategische Geschäftseinheiten?
- Wie läuft die strategische Planung und Kontrolle ab?
- Wozu dient die strategische Analyse, und was wird dabei untersucht?
- Wie wird eine SWOT-Analyse durchgeführt?
- Woraus besteht ein Portfolio, und welche Portfoliostrategien gibt es?
- Welche Wettbewerbsstrategien stehen einem Unternehmen zur Verfügung?
- Wie lässt sich eine strategische Lücke mithilfe von Wachstumsstrategien schließen?
- Welche Geschäftsmodellstrategien gibt es, und wie gelingt eine Blue-Ocean-Strategie?

3.1 Auf der Suche nach Wettbewerbsvorteilen

Strategische Unternehmensführung ist der Kompass, der ein Unternehmen von seinen grundlegenden Werten und normativen Zielen zu greifbaren Ergebnissen führt. Sie präzisiert die in Purpose, Mission und Vision verankerte langfristige Entwicklung. Die Strategie beschreibt den Weg, auf dem sich Wettbewerbsvorteile markt- oder ressourcenorientiert aufbauen lassen, um daraus Erfolgspotenziale zu schaffen. Die operative Unternehmensführung verwandelt diese Potenziale schließlich in messbare wirtschaftliche Ergebnisse.

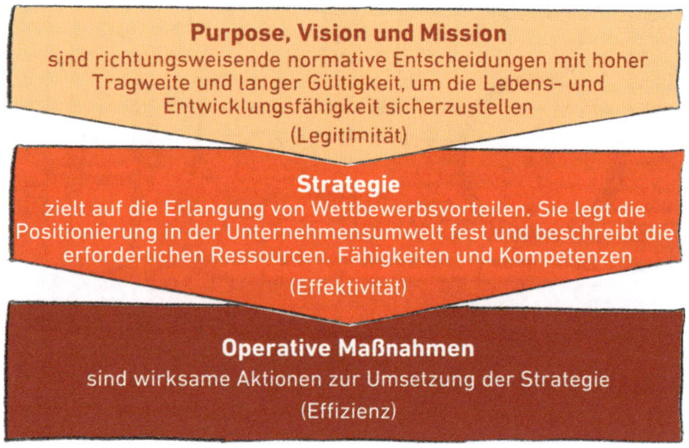

Abb. 3.1.1: Zusammenhang zwischen den Führungsebenen

Strategien beinhalten langfristige, in die Zukunft gerichtete Entscheidungen. Dies ist angesichts der komplexen und oft widersprüchlichen Einflussfaktoren überaus schwierig. Strategien beruhen daher auf einem Abwägen von Argumenten und plausiblen Schlussfolgerungen. Es ist generell nicht möglich, die Zukunft eines Unternehmens vollkommen sicher zu gestalten. Vielmehr geht es darum, mögliche Szenarien zu durchdenken. Dadurch können Einflussfaktoren, Handlungsmöglichkeiten und Konsequenzen erkannt werden. Strategische Unternehmensführung ist im Gegensatz zu einer ungesteuerten, rein zufälligen Entwicklung also eher als „geplante Evolution" zu verstehen.[1]

3.1.1 Wozu braucht das Unternehmen eine Strategie?

Der Begriff *Strategie* stammt aus dem Griechischen und bedeutet sinngemäß „Kunst der Heerführung". Eingang in die Wirtschaftswissenschaften fand er Mitte des 20. Jahrhunderts durch die Spieltheorie (vgl. Kap. 1.1.2). Dort wird eine Strategie als vollständiger Plan verstanden, der für alle denkbaren Situationen eine passende Reaktion vorsieht und dabei die Aktivitäten der gegnerischen Spieler berücksichtigt.[2]

In den 1960er-Jahren entstand in den USA das klassische Verständnis der strategischen Unternehmensführung. Danach wird eine Strategie systematisch geplant und ihre Umsetzung laufend kontrolliert. Hierfür wird zunächst die Ausgangslage des Unternehmens analysiert und anschließend der Weg bestimmt, auf dem die langfristigen Ziele erreicht werden sollen.[3]

Eine **Strategie** legt das langfristige Vorgehen zum Aufbau von Wettbewerbsvorteilen fest und bestimmt, wie daraus Erfolgspotenziale entwickelt werden können. Sie beschreibt, welche Ressourcen, Fähigkeiten und Kompetenzen dafür erforderlich sind und wie sich das Unternehmen im Wettbewerb positionieren soll.

Eine Strategie soll zeigen, wie sich Wettbewerbsvorteile erschaffen und dauerhaft verteidigen lassen. Ein Wettbewerbsvorteil ist ein Vorsprung gegenüber der Konkurrenz, der Kunden einen konkreten Grund bietet, sich für das Unternehmen zu entscheiden. Wettbewerbsvorteile lassen sich aufbauen, indem sich das Unternehmen geschickt in attraktiven Branchen und Märkten positioniert. Dabei gilt es, Chancen zu nutzen und Gefahren zu vermeiden, wobei die eigenen Stärken und Schwächen zu berücksichtigen sind. Wettbewerbsvorteile können auch durch wertvolle Ressourcen, Fähigkeiten und Kompetenzen entstehen, die das Unternehmen entweder selbst entwickelt oder von außen bezieht. In der Praxis erfolgt der Aufbau von Wettbewerbspotenzialen meist durch eine Kombination aus markt- und ressourcenorientiertem Vorgehen.

> **Wettbewerbsvorteile** sind positive Merkmale oder Eigenschaften eines Unternehmens, durch die es sich von der Konkurrenz abhebt und potenzielle Kunden davon überzeugt, sich für das Unternehmen zu entscheiden.

Wesentliche **Merkmale** von Wettbewerbsvorteilen sind:[4]

- Der **Wert** eines Wettbewerbsvorteils bestimmt das Ausmaß der daraus generierten Erfolgspotenziale. Ein zusätzlicher Kundennutzen kann zum Beispiel über einen Preisaufschlag abgeschöpft werden. Dabei kann es sich sowohl um objektive Leistungsvorteile wie eine hohe Produktqualität von *Miele* als auch um subjektiven Nutzen wie das positive Image der weltbekannten Marke *Apple* handeln. Eine überlegene Kostenposition führt bei gleichen Marktbedingungen ebenfalls zu einer besseren Wettbewerbsfähigkeit. Ein Unternehmen mit niedrigeren Kosten erzielt bei einheitlichem Marktpreis höhere Gewinne als die Konkurrenz.
- Die **Anfälligkeit** gegenüber Umweltänderungen oder Angriffen durch Wettbewerber reduziert den Wert eines Wettbewerbsvorteils. So können sich beispielsweise Technologien oder Kundenbedürfnisse rasch verändern. Zudem versucht die Konkurrenz, bestehende Vorteile zu imitieren oder durch eigene Innovationen zunichtezumachen. *Nokia*, bis Mitte der 2000er-Jahre Weltmarktführer bei Mobiltelefonen, büßte ab 2007 durch die Markteinführung von *Apples iPhone* seine Wettbewerbsvorteile ein und wurde in der Folge schrittweise vom Markt verdrängt.
- Die **Dauer** beschreibt die Zeitspanne, in der ein Wettbewerbsvorteil aufrechterhalten werden kann. Ressourcenbasierte Vorteile wie der Zugang zu seltenen Rohstoffen sind häufig langfristig nutzbar. Im Einzelhandel kann ein virales Marketingvideo kurzfristig einen Wettbewerbsvorteil schaffen, während eine bekannte Marke wie *Coca-Cola* die dauerhafte Durchsetzung höherer Preise ermöglicht.

Je nach Ausmaß der Orientierung an Kunden und Wettbewerbern lassen sich folgende **Arten von Wettbewerbsvorteilen** unterscheiden:[5]

- **Kundenspezifische Wettbewerbsvorteile** entstehen durch individuelle Problemlösungen, die gezielt auf spezifische

Was sind Wettbewerbsvorteile?

Eine Gruppe wandert durch die Rocky Mountains, als plötzlich ein Grizzlybär vor ihnen steht. Einer der Wanderer zieht daraufhin schnell seine Turnschuhe an. Die anderen fragen verwundert: „Weißt du eigentlich, wie schnell der rennt? Du bist doch niemals schneller als der Bär!" Der Erste antwortet: „Stimmt – aber schneller als ihr."

Diese Anekdote veranschaulicht das Prinzip der Wettbewerbsvorteile. Der Wanderer mit den Turnschuhen profitiert von einer Ressource, die den anderen nicht zur Verfügung steht, und kann sich dadurch einen Vorsprung verschaffen. Ist er darüber hinaus passionierter Marathonläufer, verstärken seine Fähigkeiten den ressourcenbasierten Wettbewerbsvorteil zusätzlich. Einem übergewichtigen Rentner hingegen würden die Turnschuhe nichts nützen. Wettbewerbsvorteile können aber auch durch eine clevere Positionierung entstehen, etwa am Ende der Gruppe. In der Unternehmenspraxis geht es darum, der Konkurrenz im Wettlauf um die Kunden voraus zu sein.

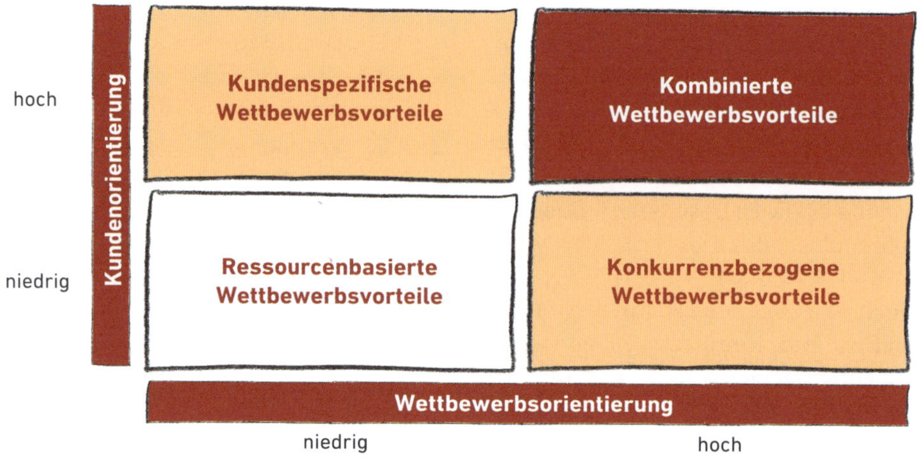

Abb. 3.1.2: Arten von Wettbewerbsvorteilen

Kundenanforderungen ausgerichtet sind. Ein Beispiel ist maßgeschneiderte Damenmode von *Sumissura*.

- **Ressourcenbasierte Wettbewerbsvorteile** sind weder besonders kunden- noch wettbewerbsorientiert und beruhen auf einzigartigen Ressourcen, Fähigkeiten und Kompetenzen. Ein Beispiel sind exklusive Ölförderlizenzen, wie sie *ExxonMobil* in verschiedenen Regionen besitzt.
- **Konkurrenzbezogene Wettbewerbsvorteile** orientieren sich stark am Wettbewerb und sind besonders in Konsumgütermärkten anzutreffen. Beispielsweise bieten im Lebensmitteleinzelhandel die Discounter *Aldi* und *Lidl* im Vergleich zu anderen Supermärkten ein sehr attraktives Preis-Leistungs-Verhältnis.
- **Kombinierte Wettbewerbsvorteile** orientieren sich sowohl an den Bedürfnissen der Kunden als auch am Verhalten der Wettbewerber. Sie sind sowohl in Nischenmärkten als auch in stark umkämpften Branchen mit anspruchsvoller Kundschaft relevant. Beispielsweise bietet *McKinsey & Company* spezifische Beratungsleistungen, die auf die Anforderungen jedes einzelnen Klienten zugeschnitten sind. Gleichzeitig steht das Unternehmen im intensiven Wettbewerb mit anderen Top-Beratungen, gegen die es sich durch fachliche Exzellenz, hochqualifizierte Berater und ein starkes Markenimage behaupten kann.

Zusammenfassend lassen sich Wettbewerbsvorteile also durch eine geschickte Positionierung gegenüber den Wettbewerbern oder mithilfe wertvoller Ressourcen, Fähigkeiten und Kompetenzen erzielen. Sie ermöglichen den Aufbau von Erfolgspotenzialen, mit denen das Unternehmen künftig wirtschaftlich erfolgreich sein kann. Diesen Zusammenhang veranschaulicht Abb. 3.1.3.

Kurzfristig reduziert der Aufbau von Erfolgspotenzialen die Liquidität und das operative Ergebnis. Langfristig sind sie jedoch die Voraussetzung für nachhaltigen Unternehmenserfolg. So verursacht beispielsweise die Entwicklung neuer Fähigkeiten zunächst finanziellen und zeitlichen Aufwand. Führt dies später zur Entstehung neuer Produkte, kann das Unternehmen dadurch Gewinne erzielen.

Diese Logik lässt sich mit einem BWL-Studium vergleichen: Es dauert mehrere Jahre, und ein guter Abschluss eröffnet die Aussicht, eine Führungskraft zu werden – eine Garantie dafür ist er jedoch nicht. Um dieses Erfolgspotenzial zu nutzen, muss sich der Absolvent zunächst im Wettbewerb um eine offene Stelle durchsetzen und dann über

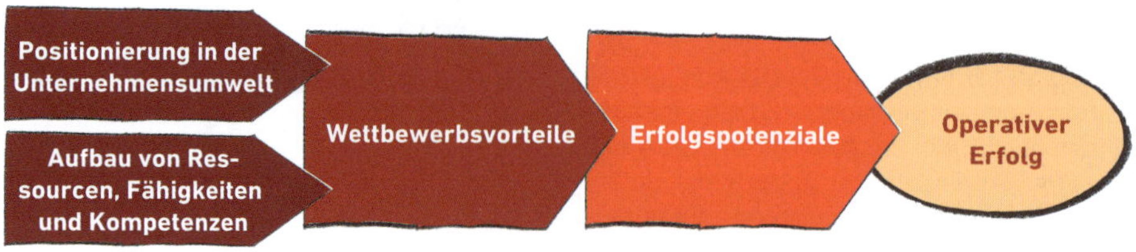

Abb. 3.1.3: Strategischer Zusammenhang

viele Jahre hinweg hart arbeiten, bis er eine hochdotierte Führungsposition erreicht.

Erfolgspotenziale basieren auf den Wettbewerbsvorteilen des Unternehmens und bieten die Voraussetzungen für künftigen wirtschaftlichen Erfolg. Zu den Erfolgspotenzialen zählen strategisch bedeutsame Ressourcen, Fähigkeiten, Kompetenzen, Technologien, Strukturen und Prozesse.

Wichtige Erfolgspotenziale sind Innovationskraft, eine starke Marke, Kundenloyalität, Kostenvorteile, qualifizierte Mitarbeiter, technologische Kompetenz, sowie eine vorteilhafte Marktposition. Alle Entscheidungen zur Entwicklung und Erhaltung von Erfolgspotenzialen wirken sich auf den späteren Unternehmenserfolg aus. Die Erfolgspotenziale von heute bilden somit den Grundstein für den Erfolg von morgen, wobei ihr Aufbau meist einen längeren Zeitraum erfordert. Erfolgspotenziale schaffen allerdings nur die Aussicht auf Erfolg und können auch ungenutzt bleiben.

Erfolgspotenziale zeigen, was möglich ist. Ihr Einfluss auf den Unternehmenserfolg lässt sich jedoch nur schwer vorhersagen: Sie entfalten sich meist über einen längeren Zeitraum, wirken häufig nur indirekt und hängen stark von äußeren Rahmenbedingungen wie der wirtschaftlichen Lage, politischen Vorgaben, regulatorischen Anforderungen oder technologischen Entwicklungen ab. Wie groß die Erfolgspotenziale sind und wie effektiv sie ausgeschöpft werden, hängt von einigen wesentlichen **Erfolgsfaktoren** ab. Da diese häufig qualitative Merkmale beinhalten, werden sie mithilfe sogenannter **Key Performance Indicators (KPIs)** messbar gemacht. Diese Schlüsselkennzahlen quantifizieren, wie stark ein Erfolgsfaktor ausgeprägt ist. Beispiele für KPIs sind F&E-Ausgaben, Markenbekanntheitswerte, Kundenzufriedenheitsindizes, Fluktuationsraten, Prozessdurchlaufzeiten, Stückkosten und Termintreue.[6] Den Zusammenhang zwischen Erfolgspotenzial, Erfolgsfaktoren und KPIs verdeutlichen die Beispiele in Abb. 3.1.4.

Erfolgsfaktoren beeinflussen maßgeblich die Stärke der Erfolgspotenziale und damit den zukünftigen Erfolg. Um sie steuern zu können, werden sie mithilfe von Schlüsselkennzahlen (Key Performance Indicators, KPIs) messbar gemacht.

Folgende **Merkmale** bestimmen den Einfluss der Erfolgsfaktoren auf das Erfolgspotenzial:

- **Wirkungsintensität:** Einzelne Erfolgsfaktoren wirken unterschiedlich stark auf die Erfolgspotenziale. Empirische Studien zeigen beispielsweise, dass dem Marktanteil eine besonders hohe Bedeutung zukommt.
- **Wirkungsabhängigkeiten:** Die meisten Erfolgspotenziale werden zugleich von mehreren Erfolgsfaktoren beeinflusst, die ihrerseits miteinander in Wechselwirkung stehen. So kann etwa eine gute Produktqualität den Umsatz steigern, was durch einen hohen Marktanteil zusätzlich verstärkt wird.
- **Dynamik:** Die Ursache-Wirkungs-Beziehungen zwischen Erfolgsfaktoren und Erfolgspotenzialen verändern sich kontinuierlich, etwa durch technologische Entwicklungen, Marktveränderungen oder neue Kundenanforderungen.
- **Heterogenität:** Der Einfluss einzelner Erfolgsfaktoren auf die Erfolgspotenziale kann je nach Geschäftseinheit stark variieren. Diese Unterschiede sind bei der Entwicklung von Geschäftsstrategien zu berücksichtigen.

Erfolgspotenzial	Erfolgsfaktoren	KPIs
Technologische Kompetenz	• Innovationsfähigkeit • Innovationskultur • Kompetente Entwicklungsteams	• F&E-Ausgaben • Anzahl Patente • Schulungstage je MA
Kundenbindung	• Servicequalität • Customer Relationship Management • Reaktionsgeschwindigkeit	• Net Promoter Score • Wiederkaufrate • Reklamationsquote
Prozessexzellenz	• Automatisierungsgrad • Digitalisierung • Prozessmanagement	• Durchlaufzeit • Termintreue • Ersttrefferquote (FPY)
Arbeitgeberattraktivität	• Unternehmenskultur • New Work • Work-Life-Balance	• Fluktuationsrate • Bewerberanzahl pro Stelle • Mitarbeiterzufriedenheitsindex

Abb. 3.1.4: Verknüpfung zwischen Erfolgspotenzial, Erfolgsfaktoren und KPIs

Erfolgsfaktoren der Hidden Champions

Hidden Champions sind weltweit führende Unternehmen, die der breiten Öffentlichkeit kaum bekannt sind. Mit einem Jahresumsatz bis zu 5 Mrd. Euro gehören sie in ihrer Marktnische entweder weltweit zu den Top 3 oder sind die Nummer 1 auf ihrem Heimatkontinent. Beispiele sind Waagen von *Bizerba*, Automatisierungslösungen von *Festo*, Heizungstechnik von *Viessmann*, das Übersetzungsprogramm *DeepL* oder Lasersysteme von *Trumpf*. Von den weltweit über 2.700 Hidden Champions stammt rund die Hälfte aus Deutschland.[7]

Die **Erfolgsfaktoren** der Hidden Champions sind:[8]

- **Ambitionierte Ziele**: Sie streben danach, weltweit die Besten in ihrem Marktsegment zu sein.
- **Fokus und Tiefe**: Sie sind auf enge Nischenlösungen spezialisiert, bieten dort jedoch ein breites Leistungsangebot. Sie konzentrieren sich auf ihre Kernkompetenzen und verfügen zugleich über eine hohe Fertigungstiefe.
- **Globale Vermarktung**: Die starke Fokussierung macht den Markt klein – die Globalisierung macht ihn wieder groß. Obwohl Hidden Champions meist mittelständisch geprägt sind, bieten sie ihre Nischenlösungen weltweit an.

- **Innovation**: Weltmarktführer wird man nur durch Innovation. Hidden Champions setzen auf kontinuierliche Verbesserung, die langfristig zur Überlegenheit führt. Hinzu kommt eine konsequente Digitalisierung industrieller Prozesse.
- **Hochleistungsmitarbeiter**: Es herrscht eine ausgeprägte Leistungskultur. Die Fluktuationsrate liegt bei rund einem Drittel des Branchendurchschnitts. Das sichert Knowhow, senkt die Kosten für Neueinstellungen und macht Investitionen in Aus- und Weiterbildung rentabel.
- **Kundennähe**: Die meist komplexen Produkte werden in der Regel direkt vertrieben. Dabei arbeiten Hidden Champions eng mit ihren Kunden zusammen und orientieren sich konsequent an deren Bedürfnissen. Die hohe Produktqualität ist ein zentraler Wettbewerbsvorteil – entsprechend liegen ihre Preise im Durchschnitt um 10 bis 15 % über dem Marktniveau.

Die **PIMS-Studie** (Profit Impact of Market Strategies) untersucht empirisch, welche Strategien zu einer höheren Rentabilität führen. Danach zählen zu den wichtigsten Erfolgsfaktoren die Unternehmensgröße, der Diversifikationsgrad, die Organisationsstruktur, die Marktattraktivität, die relative Wettbewerbsposition, die Investitionsintensität und die Kostenstruktur. Die Ergebnisse dieser Langzeitstudie bilden bis heute eine bedeutende Grundlage für strategische Entscheidungen in der Unternehmenspraxis.[9]

Strategische Strukturierung des Unternehmens

Mit zunehmender Unternehmensgröße und der damit verbundenen Differenzierung des Leistungsangebots wird ein Unternehmen häufig in mehrere, organisatorisch getrennte Geschäftsbereiche unterteilt. Diese agieren weitgehend unabhängig voneinander und erfordern daher eine eigenständige strategische Positionierung.[10] Darüber hinaus stellt sich die Frage nach der strategischen Ausrichtung der einzelnen Funktionsbereiche.

Um bestimmen zu können, wo und wie sich ein Unternehmen strategisch positionieren soll, wird die Unternehmensumwelt in sogenannte **strategische Geschäftsfelder (SGF)** unterteilt. Dabei handelt es sich um klar abgegrenzte und möglichst homogene Teilbereiche der Umwelt, auf die das Unternehmen seine Aktivitäten konzentrieren möchte. Die Bildung strategischer Geschäftsfelder erfolgt in der Regel durch eine Kombination aus Produkteigenschaften (z. B. Funktionen, Technologien oder Kundennutzen) und Marktmerkmalen (z. B. Käufergruppen, Vertriebskanäle oder Absatzregionen). Neben dieser Produkt-Markt-Segmentierung lässt sich die Unternehmensumwelt auch dreidimensional nach den abgedeckten Kundenbedürfnissen, potenziellen Kundengruppen und verwendeten Technologien unterscheiden.[11]

Die strategischen Geschäftsfelder sollten möglichst überschneidungsfrei voneinander abgegrenzt werden, um gegenseitige Abhängigkeiten und Konflikte zu vermeiden. Sie sollten nicht auf gemeinsame Ressourcen zugreifen, nicht in gleichen Märkten tätig sein und nur geringe innerbetriebliche Leistungsverflechtungen aufweisen.[12]

Die Aufteilung eines Gesamtmarkts in strategische Geschäftsfelder erfolgt in der Regel recht grob anhand direkt beobachtbarer, unternehmensindividueller Merkmale. Im Rahmen der Marktanalyse werden diese Geschäftsfelder dann etwa nach Kunden oder Regionen weiter in einzelne Marktsegmente gegliedert.[13]

Praktische Beispiele für **strategische Geschäftsfelder (SGF)** sind:

- **Lufthansa**: Passagier-Airlines (Passagierbeförderung) und Aviation Services (Luftfracht und Luftverkehrsdienstleistungen).

- **DB-Konzern**: Personenverkehr sowie Güterverkehr & Logistik.
- **Deutsche Telekom**: Telekommunikationsdienstleistungen für Privatkunden sowie Groß- und Geschäftskunden.

Wie Abb. 3.1.5 veranschaulicht, stellen strategische Geschäftsfelder potenzielle Aktivitätsbereiche innerhalb der Unternehmensumwelt dar, während das Unternehmen selbst in **strategische Geschäftseinheiten (SGE)** gegliedert ist. Dabei handelt es sich um möglichst unabhängige Unternehmensbereiche, die innerhalb der jeweiligen Geschäftsfelder eigene strategische Ziele verfolgen. SGEs sollten klar voneinander abgegrenzt sein. Überschneidungen bei Kunden, Kapazitäten oder Marktmerkmalen sind möglichst zu vermeiden. SGEs sind auf dem externen Absatzmarkt tätig und tragen Verantwortung für den Einsatz ihrer Ressourcen und das damit erzielte Ergebnis. Sie agieren nicht nur als interne Lieferanten, sondern übernehmen im Wettbewerb mit externen Konkurrenten eine eigenständige Marktaufgabe zur Erfüllung konkreter Kundenbedürfnisse.[14]

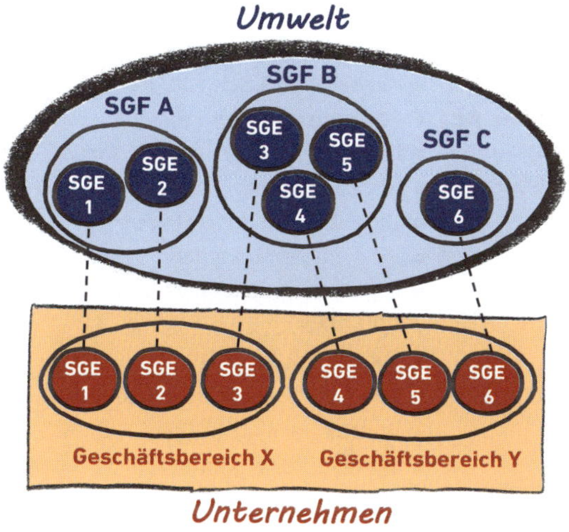

Abb. 3.1.5: Zusammenhang zwischen strategischen Geschäftsfeldern und -einheiten

Eine strategische Geschäftseinheit kann in mehreren Geschäftsfeldern aktiv sein. In der Regel sind jedoch in einem Geschäftsfeld mehrere SGEs tätig. Durch die Bildung solcher Einheiten lassen sich maßgeschneiderte Strategien entwickeln, um Wettbewerbsvorteile aufbauen zu können. Der große Entscheidungsspielraum und die hohe Eigenverantwortung einer strategischen Geschäftseinheit wirken zudem motivierend auf deren Mitglieder. Deshalb ist die Vergütung von Führungskräften häufig an den Erfolg ihrer jeweiligen SGE gekoppelt. Eine zu starke Segmentierung birgt jedoch die Gefahr, dass sich das Unternehmen in zu viele Einheiten aufspaltet, die sich vorrangig an ihren eigenen Zielen orientieren und den Gesamterfolg aus dem Blick verlieren.

Die Aufteilung in strategische Geschäftseinheiten wird grundsätzlich unabhängig von der Aufbauorganisation vorgenommen. Um klare Verantwortlichkeiten sicherzustellen, ist es jedoch ratsam, die Bildung der SGEs an organisatorischen Strukturen wie Sparten, Divisionen oder Produktbereichen auszurichten. Geschäftsbereiche können dabei wie in Abb. 3.1.5 auch mehrere SGEs umfassen. In Großunternehmen werden strategische Geschäftseinheiten häufig als Profit-Center mit Ergebnisverantwortung geführt, während sie in kleinen und mittleren Unternehmen meist die formale Organisationsstruktur überlagern.[15]

Praktische Beispiele für **strategische Geschäftseinheiten (SGE)** sind:

- **Lufthansa**: Das SGF *Passagier-Airlines* unterteilt sich nach den beteiligten Fluggesellschaften in die SGEs *Lufthansa*, *SWISS*, *Austrian*, *Brussels* und *Eurowings*. Das SGF *Aviation Services* besteht aus den SGEs *Logistik* (Luftfracht), *Technik* (Wartung, Reparatur und Überholung von Flugzeugen), *Aviation Training* (Ausbildung von Cockpit- und Kabinencrews) und *Systems* (IT-Lösungen für Fluggesellschaften).
- **DB-Konzern**: Das *SGF Personenverkehr* umfasst die SGEs *Personenfernverkehr* und *Regionalverkehr*. Im SGF *Güterverkehr & Logistik* wird nach Verkehrsträgern unterschieden in die SGEs *Schienengüterverkehr*, *Seefracht*, *Landverkehr* und *Luftfracht*.
- **Deutsche Telekom**: Das *SGF Privatkunden* unterteilt sich in die SGEs *Festnetz/Breitband*, *Mobilfunk*, *Internet* und *Internet-TV*. Das SGF *Groß- und Geschäftskunden* besteht aus den SGEs *Security* (IT-Sicherheitslösungen), *Advisory* (IT-Beratung), *Digital* (Digitalisierungslösungen) und *Cloud-Services* (Aufbau und Betrieb von Multi-Cloud-Umgebungen).

Strategische Geschäftsfelder (SGF) sind klar abgegrenzte, homogene Teile der Unternehmensumwelt, auf die das Unternehmen seine Aktivitäten konzentrieren möchte. Sie umfassen bestimmte Produkt-Markt-Kombinationen und sollten untereinander möglichst überschneidungsfrei sein.

Das Unternehmen wird in **strategische Geschäftseinheiten (SGE)** unterteilt, die unabhängig voneinander in den jeweiligen Geschäftsfeldern eigene strategische Ziele verfolgen. Sie übernehmen eine eindeutige Marktaufgabe und stehen dabei im Wettbewerb mit externen Konkurrenten.

Strategische Strukturierung von MöBella

Die *MöBella GmbH* stellt Gartenmöbel und Betten her (vgl. Kap. 1.1.4) und besteht aus den vier Tochtergesellschaften *Eder Garten*, *Schlummer*, *Eder Design* und *Eder Service*. *MöBella* ist in vier strategischen Geschäftsfeldern (SGFs) mit mehreren strategischen Geschäftseinheiten (SGEs) aktiv:

- **SGF Gartenmöbel** gliedert die SGEs nach Vertriebskanälen: Fachhandel, Kaufhäuser, Baumärkte und Internet.
- **SGF Betten** unterscheidet die SGEs nach Matratzentypen: Federkern, Latex, Schaumstoff und Wasserbetten. Grund sind die unterschiedlichen Kundenanforderungen. So eignen sich etwa Latexmatratzen besonders für Allergiker, während Wasserbetten vor allem vermögende Kunden ansprechen.
- **SGF Möbeldesign** differenziert die SGEs nach den Produkten in Gartenmöbel und Betten.
- **SGF Möbelserviceleistungen** gliedert die SGEs nach der Art der Dienstleistung in Reparatur sowie Auslieferung und Montage.

Strategische Ebenen des Unternehmens

Strategien lassen sich verschiedenen Ebenen zuordnen, die jeweils spezifische Aufgaben in der strategischen Unternehmensführung erfüllen. Sie unterscheiden sich vor allem durch ihren inhaltlichen Schwerpunkt, ihre hierarchische Stellung und den Detaillierungsgrad. Daraus ergeben sich drei strategische **Ebenen**:[16]

- **Unternehmensstrategien** (Corporate Strategies) bestimmen die strategische Ausrichtung des gesamten Unternehmens. Sie beantworten die Frage, in welchen Geschäftsfeldern ein Unternehmen mit welchen Leistungen aktiv sein will. Daher befassen sie sich vor allem mit der Gestaltung des sogenannten Geschäftsportfolios und der Verteilung der Ressourcen auf die Geschäftseinheiten. Sie legen Ergebnisvorgaben für die Geschäftseinheiten fest, die als Beitrag zur Erreichung der Unternehmensziele dienen. Zudem sollen Synergien zwischen den Geschäftseinheiten erzeugt werden. In der Unternehmensstrategie wird auch über das Ausmaß der Kooperation mit anderen Unternehmen entschieden.
- **Geschäftsstrategien** (Business Strategies) legen fest, wie die strategischen Geschäftseinheiten im Einklang mit der Unternehmensstrategie agieren sollen. Sie behandeln unter anderem folgende Fragestellungen:
  - In welchen Marktsegmenten oder Nischen wollen die SGEs tätig sein?
  - Wie lässt sich das Geschäftsmodell des Unternehmens an die einzelnen Marktsegmente anpassen?
  - Welche Wettbewerbsvorteile brauchen die SGEs, um erfolgreich zu sein?
  - Wie positionieren sich die SGEs gegenüber ihren Konkurrenten?
  - Über welche Ressourcen, Fähigkeiten und Kompetenzen verfügen die SGEs, und wie lassen sich diese weiterentwickeln?
  - Welchen Nutzen bieten die SGEs ihren Kunden?

Strategieebene	Strategieinhalte
Unternehmensstrategie (Corporate Strategy)	• Gestaltung des Geschäftsportfolios • Kapital- und Finanzierungsstruktur • Nutzung strategischer Synergien • Shareholder-Value-Strategien • Strategische Unternehmensentwicklung • Diversifikationsstrategie • Kernkompetenzstrategie • Führung des Wandels • Internationalisierungsstrategie • Risikostrategie • Digitalisierungsstrategie • Innovationsstrategie • Kooperationen und strategische Allianzen • Mergers & Acquisitions • ...
Geschäftsstrategien (Business Strategies)	• Wettbewerbsstrategien • Make-or-Buy-Strategien • Markteintrittsstrategien • Wachstumsstrategien • Preisstrategien • Kundenstrategien • Geschäftsmodellstrategien • ...
Funktionalstrategien (Functional Strategies)	• Beschaffungsstrategie • Produktionsstrategie • Vertriebsstrategie • Personalstrategie • Finanzstrategie • Forschungs- und Entwicklungsstrategie • ...

Abb. 3.1.6: Exemplarische Inhalte der strategischen Ebenen

- **Funktionalstrategien** (Functional Strategies) beziehen sich auf die strategische Ausrichtung der betrieblichen Funktionsbereiche und werden aus der Unternehmensstrategie und den Geschäftsstrategien abgeleitet.

Exemplarische **Inhalte** der strategischen Ebenen sind in Abb. 3.1.6 aufgeführt.

Es werden drei **strategische Ebenen** unterschieden:

- **Unternehmensstrategien** legen die strategische Ausrichtung des gesamten Unternehmens fest und gestalten das Portfolio an Geschäftseinheiten.
- **Geschäftsstrategien** beschreiben, wie die Geschäftseinheiten strategisch agieren und sich in den einzelnen Märkten erfolgreich positionieren sollen.
- **Funktionalstrategien** bestimmen, wie die betrieblichen Funktionsbereiche im Einklang mit der Unternehmensstrategie und den jeweiligen Geschäftsstrategien gestaltet werden sollen.

3.1.2 Wie wird eine Strategie aufgestellt?

Nach dem klassischen Planungsverständnis werden Strategien systematisch geplant und kontrolliert. In diesem Kapitel wird daher ein idealtypisches Vorgehen zur Entwicklung einer Strategie beschrieben. In der Praxis werden Strategien jedoch nicht immer vollständig umgesetzt und enthalten häufig auch ungeplante Elemente.[17] Solche sogenannten *emergenten Strategien* entstehen beispielsweise aus Graswurzelinitiativen oder durch das Ausnutzen kurzfristig auftretender Chancen, wie etwa die spontane Übernahme eines innovativen Start-ups.

Den **Ablauf der strategischen Planung und Kontrolle** zeigt Abb. 3.1.7. Sie ist Teil der Planung und Kontrolle des Unternehmens, die in Kapitel 4.1 näher erläutert wird. Zu Beginn der strategischen Planung werden die strategischen Ziele aus dem Purpose, der Mission und insbesondere der Vision abgeleitet. Anschließend wird mithilfe der strategischen Analyse ein realistisches Bild der aktuellen Ausgangssituation erstellt. Aus den Chancen und Gefahren der Unternehmensumwelt sowie den Stärken und Schwächen des Unternehmens werden daraufhin Strategiealternativen entwickelt, um einen Weg zur Zielerreichung zu finden. Die Bewertung und Auswahl dieser Alternativen sowie ihre Bündelung zu einer konsistenten Gesamtstrategie gehören in die Phase der Strategieformulierung. Zur Strategieumsetzung werden konkrete Maßnahmen geplant, die dann auf der operativen Führungsebene ausgeführt werden.

Die **strategische Planung** besteht aus der strategischen Analyse und der Strategieformulierung. Die strategische Analyse schafft ein realistisches Bild der strategischen Ausgangssituation, während in der Strategieformulierung konkrete Handlungsoptionen zur Erreichung der strategischen Ziele entwickelt, bewertet und zu einer konsistenten Gesamtstrategie verknüpft werden.

Die strategische Kontrolle beginnt nicht erst nach der Umsetzung der Maßnahmen, sondern erfolgt fortlaufend, um bei Bedarf steuernd eingreifen zu können. Dabei sind die strategischen Prämissen regelmäßig zu hinterfragen.

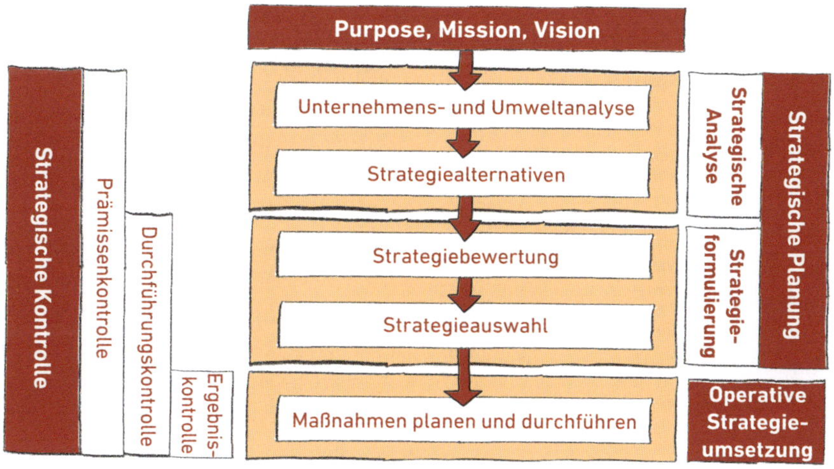

Abb. 3.1.7: Prozess der strategischen Planung und Kontrolle

Strategische Kontrollen erfolgen bereits während des strategischen Planungsprozesses sowie im Rahmen der anschließenden Strategieumsetzung. Sie dienen dazu, zugrundeliegende Annahmen zu überprüfen und Abweichungen frühzeitig zu erkennen, um bei Bedarf steuernd eingreifen zu können.

Strategieformulierung

Aus der strategischen Analyse, die im folgenden Kapitel ausführlich beschrieben wird, ergeben sich zahlreiche strategische Handlungsoptionen. Unter anderem aus personellen und finanziellen Gründen können jedoch nicht alle davon realisiert werden. Zudem schließen sich manche Optionen gegenseitig aus.

Die **Strategieformulierung** bestimmt jene Strategiealternativen, die umgesetzt werden können und sollen. Sie umfasst die Bewertung und Auswahl der Alternativen sowie deren Verknüpfung zu einer konsistenten Gesamtstrategie.

Die strategischen Alternativen bewerten

Die Beurteilung strategischer Alternativen erfolgt zunächst qualitativ, da dies einfacher und schneller ist als eine quantitative Bewertung. Dabei werden folgende **Kriterien** betrachtet:[18]

- **Angemessenheit**: Entsprechen die Alternativen den Möglichkeiten des Unternehmens und den Anforderungen der Umwelt, um sich vorteilhaft im Wettbewerb zu positionieren?
- **Zielerreichung**: Können durch die Alternativen die strategischen Ziele erreicht werden?
- **Realisierbarkeit**: Verfügt das Unternehmen über die erforderlichen Ressourcen, Fähigkeiten und Kompetenzen, um die Alternativen umzusetzen? Wie lange dauert die Umsetzung, und mit welchen internen oder externen Widerständen ist zu rechnen?
- **Konsistenz**: Passen die Alternativen zueinander, oder stehen sie im Widerspruch?

Zur qualitativen Beurteilung strategischer Alternativen können unterschiedliche Methoden herangezogen werden. Mithilfe von Heuristiken lässt sich auf Basis mutmaßlicher Schlussfolgerungen oder subjektiver Erfahrungen eine grobe Vorauswahl potenzieller Alternativen treffen. Beispiele hierfür sind Kriterienkataloge, Checklisten oder Ursache-Wirkungs-Diagramme.

Sollen bei der Auswahl mehrere qualitative Kriterien gleichzeitig berücksichtigt werden, eignen sich mehrdimensionale Verfahren wie die **Nutzwertanalyse**. Dabei wird die Zielerreichung der Alternativen für jedes Entscheidungskriterium anhand einer ordinalen Skala bewertet, zum Beispiel von 1 bis 10. Die Kriterien werden dabei entsprechend den Zielpräferenzen der Unternehmensführung gewichtet. Obwohl die verwendete Skala nur zeigt, welche Alternative besser ist, wird sie so verwendet, als ließe sich auch genau messen, um wie viel besser eine Alternative ist. Dadurch können gewichtete Durchschnittswerte berechnet werden, um die Alternative mit dem höchsten Nutzwert zu bestimmen.[19]

Im Beispiel in Abb. 3.1.8 kann ein Unternehmen bei der Eröffnung einer neuen Filiale zwischen mehreren Standorten wählen. Die Quantifizierung der qualitativen Kriterien ermöglicht eine fundierte Entscheidung. In diesem Fall stellt Stuttgart mit einem Gesamtnutzwert von 5,79 die beste Alternative dar.

Nach der qualitativen Vorauswahl werden die verbliebenen Alternativen **quantitativ** bewertet, um deren monetäre Auswirkungen zu untersuchen. Hierfür kommen häufig Investitionsrechenverfahren zum Einsatz. Dabei sollte insbesondere der Kapitalwert bestimmt werden, da er den erzielten Reinvermögenszuwachs nach Abzug der Kapitalkosten abbildet. Eine vertiefte finanzielle Bewertung kann mithilfe wertorientierter Verfahren erfolgen, wie etwa dem Discounted Cashflow (vgl. Kap. 1.4.2). Dabei richtet sich die Auswahl der Strategiealternativen nach ihrem Beitrag zum Unternehmenswert.

Strategien befassen sich mit ungewissen Entwicklungen, die sowohl Chancen als auch Gefahren beinhalten. Deshalb sollten bei der Strategiebewertung auch Methoden des Risikomanagements zum Einsatz kommen, wie etwa das Risikoportfolio oder die Verwendung von Risikokennzahlen (vgl. Kap. 1.4.4). Beispiele hierfür sind die Amortisationsdauer oder die Spitze des Liquiditätsbedarfs (Peak Funding) einer strategischen Alternative.[20] Mithilfe von Früherkennungssystemen kann gezielt nach schwachen Signalen gesucht werden, die auf mögliche Chancen und Gefahren hinweisen (vgl. Kap. 7.2.2).

Das Ergebnis der Bewertung wird durch die verfügbaren Informationen, die verwendeten Methoden und die subjektiven Einschätzungen der Führungskräfte beeinflusst und ist stets mit Unsicherheiten behaftet. Die strategische Bewertung sollte daher möglichst objektiv, transparent und durch ein interdisziplinäres Team erfolgen. Dadurch soll vermieden werden, dass die Strategieauswahl von persönlichen Präferenzen bestimmt wird, etwa zugunsten bereits etablierter Geschäftseinheiten.

Kriterien	Gewichtung	Stuttgart		München		Frankfurt	
		Bewertung	gew. Wert	Bewertung	gew. Wert	Bewertung	gew. Wert
Lage							
Nähe zu einer Hauptstraße	7 %	5	0,35	7	0,49	3	0,21
Nähe zu anderen Geschäften	9 %	5	0,45	3	0,27	10	0,90
Nähe zum Versandlager	8 %	10	0,80	8	0,64	6	0,48
Kosten							
Bau-/Umbaukosten	6 %	4	0,24	5	0,30	5	0,30
Mietkosten	15 %	6	0,90	7	1,05	4	0,60
Marketing	10 %	7	0,70	4	0,40	8	0,80
Gewinnpotenziale							
Örtliche Konkurrenzsituation	15 %	3	0,45	4	0,60	3	0,45
Kaufkraft der Kunden	10 %	5	0,50	5	0,50	6	0,60
Bedarf der Kunden	20 %	7	1,4	5	1,00	6	1,20
Nutzwert des Standorts	**100 %**		**5,79**		**5,25**		**5,54**

Abb. 3.1.8: Nutzwertanalyse zur Bewertung strategischer Alternativen[21]

Die Strategie verabschieden

Nach Bewertung der einzelnen Strategiealternativen lassen sich mehrere Strategievorschläge zu einem strategischen Programm verknüpfen. Dabei sollten die Alternativen widerspruchsfrei und konsistent sein (Strategic Fit). Mehrstufige Strategiebewertungsverfahren ermöglichen es, die finanziellen Ergebnisse der Alternativen unter Einbezug wechselseitiger Effekte zu einem Gesamturteil zu verdichten.[22]

Die **Strategieauswahl** (Strategic Choice) erfolgt auf Basis der Ergebnisse der Strategiebewertung, wobei sowohl quantitative als auch qualitative Kriterien berücksichtigt werden. Die Entscheidung für eine bestimmte Strategie oder ein strategisches Programm sollte möglichst transparent und nachvollziehbar sein. Sämtlichen Führungskräften und Mitarbeitern sollte klar kommuniziert werden, welche strategischen Ziele das Unternehmen aus welchen Gründen verfolgt. Dies kann etwa mithilfe einer strategischen Landkarte erfolgen (vgl. Kap. 4.2.1).

Strategieumsetzung

Die Strategieumsetzung entscheidet darüber, ob eine Strategie tatsächlich erfolgreich ist. Sie konkretisiert operative Maßnahmen, um die strategischen Ziele zu realisieren, und legt dazu Termine, Verantwortlichkeiten und Kosten fest. Obwohl die Strategieentwicklung meist standardisiert abläuft, ist die Verknüpfung mit der operativen Ebene in der Praxis häufig unzureichend. Das liegt meist daran, dass die Strategie von der Unternehmensführung entwickelt wird, während ihre Verwirklichung den nachgeordneten Führungskräften überlassen bleibt. Hinzu kommt, dass sich die Budgetierung häufig am operativen Tagesgeschäft orientiert. Wie sich Strategien mithilfe des Performance Managements erfolgreich umsetzen lassen, wird in Kapitel 4.2 erläutert.

Allerdings führen selbst eine sorgfältige strategische Planung und eine gewissenhafte Umsetzung nicht automatisch zu Wettbewerbsvorteilen. Schätzen viele Unternehmen eine Branchenentwicklung ähnlich ein, werden sie voraussichtlich auch vergleichbare Strategien verfolgen. Auf diese Weise lassen sich zwar strategische Fehler vermeiden, jedoch keine echten Wettbewerbsvorteile erzielen. Dies mag ausreichen, um das Überleben eines Unternehmens zu sichern. Ziel strategischer Unternehmensführung ist es jedoch, sich gezielt vom Wettbewerb abzuheben. Deshalb kann es sinnvoll sein, bewusst von etablierten strategischen Empfehlungen abzuweichen und neue Wege zu gehen. Solche Abweichungen vom „Mainstream" sind allerdings erklärungsbedürftig und erfordern Mut zum Anderssein. Insofern sind auch visionäres Denken und strategisches Leadership gefragt, um Wettbewerbsvorteile zu erlangen (vgl. Kap. 6.3.2)

Strategische Kontrolle

Die strategische Kontrolle ermittelt, ob die strategischen Zielsetzungen erreicht wurden. Bleibt der Erfolg einer Strategie aus, kann dies auf unrealistische Annahmen, eine fehlerhafte Strategie oder Probleme bei der Umsetzung zurückzuführen sein. Daher findet die strategische Kontrolle nicht nur am Ende, sondern auch während des gesamten

Strategieprozesses statt.[23] Sie begleitet somit die gesamte strategische Planung und operative Umsetzung. Die Erkenntnisse aus der strategischen Abweichungsanalyse tragen zur Verbesserung des nächsten Strategieprozesses bei.

Die **strategische Kontrolle** überwacht, ob die Annahmen der strategischen Planung weiterhin gültig sind, ob die gewählte Strategie wirksam umgesetzt wird und ob die angestrebten Ergebnisse erreicht wurden.

Es lassen sich drei **Formen** der strategischen Kontrolle unterscheiden:[24]

- Die **Prämissenkontrolle** bezieht sich auf die strategischen Annahmen und überprüft sie anhand der tatsächlichen Entwicklungen. Neben den einzelnen Prämissen sind dabei auch die unterstellten strategischen Zusammenhänge zu hinterfragen, wie etwa angenommene Wirkungsbeziehungen zwischen strategischen Zielen und Maßnahmen. So lässt sich feststellen, ob die Zielsetzungen einer Strategie noch realistisch sind. Beispielsweise kann sich zeigen, dass eine Zielvorgabe in einem Geschäftsfeld nicht mehr erreicht werden kann oder der vorgesehene Zeitraum zur Zielerreichung unrealistisch ist. Zur Prämissenkontrolle werden insbesondere Prognosen und Früherkennungssysteme eingesetzt (vgl. Kap. 7.2.2).
- Die **Durchführungskontrolle** betrachtet den Prozess der Strategieformulierung und -umsetzung. Dabei wird auf den logischen Aufbau, die Anwendung geeigneter Methoden und die Vollständigkeit der Informationsgrundlagen geachtet. Zudem wird auch die Konsistenz geprüft, also die inhaltliche Widerspruchsfreiheit der strategischen Pläne. Es wird untersucht, ob die Planungsgrundsätze eingehalten, die Planungsmethoden korrekt angewendet und die Phasen der strategischen Planung richtig durchgeführt wurden.
- Die **Ergebniskontrolle** erfasst Abweichungen zwischen den tatsächlich erreichten Ergebnissen und den angestrebten strategischen Zielen. Sie findet nicht nur am Ende, sondern bereits während der Strategieumsetzung statt. Eine solche Planfortschrittskontrolle macht frühzeitig Abweichungen vom strategischen Kurs sichtbar. Daraus lassen sich sowohl Gegensteuerungsmaßnahmen als auch Zielanpassungen ableiten.

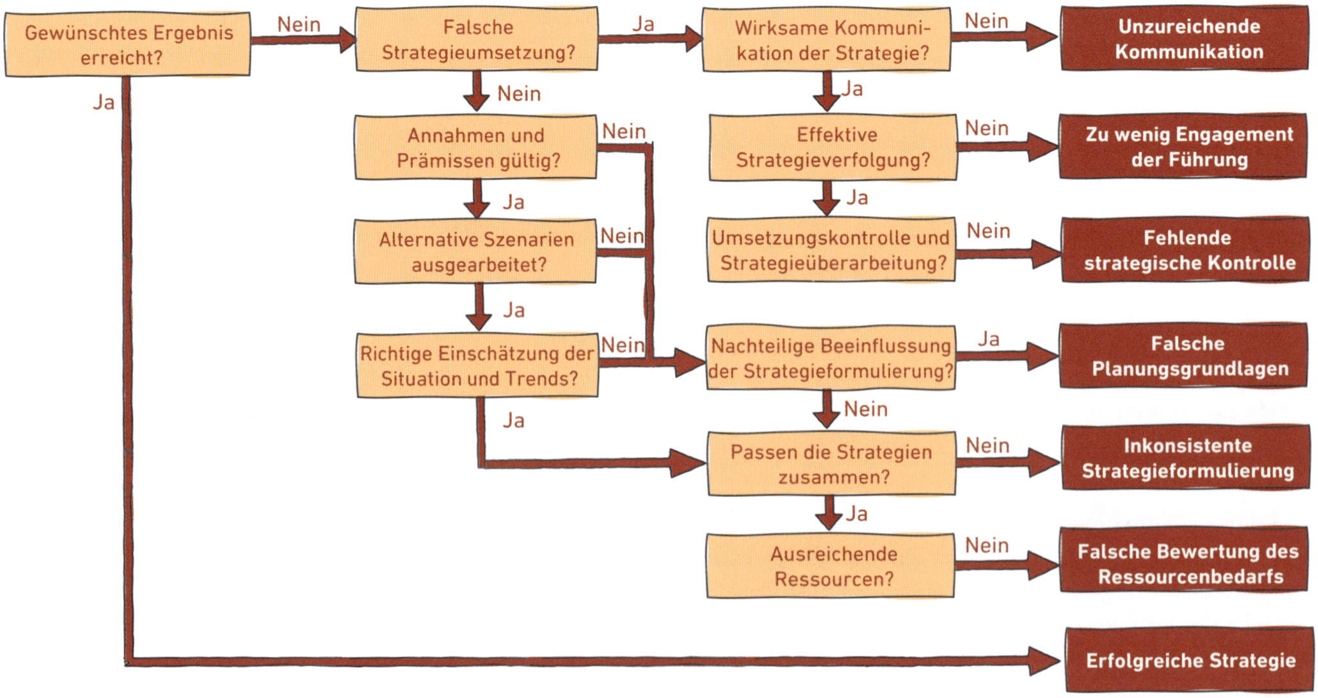

Abb. 3.1.9: Fragenkatalog zur strategischen Kontrolle[25]

Die strategische Kontrolle dient der Überwachung des gesamten strategischen Führungsprozesses. Sie sollte vom **strategischen Controlling** durchgeführt werden, da die Unternehmensführung maßgeblich in die strategische Planung involviert ist und deshalb keine unabhängige Kontrollfunktion ausüben kann.[26] Die Erreichung der strategischen Ziele kann etwa durch Ampelfarben signalisiert werden. Die Ursachen von Zielabweichungen lassen sich beispielsweise mithilfe des strukturierten Fragenkatalogs in Abb. 3.1.9 analysieren.

3.2 Die strategische Ausgangssituation beurteilen

Der Weg zu einer erfolgreichen Strategie beginnt mit einer eingehenden Betrachtung des Unternehmens und seiner Umwelt: „Wie sind wir derzeit aufgestellt und was bringt die Zukunft?". Die Erstellung einer Strategie erfordert zunächst ein realistisches Bild der aktuellen Situation sowie eine fundierte Einschätzung möglicher Umweltentwicklungen und deren Auswirkungen auf das Unternehmen. Hierfür wird eine umfassende strategische Analyse durchgeführt.

Strategische Analysen beurteilen die Chancen und Gefahren aus der Unternehmensumwelt sowie die Stärken und Schwächen des Unternehmens. Sie zeigen die strategische Position, in der sich das Unternehmen befindet, und verdeutlichen den daraus resultierenden Handlungsbedarf. Damit bilden sie den Ausgangspunkt für die Entwicklung strategischer Alternativen.

Abb. 3.2.1 veranschaulicht die Segmente der Unternehmensumwelt und deren Bestandteile. Die blau gefärbte **Makro-Umwelt** umfasst die globale Umwelt sowie die Wettbewerbsumwelt, die sich aus Branchen, Märkten, Kunden und Konkurrenten zusammensetzt. Sie bildet den Rahmen für die rot gefärbte **Mikro-Umwelt**, welche die Ressourcen, Fähigkeiten und Kompetenzen, Produkte sowie das Geschäftsmodell des Unternehmens umfasst.

Die **Umweltanalysen** der Makro-Umwelt sollen zukünftige Chancen und Gefahren bestimmen:

- Die **globale Umweltanalyse** untersucht Einflussfaktoren, die nicht nur für ein einzelnes Unternehmen oder eine bestimmte Branche gelten, sondern für alle Unternehmen in der betrachteten Umwelt relevant sind.
- Die **Branchenstrukturanalyse** bewertet die Attraktivität und Dynamik einer Branche. Sie erklärt, warum sich die durchschnittlichen Renditen zwischen Branchen unterscheiden und weshalb manche Unternehmen innerhalb einer Branche erfolgreicher sind als andere.
- Die **Marktanalyse** baut auf der Branchenstrukturanalyse auf und untersucht die Attraktivität und Dynamik einzelner Märkte innerhalb einer Branche.

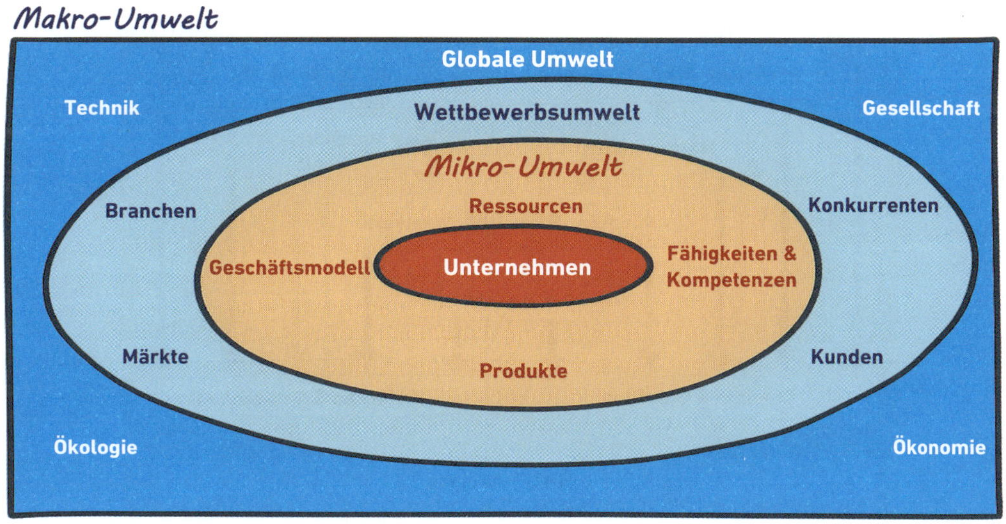

Abb. 3.2.1: Segmentierung der Unternehmensumwelt

- Die **Kundenanalyse** erfasst aktuelle und zukünftige Kundenbedürfnisse, bewertet die Bedeutung verschiedener Kundengruppen und untersucht die Möglichkeiten zur langfristigen Bindung wertvoller Kunden.
- Die **Konkurrenzanalyse** dient der Einschätzung der eigenen strategischen Position. Zum einen prägen Wettbewerber das Marktumfeld, zum anderen werden die Stärken und Schwächen eines Unternehmens erst im Vergleich zur Konkurrenz deutlich.

Aus den **Unternehmensanalysen** der Mikro-Umwelt ergeben sich die betrieblichen Stärken und Schwächen:

- Die **Ressourcenanalyse** untersucht, inwieweit die materiellen und immateriellen Ressourcen zu Wettbewerbsvorteilen führen.
- Die **Kompetenzanalyse** bewertet die unternehmerischen Fähigkeiten und Kompetenzen im Vergleich zur Konkurrenz und prüft, ob sich daraus Wettbewerbsvorteile erzielen lassen.
- Die **Produktanalyse** analysiert die Güter und Dienstleistungen des Unternehmens, wie etwa deren Position im Produktlebenszyklus oder das Potenzial möglicher Erfahrungskurveneffekte.
- Die **Geschäftsmodellanalyse** betrachtet, wie das Unternehmen mithilfe seiner Ressourcen, Fähigkeiten und Kompetenzen für den Kunden einen Nutzen erzeugen und damit Einnahmen erzielen kann.
- Die **Wertkettenanalyse** untersucht das Wertschöpfungsmodell des Unternehmens als potenzielle Quelle von Wettbewerbsvorteilen.

Nach Abschluss der strategischen Analysen werden mithilfe der **SWOT-Analyse** die Stärken (S = Strengths) und Schwächen (W = Weaknesses) des Unternehmens den Chancen (O = Opportunities) und Gefahren (T = Threats) aus der Unternehmensumwelt gegenübergestellt. Auf diese Weise lässt sich der strategische Handlungsbedarf ermitteln, aus dem sich anschließend strategische Alternativen ableiten lassen. Im Folgenden werden die einzelnen strategischen Analysen erläutert, bevor deren Zusammenführung in der SWOT-Analyse dargestellt wird.

3.2.1 Chancen und Gefahren erkennen

Wie in Abb. 3.2.1 veranschaulicht, besteht die **Unternehmensumwelt** aus der globalen Umwelt – etwa einem Land oder Kontinent, in dem das Unternehmen tätig ist – und der Wettbewerbsumwelt, die sich aus Branchen, Märkten, Kunden und Konkurrenten zusammensetzt.

Die Unternehmensumwelt ist durch eine Vielzahl an Faktoren geprägt, die vom Unternehmen kaum beeinflussbar sind. Dazu zählen beispielsweise volkswirtschaftliche und gesellschaftliche Entwicklungen, Branchen- und Marktstrukturen sowie Kundenpräferenzen. Sie bilden die Rah-

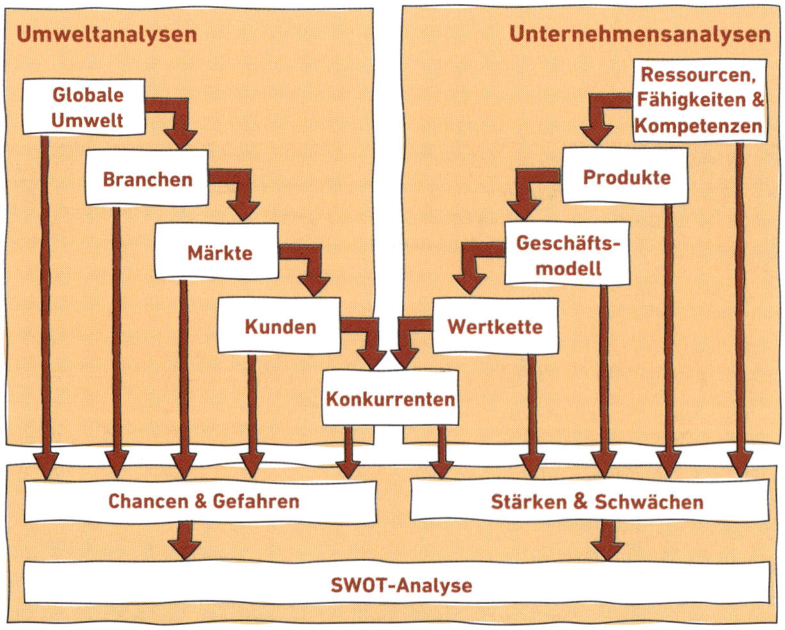

Abb. 3.2.2: Überblick und Zusammenhang der strategischen Analysen

menbedingungen, an die sich alle Unternehmen in der jeweiligen Umwelt anpassen müssen.

Nach dem Prinzip der marktorientierten Unternehmensführung richtet ein Unternehmen sein Verhalten und seine Positionierung an den von außen vorgegebenen Strukturen der Umwelt, Branchen und Märkte aus, in denen es tätig ist oder tätig werden möchte (vgl. Kap. 1.1.2). Die Analyse der Unternehmensumwelt ermöglicht es, Chancen und Gefahren für die eigene Geschäftstätigkeit frühzeitig zu erkennen. Auf dieser Grundlage wird über die strategische Positionierung des Unternehmens in den relevanten Branchen und Märkten entschieden, um daraus Wettbewerbsvorteile zu erzielen.

Analyse der globalen Umwelt

> Die **globale Umweltanalyse** betrachtet die übergeordneten Einflussfaktoren der Unternehmensumwelt, an denen sich alle darin agierenden Unternehmen orientieren. Sie bilden die politisch-rechtlichen, ökonomischen, ökologischen, gesellschaftlichen und technologischen Rahmenbedingungen der Geschäftstätigkeit.

Die globale Umweltanalyse betrachtet politische, ökonomische, soziale, technologische, ökologische und rechtliche Umweltfaktoren. Nach deren englischen Bezeichnungen wird sie auch **PESTEL-Analyse** genannt (Political, Economic, Social, Technological, Environmental, Legal). Ziel ist es, die zukünftige Entwicklung dieser Einflussfaktoren zu prognostizieren und die daraus resultierenden Auswirkungen auf das eigene Unternehmen einzuschätzen:[27]

- **Politisch-rechtliche Umweltfaktoren** umfassen staatlich festgelegte Rahmenbedingungen. Sie sind für alle Unternehmen verbindlich und können Regelungen auf kommunaler, nationaler und internationaler Ebene umfassen. Dazu zählen unter anderem die Wirtschafts-, Arbeitsmarkt- und Beschäftigungspolitik, das Arbeitsrecht sowie die Rolle der Gewerkschaften. Weitere politisch-rechtliche Umweltfaktoren sind der Aufbau und die Stabilität des politischen Systems, der Kündigungsschutz, Mitbestimmungsrechte, die Unternehmensverfassung, das Steuersystem, die Produzentenhaftung sowie das Investitions-, Umwelt- und Patentrecht.
- **Ökonomische Umweltfaktoren** werden von volkswirtschaftlichen Entwicklungen geprägt und wirken sich auf die Absatz- und Beschaffungsmärkte aus. Wichtige Einflussgrößen sind zum Beispiel konjunkturelle Wachstumsraten, Zinssätze, Zölle, Inflationsraten und Wechselkurse. Auch Beschäftigungsniveau, Volkseinkommen und Finanzmärkte spielen eine wichtige Rolle. Ökonomische Faktoren beeinflussen die Nachfrage, die Wettbewerbsintensität, den Kostendruck und das Investitionsklima.
- **Gesellschaftliche Umweltfaktoren** umfassen die Werte, Einstellungen und kulturellen Normen einer Gesellschaft. Die Unternehmen sind über ihre Mitarbeiter, Kunden und Lieferanten eng mit der Gesellschaft verbunden. Veränderungen im soziokulturellen Umfeld bewirken häufig einen Wertewandel, auf den sich Unternehmen einstellen müssen. Davon betroffen sind unter anderem die Arbeitsmentalität, die Bewertung von Statussymbolen, das Umwelt- und Gesundheitsbewusstsein, das Konsum- und Sparverhalten sowie der Wunsch nach individueller Selbstverwirklichung.
- **Technologische Umweltfaktoren** sind vor allem für Industrieunternehmen relevant, da neue Technologien erhebliche Auswirkungen auf deren Produkte, Prozesse und Wettbewerbsfähigkeit haben können. Besonders deutlich zeigt sich dies in Bereichen wie Mikroelektronik, Robotik, Lasertechnologie, Gentechnik oder künstlicher Intelligenz. Daraus können sich für Unternehmen sowohl Chancen als auch Gefahren ergeben. So entstehen etwa durch die Digitalisierung völlig neue Geschäftsmodelle mit disruptivem Potenzial.
- **Ökologische Umweltfaktoren** beziehen sich auf natürliche Ressourcen wie Wasser, Boden, Luft oder das Klima. Für Unternehmen gewinnen sie zunehmend an Bedeutung, da gesetzliche Vorgaben strenger werden, Kunden eine höhere Umweltverträglichkeit erwarten und Ressourcenknappheit sowohl die Rohstoffpreise als auch die Versorgungssicherheit beeinträchtigen kann. Unternehmen sollten ihre ökologischen Auswirkungen deshalb systematisch erfassen und gezielt minimieren, um nicht nur ihrer gesellschaftlichen Verantwortung gerecht zu

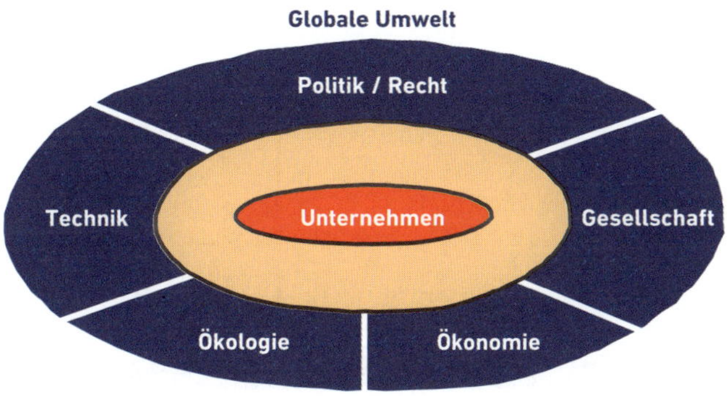

Abb. 3.2.3: Untersuchungsbereiche der globalen Umwelt

werden, sondern auch langfristig wettbewerbsfähig zu bleiben. Umweltfreundliche Produkte können dabei sogar zu einem Wettbewerbsvorteil werden.

Die **Umweltanalyse** lässt sich mithilfe der in Abb. 3.2.4 dargestellten Checkliste durchführen. Die verwendeten Einflussfaktoren sind dabei an die jeweilige Umwelt sowie an die Spezifika des Unternehmens anzupassen. Jedes Kriteri-

Checkliste zur globalen Umweltanalyse

Umweltfaktoren	Gewicht	Bedeutung	Situationsbeurteilung							Dynamik & Kontext					Wertung	
	Insgesamt 100 %	100 % je Kriterium	nicht attraktiv 0	1	2	3	sehr attraktiv 4	5	Attraktivität	Sicher 1	Risiko 2	Ungewiss 3	Unbekannt 4	Dynamik	Chance	Gefahr
1. Politik & Recht	20 %								**1,40**					**1,35**		
- Politische Stabilität		15 %				x			0,45		x			0,30	x	x
- Parteipolitik		25 %		x					0,25	x				0,25	x	
- Wirtschaftspolitk		20 %			x				0,40		x			0,40		x
- Sozialgesetze		10 %				x			0,30	x				0,10	x	x
- Arbeitsrecht		20 %	x						0,00	x				0,20		x
- Gewerkschaftseinfluss		10 %	x						0,00	x				0,10		x
2. Ökonomie	25 %								**1,60**					**2,45**		
- Volkseinkommen		20 %	x						0,00	x				0,20	x	
- Internationaler Handel		20 %			x				0,40		x			0,40	x	
- Wechselkurse		10 %		x					0,10				x	0,40	x	
- Inflation		10 %				x			0,30			x		0,30		x
- Kapitalmärkte		20 %			x				0,40				x	0,80	x	
- Beschäftigung		15 %			x				0,30		x			0,30		x
- Zinsen		5 %			x				0,10	x				0,05	x	
3. Gesellschaft	15 %								**2,45**					**1,25**		
- Wertewandel		20 %			x				0,40	x				0,20		x
- Arbeitsmentalität		25 %				x			0,75	x				0,25	x	
- Sparneigung		25 %					x		1,00		x			0,50	x	
- Einstellung ggü. Produkten		10 %		x					0,10	x				0,10		x
- Konsumeinstellung		10 %		x					0,10	x				0,10		x
- Demographie		10 %		x					0,10	x				0,10	x	
4. Technologie	25 %								**3,35**					**1,55**		
- Produktionstechnologie		30 %					x		1,20	x				0,30	x	
- Produktinnovationen		30 %					x		1,20		x			0,60	x	
- Substitutionstechnologien		25 %			x				0,50		x			0,50		x
- Recyclingtechnologie		15 %				x			0,45	x				0,15		x
5. Ökologie	15 %								**2,15**					**1,75**		
- Rohstoffverfügbarkeit		30 %		x					0,30	x				0,30		x
- Energieverfügbarkeit		25 %			x				0,50		x			0,50		x
- Umweltschutz		20 %					x		0,80	x				0,20	x	
- Recycling		10 %					x		0,40			x		0,30	x	
- Abhängigkeiten von Rohstoffen		15 %		x					0,15			x		0,45		x
								Umweltattraktivität	**2,21**				**Umweltdynamik**	**1,72**		

Abb. 3.2.4: Checkliste zur globalen Umweltanalyse

um wird auf einer Skala von 0 bis 5 bewertet, entsprechend seiner Bedeutung gewichtet und anschließend zu einem Gesamtwert summiert. Da die Auswahl und Bewertung der Einflussfaktoren subjektiv ist, sollte dieser Prozess möglichst transparent sein und durch ein interdisziplinäres Team durchgeführt werden.[28] Zudem ist zu beurteilen, ob die dynamische Veränderung einzelner Einflussfaktoren im jeweiligen Führungskontext für das Unternehmen eine Chance oder eine Gefahr darstellt. Aus einem derart umfassenden Gesamtbild der Unternehmensumwelt lassen sich fundierte strategische Handlungsoptionen ableiten.

Trends in der globalen Umwelt zeigen Entwicklungen auf, die Wirtschaft und Gesellschaft in Zukunft maßgeblich beeinflussen können. Werden sie systematisch beobachtet, analysiert und bewertet, lassen sich daraus fundierte Zukunftsszenarien ableiten (vgl. Kap. 7.2.2). Auf diese Weise können potenzielle Auswirkungen auf Branchen, Unternehmen und Märkte frühzeitig erkannt werden.

Zukunftsweisende Trends entstehen, wenn sich wirtschaftliche, ökologische, soziale oder technologische Innovationen aus Randbereichen in die gesellschaftliche Mitte bewegen. Alternativ können neue Phänomene an Bedeutung gewinnen, wenn eine kleine Avantgarde den Mainstream verändert, etwa bei Lebensformen, im Konsumverhalten, in der Arbeitswelt oder beim Einsatz neuer Technologien.

Trends lassen sich verschiedenen Kategorien zuordnen. Zur Abgrenzung werden in der Regel ihre Herkunft, ihr Wirkungsbereich und ihre zeitliche Dauer herangezogen. So kann beispielsweise zwischen natürlicher Evolution, soziokulturellen Trends, Technologie-, Konsum- und Modetrends unterschieden werden.

Von besonderer Bedeutung sind die **Megatrends**. Dabei handelt es sich um tiefgreifende globale Entwicklungen, die Gesellschaft und Wirtschaft langfristig grundlegend verändern. Sie erstrecken sich über mehrere Jahrzehnte und ähneln einer Lawine, die in Zeitlupe auf die Unternehmen zurollt. Megatrends wirken zwar regional unterschiedlich stark, werden jedoch früher oder später weltweit sichtbar. Ihre Auswirkungen betreffen nahezu alle gesellschaftlichen Bereiche. Die Kenntnis dieser Megatrends unterstützt Unternehmen dabei, sich in ihrer Umwelt gezielt zu positionieren.[29]

Das *Zukunftsinstitut* hat folgende **12 Megatrends** identifiziert:[30]

- **Urbanisierung** bedeutet, dass immer mehr Menschen in Städten leben und die Zahl der Megastädte mit über zehn Millionen Einwohnern stetig zunimmt. Städte werden dadurch Treiber von Innovation, Fortschritt und wirtschaftlicher Macht.
- **Konnektivität** beschreibt die digitale Vernetzung, die das Leben, Arbeiten und Wirtschaften verändert.
- **Wissenskultur** steht für den weltweit steigenden Bildungsstand. Dabei spielt auch die Digitalisierung des Wissens im Zuge der Konnektivität eine zentrale Rolle. Wissensgenerierung und -verbreitung erfolgen zunehmend digital, kooperativ und dezentral.
- **Neo-Ökologie** beschreibt die zunehmende ökologische sowie sozial-ethische Ausrichtung von Gesellschaft, Wirtschaft und Politik. Daraus ergeben sich hohe Anforderungen an die Nachhaltigkeit von Unternehmen.
- **Globalisierung** bezeichnet das Zusammenwachsen der Weltbevölkerung. Während internationale Wirtschaftsbeziehungen teils unter divergierenden nationalen Interessen stehen, befinden sich Wissenschaft, Wirtschaft, Kultur und Zivilgesellschaften im weltweiten Austausch.
- **Individualisierung** steht für den Trend zur Selbstverwirklichung, angetrieben von zunehmender Wahlfreiheit und individueller Selbstbestimmung.
- **Gesundheit** ist zum Synonym für Lebensqualität und Freiheit geworden und prägt nahezu alle Lebensbereiche, Branchen und Unternehmen.
- **New Work** beschreibt den Wandel der Arbeit. Klassische Karrieren verlieren an Bedeutung, während Sinnsuche, Flexibilität, Agilität und Digitalisierung wichtiger werden. Die Grenzen zwischen Leben und Arbeiten verschwimmen (vgl. Kap. 6.2.3).
- **Gender Shift** steht für die Auflösung traditioneller Geschlechterrollen. So gelangen etwa zunehmend Frauen in Führungspositionen.
- **Silver Society** bezieht sich auf den demografischen Wandel. Die Menschen werden immer älter und bleiben dabei länger aktiv und gesund.
- **Mobilität** von morgen ist geprägt durch postfossile, vernetzte und (teil-)autonome Verkehrslösungen. Das Auto verliert an Bedeutung als Statussymbol; stattdessen entstehen öffentliche Mobilitätsräume, welche die urbane Lebensqualität erhöhen.
- **Sicherheit** beruht auf einer paradoxen Entwicklung: Obwohl wir heute in der sichersten aller Zeiten leben, steigt das subjektive Unsicherheitsgefühl. Gründe dafür sind unter anderem die zunehmende digitale Vernetzung und die mediale Berichterstattung. Sicherheit wird dadurch zu einem zentralen Thema für Individuen und Gesellschaft.

Diese Megatrends verlaufen nicht linear und eindimensional, sondern sind äußerst vielschichtig. Die **Megatrend-Karte** in Abb. 3.2.5 zeigt bestehende Parallelen und Überschneidungen. Megatrends stehen nicht isoliert nebeneinander, sondern beeinflussen und verstärken sich gegenseitig. So wird etwa der Megatrend *New Work* durch die digitale Vernetzung aufgrund der *Konnektivität* und die veränderte gesellschaftliche Rolle der Frau im Rahmen des *Gender Shift* intensiviert.

Megatrends sind tiefgreifende, vielschichtige globale Entwicklungen, die Gesellschaft und Wirtschaft langfristig prägen. Dazu zählen: Urbanisierung, Konnektivität, Wissenskultur, Neo-Ökologie, Globalisierung, Individualisierung, Gesundheit, New Work, Gender Shift, Silver Society, Mobilität und Sicherheit.

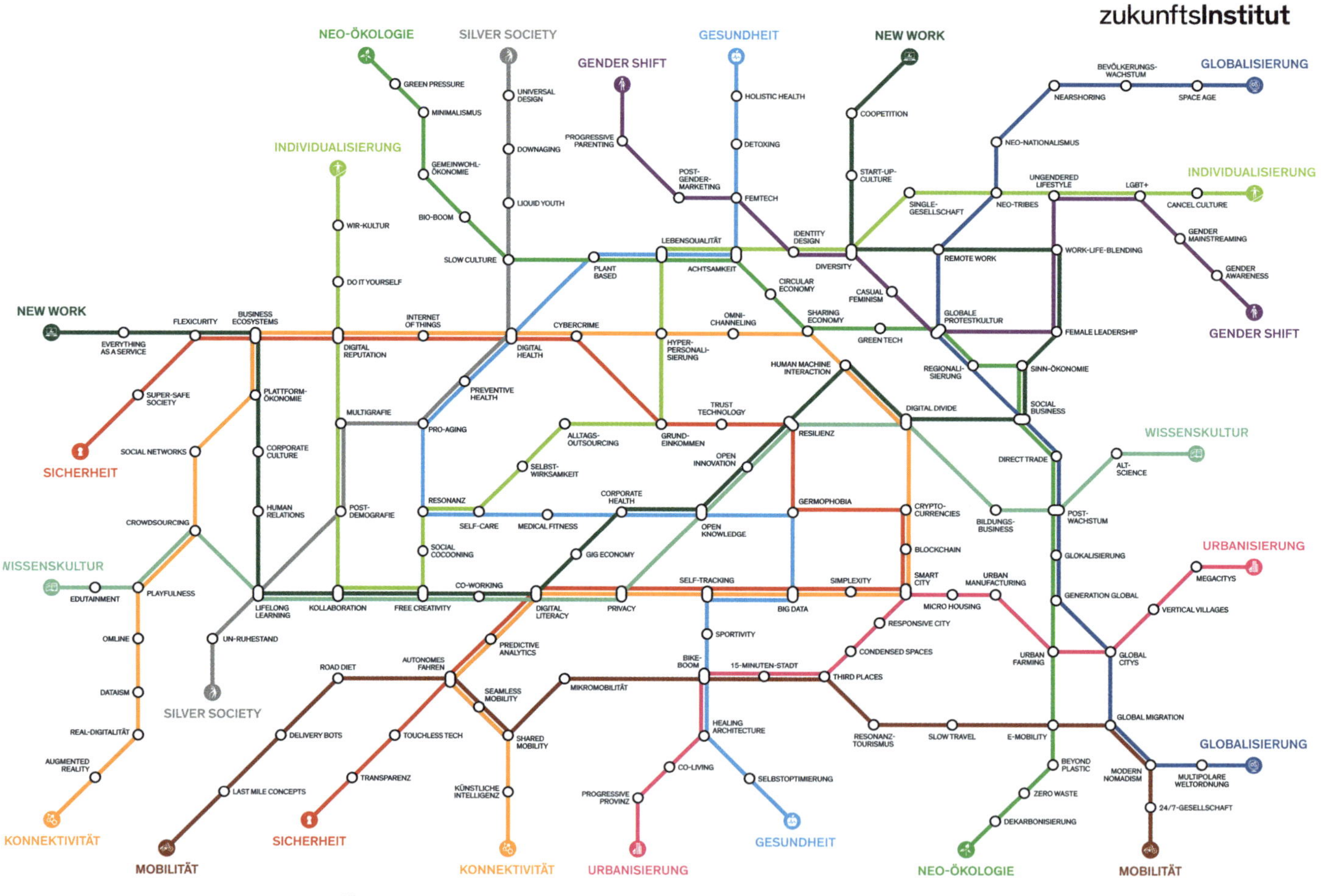

Abb. 3.2.5: Megatrend-Karte[31]

Globale Umweltanalyse bei *MöBella*

Der geschäftsführende Gesellschafter *Erwin Eder* ist bestrebt, potenzielle Trends im Blick zu behalten und daraus resultierende Chancen und Gefahren frühzeitig zu erkennen. Deshalb führt die *MöBella GmbH* regelmäßige Analysen der globalen Umwelt durch. Diese konzentrieren sich auf den deutschen Markt, da *MöBella* bislang vorwiegend dort tätig ist. Weltpolitische Entwicklungen betreffen das Unternehmen in der Regel nicht.

Die Analyse ergibt für *MöBella* eine durchschnittliche Attraktivität der globalen Umwelt. Aus der Prognose der Umweltentwicklungen ergeben sich potenzielle Chancen: Durch arbeitsrechtliche Änderungen lassen sich qualifizierte Fachkräfte aus dem Ausland leichter beschäftigen, wodurch *MöBella* dem Fachkräftemangel bei Schreinern entgegenwirken kann. In neu entwickelten Produktionstechnologien sieht *MöBella* Potenzial zur Qualitätsverbesserung bei gleichzeitig sinkenden Produktionskosten. Darüber hinaus schätzt *Erwin Eder* die gesicherte Verfügbarkeit zentraler Rohstoffe wie Holz und Metall als vorteilhaft ein. Gefahren ergeben sich aus der schlechten Konjunktur und der zunehmenden Sparneigung der Bevölkerung, die zu Umsatzeinbußen führen können.

Globale Umweltanalyse der MöBella GmbH

Umweltfaktoren	Gewicht	Bedeutung	Situationsbeurteilung							Dynamik & Kontext					Wertung	
	Insgesamt 100 %	100 % je Kriterium	nicht attraktiv 0	1	2	3	4	sehr attraktiv 5	Attraktivität	Sicher 1	Risiko 2	Ungewiss 3	Unbekannt 4	Dynamik	Chance	Gefahr
1. Politik & Recht	20 %								**3,50**					**3,10**		
- Arbeitsrecht		20 %					x		0,80	x				0,20	x	
- ...		...							...					...		
2. Ökonomie	25 %								**2,80**					**2,90**		
- Konjunktur		20 %			x				0,40	x				0,20		x
- ...		...							...					...		
3. Gesellschaft	15 %								**2,80**					**4,30**		
- Sparneigung		25 %			x				0,50		x			0,50		x
- ...		...							...					...		
4. Technologie	25 %								**4,20**					**2,10**		
- Produktionstechnologie		30 %					x		1,20	x				0,30	x	
- ...		...							...					...		
5. Ökologie	15 %								**3,20**					**2,40**		
- Rohstoffverfügbarkeit		30 %					x		1,20	x				0,30	x	
- ...		...							...					...		
								Umweltattraktivität	**3,35**				**Umweltdynamik**	**2,88**		

Abb. 3.2.6: Auszug aus der globalen Umweltanalyse von MöBella

Branchenstrukturanalyse

Eine Branche ist eine Gruppe von Unternehmen, deren Produkte oder Dienstleistungen sich weitgehend gegenseitig ersetzen können. Nach der Industrieökonomie (vgl. Kap. 1.1.2) beeinflussen die zentralen Merkmale einer Branche das Verhalten der darin tätigen Unternehmen und dadurch deren Erfolg.[32]

Im Rahmen der Branchenstrukturanalyse werden die sogenannten **Wettbewerbskräfte** als wesentliche Einflussgrößen untersucht. Diese strukturellen Merkmale bestimmen die Attraktivität und Dynamik einer Branche und damit ihre Wettbewerbsintensität und Profitabilität. Sie erklären, warum die durchschnittlichen Renditen zwischen Branchen unterschiedlich sind. Dadurch kann ein Unternehmen herausfinden, wie es sich erfolgreicher als seine Wettbewerber innerhalb einer Branche positionieren kann. Die Analyse sollte dabei nicht nur die aktuelle Ausprägung der Wettbewerbskräfte berücksichtigen, sondern auch deren künftige Entwicklung. Da die Branchenstrukturanalyse ausschließlich qualitativ erfolgt, sind ihre Ergebnisse stark von der sachgemäßen Einschätzung der verantwortlichen Experten abhängig.

Die **Branchenstrukturanalyse** untersucht die Attraktivität und Dynamik einer Branche anhand zentraler Wettbewerbskräfte, um daraus strategische Handlungsoptionen abzuleiten.

Eine Analyse der gesamten Branche wäre für die Bestimmung der strategischen Positionierung eines Unternehmens jedoch zu grob. Daher wird die Branche anhand verschiedener Kriterien in Segmente unterteilt. Dies kann etwa nach der Breite des Produktangebots, den Kostenstrukturen, der Produktqualität oder den Vertriebskanälen erfolgen. Mithilfe der beiden Kriterien, die das Verhalten der Wettbewerber am stärksten beeinflussen, lässt sich eine Segmentierungsmatrix erstellen. Unternehmen, die innerhalb dieser Matrix nahe beieinander liegen und eine gleiche oder ähnliche Strategie verfolgen, bilden eine sogenannte **strategische Gruppe**. Zwischen diesen Unternehmen findet der eigentliche Wettbewerb statt. So stehen beispielsweise Sterne-Restaurants nicht im direkten Wettbewerb mit Fast-Food-Ketten wie *McDonald's*, obwohl beide zur Gastronomiebranche gehören. Da sich die Wettbewerbskräfte zwischen strategischen Gruppen in der Regel deutlich unterscheiden, sollten diese jeweils getrennt voneinander untersucht werden.[33]

Für eine fundierte Analyse der Wettbewerbssituation wird die Branche in **strategische Gruppen** unterteilt, deren Mitglieder ähnliche Strategien verfolgen und im direkten Wettbewerb stehen.

In der Regel existieren in einer Branche mehrere strategische Gruppen. Nur selten besteht eine Branche aus lediglich einer einzigen strategischen Gruppe oder ist so heterogen, dass jedes Unternehmen faktisch eine eigene strategische Gruppe bildet.[34] Beispielsweise lässt sich die zivile Luftfahrt grob unterteilen in Premiumfluggesellschaften wie *Emirates* mit einem weltweit verzweigten Streckennetz (Full-Service Carriers), Billigfluggesellschaften wie *Ryanair* mit einem regional begrenzten Angebot zu günstigen Preisen (Low-Cost Carriers) sowie Anbieter exklusiver Flugcharterdienste wie *NetJets*, bei denen sich wohlhabende Kunden einen Privatjet mieten können. Weitere strategische Gruppen sind Regionalfluggesellschaften wie *Lufthansa CityLine* für kürzere Strecken, Hybrid-Carrier wie *Eurowings* mit einer Kombination aus günstigen Tarifen und optionalen Serviceleistungen, klassische Charterfluggesellschaften im Touristikbereich wie *Condor* sowie spezialisierte Luftfrachtanbieter wie *DHL Aviation*.

Der Wechsel in eine andere, möglicherweise attraktivere strategische Gruppe, wird durch Mobilitätsbarrieren eingeschränkt. So verfügen die Wettbewerber beispielsweise über etablierte Vertriebskanäle, langfristige Lieferantenbindungen, loyale Kunden oder komplexe Schlüsseltechnologien.

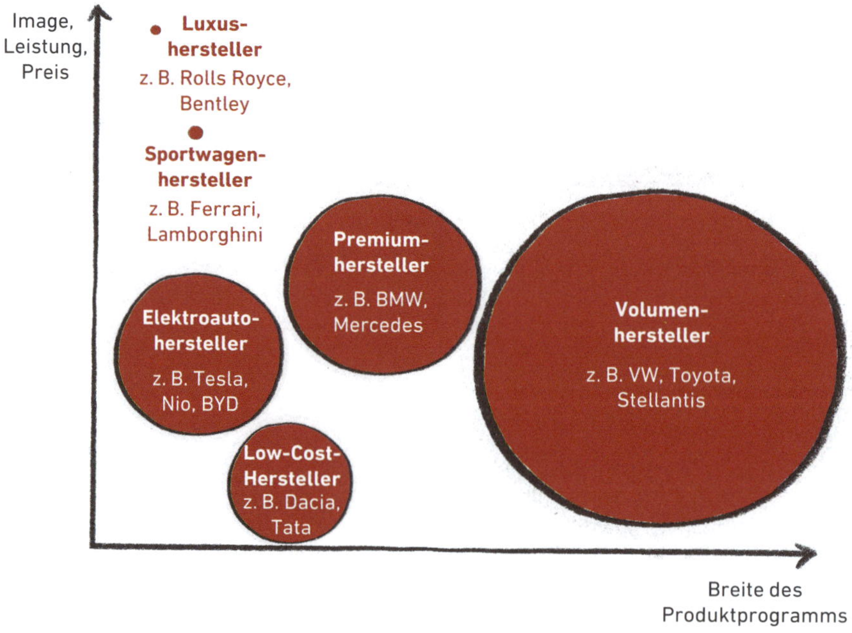

Abb. 3.2.7: Strategische Gruppen im Pkw-Segment der Automobilindustrie

Die Bestimmung strategischer Gruppen grenzt den Kreis der in der Konkurrenzanalyse betrachteten Unternehmen auf die tatsächlich relevanten Wettbewerber ein. Abb. 3.2.7 zeigt eine Segmentierungsmatrix am Beispiel des Pkw-Segments der Automobilindustrie. Die Größe der Kreise veranschaulicht grob den Anteil der strategischen Gruppen am weltweiten Absatz privater Pkw.

Nach dem Harvard-Ökonom *Michael Porter* bestimmen **fünf Wettbewerbskräfte** (Five Forces) die Attraktivität einer Branche:[35]

- **Verhandlungsstärke der Lieferanten:** Je stärker die Verhandlungsposition der Lieferanten, desto geringer ist die Gewinnspanne der Unternehmen. Die Lieferantenmacht hängt dabei maßgeblich von den Bedingungen auf dem Beschaffungsmarkt ab. Sie steigt, wenn nur wenige Anbieter den Markt beherrschen und ihnen viele kleine Abnehmer gegenüberstehen. Auch geringe Substitutionsmöglichkeiten sowie die Lieferung kritischer Komponenten stärken die Position der Lieferanten.

  Starke Lieferanten können Druck ausüben, indem sie Preiserhöhungen durchsetzen oder mit einer Vorwärtsintegration in den Markt des Abnehmers drohen. In der Luftfahrtindustrie gelten beispielsweise Flugzeughersteller und Mineralölkonzerne als mächtige Lieferanten, während in der Pharmaindustrie die Grundstofflieferanten gegenüber den Pharmaunternehmen meist nur über eine geringe Verhandlungsmacht verfügen.
- **Verhandlungsstärke der Abnehmer:** Die Machtposition der Kunden ist hoch, wenn viele kleine Lieferanten wenigen großen Kunden gegenüberstehen oder die angebotenen Produkte leicht substituierbar sind. In der Luftfahrtbranche haben es Fluggesellschaften oft mit mächtigen Kunden wie großen Reiseveranstaltern zu tun. In der Pharmaindustrie hingegen sind Medikamente oft patentgeschützt, sodass es nur einen Anbieter gibt. In solchen Fällen haben die Kunden aufgrund fehlender Alternativen und der möglicherweise lebenswichtigen Bedeutung eines Medikaments eine sehr schwache Verhandlungsposition.
- **Bedrohung durch Substitutionsgüter:** Diese Wettbewerbskraft beschreibt die Gefahr, dass die Produkte einer Branche durch andere Güter ersetzt werden können, die für den Kunden denselben Nutzen erfüllen. Die Bedrohung steigt, wenn das Preis-Leistungs-Verhältnis der Ersatzprodukte attraktiv ist und der Umstellungsaufwand sowie die Wechselkosten für den Kunden gering sind. Ebenfalls kommt es darauf an, ob die Kunden zu einem Produktwechsel bereit sind. Im Beispiel der Luftfahrtindustrie besteht auf Kurzstrecken eine Substitutionsgefahr durch Bahnreisen. In der Pharmaindustrie existieren bei vielen Medikamenten zunächst keine Substitutionsgüter. Nach Ablauf des Patentschutzes bieten jedoch Generika direkte Ersatzmöglichkeiten.
- **Bedrohung durch neue Konkurrenten:** Neben den bereits etablierten Wettbewerbern einer Branche besteht die Gefahr, dass neue Anbieter in den Markt eintreten. Der Erfolg eines solchen Markteintritts hängt maßgeblich von der Höhe der vorhandenen Eintrittsbarrieren ab. Eine Branche gilt als besonders attraktiv, wenn die Markteintrittsbarrieren hoch und die Austrittsbarrieren gering sind. **Eintrittsbarrieren** können durch folgende Faktoren entstehen:
  - **Erfahrungskurveneffekte:** Etablierte Unternehmen haben durch eine hohe kumulierte Produktionsmenge bereits einen Vorsprung auf der Erfahrungskurve. Neue Anbieter müssen diesen Kostenvorteil erst durch eigene Produktionsfortschritte aufholen (vgl. Kap. 3.2.2).
  - **Kapitalbedarf:** Der Eintritt in eine Branche ist häufig mit hohen Investitionen verbunden, etwa in Produktionsanlagen oder Forschung und Entwicklung. Ein typisches Beispiel dafür ist die Pharmaindustrie.
  - **Umstellungskosten:** Erforderliche Produktanpassungen, technische Zulassungen oder regulatorische Anforderungen können potenziellen Wettbewerbern den Zugang zum Markt erschweren.
  - **Markenidentität und Käuferloyalität:** Kundenvertrauen und Markenbindung entwickeln sich meist über lange Zeiträume. Sie stellen daher eine wirksame Barriere gegen neue Wettbewerber dar. Dies gilt etwa in der Automobilbranche, wo viele Käufer eine hohe Markentreue aufweisen.
  - **Distributionszugänge:** Vertriebswege können durch vertragliche Bindungen blockiert sein. Neue Anbieter müssten dann eigene Vertriebssysteme aufbauen, was mit erheblichen Anfangsinvestitionen verbunden ist. Restaurants gehen etwa häufig Exklusivverträge mit bestimmten Getränkelieferanten ein.
  - **Vertragliche Bindungen der Abnehmer:** In diesem Fall können die Kunden nur nach Ablauf bestehender Verträge zu einem neuen Anbieter wechseln. Dies ist etwa in der Strom- oder Mobilfunkbranche üblich.
  - **Staatliche Restriktionen:** Der Staat kann den Markteintritt regulieren oder erschweren, etwa durch branchenspezifische Gesetze. Das deutsche Reinheitsgebot für Bier ist ein klassisches Beispiel für eine regulatorische Eintrittsbarriere.

- **Rivalität unter den bestehenden Wettbewerbern**: Sie hat einen großen Einfluss auf die Attraktivität einer Branche und hängt von folgenden Faktoren ab:
  - **Kapazitätsauslastung:** Ist die Kapazität der Unternehmen nicht vollständig ausgelastet, steigt die Rivalität. Unternehmen versuchen dann, durch intensiven Wettbewerb ihre Auslastung zu erhöhen.
  - **Differenzierungsgrad der Produkte:** Je stärker sich die Produkte der Anbieter voneinander unterscheiden, desto geringer ist die Wettbewerbsintensität.
  - **Umstellungskosten der Kunden**: Hohe Wechselkosten verringern die Rivalität, da Kunden weniger geneigt sind, den Anbieter zu wechseln. So erfordert etwa der Wechsel einer ERP-Software einen hohen Aufwand für Installation, Schulung und Datenmigration.
  - **Austrittsbarrieren:** Wenn Unternehmen aus wirtschaftlichen oder technischen Gründen die Branche nur schwer verlassen können, erhöht dies den Wettbewerbsdruck. Solche Barrieren entstehen zum Beispiel durch spezialisierte Maschinen, die kaum anderweitig nutzbar sind.
  - **Branchenkultur:** In manchen Branchen ist traditionell ein besonders intensiver Wettbewerb zu beobachten, wie etwa im Einzelhandel.

Die Stärke der fünf Wettbewerbskräfte bestimmt die durchschnittliche Profitabilität einer Branche.[36] In attraktiven Branchen erzielen Unternehmen in der Regel hohe Gewinne, wie etwa in der Pharmaindustrie, im Luxusgütersegment oder in der Halbleiterbranche. In weniger attraktiven Branchen hingegen sind die Renditen typischerweise gering, zum Beispiel bei Passagierfluggesellschaften, in der Textil- und Bekleidungsindustrie oder im Lebensmitteleinzelhandel.

Die Attraktivität und damit die Profitabilität einer Branche wird durch **fünf Wettbewerbskräfte** bestimmt. Dazu zählen die Verhandlungsstärke der Lieferanten und Abnehmer, die Bedrohung durch Substitutionsprodukte und neue Konkurrenten sowie die Rivalität unter den bestehenden Wettbewerbern.

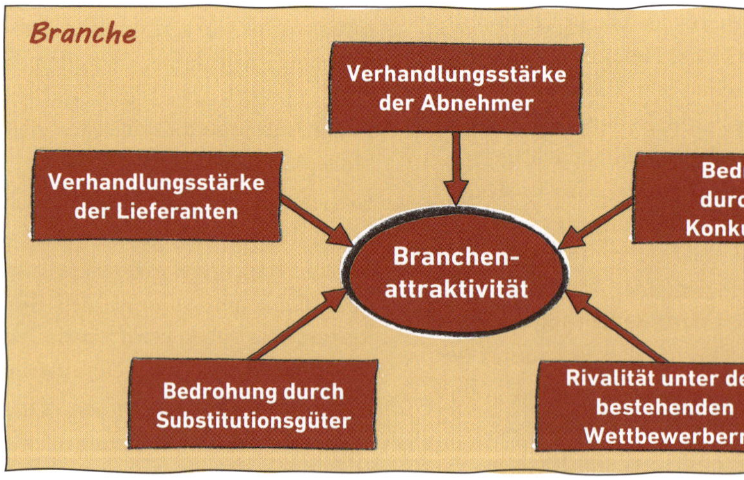

Abb. 3.2.8: Wettbewerbskräfte einer Branche[37]

Branchenattraktivität des deutschen Lebensmitteleinzelhandels

Der Lebensmitteleinzelhandel in Deutschland wird von den vier großen Unternehmensgruppen *Schwarz* (*Lidl* und *Kaufland*), *Aldi*, *Rewe* und *Edeka* dominiert, die zusammen rund 80 % des Umsatzes erwirtschaften.[38] Bislang ließen diese ihre Eigenmarken in den Fabriken der Markenhersteller produzieren. Mit wachsender Preissensibilität der Endkunden wurden die Eigenmarken jedoch immer erfolgreicher, sodass die Lebensmittelketten zunehmend dazu übergehen, ihre Produkte selbst herzustellen.

Besonders konsequent wird diese Rückwärtsintegration von der *Schwarz-Gruppe* verfolgt. Sie betreibt weltweit über 14.000 Filialen in 32 Ländern und erzielt mit rund 600.000 Mitarbeitern einen Umsatz von mehr als 175 Mrd. Euro. Die *Schwarz-Gruppe* ist durch den massiven Ausbau eigener Produktionskapazitäten weitgehend unbemerkt zum größten Lebensmittelhersteller Deutschlands aufgestiegen. In ihrer Eisfabrik in Nordrhein-Westfalen werden täglich rund eine Million Kopien des Markenprodukts *Magnum* produziert. Daneben betreibt sie eine große Schokoladenfabrik, ein Verpackungswerk, das jährlich 47.000 Tonnen Nüsse und Trockenfrüchte verarbeitet, sowie eine Brotfabrik mit einer Produktionsleistung von 13.000 Broten pro Stunde. Zudem verfügt die *Schwarz-Gruppe* über die größte deutsche Nudelfabrik, eigene Kaffeeröstereien, Abfüllanlagen für Mineralwasser und Erfrischungsgetränke, ein Recyclingwerk, eine Spedition sowie eine Papierfabrik für die wöchentlichen Werbeprospekte.

Die große Kundenmacht der Supermarktketten führt dazu, dass frühere Lieferanten wie etwa *Unilever* zunehmend zu Konkurrenten werden. Da ihnen der direkte Zugang zum Endkunden fehlt, können sie im Preis leicht unter Druck gesetzt oder ganz verdrängt werden. Landwirtschaftliche Betriebe müssen sich häufig auf die von den Händlern vorgegebenen Preise einlassen, da sie ihre Erzeugnisse sonst kaum absetzen können. Gleichzeitig geben immer mehr handwerkliche Bäckereien und Metzgereien ihr Geschäft auf, da sie dem Preisdruck der Discounter auf Dauer nicht standhalten können.

Somit ist die Attraktivität des deutschen Lebensmitteleinzelhandels für die vier großen Supermarktketten trotz ihrer gegenseitigen Rivalität als hoch einzuschätzen. Der Markt ist weitgehend unter ihnen aufgeteilt, und neue Wettbewerber sind kaum zu erwarten. Selbst der weltgrößte Lebensmitteleinzelhändler *Walmart* scheiterte mit dem Versuch, ab 1997 im deutschen Markt Fuß zu fassen. Nach hohen Verlusten zog sich das US-Unternehmen 2006 aus Deutschland zurück und verkaufte seine 85 Märkte an den *Metro*-Konzern.

Alternative Vertriebskanäle zur Substitution klassischer Supermärkte, wie innerstädtische Lieferdienste, bieten ein zu geringes Sortiment und sind im Vergleich zu Discountern zu teuer. Zudem fehlt den Kunden insbesondere bei frischen Lebensmitteln das haptische Einkaufserlebnis. So stellte etwa der 2020 in Berlin gegründete Lieferdienst *Gorillas*, der Mitte 2021 noch mit über einer Milliarde Euro bewertet wurde, im Jahr 2024 seinen Betrieb ein. Auch die Endkunden haben kaum Einfluss auf die großen Handelskonzerne, auch wenn ihre Bedürfnisse von den Konzernen genau analysiert werden, um schneller als die Konkurrenz auf Marktveränderungen reagieren zu können.

Für kleinere Lebensmittelgeschäfte, wie etwa den klassischen „Tante-Emma-Laden um die Ecke“, sieht die Situation dagegen nicht rosig aus. Sie können weder bei der Produktauswahl noch beim Preis mit den etablierten Supermarktketten konkurrieren und werden zunehmend aus dem Markt gedrängt. Selbst die ursprünglich zum *Metro-Konzern* gehörende *Real-Kette*, die Anfang der 2000er-Jahre noch über 35.000 Mitarbeiter beschäftigte, musste 2024 den Geschäftsbetrieb einstellen. Dadurch hat sich das deutsche Oligopol im Lebensmitteleinzelhandel weiter verfestigt.

Die Branchenstrukturanalyse lässt sich mithilfe der in Abb. 3.2.9 dargestellten Checkliste durchführen. Für jede Wettbewerbskraft sind hierfür Beurteilungskriterien zu bestimmen, die auf einer Skala von 0 bis 5 bewertet, anschließend gewichtet und danach aufsummiert werden. Die Summe der gewichteten Werte aller Wettbewerbskräfte ergibt die Branchenattraktivität. Im Beispiel ergibt sich ein niedriger Wert von 1,63.

Checkliste zur Branchenstrukturanalyse

Branchenstrukturfaktoren	Gewicht	Bedeutung	Situationsbeurteilung							Dynamik & Kontext					Wertung	
	Insgesamt 100 %	100 % je Kriterium	nicht attraktiv 0	1	2	3	4	sehr attraktiv 5	Attraktivität	Sicher 1	Risiko 2	Ungewiss 3	Unbekannt 4	Dynamik	Chance	Gefahr
1. Rivalität	32 %								**1,45**					**2,40**		
- Branchenwachstum		25 %				x			0,75			x		0,75	x	
- Wettbewerbergröße		15 %		x					0,15			x		0,45		x
- Austrittsbarrieren		15 %	x						0,00	x				0,15		x
- Produktdifferenzierung		15 %		x					0,15	x				0,15		x
- Fixkosten		20 %	x						0,00			x		0,60		x
- Überkapazität		10 %					x		0,40			x		0,30	x	
2. Abnehmer	20 %								**1,15**					**1,60**		
- Konzentration		20 %			x				0,40			x		0,60		x
- Umstellungskosten		10 %	x						0,00	x				0,10	x	x
- Informationsgrad der Kunden		15 %		x					0,15	x				0,15		x
- Gefahr einer Rückwärtsintegration		5 %	x						0,00	x				0,05	x	
- Existenz Ersatzprodukte		20 %	x						0,00	x				0,20		x
- Preisempfindlichkeit		10 %			x				0,20			x		0,30		x
- Markenidentität		20 %			x				0,40	x				0,20	x	
3. Ersatzprodukte	14 %								**0,85**					**2,20**		
- Umstellungskosten Abnehmer		30 %	x						0,00			x		0,90		x
- Preis-/Leistungsverhältnis		25 %		x					0,25	x				0,25		x
- Eignungsgrad		30 %	x						0,00			x		0,90		x
- Produkteinstellung Abnehmer		15 %					x		0,60	x				0,15	x	
4. Lieferanten	13 %								**2,15**					**2,40**		
- Lieferantenwettbewerb		20 %			x				0,40			x		0,60	x	
- Auftragsvolumen		15 %		x					0,15	x				0,15		x
- Standardisierungsgrad Input-Güter		25 %		x					0,25			x		0,75		x
- Umstellungskosten		15 %				x			0,45	x				0,15	x	
- Gefahr einer Vorwärtsintegration		5 %					x		0,20			x		0,15	x	
- Bedeutung für Endprodukt		10 %				x			0,30			x		0,30	x	
- Substitutionsgüter für Einsatzstoffe		10 %					x		0,40			x		0,30	x	
5. Neue Anbieter	21 %								**2,55**					**1,95**		
- Bedeutung Economies of Scale		20 %	x						0,00	x				0,20	x	
- Markenidentität Abnehmer		10 %					x		0,40	x				0,10	x	
- Zugänglichkeit Distributionskanäle		20 %					x		0,80			x		0,60	x	
- gesetzliche Restriktionen		5 %						x	0,25				x	0,20	x	
- Kapitalbedarf		10 %						x	0,50				x	0,40	x	
- Standardisierung Produktionsverfahren		5 %		x					0,05	x				0,05		x
- Patente		10 %					x		0,40	x				0,10	x	
- Austrittsbarrieren		5 %			x				0,10	x				0,05		x
- Gefahr von Vergeltungsmaßnahmen		5 %		x					0,05			x		0,15		x
- Kostenvorteile		10 %	x						0,00	x				0,10	x	
								Branchenattraktivität	**1,63**			**Branchendynamik**		**2,12**		

Abb. 3.2.9: Checkliste zur Branchenstrukturanalyse

Branchenstrukturanalyse bei *MöBella*

Zur Möbelindustrie zählen alle Unternehmen, die Möbelstücke aus unterschiedlichen Materialien wie Holz, Metall oder Kunststoff herstellen. Für *MöBella* ist die relevante strategische Gruppe jener Teil der Möbelindustrie, der sich auf hochwertige Qualitätsmöbel spezialisiert hat. Die darin tätigen Unternehmen versuchen, sich durch Faktoren wie Materialwahl, Markenimage, Langlebigkeit oder Design zu differenzieren, um so Premiumpreise durchsetzen zu können. Die Branchenstrukturanalyse dieser strategischen Gruppe zeigt Abb. 3.2.10.

Das Wachstum der strategischen Gruppe wird als gering eingeschätzt. Dadurch steigt der Wettbewerb unter den bestehenden Anbietern, was für *MöBella* eine Gefahr darstellt. Für Käufer hochwertiger Möbel entstehen beim Wechsel des Herstellers in der Regel keine hohen Umstellungskosten. Diese Situation bietet *MöBella* einerseits die Chance, neue Kunden zu gewinnen, birgt aber zugleich die Gefahr, bestehende Kunden an die Konkurrenz zu verlieren.

Da in der strategischen Gruppe viele gleichartige Produkte angeboten werden, fällt es *MöBella* schwer, Kunden langfristig zu binden. Billigmöbel kommen für die vermögende Zielgruppe dieses Segments jedoch in der Regel nicht infrage. Rohstoffe bezieht das Unternehmen von mehreren Lieferanten, sodass keine Beschaffungsprobleme zu erwarten sind. Der Einstieg in diese strategische Gruppe ist mit einem hohen Kapitalbedarf verbunden, weshalb kurzfristig nicht mit neuen Wettbewerbern zu rechnen ist. Die Gesamtattraktivität der strategischen Gruppe ergibt sich aus den fünf bewerteten Wettbewerbskräften und liegt bei einem gewichteten Durchschnitt von 2,69. Die strategische Gruppe verspricht damit eine mittlere Rendite.

Branchenstrukturanalyse bei MöBella für strat. Gruppe „Premiumhersteller"

Branchenstrukturfaktoren	Gewicht	Bedeutung	Situationsbeurteilung							Dynamik & Kontext					Wertung	
	Insgesamt 100 %	100 % je Kriterium	nicht attraktiv 0	1	2	3	4	sehr attraktiv 5	Attraktivität	Sicher 1	Risiko 2	Ungewiss 3	Unbekannt 4	Dynamik	Chance	Gefahr
1. Rivalität	27 %								**2,52**					**0,30**		
- Branchenwachstum		10 %			x				0,20			x		0,30		x
- ...																
2. Abnehmer	13 %								**2,30**					**1,60**		
- Umstellungskosten		10 %		x					0,10	x				0,10	x	x
- ...																
3. Ersatzprodukte	12 %								**2,70**					**1,30**		
- Eignungsgrad		30 %				x			0,90	x				0,30	x	x
- ...																
4. Lieferanten	23 %								**3,58**					**0,60**		
- Lieferantenwettbewerb		20 %					x		0,80	x				0,20	x	
- ...																
5. Neue Anbieter	25 %								**2,25**					**0,80**		
- Zugänglichkeit Distributionskanäle		20 %				x			0,60				x	0,80	x	
- ...																
								Branchenattraktivität	**2,69**				**Branchendynamik**	**0,78**		

Abb. 3.2.10: Auszug aus der Branchenstrukturanalyse für die strategische Gruppe von Möbella

Marktanalyse

Die Marktanalyse untersucht die Attraktivität und Dynamik der Märkte innerhalb einer Branche. Ein Markt umfasst dabei Anbieter und Nachfrager von Gütern und Dienstleistungen sowie die Beziehungen, die den Austausch zwischen ihnen ermöglichen:[39]

- **Nachfrager** bestimmen die Marktstruktur durch ihre Anzahl, ihr Beschaffungsvolumen, ihr Verhalten und ihre Preissensibilität. Sie lassen sich in potenzielle und tatsächliche Kunden unterteilen. Um ihre Bedürfnisse zu erfüllen, fragen sie Leistungen am Markt nach.
- **Anbieter** sind alle Unternehmen, die Leistungen zur Befriedigung eines bestimmten Kundenbedürfnisses am Markt bereitstellen. Sie stehen im Wettbewerb um die Gunst der Kunden.
- **Austauschbeziehungen** verbinden Anbieter und Nachfrager. Der Anbieter verkauft Produkte oder Dienstleistungen und erhält dafür vom Kunden in der Regel eine monetäre Gegenleistung.

Da sich Kunden in ihren Bedürfnissen, Merkmalen und Verhaltensweisen stark unterscheiden, wird der Gesamtmarkt im Rahmen der **Marktsegmentierung** in homogene Teilmärkte aufgeteilt. Dies kann nach Kundenmerkmalen oder geografisch-regionalen Kriterien erfolgen, wie etwa nach Ländern oder Kontinenten. Die einzelnen Marktsegmente sollten in sich möglichst homogen sein und sich zugleich deutlich von anderen Segmenten differenzieren.[40] Je nachdem, ob sich die Angebote an Privatpersonen oder Unternehmen richten, lassen sich Konsumgüter- und Industriegütermärkte unterscheiden. Der Konsumgütermarkt kann beispielsweise nach Alter, Geschlecht, Einkommen oder Kaufverhalten unterteilt werden. Im Industriegüterbereich erfolgt die Segmentierung anhand von Unternehmensmerkmalen, wie etwa Branche, Unternehmensgröße, Art der Produktion oder Vertriebsregionen.[41]

Im Anschluss an die Marktsegmentierung ist für jedes infrage kommende Segment eine Marktanalyse durchzuführen. Die daraus abgeleiteten Chancen und Gefahren bilden die Grundlage für die Auswahl des **relevanten Marktes**. In diesem Teil des Gesamtmarktes ist es für ein Unternehmen attraktiv, seine Produkte und Dienstleistungen anzubieten. Abb. 3.2.11 zeigt beispielhaft die Festlegung des relevanten Marktes anhand von drei Segmentierungskriterien.

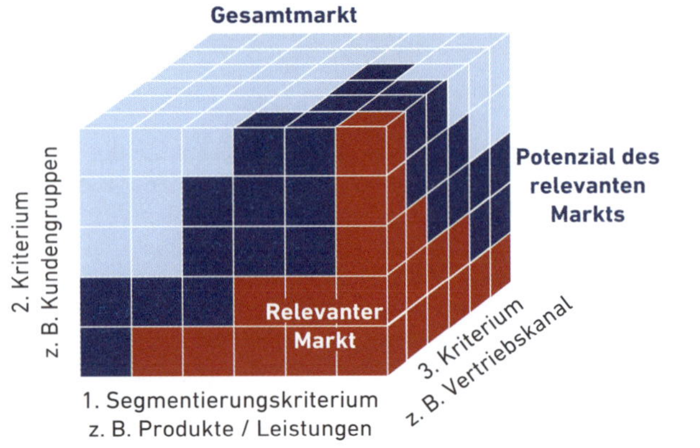

Abb. 3.2.11: Marktsegmentierung

Bei der Marktanalyse werden folgende **Merkmale** untersucht:

- Die **Marktstruktur** beschreibt die Anzahl und Art der Marktteilnehmer und kann analog zur Branchenstruktur mithilfe der fünf Wettbewerbskräfte analysiert werden.
- Die **Marktgröße** bezeichnet das Marktvolumen als Summe der auf einem Markt realisierbaren Absatzmengen oder Umsätze. Eine mengenorientierte Messung erfolgt anhand von Stückzahlen oder technischen Größen. Für den Automobilmarkt sind das beispielsweise die Zahl der neu zugelassenen Kraftfahrzeuge, für den Strommarkt die installierte Leistung erneuerbarer Energien in Gigawatt. Die Erfassung in Mengengrößen ist in der Regel einfacher und genauer als in Wertgrößen, da letztere zusätzliche Bewertungsprobleme mit sich bringen. Der Marktumsatz berücksichtigt neben der Menge auch den durchschnittlichen Marktpreis. Neben dem aktuellen Marktvolumen ist auch das Marktpotenzial von Bedeutung. Es beschreibt die theoretisch erreichbare Gesamtnachfrage unter Einbezug potenzieller Kunden. Das Verhältnis von Marktvolumen zu Marktpotenzial gibt Hinweise auf die Wachstumschancen eines Marktes.
- Die **Marktdynamik** kennzeichnet die zeitliche Entwicklung eines Marktes und wird meist über das Marktwachstum gemessen, also die Zunahme der Marktgröße innerhalb eines bestimmten Zeitraums. Dabei sollten auch konjunkturelle und saisonale Schwankungen berücksichtigt werden.
- Die **Marktposition des Unternehmens** ergibt sich aus seinem Anteil am Marktvolumen, das entweder am Absatz oder Umsatz gemessen wird. Aussagekräftiger als der absolute Marktanteil ist jedoch der relative Markt-

anteil, der das Verhältnis zum größten Wettbewerber beschreibt und in der Regel auf Umsatzbasis berechnet wird. Je nach Anzahl der Marktteilnehmer kann ein Unternehmen mit einem absoluten Marktanteil von 20 % entweder einer von vielen Anbietern sein (relativer Marktanteil < 1) oder Marktführer (relativer Marktanteil > 1). Zusätzlich ist auch die Preispositionierung zu analysieren, da sie die Wahrnehmung des Angebots durch den Kunden prägt. Ein über dem Marktdurchschnitt liegender Preis kann beispielsweise mit Exklusivität oder hoher Qualität assoziiert werden. Die Erfüllung dieser Erwartungen erfordert eine Differenzierungsstrategie.

- **Spezielle Markteigenschaften** bezeichnen Besonderheiten eines Marktes, etwa spezifische Anforderungen der Kunden an Funktionalität, Serviceleistungen oder Vertriebswege.

Die Marktanalyse lässt sich mithilfe der in Abb. 3.2.12 dargestellten Checkliste durchführen.

Die **Marktanalyse** untersucht die Struktur, Größe, Dynamik und Attraktivität der Märkte innerhalb einer Branche sowie die Marktposition des Unternehmens. Da sich Kunden in ihren Bedürfnissen, Merkmalen und Verhaltensweisen stark unterscheiden, wird der Gesamtmarkt in homogene Teilmärkte unterteilt, die anschließend getrennt voneinander analysiert werden. Auf dieser Basis wählt das Unternehmen die relevanten Märkte aus, in denen es seine Produkte oder Dienstleistungen anbieten möchte.

Kundenanalyse

Kunden sind Personen oder Organisationen, die über den Kauf von Produkten oder Dienstleistungen eines Unternehmens entscheiden. Dies können nicht nur Einzelpersonen, sondern auch Institutionen mit mehreren Entscheidungsträgern sein. In der Praxis ist es oft schwer festzustellen, wer die Kaufentscheidung tatsächlich trifft. So sieht sich ein Bekleidungshersteller beispielsweise mit den Anforderungen des Zwischenhändlers, der Boutiquen und der Endkunden gleichzeitig konfrontiert. Je nach Vertriebsweg oder Stufe

Checkliste zur Marktanalyse

Marktfaktoren	Gewicht	Bedeutung	Marktbeurteilung							Dynamik & Kontext					Wertung	
	Insgesamt 100 %	100 % je Kriterium	nicht attraktiv 0	1	2	3	sehr attraktiv 4	5	Attraktivität	Sicher 1	Risiko 2	Ungewiss 3	Unbekannt 4	Dynamik	Chance	Gefahr
1. Marktgröße	24 %								**3,70**					**2,85**		
- Marktvolumen		70 %					x		2,80			x		2,10	x	
- Marktpotenzial		15 %					x		0,60			x		0,45		x
- Abstand Volumen-Potenzial		15 %			x				0,30		x			0,30	x	
2. Marktdynamik	18 %								**3,00**					**2,60**		
- Marktwachstum		60 %					x		2,40			x		1,80	x	
- konjunkturelle Schwankungen		20 %		x					0,20			x		0,60		x
- saisonale Schwankungen		20 %			x				0,40	x				0,20	x	
3. Marktstruktur	12 %								**3,20**					**1,90**		
- Verhandlungsstärke der Lieferanten		20 %					x		0,80			x		0,60	x	
- Verhandlungsstärke der Kunden		30 %				x			0,90	x				0,30	x	
- Gefahr durch Substitutionsgüter		20 %				x			0,60		x			0,40	x	
- Bedrohung durch Konkurrenten		10 %				x			0,30		x			0,20	x	
- Rivalität unter den Wettbewerbern		20 %				x			0,60		x			0,40	x	
4. Marktposition	21 %								**3,30**					**1,60**		
- absoluter Marktanteil		45 %				x			1,35	x				0,45		x
- relativer Marktanteil		20 %		x					0,20	x				0,20	x	
- Preissensibilität der Abnehmer		5 %						x	0,25	x				0,05	x	
- Preisentwicklung		30 %						x	1,50			x		0,90	x	
5. Spezielle Markteigenschaften	25 %								**3,50**					**3,00**		
- Qualitätsanforderungen Abnehmer		50 %				x			1,50				x	2,00		x
- Stärke politischer Einflüsse		50 %					x		2,00		x			1,00	x	
								Marktattraktivität	**3,38**			**Marktdynamik**		**2,47**		

Abb. 3.2.12: Checkliste zur Marktanalyse

der Wertschöpfungskette können daher unterschiedliche Kundengruppen relevant sein.

> Die **Kundenanalyse** untersucht aktuelle und zukünftige Bedürfnisse, Erwartungen und Verhaltensweisen bestehender und potenzieller Kunden, um besonders wertvolle Kundengruppen zu identifizieren und langfristig an das Unternehmen zu binden.

Bestehende Kunden haben das Produkt bereits erworben und sollen idealerweise zu Wiederholungskäufern werden. Potenzielle Kunden haben bislang noch keinen Kauf getätigt, kommen aber als Käufer infrage. Kunden und Nutzer sind auch nicht immer identisch. Während die Kunden die Kaufentscheidung treffen, verwenden die Nutzer das Produkt oder nehmen die Dienstleistung in Anspruch. In der Kundenanalyse sollten die Bedürfnisse und Erwartungen beider Gruppen berücksichtigt werden, da sie unterschiedliche Anforderungen haben können.

In vielen Branchen und Märkten existieren verschiedene Kundengruppen mit unterschiedlichen Bedürfnissen. Um daraus möglichst homogene Gruppen zu bilden, wird eine **Kundensegmentierung** durchgeführt. Dabei wird zunächst grundsätzlich zwischen Konsum- und Investitionsgütern unterschieden. **Konsumgüter** sind Produkte und Dienstleistungen für den persönlichen Gebrauch. Wichtige Merkmale zur Segmentierung von Konsumenten sind beispielsweise Alter, Geschlecht, Einkommen, Lebensstil, Kaufverhalten oder regionale Herkunft.[42] **Investitionsgüter** hingegen werden von Unternehmen beschafft, um damit andere Güter zur Deckung eines fremden Bedarfs zu produzieren. Die Kundensegmentierung erfolgt hier typischerweise nach Merkmalen wie Branche, Leistungsangebot, Unternehmensgröße, Standort oder Beschaffungsverhalten.[43] Bei Investitionsgütern wie Maschinen wirken meist mehrere Unternehmensbereiche am Beschaffungsprozess mit, bei Konsumgütern wie Kleidung entscheidet in der Regel eine einzelne Person.

Die gebildeten Kundensegmente sind für das Unternehmen unterschiedlich attraktiv. Der **Kundenwert** zeigt, welche davon besonders profitabel sind und damit im Fokus stehen sollten.[44] Zur Bestimmung des Kundenwerts sind sowohl das aktuelle als auch das zukünftige Potenzial eines Kunden zu beurteilen. Neben den kundenspezifischen Erlösen sind dabei auch die Kosten für Beziehungspflege, Reklamationen, Werbung und ähnliche Faktoren zu berücksichtigen.

Methoden zur Analyse des Kundenwerts sind:[45]

- **Umsatzanalyse (ABC-Analyse):** Die Kunden werden zunächst vom höchsten bis zum niedrigsten Umsatz sortiert und anschließend werden ihre Umsätze der Reihe nach aufsummiert. Nach der *Pareto-Regel* werden **drei Gruppen** unterschieden:
  - **A-Kunden** machen etwa 20 % der Kunden aus, die jedoch rund 65 % zum Gesamtumsatz beitragen.
  - **B-Kunden** umfassen die nächsten 35 % der Kunden und erwirtschaften etwa 30 % des Umsatzes.

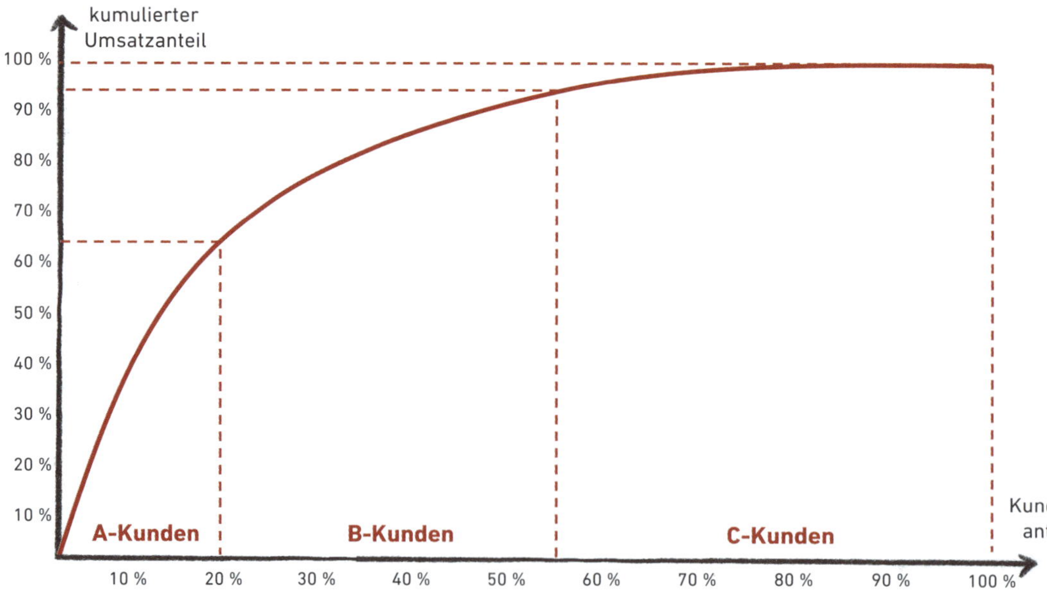

Abb. 3.2.13: ABC-Kundenanalyse

- **C-Kunden** sind die verbleibenden 45 % der Kunden, die nur einen Umsatzanteil von etwa 5 % haben.

Ziel dieser Gruppierung ist es, die Aufmerksamkeit auf die wichtigsten Kunden zu lenken. Für A-Kunden lohnt sich beispielsweise die Betreuung durch einen speziellen Ansprechpartner, den sogenannten Key Account Manager. Die Beziehungen zu B-Kunden sollten ausgebaut und weiterentwickelt werden, während die Betreuung der großen Zahl an C-Kunden möglichst effizient erfolgen sollte.

- **Kundenerfolgsrechnungen:** Die einem Kunden direkt zurechenbaren Kosten und Erlöse werden einander gegenübergestellt und daraus ein Kundendeckungsbeitrag ermittelt. Auf dieser Grundlage lässt sich eine Rangfolge der profitabelsten Kunden erstellen. Kunden mit negativem Deckungsbeitrag gelten grundsätzlich als unrentabel. Da es sich dabei jedoch nur um eine Momentaufnahme handelt, sollte die Kundenklassifikation zusätzliche Faktoren berücksichtigen, beispielsweise ob es sich um Referenz- oder Wachstumskunden handelt. Ein Beispiel zeigt die Kundenanalyse bei *Eder Garten* in Abb. 3.2.19. Der Kundenerfolg lässt sich auch zukunftsorientiert als Summe aller diskontierten Ein- und Auszahlungen eines Kunden ermitteln, was als *Customer Lifetime Value* bezeichnet wird. Allerdings ist die Prognose der kundenbezogenen Zahlungsströme schwierig.
- **Scoring-Verfahren (Nutzwertanalysen):** Die verschiedenen Aspekte der Kundenbeziehung lassen sich mithilfe einer Nutzwertanalyse systematisch erfassen und quantifizieren. Ein Beispiel ist die in Abb. 3.2.14 dargestellte *RFMR-Analyse*: Je kürzer der letzte Kauf eines Kunden zurückliegt (Recency), je häufiger er in einem bestimmten Zeitraum eingekauft hat (Frequency) und je höher sein gesamter Einkaufswert ist (Monetary Ratio), umso höher ist sein Kundenwert.[46]

Faktorenbewertung	Punkte
Letztes Kaufdatum	
▪ diesen Monat	+ 60
▪ letzte 2–3 Monate	+ 30
▪ letzte 4–6 Monate	+ 10
▪ vor mehr als 6 Monaten	– 20
Kaufhäufigkeit letztes HJ	
• Punktzahl je Kauf	+ 10
Ø Umsatz je Kauf	
• bis 10 T€	+ 10
• 10–50 T€	+ 30
• über 50 T€	+ 100

Kunde	A	B	C
Letztes Kaufdatum	30	10	60
Kaufhäufigkeit im letzten Halbjahr	20	60	200
Ø Umsatz je Kauf	100	10	30
Kundenwert	**150**	**80**	**290**

Abb. 3.2.14: Beispiel für eine RFMR-Analyse[47]

- **Kundenportfolios** werden häufig ergänzend zur Kundenbewertung eingesetzt, wenn die Anzahl der Kunden überschaubar ist. Die Kunden lassen sich beispielsweise nach Umsatz und Branche klassifizieren. Mithilfe des Portfolios können branchenspezifische Kundenanforderungen und potenzielle Risiken anschaulich dargestellt werden. Das Beispiel in Abb. 3.2.15 zeigt eine starke Abhängigkeit von Branche A sowie geringe Umsätze in zwei weiteren Branchen. Dies kann entweder eine Chance

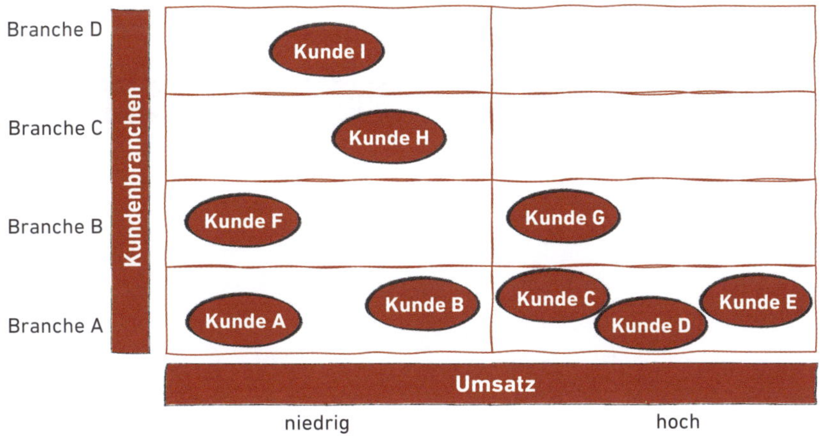

Abb. 3.2.15: Kundensegmentierung nach Umsatz und Branche

darstellen, über gezielte Referenzkunden ein neues Kundensegment zu erschließen, oder ein Hinweis darauf sein, dass der Verzicht auf die Belieferung dieser Branchen zur Reduktion der Variantenvielfalt und damit zur Kostensenkung beitragen könnte.

> Die **Kundensegmentierung** dient der Einteilung von Kunden in homogene Gruppen, um besonders profitable Segmente anhand des Kundenwerts zu identifizieren und gezielt zu bearbeiten.

Für die Kundensegmentierung im Konsumgüterbereich werden häufig Zielgruppeneinteilungen nach sogenannten **Milieus** verwendet. Diese bestehen aus Gleichgesinnten mit ähnlichen Wertvorstellungen und vergleichbarer sozialer Lage. Die Übergänge zwischen den einzelnen Gruppen sind fließend. Weit verbreitet und wissenschaftlich fundiert sind die Milieus des Heidelberger *SINUS-Instituts*. Da sich Gesellschaften stetig wandeln, werden diese Modelle kontinuierlich weiterentwickelt. Veränderungen der Milieus können beispielsweise durch die beschriebenen Megatrends ausgelöst werden.

Sinus-Milieumodelle gibt es inzwischen für über 50 Länder. Das Modell für Deutschland zeigt Abb. 3.2.16. Je höher ein Milieu in der Grafik angesiedelt ist, desto höher sind Bildung, Einkommen und berufliche Stellung seiner Mitglieder. Je weiter rechts ein Milieu positioniert ist, desto moderner sind die Werte der betreffenden Personen. Mithilfe einer solchen Milieu-Landkarte können Unternehmen erkennen, in welchen Milieus sie ihre Produkte oder Dienstleistungen anbieten und wie sie diese Zielgruppen am besten ansprechen können.[48]

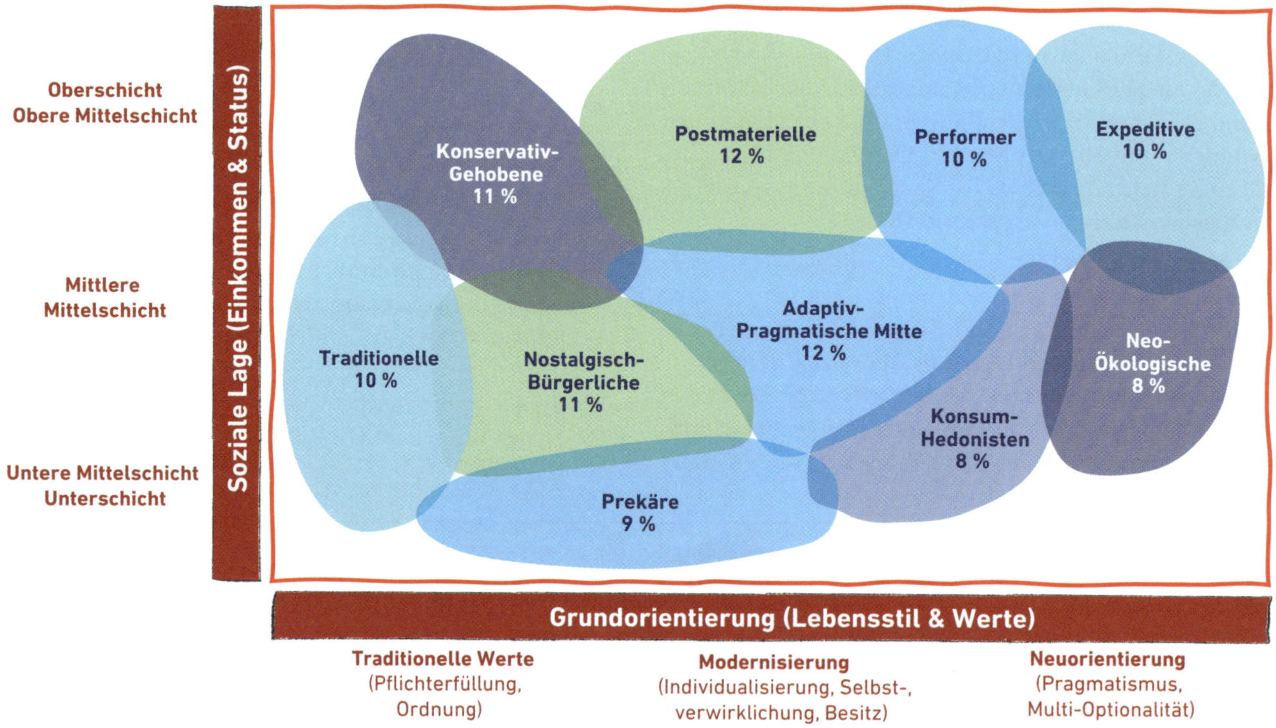

Abb. 3.2.16: Kundensegmentierung in Sinus-Milieus in Deutschland[49]

Kundensegmentierung bei MairDumont

Die *MairDumont GmbH & Co. KG* ist mit einem Umsatz von rund 65 Mio. Euro und 230 Mitarbeitern die größte deutsche Reiseverlagsgruppe. Die angebotenen Marken richten sich an unterschiedliche Zielgruppen, die sich weniger nach dem Alter, sondern vielmehr nach Werten und Interessen unterscheiden. Um diese Zielgruppen klar voneinander abzugrenzen, wurden für jede Marke **fiktive Personas** entwickelt, die als idealtypische Vertreter der jeweiligen Zielgruppe dienen:[50]

- **Marco-Polo:** Caro ist 30 und liebt es unkompliziert. Sie will Spaß haben – und los geht's. Sie ist pragmatisch, anpassungsfähig und gerne mit Freunden unterwegs.
- **DuMont:** Pia ist 40 und hat zwei schulpflichtige Kinder. Sie engagiert sich im Elternbeirat und ist Mitglied bei *Greenpeace*. Im Urlaub möchte sie ins echte Leben eintauchen. Wenn sie in die Toskana fährt, würde sie am liebsten gleich auswandern – was sie aber nie tut.
- **Baedecker:** Susanne ist 50, und ihre Kinder sind aus dem Haus. Jetzt ist sie an der Reihe. Sie ist ein totaler Familienmensch, reist inzwischen aber mit ihrer Freundin. Sie ist sehr anspruchsvoll – der Urlaub muss etwas hermachen und schön sein.

Die Reiseführer werden auf die Anforderungen der jeweiligen Zielgruppe ausgerichtet und entsprechend maßgeschneidert gestaltet. Je nach Marke enthalten sie unterschiedliche Themen und Empfehlungen, auch wenn sie sich auf dieselbe Stadt oder Region beziehen.

Nach Auswahl der relevanten Kunden ist zu klären, was diese erwarten und wie sie an das Unternehmen gebunden werden können. Empirische Studien zeigen, dass die Gewinnung eines Neukunden fünfmal so teuer ist wie die Bindung eines bestehenden Kunden. Noch aufwendiger ist es, einen verlorenen Kunden zurückzugewinnen.[51] Deshalb sollte jedes Unternehmen bestrebt sein, die Erwartungen der Kunden zu erfüllen und deren Zufriedenheit sicherzustellen. Denn Qualität bedeutet, dass der Kunde zurückkommt und nicht das Produkt.

Um Kundenzufriedenheit zu erreichen, müssen die Anforderungen der Kunden genau bekannt sein. Nach dem **Kundenzufriedenheitsmodell** des japanischen Qualitätsmanagement-Experten *Noriaki Kano* lassen sich diese in drei Kategorien einteilen:[52]

- **Basisanforderungen (Muss-Merkmale):** Sie werden vom Kunden nicht ausdrücklich genannt, sondern als selbstverständlich vorausgesetzt. Werden sie nicht erfüllt, führt das zu großer Unzufriedenheit. Ein Streamingdienst sollte beispielsweise rund um die Uhr verfügbar sein und nicht ständig abstürzen.
- **Leistungsanforderungen (Soll-Merkmale):** Sie werden vom Kunden erwartet und mit Angeboten anderer Anbieter verglichen. Je besser diese Anforderungen erfüllt werden, desto höher ist die Kundenzufriedenheit. Beim Streamingdienst sind dies etwa die Auswahl an Filmen und Serien oder die Bild- und Tonqualität.
- **Begeisterungsanforderungen (Kann-Merkmale):** Durch unerwartete Zusatzleistungen kann die Kundenzufriedenheit deutlich gesteigert werden. Beim Streamingdienst wäre das etwa eine integrierte Watch-Party-Funktion, mit der man gemeinsam mit Freunden schauen und sie dabei per Video-Call sehen kann.

Darüber hinaus gibt es noch **unerhebliche Merkmale**, die für die meisten Kunden keine Rolle spielen, sowie **Rückweisungsmerkmale**, die zu massiver Ablehnung führen können. Bei einem Streamingdienst wäre etwa eine animierte Startseite mit Begrüßungsmelodie belanglos. Hingegen könnten zahlreiche Werbeclips, die trotz monatlicher Grundgebühr zwangsweise abgespielt werden, zur Zurückweisung des Angebots führen.

> Die **Kundenzufriedenheit** beschreibt das Ausmaß, in dem ein Produkt oder eine Dienstleistung die Erwartungen des Kunden erfüllt oder übertrifft. Sie basiert auf der Bewertung von Basisanforderungen (Muss), Leistungsanforderungen (Soll) und Begeisterungsanforderungen (Kann).

Durch die Erfüllung der Basisanforderungen lässt sich Unzufriedenheit vermeiden. Leistungsanforderungen können je nach Erfüllungsgrad sowohl Unzufriedenheit als auch Zufriedenheit hervorrufen. Begeisterungsmerkmale wirken sich nur dann positiv auf die Kundenzufriedenheit aus, wenn sie vom Kunden wahrgenommen und als nützlich empfunden werden.[53] Die Gesamtzufriedenheit des Kunden ergibt sich aus der Summe der Zufriedenheitswerte in allen drei Kategorien.

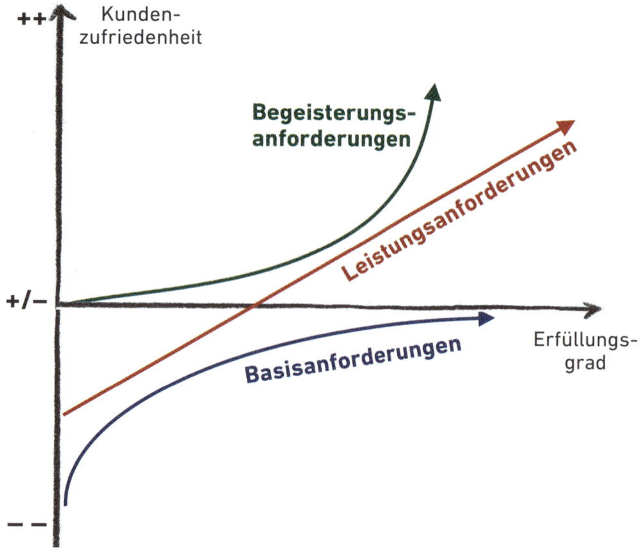

Abb. 3.2.17: Anforderungskategorien im Kundenzufriedenheitsmodell[54]

Im Laufe der Zeit entwickeln sich Kundenanforderungen allerdings weiter, etwa durch technologische Innovationen oder zunehmenden Wettbewerbsdruck. Denn was Kunden heute begeistert, lockt morgen niemanden mehr hinterm Ofen vor. Begeisterungsanforderungen werden daher zunächst zu Leistungsanforderungen und später zur erwarteten Grundausstattung. Daher sollte die Analyse der Kundenanforderungen in regelmäßigen Abständen wiederholt werden.

Beispielsweise waren Musik-Streamingdienste, mit denen jederzeit und überall Millionen von Songs verfügbar sind, anfangs eine Sensation. Schon bald wurde es zur Leistungsanforderung, eigene Playlists erstellen oder Musikstücke offline speichern zu können. Heute gelten solche Funktionen als selbstverständlich. Neue Begeisterung entsteht etwa durch maßgeschneiderte, KI-generierte Playlists oder exklusive Live-Sessions mit beliebten Künstlern.

Die **Messung** der Kundenzufriedenheit kann direkt oder indirekt erfolgen. Eine direkte Kundenbefragung nach dem Kauf ermöglicht eine schnelle Reaktion auf Beanstandungen und gilt als wirksamster Weg, um aufgetretene Probleme zu lösen. Indirekte Methoden sind etwa Feedbackgespräche mit Vertriebsmitarbeitern oder die Analyse interner Kennzahlen wie Lieferzeiten, Reklamationen oder Garantiefälle.

Ausgewählte **Methoden** zur Messung der Kundenzufriedenheit sind:[55]

- **Ereignisorientierte Methoden** erfassen die Zufriedenheit anhand konkreter Kundenerlebnisse
  - **Beschwerden und Reklamationen** sind ein direktes Zeichen für Unzufriedenheit. Allerdings äußert nur ein kleiner Teil der unzufriedenen Kunden seine Kritik – schätzungsweise rund fünf Prozent.
  - **Methode der kritischen Ereignisse** (Critical Incident Technique): Kunden werden nach besonders positiven oder negativen Erlebnissen gefragt, die sich stark auf ihre Zufriedenheit ausgewirkt haben.
  - **Sequenzielle Ereignismethode:** Kunden berichten, was sie rund um den Kauf und die Nutzung eines Produkts oder die Inanspruchnahme einer Dienstleistung erlebt und empfunden haben.
- **Merkmalsorientierte Methoden** befragen den Kunden nach bestimmten Leistungskriterien
  - **Diskrepanzmodelle** messen den Unterschied zwischen den Erwartungen des Kunden und der tatsächlich wahrgenommenen Leistung.
  - **Gesamtzufriedenheitsbefragung:** Der Kunde bewertet bestimmte Eigenschaften eines Produkts oder einer Dienstleistung. Dies geschieht etwa mithilfe einer Checkliste anhand von Schulnoten. Aus den Bewertungen lässt sich ein Durchschnittswert ableiten, der als Kennzahl für die Kundenzufriedenheit dient.
  - **Multiattributive Messung:** Der Kunde wird nach seiner Zufriedenheit mit einzelnen Produktmerkmalen befragt; aus der Summe der gewichteten Ergebnisse wird anschließend die Gesamtzufriedenheit ermittelt.

Um verlässlichere Aussagen zu erhalten, werden häufig mehrere Verfahren miteinander kombiniert. Eine einfache und zugleich aussagekräftige Methode ist der **Net Promoter Score** (NPS). Der Kunde soll dabei einschätzen, inwieweit er eine bestimmte Dienstleistung, ein Produkt, eine Marke oder das Unternehmen einem Freund oder Kollegen weiterempfehlen würde. Die Antwortskala reicht von 0 („überhaupt nicht wahrscheinlich“) bis 10 („sehr wahrscheinlich“).

Kundenanalyse bei der Eder Garten GmbH

Die *MöBella*-Tochter *Eder Garten* fertigt moderne und hochwertige Gartenmöbel, die über Kaufhäuser, Baumärkte, Discounter, Fachhändler und Möbelgeschäfte vertrieben werden. Der direkte Kunde des Unternehmens ist somit der Einzelhandel, da dieser über die Aufnahme der Produkte ins Sortiment entscheidet. Die eigentliche Kaufentscheidung trifft jedoch der Endkunde. Nur wenn sich die Produkte im Verkauf bewähren, wird der Einzelhändler erneut bei *Eder Garten* bestellen.

Das Unternehmen orientiert sich aus folgenden Gründen überwiegend am Einzelhandel:

- Endkunden wiederholen ihre Kaufentscheidung für Gartenmöbel nur in großen Zeitabständen. Eine hohe Endkundenbindung spielt daher keine entscheidende Rolle.
- Dem Einzelhandel liegen Informationen über die Endkunden vor. Für *Eder Garten* ist es hingegen schwierig, solche Informationen selbst zu erheben. Die vom Einzelhandel weitergegebenen Angaben zu den Kundenbedürfnissen sind daher häufig unvollständig, gefiltert und durch dessen Eigeninteressen beeinflusst.
- Einzelhändler gehören teilweise zu Baumarktketten wie *OBI* und bestellen große Mengen. Durch die Produktpräsentation im Laden und die begleitende Werbung beeinflussen sie maßgeblich die Kaufentscheidungen der Endkunden.

Eder Garten erzielte im letzten Jahr mit 60 Kunden einen Nettoumsatz von 45 Mio. Euro. Die Controllerin *Lisa Zahl* fertigte eine Kunden-Deckungsbeitragsrechnung an, um die profitabelsten Kunden zu ermitteln. Dazu hat sie die Kunden nach ihren Deckungsbeiträgen gestaffelt.

Kunden nach Deckungsbeitrag	Netto-umsatz	Deckungs-beitrag
Möbelhaus Müller	12.000.000	3.580.000
Gartencenter Blumenland	5.808.000	2.161.000
Gartencenter Maier	5.400.000	1.904.000
Discounter Baldi	4.100.000	1.508.000
Gartencenter Max	3.800.000	1.478.000
Gartencenter Paradies	2.800.000	924.000
Freizeitmarkt Aktiv	1.600.000	642.000
Gartencenter Neudorf	1.500.000	422.000
Baumarkt Schaffer	1.200.000	316.000
Gartenkönig	1.180.000	293.000
...	...	...
Möbelhaus Schmidt	2.000.000	– 460.000
moebelauktion.de	2.600.000	– 656.000
Summe	**45.000.000**	**12.364.000**

Abb. 3.2.18: Kunden-Deckungsbeitragsrechnung der Eder Garten GmbH

Bei Kunden mit negativem Deckungsbeitrag sollte geprüft werden, ob sie weiterhin zu den bisherigen Konditionen beliefert werden oder ob Preisanpassungen erforderlich sind. Bei den Kunden *Möbelhaus Schmidt* und *moebelauktion.de* treten häufig Reklamationen auf, zudem entstehen hohe Transportkosten. Eine Analyse von Frau *Zahl* ergab, dass das *Möbelhaus Schmidt* ein Neukunde ist, bei dem künftig mit einer besseren Rentabilität gerechnet werden kann.

Eder
Garten

Anders verhält es sich bei *moebelauktion.de*. Das Unternehmen vertreibt Möbel über Internetauktionen und verfolgt somit ein anderes Geschäftsmodell. Geschäftsführer *Holger Wurm* stellt sich daher die Frage, wie sich diese veränderte Vertriebsform auf die Kunden- und Branchenstruktur auswirkt und welche strategischen Antworten *Eder Garten* darauf haben sollte.

Zur regelmäßigen Messung der Kundenzufriedenheit setzt *Eder Garten* verschiedene **Erhebungsmethoden** ein:

- **Einzelhandel**: Versand von Fragebögen, differenziert nach Produktgruppen.
- **Warenauslieferung**: Außendienstgespräche mit Einzelhändlern zur Bewertung von Preis, Lieferung und Qualität.
- **Endkunden**: Interviews in ausgewählten Gartencentern und Baumärkten. Die Kunden werden dabei zum Bekanntheitsgrad, ihren Auswahlkriterien beim Möbelkauf und ihrer Produktwahrnehmung befragt. Dabei wird auch der Net Promoter Score des Unternehmens *Eder Garten* ermittelt.

Aufgrund der langen Nutzungsdauer der Produkte von rund zehn Jahren liegt bei *Eder Garten* der Fokus weniger auf der Kundenbindung als auf dem Weiterempfehlungspotenzial. Der NPS liegt erfreulicherweise bei 45 %, soll jedoch weiter gesteigert werden. Die Kundeninterviews lieferten hierzu wertvolle Hinweise auf mögliche Produktverbesserungen. Da die Wettbewerber keine vergleichbaren Befragungen durchführen, kann *Eder Garten* gezielter auf neue Kundenanforderungen reagieren. Diese konsequente Kundenorientierung stellt einen wesentlichen Wettbewerbsvorteil dar.

Als Promotoren gelten Kunden, die die Leistung mit einer 9 oder 10 bewerten; als Kritiker (Detractors) jene, die eine Bewertung zwischen 0 und 6 abgeben. Der Net Promoter Score wird berechnet, indem der prozentuale Anteil der Kritiker vom Anteil der Promotoren abgezogen wird. Er kann folglich zwischen −100 % und +100 % liegen. Je höher der Promotorenüberhang, desto zufriedener sind die Kunden. Da der NPS meist starken Schwankungen unterliegt, sind regelmäßige Befragungen sinnvoll. An der Entwicklung des NPS lässt sich dann der Erfolg von Verbesserungsmaßnahmen ablesen.[56] Nach einer Analyse im Jahr 2024 erreichten bekannte Marken die folgenden Net Promoter Scores: *Heineken* 76 %, *Henkel* 46 %, *Coca-Cola*, *Danone* und *Adidas* jeweils 39 %, *Nike* 36 %, *Kraft Heinz* 31 %, *Pepsi-Co* 20 %, *Prada* -5 %, *Rolex* -12 %, *Giorgio Armani* -27 % und *Rolls-Royce* sogar -47 %.[57]

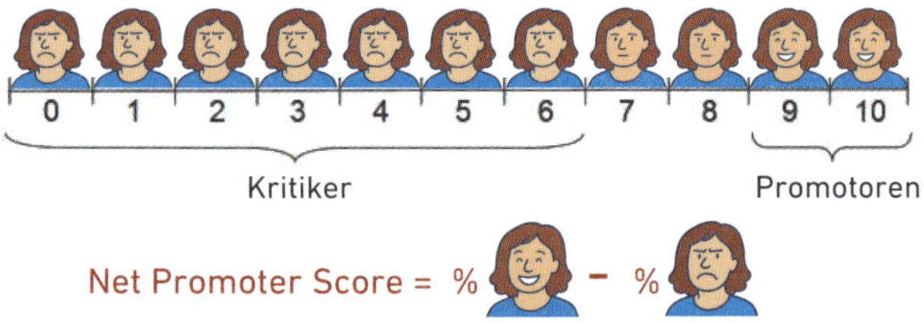

Abb. 3.2.19: Berechnung des Net Promoter Score (NPS)

Ziel von **Kundenbindungsmaßnahmen** ist es, eine dauerhafte Beziehung zwischen Kunde und Unternehmen aufrechtzuerhalten. Hierfür spielt die Kundenzufriedenheit eine zentrale Rolle. Das Gewinnpotenzial eines Kunden steigt mit der Dauer der Geschäftsbeziehung. Gleichzeitig sinkt sein Betreuungsaufwand, und er reagiert weniger empfindlich auf Preisänderungen. Gute Kunden sind rentabel, wenig preissensibel und langfristige Geschäftspartner. Sie verfolgen strategische Ziele, die nicht im Widerspruch zu den Interessen des eigenen Unternehmens stehen, und verfügen über Umsatz-, Empfehlungs- und Vorzeigepotenzial.

Das **Customer-Relationship-Management (CRM)** soll profitable Kundenbeziehungen aufbauen, gestalten und langfristig pflegen. Es integriert und optimiert alle kundenbezogenen Prozesse, um die Bindung zu bestehenden Kunden zu stärken, die Zufriedenheit zu erhöhen und zusätzliche Umsätze durch Wiederholungskäufe und Cross-Selling zu erzielen. Darüber hinaus trägt CRM zur Verbesserung der Kundenbeziehung bei, etwa durch personalisierte Angebote, gezielte Kommunikation oder besseren Service.[58]

Ein typisches Instrument des CRM sind Kundenkartenprogramme, wie sie im Lebensmitteleinzelhandel eingesetzt werden. Sie liefern einerseits Anreize für weitere Käufe, etwa durch Rabatte, Sonderaktionen oder Gratisprodukte, andererseits ermöglichen sie die gezielte Erhebung von Informationen über das Kaufverhalten. Die gesammelten Daten bilden die Grundlage für eine individuelle Kundenansprache und strategische Marketingentscheidungen.

Konkurrenzanalyse

Ein Unternehmen kann nur dann dauerhaft erfolgreich sein, wenn es die Bedürfnisse seiner Kunden besser erfüllt als seine Konkurrenten. Da diese die Produkte des eigenen Unternehmens ersetzen, steht es mit ihnen in direktem Wettbewerb. Gleichzeitig sind die Konkurrenten der Maßstab zur Beurteilung der eigenen Stärken und Schwächen.

> **Konkurrenten** sind Unternehmen, die mit ihren Produkten oder Dienstleistungen dieselben Kundenbedürfnisse ansprechen wie das eigene Unternehmen und entweder bereits im selben Markt aktiv sind oder einen Markteintritt anstreben.

Nach ihrer Marktpräsenz lassen sich folgende **Arten von Konkurrenten** unterscheiden:[59]

- **Aktuelle Konkurrenten** sind Unternehmen, die bereits am Markt tätig sind und vergleichbare Produkte anbieten. Die Austauschbarkeit solcher Produkte lässt sich mithilfe der Kreuzpreiselastizität der Nachfrage messen. Sie gibt an, wie stark sich eine Preisänderung eines Produkts auf die Nachfrage nach einem anderen auswirkt. Substitutionsgüter weisen eine positive Kreuzpreiselastizität auf. Steigt der Preis eines Produkts, erhöht sich die Nachfrage nach einem vergleichbaren Produkt eines Konkurrenten. Beispielsweise kann ein höherer Butterpreis zu einer stärkeren Nachfrage nach Margarine führen. Eine negative Kreuzpreiselastizität dagegen ist typisch für Komplementärgüter, bei denen der Preisanstieg eines Produkts die Nachfrage nach dem anderen sinken lässt, wie etwa bei Kaffeemaschinen und Kaffeekapseln.
- **Neue Konkurrenten** sind Unternehmen, die in den Markt eintreten. Dies erhöht die Wettbewerbsintensität und kann die Ertragschancen der etablierten Anbieter verringern.
- **Potenzielle Konkurrenten** sind Unternehmen außerhalb des aktuellen Marktsegments, die bereit und in der Lage sind, bestehende Eintrittsbarrieren zu überwinden. Dazu zählen auch Zulieferer oder Kunden, die eine Vorwärts- oder Rückwärtsintegration in Betracht ziehen und dadurch selbst zu Wettbewerbern werden können.

Die **Konkurrenzanalyse** sammelt und bewertet systematisch Informationen über aktuelle, neue und potenzielle Wettbewerber, um deren Situation und zukünftiges Verhalten einschätzen zu können.

Im Rahmen der Branchenstrukturanalyse wurden Unternehmen mit ähnlicher Strategie einer sogenannten strategischen Gruppe zugeordnet, deren Mitglieder im direkten Wettbewerb zueinanderstehen. Die Konkurrenzanalyse untersucht zentrale Merkmale dieser wesentlichen Wettbewerber. Hierunter fallen etwa deren Forschung und Entwicklung, Produktsortiment, Einkauf, Produktionsanlagen, Marketing oder Finanzen. Strukturelle Unternehmensdaten wie Mitarbeiterzahlen, Gewinne oder Marktanteile sind meist leicht zu beschaffen. Dagegen lassen sich geplante Strategien, laufende Entwicklungsprojekte, potenzielle Kooperationen oder bevorstehende Investitionen nur schwer einschätzen.[60]

Bei der Konkurrenzanalyse werden folgende **strategischen Merkmale eines Wettbewerbers** betrachtet:[61]

- **Ziele:** Da die Ziele des Konkurrenten meist nicht öffentlich bekannt sind, müssen sie mithilfe geeigneter Indikatoren eingeschätzt werden. Hierzu dienen etwa dessen Investitionsschwerpunkte, Produktneuheiten, Marketingaktivitäten oder angekündigte Expansionsvorhaben.
- **Strategien:** Die Kenntnis der aktuellen und erwarteten Strategie des Konkurrenten ist wesentlich für die eigene Strategieentwicklung. Dabei werden folgende Verhaltensaspekte beurteilt:
  - **Kooperationsverhalten**: Mit wem arbeitet der Wettbewerber zusammen?
  - **Konfliktverhalten**: Wie geht er mit Konflikten um?
  - **Ausweichverhalten**: Wie schnell weicht er auf andere Märkte oder Branchen aus?
  - **Anpassungsverhalten**: Wie flexibel reagiert er auf Veränderungen?
- **Potenziale:** Die Ressourcen, Fähigkeiten und Kompetenzen des Konkurrenten werden beurteilt. Dies gilt insbesondere hinsichtlich seiner Wachstumschancen, Anpassungsfähigkeit und Widerstandskraft.
- **Selbstverständnis:** Werte, Vision, Mission und Purpose des Wettbewerbers liefern Hinweise auf dessen strategische Ausrichtung und helfen dabei, sein zukünftiges Verhalten besser einzuschätzen.

Daraus lassen sich die Stärken und Schwächen des Konkurrenten ableiten und ein Reaktionsprofil erstellen. Auch potenzielle Konkurrenten sollten einbezogen werden, wie etwa Start-ups mit innovativen Lösungen, Unternehmen aus angrenzenden Branchen oder Zulieferer, die in den eigenen Markt eintreten wollen. Die Informationen werden jeweils in einem Konkurrenzprofil zusammengefasst.

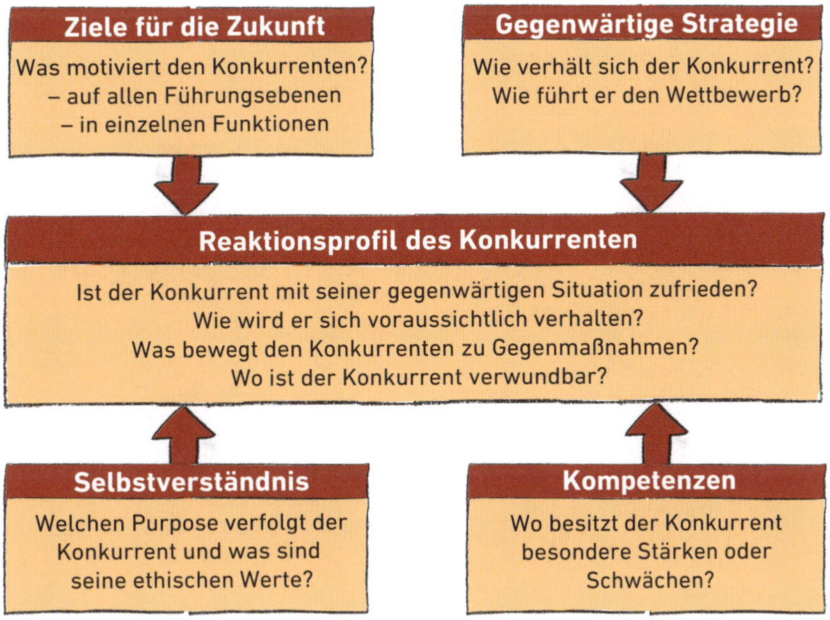

Abb. 3.2.20: Inhalte der Konkurrenzanalyse[62]

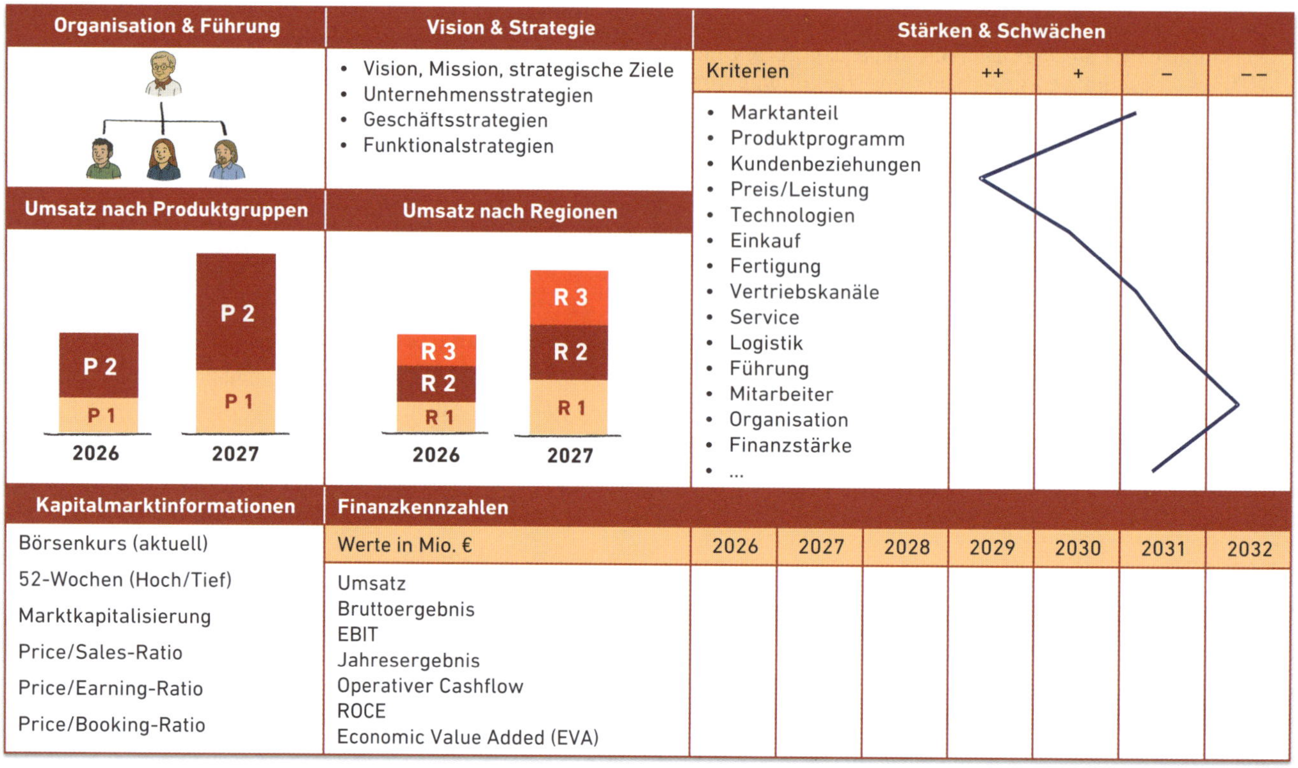

Abb. 3.2.21: Konkurrenzprofil[63]

Konkurrenzanalyse bei *MöBella*

Die *MöBella GmbH* (vgl. Kap. 1.1.4) hat fünf aktuelle Konkurrenten mit vergleichbaren Produkten und ähnlicher Unternehmensgröße identifiziert. Zusätzlich wurden zwei potenzielle Wettbewerber ermittelt, die derzeit zwar noch keine Gartenmöbel oder Betten anbieten, aufgrund bestehender Überkapazitäten und vorhandener Branchenkenntnisse jedoch leicht in diesen Markt eintreten könnten.

Da die Möbelbranche überwiegend aus mittelständischen Unternehmen besteht, dominiert dort die Rechtsform der GmbH. Entsprechend schwierig ist der Zugang zu detaillierten Finanzdaten. Hilfreiche Informationen liefert der Branchenverband der Möbelindustrie, der seinen Mitgliedern anonymisierte Vergleichszahlen zur finanziellen Lage der Branche wie etwa durchschnittliche Eigenkapitalquoten, Außenstände oder Fremdkapitalkosten zur Verfügung stellt. Für andere Analysebereiche erweisen sich die Internetauftritte der Wettbewerber, Erkenntnisse des eigenen Außendienstes sowie Befragungen gemeinsamer Kunden als besonders aufschlussreich. Für jeden Konkurrenten wurden die verfügbaren Informationen zu einem Stärken-Schwächen-Profil verdichtet. Auf dieser Grundlage erfolgte eine Einschätzung der künftigen Ziele und Strategien sowie die Erstellung eines Reaktionsprofils für die wichtigsten Wettbewerber.

Die wichtigsten **Erkenntnisse** der Konkurrenzanalyse sind:

- Einer der beiden potenziellen Konkurrenten wird voraussichtlich in den nächsten Monaten eine eigene Produktlinie für Gartenmöbel einführen. Diese Annahme stützt sich auf dessen erhebliche Überkapazitäten sowie auf erste Verhandlungen mit einzelnen Möbelhäusern.
- Ein bestehender Konkurrent plant vermutlich den Markteintritt mit einem neuen Produkt im Premiumsegment für Wasserbetten. Dies könnte zu einem Absatzrückgang bei der Tochtergesellschaft *Schlummer* führen.

Auf Grundlage der Konkurrenzanalyse hat sich *MöBella* entschieden, langfristige Lieferverträge mit den wichtigsten Einzelhändlern für Gartenmöbel abzuschließen, um potenziellen Wettbewerbern den Marktzugang zu erschweren. Die Einzelhändler waren jedoch erst nach Gewährung eines zusätzlichen Rabatts zu einer längerfristigen Bindung bereit. Im Segment Wasserbetten wird derzeit mit Nachdruck ein Relaunch des Erfolgsmodells *Aquadream* vorangetrieben, um damit auf das neue Konkurrenzprodukt zu reagieren. Parallel dazu wurde die Entwicklung eines Nachfolgemodells angestoßen, das nächstes Jahr auf den Markt kommen soll.

3.2.2 Die eigenen Stärken und Schwächen einschätzen

In der **Unternehmensanalyse** werden die Ressourcen, Fähigkeiten und Kompetenzen, die Produkte, das Geschäftsmodell sowie die Wertschöpfungskette untersucht und mit den relevanten Wettbewerbern verglichen. Auf Grundlage der Ergebnisse der Konkurrenzanalyse lassen sich daraus die strategisch bedeutsamen Stärken und Schwächen des Unternehmens ableiten und als Stärken-Schwächen-Profil visualisieren. Dabei werden wesentliche Merkmale sowohl für das eigene Unternehmen als auch für die wichtigsten Wettbewerber bewertet. Besonders große Unterschiede zwischen den Bewertungen deuten auf relative Stärken oder Schwächen im Vergleich zum Wettbewerber hin, wie das Beispiel in Abb. 3.2.22 zeigt.

Oft wird die Analyse noch erweitert, indem für jedes Kriterium der jeweils stärkste Wettbewerber als Referenzmaßstab herangezogen wird. Dieses Vorgehen orientiert sich am Konzept des **Benchmarking**.[64] Es geht über die reine Konkurrenzanalyse hinaus, da sich der Vergleich nicht nur auf direkte Wettbewerber beschränkt, sondern auch auf Unternehmen aus anderen Branchen ausgeweitet werden kann.

Dabei werden Produkte, Funktionen oder Prozesse am jeweils Besten der Besten („Best in Class") gemessen. So wird deutlich, „wie hoch die Latte hängt" und welche Maßnahmen erforderlich sind, um wettbewerbsfähig zu sein.[65] Besonders wirkungsvoll ist das generische Benchmarking mit branchenfremden Partnern. So kann etwa der Vergleich mit einem Onlineversandhändler einem Industrieunternehmen wertvolle Impulse zur Beschleunigung logistischer Abläufe liefern.

Benchmarking bei Southwest Airlines

Die US-amerikanische Fluggesellschaft *Southwest Airlines* führte ein Benchmarking mit der *NASCAR*-Rennserie *INDY 500* durch. Bei Autorennen ist die Dauer des Boxenstopps ein entscheidender Erfolgsfaktor – je kürzer, desto größer die Siegchancen. Durch die detaillierte Analyse dieser Abläufe gewann *Southwest* wertvolle Anregungen, um eigene Prozesse wie das Auftanken der Flugzeuge, das Ein- und Aussteigen der Passagiere oder das Be- und Entladen des Gepäcks deutlich zu beschleunigen. Dadurch wurde *Southwest* zu einem der profitabelsten Unternehmen der Luftfahrtbranche und somit selbst zum Benchmark für andere Fluggesellschaften.[66]

Analyse der Ressourcen, Fähigkeiten und Kompetenzen

Ressourcen sind die zur Leistungserstellung eines Unternehmens erforderlichen materiellen und immateriellen Güter sowie finanziellen Mittel.[67] Zu den materiellen Ressourcen zählen physische Güter wie Gebäude, Maschinen oder Rohstoffe. Immaterielle Ressourcen umfassen etwa Marken, Patente, Kundenbeziehungen oder das Humankapital (vgl. Kap. 1.4.3). Finanzielle Ressourcen beinhalten das Eigen- und Fremdkapital, liquide Mittel sowie verfügbare Kreditlinien. Für die Erstellung ihrer Leistungen benötigen Unternehmen darüber hinaus eine Vielzahl spezifischer Fähigkeiten. Die Ressourcen sind dabei die Werkzeuge, die

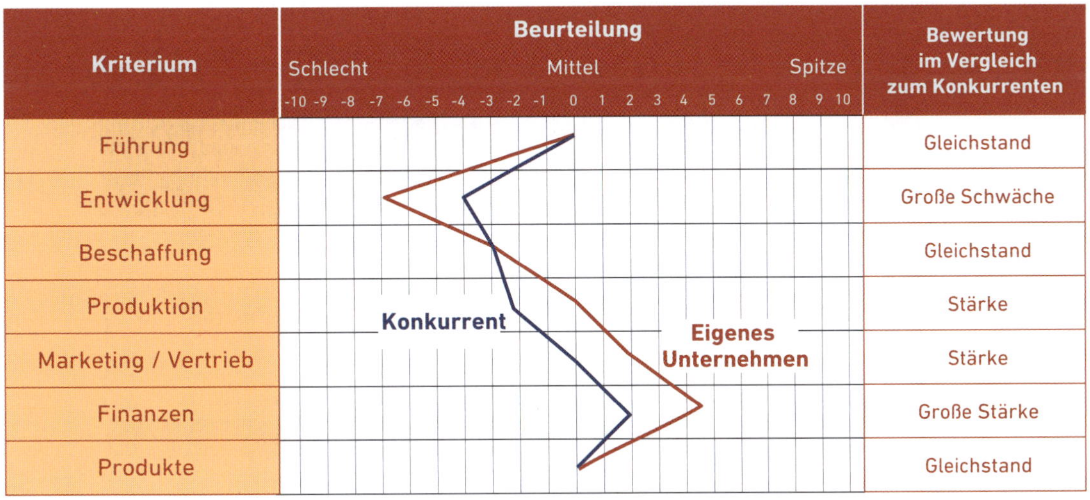

Abb. 3.2.22: Stärken-Schwächen-Profil im Wettbewerbsvergleich

mithilfe der Fähigkeiten eingesetzt werden. Kompetenzen entstehen, wenn Ressourcen und Fähigkeiten so miteinander verknüpft werden, dass sie sich optimal ergänzen und gegenseitig verstärken. Das Zusammenspiel von Ressourcen, Fähigkeiten und Kompetenzen macht ein Unternehmen einzigartig und schafft die Grundlage für nachhaltige Wettbewerbsvorteile.

Ein Reiseveranstalter benötigt beispielsweise Fähigkeiten zur Organisation individueller Reiserouten, zur Kommunikation in der Landessprache, zur Koordination mit internationalen Partnern und zur Lösung unvorhergesehener Schwierigkeiten. Zu den eingesetzten Ressourcen zählen ein leistungsfähiges Buchungssystem, ein Netzwerk ansprechender Hotels, komfortable Flugverbindungen sowie erfahrene Reiseleiter. Die besondere Kompetenz des Reiseveranstalters besteht darin, diese Fähigkeiten und Ressourcen so zu kombinieren, dass daraus für seine Kunden unvergessliche Reiseerlebnisse entstehen – und sie deshalb Jahr für Jahr wiederkommen.

Die **Kompetenzanalyse** untersucht, wie unternehmerische Ressourcen und Fähigkeiten zu leistungsfähigen Kompetenzen gebündelt werden. Durch den Vergleich mit der Konkurrenz lassen sich die Kernkompetenzen bestimmen, welche die Grundlage für dauerhafte Wettbewerbsvorteile bilden.

Die Analyse der Kompetenzen kann mithilfe des in Abb. 3.2.23 dargestellten **Kompetenzportfolios** erfolgen. Die relative Stärke folgt aus dem Vergleich mit den leistungsfähigsten Wettbewerbern. Der Kundenwert orientiert sich an den zentralen Kundenanforderungen, aus denen die dafür notwendigen Ressourcen und Fähigkeiten abgeleitet werden. Erwartet der Kunde beispielsweise ein hohes Preis-Leistungs-Verhältnis, benötigt das Unternehmen unter anderem effiziente Fertigungsprozesse und Zugang zu günstigen Rohstoffen.

Es lassen sich folgende **Kompetenzarten** unterscheiden:[68]

- **Standardkompetenzen** haben für den Kunden keine besondere Bedeutung und werden von Wettbewerbern ebenso gut oder sogar besser beherrscht. Dazu zählen etwa Lagerhaltung, Versandabwicklung, Maschinenwartung oder einfache Serviceleistungen. Sie sollten möglichst effizient abgewickelt werden, da sie keinen Wettbewerbsvorteil bieten. Daher können sie auch ausgelagert oder fremdbezogen werden.
- **Kompetenzlücken** bestehen, wenn eine für den Kunden wichtige Fähigkeit oder Ressource im Unternehmen nur unzureichend vorhanden ist. Diese Diskrepanz zwischen Marktanforderung und unternehmerischer Leistungsfähigkeit ist strategisch relevant und kann etwa durch Kooperationen, Fusionen oder Übernahmen geschlossen werden.
- **Potenzialkompetenzen** werden zwar vom Unternehmen gut beherrscht, stiften beim Kunden jedoch keinen oder nur geringen Mehrwert. Ein Beispiel ist technikverliebtes Over-Engineering, das am tatsächlichen Bedarf vorbeigeht. Solche Kompetenzen entstehen etwa durch Fehleinschätzungen von Kundenwünschen oder weil bisherige Stärken infolge veränderter Marktbedingungen an Bedeutung verlieren. Potenzialkompetenzen lassen sich im Rahmen von Partnerschaften dennoch sinnvoll nutzen, etwa durch Übertragung auf andere Anwendungsbereiche, durch Lizenzvergabe oder durch gemeinsame Weiterentwicklung.

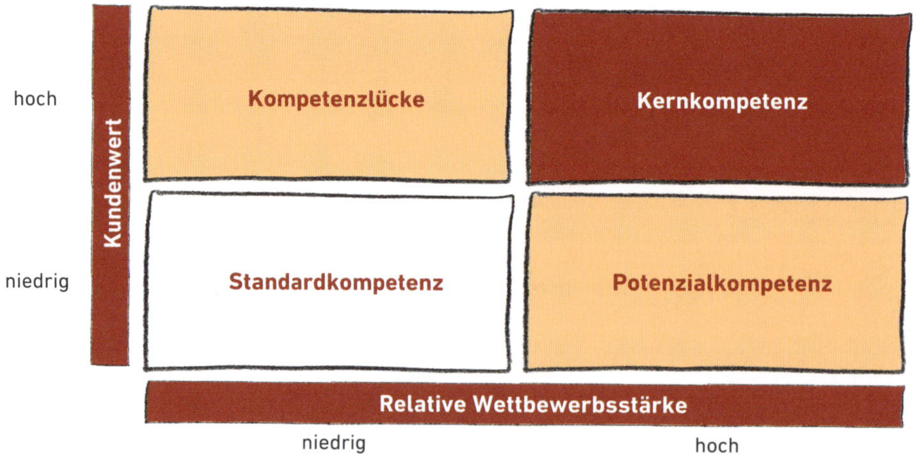

Abb. 3.2.23: Kompetenzportfolio[69]

- **Kernkompetenzen** beherrscht das Unternehmen besser als seine Wettbewerber. Sie schaffen einen hohen Kundennutzen und ermöglichen nachhaltige Wettbewerbsvorteile.

Kernkompetenzen basieren auf Ressourcen oder Fähigkeiten, welche die **VRIO-Kriterien** erfüllen:[70]

- **Valuable (Wertvoll):** Eine Ressource oder Fähigkeit ist strategisch wertvoll, wenn das Unternehmen damit Chancen nutzen oder Gefahren abwehren kann. Sie schafft für den Kunden einen Mehrwert, der auch wahrgenommen und honoriert wird.
- **Rare (Selten):** Nur seltene Ressourcen oder Fähigkeiten ermöglichen eine Differenzierung gegenüber der Konkurrenz.
- **Inimitable (Schwer imitierbar):** Die Ressource oder Fähigkeit lässt sich von den Wettbewerbern nicht oder nur mit erheblichem Aufwand nachahmen oder ersetzen.
- **Organized (Nutzbar):** Das Unternehmen muss organisatorisch in der Lage sein, das Potenzial der Ressource oder Fähigkeit auszuschöpfen. Dazu sind unter anderem geeignete Strukturen, klare Zuständigkeiten, effiziente Abläufe und eine wirksame Führung erforderlich.

Kernkompetenzen bestehen aus einem Bündel von Fähigkeiten und Ressourcen, die wertvoll, selten, schwer imitierbar und organisatorisch nutzbar sind.

Kernkompetenzen am Beispiel von TRUMPF

Der Maschinenbauer *TRUMPF* kombiniert seine Ressourcen und Fähigkeiten in der Lasertechnologie und im Prozessmanagement zu einem synchronen Produktionssystem (vgl. Kap. 5.4.2). Damit erfüllt das Unternehmen zentrale Kundenanforderungen an Schnelligkeit, Flexibilität und Qualität, weshalb diese Ressourcen und Fähigkeiten *wertvoll* sind. Da nur wenige Wettbewerber über vergleichbare technologische und organisatorische Fähigkeiten verfügen, sind sie zudem *selten*. Die komplexe Kombination aus Technologie, Prozess-Know-how und globaler Infrastruktur ist *schwer imitierbar*. Dank durchgängiger Prozessintegration, klarer Verantwortlichkeiten und eines eingespielten globalen Produktionsnetzwerks kann *TRUMPF* diese Ressourcen und Fähigkeiten *organisatorisch nutzen*. Diese Kernkompetenz macht *TRUMPF* zum Hidden Champion und führenden Anbieter industrieller Lasertechnik.

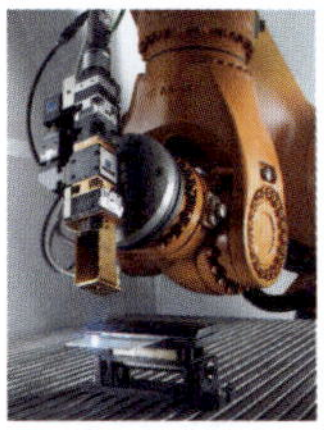

Eine Analyse der VRIO-Kriterien für die Ölindustrie zeigt, warum mit *Saudi Aramco*, *Exxon Mobil*, *Chevron* und *Shell* einige der weltweit größten Unternehmen in dieser Branche tätig sind. Erdöl ist in vielen Anwendungsbereichen für den Kunden von hohem Wert – etwa als Rohstoff für Kraftstoffe, Heizmittel, Asphalt, Kosmetika, Düngemittel, Kunststoffe oder Medikamente. In vielen Fällen ist es derzeit kaum oder nur zu hohen Kosten ersetzbar. Die Erschließung und Nutzung von Ölvorkommen ist für Wettbewerber schwer nachzuahmen und bildet damit einen dauerhaften Wettbewerbsvorteil. Da die Unternehmen der Ölindustrie große Teile der Wertschöpfungskette kontrollieren, sichern sie sich einen wesentlichen Anteil der Erlöse. Abb. 3.2.24 veranschaulicht den Zusammenhang zwischen der Erfüllung einzelner VRIO-Kriterien und dem daraus resultierenden Wettbewerbseffekt.

VRIO-Bewertung von Coca-Cola

Valuable (Wertvoll): *Coca-Cola* ist der beliebteste Softdrink der Welt, auch wenn er teurer ist als viele andere Cola-Getränke. Mit einem Markenwert von rund 61 Mrd. US-Dollar zählt *Coca-Cola* zu den wertvollsten globalen Marken.[71]

Rare (Selten): Der Geschmack von *Coca-Cola* ist einzigartig. Viele Konsumenten lehnen daher Alternativen ab und trinken ausschließlich das Original.

Inimitable (Schwer imitierbar): Die 1886 entwickelte Rezeptur von *Coca-Cola* ist streng geheim. Trotz zahlreicher Versuche ist es bislang keinem Wettbewerber gelungen, den Geschmack authentisch nachzuahmen. Der hohe Markenwert ist auch das Ergebnis eines weltweiten Werbebudgets von rund 4 Mrd. US-Dollar jährlich.

Organized (Nutzbar): Die *Coca-Cola Company* produziert das Getränkekonzentrat, das von einem globalen Netzwerk aus 225 lizenzierten Abfüllpartnern in über 900 Werken weltweit verarbeitet wird. Dadurch ist *Coca-Cola* in nahezu allen Ländern der Erde erhältlich. Mit über 700.000 Mitarbeitern und mehr als 200 Marken ist die *Coca-Cola Company* der größte Getränkehersteller der Welt.[72]

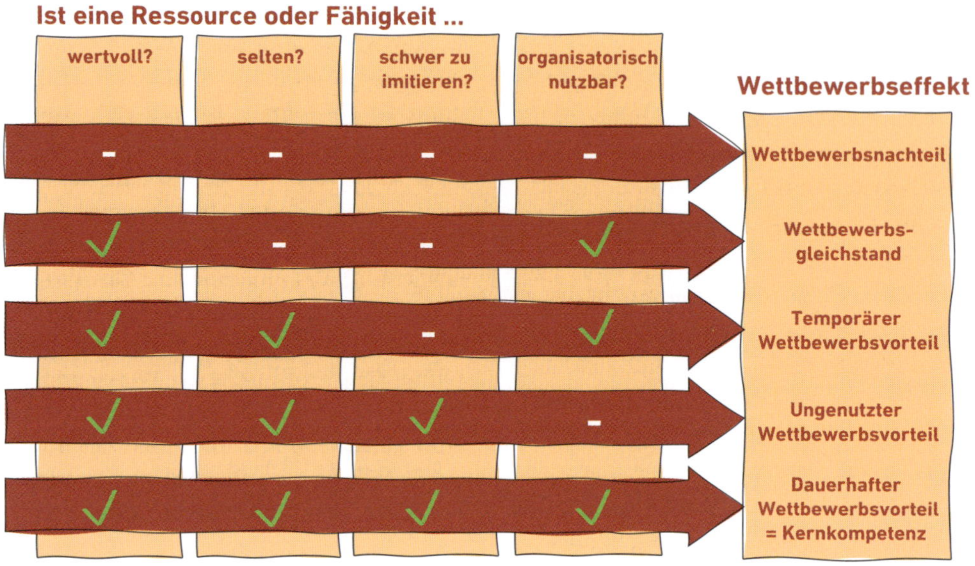

Abb. 3.2.24: VRIO-Prüfschema für Kernkompetenzen[73]

Die Bedeutung von Kernkompetenzen für ein Unternehmen lässt sich mit einem Baum vergleichen: So wie die Wurzeln den Baum mit Nährstoffen versorgen und ihm Halt geben, bilden die Kernkompetenzen die Basis des Unternehmens. Aus den Wurzeln wächst ein stabiler Stamm, der sich in weit verzweigte Äste teilt. Analog entstehen aus den Kernkompetenzen die zentralen **Kernprodukte**, die in unterschiedlichen Geschäftsfeldern einsetzbar sind und dort verschiedenste Produkte ermöglichen. Deshalb sind die Marktanteile der Kernprodukte strategisch bedeutsamer als die Marktanteile der Endprodukte. Die großen Äste stehen für die Geschäftseinheiten, die kleineren für die Produktbereiche und die Blätter symbolisieren die einzelnen Produkte. So wie Blätter im Laufe der Jahreszeiten vergehen und wieder nachwachsen, verändern sich auch die Endprodukte. Die Wurzeln bleiben hingegen bestehen und entscheiden darüber, wie fest der Baum im Boden verankert ist und ob er einem Sturm standhält.[74]

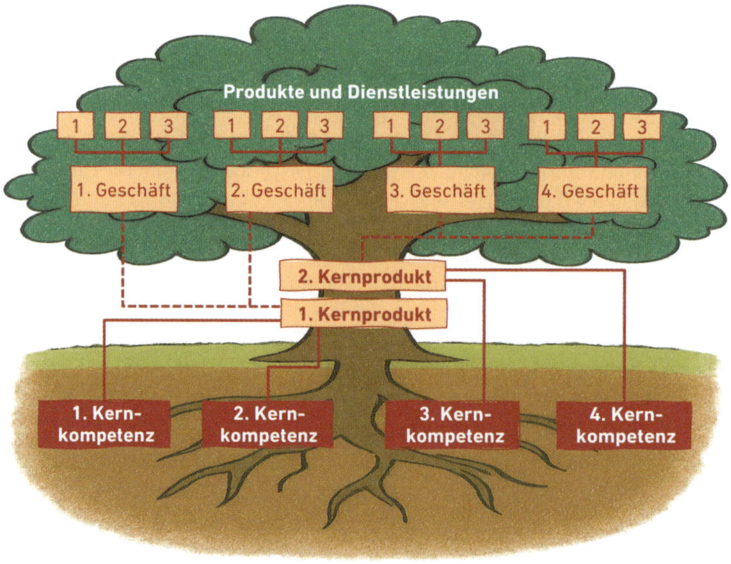

Abb. 3.2.25: Das Baum-Modell des Kernkompetenz-Ansatzes[75]

Kernkompetenzen in der Praxis

Die Kernkompetenz von *Honda* liegt in der Entwicklung und Fertigung von Motoren, die das zentrale Kernprodukt sind. Darauf basieren sämtliche Geschäftsfelder des Unternehmens – von Autos und Motorrädern bis hin zu technischen Gebrauchsgütern wie Gartengeräten, Schneefräsen, Stromaggregaten und Außenbordmotoren. Mit einer Jahresproduktion von rund 27 Millionen Stück ist *Honda* der größte Motorenhersteller der Welt.[76]

Samsung bündelt seine Kernkompetenzen in Feinmechanik, Optik, Halbleitertechnik und Elektronik zur Entwicklung und Fertigung seiner zentralen Kernprodukte: Displays und Chips. Diese bilden die technologische Grundlage für ein breites Produktspektrum, darunter Monitore, Fernseher, Smartphones und Digitalkameras. Dank seiner Kernkompetenzen ist *Samsung* seit rund 20 Jahren weltweit führender Hersteller von Fernsehern und im Jahr 2024 zum größten Smartphone-Produzenten aufgestiegen. Zudem hat das Unternehmen 2024 *Intel* überholt und ist nun auch der weltweit größte Halbleiterhersteller.[77]

Produktanalyse

Die Produktanalyse vergleicht die Leistungen eines Unternehmens mit denen der Wettbewerber. Dabei wird unter anderem untersucht, in welcher Phase des Lebenszyklus sich die Produkte befinden und welche Erfahrungskurveneffekte sie bereits erzielen konnten.

In welcher Lebenszyklusphase befinden sich die Produkte?

Lebenszyklusmodelle haben in der strategischen Unternehmensführung eine große Bedeutung. Angelehnt an die Lebensphasen eines biologischen Organismus unterscheiden sie typische Entwicklungsstadien von Produkten, Märkten, Branchen, Technologien oder anderen strategisch relevanten Betrachtungsobjekten. Diese haben in der Regel eine begrenzte Lebensdauer und unterliegen typischen Entwicklungsverläufen, für die möglichst allgemeingültige Gesetzmäßigkeiten abgeleitet werden sollen.

Der **Produktlebenszyklus** beschreibt die idealtypische Marktentwicklung eines Produkts. Anhand der Entwicklung von Umsatz und Gewinn lassen sich sechs **Lebenszyklusphasen** unterscheiden:[78]

(1) **Einführung:** In der Markteintrittsphase sind hohe Anfangsinvestitionen erforderlich, etwa für Produktionsanlagen oder Werbemaßnahmen. Der Umsatz ist in dieser Phase noch gering, sodass das Produkt seine Kosten in der Regel noch nicht decken kann.

(2) **Wachstum:** Der Umsatz steigt stark an. Nach Überschreiten der Gewinnschwelle (Break-even) wird erstmals Gewinn erzielt. In dieser Phase sind die größten Marktanteilsgewinne möglich.

(3) **Reife:** Das Umsatzwachstum lässt nach, während der Gewinn sein Maximum erreicht. Aufgrund des nachlassenden Wachstums verschärft sich der Wettbewerb. Marketingmaßnahmen entfalten weniger Wirkung, und Einsparungen bei den Stückkosten rücken stärker in den Fokus.

(4) **Sättigung:** Der Umsatz erreicht seinen Höhepunkt und geht dann allmählich zurück. Aufgrund zunehmenden Konkurrenzdrucks versuchen viele Unternehmen, sich durch Produktverbesserungen oder Preisnachlässe zu differenzieren. Diese Maßnahmen verursachen zusätzliche Kosten, während die Wirkung des Marketings nachlässt. Infolgedessen sinken die Gewinne.

(5) **Rückgang:** Der Umsatz geht deutlich zurück und Marketingmaßnahmen werden reduziert. Die Gewinne sinken weiter oder schlagen in Verluste um.

(6) **Weiterentwicklung oder Absterben:** Am Ende des Lebenszyklus wird ein Produkt in der Regel vom Markt genommen. Dies geschieht etwa aufgrund technischer Neuerungen wie bei Smartphones oder durch Substitutionsprodukte wie Musikstreaming statt CD. Alternativ kann das Produkt überarbeitet und durch einen Relaunch in einen neuen Lebenszyklus überführt werden. Die Grenze zu einer echten Innovation ist dabei oft fließend. Teilweise stabilisiert sich der Umsatz auf konstantem Niveau, was als Versteinerung bezeichnet wird. In diesem Fall bleibt das Produkt unverändert im Sortiment und wird nicht mehr aktiv vermarktet. Dies betrifft oft Produkte mit dauerhaftem Bedarf, etwa einfache Nahrungsmittel oder genormte Ersatzteile. In anderen Fällen etabliert sich das Produkt langfristig in einer Marktnische mit stabiler, aber begrenzter Nachfrage. Dies ist etwa bei analogen Fotoapparaten oder Schallplattenspielern zu beobachten, die weiterhin von Liebhabern genutzt werden.

Dieser Marktzyklus lässt sich durch einen vorgelagerten Produktentstehungszyklus und einen nachgelagerten Nachsorgezyklus zu einem **integrierten Produktlebenszyklus** erweitern.

Der **Produktlebenszyklus** beschreibt die typische Marktentwicklung eines Produkts, das in der Regel die Phasen Einführung, Wachstum, Reife, Sättigung und Rückgang durchläuft. Anschließend kann es vom Markt verschwinden, in eine Marktnische übergehen oder durch einen Relaunch erneut wachsen. Manche Produkte verharren in einem Zustand der Versteinerung, bei dem der Umsatz dauerhaft auf niedrigem Niveau stagniert.

Die Produkte eines Unternehmens sollten sich möglichst gleichmäßig auf alle Lebenszyklusphasen verteilen, um einen Ausgleich zwischen wachsenden und schrumpfenden Geschäften zu schaffen. Auf diese Weise lassen sich die phasentypisch unterschiedlichen Kosten und Gewinne ausbalancieren und Liquiditätsengpässe vermeiden.[79] Der Produktlebenszyklus liefert wertvolle Hinweise für die strategische Planung des Produktangebots im Rahmen der Produktpolitik. Da er jedoch keine allgemeingültige Gesetzmäßigkeit darstellt, kann die Entwicklung einzelner Produkte auch deutlich davon abweichen.

Welche Erfahrungskurveneffekte haben die Produkte erzielt?

Die Erfahrungskurve wurde erstmals Mitte der 1930er-Jahre im Flugzeugbau entdeckt.[80] Sie beschreibt die Entwicklung der realen Stückkosten in Abhängigkeit von der kumulierten Produktionsmenge. Typische Verläufe von Erfahrungskurven zeigt Abb. 3.2.27.

Nach dem Konzept der **Erfahrungskurve** sinken die inflationsbereinigten Stückkosten eines Produkts mit jeder Verdopplung der kumulierten Produktionsmenge potenziell um durchschnittlich 20 bis 30 %.[81]

Mögliche **Ursachen** für die Reduktion der Kosten sind:[82]

- **Lerneffekte**: Mit zunehmender Routine erledigen die Beschäftigten ihre Aufgaben besser und effizienter.
- **Skaleneffekte (Economies of Scale)**: Fixkosten wie Entwicklung, Maschinen oder Gebäude verteilen sich auf eine größere Produktionsmenge, wodurch die Stückkosten sinken.
- **Betriebsgrößendegression**: Mit zunehmender Betriebsgröße entstehen Effizienzgewinne, etwa durch Spezialisierung, bessere Auslastung von Anlagen oder professionellere Organisationsstrukturen.
- **Losgrößendegression**: Größere Fertigungslose senken die Stückkosten, da sich der Rüstaufwand auf mehr Einheiten verteilt und weniger Umrüstvorgänge erforderlich sind.
- **Rationalisierungsmaßnahmen:** Sie führen zu effizienteren Abläufen, geringerem Materialverbrauch oder reduzierten Durchlaufzeiten.
- **Technischer Fortschritt**: Automatisierung, Digitalisierung oder etwa modulare Baukastensysteme können dazu beitragen, die Kosten zu reduzieren.

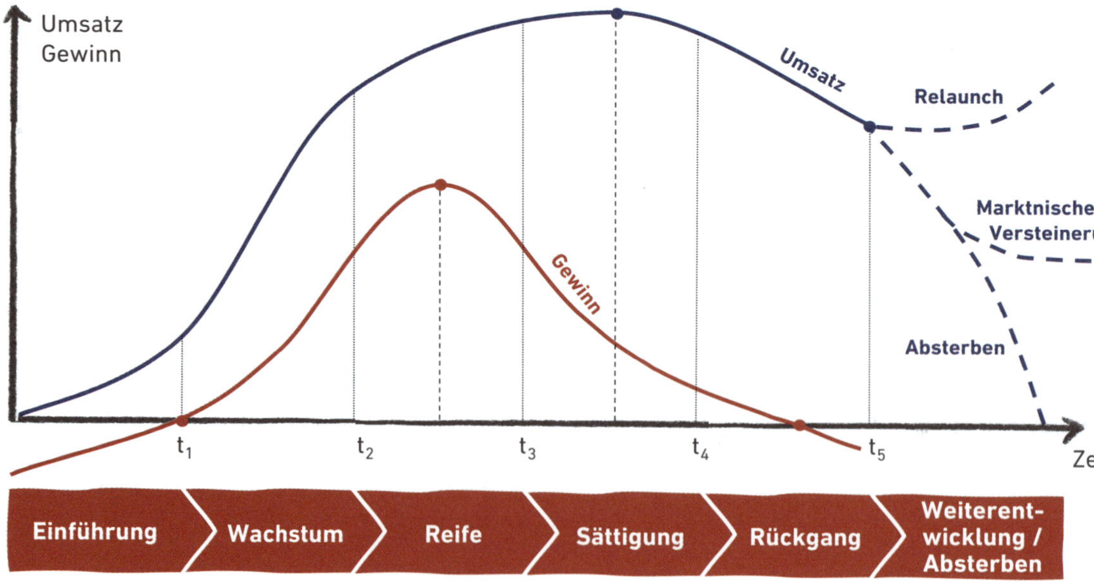

Abb. 3.2.26: Produkt-Lebenszyklus

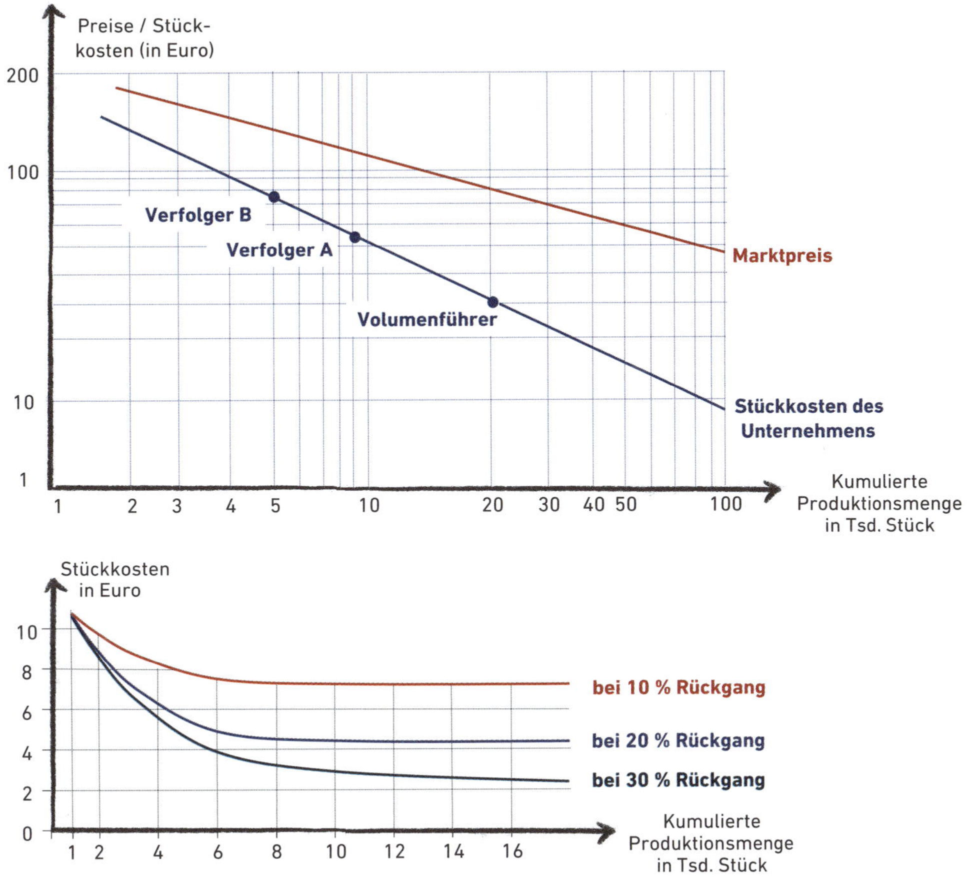

Abb. 3.2.27: Erfahrungskurve in logarithmischer Darstellung (oben) und mit normaler Skalierung (unten)[83]

Das Ausmaß des Erfahrungskurveneffekts hängt vom Produkt und der Branche ab. Die möglichen Kostensenkungen treten nicht automatisch ein, sondern erfordern gezielte Maßnahmen. Die realisierten Einsparungen werden häufig durch Preissenkungen an die Kunden weitergegeben, um Wettbewerber unter Druck zu setzen und keine neuen Konkurrenten durch hohe Gewinnmargen anzulocken.

Während sich Erfahrungskurveneffekte auf ein einzelnes Produkt beziehen, können Unternehmen mit mehreren Produkten zusätzlich **Verbundvorteile (Economies of Scope)** erzielen. Greifen verschiedene Produkte gemeinsam auf unternehmensinterne Ressourcen wie Fertigung, Logistik, Finanzen oder Vertrieb zurück, dann senkt dies die durchschnittlichen Stückkosten. Darüber hinaus lassen sich durch Synergien und Diversifikation auch der Markterfolg und die Wettbewerbsfähigkeit steigern.

Strategische Konsequenzen aus der Erfahrungskurve sind:[84]

- **Hohe Marktanteile** sind eine wichtige Voraussetzung für hohe Rentabilität. Der Mengenführer erzielt bei gleichem Marktpreis aufgrund der geringsten Stückkosten die höchste Gewinnspanne und hat damit das größte Erfolgspotenzial.
- Der **Ausbau der Marktanteile** ist besonders in wachsenden Märkten entscheidend. Da dort die kumulierte Produktionsmenge schnell steigt, wirken sich Erfahrungskurveneffekte besonders deutlich aus.

Das Ausmaß des Erfahrungskurveneffekts lässt sich auch anhand der Entwicklung der Marktpreise abschätzen. Allerdings sind sinkende Preise nicht ausschließlich auf geringere Kosten zurückzuführen, sondern können ebenso durch intensiven Wettbewerb verursacht werden.[85] Ein Zuwachs an Produktionserfahrung führt zudem nicht zwangsläufig zu relativen Kostenvorteilen, insbesondere dann nicht, wenn die daraus resultierenden Einsparungen allen Marktteilnehmern gleichermaßen zugutekommen. In der Halbleiterindustrie profitieren etwa alle Hersteller von neuen Fertigungstechnologien, wodurch kein Anbieter daraus einen wesentlichen Kostenvorteil erzielen kann.

Auch bei kurzlebigen Produkten wie Smartphones oder Modeartikeln sind Erfahrungseffekte möglich. Sie beziehen sich allerdings dann eher auf die zugrunde liegende Basistechnologie, standardisierte Komponenten oder wiederverwendbare Module. Bei den Endprodukten selbst ist die Relevanz hingegen meist gering, insbesondere wenn sie nur in begrenzter Stückzahl hergestellt werden oder nur für kurze Zeit am Markt sind.

Ein Beispiel für einen Erfahrungskurveneffekt ist die in Abb. 3.2.28 logarithmisch dargestellte Entwicklung der inflationsbereinigten Weltmarktpreise für Photovoltaikmodule. Ein Watt-Peak (Wp) bezeichnet dabei die Spitzenleistung eines Solarmoduls unter idealen Bedingungen. Zwischen 2010 und 2020 sind die Preise um rund 90 % gesunken. Allerdings trugen auch massive Subventionen der chinesischen Solarindustrie und deren Überkapazitäten zu diesem Rückgang bei. Der Erfahrungskurveneffekt bei Photovoltaikmodulen wird insgesamt auf etwa 25 % geschätzt.[86]

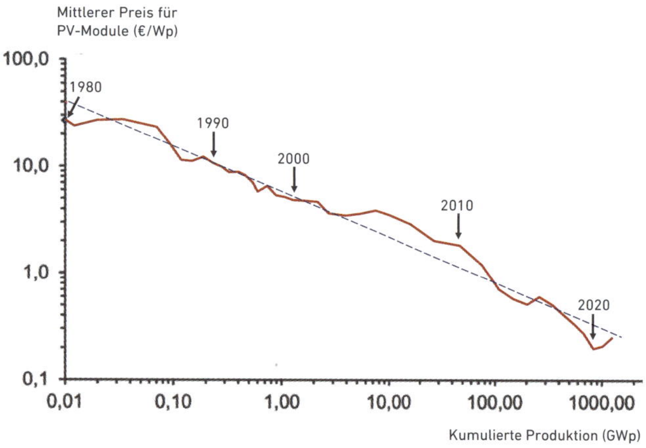

Abb. 3.2.28: Entwicklung der realen Preise von Photovoltaikmodulen[87]

Analyse des Geschäftsmodells

Jedes Unternehmen hat ein individuelles Geschäftsmodell. Es legt fest, wie das Unternehmen seine Ressourcen, Fähigkeiten und Kompetenzen einsetzt, um die Kundenbedürfnisse zu erfüllen und dadurch Geld zu verdienen.

> Das **Geschäftsmodell** umfasst die zentralen Prinzipien der Geschäftstätigkeit eines Unternehmens. Es beschreibt, welchen Nutzen es seinen Kunden bietet, wie dieser erzeugt wird und auf welche Weise daraus Einnahmen erzielt werden.

Die wesentlichen **Elemente eines Geschäftsmodells** sind:[88]

- Das **Nutzenversprechen** beschreibt den Mehrwert, den das Unternehmen seinen Kunden bietet.
- Das **Wertschöpfungsmodell** erklärt, wie dieser Mehrwert durch den Einsatz interner Ressourcen, Fähigkeiten und Kompetenzen sowie durch Kooperation mit externen Partnern erzeugt wird.
- Das **Ertragsmodell** zeigt, wie das Unternehmen damit Einnahmen erzielt.

Ein praxisorientiertes Modell zur Beschreibung, Analyse und Entwicklung von Geschäftsmodellen ist die **Geschäftsmodellkontur** (Business Model Canvas). Sie gliedert das Geschäftsmodell in neun zentrale **Bausteine**, die sich den drei Kernelementen zuordnen lassen:[89]

- **Nutzenversprechen (Customer Value Proposition)**
  - **Kundensegmente:** Die Zielgruppen, für die das Unternehmen seine Leistungen anbietet.
  - **Kundenbeziehungen**: Wie das Unternehmen den Kontakt zu seinen Kunden gestaltet und pflegt.
  - **Kanäle:** Kommunikations- und Vertriebswege, über welche die Kunden erreicht und die Leistungen bereitgestellt werden.
  - **Wertangebote:** Produkte und Dienstleistungen, um konkrete Kundenbedürfnisse zu befriedigen.
- **Wertschöpfungsmodell (Value Creation)**
  - **Schlüsselressourcen:** Materielle, immaterielle und finanzielle Mittel zur Umsetzung des Geschäftsmodells.
  - **Schlüsselaktivitäten:** Zentrale Tätigkeiten, um das Nutzenversprechen zu erfüllen, die Kundenbeziehungen aufrechtzuerhalten, Vertriebskanäle zu bedienen und Einnahmen zu generieren.
  - **Schlüsselpartner:** Strategische Kooperationspartner, die kritische Ressourcen bereitstellen, zentrale Aktivitäten übernehmen, Skaleneffekte ermöglichen oder Zugang zu wichtigen Märkten, Technologien und Netzwerken verschaffen.
- **Ertragsmodell (Revenue Model)**
  - **Kostenstruktur:** Zusammensetzung der Kosten, die bei der Umsetzung des Geschäftsmodells entstehen.
  - **Einnahmequellen:** Art und Herkunft der Erlöse, die im Rahmen des Geschäftsmodells erzielt werden.

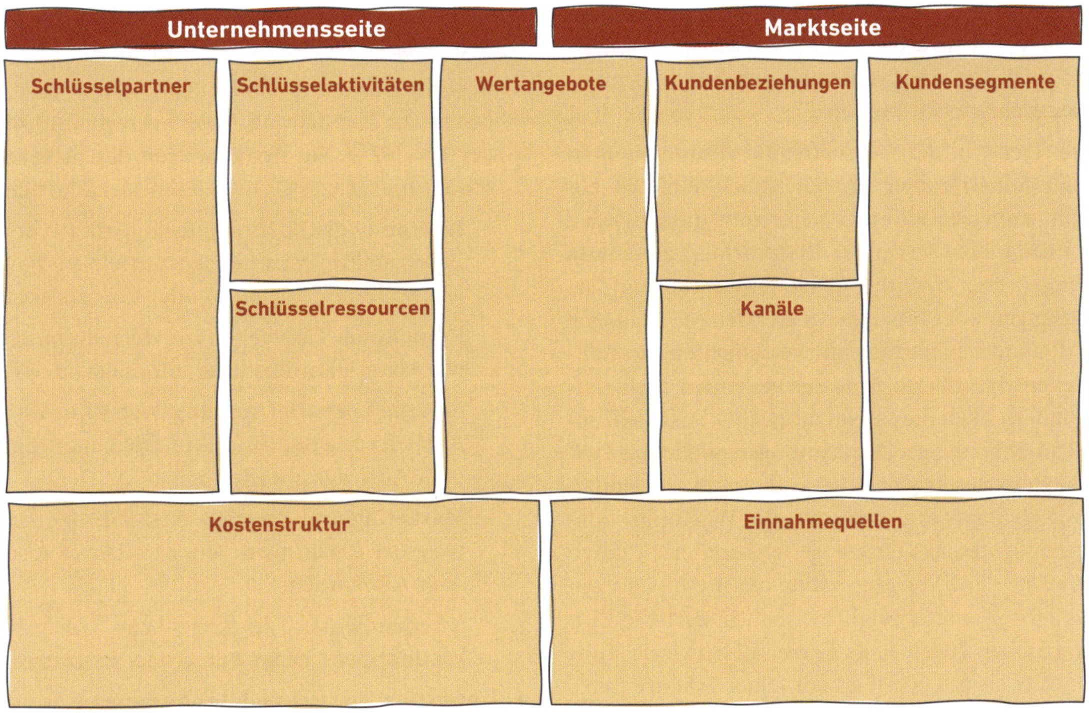

Abb. 3.2.29: Geschäftsmodellkontur[90]

Die Digitalisierung führt zu grundlegenden Veränderungen vieler Geschäftsmodelle. Die hohe Transparenz von Angeboten und Preisen im Internet verstärkt den Wettbewerbsdruck und verbessert die Position der Kunden. Dieses Phänomen wird auch als reverser Markt bezeichnet. Gleichzeitig ermöglicht die Digitalisierung auch kleinen Unternehmen und Selbstständigen, ihre Produkte und Dienstleistungen weltweit zu vermarkten.

Digitale Geschäftsmodelle lassen sich nach dem angebotenen Leistungsinhalt unterscheiden:[91]

- **Content:** Erstellung, Aufbereitung und Bereitstellung von Inhalten wie Nachrichten, Videos oder Unterhaltung, die dem Nutzer personalisiert, übersichtlich und ansprechend zur Verfügung gestellt werden. Beispiele sind Nachrichtenmagazine wie *Spiegel-Online* oder Videoplattformen wie *YouTube.*
- **Commerce:** Die digitale Abwicklung geschäftlicher Transaktionen spart im Vergleich zur manuellen Durchführung Zeit und Kosten. Beispiele sind der Online-Marktplatz *Amazon*, der Modeanbieter *Zalando* oder die Auktionsplattform *eBay.*
- **Context:** Zielgerichtete Sortierung und individuelle Aufbereitung online verfügbarer Informationen, um dem Nutzer gesuchte Inhalte klar strukturiert und übersichtlich bereitzustellen. Durch die sehr hohen Zugriffsraten dominieren hierbei indirekte Erlösformen wie Bannerwerbung. Ein Beispiel ist die marktbeherrschende Suchmaschine *Google.*
- **Connection:** Bereitstellung digitaler Infrastrukturen, die den Informationsaustausch zwischen Nutzern, Geräten und Anbietern ermöglichen. Beispiele sind Internetdienstanbieter (Internet Service Provider) wie die Zugangsanbieter *Deutsche Telekom* und *Telefónica Deutschland (O2)* oder die Webhosting- und Domain-Anbieter *IONOS* und *Strato.*

Das Ertragsmodell digitaler Geschäftsmodelle stützt sich auf Transaktionsgebühren, Werbeerlöse, Zugangs- und Mitgliedsgebühren oder Spenden. Es wird in Kapitel 5.2.1 näher erläutert. Bei Internetdienstleistern besonders verbreitet ist das **Freemium-Erlösmodell**: Um die Netzwerkeffekte einer Plattform und mögliche Werbeeinnahmen zu erhöhen, wird eine große Zahl von Nutzern über ein kostenloses, jedoch eingeschränktes Basisangebot angelockt. Ergänzend wird eine kostenpflichtige Premium-Version mit zusätzlichen Funktionen angeboten.[92] Auf diese Weise agiert etwa das Karrierenetzwerk *LinkedIn.*

Die Geschäftsmodellanalyse dient dazu, das eigene Geschäft besser zu verstehen und gezielt weiterzuentwickeln.

Zudem wird geprüft, ob das Modell skalierbar ist, also ein quantitatives Wachstum ermöglicht. Da Geschäftsmodelle nicht dauerhaft gültig sind, sollten sie regelmäßig hinterfragt und weiterentwickelt werden.

Ein zentraler Trend in der Geschäftsmodellinnovation ist **Servitization**: Industrieunternehmen entwickeln sich zunehmend vom reinen Produkthersteller zum umfassenden Lösungsanbieter, indem sie ihr Produktportfolio gezielt um Dienstleistungen wie Wartung, Ersatzteilversorgung, Beratung, Schulungen oder Finanzierung erweitern. Dadurch stärken sie die Kundenbindung und erschließen zusätzliche Erlösquellen. Integrierte Anbieter verkaufen nicht nur Produkte, sondern auch deren Nutzung. Dies geschieht oft mithilfe leistungsabhängiger Abrechnungsmodelle wie Pay-per-Use. Ein bekanntes Beispiel ist das „Power by the Hour"-Modell von *Rolls-Royce*, bei dem sich die Wartungs- und Instandhaltungskosten der Flugzeugtriebwerke nach deren Einsatzzeit richten. Die Verträge haben meist eine Laufzeit von 10 bis 15 Jahren und ermöglichen kontinuierliche Einnahmen. Inzwischen erzielt *Rolls-Royce* mit Serviceleistungen mehr Umsatz als mit dem Verkauf seiner Triebwerke.[93]

Durch den Vergleich mit den Geschäftsmodellen der Wettbewerber lassen sich zentrale Erfolgsfaktoren einer Branche oder eines Marktes identifizieren. Besonders aufschlussreich ist in diesem Zusammenhang eine vertiefte Betrachtung der betrieblichen Wertschöpfung im Rahmen einer Wertkettenanalyse.

Wertkettenanalyse

Die Wertschöpfung eines Unternehmens entspricht dem geschaffenen Mehrwert, also der Differenz zwischen dem Wert des Endprodukts und den zugekauften Materialien, Komponenten und Dienstleistungen. Zur Analyse möglicher Wettbewerbsvorteile kann das Wertschöpfungsmodell eines Unternehmens mithilfe der Wertkettenanalyse (Value Chain Analysis) untersucht werden. Dabei wird das Unternehmen als Gesamtheit einzelner Aktivitäten verstanden, die wie Glieder einer Kette gemeinsam zur Wertschöpfung beitragen.[94] Im Fokus stehen nicht detaillierte Abläufe, sondern die strategisch relevanten Unterschiede zur Konkurrenz. Die eigenen Aktivitäten können dann so gestaltet werden, dass die Leistungen günstiger angeboten werden können oder sich klar vom Wettbewerb differenzieren.

> Die **Wertkettenanalyse** untersucht alle primären und unterstützenden Aktivitäten zur Erstellung und Vermarktung der Leistungen des Unternehmens. Ziel ist es, die Quellen möglicher Wettbewerbsvorteile zu erkennen und daraus Ansatzpunkte zur Optimierung des Geschäftsmodells abzuleiten.

Die Wertschöpfung entsteht durch systematische Verknüpfung folgender **Wertaktivitäten** zu einer Wertkette:[95]

- **Basisaktivitäten (primäre Aktivitäten)** sind alle Tätigkeiten zur Herstellung, Vermarktung und Auslieferung der Produkte. Sie strukturieren den Ablauf des Wertschöpfungsprozesses in aufeinanderfolgende Stufen:
  - **Interne Logistik** (Eingangslogistik): Aktivitäten zur Bereitstellung von Betriebsmitteln und Werkstoffen, wie Materialdisposition oder Eingangskontrolle.
  - **Produktion:** Tätigkeiten zur Herstellung der Produkte, wie Materialumformung, Montage oder Verpackung.
  - **Externe Logistik** (Ausgangslogistik): Aktivitäten zur Auslieferung der Produkte, wie Lagerung, Transport oder Auftragsabwicklung.
  - **Marketing und Vertrieb:** Maßnahmen zur Vermarktung der Leistungen, wie Kundenakquise, Werbung oder Außendienst.
  - **Kundendienst:** Tätigkeiten zur Werterhaltung des Produkts, wie Reparaturen oder Ersatzteillieferungen.
- **Unterstützende (sekundäre) Aktivitäten** ermöglichen die Durchführung der Basisaktivitäten.
  - **Beschaffung:** Einkaufsaktivitäten, wie die Bestellung von Rohstoffen oder Bauteilen.
  - **Technologieentwicklung:** Maßnahmen zur Weiterentwicklung von Produkten und Prozessen, wie Produktentwicklung, Verfahrensoptimierung oder Prozessmanagement.
  - **Personalmanagement:** Sämtliche mitarbeiterbezogenen Aufgaben zur systematischen und wirkungsvollen Gestaltung der Personalarbeit im Unternehmen (vgl. Kap. 6.1).
  - **Unternehmensinfrastruktur:** Führungs- und Informationssysteme zur Planung und Kontrolle sowie Organisation. Hierzu gehören etwa das Rechnungswesen, die Rechtsabteilung oder die Unternehmensführung.

Die Wertkette umfasst alle Aktivitäten eines Unternehmens, die gemeinsam für den Kunden einen Nutzen erzeugen, für den dieser bereit ist zu bezahlen. Bei einem hochwertigen Rennrad gehören dazu sämtliche Wertschöpfungsaktivitäten von Entwicklung, Design und Materialbeschaffung über Fertigung, Vermarktung und Vertrieb bis hin zur Montage. Für diese Gesamtleistung zahlt der Kunde beispielsweise 7.000 Euro. Zieht man davon die Kosten der einzelnen Wertaktivitäten ab, ergibt sich daraus die Gewinnspanne des Unternehmens.

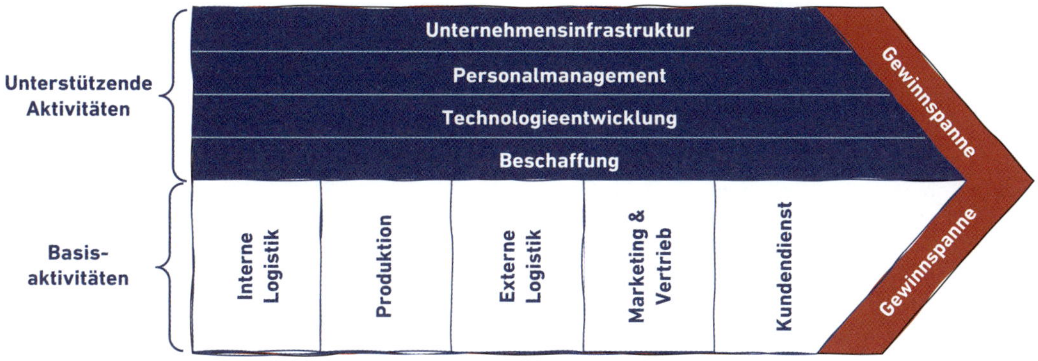

Abb. 3.2.30: Wertkette[96]

Nicht nur die einzelnen Wertaktivitäten selbst, sondern vor allem deren Verknüpfung entscheidet über die Erzielung möglicher Wettbewerbsvorteile. So kann beispielsweise die enge Zusammenarbeit von Technologieentwicklung, Produktion und Kundendienst dafür sorgen, dass eine neue Maschine schnell und zuverlässig ausgeliefert und sachgemäß beim Kunden installiert wird. Die Analyse der eigenen Wertkette sowie der Vergleich mit Wettbewerbern macht Stärken und Schwächen des Unternehmens sichtbar, wie das Fallbeispiel *MöBella* zeigt.[97]

Da die Wertkette eines Unternehmens heutzutage meist eng mit den Lieferanten, Kooperations- und Vertriebspartnern verknüpft ist, entsteht daraus ein **integriertes Wertschöpfungssystem**. Der Wettbewerb innerhalb einer Branche findet daher nicht mehr zwischen einzelnen Unternehmen, sondern zwischen konkurrierenden Wertschöpfungssystemen statt. Die beteiligten Partner konzentrieren sich dabei auf ihre jeweiligen Kernkompetenzen. Durch ein **Supply Chain Management** sollen die unternehmensübergreifenden Güter-, Informations- und Geldflüsse wirksam aufeinander abgestimmt und kontinuierlich verbessert werden.[98] Abb. 3.2.31 zeigt beispielhaft die Verflechtungen innerhalb eines Wertschöpfungssystems.

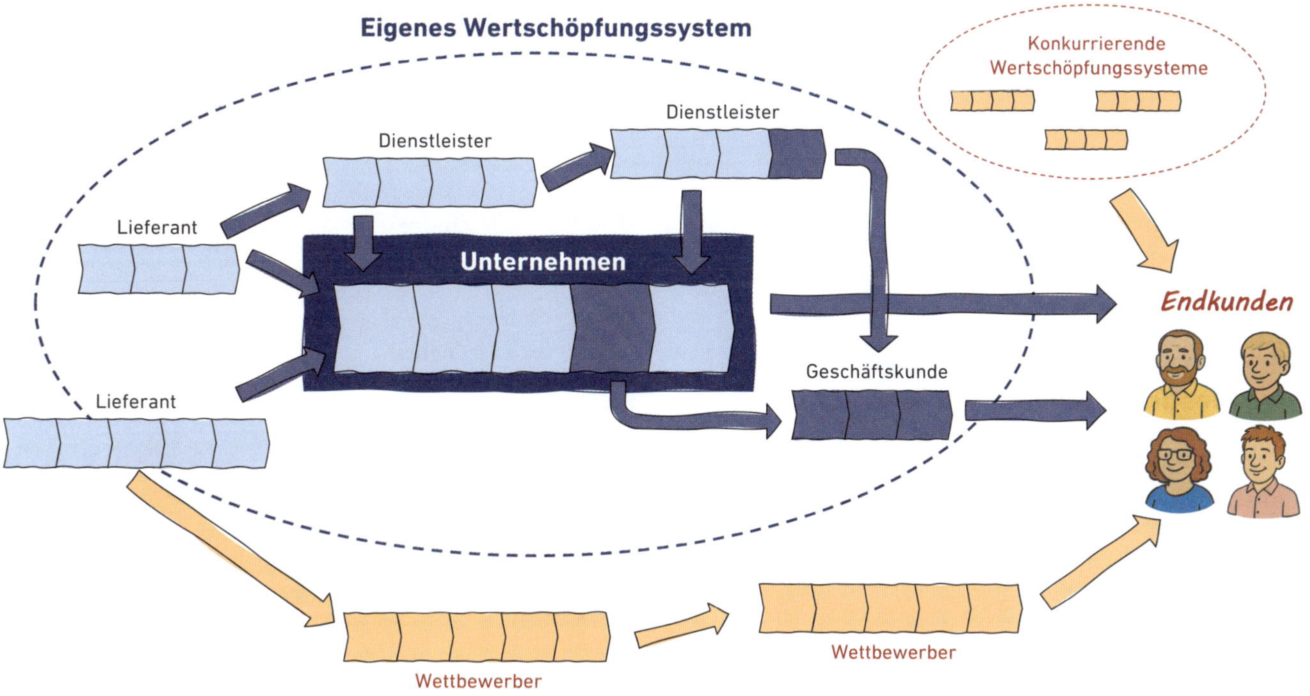

Abb. 3.2.31: Konkurrierende überbetriebliche Wertschöpfungssysteme[99]

Wertkettenanalyse bei MöBella

Aufgrund der flachen Hierarchien und des patriarchalischen Führungsstils des geschäftsführenden Gesellschafters *Erwin Eder* werden Entscheidungen bei der *MöBella GmbH* rasch und unbürokratisch getroffen. Die meisten Mitarbeiter kennen nicht nur ihre eigenen Aufgaben, sondern auch die vor- und nachgelagerten Tätigkeiten ihrer Kollegen. Zudem sind viele Führungskräfte für mehrere Funktionsbereiche verantwortlich, was eine enge Verzahnung der Wertschöpfungsaktivitäten erleichtert.

Die **Wertschöpfungskette** von *MöBella* unterscheidet sich deutlich von der des Discountmöbelherstellers *IKEA*:

- Während *IKEA* seinen weltweiten Einkauf zentral organisiert, erfolgt die Rohstoffbeschaffung bei *MöBella* dezentral und bedarfsgerecht durch den Produktionsleiter – unter anderem bei einem langjährigen Lieferanten aus dem Schwarzwald. Dadurch sind die Materialien optimal auf die Produktionsanlagen abgestimmt und weisen eine konstant hohe Qualität auf. Diese dezentrale Beschaffung führt jedoch zu höheren Kosten.
- *MöBella* fertigt die gesamte Produktpalette im eigenen Werk, um flexibel auf individuelle Kundenwünsche reagieren zu können. *IKEA* hingegen lässt seine Produkte weltweit von externen Partnern produzieren, um die Herstellungskosten möglichst niedrig zu halten.
- *MöBella* liefert seine Produkte direkt an die Endkunden und übernimmt auch die fachgerechte Montage vor Ort. Bei *IKEA* hingegen holen die Kunden ihre Möbel meist selbst ab und bauen sie eigenständig zusammen. Dafür erhalten sie im Gegenzug einen günstigeren Preis.
- *MöBella* vertreibt seine Produkte über den Möbeleinzelhandel. Außendienstmitarbeiter betreuen die Handelspartner, nehmen Aufträge entgegen, erfassen Kundenwünsche und bearbeiten Reklamationen. *IKEA* hingegen verkauft ausschließlich über eigene Einrichtungshäuser sowie den firmeneigenen Online-Shop und sichert sich dadurch die gesamte Handelsspanne.

3.2.3 Die strategischen Handlungsoptionen bestimmen

Die Zusammenführung der vielfältigen Ergebnisse der Umwelt- und Unternehmensanalysen zeigt die strategische Situation des Unternehmens und verdeutlicht den daraus resultierenden Handlungsbedarf.

Die **SWOT-Analyse** kombiniert die internen Stärken (**S** = Strengths) und Schwächen (**W** = Weaknesses) mit den externen Chancen (**O** = Opportunities) und Gefahren (**T** = Threats). Daraus lassen sich strategische Optionen ableiten, um Stärken zu nutzen, Schwächen zu reduzieren, Chancen zu realisieren und Gefahren entgegenzuwirken.

Dies erfolgt in **fünf Schritten:**[100]

(1) **Zusammenfassung der Chancen und Gefahren:** Aus den Umweltanalysen werden die als Chancen oder Gefahren bewerteten Entwicklungen und Einflussfaktoren zusammengeführt. Chancen sind beispielsweise neue Märkte oder Vertriebskanäle. Beispiele für Gefahren sind in den Markt eintretende ausländische Konkurrenten oder eine konjunkturelle Abschwächung. Einige Chancen und Gefahren lassen sich erst im Gesamtbild der strategischen Ausgangslage erkennen. So kann etwa die Wettbewerbsfähigkeit sinken, wenn gleichzeitig neue Anbieter aus China in den Markt eintreten und die Preise wichtiger Rohstoffe steigen.

(2) **Zusammenfassung der Stärken und Schwächen:** Die in der Unternehmensanalyse identifizierten Stärken und Schwächen werden in einem Stärken-Schwächen-Profil gebündelt. Der Fokus liegt auf dem Vergleich mit den relevanten Wettbewerbern. Bereiche, in denen ein Unternehmen im Branchenvergleich durchschnittlich abschneidet, werden nur am Rande berücksichtigt. Stärken können beispielsweise hoch qualifizierte Mitarbeiter, internationale Marktpräsenz oder eine führende Technologieposition sein; Schwächen wären hingegen langsame Entscheidungsprozesse oder ein fehlender Zugang zu wichtigen Rohstoffen.

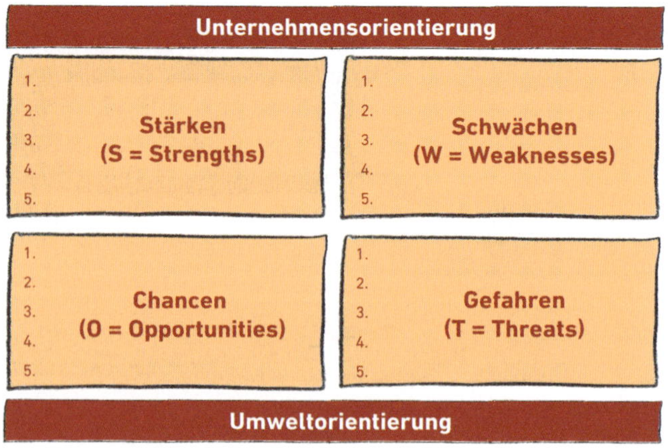

Abb. 3.2.32: SWOT-Inventar

(3) **Priorisierung:** Chancen und Gefahren sowie Stärken und Schwächen werden nach ihrer strategischen Relevanz geordnet und in einem SWOT-Inventar als Momentaufnahme der aktuellen Situation zusammengefasst, um eine fundierte Grundlage für die Strategieentwicklung zu schaffen.

(4) **Gegenüberstellung** von Chancen und Gefahren sowie Stärken und Schwächen in der SWOT-Matrix, die teilweise auch als TOWS-Matrix bezeichnet wird.

(5) **Ableitung von Normstrategien:** Die Chancen und Gefahren werden mit den Stärken und Schwächen kombiniert, um daraus strategische Handlungsalternativen abzuleiten.

- **S-O-Strategien: Offensivstrategien** sind der Idealfall. Die eigenen Stärken dienen dazu, externe Chancen zu nutzen und die Wettbewerbsposition auszubauen. So kann ein Unternehmen durch seine technologische Stärke vom Marktwachstum in Asien profitieren und dort eine Expansion vorantreiben.
- **W-O-Strategien: Entwicklungsstrategien** sollen interne Schwächen überwinden, um externe Chancen zu ergreifen. Um in eine S-O-Situation zu gelangen, muss das Unternehmen gezielt aufholen. Die Beseitigung von Schwächen wird dabei durch die Wahrnehmung von Chancen unterstützt. Ein Unternehmen, das mit dem asiatischen Markt nur wenig vertraut ist, kann beispielsweise durch ein Joint Venture mit einem lokalen Partner den Marktzugang verbessern und dessen Vertriebsnetz nutzen.
- **S-T-Strategien: Präventionsstrategien** zielen darauf ab, vorhandene Stärken einzusetzen, um externen Gefahren vorzubeugen oder deren Auswirkungen zu mindern. So kann beispielsweise eine führende technologische Position genutzt werden, um der Gefahr neuer Wettbewerber aus Asien zu begegnen.
- **W-T-Strategien: Defensivstrategien** sind im Falle des Aufeinandertreffens von Schwächen und Gefahren erforderlich. Um existenzbedrohliche Situationen zu vermeiden, sollten die betreffenden Schwächen abgebaut werden. Hat ein Unternehmen etwa zu hohe Produktionskosten und sieht sich der Gefahr günstiger Konkurrenz aus Asien gegenüber, kann es durch eine Fertigungskooperation mit einem chinesischen Produzenten wieder wettbewerbsfähig werden.

Die SWOT-Analyse liefert einen systematischen Überblick über die Ergebnisse der strategischen Analysen. Sie ist eine weit verbreitete und vergleichsweise einfache Methode zur Ableitung strategischer Handlungsoptionen. Allerdings ist die Bewertung der Rangfolgen häufig subjektiv, und viele Kriterien lassen sich nur schwer quantifizieren.

Die erarbeiteten Strategiealternativen sind anschließend hinsichtlich ihrer Realisierbarkeit, des erforderlichen Ressourceneinsatzes und des damit verbundenen Risikos zu bewerten, zu priorisieren und auszuwählen. Dabei können sich strategische Handlungsoptionen gegenseitig verstärken oder auch ausschließen. Die Strategieformulierung legt fest, welche Alternativen umgesetzt werden sollen. Sie umfasst die Bewertung und Auswahl der Optionen sowie deren Verknüpfung zu einer konsistenten Gesamtstrategie (vgl. Kap. 3.1.2).

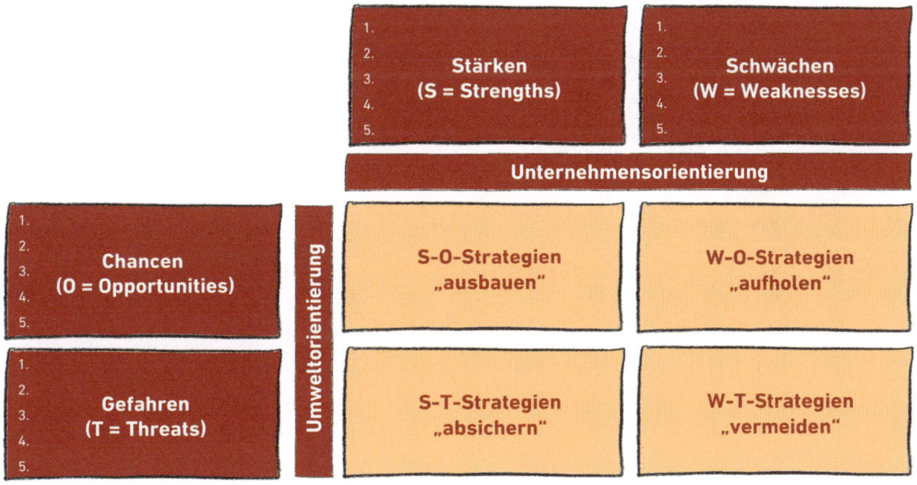

Abb. 3.2.33: SWOT-Matrix[101]

SWOT-Analyse bei MöBella

Die Ergebnisse der strategischen Analysen fasst *MöBella* zunächst in einem SWOT-Inventar zusammen. Die anschließende Kombination von Chancen und Gefahren mit den Stärken und Schwächen in der SWOT-Matrix führt zu verschiedenen **strategischen Handlungsoptionen**:

- **S-O-Strategien**: *MöBella* nutzt die Stärke seiner flexiblen Eigenfertigung und hohen Qualität, um die Chance einer steigenden Nachfrage nach hochpreisigen Premiummöbeln zu ergreifen. Durch agile Produktionsteams und die Einführung eines modularen Baukastensystems soll gezielt auf individuelle Kundenwünsche eingegangen werden.
- **W-O-Strategien**: Um die hohe Abhängigkeit vom Möbeleinzelhandel zu reduzieren und direkte Kundenbeziehungen aufzubauen, soll die Marke *MöBella* bei Endkunden bekannter gemacht werden. Geplant sind unter anderem Online-Marketingkampagnen, gezielte Social-Media-Aktivitäten, Kooperationen mit Influencern sowie eine stärkere Präsenz auf Endverbrauchermessen. Parallel sollen neue Fertigungsverfahren die Kostenstruktur verbessern.
- **S-T-Strategien**: *MöBella* nutzt seine hohe Produktqualität und das handwerkliche Know-how, um sich bewusst vom preisdominierten Wettbewerb abzugrenzen. Durch langlebige und individuell konfigurierbare Möbel spricht das Unternehmen gezielt anspruchsvolle Kunden an, die Wert auf Qualität und Nachhaltigkeit legen. Dadurch distanziert sich *MöBella* vom Trend zur Billigware.
- **W-T-Strategien**: Angesichts der zunehmenden Konkurrenz durch internationale Möbel-Discounter und gleichzeitig begrenzter digitaler Vertriebsstrukturen will *MöBella* seine Online-Präsenz ausbauen. Durch die Einführung eines modernen Webshops sollen sowohl die Reichweite erhöht als auch bestehende Schwächen im Direktvertrieb überwunden werden.

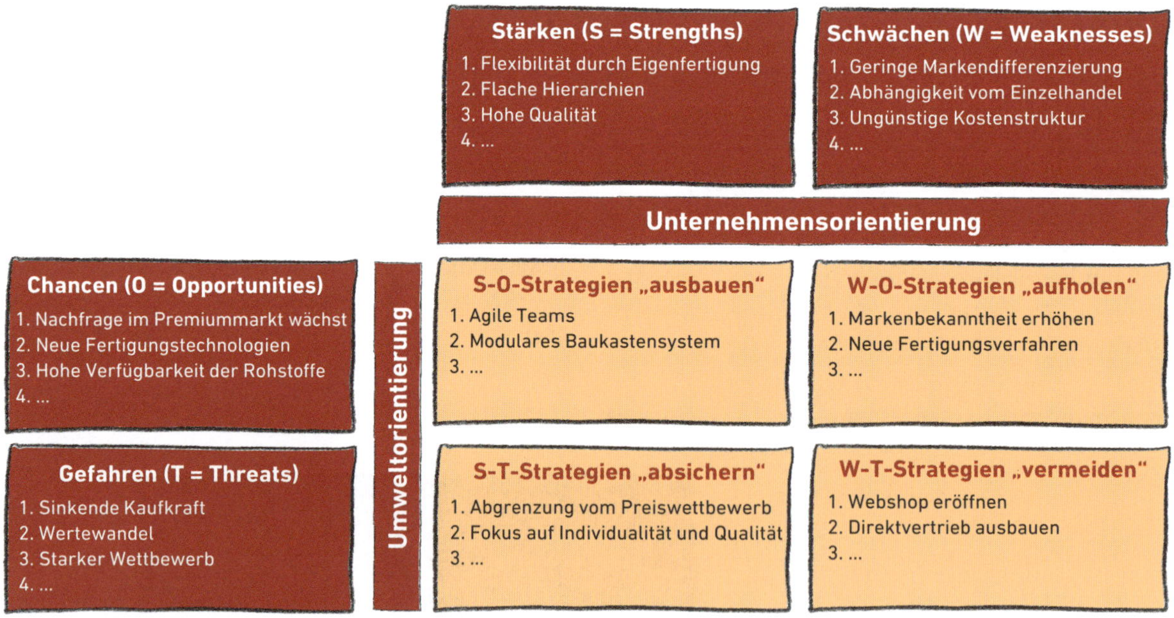

Abb. 3.2.34: SWOT-Matrix von MöBella

3.3 Die richtige Strategie auswählen

Auf Basis der strategischen Analyse gilt es, aus einer Vielzahl potenzieller Optionen diejenigen Strategien auszuwählen, welche aufeinander abgestimmt eine klare strategische Stoßrichtung ergeben. Die Strategieauswahl bestimmt maßgeblich die zukünftige Entwicklung des Unternehmens und bildet die Grundlage für dessen langfristigen Erfolg.

Wie in Kapitel 3.1.1 dargestellt, werden Strategien grundsätzlich nach ihrem organisatorischen Geltungsbereich unterschieden in Strategien für das Gesamtunternehmen, für einzelne strategische Geschäftseinheiten sowie für betriebliche Funktionsbereiche. Darüber hinaus lassen sich Strategien nach der *Entwicklungsrichtung* in Wachstums-, Stabilisierungs- und Schrumpfungsstrategien einteilen oder nach dem *Marktverhalten* in Angriffs- und Verteidigungsstrategien. *Organisationsübergreifende Strategien* wie Internationalisierungs- und Kooperationsstrategien betreffen nicht nur das eigene Unternehmen, sondern erfordern die Abstimmung mit externen Partnern.[102]

Im Folgenden werden die wichtigsten Strategietypen kurz erläutert. *Portfolio- und Wachstumsstrategien* beziehen sich auf das gesamte Unternehmen, während *Wettbewerbsstrategien* die Positionierung der strategischen Geschäftseinheiten festlegen. *Geschäftsmodellstrategien* können je nach Unternehmensstruktur beiden Ebenen zugeordnet sein: In Unternehmen mit nur einem Geschäftsbereich betreffen sie das Gesamtunternehmen, in diversifizierten Unternehmen die strategischen Geschäftseinheiten, die meist ein eigenes Geschäftsmodell verfolgen. Zum besseren Verständnis werden die Strategietypen anhand des Fallbeispiels der *Schlummer GmbH* veranschaulicht, deren strategische Ausgangssituation zunächst dargestellt wird.

3.3.1 Portfoliostrategien: Die Geschäftseinheiten ausbalancieren

Die strategische Unternehmensführung stellt insbesondere für mittlere und große Unternehmen, die mit zahlreichen Produkten in unterschiedlichen Branchen, Märkten und Ländern tätig sind, eine komplexe Herausforderung dar. Auf Ebene des Gesamtunternehmens müssen die strategischen Geschäftseinheiten hinsichtlich ihres Ressourcenverbrauchs und ihres Beitrags zum Unternehmenswert aufeinander abgestimmt und auf eine übergeordnete Zielsetzung ausgerichtet werden (vgl. Kap. 1.4.2). Mithilfe der Portfolio-Analyse lassen sich Ressourcen, Zahlungsflüsse und Risiken zwischen den Geschäftseinheiten gezielt koordinieren und ausbalancieren.[104] Im Folgenden wird zunächst die Portfoliotechnik grundsätzlich erläutert, bevor auf ausgewählte Portfolio-Analysen und entsprechende Strategieempfehlungen eingegangen wird.

Strategische Ausgangssituation der Schlummer GmbH

Die *Schlummer GmbH* ist eine Tochtergesellschaft der *MöBella-Gruppe*. Sie produziert und vertreibt Komplettbetten bestehend aus Bettgestell, Lattenrost und Matratze (vgl. Kap. 1.1.4). Der Vertrieb erfolgt bislang ausschließlich über den Fachhandel. Die Kernkompetenzen der *Schlummer GmbH* liegen im Design der Bettrahmen und in der Entwicklung besonders komfortabler Matratzen. Mit ihren drei Modellreihen – Schlafgut (Federkern), Träumsüß (Schaumstoff) und Tiefschlaf (Latex) – gilt das Unternehmen in der Branche als qualitativ hochwertiger Anbieter.[103]

Erwin Eder, Geschäftsführer der *MöBella-Gruppe*, ist mit der Entwicklung des Unternehmens seit der Übernahme unzufrieden. Daher fordert er von *Susanne Schlummer* eine neue strategische Ausrichtung. Für das Premiumsegment möchte er ein bereits fertig entwickeltes Wasserbett namens *Aquadream* ins Programm aufnehmen. Zudem liegt der *Schlummer GmbH* ein Angebot des Bettendiscounters *Schwäbisches Bettenlager* vor, kostengünstigere Varianten der bestehenden Federkern- und Schaumstoffmodelle in dessen Filialen unter einem eigenen Markennamen zu vertreiben.

Da sich die verschiedenen Modellreihen hinsichtlich Kundenanforderungen, Marktsituation und Wettbewerb deutlich unterscheiden, werden sie als eigenständige strategische Geschäftseinheiten geführt. Für den Einstieg in das Discountgeschäft wäre deshalb die Bildung einer neuen strategischen Geschäftseinheit erforderlich.

Wie funktioniert die Portfoliotechnik?

Die Portfoliotechnik ist ein anschauliches und praktikables Instrument, das die Vielzahl strategisch relevanter Informationen und damit die zugrunde liegende Entscheidungskomplexität auf zwei zentrale Dimensionen reduziert.

> Ein **Portfolio** dient der Bewertung strategischer Situationen anhand einer externen Umweltdimension und einer internen Unternehmensdimension. Je nach Lage der betrachteten Objekte, wie Produkte, Märkte oder Geschäftseinheiten, lassen sich daraus standardisierte Normstrategien ableiten.

Die externe Dimension beschreibt eine von außen vorgegebene Umweltvariable, während die interne Dimension eine vom Unternehmen beeinflussbare Größe ist, mit der durch gezielte strategische Maßnahmen auf die Umweltvariable reagiert werden kann.

Die **Schritte zur Erstellung** eines Portfolios sind:[105]

(1) **Objektauswahl:** Zunächst werden die im Portfolio zu betrachtenden Objekte festgelegt. Dies können etwa Produkte, Märkte, Technologien, Kompetenzen, Kunden oder strategische Geschäftseinheiten sein.

(2) **Kriterienauswahl:** Es werden zwei Bewertungskriterien definiert, nach denen die Objekte beurteilt werden. Eines davon sollte unternehmensintern beeinflussbar, das andere unternehmensextern vorgegeben sein. Für beide Kriterien sind geeignete Maßgrößen sowie deren Berechnung festzulegen. Bei einem Multifaktorenportfolio können diese auch aus mehreren Einzelkriterien zusammengesetzt sein. So lässt sich beispielsweise die Marktattraktivität anhand des Marktwachstums, der Konkurrenzintensität und der Gefahr neuer Wettbewerber beurteilen. Auch qualitative Einschätzungen sind möglich. Die Ausprägungen der Dimensionen werden meist anhand einer ordinalen Skala eingeteilt, beispielsweise in *hoch* und *gering* oder in *hoch*, *mittel* und *gering*.

(3) **Bewertung:** Anschließend werden alle betrachteten Objekte anhand der zuvor festgelegten Kriterien bewertet. Dabei ist für jedes Kriterium die jeweilige Ausprägung möglichst quantitativ zu bestimmen, zum Beispiel durch Marktanteile oder Wachstumsraten. Ist eine präzise Quantifizierung nicht möglich, werden Schätzwerte oder qualitative Einstufungen verwendet. Dabei können auch Vergleichsdaten von Wettbewerbern einfließen.

(4) **Ist-Positionierung:** Die beiden Kriterien bilden die Achsen eines Koordinatensystems, in das die Objekte eingeordnet werden. Die Grenzwerte zwischen den Kategorien sollten eindeutig festgelegt sein, etwa ab wann das Marktwachstum als hoch einzustufen ist. Zusätzlich lässt sich eine dritte Dimension, wie etwa Umsatz oder Deckungsbeitrag, durch Variation der Größe der verwendeten Symbole darstellen. So lassen sich etwa Geschäftseinheiten als Kreise visualisieren, deren Durchmesser proportional zum Umsatz ist.

(5) **Strategieempfehlung:** Aus der Positionierung der Objekte im Portfolio lassen sich standardisierte Normstrategien ableiten. Diese sollten jedoch nicht unkritisch übernommen werden, da sie auf pauschalen Annahmen beruhen. Darüber hinaus können für jedes Objekt strategische Ziele festgelegt und angestrebte Positionen im Portfolio markiert werden. In Abb. 3.3.1 ist die angestrebte Entwicklung durch einen Pfeil visualisiert.

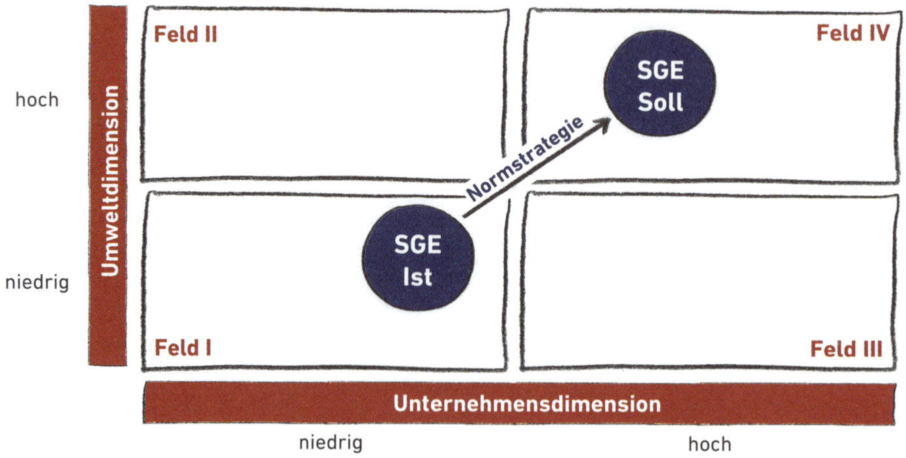

Abb. 3.3.1: Grundaufbau eines Portfolios

Portfolios überzeugen durch ihre Einfachheit und bieten einen kompakten Überblick über die Lage der betrachteten Objekte, wie etwa der strategischen Geschäftseinheiten. Die dafür erforderlichen Daten sind in der Regel leicht zu beschaffen. Aufgrund ihrer Anschaulichkeit eignen sich Portfolios als Ausgangsbasis für strategische Diskussionen und sind daher in der Praxis weit verbreitet.

Die Ableitung von Strategien wird durch standardisierte **Normstrategien** als Handlungsempfehlung unterstützt. Dabei lassen sich sowohl quantitative als auch qualitative Einflussfaktoren einbeziehen. Durch die Konzentration auf wenige, leicht verständliche Dimensionen wird die Unternehmensführung gezwungen, sich auf das Wesentliche zu fokussieren. Gleichzeitig stellt diese Vereinfachung aber auch den zentralen Nachteil der Methode dar. Die Beschränkung auf zwei Einflussfaktoren kann dazu führen, dass komplexe strategische Zusammenhänge nicht adäquat abgebildet werden. Dies birgt die Gefahr, dass die Situation einzelner Betrachtungsobjekte nur unzureichend erfasst wird und die abgeleiteten Normstrategien unangemessen sind. Darüber hinaus bleiben Wechselwirkungen zwischen den Dimensionen wie Synergien oder gegenseitige Abhängigkeiten unberücksichtigt.

Bei der Anwendung der Portfoliotechnik ist außerdem zu beachten, dass die Grenzen zwischen den Matrixfeldern nicht vorgegeben, sondern vom Anwender selbst festgelegt werden. Die Wahl der Grenzwerte hat jedoch erheblichen Einfluss auf die relative Positionierung der betrachteten Objekte und damit auf die daraus abgeleiteten Normstrategien. Deshalb sollte bei der Bewertung zunächst für ausgewählte Objekte geprüft werden, ob die Standardempfehlungen plausibel erscheinen. Erst danach sollten die Grenzwerte verbindlich festgelegt werden.[106]

Die Portfoliotechnik ist eine heuristische Methode, die in vielen Fällen schnelle und nachvollziehbare Strategieempfehlungen ermöglicht. Dennoch ist stets kritisch zu prüfen, ob das gewählte Portfolio im konkreten Fall auf das Unternehmen anwendbar ist und ob die daraus abgeleiteten Handlungsempfehlungen tatsächlich sinnvoll sind. Im Folgenden werden die beiden populärsten strategischen Portfolios kurz vorgestellt.

Marktwachstums-Marktanteils-Portfolio

Bruce Henderson, Gründer der Beratungsgesellschaft *Boston Consulting Group* (BCG), entwickelte 1970 das Marktwachstums-Marktanteils-Portfolio, das auch als *BCG-Matrix* bekannt ist. Es stellt einen Zusammenhang zwischen dem Produktlebenszyklus und der Erfahrungskurve her (vgl. Kap. 3.2.2). Die strategischen Geschäftseinheiten werden als Kreise in eine Vier-Felder-Matrix eingetragen, wobei häufig die Kreisfläche als dritte Dimension das jeweilige Umsatzvolumen abbildet.

Im Marktwachstums-Marktanteils-Portfolio dient das **Marktwachstum** als Indikator für die Phase des Lebenszyklus, in der sich eine Geschäftseinheit befindet. Die Einschätzung des Marktwachstums orientiert sich dabei an typischen Vergleichswerten innerhalb der jeweiligen Branche.

Der **relative Marktanteil** ergibt sich aus dem Verhältnis zwischen dem umsatzbezogenen Marktanteil der Geschäftseinheit und dem ihres stärksten Wettbewerbers. Sie ist ein Maß für die Marktmacht der Geschäftseinheit. Die Grenze zwischen hohem und niedrigem Marktanteil wird häufig bei einem Wert von 1 gezogen. Überschreitet die betrachtete Geschäftseinheit diesen Punkt, hat sie eine marktführende Stellung; liegt sie darunter, befindet sie sich in einer unterlegenen Wettbewerbsposition. Wie der relative Marktanteil bewertet wird, hängt von der Marktstruktur und der Verteilung der Anteile unter den Wettbewerbern ab. Ein hoher relativer Marktanteil beruht meist auf realisierten Erfahrungskurveneffekten und gilt daher in diesem Portfoliomodell als zentraler strategischer Erfolgsfaktor.

Aus der Positionierung im Marktwachstums-Marktanteils-Portfolio lassen sich unterschiedliche **Normstrategien** als Handlungsempfehlungen ableiten:[107]

- **Fragezeichen (Question marks)** stehen für Geschäftseinheiten in stark wachsenden Märkten, die (noch) über eine schwache Marktposition verfügen. In der Regel befinden sich die Produkte in der Phase der Markteinführung, weshalb ihre weitere Entwicklung ungewiss ist. Im Idealfall wachsen sie zunächst stark und werden später zu verlässlichen Gewinnbringern. Dafür sind jedoch erhebliche Investitionen erforderlich, denen in dieser Phase nur geringe Einzahlungen gegenüberstehen. Die empfohlene Normstrategie richtet sich nach den Erfolgsaussichten der Geschäftseinheit:
  - **Offensivstrategie:** Bei guten Erfolgsaussichten sollten gezielte Investitionen getätigt werden, die den Marktanteil erhöhen und die Geschäftseinheit in die Position eines Stars führen.
  - **Defensivstrategie:** Bei geringen Erfolgsaussichten sollte sich das Unternehmen aus dem Marktsegment zurückziehen.

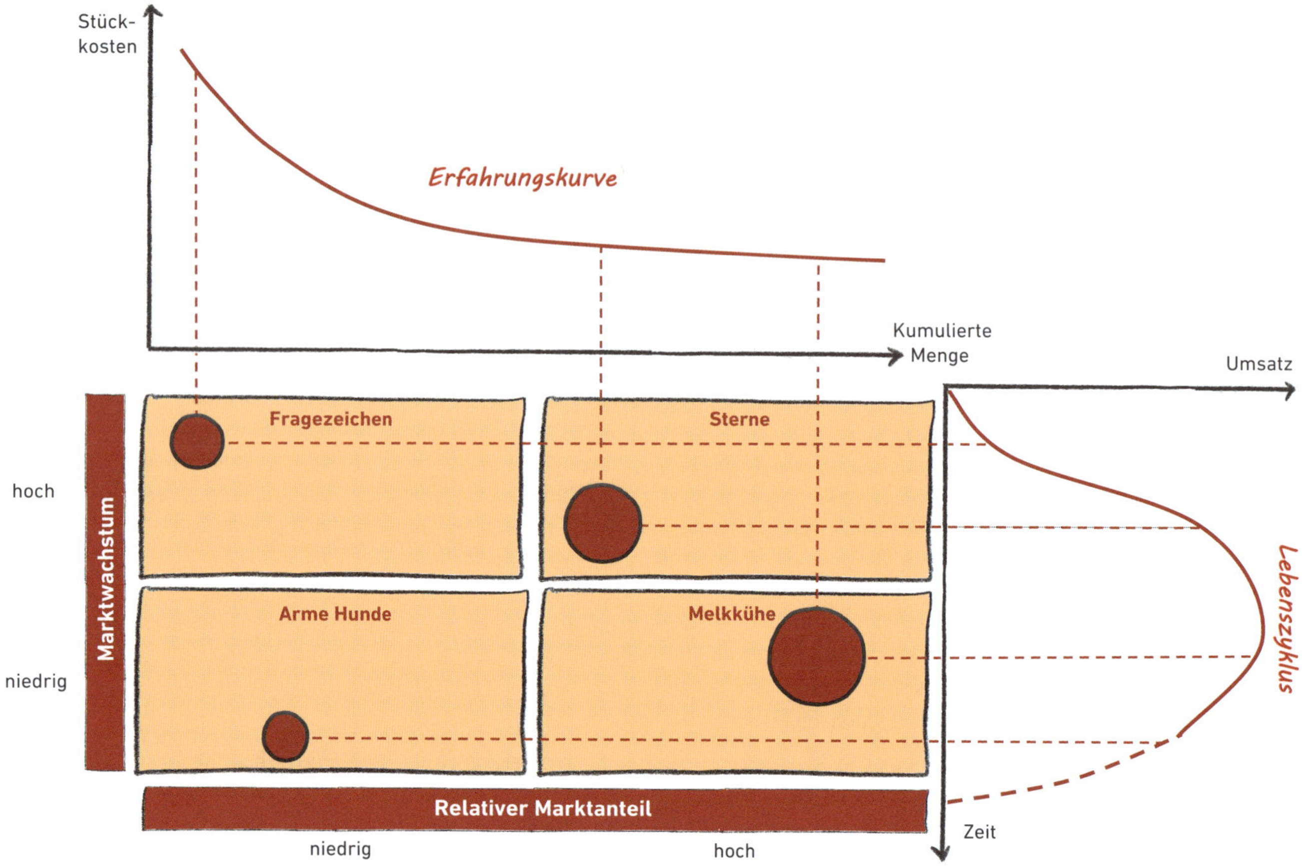

Abb. 3.3.2: Die Verknüpfung von Lebenszyklus und Erfahrungskurve in der BCG-Matrix[108]

- **Sterne (Stars)** sind die Hoffnungsträger des Unternehmens, da sie in expandierenden Märkten über einen hohen relativen Marktanteil verfügen. Ziel ist es, diesen durch weitere Investitionen zu sichern oder auszubauen. Diese Geschäftseinheiten befinden sich in der Wachstumsphase des Produktlebenszyklus, in der steigende Produktionsmengen zu Erfahrungskurveneffekten führen. Die Umsetzung einer solchen **Investitionsstrategie** erfordert hohe Finanzmittel, die jedoch weitgehend von der Geschäftseinheit selbst erwirtschaftet werden.
- **Melkkühe** (Cash cows) sind stabile und ertragsstarke Geschäftseinheiten in reifen Märkten. Sie gelten als die Geldlieferanten des Unternehmens, da ihre Einzahlungen die Auszahlungen deutlich übersteigen. Die erzielten Überschüsse sollten jedoch nicht in die Geschäftseinheit selbst, sondern in solche mit hohem Wachstumspotenzial investiert werden, also vor allem in Fragezeichen. Im Rahmen einer **Abschöpfungsstrategie** sollte der Marktanteil gehalten und gleichzeitig ein möglichst hoher Gewinn realisiert werden. Investitionen beschränken sich auf Maßnahmen zur Sicherung der bestehenden Wettbewerbsposition.
- **Arme Hunde** (Poor dogs) agieren in unattraktiven Märkten und verfügen dort nur über eine schwache Marktposition. Sie erwirtschaften geringe Einzahlungen und befinden sich im Lebenszyklus meist am Ende der Sättigungsphase oder bereits im Rückgang. Solche Geschäftseinheiten konnten entweder in der Wachstumsphase keine Führungsposition erreichen oder ein rechtzeitiger Marktausstieg wurde versäumt. Im Rahmen einer **Desinvestitionsstrategie** wird empfohlen, sich aus diesen Geschäftseinheiten zurückzuziehen.

Abb. 3.3.3: Marktwachstums-Marktanteils-Portfolio[109]

Aus der Positionierung der Geschäftseinheiten im Marktwachstums-Marktanteils-Portfolio lassen sich **Normstrategien** ableiten: Für Fragezeichen ist bei guten Erfolgsaussichten eine Offensivstrategie sinnvoll, ansonsten eine Defensivstrategie. Stars sollten im Rahmen einer Investitionsstrategie weiterentwickelt werden. Melkkühe eignen sich für eine Abschöpfungsstrategie, und bei armen Hunden ist eine Desinvestitionsstrategie ratsam.

Durch die Betrachtung des Gesamtportfolios lässt sich erkennen, ob sich das Unternehmen insgesamt in einem ausgewogenen strategischen Zustand befindet: Das Verhältnis von jungen, risikoreichen Geschäftseinheiten (Fragezeichen, Sterne) zu reifen, risikoarmen Geschäftseinheiten (Melkkühe) sollte möglichst ausgewogen sein.

Das Portfolio macht deutlich, dass jedes Unternehmen sowohl Geschäftseinheiten benötigt, in die es zur Sicherung seiner Zukunft investiert, als auch solche, welche die dafür erforderlichen Finanzmittel erwirtschaften. Langfristig sollte jede Geschäftseinheit im Verlauf ihres Lebenszyklus zum Cashflow-Erzeuger werden. Nur ein ausgewogenes Portfolio ermöglicht es dem Unternehmen, seine Wachstumspotenziale vollständig zu nutzen.

Das Portfolio aller strategischen Geschäftseinheiten sollte ein **ausgewogenes Verhältnis** zwischen der Erzeugung und der Verwendung finanzieller Mittel aufweisen.

Im Marktwachstums-Marktanteils-Portfolio gilt ein hoher relativer Marktanteil als Quelle von Wettbewerbsvorteilen. Gelingt es einer Geschäftseinheit, ihren Marktanteil schneller als die Konkurrenz auszubauen, deutet dies auf eine starke Wettbewerbsposition hin. Ein wachsender Markt bietet zudem bessere Voraussetzungen für steigende Produktionsmengen und damit für die Nutzung von Erfahrungskurveneffekten. Das Marktwachstum wird daher als Indikator für die Attraktivität eines Marktes herangezogen. Andere Einflussfaktoren wie Marktvolumen, Wettbewerbsintensität oder erzielbare Gewinnmargen werden dagegen nicht berücksichtigt. Das Portfolio eignet sich besonders für standardisierte Volumenmärkte mit geringen Differenzierungsmöglichkeiten, da dort Marktanteilssteigerungen direkt zu Kostenvorteilen führen können. Die Annahmen über die Finanzflüsse im Portfolio sind zwar korrekt, allerdings können im Einzelfall auch Fragezeichen, arme Hunde oder Sterne einen Zahlungsmittelüberschuss erwirtschaften.

In der Praxis können auch Geschäftseinheiten mit einem relativen Marktanteil unter der Schwelle von 1 wirtschaftlich erfolgreich sein und Merkmale von Stars oder Cash Cows aufweisen. Die BCG-Matrix vereinfacht die Realität, indem sie eine feste Grenze zieht, die die Komplexität realer Marktstrukturen nur unzureichend abbildet. Daher kann es auch sinnvoll sein, die Schwelle bei einem niedrigeren Wert anzusetzen.

Um den relativen Marktanteil und das Marktwachstum bestimmen zu können, muss der relevante Markt genau abgegrenzt werden. Dies ist allerdings meist nur subjektiv möglich, hat jedoch erhebliche Auswirkungen auf die Positionierung der Geschäftseinheiten. In der Praxis beweisen viele kleinere Unternehmen, die sich erfolgreich gegenüber größeren Wettbewerbern behaupten, dass die Aussagekraft des relativen Marktanteils begrenzt ist. Zudem sind viele Märkte heute weitgehend gesättigt, sodass dort keine hohen Marktwachstumsraten mehr erreichbar sind.[110]

BCG-Matrix von Schlummer

Der relative Marktanteil der strategischen Geschäftseinheiten der *Schlummer GmbH* errechnet sich wie folgt:

$$\text{Relativer Marktanteil der SGE} = \frac{\text{Umsatz der SGE}}{\text{Umsatz des stärksten Konkurrenten der SGE}}$$

Daraus ergeben sich die in Abb. 3.3.4 dargestellten relativen Marktanteile. Verfügt eine strategische Geschäftseinheit über einen relativen Marktanteil größer als eins, nimmt sie eine marktbeherrschende Stellung ein. Ein relativer Marktanteil kleiner als eins bedeutet hingegen, dass der stärkste Wettbewerber über eine größere Marktmacht verfügt.

Marktsegment	SGE	Segmentumsatz Schlummer	Segmentumsatz Konkurrent	Relativer Marktanteil
Qualitätsfederkern	SCHLAFGUT	2.484.000	3.105.000	0,8
Qualitätsschaumstoff	TRÄUMSÜß	2.851.200	1.425.600	2,0
Qualitätslatex	TIEFSCHLAF	2.100.000	3.000.000	0,7
Wasserbetten	AQUADREAM	900.000	2.250.000	0,4
Discountmarkt	SBL	600.000	6.000.000	0,1

Abb. 3.3.4: Relative Marktanteile der SGEs der Schlummer GmbH

Das Marktwachstum wurde vom Marketing auf Basis von Marktforschung und Umsatzprognosen ermittelt und ist in Abb. 3.3.5 dargestellt.

Marktsegment	SGE	Marktwachstum	Begründungen
Qualitätsfederkern	SCHLAFGUT	sehr niedrig bzw. negativ	Rückgang der Mittelschicht, steigendes Preisbewusstsein beim Kunden, sinkender Marktpreis, veraltete Technologie
Qualitätsschaumstoff	TRÄUMSÜß	sehr niedrig bzw. negativ	Rückgang der Mittelschicht, steigendes Preisbewusstsein beim Kunden, sinkender Marktpreis, ökologisch problematischer Werkstoff
Qualitätslatex	TIEFSCHLAF	mittel	Nachfragesteigerung aufgrund zunehmender Allergien in der Bevölkerung, Produkt relativ teuer, stabiles Preisniveau
Wasserbetten	AQUADREAM	hoch	Wellnesstrend, Nachfrage nach exklusiven Luxusgütern aufgrund steigender Kaufkraft der Oberschicht, steigendes Preisniveau
Discountmarkt	SBL	sehr hoch	Sinkende Haushaltseinkommen, Inflation und Konjunkturkrise führen zu starker Nachfrage im Billigsegment

Abb. 3.3.5: Marktwachstum der strategischen Geschäftsfelder

Daraus ergibt sich die Positionierung im Marktwachstums-Marktanteils-Portfolio in Abb. 3.3.6. Die Fläche der Kreissymbole entspricht den kumulierten Umsätzen der nächsten drei Jahre und veranschaulicht so die Bedeutung der jeweiligen strategischen Geschäftseinheiten. Maßgeblich für die Position im Portfolio ist dabei der Mittelpunkt des Kreises.

Es wird offensichtlich, dass der *Schlummer GmbH* in ihrer aktuellen Lage Nachwuchsprodukte fehlen. Angesichts der Positionierung der bestehenden strategischen Geschäftseinheiten überrascht es nicht, dass die Umsätze seit Längerem rückläufig sind. Die über das *Schwäbische Bettenlager* vermarkteten Produkte sowie das Wasserbett *Aquadream* bieten hingegen Chancen, die Zukunft des Unternehmens langfristig zu sichern. Dabei ermöglicht der Discountmarkt ein hohes Umsatzwachstum, während der Einstieg ins Luxussegment attraktive Margen verspricht.

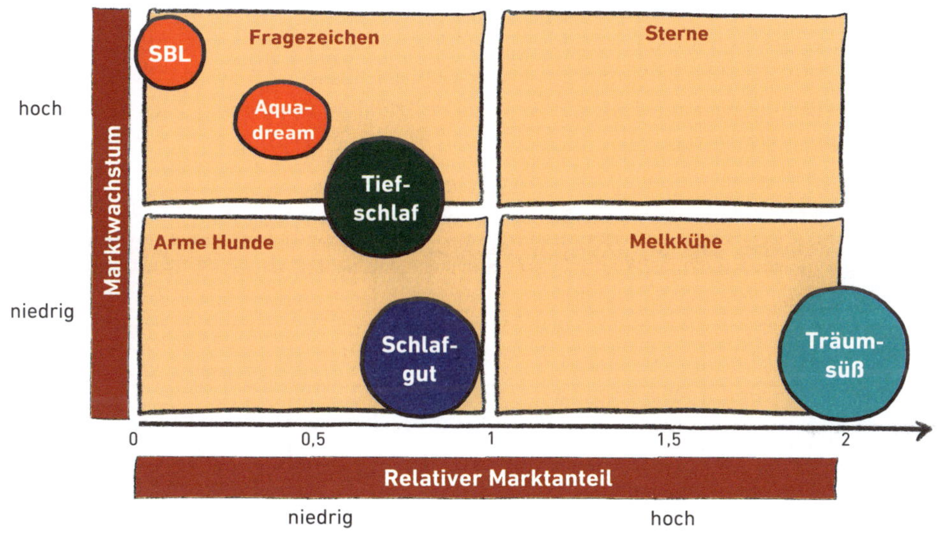

Abb. 3.3.6: Marktwachstum-Marktanteil-Portfolio der Schlummer GmbH

Marktattraktivitäts-Wettbewerbsvorteil-Portfolio

Um die Steuerbarkeit des Mischkonzerns *General Electric* zu verbessern, bündelte die Unternehmensberatung *McKinsey* in den frühen 1970er-Jahren die damals vorhandenen 170 Profit Center in 43 strategische Geschäftseinheiten und ordnete diese in ein Portfolio ein – basierend auf der Attraktivität der jeweiligen Märkte und den relativen Wettbewerbsvorteilen der SGEs. Daraus entstand das sogenannte **McKinsey-Portfolio**.

Im Unterschied zur *BCG-Matrix* handelt es sich um ein Multifaktorenportfolio, dessen Dimensionen aus mehreren gewichteten Kriterien zusammengesetzt sind. Die **Marktattraktivität** als externe Umweltdimension lässt sich anhand von Kriterien wie Marktgröße, Wettbewerbssituation, Marktwachstum, Risiko, Markteintrittsbarrieren oder Preiselastizität beurteilen. Die **relativen Wettbewerbsvorteile** als unternehmensinterne Dimension umfassen unter anderem den relativen Marktanteil, die Produktqualität, die Qualifikation der Mitarbeiter, die Kundenloyalität, Standortvorteile sowie das Innovationspotenzial.[111] Abb. 3.3.7 zeigt, wie sich Marktattraktivität und relative Wettbewerbsvorteile mithilfe eines Scoring-Modells bewerten lassen.

Das *McKinsey-Portfolio* besteht aus neun Feldern, wodurch präzisere strategische Aussagen möglich sind als mit der *BCG-Matrix*. Aus der Positionierung der Geschäftseinheiten lassen sich die in Abb. 3.3.8 dargestellten **Normstrategien** ableiten:[112]

- **Abschöpfungs- oder Desinvestitionsstrategie:** Diese Geschäftseinheiten befinden sich in der Zone der Mittelfreisetzung. Investitionen werden zurückgefahren, und die vorhandenen Cashflows möglichst lange abgeschöpft, um damit andere Geschäftseinheiten zu finanzieren. Sobald keine positiven Zahlungsüberschüsse mehr zu erwarten sind, sollte sich das Unternehmen von diesen Einheiten trennen.
- **Selektivstrategien:** Bei diesen Geschäftseinheiten sollte das Unternehmen differenziert vorgehen. In attraktiven Märkten kann eine Expansion sinnvoll sein. In weniger attraktiven Märkten können wettbewerbsstarke Geschäftseinheiten ihre Position behaupten, um weiterhin Zahlungsüberschüsse zu erzielen oder sollten sich langfristig auf attraktivere Märkte ausrichten. In bestimmten Fällen kann auch ein bewusstes Abwarten ratsam sein, bis sich die Marktentwicklung besser einschätzen lässt.
- **Investitions- oder Wachstumsstrategien:** Diese attraktiv positionierten Geschäftseinheiten befinden sich in der Zone der Mittelbindung. Ihre starke Wettbewerbsposition sollte gesichert oder weiter ausgebaut werden, was mit hohen Investitionen verbunden ist.

Problematisch bei der praktischen Anwendung des Marktattraktivitäts-Wettbewerbsvorteil-Portfolios ist die Auswahl, Messung und Gewichtung der Kriterien, die in die beiden Dimensionen einfließen. Die dafür eingesetzten Scoring-Modelle sind stets subjektiv und untereinander kaum vergleichbar. Ebenso ist die für eine Summierung der Bewertungsergebnisse notwendige Unabhängigkeit der Kriterien meist nicht gegeben.[113] Zudem führt die Kombination aus mehrdimensionaler Skalierung und der detaillierten Bewertung vieler Einzelkriterien häufig dazu, dass sich die Geschäftseinheiten tendenziell im mittleren Bereich des Portfolios befinden. Wie hilfreich die Empfehlungen aus dem Portfolio sind, hängt davon ab, wie sinnvoll und nachvollziehbar die Grenzwerte zwischen den einzelnen Kriterien festgelegt sind.

	Kriterien	Gewicht	Bewertung 0	1	2	3	4	5	6	7	8	9	10
Marktattraktivität	Marktgröße (Mrd. €)	10 %	< 3	< 5	< 7	< 10	< 15	< 20	< 25	< 30	< 40	< 50	> 50
	Marktwachstum (% p.a.)	40 %	< -5	< -3,5	< -2	< 0,5	< 1	< 2.5	< 4	< 5,5	< 7	< 8.5	> 8.5
	Marktstruktur	15 %	unattraktiv				mittel				attraktiv		
	Wettbewerbsintensität	15 %	hoch				mittel				gering		
	Chancen vs. Gefahren	20 %	Gefahren > Chancen				Gefahren = Chancen				Gefahren < Chancen		
Relativer Wettbewerbsvorteil	Relativer Marktanteil	40 %	< 0,1	< 0,2	< 0,3	< 0,4	< 0,5	< 0,6	< 0,7	< 0,8	< 0,9	< 1	> 1
	Produktqualität	20 %	< Wettbewerb				= Wettbewerb				> Wettbewerb		
	Kundenloyalität	20 %	niedrig				mittel				hoch		
	Innovationskraft	20 %	niedrig				mittel				hoch		

Abb. 3.3.7: Scoring-Modell zur Bewertung von Marktattraktivität und relativem Wettbewerbsvorteil[114]

Abb. 3.3.8: Marktattraktivitäts-Wettbewerbsvorteil-Portfolio[115]

McKinsey-Portfolio von Schlummer

Die Bewertung der beiden Dimensionen des Marktattraktivitäts-Wettbewerbsvorteil-Portfolio erfolgt mithilfe eines Scoring-Modells. *Susanne Schlummer* beurteilt die Einflussfaktoren auf einer Skala von 0 (sehr schlecht) bis 9 (sehr gut) und bestimmt anschließend einen gewichteten Mittelwert für die Marktattraktivität und den relativen Wettbewerbsvorteil.

Diese Mittelwerte bestimmen die Position der Geschäftseinheiten im Portfolio. Die Größe der Kreise symbolisiert die kumulierten Umsätze der nächsten drei Jahre und veranschaulicht damit die wirtschaftliche Bedeutung der jeweiligen Geschäftseinheit.

Bewertungsskala von 0 = „sehr schlecht" bis 9 = „sehr gut"		SCHLAF-GUT	TRÄUM-SÜß	TIEF-SCHLAF	AQUA-DREAM	SBL
Marktattraktivität						
- Marktwachstum	25%	1	1	5	7	9
- Marktvolumen	15%	3	4	7	5	9
- Marktpotenzial	15%	2	2	7	6	8
- Wettbewerbsintensität	20%	3	3	6	7	0
- Ertragspotenzial	25%	2	2	8	9	5
Bewertung		2,1	2,25	6,55	7,05	6,05
Relativer Wettbewerbsvorteil						
- relativer Marktanteil	25%	5	9	4	3	1
- realisierte Skaleneffekte	15%	6	6	5	1	2
- Produktqualität	25%	7	9	0	7	6
- Markenimage	15%	7	7	3	7	5
- Know-How Fertigung/Entwicklung	20%	7	8	4	4	7
Bewertung		6,35	8,05	3	4,5	4,2

Abb. 3.3.9: Scoring-Modell zur Analyse von Marktattraktivität und relativem Wettbewerbsvorteil

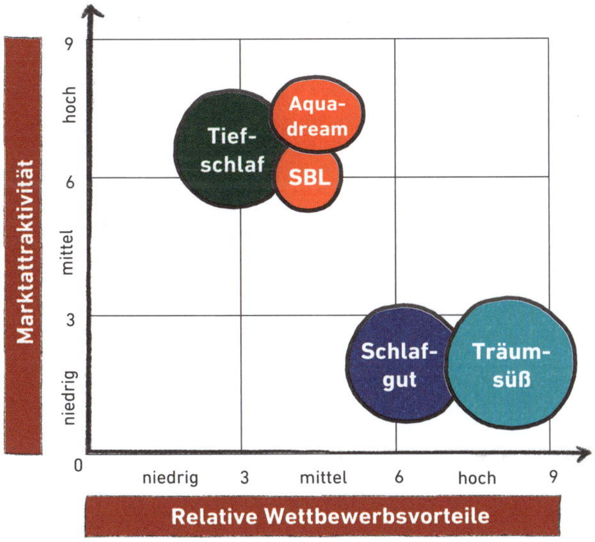

Abb. 3.3.10: Die Geschäftseinheiten von Schlummer im Marktattraktivitäts-Wettbewerbsvorteil-Portfolio

Die Positionierung der Geschäftseinheiten im *McKinsey-Portfolio* zeigt, dass *Schlummer* bislang nicht in besonders attraktiven Marktsegmenten tätig ist. Lediglich das Modell *Tiefschlaf* befindet sich in einem vielversprechenden Geschäftsfeld, kann jedoch aufgrund bestehender Qualitätsmängel derzeit nicht zur Zukunftssicherung des Unternehmens beitragen.

Besonders interessant erscheint das Modell *Aquadream*, da das Wasserbettensegment durch hohe Gewinnspannen und moderates Wachstum gekennzeichnet ist. Auch der Vertrieb über das *Schwäbische Bettenlager* liegt in einem attraktiven Segment: Hier kann *Schlummer* auf die bislang erfolgreichen Ausgangsprodukte zurückgreifen. Allerdings sind noch deutliche Kosteneinsparungen notwendig, um im preislich sensiblen Discountmarkt wettbewerbsfähig zu werden.

3.3.2 Wettbewerbsstrategien: Die Geschäftseinheiten erfolgreich positionieren

In der marktorientierten Unternehmensführung zeigen Wettbewerbsstrategien, wie sich strategische Geschäftseinheiten in den gegebenen Branchen- und Marktstrukturen erfolgreich positionieren können (vgl. Kap. 1.1.2). Dabei nutzen sie ihre Stärken, um sich gegenüber der Konkurrenz zu behaupten. Verändern sich die strukturellen Rahmenbedingungen, sollte die Wettbewerbsstrategie frühzeitig angepasst werden. In diesem Kapitel werden die wichtigsten Wettbewerbsstrategien vorgestellt.

> **Wettbewerbsstrategien** legen fest, wie sich strategische Geschäftseinheiten in ihren Branchen und Märkten positionieren sollen, um gegenüber der Konkurrenz einen Wettbewerbsvorteil zu erzielen.

Generische Wettbewerbsstrategien

Um Wettbewerbsvorteile zu erzielen, empfiehlt der Harvard-Ökonom *Michael Porter* eine der folgenden **generischen Wettbewerbsstrategien**:[116]

- **Kostenführerschaft:** Kostenführer verkaufen standardisierte Produkte zu einem niedrigen Preis und bieten den Kunden ein hohes Preis-Leistungs-Verhältnis. Sie verfügen über geringere Stückkosten als die Konkurrenz und erzielen dadurch meist überdurchschnittliche Renditen, wie Abb. 3.3.12 verdeutlicht. Die Grundlage dafür bilden effiziente Prozesse, niedrige Gemeinkosten und insbesondere Erfahrungskurveneffekte aufgrund hoher Fertigungsmengen und großer Absatzmärkte. Auch die Kosten der Einsatzfaktoren – etwa für Rohstoffe, Energie oder Personal – sollten möglichst gering sein. Hierzu nutzen Kostenführer häufig Standortvorteile, zum Beispiel durch Produktionsverlagerung ins Ausland. Kostenführer verfolgen eine aggressive Preispolitik, um ihre Marktanteile zu sichern oder auszubauen. Beispiele sind etwa im Lebensmitteleinzelhandel die Discounter *Aldi* und *Lidl*.
- **Differenzierung:** Differenzierer streben nach Produkten mit einzigartigen Merkmalen, um sich klar von der Konkurrenz abzuheben. Für solche Angebote sind die Kunden bereit, höhere Preise zu zahlen. Ist diese Preisprämie höher als die zusätzlichen Kosten der Differenzierung, ermöglicht auch die Differenzierungsstrategie überdurchschnittliche Renditen, wie Abb. 3.3.12 zeigt. Zwar muss auch ein Differenzierer seine Kosten im Blick behalten, doch im Gegensatz zum Kostenführer steht das Kostenmanagement nicht im Vordergrund. Differenzierungsvorteile können etwa durch Innovationen, herausragende Produkteigenschaften oder ein starkes Markenimage entstehen. Im Lebensmitteleinzelhandel treten beispielsweise Spezialitätengeschäfte wie *Feinkost Käfer* in München oder Bio-Supermärkte wie *Alnatura Super Natur Markt* als Differenzierer auf.
- **Fokussierung:** Durch die Konzentration auf Marktnischen wird das Angebot gezielt auf spezifische Kundenbedürfnisse ausgerichtet. Solche abgegrenzten Marktsegmente können beispielsweise bestimmte Regionen, Zielgruppen oder Einsatzbereiche umfassen. In diesen Nischen wird entweder eine Kostenführerschaft oder eine Differenzierung angestrebt. Diese segmentspezifische Positionierung ist somit eine Variante der beiden zuvor genannten Strategietypen. Wie erfolgreich diese Strategie sein kann, zeigt sich an zahlreichen deutschen Hidden Champions: Beispiele sind Megayachten von *Lürssen*, Kabel von *Hama* oder Roboter von *Fanuc*. Im Lebensmitteleinzelhandel ist ein Beispiel für eine segmentbezogene Differenzierung die regionale Erzeugervermarktung, etwa der Verkauf von frischer Demeter-Milch im lokalen Hofladen eines Landwirts.

> Die **generischen Wettbewerbsstrategien** beschreiben, wie Unternehmen oder Geschäftseinheiten einen Wettbewerbsvorteil erzielen können. Dabei wird auf Branchenebene zwischen Kostenführerschaft und Differenzierung unterschieden. Alternativ kann sich ein Unternehmen im Rahmen einer Nischenstrategie auf ein bestimmtes Marktsegment konzentrieren, um dort entweder durch niedrige Preise oder besondere Leistungsmerkmale erfolgreich zu sein.

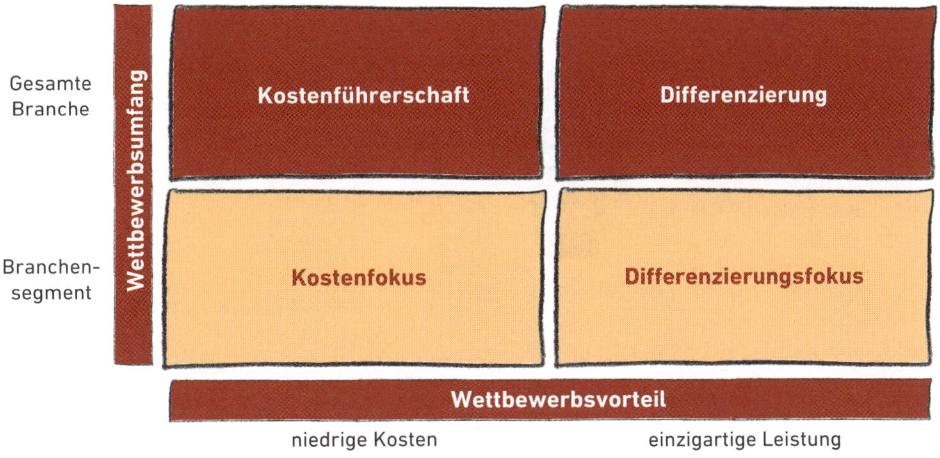

Abb. 3.3.11: Generische Wettbewerbsstrategien[117]

Nischenstrategie am Beispiel Rohrpostanlagen

Aerocom aus Schwäbisch Gmünd ist mit einem Umsatz von über 60 Mio. Euro und rund 250 Mitarbeitern ein weltweit führender Hersteller von Rohrpostanlagen. Die meisten Leser denken wahrscheinlich, dass diese Technologie aus dem 19. Jahrhundert heute keine Rolle mehr spielt. Doch Rohrpostsysteme sind für den internen Postversand über kurze Entfernungen in vielen Bereichen nach wie vor die schnellste und kostengünstigste Lösung.

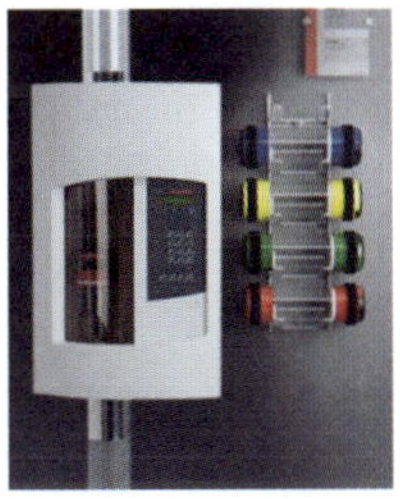

In den meisten deutschen Krankenhäusern werden damit beispielsweise Laborproben, Blutkonserven oder Medikamente mit über 20 km/h transportiert. Im Universitätsklinikum Rostock sind es bis zu 1.200 Sendungen täglich. Auch in der Industrie flitzen Bauteile durch die Rohre, etwa bei *Audi*, *Mercedes* oder *BMW*. In großen Einzelhandelsgeschäften dient die Rohrpost dem sicheren Bargeldtransport. Und im Bundeskanzleramt werden auf diese Weise monatlich über tausend eilige Dokumente verschickt.

Ein Verdichter erzeugt den erforderlichen Druck oder Sog für den Transport. Das Material wird in passgenauen Transportbehältern, den sogenannten Büchsen, befördert. An den Stationen erfolgt die Zielauswahl, die Eingabe der gefüllten Büchse und die Entnahme der eintreffenden Sendungen. Die Technologie wird kontinuierlich weiterentwickelt, um den Automatisierungsgrad weiter zu erhöhen.[118]

In vielen Branchen ist zu beobachten, dass es zwar meist nur einen oder wenige Kostenführer, aber mehrere erfolgreiche Differenzierer gibt. Eine Differenzierung kann auf unterschiedlichen Wegen erreicht werden. Beispiele sind eine starke Marke mit hohem Image und loyaler Kundschaft wie bei *Apple*, ein außergewöhnliches Design wie bei den Sofas von *Rolf Benz* oder die hohe Qualität und Langlebigkeit der Produkte wie bei *Miele*. Jede einzelne Differenzierungsmöglichkeit kann für eine bestimmte Kundengruppe ein spezifisches Bedürfnis erfüllen und von einem Unternehmen als Alleinstellungsmerkmal genutzt werden.[119]

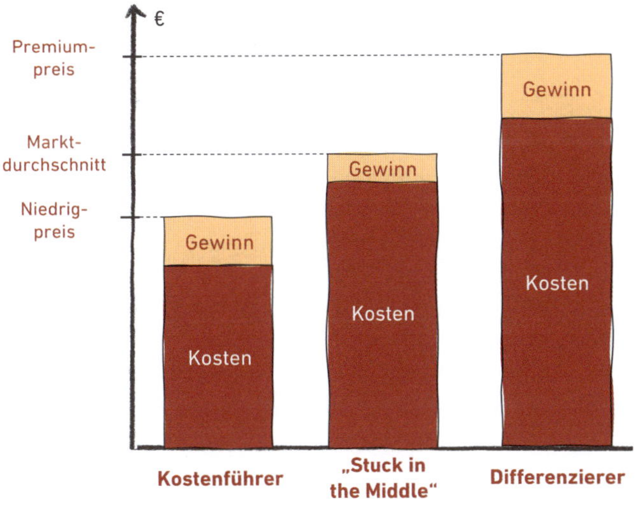

Abb. 3.3.12: Kostenführerschaft und Differenzierung versprechen höhere Renditen

Differenzierungsfokus Luxusgüter

Der französische *LVMH-Konzern* ist einer der weltweit erfolgreichsten Anbieter von Luxusgütern aus den Bereichen Mode, Schmuck, Uhren, Weine, Spirituosen und Parfüms. Zu seinen renommierten Marken gehören etwa *Louis Vuitton, Moët & Chandon, Hennessy, Christian Dior, TAG Heuer* oder *Bulgari*. Der Börsenwert des Unternehmens lag im Jahr 2024 bei über 300 Mrd. Euro, die EBIT-Marge betrug mehr als 25 Prozent. Zum Vergleich: *Mercedes* kam als wertvollste Automobilmarke der Welt auf einen Börsenwert von 55 Mrd. Euro und erzielte eine EBIT-Marge von lediglich 4,7 Prozent.[120]

Der exorbitante Preis von Luxusgütern erklärt sich durch ihre Funktion als Statussymbol. So kostet die abgebildete Uhr *Grandmaster Chime* in Weiß- und Roségold der Schweizer Marke *Patek Philippe* rund 3 Mio. Euro. Im Jahr 2019 wurde sogar ein Exemplar für 30 Mio. Euro versteigert. Luxusmarken setzen auf Exklusivität und verfolgen das Ziel, echte Kunstwerke zu schaffen. Die teuerste Handtasche von *Louis Vuitton* ist das Patchwork-Modell *Urban Satchel*. Sie wurde aus recycelten Gegenständen wie Wasserflaschen, Zigarettenschachteln und Kaugummipapier gefertigt und zum Preis von 150.000 US-Dollar verkauft.

Luxusgüter sind häufig nur in den eigenen Geschäften der Hersteller erhältlich, die sich meist in den exklusivsten Lagen großer Städte befinden. Sie werden gezielt verknappt, sodass Kunden oft Wartezeiten von mehreren Jahren hinnehmen müssen. Limitierte Uhren von *Patek Philippe* werden beispielsweise nur an ausgewählte Kunden verkauft. Aus diesem Grund gelten viele Luxusgüter auch als lohnende Geldanlage: Die begehrte Handtasche *Birkin Bag* von *Hermès* etwa, deren Neupreis bei rund 8.000 Euro liegt, verdreifacht ihren Wert oft schon beim Verlassen des Geschäfts.

Somit war der 2020 vom Vorstandsvorsitzenden *Ola Källenius* für *Mercedes* ausgerufene Wandel von einer Differenzierungsstrategie als Premiumanbieter hin zu einem nischenfokussierten Luxushersteller strategisch fraglich. *Mercedes* hat im Jahr 2024 knapp zwei Millionen Pkw verkauft. Um die Werke auszulasten, muss das Angebot unterschiedliche Preisklassen und verschiedene Zielgruppen bedienen. Andernfalls müssten die Produktionskapazitäten drastisch reduziert werden. Die 2028 bzw. 2026 auslaufenden Einstiegsmodelle der A- und B-Klasse tragen erheblich zur Deckung der Fixkosten bei. Zudem führen sie jüngere Käufer an die Marke heran. *Mercedes* bietet kein exklusives Luxuserlebnis, und die meisten Modelle eignen sich nicht als Geldanlage. Selbst höherpreisige Fahrzeuge verlieren in den ersten Jahren erheblich an Wert.[121] Ende 2025 kündigte *Källenius* die Entwicklung eines neuen Einstiegsmodells an, was eine Rückbesinnung auf die bisherige Differenzierungsstrategie signalisiert.

Wie eine erfolgreiche Luxusstrategie im Automobilsektor aussehen kann, zeigt der Sportwagenhersteller *Ferrari*. Er verkauft jährlich nur rund 14.000 Fahrzeuge und erzielt dabei eine EBIT-Marge von 27,5 Prozent. Da die Produktion für mehr als zwei Jahre ausgelastet ist, müssen Kunden beim Kauf eines neuen *Ferraris* mit Wartezeiten von bis zu drei Jahren rechnen. Besonders exklusive Modelle werden ausschließlich an Stammkunden vergeben. Limitierte Sondermodelle wie *LaFerrari*, *Enzo* oder *F40* erzielen regelmäßig hohe Wertsteigerungen. Obwohl *Mercedes* rund 180-mal so viele Autos produziert wie *Ferrari*, hat der italienische Autobauer mit 79 Mrd. Euro einen deutlich höheren Börsenwert.

Nach *Michael Porter* müssen sich Unternehmen für eine der beiden strategischen Stoßrichtungen entscheiden, um nicht „zwischen die Stühle" zu geraten („Stuck in the Middle").[122] Die generischen Wettbewerbsstrategien bilden jedoch nicht mehr alle strategischen Möglichkeiten ab, weshalb diese Aussage vielfach an Gültigkeit verloren hat. Zahlreiche Unternehmen haben bewiesen, dass auch hybride Wettbewerbsstrategien erfolgreich sein können.[123]

Hybride Wettbewerbsstrategien

Unternehmen müssen sich heutzutage nicht mehr zwingend entweder auf Kostenführerschaft oder Differenzierung konzentrieren. Vielmehr kombinieren manche Unternehmen erfolgreich beide strategischen Stoßrichtungen, indem sie einerseits kosteneffizient produzieren und gleichzeitig differenzierte Leistungen anbieten. Erfolgt dies branchenweit, handelt es sich um eine **simultane Strategie**. Beschränkt sich das Unternehmen hingegen auf ein einzelnes Marktsegment, wird von einem **simultanen Fokus** gesprochen.[124]

Beispiele für simultane Strategien sind der Automobilhersteller *Toyota*, der qualitativ hochwertige Fahrzeuge äußerst effizient produziert, und der Möbelhersteller *Ikea*, der funktionales Design und ein besonderes Einkaufserlebnis mit einem attraktiven Preis-Leistungs-Verhältnis verbindet. Ein Beispiel für einen simultanen Fokus ist *Vaude*. Das Unternehmen richtet sich an Wanderer und Bergsteiger, denen die Umweltverträglichkeit ihrer Kleidung besonders wichtig ist. *Vaude* bietet qualitativ hochwertige Outdoor-Funktionskleidung aus klimaverträglichen Materialien zu moderaten Preisen an. Dies ist möglich, da die Produkte überwiegend in Vietnam hergestellt werden.

Darüber hinaus führen viele Unternehmen eine **hybride Segmentierung** durch, bei der in verschiedenen Branchensegmenten unterschiedliche Wettbewerbsstrategien verfolgt werden. Im Rahmen einer Mehrmarkenstrategie werden in den jeweiligen Segmenten meist eigenständige Marken eingesetzt, um die Produkte klar voneinander abzugrenzen und Kannibalisierungseffekte zu vermeiden. So positioniert sich der *VW-Konzern* mit den Marken *Škoda* und *Seat* als Kostenführer, während er mit *Audi* und *Porsche* eine Differenzierungsstrategie verfolgt und mit *Lamborghini* und *Bentley* einen Differenzierungsfokus. Lediglich die Marke *VW* scheint nicht eindeutig positioniert zu sein, was möglicherweise deren unbefriedigende Profitabilität erklärt. Abb. 3.3.13 gibt einen Überblick über das breite Spektrum an Wettbewerbsstrategien.

Hybride Wettbewerbsstrategien verbinden attraktive Preise mit einzigartigen Leistungen. Dies kann entweder branchenweit als simultane Strategie, in verschiedenen Segmenten als hybride Segmentierung oder innerhalb eines Segments als simultaner Fokus erfolgen.

Hybride Segmentierung bei Deichmann

Deichmann ist mit über 8,7 Mrd. Euro Umsatz, mehr als 4.700 Filialen und rund 50.000 Mitarbeitern der Marktführer im europäischen Schuhhandel.[126] Das Familienunternehmen bietet seinen Kunden das beste Preis-Leistungsverhältnis der Branche. Das Angebot reicht von Markenschuhen wie etwa *Nike*, *adidas* oder *Esprit* bis zu Eigenmarken wie *Graceland* oder *Catwalk*. Die Kunden erhalten eine große Auswahl an modischen Schuhen in guter Qualität zu einem sehr günstigen Preis. Die Eigenmarken erwirtschaften dabei rund 70 % des Umsatzes, da sie ohne Zwischenhandel kostengünstiger angeboten werden können.

Neben dieser Kostenführerschaftsstrategie verfolgt das Unternehmen aber mit der Lifestyle-Firmentochter *Snipes* auch einen Differenzierungsfokus. Dieser zielt in über 750 Filialen auf urbane Kunden bis Mitte 30. Die Preise liegen deutlich über dem Niveau von *Deichmann*. Neben Sneakern umfasst das Sortiment auch betont lässige Streetwear wie Hosen, Hoodies, Kappen, T-Shirts oder Rucksäcke. *Snipes* hat ebenfalls Eigenmarken wie *Karl Kani*, *Sean John* oder *Fubu* im Sortiment, mit denen sich deutlich höhere Margen als mit Artikeln von *Nike* oder *adidas* erzielen lassen. *Snipes* ist im *Deichmann-Konzern* eine eigenständige Tochtergesellschaft, und die Marken werden streng voneinander getrennt, um bei der Zielgruppe von *Snipes* ein exklusives Image sicherzustellen.[127]

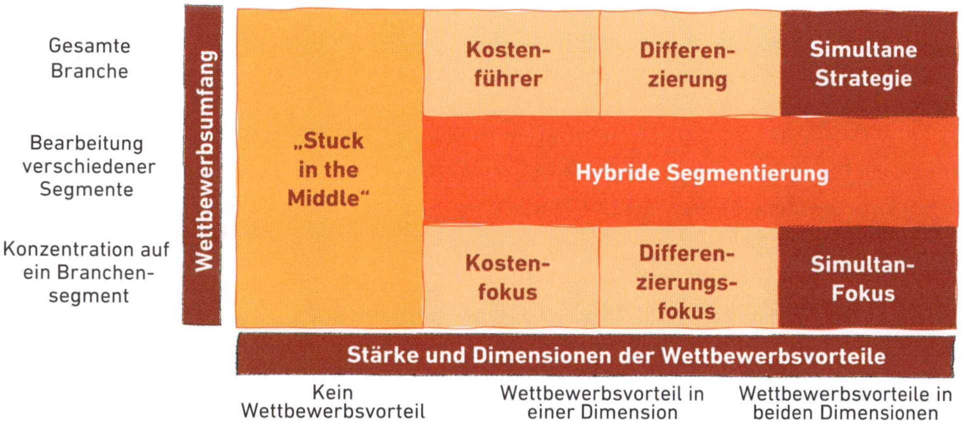

Abb. 3.3.13: Übersicht möglicher Wettbewerbsstrategien[125]

Da der gleichzeitige Aufbau mehrerer Wettbewerbsvorteile zu einer Überlegenheit gegenüber der Konkurrenz führt, wird dieses Vorgehen auch als **Outpacing-Strategie** (Überholstrategie) bezeichnet. Um dies zu erreichen, können **zwei strategische Pfade** gewählt werden:[128]

- **Start als Differenzierer:** Die Unternehmen streben zunächst als Innovator eine Produktdifferenzierung an. Anschließend versuchen sie, durch Produktstandardisierung die Kosten zu senken. Um eine überlegene Kostenposition zu erreichen, sind jedoch hohe Stückzahlen erforderlich. Beispielsweise startete *Tesla* im Jahr 2008 mit einem vollelektrischen Roadster als zukunftsweisende Alternative zu Verbrennungsmotoren. Sämtliche Modelle zeichnen sich durch beeindruckende Beschleunigungswerte, eine hohe Reichweite, autonome Fahrassistenzsysteme und ein eigenes Ladenetzwerk aus. Seit 2014 investiert *Tesla* in hocheffiziente Werke – die sogenannten Gigafactories –, um die Batterieproduktion auszubauen und die Produktionskosten zu senken. Infolgedessen konnte *Tesla* die Preise vieler Modelle in den letzten Jahren deutlich reduzieren.
- **Start als Kostenführer:** Ausgehend von einer Kostenführerschaft wird schrittweise eine Differenzierung der Produkte vorgenommen, wobei die Innovatoren nachgeahmt werden. Auf diese Weise sollen sowohl direkte Konkurrenten im Preiswettbewerb als auch Differenzierer angegriffen werden. Ein Beispiel ist *Toyota*. Aufgrund des berühmten *Toyota*-Produktionssystems verfügt das Unternehmen über eine besonders günstige Kostenstruktur. Parallel dazu wird die Produktqualität kontinuierlich verbessert und Innovationen werden vorangetrieben. *Toyota* brachte beispielsweise bereits Ende der 1990er-Jahre Hybridfahrzeuge auf den Markt.

Outpacing-Strategie Emma

Das deutsche Start-up *Bettzeit* wurde 2013 als Online-Plattform für Matratzen gegründet und 2020 in *Emma Sleep* umbenannt. Der Matratzenmarkt wurde damals von wenigen großen Herstellern mit intransparenten Preisstrukturen, einem undurchschaubaren Angebot und hohen Gewinnmargen dominiert. Der Vertrieb erfolgte über den Fachhandel und die Kunden wurden mit vermeintlich großzügigen Rabatten in die Irre geführt.[129]

2015 begann der Online-Direktvertrieb der qualitativ hochwertigen und günstigen Einheitsmatratze *Emma One*. Diese war auf alle Schlaftypen ausgelegt (One-Size-fits-all). Wettbewerbsentscheidend für den Direct-to-Consumer-Vertrieb (D2C) war neben der bequemen Lieferung per Post vor allem das Angebot, die Matratze 100 Nächte auszuprobieren – statt wie zuvor üblich nur wenige Minuten im Fachgeschäft. Im Jahr 2019 wurde *Emma One* von der *Stiftung Warentest* mit der Gesamtnote 1,7 als Testsieger ausgezeichnet. Dies war eine der besten Bewertungen, die jemals erzielt wurden. Seither wurde das Produktportfolio kontinuierlich erweitert und viele weitere Spitzenplatzierungen in unabhängigen Produkttests erzielt. Zudem werden auch Innovationen entwickelt, wie etwa eine smartphonegesteuerte Matratze.

Seitdem ist *Emma Sleep* rasant gewachsen und heute in über 30 Ländern aktiv. Mit einem Umsatz von rund 850 Mio. Euro und mehr als 1.100 Mitarbeitern ist das Unternehmen einer der größten Matratzenhersteller der Welt. Die dadurch erzielten Skaleneffekte ermöglichen eine überlegene Kostenposition. *Emma Sleep* vertreibt seine Produkte mittlerweile auch in eigenen Geschäften sowie über die Filialen vieler Handelspartner, wie etwa der dänischen Handelskette *Jysk*.

Die Outpacing-Strategie bietet das Potenzial für hohe Marktanteile bei gleichzeitig attraktiven Gewinnmargen. Die schrittweise Differenzierung eines standardisierten Produkts ist deutlich einfacher zu erreichen, als ein differenziertes Produkt günstiger zu machen. Dies zeigen auch Beispiele erfolgreicher Outpacing-Strategien, wie etwa *IKEA*, *Zara*, *Xiaomi* oder *H&M*. Allerdings ist die Outpacing-Strategie schwer umzusetzen, da sich beide Dimensionen im Grunde widersprechen. Um Kostenführer zu werden, muss ein Unternehmen besonders effizient sein, etwa durch Produktstandardisierung, kostengünstigen Einkauf, Massenproduktion und einheitlichen Vertrieb. Differenzierer hingegen müssen eine einzigartige Leistung erbringen, etwa durch Innovation, Qualität oder Individualität, die in der Regel hohe Kosten verursacht. Deshalb besteht beim Outpacing stets die Gefahr, den bestehenden Wettbewerbsvorteil zu verlieren und dann in beiden Dimensionen nur noch mittelmäßig zu sein.[130]

Eine **Outpacing-Strategie** lässt sich entweder aus der Position eines Differenzierers durch Produktstandardisierung oder aus der Position eines Kostenführers durch Produktdifferenzierung erreichen. Ziel ist es, beide Wettbewerbsvorteile gleichzeitig zu realisieren, um sich dauerhaft von der Konkurrenz abzusetzen.

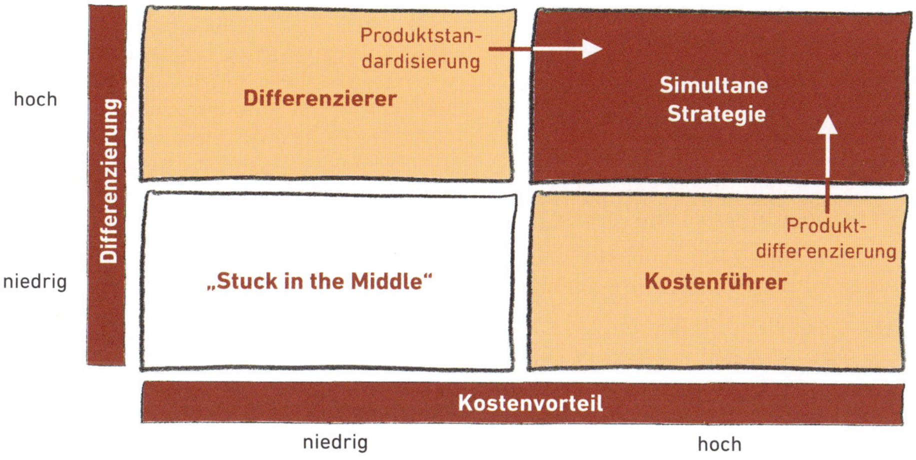

Abb. 3.3.14: Strategische Pfade zum Outpacing[131]

Outpacing-Strategie Canyon Bicycles

Der deutsche Fahrradhersteller *Canyon Bicycles* stellt hochwertige Rennräder, Mountainbikes, Gravel- und E-Bikes her. Durch die Vermarktung im Direktvertrieb kann *Canyon* seine Räder durchschnittlich 20–30 % günstiger anbieten als vergleichbare Premiumhersteller wie *Trek* oder *Specialized*.[132]

Dadurch bietet *Canyon* seinen Kunden ein außergewöhnliches Preis-Leistungs-Verhältnis. Darüber hinaus genießt die Marke einen exzellenten Ruf in der Radsportwelt und stattet auch Profiteams aus. Beispielsweise gehört das aerodynamische Rennrad *Aeroad* zu den schnellsten Serienrädern der Welt und setzt Maßstäbe in Sachen Aerodyamik, Gewicht, Steifigkeit und Komfort. Der bekannte Radprofi *Mathieu van der Poel* errang auf dem *Aeroad* bereits mehr als 160 Siege, darunter 2023 die Straßen-Weltmeisterschaft in Glasgow.

Auch im Triathlon ist *Canyon* führend. Die Deutschen *Jan Frodeno* und *Patrick Lange* gewannen zwischen 2015 und 2024 jeweils dreimal auf dem *Canyon Speedmax* die Ironman-Weltmeisterschaft auf Hawaii. Auf demselben Modell siegte 2024 die deutsche Triathletin *Laura Phillip* bei den Weltmeisterschaften in Nizza.

Strategische Uhr

Die strategische Uhr beschreibt durch Variation des Preises und des wahrgenommenen Kundennutzens acht **strategische Optionen**:[133]

- **Preisstrategien** richten sich an preissensible Kunden:
  - **No-Frills-Strategie** („Keine Extras“): Das Produkt erfüllt lediglich grundlegende Kundenbedürfnisse zu einem sehr niedrigen Preis. Um diesen zu realisieren, wird die Leistung auf das absolute Minimum reduziert. Zusätzliche wertsteigernde Merkmale wie Markenimage, Einkaufserlebnis oder Service entfallen. Beispiele sind der Fahrzeughersteller *Dacia* oder die Fluggesellschaft *Ryanair*.
  - **Niedrigpreisstrategie:** Die Kunden erhalten im Vergleich zur Konkurrenz ein Produkt mit ähnlichem Nutzen, jedoch zu einem günstigeren Preis. Diese Strategie birgt die Gefahr von Preiskämpfen und ist nur mit einer Kostenführerschaft dauerhaft erfolgreich. Beispiele sind *Primark* oder *Kik*.
- **Differenzierungsstrategien** haben anspruchsvolle Kunden im Visier:
  - **Hybride Strategien** kombinieren Kostenführerschaft und Differenzierung. Beispielsweise können Kostenführer ihren Kunden zusätzliche Leistungen anbieten, die sie von der Konkurrenz abheben. Ein Beispiel ist das Möbelhaus *IKEA*, das günstige Möbel in guter Qualität mit schwedischem Design verkauft.
  - **Branchenweite Differenzierung** beinhaltet das Angebot von Leistungen mit besonderen Merkmalen, die sich klar von denen der Wettbewerber unterscheiden und dadurch einen höheren Preis rechtfertigen. Ein Beispiel ist *Mercedes*.
  - **Differenzierungsfokus:** Das Angebot konzentriert sich auf abgegrenzte Nischen, wie etwa teure Luxusgüter als Statussymbole. Beispiele sind *Rolex* oder *Ferrari*.

- **Risikostrategien** zeichnen sich durch ein ungünstiges Preis-Leistungs-Verhältnis aus, das jedoch auf unterschiedliche Weise entstehen kann:
  - **Strategie riskant hoher Margen:** Durchschnittliche Leistungen werden zu überhöhten Preisen angeboten, oft getragen vom Image einer bekannten Marke. Dies zieht jedoch Wettbewerber an, die vergleichbare Leistungen zu niedrigeren Preisen anbieten. Beispiele sind *Lufthansa* oder die Gastronomie in Flughäfen.
  - **Monopolpreisstrategien:** Bei dominanter Marktstellung kann ein Unternehmen selbst mit durchschnittlichen Leistungen hohe Preise erzielen. Ein Beispiel ist *Microsoft*, das mit *Windows* eine marktbeherrschende Stellung im Bereich der PC-Betriebssysteme einnimmt, obwohl vergleichbare Alternativen wie *Linux* kostenlos verfügbar sind. Diese Strategie kann langfristig erfolgreich sein, wenn das Monopol auf wertvollen Ressourcen basiert oder durch hohe Eintrittsbarrieren geschützt ist. Ein Beispiel ist *Saudi Aramco*, das als staatlich kontrollierter Konzern über riesige Ölvorkommen verfügt.
  - **Strategien, durch die ein Verlust an Marktanteilen droht:** Bieten Unternehmen unterdurchschnittliche Leistungen zu einem unverhältnismäßig hohen Preis an, kehren ihnen die Kunden langfristig den Rücken. Ein Beispiel sind teure Markenkosmetika von *Lancôme*, in denen ein hoher Anteil an Mikroplastik festgestellt wurde.

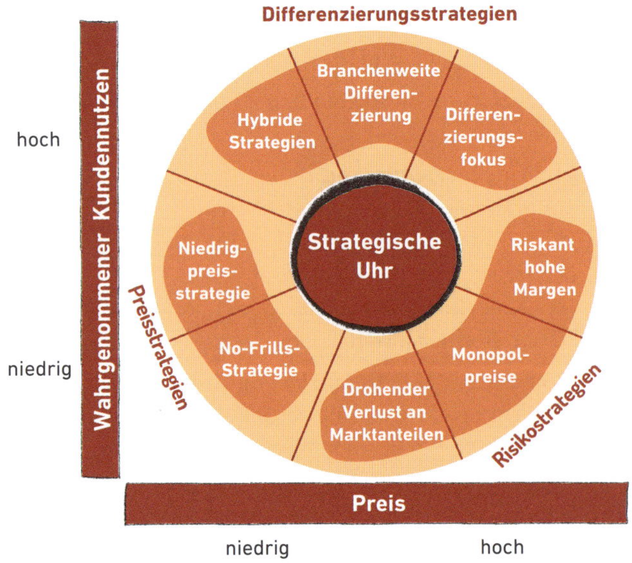

Abb. 3.3.15: Wettbewerbsstrategien der strategischen Uhr[134]

Die **strategische Uhr** umfasst acht mögliche Kombinationen aus Kostenführerschaft und Differenzierung. ***Preisstrategien*** sind die Niedrigpreisstrategie und die No-Frills-Strategie. ***Differenzierungsstrategien*** umfassen hybride Strategien, die branchenweite Differenzierung und den Differenzierungsfokus. ***Risikostrategien*** sind Strategien mit riskant hohen Margen, Monopolpreisstrategien sowie Strategien, bei denen ein Verlust an Marktanteilen droht.

No-Frills-Strategie des Onlinediscounters Temu

Seit April 2023 bietet der chinesische Online-Marktplatz *Temu* unter dem Motto „Shoppe wie Milliardäre" in Europa mehrere Millionen verschiedene Artikel zu extrem niedrigen Preisen an. Beispielsweise eine Sonnenbrille für 3,79 Euro oder einen Staubsauger für 13,49 Euro. *Temu* fungiert dabei lediglich als Vermittler zwischen Herstellern und Kunden. Da die Produkte meist direkt aus chinesischen Fabriken versendet werden, kommt es zu langen Lieferzeiten.

Konkurrenten und Verbraucherschützer kritisieren, dass *Temu* die Vorgaben der EU zu Umweltstandards, Datenschutz und Produktsicherheit nicht einhält. Da Sendungen bis 150 Euro in der EU zollfrei sind, teilt *Temu* die Bestellungen häufig auf mehrere Pakete auf. Unabhängige Prüfungen haben ergeben, dass manche Spielzeuge und Elektrogeräte gefährlich sind und Kleidungsstücke teils hohe Schadstoffkonzentrationen aufweisen. Darüber hinaus gibt es Vorwürfe der Produktpiraterie, gefälschter Bewertungen, manipulativer Verkaufstechniken und einer schlechten Klimabilanz.[135]

Schätzungen zufolge versendet *Temu* täglich (!) etwa 400.000 Päckchen nach Deutschland. Die Kunden werden dabei durch sogenanntes *Social Shopping* zum Kauf angeregt. Beispielsweise lockt *Temu* beim Gruppenkauf mit hohen Rabatten, wenn für einen Artikel eine bestimmte Anzahl an Käufern zusammenkommt. Daher kommt auch der Name *Temu*, der „Schließt euch zusammen – Preis runter" bedeutet.

Allerdings muss auch bei einer No-Thrills-Strategie das Preis-Leistungs-Verhältnis stimmen. Da die von *Temu* vertriebenen Billigprodukte oft Mängel in Qualität, Ökologie und Sicherheit aufweisen, bleibt fraglich, wie viele europäische Kunden dort langfristig einkaufen. Dennoch ziehen die außerordentlich niedrigen Preise besonders junge Konsumenten an. Hinzu kommen zahlreiche Verkaufsaktionen in den sozialen Medien. Deshalb ist *Temu* seit seiner Markteinführung rasant gewachsen. In der EU verzeichnet die Website von *Temu* monatlich rund 90 Millionen Besucher. Im Jahr 2024 importierte *Temu* rund 4,6 Milliarden Pakete in die EU, von denen etwa 90 % aus China kamen.

Delta-Wettbewerbsstrategien

Die sogenannten Delta-Wettbewerbsstrategien zielen darauf ab, nicht nur den Wettbewerb zu schlagen, sondern den Kunden dauerhaft an das Unternehmen zu binden. Dazu stehen drei unterschiedliche **strategische Optionen** zur Verfügung:[136]

- **Strategie überlegener Produkte (Best Product):** Ziel ist es, das beste Produkt mit herausragendem Kundennutzen anzubieten. Im Unterschied zur Differenzierungsstrategie steht dabei die Leistungsführerschaft des Produkts im Vordergrund, insbesondere hinsichtlich Qualität, innovativer Technologie oder funktionaler Merkmale. Diese Strategie kann sowohl branchenweit als auch in einer Marktnische angewandt werden. Dadurch soll sich das Unternehmen dauerhaft vom Wettbewerb abheben und eine führende Position als Premiumanbieter erreichen.

Strategie überlegener Produkte von Bose

Die *Bose Corporation* ist ein US-amerikanisches Unternehmen, das hochwertige Audioprodukte anbietet, darunter Lautsprecher, Kopfhörer, Heimkinosysteme und professionelle Beschallungstechnik.

Bose ist bekannt für seine Innovationskraft, seine exzellente Klangqualität und sein elegantes Design. Besonders im Premiumsegment genießt *Bose* eine starke Markenreputation und differenziert sich durch kontinuierliche technologische Weiterentwicklungen wie aktive Rauschunterdrückung und kabellose Audiolösungen. *Bose* setzt Maßstäbe und rechtfertigt dadurch seine hohen Preise.[137]

- **Strategie umfassender Kundenlösungen (Total Customer Solution):** Dem Kunden wird nicht ein einzelnes Produkt verkauft, sondern eine umfassende, individuelle Komplettlösung geboten. Der Mehrwert entsteht durch die Kombination einzelner Produkte und Serviceleistungen, die für sich allein weder besonders günstig noch einzigartig sein müssen. Sie werden maßgeschneidert aufeinander abgestimmt, sodass die individuellen Bedürfnisse des Kunden optimal erfüllt werden. Zwar könnte der Kunde die betreffenden Produkte und Serviceleistungen auch selbst kombinieren und bei verschiedenen Anbietern direkt beziehen, doch fehlen ihm dafür meist sowohl die Zeit als auch das nötige Know-how. Zudem ist eine selbst zusammengestellte Kombination häufig teurer, da Unternehmen mit einer Strategie umfassender Kundenlösungen viele Kunden vertreten und dadurch bei den einzelnen Anbietern günstigere Konditionen erhalten. Ein Beispiel hierfür sind Urlaubsreisen, bei denen ein Reisebüro Flug, Transfer, Übernachtung, Ausflüge usw. zu einem Gesamtpaket kombiniert. Die einzelnen Reisebestandteile werden dabei von unabhängigen Dritten erbracht, etwa von Fluggesellschaften oder Hotels.

Strategie umfassender Kundenlösungen von World Insight

World Insight ist ein deutscher Veranstalter von Erlebnisreisen in zahlreiche exotische Länder. Die Kunden buchen ein Rundum-sorglos-Paket, das bei einer Rundreise die Bahnfahrt zum Abflugort, Reiseliteratur von *Mair-Dumont*, Flüge, Transfers, Unterkünfte, Ausflüge, Eintrittsgelder und die Reiseleitung umfasst. Die Reiseleiter stammen aus den Zielgebieten oder leben schon viele Jahre dort. Sie sprechen Deutsch und die jeweilige Landessprache und können so für unvergessliche Begegnungen sorgen. Teilweise übernachten die Gäste auch bei einheimischen Familien. Die Reiserouten werden von erfahrenen Experten mit viel Wissen und Herzblut zusammengestellt.[138]

- **Strategie der Systembindung (System Lock-in):** Die angebotene Leistung besteht aus aufeinander abgestimmten Lösungen eines Partnernetzwerks. Sie setzt sich aus einem Basisprodukt und dazu passenden Zusatzleistungen zusammen, die meist von unabhängigen Komplementoren erbracht werden. Die Komponenten des Produktsystems werden zwar getrennt vermarktet, sind jedoch über einen gemeinsamen Systemstandard miteinander verbunden. Dieses Konzept wurde erstmals bei Nassrasierern angewendet: Anstelle der üblichen Rasiermesser entwickelte *Gillette* einen patentierten Klingenhalter und dazu passende Wegwerfklingen, die regelmäßig erneuert werden müssen. Ähnlich funktioniert die Vermarktung von Tintenstrahldruckern und Kartuschen durch *HP* oder Kaffeemaschinen und Kapseln durch *Nespresso*.

Erfolgsfaktoren einer Strategie der Systembindung sind:

- **Integration von Komplementoren (Complementor Lock-in)**: Komplementoren erzeugen Produkte, die mit dem Produkt des Unternehmens in Verbindung stehen und es ergänzen oder erweitern. Sie haben eine hohe Bedeutung für die Wettbewerbsfähigkeit des Basisprodukts. Daher versucht der Systemanbieter, möglichst viele von ihnen zu integrieren, um die Attraktivität des Systems zu steigern. *Samsung* und *Apple* verfolgen mit ihren Smartphones eine systemorientierte Strategie. *Apple* verwendet sein eigenes Betriebssystem *iOS*, *Samsung* nutzt *Android* von *Google*. Wesentlich für den Erfolg der Smartphonehersteller ist die Anzahl und Qualität der Apps, die für das jeweilige Betriebssystem angeboten werden. Diese kleinen Anwendungsprogramme stammen überwiegend von Drittfirmen und freien Programmierern.
- **Durchsetzung eines Systemstandards und Schutz gegen Nachahmung**: Hat sich ein Kunde für ein Produktsystem entschieden, ist er darin gefangen, da die erworbenen Zusatzprodukte nicht mit anderen Systemen kompatibel sind. Dies wird als *Customer-Lock-in-Effekt* bezeichnet. Bei Computerherstellern ist das Betriebssystem *Windows* von *Microsoft* ein weit verbreiteter Standard. Hersteller von Anwendungssoftware sind somit gezwungen, ihre Programme auf dieses Betriebssystem auszurichten. Sie agieren als Komplementoren von *Microsoft* und verstärken dadurch die Marktstellung von *Windows*.
- **Ausschluss von Wettbewerbern (Competitor Lock-out)**: Der Wechsel zu einem konkurrierenden System erfordert sowohl für die Kunden als auch für die Komplementoren einen hohen zeitlichen und finanziellen Aufwand. Zusätzlich verstärken Netzwerkeffekte die Marktdominanz eines bestehenden Produktsystems: Je mehr Nutzer und Anbieter sich für ein System entscheiden, desto attraktiver wird es für weitere Kunden und Komplementoren. Diese profitieren wiederum selbst von dessen Verbreitung und haben deshalb kein Interesse, ein alternatives System zu unterstützen. Hinzu kommt die Wechselträgheit der Nutzer: Aus Bequemlichkeit oder Gewohnheit bleiben sie häufig beim bestehenden System, selbst wenn bessere Alternativen verfügbar sind. Diese Faktoren machen es den Wettbewerbern schwer, ihre eigenen Produktsysteme am Markt durchzusetzen. Dadurch gelingt es etwa *Windows*, seine beherrschende Wettbewerbsposition im Vergleich zu anderen Betriebssystemen wie *Linux* oder *macOS* seit Mitte der 1990er-Jahre erfolgreich zu behaupten.

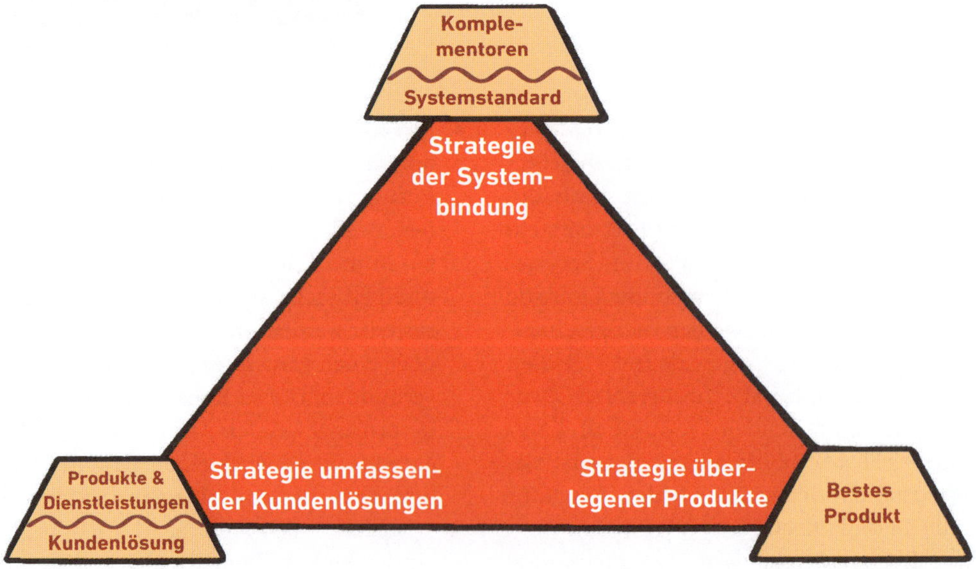

Abb. 3.3.16: Delta-Modell der Wettbewerbsstrategien

Strategie der Systembindung bei Spielkonsolen

Die *PlayStation* des japanischen Elektronikkonzerns *Sony* umfasst mehrere Generationen stationärer und tragbarer Spielkonsolen. Die Anzahl und Qualität der für eine Spielekonsole angebotenen Programme entscheidet über deren Verkaufserfolg. Komplementoren von *Sony* sind dabei die zahlreichen unabhängigen Spielehersteller. Von diesen stammen Verkaufsschlager wie das Online-Rollenspiel *World of Warcraft* von *Blizzard* oder Sportspiele wie Fußball, Formel 1 oder Eishockey von *Electronic Arts*.

Darüber hinaus werden für die *PlayStation* zahlreiche Peripheriegeräte angeboten, wie etwa Controller, Kameras, Mikrofone oder Virtual-Reality-Headsets. Deren Verkaufserfolg hängt wesentlich davon ab, ob externe Anbieter dafür attraktive Spiele entwickeln.

Um die Kunden dauerhaft an die *PlayStation*-Produktfamilie zu binden, müssen sich diese in der Online-Community *PlayStation Network* anmelden, wenn sie online spielen wollen. Dort bietet *Sony* verschiedene Abo-Modelle an. Darüber hinaus können mit der *PlayStation* auch Musik, Serien und Filme gestreamt werden. Im *PlayStation*-Shop sind neben Hard- und Software auch Merchandise-Produkte wie Mützen oder Hoodies erhältlich.[139]

Das wertvollste börsennotierte Unternehmen der Welt

Wie erfolgreich eine Strategie der Systembindung sein kann, zeigt *Nvidia*. Das US-amerikanische Unternehmen ist der weltweit führende Hersteller von Grafik- und KI-Prozessoren und erzielt mit rund 36.000 Mitarbeitern einen Umsatz von über 130 Mrd. US-Dollar. Durch den Hype um künstliche Intelligenz stieg der Marktwert von *Nvidia* am 10. Juli 2025 erstmals auf über 4 Billionen US-Dollar – ein Rekordwert, den zuvor noch kein anderes Unternehmen erreicht hat.

Die Grafikchips von *Nvidia* sind in der Lage, viele kleine Berechnungen gleichzeitig auszuführen, was insbesondere beim maschinellen Lernen mit neuronalen Netzen von zentraler Bedeutung ist (vgl. Kap. 7.3.4). *Nvidia* hat ein umfassendes Ökosystem aufgebaut, das die Vernetzung zahlreicher Grafikkarten zu einem Hochleistungsnetzwerk ermöglicht. Zudem bietet das Unternehmen eine optimal auf seine Chips abgestimmte KI-Entwicklungsplattform, die sich inzwischen als De-facto-Standard etabliert hat. Da viele KI-Anwendungen darauf basieren, ist ein Wechsel zu anderen Herstellern für Entwickler kaum möglich.

Selbst große Tech-Konzerne sind auf *Nvidias* Plattform angewiesen. Durch die enge Integration von Hardware, Systemsoftware und Entwicklungsplattform ist bislang kein Wettbewerber in der Lage, ähnlich leistungsfähige Komplettlösungen anzubieten.[140]

Die **Delta-Wettbewerbsstrategien** zielen darauf ab, die Kunden dauerhaft an das Unternehmen zu binden.

- ***Strategien überlegener Produkte*** streben nach dem besten Produkt mit herausragendem Kundennutzen.
- ***Strategien umfassender Kundenlösungen*** bieten durch die Kombination mehrerer Produkte und Dienstleistungen ein individuell zugeschnittenes Gesamtpaket, das auf die spezifischen Bedürfnisse des Kunden abgestimmt ist.
- ***Strategien der Systembindung*** bestehen aus einem standardisierten Basisprodukt und dazu passenden Zusatzleistungen unabhängiger Komplementoren, um ein attraktives, schwer substituierbares Produktsystem zu erzeugen.

Dynamische Wettbewerbsstrategien

Viele Unternehmen sind heute einem Hyperwettbewerb (Hypercompetition) ausgesetzt, der durch starke Unsicherheit, hohe Dynamik, kurze Produktlebenszyklen, sinkende Eintrittsbarrieren und zunehmende Feindseligkeit gekennzeichnet ist. Dies führt zu immer kürzer währenden Wettbewerbsvorteilen, die ständig erneuert werden müssen. Der Wettbewerb eskaliert dabei in verschiedenen **Wettbewerbsarenen**:[141]

- **Erste Arena – Kosten- und Qualitätswettbewerb (Cost and Quality Competition)**: Die Unternehmen konkurrieren gleichzeitig um bessere Qualität und niedrigere Preise. Sobald die Produktqualität in einer Branche ein vergleichbares Niveau erreicht, verstärken einzelne Wettbewerber den Preisdruck, um Marktanteile zu gewinnen und Kostendegressionseffekte zu erzielen. Die Konkurrenten sehen sich dadurch gezwungen, den Kundennutzen entweder durch weitere Preissenkungen oder durch zusätzliche Qualitätsverbesserungen zu erhöhen. Auf diese Weise bewegen sich die Unternehmen hin zu einem hohen Qualitätsniveau bei gleichzeitig niedrigen Preisen – dem sogenannten Wertoptimum. Durch Kosten- und Qualitätswettbewerb können deshalb keine dauerhaften Wettbewerbsvorteile erzielt werden. Im Smartphone-Markt liefern sich etwa Anbieter wie *Xiaomi* und *Samsung* einen intensiven Preis- und Qualitätswettbewerb, wodurch sehr hochwertige Geräte zu günstigen Preisen angeboten werden.

- **Zweite Arena – Timing- und Wissenswettbewerb (Timing and Know-how Competition)**: Nach Erreichen des Wertoptimums verlagert sich der Wettbewerb auf das richtige Timing bei Markteinführungen sowie auf die Entwicklung überlegener Kompetenzen. Dabei geht es darum, neue Produkte weder zu früh (wenn der Markt noch nicht bereit ist) noch zu spät (wenn Konkurrenten bereits Standards gesetzt haben) auf den Markt zu bringen. Innovatoren können sich dadurch zunächst vom Wettbewerb absetzen, werden im Erfolgsfall jedoch rasch von Konkurrenten imitiert. Diese lernen aus den Fehlern des Erstanbieters und senken dadurch ihre Entwicklungs- und Markteinführungskosten. Innovatoren versuchen, sich durch Imitationsbarrieren wie Patente oder Exklusivverträge vor Nachahmung zu schützen. Diese Schutzmechanismen werden jedoch im Laufe der Zeit überwunden. Kurze Nachahmungszyklen führen zu einer immer schnelleren Angleichung der Wettbewerbspositionen. Die Konkurrenten imitieren sich dabei so lange, bis sämtliche Wettbewerbsvorteile zunichtegemacht sind. *Tesla* konnte sich beispielsweise mit seinen Elektrofahrzeugen durch frühe Markteinführungen und technologisches Know-how zunächst vom Wettbewerb absetzen. Inzwischen wurde das Unternehmen jedoch sowohl von etablierten deutschen Autobauern als auch von neuen chinesischen Herstellern imitiert und in einigen Fahrzeugmerkmalen bereits überholt.
- **Dritte Arena – Wettbewerb um strategische Festungen (Strongholds Competition)**: Die Unternehmen versuchen, durch den Aufbau und die Verteidigung strategischer Festungen – etwa gesicherte Marktsegmente, regionale Monopole oder technologische Führungspositionen – ihre Marktstellung zu halten. Dazu schaffen sie Eintrittsbarrieren, etwa durch Marktdominanz, exklusive Vertriebsnetze oder Schutzrechte wie Patente und Lizenzen. Da diese Festungen jedoch im Laufe der Zeit von den Wettbewerbern angegriffen und überwunden werden, sind diese Absicherungsmaßnahmen nur zeitlich begrenzt wirksam. Ein Beispiel ist der Pharmakonzern *Pfizer*, der seine marktführenden Medikamente über Patente schützt und dadurch den Marktzugang für Generikahersteller verzögert.
- **Vierte Arena – Wettbewerb der Finanzstärke (Deep Pockets Competition)**: Sind die vorhergehenden Eskalationsstufen durchlaufen und ist eine globale Branche entstanden, verlagert sich der Wettbewerb auf die finanzielle Stärke der Unternehmen. Große Konzerne mit erheblicher Kapitalausstattung, wie etwa *Amazon*, nutzen ihre Finanzkraft, um kleinere Wettbewerber zu verdrängen, aufzukaufen oder strategisch in ihr eigenes Ökosystem zu integrieren. Durch massive Investitionen in effiziente Produktionskapazitäten, intensives Marketing oder neue Technologien können finanzstarke Unternehmen die Markteintrittsbarrieren erhöhen und kleinere Anbieter langfristig vom Markt verdrängen.

Das Konzept der dynamischen Strategien beschreibt die Realität in vielen Branchen. Sie eignen sich insbesondere für stagnierende Märkte, wie etwa die Automobilbranche, oder für digitale Branchen mit starkem Technologiewandel, wie die Smartphoneindustrie. Ist die Branchenstruktur hingegen aufgrund stark wachsender Märkte sehr attraktiv, ist eher nicht mit einem eskalierenden Wettbewerb zu rechnen. Dies zeigt sich aktuell in der Gaming-Industrie, wo die hohe Nachfrage nach mobilen und cloudbasierten Spielen ein gleichzeitiges Wachstum mehrerer Anbieter ermöglicht.

Im Bereich der **künstlichen Intelligenz** (vgl. Kap. 7.3.4) lassen sich je nach Wertschöpfungsstufe unterschiedliche Wettbewerbsarenen beobachten. Im Infrastrukturbereich, etwa bei Basismodellen, KI-Chips oder Cloud-Kapazitäten, herrscht bereits ein eskalierter Wettbewerb zwischen finanzstarken Technologiekonzernen wie *Microsoft*, *Google* oder *NVIDIA* in der vierten Arena. Auf der Anwendungsebene, etwa bei spezialisierten KI-Lösungen für Marketing oder Medizin, findet dagegen noch ein Timing- und Wissenswettbewerb mit zahlreichen kleineren Anbietern in der zweiten Arena statt.

Beim **Hyperwettbewerb** eskaliert der Konkurrenzkampf in vier aufeinanderfolgenden Wettbewerbsarenen: Zunächst versuchen Unternehmen, sich über günstige Preise und hohe Qualität hervorzuheben (Kosten- und Qualitätswettbewerb). Anschließend verlagert sich der Wettbewerb auf das richtige Timing bei Markteinführungen und die Entwicklung überlegener Kompetenzen (Timing- und Wissenswettbewerb). In der dritten Arena sichern sich Unternehmen strategische Marktpositionen und errichten Eintrittsbarrieren für Wettbewerber (Wettbewerb um strategische Festungen). In der letzten Stufe entscheidet die finanzielle Stärke darüber, wer sich im Markt behauptet. Dabei verdrängen kapitalstarke Konzerne oft die kleineren Anbieter (Wettbewerb der Finanzstärke).

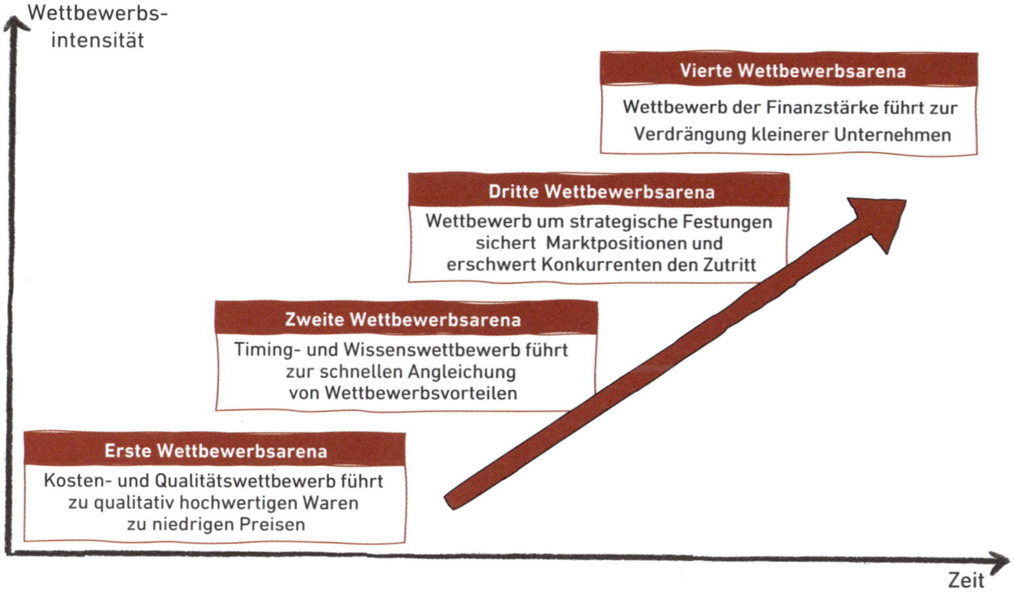

Abb. 3.3.17: Wettbewerbsarenen bei eskalierendem Wettbewerb[142]

Eskalierender Wettbewerb zwischen Coca-Cola und Pepsi

Coca-Cola wurde 1886 in Atlanta vom Apotheker *John Pemberton* als belebendes Getränk gegen Müdigkeit und Kopfschmerzen entwickelt und zunächst glasweise in seiner Apotheke ausgeschenkt. Nachdem er Rezeptur und Markenrechte an *Asa Candler* verkauft hatte, gründete dieser 1892 die *Coca-Cola Company* und machte das Getränk weltweit bekannt. *Pepsi* wurde 1898 vom Apotheker *Caleb Bradham* entwickelt und zunächst als verdauungsförderndes Erfrischungsgetränk beworben.[143]

1933 startete *Pepsi* den Konkurrenzkampf mit *Coca-Cola*, indem es die doppelte Menge *Pepsi* zum gleichen Preis anbot. Die *Coca-Cola Company* reagierte zunächst nicht auf diese Maßnahme, während *Pepsi* seine Marktposition stärken und sich als zweitgrößte Cola-Marke im US-Markt etablieren konnte.

In den 1970er-Jahren verlagerte *PepsiCo* den Wettbewerb auf den Geschmack als Qualitätsdimension, da *Pepsi* bei Blindverkostungen besser abschnitt als *Coca-Cola*. Durch die Kampagne „Take the *Pepsi* Challenge" konnte *PepsiCo* 1980 den Rivalen im US-Einzelhandel überholen. Daraufhin änderte 1985 die *Coca-Cola Company* erstmals nach fast hundert Jahren ihre Rezeptur und führte mit *„New Coke"* eine süßere Version ein, die geschmacklich näher an *Pepsi* lag. Doch viele Kunden protestierten gegen die neue Formel. Bereits drei Monate später brachte die *Coca-Cola Company* die ursprüngliche Rezeptur unter dem Namen *Coca-Cola Classic* wieder zurück, während *New Coke* schrittweise vom Markt verschwand.

1923 führte die *Coca-Cola Company* als Verpackungsinnovation erstmals einen Karton mit sechs Flaschen ein. *PepsiCo* setzte in den 1950er-Jahren auf größere Flaschenformate und brachte in den 1970er-Jahren die erste Zwei-Liter-Familienflasche auf den Markt. 1984 folgte sogar eine Dreiliterflasche, die sich jedoch nicht durchsetzen konnte. Die *Coca-Cola Company* zog jeweils kurze Zeit später mit eigenen größeren Flaschen nach.

Daneben gab es in der Branche auch Produktinnovationen: So führte *Royal Crown* in den frühen 1960er-Jahren sowohl eine koffeinfreie als auch eine kalorienreduzierte Cola ein. Diese Innovationen wurden rasch von den beiden Marktführern imitiert. 2014 wurde mit *Coca-Cola Life* eine neue Diät-Cola mit dem natürlichen Süßstoff Stevia angeboten und noch im selben Jahr von *PepsiCo* unter dem Namen *Pepsi True* nachgeahmt. Aufgrund des mangelnden Verkaufserfolgs wurde *Coca-Cola Life* allerdings 2017 vom Markt genommen.

In der Erfrischungsgetränkebranche ist der Marktzugang eine hohe Eintrittsbarriere und ein globales Vertriebssystem deshalb ein entscheidender Wettbewerbsvorteil. Die *Coca-Cola Company* konnte bereits um das Jahr 1900 durch ein Franchisesystem mit regionalen Exklusivrechten ein flächendeckendes Vertriebsnetz aufbauen. Sie produziert das Konzentrat von *Coca-Cola*, mit dem das Getränk von einem weltweiten Netzwerk aus 225 lizenzierten Abfüllpartnern in über 900 Anlagen hergestellt wird.

Zu den strategischen Stärken der *Coca-Cola Company* gehört auch ihre Finanzkraft. Diese zeigt sich unter anderem in einem jährlichen Werbeetat von rund 4 Mrd. US-Dollar. Deshalb gehört *Coca-Cola* mit einem Wert von 61 Mrd. US-Dollar auch zu den wertvollsten Marken der Welt, während die Marke *Pepsi* nur mit 21 Mrd. US-Dollar bewertet wird.[144] Die *Coca-Cola Company* ist der weltweit größte Getränkehersteller und beschäftigt zusammen mit ihren Abfüllpartnern mehr als 700.000 Mitarbeiter. Allein die *Coca-Cola Company* hat rund 70.000 eigene Mitarbeiter und erzielt einen jährlichen Umsatz von über 47 Mrd. US-Dollar.

Auf der anderen Seite diversifizierte *PepsiCo* frühzeitig in die Bereiche Fast-Food und Snacks. Der Konzern entstand 1965 durch Fusion von *Pepsi Cola* und *Frito Lay*, einem führenden Hersteller von Kartoffelchips. 2001 fusionierte *PepsiCo* mit *Quaker Foods*, das unter anderem Frühstücksflocken, Müsliriegel, Milchprodukte und den Isodrink *Gatorade* herstellt. Durch die Akquisition der Fast-Food-Ketten *Taco Bell, Kentucky Fried Chicken* und *Pizza Hut* erreichte *PepsiCo* eine dominierende Stellung im Fast-Food-Markt. Dieser Unternehmensteil wurden 1997 abgespalten und firmiert seit 2000 unter dem Namen *Yum! Brands*. Es ist das weltweit größte Unternehmen der Systemgastronomie mit einem Umsatz von mehr als 7,5 Mrd. US-Dollar und rund 61.000 Restaurants in 155 Ländern. *PepsiCo* erwirtschaftet mit rund 320.000 Mitarbeitern einen Umsatz von über 91 Mrd. US-Dollar.

3.3.3 Wachstumsstrategien: Die strategische Lücke schließen

Ein klassisches Instrument der strategischen Planung ist die **Lückenanalyse (GAP-Analyse)**. Dabei wird die zu erwartende Entwicklung einer Maßgröße – wie etwa Umsatz, Gewinn, Deckungsbeitrag oder Wertbeitrag – mit ihrem angestrebten Zielwert verglichen. Die Lückenanalyse kann auf das gesamte Unternehmen, auf einzelne Produktgruppen oder auf strategische Geschäftseinheiten angewendet werden.

Wie in Abb. 3.3.18 dargestellt, wird die Differenz zwischen erwartetem und angestrebtem Wert in eine operative und eine strategische Lücke unterteilt. Die operative Lücke lässt sich durch eine bessere Ausschöpfung vorhandener Erfolgspotenziale schließen, also durch die Intensivierung des Stammgeschäfts mit bestehenden Produkten auf den bisherigen Märkten. Für eine solche Marktdurchdringung werden etwa Werbeaktionen oder Rationalisierungsmaßnahmen durchgeführt. Die verbleibende strategische Lücke erfordert dagegen neue Produkt-Markt-Kombinationen, etwa in Form von Produktentwicklung, Marktentwicklung oder Diversifikation. Die Lückenanalyse zeigt auf, welche Wachstumsstrategien miteinander kombiniert werden müssen, um ein strategisches Ziel zu erreichen.[145]

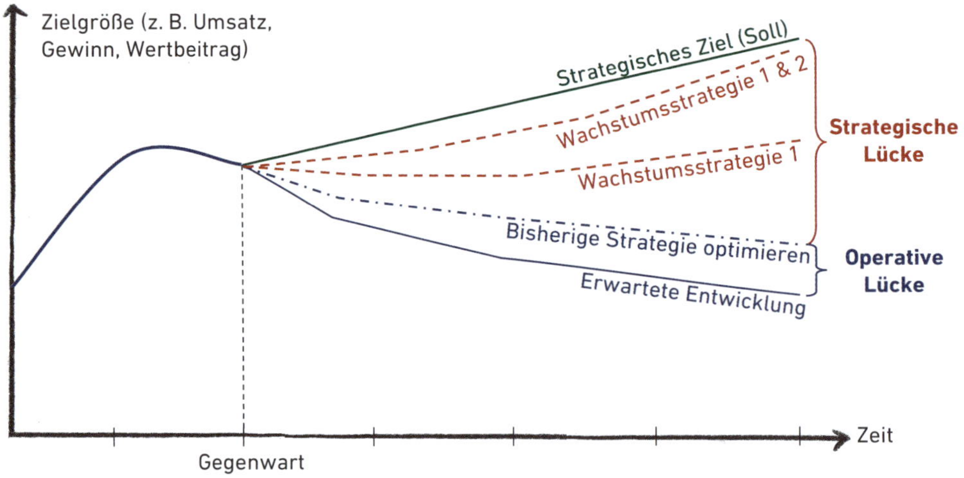

Abb. 3.3.18: Strategische Lückenanalyse[146]

Die **Lückenanalyse (GAP-Analyse)** vergleicht die zu erwartende Entwicklung einer Kennzahl mit einem angestrebten Zielwert. Die operative Lücke lässt sich durch bessere Ausschöpfung vorhandener Erfolgspotenziale schließen, während die strategische Lücke neue Produkt-Markt-Kombinationen erfordert. Geeignete Wachstumsstrategien zur Schließung dieser Lücken lassen sich mithilfe des Produkt-Markt-Portfolios ableiten.

Produkt-Markt-Strategien

Wachstumsstrategien lassen sich im **Produkt-Markt-Portfolio** in **vier strategische Stoßrichtungen** unterteilen:[147]

- **Marktdurchdringung** (Penetration): Intensivere Bearbeitung des bestehenden Marktes mit den vorhandenen Produkten, um den Marktanteil zu erhöhen. Mögliche **Maßnahmen** sind:
  - **Absatzsteigerung bei bestehenden Kunden:** Dies kann etwa durch Werbeaktionen oder Schulung des Verkaufspersonals erreicht werden. Ein Elektronikhändler könnte z.B. Bestandskunden im Rahmen einer Mailingaktion ein Sonderangebot für ein neues Smartphone machen.
  - **Kundengewinnung von der Konkurrenz:** Schwächen der Wettbewerber werden gezielt ausgenutzt oder potenzielle Kunden durch Prämien und Preisnachlässe zu einem Anbieterwechsel veranlasst. So könnte beispielsweise beim Wechsel des Mobilfunkanbieters ein kostenloses Smartphone angeboten werden.
  - **Gewinnung potenzieller Kunden:** Erschließung ungenutzter Marktpotenziale, indem bisher nicht erreichte Zielgruppen angesprochen werden. So könnten Stammkunden beispielsweise durch einen Rabatt dazu motiviert werden, ein zweites Smartphone für Familienmitglieder zu kaufen.
  - **Verbesserung des Erlös-Kosten-Verhältnisses:** Durch Rationalisierungsmaßnahmen lassen sich Kosten senken und Spielräume für Preissenkungen schaffen. Ein Händler könnte seine Smartphones beispielsweise direkt vom Hersteller in China beziehen und dann günstiger verkaufen.
- **Produktentwicklung:** Das Sortiment wird erweitert oder bestehende Produkte erneuert. Allerdings ist die Produktentwicklung riskant, da viele Innovationen scheitern. So könnte ein Elektronikhändler sein Angebot beispielsweise um Klingeltöne, Apps oder Zubehör wie Schutzhüllen und Ladegeräte verbreitern.
- **Marktentwicklung:** Ziel ist die Erschließung neuer Märkte, etwa durch
  - **Neue Abnehmergruppen:** Die Zielgruppe wird erweitert, indem beispielsweise auch gewerbliche Kunden oder Senioren angesprochen werden.
  - **Neue Distributionskanäle:** Der Elektronikhändler vertreibt seine Produkte nicht nur über stationäre Filialen, sondern zusätzlich über das Internet.
  - **Geographische Erweiterung:** Das Angebot wird auf andere Länder ausgedehnt, etwa durch die Eröffnung einer Filiale in Österreich.
- **Diversifikation** bezeichnet die Ausweitung der bisherigen Geschäftstätigkeit auf vor-, gleich- oder nachgelagerte Wertschöpfungsstufen sowie auf angrenzende oder völlig neue Geschäftsfelder. Dabei sind sowohl Produkte als auch Märkte neuartig. Ziel ist es, Risiken zu streuen, Abhängigkeiten zu verringern und Synergien in Beschaffung, Produktion und Absatz zu nutzen. Gleichzeitig ist die Diversifikation die riskanteste Wachstumsstrategie. Entlang der Wertschöpfungskette lassen sich drei **Formen** unterscheiden:
  - **Horizontale Diversifikation:** Ausweitung auf derselben Wertschöpfungsstufe unter Nutzung des bestehenden Know-hows. Die neuen Produkte oder Märkte stehen in sachlichem oder funktionalem Zusammenhang mit dem bisherigen Leistungsprogramm. So könnte ein Elektronikhändler beispielsweise neben Smartphones auch junge Mode wie Hoodies oder Kappen anbieten.
  - **Vertikale Diversifikation:** Ausweitung auf vor- oder nachgelagerte Wertschöpfungsstufen, etwa zur Kostenreduktion, Verbesserung der Versorgungssicherheit oder zum direkten Kundenzugang. Der Elektronikhändler könnte etwa als vorgelagerte Diversifikation in China die Herstellung günstiger Geräte in Auftrag geben oder als nachgelagerte Diversifikation eine Reparaturwerkstatt eröffnen.
  - **Laterale (konglomerate) Diversifikation:** Ausweitung auf völlig neue Tätigkeitsfelder ohne inhaltlichen Zusammenhang zu den bisherigen Produkten oder Märkten. Da keine vorhandenen Erfahrungen oder Kompetenzen genutzt werden können, ist dies die riskanteste Form der Diversifikation. Sie erfolgt häufig in wachstumsstarken Branchen und wird oft durch Kooperationen oder Unternehmenszusammenschlüsse angestoßen. In der Folge können daraus Mischkonzerne entstehen. Ein Beispiel wäre, wenn der Elektronikhändler ein Fast-Food-Restaurant eröffnen würde.

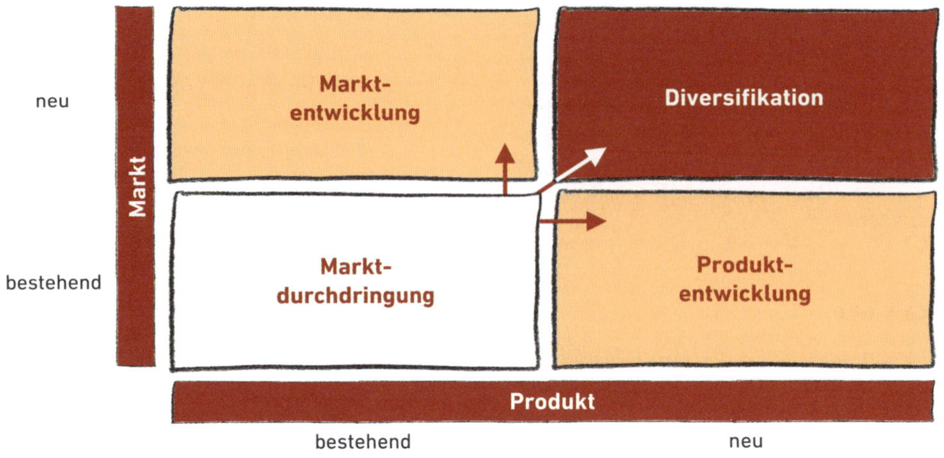

Abb. 3.3.19: Wachstumsstrategien im Produkt-Markt-Portfolio[148]

Amazons dynamische Wachstumsstrategie

Amazon ist mit einem jährlichen Umsatz von rund 640 Mrd. US-Dollar, mehr als 1,5 Millionen Mitarbeitern und einem Sortiment von rund 500 Millionen Produkten der größte Online-Händler der Welt.[149]

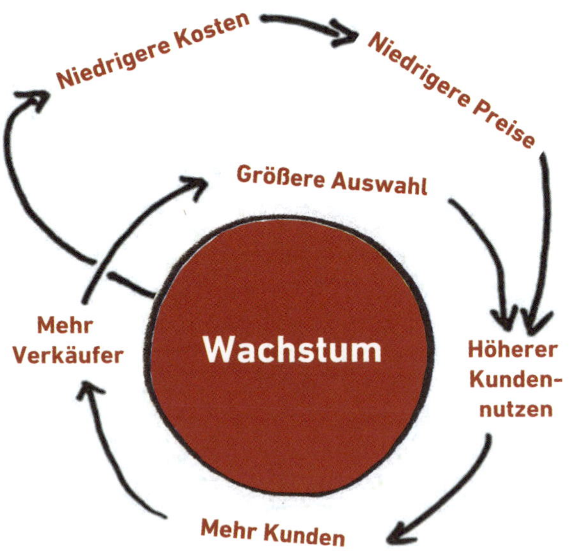

Unternehmensgründer *Jeff Bezos* skizzierte *Amazons* bis heute erfolgreiche Strategie im Jahr 2001 als Schwungrad („Flywheel") auf einer Serviette. Das Prinzip beschreibt er wie folgt: „Durch die Konzentration auf Kostenverbesserungen können wir uns niedrigere Preise leisten, was das Wachstum fördert. Durch das Wachstum werden die Fixkosten auf mehr Verkäufe verteilt, wodurch die Kosten pro Einheit sinken, was weitere Preissenkungen ermöglicht. Die Kunden mögen das, und es ist gut für die Aktionäre. Sie können davon ausgehen, dass wir diesen Kreislauf wiederholen."[150]

Preisnachlässe verbessern das Preis-Leistungs-Verhältnis und ziehen mehr Kunden an. Dadurch steigt das Handelsvolumen, was die Plattform für Drittanbieter attraktiver macht. Die wachsende Zahl unabhängiger Verkäufer erweitert das Produktsortiment, was den Kundennutzen weiter erhöht und so das Wachstum zusätzlich verstärkt. Da *Amazon* von jedem Drittanbieter eine Verkaufsprovision erhält, trägt auch dies zum Unternehmenserfolg bei. Dies ist ein zentraler Aspekt des plattformbasierten Geschäftsmodells von *Amazon*, das in Kapitel 5.2.1 näher erläutert wird.

Kernkompetenzstrategien

Kernkompetenzen sind kombinierte Ressourcen und Fähigkeiten, die ein Unternehmen besser beherrscht als die Konkurrenz (vgl. Kap. 3.2.2). Sie zeichnen sich dadurch aus, dass sie wertvoll, selten, schwer imitierbar und organisatorisch nutzbar sind. Damit bilden sie die Grundlage für dauerhafte Wettbewerbsvorteile. Um Ressourcen und Fähigkeiten zu Kernkompetenzen zu verknüpfen, werden in der Praxis häufig sogenannte Kompetenzzentren (Centers of Excellence) gebildet.

Die **Kompetenz-Markt-Matrix** enthält vier strategische Handlungsoptionen:[151]

- **Lücken füllen:** Mithilfe der *Marktdurchdringung* sollen in bestehenden Märkten die Marktanteile durch konsequente Nutzung der vorhandenen Kernkompetenzen ausgebaut werden. Da der Aufbau von Kernkompetenzen langwierig und kostenintensiv ist, sind diese möglichst lange und in verschiedenen Geschäftsfeldern einzusetzen. So basieren etwa alle Geschäftsfelder von *Honda* auf der Entwicklung und Fertigung von Motoren.
- **Herausragende Positionen:** Sie lassen sich erreichen, wenn auf bestehenden Märkten neue Kernkompetenzen erarbeitet werden. Die *Kompetenzentwicklung* dient dazu, die Marktposition des Unternehmens zu festigen. Solche Innovationen sind zwar mit hohen Investitionen und Risiken verbunden, können aber auch dauerhafte Wettbewerbsvorteile ermöglichen. Ein Beispiel ist die Erfindung des beutellosen Staubsaugers durch *Dyson*.
- **Weiße Flecken:** Die *Marktentwicklung* nutzt bestehende Kernkompetenzen, um neue Kundengruppen oder geografische Regionen zu erschließen. Dadurch lässt sich das Potenzial der Kernkompetenzen in zusätzlichen Anwendungsfeldern nutzen. So konnte etwa *Dunlop* seine Kernkompetenz in der Kautschuk- und Kunststoffverarbeitung erfolgreich vom Reifengeschäft auf Matratzen, Polster, Bodenbeläge und Tennisbälle übertragen.
- **Mega-Chancen:** Durch den gezielten Aufbau völlig neuer Kernkompetenzen erfolgt eine *Diversifikation*, um auch in vielversprechenden Zukunftsmärkten erfolgreich zu sein. Als Orientierung dienen dabei die Megatrends, die im Rahmen der strategischen Analyse identifiziert wurden (vgl. Kap. 3.2.1). *Elon* Musk hat etwa mit *Tesla* die Elektromobilität revolutioniert und mit seinem Raumfahrtunternehmen *SpaceX* im Jahr 2021 die erste touristische Weltraummission durchgeführt.

Die **Kompetenz-Markt-Matrix** zeigt strategische Handlungsoptionen zur Schaffung von Wettbewerbsvorteilen. Hierzu gehören die intensivere Nutzung vorhandener Kernkompetenzen in bisherigen Märkten („Lücken füllen"), die Entwicklung neuer Kernkompetenzen in bestehenden Märkten („Herausragende Positionen"), die Erschließung neuer Märkte mit vorhandenen Kernkompetenzen („Weiße Flecken") sowie der Aufbau neuer Kernkompetenzen für den Einstieg in vielversprechende Zukunftsmärkte („Mega-Chancen").

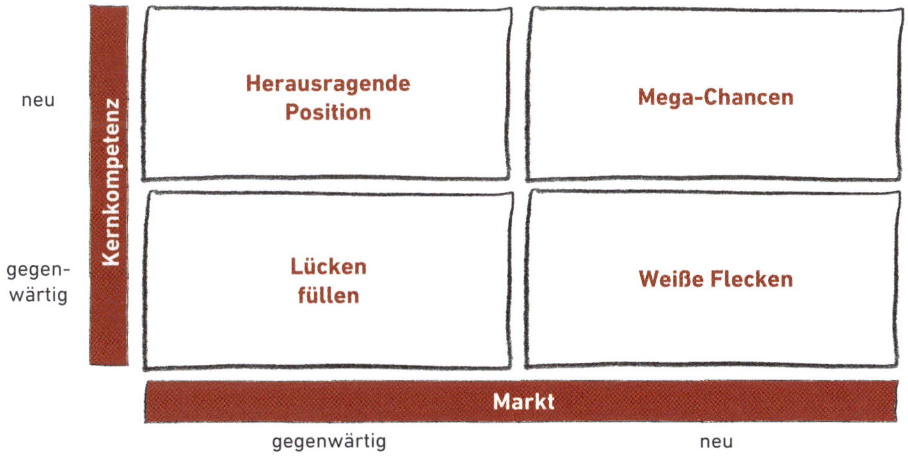

Abb. 3.3.20: Kompetenz-Markt-Matrix[152]

Strategische Lückenanalyse und Wachstumsstrategien bei Schlummer

Erwin Eder erwartet von *Schlummer* ein jährliches Umsatzwachstum von mindestens 3 %. In den letzten beiden Jahren hatte das Unternehmen allerdings nach einer langen Wachstumsphase erstmals deutliche Umsatzrückgänge hinzunehmen. Darüber hinaus gibt es Qualitätsprobleme mit dem Produkt *Tiefschlaf*. Die daraufhin erstellte Gap-Analyse in Abb. 3.3.21 zeigt eine zunehmende Umsatzlücke.

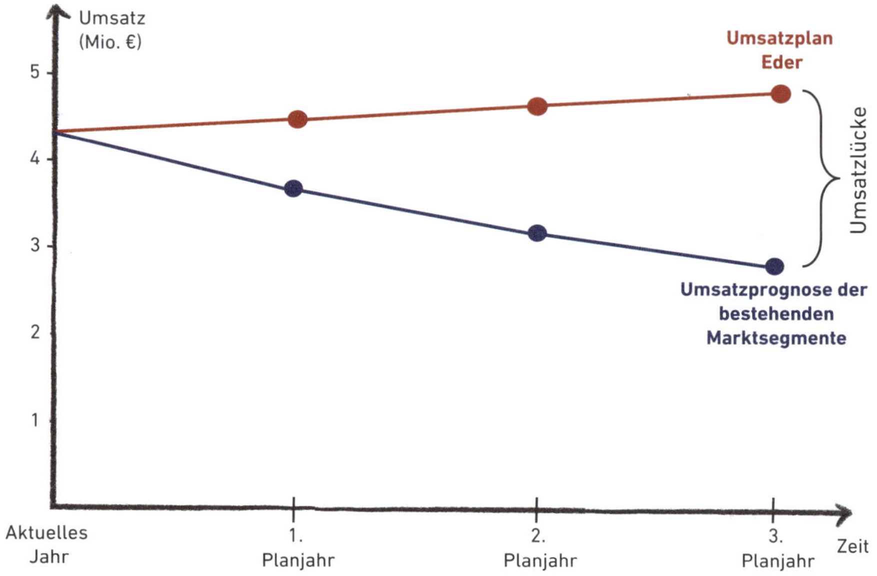

Abb. 3.3.21: Umsatzlücke bei Schlummer

Erwin Eder fordert deshalb eine neue strategische Ausrichtung von *Susanne Schlummer*. Zur Diskussion stehen sowohl der Einstieg ins Luxussegment mit dem Wasserbett *Aquadream* als auch der Vertrieb kostengünstiger Varianten der Modelle *Schlafgut* und *Träumsüß* über den Bettendiscounter *Schwäbisches Bettenlager*. Um die Umsatzlücke zu schließen, erarbeitet das Führungsteam von *Schlummer* die in der Produkt-Markt-Matrix aufgeführten strategischen Alternativen.

Abb. 3.3.22: Strategische Wachstumsoptionen für Schlummer in der Produkt-Markt-Matrix

Durch stimmige Kombination der erarbeiteten Alternativen werden im Strategie-Workshop verschiedene Wachstumsstrategien formuliert. Anschließend prüft Controllerin *Emma Knausrig* deren potenzielle Auswirkungen auf Umsatz und Ergebnis, wobei sie auch unterschiedliche Szenarien betrachtet. Auf dieser Grundlage entscheiden *Susanne Schlummer* und *Erwin Eder*, mit welcher Strategie die bestehende Umsatzlücke geschlossen werden soll.

Darüber hinaus soll geprüft werden, ob sich die Produktion ausgewählter Modelle ins Ausland verlagern oder eine Fremdfertigung in Osteuropa realisieren lässt. Dies betrifft insbesondere die Modelle für das *Schwäbische Bettenlager*, die in einem sehr preissensiblen Segment angeboten werden. In diesem Fall müsste allerdings die Inlandsproduktion der *Schlummer GmbH* deutlich reduziert werden. Da sich *Eder* für seine Mitarbeiter verantwortlich fühlt, kommt dies für ihn nicht infrage.

Ebenso überlegt *Susanne Schlummer*, die bisherigen Modelle *Schlafgut* und *Träumsüß* durch exklusivere Ausführungen zu ersetzen. Dadurch könnten neben dem Wasserbett weitere Modelle im Premiumsegment positioniert werden. Dies würde zu einer klareren Ausrichtung des Unternehmens auf eine Differenzierungsstrategie führen. Unterstützend wirken dabei das gute Markenimage der *MöBella-Gruppe* und die starke Präsenz von *Schlummer* im Fachhandel. Auch das Modell *Tiefschlaf* ließe sich in diesem Zusammenhang weiterentwickeln – insbesondere, da es für Allergiker geeignet ist, deren Zahl in Deutschland stetig steigt. Während im mittleren und unteren Preissegment ein harter Verdrängungswettbewerb herrscht, bietet das Premiumsegment die Chance zur Realisierung einer Nischenstrategie mit hohen Gewinnmargen.

3.3.4 Geschäftsmodellstrategien: Die eigenen Stärken nutzen

Das Geschäftsmodell umfasst die zentralen Prinzipien der Geschäftstätigkeit eines Unternehmens. Es beschreibt, welchen Nutzen es seinen Kunden bietet, wie dieser erzeugt wird und auf welche Weise daraus Einnahmen erzielt werden (vgl. Kap. 3.2.2). Durch den Vergleich mit den Geschäftsmodellen der Wettbewerber lassen sich die Erfolgsfaktoren einer Branche oder eines Marktes bestimmen.

Zur Optimierung der Wertkette können strategisch weniger bedeutsame Aktivitäten an andere Unternehmen ausgelagert werden. Die Kooperationspartner sind auf bestimmte Tätigkeiten spezialisiert und können diese kostengünstiger oder in höherer Qualität erbringen als das eigene Unternehmen. So entsteht eine **modulare Wertkette**, in der sich alle Beteiligten auf ihre Kernkompetenzen konzentrieren. Typische Beispiele für auslagerbare Aktivitäten sind Anlagenwartung, Rechenzentrumsbetrieb, IT-Dienstleistungen oder Logistik.

Neben den Wertschöpfungsanteilen ist auch die Verteilung der Erträge entlang der Wertschöpfungskette von Bedeutung. In vielen Wertketten gibt es sowohl besonders profitable als auch weniger lohnende Bereiche. Kennt ein Unternehmen diese Unterschiede, kann es gezielt versuchen, sich in den attraktiven Segmenten zu positionieren. Die Beiträge der einzelnen Unternehmen zur gesamten Wertschöpfung zeigt die in Abb. 3.3.23 dargestellte **Wertverteilungsanalyse** (Profit-Pool-Analyse). Sie verdeutlicht, wie sich die Wertschöpfung auf die beteiligten Partner verteilt – also, wer welchen „Anteil am Kuchen" erhält.[153] Abb. 3.3.24 zeigt am Beispiel eines Liters Kuhmilch, wie sich der Kaufpreis entlang der Wertschöpfungskette verteilt.

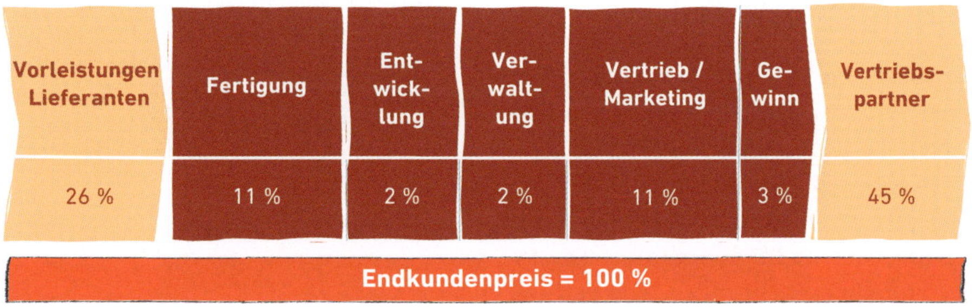

Abb. 3.3.23: Wertverteilungsanalyse

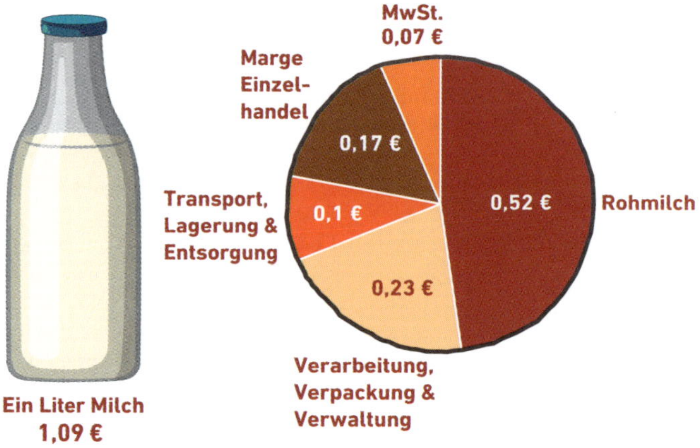

Abb. 3.3.24: Anteile am Kaufpreis für einen Liter Kuhmilch[154]

Auf Basis der Wertkettenanalyse entscheidet die Unternehmensführung über die strategische Wertschöpfungsarchitektur. Zur Auswahl stehen vier grundlegende **Gestaltungsformen**:[155]

- **Schichtenspezialisten** konzentrieren sich auf eine oder wenige Stufen der Wertschöpfungskette und bieten ihre spezialisierten Leistungen branchenübergreifend an. Ein Beispiel sind Outsourcing-Dienstleister, die etwa die Finanzbuchhaltung oder Informationsverarbeitung übernehmen oder ein Callcenter für den Kundenservice betreiben.
- **Integratoren** erbringen sämtliche Leistungen entlang der gesamten Wertschöpfungskette selbst und minimieren dadurch die Transaktionskosten zwischen den einzelnen Wertschöpfungsstufen. Eine vollständig integrierte Wertschöpfungskette ist insbesondere dann sinnvoll, wenn die Leistungserstellung mit hohen Investitionen und erheblichem Risiko verbunden ist. Auf diese Weise lässt sich der Zugang zu kritischen Ressourcen und Vertriebskanälen sichern. Ein Beispiel ist der Energieversorger *EnBW*, der beim Strom sämtliche Wertschöpfungsstufen selbst abdeckt – von der Erzeugung über Handel, Beschaffung und Übertragung bis hin zu Verteilung und Vertrieb.
- **Pioniere** erweitern bestehende Wertschöpfungsketten durch Innovationen um zusätzliche Wertschöpfungsstufen. Sie bieten neue Leistungen an, welche die Wettbewerbsfähigkeit des gesamten Wertschöpfungssystems verbessern. Ein Beispiel ist *Sabre*, das weltweit größte Computerreservierungssystem für Reisebüros. Damit lassen sich Flüge, Hotelübernachtungen, Zugverbindungen und weitere Dienstleistungen weltweit auf Verfügbarkeit prüfen und direkt buchen. Ohne ein solches System müssten Reisebüros bei jedem Anbieter einzeln anfragen. Die Fluglinien zahlen für die Aufnahme in das System eine Gebühr pro gebuchtem Ticket, um so in zahlreichen Reisebüros präsent zu sein.
- **Orchestratoren** steuern ein Netzwerk von Partnerunternehmen und konzentrieren sich selbst auf zentrale Wertschöpfungsstufen. Ein Beispiel ist der Sportartikelhersteller *Puma*, der seine Partner entlang der Wertschöpfungskette koordiniert und sich selbst auf seine Kernkompetenzen in den Bereichen Entwicklung, Design und Marketing konzentriert. *Pumas* Schuhe, Textilien und Accessoires werden hingegen vor allem in Asien von unabhängigen Herstellern produziert. Digitale Technologien ermöglichen es, aus den beteiligten Partnern ein virtuelles Unternehmen zu formen (vgl. Kap. 5.2). Es wird projektbezogen aus rechtlich selbstständigen Organisationen zusammengestellt, agiert gegenüber dem Kunden als geschlossene Einheit und wird nach Abschluss des Projekts wieder aufgelöst.

Es lassen sich verschiedene **strategische Wertschöpfungsarchitekturen** unterscheiden: *Schichtenspezialisten* bieten eine oder wenige Wertschöpfungsstufen branchenübergreifend an, *Integratoren* übernehmen sämtliche Stufen der Wertschöpfungskette selbst, *Pioniere* fügen neue Wertschöpfungsstufen hinzu und *Orchestratoren* koordinieren die an der Wertschöpfung beteiligten Partnerunternehmen.

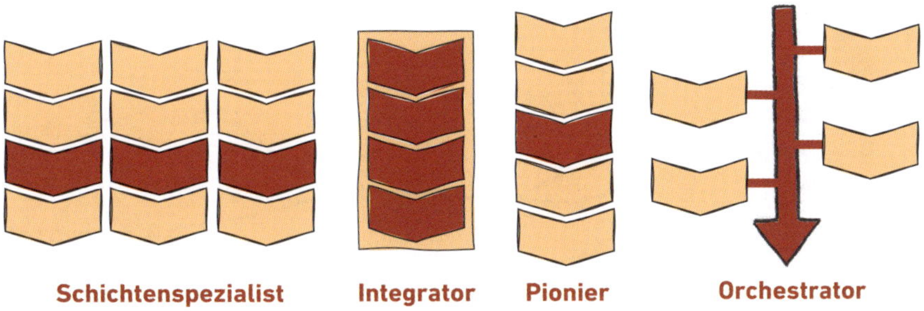

Abb. 3.3.25: Strategische Wertschöpfungsarchitekturen[156]

Geschäftsmodellinnovation mit der Blue-Ocean-Strategie

Statt sich im Preiskampf gesättigter Märkte zu erschöpfen, sollten Unternehmen ihr Geschäftsmodell radikal überdenken. Zukunftsorientierte Pioniere orientieren sich nicht am Wettbewerb, sondern schaffen völlig neue Märkte. Dies gelingt durch Nutzeninnovationen, die einen einzigartigen Mehrwert für den Kunden erzeugen und bisher unerfüllte Bedürfnisse ansprechen. Die Blue-Ocean-Strategie greift dieses Prinzip bildhaft auf: Rote Ozeane symbolisieren umkämpfte Märkte mit begrenzten Wachstumschancen, in denen Unternehmen um Marktanteile ringen. Blaue Ozeane hingegen stehen für neue, noch unbesetzte Märkte, die fernab des ruinösen Wettbewerbs durch kreative Nutzeninnovationen erschlossen werden.[157] Unternehmen, die eine Blue-Ocean-Strategie verfolgen, kämpfen nicht um ein Stück vom Kuchen, sondern backen ihren eigenen.

Blue-Ocean-Strategie von Ryanair

RYANAIR

Die irische Fluglinie *Ryanair* bietet seit 1992 europaweit Flüge zu Preisen an, die mit den Kosten einer Bahn- oder Autofahrt vergleichbar sind, allerdings bei deutlich kürzerer Reisezeit. Um diese günstigen Preise zu realisieren, wurden Serviceleistungen weitgehend gestrichen und gleichzeitig Check-in-Zeiten sowie Abflugfrequenzen optimiert.

Dadurch konnte die Zielgruppe erheblich erweitert werden: Angesprochen werden nun nicht nur Geschäfts- und Urlaubsreisende, sondern grundsätzlich alle Menschen, die schnell und günstig von A nach B gelangen möchten. Die niedrigen Flugpreise ermöglichen zudem Wochenend-Kurzurlaube in europäischen Städten. Auch dadurch wurde eine neue Kundengruppe erschlossen.

Zunächst werden die aus Kundensicht **kritischen Erfolgsfaktoren** bestimmt, die für die Kaufentscheidung ausschlaggebend sind (vgl. Kap. 3.1.3). In Abb. 3.3.26 sind bislang die kritischen Erfolgsfaktoren A-G etabliert. Anschließend wird geprüft, wie die angebotenen Leistungsmerkmale im Vergleich zur Konkurrenz oder zum Branchendurchschnitt positioniert sind. Die Ergebnisse werden mithilfe einer **strategischen Kontur (Strategy Canvas)** veranschaulicht.[158]

Die **Nutzenkurven** zeigen, wie Kunden die relativen Leistungsmerkmale der Konkurrenten in Bezug auf die kritischen Erfolgsfaktoren wahrnehmen. In Abb. 3.3.26 liegt der Konkurrent sehr nahe am Branchenstandard. Da sich sein Angebot kaum von dem der anderen Unternehmen unterscheidet, ist er einem intensiven Wettbewerb ausgesetzt und befindet sich damit im roten Ozean.

Nutzeninnovationen sind neue Leistungsmerkmale, die bisher unerkannte Kundenwünsche erfüllen und neue Kundengruppen erschließen. In Abb. 3.3.26 differenziert sich der Geschäftsmodellinnovator durch herausragende Leistungen in den Merkmalen F und G. Gleichzeitig reduziert er das Leistungsniveau der Merkmale A bis D, um seine Kosten zu senken. Darüber hinaus bietet er ein neues Leistungsmerkmal H an, mit dem er die Kunden begeistert. Dadurch erschließt er einen blauen Ozean – einen Markt ohne Konkurrenz.

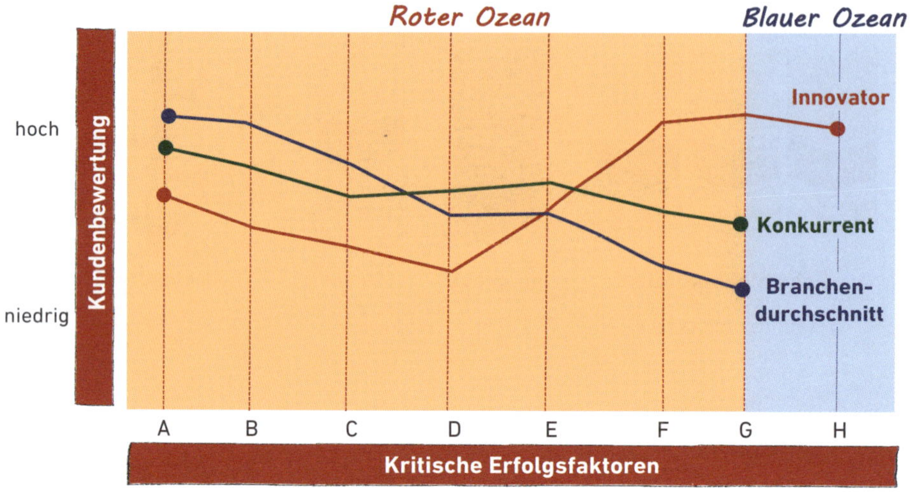

Abb. 3.3.26: Strategische Kontur eines Marktes[159]

Blue-Ocean-Strategie des Cirque du Soleil

Cirque du Soleil aus Montréal (Kanada) hat den Zirkus neu erfunden. Der Entertainmentanbieter verzichtet auf teure und ethisch umstrittene Tierdressuren und setzt stattdessen auf spektakuläre Artistik, opulentes Theater, außergewöhnliche Bühnenbilder, fantasievolle Kostüme und Livemusik. Die Zielgruppe besteht nicht wie im traditionellen Zirkus vor allem aus Familien mit kleinen Kindern, sondern richtet sich primär an Erwachsene. *Cirque du Soleil* beschäftigt rund 4.000 Mitarbeiter, darunter etwa 1.200 Artisten. Seit seiner Gründung im Jahr 1984 haben über 400 Millionen Menschen in 86 Ländern eine Show von *Cirque du Soleil* besucht.[160] Die Unterschiede des Geschäftsmodells zum traditionellen Zirkus verdeutlicht die strategische Kontur in Abb. 3.3.27.

CIRQUE DU SOLEIL.

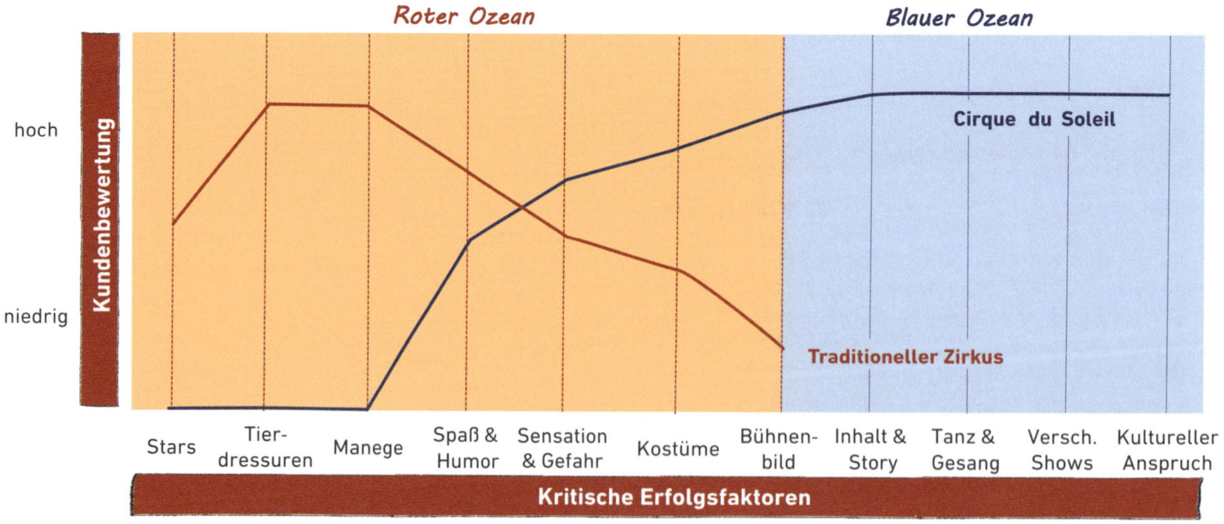

Abb. 3.3.27: Strategische Kontur des Cirque du Soleil[161]

Für die Entwicklung einer veränderten Nutzenkurve müssen die strategischen Erfolgsfaktoren neu ausgerichtet werden. Hierfür stehen dem Unternehmen die in der **ERRC-Matrix** (ERRC-Grid) aufgeführten Optionen zur Verfügung:[162]

- **Eliminierung (Eliminate):** Weglassen von Leistungsfaktoren, die für die Kunden wenig relevant sind, aber in der Branche als selbstverständlich gelten.
- **Reduzierung (Reduce):** Senkung bestimmter Leistungsmerkmale unter den Branchenstandard, um Kosten einzusparen.
- **Steigerung (Raise):** Anhebung ausgewählter Leistungsmerkmale über den Branchenstandard, um sich vom Wettbewerb abzuheben.
- **Erschaffung (Create):** Entwicklung völlig neuer Leistungsmerkmale, die für den Kunden eine Nutzeninnovation darstellen und bislang in der Branche nicht angeboten werden.

Die Blue-Ocean-Strategie kombiniert Kostensenkung mit Nutzenerhöhung: Unwichtige Leistungsmerkmale werden reduziert oder eliminiert, während neue und verbesserte Merkmale den Kundennutzen steigern.

Mit einer **Blue-Ocean-Strategie** entwickelt das Unternehmen ein neuartiges Leistungsprofil, das es deutlich von der Branche abhebt und den Eintritt in einen blauen Ozean ermöglicht, in dem es keine direkten Wettbewerber gibt. Während durch die Eliminierung und Reduzierung wenig relevanter Leistungsmerkmale die Kosten gesenkt werden, wird der Kundennutzen durch die Steigerung bestehender und die Erschaffung neuer Merkmale erhöht.

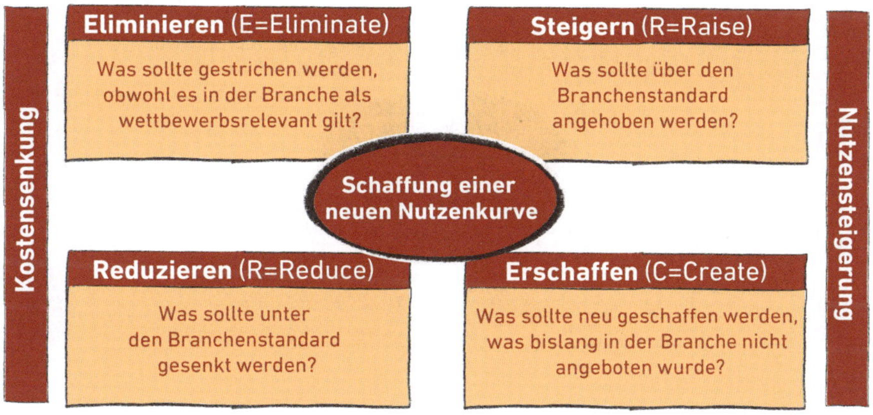

Abb. 3.3.28: ERRC-Matrix zur Innovation von Geschäftsmodellen[163]

Blue-Ocean-Strategie von Nintendo

In den 1990er-Jahren war *Nintendo* mit dem *Game Boy* der führende Anbieter tragbarer Videospielkonsolen.[164] Die Anfang der 2000er-Jahre entwickelte stationäre Konsole *GameCube* konnte sich jedoch aufgrund technologischer Unterlegenheit gegenüber *Sonys PlayStation* und *Microsofts Xbox* im hart umkämpften roten Ozean der Spielekonsolen nicht durchsetzen. Daher entschied sich *Nintendo* im Jahr 2006 mit der Markteinführung der *Wii* für eine Blue-Ocean-Strategie. Revolutionär an der neuen Spielkonsole war der kabellose Controller, mit dem Spiele durch Körperbewegungen gesteuert werden konnten. Dies ermöglichte ein völlig neues Spielerlebnis und begeisterte schnell auch Familien, Frauen und ältere Menschen. Während bis dahin vor allem männliche Jugendliche als Intensivspieler die Hauptzielgruppe der Hersteller bildeten, richtete *Nintendo* den Fokus auf die deutlich größere Gruppe an Gelegenheitsspielern aller Altersklassen. Nicht nur Kinder, sondern auch Eltern und Großeltern spielten mit der *Wii*. Zudem durchbrach *Nintendo* den branchenüblichen Wettbewerb um immer höhere Prozessorleistung und bessere Grafik, die für Gelegenheitsspieler wenig relevant sind.

Die ERRC-Matrix in Abb. 3.3.29 zeigt, mit welchen Maßnahmen *Nintendo* die Kosten seiner Spielkonsole senken konnte und durch welche Merkmale sie sich von den Wettbewerbern unterschied. Dadurch konnte die *Wii* rund 30 bis 40 % günstiger angeboten werden als vergleichbare Konkurrenzprodukte.[165] Die strategische Kontur der *Wii* im Vergleich zu ihren Wettbewerbern bei der Markteinführung im Jahr 2006 zeigt Abb. 3.3.30.

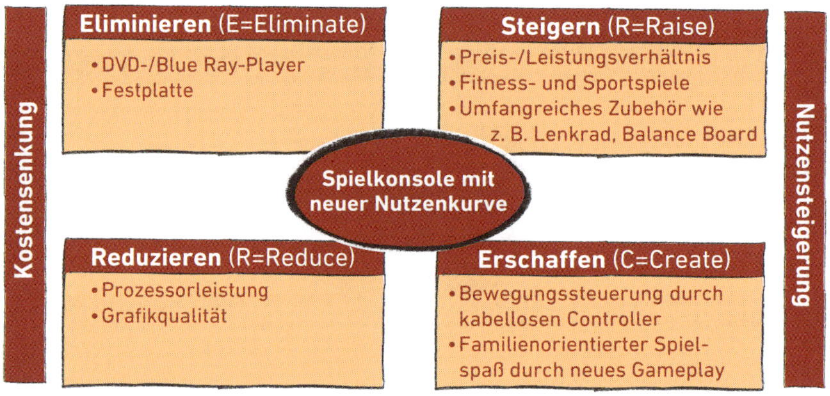

Abb. 3.3.29: ERRC-Matrix der Nintendo Wii[166]

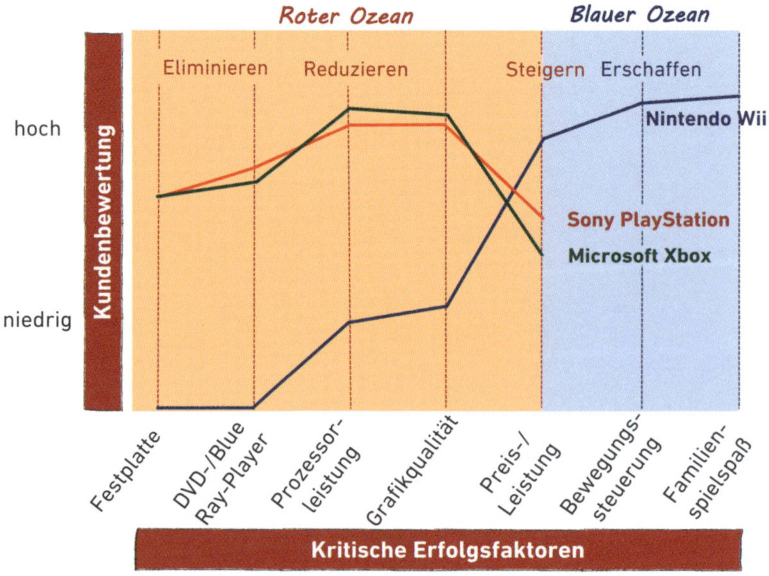

Abb. 3.3.30: Strategische Kontur der Nintendo Wii bei Markteinführung[167]

Anfang 2008 übernahm *Nintendo* aufgrund des großen Erfolgs der *Wii* die weltweite Marktführerschaft in der Spielekonsolenbranche. Doch die Antwort der etablierten Hersteller ließ nicht lange auf sich warten: 2010 führten *Sony* mit *PlayStation Move* und *Microsoft* mit *Kinect* ebenfalls bewegungsgesteuerte Controller ein. Dabei war die Bewegungssteuerung der *PlayStation Move* präziser als die der *Wii*. *Microsoft Kinect* verzichtete sogar vollständig auf einen Controller und ermöglichte die Steuerung per Gesten, Bewegungen und Sprache mithilfe von Kamera, 3D-Sensor und Mikrofon.

Bereits 2011 fiel *Nintendos* Marktanteil hinter die beiden Konkurrenten zurück, da deren Konsolen der *Wii* technisch überlegen waren und eine deutlich bessere Grafik boten. Als Reaktion brachte *Nintendo* Ende 2012 die neue Spielkonsole *Wii U* auf den Markt. Die zentrale Innovation war das sogenannte GamePad – ein Controller mit integriertem Touchscreen, der auch das Spielen ohne TV-Gerät ermöglichte. Darüber hinaus war die *Wii U* nicht nur eine Spielkonsole, sondern bot zahlreiche Multimediakomponenten wie Videostreaming und Online-Services. Mit der Weiterentwicklung zur hybriden Spielkonsole sollte ein neuer blauer Ozean erschlossen werden. *Nintendo* verfolgte dabei eine Strategie der Systembindung (vgl. Kap. 3.3.2): Verluste aus dem Konsolenverkauf sollten durch Gewinne aus hauseigenen Spielen wie *Super Mario* kompensiert werden. Die Verkaufszahlen der *Wii U* blieben jedoch hinter den Erwartungen zurück, und *Nintendo* verlor weiter an Marktanteil. Zudem nutzten immer mehr Kunden Smartphones zum Spielen.[168]

In der Folge brachte *Nintendo* 2017 die *Switch* auf den Markt und erschloss damit im zweiten Anlauf erneut einen blauen Ozean. Die Konsole kombinierte stationäres und mobiles Gaming in einem Gerät und schuf so ein neues Marktsegment, das weder von klassischen Heimkonsolen wie der *PlayStation* noch von mobilen Geräten wie dem *Nintendo 3DS* abgedeckt wurde. Zwischen 2019 und 2022 war die *Switch* die weltweit meistverkaufte Spielekonsole. Doch *Nintendo* versäumte es, das Konzept weiterzuentwickeln. 2023 übernahm daher die leistungsstärkere *PlayStation 5* die Marktführung. Im Jahr 2024 lag diese mit 45 % Marktanteil klar vorn, gefolgt von der *Switch* mit rund 27 % und der *Xbox Series X|S* mit etwa 23 %.[169]

Am 5. Juni 2025 brachte *Nintendo* das Nachfolgemodell *Switch 2* auf den Markt. Es bietet eine höhere Auflösung, einen leistungsstärkeren *Nvidia*-Chip und neue Funktionen wie GameChat und GameShare. Vier Tage nach Verkaufsstart hatte *Nintendo* bereits über 3,5 Millionen Geräte abgesetzt, was einen Rekord in der Firmengeschichte darstellt. Im ersten Monat wurden rund 5,8 Millionen *Switch 2* verkauft. Der Marktstart war damit außergewöhnlich erfolgreich.

Das Beispiel *Nintendo* verdeutlicht, dass sich ein Wettbewerbsvorteil durch ein innovatives Geschäftsmodell nicht dauerhaft verteidigen lässt. Eine Blue-Ocean-Strategie muss daher dynamisch betrieben werden, da früher oder später Wettbewerber in den blauen Ozean eindringen und diesen wieder rot färben. Dieser Prozess lässt sich allerdings durch hohe Eintrittsbarrieren verzögern. So ist es bislang keinem anderen Zirkus gelungen, die Shows des *Cirque du Soleil* erfolgreich zu imitieren. Die einzigartige Kombination aus Artistik und Theaterkunst erfordert hohe fachliche Expertise, und die aufwendig inszenierten Shows – etwa in Las Vegas, wo diese dauerhaft in mehreren eigens dafür errichteten Theatern aufgeführt werden – verlangen erhebliche Investitionen. Die heutigen Wettbewerbsvorteile des *Cirque du Soleil* liegen auch in der Größe des global tätigen Unternehmens mit über 4.000 Mitarbeitern und einem Jahresumsatz von rund einer Milliarde US-Dollar.[170]

Sobald Konkurrenten in den Markt eindringen, sollte das Unternehmen durch erneute Geschäftsmodellinnovation einen neuen blauen Ozean erschließen. Das Beispiel *Nintendo* zeigt, wie das gelingen kann, aber auch, wie schwer es ist.

Strategieentscheidung und Blue-Ocean-Strategie von Schlummer

Nach Abschluss der strategischen Analysen und der Prüfung sämtlicher Optionen haben sich *Egon Eder* und *Susanne Schlummer* auf eine neue strategische Stoßrichtung für die *Schlummer GmbH* geeinigt und die folgenden **strategischen Maßnahmen** beschlossen:

- Vertrieb günstiger Ausführungen der bisherigen Erfolgsmodelle über den Discounter *Schwäbisches Bettenlager* im Rahmen einer **hybriden Segmentierung.** Um negative Imageeffekte durch den Einstieg ins Billigsegment zu vermeiden, werden die vereinfachten Modelle unter der Hausmarke *Siebenschläfer* des *Schwäbischen Bettenlagers* angeboten.
- **Stärkere Differenzierung** in den bestehenden Marktsegmenten gegenüber der in den Markt drängenden chinesischen Konkurrenz – durch Qualität, Marke, Design und Fachhandelspräsenz.
- **Rationalisierungsoffensive** zur Senkung der Fixkosten sowie konsequentere Nutzung von Erfahrungskurveneffekten.
- **Relaunch des Modells Tiefschlaf**: Nur durch eine verbesserte Produktqualität lässt sich das Wachstumspotenzial im Segment der Qualitätslatexmatratzen ausschöpfen und eine Übertragung des negativen Images von Tiefschlaf auf andere Produkte vermeiden.
- **Diversifikation** durch Einführung des Wasserbetts *Aquadream* und gezielte Positionierung im Premiumsegment durch eine umfassende Marketingkampagne im Fachhandel.

Mittelfristig sollen die bisherigen Modelle durch exklusivere Ausführungen ersetzt werden, um die Differenzierungsstrategie konsequenter als bisher zu verfolgen. Unterstützend wirken dabei das gute Markenimage und die starke Präsenz im Fachhandel. Während im mittleren und unteren Preissegment ein harter Verdrängungswettbewerb herrscht, versprechen das Premium- und Luxussegment hohe Gewinnmargen. Da das Absatzpotenzial für hochpreisige Produkte jedoch begrenzt ist, sollen die freiwerdenden Produktionskapazitäten durch Aufträge des *Schwäbischen Bettenlagers* ausgelastet werden.

Nach Auffassung von *Egon Eder* sollte sich *Susanne Schlummer* nicht nur am Wettbewerb orientieren, sondern durch eine Geschäftsmodellinnovation neue Märkte erschließen. In der hart umkämpften Bettenbranche lassen sich mithilfe der **ERRC-Matrix** folgende Maßnahmen ableiten:

- **Eliminierung:** *Schlummer* will sich auf die Herstellung von Matratzen konzentrieren und die Produktion von Betten einstellen oder ins osteuropäische Ausland verlagern.
- **Reduzierung:** *Schlummer* plant, die Anzahl unterschiedlicher Matratzentypen zu verringern und künftig nur noch Modelle mit optimalen Liegeeigenschaften und hohen Deckungsbeiträgen anzubieten.
- **Steigerung:** Die Beratung der Kunden im Fachhandel soll durch ein gezieltes Schulungsprogramm wesentlich verbessert werden. So sollen Endkunden in den Bettfachgeschäften besser über die Vorzüge der *Schlummer*-Produkte informiert und das Einkaufserlebnis insgesamt verbessert werden. Darüber hinaus sollen exklusive Stoffe, dezente Düfte und zusätzliche Dienstleistungen – etwa eine Schlaftypberatung oder individuelle Körpervermessung – zur weiteren Aufwertung der *Schlummer*-Produkte beitragen.
- **Erschaffung:** *Schlummer* will unter dem Markennamen *Wolke 7* eine völlig neue Matratze entwickeln, die aus zahlreichen individuell regulierbaren Luftkammern besteht und dem Kunden das Gefühl gibt, wie im Himmel zu schlafen. Dieses „Luftbett" soll ein völlig neues Schlaferlebnis bieten und den Matratzenmarkt revolutionieren. Aufgrund der hervorragenden Liegeeigenschaften eignet sich das Produkt auch für den Einsatz in Krankenhäusern und Pflegeheimen. So möchte *Schlummer* neue Märkte mit hohem Renditepotenzial erschließen.

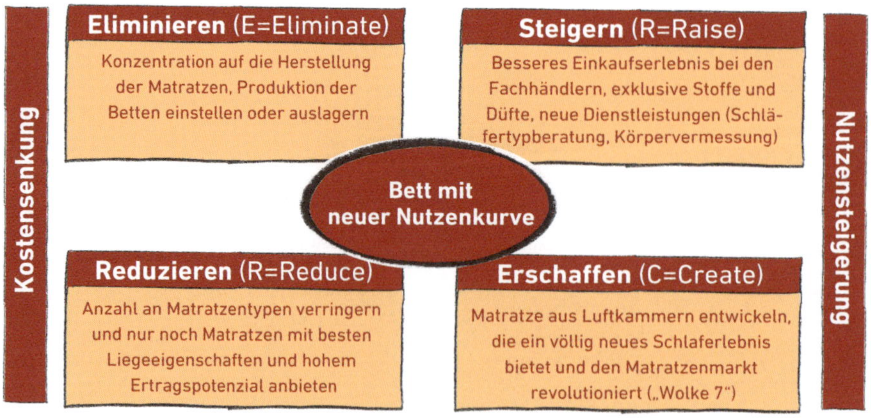

Abb. 3.3.31: Maßnahmen einer Blue-Ocean-Strategie für Schlummer in der ERRC-Matrix

Executive Summary

- Eine Strategie legt das langfristige Vorgehen zum Aufbau von Wettbewerbsvorteilen fest und bestimmt, wie daraus Erfolgspotenziale entwickelt werden können. Sie beschreibt, welche Ressourcen, Fähigkeiten und Kompetenzen dafür erforderlich sind und wie sich das Unternehmen im Wettbewerb positionieren soll.
- Wettbewerbsvorteile sind positive Merkmale oder Eigenschaften eines Unternehmens, durch die es sich von der Konkurrenz abhebt und potenzielle Kunden davon überzeugt, sich für das Unternehmen zu entscheiden.
- Erfolgspotenziale basieren auf den Wettbewerbsvorteilen des Unternehmens und bieten die Voraussetzungen für künftigen wirtschaftlichen Erfolg. Zu den Erfolgspotenzialen zählen strategisch bedeutsame Ressourcen, Fähigkeiten, Kompetenzen, Technologien, Strukturen und Prozesse.
- Wettbewerbsvorteile lassen sich durch eine geschickte Positionierung gegenüber den Wettbewerbern oder mithilfe wertvoller Ressourcen, Fähigkeiten und Kompetenzen erzielen. Sie ermöglichen den Aufbau von Erfolgspotenzialen, mit denen das Unternehmen künftig wirtschaftlich erfolgreich sein kann.
- Erfolgsfaktoren beeinflussen maßgeblich die Stärke der Erfolgspotenziale und damit den zukünftigen Erfolg. Um sie steuern zu können, werden sie mithilfe von Schlüsselkennzahlen (Key Performance Indicators, KPIs) messbar gemacht.
- Strategische Geschäftsfelder (SGF) sind klar abgegrenzte, homogene Teile der Unternehmensumwelt, auf die das Unternehmen seine Aktivitäten konzentrieren möchte. Sie umfassen bestimmte Produkt-Markt-Kombinationen und sollten untereinander möglichst überschneidungsfrei sein.
- Das Unternehmen wird in strategische Geschäftseinheiten (SGE) unterteilt, die unabhängig voneinander in den jeweiligen Geschäftsfeldern eigene strategische Ziele verfolgen. Sie übernehmen eine eindeutige Marktaufgabe und stehen dabei im Wettbewerb mit externen Konkurrenten.
- Unternehmensstrategien legen die strategische Ausrichtung des gesamten Unternehmens fest und gestalten das Portfolio an Geschäftseinheiten.
- Die Geschäftsstrategien beschreiben, wie die Geschäftseinheiten strategisch agieren und sich in den Märkten erfolgreich positionieren sollen.
- Funktionalstrategien bestimmen, wie die betrieblichen Funktionsbereiche im Einklang mit der Unternehmensstrategie und den jeweiligen Geschäftsstrategien gestaltet werden sollen.
- Die strategische Planung besteht aus der strategischen Analyse und der Strategieformulierung. Die strategische Analyse schafft ein realistisches Bild der strategischen Ausgangssituation, während in der Strategieformulierung konkrete Handlungsoptionen zur Erreichung der strategischen Ziele entwickelt, bewertet und zu einer konsistenten Gesamtstrategie verknüpft werden.
- Die Strategieformulierung bestimmt jene Strategiealternativen, die umgesetzt werden können und sollen. Sie umfasst die Bewertung und Auswahl der Alternativen sowie deren Verknüpfung zu einer konsistenten Gesamtstrategie.
- Die Strategieauswahl erfolgt auf Basis der Ergebnisse der Strategiebewertung, wobei sowohl quantitative als auch qualitative Kriterien einbezogen werden sollten.
- Die Strategieumsetzung entscheidet darüber, ob die Strategie erfolgreich ist. Sie bestimmt operative Maßnahmen, um die Strategie zu realisieren.
- Die strategische Kontrolle überwacht, ob die zugrundeliegenden Annahmen der strategischen Planung weiterhin gültig sind, ob die gewählte Strategie wirksam umgesetzt wird und ob die angestrebten Ergebnisse erreicht wurden. Ihr Ziel ist es, Abweichungen frühzeitig zu erkennen, um bei Bedarf steuernd eingreifen zu können.
- Strategische Analysen beurteilen die Chancen und Gefahren aus der Unternehmensumwelt sowie die Stärken und Schwächen des Unternehmens. Sie zeigen die strategische Position, in der sich das Unternehmen befindet, und verdeutlichen den daraus resultierenden Handlungsbedarf. Damit bilden sie den Ausgangspunkt für die Entwicklung strategischer Alternativen.
- Die globale Umweltanalyse betrachtet die übergeordneten Einflussfaktoren der Unternehmensumwelt, an denen sich alle darin agierenden Unternehmen orientieren. Sie bilden die politisch-rechtlichen, ökonomischen,

ökologischen, gesellschaftlichen und technologischen Rahmenbedingungen der Geschäftstätigkeit.

- Megatrends sind tiefgreifende, vielschichtige globale Entwicklungen, die Gesellschaft und Wirtschaft langfristig prägen. Dazu zählen: Urbanisierung, Konnektivität, Wissenskultur, Neo-Ökologie, Globalisierung, Individualisierung, Gesundheit, New Work, Gender Shift, Silver Society, Mobilität und Sicherheit.
- Die Branchenstrukturanalyse untersucht die Attraktivität und Dynamik einer Branche anhand zentraler Wettbewerbskräfte, um daraus strategische Handlungsoptionen abzuleiten.
- Für eine fundierte Analyse der Wettbewerbssituation wird die Branche in strategische Gruppen unterteilt, deren Mitglieder ähnliche Strategien verfolgen und untereinander im direkten Wettbewerb stehen.
- Die Attraktivität und damit die Profitabilität einer Branche wird durch fünf Wettbewerbskräfte bestimmt. Dazu zählen die Verhandlungsstärke der Lieferanten und Abnehmer, die Bedrohung durch Substitutionsprodukte und neue Konkurrenten sowie die Rivalität unter den bestehenden Wettbewerbern.
- Die Marktanalyse untersucht die Struktur, Größe, Dynamik und Attraktivität der Märkte innerhalb einer Branche sowie die Marktposition des Unternehmens. Da sich Kunden in ihren Bedürfnissen, Merkmalen und Verhaltensweisen stark unterscheiden, wird der Gesamtmarkt in homogene Teilmärkte unterteilt, die anschließend getrennt voneinander analysiert werden. Auf dieser Basis wählt das Unternehmen die relevanten Märkte aus, in denen es seine Produkte oder Dienstleistungen anbieten möchte.
- Kunden sind Personen oder Organisationen, die über den Kauf von Produkten oder Dienstleistungen eines Unternehmens entscheiden. Die Kundenanalyse untersucht aktuelle und zukünftige Bedürfnisse, Erwartungen und Verhaltensweisen bestehender und potenzieller Kunden, um besonders wertvolle Kundengruppen zu identifizieren und langfristig an das Unternehmen zu binden.
- Die Kundensegmentierung dient der Einteilung von Kunden in homogene Gruppen, um besonders profitable Segmente anhand des Kundenwerts zu identifizieren und gezielt zu bearbeiten.
- Die Kundenzufriedenheit beschreibt das Ausmaß, in dem ein Produkt oder eine Dienstleistung die Erwartungen des Kunden erfüllt oder übertrifft. Sie basiert auf der Bewertung von Basisanforderungen (Muss), Leistungsanforderungen (Soll) und Begeisterungsanforderungen (Kann).
- Konkurrenten sind Unternehmen, die mit ihren Produkten oder Dienstleistungen dieselben Kundenbedürfnisse ansprechen wie das eigene Unternehmen und entweder bereits im selben Markt aktiv sind oder einen Markteintritt anstreben.
- Die Konkurrenzanalyse sammelt und bewertet systematisch Informationen über aktuelle, neue und potenzielle Wettbewerber, um deren Situation und zukünftiges Verhalten einschätzen zu können.
- Beim Benchmarking werden Produkte, Funktionen oder Prozesse an denjenigen Unternehmen gemessen, die dabei jeweils die „Besten der Besten“ sind. Wettbewerbsvorteile lassen sich insbesondere durch das generische Benchmarking mit einem branchenfremden Vergleichspartner erzielen.
- Die Kompetenzanalyse untersucht, wie unternehmerische Ressourcen und Fähigkeiten zu leistungsfähigen Kompetenzen gebündelt werden. Durch den Vergleich mit der Konkurrenz lassen sich die Kernkompetenzen bestimmen, welche die Grundlage für dauerhafte Wettbewerbsvorteile bilden.
- Kernkompetenzen bestehen aus einem Bündel von Fähigkeiten und Ressourcen, die wertvoll, selten, schwer imitierbar und organisatorisch nutzbar sind.
- Die Produktanalyse untersucht die Güter und Dienstleistungen des Unternehmens. Dies umfasst etwa deren Stellung im Produktlebenszyklus und das Ausmaß erzielter Erfahrungskurveneffekte.
- Lebenszyklusmodelle unterscheiden typische Entwicklungsstadien von Produkten, Märkten, Branchen, Technologien oder anderen strategisch relevanten Betrachtungsobjekten.
- Der Produktlebenszyklus beschreibt die typische Marktentwicklung eines Produkts, das in der Regel die Phasen Einführung, Wachstum, Reife, Sättigung und Rückgang durchläuft. Anschließend kann es vom Markt verschwinden, in eine Marktnische übergehen oder durch einen Relaunch erneut wachsen. Manche Produkte verharren in einem Zustand der Versteinerung, bei dem der Umsatz dauerhaft auf niedrigem Niveau stagniert.
- Nach dem Konzept der Erfahrungskurve sinken die inflationsbereinigten Stückkosten eines Produkts mit jeder Verdopplung der kumulierten Produktionsmenge potenziell um durchschnittlich 20 bis 30 %.

- Das Geschäftsmodell umfasst die zentralen Prinzipien der Geschäftstätigkeit eines Unternehmens. Es beschreibt, welchen Nutzen es seinen Kunden bietet, wie dieser erzeugt wird und auf welche Weise daraus Einnahmen erzielt werden.
- Die Wertkettenanalyse untersucht alle primären und unterstützenden Aktivitäten zur Erstellung und Vermarktung der Leistungen des Unternehmens. Ziel ist es, die Quellen möglicher Wettbewerbsvorteile zu erkennen und daraus Ansatzpunkte zur Optimierung des Geschäftsmodells abzuleiten.
- Die Wertaktivitäten umfassen die primären Basisaktivitäten zur Erstellung der Produkte und der Versorgung des Marktes sowie die dabei unterstützenden sekundären Aktivitäten.
- Die SWOT-Analyse kombiniert die internen Stärken (S = Strengths) und Schwächen (W = Weaknesses) mit den externen Chancen (O = Opportunities) und Gefahren (T = Threats). Daraus lassen sich strategische Optionen ableiten, um Stärken zu nutzen, Schwächen zu reduzieren, Chancen zu realisieren und Gefahren entgegenzuwirken.
- Ein Portfolio dient der Bewertung strategischer Situationen anhand einer externen Umweltdimension und einer internen Unternehmensdimension. Je nach Lage der betrachteten Objekte, wie Produkte, Märkte oder Geschäftseinheiten, werden standardisierte Normstrategien empfohlen.
- Aus der Positionierung der Geschäftseinheiten im Marktwachstums-Marktanteils-Portfolio lassen sich Normstrategien ableiten: Für Fragezeichen ist bei guten Erfolgsaussichten eine Offensivstrategie sinnvoll, ansonsten eine Defensivstrategie. Stars sollten im Rahmen einer Investitionsstrategie weiterentwickelt werden. Melkkühe eignen sich für eine Abschöpfungsstrategie, und bei armen Hunden ist eine Desinvestitionsstrategie ratsam.
- Das Portfolio aller strategischen Geschäftseinheiten sollte ein ausgewogenes Verhältnis zwischen der Erzeugung und der Verwendung finanzieller Mittel aufweisen.
- Wettbewerbsstrategien legen fest, wie sich strategische Geschäftseinheiten in ihren Branchen und Märkten positionieren sollen, um gegenüber der Konkurrenz einen Wettbewerbsvorteil zu erzielen.
- Die generischen Wettbewerbsstrategien beschreiben, wie Unternehmen oder Geschäftseinheiten einen Wettbewerbsvorteil erzielen können. Dabei wird auf Branchenebene zwischen Kostenführerschaft und Differenzierung unterschieden. Alternativ kann sich ein Unternehmen im Rahmen einer Nischenstrategie auf ein bestimmtes Marktsegment konzentrieren, um dort entweder durch niedrige Preise oder besondere Leistungsmerkmale erfolgreich zu sein.
- Hybride Wettbewerbsstrategien verbinden attraktive Preise mit einzigartigen Leistungen. Dies kann entweder branchenweit als simultane Strategie, in verschiedenen Segmenten als hybride Segmentierung oder innerhalb eines Segments als simultaner Fokus erfolgen.
- Der Aufbau simultaner Wettbewerbsvorteile wird als Outpacing-Strategie (Überholstrategie) bezeichnet, da dieser zur Überlegenheit gegenüber den Konkurrenten führt.
- Eine Outpacing-Strategie lässt sich entweder aus der Position eines Differenzierers durch Produktstandardisierung oder aus der Position eines Kostenführers durch Produktdifferenzierung erreichen. Ziel ist es, beide Wettbewerbsvorteile gleichzeitig zu realisieren, um sich dauerhaft von der Konkurrenz abzusetzen.
- Die strategische Uhr umfasst acht mögliche Kombinationen aus Kostenführerschaft und Differenzierung. Preisstrategien sind die Niedrigpreisstrategie und die No-Frills-Strategie. Differenzierungsstrategien umfassen hybride Strategien, die branchenweite Differenzierung und den Differenzierungsfokus. Risikostrategien sind Strategien mit riskant hohen Margen, Monopolpreisstrategien sowie Strategien, bei denen ein Verlust an Marktanteilen droht.
- Die Delta-Wettbewerbsstrategien zielen darauf ab, die Kunden dauerhaft an das Unternehmen zu binden. Strategien überlegener Produkte streben nach dem besten Produkt mit herausragendem Kundennutzen. Strategien umfassender Kundenlösungen bieten durch die Kombination mehrerer Produkte und Dienstleistungen ein individuell zugeschnittenes Gesamtpaket, das auf die spezifischen Bedürfnisse des Kunden abgestimmt ist. Strategien der Systembindung bestehen aus einem standardisierten Basisprodukt und dazu passenden Zusatzleistungen unabhängiger Komplementoren, um ein attraktives, schwer substituierbares Produktsystem zu erzeugen.
- Erfolgsfaktoren einer Systembindungsstrategie sind die Integration von Komplementoren (Complementor Lock-in), die Durchsetzung eines Systemstandards am Markt

(Customer Lock-in) und der Ausschluss von Wettbewerbern (Competitor Lock-out).

- Beim Hyperwettbewerb eskaliert der Konkurrenzkampf in vier aufeinanderfolgenden Wettbewerbsarenen: Zunächst versuchen Unternehmen, sich über günstige Preise und hohe Qualität hervorzuheben (Kosten- und Qualitätswettbewerb). Anschließend verlagert sich der Wettbewerb auf das richtige Timing bei Markteinführungen und die Entwicklung überlegener Fähigkeiten und Kompetenzen (Timing- und Wissenswettbewerb). In der dritten Arena sichern sich Unternehmen strategische Marktpositionen und errichten Eintrittsbarrieren für Wettbewerber (Wettbewerb um strategische Festungen). In der letzten Stufe entscheidet die finanzielle Stärke darüber, wer sich im Markt behauptet. Dabei verdrängen kapitalstarke Konzerne oft die kleineren Anbieter (Wettbewerb der Finanzstärke).
- Die Lückenanalyse (GAP-Analyse) vergleicht die zu erwartende Entwicklung einer Kennzahl mit einem angestrebten Zielwert. Die operative Lücke lässt sich durch bessere Ausschöpfung vorhandener Erfolgspotenziale schließen, während die strategische Lücke neue Produkt-Markt-Kombinationen erfordert. Geeignete Wachstumsstrategien zur Schließung dieser Lücken lassen sich mithilfe des Produkt-Markt-Portfolios ableiten.
- Die Kompetenz-Markt-Matrix zeigt strategische Handlungsoptionen zur Schaffung von Wettbewerbsvorteilen. Hierzu gehören die intensivere Nutzung vorhandener Kernkompetenzen in bisherigen Märkten („Lücken füllen"), die Entwicklung neuer Kernkompetenzen in bestehenden Märkten („Herausragende Positionen"), die Erschließung neuer Märkte mit vorhandenen Kernkompetenzen („Weiße Flecken") sowie der Aufbau neuer Kernkompetenzen für den Einstieg in vielversprechende Zukunftsmärkte („Mega-Chancen").
- Es lassen sich verschiedene strategische Wertschöpfungsarchitekturen unterscheiden: Schichtenspezialisten bieten eine oder wenige Wertschöpfungsstufen branchenübergreifend an, Integratoren übernehmen sämtliche Stufen der Wertschöpfungskette selbst, Pioniere fügen neue Wertschöpfungsstufen hinzu und Orchestratoren koordinieren die an der Wertschöpfung beteiligten Partnerunternehmen.
- Mit einer Blue-Ocean-Strategie entwickelt das Unternehmen ein neuartiges Leistungsprofil, das es deutlich von der Branche abhebt und den Eintritt in einen blauen Ozean ermöglicht, in dem es keine direkten Wettbewerber gibt. Während durch die Eliminierung und Reduzierung wenig relevanter Leistungsmerkmale die Kosten gesenkt werden, wird der Kundennutzen durch die Steigerung bestehender und die Erschaffung neuer Merkmale erhöht.

Lesetipps

Ansoff, H. I.: Management-Strategie, München 1966.

D'Aveni, R. A.: Hyperwettbewerb, Frankfurt a.M. 1995.

Hamel, G./Prahalad, C. K.: Wettlauf um die Zukunft, Frankfurt a.M. 1995.

Hungenberg, H.: Strategisches Management im Unternehmen, 9. Aufl., Wiesbaden 2020.

Kim, W. C./Mauborgne, R.: Der blaue Ozean als Strategie, 2. Aufl., München 2016.

Müller-Stewens, G./Lechner, C.: Strategisches Management, 5. Aufl., Stuttgart 2016.

Porter, M. E.: Wettbewerbsvorteile, 8. Aufl., Frankfurt/New York 2014.

Welge, M. K./Al-Laham, A./Eulerich, M.: Strategisches Management, 8. Aufl., Wiesbaden 2024.

KAPITEL 4

Die Unternehmensaktivitäten planen und kontrollieren

4.1 Wie lassen sich Ziele setzen und erreichen? 170

4.2 Die Strategie mit Perfomance Management umsetzen 200

4.3 Operativ führen durch Budgets und Ergebnisverantwortung 220

Führungsimpulse

- Welche Formen von Planung und Kontrolle gibt es?
- Aus welchen Elementen besteht das Planungs- und Kontrollsystem?
- Welchen Einfluss hat die Digitalisierung auf Planung und Kontrolle?
- Wie wird die Strategie mithilfe der Balanced Scorecard operationalisiert?
- Was sind Objectives and Key Results (OKR), und wie unterstützen sie eine agile Unternehmensführung?
- Wie lassen sich Balanced Scorecard und OKR zu einem integrativen Performance Management verbinden?
- Wie wird budgetiert, und wie wirken Budgets auf das Verhalten der Mitarbeiter?
- Welche neuen Ansätze der operativen Unternehmensführung gibt es?

4.1 Wie lassen sich Ziele setzen und erreichen?

Die Planung beginnt mit der Ableitung von Zielen, die festlegen, was in welchem Ausmaß und bis wann erreicht werden soll (vgl. Kap. 1.3.1). Im Anschluss werden mögliche Hindernisse identifiziert, die der Zielerreichung im Weg stehen. Danach werden Handlungsalternativen entwickelt und im Hinblick auf ihren Beitrag zur Zielerreichung bewertet. Abschließend wird die bevorzugte Alternative ausgewählt und in einem Plan konkretisiert – denn ein Ziel ohne Plan ist nur ein Wunsch.

Die **Planung** legt die Ziele fest und bestimmt die erforderlichen Maßnahmen, Mittel und Wege, um diese zu erreichen.

Planung und Kontrolle (kurz: PuK) bilden aus funktionaler Sicht eine **Einheit** und gehören untrennbar zusammen: Ohne Planung gibt es nichts zu kontrollieren, und ohne Kontrolle bleibt unklar, ob die geplanten Ziele erreicht wurden. Kontrolle stellt sicher, dass Mitarbeiter ihr Verhalten an den Plänen ausrichten und ihre Leistung bewertet werden kann. Sie ist damit ein wesentliches Instrument, um die Zielerreichung sicherzustellen. Die Bestimmung von Abweichungen und deren Ursachen im Rahmen der Kontrolle ermöglicht Lernprozesse und bildet die Grundlage für Verbesserungen und Leistungssteigerungen. Der notwendige Abstimmungsprozess zwischen Planung und Kontrolle beginnt bereits bei der Zielbildung, bei der auf messbare und damit kontrollierbare Ziele geachtet werden sollte.[1] Meist wird unter Kontrolle lediglich der Soll-Ist-Vergleich im Sinne einer Gegenüberstellung geplanter und realisierter Ergebnisse verstanden. Tatsächlich existieren jedoch zahlreiche weitere Kontrollformen, da sich die Kontrolle auf Soll-, Wird- oder Ist-Werte beziehen kann (vgl. Kap. 4.1.2.).

Kontrolle ist der beurteilende Vergleich zwischen geplanten, prognostizierten oder realisierten Größen und die anschließende Analyse festgestellter Abweichungen.

Planung und Kontrolle bilden einen **Regelkreis**. Am Anfang steht die Planung, durch die den ausführenden Ebenen konkrete Ziele vorgegeben werden. Die realisierten Ergebnisse werden während und nach der Ausführung als Ist-Werte erfasst und im Rahmen der sogenannten Ergebniskontrolle mit den Soll-Werten verglichen. Liegen die festgestellten Abweichungen außerhalb eines definierten Toleranzbereichs, sind bereits während der Planausführung geeignete Gegenmaßnahmen einzuleiten. Die Abweichungsanalyse ermittelt die Ursachen für die Nichterreichung der Planziele. Sie dient der Verbesserung des folgenden Planungsprozesses, der zu neuen Zielvorgaben führt.[2] Dieser Planungs- und Kontrollzyklus ist in Abb. 4.1.1 dargestellt.

Funktionen

Planung und Kontrolle erfüllen im Unternehmen unterschiedliche **Funktionen**:[3]

- **Koordination:** Die Aufstellung von Plänen und deren Kontrolle dient der Abstimmung und Harmonisierung von Aktivitäten, Organisationseinheiten und Teilbereichen im Hinblick auf die gemeinsame Zielerreichung. Dabei werden knappe Ressourcen auf die Unternehmensbereiche verteilt.
- **Motivation:** Die Leistung der Mitarbeiter wird an der Planerfüllung gemessen, die häufig mit Anreizen verknüpft ist. Dies soll zu zielorientiertem Handeln motivieren.

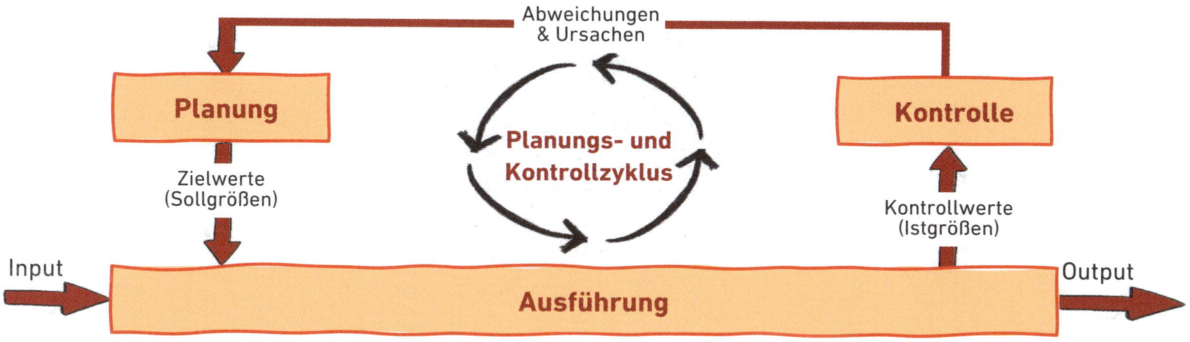

Abb. 4.1.1: Der Planungs- und Kontrollzyklus

- **Optimierung:** Planung und Kontrolle sollen durch den bestmöglichen Einsatz knapper Ressourcen die Effizienz steigern und den Erfolg des Unternehmens erhöhen.
- **Zukunftssicherung:** Durch frühzeitige Erkennung und Analyse zukünftiger Entwicklungen sollen Gefahren vermieden und Chancen genutzt werden.
- **Innovation:** Kreative Lösungen für künftige Aufgaben sollen gefunden und umgesetzt werden.
- **Flexibilität:** Durch das frühzeitige Durchdenken alternativer Vorgehensweisen und die Einbeziehung von Handlungsspielräumen soll sich das Unternehmen flexibel an zukünftige Entwicklungen anpassen können.
- **Information:** Der Plan legt Ziele sowie Maßnahmen, Mittel und Wege zu deren Erreichung fest und schafft damit Klarheit über die Prioritäten der Unternehmensführung. Die Kontrolle ermittelt das Ausmaß der Zielerreichung und liefert Informationen über Abweichungen und deren Ursachen.

Zwischen den genannten Funktionen bestehen sowohl komplementäre als auch konfliktäre Beziehungen. Da sich die Wirkungen von Planung und Kontrolle gegenseitig abschwächen oder verstärken können, sollten sie stets zusammen betrachtet werden. Eine enge Abstimmung zwischen den Planungsträgern (Koordinationsfunktion) kann beispielsweise eine bessere Zielerreichung ermöglichen (Optimierungsfunktion). Ein übersteigertes Optimierungsstreben und zu engmaschige Kontrollen wirken auf die Mitarbeiter hingegen demotivierend.[4] Die Unternehmensführung kann auch bewusst einzelne Funktionen stärker betonen.

Der Plan ist – im Gegensatz zur Prognose – nicht nur ein Blick in die Zukunft, sondern eine verbindliche und häufig herausfordernde **Zielvorgabe** an die ausführenden Ebenen, um die Zukunft des Unternehmens aktiv zu gestalten.

Die **Unternehmensziele** legen fest, was durch die Umsetzung des Plans erreicht werden soll.

Ziele sollten **SMART** formuliert sein:

Spezifisch – der Zielinhalt ist eindeutig und konkret formuliert,

Messbar – der Grad der Zielerreichung lässt sich objektiv feststellen,

Anspruchsvoll – das Ziel ist herausfordernd und motivierend,

Realistisch – das Ziel ist unter den gegebenen Bedingungen erreichbar,

Terminiert – der Zeitpunkt oder Zeitraum der Zielerreichung ist klar festgelegt.

Eine eindeutige Formulierung und klare Verantwortlichkeiten sind für die Zielerreichung von besonderer Bedeutung. Die Operationalisierung ermöglicht es, den Grad der Zielerreichung zu messen und den Fortschritt zu kontrollieren. Abb. 4.1.2 zeigt die Merkmale eindeutiger Ziele anhand eines Beispiels.

Zielmerkmale	Fragestellung	Beispiel
Zielinhalt	Was soll erreicht werden?	Erhöhung des Marktanteils
Zielausmaß	Wie viel soll erreicht werden?	5 %
Zieltermin	Wann soll etwas erreicht werden?	Ende nächstes Jahr
Zielverantwortung	Wer ist verantwortlich?	Vertriebsleiter
Zielort	Wo soll das Ziel erreicht werden?	Ländermarkt China

Abb. 4.1.2: Merkmale operationalisierter Ziele

Nachdem die Ziele eindeutig festgelegt wurden, ist ihre **Realisierbarkeit** zu prüfen. Dabei kommt es auf ein angemessenes Zielausmaß und das richtige Anspruchsniveau an. Um motivierend zu wirken, sollten Ziele weder zu einfach noch zu schwer erreichbar sein (vgl. Kap. 4.3.2).

Damit die Ziele von den Mitarbeitern erreicht werden können, müssen drei **Voraussetzungen** erfüllt sein:[5]

- **Verständlichkeit:** Die Ziele müssen inhaltlich eindeutig verstanden werden.
- **Identifikation:** Die Mitarbeiter sollten sich mit den Zielen identifizieren, damit diese motivierend wirken.
- **Kompetenzen:** Die Verantwortlichen müssen über die nötigen Ressourcen und Fähigkeiten verfügen, um die Ziele erreichen zu können.

Bestandteile eines Plans

Das Ergebnis der Planung ist der Plan oder ein System von Plänen. Ein Plan sollte neben den Maßnahmen zur Problemlösung auch die zugrunde liegende Problemstellung, die angestrebten Ziele, relevante Wirkungszusammenhänge, erwartete Ergebnisse sowie Informationen zur Ausführung und Kontrolle enthalten.

> Ein **Plan** legt die zu erreichenden Ziele fest und beschreibt die dafür erforderlichen Maßnahmen, Ressourcen, Termine und Aufgabenträger.

Ein Plan besteht aus folgenden **Bestandteilen**:[6]

- **Ziele** (Was, in welchem Ausmaß und bis wann): Welche Ergebnisse sollen in welchem Umfang bis zu welchem Zeitpunkt erreicht werden? Ziele stellen Soll-Werte dar, die im Rahmen der Ergebniskontrolle mit den Ist-Werten verglichen werden. Sie sollten so operationalisiert sein, dass ihre Erreichung messbar und damit kontrollierbar ist.
- **Problemstellung** (Warum): Weshalb ist der bisherige Zustand unbefriedigend, und welche Hindernisse erschweren die Zielerreichung? Wo steht das Unternehmen derzeit, wie weit ist es vom Ziel entfernt, und wie anspruchsvoll ist die Zielerreichung?
- **Prämissen** (Bedingungen): Auf welchen Annahmen basiert der Plan?
- **Maßnahmen** (Wie): Auf welchem Weg soll das Ziel erreicht werden?
- **Ressourcen** (Womit): Welche finanziellen, sachlichen und personellen Mittel sind erforderlich, um das Ziel zu erreichen?
- **Termine** (Wann): Zu welchen Zeitpunkten sollen welche Maßnahmen durchgeführt, welche Ressourcen eingesetzt und welche (Teil-)Ziele erreicht werden?
- **Träger der Planerfüllung** (Wer): Welche Mitarbeiter und Organisationseinheiten sind für die Durchführung der Maßnahmen und die Zielerreichung verantwortlich?
- **Ergebnisse** (Auswirkungen): Welche Konsequenzen hat die Umsetzung des Plans und welches Kosten-Nutzen-Verhältnis ergibt sich daraus?

In Abb. 4.1.4 sind einige Beispiele aufgeführt.

4.1.1 Welche Möglichkeiten und Formen der Planung und Kontrolle gibt es?

Planung und Kontrolle sollten an die Anforderungen des Unternehmens angepasst sein. Dafür stehen verschiedene **Gestaltungsmöglichkeiten** zur Verfügung, die in Abb. 4.1.3 dargestellt sind und im Folgenden kurz erläutert werden. Die gewählten Ausprägungen der einzelnen Merkmale bestimmen das Planungs- und Kontrollsystem (vgl. Kap. 4.1.2).

Merkmal		Ausprägungen der PuK
Betriebliche Bereiche	Funktionen	• Beschaffung • Produktion • Absatz • Personal • etc.
	Geltungsbereiche	• Gesamtes Unternehmen • Unternehmensbereiche • Stellen
Zeithorizonte		• Kurzfristig • Mittelfristig • Langfristig
Ebenen		• Strategisch • Operativ
Zieldimensionen		• Sachzielorientiert • Wertzielorientiert
Gestaltungsdimensionen		• Inhaltliche Aufgaben • Unterstützungsaufgaben • Formale Aufgaben
Gegenstände		• Potenziale • Programme • Prozesse

Abb. 4.1.3: Gestaltungsmöglichkeiten der PuK

Bestandteile	Beispiele
Ziele	• Umsatzsteigerung im nächsten Geschäftsjahr um 10 % • Erhöhung des Marktanteils bis in drei Jahren auf 20 % • Ausweitung des Bekanntheitsgrads in einem Jahr auf 60 %
Problemstellung	• Stagnierender Umsatz im laufenden Geschäftsjahr • Verzögerungen bei der Entwicklung neuer Produkte • Eintritt neuer Konkurrenten in den Markt
Prämissen	• Konjunkturelle Entwicklung • Devisenkurse • Konkurrenzsituation
Maßnahmen	• Marketingkampagne • Neueinstellungen von Entwicklungsingenieuren • Expansion ins europäische Ausland
Ressourcen	• 5 Mio. Euro für Marketingkampagne • Einstellung von zehn Ingenieuren mit einem Bruttogehalt von 90 TEuro p. a. • Entsendung von zehn Mitarbeitern und Bereitstellung von 20 Mio. Euro zum Aufbau einer Vertriebsgesellschaft in Spanien
Termine	• Marketingkampagne von März bis August des Planjahres • Einstellung der Entwicklungsingenieure zum Jahresbeginn • Aufbau einer Vertriebsniederlassung zum 1. Juli des Planjahres
Träger	• Vertriebsleiter verantwortet die Marketingkampagne • Bewerberauswahl der Ingenieure durch Personalleiterin und Entwicklungschef • Bestimmung der Vertriebsmitarbeiter, die nach Spanien entsandt werden
Ergebnisse	• 3 % Umsatzerhöhung im 2. Quartal durch Marketingkampagne • Beschleunigung der Produktentwicklung durch neue Ingenieure um drei Monate • Senkung der Herstellkosten um 5 % durch Rationalisierungsmaßnahmen

Abb. 4.1.4: Beispiele für Planinhalte

Betriebliche Bereiche

Die Unterscheidung von Planung und Kontrolle nach **Funktionsbereichen** bezieht sich auf die Erstellung von Plänen und die Durchführung von Kontrollen für funktionale Einheiten. Dies betrifft nicht nur die Grundfunktionen Beschaffung, Produktion und Absatz, sondern auch Querschnittsfunktionen wie Personal, Controlling, IT oder Forschung & Entwicklung. Die Gesamtheit dieser Pläne und ihre wechselseitigen Beziehungen bilden das Plansystem. Bei sukzessiver Planerstellung stellt die Absatzplanung in der Regel den Ausgangspunkt dar, da sie meist den dominierenden betrieblichen Engpass bildet. Der Ablauf der Planerstellung wird in Kapitel 4.1.3 erläutert.

Der **Geltungsbereich** eines Plans kann das gesamte Unternehmen, einen Unternehmensbereich oder einzelne Stellen betreffen. Dabei ist sicherzustellen, dass die Pläne auf den verschiedenen hierarchischen Ebenen sowohl vertikal als auch horizontal aufeinander abgestimmt sind. Die vertikale Abstimmung erfolgt beispielsweise durch die Ableitung von Teilplänen aus dem Plan der jeweils übergeordneten Ebene. Horizontal, also zwischen organisatorischen Einheiten auf gleicher Hierarchieebene, kann die Abstimmung etwa durch gemeinsame Gremien oder eine übergeordnete Instanz erfolgen. Die Möglichkeiten zur hierarchischen Ableitung werden in Kapitel 4.1.2 dargestellt. Für die Erstellung, Ausgestaltung und Umsetzung eines Plans ist jeweils die Führungsebene zuständig, in deren Verantwortungsbereich der Plan fällt.[7]

Generell nimmt die Detaillierung der Pläne mit zunehmendem Geltungsbereich ab. Auf Ebene des Gesamtunternehmens erfolgt meist eine Grob- bzw. Umrissplanung. Dabei wird den organisatorischen Einheiten ein Planrahmen vorgegeben, der die Ausgestaltung der Einzelheiten den jeweils verantwortlichen Stellen überlässt. Auf den unteren Ebenen folgt anschließend die detaillierte Feinplanung.

Zeithorizonte

Der Zeithorizont – auch Bezugszeit oder Fristigkeit genannt – bezeichnet den Zeitraum, über den sich ein Plan erstreckt. Er sollte umso länger gewählt werden, je mehr Zeit zur Erreichung der angestrebten Ziele erforderlich ist. Innerhalb der Geltungsdauer ist der Plan für die Entscheidungsträger verbindlich. Zeithorizont und Geltungsdauer können übereinstimmen oder voneinander abweichen. Hat ein Plan beispielsweise einen Zeithorizont von fünf Jahren, aber nur eine Geltungsdauer von einem Jahr, so wird er nach Ablauf des Jahres überarbeitet und durch einen aktualisierten Plan ersetzt. Unabhängig von der Geltungsdauer bezieht sich die Planung dabei aber stets auf den gesamten Zeithorizont.

Üblicherweise werden in der Planung drei Zeithorizonte unterschieden: **lang-, mittel- und kurzfristig**. Aufgrund unternehmensspezifischer Besonderheiten – etwa hinsichtlich Branche, Technologielebenszyklus, Produktprogramm oder Unternehmensgröße – lässt sich jedoch keine allgemeingültige Festlegung der zugrunde liegenden Zeitintervalle treffen. Die in Abb. 4.1.5 dargestellten Zeiträume dienen lediglich als Orientierung. In der Praxis wird häufig auf eine eigenständige mittelfristige Planung verzichtet und stattdessen nur zwischen kurz- und langfristiger Planung unterschieden.

Da die Unsicherheit mit zunehmendem Zeithorizont ansteigt, ist es aus Kosten-Nutzen-Sicht wenig sinnvoll, weit in der Zukunft liegende Sachverhalte präzise zu planen. Je länger der Planungshorizont, desto geringer sollte deshalb der Detaillierungsgrad der Pläne sein. Kurzfristige Planung erfolgt meist als detaillierte Feinplanung, während für die langfristige Planung eine grobe Umrissplanung ausreicht.[8] Dies gilt auch für die Kontrolle, deren Toleranzgrenzen mit zunehmendem Zeithorizont größer werden sollten. Die Verkettung der unterschiedlichen Zeithorizonte wird in Kapitel 4.1.2 erläutert.

Zeithorizont	Zeitraum	Detaillierungsgrad	Toleranzgrenzen
Langfristig	≥ 3 Jahre	Gering	Hoch
Mittelfristig	2 – 3 Jahre	Mittel	Mittel
Kurzfristig	≤ 1 Jahr	Hoch	Gering

Abb. 4.1.5: Zeithorizonte der Planung und Kontrolle

Ebenen

Die Führungsebenen unterscheiden sich nach der Tragweite ihrer Entscheidungen, woraus sich verschiedene Planungs- und Kontrollaufgaben ergeben (vgl. Kap. 1.2.1). Die Planungsebenen bilden dabei eine Hierarchie, in der jede übergeordnete Ebene den Rahmen für die nachgelagerte Planung vorgibt.[9]

Die normative Planung und Kontrolle steht an der Spitze der Planungshierarchie. Sie legt grundlegende Werte, Prinzipien und Entwicklungsrichtungen fest, die für das gesamte Unternehmen verbindlich sind. Ihre Vorgaben gelten für einen langen Zeitraum und beeinflussen alle künftigen Entscheidungen. Sie bildet die Grundlage für die generelle Rahmenplanung, die der strategischen Planung zeitlich und inhaltlich vorgelagert ist und beschreibt die zentralen Leitlinien, an denen sich das Unternehmen langfristig orientiert.[10] Die wesentlichen Inhalte der normativen Planung und Kontrolle werden im zweiten Kapitel behandelt.

Während auf der normativen Ebene die grundlegenden Ziele festgelegt werden, beschreibt die strategische Ebene den Weg zu deren Erreichung. Die strategische Planung und Kontrolle bestimmt das langfristige Vorgehen zur Entwicklung von Wettbewerbsvorteilen und wie daraus Erfolgspotenziale geschaffen werden. Die operative Planung und Kontrolle hingegen konzentriert sich auf die effiziente Nutzung der Erfolgspotenziale im Tagesgeschäft. Die Erstellung einer taktischen Planung zur inhaltlichen Konkretisierung der Strategie und als Bindeglied zwischen strategischer und operativer Ebene gilt heute als nicht mehr zeitgemäß. Stattdessen lässt sich die Strategie mithilfe des Performance Managements wirksam in operative Ziele und Maßnahmen überführen, wodurch eine eigenständige taktische Planung überflüssig wird. Dies wird in Kapitel 4.2 ausführlich dargestellt. Die wesentlichen Unterschiede zwischen den beiden Planungsebenen zeigt Abb. 4.1.6.

Merkmale	Strategische PuK	Operative PuK
Fokus	Effektivität: „Die richtigen Dinge tun"	Effizienz: „Die Dinge richtig tun"
Gegenstand	Wettbewerbsvorteile & Erfolgspotenziale	Maßnahmen & Erfolgsgrößen
Aggregation	Wenig (Gesamtplan)	Stark (viele Teilpläne)
Detailliertheit	Globale Größen (Aufgabenfelder)	Detaillierte Größen (Konkrete Aufgaben)
Informationen	Grobe, tendenzielle Informationen	Detaillierte, exakte Informationen
Zeithorizont	Lang- bis mittelfristig	Kurzfristig

Abb. 4.1.6: Unterschiede zwischen strategischer und operativer PuK[11]

Grundsätzlich gilt: Strategisch ist nicht gleich langfristig, und operativ ist nicht gleich kurzfristig. Zwar bezieht sich die strategische Planung und Kontrolle in der Regel auf ein langfristiges Konzept zum Aufbau von Wettbewerbsvorteilen, doch auch kurz- oder mittelfristige Entscheidungen können von strategischer Bedeutung sein – etwa die Übernahme eines Start-ups oder die Reaktion auf den unvorhergesehenen Markteintritt eines ausländischen Wettbewerbers. Bei solch kurzfristigen strategischen Entscheidungen kann die Unternehmensführung unter erheblichem Zeitdruck stehen.

Zieldimensionen

Planung und Kontrolle dienen der Erreichung der Unternehmensziele, die sich nach ihrer **Zieldimension** wie folgt unterscheiden lassen:[12]

- **Sachziele** beziehen sich auf reale Objekte und damit verbundene Handlungen. Beispiele sind die Herstellung einer bestimmten Anzahl an Produkten oder die Anschaffung einer neuen Maschine.
- **Wertziele** betreffen die finanziellen Auswirkungen betrieblicher Aktivitäten, etwa Umsatz, Rentabilität, Kosten, Gewinn oder Wertbeitrag.

Bei der Planung und Kontrolle sind stets beide Zieldimensionen zu berücksichtigen. Entsprechend lassen sich zwei **Formen** unterscheiden:[13]

- **Sachzielorientierte Planung und Kontrolle** legt die Sachziele sowie deren Realisierung und Kontrolle fest.
- **Wertzielorientierte Planung und Kontrolle (Budgetierung)** gibt monetäre Ziele vor und überwacht deren Erreichung. Sie betrachtet die Erfolgs- und Liquiditätsaspekte betrieblicher Handlungen und bezieht sich auf wertmäßige Ergebnisse.

> In der Planung und Kontrolle wird zwischen sachzielorientierter **Aktionsplanung und -kontrolle** sowie wertzielorientierter **Budgetierung** unterschieden.

Budgets und Aktionspläne existieren auf allen Planungsebenen und müssen miteinander abgestimmt werden. Der Detaillierungsgrad der Budgets nimmt von der strategischen zur operativen Ebene kontinuierlich zu. Die Übergänge zwischen Aktionsplanung und Budgetierung sind fließend; häufig bestehen inhaltliche Überschneidungen, und die Verantwortung liegt oft bei denselben Stellen.[14]

> Die **Aktionsplanung** umfasst die detaillierte Festlegung zukünftiger Aktivitäten sowie der dabei eingesetzten Personen, Verfahren und Objekte. Sie legt fest, wer was wann, wie, womit und wo tun soll, um die angestrebten Sachziele zu erreichen. Die Zielerreichung wird durch die **Aktionskontrolle** überprüft.

Ist das angestrebte Sachziel beispielsweise die Entwicklung eines neuen Produkts, so umfasst die Aktionsplanung unter anderem die beteiligten Ingenieure, die Produktspezifikation, die Entwicklungsdauer sowie die eingesetzten Verfahren, Technologien und Systeme. Im Rahmen der Aktionskontrolle wird dann etwa überprüft, ob das Produkt termingerecht fertiggestellt wurde und ob es die geforderten Eigenschaften aufweist. Die Aktionsplanung reduziert den Entscheidungsspielraum der ausführenden Einheiten erheblich. So hat etwa ein Mechaniker am Fließband bei der Produktion genaue Abläufe und Anweisungen zu befolgen.

Einer zentralen Aktionsplanung und -kontrolle operativer Abläufe sind daher enge Grenzen gesetzt. Gründe hierfür sind die Vielzahl durchzuführender Maßnahmen, unvorhergesehene Ereignisse bei der Umsetzung sowie die demotivierende Wirkung detaillierter Vorgaben, strenger Ausführungskontrollen und eingeschränkter Autonomie. Im Gegensatz dazu räumt die wertzielorientierte Planung und Kontrolle den dezentralen Verantwortlichen deutlich mehr Freiräume ein, da diese selbst entscheiden können, auf welchem Weg sie ihre budgetierten Ziele erreichen. Aktionspläne und Budgets müssen grundsätzlich miteinander vereinbar und aufeinander abgestimmt sein. Einerseits lassen sich wertmäßige Ziele nur durch geeignete Maßnahmen erreichen, andererseits folgen die monetären Ergebnisse aus den durchgeführten Maßnahmen.

Den **Zusammenhang** zwischen sach- und wertzielorientierter Planung in Industrieunternehmen zeigt Abb. 4.3.7. Den Ausgangspunkt der Aktionsplanung bildet in der Regel die Absatzplanung als Engpass des Unternehmens. Die Festlegung des Leistungsprogramms erfolgt meist auf Basis von Marktforschungsergebnissen und Erfahrungswerten. Die Absatzplanung bestimmt wiederum das Produktionsprogramm, in dem festgelegt wird, welche Produkte in welchen Mengen hergestellt werden sollen. Wie diese Produktion konkret abläuft, regelt die Produktionsablaufplanung. Sie basiert auf Arbeitsgangplänen, die für jedes Produkt die einzelnen Arbeitsschritte, Bearbeitungszeiten sowie die eingesetzten Werkzeuge und Maschinen im Detail beschreiben. Im Rahmen der Produktionsablaufplanung wird zudem festgelegt, wie die Herstellung des Produktionsprogramms auf die verfügbaren Kapazitäten verteilt wird.

Anschließend erfolgt die Planung der erforderlichen Ressourcen, wie etwa Betriebsmittel, Personal, Material und Vorprodukte. Ein zentrales Hilfsmittel sind dabei Stücklisten, die für jedes Produkt die benötigten Materialien und Bauteile aufführen. Die erforderlichen Personalkapazitäten lassen sich beispielsweise mithilfe von Arbeitsplänen ermitteln. Neben den operativen Bereichen werden im Rahmen der Aktionsplanung auch Tätigkeiten in administrativen und dispositiven Bereichen geplant, etwa im Marketing, in der Personalabteilung oder im Rechnungswesen. Diese lassen sich jedoch nicht direkt analytisch aus der Absatzplanung ableiten, weshalb ihre Planung in der Regel deutlich weniger detailliert erfolgt.[15]

Die **Aktionskontrolle** überprüft, ob die in der Aktionsplanung festgelegten Termine, Leistungsmengen und Qualitätsanforderungen eingehalten und die Kunden dadurch zufriedengestellt wurden. Die Zielerreichung kann jedoch oft nicht eindeutig ermittelt werden, da viele Sachziele nur eingeschränkt quantifizierbar sind.

Im Gegensatz zur Aktionsplanung und -kontrolle legt die **Budgetierung** nicht die konkreten Maßnahmen fest, sondern die dafür zur Verfügung stehenden finanziellen Ressourcen bzw. die zu erreichenden monetären Ergebnisse. Wie diese wertmäßigen Ziele erreicht werden, bleibt den Entscheidungsträgern weitgehend selbst überlassen. Die Budgetierung setzt somit nicht an den Handlungen, sondern an deren Konsequenzen an. Sie definiert einen Rahmen, innerhalb dessen die Verantwortlichen eigenständig entscheiden können.[16]

Diese Entscheidungs- und Handlungsspielräume fördern in der Regel Motivation, Eigeninitiative, Leistungsbereitschaft und eine schnellere Reaktion auf kurzfristige Veränderungen. Zudem müssen im Vergleich zur Aktionsplanung und -kontrolle deutlich weniger Größen geplant und kontrolliert werden. Die Budgetierung regt die Verantwortlichen dazu an, über realistisch erzielbare Ergebnisse nachzudenken, wodurch mehr Erfahrung und Wissen in die Planung einfließen. Gleichzeitig fördert sie die bereichsübergreifende Kommunikation und Abstimmung im Planungsprozess, wodurch Probleme oder Engpässe frühzeitig erkannt und behoben werden können.

Die untergeordneten Einheiten können jedoch nicht völlig frei entscheiden, da sie nur über begrenzte Ressourcen verfügen und vorgegebene Leistungen erbringen müssen. Damit die von den dezentralen Einheiten geplanten Maßnahmen miteinander abgestimmt sind, koordiniert die Unternehmensführung die Budgets der einzelnen Organisationseinheiten. Die Budgetierung ermöglicht dabei auch die Planung und Kontrolle schwer durchschaubarer organisatorischer Bereiche, wie etwa der Forschung oder Rechtsabteilung. Eine genaue Festlegung der dort durchzuführenden Aktivitäten ist kaum möglich, da die Unternehmensführung diese Prozesse nur begrenzt durchschaut,

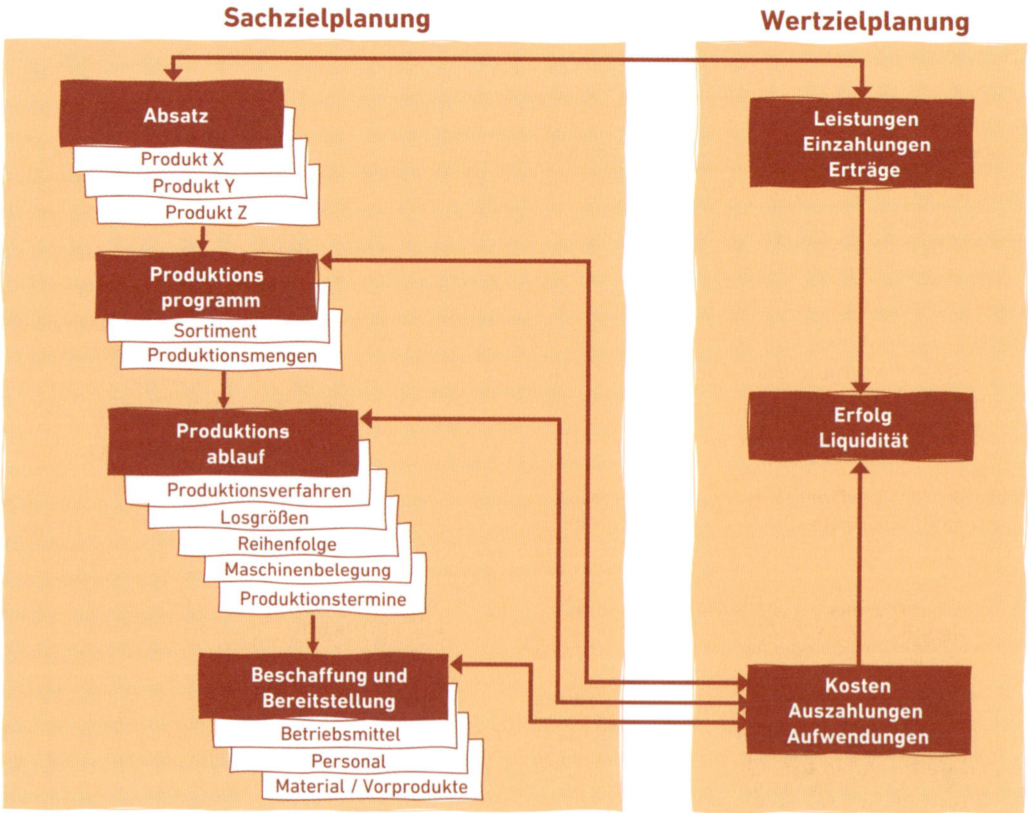

Abb. 4.1.7: Zusammenhang zwischen sach- und wertzielorientierter Planung

sie ständigen Veränderungen unterliegen und zudem mit hohen Unsicherheiten behaftet sind.[17]

Die **Budgetierung** umfasst die Planung und Kontrolle wirtschaftlich relevanter Ziele und quantifiziert die monetären Auswirkungen geplanter Maßnahmen.

Auf der strategischen Ebene, die von hoher Unsicherheit und überwiegend qualitativen, nicht monetären Zielsetzungen geprägt ist, beschränkt sich die Budgetierung auf die Vorgabe globaler Rahmenwerte. In der operativen Planung und Kontrolle hingegen nimmt sie eine zentrale Rolle ein. Die Budgetierung bezieht sich in der Regel nicht auf einzelne Mitarbeiter, sondern auf organisatorische Verantwortungsbereiche. Eine ausführliche Darstellung erfolgt in Kapitel 4.3.

Hinsichtlich der **zeitlichen Abfolge** bei der Erstellung von Aktionsplänen und Budgets existieren zwei grundsätzliche Vorgehensweisen: Entweder werden zunächst die Aktionspläne erstellt und anschließend die Budgets festgelegt, oder es erfolgt zuerst die Budgetierung, aus der dann die Aktionspläne im Rahmen der vorgegebenen Budgets abgeleitet werden. In der Praxis überwiegen Mischformen. Häufig werden Maßnahmen und Programme zunächst nur grob geplant; durch die anschließende Budgetierung wird dann der verfügbare Finanzrahmen festgelegt, innerhalb dessen konkrete Maßnahmen umgesetzt werden können.[18] Ein aktueller Trend ist die **integrierte Planung**, bei der sach- und wertzielorientierte Planung eng miteinander verzahnt werden. Sämtliche Teilpläne werden dabei systematisch verknüpft und aufeinander abgestimmt, um einen konsistenten Gesamtplan zu ermöglichen. Dies lässt sich mithilfe moderner Planungssoftware umsetzen.[19]

Aufgaben und Objekte

Ein zentrales Kriterium zur Systematisierung der Planungs- und Kontrollaufgaben ist die Art der Tätigkeit. Danach lassen sich drei **Aufgabenbereiche** unterscheiden:[20]

- **Inhaltliche Aufgaben:** Aufstellung von Plänen und Durchführung von Kontrollen. Im Mittelpunkt steht der fachliche Inhalt der Planung und Kontrolle, die sogenannte materielle Planung und Kontrolle.
- **Unterstützungsaufgaben:** Planung, Organisation und Steuerung der Planungs- und Kontrollprozesse. Dieser Bereich wird auch als Management von Planung und Kontrolle bezeichnet; Gegenstand ist der PuK-Prozess.
- **Formale Aufgaben:** Gestaltung des organisatorischen Rahmens von Planung und Kontrolle. Hier steht das PuK-System im Fokus. Da Planung und Kontrolle dabei selbst geplant und kontrolliert werden, spricht man auch von Metaplanung und -kontrolle.

Jeder dieser Bereiche umfasst zahlreiche einzelne Aktivitäten. Abb. 4.1.8 gibt einen Überblick über wesentliche Planungs- und Kontrollaufgaben.

Die Aufgaben der Planung und Kontrolle lassen sich nicht nur nach der Art der Tätigkeit, sondern auch nach den Phasen des Führungsprozesses unterscheiden. Demnach umfasst die Planung die Teilaufgaben Zielbildung, Problemanalyse, Entwicklung und Bewertung von Alternativen sowie die Entscheidungsfindung. Die wesentlichen Teilauf-

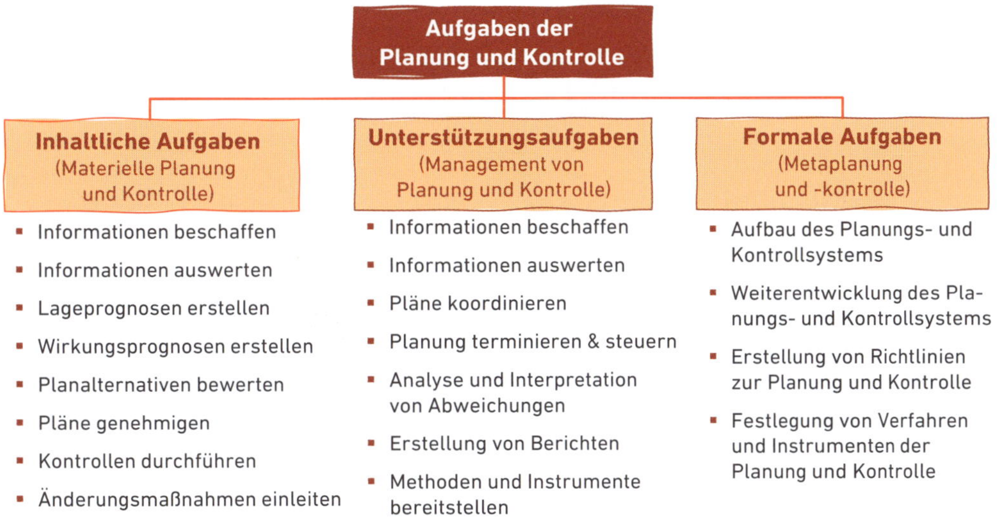

Abb. 4.1.8: Unterscheidung der Planungs- und Kontrollaufgaben[21]

gaben der Kontrolle sind entsprechend die Bestimmung der Kontrollkriterien und die Durchführung der Kontrollen (vgl. Kap. 1.3.1).

Planung und Kontrolle können sich auch auf unterschiedliche **Objekte** beziehen:[22]

- **Potenziale:** Planung und Kontrolle von Ressourcen mit langfristigem Leistungsvermögen, die dem Unternehmen dauerhaft zur Verfügung stehen, wie etwa Maschinen, IT-Infrastruktur oder qualifizierte Mitarbeiter. Relevante Themen sind beispielsweise Investitionen, Kompetenzentwicklung und die Stärkung der Innovationskraft.
- **Programme:** Planung und Kontrolle von Art, Menge und Qualität der Produkte und Dienstleistungen, die im Planungszeitraum produziert und verkauft werden sollen.
- **Prozesse:** Planung und Kontrolle zielgerichteter Arbeitsabläufe, etwa in der Produktion, Entwicklung oder Auftragsabwicklung.

Merkmal	Planungsformen
Häufigkeit	• Laufend • Fallweise
Verbindlichkeit und -flexibilität	• Starr • Flexibel
Ablauf der Planerstellung	• Simultan • Sukzessiv
Hierarchische Ableitung	• Retrograd (Top-down) • Progressiv (Bottom-up) • Zirkulär (Gegenstrom) • Top-down-Middle-up
Zeitliche Verkettung	• Reihung • Staffelung • Schachtelung
Rhythmus	• Anschließend • Rollend • Revolvierend

Abb. 4.1.9: Spezielle Merkmale und Ausprägungen der Planung

Häufigkeit, Verbindlichkeit und Flexibilität der Planung

Neben den gemeinsamen Kriterien gibt es weitere, die ausschließlich die Planung betreffen. Einen Überblick bietet Abb. 4.1.9. Diese Kriterien werden nachfolgend sowie im Rahmen des Planungs- und Kontrollprozesses in Kapitel 4.1.2 erläutert.

Nach der **Planungshäufigkeit** wird unterschieden in:[23]

- **Laufende Planung:** Die Planung erfolgt regelmäßig in festen zeitlichen Abständen. Der Planungshorizont bezieht sich jeweils auf einen bestimmten Kalenderzeitraum (periodische Planung).
- **Fallweise Planung:** Die Planung wird nur unregelmäßig oder einmalig durchgeführt. Der Planungshorizont variiert und kann innerhalb einer Periode liegen oder sich über mehrere Perioden erstrecken (aperiodische Planung). Dies gilt insbesondere für die Projektplanung (vgl. Kap. 5.3).

Pläne können schnell von der Realität überholt werden. In der Regel ist Planung zudem einwertig – das bedeutet, dass für jeden Sachverhalt nur ein fester Zielwert vorgegeben wird. Plan-Ist-Abweichungen und damit verbundene Zielverfehlungen treten daher in der Praxis häufig auf.[24] Es stellt sich deshalb die Frage, wie sich unvorhergesehene Entwicklungen in der Planung berücksichtigen lassen. Bei starrer Planung erfolgen keine Anpassungen; die Pläne bleiben über den gesamten Planungszeitraum hinweg verbindlich. Solche unwiderruflichen Vorgaben schränken den Handlungsspielraum und die Reaktionsfähigkeit der Verantwortlichen erheblich ein. Ein solches Vorgehen ist allenfalls in einfachen Führungskontexten sinnvoll, die stabil und gut beherrschbar sind. Unter unsicheren Rahmenbedingungen sollte die Planung hingegen flexibel sein.

Möglichkeiten zur **Flexibilisierung der Planung** sind:[25]

- **Aufschiebung:** Die Verabschiedung des Plans wird möglichst lange hinausgezögert, um aktuelle Informationen in die Entscheidung einbeziehen zu können. Durch die zeitliche Aufspaltung in Teilperioden lassen sich Änderungen bis zum Beginn der nächsten Periode berücksichtigen. Dieses Prinzip nutzt beispielsweise die revolvierende Planung, bei der Pläne zeitlich gestaffelt und in kurzen Abständen überarbeitet werden (vgl. Kap. 4.1.2).
- **Planreserven:** Durch das Einplanen von Reserven (sogenannte Slacks) können Anpassungen innerhalb des bestehenden Plans vorgenommen werden. Spielräume betreffen etwa Fertigungskapazitäten, Personal oder Finanzen. Gleichzeitig lässt sich der Detaillierungsgrad der Planung reduzieren. Unterjährige Genehmigungsprozesse ermöglichen eine schnelle Reaktion auf Chancen oder Gefahren. Nicht genutzte Budgets sollten ins Folgejahr übertragbar sein. Auch für weniger bedeutsame Kostenarten wie Büromaterial sind Puffer sinnvoll, um den bürokratischen Aufwand gering zu halten und unnötige Einzelanträge zu vermeiden.
- **Alternativplanung:** Für eine Planperiode werden mehrere Pläne auf Basis unterschiedlicher Prämissen erstellt (Eventual- oder Schubladenpläne als „Plan B“). Vor Be-

ginn der Periode wird die Variante gewählt, deren Annahmen der aktuellen Realität am nächsten kommen.

- **Szenarioplanung**: Hierbei werden unterschiedliche Entwicklungspfade des Unternehmens betrachtet, einschließlich potenzieller Chancen und Gefahren (vgl. Kap. 7.2.2). Typisch ist die Ausarbeitung von drei Szenarien: einem Trendszenario (Base Case), einem optimistischen Best-Case- und einem pessimistischen Worst-Case-Szenario. Für jedes dieser Szenarien werden anschließend passende Alternativpläne entwickelt.
- **Bandbreitenplanung**: Die Planziele werden nicht als exakte Punktwerte, sondern als Korridore innerhalb festgelegter Ober- und Untergrenzen formuliert. Beispielsweise wird für den Absatz eines Produkts ein Korridor zwischen 8.000 bis 12.000 Einheiten geplant. Durch die Verknüpfung mit Eintrittswahrscheinlichkeiten lassen sich verschiedene Szenarien abbilden und mithilfe von Entscheidungsbäumen visualisieren.
- **Planänderungen:** Wenn sich zentrale Planungsprämissen ändern, kann eine Anpassung während der laufenden Planperiode erforderlich sein. Solche Änderungen sollten jedoch auf Ausnahmefälle beschränkt bleiben, da sie die Glaubwürdigkeit der Planung beeinträchtigen und die Erfolgskontrolle erschweren. Laut *WHU Controller Panel* passen 29 % der Unternehmen ihre Ziele unterjährig an, wenn sich die wirtschaftlichen Rahmenbedingungen verändern.[26]
- **Ereignisbasierte Planung (Event-based planning):** Der Planungsprozess erfolgt nicht in festen Zeitintervallen, sondern wird durch zuvor festgelegte Ereignisse ausgelöst. Dazu zählen interne Entwicklungen wie gravierende Umsatzrückgänge oder starke Kostensteigerungen sowie externe Einflüsse wie der Markteintritt eines neuen Wettbewerbers oder der Ausbruch einer Pandemie. In solchen Fällen werden die zugrunde liegenden Prämissen überprüft und auf dieser Basis ein neuer Plan erstellt.
- **Unterjährige Genehmigungsprozesse:** Treten im Laufe des Planjahrs unvorhergesehene Chancen oder Gefahren auf, dann sollten die Verantwortlichen hierfür Sonderbudgets beantragen können.
- **Festlegung relativer Zielsetzungen**: Statt absoluter Zielvorgaben werden die Ziele in Relation zu anderen Einflussfaktoren formuliert, etwa wenn sich das Materialbudget an der tatsächlichen Produktionsmenge orientiert. Solche relativen Ziele passen sich automatisch an Veränderungen an. So kann ein Unternehmen beispielsweise ein Umsatzwachstum anstreben, das über dem Marktdurchschnitt liegt; der konkrete Zielwert ergibt sich dann aus der jeweiligen Marktentwicklung. Relative Ziele werden in Kapitel 4.3.3 näher erläutert.
- Eine weitreichende Flexibilisierung ermöglicht eine **treiberbasierte Planung**. Dabei werden interne und externe Einflussfaktoren identifiziert, die sich auf finanzielle Zielgrößen auswirken. Anschließend werden deren Ursache-Wirkungs-Zusammenhänge analysiert und in einem sogenannten Treiberbaum visualisiert. Ein solches Modell erlaubt die Simulation verschiedener Szenarien und schafft ein besseres Verständnis für den Einfluss einzelner Faktoren auf die Zielgrößen.[27]

Nach dem *WHU Controller Panel* verwenden bereits 29 % der Unternehmen eine treiberbasierte Planung, wovon 70 % auch Simulationen durchführen. Weitere 23 % der Befragten möchten eine treiberbasierte Planung einführen, um ihre Budgetierung effizienter (76 %), schneller (67 %) und anpassungsfähiger (62 %) zu gestalten.[28] Eine häufigere und flexiblere Planung in kürzeren Zyklen gilt als zentraler Baustein agiler Unternehmensführung. Dies gilt insbesondere in komplexen Führungskontexten, um schneller und besser auf unvorhergesehene Entwicklungen reagieren zu können (vgl. Kap. 1.5).

Beispiele für treiberbasierte Planungen

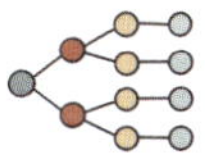

In einem **Industrieunternehmen** lässt sich die Nachfrage nach einzelnen Produkten durch die Analyse historischer Verkaufsdaten, saisonaler Trends und des Kaufverhaltens verschiedener Kundengruppen prognostizieren. Auf dieser Basis können Engpässe vermieden, die Produktion bedarfsgerecht gesteuert, Lagerbestände reduziert und die Routenplanung optimiert werden.[29]

Bei einem **Sachversicherer** können die Kosten der Schadensregulierung mithilfe treiberbasierter Planung prognostiziert werden. Als wesentliche Treiber gelten dabei die regionale Schadenshäufigkeit sowie Wetter- und Klimadaten, deren Einfluss auf das Schadenaufkommen statistisch belegt ist. Auf dieser Basis lassen sich gezielt Prämien anpassen, Rückstellungen planen und regionale Marketingmaßnahmen steuern.

In einem **Hotelbetrieb** kann die tägliche Auslastung auf Grundlage der Vorjahresdaten, unter Berücksichtigung von Feiertagen, verfügbaren Zimmerkontingenten und regionalen Veranstaltungskalendern vorhergesagt werden. Daraus ergeben sich Optimierungspotenziale für die Personalplanung, eine flexible Preisgestaltung und eine gesteigerte Rentabilität.[30]

Um den Plan als verbindliche und herausfordernde Zielvorgabe beizubehalten und gleichzeitig flexibel auf aktuelle Entwicklungen reagieren zu können, bietet sich eine Kombination aus Planung und **rollierender Prognose (Rolling Forecast)** an. Das Prinzip ist in Abb. 4.1.10 dargestellt: Unterjährig wird in regelmäßigen Abständen stets ein gleich langer Zeitraum prognostiziert, etwa die nächsten fünf Quartale. Die ersten beiden Quartale werden dabei detailliert, die verbleibenden grob vorhergesagt. So lassen sich sowohl die Realisierbarkeit der Planziele als auch die Dringlichkeit von Steuerungsmaßnahmen fortlaufend beurteilen. Die Prognose (vgl. Kap. 7.2.1) soll dabei eine möglichst realistische Einschätzung über die Entwicklung relevanter Zielgrößen liefern. Bei einem revolvierenden Planungsrhythmus kann der Plan bei Bedarf unterjährig zyklisch angepasst werden, wobei sich der Schwierigkeitsgrad der Zielerreichung nicht ändern sollte (vgl. Kap. 4.1.3).

Laut *WHU Controller Panel* erstellen 63 % der Unternehmen einen Jahresendforecast, während 37 % ihre Prognosen ganz oder teilweise rollierend durchführen. Bei 44 % basieren die vorgegebenen Ziele vollständig, bei weiteren 42 % teilweise auf den prognostizierten Werten. In 40 % der Unternehmen stimmen die Positionen von Forecast und Budgetplanung überein. Allerdings verstehen bereits 32 % der Befragten den Forecast richtigerweise als unverbindlichen Ausblick in die Zukunft und nicht als verbindliche Zielvorgabe.[31] Grundsätzlich sollten Prognose und Planung klar voneinander getrennt werden, da sie unterschiedliche Funktionen erfüllen.

Zusätzlich können bei gravierenden Ereignissen oder starken Schwankungen zentraler Kennzahlen auch **fallspezifische Prognosen (Event-based Forecasts)** erstellt werden. Auslöser dafür sind beispielsweise der Markteintritt eines neuen Wettbewerbers, Qualitätsprobleme im Serienanlauf oder steigende Bestellzahlen bei niedrigen Lagerbeständen. Auf diese Weise lassen sich besonders kritische Einflussfaktoren gezielt überwachen und wirksam steuern.[32] Mithilfe von Business Analytics können auf Basis von Big Data neue Zusammenhänge maschinell erkannt und Prognosen automatisiert durchgeführt werden (vgl. Kap. 7.3.1).

Verknüpfung von Planung und rollierender Prognose bei Ensinger

Die *Ensinger GmbH* ist ein führendes Unternehmen für Hochleistungskunststoffe mit Sitz in Nufringen (Baden-Württemberg) und erzielt mit über 2.700 Mitarbeitern einen Umsatz von rund 620 Mio. Euro.[33]

Bei *Ensinger* basiert die Jahreszielsetzung auf einer strategischen Planung mit einem Planungshorizont von fünf Jahren. Ergänzend dazu wird vierteljährlich eine rollierende Prognose erstellt, die jeweils fünf Quartale umfasst. Sie dient dazu, die Geschäftsentwicklung über das Ende des laufenden Geschäftsjahres hinaus vorherzusagen.

Ensinger

Viele Unternehmen erstellen hingegen nur eine Jahresendprognose, die sich ausschließlich auf den Zeitraum bis zum Ende des aktuellen Planjahres bezieht. Dadurch entsteht im Jahresverlauf ein wachsender „blinder Fleck", da der Zeitraum nach Ende des Planjahres erst in der nächsten Planung berücksichtigt wird. Die rollierende Prognose bei *Ensinger* hingegen deckt fortlaufend die kommenden 15 Monate ab und ermöglicht so ein flexibles Eingreifen bereits während des laufenden Jahres.

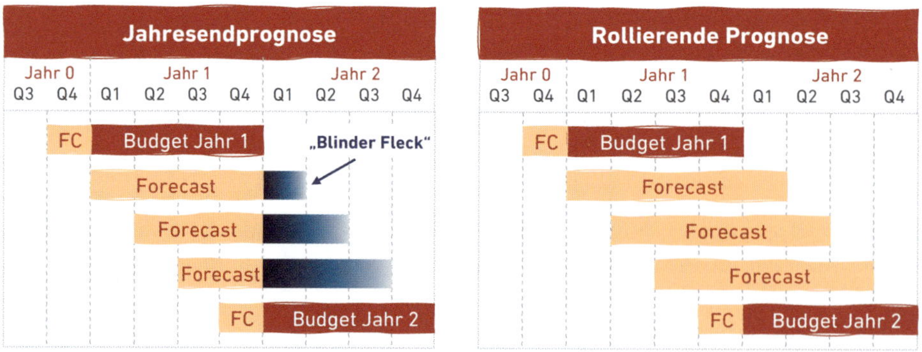

Abb. 4.1.10: Vergleich zwischen Jahresendprognose und rollierender Prognose[34]

Zeitpunkte, Vergleichsgrößen und Objekte der Kontrolle

Kontrollen erfüllen im Unternehmen unterschiedliche Funktionen. Abb. 4.1.11 zeigt zentrale Merkmale, aus denen sich verschiedene Formen der Kontrolle ableiten lassen.

Merkmal	Kontrollformen
Zeitpunkte	• Prämissenkontrolle • Planfortschrittskontrolle • Realisationskontrolle
Vergleichsgrößen	• Ex-post (Ist-Ist) • Prämissen (Wird-Ist) • Prognosekonsistenz (Wird-Wird) • Ergebnis (Soll-Ist) • Zielerreichbarkeit (Soll-Wird) • Zielkonsistenz (Soll-Soll)
Objekte	• Ergebniskontrolle • Verfahrenskontrolle • Verhaltenskontrolle

Abb. 4.1.11: Merkmale und Ausprägungen der Kontrolle

Nach dem **Kontrollzeitpunkt** lassen sich unterscheiden:[35]

- **Prämissenkontrolle** (vorauseilende/antizipierende Kontrolle; Feedforward): Die geplanten Werte werden *vor* der Umsetzung mit den prognostizierten Größen verglichen, um Planungsmängel frühzeitig zu erkennen. Solche Kontrollen sind notwendig, da Pläne auf falschen Prämissen meist nicht realisierbar sind.
- **Planfortschrittskontrolle** (mitlaufende Kontrolle): Die geplanten Werte werden *während* der Planumsetzung mit den realisierten Zwischenergebnissen verglichen – entweder bei Erreichen definierter Meilensteine oder zu bestimmten Zeitpunkten. Ziel ist es, den Planfortschritt zu überwachen. Bei gravierenden Abweichungen können rechtzeitig Gegenmaßnahmen eingeleitet werden, um die Zielerreichung sicherzustellen oder Abweichungen zu minimieren.
- **Realisationskontrolle** (nachlaufende Kontrolle; Feedback): Die geplanten Werte werden *nach* der Planumsetzung mit den tatsächlichen Endergebnissen verglichen, um Abweichungen und deren Ursachen feststellen zu können. Die gewonnenen Erkenntnisse fließen in die Verbesserung des Führungsprozesses ein.

Als **Vergleichsgrößen** können realisierte Ergebnisse (Ist), prognostizierte Werte (Wird) und geplante Zielgrößen (Soll) herangezogen werden. In der Bezeichnung einer Kontrollform wird dabei zuerst der Vergleichsmaßstab genannt, an dem die nachfolgende Kontrollgröße gemessen wird. Wird beispielsweise ein geplanter Soll-Wert als Vergleichsmaßstab einem tatsächlich erreichten Ist-Wert gegenübergestellt, spricht man von einer Soll-Ist-Kontrolle. Daraus folgen sechs inhaltlich sinnvolle **Kontrollformen**:[36]

- **Ex-post-Kontrolle (Ist-Ist):** Der nachträgliche Vergleich realisierter Größen kann sich auf unterschiedliche Zeitpunkte beziehen (Zeitvergleich) oder auf verschiedene Einheiten zum selben Zeitpunkt (inner- oder zwischenbetrieblicher Vergleich). Beispiele sind die Umsatzentwicklung der letzten Jahre oder der Vergleich des eigenen Marktanteils mit dem eines Wettbewerbers.
- **Prämissenkontrolle (Wird-Ist):** Der Vergleich prognostizierter Werte mit den tatsächlich eingetretenen Ergebnissen zeigt, ob die Annahmen der Planung zutreffend waren. Ein Beispiel ist der Abgleich zwischen prognostiziertem Marktwachstum und tatsächlicher Marktentwicklung. Die daraus gewonnenen Erkenntnisse helfen, künftige Prognosen zu verbessern.
- **Prognosekonsistenzkontrolle (Wird-Wird):** Dabei werden verschiedene Prognosen einer Kennzahl miteinander verglichen. Beispielsweise wenn für die Prognosen unterschiedliche Verfahren verwendet wurden oder eine aktuellere Prognose auf neuen Informationen basiert. Auf diese Weise sollen widersprüchliche Vorhersagen aufgedeckt oder fehlerhafte Einschätzungen frühzeitig korrigiert werden. Ein Beispiel ist der Vergleich einer KI-basierten Absatzprognose auf Basis aktueller Marktdaten mit einer manuellen Vorhersage, die auf Erfahrungswerten und Kundenfeedback basiert.
- **Zielerreichbarkeitskontrolle (Soll-Wird):** Die Gegenüberstellung geplanter Zielgrößen mit aktuellen Prognosen zeigt, inwieweit die Zielerreichung (noch) realistisch ist. So lassen sich Probleme frühzeitig erkennen und Gegenmaßnahmen einleiten. Ein Beispiel ist eine Absatzprognose während des laufenden Jahres, die erkennen lässt, dass ohne zusätzliche Vertriebsmaßnahmen der geplante Absatz nicht zu erreichen ist.
- **Zielkonsistenzkontrolle (Soll-Soll):** Durch den Vergleich verschiedener Planwerte lassen sich Zielkonflikte und Widersprüche frühzeitig aufdecken, wie etwa der Abgleich des Gesamtumsatzziels der Konzernzentrale mit den Umsatzplänen der Tochtergesellschaften.
- **Ergebniskontrolle (Soll-Ist):** Die tatsächliche Zielerreichung wird durch den Vergleich geplanter und realisierter Ergebnisse überprüft. Die Kontrolle kann sowohl während der Umsetzung durch eine Fortschrittskontrol-

Kontrollgröße \ Vergleichsmaßstab	IST	WIRD	SOLL
IST	**Ex-Post-Kontrolle** (Ist-Ist)	**Prämissenkontrolle** (Wird-Ist)	**Ergebniskontrolle** (Soll-Ist)
WIRD		**Prognosekonsistenz-kontrolle** (Wird-Wird)	**Zielerreichbarkeits-kontrolle** (Soll-Wird)
SOLL			**Zielkonsistenzkontrolle** (Soll-Soll)

Abb. 4.1.12: Kontrollformen nach den Vergleichsgrößen der Kontrolle

le als auch danach durch eine Endergebniskontrolle erfolgen. Abweichungen führen zu Korrekturmaßnahmen oder fließen in die Verbesserung des nächsten Planungsprozesses ein. Ein Beispiel ist der Vergleich geplanter und tatsächlicher Herstellkosten eines Produkts.

Nach den **Objekten** der Kontrolle lassen sich folgende Formen unterscheiden:[37]

- **Ergebniskontrolle:** Überprüfung der Zielerreichung durch Soll-Ist-Vergleich (s. o.). Sie spielt in der Praxis die größte Rolle und macht die enge Verknüpfung von Planung und Kontrolle deutlich.
- **Verfahrenskontrolle:** Analyse der Vorgehensweise, die zu den erzielten Ergebnissen geführt hat. Es wird untersucht, wie die Abläufe gestaltet waren und warum die angestrebten Ergebnisse gegebenenfalls nicht erreicht wurden. So lassen sich Ursachen für Abweichungen und methodische Schwächen in der Umsetzung bestimmen.
- **Verhaltenskontrolle:** Gegenstand ist das Verhalten der Personen, die für die Steuerung oder Durchführung der Prozesse verantwortlich sind. Im Gegensatz zur Ergebniskontrolle werden hier auch veränderte Rahmenbedingungen berücksichtigt. Dadurch soll ermittelt werden, ob die Zielverfehlung im Verantwortungsbereich der Mitarbeiter lag oder durch externe Faktoren verursacht wurde, etwa durch unvorhersehbare Entwicklungen oder unrealistische Zielvorgaben. Verhaltenskontrollen dienen vorrangig der Leistungsbeurteilung der Mitarbeiter.

4.1.2 Das Planungs- und Kontrollsystem: Ablauf und Verantwortliche

Planung und Kontrolle sind komplizierte, arbeitsteilige Vorgänge, die ihrerseits geplant und kontrolliert werden müssen. Diese übergeordneten formalen Aufgaben werden als **Metaplanung** und **Metakontrolle** bezeichnet. Ziel ist die Entwicklung und Gestaltung eines effektiven Planungs- und Kontrollsystems.

> Das **Planungs- und Kontrollsystem (PuK-System)** beschreibt den Aufbau und Ablauf von Planung und Kontrolle, die dabei eingesetzten Instrumente sowie die dafür verantwortlichen Organe.

Das PuK-System liefert den Rahmen für die inhaltliche Gestaltung der Planung und Kontrolle. Es basiert auf der im Unternehmen verankerten **Planungs- und Kontrollphilosophie**, welche die Rolle dieser Funktionen grundlegend prägt: Dienen Planung und Kontrolle dazu, die Mitarbeiter zu motivieren und aus Fehlern zu lernen oder sind sie Ausdruck von Misstrauen und Überwachung? Solche Grundfragen werden durch die Werte des Unternehmens beeinflusst und auf normativer Ebene festgelegt (vgl. Kap. 2.1).

Viele Konflikte in der Praxis entstehen nicht durch inhaltliche Meinungsverschiedenheiten, sondern aufgrund unterschiedlicher Auffassungen über den Zweck von Planung und Kontrolle. Zudem werden Planung und Kontrolle häufig ohne durchdachte Struktur und festgelegte Abläufe durchgeführt. Um einen reibungslosen Ablauf sowie eine hohe Effizienz und Wirksamkeit sicherzustellen, sollte daher auch das PuK-System selbst geplant und kontrolliert werden. Seine Gestaltung hängt dabei von verschiedenen Merkmalen des Unternehmens und seiner Umwelt ab, wie etwa von der Unternehmensgröße, der Branche, der Marktdynamik oder dem Führungskontext (vgl. Kap. 1.5.1).

Die wesentlichen **Aufgaben der Metaplanung und -kontrolle** sind:[38]

- Die **Gestaltung** legt die Träger (Wer?), Inhalte (Was?), Durchführung (Wie?) und Instrumente (Womit?) der Planung und Kontrolle fest. Zudem sind Anreiz- und Motivationssysteme zu integrieren, also ob etwa die Planerfüllung belohnt oder negative Abweichungen sanktioniert werden sollen.

- Die **Lenkung** regelt den zeitlichen Ablauf, die Koordination der Teilplanungen sowie die Genehmigung und Freigabe der Pläne. Darüber hinaus soll sie Plananpassungen ermöglichen und eine positive Einstellung des Linienmanagements gegenüber Planung und Kontrolle fördern.
- Die **Analyse** der Wirksamkeit der Planung und Kontrolle dient dazu, das PuK-System und seine Prozesse gezielt weiterzuentwickeln.

Das PuK-System lässt sich aus **drei Blickrichtungen** beschreiben, die als Subsysteme miteinander in Beziehung stehen:[39]

- **Funktionale Sichtweise:** Was und wie wird geplant und kontrolliert?
  - **Pläne und Kontrollen:** Was sind die Inhalte der Planung und Kontrolle?
  - **PuK-Aktivitäten:** Wie lauten die Aufgaben der Planung und Kontrolle?
- **Institutionelle Sichtweise:** Wer plant und kontrolliert was und wann?
  - **PuK-Organe:** Welche hierarchischen Einheiten beteiligen sich an der Planung und Kontrolle?
  - **PuK-Prozess:** Wie läuft die Planung und Kontrolle im Unternehmen ab?
- **Instrumentale Sichtweise:** Womit wird geplant und kontrolliert?
  - **Methodische PuK-Instrumente:** Welche Techniken, Verfahren und Modelle kommen zum Einsatz?
  - **Digitale PuK-Instrumente:** Welche digitalen Informationssysteme und -technologien unterstützen die Planung und Kontrolle (vgl. Kap. 7.3)?

Abb. 4.1.13 fasst die Zusammenhänge und Elemente des PuK-Systems zusammen.

Abb. 4.1.14 veranschaulicht den grundsätzlichen Aufbau eines PuK-Systems nach den Ebenen und Zieldimensionen der Planung. Es besteht aus den folgenden, aufeinander aufbauenden **Teilplanungen**:[40]

- **Generelle Zielplanung:** Festlegung übergeordneter Zielsetzungen, die aus der Unternehmensmission abgeleitet werden.
- **Strategische Aktionsplanung:** Bestimmung der langfristigen Sachziele für die Geschäftseinheiten sowie der hierfür erforderlichen Erfolgspotenziale.

Abb. 4.1.13: Zusammenhänge und Elemente des PuK-Systems

- **Operative Aktionsplanung:** Erarbeitung konkreter Maßnahmen zur optimalen Nutzung bestehender Erfolgspotenziale.
- **Budgetierung:** Vorgabe und Kontrolle von Erfolgs- und Liquiditätszielen, die durch die geplanten Maßnahmen erreicht werden sollen. Sie verknüpft die Planungsebenen und wird zur operativen Ebene hin wichtiger und detaillierter.

Diese Teilplanungen erfolgen in der Regel periodisch, also in regelmäßigen Zeitabständen. Zusätzlich kann auf jeder Planungsebene bei Bedarf eine fallweise, meist mehrperiodige Projektplanung erfolgen (vgl. Kap. 5.3).

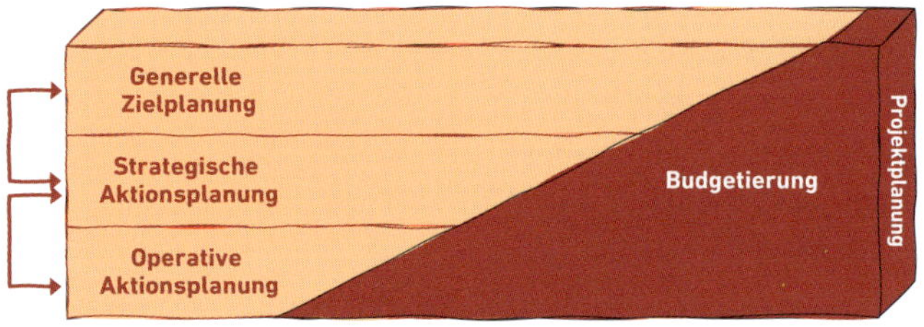

Abb. 4.1.14: Prinzipieller Aufbau eines PuK-Systems[41]

Ausgangspunkt der Gestaltung des PuK-Systems ist die funktionale Sichtweise: Zunächst werden die zu erstellenden Pläne, die durchzuführenden Kontrollen, die PuK-Aufgaben sowie deren Beziehungen festgelegt. Das komplizierte Planungsproblem wird dabei in mehrere überschaubare Teilpläne unterteilt. Dies kann nach unterschiedlichen Kriterien erfolgen, wie etwa nach Funktions- und Geltungsbereichen, Zeithorizonten, Ebenen, Zieldimensionen oder Planungsobjekten (vgl. den Überblick in Abb. 4.1.4). Um Zielkonflikte und Suboptima zu vermeiden, werden die Teilpläne aufeinander abgestimmt und zu einem logisch verknüpften Plansystem zusammengeführt. Anschließend werden durch die Aufbauorganisation die Verantwortlichkeiten für die Erstellung der Teilpläne und die Durchführung der Kontrollen geregelt. Die Ablauforganisation bestimmt dann die sachliche und zeitliche Reihenfolge der PuK-Aktivitäten. Die bestehenden Möglichkeiten werden im Folgenden näher erläutert.

Aufbauorganisation: Planungs- und Kontrollorgane

Mit wachsender Unternehmensgröße wird die Planung und Kontrolle zunehmend komplizierter. Die Unternehmensführung in mittleren und großen Unternehmen kann daher nicht mehr alle anfallenden PuK-Aufgaben selbst übernehmen. Aus diesem Grund werden diese Aufgaben ganz oder teilweise an andere Stellen delegiert. Neben der zeitlichen Entlastung der Führungskräfte sprechen dafür auch die in der Organisation vorhandenen Methodenkompetenzen und Detailkenntnisse. Darüber hinaus trägt der Einbezug mehrerer organisatorischer Einheiten zu einer höheren Objektivität von Planung und Kontrolle bei.

> **Planungs- und Kontrollorgane** sind Personen oder organisatorische Einheiten, die dauerhaft oder fallweise an der Planung und Kontrolle mitwirken.

Ihre Funktionen und Zuständigkeiten ergeben sich aus ihrer hierarchischen Position sowie aus ihren spezifischen Kenntnissen und Fähigkeiten. Die Kompetenzen betreffen insbesondere das Recht zur Aufstellung, Entscheidung, Genehmigung und Kontrolle von Plänen. Gerade im Bereich der operativen Planung sind diese Befugnisse häufig auf mehrere organisatorische Ebenen verteilt.

Bei der Auswahl der PuK-Organe sollten folgende **Grundsätze** beachtet werden:[42]

- **Optimale Distanz:** Die PuK-Organe sollten einerseits über inhaltliche Detailkenntnisse zum jeweiligen Planungsobjekt verfügen, andererseits aber auch genügend Abstand wahren, um ihre Neutralität und den notwendigen Gesamtüberblick sicherzustellen.
- **Wertigkeit:** Je bedeutender der Planungsinhalt für die Zukunft des Unternehmens ist, desto höher sollte die Verantwortung in der Unternehmenshierarchie angesiedelt sein. Normative und strategische Planung sind daher Aufgabe der oberen Führungsebenen. Die Erstellung und Kontrolle operativer Pläne erfolgt hingegen meist dezentral durch untere Führungskräfte. Die operativen Pläne müssen jedoch in der Regel von übergeordneten Führungsebenen genehmigt werden. So entstehen mehrstufige PuK-Systeme.

PuK-Aufgaben können auf zahlreiche Stellen im Unternehmen übertragen werden. Die Auswahl und Gestaltung der entsprechenden Organe hängt von der Unternehmensgröße, der Branche, dem Planungsgegenstand und dem jeweiligen Führungskontext ab. Unverzichtbar sind die Mitwirkung des Linienmanagements bei der inhaltlichen Planerstellung sowie die Genehmigung der Pläne durch die Unternehmensführung.

Mögliche **Planungs- und Kontrollorgane** sind:[43]

- **Unternehmensführung:** Planung und Kontrolle zählen zu den grundlegenden Aufgaben der obersten Führungsebene. Ein Schwerpunkt liegt auf übergeordneten Themen wie der Vorgabe grundlegender Unternehmensziele und der Genehmigung von Teilplänen. Weitere Aufgaben sind die Motivation zur Beteiligung an der Planung sowie die Durchführung von Fremdkontrollen auf Gesamtunternehmensebene.

- **Linienmanagement:** Alle weiteren organisatorischen Einheiten mit Entscheidungs- und Weisungsbefugnissen sind für die Planung und Kontrolle in ihrem jeweiligen Verantwortungsbereich zuständig. Dies umfasst etwa die Erstellung von Planentwürfen, die Einleitung von Gegenmaßnahmen bei Abweichungen sowie die Realisierung der Teilpläne.
- **Planungsstäbe und -abteilungen:** Diese Stellen können zur Wahrnehmung von spezifischen Planungsaufgaben eingerichtet werden. Sie haben meist keine Entscheidungs- und nur geringe Weisungsbefugnisse. Dezentral unterstützen sie vor allem die Linieninstanzen bei der Überwachung und Kontrolle der Planerstellung. Teilweise übernehmen sie auch inhaltliche Planungsaufgaben, wie etwa die Entwicklung und Bewertung von Planalternativen. Zentrale Stäbe und Abteilungen sind an der Metaplanung und -kontrolle sowie dem Planungsmanagement beteiligt. Sie unterstützen die Fachabteilungen bei der Planerstellung etwa durch Plananalysen oder Beratungsleistungen.
- **Controller:** In den meisten Unternehmen sind keine speziellen Planungsstäbe und -abteilungen vorhanden. Deshalb werden deren Aufgaben in der Regel vom Controlling als Unterstützungsfunktion der Unternehmensführung wahrgenommen. Es hilft den Linienverantwortlichen bei der Kontrolle der Planerfüllung, der frühzeitigen Erkennung von Abweichungen und der Analyse ihrer Ursachen. Der Fokus des Controllings liegt auf der Budgetierung (vgl. Kap. 4.3).
- **Planungskomitee (-kommission, -kollegium):** Es setzt sich aus Personen unterschiedlicher Fachbereiche und Hierarchieebenen zusammen und dient der Koordination und Integration von Teilplanungen, der Beurteilung geplanter Maßnahmen sowie der Diskussion möglicher Alternativpläne. Ist die Unternehmensführung im Planungskomitee vertreten, werden dort in der Regel auch die Pläne verabschiedet.
- **Planungsteams:** Temporäre, weitgehend hierarchiefreie Projektgruppen, die zur Lösung spezieller Planungsaufgaben gebildet werden, wie etwa zur Entwicklung unterschiedlicher Planszenarien.
- **Externe PuK-Organe:** Spezifische Teilaufgaben können auch unternehmensexterne Akteure wie Berater oder Marktforschungsinstitute übernehmen. Sie liefern Informationen oder bringen neue Impulse ein. In einem Konzern kann auch die Muttergesellschaft die Planung des Tochterunternehmens beeinflussen, etwa indem sie globale Zielsetzungen vorgibt oder in die Detailplanung eingreift. Externe Experten können zudem an der Ausgestaltung des PuK-Systems mitwirken, etwa um die Budgetierung zu reformieren.

PuK-Informanten sind alle unternehmensinternen und -externen Personen, die von den PuK-Organen um Informationen gebeten werden. Von den internen Informanten sind vor allem die Personen von Bedeutung, welche die Pläne ausführen oder davon unmittelbar betroffen sind. Sie verfügen häufig über detailliertes Wissen zur Umsetzbarkeit der Pläne und zu den Auswirkungen möglicher Alternativen. Ihr frühzeitiger Einbezug ist auch aus Motivationsgesichtspunkten sinnvoll. Externe Informanten werden vor allem dann einbezogen, wenn im Unternehmen spezifische Fachkenntnisse fehlen, eine neutrale Einschätzung erforderlich ist oder Unsicherheiten über die Wirkungen von Planalternativen bestehen.[44]

Die **Qualität der Pläne** wird nicht nur durch die verfügbaren Informationen und eingesetzten Instrumente, sondern auch durch die Qualifikation der Planungsorgane bestimmt. Wer an der Planung mitwirkt, sollte sich im jeweiligen Fachbereich gut auskennen, die eingesetzten Methoden sicher anwenden, Zusammenhänge erfassen und sich mit anderen Planungsbeteiligten aktiv austauschen.

Ablauforganisation: Planungs- und Kontrollprozess

> Der **Planungs- und Kontrollprozess** beschreibt die sachliche und zeitliche Abfolge der einzelnen Planungs- und Kontrollaktivitäten.

Der PuK-Prozess findet sowohl zyklisch in regelmäßigen Abständen als auch fallweise bei konkreten Anlässen wie Projekten statt. Gestaltungsaspekte sind die hierarchische Ableitung der Pläne, der Ablauf der Planerstellung, die zeitliche Verkettung der Pläne, der Planungsrhythmus und die Terminplanung.

Hierarchische Ableitung der Pläne

Da die inhaltliche Planung auf mehreren hierarchischen Ebenen des Unternehmens erfolgt, ist zu klären, welche Stellen in welcher Reihenfolge und mit welchen Kompetenzen daran mitwirken. Die Frage, wie Pläne über verschiedene Hierarchieebenen hinweg entstehen sowie koordiniert,

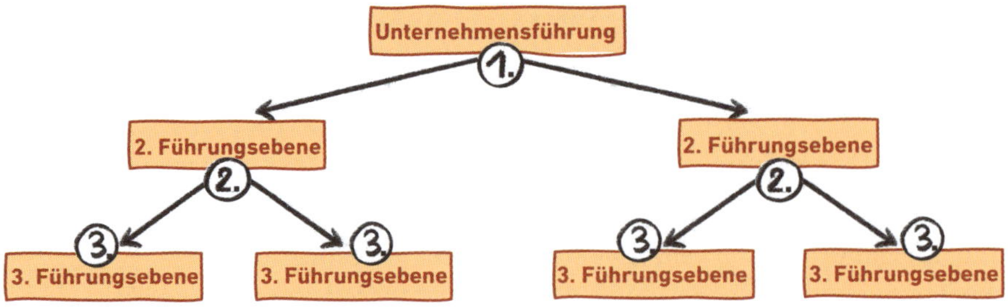

Abb. 4.1.15: Prinzip der retrograden Planung (Top-down)

integriert und durchgesetzt werden, wird als Hierarchiedynamik bzw. **Planungsrichtung** bezeichnet. Dabei geht es darum, wie die Planungsträger sachlich und zeitlich zusammenarbeiten, um einen reibungslosen Ablauf und ein möglichst gutes Planungsergebnis sicherzustellen. Die verschiedenen Möglichkeiten werden im Folgenden am Beispiel einer dreistufigen Planungshierarchie erläutert.[45] Die Vor- und Nachteile der jeweiligen Ableitungsrichtungen fasst Abb. 4.1.18 zusammen.

Grundsätzlich existieren drei **Planungsrichtungen**:

- **Retrograde Planung (Top-down):** Die Planung erfolgt entlang der Unternehmenshierarchie „von oben nach unten". Die Unternehmensführung legt die obersten Planziele in einem globalen Rahmenplan fest, der auf den nachfolgenden Hierarchiestufen schrittweise für die jeweiligen Verantwortungsbereiche konkretisiert wird. Dieses Vorgehen ermöglicht eine zügige Planerstellung und sorgt für eine hohe Zielübereinstimmung auf allen Ebenen. Es eignet sich auch zur Umsetzung größerer Veränderungen. Allerdings haben die übergeordneten Planungsorgane meist eine große Distanz zur operativen Umsetzung und dadurch häufig nicht genügend Kenntnisse, um die Realisierbarkeit der Pläne verlässlich beurteilen zu können. Wunsch und Wirklichkeit können daher deutlich auseinanderfallen. Zudem kann die geringe Einbindung der unteren Ebenen die Motivation der ausführenden Mitarbeiter beeinträchtigen. Dies gilt insbesondere bei unrealistischen Vorgaben der Unternehmensführung.
- **Progressive Planung (Bottom-up):** Die Planung beginnt auf den unteren Ebenen und wird schrittweise nach oben weitergeführt. Jede Ebene plant ihre Ziele, Maßnahmen und benötigten Ressourcen und übergibt ihren Plan an die jeweils übergeordnete Instanz. Dort werden die Teilpläne abgestimmt, kontrolliert, konsolidiert und anschließend an die nächsthöhere Ebene weitergeleitet. Nach Durchlauf aller Ebenen entsteht daraus der Gesamtplan des Unternehmens. Dieses Vorgehen eignet sich besonders für evolutionäre Entwicklungen und wirkt motivierend, da die Beteiligten ihre Detailkenntnisse einbringen können. Es fördert die Identifikation mit den Planinhalten und erhöht die Realisierbarkeit der Pläne. Allerdings besteht die Gefahr von Suboptima und Zielkonflikten, wenn die Teilpläne nicht zum übergeordneten Unternehmensziel passen. Dezentral gesteuerte Einheiten neigen zudem dazu, sich wenig ambitionierte Ziele zu setzen oder bestehende Vorgaben einfach fortzuschreiben. Die erforderliche Abstimmung und Integration der Teilpläne erhöht darüber hinaus den Zeitaufwand für die Planerstellung.
- **Zirkuläre Planung (Gegenstromverfahren):** Durch die Kombination von retrograder und progressiver Planung sollen die Stärken beider Ansätze genutzt werden. Das Gegenstromverfahren beginnt typischerweise Top-down: Die Unternehmensführung setzt vorläufige Ober-

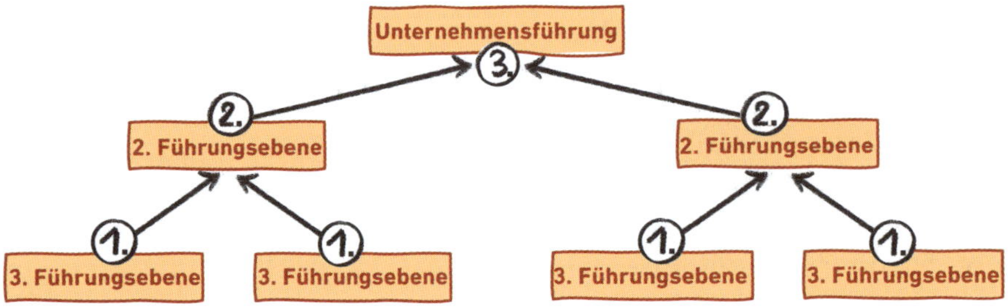

Abb. 4.1.16: Prinzip der progressiven Planung (Bottom-up)

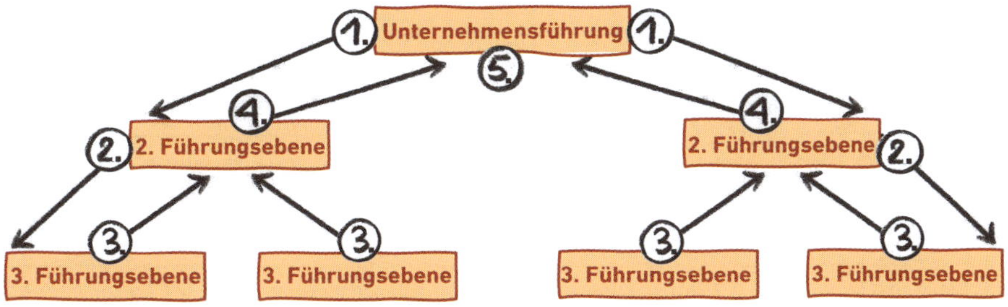

Abb. 4.1.17: Prinzip der zirkulären Planung mit Top-down-Eröffnung

ziele und Orientierungsgrößen, aus denen die nachfolgenden Ebenen schrittweise Unterziele und Teilpläne ableiten. Dabei prüfen sie zugleich die Umsetzbarkeit dieser Vorgaben. Im anschließenden Bottom-up-Rücklauf werden die Pläne von unten nach oben zusammengeführt. Der Prozess endet mit der endgültigen Verabschiedung durch die Unternehmensführung. In der Praxis sind oft mehrere Rückkopplungsschleifen notwendig, bis der Unternehmensplan steht. Dabei plant jede Hierarchieebene ihren Verantwortungsbereich und beeinflusst gleichzeitig die Planung der jeweils nachgeordneten Instanzen. Das Gegenstromverfahren trägt dazu bei, Zielkonflikte und Suboptima zu vermeiden, die Realisierbarkeit der Pläne sicherzustellen und die Motivation der ausführenden Ebenen zu stärken. Allerdings ist es aufgrund der intensiven Abstimmung zwischen zentralen und dezentralen Stellen ressourcenintensiv und zeitaufwendig.

Nach dem *WHU Controller Panel* planen 47 % der deutschen Unternehmen im Gegenstromverfahren, 32 % Top-down und 21 % Bottom-up. Bei einer Top-down-Planung beträgt die durchschnittliche Dauer der Budgetierung lediglich 12 Wochen – deutlich weniger als bei der Gegenstrom- bzw. Bottom-up-Planung, die im Schnitt 14 bzw. 15 Wochen in Anspruch nehmen.[47]

Um den hohen Zeit- und Ressourcenaufwand der zirkulären Planung zu reduzieren, ohne dabei die Realisierbarkeit der Pläne aus den Augen zu verlieren, kann die in Abb. 4.1.19 dargestellte **Top-down-Middle-up-Planung** eingesetzt werden. Dabei werden zunächst aggregierte Top-down-Ziele an die Führungskräfte der mittleren Ebene kommuniziert, was als sogenanntes *Front Loading* bezeichnet wird. Die mittleren Ebenen planen daraufhin ihre wesentlichen Erfolgsgrößen und ermitteln die Lücke zu den Vorgaben der Unternehmensführung. Anschließend definieren sie Maßnahmen zur Schließung dieser Ziellücken und überarbeiten

	Retrograde Planung (Top-down)	Progressive Planung (Bottom-up)	Zirkuläre Planung (Gegenstromverfahren)
Grundprinzip	Die Planung erfolgt in der Organisation „von oben nach unten“	Die Planung erfolgt in der Organisation „von unten nach oben“	Durch Vor- und Rückläufe werden progressive und retrograde Elemente verbunden
Realisierbarkeit der Planung	Gering, sofern betriebliche Gegebenheiten nicht ausreichend berücksichtigt werden	Hoch, da die Zielvorgaben auf detaillierten Informationen aus den Fachbereichen basieren	Hoch, da Zielvorgaben und Realisationsmöglichkeiten durchgehend abgestimmt werden
Mitarbeitermotivation	Vorgabecharakter kann demotivierend wirken	Planungsmitwirkung motiviert; Gefahr der Fortschreibung alter Ziele	Mehrstufiges Abstimmungsverfahren wirkt motivierend, falls es nicht zu lange dauert
Zeitaufwand	Die zentrale Vorgabe ermöglicht eine schnelle Umsetzung	Die Abstimmung vieler dezentraler Beiträge erfordert einen hohen Zeitaufwand	Zeitaufwendigstes Verfahren durch mehrere Vor- und Rückläufe
Fazit	Schnelle Zielvorgabe, die allerdings realitätsfern sein kann	Realitätsnah und motivierend, aber hoher Koordinationsaufwand und Gefahr begrenzter Vereinbarkeit der dezentralen Ziele	Kombiniert zentrale Zielvorgaben mit realitätsnaher Rückkopplung, aber sehr zeitaufwendig

Abb. 4.1.18: Vergleich der Planungsrichtungen[46]

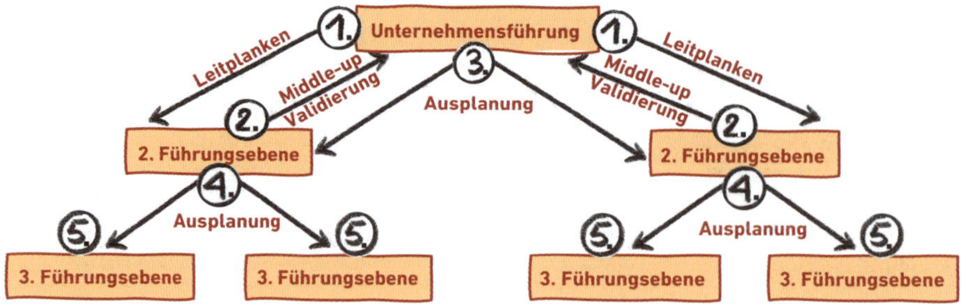

Abb. 4.1.19: Prinzip der Top-down-Middle-up-Planung

daraufhin ihre Teilpläne. Im Rahmen der Middle-up-Validierung fließen wertvolle Informationen zur Zielerreichbarkeit in die Beurteilung ein. In einem iterativen Prozess werden gemeinsam mit der Unternehmensführung realistische und akzeptierte Ziele abgeleitet, die anschließend als verbindliche Vorgaben verabschiedet werden. Anschließend werden diese auf den folgenden Hierarchieebenen nach und nach detailliert ausgeplant.[48]

Durch die Middle-up-Planung lässt sich der Planungsprozess beschleunigen, der Aufwand für Führungskräfte und Controller reduzieren und gleichzeitig die Planungsqualität verbessern. Nach dem *WHU Controller Panel* setzen 23 % der Unternehmen bereits auf dieses Verfahren. Sie sind mit der Effizienz der Budgetierung deutlich zufriedener, verknüpfen die Budgetierung stärker mit der Strategie und nutzen auch häufiger einen rollierenden Forecast.[49]

Zeitlicher Ablauf der Planerstellung

Bei der Festlegung des Planungsablaufs geht es in erster Linie um die inhaltliche Abstimmung der einzelnen Teilpläne. Bestehende Abhängigkeiten sind dabei so weit wie möglich zu berücksichtigen, etwa zwischen Produktions- und Beschaffungsplanung. Um ein Gesamtoptimum zu erreichen, müssten idealerweise alle Planinhalte gleichzeitig aufeinander abgestimmt werden.[50]

Eine **simultane Planung** erfolgt mithilfe optimierender Entscheidungsverfahren wie der linearen Programmierung. In der Praxis ist deren Einsatz jedoch auf spezifische Fragestellungen beschränkt, wie etwa die optimale Belegung einer Maschine. Gründe hierfür sind die Vielzahl an Entscheidungsvariablen, der hohe zeitliche und finanzielle Aufwand sowie der laufende Anpassungsbedarf. Deshalb werden Planungen in der Praxis meist sukzessive, also schrittweise nacheinander in einer festgelegten Reihenfolge erstellt. Dabei basieren die Teilpläne jeweils auf sachlich und zeitlich vorgelagerten Plänen, welche die Rahmenbedingungen für nachgelagerte Planungen festlegen. Eine Abstimmung erfolgt jeweils nur mit dem unmittelbar vorhergehenden Plan. Um dennoch eine Annäherung an das Gesamtoptimum zu erreichen, werden meist mehrere Iterationsschleifen durchlaufen.

Nach dem von *Erich Gutenberg* formulierten **Ausgleichsgesetz der Planung** soll zunächst der Engpassbereich eines Unternehmens geplant werden, da er die übrigen Teilplanungen einschränkt.[51] Stößt ein Unternehmen beispielsweise auf Schwierigkeiten bei der Beschaffung benötigter Rohstoffe, muss die gesamte Planung darauf ausgerichtet werden. Langfristig sind jedoch solche Engpässe möglichst zu beseitigen, beispielsweise durch Investitionen oder Kooperationen. Die Planung beginnt ansonsten in der Regel mit dem Vertrieb, da dieser die Erlöse bestimmt und der Absatz durch den Markt begrenzt wird. Aus dem geplanten Absatz wird in der Produktionsplanung die Menge der herzustellenden Güter abgeleitet. Darauf aufbauend wird die Beschaffung der benötigten Ressourcen festgelegt. Weitere Teilplanungen können sich anschließen.

Für die **zeitliche Verkettung** von Teilplanungen mit unterschiedlichen Zeithorizonten existieren drei Möglichkeiten:[52]

- **Reihung** (isolierte zeitliche Stufen ohne Überlappung): Pläne gleicher oder unterschiedlicher Fristigkeit folgen lückenlos aufeinander, ohne dass sich ihre Planungshorizonte überschneiden.
- **Staffelung** (teilweise zeitlich-überlappende Stufen): Die Planungshorizonte benachbarter Pläne überschneiden sich zeitlich, unabhängig davon, ob sie denselben oder einen unterschiedlichen Zeithorizont haben.
- **Schachtelung** (zeitlich vollständige Integration der Stufen): Kurzfristige Pläne sind zeitlich vollständig in die längerfristigen Pläne eingebettet, sodass alle Planungen nahtlos aufeinander abgestimmt sind.

Sowohl bei Reihung als auch Staffelung ist der inhaltliche Zusammenhang der Teilpläne nicht gewährleistet, woraus sich Widersprüche und Zielkonflikte ergeben können. Bei

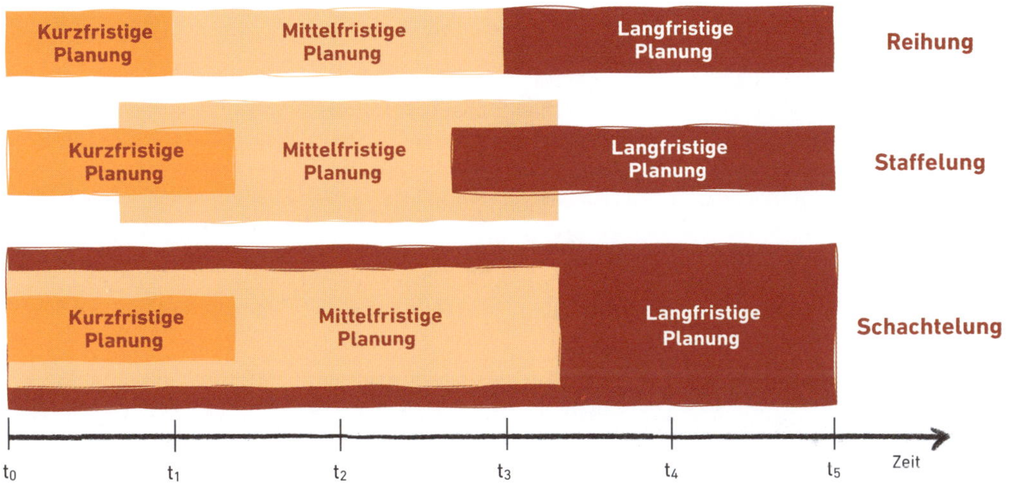

Abb. 4.1.20: Möglichkeiten der zeitlichen Verkettung von Teilplänen

der Staffelung stellt sich zudem die Frage, in welchem Ausmaß sich die Planungszeiträume überlappen sollen. Nur das Prinzip der Schachtelung gewährleistet eine vollständige Integration der Teilpläne und stellt daher die einzig empfehlenswerte Form der zeitlichen Verkettung dar.

Ebenen der Planung und Kontrolle

Die Verknüpfung der Führungsebenen der Planung und Kontrolle zeigt Abb. 4.1.21. Die normative Unternehmensführung legt die grundlegenden Werte und die langfristige Ausrichtung des Unternehmens fest. Die Unternehmensvision beschreibt das angestrebte Zukunftsbild, während die Unternehmensmission daraus konkrete, übergeordnete Ziele ableitet. Die strategische Unternehmensführung ist dafür verantwortlich, einen Weg zu finden, um diese Ziele zu erfüllen. Hierfür werden Wettbewerbsvorteile und Erfolgspotenziale entwickelt. Der Ablauf der strategischen Planung und Kontrolle wird in Kapitel 3.1.2 beschrieben. Dabei werden die Chancen und Gefahren der Umwelt sowie Stärken und Schwächen des Unternehmens analysiert.

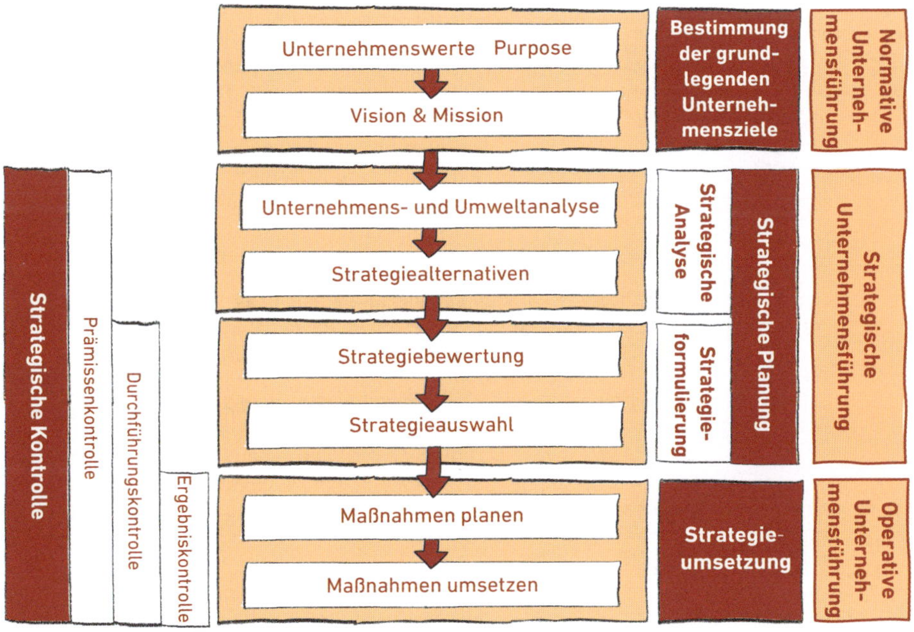

Abb. 4.1.21: Ablauf und Ebenen der Planung und Kontrolle

Planung und Kontrolle bei Bechtle

Die *Bechtle AG* mit Sitz in Neckarsulm ist mit rund 15.800 Mitarbeitern und mehr als 6,3 Mrd. Euro Umsatz Deutschlands größtes IT-Systemhaus und führender IT-E-Commerce-Anbieter in Europa.[53]

Der Vorstand ist für die Gesamtplanung und Umsetzung der langfristigen Konzernziele verantwortlich. Oberstes Ziel ist die Steigerung des Unternehmenswerts durch profitables Wachstum. In der Vision 2030 wird ein Gesamtumsatz von 10 Mrd. Euro sowie die Marktführerschaft in allen bearbeiteten Märkten angestrebt. Aus der langfristigen Unternehmensplanung werden die kurz- und mittelfristigen Planungen abgeleitet, die sich an der Entwicklung des Markt- und Wettbewerbsumfelds orientieren. Höchste Priorität haben Wachstum und Renditesteigerung durch erfolgreiche Kundenbeziehungen. Eine individuelle Erfolgsbeteiligung soll die Mitarbeiter motivieren, die vereinbarten Ziele zu erreichen. Die Verkettung der Pläne zeigt Abb. 4.1.22.

Abb. 4.1.22: Verkettung der Pläne bei Bechtle

Den Ablauf des **Planungs- und Kontrollprozesses** zeigt Abb. 4.1.23. Ausgehend von der strategischen Planung geben Aufsichtsrat und Vorstand die Leitplanken für die Unternehmensentwicklung vor. Aufgrund der dezentralen Organisationsstruktur ist der Planungsprozess auf die rund 100 operativen Gesellschaften ausgerichtet. Deren Geschäftsführer tragen die volle Ergebnisverantwortung und sind am Unternehmenserfolg beteiligt. Grundlage der Einzelplanungen ist das in der Vision verankerte Wachstumsziel von 7 %. Der Planungsprozess beginnt im Herbst und wird im darauffolgenden März mit der formalen Zustimmung des Aufsichtsrats abgeschlossen.

Die **Fokusplanung** widmet sich jedes Jahr einem speziellen Thema, das gezielt vorangetrieben werden soll, wie etwa Virtualisierung oder IT-Security. Sie wird nur mit ausgewählten Gesellschaften durchgeführt, die nach Kundenstruktur, Kapazitäten oder themenspezifischem Know-how bestimmt werden.

Die **Planungsgespräche** werden individuell zwischen den Geschäftsführern der operativen Gesellschaften sowie dem Controlling, dem zuständigen Bereichsvorstand und gegebenenfalls dem Vorstand geführt. Ziel ist es, mehr Unternehmertum in den Gesellschaften zu fordern und zu fördern. Die Einzelplanungen werden auf Länder- und Segmentebene konsolidiert und auf der Bilanzsitzung im März dem Aufsichtsrat vorgelegt. Die daraus abgeleiteten operativen Ziele und Aufgaben werden durch die Geschäftsführer und Bereichsvorstände in die jeweiligen Einzelgesellschaften sowie Unternehmensbereiche kommuniziert. Grundlage der individuellen Leistungsziele bilden die Einzelplanungen; lediglich der variable Gehaltsbestandteil der Verwaltungsmitarbeiter orientiert sich am Konzern-EBT.

Verschiedene **Berichtssysteme** stellen sicher, dass alle Einheiten einen Überblick über ihre relevanten Kennzahlen haben, um ihr operatives Geschäft steuern zu können. Die Kennzahlen dienen der Koordination von Investitions- und Finanzierungsentscheidungen, dem frühzeitigen Erkennen von Soll-Ist-Abweichungen sowie der Einleitung geeigneter Maßnahmen. Der Vorstand berichtet dem Aufsichtsrat monatlich über die Erfüllung der Geschäftsplanung.

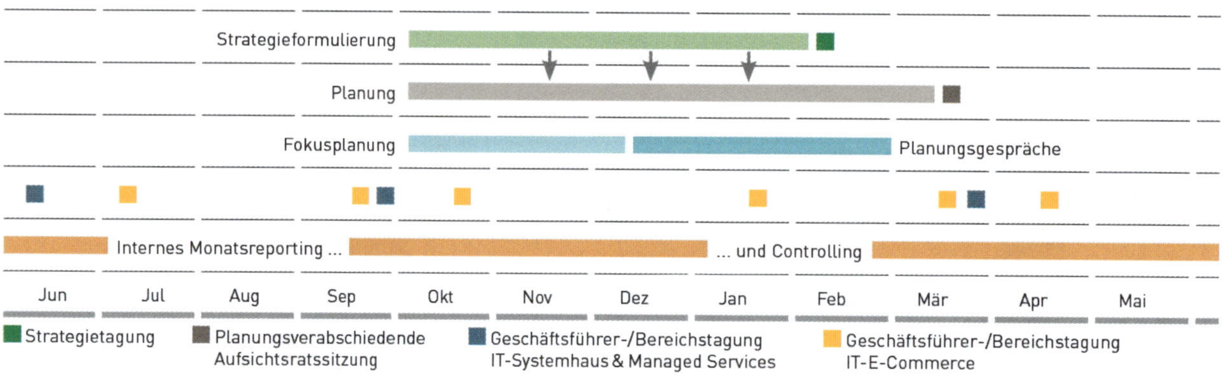

Abb. 4.1.23: Planungs- und Kontrollprozess von Bechtle

Daraus leiten sich unterschiedliche Strategiealternativen ab, die im Rahmen der Strategieformulierung beurteilt und ausgewählt werden. Für die Umsetzung der Strategie plant und realisiert die operative Unternehmensführung konkrete Maßnahmen. Bereits während der Umsetzung findet eine strategische Kontrolle statt, um bei Bedarf steuernd eingreifen zu können.

Planungsrhythmus

Der Planungsrhythmus legt fest, wann und wie häufig verabschiedete Pläne überprüft, konkretisiert und weiterentwickelt werden. Eine Planänderung wird in der Regel erforderlich, wenn die Kontrolle deutliche Abweichungen zwischen den Plandaten und den realisierten Ergebnissen (Soll-Ist) oder den aktuellen Prognosen (Soll-Wird) erkennen lässt. Auch Veränderungen im Unternehmensumfeld können eine Planrevision erforderlich machen. Der Planungsrhythmus hat daher maßgeblichen Einfluss auf die Flexibilität der Planung (vgl. Kap. 4.1.1).

Grundsätzlich lassen sich folgende **Planungsrhythmen** unterscheiden:[54]

- **Anschließende (serielle) Planung:** Jeder Plan wird nur einmal erstellt, und die einzelnen Pläne folgen unmittelbar und ohne zeitliche Überschneidung aufeinander. Nachträgliche Plananpassungen sind nicht vorgesehen. Das Prinzip wird in Abb. 4.1.24 am Beispiel eines dreijährigen Planungshorizonts veranschaulicht.
- **Rollierende (rollende/überlappende/gleitende) Planung:** Der Planungshorizont gliedert sich in einen kurzfristigen Abschnitt, der detailliert geplant wird, und einen längerfristigen Zeitraum, der nur grob geplant wird. Nach Ablauf des ersten Abschnitts wird das Folgejahr

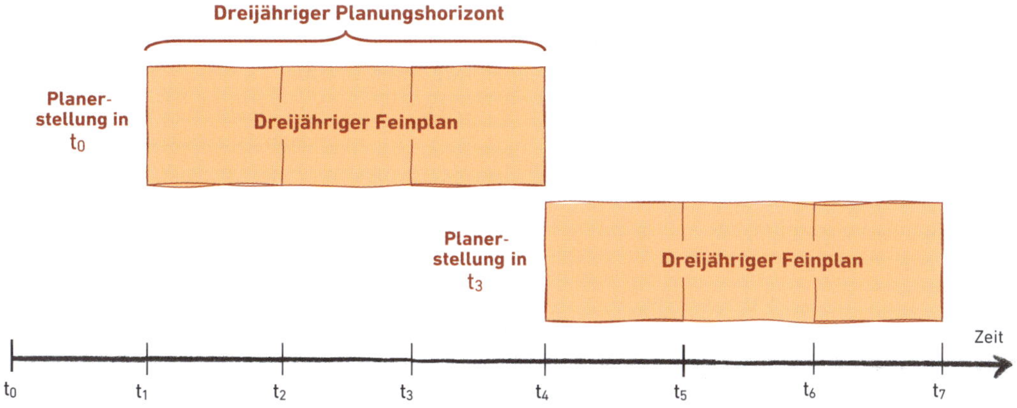

Abb. 4.1.24: Prinzip der anschließenden Planung

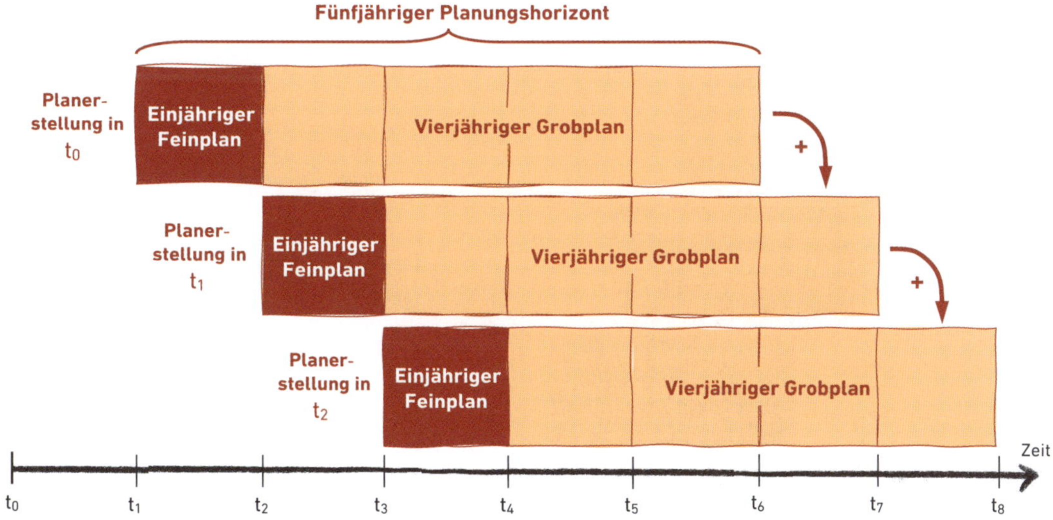

Abb. 4.1.25: Prinzip der rollierenden Planung

auf Basis der bisherigen Grobplanung detailliert ausgearbeitet. Gleichzeitig wird die restliche Planung mithilfe aktueller Erkenntnisse überarbeitet und um den abgelaufenen Zeitraum verlängert. Der Planungshorizont bleibt somit immer gleich. Wie in Abb. 4.1.25 dargestellt, besteht eine rollierende Fünfjahresplanung beispielsweise aus einem detaillierten Plan für das erste Jahr und einem groben Plan für die folgenden vier Jahre. Nach Ablauf des ersten Jahres wird das nächste Jahr detailliert geplant und der grobe Plan um ein weiteres Jahr ergänzt. Am Ende liegt somit wieder ein vollständiger Fünfjahresplan vor. Konkretisierung, Aktualisierung und Erweiterung der Pläne erfolgen in einem festgelegten Rhythmus.

- **Revolvierende (rekursive) Planung:** Die revolvierende Planung ist eine Sonderform der rollierenden Planung mit höherer Frequenz und zeitlich geschachtelten Planungszyklen. Die kurzfristigen Pläne werden aus den langfristigen Vorgaben abgeleitet sowie regelmäßig überprüft und aktualisiert. Die Planrevision findet jedoch nicht nur einmal jährlich, sondern mehrfach im Jahr statt. In Kombination mit einem rollierenden Forecast ermöglicht dies aktuellere Pläne und ein flexibleres Reagieren auf veränderte Planprämissen – ein entscheidender Vorteil in einer VUKA-Umwelt und komplexen Führungskontexten (vgl. Kap. 1.5.1). Gleichzeitig steigt jedoch der Planungsaufwand erheblich, was ein integriertes, digitales Planungssystem erforderlich macht. Wie Abb. 4.1.26 am Beispiel einer dreijährigen Planung veranschaulicht, wird nach jedem Quartal ein detaillierter Plan für die nächsten vier Quartale und eine Grobplanung für die darauffolgenden Jahre erstellt. Damit umfasst die Feinplanung unabhängig vom Kalenderjahr immer zwölf Monate. Dies reduziert die in der Praxis bei der rollierenden Planung zu beobachtende „Jahresendproblematik". Dabei wird die Zielerreichung manipuliert, indem zum Ende des Planjahres zeitlich unkritische Geschäftsvorfälle wie Einkäufe, Aufträge oder Zahlungen in das Folgejahr verschoben werden.

Terminplanung

Die Terminplanung legt fest, wann einzelne Planungsaufgaben fertiggestellt sein müssen und wie lange ihre Ausführung dauert. Verbindliche Termine sind Voraussetzung für einen reibungslosen und zügigen Ablauf von Planung und Kontrolle. Der Planungskalender stellt den gesamten Planungsprozess übersichtlich dar. Er zeigt, in welcher Reihenfolge die Planungsaktivitäten ablaufen, wie viel Zeit sie benötigen, wann sie beginnen und bis wann sie abgeschlossen sein müssen. Außerdem wird ersichtlich, welche Aktivitäten aufeinander folgen, welche parallel durchgeführt werden, wer jeweils verantwortlich ist und welche Aufgaben vor- oder nachgelagert sind. Der Planungskalender ist somit ein zentrales Instrument zur Überwachung des Planungsfortschritts und zur Koordination des Planungsablaufs. Ein Beispiel für einen Planungskalender zeigt Abb. 4.1.27.

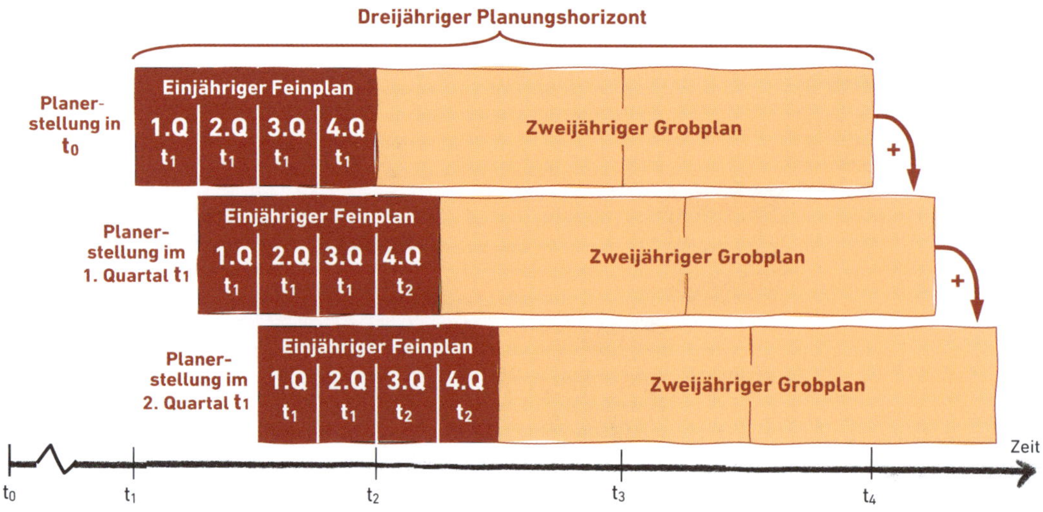

Abb. 4.1.26: Prinzip der revolvierenden Planung

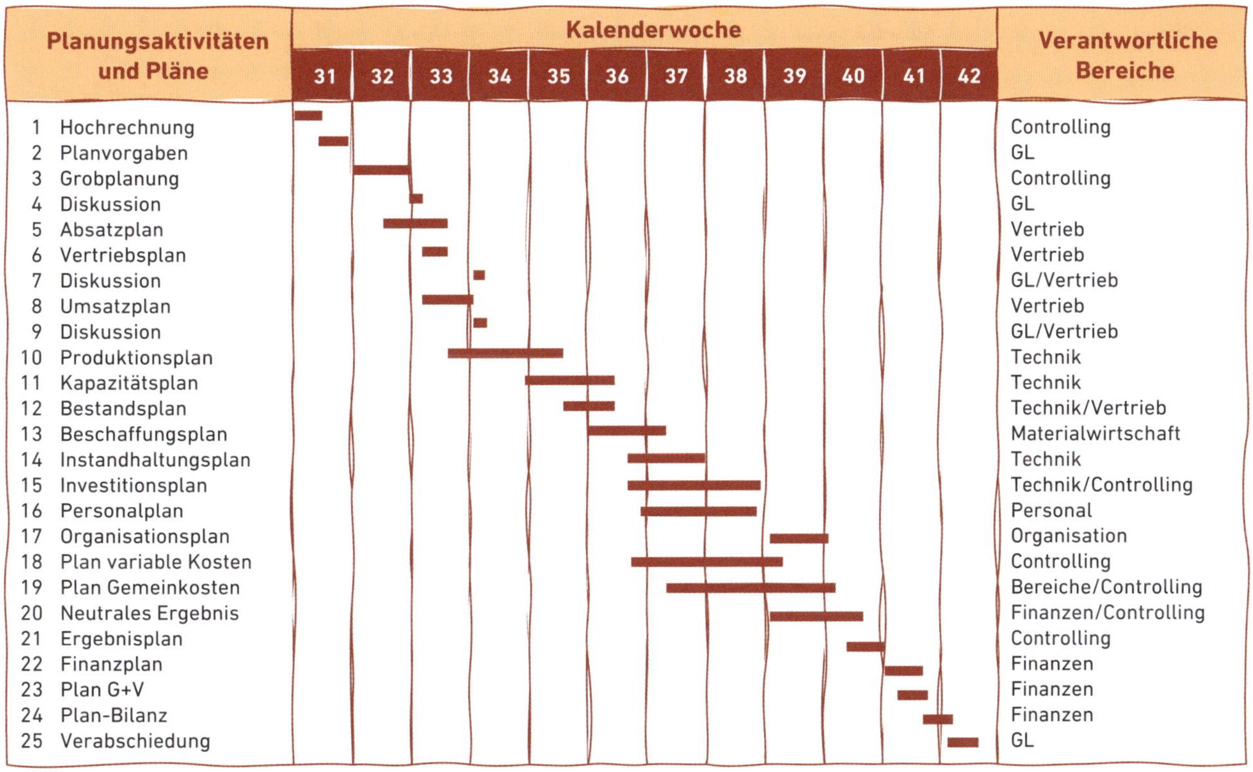

Abb. 4.1.27: Exemplarischer Aufbau eines Planungskalenders[55]

Um die Gesamtdauer der Planerstellung zu verkürzen, sollten die Planungsaktivitäten so weit wie möglich parallel durchgeführt werden. Bei inhaltlich oder zeitlich voneinander abhängigen Aufgaben ist auf die strikte Einhaltung der Termine zu achten. Auch die Zeitpunkte für regelmäßige Kontrollen vor, während und nach der Planausführung sind verbindlich festzulegen.[56]

Das **Dilemma der Terminplanung** besteht darin, dass der Planungsprozess möglichst spät beginnen sollte, um aktuelle Informationen zu berücksichtigen, aber trotzdem genügend Zeit für die Suche und Bewertung von Entscheidungsalternativen bleibt.[57] Der Zeitbedarf der Planung nimmt generell mit dem Detaillierungsgrad der Pläne zu. Eine Grobplanung lässt sich deutlich schneller durchführen und kann deshalb später beginnen (vgl. Kap. 4.3.3).

Instrumente der Planung und Kontrolle

Zur Unterstützung der Planung und Kontrolle stehen zwei Arten von **Instrumenten** zur Verfügung:

- **Methodische Instrumente:** Methoden, Techniken, Verfahren und Modelle.
- **Digitale Instrumente:** Digitale Informationssysteme und -technologien (vgl. Kap. 7.3).

Das Spektrum an methodischen Instrumenten ist äußerst vielfältig. Übliche Unterscheidungen erfolgen nach den Phasen des Führungsprozesses, dem primären Verwendungszweck, dem Genauigkeitsgrad, der Funktion im Planungs- und Kontrollprozess oder der Art der Informationsverarbeitung und Entscheidungsfindung. Letztere differenziert beispielsweise zwischen Analysen, Prognosen, Heuristiken, Bewertungsansätzen und Entscheidungsmodellen. Instrumente der Kontrolle werden dabei meist nur am Rande erwähnt.[58]

Eine praxisorientierte Einteilung orientiert sich an den **Phasen des Führungsprozesses:**[59]

- **Analyseinstrumente:** Die Planung beginnt idealerweise mit einer fundierten Beurteilung der Ausgangssituation. Hierzu sind sowohl das eigene Unternehmen als auch dessen Umwelt systematisch zu analysieren (vgl. Kap. 3.2). Eingesetzte Instrumente sind z. B. Erfolgsfaktoranalyse, SWOT-Analyse, Produktlebenszyklusanalyse, Erfahrungskurvenkonzept, Wertkettenanalyse und Benchmarking.

Der Planungsprozess von Möbella

Die Planung der *MöBella GmbH* erfolgt mehrstufig und interaktiv im Gegenstromverfahren mit Top-down-Eröffnung. Die langfristigen Ziele des Konzerns und seiner Tochtergesellschaften werden im Rahmen der strategischen Planung für fünf Jahre sowie für mehrere Produktgenerationen festgelegt. Anschließend entscheidet die Geschäftsführung, welche strategischen Maßnahmen im folgenden Jahr umgesetzt werden. Die Konzernzentrale erarbeitet zentrale Planungsprämissen, wie etwa Rohstoffpreise, konjunkturelle Einschätzungen oder Wechselkurse. Die Zielvorgaben werden im Rahmen eines Zielentfaltungsprozesses kaskadenförmig auf die Tochtergesellschaften sowie deren Werke, Abteilungen und Produktgruppen übertragen.

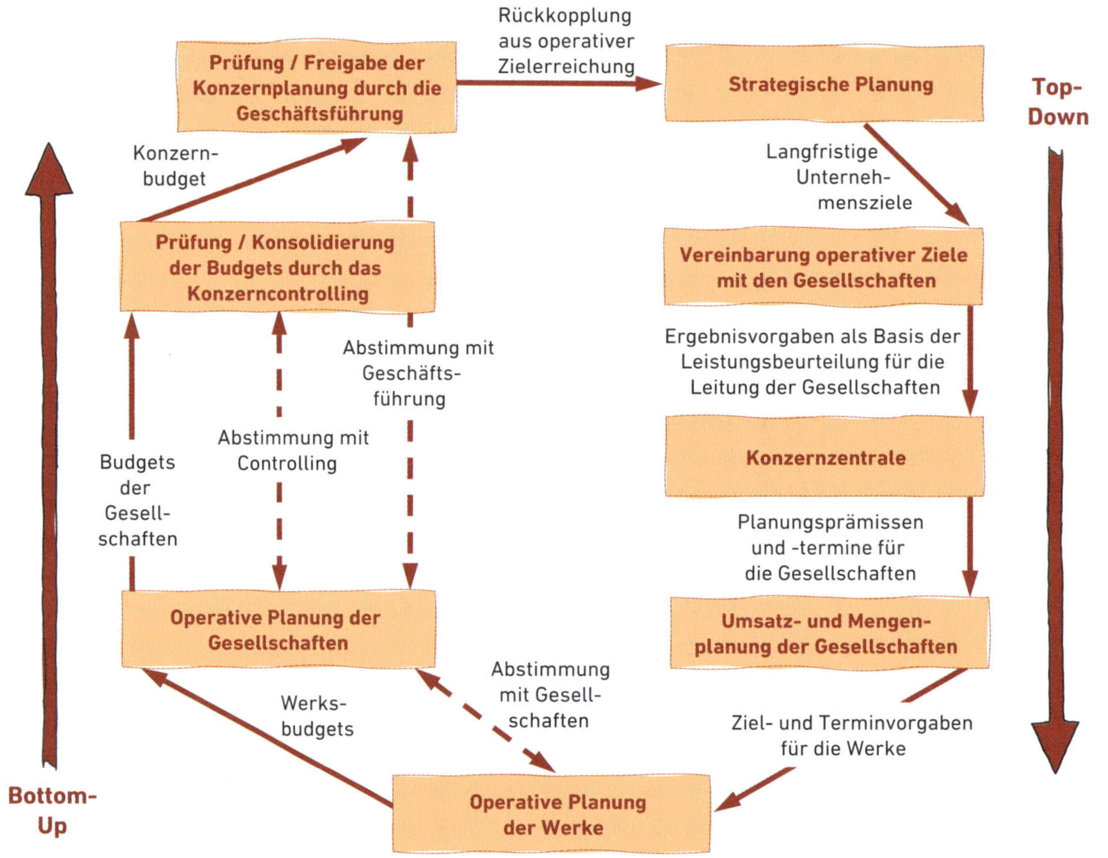

Abb. 4.1.28: Planungszyklus der Möbella GmbH

In den Gesellschaften werden auf Basis von Kundenanfragen und Marktprognosen die erwarteten Absatzmengen, Verkaufspreise und Umsätze der einzelnen Produktgruppen bestimmt. Darauf aufbauend werden die technischen Planzahlen abgeleitet, welche die Produktionsmengen sowie deren Verteilung auf die einzelnen Werke und die dort vorzuhaltenden Kapazitäten festlegen. Anschließend erstellen die Gesellschaften die Kostenbudgets und operativen Ziele für die Werke. Diese umfassen die angestrebten Herstellkosten der Produkte sowie die geplanten Investitionen, Bestände, Mitarbeiterzahlen und Gemeinkosten. Die Werksleitungen stimmen ihre Budgets mit der Geschäftsführung der jeweiligen Gesellschaft ab und erhalten gegebenenfalls Änderungsauflagen. Auf Grundlage der Werksbudgets und der geplanten Gemeinkosten wird die Erfolgsplanung innerhalb der Gesellschaften erstellt.

Aus der Konsolidierung der Teilpläne für die Werke und Produktgruppen sowie die Bereiche Entwicklung, Vertrieb und Verwaltung ergeben sich die Gesamtbudgets der Gesellschaften. Diese werden vom Konzerncontroller *Edwin Erbse* geprüft, abgestimmt und aufbereitet. Im Anschluss erfolgt eine ausführliche Diskussion mit Geschäftsführer *Erwin Eder*, der die Pläne anschließend mit zusätzlichen Auflagen freigibt. Nach Einarbeitung der Plananpassungen und einer erneuten Konsolidierung wird das Budget als verbindliche Vorgabe für das nächste Geschäftsjahr verabschiedet. Den Planungskalender von *MöBella* zeigt Abb. 4.1.29.

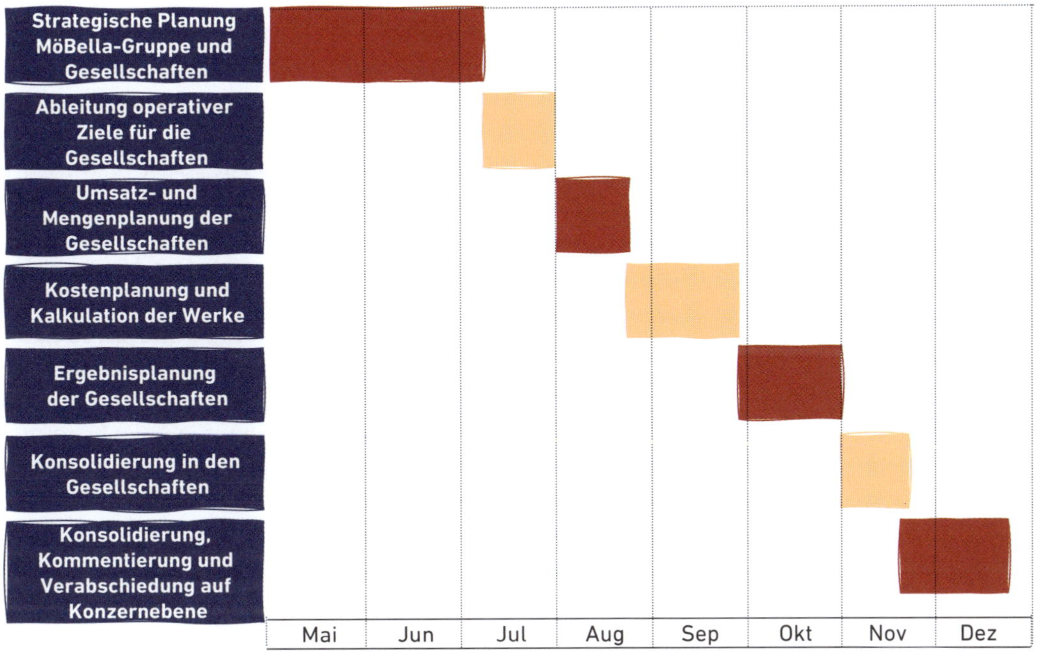

Abb. 4.1.29: Planungskalender der Möbella GmbH

- **Prognoseinstrumente:** Sie dienen dazu, zukünftige Entwicklungen unter bestimmten Annahmen vorherzusagen. Beispiele sind die Gap-Analyse, Kostenschätzmodelle, Nutzschwellenanalysen und Simulationsrechnungen (vgl. Kap. 7.2.1).
- **Bewertungsinstrumente:** Um eine fundierte Entscheidung zwischen mehreren Handlungsalternativen treffen zu können, ist eine Bewertung ihres Beitrags zur Zielerreichung erforderlich. Die Wahl des geeigneten Instruments hängt dabei von der jeweiligen Entscheidungssituation ab. Gängige Verfahren sind Kostenvergleiche, Deckungsbeitragsrechnungen, Investitionsrechnungen und mehrdimensionale Scoring-Modelle.
- **Kontrollinstrumente:** Diese unterstützen die Beurteilung der Zielerreichung und die Analyse von Abweichungsursachen. Besonders hervorzuheben ist hier die Abweichungsanalyse. Um den Aufwand für die Erfassung von Ist-Werten gering zu halten, werden häufig Stichprobenanalysen verwendet.

Aufgrund der komplizierten Zusammenhänge und der enormen Datenmengen ist die Planung und Kontrolle in heutigen Unternehmen ohne **digitale Instrumente** kaum noch vorstellbar. Der Einsatz digitaler Informationssysteme und -technologien eröffnet der Unternehmensführung neue Möglichkeiten:

- Verbesserung der Entscheidungsgrundlage,
- Entlastung von Routinetätigkeiten,
- Erhöhung des Umfangs und Detaillierungsgrads,
- Einsatz mathematisch anspruchsvoller Methoden wie Treibermodelle,
- Reduzierung des Zeitaufwands für die Planerstellung und -anpassung.

Die IT-Unterstützung reicht von der reinen Bereitstellung von Ist-Werten bis hin zur Nutzung von Big Data und Business Analytics (vgl. Kap. 7.3.1). Sie kann sich auf einzelne Teilbereiche beschränken oder zu einer unternehmensweit integrierten Planung und Kontrolle ausgebaut werden. Der Einsatz digitaler Informationssysteme birgt jedoch auch Gefahren. So kann etwa die vorgegebene Systematik einer Planungssoftware für das Unternehmen wenig geeignet oder zu unflexibel sein. Die Unternehmensführung sollte auch der Versuchung widerstehen, mithilfe moderner Planungssysteme alles bis ins kleinste Detail zu planen. Die daraus resultierende Scheingenauigkeit vermittelt lediglich die Illusion, alles sei exakt vorhersehbar. Diese trügerische

Sicherheit schränkt den Handlungsspielraum ein und führt dazu, dass auf Abweichungen zu zögerlich reagiert wird. Statt flexibel auf neue Entwicklungen einzugehen, wird an übergenauen Plänen festgehalten, selbst wenn diese nicht mehr sinnvoll sind.

Planungs- und Kontrollinstrumente helfen nicht nur dabei, Probleme zu erkennen, zu strukturieren und geeignete Lösungen zu entwickeln. Sie beeinflussen auch das Verhalten der Beteiligten und den organisatorischen Ablauf des Planungsprozesses. Methodische Instrumente machen den Informationsbedarf explizit sichtbar und ermöglichen dadurch eine gezielte Informationsbeschaffung (vgl. Kap. 7.2). Entscheidungsmodelle, die zur Auseinandersetzung mit verschiedenen Handlungsalternativen anregen, schärfen das Risikobewusstsein (vgl. Kap. 1.4.4). Digitale Instrumente haben besonders starken Einfluss auf die Unternehmensorganisation, wenn sie Abläufe steuern und koordinieren – etwa durch den Einsatz einer ERP-Software, die auf einem bestimmten Unternehmensmodell basiert (vgl. Kap. 7.3).

4.1.3 Wie lassen sich Planung und Kontrolle digitalisieren?

Mehrere empirische Studien zeigen, dass **Tabellenkalkulationen** nach wie vor in der Praxis das am häufigsten genutzte Werkzeug für Planung und Kontrolle sind. Die Folge sind isolierte Insellösungen mit fragmentierten, inkonsistenten Daten, geringer Automatisierung und hohem manuellem Aufwand bei Konsolidierung und Kontrolle.[60] Eine zweidimensionale Einteilung in Spalten und Zeilen reicht für eine digitale Planung und Kontrolle jedoch nicht aus. Hierfür müssen die Daten mehrdimensional betrachtet werden, etwa nach Produkten, Zeiträumen und Regionen. *Excel*-Anwendungen werden erfahrungsgemäß im Laufe der Zeit von ihren Anwendern weiterentwickelt. Dabei treten jedoch zunehmend Probleme auf, wie etwa Formelfehler, lange Verarbeitungszeiten, Systemabstürze oder nicht mehr nachvollziehbare Ergebnisse. Zudem sind nur noch wenige Anwender in der Lage, die Logik der Berechnungen zu verstehen und Änderungen vorzunehmen. Auf diese Weise macht sich das Unternehmen von einzelnen Personen abhängig. Die heutigen Anforderungen an die Planung und Kontrolle, mit weniger Ressourcen häufigere Planungszyklen und mehr Iterationen durchzuführen, sind mit Tabellenkalkulationen nicht zu erfüllen. Diese sollten deshalb lediglich für Sonderauswertungen zum Einsatz kommen.[61]

In vielen Unternehmen ist der **digitale Reifegrad (Digital Readiness)** noch zu gering. Es fehlen organisatorische, technische und personelle Voraussetzungen, um Planung und Kontrolle systematisch zu digitalisieren. Die Integration von Lieferanten und Kunden sowie die Nutzung externer Daten verbessert zwar die Planungsgrundlage, stellt jedoch hohe Anforderungen an die Qualität, Konsistenz und Sicherheit der Daten. Die meist historisch gewachsenen, heterogenen Informationssysteme genügen hinsichtlich ihrer Leistungsfähigkeit, Bedienbarkeit, Flexibilität und Funktionalität häufig nicht den heutigen Anforderungen. Um digitale Technologien sinnvoll einsetzen zu können, sind oft umfangreiche Investitionen in zusätzliche Hard- und Software nötig. Auch die Migration von Daten aus Altsystemen ist zeitintensiv und teuer.[62] Die Akzeptanz digitaler Systeme im Unternehmen hängt maßgeblich von deren Benutzerfreundlichkeit und Leistungsfähigkeit ab. Entscheidend sind dabei eine intuitive Bedienung, ansprechende Benutzeroberflächen und kurze Reaktionszeiten.

Die modernen **digitalen Technologien** werden in Kapitel 7.3 erläutert. Sie bieten für die Planung und Kontrolle nicht nur erhebliches Verbesserungspotenzial, sondern auch völlig neue Möglichkeiten:

- **Big Data** stellt Planung und Kontrolle auf ein deutlich breiteres Datenfundament, das neue Einblicke in die Zukunft des Unternehmens sowie Erkenntnisse über die Ursachen von Abweichungen ermöglicht (vgl. Kap. 7.3.1).
- **Advanced Analytics** nutzt komplizierte statistische Verfahren zur Mustererkennung, um daraus Vorhersagen (*Predictive Analytics*) und Handlungsempfehlungen (*Prescriptive Analytics*) abzuleiten. Identifizierte Wirkungszusammenhänge können zur Simulation von Szenarien verwendet werden (vgl. Kap. 7.3.1).
- **In-Memory-Computing** liefert die notwendige Infrastruktur zur Echtzeitverarbeitung großer, teils unstrukturierter Datenmengen. Dadurch können komplexe, integrierte Planungsmodelle simuliert, maschinelle Prognosen erstellt und Pläne interaktiv validiert werden (vgl. Kap. 7.3.1).
- **Industrie 4.0** beschreibt Fertigungs- und Logistikprozesse, die durch intelligente, vernetzte Objekte selbstgesteuert ablaufen. Durch die Integration der Wertschöpfungspartner lassen sich unter anderem Peitscheneffekte vermeiden, Lagerbestände reduzieren und das Risiko von Lieferengpässen senken (vgl. Kap. 7.3.2).
- **Cloud Computing** stellt eine flexible und skalierbare Infrastruktur für die effiziente Abwicklung der Planung bereit. Über Webbrowser kann auf Anwendungen externer Anbieter zugegriffen werden, etwa für Planung,

Simulation oder Analyse. Ein Beispiel ist die cloudbasierte Software *SAP Analytics Cloud* für Berichtswesen, Planung und Prognose (vgl. Kap. 7.3.3).

- **Künstliche Intelligenz (KI)** ermöglicht die maschinelle Erkennung von Ursache-Wirkungs-Zusammenhängen sowie darauf basierende automatisierte Prognosen durch selbstlernende Algorithmen. Intelligente Assistenzsysteme unterstützen Führungskräfte interaktiv. Sogenannte Copiloten mit natürlicher Spracheingabe erleichtern den Umgang mit komplexen Planungsanwendungen. KI kann zudem die Entwicklung und Verfeinerung von Treibermodellen, die Beurteilung der Qualität von Planungsdaten und die Erstellung von Szenarien unterstützen.[63]
- **Robotic Process Automation (RPA)** reduziert den Ressourcenbedarf und Zeitaufwand von Planungs- und Kontrollaktivitäten. Zahlreiche manuelle Tätigkeiten in heterogenen Informationssystemen lassen sich durch Softwareroboter systemübergreifend automatisieren, was die Abläufe beschleunigt, Fehler reduziert und die Qualität verbessert. RPA steigert die Effizienz der Budgetierung und ermöglicht eine höhere Frequenz von Planung und Kontrolle (vgl. Kap. 7.3.5).
- **Blockchain-Technologien** ermöglichen eine unveränderbare, transparente und fälschungssichere Speicherung von Transaktionsdaten in einer verteilten, dezentralen Datenbank. Auf diese Weise können die Aktivitäten aller Wertschöpfungspartner unternehmensübergreifend abgebildet werden, wodurch das für die Zusammenarbeit erforderliche Vertrauen gewährleistet wird (vgl. Kap. 7.3.6).

Diese Technologien bilden die Grundlage für eine **digitale, treiberbasierte Planung und Kontrolle**, die den Fokus auf die wesentlichen Steuerungsgrößen legt und künftig eine agile Unternehmensführung in Echtzeit ermöglicht. Die Planungsverantwortlichen definieren hierzu die unternehmensspezifischen Werttreiber, die Einfluss auf finanzielle Erfolgsgrößen wie etwa den ROCE haben. Diese Treiber werden anhand ihrer Ursache-Wirkungs-Beziehungen zu mathematisch verknüpften Werttreiberbäumen zusammengeführt. Darüber hinaus lassen sich auch externe Faktoren und interne Maßnahmen berücksichtigen, welche die Werttreiber indirekt beeinflussen, wie etwa Marktveränderungen, Preisentwicklungen oder die Gestaltung des Produktportfolios.

Der Aufbau eines treiberbasierten Planungsmodells ist ein kontinuierlicher Prozess, da es regelmäßig angepasst und weiterentwickelt werden muss. Ursache-Wirkungs-Beziehungen lassen sich mithilfe maschinellen Lernens ermitteln, indem historische Daten systematisch nach Mustern und Regeln durchsucht werden (vgl. Kap. 7.3.4). So kann etwa festgestellt werden, welche Variablen in welchem Ausmaß eine Kaufentscheidung beeinflussen, beispielsweise Werbemaßnahmen oder die Besuchsfrequenz von Vertriebsmitarbeitern. Zur Einschätzung der Stärke dieser Zusammenhänge dienen Sensitivitätsanalysen.

Durch die gezielte Variation von Planungstreibern lassen sich potenzielle Entwicklungen simulieren und daraus konkrete Empfehlungen ableiten. Auf diese Weise entsteht ein **neues Planungsverständnis** – weg vom starren Plan hin zum Denken in Szenarien und Handlungsoptionen. Ausgehend von einem Basisszenario können die Auswirkungen einzelner Effekte und Maßnahmen durchgespielt werden. Dies bildet die Grundlage für eine faktenbasierte Diskussion über Planziele und verbessert die Planungsqualität. Die Berücksichtigung von Unsicherheiten, etwa durch Anwendung der Monte-Carlo-Methode, ermöglicht die Berechnung von Bandbreiten mit zugehörigen Eintrittswahrscheinlichkeiten. Diese Transparenz erleichtert die systematische Einbeziehung von Chancen und Gefahren in die Planung.[64]

Sach- und formalzielorientierte Planung sowie die unterschiedlichen Planungshorizonte werden künftig auf Basis einer einheitlichen IT-Plattform mit zentraler Datenspeicherung als „Single Point of Truth“ hochgradig integriert. Advanced Analytics (vgl. Kap. 7.3.1) ermöglicht präzisere, schnellere und objektivere Prognosen. Dabei generiert zunächst eine KI automatisiert Vorschlagswerte für die Zielgrößen, die anschließend von Experten um Entwicklungen korrigiert werden, welche vom Algorithmus nicht erfasst wurden.

Pläne werden ausgehend von Top-down-abgeleiteten Zielen automatisiert in digitalen Werttreibermodellen erstellt und Handlungsoptionen interaktiv simuliert. Dies macht die Planungs- und Kontrollprozesse effizienter und schneller. Somit ist zu erwarten, dass Unternehmen ihre Planung künftig häufiger durchführen, also etwa halbjährlich oder quartalsweise statt nur einmal im Jahr. Ziele und Ressourcenzuweisungen sollten jedoch nicht permanent angepasst werden, da sonst der Vorgabecharakter der Planung verloren geht.[65]

Vorhersagen lassen sich somit auf Basis der neuesten Informationen kontinuierlich aktualisieren. Überschreiten Schlüsselkennzahlen dabei zuvor definierte Bandbreiten, werden die Verantwortlichen zur Entwicklung von Gegenmaßnahmen aufgefordert, deren Auswirkungen unmittelbar simuliert werden. So können auch bei unerwarteten Ereignissen schnelle und zugleich fundierte Entscheidungen getroffen werden. Predictive Analytics liefert hierfür auf Basis eines festgelegten Regelwerks automatisierte Entscheidungsempfehlungen. Die Digitalisierung entlastet die Planungs- und Kontrollorgane nicht nur von Routinetätigkeiten, sondern unterstützt sie auch bei kreativen Aufgaben zur Gestaltung der Unternehmenszukunft. Die Interpretation der Ergebnisse, die Ableitung geeigneter Maßnahmen und die Kommunikation der Ziele bleiben jedoch in der Verantwortung der Führungskräfte.[66]

Abb. 4.1.30: Vorteile der digitalen Planung und Kontrolle[67]

4.1.4 Planung und Kontrolle wirkungsvoll gestalten

In der Praxis treten bei Planung und Kontrolle häufig folgende **Probleme** auf:[68]

- **Planung und Tagesroutine:** Das dringende Tagesgeschäft hat für Linienmanager aufgrund des kurzfristigen Erfolgsdrucks oft Vorrang vor den Planungsaktivitäten.
- **Abneigung der Linieneinheiten gegen die Planung:** Pläne werden als zentralistische Vorgaben missverstanden, die primär der Einschränkung des Handlungsspielraums und der Fremdkontrolle dienen.
- **Subjektive Wahrnehmungsverzerrungen:** Manche Führungskräfte lassen sich bei der Planung zu stark von vergangenen Ergebnissen leiten und schätzen zukünftige Entwicklungen fehlerhaft ein.
- **Optimistische Planungsmentalität:** Zukünftige Entwicklungen werden von einigen Linienverantwortlichen zu positiv beurteilt. Dies macht eine Überprüfung der Umsetzbarkeit der Teilpläne und gegebenenfalls eine Planrevision erforderlich.
- **Dysfunktionales Verhalten:** Wenn die Vergütung an die Planerfüllung gekoppelt ist, kalkulieren Linienverantwortliche häufig Puffer für unvorhergesehene Entwicklungen ein. Teilweise werden Informationen sogar verschwiegen oder manipuliert.
- **Termineinhaltung:** Das Tagesgeschäft kann dazu führen, dass Teilpläne verspätet abgegeben werden, was den Abschluss der Gesamtplanung gefährdet.
- **Ressortegoismus:** Linienverantwortliche konzentrieren sich auf die Optimierung ihres eigenen Bereichs und vernachlässigen dabei gesamtunternehmerische Interessen.
- **Bürokratisches Verhalten:** Die strikte Einhaltung formaler Planungsabläufe behindert die Kreativität und erschwert das frühzeitige Erkennen von Chancen und Gefahren.
- **Vernachlässigung strategischer Aspekte:** Üblicherweise steht die operative Planung im Vordergrund, während langfristige Erfolgspotenziale häufig vernachlässigt werden. Strategien bleiben dabei oft vage, und es mangelt an konkreten Erfolgskriterien.
- **Strategieumsetzung:** Die Verbindung zwischen strategischer und operativer Planung – und damit die Umsetzung der Strategie im operativen Tagesgeschäft – ist häufig unzureichend.

Da diese Probleme insbesondere bei der Budgetierung auftreten, werden sie in Kapitel 4.3.3 vertieft und dabei auch moderne Lösungsansätze vorgestellt.

Grenzen der Planung und Kontrolle

Nicht alles lässt sich planen und kontrollieren. Planung und Kontrolle vermitteln der Unternehmensführung oft ein Gefühl von Sicherheit, das sich häufig als trügerisch erweist. Da sich jede Planung auf eine unsichere Zukunft bezieht, ersetzt sie im Kern nur den Zufall durch den Irrtum. In einer Unternehmenswelt, die zunehmend von Volatilität, Unsicherheit, Komplexität und Ambiguität (VUKA) geprägt ist, stößt die Steuerbarkeit durch Planung und Kontrolle an ihre Grenzen (vgl. Kap. 1.5.1). Dennoch bleibt Planung auch unter unsicheren Bedingungen sinnvoll, denn ohne sie würde das Unternehmen völlig orientierungslos handeln.

Grenzen der Planung und Kontrolle sind:[69]

- **Prinzipielle Grenzen:** Planung und Kontrolle sind durch grundlegende Beschränkungen und innere Widersprüche gekennzeichnet. Dies betrifft etwa die Ableitung der Zukunft aus Vergangenheitsdaten, die exakte Vorausplanung unvorhersehbarer Situationen oder die Behinderung kreativer Lösungen durch standardisierte Abläufe.
- **Personenbezogene Grenzen:** Die Planungsbeteiligten handeln nicht vollkommen rational und tun sich oft schwer damit, zukünftige Entwicklungen einzuschätzen. Zudem können fehlende Motivation oder bewusste Manipulation die Qualität der Planung beeinträchtigen.
- **Sachbezogene Grenzen:** Diese beinhalten die eingeschränkte Verfügbarkeit und Zuverlässigkeit von Informationen sowie die begrenzte Leistungsfähigkeit von Prognosemethoden und Planungsmodellen. Da Planung und Kontrolle selbst Ressourcen binden, sind auch finanzielle Grenzen zu beachten: Der Planungsaufwand muss in einem angemessenen Verhältnis zum Nutzen der Planung stehen.

Die Grenzen der Planung werden besonders beim Eintreten von **Extremrisiken** deutlich. Dabei handelt es sich um Ereignisse, die als sehr unwahrscheinlich gelten, aber weitreichende Auswirkungen auf das Unternehmen haben können. Beispiele sind politische Krisen, Naturkatastrophen sowie Währungs-, Vertrauens-, Handels- oder Versorgungskrisen. Die Finanzkrise 2008 war etwa eine Vertrauenskrise im Finanzsystem. Die Corona-Krise 2020 stellte eine globale Gesundheits-, Nachfrage- und Lieferkettenkrise dar, während der 2022 ausgebrochene Ukraine-Krieg eine geopolitische Krise mit erheblichen wirtschaftlichen Folgeeffekten war.[70] Darüber hinaus existieren unvorhersehbare Risiken, auf die sich Unternehmen nicht vorbereiten können. Solche Ereignisse werden als sogenannte **schwarze Schwäne** bezeichnet.[71] Beispiele hierfür sind die Terroranschläge in den USA am 11. September 2001 sowie das Reaktorunglück von Fukushima im Jahr 2011, das eine Kombination aus Naturkatastrophe und technischem Versagen war und in Deutschland zum vorzeitigen Atomausstieg führte.

In der Praxis treten Extremereignisse häufiger auf, als es Risikomodelle erwarten lassen, die auf statistischen Normalverteilungen basieren. Darüber hinaus werden ihre Folgen meist systematisch unterschätzt.[72] Deshalb sollten sie in Form von Worst-Case-Szenarien in die Planung einfließen und grobe Notfallpläne für das Krisenmanagement vorbereitet werden. Extremrisiken treffen die meisten Unternehmen völlig unvorbereitet und erfordern einen Übergang zur **Steuerung auf Sicht**. Dabei wird der ursprüngliche, nun obsolet gewordene Plan verworfen, und stattdessen werden für die kommenden Wochen oder Monate nur noch die wichtigsten Maßnahmen und Schlüsselindikatoren auf Basis aktueller Ist-Werte vorausgeplant, um nicht völlig unkontrolliert von den Ereignissen getrieben zu werden. Häufig steht in dieser Phase das Überleben des Unternehmens im Vordergrund, etwa durch Maßnahmen zur Sicherung der Liquidität. Diese kurzfristige Steuerung im Rahmen einer krisenorientierten Unternehmensführung ist hochflexibel und berücksichtigt laufend die aktuelle Lage. Nach Abklingen der Krise kann dann in einem wieder stabileren Führungskontext ein neuer Plan auf Basis aktualisierter Prämissen erstellt werden (vgl. Kap. 1.5.2).

Effektive Planung und Kontrolle ist unternehmensspezifisch und kontextbedingt

Welche Form der Planung und Kontrolle für das Unternehmen geeignet ist, hängt vom jeweiligen Führungskontext ab, in dem es agiert (vgl. Kap. 1.5.1). Die Unternehmensführung muss daher in enger Abstimmung mit dem Controlling das PuK-System individuell an die spezifischen Merkmale, Rahmenbedingungen und Anforderungen des Unternehmens anpassen. Eine allgemeingültige Lösung im Sinne eines „One size fits all" gibt es nicht.[73]

Beispielsweise ist ein **Energieerzeuger** in einem oligopolistischen, reifen Markt tätig. Die Kapitalbindung erfolgt über langfristige Investitionen in Kraftwerke. Die Erlöse basieren auf dauerhaften Verträgen mit Abnehmern, während die laufenden Kosten maßgeblich von schwankenden Rohstoffpreisen abhängen. Ein solches Unternehmen agiert in einem **einfachen bis komplizierten Kontext**. Planung und Kontrolle sind hier geeignete Führungsinstrumente und müssen nicht besonders flexibel sein. Die operative Planung erfolgt in der Regel einmal jährlich und erstreckt sich über einen langen Planungshorizont, beispielsweise fünf Jahre. Kurzfristige Anpassungen sind üblicherweise nicht erforderlich; die Planung erfolgt überwiegend durch Fortschreibung bestehender Entwicklungen. Die Unternehmenssteuerung orientiert sich an monatlichen Soll-Ist-Vergleichen. Der gewählte Planungsrhythmus spielt in diesem Fall keine entscheidende Rolle.

Ein **Halbleiterproduzent**, der in einem **komplizierten bis komplexen Kontext** auf einem polypolistischen Markt agiert, kann lediglich sehr kurze Zeiträume zuverlässig überblicken. Der Halbleitermarkt ist hochdynamisch und unterliegt ausgeprägten zyklischen Schwankungen. Globale wirtschaftliche Entwicklungen – wie die Finanzkrise

2008, die Corona-Krise 2020 oder der KI-Boom – führen zu erheblichen Ausschlägen in der weltweiten Nachfrage nach Halbleitern. In einem solchen Umfeld sind mittel- bis langfristige Planungen wenig verlässlich; das Unternehmen kann sich lediglich an groben Prognosen orientieren. Für die operative Steuerung sollten daher kurze Planungshorizonte und eine hohe Planungsfrequenz gewählt werden. Dies erfordert sowohl rollierende Prognosen als auch digitale, treiberbasierte Planungssysteme. Die Planung sollte partizipativ, zugleich aber schnell und effizient erfolgen, etwa im Top-down-Middle-up-Verfahren (vgl. Kap. 4.1.2). Kurzfristige Ziele und Maßnahmen lassen sich zudem mit der OKR-Methode effektiv planen und verfolgen (vgl. Kap. 4.2.2). In einem überwiegend komplexen Führungskontext empfiehlt sich der Übergang zu einer agilen Organisation, in der die Teams sich operativ selbst steuern (vgl. Kap. 5.1.2).

Befindet sich das Unternehmen in einer Krise und somit einem **chaotischen Kontext**, dann lässt sich die Zukunft nicht mehr planen. Volatilität, Unsicherheit und Mehrdeutigkeit erfordern ein äußerst flexibles Vorgehen, um auf Basis zyklischer Prognosen kontinuierlich die Wirksamkeit kurzfristiger Maßnahmen und die Realisierbarkeit der Ziele im Blick zu behalten. Die zunehmende Digitalisierung der Informationssysteme kann auch bei einer solchen Steuerung auf Sicht einen wertvollen Beitrag leisten, bis die Krise überstanden ist.

Planungsverständnis in der VUKA-Welt

Planung bedeutet **Zukunftsgestaltung**. Sie dient dazu, die begrenzten Ressourcen eines Unternehmens bestmöglich zur Erreichung der Unternehmensziele einzusetzen. Mit vertretbarem finanziellem und zeitlichem Aufwand sollen dezentrale Entscheidungen koordiniert und auf übergeordnete Ziele ausgerichtet werden. Maßnahmen und Handlungen werden im Vorfeld durchdacht und aufeinander abgestimmt.

Planung und Kontrolle können jedoch weder die Zukunft vorhersagen noch unternehmerische Risiken beseitigen (vgl. Kap. 1.4.4). Erfolgreiches Unternehmertum erfordert sowohl das Eingehen von Gefahren als auch das Erkennen von Chancen. Angesichts dieser Unsicherheiten empfiehlt es sich, in **Bandbreiten** zu planen, anstatt punktgenaue Planwerte anzustreben. Planung sollte nicht als vergangenheitsbasierte Prognose missverstanden werden. Vielmehr dient sie in einem volatilen Umfeld der Ausrichtung auf anspruchsvolle Ziele sowie der Motivation und Verhaltenssteuerung der Mitarbeiter.[74]

Die Zukunft ist ungewiss – dennoch stehen flexibles Agieren und solide Planung nicht im Widerspruch zueinander. Pläne bieten notwendige Orientierung, um auch unter unsicheren Rahmenbedingungen handlungsfähig zu bleiben. Sie beschreiben konkrete Absichten und definieren einen Korridor für die Entwicklung des Unternehmens. Sie sollten jedoch nicht in Stein gemeißelt sein, getreu dem Motto: „Geplant ist geplant!". Durch **ereignisbasierte Planung (Event-based Planning)** sollte der festgelegte Plankorridor angepasst werden, wenn interne oder externe Entwicklungen dies erfordern. Dazu gehören Umsatzeinbrüche, unerwartete Kostensteigerungen, starke Marktverschiebungen oder globale Ereignisse wie eine Pandemie. Auch im stärksten Orkan überlässt der Kapitän sein Schiff nicht dem Spiel der Wellen. Hat sich der Sturm gelegt, kann er einen neuen Kurs setzen.[75]

Planung zeigt, wie eine mögliche Zukunft aussehen könnte und mit welchen Maßnahmen sich das Unternehmen darin steuern lässt – denn der Zufall belohnt denjenigen, der darauf vorbereitet ist.[76]

4.2 Die Strategie mit Perfomance Management umsetzen

Erst die Strategieumsetzung entscheidet, ob eine Strategie erfolgreich ist. Obwohl die Strategieentwicklung in vielen Unternehmen systematisch durchgeführt wird, ist ihre Verknüpfung mit der operativen Planung häufig unzureichend. So ist nach dem *WHU Controller Panel* der Budgetierungsprozess nur bei der Hälfte der befragten Unternehmen mit der Unternehmensstrategie gekoppelt.[77] Eine wesentliche Ursache liegt in der organisatorischen Trennung zwischen Strategieentwicklung und -umsetzung: Während die Unternehmensführung die Strategie festlegt, wird ihre Realisierung häufig an nachgelagerte Ebenen delegiert.

Strategieumsetzung bedeutet, strategische Ziele in konkrete operative Maßnahmen zu übersetzen, diese konsequent durchzuführen und ihre Wirksamkeit fortlaufend zu überprüfen.

Eine Fabel zur Strategieumsetzung

Eine Mäusekolonie wird seit geraumer Zeit stark durch eine Katze dezimiert. Daraufhin tagt der oberste Mäuserat und beschließt eine Strategie, die allseitige Zustimmung findet: „Der Katze soll eine Klingel umgehängt werden!" Dadurch wäre sie schon von Weitem zu hören, und jeder könnte sich rechtzeitig in Sicherheit bringen – Problem gelöst! Eine junge Maus erhebt jedoch einen Einwand: „Wer soll denn der Katze die Klingel umhängen? Und wie sollen wir das überhaupt hinbekommen?".[78] Auch die beste Strategie ist zum Scheitern verurteilt, wenn ihre Umsetzung nicht gelingt.

In der Praxis treten bei der Strategieumsetzung folgende **Probleme** auf:[79]

- **Mangelndes Strategieverständnis:** Aufgrund missverständlicher Formulierungen oder fehlender schriftlicher Dokumentation ist vielen Führungskräften und Mitarbeitern oft nicht klar, was sie eigentlich umsetzen sollen. Eigene Interpretationen der Strategie führen dazu, dass die Führungskräfte ihren Mitarbeitern unterschiedliche Zielvorstellungen weitergeben. Darüber hinaus wird die Strategie häufig nicht an diejenigen kommuniziert, die sie realisieren sollen. Die Mitarbeiter wissen zudem meist nicht, welchen Beitrag sie zur Strategieumsetzung leisten können und sollen.
- **Fehlende Verknüpfung der Strategie mit nachgelagerten Zielen und Anreizen:** Die Zielvorgaben für Unternehmensbereiche, Abteilungen und Mitarbeiter sollten aus der Strategie abgeleitet werden. Andernfalls besteht die Gefahr, dass untergeordnete Ebenen operative Ziele verfolgen, die keinen Zusammenhang mit der Strategie aufweisen oder ihr sogar widersprechen. Anreizsysteme, die auf die Erreichung kurzfristiger Vorgaben wie etwa Umsatzmaximierung ausgerichtet sind, verstärken dieses Problem.
- **Keine strategische Ressourcenverteilung:** Die Strategie sollte die Grundlage für die langfristige Ressourcenverteilung im Unternehmen bilden. Werden strategische und operative Planung voneinander getrennt, entspricht die Ressourcenverteilung in den Budgets selten den strategischen Prioritäten.
- **Fehlende Messung der Strategieumsetzung:** Die Strategieumsetzung sollte laufend überprüft werden. Das Controlling konzentriert sich meist auf kurzfristige finanzielle Kennzahlen im Rahmen von Soll-Ist-Vergleichen. Informationen darüber, wie weit die Strategie bereits umgesetzt wurde, liefern die operativen Berichte meist nicht.

Strategische Ausrichtung im Ruderboot

Eine erfolgreiche Strategieumsetzung erfordert die koordinierte Ausrichtung des gesamten Unternehmens, seiner Funktionen und seiner strategischen Geschäftseinheiten auf eine gemeinsame Strategie (Strategic Alignment). Die Unternehmensführung übernimmt dabei die Rolle des Steuermanns in einem Ruderboot: Obwohl der Steuermann zusätzliches Gewicht bedeutet und nicht selbst rudert, kann selbst die beste Mannschaft ohne seine Hilfe kein Rennen gewinnen. Ein guter Steuermann kennt die Stärken und Schwächen jedes Ruderers, die Rennstrecke, die Konkurrenten und die äußeren Bedingungen. Daraus entwickelt er eine Strategie für das Rennen. Während des Rennens sorgt er dafür, dass jeder einzelne Athlet im Einklang mit der gesamten Mannschaft und der übergeordneten Strategie sich voll in die Riemen legt.

Viele Unternehmen gleichen einem unkoordinierten Ruderboot: Zwar geben die Mitarbeiter ihr Bestes, doch aufgrund fehlender strategischer Ausrichtung bleiben die Ergebnisse hinter den Erwartungen zurück.[80]

Um die Probleme bei der Strategieumsetzung zu lösen, wurde in den 1980er-Jahren das Performance Measurement entwickelt. Auslöser hierfür war die Kritik an traditionellen Kennzahlensystemen, die als zu eindimensional, rein monetär orientiert, operativ, vergangenheitsbezogen und starr galten. Das Performance Measurement soll dagegen strategische Ziele messbar machen, zukunftsorientiert sein und mehrdimensionale Kennzahlen einbeziehen.

Performance Measurement bezeichnet die ganzheitliche und mehrdimensionale Beurteilung der Unternehmensleistung anhand quantifizierbarer Maßgrößen, um die Strategie in konkrete Maßnahmen zu überführen und die Wirksamkeit ihrer Umsetzung kontinuierlich zu überwachen.

Die Dimensionen der Leistungsbeurteilung umfassen nicht nur monetäre Ergebnisse, sondern auch Zeitgrößen, Qualitätsmerkmale und Zufriedenheitswerte. Dabei kommen insbesondere nicht-finanzielle Kennzahlen zum Einsatz.[81] Die dadurch entstehende Transparenz soll Verbesserungspotenziale aufzeigen. Die Gesamtheit aufeinander abgestimmter Maßgrößen zur ganzheitlichen Beurteilung der Unternehmensleistung wird als **Performance-Measurement-System** bezeichnet.

Die Wirksamkeit eines Performance-Measurement-Systems hängt maßgeblich von der Auswahl relevanter und aussagekräftiger Kennzahlen ab. Sie sollten nicht nur leicht messbar sein, sondern vor allem den jeweiligen Sachverhalt verlässlich und realistisch abbilden. So wird beispielsweise die Mitarbeiterzufriedenheit häufig anhand der Fluktuationsrate gemessen. Da Mitarbeiter ein Unternehmen jedoch nicht nur aus Unzufriedenheit, sondern auch aus einer Vielzahl anderer Gründe verlassen, erlaubt die Fluktuationsrate nur eine eingeschränkte Aussage über die tatsächliche Zufriedenheit. Zudem bildet die Fluktuationsrate externe Einflussfaktoren wie die Konjunktur oder Entwicklungen am Arbeitsmarkt nicht ab, sodass deren Auswirkung auf die Fluktuation nicht erkennbar ist.

Eine weitere Herausforderung liegt in der Bestimmung der Zusammenhänge zwischen den gewählten Maßgrößen. Dies gilt insbesondere für die Relevanz und Ergebniswirksamkeit nicht-monetärer Kennzahlen. So ist beispielsweise unklar, wie stark sich eine Verbesserung der Mitarbeiterzufriedenheit in den finanziellen Ergebnissen des Unternehmens niederschlägt.

Performance-Measurement-Systeme haben sich in der Unternehmenspraxis etabliert und dienen der ganzheitlichen Messung und Bewertung der Unternehmensleistung. In den 1990er-Jahren entwickelte sich daraus das Performance Management als integriertes, strategisch ausgerichtetes Führungssystem, mit dem die Leistung des Unternehmens gezielt gesteigert werden soll. Die strategische Ausrichtung des Unternehmens sowie die Koordination der dafür erforderlichen Aktivitäten sollen die Erreichung der strategischen Ziele sicherstellen. Den Kern bildet ein aus der Strategie abgeleitetes, unternehmensspezifisches Performance-Measurement-System.[82]

Performance Management umfasst die systematische Planung, Steuerung und Kontrolle der betrieblichen Leistungen, um das Unternehmen an der Strategie auszurichten, seine Leistungsfähigkeit zu steigern und seinen nachhaltigen Erfolg sicherzustellen.

Die Unternehmensführung soll sich auf die wesentlichen Aufgaben und Themen fokussieren. Die Mitarbeiter wissen durch klare Zielvorgaben und regelmäßiges Feedback, was von ihnen erwartet wird und welchen Beitrag sie zur Umsetzung der Strategie leisten. Die daraus entstehende Leistungstransparenz in Verbindung mit passenden Anreizen ermöglicht es ihnen, ihr Potenzial bestmöglich zu entfalten.[83]

Den **Performance-Management-Prozess** veranschaulicht Abb. 4.2.1.[84] Die Leistungsziele werden auf Basis der Vision und Strategie sowie der Leistungsansprüche der Stakeholder (Kunden, Lieferanten, Mitarbeiter etc.) festgelegt. Anhand von Benchmarks lassen sich sowohl das bestehende Leistungspotenzial beurteilen als auch Ansätze zur Leistungsverbesserung ableiten. Nach Festlegung der Ziele wird geplant, wie die Leistungen erbracht werden sollen. Die im Rahmen der anschließenden Leistungssteuerung ange-

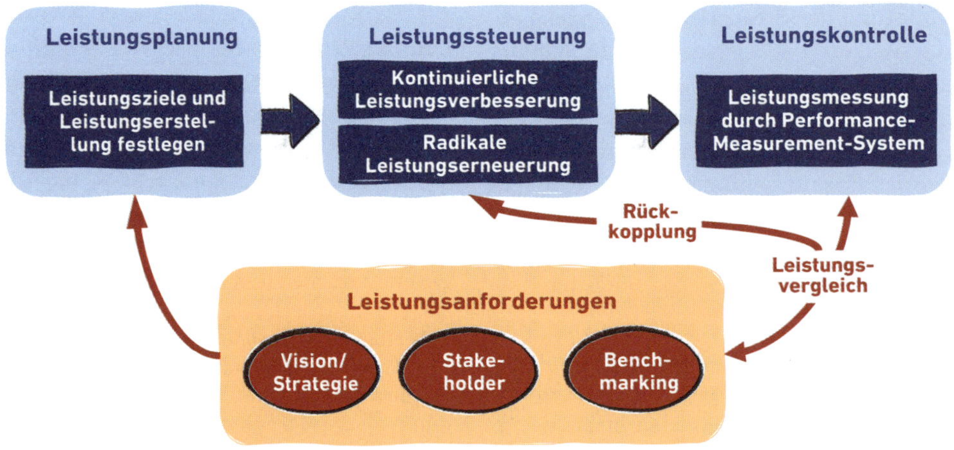

Abb. 4.2.1: Performance-Management-Prozess

strebten Verbesserungen können je nach Bedarf entweder schrittweise oder durch grundlegende Erneuerung erreicht werden (vgl. Kap. 5.4).

Es existiert eine Vielzahl unterschiedlicher Performance-Measurement-Systeme, wie etwa das französische *Tableau de Bord* oder die *Performance Pyramid*.[85] Das bei deutschen Unternehmen am weitesten verbreitete Konzept ist die **Balanced Scorecard**.[86] Wie sich mit ihr die Strategie messbar machen lässt, wird im nächsten Kapitel erläutert. Zunehmend an Bedeutung gewinnt die OKR-Methode, auf die im Anschluss eingegangen wird. Abschließend wird dargestellt, wie sich beide Konzepte zu einem integrativen Performance Management verbinden lassen.

4.2.1 Die Balanced Scorecard macht strategische Fortschritte messbar

Die Balanced Scorecard beurteilt die Leistung eines Unternehmens mithilfe mehrdimensionaler Kennzahlen aus unterschiedlichen Perspektiven. Sie wurde Anfang der 1990er-Jahre von *Robert Kaplan* und *David Norton* entwickelt.[87] Der Name *Balanced Scorecard* verdeutlicht die Intention des Konzepts: Eine *Scorecard* ist ein Berichtsbogen, mit dem erzielte Ergebnisse erfasst werden. Die Messung soll sich dabei auf die wichtigsten Größen beschränken und ausgewogen sein. Sie basiert nicht nur auf rein finanziellen Maßgrößen, sondern erfolgt aus verschiedenen Perspektiven und mithilfe mehrdimensionaler Kennzahlen.

Diese Kennzahlen sollen Vergangenheit, Gegenwart und Zukunft des Unternehmens abbilden. Eine Balanced Scorecard besteht daher sowohl aus Ergebniskennzahlen, die als Spätindikatoren die Resultate von Prozessen oder Aktivitäten messen (z. B. Umsatz, Marktanteil, Kundenrentabilität, Mitarbeiterzufriedenheit), als auch aus Leistungstreiberkennzahlen, die als Frühindikatoren auf zukünftige Entwicklungen und Potenziale hinweisen (z. B. Schulungstage pro Mitarbeiter, Umsatzanteil neuer Produkte). Die Leistungsmessung mithilfe dieses „ausgewogenen Berichtsbogens“ soll einen engeren Strategiebezug schaffen als die meist kurzfristig und operativ ausgerichteten traditionellen Kennzahlensysteme. Die Ableitung der Perspektiven, Ziele und Kennzahlen erfolgt dabei auf Basis der Vision und Strategie des Unternehmens.

Die Balanced Scorecard betrachtet das Unternehmen aus vier **Perspektiven:**[89]

- Die **Lern- und Entwicklungsperspektive** zeigt, ob das Unternehmen in der Lage ist, seine Leistungen zu steigern und Innovationen hervorzubringen; deshalb wird sie auch als Potenzialperspektive bezeichnet.
- Die **interne Geschäftsprozessperspektive** gibt Auskunft über die betrieblichen Abläufe, die Einfluss auf die Erfüllung der Kundenbedürfnisse haben.

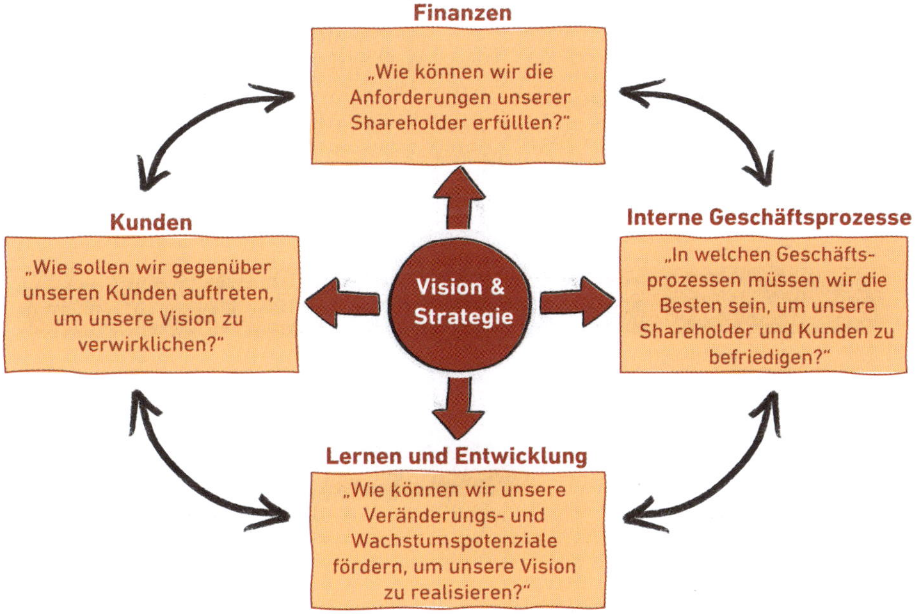

Abb. 4.2.2: Die vier Perspektiven der Balanced Scorecard[88]

- Die **Kundenperspektive** stellt dar, wie gut die Erwartungen der Kunden durch die Produkte und Dienstleistungen des Unternehmens erfüllt werden.
- Die **finanzwirtschaftliche Perspektive** zeigt, welche finanziellen Ergebnisse durch die Umsetzung der Unternehmensstrategie erzielt werden.

Die vier Perspektiven der Balanced Scorecard sind keine starren Vorgaben, sondern können unternehmensspezifisch ergänzt oder angepasst werden. Spielen strategische Partnerschaften eine wichtige Rolle, kann die Balanced Scorecard um eine Lieferantenperspektive erweitert werden. Haben die Mitarbeiter einen wesentlichen Einfluss auf den Unternehmenserfolg, lässt sich zusätzlich eine Mitarbeiterperspektive integrieren, die dann häufig die Lern- und Entwicklungsperspektive ersetzt.

Die **Balanced Scorecard** ist ein Performance-Measurement-System, das die Unternehmensleistung mithilfe mehrdimensionaler Kennzahlen aus vier strategischen Perspektiven beurteilt: Lernen und Entwicklung, interne Geschäftsprozesse, Kunden und Finanzen.

Ausgangspunkt der Strategieumsetzung ist immer die Vision und Strategie des Unternehmens bzw. der betreffenden strategischen Geschäftseinheit. Die **Operationalisierung der Strategie** erfolgt in fünf Schritten:[90]

- **Aufteilung in Perspektiven:** Die Strategie wird aus verschiedenen Blickwinkeln betrachtet. Dies verhindert einseitiges Denken bei der Ableitung und Verfolgung von Zielen und verdeutlicht die Zusammenhänge zwischen den unterschiedlichen Dimensionen der Strategieumsetzung.
- **Ableitung strategischer Zielsetzungen:** Ausgehend von der Unternehmensstrategie werden für jede Perspektive mehrere strategische Teilziele abgeleitet. Verfolgt ein Unternehmen beispielsweise eine Strategie der Kostenführerschaft, kann in der Perspektive der internen Geschäftsprozesse die Senkung von Durchlaufzeiten als Ziel festgelegt werden.
- **Bestimmung von Maßgrößen:** Um die Zielerreichung beurteilen zu können, müssen die strategischen Ziele messbar gemacht werden. Dafür werden finanzielle und nicht-finanzielle Maßgrößen definiert. Soll beispielsweise die Prozessqualität in der Fertigung verbessert werden, könnten Fehlerquoten oder die Anzahl von Reklamationen geeignete Kennzahlen sein. Die ausgewählten Maßgrößen sollten von den Verantwortlichen beeinflussbar sein und die Zielerreichung zuverlässig widerspiegeln.
- **Festlegung von Zielwerten:** Bevor über die anzustrebenden Zielwerte diskutiert werden kann, sind zunächst die Ausgangswerte der Maßgrößen zu bestimmen. Daraus werden die Zielwerte abgeleitet, die innerhalb eines festgelegten Zeitraums erreicht werden sollen. Durch den Vergleich von Soll- und Ist-Werten lässt sich im Rahmen der strategischen Kontrolle der Fortschritt der Strategieumsetzung beurteilen.
- **Aufstellung strategischer Maßnahmen:** Um die Erreichung der strategischen Ziele sicherzustellen, werden strategische Aktionsprogramme aufgestellt. Jeder Maßnahme werden dabei Termine, Ressourcen und Verantwortliche zugewiesen.

Die Strategieumsetzung erfolgt bei der Balanced Scorecard durch einen systematischen **Operationalisierungsprozess**: Zunächst werden verschiedene Perspektiven bestimmt und daraus strategische Teilziele aus der Unternehmensstrategie abgeleitet. Diese werden mithilfe von Kennzahlen messbar gemacht und anschließend wird für jede Maßgröße ein operativer Zielwert festgelegt. Schließlich werden strategische Aktionsprogramme aufgestellt, um die Zielerreichung zu gewährleisten.

Abb. 4.2.3: Strategieoperationalisierung in der Balanced Scorecard

Perspektiven	Strategische Ziele	Messgrößen	Zielwerte	Strategische Aktionen
Finanzielle Perspektive Welche Zielsetzungen leiten sich aus den Erwartungen der Kapitalgeber ab?	ROCE deutlich steigern	ROCE	+ 18 %	Fokus auf margenstarke Multifunktionsgeräte
	Konkurrenzfähige Kostenstruktur aufbauen	% Gesamtkosten vom Umsatz % Vertriebs- und Verwaltungskosten	80 % 7 %	Komponenten standardisieren Einkaufsvolumen bündeln
	Internationales Wachstum vorantreiben	Gesamtumsatz % Umsatz außerhalb EU / USA	+ 2 Mrd. € + 1 Mrd. €	Marktstudie Asien und Task Force „Going East" zur Vorbereitung des Markteintritts
Kundenperspektive Welche Ziele sind aus Kundensicht zu setzen, um die finanziellen Ziele zu erreichen?	Multifunktionsgeräte im Markt positionieren	Marktanteil Multifunktionsgeräte Bewertungsindex Händler	+ 12 % 75 Indexpunkte	Marketingoffensive Einrichtung Händlerforum
	Im Hochpreissegment mit Qualität überzeugen	Marktanteil im Hochpreissegment Imagewerte Zielkunden	+ 16 % 88 Indexpunkte	Designstudie Überarbeitung Marketingmaterial
	Funktionssicherheit erhöhen	Anzahl Störfälle	- 45 %	Technikumstellung Projektgruppe „No Excuses"
	Kundenbetreuung aktiver gestalten	Wiederkaufrate Besuche/Zielkunde	75 % 2 p.a.	Key Account Management Routenplanung verbessern
Prozessperspektive Welche Ziele sind bei den Prozessen zu setzen, um die Anforderungen der Kunden und Kapitalgeber zu erfüllen?	Produkte standardisieren	Gleichteilkosten in Relation zu den gesamten Materialkosten	65 %	Benchmarking mit ABC AG Baukastensystem aufbauen
	Synergien nutzen	Anzahl standortübergreifender Projekte Kosteneinsparung durch Synergien	5 50 Mio. €	Synergieleitfaden erarbeiten Synergiezirkel initiieren
	Fertigungstiefe an Kernkompetenzen anpassen	Kerntechnologiequote	80 %	Definition der Kernkompetenzen Anpassung Fertigungslayout
	Interne Kundenorientierung erhöhen	Schnittstellenbefragungsindex	75 Indexpunkte	Einführung Prozessmanagement
Potenzialperspektive Welche Potenziale sind aufzubauen, um sich auf zukünftige Anforderungen vorzubereiten?	Entwicklungskompetenz steigern	Assessmentwerte (durch F&E, Vertrieb, Produktion, Management)	80 Indexpunkte	Rekrutierungsoffensive Partnerschaft mit DHBW Stuttgart
	Neue Medien nutzen	Bestellvorgänge über das Internet	+ 125 %	Neugestaltung Homepage Webauftritt intensiv bewerben
	Mitarbeitermotivation erhöhen	Mitarbeiterbefragungswerte	Schulnote 2	Mitarbeiterbefragung Agiles Arbeiten initiieren

Abb. 4.2.4: Strategieumsetzung mit der BSC bei einem Kopiergerätehersteller[91]

Die Umsetzung der Strategie wird durch die Zuweisung von Verantwortlichkeiten und Ressourcen sowie durch die laufende Messung der Zielerreichung mithilfe der festgelegten Kennzahlen sichergestellt. *Kaplan und Norton* bezeichnen dies als **„Translating Strategy into Action"**.[92] Abb. 4.2.4 veranschaulicht den Prozess der Strategieumsetzung am Beispiel eines Kopiergeräteherstellers.

Die strategischen Ziele, Maßgrößen, Zielvorgaben und Maßnahmen einer Balanced Scorecard stehen nicht unabhängig nebeneinander, sondern sind durch eine Vielzahl von Ursache-Wirkungs-Beziehungen miteinander verbunden. Die Umsetzung eines Ziels beeinflusst daher häufig die Erreichung weiterer Ziele. Erst durch ihre Verknüpfung wird die Strategie vollständig beschrieben.[93] Abb. 4.2.5 zeigt das Herunterbrechen der Vision und Strategie sowie den Zusammenhang der vier Perspektiven: Die Grundlage für den zukünftigen Unternehmenserfolg bildet die Potenzialperspektive. Ein ausgeprägtes Lern- und Entwicklungspotenzial ermöglicht es, die internen Geschäftsprozesse exzellent zu gestalten und dadurch die Kundenanforderungen zu erfüllen. Die daraus resultierende Kundenzufriedenheit soll die Erreichung der finanziellen Ziele des Unternehmens sicherstellen.

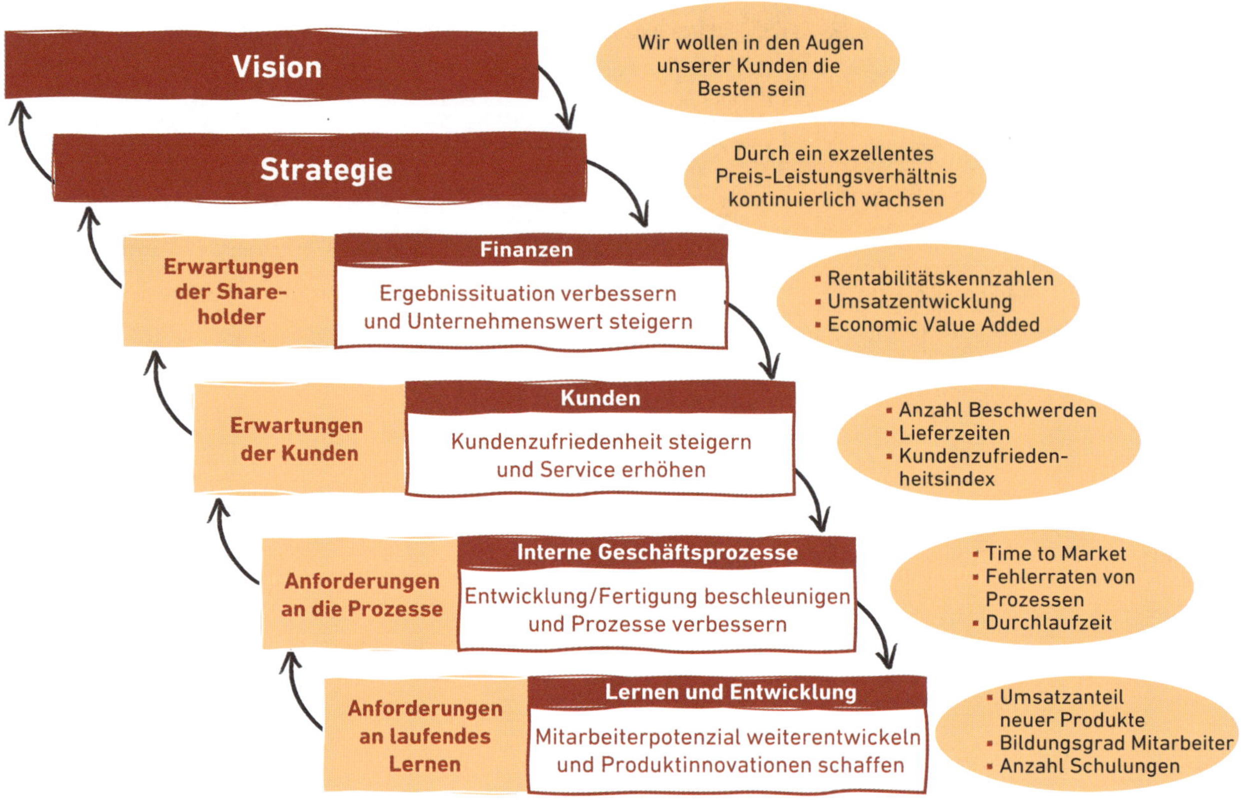

Abb. 4.2.5: Ursache-Wirkungs-Zusammenhang der Balanced Scorecard[94]

Strategy Map

Die zentralen Ursache-Wirkungs-Zusammenhänge zwischen den strategischen Teilzielen der Balanced Scorecard werden in einer **Strategy Map** veranschaulicht.

Diese strategische Landkarte verdeutlicht, wie die einzelnen Teilziele zusammenwirken, und macht so die Logik der Strategie sichtbar, die auch als **Strategic Story** bezeichnet wird. Auf diese Weise entsteht ein gemeinsames Strategieverständnis, das allen Mitarbeitern zeigt, was sie zur Umsetzung der Strategie beitragen können.[95] Die Entwicklung der Ursache-Wirkungs-Ketten sollte durch einen interdisziplinären Kreis aus mehreren Führungskräften erfolgen. Die Zusammenhänge zwischen den strategischen Teilzielen sollten auf Basis nachvollziehbarer Daten und Fakten ermittelt werden und nicht allein auf subjektiven Einschätzungen oder pauschalen Annahmen beruhen. Ob diese Zusammenhänge tatsächlich zutreffen, lässt sich im Rahmen der strategischen Kontrolle überprüfen. Gegebenenfalls ist anschließend eine Anpassung der Strategy Map, der verwendeten Kennzahlen oder sogar der übergeordneten Strategie erforderlich.

Zeitverzögerungen zwischen Ursache und Wirkung werden in Strategy Maps meist nicht berücksichtigt. Da Ursache-Wirkungs-Ketten schwer zu identifizieren sind, verzichten manche Unternehmen auf die Erstellung einer Strategy Map.[96] Dadurch geht jedoch ein zentrales Element der Strategiekommunikation verloren, denn ohne visualisierte Zielzusammenhänge wird ein ganzheitliches Verständnis der Strategie erheblich erschwert. Abb. 4.2.6 zeigt die Strategy Map für das vorherige Beispiel des Kopiergeräteherstellers.

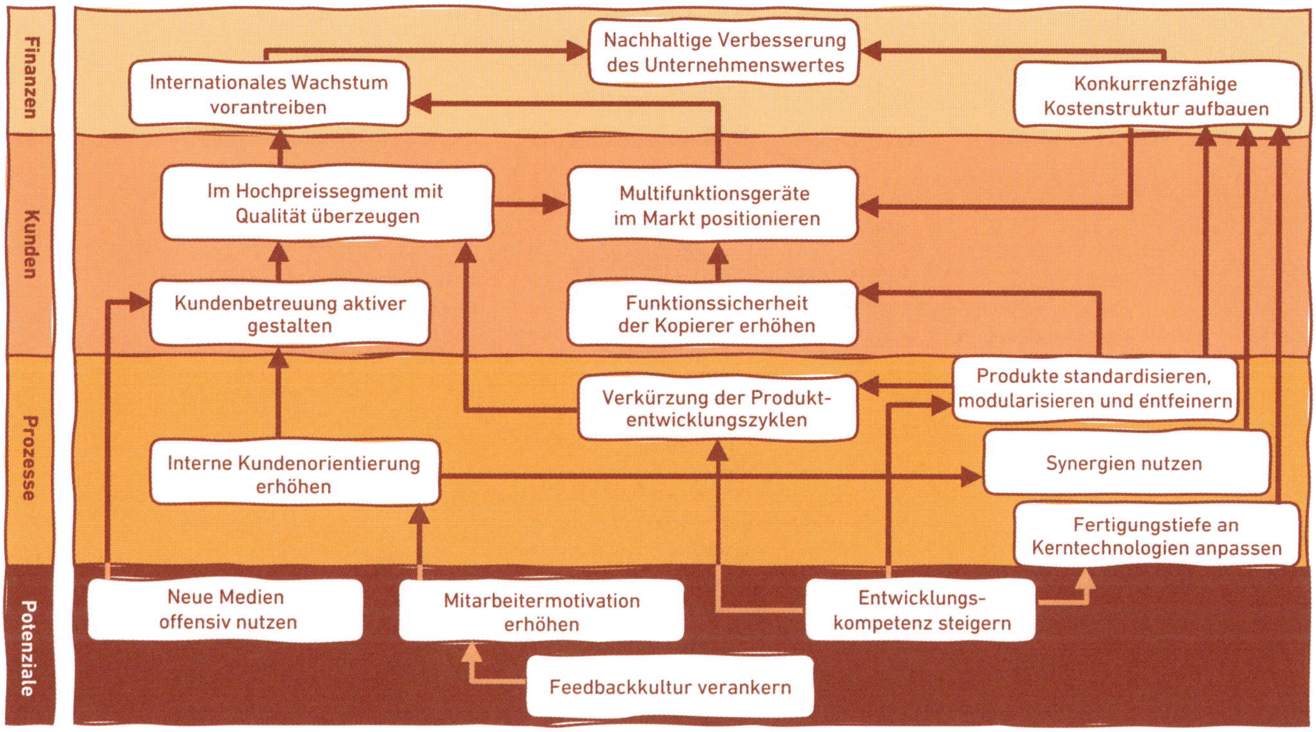

Abb. 4.2.6: Strategy Map eines Kopiergeräteherstellers[97]

Die Balanced Scorecard als strategisches Führungssystem

Mithilfe der Balanced Scorecard lässt sich die Strategie verständlich kommunizieren, auf operative Ebenen herunterbrechen und die Strategieumsetzung quantitativ messen. Diese systematische Strategieoperationalisierung bezeichnen *Kaplan* und *Norton* als **Execution Premium Process (XPP)**.[98] Die Balanced Scorecard entwickelt sich dadurch zu einem Performance-Management-System, das strategisches Denken und Handeln auf allen Ebenen des Unternehmens fördern soll.[99] Der in Abb. 4.2.7 dargestellte **strategische Führungskreislauf** besteht aus vier Phasen:[100]

- **Kommunikation der Strategie:** Die eindeutige Beschreibung der Strategie erfolgt in der Balanced Scorecard durch die Aufteilung in verschiedene Perspektiven und strategische Teilziele. Die Strategy Map veranschaulicht deren Ursache-Wirkungs-Beziehungen. Mithilfe von Kennzahlen werden vage oder unklare Strategien konkretisiert, getreu dem Grundsatz: „Only what gets measured, gets done." Ein gemeinsames Strategieverständnis ermöglicht die Ausrichtung des gesamten Unternehmens auf die übergeordnete Strategie.
- **Strategische Anreize:** Balanced Scorecard und Strategy Map machen deutlich, welchen Beitrag jeder Mitarbeiter zur Erreichung der strategischen Ziele leisten kann. Aus den übergeordneten Unternehmenszielen werden individuelle Mitarbeiterziele abgeleitet und mit Anreizen verknüpft. Die Strategieumsetzung wird so zur täglichen Aufgabe eines jeden Mitarbeiters. Das Ziel lautet: „Make Strategy Everyone's Everyday Job".
- **Operative Zielvorgaben:** Aus den strategischen Zielen werden konkrete Ergebnisse und Maßnahmen abgeleitet. Die dafür notwendigen Ressourcen werden im Budget eingeplant. So wird sichergestellt, dass die knappen Mittel im Sinne der Strategie eingesetzt werden.
- **Strategisches Feedback:** Die laufende Messung der Strategieumsetzung dient der Überprüfung der Wirksamkeit strategischer Aktivitäten und kann zur Einleitung von Gegenmaßnahmen oder sogar zur Überarbeitung der Strategie führen. Anschließend werden die Ziele in den verschiedenen Perspektiven aktualisiert und der strategische Führungskreislauf beginnt von vorn.

Abb. 4.2.7: Strategischer Führungskreislauf[101]

> Der **strategische Führungskreislauf** umfasst die Kommunikation der Strategie, die Verknüpfung mit individuellen Anreizen, die Ableitung operativer Zielvorgaben sowie das Lernen aus den Ergebnissen der strategischen Kontrolle.

Die Balanced Scorecard stellt die strategischen Zielsetzungen und deren Zusammenhänge übersichtlich und für alle Beteiligten leicht verständlich dar. Die Zuordnung zu verschiedenen Perspektiven verhindert ein einseitiges Denken bei der Formulierung und Verfolgung der Ziele. Allerdings ist es nicht einfach, geeignete Kennzahlen zur Messung strategischer Zielsetzungen zu finden. Herausforderungen ergeben sich auch beim Herunterbrechen von Zielen und Kennzahlen auf nachgeordnete Ebenen, insbesondere bei der hierarchischen Verknüpfung mehrerer Scorecards in großen Unternehmen.[102]

Erfolgsfaktoren für die Einführung einer Balanced Scorecard sind die Unterstützung durch die Unternehmensführung, der rechtzeitige Einbezug aller Beteiligten sowie ein effektives Projektmanagement. Dabei muss die Strategie bereits im Vorfeld klar definiert sein, denn mit der Balanced Scorecard lassen sich strategische Mängel nicht beheben. Andernfalls trägt sie lediglich dazu bei, eine ungeeignete Strategie konsequent umzusetzen. In der Praxis scheitert die BSC häufig an einem falschen Verständnis: Wird sie lediglich als multidimensionales, operatives Kennzahlensystem verwendet, kann sie die Strategieumsetzung nicht wirksam unterstützen. In diesem Fall wird der bestehende „Kennzahlenfriedhof" lediglich um weitere Gräber erweitert.[103]

Strategieumsetzung mithilfe der Balanced Scorecard bei Schlummer

Die *Schlummer GmbH* ist eine Tochtergesellschaft der *Mö-Bella-Gruppe*. Sie produziert und vertreibt Komplettbetten bestehend aus Bettgestell, Lattenrost und Matratze (vgl. Kap. 1.1.4).[104] In den letzten beiden Jahren hatte das Unternehmen mit rückläufigen Absatzzahlen zu kämpfen (vgl. Kap. 3.3.4). Die Fertigungskapazitäten sollen nun durch eine strategische Kooperation mit dem Bettendiscounter *Schwäbisches Bettenlager* besser ausgelastet werden. Um im Discountsegment wettbewerbsfähig zu werden, liegt der strategische Schwerpunkt auf einer möglichst effizienten und wirtschaftlichen Massenproduktion. Die Produktqualität soll dabei den Erwartungen typischer Discountkunden genügen.

Die Geschäftsführerin *Susanne Schlummer* erstellt gemeinsam mit ihrem Vertriebsleiter *Willi Wuselig* und dem Konzerncontroller *Edwin Erbse* eine Balanced Scorecard für die strategische Geschäftseinheit *Schwäbisches Bettenlager*. Damit soll die Strategie in konkrete operative Maßnahmen überführt werden. Zunächst leiten sie für jede Perspektive strategische Teilziele ab, die in Abb. 4.2.8 dargestellt sind.

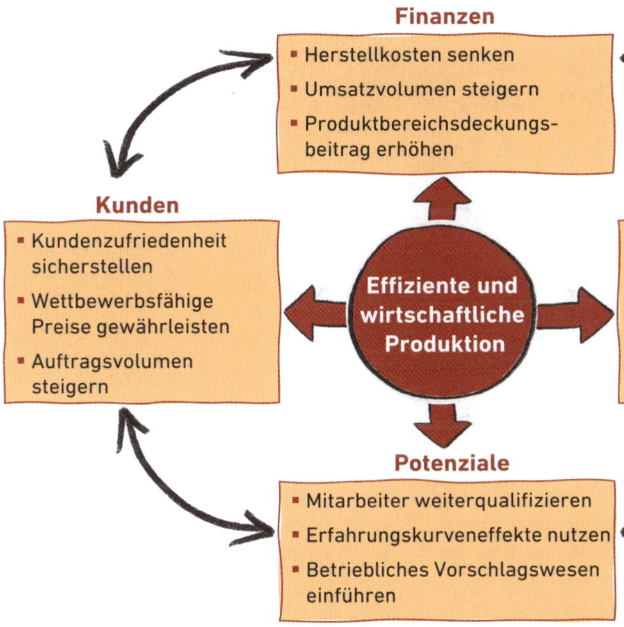

Abb. 4.2.8: Strategische Ziele der SGE Schwäbisches Bettenlager

Die strategischen Teilziele sind miteinander verknüpft und beeinflussen sich gegenseitig. Die in Abb. 4.2.9 dargestellte Strategy Map veranschaulicht dieses Ursache-Wirkungs-Netzwerk und macht die wesentlichen strategischen Zusammenhänge deutlich.

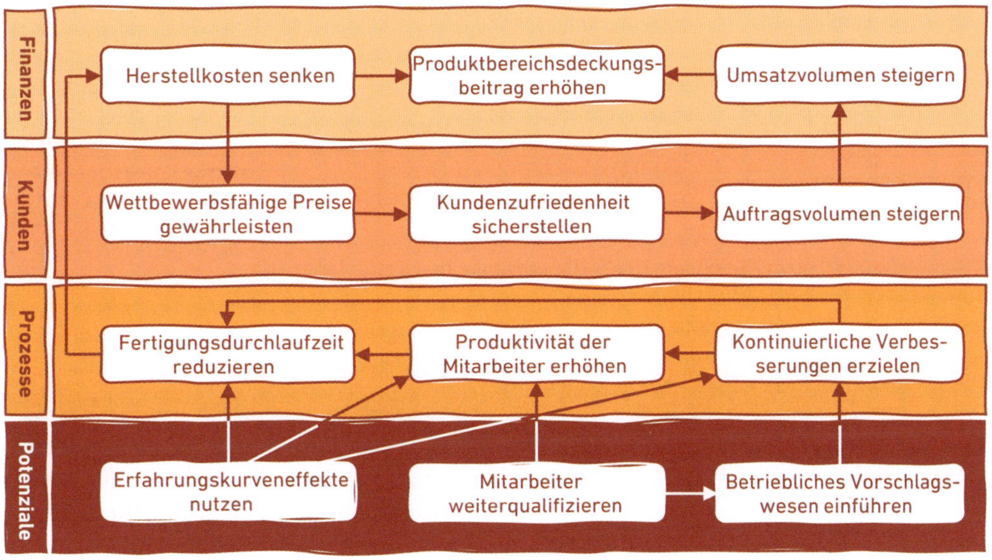

Abb. 4.2.9: Strategy Map der SGE Schwäbisches Bettenlager

Um die Strategieumsetzung messbar zu machen, ermittelt *Edwin Erbse* für jedes strategische Teilziel geeignete Kennzahlen. Im Anschluss legen *Susanne Schlummer* und *Willi Wuselig* für jede Maßgröße die Zielvorgaben für das nächste Geschäftsjahr fest. Zusammen mit der Beschaffungsleiterin *Karin Kauf* und dem Produktionsleiter *Harry Hammer* werden strategische Aktionsprogramme ausgearbeitet, mit denen diese Zielvorgaben erreicht werden sollen. Abb. 4.2.10 zeigt die erarbeiteten Kennzahlen, Zielwerte und Maßnahmen für die strategische Geschäftseinheit *Schwäbisches Bettenlager*.

Perspektive	Strategische Ziele	Maßgrößen	Zielwerte Folgejahr	Strategische Aktionen
Finanzen	Herstellkosten senken	Herstellkosten	Schlafgut 140,- € Träumsüß 180,- €	Interdisziplinäres Projektteam zur Herstellkostensenkung bilden
	Umsatzvolumen steigern	Umsatz	1 Mio. €	Preis- und Lieferzusagen an Schwäbisches Bettenlager nachverfolgen und sicherstellen
	Produktbereichsdeckungsbeitrag erhöhen	Produktbereichsdeckungsbeitrag	356 T€	Kosten, Preise, Deckungsbeiträge und Absatzmengen laufend im Controlling überwachen
Kunden	Kundenzufriedenheit sicherstellen	Liefertreue	99 %	Umstellung der Fertigung auf Just-in-Time und Optimierung der Versandlogistik für Selbstabholung
	Wettbewerbsfähige Preise gewährleisten	Preisabweichung gegenüber Konkurrenzprodukten in %	< 5 %	Senkung der Herstellkosten an den Kunden weitergeben
	Auftragsvolumen steigern	Steigerung der Absatzmenge gegenüber dem Vorjahr in %	50 %	Intensiver Kundenkontakt durch Key Account Manager für Schwäbisches Bettenlager
Prozesse	Kontinuierliche Verbesserungen erzielen	Anzahl realisierter Verbesserungen	50 Maßnahmen	KVP-Beauftragten einsetzen, der Projekte initiiert und überwacht
	Produktivität der Mitarbeiter erhöhen	Mitarbeiterproduktivität in Zahl der hergestellten Betten pro Tag	3 Stück / Tag je Mitarbeiter	Entlohnung auf Akkordsystem umstellen, Mitarbeiter schulen, Fertigungsprozesse optimieren
	Fertigungsdurchlaufzeit reduzieren	Fertigungsdurchlaufzeit je Bett in Minuten	120 min je Bett	Projektteam zur Optimierung des Fertigungsprozesses bilden und konsequent vereinfachen
Potenziale	Mitarbeiter weiterqualifizieren	Anzahl Schulungstage je Mitarbeiter	5 Tage	Schulung der Mitarbeiter, um deren Produktivität zu erhöhen und KVP-Philosophie zu vermitteln
	Erfahrungskurveneffekte nutzen	Anzahl der Verdopplungen der kumulierten Produktionsmenge	1,5 Verdopplungen	Projektteam zur Erarbeitung von Rationalisierungsmaßnahmen aus Erfahrungskurveneffekten bilden
	Betriebliches Vorschlagswesen einführen	Anzahl an Verbesserungsvorschlägen je Mitarbeiter	3 Vorschläge	Interne Kampagne „Gemeinsam besser" und Bonussystem für Verbesserungsvorschläge

Abb. 4.2.10: Operationalisierung der Strategie der SGE Schwäbisches Bettenlager

4.2.2 Ziele agil verfolgen durch Objectives and Key Results

Objectives and Key Results (OKR) ist ein Performance-Measurement-System, das in der Praxis zunehmend an Beliebtheit gewinnt. Ähnlich wie die Balanced Scorecard dient OKR dazu, die Vision und Strategie eines Unternehmens zu operationalisieren. Allerdings ist OKR stärker auf kurzfristige Ziele und kontinuierliches Lernen in schnellen Zyklen ausgerichtet. Daher wird es häufig zur Zielvereinbarung in agilen Organisationen (vgl. Kap. 5.1.2) und innovativen Start-ups eingesetzt.

Objectives and Key Results (OKR) richtet den Fokus eines Unternehmens für einen kurzen Zeitraum von wenigen Monaten auf bis zu fünf ambitionierte Ziele. Für jedes dieser Objectives werden bis zu fünf messbare Schlüsselergebnisse (Key Results) festgelegt. Die Erreichung der Key Results soll zur Verwirklichung der Objectives führen.

Die Methode wurde in den 1970er-Jahren von *Andy Grove* entwickelt, der damals CEO des US-amerikanischen Halbleiterherstellers *Intel* war. Um ein messbares Zielsystem zu schaffen, verknüpfte er das Führungsprinzip des Management by Objectives (vgl. Kap. 6.2) mit den SMART-Kriterien (vgl. Kap. 4.1) und nannte es „iMbOs" (Intels Management by Objectives). Sein Mitarbeiter *John Doerr* wechselte 1980 zu einer Risikokapitalgesellschaft und führte das Konzept 1999 unter dem Namen OKR bei *Google* ein.[105] Die Unterschiede zwischen beiden Ansätzen zeigt Abb. 4.2.11.

	Management by Objectives	Objectives and Key Results
Zielinhalt	Was?	Was und wie?
Zielhorizont	i. d. R. 1 Jahr	meist 3 Monate
Zielvorgabe	individuell und nicht öffentlich	offen und transparent
Zielableitung	top-down	top-down & bottom-up
Leistungsanreize	monetär	überwiegend intrinsisch
Zielanspruch	konservativ und erreichbar	aggressiv und ambitioniert

Abb. 4.2.11: Vergleich von MbO und OKR[106]

Nach *Larry Page*, *Google*-Mitgründer und bis 2019 CEO der Muttergesellschaft *Alphabet*, ist das enorme Wachstum von *Google* auch dem Einsatz der OKR-Methode zu verdanken. Weitere bekannte Anwender von OKR sind *Facebook, Twitter, Amazon* und *LinkedIn*. In Deutschland werden OKRs nicht nur in Start-ups, wie etwa *Zalando, Trivago, Mymuesli, Scout24, Emma Sleep* oder *Flixbus* eingesetzt, sondern auch in vielen etablierten Unternehmen wie *adidas, Allianz, BMW, Infineon, RWE, Siemens* oder *Volkswagen*.[107]

Die beiden zentralen **Bestandteile** der OKR-Methode sind:[108]

- **Objectives** (Ziele) beschreiben, *was* erreicht werden soll („Wo wollen wir hin?"). Sie sind häufig qualitativ formuliert und konkretisieren die nächsten Schritte auf dem Weg zur Umsetzung der Strategie und Vision des Unternehmens.

  Sie sollen
  - die kurzfristigen Ziele und Absichten klar machen,
  - herausfordernd und anspornend, aber zugleich realistisch und inspirierend sein,
  - im betrachteten Zeitraum erreichbar sein,
  - konkret, objektiv, handlungsorientiert und eindeutig formuliert sein,
  - für das Unternehmen relevant und bedeutsam sein.
- **Key Results** (Schlüsselergebnisse) beschreiben, *wie* die Ziele erreicht werden sollen und woran die Zielerreichung gemessen wird („Wie kommen wir zum Ziel?"). Für jedes Objective sollen maximal fünf Key Results formuliert werden. Dahinter steht die Annahme, dass mit dem Erreichen dieser Schlüsselergebnisse auch das übergeordnete Ziel erreicht wird.

  Sie sollen
  - eindeutig quantifizierbar sein,
  - zeigen, inwieweit das Objective erreicht wurde,
  - klare Meilensteine und erfolgskritische Resultate sein,
  - Ergebnisse und nicht Aktivitäten beschreiben,
  - spezifisch, zeitlich begrenzt und überprüfbar sein,
  - ambitioniert, aber realistisch sein.

Die OKRs gelten für einen kurzen Zeitraum von ein bis vier Monaten, wobei meist ein Quartal als Zeithorizont gewählt wird. Sie werden auf Unternehmensebene festgelegt und beschreiben die zentralen Herausforderungen. Anschließend werden sie auf Bereiche, Teams und einzelne Mitarbeiter heruntergebrochen. So wird für alle Beteiligten klar, was das Unternehmen erreichen will und wer welche Aufgabe übernimmt. Teams und Mitarbeiter können die vorgegebenen Ziele durch eigene OKRs ergänzen, die sie zur Erreichung des übergeordneten Ziels für sinnvoll halten. Die Zielsetzung erfolgt somit nicht nur top-down, sondern wird gemeinsam abgestimmt und transparent formuliert.

Die Beteiligung an der Zielentwicklung und herausfordernde Vorgaben sollen die intrinsische Motivation der Mitarbeiter fördern, weshalb bewusst auf monetäre Anreize verzichtet wird.[109] Die OKRs werden in einem fortlaufenden Zyklus regelmäßig überprüft, angepasst und bei Bedarf neu verhandelt. Aufgabe der Unternehmensführung ist es, sich jedes Quartal die Frage zu stellen, worauf sich das Unternehmen in den kommenden drei Monaten konzentrieren soll.[110]

Die vier **Grundsätze** der OKR-Methode sind:[111]

- **Fokussierung**: Das Unternehmen sollte sich pro Zyklus auf drei bis maximal fünf Ziele mit jeweils bis zu fünf Schlüsselergebnissen beschränken. OKRs setzen klare Prioritäten und bestimmen, woran der Erfolg gemessen wird. So wird festgelegt, was wirklich wichtig ist und welche Vorhaben vorübergehend nicht weiterverfolgt werden.
- **Ausrichtung:** Das Unternehmen richtet seine Aktivitäten konsequent an der übergeordneten Vision und Strategie aus. Diese Leitlinien werden systematisch in Team-OKRs und anschließend in individuelle OKRs überführt. Ergänzend tragen horizontale, teamübergreifende OKRs dazu bei, Silodenken zu vermeiden.
- **Verantwortung und Transparenz**: Alle OKRs werden kontinuierlich gemessen und in der Regel wöchentlich überprüft. Ziele und Ergebnisse werden offen im Unternehmen kommuniziert. Ändern sich die Rahmenbedingungen, können OKRs auch innerhalb eines Zyklus angepasst oder verworfen werden, um überholte oder inzwischen unerreichbare Ziele rechtzeitig loszulassen. Um zu vermeiden, dass Ziele zu niedrig angesetzt werden, sollten OKRs nicht mit finanziellen Anreizen verknüpft sein. Die objektive Messung der Zielerreichung kann durch subjektive Einschätzungen der Führungskräfte ergänzt werden, um situative Bedingungen und den persönlichen Einsatz einzubeziehen. Da Team-OKRs stets gemeinsam entwickelt und umgesetzt werden, sind für deren Erreichung alle Teammitglieder verantwortlich.
- **Herausforderung und Partizipation**: Zu Beginn eines jeden Zyklus sollte zwischen verbindlichen und ambitionierten Zielen unterschieden werden. Verbindliche Ziele sind vollständig zu erreichen, während bei ambitionierten Zielen (Stretch Goals) bereits ein Erreichungsgrad von etwa 70 % als zufriedenstellend angesehen wird. Solche herausfordernden Ziele sollen dazu motivieren, sich selbst zu übertreffen und neue Wege zu gehen. Dies setzt jedoch psychologische Sicherheit voraus, denn wer keine Fehler machen darf, wird auch keine Risiken eingehen (vgl. Kap. 6.2.3). Teams und Mitarbeiter sollten etwa die Hälfte ihrer OKRs in Abstimmung mit ihren Vorgesetzten selbst festlegen können. Anspruchsvolle Ziele lassen sich nur verabschieden, wenn alle Beteiligten die Verantwortung dafür übernehmen. Dies trägt auch dazu bei, unrealistische und damit demotivierende Zielvorgaben zu vermeiden (vgl. Kap. 4.3.2).

Abb. 4.2.12 veranschaulicht das Herunterbrechen der Ziele im Rahmen eines **agilen Zielvereinbarungsprozesses**.[112] Ausgangspunkt ist die Vision des Unternehmens: Sie macht deutlich, wofür die Mitarbeiter brennen und was sie langfristig gemeinsam erreichen wollen. In Anlehnung an die 1961 vom US-Präsidenten *John F. Kennedy* ausgerufene Vi-

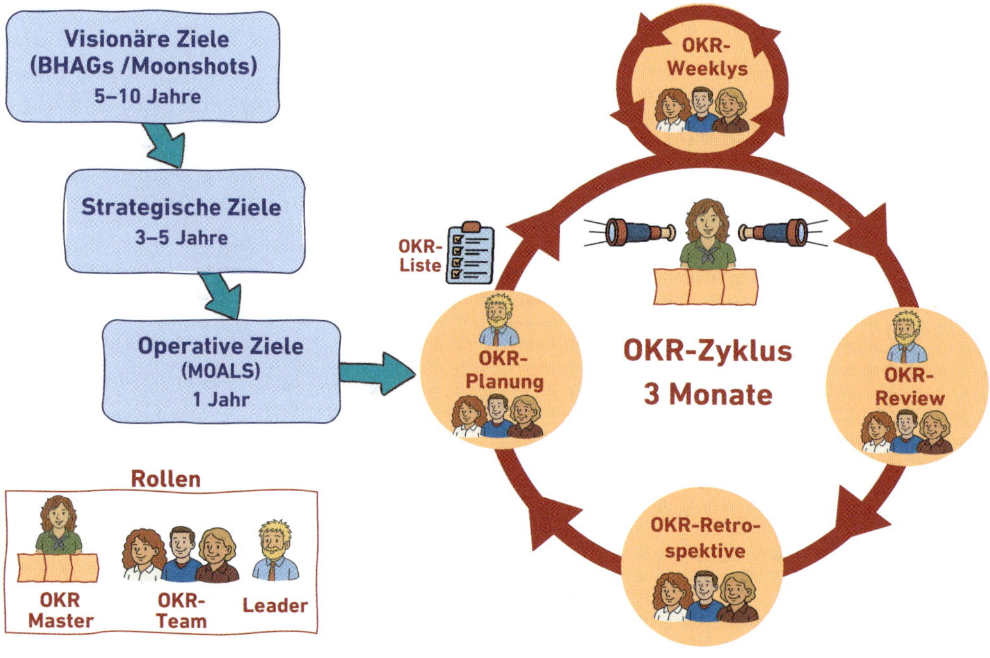

Abb. 4.2.12: Zielkaskadierung im OKR-Rahmenwerk und OKR-Zyklus

sion, bis zum Ende des Jahrzehnts einen Menschen auf den Mond zu bringen, werden solche mitreißenden Leitlinien als *Moonshots* oder *Big Hairy Audacious Goals* (BHAG) bezeichnet (vgl. Kap. 2.2.2). Aufgrund ihres langfristigen Zeithorizonts und der geringen Konkretisierung lassen sich visionäre Ziele nicht unmittelbar auf den Arbeitsalltag übertragen. Sie müssen deshalb zunächst in strategische Ziele überführt werden, die als Etappen auf dem Weg zur Vision dienen. Im nächsten Schritt werden daraus operative Ziele abgeleitet, die als sogenannte *MOALs* (Mid-Term Goals) die im nächsten Jahr zu erreichenden Meilensteine vorgeben. An diese operativen Jahresziele knüpfen die OKRs an: Sie konkretisieren die Vorhaben für die kommenden Monate in einem zyklischen Prozess, der sich an der agilen Projektmanagementmethode Scrum orientiert (vgl. Kap. 5.3.2).

Die **OKR-Methode** fokussiert das Unternehmen auf die wichtigsten Zielsetzungen und richtet es konsequent an der Vision und Strategie aus. Ambitionierte Ziele werden in Abstimmung mit den Teams festgelegt und in der Regel quartalsweise verfolgt. Regelmäßige Überprüfungen machen die Fortschritte bei der Zielerreichung transparent. OKRs sind bewusst nicht an finanzielle Anreize gekoppelt, um die Formulierung ambitionierter und intrinsischer Ziele zu fördern.

Der **OKR-Zyklus** beginnt mit der OKR-Planung, bei der aus den MOALs die OKRs auf Unternehmensebene abgeleitet werden. Anschließend wird in den Team-OKR-Planungen gemeinsam zwischen Führungskräften und Teams erarbeitet, welchen Beitrag die Teams zur Erreichung der Unternehmens-OKRs leisten sollen. Die Teammitglieder verpflichten sich zur Umsetzung der gemeinsam beschlossenen Team-OKRs, die in einer OKR-Liste für alle sichtbar dokumentiert werden. In den regelmäßigen OKR-Wochenmeetings werden der aktuelle Stand der Zielerreichung sowie bestehende Herausforderungen besprochen. Am Ende des Zyklus finden OKR-Reviews statt, in denen die Zielerreichung auf Team- und Organisationsebene bewertet wird. Danach reflektieren die Teams in einer OKR-Retrospektive die bisherige Zusammenarbeit, bevor mit der nächsten OKR-Planung ein neuer Zyklus beginnt. Begleitet wird der OKR-Zyklus von einem OKR-Master, der unter anderem für die korrekte Anwendung des OKR-Rahmenwerks verantwortlich ist, Hindernisse im Prozess beseitigt und die Teammeetings moderiert. Darüber hinaus bewertet er die Qualität der OKRs, schult die Mitarbeiter und fördert die Verbreitung der Methodik im Unternehmen.[113] Dieser agile Zielvereinbarungsprozess leitet aus vagen, visionären Vorstellungen konkrete, kurzfristige Ziele ab, deren Erreichung unterjährig systematisch verfolgt wird.

Objectives and Key Results bei Schlummer

Die *Schlummer GmbH* ist eine Tochtergesellschaft der *Mö-Bella-Gruppe* und produziert und vertreibt Komplettbetten (vgl. Kap. 1.1.4). In den letzten beiden Jahren hatte das Unternehmen mit sinkenden Absatzzahlen zu kämpfen (vgl. Kap. 3.3.4). Die Fertigungskapazitäten sollen nun durch eine strategische Kooperation mit dem Bettendiscounter *Schwäbisches Bettenlager* besser ausgelastet werden. Um im Discountmarkt wettbewerbsfähig zu sein, liegt der strategische Schwerpunkt auf einer möglichst effizienten und wirtschaftlichen Massenproduktion. Die Produktqualität soll dabei den Ansprüchen der Discountkunden genügen.

Emil Eder möchte die OKR-Methode einführen, um die Strategie mithilfe flexibler Ziele agil umzusetzen. *Susanne Schlummer* befürchtet jedoch, dass die kurzen OKR-Zyklen langfristige Ziele in den Hintergrund drängen, die Methode einen hohen Verwaltungsaufwand verursacht und sich die Mitarbeiter lediglich leicht erreichbare Ziele setzen. *Emil Eder* entgegnet, dass OKRs durch klare Prioritäten und regelmäßige Überprüfung sicherstellen, dass sowohl Effizienz als auch strategische Ziele im Blick bleiben. Damit das Team den Mut hat, sich ambitionierte Ziele zu setzen, möchte er auf monetäre Anreize verzichten. Schließlich einigen sie sich darauf, in der SGE *Schwäbisches Bettenlager* ein dreimonatiges Pilotprojekt zu starten.

Emil Eder lädt als OKR-Master die Führungskräfte der Geschäftseinheit sowie ausgewählte Multiplikatoren zu einem Workshop ein, um ihnen die Grundlagen der OKR-Methode zu vermitteln. Anschließend erarbeiten alle gemeinsam **Leitlinien für den künftigen Umgang mit OKRs**:[114]

- OKRs sind unser Wegweiser: Sie zeigen uns, wohin wir wollen und ob wir auf dem richtigen Weg sind.
- Unsere OKRs sind keine reine Top-down-Ansage, sondern werden in den Teams diskutiert und gemeinsam verhandelt.
- Jedes Team legt maximal drei Objectives mit jeweils bis zu fünf Key Results fest.
- Jedes Teammitglied hat Zugriff auf alle OKRs der SGE.

- Unsere Objectives sind inspirierend bis überambitioniert. Ab einem Erfüllungsgrad von 70 % gelten sie als erreicht.
- Ein Key Result ist ein quantitativer Messpunkt, der anzeigt, inwieweit wir uns dem Objective genähert haben.
- Die OKR-Fortschritte werden montags um 9:00 Uhr an alle Teammitglieder kommuniziert.
- Der OKR-Master unterstützt die Teams bei der Anwendung der OKR-Methode.

In mehreren Abstimmungsrunden werden drei OKRs mit jeweils drei Key Results erarbeitet und anschließend verbindlich für das nächste Quartal festgelegt. Regelmäßige Feedbackrunden begleiten den Fortschritt der Teams. Die transparente Kommunikation und die klaren Zielvorgaben stärken ihr Verantwortungsbewusstsein. Erste positive Effekte des Pilotprojekts zeigen, dass die OKR-Methode der *Schlummer GmbH* hilft, strategische Ziele besser in den Arbeitsalltag zu integrieren.

Objectives	Erhöhung der Fertigungseffizienz	Senkung der Herstellkosten	Lieferfähigkeit verbessern
Key Results	Produktionsauslastung auf 90 % erhöhen	Energieverbrauch der Fertigung um 15 % senken	98 % der Bestellungen zum vereinbarten Termin ausliefern
	Produktionsdurchlaufzeit um 15 % reduzieren	Ausschussquote um 20 % reduzieren	Anzahl ungeplanter Expresslieferungen um 30 % reduzieren
	Maschinenstillstandszeiten um 10 % verringern	Einkaufspreise für Material durch Verhandlungen um 10 % senken	Transportzeit vom Werk zum Kunden um 36 h verkürzen

Abb. 4.2.13: OKRs für die SGE Schwäbisches Bettenlager

4.2.3 Integratives Performance Management: Von der Vision zur Zielerreichung

In einem volatilen Wettbewerbsumfeld und einem komplexen Führungskontext erweist sich die BSC als relativ träge und unflexibel – sowohl in der unterjährigen Zielverfolgung als auch durch die meist nur jährlich Top-down vorgenommenen Zielanpassungen. Zudem fehlt in der operativen Umsetzung aufgrund der angestrebten Ausgewogenheit der Perspektiven und der Vielzahl an Zielen eine klare Priorisierung, sowohl der Ziele selbst als auch der einzusetzenden Ressourcen. OKR bedeutet dagegen die Abkehr vom Glauben an die vollständige Planbarkeit der Zukunft. Statt ein Jahr im Voraus detaillierte Maßnahmen zu definieren, werden OKRs nur für kurze Zeiträume festgelegt, die Fortschritte der Zielerreichung laufend gemessen und die Ziele regelmäßig unter Einbezug der Teams aktualisiert. Im Gegensatz zur BSC können dabei auch ambitionierte Ziele (Stretch Goals) verfolgt werden, bei denen bereits eine Zielerreichung von 70 % als zufriedenstellend gilt. Dieses agile Vorgehen motiviert die Teammitglieder zu herausragenden Leistungen und ermöglicht fortlaufendes Lernen sowie schnelle Reaktionen auf Veränderungen.[115]

Das Setzen äußerst schwer erreichbarer Ziele erfordert jedoch eine Kultur der psychologischen Sicherheit (vgl. Kap. 6.2.3), die in vielen Unternehmen (noch) nicht vorhanden ist. Nur wenn das Verfehlen herausfordernder Ziele nicht sanktioniert wird, werden sich die Teams darauf einlassen. Dann sind sie auch bereit, Risiken einzugehen und neue Ideen auszuprobieren. Allerdings besteht die Gefahr, dass sowohl bei der Zielfestlegung innerhalb der Teams als auch bei der Zielverfolgung in den iterativen OKR-Zyklen der Fokus zu stark auf kurzfristige Teamziele liegt, wodurch strategische Ziele vernachlässigt werden. Teilweise sind auch die Auswirkungen der OKRs auf die Unternehmensstrategie zu intransparent und die Team-OKRs nicht ausreichend aufeinander abgestimmt.[116] Zudem kann es vorkommen, dass sich Teams zu viele OKRs setzen, sich dadurch verzetteln und ihre Ziele nicht erreichen. Dann fehlt der strategische Fokus auf das, was wirklich wichtig ist.

BSC und OKR haben somit jeweils spezifische Stärken und Schwächen. Während die BSC eine strukturierte, langfristige Ausrichtung auf die Vision und Strategie unterstützt, ermöglicht OKR eine flexible und fokussierte Zielverfolgung in kurzen Iterationen. Gemeinsam können sie sowohl eine langfristige Ausrichtung des Unternehmens als auch eine dynamische Zielverfolgung gewährleisten. Um dieses Potenzial vollständig zu nutzen und die übergeordneten Unternehmensziele wirksam ins Tagesgeschäft zu übertragen, sollten sie systematisch zu einem **integrativen Performance Management (iPM)** verknüpft werden. In dieser

Kombination ergänzen sie sich ideal und vereinen das Beste aus zwei Welten: visionäre Orientierung und operative Agilität. Das in Abb. 4.2.14 dargestellte mehrstufige Konzept besteht aus vier miteinander verbundenen Zyklen. Es ermöglicht sowohl eine systematische Operationalisierung der Vision und Strategie als auch eine agile Steuerung.

Das mehrstufige **integrative Performance Management (iPM)** besteht aus vier miteinander verknüpften Zyklen: dem Visions-, Strategie-, BSC- und OKR-Zyklus. Die Vision wird im Strategiezyklus, die Strategie im BSC-Zyklus und die operativen Jahresziele im OKR-Zyklus schrittweise konkretisiert und umgesetzt.

Abb. 4.2.14: Das integrative Performance Management (iPM) besteht aus vier Zyklen

Ausgangspunkt des iPM ist die **Vision** des Unternehmens. Sie weist dem Unternehmen die Richtung und bietet den Beschäftigten eine langfristige Orientierung, welche übergeordneten Ziele gemeinsam erreicht werden sollen. Deshalb ist es besonders wichtig, dass die Mitarbeiter hinter der Vision des Unternehmens stehen, da sich daran sämtliche nachfolgenden Zielebenen ausrichten. Aufgrund des langfristigen Horizonts von fünf bis zehn Jahren und der geringen Konkretisierung visionärer Ziele lassen sich diese allerdings nicht unmittelbar auf die tägliche Arbeit übertragen. Sie sind deshalb zunächst in einem **Strategiezyklus** in strategische Ziele zu überführen, die als Etappen auf dem Weg zur Vision verstanden werden können. Die Strategie beschreibt, welche Wettbewerbsvorteile und Erfolgspotenziale für die Realisierung der Vision erforderlich sind und wie diese in den nächsten drei bis fünf Jahren entwickelt werden sollen.

Daran anschließend wird die Unternehmensstrategie im **BSC-Zyklus** schrittweise in Perspektiven und Teilziele heruntergebrochen und deren Zusammenhänge idealerweise in einer Strategy Map visualisiert. Darauf aufbauend werden für jede Perspektive mehrere operative Jahresziele als sog. MOALs (Mid-Term Goals) abgeleitet. Diese stellen Meilensteine dar, die im kommenden Jahr auf dem Weg zur Umsetzung der Gesamtstrategie erreicht werden sollen. Die OKRs knüpfen an diese Leitplanken der BSC an und konkretisieren sie in mehreren kurzfristigen Zyklen. Dieser in Abb. 4.2.12 dargestellte **OKR-Zyklus** wurde im vorherigen Kapitel beschrieben. Durch die Verknüpfung der OKRs mit den BSC-Zielen lässt sich die Strategieumsetzung auf die Teamebene übertragen. Dabei werden in jedem OKR-Zyklus die BSC-Ziele neu priorisiert, um so die Ressourcen bei der Zielverfolgung wirksam einzusetzen.

Ist nach mehreren OKR-Zyklen ein Jahr vergangen, beginnt der nächste BSC-Zyklus. Dabei werden die Zielwerte sowie gegebenenfalls auch die verwendeten Maßgrößen und strategischen Teilziele überarbeitet. Sie bilden als neue MOALs die Vorgaben für das kommende Jahr und die nächsten OKR-Zyklen. Nach Ablauf von drei bis fünf Jahren ist im nächsten Strategiezyklus eine Beurteilung der Strategieerreichung und die Überarbeitung der Strategie erforderlich. Alle fünf bis zehn Jahre sollte in einem Visionszyklus auch die Vision auf den Prüfstand gestellt und gegebenenfalls erneuert werden. Die genannten Zeiträume sind branchenabhängig und gelten selbstverständlich nur, sofern keine außergewöhnlichen Ereignisse, wie etwa eine gescheiterte Akquisition oder disruptive technologische Entwicklungen, eine kurzfristige Anpassung der Strategie oder gar der Vision erforderlich machen.

Mithilfe dieses mehrstufigen integrativen Performance Managements werden aus vagen, visionären Vorstellungen konkrete, kurzfristige Ziele, die unterjährig iterativ umgesetzt werden. Den Zusammenhang der verschiedenen Ebenen veranschaulicht das in Abb. 4.2.15 dargestellte Beispiel. Es zeigt eine Zielkaskade für den im Jahr 2026 geplanten Einstieg von *Audi* in die Formel 1.

Vision	Wir wollen als bester Rennstall der Formel 1 die Fahrerweltmeisterschaft gewinnen.
Strategie	Wir wollen uns mithilfe eines technologisch führenden Rennwagens, herausragender Fahrer und eines leistungsstarken Teams dauerhaft in der Spitze der Formel 1 etablieren.
Perspektiven und Teilziele der BSC fürs nächste Jahr (MOALs)	• *Erfolgsperspektive*: Einer unserer Rennfahrer soll in der nächsten Saison in der Fahrerwertung über 200 Punkte erzielen, um unter die besten drei Fahrer zu kommen. • *Interne Prozessperspektive*: Technische Probleme, die während eines Rennens auftreten, sollen innerhalb einer Woche analysiert und nach zwei Wochen behoben sein. • *Kundenperspektive*: Mit unserem Engagement in der Formel 1 wollen wir den Wert der Marke *Audi* um 10 % erhöhen. • *Finanzielle Perspektive*: Wir wollen die jährliche Budgetobergrenze der FIA einhalten. • *Entwicklungsperspektive*: Wir wollen einen konkurrenzfähigen hybriden Rennmotor nach FIA-Regularien entwickeln.
Objective nächstes Quartal	Wir wollen unsere Wettbewerbsfähigkeit in der Formel 1 wesentlich erhöhen, um als ernstzunehmender Titelkandidat wahrgenommen zu werden.
Key Results nächstes Quartal	1. Differenz zur Rundenzeit der Pole Position durchschnittlich unter 0,3 Sekunden 2. 95 % der Boxenstopps unter 2,5 Sekunden 3. Technische Ausfälle um 25 % senken 4. Durchschnittliche Startposition in den Top 5 5. In drei Rennen in den Top 5 ins Ziel kommen

Abb. 4.2.15: iPM am Beispiel des Einstiegs von Audi in die Formel 1

Integratives Performance Management bei Magna

Magna International zählt mit 170.000 Mitarbeitern an 341 Produktionsstandorten sowie 106 Produktentwicklungs-, Engineering- und Vertriebszentren zu den weltweit führenden Automobilzulieferern. Ausgehend von der Unternehmensvision hat das Top-Management fünf zentrale Ziele verabschiedet, die unternehmensweit die strategischen Prioritäten festlegen. Diese werden über alle Managementebenen hinweg bis in die Fachbereiche kaskadiert und bilden die Grundlage für die individuellen Jahresziele der Führungskräfte. In der Vergangenheit war die bereichsübergreifende Abstimmung jedoch nicht gewährleistet, wodurch es zu widersprüchlichen Zielen kam. Darüber hinaus fehlte eine Systematik für die objektive Auswahl und das Herunterbrechen der Ziele. Ebenso war die Messung und Überprüfung der Zielerreichung unzureichend. Um die Vision „Advancing Mobility for Everyone and Everything" systematisch in konkrete Ziele zu überführen, wurde das integrative Performance Management in einem Pilotprojekt im Entwicklungsbereich der Division Powertrain eingeführt.[117]

MAGNA

Innerhalb des Strategiezyklus wird die Strategie für einen Zeitraum von drei Jahren festgelegt. Das Entwicklungsteam leitet daraus für die vier BSC-Perspektiven die zu verfolgenden strategischen Teilziele sowie quantitative Maßgrößen ab. So wird beispielsweise die wettbewerbsorientierte Optimierung der Kostenstruktur durch den Return on Funds Employed (ROFE) gemessen, der das Verhältnis von EBIT zum durchschnittlich gebundenen Kapital ausdrückt. Die Verknüpfung der strategischen Teilziele aus den Bereichen New Mobility, Future Moves und Smart Learning zeigt die Strategy Map in Abb. 4.2.16.

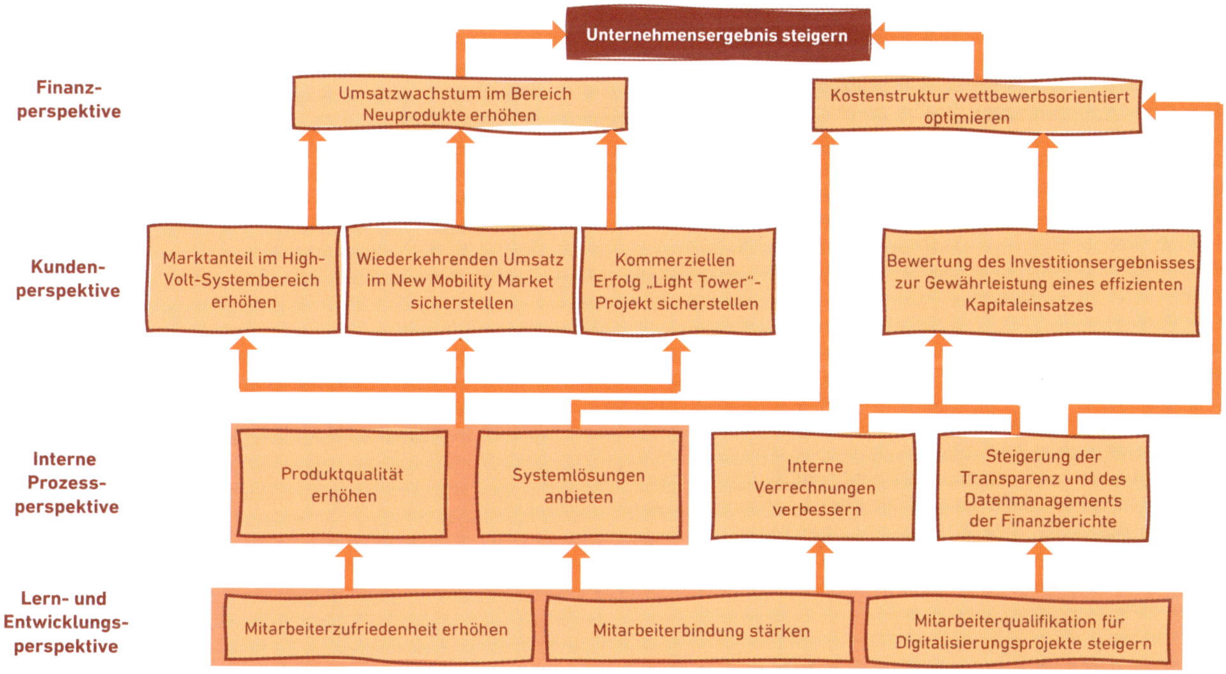

Abb. 4.2.16: Strategy Map des Entwicklungsbereichs von Magna

Die strategischen Teilziele der BSC werden systematisch alle drei Monate in Objectives and Key Results überführt. In der OKR-Planung werden hierfür ambitionierte, inspirierende und motivierende Ziele abgeleitet. Um eine vertikale wie auch horizontale Abstimmung zwischen den BSC-Zielen und den OKRs zu gewährleisten, werden dabei die Teams aktiv einbezogen. So lassen sich Interdependenzen zwischen den Zielen einzelner Teammitglieder erkennen und Zielkonflikte oder Fehlentwicklungen in den verschiedenen Perspektiven vermeiden.

Abb. 4.2.17 verdeutlicht den Zusammenhang zwischen den übergeordneten strategischen Zielen des Entwicklungsbereichs von *Magna* aus der BSC und den operativ beeinflussbaren OKRs der Entwicklungsteams. Die Ableitung der Objectives wird durch die verantwortliche Führungskraft vorbereitet. Dies erfolgt auf Basis persönlicher Zielsetzungen, der Prioritäten des Fachbereichs sowie relevanter Schnittstellen. Anschließend werden die Ziele gemeinsam mit dem Team diskutiert, ausgearbeitet und vereinbart.

Abb. 4.2.17: Verknüpfung von BSC und OKR

Die Objectives werden anschließend um Key Results ergänzt und als OKR-Sets in einer **OKR-Liste** zusammengeführt. Die Teams bestimmen dabei die Key Results als messbare, direkt beeinflussbare Maßgrößen, die den Fortschritt bei der Zielerreichung sichtbar machen. Objectives, die sich aufgrund ihres Charakters oder Reifegrads nicht sinnvoll quantifizieren lassen, werden als qualitative Meilensteine formuliert.

In den operativen **OKR-Weeklys** analysieren die Entwicklungsteams von *Magna* regelmäßig ihre Performance und überprüfen den bisherigen Zielerreichungsstand. So können Fehlentwicklungen frühzeitig erkannt und finanzielle Risiken besser beherrscht werden. Am Ende jedes OKR-Zyklus werden die erzielten Ergebnisse in *OKR-Reviews* bewertet und in den OKR-Retrospektiven die Zusammenarbeit innerhalb des Teams reflektiert. Im jährlichen BSC-Review überprüft das Management die Wirksamkeit der strategischen Ziele und passt diese bei Bedarf an. Dabei werden die Zielwerte der strategischen Messgrößen aktualisiert sowie neue Prioritäten und Initiativen vereinbart. Durch die zyklische Kombination von BSC und OKR kann *Magna* seine strategischen Ziele nun nicht nur strukturiert operationalisieren, sondern deren Umsetzung auch agil verfolgen. Langfristige Ziele werden so regelmäßig überprüft und durch OKRs ins operative Tagesgeschäft übersetzt.

OKR-Liste

Genauigkeit und Qualität der Forecasts erhöhen
- Reduktion der Anzahl an Overlays im Budget-Forecast auf Null
- Forecast-Abweichung in der CAPEX-Planung unter 20 %

Optimierung der Wirksamkeit und Nachvollziehbarkeit der SOX-Kontrollen
- Einhaltung des Bearbeitungszeitraumes von 10 Tagen
- Erreichung einer Fehlerquote von Null

Kostenseitige Optimierung des Stundensatzes für Ingenieure zur Steigerung der Attraktivität von Entwicklungsprojekten für Kunden
- Einhaltung der Stundensatz-Planwertabweichung von 1 €/h
- Senkung der Stundensätze um 2 %

Vorantreiben der Digitalisierung durch die Verbesserung und Erweiterung der Reporting-Tools
- Erreichung von 1.000 Lernpunkten in den Lernmodulen zum Power BI
- Digitalisierung von drei der fünfzehn Standardberichte des Controllings
- Erhöhung der für Digitalisierungsthemen genutzten Arbeitszeit auf 36 h / Quartal

Verbesserung des Prozesses der BANF-Freigabe
- Senkung der Bearbeitungszeit um 5 %
- Senkung der Anzahl an offenen Bestellanforderungen um 10 %

Optimierung der durch das Engineering-Controlling durchgeführten internen Verrechnungen
- Erreichen der gesetzten Meilensteine zur Steigerung der Transparenz in den IT-Kosten
- Verringerung der vom Engineering-Controlling durchgeführten internen Verrechnungen um 5 %

Aufrechterhaltung eines engagierten Teams mit hoher Arbeitsmoral durch die Steigerung der Mitarbeiterzufriedenheit
- Verbesserung des Ergebnisses der Employee Opinion Survey auf 90 %

Erfolgreiche Leistungsstärke durch Förderung der Mitarbeiter
- Erhöhung der Weiterbildungsdauer auf fünf Tage je Mitarbeiter
- 100 % Ausschöpfung des Weiterbildungsbudgets

Abb. 4.2.18: OKR-Liste des Entwicklungsteams von Magna

4.3 Operativ führen durch Budgets und Ergebnisverantwortung

Während die strategische Unternehmensführung auf die Schaffung von Wettbewerbsvorteilen und Erfolgspotenzialen ausgerichtet ist, steuert und überwacht die operative Planung und Kontrolle die Umsetzung der strategischen Zielvorgaben im Tagesgeschäft. Charakteristisch für die operative Ebene sind ein hoher Detaillierungsgrad und ein kurzfristiger Planungshorizont. Der Fokus liegt auf der Effizienz der auszuführenden Tätigkeiten.

Im Gegensatz zur Aktionsplanung legt die Budgetierung nicht die Maßnahmen, sondern die angestrebten monetären Ergebnisse fest. Wie diese erreicht werden, bleibt den Entscheidungsträgern weitgehend selbst überlassen. Die Budgetierung setzt somit nicht bei den Handlungen an, sondern bei deren finanziellen Konsequenzen. Sie gibt einen Rahmen vor, innerhalb dessen die Verantwortlichen frei entscheiden können.[118] Diese Entscheidungs- und Handlungsspielräume fördern Eigeninitiative und ermöglichen schnellere Reaktionen. Gleichzeitig verbessern sie die bereichsübergreifende Kommunikation und Abstimmung, sodass Probleme oder Engpässe frühzeitig erkannt und behoben werden können.

> Die **Budgetierung** umfasst die Planung und Kontrolle wirtschaftlicher Ziele und quantifiziert die monetären Auswirkungen geplanter Maßnahmen.

Zu den wesentlichen **Aufgaben** der Budgetierung zählen:

- Verbindliche Festlegung der monetären Ziele für das kommende Geschäftsjahr,
- Vorgabe von Leistungsmaßstäben für die Budgetverantwortlichen,
- Koordination zwischen Unternehmensbereichen und Zuweisung finanzieller Ressourcen,
- Prognose der finanziellen Situation und Ergebnisse des Unternehmens.

Die Budgetierung ist somit eine **multifunktionale Mischung** aus Prognose, Zielsetzung, Leistungsmessung und Koordination – also gewissermaßen eine eierlegende Wollmilchsau. In der Praxis führt dieser Anspruch jedoch zu einer Reihe von Problemen, die in Kapitel 4.3.3 diskutiert werden. Nach Ergebnissen des *WHU-Controller Panels* bewerten heute nur noch 27 % der Unternehmen die Leistung ihrer Führungskräfte vor allem anhand der Erreichung ihrer Budgetziele. Stattdessen fließen zunehmend auch das Verhalten und ihr persönlicher Einsatz in die Beurteilung ein.[119]

Ursprünglich stammt der Budgetbegriff aus dem öffentlichen Haushaltswesen, wo er die Gegenüberstellung geplanter Einnahmen und Ausgaben in Form eines Etats oder Finanzplans bezeichnet. In der Betriebswirtschaft ist der Begriff deutlich breiter angelegt und umfasst sowohl die Zuweisung finanzieller Mittel an bestimmte organisatorische Bereiche als auch die Planung wirtschaftlicher Ziele.[120]

> Ein **Budget** ist ein in monetären Größen formulierter Plan zur Erreichung wirtschaftlicher Ziele. Es wird den betrieblichen Verantwortungsbereichen für einen festgelegten Zeitraum verbindlich vorgegeben.[121]

Merkmale von Budgets sind:[122]

- **Verantwortungsbereich:** Budgets lassen sich horizontal nach Funktionen, Prozessen, Produkten, Regionen oder Projekten sowie vertikal entlang der Hierarchieebenen differenzieren.
- **Geltungsdauer:** Die Laufzeit beträgt meist ein Jahr, daneben existieren auch Monats-, Quartals- oder Mehrjahresbudgets.
- **Monetäre Größen:** Budgets beinhalten finanzielle Kennzahlen wie geplante Umsätze, zulässige Kosten oder erwartete Deckungsbeiträge.
- **Wirtschaftliche Ziele:** Budgets beziehen sich auf monetäre Ziele wie etwa Umsatzsteigerung, Rentabilität oder Kosteneffizienz, die den Unternehmenserfolg messbar machen.
- **Verbindlichkeitsgrad:** Es gibt sowohl starre Budgets mit festgelegten Ober- oder Untergrenzen als auch flexible Budgets, die sich automatisch an Veränderungen wie eine steigende Auslastung oder sinkende Nachfrage anpassen.

Budgets beschränken sich demnach auf monetäre Kennzahlen, während sachzielorientierte Größen wie Mengen oder Zeiten im Rahmen der Aktionsplanung ermittelt werden. Budgetangaben können sowohl inputbezogen den Ressourceneinsatz (in Form von Auszahlungen, Aufwand oder Kosten) als auch outputbezogen die angestrebten finanziellen Ergebnisse umfassen, wie etwa Umsatz oder Gewinn. Eine ausschließliche Betrachtung des Ressourceneinsatzes ist nur dann sinnvoll, wenn die Ergebnisse nicht monetär bewertet werden können. In solchen Fällen sollte das Budget im Rahmen der Aktionsplanung durch qualitative Angaben ergänzt werden.[123]

> Das **Budgetierungssystem** ist jener Teil des Planungs- und Kontrollsystems, der sich auf die Planung und Kontrolle wirtschaftlicher Zielgrößen konzentriert.

Das Budgetierungssystem hat großen Einfluss auf die Erfüllung der Budgetierungsfunktionen. Nach Kapitel 4.1.2 kann es aus **drei Blickrichtungen** betrachtet werden:[124]

- **Funktional:** Festlegung der *Budgetierungsaktivitäten*, also welche Aufgaben im Rahmen der Budgetierung durchzuführen sind. Dazu zählt auch die Auswahl der zu erstellenden Teilbudgets, die miteinander verknüpft das *Budgetsystem* bilden.
- **Institutional:** Bestimmung der beteiligten Personen und Rollen (*Budgetierungsorgane*) sowie der zeitlichen und inhaltlichen Abfolge der Budgetierungsaktivitäten (*Budgetierungsprozess*).
- **Instrumental:** Festlegung der *methodischen* und *digitalen Werkzeuge* der Budgetierung.

4.3.1 Wie wird ein Budget aufgestellt?

Das Budget eines Unternehmens besteht aus einer Reihe von **Teilbudgets**. Diese werden häufig nach Funktionsbereichen untergliedert, etwa in Umsatz-, Produktions-, Beschaffungs-, Vertriebs-, Verwaltungs- oder F&E-Budgets. Darüber hinaus können sie weiter differenziert werden, wie beispielsweise das Umsatzbudget nach Produkten, Kunden oder Regionen. Budgets unterschiedlicher Fristigkeit sind in der Regel zeitlich aufeinander abgestimmt und ineinander geschachtelt.

Die **Verdichtung** der Teilbudgets erfolgt in drei Richtungen:[125]

- **Finanzbudget:** Es stellt die erwarteten Ein- und Auszahlungen der Planperiode gegenüber und dient zur Liquiditätssicherung.
- **Budgetierte Erfolgsrechnung (Plan-GuV):** Sie erfasst die geplanten Erträge und Aufwendungen der Planperiode und ermittelt den daraus resultierenden Periodenerfolg.
- **Budgetierte Bilanz (Planbilanz):** Sie zeigt, wie sich die Teilbudgets, das Finanzbudget und die Plan-GuV auf die Bilanzpositionen des Unternehmens auswirken.

> Das **Budgetsystem** besteht aus inhaltlich aufeinander abgestimmten Teilbudgets, die je nach Zahlungs- und Erfolgswirksamkeit in das Finanzbudget, die Plan-GuV und die Planbilanz verdichtet werden.

Um das kurzfristige Betriebsergebnis zu bestimmen, wird der Plan-GuV häufig eine **budgetierte Betriebsergebnisrechnung** vorgeschaltet. In ihr werden die in den Teilbudgets enthaltenen Kosten und Leistungen gegenübergestellt. Finanzbudget und Plan-GuV machen häufig eine Überarbeitung der Teilbudgets erforderlich. Diese dient etwa zur Sicherung der Liquidität oder zur Verbesserung des erwarteten Periodenerfolgs. Mögliche Maßnahmen sind die Verschiebung von Investitionen, die Senkung der Herstellkosten, ambitioniertere Umsatzziele oder die Verkürzung der Zahlungsfristen.

Anpassungen der Teilbudgets werden so lange vorgenommen, bis Periodenerfolg und Liquidität als zufriedenstellend gelten oder nicht weiter optimierbar sind. Dieser iterative und oft langwierige Vorgang wird als **Budget-Knetphase** bezeichnet. Die Planbilanz ermöglicht darüber hinaus die Analyse der zukünftigen Vermögens- und Kapitalstruktur und ist daher insbesondere für Banken und Investoren von Interesse. Ein einfaches Beispiel für ein Budgetsystem zeigt Abb. 4.3.1. Dort sind auch die Untergliederung der Teilbudgets sowie deren Verdichtung zum Finanzbudget, zur Plan-GuV und zur Planbilanz dargestellt.

Da die Budgetierung überwiegend sukzessiv erfolgt, bestimmt der Aufbau des Budgetsystems auch die **Reihenfolge der Erstellung** der Teilbudgets. Nach dem Ausgleichsgesetz der Planung bildet der Engpassbereich den Ausgangspunkt der Budgetierung. Da dieser in der Regel im Absatzmarkt liegt, wird meist zuerst das Umsatzbudget geplant. Hierfür werden die geplanten Absatzmengen mit den angestrebten Verkaufspreisen bewertet. Auf Basis des Umsatzbudgets lassen sich anschließend die Budgets für Produktion, Beschaffung, indirekte Bereiche und Investitionen erstellen.

Beim Entwurf des Budgetsystems ist darauf zu achten, dass die Verantwortung für jedes Teilbudget klar geregelt ist. Die Struktur des Budgetsystems orientiert sich daher häufig an der bestehenden Aufbauorganisation. Die Gliederungstiefe der Teilbudgets ist unternehmensspezifisch und hängt unter anderem von der Größe des Unternehmens ab. Als **Budgetierungsorgane** kommen grundsätzlich alle in Kapitel 4.1.2 aufgeführten Planungs- und Kontrollorgane infrage. Traditionell ist die Budgetierung jedoch eine Kernaufgabe des Controllings. Es unterstützt die Linieninstanzen bei der Erstellung und Überwachung der Budgets, koordiniert den gesamten Ablauf und konsolidiert die Ergebnisse über alle Hierarchieebenen hinweg. Darüber hinaus ist das Controlling meist für die Gestaltung, Steuerung und Analyse des Budgetierungssystems zuständig. Es überwacht die Budgetrealisierung, erkennt frühzeitig Abweichungen und

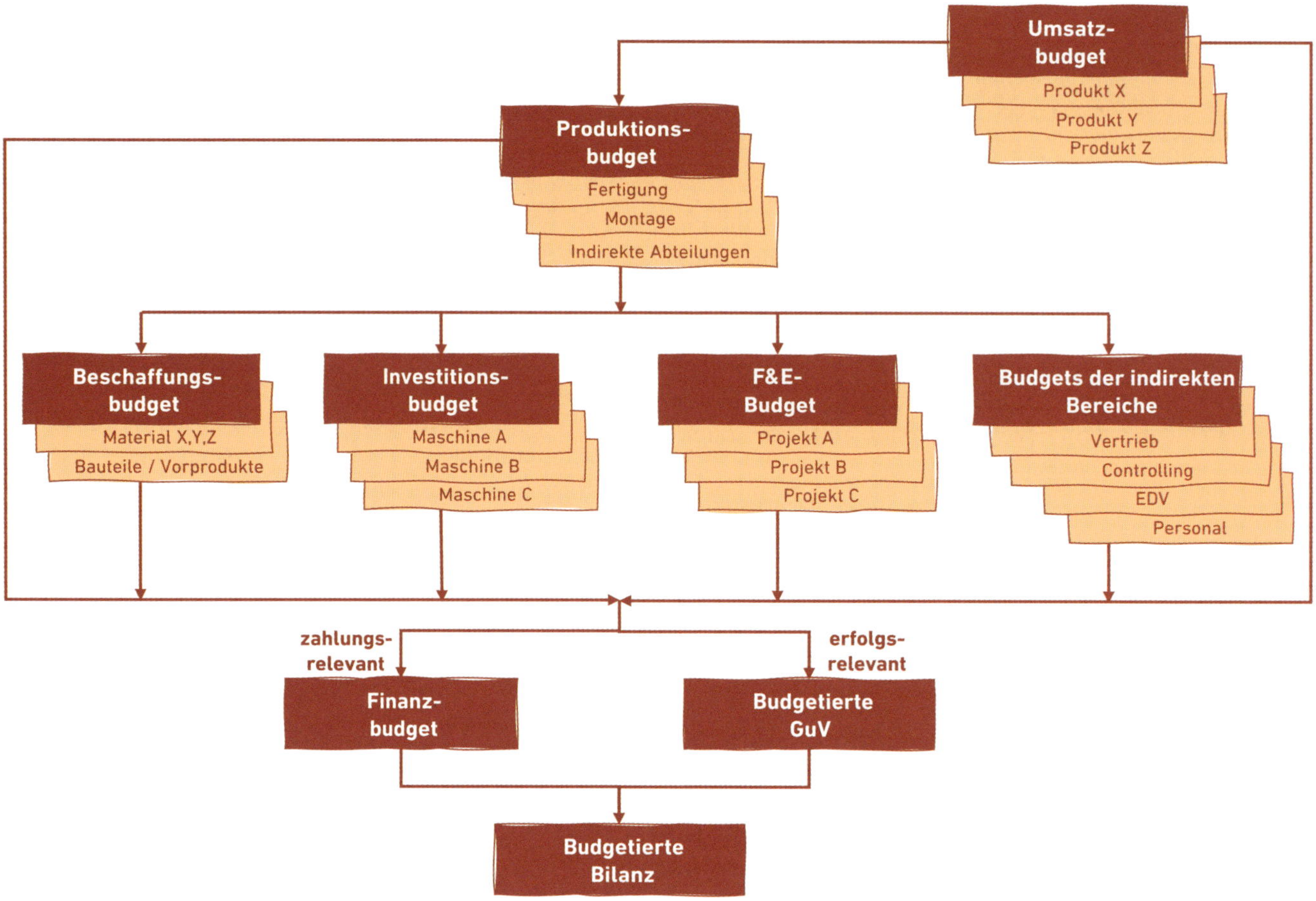

Abb. 4.3.1: Aufbau eines Budgetsystems

analysiert deren Ursachen. Die eigentliche Erstellung der Teilbudgets obliegt jedoch den Linieninstanzen. Die Unternehmensführung gibt die generellen Ziele und Richtlinien vor, genehmigt die Einzelbudgets und verabschiedet das konsolidierte Gesamtbudget.

Budgetierungsprozess

> Der **Budgetierungsprozess** umfasst den zeitlichen und inhaltlichen Ablauf sämtlicher Budgetierungsaktivitäten.

Die grundlegenden Gestaltungsmöglichkeiten der Planung und Kontrolle wurden bereits in Kapitel 4.1.2 erläutert. Die **Erfolgsplanung** kann progressiv oder retrograd erfolgen: Bei der progressiven Planung ergibt sich der budgetierte Erfolg durch die Aggregation der einzelnen Teilbudgets, während bei der retrograden Planung die Teilbudgets aus übergeordneten Erfolgsgrößen abgeleitet werden.

In der Praxis wird die Budgetierung meist rollierend im Gegenstromverfahren mit Top-down-Eröffnung durchgeführt. Dabei durchläuft der Budgetierungsprozess typischerweise folgende **Phasen**:[126]

- **Entwicklung von Budgetrichtlinien:** Zu Beginn legt die Unternehmensführung die übergeordneten Erfolgs- und Liquiditätsziele sowie die einzuhaltenden Ressourcenrestriktionen fest. Grundlage hierfür sind die Vorgaben aus der strategischen Planung, Prognosen zu relevanten Einflussfaktoren sowie Erkenntnisse aus der Analyse der vorhergehenden Budgetperiode. Zudem werden Termine und Verantwortlichkeiten bestimmt.
- **Aufstellung der Teilbudgets:** Auf Basis der Budgetvorgaben sowie ergänzender Prognosen und Kostenschätzungen erstellen die Linienmanager für ihren jeweiligen Verantwortungsbereich einen Budgetentwurf.
- **Budgetabstimmung und -verhandlung:** Abstimmungen zwischen den Verantwortungsbereichen dienen der Identifikation von Konflikten und Inkonsistenzen

(horizontale Koordination). Bis die Gesamtheit der Teilbudgets ein konsistentes und akzeptiertes Gesamtbild ergibt, sind in der Regel mehrstufige Überarbeitungen durch die Linienverantwortlichen erforderlich (vertikale Koordination). Diese sogenannte Budgetknetphase ist häufig mit erheblichem Zeitaufwand verbunden.

- **Budgetprüfung und -konsolidierung:** Die Budgetentwürfe werden inhaltlich und formal überprüft. Anschließend erfolgt die Konsolidierung zu Ergebnisbudgets. Dabei werden unternehmensinterne Leistungsbeziehungen eliminiert und Geschäftsvorfälle aus Sicht des Gesamtunternehmens dargestellt. Ziel ist die Abbildung des Unternehmens als wirtschaftliche Einheit, unabhängig von rechtlichen Strukturen.
- **Genehmigung und Vorgabe:** Nach erfolgreicher vertikaler und horizontaler Abstimmung genehmigt die Unternehmensführung die Budgets. Sie gelten für die Linienmanager als verbindliche Zielvorgabe für das kommende Geschäftsjahr. Gleichzeitig wird den Linienmanagern damit aber auch die Kompetenz verliehen, im Rahmen ihres Budgets eigenverantwortlich zu handeln.
- **Kontrolle und Abweichungsanalyse:** Im Rahmen der Budgetkontrolle werden während und nach Ablauf der Budgetperiode die zugrunde liegenden Annahmen überprüft und die budgetierten Werte mit den realisierten Ergebnissen verglichen. Die Abweichungsanalyse dient dazu, die Ursachen von Abweichungen zu identifizieren und deren Bedeutung für die Zielerreichung zu bewerten. Auch eine deutliche Übererfüllung kann auf Mängel in der Budgetplanung hinweisen, wie etwa auf bewusst eingeplante Puffer.

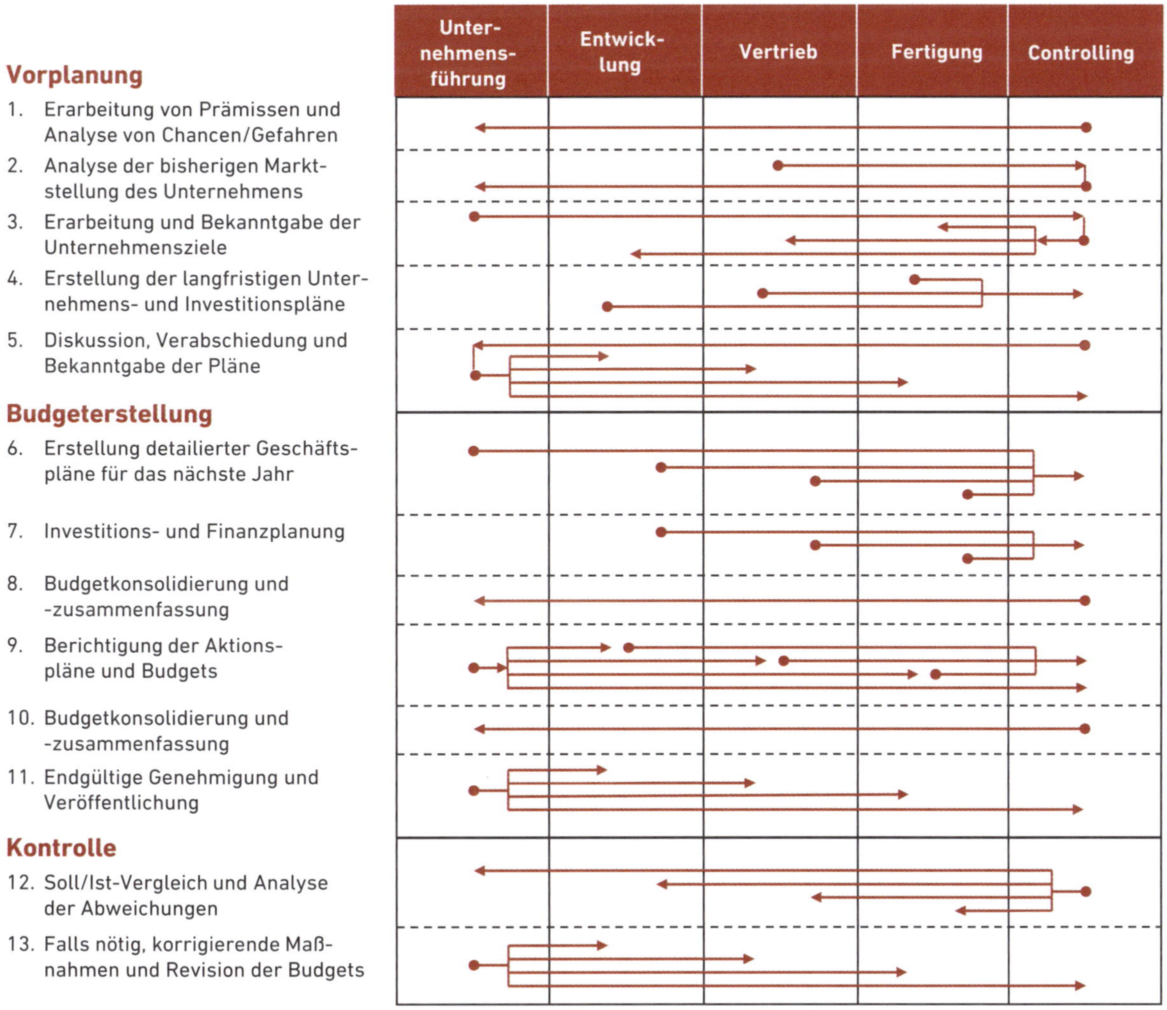

Abb. 4.3.2: Beispielhafter Ablauf und Träger der Budgetierung[127]

Der Budgetierungsprozess läuft in der Unternehmenspraxis meist routinemäßig ab und ist häufig bis ins Detail geregelt. Zur Sicherstellung eines reibungslosen Ablaufs dient ein Budgetierungskalender, der die einzelnen Schritte sowie die jeweiligen Verantwortlichkeiten festlegt. Um einen termingerechten Abschluss zu gewährleisten, überwacht das Controlling die Einhaltung der Abgabetermine der Teilbudgets und die Dauer der einzelnen Prozessschritte (vgl. Kap. 4.1.2). Ein Beispiel für typische Aktivitäten und beteiligte Organisationseinheiten zeigt Abb. 4.3.2. Dort sind sowohl die Zuordnung der Verantwortlichkeiten zu den jeweiligen Prozessschritten als auch die Adressaten ersichtlich. Zudem wird deutlich, dass die hierarchischen Ebenen im Verlauf des Budgetierungsprozesses mehrfach durchlaufen werden.

Budgetierungsinstrumente

Aufgrund des hohen Datenvolumens ist die Budgetierung in mittleren und größeren Unternehmen heute ohne **digitale Informationssysteme** kaum noch praktikabel. Diese erhöhen nicht nur die Planungseffizienz, sondern ermöglichen auch automatisierte Prognosen und Simulationen von Ergebnis und Liquidität. Dadurch lässt sich die Budgetierung insgesamt flexibler gestalten. Die Digitalisierung der Planung und Kontrolle wird in Kapitel 4.1.3 behandelt.

Welche **Methoden und Verfahren** zur Budgeterstellung eingesetzt werden, richtet sich nach den spezifischen Aufgaben und Rahmenbedingungen des jeweiligen Bereichs. Auswahlkriterien sind insbesondere der Wiederholungsgrad der Prozesse und die monetäre Quantifizierbarkeit der erbrachten Leistungen. Wiederkehrende, standardisierte Vorgänge verlaufen weitgehend identisch, sind gut dokumentierbar und lassen sich detailliert beschreiben, wie etwa die Fertigung eines Produkts oder die Beschaffung von Rohstoffen. In solchen Fällen kommen *problemorientierte Budgetierungsverfahren* zum Einsatz, die auf die spezifischen Entscheidungssituationen des jeweiligen Bereichs zugeschnitten sind. Einmalige oder neuartige Prozesse lassen sich hingegen nur schwer systematisch beschreiben, insbesondere wenn sie von externen Einflussfaktoren geprägt sind. Dies gilt etwa für Forschung oder Marketing. In solchen Fällen werden bevorzugt *verfahrensorientierte Techniken* eingesetzt, mit denen Budgets anhand fester Ableitungsregeln ermittelt werden. Darüber hinaus lassen sich Budgetierungsmethoden auch danach unterscheiden, ob sie vom angestrebten Ergebnis (outputorientiert) oder vom geplanten Ressourceneinsatz (inputorientiert) ausgehen.[128]

Je nach Wiederholungsgrad der Leistungserstellung und der monetären Quantifizierbarkeit der erbrachten Leistungen kommen folgende **Budgetierungsverfahren** zum Einsatz:[129]

- **Effizienzorientierte Input-Output-Budgetierung:** Am einfachsten zu budgetieren sind Verantwortungsbereiche, in denen sich sowohl die Prozesse regelmäßig wiederholen als auch die Ergebnisse monetär messen lassen. Der Fokus liegt auf der Effizienz, also dem Verhältnis von monetärem Input zu Output, sowie auf dem bewerteten Ressourcenverbrauch je Leistungseinheit. Ausgangspunkt ist meist das Absatz- oder Produktionsprogramm. So ergibt sich das Produktionsbudget beispielsweise aus der Multiplikation der budgetierten Stückherstellkosten mit den geplanten Fertigungsmengen. Eingesetzt werden vor allem Verfahren der Plan- und Normalkostenrechnung, insbesondere für Fertigungs- und Beschaffungsbudgets.
- **Ergebnisorientierte Output-Budgetierung:** In Unternehmensbereichen mit einmaligen oder von äußeren Faktoren abhängigen Abläufen lässt sich kein klarer Zusammenhang zwischen Input und Output herstellen. In solchen Fällen wird nur das angestrebte Ergebnis budgetiert. Ein typisches Beispiel ist das Umsatzbudget, das aus geplanten Absatzmengen und Verkaufspreisen abgeleitet wird. Zur Anwendung kommen dabei Entscheidungs- und Prognosemodelle, etwa auf Basis von Advanced Analytics oder treiberbasierter Planungssysteme (vgl. Kap. 4.1.3).
- **Prozessmengenbasierte Input-Budgetierung:** In Gemeinkostenbereichen ohne direkten Marktbezug entstehen keine unmittelbaren Erlöse. Bei repetitiven Prozessen lässt sich die Leistung jedoch anhand der Prozesshäufigkeit quantifizieren, wie etwa die Anzahl an Buchungsvorgängen im Rechnungswesen. Besteht ein mittelbarer Zusammenhang zum Produktions- oder Absatzprogramm, lässt sich daraus der erforderliche Ressourcenbedarf ableiten. Ein geeignetes Instrument hierfür ist die Prozesskostenrechnung (vgl. Kap. 5.4.2).
- **Entscheidungsbasierte Input-Budgetierung:** In indirekten Bereichen mit nicht standardisierten Abläufen und ohne Bezug zum Produktions- oder Absatzprogramm erfolgt die Budgetfestlegung häufig auf Basis qualitativer Kriterien oder pauschaler Vorgaben. Bestehende Budgets werden dabei oft lediglich fortgeschrieben, etwa proportional zum Umsatz. Eine echte Planung findet in solchen Fällen nicht statt. Dadurch besteht die Gefahr, dass veraltete Strukturen fortbestehen und Ineffizienzen unerkannt bleiben. Ein Beispiel ist das Forschungsbudget.

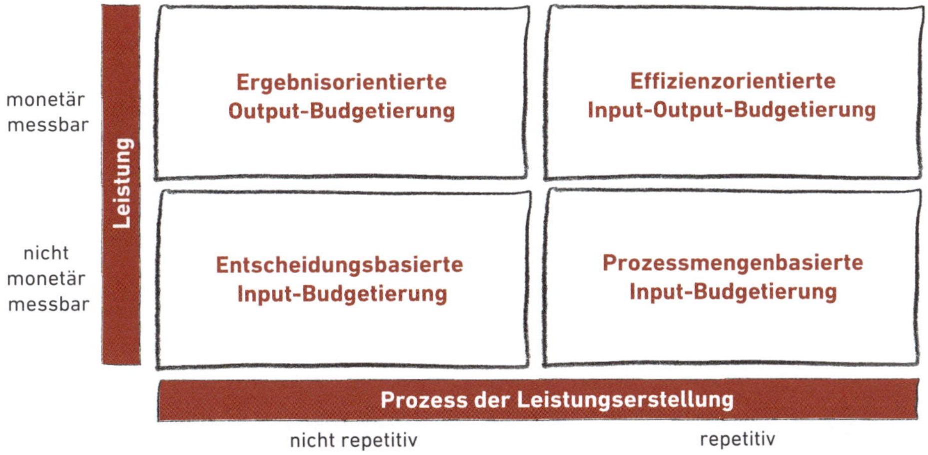

Abb. 4.3.3: Budgetierungsverfahren nach Verantwortungsbereichen[130]

> Die Wahl des geeigneten **Budgetierungsverfahrens** hängt vom Wiederholungsgrad der Prozesse und der monetären Messbarkeit der Ergebnisse im jeweiligen Verantwortungsbereich ab. Je nach Ausprägung dieser Faktoren kann die Budgetierung effizienzorientiert, ergebnisorientiert, prozessmengenbasiert oder entscheidungsbasiert erfolgen.

Die genannten Budgetierungsverfahren lassen sich in den jeweiligen Verantwortungsbereichen regelmäßig und periodisch anwenden. Ergänzend dazu existieren **aperiodische Verfahren**, die nur in größeren Zeitabständen oder für einmalige Zwecke eingesetzt werden:[131]

- **Projektbudgetierung:** Projekte als einmalige, komplexe Vorhaben müssen jeweils gesondert budgetiert werden. Das Projektbudget beinhaltet die benötigten monetären Mittel für Personal, Material, Betriebsmittel und Fremdleistungen sowie die finanziell bewerteten Projektergebnisse (vgl. Kap. 5.3.1).
- **Wertanalytische Verfahren:** Ziel dieser Verfahren ist vor allem die Effizienzsteigerung und Kostensenkung in indirekten Bereichen. Im Mittelpunkt steht die Analyse der eingesetzten Ressourcen. Ein bereichsübergreifendes Team analysiert, wie sich Produkte oder Prozesse wirtschaftlicher gestalten lassen, indem Funktionen vereinfacht oder überflüssige Merkmale reduziert werden. Dabei wird die Zweckmäßigkeit der Leistungen nicht infrage gestellt. Das bekannteste Verfahren ist die *Gemeinkostenwertanalyse*, bei der Kosten und Nutzen indirekter Leistungen gegenübergestellt werden, um deutliche Einsparpotenziale zu identifizieren.
- **Zero-Base-Budgeting:** Dieses Verfahren soll sicherstellen, dass knappe Mittel in den Gemeinkostenbereichen ausschließlich für wesentliche Aufgaben verwendet werden. Es zielt weniger auf eine pauschale Kostensenkung ab, sondern mehr auf eine strategiekonforme Ressourcenverteilung. Jeder Verantwortungsbereich muss sein Budget vollständig „von Null auf" begründen. Dabei wird geprüft, ob, in welcher Qualität und mit welchem Aufwand die jeweiligen Aktivitäten durchgeführt werden. Aufgrund seiner Komplexität und des hohen Zeitbedarfs eignet sich Zero-Base-Budgeting nicht für akute Krisensituationen. Es stößt jedoch auf weniger Widerstand als wertanalytische Verfahren, die primär auf Kostensenkung und Personalabbau ausgerichtet sind.

Ein zentrales **Instrument der Budgetkontrolle** ist die Abweichungsanalyse. Sie dient dazu, die Ursachen von Planabweichungen zu identifizieren, um rechtzeitig gegensteuern zu können und zukünftige Budgetierungsprozesse zu verbessern. Der Detaillierungsgrad der Analyse hängt von der Kosten- und Leistungsrechnung ab. Wird im Produktionsbereich beispielsweise eine flexible Plankostenrechnung eingesetzt, lassen sich Abweichungen des Produktionsbudgets nach Beschäftigungs-, Preis- oder Verbrauchsfaktoren differenzieren.

Die Budgetierung der Eder Garten GmbH

Die *Eder Garten GmbH* produziert und vertreibt Gartenmöbel und ist eine Tochtergesellschaft des *Möbella-Konzerns* (vgl. Kap. 1.1.4). Das Organigramm des Unternehmens zeigt Abb. 4.3.4. *Eder Garten* erzielte im letzten Geschäftsjahr mit 150 Mitarbeitern einen Umsatz von 45 Mio. Euro. Das Budget wird für das folgende Geschäftsjahr geplant. Zum besseren Verständnis beschränkt sich die folgende Darstellung auf die ersten drei Monate und zwei sehr ähnliche Produkte. In diversifizierten, global tätigen Unternehmen ist der Budgetierungsprozess wesentlich komplexer und mit einem entsprechend hohen Koordinationsaufwand verbunden.

Eder Garten

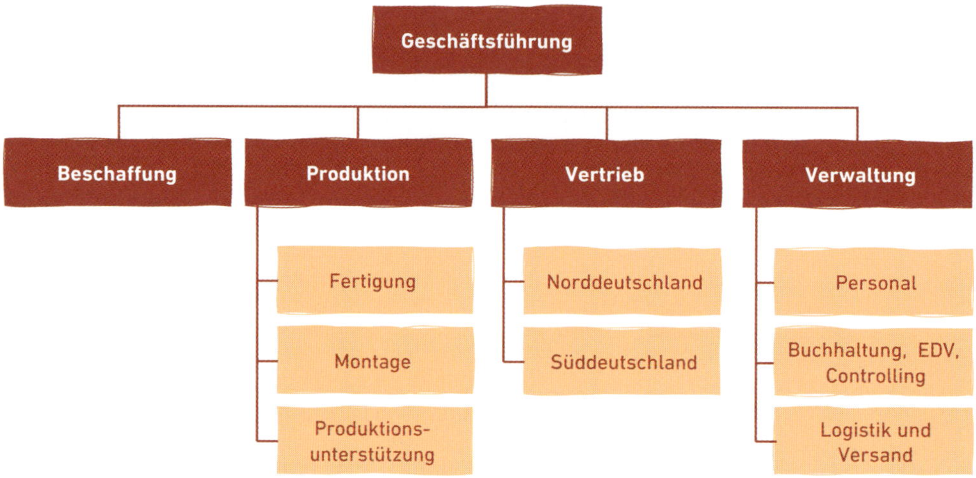

Abb. 4.3.4: Organigramm der Eder Garten GmbH

Die *Eder Garten GmbH* fertigt Gartentische in den beiden Modellen Luxus und Standard, die direkt an den Einzelhandel vertrieben werden (Kaufhäuser, Discounter, Möbelgeschäfte). Die Modelle *Luxus* und *Standard* haben empfohlene Verkaufspreise von 24,95 Euro und 19,95 Euro. Sie werden an die Händler zu einem Nettopreis von 15,- Euro bzw. 12,- Euro verkauft. Beide Tische besitzen einen Röhrenstahlrahmen, auf dem eine mit Vinyl beschichtete Sperrholzplatte als Tischplatte aufliegt. Das Modell *Luxus* ist etwas höher und hat eine größere Platte als das Modell *Standard*. Der Arbeitsaufwand für Herstellung und Verwaltung ist bei beiden Modellen identisch.

Die Budgetierung findet im Herbst eines jeden Jahres statt und erfolgt im Gegenstromverfahren mit Top-down-Eröffnung. Ende Juli teilt Geschäftsführer *Holger Wurm* den Leitern der Bereiche Beschaffung, Produktion, Vertrieb und Verwaltung die übergeordneten Zielvorgaben zu Umsatzentwicklung, Umsatzrentabilität und Marktanteil mit. Daraufhin erstellen die Bereichsleiter bis Mitte Oktober in Abstimmung mit Konzerncontroller *Edwin Erbse* die Budgets für ihre Verantwortungsbereiche.

Herr *Erbse* koordiniert den gesamten Budgetierungsprozess und übernimmt die Verdichtung sowie Konsolidierung der Teilbudgets. Anschließend werden das Finanzbudget und die Plan-GuV mit *Erwin Eder*, dem Geschäftsführer der *Möbella-Gruppe*, durchgesprochen. Eventuell erforderliche Anpassungen werden anschließend von *Holger Wurm* mit den Linienverantwortlichen abgestimmt. Nach Abschluss dieser Budgetknetphase wird das Budget Anfang Dezember von *Erwin Eder* verabschiedet. Es dient als verbindliche Vorgabe für das kommende Geschäftsjahr und bildet zugleich die Grundlage für die Leistungsbeurteilung der Linienverantwortlichen und die Berechnung der jährlichen Erfolgsprämie von *Holger Wurm*. Das in Abb. 4.3.5 dargestellte **Budgetsystem** veranschaulicht den Zusammenhang der Teilbudgets. Der Ablauf der Budgeterstellung wird im Folgenden Schritt für Schritt erläutert.

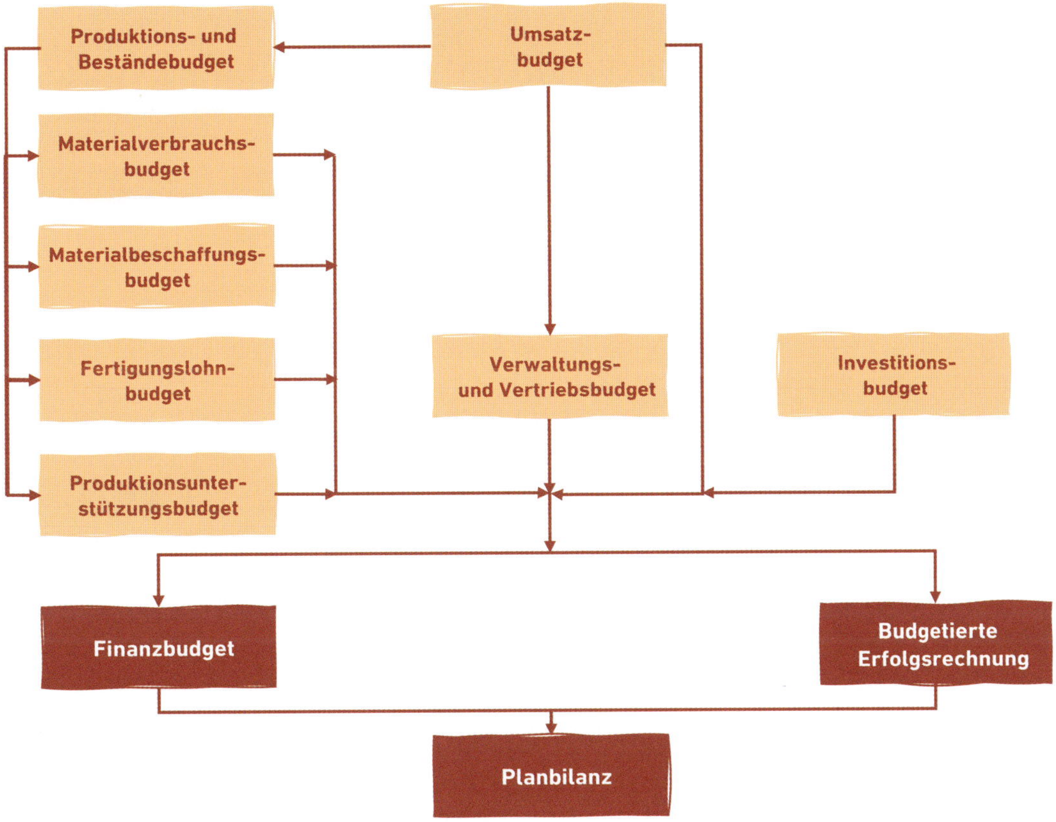

Abb. 4.3.5: Das Budgetsystem der Eder Garten GmbH

Im Budgetsystem in Abb. 4.3.5 ist zu sehen, dass auch bei *Eder Garten* das **Umsatzbudget** den Ausgangspunkt für die Budgeterstellung bildet. Es ist in Abb. 4.3.6 dargestellt und wird nach den Regionen Nord- und Süddeutschland, den Produkten und den Planmonaten gegliedert. Im Umsatzbudget wird der Umsatz der Produkte durch Multiplikation der geplanten Absatzmengen mit den beabsichtigten Verkaufspreisen ermittelt. Preisunterschiede in den Vertriebsregionen und monatliche Preisschwankungen werden aus Vereinfachungsgründen vernachlässigt. Die Umsatzzahlen der einzelnen Monate werden zum Quartalsumsatz verdichtet. Auf diese Weise ergibt sich ein geplanter Umsatz für das erste Quartal in Höhe von 11,25 Mio. Euro. In der Budgetierung wird die Umsatzsteuer nicht berücksichtigt, da ausschließlich Nettowerte geplant werden und sie als durchlaufender Posten keinen Einfluss auf das Betriebsergebnis hat.

Umsatzbudget
(1. Quartal) **Eder Garten GmbH**

Region	Produkte	Stückpreis (Euro)	Januar Absatz (TStück)	Januar Umsatz (TEuro)	Februar Absatz (TStück)	Februar Umsatz (TEuro)	März Absatz (TStück)	März Umsatz (TEuro)	1. Quartal Absatz (TStück)	1. Quartal Umsatz (TEuro)
Norden	Luxus	15,00	60	900	60	900	50	750	170	2.550
	Standard	12,00	100	1200	100	1200	110	1320	310	3.720
										6.270
Süden	Luxus	15,00	40	600	50	750	50	750	140	2.100
	Standard	12,00	80	960	80	960	80	960	240	2.880
										4.980
Deutschland	Luxus	15,00	100	1500	110	1650	100	1500	310	4.650
	Standard	12,00	180	2160	180	2160	190	2280	550	6.600
Umsatz für GuV- und Finanzbudget										**11.250**

Abb. 4.3.6: Umsatzbudget der Eder Garten GmbH

Zeitgleich zur Budgeterstellung erfolgt die **Plankalkulation der Herstellkosten**. Die Ergebnisse gehen beispielsweise in die Preisfindung, Bestandsbewertung oder die betriebliche Erfolgsrechnung ein. Bei der *Eder Garten GmbH* wird in den Abteilungen Fertigung und Montage eine Vollkostenkalkulation durchgeführt.

Wie in Abb. 4.3.7 dargestellt, werden die anfallenden Lohnkosten auf Basis der direkten Arbeitsstunden (DAS) kalkuliert. Dabei handelt es sich um die geplante Arbeitszeit in den Abteilungen Fertigung und Montage. Die direkten Arbeitsstunden sind auch die Verteilungsbasis für die **Produktionsgemeinkosten**. Der Produktionsgemeinkostensatz beträgt 60 Euro/DAS. Er ergibt sich aus dem Verhältnis des Produktionsunterstützungsbudgets zu den direkten Arbeitsstunden. Die Aufstellung des Produktionsunterstützungsbudgets wird später in Abb. 4.3.12 erläutert.

In der **Abteilung Fertigung** werden die Stahlrohre gebogen und verschweißt sowie die Sperrholzplatten zugeschnitten. Das Modell *Luxus* benötigt 10 m Stahlrohr sowie 1,2 m^2 Sperrholzplatte und das Modell Standard 9 m Stahlrohr und 0,9 m^2 Sperrholzplatte. Multipliziert mit dem Einstandspreis von 0,20 Euro/m Stahlrohr bzw. 1 Euro/m^2 Sperrholzplatte ergeben sich Materialkosten von 3,20 Euro (Luxus) bzw. 2,70 Euro (Standard). Da die Fertigung weitgehend automatisiert ist, fallen hierfür pro Tisch nur ca. 36 Sekunden bzw. 0,01 direkte Arbeitsstunden an. Der Stundensatz je Mitarbeiter in der Fertigung einschließlich Lohnnebenkosten beträgt 60 Euro/DAS. Daraus ergeben sich 0,6 Euro Lohnkosten pro Stück. Die Produktionsgemeinkosten werden auf Basis der direkten Arbeitsstunden verteilt und liegen bei 0,6 Euro/Stück. Somit betragen die Herstellkosten pro Stück in der Abteilung Fertigung 4,40 Euro (Luxus) bzw. 3,90 Euro (Standard).

In der **Abteilung Montage** wird die Sperrholzplatte mit einer Vinyloberfläche überzogen und der Stahlrohrrahmen mit der Tischplatte verschraubt. Die erforderlichen Materialien werden vom Lieferanten *Würth* als Montagesatz zum Preis von 1,- Euro je Stück geliefert. Addiert man hierzu die Kosten für die Vinyloberfläche von 0,5 Euro/m^2 ergeben sich daraus die Materialkosten von 1,60 Euro (*Luxus*) bzw. 1,45 Euro (*Standard*). In der Montage sind pro Tisch ca. 72 Sekunden bzw. 0,02 direkte Arbeitsstunden erforderlich. Bei einem Stundensatz von 50 Euro/DAS folgen daraus pro Stück Lohnkosten von 1,- Euro und Produktionsgemeinkosten von 1,20 Euro. Die Herstellkosten in der Abteilung Montage betragen pro Stück 3,80 Euro (*Luxus*) bzw. 3,65 Euro (*Standard*). Insgesamt ergeben sich **Herstellkosten pro Stück** von 8,20 Euro für das Modell *Luxus* und von 7,55 Euro für das Modell *Standard*.

Plankalkulation (je Tisch)			Eder Garten GmbH	
Abteilung Fertigung	**Menge**	**Preis**	**Geplante Kosten je Tisch Luxus**	**Standard**
Stahlrohr	10,0 m	0,20 Euro/m	2,00 Euro	
	9,0 m	0,20 Euro/m		1,80 Euro
Sperrholzplatte	1,2 m^2	1,00 Euro/m^2	1,20 Euro	
	0,9 m^2	1,00 Euro/m^2		0,90 Euro
Materialkosten			**3,20 Euro**	**2,70 Euro**
	DAS*	**Stundensatz****		
Lohn	0,01	60,00 Euro/DAS	0,60 Euro	0,60 Euro
Produktionsgemeinkosten	0,01	60,00 Euro/DAS	0,60 Euro	0,60 Euro
Herstellkosten/Stück			**4,40 Euro**	**3,90 Euro**
Abteilung Montage	**Menge**	**Preis**	**Geplante Kosten je Tisch Luxus**	**Standard**
Vinyloberfläche	1,2 m^2	0,50 Euro/m^2	0,60 Euro	
	0,9 m^2	0,50 Euro/m^2		0,45 Euro
Montagesatz	1 St.	1,00 Euro/St.	1,00 Euro	1,00 Euro
Materialkosten			**1,60 Euro**	**1,45 Euro**
	DAS*	**Stundensatz****		
Lohn	0,02	50,00 Euro/DAS	1,00 Euro	1,00 Euro
Produktionsgemeinkosten	0,02	60,00 Euro/DAS	1,20 Euro	1,20 Euro
Herstellkosten/Stück			**3,80 Euro**	**3,65 Euro**
Gesamte Herstellkosten/Stück			**8,20 Euro**	**7,55 Euro**

* DAS = direkte Arbeitsstunden
** Die Produktionsgemeinkosten werden in Abb. 4.3.12 kalkuliert
Gesamte budgetierte Produktionsunterstützung: 1.548 TEuro
Gesamte budgetierte DAS (8.600 h + 17.200 h): 25.800 h
Produktionsgemeinkostensatz je DAS: 60,00 Euro

Abb. 4.3.7: Plankalkulation der Eder Garten GmbH

Das **Umsatzbudget** enthält auch die geplanten Absatzzahlen der beiden Produkte. Um daraus die Produktionsmengen pro Monat abzuleiten, müssen die Bestände an Fertigerzeugnissen sowie die verfügbaren Produktionskapazitäten in die Planung einbezogen werden. Die Bestandspolitik der *Eder Garten GmbH* sieht vor, aus Gründen der Liefersicherheit zum Monatsende Fertigerzeugnisse in Höhe des erwarteten Absatzes des Folgemonats vorrätig zu haben. Für April wird ein Absatz von 100 Luxus- und 180 Standardmodellen geplant.

Um die im jeweiligen Monat zu produzierenden Einheiten zu bestimmen, wird zunächst der geplante monatliche Absatz zum geforderten Endbestand addiert. Der Endbestand orientiert sich am Absatz des Folgemonats. Der Anfangsbestand entspricht dem tatsächlichen Bestand zu Monatsbeginn. Aus der Differenz zwischen geplantem Anfangs- und Endbestand ergibt sich die monatliche Produktionsmenge. Diese bildet die Grundlage für die Planung der Materialbeschaffung, des Materialverbrauchs und des direkten Personalaufwands. Werden die monatlich zu produzierenden Einheiten des ersten Quartals aufsummiert und mit den jeweiligen Herstellkosten bewertet, ergibt sich das in Abb. 4.3.8 dargestellte **Produktionsbudget**. Die *Eder Garten GmbH* plant einen Produktionsaufwand von 6.694,5 TEuro, der vom Produktionsleiter *Siegfried Säge* verantwortet wird.

Produktionsbudget (1. Quartal)							**Eder Garten GmbH**
Produkt		**Januar**	**Februar**	**März**	**1. Quartal**	**HK/St.** (Euro)	**Produktionsbudget** (TEuro)
Luxus							
Verkaufte Einheiten (aus Tab. 1)		100.000	110.000	100.000	310.000		
zzgl. geplanter Endbestand	+	110.000	100.000	100.000	100.000		
Benötigte Einheiten für Verkäufe und Bestände	=	210.000	210.000	200.000	410.000		
abzgl. geplanter Anfangsbestand	-	100.000	110.000	100.000	100.000		
Zu produzierende Einheiten	=	**110.000**	**100.000**	**100.000**	**310.000**	8,20	**2.542,0**
Standard							
Verkaufte Einheiten (aus Tab. 1)		180.000	180.000	190.000	550.000		
zzgl. geplanter Endbestand	+	180.000	190.000	180.000	180.000		
Benötigte Einheiten für Verkäufe und Bestände	=	360.000	370.000	370.000	730.000		
abzgl. geplanter Anfangsbestand	-	180.000	180.000	190.000	180.000		
Zu produzierende Einheiten	=	**180.000**	**190.000**	**180.000**	**550.000**	7,55	**4.152,5**
Produktionsbudget 1. Quartal							**6.694,5**

Abb. 4.3.8: Produktionsbudget der Eder Garten GmbH

Nachdem die Produktionszahlen festgelegt wurden, kann im nächsten Schritt das **Materialverbrauchsbudget** aufgestellt werden (vgl. Abb. 4.3.9). Es beziffert den für die Herstellung der geplanten Produktionsmenge erforderlichen Materialaufwand. Hierzu sind zunächst die Verbrauchsmengen der einzelnen Materialarten (Stahlrohre, Sperrholzplatten, Vinylfolie und Montagesätze) zu ermitteln. Dies erfolgt durch Multiplikation der Produktionsmenge mit dem jeweiligen Materialbedarf pro Stück. Der Gesamtmaterialaufwand ergibt sich anschließend durch Multiplikation dieser Verbrauchsmengen mit den Einstandspreisen der einzelnen Materialien. Für das erste Quartal ergibt sich daraus ein geplanter Materialverbrauch von 3.770,5 TEuro, der in die budgetierte Erfolgsrechnung (Abb. 4.3.17) als Materialaufwand einfließt. Während der Produktionsleiter *Siegfried Säge* für die Einhaltung des mengenmäßigen Materialverbrauchs gemäß Arbeitsplan verantwortlich ist, obliegt es der Beschaffungsleiterin *Silke Schopping*, die geplanten Einkaufspreise der Materialien sicherzustellen. Materialdisposition und Logistik werden aus Vereinfachungsgründen in diesem Beispiel nicht näher dargestellt.

Materialverbrauchsbudget
(1. Quartal)
Eder Garten GmbH

		Luxus			Standard			1. Quartal		
Material	**Monat**	**geplante Produktion** (TStück)	**Einheiten je Stück**	**Benötigte Menge** (TEinh.)	**geplante Produktion** (TStück)	**Einheiten je Stück**	**Benötigte Menge** (TEinh.)	**Bedarf Produktion** (TEinh.)	**Preis je Einheit** (Euro)	**Material-aufwand** (TEuro)
Stahlrohr (m)	Januar	110	10	1.100	180	9	1.620	2.720	0,20	544,0
	Februar	100	10	1.000	190	9	1.710	2.710	0,20	542,0
	März	100	10	1.000	180	9	1.620	2.620	0,20	524,0
	1. Quartal	**310**		**3.100**	**550**		**4.950**	**8.050**		**1.610,0**
Sperrholzplatte (m²)	Januar	110	1,2	132	180	0,9	162	294	1,00	294,0
	Februar	100	1,2	120	190	0,9	171	291	1,00	291,0
	März	100	1,2	120	180	0,9	162	282	1,00	282,0
	1. Quartal	**310**		**372**	**550**		**495**	**867**		**867,0**
Vinyl (m²)	Januar	110	1,2	132	180	0,9	162	294	0,50	147,0
	Februar	100	1,2	120	190	0,9	171	291	0,50	145,5
	März	100	1,2	120	180	0,9	162	282	0,50	141,0
	1. Quartal	**310**		**372**	**550**		**495**	**867**		**433,5**
Montagesatz (Stück)	Januar	110	1	110	180	1	180	290	1,00	290,0
	Februar	100	1	100	190	1	190	290	1,00	290,0
	März	100	1	100	180	1	180	280	1,00	280,0
	1. Quartal	**310**		**310**	**550**		**550**	**860**		**860,0**
Materialverbrauch (in budgetierte GuV)										**3.770,5**

Abb. 4.3.9: Materialverbrauchsbudget der Eder Garten GmbH

Material wird erst dann aufwandswirksam, wenn es verbraucht wird. Zahlungswirksam ist es hingegen bereits bei der Beschaffung. Daher ist ein separates **Materialbeschaffungsbudget** erforderlich. Darin wird geplant, zu welchem Zeitpunkt und in welchem Umfang das für die Produktion benötigte Material einzukaufen ist. Das Materialbeschaffungsbudget zeigt Abb. 4.3.10. Auch hier spielt die Bestandspolitik wieder eine wichtige Rolle. Analog zum Fertigwarenlager verfolgt *Eder Garten* das Ziel, bei jeder Materialart zum Monatsende einen Bestand in Höhe des Materialbedarfs des Folgemonats vorzuhalten. Beispielsweise ergibt sich die im Januar zu beschaffende Menge an Stahlrohr in Höhe von 2.710 Tm wie folgt: Zum Materialbedarf im Januar in Höhe von 2.720 Tm wird der Bedarf des Februars in Höhe von 2.710 Tm addiert, der zum Monatsende auf Lager liegen soll. Anschließend wird der Anfangsbestand des Januars in Höhe von 2.720 Tm abgezogen, der dem Bedarf im Januar entspricht und bereits im Dezember eingelagert wurde.

Silke Schopping ist dafür verantwortlich, dass die benötigten Materialmengen in den jeweiligen Monaten beschafft werden. Werden diese mit den Einstandspreisen bewertet, ergibt sich ein Materialbeschaffungsbudget von insgesamt 3.722,5 TEuro, das in ihren Verantwortungsbereich fällt. Unter der Annahme, dass die Materialbeschaffung im jeweiligen Monat vollständig zahlungswirksam ist (Skonti, Rabatte und Zahlungsziele bleiben unberücksichtigt), fließen diese Beträge als Auszahlungen (Abb. 4.3.15) in das Finanzbudget (Abb. 4.3.16) ein.

Materialbeschaffungsbudget
(1. Quartal) **Eder Garten GmbH**

Material	Monat	Mat.bedarf Produktion (TEinh.)	zzgl. End-bestand (TEinh.)	Gesamtbe-darf (TEinh.)	abzgl. Anfangs-bestand (TEinh.)	Einkaufs-menge (TEinh.)	Preis je Einheit (Euro)	1. Quartal (TEuro)
Stahlrohr (m)	Januar	2.720	2.710	5.430	2.720	2.710	0,20	542,0
	Februar	2.710	2.620	5.330	2.710	2.620	0,20	524,0
	März	2.620	2.620	5.240	2.620	2.620	0,20	524,0
	1. Quartal	**8.050**	**7.950**	**16.000**	**8.050**	**7.950**		**1.590,0**
Sperrholz-platte (m²)	Januar	294	291	585	294	291	1,00	291,0
	Februar	291	282	573	291	282	1,00	282,0
	März	282	282	564	282	282	1,00	282,0
	1. Quartal	**867**	**855**	**1.722**	**867**	**855**		**855,0**
Vinyl (m²)	Januar	294	291	585	294	291	0,50	145,5
	Februar	291	282	573	291	282	0,50	141,0
	März	282	282	564	282	282	0,50	141,0
	1. Quartal	**867**	**855**	**1.722**	**867**	**855**		**427,5**
Montage-satz (Stück)	Januar	290	290	580	290	290	1,00	290,0
	Februar	290	280	570	290	280	1,00	280,0
	März	280	280	560	280	280	1,00	280,0
	1. Quartal	**860**	**850**	**1.710**	**860**	**850**		**850,0**

Materialbeschaffungsbudget im ersten Quartal

	Stahlrohr (TEuro)	**Sperrholz** (TEuro)	**Vinyl** (TEuro)	**Montagesatz** (TEuro)	**Summe** (TEuro)
Januar	542,0	291,0	145,5	290,0	**1.268,5**
Februar	524,0	282,0	141,0	280,0	**1.227,0**
März	524,0	282,0	141,0	280,0	**1.227,0**
1. Quartal	**1.590,0**	**855,0**	**427,5**	**850,0**	**3.722,5**

Abb. 4.3.10: Materialbeschaffungsbudget der Eder Garten GmbH

Ebenfalls auf Basis des Produktionsbudgets erfolgt die **Planung des direkten Personalaufwands** in den Abteilungen Fertigung und Montage. Die Beschäftigung in den Abteilungen wird ermittelt, indem die geplante Produktionsmenge aus dem Produktionsbudget (Abb. 4.3.8) mit dem Zeitbedarf je Stück multipliziert wird. Die Multiplikation der Fertigungs- und Montagestunden mit den jeweiligen Stundensätzen von 60 Euro/DAS bzw. 50 Euro/DAS ergibt den Lohnaufwand in den einzelnen Monaten und Abteilungen. Dabei wird vereinfachend angenommen, dass die Vergütung der Mitarbeiter ausschließlich variabel ist und anhand der gefertigten Stückzahlen bzw. der tatsächlichen Arbeitsstunden erfolgt. Fixe Entgeltanteile bzw. Aufwendungen für nicht ausgelastete Kapazitäten werden vernachlässigt. Der Lohnaufwand im ersten Quartal in den Abteilungen Fertigung und Montage und somit das **Lohnbudget** beträgt 1.376 TEuro. Es geht in die budgetierte Erfolgsrechnung ein (Abb. 4.3.17). Der Lohnaufwand ist darüber hinaus als Auszahlung (Abb. 4.3.15) im Finanzbudget (Abb. 4.3.16) zu berücksichtigen.

Die geplante **Kapazitätsauslastung** in den Abteilungen Fertigung und Montage im ersten Quartal beträgt insgesamt 25.800 direkte Arbeitsstunden. Sie geht in die Berechnung des Produktionsunterstützungszuschlagssatzes zur Kalkulation der Herstellkosten und in die Personalkapazitätsplanung ein. Das Lohnbudget ist in Abb. 4.3.11 dargestellt.

Lohnbudget (1. Quartal)											**Eder Garten GmbH**
		Luxus			**Standard**			**Gesamt**			
Monat	**Abteilung**	**geplante Produktion** (TStück)	**DAS je Stück**	**Stunden**	**geplante Produktion** (TStück)	**DAS je Stück**	**Stunden**	**Gesamtstunden**	**Lohn je DAS** (Euro)	**Lohnaufwand** (TEuro)	
Januar	Fertigung	110	0,01	1.100	180	0,01	1.800	2.900	60,00	174,0	
	Montage	110	0,02	2.200	180	0,02	3.600	5.800	50,00	290,0	
				3.300			**5.400**	**8.700**		**464,0**	
Februar	Fertigung	100	0,01	1.000	190	0,01	1.900	2.900	60,00	174,0	
	Montage	100	0,02	2.000	190	0,02	3.800	5.800	50,00	290,0	
				3.000			**5.700**	**8.700**		**464,0**	
März	Fertigung	100	0,01	1.000	180	0,01	1.800	2.800	60,00	168,0	
	Montage	100	0,02	2.000	180	0,02	3.600	5.600	50,00	280,0	
				3.000			**5.400**	**8.400**		**448,0**	
1. Quartal	Fertigung	310	0,01	3.100	550	0,01	5.500	8.600	60,00	516,0	
	Montage	310	0,02	6.200	550	0,02	11.000	17.200	50,00	860,0	
				9.300			**16.500**	**25.800**			
Lohnbudget für die budgetierte GuV										**1.376,0**	

Abb. 4.3.11: Lohnbudget der Eder Garten GmbH

Die Produktionsunterstützung umfasst die planenden, steuernden und kontrollierenden Tätigkeiten im Produktionsbereich. Zudem ist sie für den Betrieb und die Instandhaltung der Produktionsanlagen verantwortlich. Aufwendungen entstehen dabei insbesondere für Meistergehälter, Abschreibungen, Logistik und Energie. Darüber hinaus existiert eine Instandhaltungsabteilung für die Wartung und Reparatur des Maschinenparks, für die im **Produktionsunterstützungsbudget** direkte Instandhaltungsstunden (DIS) auf Basis von Erfahrungswerten eingeplant werden.

Ein Großteil des in Abb. 4.3.12 dargestellten Produktionsunterstützungsbudgets wird flexibel auf Basis der direkten Arbeitsstunden aus dem Lohnbudget (Tab. 5) bzw. anhand der direkten Instandhaltungsstunden geplant. Die direkten Instandhaltungsstunden werden separat ermittelt und sind in diesem Beispiel vorgegeben. Der Produktionsunterstützungsaufwand von 1.548 TEuro fließt in die budgetierte Erfolgsrechnung (Abb. 4.3.17) ein. Geteilt durch die geplanten 25.800 direkten Arbeitsstunden ergibt sich ein Gemeinkostenverrechnungssatz von 60 €/DAS. Damit wird in der Plankalkulation der indirekte Produktionsunterstützungsaufwand auf die Produkte umgelegt (vgl. Kalkulation in Abb. 4.3.7). Die zahlungswirksamen Bestandteile des Produktionsunterstützungsaufwands gehen in das Finanzbudget (Abb. 4.3.16) ein.

Das **Investitionsbudget** zeigt, wann welche Investitionen in welcher Höhe geplant sind. Die *Eder Garten GmbH* möchte Ende März zehn neue Stahlrohrbiegemaschinen im Wert von insgesamt 3.477,5 TEuro anschaffen. Die Bezahlung erfolgt bei Lieferung. Die neuen Maschinen sollen ab dem 1. April ältere Anlagen ersetzen. Weitere Investitionen sind im ersten Quartal nicht vorgesehen.

Produktionsunterstützungsbudget
(1. Quartal) **Eder Garten GmbH**

Abteilung	Kostenart	Flexibles Budget (Euro) fix		variabel	Januar (TEuro)	Februar (TEuro)	März (TEuro)
Fertigung				**DAS***	**2.900h**	**2.900h**	**2.800h**
	Meistergehälter	30.000			30,0	30,0	30,0
	Abschreibung	12.000			12,0	12,0	12,0
	Logistik			10,00 /DAS	29,0	29,0	28,0
	Energie	20.000	+	1,00 /DAS	22,9	22,9	22,8
	Sonstiger Aufwand	4.000	+	9,00 /DAS	30,1	30,1	29,2
	Gesamt	**66.000**	**+**	**20,00 /DAS**	**124,0**	**124,0**	**122,0**
Montage				**DAS***	**5.800h**	**5.800h**	**5.600h**
	Meistergehälter	48.000			48,0	48,0	48,0
	Abschreibung	10.000			10,0	10,0	10,0
	Logistik			20,00 /DAS	116,0	116,0	112,0
	Energie	10.000	+	2,00 /DAS	21,6	21,6	21,2
	Sonstiger Aufwand	6.000	+	8,00 /DAS	52,4	52,4	50,8
	Gesamt	**74.000**	**+**	**30,00 /DAS**	**248,0**	**248,0**	**242,0**
Instandhaltung				**DIS***	**3.000h**	**3.000h**	**4.000h**
	Meistergehälter	11.000			11,0	11,0	11,0
	Indirekte Arbeitslöhne	4.000	+	1,00 /DIS	7,0	7,0	8,0
	Sonstiger Aufwand			2,50 /DIS	7,5	7,5	10,0
	Gesamt	**15.000**	**+**	**3,50 /DIS**	**25,5**	**25,5**	**29,0**
Allg. Produktionsunterstützung (fix)							
	Gehälter				60,0	60,0	60,0
	Abschreibungen				40,0	40,0	40,0
	Sonstiger Aufwand				20,0	20,0	20,0
	Gesamt				**120,0**	**120,0**	**120,0**
Summe					**517,5**	**517,5**	**513,0**
Produktionsunterstützungsbudget 1. Quartal							**1.548,0**

* DIS = Direkte Instandhaltungsstunden DAS = Direkte Arbeitsstunden

Abb. 4.3.12: Produktionsunterstützungsbudget der Eder Garten GmbH

Das **Verwaltungs- und Vertriebsbudget** für das erste Quartal setzt sich aus fixen Gehältern, Abschreibungen sowie einem variablen Anteil für Logistik und Versand in Höhe von 10 % des geplanten Umsatzes zusammen. Abb. 4.3.13 zeigt das Verwaltungs- und Vertriebsbudget in Höhe von 1.575 TEuro.

Zur Erstellung des **Finanzbudgets** müssen sämtliche Ein- und Auszahlungen innerhalb des Budgetierungszeitraums erfasst werden. Die Einzahlungen der *Eder Garten GmbH* stammen aus dem geplanten Umsatz (Abb. 4.3.6). Erfahrungsgemäß wird davon die Hälfte im laufenden Monat und der Rest im Folgemonat bezahlt. Zur Vereinfachung wird von Forderungsausfällen, Erlösschmälerungen und Finanzeinnahmen abgesehen. Die **Zahlungseingänge** im ersten Quartal sind in Abb. 4.3.14 dargestellt. Die Forderungen aus Lieferungen und Leistungen belaufen sich am 31.03. auf 1.890 TEuro. Sie entsprechen der Hälfte des März-Umsatzes und gehen in die Planbilanz ein (Abb. 4.3.18).

Verwaltungs- und Vertriebsbudget
(1. Quartal) in TEuro **Eder Garten GmbH**

	Januar	Februar	März
variable Aufwendungen (10 % v. Umsatz)	366	381	378
fixe Gehälter	120	120	120
Abschreibungen	30	30	30
Summe	**516**	**531**	**528**
Verwaltungs- und Vertriebsbudget			**1.575**

Abb. 4.3.13: Verwaltungs- und Vertriebsbudget der Eder Garten GmbH

Zahlungseingänge (1. Quartal) in TEuro				Eder Garten GmbH
Verkaufsmonat	**Umsatz**	**Januar**	**Februar**	**März**
Dezember	3.500	1.750		
Januar	3.660	1.830	1.830	
Februar	3.810		1.905	1.905
März	3.780			1.890
Monatliche Einzahlungen		**3.580**	**3.735**	**3.795**

Abb. 4.3.14: Betriebliche Zahlungseingänge im 1. Quartal

Die betrieblichen **Zahlungsausgänge** des ersten Quartals zeigt Abb. 4.3.15. Die Auszahlungen für Fertigungsmaterial werden im Materialbeschaffungsbudget (Abb. 4.3.10) erfasst, während die Löhne und Gehälter für Fertigung und Montage im Lohnbudget (Abb. 4.3.11) geplant werden. Beim Budget für die Produktionsunterstützung (Abb. 4.3.12) sowie für die Verwaltung (Abb. 4.3.13) muss die Zahlungswirksamkeit der Aufwendungen berücksichtigt werden. Beide Budgets werden deshalb um die nicht zahlungswirksamen Abschreibungen korrigiert. Die Lohnsteuer ist nicht Teil des direkten Personalaufwands, da sie vom Bruttogehalt der Mitarbeiter einbehalten und als durchlaufender Posten an das Finanzamt abgeführt wird. Im Finanzbudget ist sie jedoch als liquiditätswirksame Zahlung zu berücksichtigen. Dafür werden monatlich 350 TEuro angesetzt, was rund 25 % der Bruttolohnsumme entspricht. Zusätzlich sind zum 10. März vierteljährliche Ertragsteuervorauszahlungen in Höhe von 900 TEuro fällig.

Zahlungsausgänge (1. Quartal) in TEuro						Eder Garten GmbH
	Januar		**Februar**		**März**	
Material (Abb. 4.3.10)		**1.268,5**		**1.227,0**		**1.227,0**
Lohn (Abb. 4.3.11)		**464,0**		**464,0**		**448,0**
Prod.unterstützung (Abb. 4.3.12)	517,5		517,5		513,0	
abzgl. Abschreibungen	62,0		62,0		62,0	
Prod.unterstützung ohne AfA		**455,5**		**455,5**		**451,0**
Verwaltung und Vertrieb (Abb. 4.3.13)	516,0		531,0		528,0	
abzgl. Abschreibungen	30,0		30,0		30,0	
Verw./Vertrieb ohne AfA		**486,0**		**501,0**		**498,0**
Lohnsteuerzahlungen		**350,0**		**350,0**		**350,0**
Ertragsteuervorauszahlungen						**900,0**
Monatliche Auszahlungen		**3.024,0**		**2.997,5**		**3.874,0**

Abb. 4.3.15: Laufende betriebliche Auszahlungen im 1. Quartal

Im **Finanzbudget** (Abb. 4.3.16) werden sämtliche Ein- und Auszahlungen im Budgetierungszeitraum gegenübergestellt. So lässt sich erkennen, ob in der betrachteten Periode ein Liquiditätsengpass droht oder ob überschüssige liquide Mittel zur Verfügung stehen, etwa um Kredite zu tilgen. Das Finanzbudget ist daher ein zentrales Instrument zur Liquiditätssicherung.

Die *Eder Garten GmbH* strebt einen Mindestbestand an liquiden Mitteln von 50 TEuro an. Diese betragen zu Beginn des Planjahres 2 Mio. Euro. Der Zahlungsmittelbestand verändert sich im Zeitverlauf durch die budgetierten Ein- und Auszahlungen und entspricht jeweils zum Monatsende dem Anfangsbestand des Folgemonats. Für das langfristige Darlehen in Höhe von 1 Mio. Euro sind vierteljährlich Zinszahlungen zu leisten. Bei einem Zinssatz von 9 % p.a. ergeben sich daraus Zahlungen von jeweils 22,5 TEuro zum Quartalsende.

Trotz laufender Mittelzuflüsse aus dem Umsatzprozess lässt sich der für Ende März geplante Kauf von zehn Stahlrohrbiegemaschinen nicht aus eigenen Mitteln finanzieren. Um einen Liquiditätsengpass zu vermeiden und den Mindestbestand an liquiden Mitteln zu gewährleisten, ist daher die Aufnahme eines Bankkredits in Höhe von 335,5 TEuro erforderlich. Sowohl der Endbestand an liquiden Mitteln als auch die Aufnahme des Bankkredits werden in der Planbilanz ausgewiesen (vgl. Abb. 4.3.18).

Finanzbudget
(1. Quartal) in TEuro — **Eder Garten GmbH**

	Januar	Februar	März
Anfangsbestand	2.000,0	2.556,0	3.293,5
+ Einzahlungen (Abb. 4.3.14)	3.580,0	3.735,0	3.795,0
- Auszahlungen			
- aus gew. Geschäftstätigkeit (Abb. 4.3.15)	-2.674,0	-2.647,5	-2.624,0
- Investition in neue Maschinen	0,0	0,0	-3.477,5
- Zinszahlung Darlehen	0,0	0,0	-22,5
- Steuerzahlungen	-350,0	-350,0	-1.250,0
Saldo	**2.556,0**	**3.293,5**	**-285,5**
Finanzierung			
Kreditaufnahme	0,0	0,0	335,5
Kredittilgung	0,0	0,0	0,0
Liquide Mittel	**2.556,0**	**3.293,5**	**50,0**

Abb. 4.3.16: Finanzbudget der Eder Garten GmbH im 1. Quartal

Die budgetierte Erfolgsrechnung (Abb. 4.3.17) stellt im Gesamtkostenverfahren die in den Teilbudgets enthaltenen Erträge und Aufwendungen gegenüber und bestimmt das Geschäftsergebnis für das erste Quartal. Bestandsveränderungen sind im ersten Quartal nicht aufgetreten; andernfalls würden sie mit den kalkulierten Herstellkosten bewertet. Bestandsmehrungen werden in der Erfolgsrechnung als Ertrag, Bestandsminderungen als Aufwand erfasst.

Der Materialaufwand ergibt sich aus dem Materialverbrauchsbudget, der direkte Personalaufwand aus dem Lohnbudget, der Produktionsunterstützungsaufwand aus dem Produktionsunterstützungsbudget und der Verwaltungs- und Vertriebsaufwand aus dem Verwaltungs- und Vertriebsbudget. Die Lohnsteuer wird in der budgetierten Erfolgsrechnung nicht berücksichtigt, da sie vom Unternehmen lediglich treuhänderisch einbehalten und abgeführt wird.

Das Finanzergebnis umfasst die im Finanzbudget enthaltenen Zinsaufwendungen für das Darlehen. Daraus ergibt sich ein **Ergebnis vor Steuern** im ersten Quartal in Höhe von 2.958 TEuro. Bei einem angenommenen Ertragsteuersatz von 30 % verbleibt ein Ergebnis nach Steuern von 2.070,6 TEuro. Die Ertragsteuer wird durch vierteljährliche Vorauszahlungen geleistet und im Folgejahr mit dem endgültigen Steuerbescheid abgerechnet, weshalb hierfür eine Steuerrückstellung gebildet wird.

Budgetierte Erfolgsrechnung
(1. Quartal) in TEuro — **Eder Garten GmbH**

	Umsatz (Abb. 4.3.6)	**11.250,0**
+/-	Bestandsveränderungen	-
-	Materialaufwand (Abb. 4.3.9)	3.770,5
-	direkter Personalaufwand (Abb. 4.3.11)	1.376,0
-	Produktionsunterstützungsaufwand (Abb. 4.3.12)	1.548,0
-	Verwaltungs- und Vertriebsaufwand (Abb. 4.3.13)	1.575,0
=	**Betriebsergebnis**	**2.980,5**
-	Finanzergebnis (Darlehenszins)	22,5
=	**Gewinn vor Steuern**	**2.958,0**
-	Ertragsteuer (30%)	887,4
=	**Gewinn nach Steuern**	**2.070,6**

Abb. 4.3.17: Budgetierte Erfolgsrechnung der Eder Garten GmbH im 1. Quartal

Mit der Aufstellung der **Planbilanz** in Abb. 4.3.18 wird die Budgeterstellung abgeschlossen. Sie zeigt die aus den Teilbudgets resultierenden Veränderungen der Aktiv- und Passivposten des Unternehmens:

- Der Bestand an Fertigprodukten basiert auf dem Produktionsbudget (Abb. 4.3.8). Der Lagerendbestand des Monats März multipliziert mit den Herstellkosten je Stück ergibt den Wert der Bestände an Fertigerzeugnissen:

  100.000 Luxus * 8,20 €/St
  + 180.000 Standard * 7,55 €/St.
  = 2.179 TEuro

- Der Bestand an Material basiert auf dem Materialbeschaffungsbudget (Abb. 4.3.10). Der Lagerendbestand des Monats März multipliziert mit dem Einstandspreis der Materialarten ergibt den Wert der Materialbestände:

  2.620.000 m Stahlrohr * 0,20 €/m
  + 282.000 m^2 Sperrholzplatte * 1,- €/m^2
  + 282.000 m^2 Vinylfolie * 0,50 €/m^2
  + 280.000 Montagesätze * 1,- €/St.
  = 1.227 TEuro
- Der Forderungsbestand entspricht der Hälfte des Umsatzes im Monat März und entstammt der Aufstellung der Einzahlungen im ersten Quartal (Abb. 4.3.14).
- Die liquiden Mittel und der aufgenommene Bankkredit wurden im Finanzbudget (Abb. 4.3.16) berechnet.
- Jahresüberschuss und Ertragsteuer wurden in der Plan-GuV (Abb. 4.3.17) ermittelt. Die geleisteten Ertragsteuervorauszahlungen werden bis zur endgültigen Festsetzung durch das Finanzamt als Forderung auf der Aktivseite unter den sonstigen Vermögensgegenständen ausgewiesen. Parallel dazu wird für die erwartete Steuerlast eine Steuerrückstellung auf der Passivseite gebildet. Erst mit dem Steuerbescheid wird die Differenz zwischen Vorauszahlung und tatsächlicher Steuerlast erfolgswirksam aufgelöst.

	Aktiva	Planbilanz zum 31. März (TEuro)	Passiva		
	Anlagevermögen		**Eigenkapital**		
	Grundstücke*	500,0	Grundkapital*	10.000,0	
	Gebäude*	9.000,0	Kapitalrücklage*	4.000,0	
	Maschinen*	5.727,5	Gewinnrücklage*	3.180,0	
			Jahresüberschuss	2.070,6	Abb. 4.3.17
	Umlaufvermögen		**Verbindlichkeiten**		
Abb. 4.3.8	Bestand Fertigprodukte	2.179,0	*Langfristige Verbindlichkeiten*		
Abb. 4.3.10	Bestand Material	1.227,0	Darlehen*	1.000,0	
Abb. 4.3.14	Forderungsbestand	1.890,0	*Kurzfristige Verbindlichkeiten*		
Abb. 4.3.16	Liquide Mittel	50,0	Bankkredit	335,5	Abb. 4.3.16
	Sonst. Vermögensgegenstände	900,0	Steuerrückstellungen	887,4	Abb. 4.3.17
		21.473,5		21.473,5	

* Diese Werte stellen im Fallbeispiel gegebene Größen dar

Abb. 4.3.18: Planbilanz der Eder Garten GmbH zum 31. März

4.3.2 Wie beeinflussen Budgets das Verhalten?

Budgets stellen Vorgaben dar, die das Verhalten dezentraler Entscheidungsträger sowohl positiv als auch negativ beeinflussen können. Wird die Zielerreichung im Sinne eines „Pay for Performance“ mit Anreizen verknüpft, hängen das Engagement der Mitarbeiter und die erzielten Ergebnisse wesentlich vom Schwierigkeitsgrad der Zielvorgabe ab.[132] Doch wie anspruchsvoll sollen Budgetziele sein? Abb. 4.3.19 zeigt den Zusammenhang zwischen dem Schwierigkeitsgrad der Zielvorgabe und der tatsächlich erbrachten Leistung. Es lassen sich drei **Schwierigkeitsgrade** unterscheiden:[133]

- **Mindestanforderung**: Unterschreitet die Vorgabe ein von den Verantwortlichen erwartetes Ergebnis, dann liefert das Ziel keinen Leistungsanreiz. Da es als zu einfach angesehen wird, strengen sich die Verantwortlichen kaum an („Das schaffen wir mit links“).
- **Herausforderndes Budgetziel**: Je höher die Zielvorgabe über der Mindestanforderung liegt, desto stärker steigt die Leistung – allerdings nur, solange das Ziel aus Sicht der Verantwortlichen noch als realistisch gilt. Es wirkt leistungssteigernd, weil es zwar als schwierig, aber erreichbar wahrgenommen wird („Packen wir's an“). Anspruchsvolle, nur unter hohem Einsatz erreichbare Ziele werden als „Stretch Targets“ bezeichnet.
- **Unrealistische Zielsetzung**: Wird das Ziel als unerreichbar angesehen, wirkt es demotivierend und leistungsmindernd. Die Verantwortlichen fühlen sich überfordert und resignieren („Was soll's, das schaffen wir sowieso nicht“).

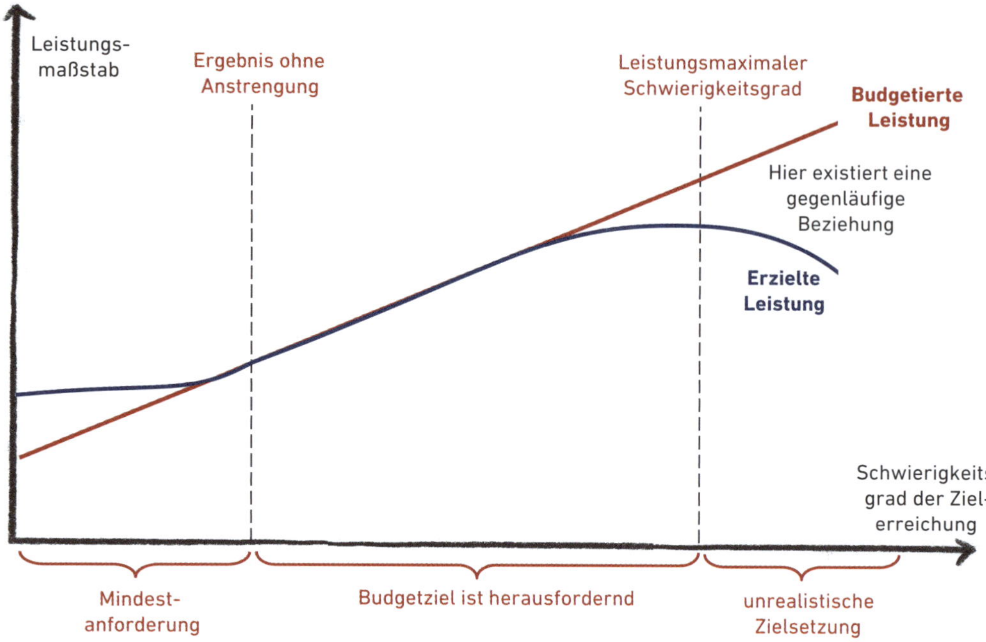

Abb. 4.3.19: Leistungswirkungen von Vorgaben[134]

Nach dem *WHU-Controller Panel* setzen 53 % der befragten Unternehmen ambitionierte Budgetziele, die überwiegend Top-down vorgegeben werden. Dies gilt insbesondere für Unternehmen, in denen die Führungskräfte maßgeblich an der Erreichung der Budgetziele gemessen werden.[135]

Eine Befragung von 97 deutschen Großunternehmen ergab, dass ambitionierte Ziele, die bei maximaler Anstrengung gerade noch erreichbar sind, die größte Motivations- und Ergebniswirkung entfalten. Optimal wirkt dieser **Zielschwierigkeitseffekt** bei einer Zielerreichungsquote von etwa 20 %.[136]

Ist die Zielerreichung an extrinsische Anreize gekoppelt, kann dies manipulative Verhaltensweisen provozieren. So werden etwa Kundenaufträge vorgezogen oder Ausgaben in spätere Perioden verschoben, um Zielvorgaben formal zu erfüllen. Meist wird versucht, ein solches Verhalten durch Kontroll- und Sanktionsmechanismen zu unterbinden. Auch wenn Bonuszahlungen anfangs motivierend wirken, werden sie von Mitarbeitern mit der Zeit oft als selbstverständlich wahrgenommen. Eine langfristige Motivationswirkung entsteht nur, wenn Ziele als sinnvoll erachtet werden, etwa weil sie zur Verwirklichung einer übergeordneten Vision beitragen oder einem gemeinsamen Purpose dienen (vgl. Kap. 6.2.3).

Um die Motivationswirkung aufrechtzuerhalten, passen manche Unternehmen ihre Zielvorgaben unterjährig an, wenn diese aufgrund veränderter Umweltbedingungen als unerreichbar gelten. Alternativ kann auch vollständig auf Zielanpassungen verzichtet werden. In diesem Fall besteht jedoch die Gefahr, dass Ziele ihre motivierende Wirkung verlieren, etwa wenn sie infolge unvorhergesehener Entwicklungen von den Verantwortlichen entweder als sicher erreichbar oder als unrealistisch eingeschätzt werden.[137]

Die **Objectives and Key Results-Methode** (vgl. Kap. 4.2.2) unterscheidet zwischen verbindlichen Zielen, die vollständig erreicht werden sollen, und ambitionierten Zielen, bei denen bereits eine Zielerreichung von 70 % als zufriedenstellend gilt. Auf diese Weise lässt sich Frustration vermeiden, wenn Stretch Targets trotz großer Anstrengung nicht vollständig realisiert werden. Ehrgeizige Ziele werden dabei nicht top-down vorgegeben, sondern im Dialog zwischen Führungskraft und Team gemeinsam festgelegt. Dies fördert die Identifikation mit den Zielen und stärkt das Engagement bei deren Umsetzung.

Der **Schwierigkeitsgrad eines Budgetziels** beeinflusst maßgeblich die tatsächlich erzielte Leistung. Die besten Ergebnisse werden erzielt, wenn das Ziel als herausfordernd, aber erreichbar eingeschätzt wird.

Die Verhaltenswirkung von Budgetzielen zeigt, dass ein und derselbe Wert nicht gleichzeitig als realistische Prognose und motivierende Zielvorgabe dienen kann. In der

Praxis wird häufig ein Kompromiss angestrebt, doch dabei besteht die Gefahr, dass weder eine verlässliche Vorschau noch ein wirksamer Leistungsanreiz entsteht. Dieses Problem lässt sich nur durch eine inhaltliche **Trennung von Prognose und Zielsetzung** lösen. So kann beispielsweise eine rollierende Prognose dazu dienen, die zukünftige Unternehmensentwicklung laufend einzuschätzen, während anspruchsvolle Budgetziele einen Leistungsanreiz liefern sollen. Eine weitere Möglichkeit sind relative Ziele, bei denen die angestrebten Ergebnisse flexibel festgelegt werden, etwa abhängig von der Marktentwicklung oder im Vergleich zum Wettbewerber. Diese werden in Kapitel 4.3.3 näher erläutert.

Unerwünschte Wirkungen von Budgets

In der Praxis haben Budgets häufig unerwünschte, sogenannte **dysfunktionale Wirkungen**. Sie entstehen, wenn die persönlichen Ziele dezentraler Entscheidungsträger, etwa in Bezug auf Einkommen oder Karriere, von den Unternehmenszielen abweichen und die Budgetverantwortlichen zugleich über Informationsvorsprünge gegenüber der Unternehmensführung verfügen. Falsche oder unvollständige Angaben über erreichbare Ziele oder erforderliche Ressourcen führen in der Folge zu Budgetverschwendung oder dem Aufbau von Reserven, die dem Unternehmen schaden.[138] Abb. 4.3.20 gibt einen Überblick über mögliche Fehlsteuerungen durch die Budgetierung.

Im Rahmen von **Budgetverhandlungen** besteht ein Spannungsfeld zwischen den Interessen der beteiligten Führungsebenen. Während die vorgesetzte Instanz ein hohes Anspruchsniveau durchsetzen möchte, streben nachgelagerte Einheiten Budgetziele an, die auch bei unvorhergesehenen Schwankungen erreichbar bleiben und die damit gekoppelten Anreize sicherstellen. Da die Unternehmensführung die tatsächliche Leistungsfähigkeit der Linienverantwortlichen nur schwer einschätzen kann, orientiert sie sich in der Verhandlung an einem allgemein vermuteten Leistungsniveau. Die Linienverantwortlichen verhandeln hingegen strategisch, indem sie ausgehend von ihrer tatsächlichen Leistungsfähigkeit bewusst einen abgeschwächten Budgetvorschlag unterbreiten. Dabei kalkulieren sie mögliche Verschärfungen der Zielvorgaben bereits im Vorfeld mit ein.[140]

Budgetreserven entstehen insbesondere dann, wenn Verantwortliche an der Zielerreichung gemessen werden und damit Anreize oder Sanktionen verknüpft sind. Die Ursache liegt in der Doppelfunktion des Budgets als Prognose- und Anreizinstrument, die opportunistisches Verhalten begünstigt. Bewusst eingeplante Reserven (Slacks) erleichtern es den Budgetverantwortlichen, ihre Ziele zu erreichen, und verschaffen ihnen ein Polster für unvorhergesehene Ereignisse – ein Vorgehen, das als „Sandbagging" bezeichnet wird. Doch auch Budgetgeber können eigennützig handeln: Die in Aussicht gestellten Budgetprämien werden genutzt, um die Grundvergütung abzusenken, und überhöhte Zielvorgaben dienen mitunter dem Ziel, variable Vergütungsbestandteile zu kürzen.[141] Offen ausgewiesene, strategische Budgetreserven sind hingegen sinnvoll, wenn sie dazu dienen, auf unerwartete Chancen oder unvorhergesehene Gefahren flexibel zu reagieren.

Die Verknüpfung von Budgeterreichung und Anreizen führt häufig zu ausgeprägtem Bereichsdenken und kurzfristiger Unternehmenspolitik. In solchen Fällen versuchen Verantwortliche, ihre Ziele zulasten anderer organisatorischer Einheiten oder durch das Unterlassen langfristig

Abb. 4.3.20: Dysfunktionale Verhaltenswirkungen der Budgetierung[139]

sinnvoller Maßnahmen zu erreichen. **Budgetverschwendung** tritt besonders gegen Jahresende auf: Nicht benötigte Mittel werden ohne zwingende Notwendigkeit ausgegeben – ein Phänomen, das als „Dezemberfieber" bezeichnet wird. Die Ursache eines solchen Verhaltens liegt darin, dass die Neubewilligung von Budgets oft an die Ausschöpfung der Mittel aus dem Vorjahr gekoppelt ist. Verstärkt wird dies durch ein typisches Etatdenken der Budgetverantwortlichen. Übliche Gegenmaßnahmen sind das überraschende Einfrieren, Streichen oder Kürzen verbleibender Budgets bereits vor Jahresende, etwa durch Haushaltssperren im öffentlichen Sektor. Solche Maßnahmen sind nicht sinnvoll, weil sie ausgerechnet diejenigen bestrafen, die realistisch geplant und wirtschaftlich gehandelt haben. Sie fördern damit genau das Verhalten, das vermieden werden soll: größere Budgetpolster und noch stärker vorgezogene Ausgaben. Sinnvoller wäre es, die Bewilligung nicht von der Ausschöpfung der Vorjahresbudgets abhängig zu machen, sondern allein vom glaubhaften Nachweis eines tatsächlich erforderlichen Ressourcenbedarfs.

In der Praxis ist auch zu beobachten, dass eine Übererfüllung der budgetierten Ziele bewusst vermieden wird. Die Gründe dafür sind nachvollziehbar, denn bei einer Fortschreibungsbudgetierung müssen die Verantwortlichen dann künftig mit höheren Leistungsanforderungen rechnen. Um dies zu verhindern, begnügen sie sich damit, die Ziele möglichst genau zu erreichen. Dieses Verhalten wird als **Ratscheneffekt** (Ratchet Effect) bezeichnet. Eine Ratsche ist ein Werkzeug, das sich nur in eine Richtung dreht. Vergleichbar mit einer Zielvereinbarung, die sich in der Regel nicht zurücknehmen lässt, selbst wenn die Ziele verfehlt wurden. Um diesen Effekt zu vermeiden, sollte die Leistung nicht anhand absoluter Zielwerte, sondern relativ gemessen werden. Dies kann etwa im Vergleich zu anderen Unternehmensbereichen oder Wettbewerbern erfolgen. Solche relativen Ziele werden in Kapitel 4.3.3 erläutert. Denkbar ist zudem eine ergänzende subjektive Leistungsbeurteilung, bei der die Unternehmensführung einschätzt, ob das Ergebnis des Budgetverantwortlichen primär auf eigene Anstrengungen oder äußere Einflüsse zurückzuführen ist.[142]

Die monetäre Fokussierung der Budgetierung lässt die Auswirkungen auf das immaterielle Vermögen häufig unberücksichtigt (vgl. Kap. 1.4.3). So können beispielsweise Ausgaben für Mitarbeiterschulungen kurzfristig negativ auf die Zielerreichung wirken, obwohl sie langfristig die Leistungsfähigkeit der Belegschaft und damit das Humankapital erhöhen. Da solche Effekte in den Budgets jedoch nicht abgebildet werden, orientieren sich die Verantwortlichen ausschließlich an ihren monetären Vorgaben, ganz nach dem Motto: „What you measure, is what you get".[143] Dies fördert auch das **Silo-Denken**: Führungskräfte konzentrieren sich nur auf ihren eigenen Verantwortungsbereich, während sie Auswirkungen auf andere Bereiche ausblenden und bereichsübergreifende Zusammenarbeit unterlassen. Die Folge sind Insellösungen, Suboptimas und Schnittstellenprobleme.

In der Budgetierung sind auch **Wahrnehmungsverzerrungen** (Biases) ein weit verbreitetes Phänomen, die ausführlich in Kapitel 7.2.2 erläutert werden. Folgende **Verhaltenseffekte** sind bei Budgetverantwortlichen zu beobachten:[144]

- **Spielgewinneffekt (House Money Effect)**: Als „House Money" bezeichnet man im Glücksspiel bereits gewonnene Beträge, mit denen die Spieler risikofreudiger umgehen. Wird ein solcher Gewinn wieder verspielt, wird dies als weniger schmerzhaft empfunden, als das bisherige Geld zu verlieren. Dieses Verhalten lässt sich auch auf andere Gewinne übertragen, etwa am Aktienmarkt.
- **Verlustausgleichseffekt (Break-Even Effect)**: Um erlittene Verluste wettzumachen, neigen Menschen dazu, besonders hohe Risiken einzugehen. Hat ein Spieler etwa beim letzten Spiel des Abends die Chance, seine Verluste auszugleichen, setzt er sprichwörtlich alles auf eine Karte – mit potenziell fatalen Folgen.

Solche Effekte sind auch in der Budgetierung zu beobachten. Übertrifft ein Budgetverantwortlicher etwa im ersten Quartal seine Vorgaben, geht er mit dem vermeintlichen Puffer im weiteren Jahresverlauf oft sorgloser um. Dieses Verhalten ist als „Gambling with the House Money" bekannt und zeigt sich etwa in riskanten Investitionen. Bei negativen Quartalsergebnissen versuchen manche Budgetverantwortliche hingegen, Fehlbeträge um jeden Preis auszugleichen. Nach dem Muster des sogenannten „Trying to Break-Even" nehmen sie dann etwa Aufträge von Kunden mit zweifelhafter Bonität an. In beiden Fällen erhöht das risikante Verhalten der Budgetverantwortlichen das Unternehmensrisiko. Kürzere Planungszyklen und rollierende Prognosen können solchen Verhaltensmustern entgegenwirken, da die erzielten Ergebnisse kontinuierlich relativiert werden. Eine fundierte Abweichungsanalyse zeigt zudem, unter welchen Umständen die Ergebnisse tatsächlich zustande gekommen sind.[145]

In der Praxis ähnelt der Budgetierungsprozess häufig eher einem Basar, auf dem man sich irgendwo in der Mitte einigt, anstatt gemeinsam nach Möglichkeiten zur Leistungsverbesserung zu suchen.[146] Am geringsten fällt die Leistung aus, wenn in den Budgetverhandlungen keine Einigung erzielt wird und das Budget stattdessen von oben vorgegeben wird. In solchen Fällen fühlen sich die Budgetverantwortlichen unfair behandelt und reagieren demotiviert. Die besten Verhandlungsergebnisse entstehen stattdessen, wenn beide Seiten moderat auftreten und ein gegenseitiges Vertrauensverhältnis besteht.[147]

Unerwünschte Wirkungen von Budgets sind die bewusste Einplanung von Reserven (Slack), kurzfristiges und bereichsbezogenes Denken, Budgetverschwendung, die Vernachlässigung immaterieller Werte sowie das Eingehen überhöhter Risiken.

Viele dieser unerwünschten Verhaltensweisen lassen sich vermeiden, wenn auf die Verknüpfung von Zielerreichung und persönlichen Anreizen verzichtet wird. Anreize sollten sich eher an marktorientierten Ist-Ist-Vergleichen orientieren statt an internen Soll-Ist-Abweichungen. Dadurch lassen sich im Verhandlungsprozess realistische und zugleich ambitionierte Ziele festlegen, ohne dass persönliche Interessen die Diskussion verzerren oder verzögern.[148]

Budgetierungsgrundsätze

Aus den genannten Verhaltenswirkungen lassen sich folgende **Empfehlungen** für eine wirksame operative Planung und Kontrolle ableiten:[149]

- **Verantwortung:** Für jedes Budget sollte es einen eindeutigen Verantwortlichen geben, um die Zielerreichung nicht dem Zufall zu überlassen.
- **Zielniveau:** Operative Ziele sind häufig das Ergebnis langwieriger Verhandlungen und werden auf den kleinsten gemeinsamen Nenner reduziert. Für die Motivation der Verantwortlichen und damit die Leistungswirkung besser geeignet sind anspruchsvolle, aber realistische Ziele. Idealerweise orientieren sich diese am Wettbewerb, der auch innerhalb des Unternehmens bestehen kann. Benchmarking ist hierfür ein geeignetes Instrument.
- **Beeinflussbarkeit:** Es sollten nur solche Ziele vorgegeben werden, die von den Verantwortlichen direkt beeinflussbar sind. Die Zielerreichung sollte nicht überwiegend von äußeren Umständen abhängen.
- **Partizipation**: Die Budgetverantwortlichen sollten an der Erarbeitung ihrer Vorgaben beteiligt sein, damit sie sich mit den Zielen identifizieren können. Der besseren Motivation und Nutzung des dezentralen Detailwissens steht jedoch die Gefahr der Manipulation gegenüber. Hier ist ein praktikabler Mittelweg erforderlich.
- **Eindeutigkeit:** Ein Budget ist eine verbindliche Zielvorgabe. Für jeden Verantwortungsbereich sollte es daher nur ein gültiges Budget geben. Schatten- oder Notbudgets sind unzulässig, da bei mehreren Budgets keines ernst genommen wird.
- **Differenzierung:** Um einseitigem, kurzfristigem und rein finanziellem Denken entgegenzuwirken, sollten operative Zielvorgaben unterschiedliche Zeithorizonte und Hierarchieebenen abdecken sowie durch nicht-monetäre Größen aus der Aktionsplanung ergänzt werden.
- **Aufstellung:** Budgets sollten nicht durch eine Fortschreibung der Vorperiode entstehen, da diese vergangenheitsorientiert ist und bestehende Strukturen oder Ineffizienzen verfestigen kann. Stattdessen sollten Budgets auf realistischen Erwartungen über zukünftige Entwicklungen basieren, wie etwa aktuellen Trends.
- **Flexibilität:** Das Budget sollte während der Geltungsdauer grundsätzlich nicht geändert werden. Anpassungen sind nur bei wesentlichen Änderungen der Planungsprämissen zulässig. Möglich ist auch eine flexible Budgetgestaltung, bei der sich die Zielvorgaben automatisch an relevante Einflussgrößen anpassen, wie etwa an die Kapazitätsauslastung. Eine dynamisch rollierende Planung ermöglicht es, zeitnah aktuelle Entwicklungen zu berücksichtigen (vgl. Kap. 4.1.2).
- **Planungsrhythmus**: Eine iterative Bottom-up-Planung ist sehr zeitaufwendig und führt meist zu unambitionierten Zielen, während die Ansprüche der Unternehmensführung in der Top-down-Planung oft an der Wirklichkeit vorbeigehen. Die zirkuläre Planung ist hingegen aufgrund vieler Rückkopplungsschleifen zu aufwendig und entsprechend langsam. Effektiver ist ein vorgelagerter Zielsetzungsprozess („Frontloading"), in dem realistische und herausfordernde Ziele auf Basis der Strategie und geeigneter Benchmarks abgeleitet werden. Diese werden durch die mittlere Führungsebene plausibilisiert („Middle-up-Validierung"), bevor die Unternehmensführung die Zielvorgaben festlegt. Die detaillierte Ausplanung erfolgt dann durch die dezentralen Einheiten. Eine Top-down-Middle-up-Budgetierung führt mit vertretbarem Zeitbedarf zu anspruchsvollen und akzeptierten Zielen (vgl. Kap. 4.1.2)

- **Integration von Strategie und Budget:** Die Strategie sollte den Rahmen für die operative Planung und Kontrolle setzen, die ihrerseits zeigen sollte, wie die strategischen Ziele erreicht werden können.
- **Trennung von Prognose und Zielsetzung:** Ziele sollten herausfordernd und Prognosen realistisch sein. Die Budgetierung sollte sich daher auf Zielvorgaben beschränken, während parallel dazu Prognosen rollierend erfolgen (Rolling Forecast). So lassen sich gleichzeitig anspruchsvolle Ziele und verlässliche Einschätzungen künftiger Entwicklungen gewährleisten.
- **Mehrdimensionale Ziele:** Während im Rahmen der strategischen Planung qualitative Faktoren eine hohe Bedeutung besitzen, konzentriert sich die operative Planung und Kontrolle vor allem auf finanzielle Aspekte. Die Budgetkontrollen ermitteln zwar Soll-Ist-Abweichungen, aber deren Ursachen bleiben häufig unklar. Wurde beispielsweise das Umsatzbudget verfehlt, weil die Kunden unzufrieden waren oder gab es Schwierigkeiten bei der Auftragsabwicklung? Die operative Planung und Kontrolle sollte deshalb stärker nicht-monetäre Größen wie etwa Qualitäten, Zeiten, Mengen oder Zufriedenheitswerte einbeziehen.
- **Dezentralisation von Verantwortung:** In vielen Unternehmen wird versucht, das betriebliche Geschehen detailliert vorauszuplanen und streng zu kontrollieren, was als „Command & Control" bezeichnet wird. Dies erhöht einerseits den Planungs- und Kontrollaufwand und schränkt andererseits die Handlungsfähigkeit der Linienverantwortlichen ein. Zweckmäßiger ist die Konzentration auf wesentliche Schlüsselgrößen verbunden mit dezentralen Entscheidungsspielräumen, um schneller auf Marktentwicklungen reagieren zu können.
- **Kontrollen**: Die Zielerreichung sollte zeitnah und regelmäßig kontrolliert werden, aber nicht übertrieben häufig oder zu detailliert. Die Budgetverantwortlichen sollten in die Kontrolle einbezogen werden und die Ergebnisse zuerst erhalten. Erst bei Überschreitung festgelegter Abweichungstoleranzen sollte sich die nächsthöhere Instanz einschalten. Kontrollen sind sachlich und konstruktiv durchzuführen; bei Abweichungen sollte nicht nach Schuldigen, sondern gemeinsam nach Lösungen gesucht werden.

4.3.3 Lassen sich Unternehmen auch anders führen?

Die Budgetierung soll Aktivitäten auf unterschiedlichen Hierarchieebenen und zwischen Unternehmensbereichen koordinieren, die Verantwortlichen zu hoher Leistung motivieren und zugleich die Ergebnisse des kommenden Geschäftsjahres vorhersagen. Es ist jedoch kaum möglich, all diese Funktionen gleichermaßen zu erfüllen. Die traditionelle Budgetierung steht deshalb zunehmend in der Kritik, insbesondere wegen unerwünschter Verhaltenswirkungen, hohem Ressourcenaufwand und mangelnder Aktualität.

Nach dem *WHU-Controller Panel* dauert der Budgetierungsprozess in Großunternehmen mit einem Umsatz über 1 Mrd. Euro im Median zwölf Wochen. Rund die Hälfte der Befragten ist mit der Dauer und Flexibilität der Budgetierung unzufrieden. Fast jedes fünfte Unternehmen stellt daher grundsätzlich infrage, ob die Budgetierung in ihrer bisherigen Form noch sinnvoll ist.[150] Auch eine internationale Studie aus dem Jahr 2021 mit 401 Teilnehmern kritisiert die Planung als ineffizient, bürokratisch, zeitaufwendig und intransparent. Angesichts zunehmender Dynamik verliert die klassische Budgetierung in vielen Unternehmen an Bedeutung. Über 80 % der Befragten halten schnelle Forecasts für wichtiger als detaillierte Budgets.[151]

Wesentliche **Probleme der Budgetierung** sind:[152]

- **Mangelnde Verbindung zwischen strategischer und operativer Planung:** In vielen Unternehmen werden strategische und operative Planung getrennt voneinander erstellt. Dadurch werden strategische Vorgaben in der operativen Planung nur unzureichend in konkrete Maßnahmen überführt und selten in monetäre Zielgrößen übersetzt.
- **Eindimensionalität:** Die Budgetierung konzentriert sich ausschließlich auf monetäre Größen, während qualitative, nicht-monetäre und immaterielle Ziele weitgehend vernachlässigt werden.
- **Geringe Flexibilität:** Aufgrund der langen Erstellungsdauer sind viele Budgets bereits zu Beginn des Geschäftsjahrs veraltet. Dennoch erfolgt häufig keine Anpassung der Zielvorgaben an veränderte Rahmenbedingungen.
- **Hoher Ressourcenaufwand:** Die Budgetierung ist mit erheblichem Zeit- und Ressourceneinsatz seitens der Linienverantwortlichen, der Unternehmensführung und des Controllings verbunden. Ursachen sind unter anderem mehrfache Planungsschleifen, langwierige Budgetverhandlungen, starre Periodenfixierung, un-

zureichende Informationssysteme und eine mangelnde Abstimmung der Teilpläne. Der größte Zeitfresser ist ein übertriebener Detaillierungsgrad.

- **Fehlende Akzeptanz:** Die Budgetierung stößt bei den Linienverantwortlichen häufig auf Ablehnung. Diese ist etwa an einer verspäteten Abgabe der Teilpläne oder einer geringen Sorgfalt bei der Planerstellung zu erkennen.

Um diese Probleme zu lösen, stehen drei grundsätzliche **Alternativen** zur Verfügung:

- **Digital Budgeting**: Verstärkte Unterstützung und Automatisierung der Budgetierung mithilfe digitaler Informationssysteme.
- **Better Budgeting**: Schrittweise, evolutionäre Weiterentwicklung der Budgetierung.
- **Beyond Budgeting**: Abschaffung der Budgetierung und Ersatz durch eine adaptiv-dezentrale Führung.

In vielen Unternehmen wird die Budgetierung nach wie vor mit Tabellenkalkulationsprogrammen durchgeführt. Der einfachen Bedienbarkeit stehen jedoch eine hohe Fehleranfälligkeit, mangelnde Transparenz, Inkonsistenzen und ein erheblicher Pflegeaufwand gegenüber. Die Budgetierung gilt daher als einer der betrieblichen Aufgabenbereiche mit dem höchsten Digitalisierungspotenzial. Operative Planung und Kontrolle lassen sich durch eine **digitale Budgetierung** (vgl. Kap. 4.1.3) nicht nur schneller und effizienter, sondern auch besser durchführen. Dazu zählen unter anderem flexible Prognosen und Simulationen auf Basis von Big Data und Advanced Analytics, treiberbasierte maschinelle Planungen sowie die robotergestützte Automatisierung manueller Benutzertätigkeiten. Diese Möglichkeiten werden in Kapitel 7.3 näher erläutert.

Die Digitalisierung ist jedoch nicht dazu geeignet, die grundlegenden Probleme der Budgetierung zu lösen. Zunächst sollte die Budgetierung deshalb flexibler und effizienter gestaltet werden, da ansonsten unzureichende Strukturen und veraltete Denkweisen durch die Digitalisierung zementiert werden.

Better Budgeting

Die Rolle der Budgetierung als Führungsinstrument wird beim Better Budgeting nicht infrage gestellt. Die Verbesserungen erfolgen schrittweise und konzentrieren sich auf zwei **Schwerpunkte**:[153]

- **Budgetierungsablauf:** Der Budgetierungsprozess soll einfacher, schneller und flexibler werden. Um zeitaufwendige Planungsschleifen zu vermeiden, sollen der Umfang und die Verbindlichkeit der Top-down-Vorgaben erhöht werden. Diese werden für nachgelagerte Ebenen transparent abgeleitet, etwa auf Basis von Benchmarks. Häufig erfolgt die Abstimmung der aggregierten Top-down-Ziele nur noch mit der mittleren Führungsebene; anschließend werden die Vorgaben kaskadenförmig dezentral ausgeplant (vgl. Kap. 4.1.2). In der Praxis ist hier ein Trend zur Zentralisierung erkennbar. Die Anzahl und Frequenz von Fremdkontrollen soll zurückgefahren und durch mehr Selbstkontrolle ersetzt werden. Abweichungen sind nur dann zu melden, wenn festgelegte Toleranzgrenzen überschritten werden. Budgetvereinbarungen und -verabschiedungen sollen ebenfalls vereinfacht werden.
- **Budgetierungsinhalt:** Durch die Konzentration auf wenige, aber dafür wesentliche Zielgrößen soll der Detaillierungsgrad der Budgets reduziert werden. Im Mittelpunkt einer solchen Eckwerteplanung stehen dabei nicht einzelne Maßnahmen, sondern die angestrebten Wirkungen. Da jede geplante Größe auch kontrolliert werden muss, sinkt mit dem Detaillierungsgrad auch der Aufwand für Kontrolle und Berichterstattung. So werden etwa im Umsatzbudget nur noch die wesentlichen Produkte einzeln geplant, während alle übrigen pauschal erfasst werden, beispielsweise nach Produktgruppen. Die Bedeutung eines Produkts bemisst sich dabei etwa anhand von Deckungsbeitrag, Umsatzvolumen oder Marktposition. Ebenso können Kostenarten oder Kostenstellen mit geringem Volumen oder eingeschränkter Beeinflussbarkeit zusammengefasst werden. Nach dem 80:20-Prinzip entfallen häufig 80 % der Kosten auf nur 20 % der Kostenarten bzw. Kostenstellen.

Der Detaillierungsgrad von Planung und Kontrolle sollte grundsätzlich an der spezifischen Komplexität des jeweiligen Verantwortungsbereichs ausgerichtet sein. Je dynamischer und komplizierter ein Bereich ist, desto geringer sollte der Detaillierungsgrad sein. Vielen Führungskräften fällt es jedoch schwer, auf Details zu verzichten, da sie aggregierten Zahlen weniger Vertrauen schenken. Hier ist Aufklärung erforderlich, denn ein hoher Detaillierungsgrad suggeriert häufig nur eine Scheingenauigkeit. Eine wirksame Steuerung basiert deshalb auf aggregierten Informationen. Die Fokussierung und Verschlankung der Planung ermöglichen zudem eine höhere Flexibilität und bessere Prognosegenauigkeit.

Better Budgeting steht zusammenfassend für sämtliche Maßnahmen, um die Budgetierung effizienter und wirkungsvoller zu gestalten. Dies soll insbesondere durch die Konzentration auf wesentliche Schlüsselgrößen sowie einen vereinfachten, beschleunigten und flexibleren Budgetierungsprozess erreicht werden.

Ein vielversprechender Ansatz des Better Budgeting ist die **Campus-Planung** (Campus for Planning). Dabei werden die Merkmale eines Hochschulcampus – auf dem alle relevanten Einrichtungen räumlich eng beieinanderliegen – auf den Planungsprozess übertragen. Statt formalisierter Abläufe steht die direkte Interaktion der Planungsbeteiligten im Mittelpunkt. Die Planung konzentriert sich auf wesentliche Zielgrößen, die zu Beginn durch die Unternehmensführung als Leitplanken vorgegeben werden. Der eigentliche Planungsprozess findet dann in einem eng begrenzten Zeitraum im Rahmen gemeinsamer Treffen statt. Auf Basis der zentralen Zielvorgaben planen die einzelnen Bereiche zunächst im kleinen Kreis nur die wichtigsten Schlüsselgrößen. Anschließend kommen Unternehmensführung, Linienverantwortliche und Controller in unternehmensweiten, hierarchieübergreifenden Campus-Veranstaltungen zusammen. Dort werden die Bereichsplanungen vorgestellt, Abweichungen von den Gesamtzielen diskutiert, Gegenmaßnahmen erarbeitet und Umsetzungsverantwortliche benannt. Die Campus-Planung bringt somit alle relevanten Akteure für mehrere Tage an einen Ort und lässt sie erst wieder auseinandergehen, wenn sprichwörtlich „weißer Rauch aufgestiegen ist“.[154]

Auf dem zweiwöchigen Planungscampus der *Deutschen Telekom* wirken beispielsweise phasenweise bis zu 300 Teilnehmer mit und stimmen sich direkt vor Ort etwa über die Schließung von Ergebnislücken ab. Die Planung ist für alle Beteiligten nachvollziehbar und wird am Ende der Veranstaltung gemeinsam verabschiedet. Dadurch entsteht sowohl eine breite Zustimmung und Selbstverpflichtung der Führungskräfte (Commitment) als auch eine hohe Belastbarkeit der Planzahlen. Bereichsbezogenes Silo-Denken und langwierige Abstimmungen werden deutlich reduziert. Erst im Anschluss werden die verabschiedeten Ziele auf sämtliche Ebenen heruntergebrochen und im Detail ausgeplant.[155] Die Campus-Planung ermöglicht klare und akzeptierte Zielvorgaben, eine enge inhaltliche und personelle Abstimmung sowie die Konzentration auf wesentliche Eckdaten.

Campus-Planung bei DB Cargo

Die *DB Cargo AG* ist eine Tochtergesellschaft der *Deutschen Bahn AG*. Mit einem Umsatz von über 3,6 Mrd. Euro und rund 17.000 Mitarbeitern ist sie Marktführer im europäischen Schienengüterverkehr. Den Planungsprozess der Campus-Planung veranschaulicht Abb. 4.3.21.[156]

Durch eng aufeinander abgestimmte und verbindliche Zeitpläne konnte die Kernphase der Planung von fünf Monaten auf einen Monat verkürzt und die Zahl der Planungsbeteiligten um zwei Drittel reduziert werden. Aufgrund des aktiven Einbezugs aller relevanten Akteure wird die Campus-Planung nicht als Controlling-, sondern als Führungsprojekt wahrgenommen. Dem Festhalten am hohen Detaillierungsgrad der Planung wurde erfolgreich entgegengewirkt. Die Ergebnisse gelten als bestmögliche Einschätzung, wobei gewisse Unsicherheiten bewusst in Kauf genommen werden.

Die Planzahlen sind besonders belastbar, da sie mit konkreten Maßnahmen unterlegt sind und die Führungskräfte sich gemeinsam zu den Zielen verpflichten. Erst in der nachgelagerten Detailplanung wird die gesamte Organisation breit eingebunden. Die Steuerungsfähigkeit in der wettbewerbsintensiven, dynamischen Logistikbranche konnte durch die Campus-Planung entscheidend verbessert werden.

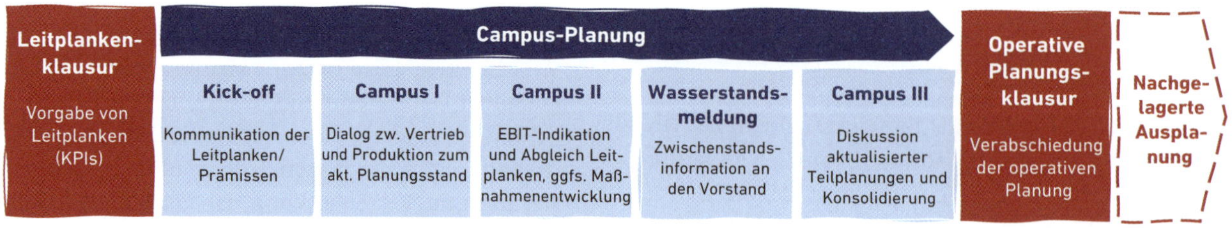

Abb. 4.3.21: Ablauf der Campus-Planung bei DB Cargo[157]

Aus den vielfältigen Ansätzen des Better Budgeting hat der *Internationale Controller Verein* das praxisorientierte Modell der **Modernen Budgetierung** entwickelt. Es soll zu einem einfachen, flexiblen und integrierten Budgetierungsprozess führen, die Organisation und Wertschöpfung abbilden sowie die Ziele eindeutig kommunizieren. Die in Abb. 4.3.22 dargestellten Prinzipien dienen als Orientierungsrahmen, den jedes Unternehmen individuell ausgestalten kann.[158] Bei der praktischen Umsetzung kann die Digitalisierung einen wesentlichen Beitrag leisten. Die Fokussierung auf zentrale Planungstreiber fördert die Einfachheit, Echtzeit-Simulationen erhöhen die Flexibilität, und zentrale Datenplattformen sorgen für eine durchgängige Integration. Auch die Beteiligung der Budgetverantwortlichen und die Transparenz lassen sich verbessern. Eine Möglichkeit sind etwa digitale Planungssysteme, in denen Prognosen, Budgets und Kontrollergebnisse adressatengerecht aufbereitet und allen Beteiligten zugänglich gemacht werden.[159] Um den Anforderungen einer VUKA-Welt zu genügen (vgl. Kap. 1.5.1), sollte die Moderne Budgetierung zusätzlich durch agile Werkzeuge ergänzt werden, etwa durch eine unterjährige Zielverfolgung mit Objectives & Key Results (vgl. Kap. 4.2.2).[160]

Durch Better Budgeting kann der Planungsprozess beschleunigt, der Ressourcenaufwand reduziert und die Planungsqualität erhöht werden. Die methodischen Schwächen der Budgetierung, wie etwa die unzureichende Verbindung von strategischer und operativer Planung, die Eindimensionalität sowie unerwünschte Verhaltenswirkungen, bleiben jedoch weitgehend bestehen. Verfechter des Beyond Budgeting fordern daher, die Budgetierung vollständig abzuschaffen und durch alternative Führungsinstrumente zu ersetzen.[161]

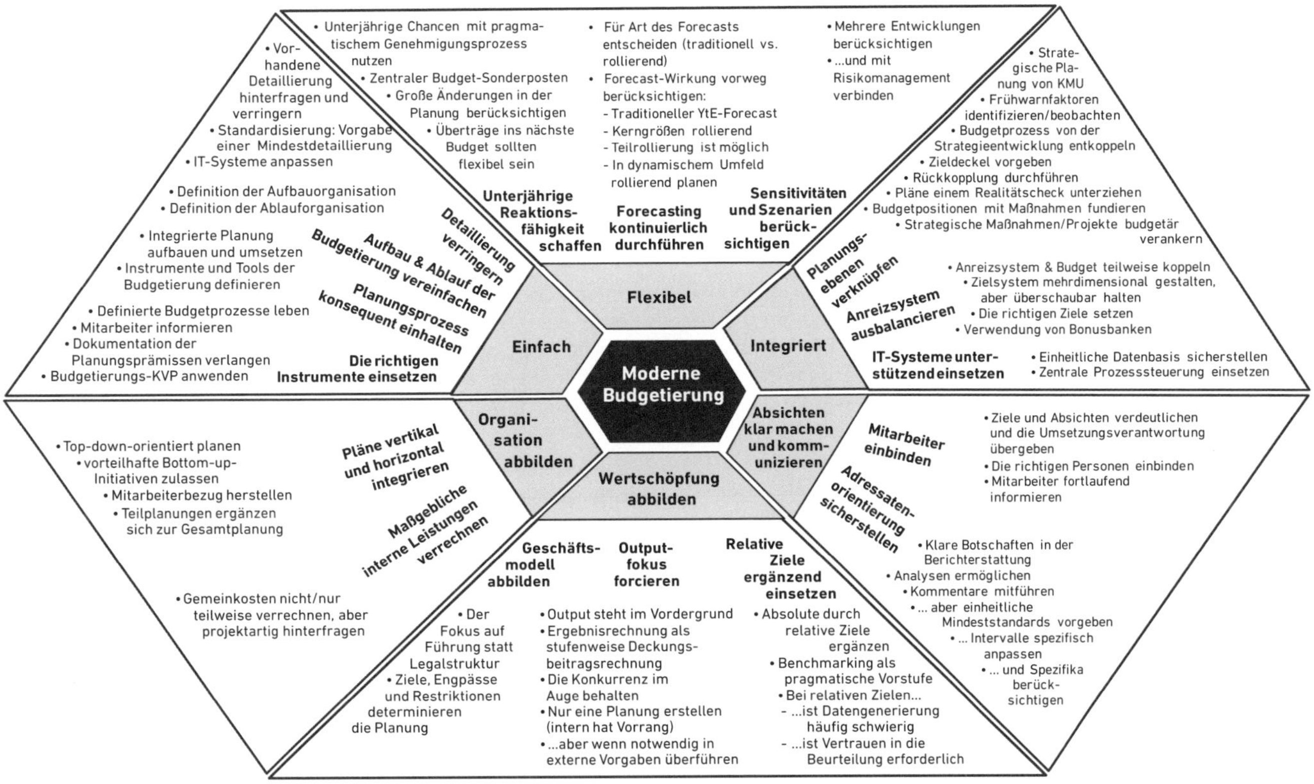

Abb. 4.3.22: Bausteine und Empfehlungen der modernen Budgetierung[162]

Better Budgeting bei Bosch

Die *Bosch-Gruppe* ist ein international führendes Technologie- und Dienstleistungsunternehmen mit einem Umsatz von über 90 Mrd. Euro und rund 420.000 Mitarbeitern.[163]

Vor der Reform des Planungsprozesses erstellte *Bosch* einen dreijährigen Wirtschaftsplan, der auf der Kalkulation von über einer halben Million Sachnummern basierte. Dadurch wurden auf allen Führungsebenen über einen langen Zeitraum hinweg erhebliche Ressourcen gebunden. Da die Planung sehr früh begann, waren viele Pläne zum Zeitpunkt ihrer Verabschiedung bereits überholt.[164] Ausgehend von Kostenstellen, Projekten und Sachnummern erfolgte die Planung Bottom-up „vom Detail zum Groben". Bei der Zusammenfassung der Planwerte wurde dann häufig festgestellt, dass gesetzte Ziele verfehlt wurden. Deshalb sollte der Planungsprozess nun Top-down nach der Philosophie „vom Groben zum Detail" erfolgen. Zuvor wurde der dreijährige Planungshorizont auf zwei Jahre verkürzt, wobei sich die Planung im zweiten Jahr nur noch auf wenige Eckdaten beschränkt. Strategische und operative Planung werden inhaltlich eng miteinander verzahnt, und Teilplanungen so weit wie möglich parallel durchgeführt.

Mit der detaillierten Ausplanung wird nun erst begonnen, wenn die Eckdaten des Plans bereits feststehen. Die Geschäftsführung legt dazu vor Beginn der Planungsphase auf Basis von Benchmarks realistische Ergebnisziele für die Geschäftsbereiche fest. Anschließend werden die Planwerte als verbindliche Vorgaben verabschiedet und Anfang September zusammen mit den zentralen Prämissen an die Geschäftsbereiche kommuniziert. Diese erstellen daraufhin innerhalb von acht Wochen einen ziel- und maßnahmenorientierten Wirtschaftsplan zur Erreichung ihrer Vorgaben.

Der **Target-Business-Plan** durchläuft im Geschäftsbereich vier Phasen:

- **Top-down Target Deployment:** Der Geschäftsbereich bricht seine zentralen Planziele auf die Einheiten herunter. Dabei müssen alle Zielvorgaben nachvollziehbar und erklärbar sein. Jede Ebene verpflichtet sich zur Einhaltung ihrer Ziele.
- **Action Planning:** Der Schwerpunkt liegt auf der Entwicklung konkreter Maßnahmen zur Zielerreichung. Abweichungen von den Zielwerten sind nicht zulässig. Der Härtegrad einer Maßnahme beschreibt, wie konkret sie inhaltlich ausgearbeitet ist; der Füllgrad gibt an, in welchem Umfang das Ziel bereits durch Maßnahmen abgedeckt ist.
- **Robustness Check:** Die einzelnen Pläne werden von der vierten Führungsebene an aufwärts bis zur Geschäftsbereichsebene präsentiert, diskutiert und freigegeben. Ziel dieser Abstimmung ist die Prüfung der Plausibilität und Robustheit der Pläne.
- **Completion & Acknowledgement:** Das Controlling verdichtet die freigegebenen Pläne zum Gesamtplan des Geschäftsbereichs, der schließlich durch den Bereichsvorstand verabschiedet wird. Danach erfolgt die Diskussion der Zielerreichung mit der Geschäftsführung sowie die endgültige Freigabe des Geschäftsbereichsplans.

Nach Freigabe des Wirtschaftsplans beginnt die Ausplanung der bestätigten Ziele und Maßnahmen in den nachgeordneten Einheiten. Bei der unterjährigen Steuerung fokussiert sich *Bosch* auf Ist-Ist- und Ist-Vorschau-Vergleiche – etwa mit dem Vorjahr oder auf Basis rollierender Prognosen. Die Trennung von Anreizen und Planzielen erspart zeitintensive Verhandlungen über alle Hierarchieebenen hinweg, die bisher häufig zu Kompromissen und dezentralen Puffern führten. Künftig sollen die Ziele auf allen Ebenen anspruchsvoll, aber zugleich realistisch sein.

Da die Zielfestlegung ausschließlich zwischen der Geschäftsführung und den Geschäftsbereichsleitungen erfolgt, beginnt der eigentliche Planungsprozess in der Organisation erst Anfang September. Um den Wirtschaftsplan innerhalb von acht Wochen erstellen zu können, wurden sowohl die Planungsinhalte als auch der Detaillierungsgrad deutlich reduziert. Die detaillierte Ausplanung konzentriert sich auf die Maßnahmen zur Zielerreichung; die Zielvorgaben selbst werden nicht mehr hinterfragt.

Da die Geschäftsführung nach der Zielvereinbarung keine weiteren Eingriffe vornimmt, tragen die nachgelagerten Führungsebenen nun mehr Verantwortung. Anstelle einer kleinteiligen Kontrolle von Planungsdetails unterstützen die Controller die Führungskräfte als Business Partner aktiv bei der Zielerreichung. Für *Markus Forschner*, CFO und Mitglied der Geschäftsführung, ist der Target Business Plan ein voller Erfolg: „In der heutigen VUKA-Welt stärkt er das unternehmerische Denken im gesamten *Bosch-Konzern* und macht unsere Planung gleichzeitig aktueller, effizienter und flexibler."

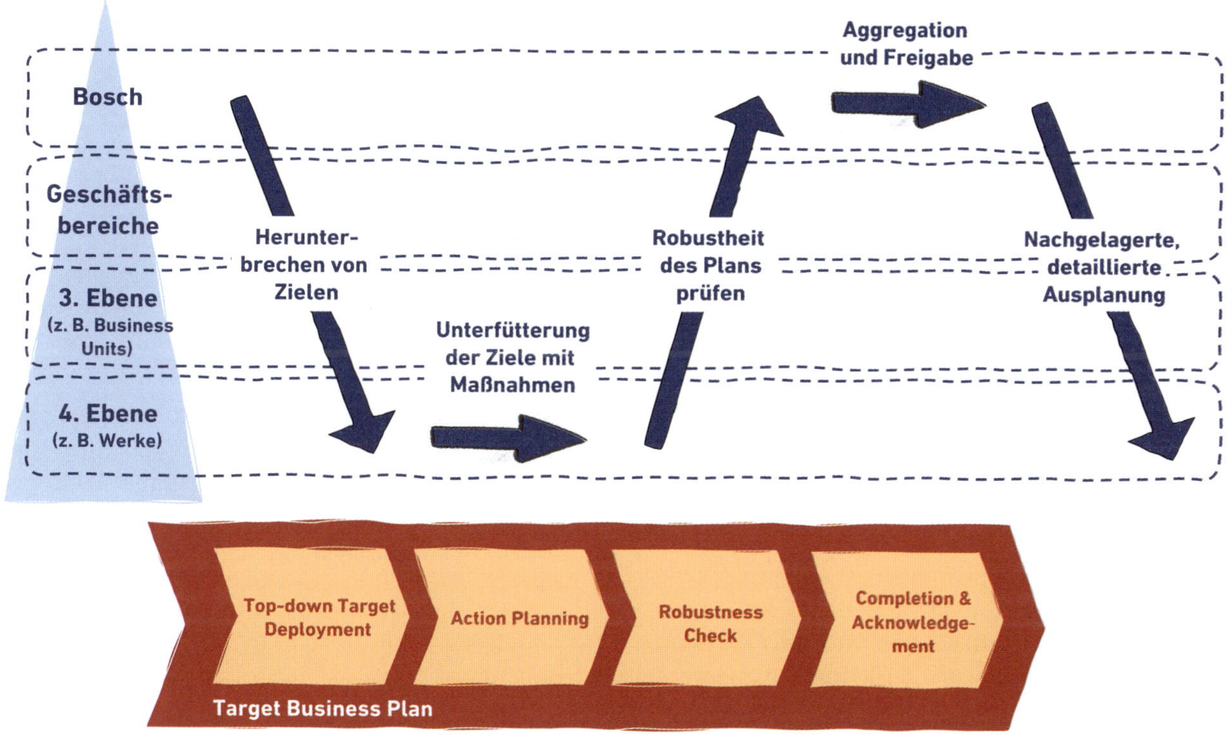

Abb. 4.3.23: Phasen des Target Business Plans mit anschließender Ausplanung

Beyond Budgeting: Adaptiv-dezentrale Führung

Kritiker sehen Budgets als Ausdruck grundlegenden Misstrauens, denn sie beruhen auf der Annahme, dass sich Mitarbeiter ohne Vorgaben nicht im Sinne des Unternehmens verhalten.[165] Statt Flexibilität und unternehmerische Initiative zu fördern, engen sie den Handlungsspielraum ein und zwingen Führungskräfte dazu, sich an starre Vorgaben zu halten, selbst wenn sich die Rahmenbedingungen längst verändert haben. Beyond Budgeting verzichtet deshalb auf klassische Budgets und ersetzt sie durch eine agile, adaptiv-dezentrale Führung (vgl. Kap. 6.3.3).

Beyond Budgeting ist ein agiler, adaptiv-dezentraler Führungsansatz, der klassische Budgets durch flexible, sich selbst anpassende Steuerungsprozesse ersetzt und die Mitarbeiter durch die Übernahme dezentraler Verantwortung zu unternehmerischem Denken und Handeln befähigt.

Eine **adaptiv-dezentrale Führung** weist zwei grundlegende Merkmale auf:[166]

- **Flexible und adaptive Steuerungsprozesse:** Relative Ziele, rollierende Prognosen und der Verzicht auf fixe Ressourcenzuweisungen ermöglichen eine schnelle, marktorientierte Anpassung an neue Kundenanforderungen und Marktentwicklungen.
- **Dezentralisierung von Verantwortung:** Höhere Autonomie und Entscheidungsbefugnisse der Linienverantwortlichen führen zu schnelleren Entscheidungen und größerer Handlungsflexibilität, wodurch sich das Potenzial der Mitarbeiter besser entfalten kann. Voraussetzung dafür ist ein kultureller Wandel in der Unternehmensführung: Statt den dezentralen Einheiten Anweisungen zu geben und deren Umsetzung zu kontrollieren (Command & Control), werden marktorientierte Teams zur Entscheidungsfindung befähigt und aktiv unterstützt (Coach & Support).

Die **Prinzipien einer adaptiv-dezentralen Führung** sind:[167]

- **Sinnkopplung:** Erkennen Mitarbeiter einen Sinn in ihrer individuellen Aufgabe und den Zielen des Unternehmens, sind sie eher bereit, sich dafür zu engagieren (vgl. Kap. 6.3.3). Der Purpose als Bestimmung und Orientierung des Unternehmens soll eine solche Identifikation ermöglichen (vgl. Kap. 2.2.1).

- **Dezentrale Verantwortung:** An die Stelle einer funktional gegliederten Hierarchie tritt ein dezentrales Netzwerk aus ergebnisverantwortlichen, funktionsübergreifenden Einheiten. Die Zellen bilden „Unternehmen im Unternehmen". Sie übernehmen Aufgaben und Funktionen, die in klassischen Organisationen auf Abteilungen, Bereiche oder Geschäftsfelder verteilt sind. In einer agilen Zellstruktur steuern sich die dezentralen Einheiten selbst und können entsprechend effizient, flexibel und schnell agieren (vgl. Kap. 5.1.2). Durch den direkten Marktkontakt wissen die Zellen in der Peripherie am besten, was ihre Kunden wollen, und können sich gezielt daran ausrichten. Kundenrelevante Entscheidungen sollen deshalb so dezentral wie möglich getroffen werden. Um interne Konkurrenzkämpfe zu vermeiden, werden die Kunden den Zellen eindeutig zugeordnet. Abb. 4.3.24 zeigt ein solches Zellstrukturdesign als agile Organisationsform: Die Unternehmenszentrale übt keine Macht aus, sondern unterstützt die Zellen bei ihren Entscheidungen. Sie stellt übergreifende oder spezifische Organisations- und Informationsleistungen als interner Dienstleister bereit, etwa in den Bereichen IT, Recht oder Finanzen. Die Koordination zwischen den Zellen erfolgt durch Selbstabstimmung auf internen Märkten, auf denen Angebot und Nachfrage mithilfe von Verrechnungspreisen abgestimmt werden.
- **Transparenz:** Um unternehmerische Entscheidungen treffen zu können, sollen Mitarbeiter einfach, schnell und uneingeschränkt auf sämtliche Informationen im Unternehmen zugreifen können. Schlüsselindikatoren, erzielte Ergebnisse, Prognosen und Leistungsvergleiche sollen für alle Mitarbeiter transparent sein. Diese Offenheit schafft nicht nur Orientierung, sondern ermöglicht auch eine wechselseitige Kontrolle, ob jede Zelle im Sinne der gemeinsamen Ziele handelt. Interne Vergleiche bieten sich insbesondere bei homogenen Leistungseinheiten an. So führt *ALDI* beispielsweise regelmäßig Rankings zwischen allen Filialen und Regionen durch. Die unternehmensweite Aufstellung von Ranglisten oder Liga-Tabellen fördert einen sportlichen Wettbewerb und sorgt für hohe Leistungstransparenz.
- **Relative Ziele:** Fixe, absolute Ziele, wie etwa Umsatz, Gewinn oder Wertbeitrag, beruhen auf einer Vielzahl von Prämissen und sind häufig das Ergebnis langwieriger Verhandlungen. Die Leistung der Verantwortlichen wird an der Zielerreichung gemessen und meist ist daran auch ihre Vergütung gekoppelt. Solche fixen Leistungsvereinbarungen sind jedoch nicht nur zeitaufwendig und unflexibel, sondern begünstigen auch unerwünschte Verhaltenswirkungen. Relative Ziele hingegen passen sich automatisch an Veränderungen an. Sie orientieren sich an internen oder externen Benchmarks und setzen die erzielte Leistung beispielsweise ins Verhältnis zur Entwicklung des Markts oder zu den Ergebnissen der Wettbewerber. Ein relatives Ziel könnte etwa darin bestehen, besser zu sein als der stärkste Konkurrent.

Ein Beispiel für den Unterschied zwischen absoluten und relativen Zielen zeigt Abb. 4.3.25. Ein absolutes Ziel

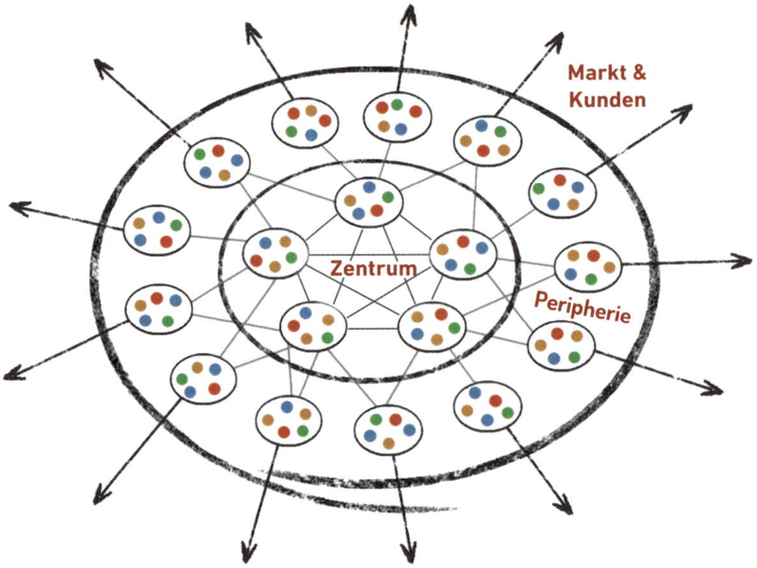

Abb. 4.3.24: Agiles Zellstrukturdesign als dezentrales Netzwerk ergebnisverantwortlicher Zellen[168]

wäre die Erreichung eines ROCE (Return on Capital Employed) von 18 %, der auf Basis der prognostizierten Marktentwicklung geplant wurde. Das relative Ziel orientiert sich dagegen an der tatsächlichen Entwicklung des Gesamtmarktes, die erst nach Ablauf des Geschäftsjahres bekannt ist. Im Beispiel führt der klassische Soll-Ist-Vergleich zu einer Fehleinschätzung: Die deutliche Planüberschreitung um 3 % wird als Erfolg gewertet und führt zu Bonuszahlungen für die Verantwortlichen. Der bessere ROCE des Marktdurchschnitts (25 %) und des wichtigsten Wettbewerbers (28 %) bleiben jedoch unberücksichtigt. Erst durch die relative Betrachtung wird die Leistung richtig beurteilt: Sie liegt 4 % unter dem Markt und 7 % hinter dem führenden Wettbewerber. Bei relativen Zielen spielen somit Annahmen über die Entwicklung des Marktes keine Rolle. Dadurch bleiben sie dauerhaft aktuell, herausfordernd und relevant. Gleichzeitig gewähren sie den dezentralen Einheiten große Freiheiten bei der Zielerreichung. Das zentrale, hierarchische Jahresbudget wird somit durch eine Vielzahl zeitnaher, dezentraler Maßnahmenpläne ersetzt. Relative Ziele müssen nicht jährlich neu verhandelt werden, sondern gelten im Idealfall dauerhaft. Den stärksten Konkurrenten zu schlagen ist immer ein ambitioniertes Ziel.

- **Teamorientierung:** Bei der adaptiv-dezentralen Führung richten sich Zielvorgaben grundsätzlich an Teams und nicht an einzelne Personen. Dahinter steht die Überzeugung, dass Erfolge im Unternehmen nicht individuell entstehen, sondern immer das Ergebnis gemeinsamer Teamarbeit sind. Entsprechend wird die Vorgabe und Fremdkontrolle individueller Ziele als nicht sinnvoll angesehen. Variable Vergütungsbestandteile sollten sich an den finanziellen Ergebnissen des gesamten Unternehmens orientieren und für alle Mitarbeiter gleichermaßen gelten. So könnten beispielsweise alle denselben Betrag oder den gleichen prozentualen Anteil des Grundgehalts als Prämie erhalten. Individuelle Leistungsunterschiede sollten sich im Grundgehalt widerspiegeln, nicht in einer variablen Vergütung.
- **Vorbereitung statt Planung:** Zwischen Entscheidung und Umsetzung sollte möglichst wenig Zeit vergehen. Statt die Zukunft langfristig vorauszuplanen, sollte sich das Unternehmen auf Eventualitäten vorbereiten, um in einer unvorhersehbaren Zukunft handlungsfähig zu bleiben. Die hierfür notwendige Flexibilität wird durch das dezentrale Netzwerk gewährleistet. Rollierende Prognosen und Szenarien sollen ein besseres Verständnis der Zukunft ermöglichen, lassen im Gegensatz zur langfristigen Planung jedoch die Entscheidungen offen. Die Zellen folgen somit keinem festen Plan, sondern treffen ihre Entscheidungen erst in der jeweiligen Situation auf Basis der zu diesem Zeitpunkt verfügbaren Informationen.

Die Forderung nach einer Abschaffung der Budgetierung wird in der Praxis meist skeptisch gesehen.[170] Bei internen Vergleichen kann der Wettbewerb zwischen den Zellen und der daraus resultierende Gruppendruck dazu führen, dass leistungsschwächere Teammitglieder aus der Zelle heraus-

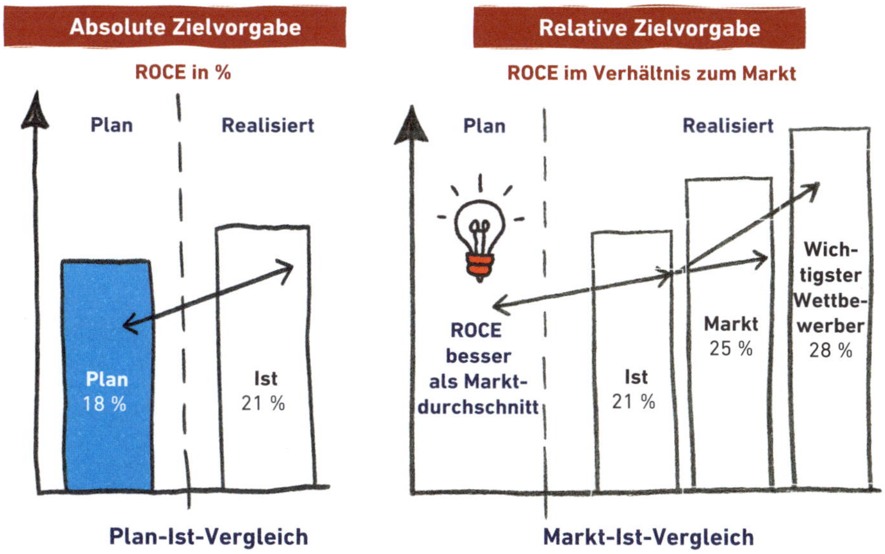

Abb. 4.3.25: Absolute versus relative Zielvorgabe[169]

gedrängt werden. Es ist wenig wahrscheinlich, dass erfolgreiche Zellen ihre Ideen mit anderen teilen, da sie dadurch langfristig ihre gute Platzierung im Ranking gefährden würden. Dadurch besteht die Gefahr, dass die Zellen egoistisch agieren und das Gesamtwohl des Unternehmens aus den Augen verlieren. Je dezentraler die Informationen verarbeitet werden, desto größer ist auch die Gefahr von Widersprüchen und Inkonsistenzen. Hinzu kommen die Rechenschaftspflichten kapitalmarktorientierter Unternehmen, die eine fundierte Planung erfordern.

Dezentrale Ressourcenanforderungen erschweren die Realisierung von Verbundeffekten und Synergien. Beispielsweise kann die Wirtschaftlichkeit einer Investition von der gemeinsamen Nutzung durch mehrere Zellen abhängen. Wirklich flexibel lassen sich somit nur solche Ressourcen nutzen, die entweder bereits ausreichend vorhanden sind oder nur in begrenztem Umfang beschafft werden müssen.

Adaptiv-dezentrale Führung wird bislang vor allem in Dienstleistungs- und Handelsunternehmen angewendet. Diese Unternehmen verfügen über homogene Leistungseinheiten, wie etwa Filialen oder Niederlassungen, aus denen eigenverantwortliche Zellen mit relativen Zielen und internem Wettbewerb gebildet werden können. Beispiele für die praktische Anwendung ausgewählter Prinzipien finden sich bei Unternehmen wie *Svenska Handelsbanken*, *Southwest Airlines*, *dm*, *Gore*, *IKEA* oder *Swiss Airlines*. Dienstleistungen entstehen im direkten Kundenkontakt und sind meist von kurzer Dauer. Sie profitieren daher vom flexiblen und eigenverantwortlichen Handeln eines kleinen Teams, das schnell auf die Wünsche der Kunden reagieren kann.

Industrieunternehmen hingegen sind durch große Stückzahlen, Produktstandardisierung und längerfristigen Produktlebenszyklen geprägt. Entwicklungs- und Produktionsentscheidungen mit langer Gültigkeit und hohen Investitionen würden in einer dezentralen Netzwerkstruktur ohne zentrale Planung einen erheblichen Koordinations- und Abstimmungsaufwand erfordern. Dezentrale Selbstabstimmung und interne Märkte erschweren zudem die Beherrschung komplexer Produktionsprozesse sowie die Realisierung von Verbundeffekten und Synergien. Diese erfordern zentrale Leitplanken, an denen sich die dezentralen Bereiche orientieren können.[171]

Nach dem *WHU Controller Panel* werden viele Prinzipien der adaptiv-dezentralen Führung bereits in der Praxis angewendet. Bei rund einem Drittel der Befragten wirken der Purpose und geteilte Werte richtungsweisend. Zudem wird in Team- und Netzwerkstrukturen gearbeitet, es herrscht eine ausgeprägte Ziel- und Ergebnistransparenz, die Führungskräfte haben große Entscheidungsfreiräume, und das Handeln ist klar auf die Bedürfnisse der Kunden ausgerichtet.[172]

Adaptiv-dezentrale Führung bei B. Braun

Das Unternehmen *B. Braun Melsungen AG* ist ein weltweit führender Hersteller von Medizintechnik- und Pharmaprodukten. Das Unternehmen erzielt mit rund 65.000 Mitarbeitern einen Umsatz von über 9,1 Mrd. Euro.[173]

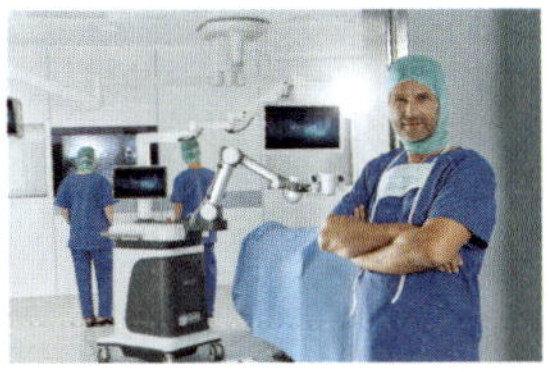

Bis 2005 war der Planungsprozess bei *B. Braun* außerordentlich langwierig und arbeitsintensiv. Der hohe Detaillierungsgrad und die vielen Abstimmungsschleifen erforderten viel Zeit und Personal. Dennoch waren viele Budgetansätze schnell überholt und die Pläne veraltet. Der Vorstandsvorsitzende *Ludwig Georg Braun* beschloss deshalb, die Konzernsteuerung neu auszurichten: „All dieses Zahlen sammeln, dieses Reporting, das ist eine umfangreiche Tätigkeit, die man vom Schreibtisch aus machen kann und die dem Mitarbeiter einen guten Grund gibt, nicht beim Kunden zu sein. Um Ziele vorzugeben, tragen wir jetzt zusammen, wie es in den Märkten der Welt aussieht. Was sich dort verändert, wie der Trend der letzten Monate ist, ob sich das mit unseren Hochrechnungen deckt und wie wir weiter steuern müssen. Aber Pläne wie früher, wie viele Produkte man mit welchen Maßnahmen in welchen Ländern absetzen kann, das machen wir nicht mehr."

Die operative Steuerung erfolgt seitdem nicht mehr durch Plan-Ist-Vergleiche, sondern auf Basis der prognostizierten Entwicklung im Vergleich zum Vorjahr (Wird-Ist). Den Kern dieses adaptiv-dezentralen Führungsprozesses bilden **rollierende Forecasts**. Im April und Oktober werden in Review Meetings die Erwartungen für das laufende Geschäftsjahr sowie im Oktober auch für das kommende Geschäftsjahr beurteilt. Der in Abb. 4.3.26 dargestellte **Review-Prozess** dauert insgesamt vier Wochen.

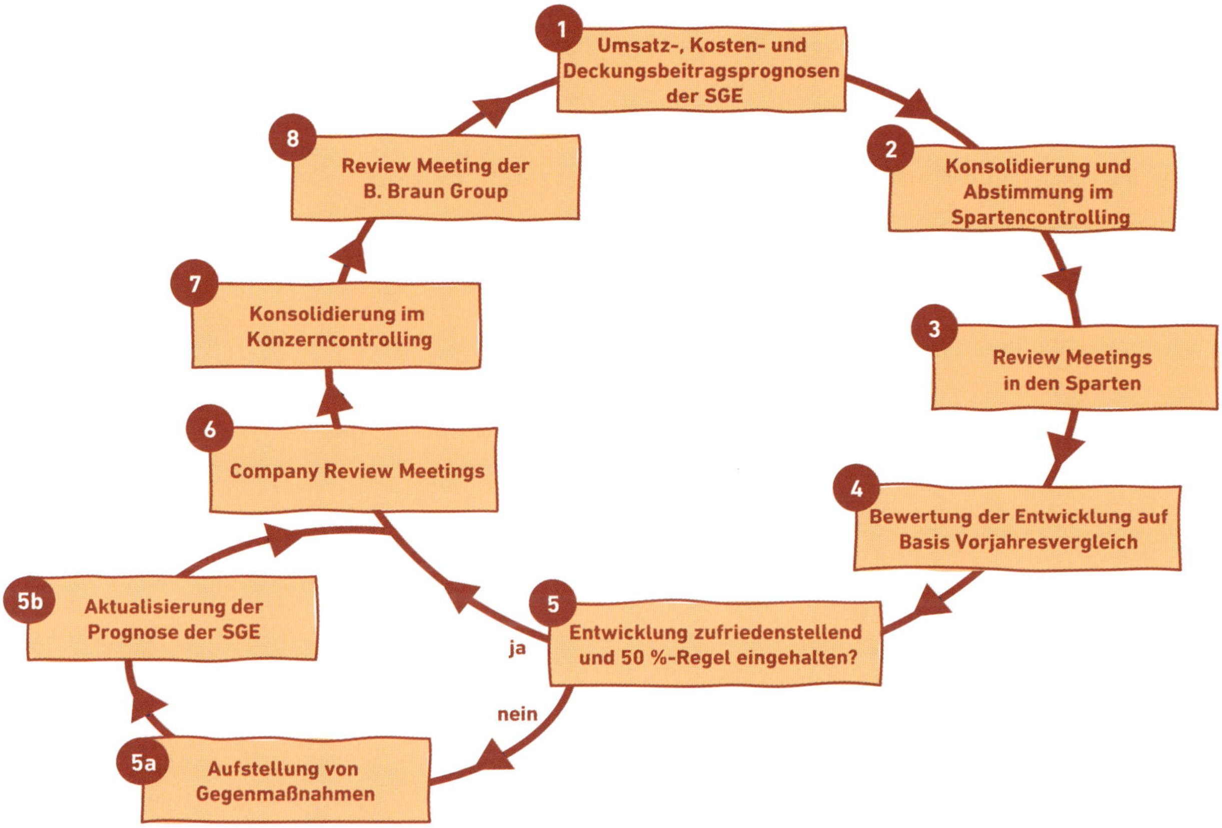

Abb. 4.3.26: Review-Prozess bei B. Braun

Zu Beginn erstellen die lokalen Spartenverantwortlichen in Zusammenarbeit mit den Regionalleitern innerhalb von zwei Wochen aggregierte Umsatz-, Kosten- und Deckungsbeitragsprognosen. Im April erfolgt dies nur für das laufende Jahr, im Oktober auch für das Folgejahr. Die Erwartungen der strategischen Geschäftseinheiten werden anschließend für die Gesellschaften und Sparten zusammengeführt, konsolidiert, kommentiert und mit den Verantwortlichen abgestimmt. Das Ergebnis wird von einem Komitee aus Regionalleitern, der Spartenleitung Vertrieb/Marketing und den Sparten-Controllern im Review Meeting diskutiert. Dabei werden die zu erwartenden Ergebnisse für das laufende Jahr (Wird) mit den Werten des Vorjahres (Ist) verglichen. Zudem fließen auch strategische Zielsetzungen ein. Aus der Entwicklung der Umsätze und Kosten der strategischen Geschäftsfelder wird mithilfe der 50 %-Regel der bestehende Handlungsbedarf beurteilt. Danach dürfen die Kosten für Vertrieb und Verwaltung nur um maximal die Hälfte der prozentualen Erhöhung des Bruttoergebnisses steigen. Die Entscheidung über konkrete Maßnahmen erfolgt dabei innerhalb des Komitees. So wird es möglich, in volatilen Märkten unterjährig schnell und flexibel korrigierend einzugreifen.

Ergänzend zu den Review Meetings der Sparten werden anschließend Company Review Meetings mit den Gesellschaften durchgeführt. Dabei wird geprüft, ob die Prognosen der Sparten und Gesellschaften übereinstimmen und ob sich daraus besondere Anforderungen ergeben, etwa an die Kapazitäts- oder Liquiditätsplanung. Im Anschluss erfolgt die Konsolidierung im Konzerncontrolling sowie die Prognose für die gesamte *B. Braun Group*.

Die Unternehmenssteuerung von *B. Braun* ist durch den Review-Prozess schnell und effektiv. Meist wird bereits im ersten Review Meeting erkannt, ob strategische Geschäftseinheiten hinter den Erwartungen zurückbleiben. Zeigt sich ein Handlungsbedarf, werden gezielte Maßnahmen zur Ergebnissicherung beschlossen. Unterjährige Genehmigungsprozesse machen das Unternehmen flexibler, ohne das profitable Wachstum aus den Augen zu verlieren. Besser zu sein als im Vorjahr ist dabei stets ein herausforderndes Ziel.

Da es kein ideales, für jedes Unternehmen gleichermaßen geeignetes Führungskonzept im Sinne eines „One size fits all" gibt, ist die adaptiv-dezentrale Führung in der Praxis äußerst vielfältig. Auslöser für die Abkehr von der Budgetierung ist meist die Unzufriedenheit mit der operativen Steuerung und den damit verbundenen negativen Verhaltenswirkungen. Auf eine stärkere Flexibilisierung kann im heutigen Wettbewerbsumfeld kaum ein Unternehmen verzichten. Da es sich beim Übergang zu einer adaptiv-dezentralen Führung um einen fundamentalen Wandel handelt, sollte der Anstoß von der Unternehmensführung ausgehen (vgl. Kap. 6.3). Dabei müssen nicht alle Prinzipien gleichzeitig umgesetzt werden. Der Weg dorthin besteht vielmehr aus zahlreichen Stufen und erstreckt sich meist über mehrere Jahre. Praxisbeispiele wie *Roche* oder *B. Braun* zeigen, dass dieser Veränderungsprozess erfolgreich sein kann. Ein guter Einstieg ist die Aufspaltung der drei Budgetfunktionen Zielsetzung, Prognose und Ressourcenallokation. Diese lassen sich häufig mit anderen Führungsinstrumenten wie Objectives and Key Results (vgl. Kap. 4.2.2) oder rollierenden Prognosen besser umsetzen.[174]

Executive Summary

- Die Planung legt die Ziele fest und bestimmt die erforderlichen Maßnahmen, Mittel und Wege, um diese zu erreichen.
- Kontrolle ist der beurteilende Vergleich zwischen geplanten, prognostizierten oder realisierten Größen und die anschließende Analyse festgestellter Abweichungen.
- Planung und Kontrolle bilden eine Einheit. Eine Planung der Ausführung ist ohne Kontrolle zwecklos und eine Kontrolle der Planausführung ist ohne Planung nicht möglich.
- Funktionen der Planung und Kontrolle sind Koordination, Motivation, Optimierung, Zukunftssicherung, Innovation, Flexibilität und Information.
- Die Unternehmensziele bestimmen, was durch die Umsetzung des Plans erreicht werden soll. Sie sollten SMART formuliert sein.
- Ergebnis der Planung ist der Plan. Er legt die zu erreichenden Ziele fest und beschreibt die dafür erforderlichen Maßnahmen, Ressourcen, Termine und Aufgabenträger.
- Die Gesamtheit der Pläne und ihre Beziehungen untereinander bilden das Plansystem.
- Planung und Kontrolle lassen sich nach einer Reihe von Kriterien systematisieren. Ihre Ausprägungsformen charakterisieren das betriebliche Planungs- und Kontrollsystem (PuK-System).
- Ziel der strategischen Planung und Kontrolle ist die Sicherung bestehender und die Erschließung neuer Erfolgspotenziale, während die operative Planung und Kontrolle die bestmögliche Nutzung bestehender Erfolgspotenziale anstrebt.
- Nach der Zieldimension lassen sich Sach- und Wertziele unterscheiden. Die Aktionsplanung und -kontrolle ist sachzielorientiert und die Budgetierung wertzielorientiert.
- Die Aktionsplanung umfasst die detaillierte Festlegung zukünftiger Aktivitäten sowie der dabei eingesetzten Personen, Verfahren und Objekte. Sie legt fest, wer was wann, wie, womit und wo tun soll, um die angestrebten Sachziele zu erreichen. Die Zielerreichung wird durch die Aktionskontrolle überprüft.
- Die Budgetierung umfasst die Planung und Kontrolle wirtschaftlicher Ziele und quantifiziert die monetären Auswirkungen geplanter Maßnahmen.
- Im Rahmen der Planung und Kontrolle gibt es inhaltliche Aufgaben (materielle Planung und Kontrolle), Unterstützungsaufgaben (Management von Planung und Kontrolle) und formale Aufgaben (Metaplanung und -kontrolle).
- Planung und Kontrolle müssen selbst geplant und kontrolliert werden. Diese Metaplanung und -kontrolle umfasst die Gestaltung, Lenkung und Analyse des PuK-Systems.

- Das Planungs- und Kontrollsystem (PuK-System) beschreibt den Aufbau und Ablauf von Planung und Kontrolle, die dabei eingesetzten Instrumente sowie die dafür verantwortlichen Organe.
- Planungs- und Kontrollorgane sind Personen oder organisatorische Einheiten, die dauerhaft oder fallweise an der Planung und Kontrolle mitwirken.
- Die Ablauforganisation beschreibt die zeitliche Gliederung und Ordnung der PuK-Aktivitäten. Gestaltungsaspekte sind die hierarchische Ableitung der Pläne, der Ablauf der Planerstellung, die zeitliche Verkettung der Pläne, der Planungsrhythmus und die Terminplanung.
- Es werden methodische und digitale PuK-Instrumente eingesetzt.
- Die PuK-Dokumentation dient als Richtlinie und zur Information aller PuK-Organe.
- Planung ersetzt den Zufall durch den Irrtum. Die Plan- und Kontrollierbarkeit stößt auf prinzipielle, personen- und sachbezogene Grenzen.
- Digitale Informationssysteme ermöglichen eine treiberbasierte Planung und Kontrolle mit Fokus auf die wesentlichen Steuerungsgrößen. Handlungsoptionen lassen sich durch schnelle und bessere maschinelle Prognosen bewerten, wodurch die Entscheidungsträger bei der Zielfestlegung und -verfolgung unterstützt werden.
- Planung und Kontrolle sind unternehmensindividuell kontextabhängig zu gestalten.
- Strategieumsetzung bedeutet, strategische Ziele in konkrete operative Maßnahmen zu übersetzen, diese konsequent durchzuführen und ihre Wirksamkeit fortlaufend zu überprüfen.
- Performance Measurement bezeichnet die ganzheitliche und mehrdimensionale Beurteilung der Unternehmensleistung anhand quantifizierbarer Maßgrößen, um die Strategie in konkrete Maßnahmen zu überführen und die Wirksamkeit ihrer Umsetzung kontinuierlich zu überwachen.
- Performance Management umfasst die systematische Planung, Steuerung und Kontrolle der betrieblichen Leistungen, um das Unternehmen an der Strategie auszurichten, seine Leistungsfähigkeit zu steigern und seinen nachhaltigen Erfolg sicherzustellen.
- Die Balanced Scorecard ist ein Performance-Measurement-System, das die Unternehmensleistung mithilfe mehrdimensionaler Kennzahlen aus vier strategischen Perspektiven beurteilt: Lernen und Entwicklung, interne Geschäftsprozesse, Kunden und Finanzen.
- Die Strategieumsetzung erfolgt bei der Balanced Scorecard durch einen systematischen Operationalisierungsprozess: Zunächst werden verschiedene Perspektiven bestimmt und daraus strategische Teilziele aus der Unternehmensstrategie abgeleitet. Diese werden mithilfe von Kennzahlen messbar gemacht und anschließend wird für jede Maßgröße ein operativer Zielwert festgelegt. Schließlich werden strategische Aktionsprogramme aufgestellt, um die Zielerreichung zu gewährleisten.
- Die zentralen Ursache-Wirkungs-Zusammenhänge zwischen den strategischen Teilzielen der Balanced Scorecard werden in einer Strategy Map veranschaulicht.
- Der strategische Führungskreislauf umfasst die Kommunikation der Strategie, die Verknüpfung mit individuellen Anreizen, die Ableitung operativer Zielvorgaben sowie das Lernen aus den Ergebnissen der strategischen Kontrolle.
- Objectives and Key Results (OKR) richtet den Fokus eines Unternehmens für einen begrenzten Zeitraum auf bis zu fünf ambitionierte Ziele. Für jedes dieser Objectives werden bis zu fünf messbare Schlüsselergebnisse (Key Results) festgelegt. Die Erreichung der Key Results soll zur Verwirklichung der Objectives führen.
- Die OKR-Methode fokussiert das Unternehmen auf die wichtigsten Zielsetzungen und richtet es konsequent an der Vision und Strategie aus. Ambitionierte Ziele werden in Abstimmung mit den Teams festgelegt und in der Regel quartalsweise verfolgt. Regelmäßige Überprüfungen machen die Fortschritte bei der Zielerreichung transparent. OKRs sind bewusst nicht an finanzielle Anreize gekoppelt, um die Formulierung ambitionierter und intrinsischer Ziele zu fördern.
- Das mehrstufige integrative Performance Management (iPM) besteht aus vier miteinander verknüpften Zyklen: dem Visions-, Strategie-, BSC- und OKR-Zyklus. Die Vision wird im Strategiezyklus, die Strategie im BSC-Zyklus und die operativen Jahresziele im OKR-Zyklus schrittweise konkretisiert und umgesetzt.
- Die operative Planung und Kontrolle legt fest, wie strategische Maßnahmen im Tagesgeschäft realisiert werden, und soll die Effizienz der auszuführenden Tätigkeiten sicherstellen. Sie ist durch einen hohen Detaillierungsgrad und einen kurzfristigen Planungshorizont gekennzeichnet.

- Ein Budget ist ein in monetären Größen formulierter Plan zur Erreichung wirtschaftlicher Ziele. Es wird den betrieblichen Verantwortungsbereichen für einen festgelegten Zeitraum verbindlich vorgegeben.
- Das Budgetierungssystem ist jener Teil des Planungs- und Kontrollsystems, der sich auf die Planung und Kontrolle wirtschaftlicher Zielgrößen konzentriert.
- Das Budgetsystem besteht aus inhaltlich aufeinander abgestimmten Teilbudgets, die je nach Zahlungs- und Erfolgswirksamkeit in das Finanzbudget, die Plan-GuV und die Planbilanz verdichtet werden.
- Der Budgetierungsprozess umfasst den zeitlichen und inhaltlichen Ablauf sämtlicher Budgetierungsaktivitäten.
- Die Wahl des geeigneten Budgetierungsverfahrens hängt vom Wiederholungsgrad der Prozesse und der monetären Messbarkeit der Ergebnisse im jeweiligen Verantwortungsbereich ab. Je nach Ausprägung dieser Faktoren kann die Budgetierung effizienzorientiert, ergebnisorientiert, prozessmengenbasiert oder entscheidungsbasiert erfolgen.
- Der Schwierigkeitsgrad eines Budgetziels beeinflusst maßgeblich die tatsächlich erzielte Leistung. Die besten Ergebnisse werden erzielt, wenn das Ziel als herausfordernd, aber erreichbar eingeschätzt wird.
- Budgets beeinflussen das Verhalten der dezentralen Entscheidungsträger. Unerwünschte Wirkungen von Budgets sind bewusstes Einplanen von Reserven (Slacks), kurzfristiges und bereichsbezogenes Denken, Budgetverschwendung, die Vernachlässigung immaterieller Werte sowie das Eingehen überhöhter Risiken. Deshalb sollten Budgetierungsgrundsätze beachtet werden.
- Problemfelder der Planung und Kontrolle sind die mangelnde Verbindung zwischen strategischer und operativer Planung, Eindimensionalität, unzureichende Aktualität und Flexibilität, hoher Ressourcenaufwand sowie fehlende Akzeptanz.
- Eine wirksame operative Planung und Kontrolle ist integriert, dynamisch rollierend, marktorientiert, mehrdimensional und dezentralisiert. Prognosen und Ziele sollten voneinander getrennt sein. Relative Ziele passen sich selbst an veränderte Umweltbedingungen an. Als effizienter und zugleich effektiver Planungsrhythmus empfiehlt sich Top-down-Middle-up.
- Verbesserungsansätze sind eine stärkere Unterstützung und Automatisierung durch digitale Informationssysteme (Digital Budgeting), die evolutionäre Steigerung von Effizienz und Effektivität (Better Budgeting) oder der vollständige Ersatz der Budgetierung durch eine agile, adaptiv-dezentrale Führung (Beyond Budgeting).
- Better Budgeting steht zusammenfassend für sämtliche Maßnahmen, um die Budgetierung effizienter und wirkungsvoller zu gestalten. Dies soll insbesondere durch die Konzentration auf wesentliche Schlüsselgrößen sowie einen vereinfachten, beschleunigten und flexibleren Budgetierungsprozess erreicht werden.
- Beyond Budgeting ist ein agiler, adaptiv-dezentraler Führungsansatz, der klassische Budgets durch flexible, sich selbst anpassende Steuerungsprozesse ersetzt und die Mitarbeiter durch die Übernahme dezentraler Verantwortung zu unternehmerischem Denken und Handeln befähigt.
- Prinzipien einer adaptiv-dezentralen Führung sind Sinnkopplung, dezentrale Verantwortung, Transparenz, relative Ziele, Teamorientierung sowie Vorbereitung statt Planung.

Lesetipps

Doerr, J.: OKR – Objectives & Key Results, München 2018.

Gleich, R.: Performance Measurement, 3. Aufl., München 2021.

Horváth, P./Gleich, R./Seiter, M.: Controlling, 15. Aufl., München 2024.

Kaplan, R. S./Norton, D. P.: Balanced Scorecard, Stuttgart 1997; Die strategiefokussierte Organisation, Stuttgart 2001; Der effektive Strategieprozess, Frankfurt 2009.

Pfläging, N.: Relative Ziele, München 2026;

Pfläging, N./Hermann, S.: Komplexithoden, München 2015.

Rieg, R.: Planung und Budgetierung, 2. Aufl., Wiesbaden 2015.

KAPITEL 5

Struktur und Abläufe des Unternehmens gestalten

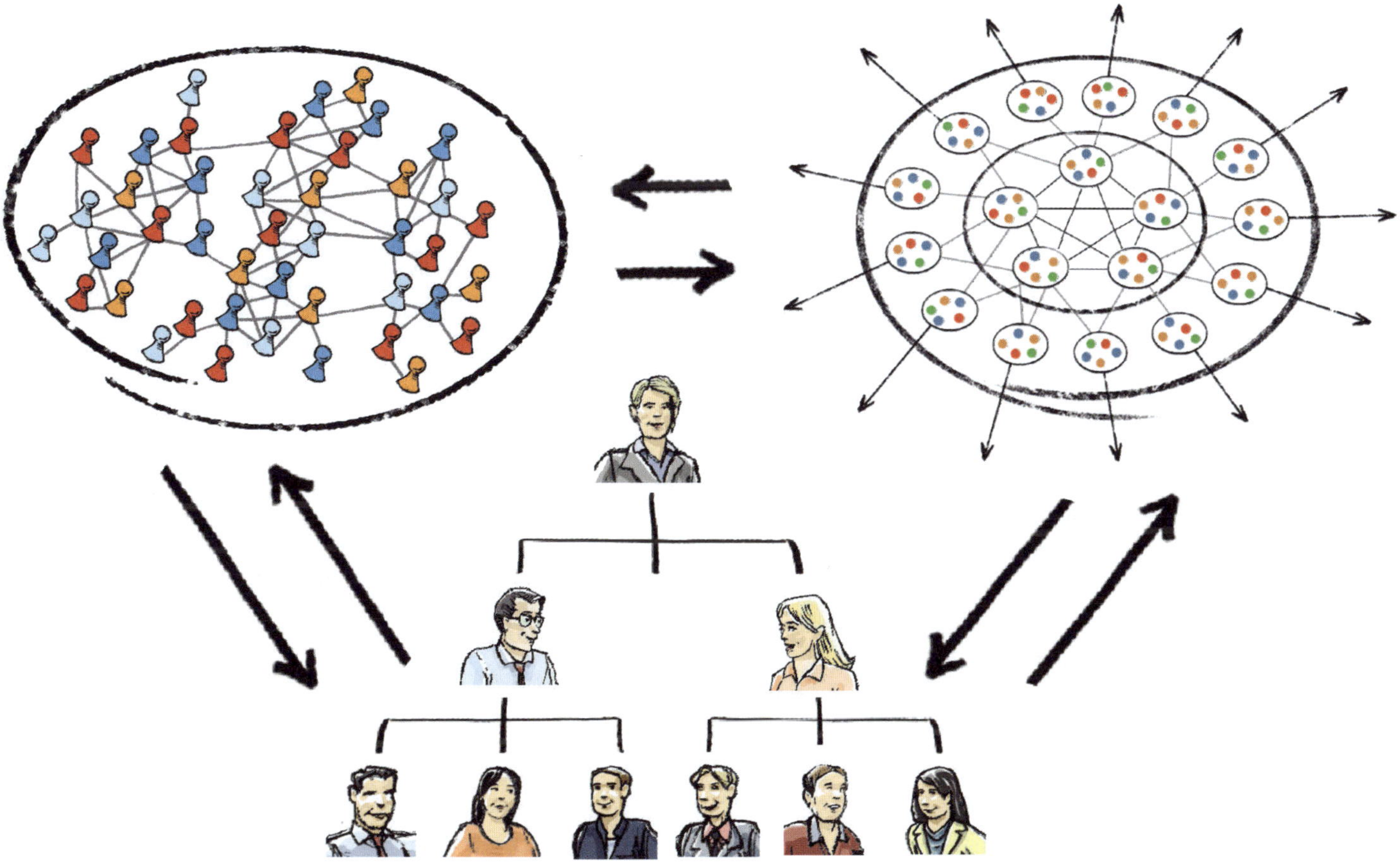

5.1 Das Unternehmen organisieren 256
5.2 Zusammen geht vieles besser 281
5.3 Projekte zum Erfolg führen 308
5.4 Prozesse gezielt erneuern und laufend verbessern 329

Führungsimpulse

- In welchem Kontext ist welche Organisationsform empfehlenswert?
- Was zeichnet eine agile Organisation aus, und welche Formen gibt es?
- Welche Möglichkeiten bieten Kooperationen mit anderen Unternehmen?
- Was ist eine virtuelle Organisation, und wie funktionieren plattformbasierte Ökosysteme?
- Welche Vorteile bieten offene Innovationen, und welche Formen gibt es?
- Wie lassen sich Projekte erfolgreich umsetzen?
- Was zeichnet agiles und hybrides Projektmanagement aus?
- Welche Merkmale haben Prozesse, und wie können sie verbessert werden?
- Was ist Mass Customization, und wie funktionieren modulare Baukastensysteme?

5.1 Das Unternehmen organisieren

Der Begriff *Organisation* kann aus unterschiedlichen **Perspektiven** betrachtet werden:[1]

- **Institutional** ist die Organisation ein soziales, offenes und zielgerichtetes System mit formaler Struktur. Sie ist auf Dauer angelegt, verfolgt eigene Ziele und besteht aus Mitgliedern, die miteinander sowie mit ihrer Umwelt in Beziehung stehen. Das Verhalten der Organisation wird durch verbindliche Regeln gesteuert. Danach *ist* das Unternehmen eine Organisation.
- **Funktional** geht es um die Tätigkeit des Organisierens als grundlegende Funktion der Unternehmensführung. Hierzu zählen die Konzeption, Einführung und Durchsetzung organisatorischer Regeln und Strukturen. Somit *gestaltet* die Unternehmensführung die Organisation.
- **Instrumental** ist die Organisation ein Werkzeug, um das Unternehmen zu führen. Organisatorische Regelungen und Strukturen dienen zur zielgerichteten Steuerung des Unternehmens. In diesem Sinne *hat* das Unternehmen eine Organisation.

Die **Organisation** legt dauerhafte Regeln zur Aufgabenerfüllung fest und schafft Strukturen für das Zusammenwirken von Personen, Sachmitteln und Informationen. Im Gegensatz dazu bezeichnet **Disposition** eine fallweise, situationsbezogene Ordnung. Die Mitarbeiter erhalten dabei Entscheidungsspielräume, die sie eigenverantwortlich nutzen können. Dies wirkt motivierend und ermöglicht kreative und innovative Lösungen. Während die Disposition eine fallweise Ordnung schafft, stellt **Improvisation** lediglich eine vorläufige Ordnung für einen begrenzten Zeitraum dar. Sie ist dann sinnvoll, wenn sich die organisatorischen Rahmenbedingungen rasch ändern und dauerhafte Regelungen nicht effizient sind. Improvisation kommt auch zum Einsatz, wenn die Erfahrungen für eine feste organisatorische Regelung fehlen, eine zu starke Festlegung vermieden werden soll oder hohe Anpassungsfähigkeit erforderlich ist, etwa in komplexen oder chaotischen Führungskontexten. Organisation, Disposition und Improvisation bilden gemeinsam den strukturellen Rahmen des Unternehmens.[2]

Organisatorische Regelungen sind auf Dauer angelegt, müssen sich jedoch veränderten Bedingungen anpassen.

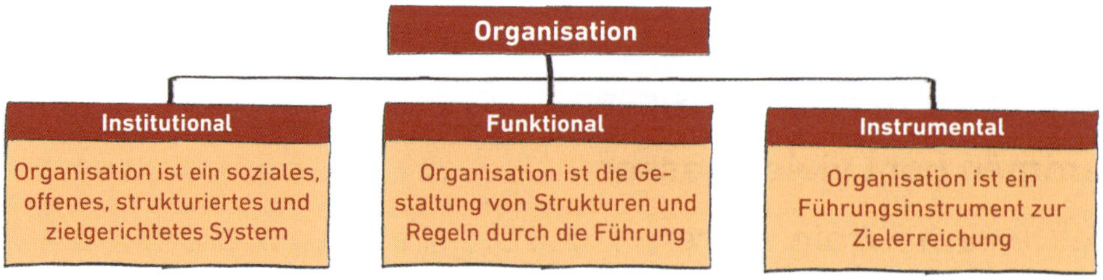

Abb. 5.1.1: Sichtweisen auf die Organisation

Je ähnlicher und häufiger bestimmte Aufgaben auftreten, desto mehr wird gemäß dem **Substitutionsgesetz der Organisation** zunächst Improvisation durch Disposition und anschließend Disposition durch Organisation ersetzt. Dadurch erhöhen sich Stabilität und Effizienz, während die Flexibilität sinkt.[3] Unternehmen sind dynamisch, weil sich ihre Regeln und Strukturen durch das Handeln der Beteiligten verändern. Das Verhältnis von Organisation, Disposition und Improvisation ist im Sinne sich wandelnder Anforderungen ausgewogen zu gestalten. Dabei ist sowohl Über- als auch Unterorganisation zu vermeiden. Ziel ist ein optimaler Organisationsgrad.

Die Organisation regelt den hierarchischen Aufbau des Unternehmens und den Ablauf der darin stattfindenden Vorgänge, woraus sich zwei grundlegende **Gestaltungsbereiche** ableiten lassen:

- Die **Aufbauorganisation** legt fest, welche Personen welche Aufgaben übernehmen und welche Ressourcen ihnen dafür zur Verfügung stehen.
- Die **Ablauforganisation** bestimmt, wer welche Aufgaben wann, wo und in welcher Reihenfolge ausführt.

Während die Aufbaustruktur die institutionellen Beziehungen der Aufgabenträger festlegt, ist die Ablaufstruktur das Ergebnis der Gestaltung der zeitlichen und räumlichen Abfolge der Aufgabenerfüllung. Beide Strukturen sind untrennbar miteinander verbunden.

Der traditionelle organisatorische Denkansatz geht davon aus, dass zunächst die Aufbaustrukturen zu gestalten sind und anschließend die Abläufe geregelt werden. Dabei stehen operative Ziele wie eine hohe Kapazitätsauslastung oder die Reduktion der Durchlaufzeit im Vordergrund. Die Ablauforganisation ist der Aufbauorganisation nachgelagert; die Arbeitsteilung in den Prozessen wird somit durch die Aufbaustruktur vorgegeben. Die Festlegung von Stellen und Abteilungen gilt somit als strategische Aufgabe, der sich die Abläufe unterzuordnen haben.[5] Um sich konsequent an den Kundenanforderungen auszurichten, muss ein Unternehmen allerdings seine Geschäftsprozesse beherrschen. Dafür wird zunehmend den betrieblichen Abläufen der Vorrang eingeräumt, woraus sich eine prozessorientierte Organisation ergibt. In diesem Fall bestimmen die Prozesse die Gestaltung der Aufbauorganisation.[6] Dies wird im Rahmen des Prozessmanagements in Kapitel 5.4 erläutert.

Die **Kernaufgaben** der organisatorischen Gestaltung sind:[7]

- **Arbeitsteilung (organisatorische Differenzierung)**: Unternehmen erfüllen ihre Aufgaben arbeitsteilig. Dazu wird die Gesamtaufgabe durch Aufgabenanalyse in Teilaufgaben zerlegt.
- **Arbeitsvereinigung (organisatorische Integration)**: Die entstandenen Teilaufgaben werden in der Aufgabensynthese zu sinnvollen Aufgabenbereichen zusammengeführt und einzelnen Organisationseinheiten zugewiesen.
- **Kompetenzverteilung (organisatorische Autonomie)**: Die Organisationseinheiten werden mit den erforderlichen Weisungs- und Entscheidungskompetenzen ausgestattet, um die ihnen übertragenen Aufgaben eigenverantwortlich erfüllen zu können.

Diese Gestaltungsparameter legen die Organisationsstrukturen fest. Sie beeinflussen den Erfolg eines Unternehmens und bestimmen dessen Fähigkeit, auf Entwicklungen der Umwelt zu reagieren. Da sich aus den Führungskontexten

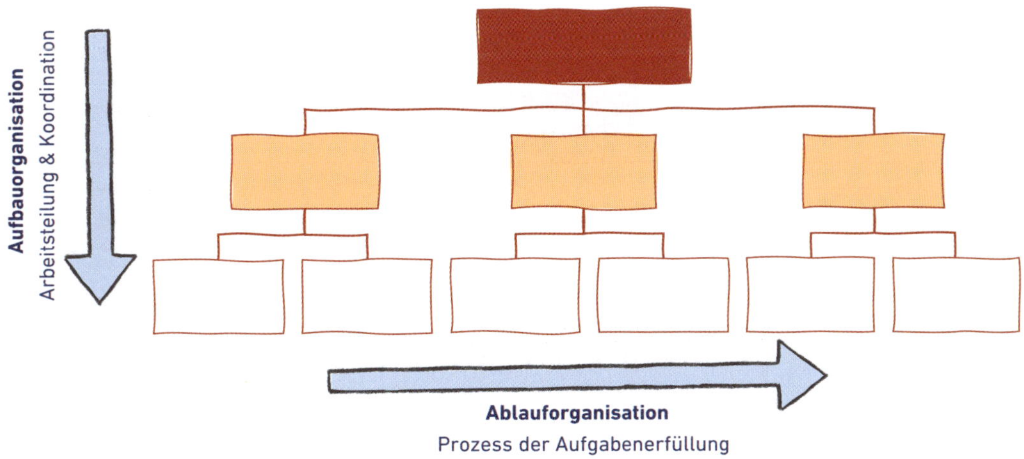

Abb. 5.1.2: Zusammenhang von Aufbau- und Ablauforganisation[4]

immer wieder neue Anforderungen an die Organisation ergeben, unterliegt auch sie einem evolutionären Wandel. Im Folgenden werden die drei Kernaufgaben näher erläutert.

Arbeitsteilung

Im Rahmen der Aufgabenanalyse wird die Mission als Gesamtaufgabe des Unternehmens (vgl. Kap. 2.2.3) systematisch in Teilaufgaben zerlegt. Dies kann nach verschiedenen **Gliederungskriterien** erfolgen:[8]

- **Funktion/Verrichtung:** Die zu erfüllenden Aufgaben werden so auf die Aufgabenträger verteilt, dass jeder von ihnen nur eine gleichartige Verrichtung ausübt, die an unterschiedlichen Objekten vollzogen wird. Ein Beispiel ist die Montage von Produkten am Fließband, bei der ein Mitarbeiter immer dieselbe Tätigkeit ausführt.
- **Objekt:** Die Arbeit wird nach Objekten unterteilt, an denen verschiedene Tätigkeiten durchgeführt werden. Objekte können etwa Produkte, Regionen oder Kunden sein. Die Aufgabenträger sind jeweils nur für einen Teil der Objekte zuständig, übernehmen dort jedoch unterschiedliche Verrichtungen.
- **Arbeitsmittel:** Die Tätigkeiten werden nach den Arbeitsmitteln differenziert. Beispielsweise werden alle Tätigkeiten an einer bestimmten Maschine von einem einzelnen Mitarbeiter durchgeführt.
- **Hierarchie/Rang:** Die Tätigkeiten werden nach der hierarchischen Stellung der Aufgabenträger unterteilt. Dabei wird zwischen Führungsaufgaben und ausführenden Tätigkeiten unterschieden.
- **Phase:** Nach der zeitlichen Abfolge der Aufgabenerfüllung lassen sich die Tätigkeiten in Planung, Ausführung und Kontrolle unterteilen.
- **Ort:** Die Aufgaben werden räumlich differenziert, etwa nach Werken oder Standorten.
- **Zweckbeziehung:** Es wird unterschieden zwischen direkten bzw. primären Aufgaben, die unmittelbar auf den eigentlichen Unternehmenszweck ausgerichtet sind, und indirekten bzw. sekundären Aufgaben, die unterstützende Funktionen erfüllen. Direkte Aufgaben übernimmt beispielsweise die Produktion, während die Verwaltung indirekte Aufgaben ausführt.

Für die Aufgabenanalyse ist die Differenzierung nach Funktionen und Objekten von zentraler Bedeutung. Diese Merkmale können auch miteinander kombiniert werden und führen dann zu einer mehrstufigen Untergliederung. In der anschließenden Arbeitsanalyse werden die kleinsten Teilaufgaben weiter in einzelne Arbeitsschritte zerlegt. Sie bildet den Übergang vom Aufgabeninhalt (Was) zur Aufgabenerfüllung (Wie) und damit von der Aufbau- zur Ablauforganisation.[9]

Arbeitsvereinigung

Die Aufgabensynthese fasst die identifizierten Teilaufgaben zu sinnvollen Aufgabenkomplexen zusammen, die anschließend bestimmten Organisationseinheiten zugeordnet werden. Die Zusammenfassung kann sich an den Fähigkeiten und Kompetenzen der Aufgabenträger, an den eingesetzten Arbeitsmitteln und deren Handhabung sowie an räumlichen und zeitlichen Aspekten orientieren.

Gleichartige Aufgaben können nach zwei **Prinzipien** zusammengefasst werden:[10]

- **Aufgabenzentralisation**: Darunter versteht man das Zusammenfassen gleichartiger Teilaufgaben in einer gemeinsamen Organisationseinheit. Man spricht auch von Artenteilung oder funktionaler Arbeitsteilung. Beispielsweise wird in einer Möbelfabrik die Herstellung

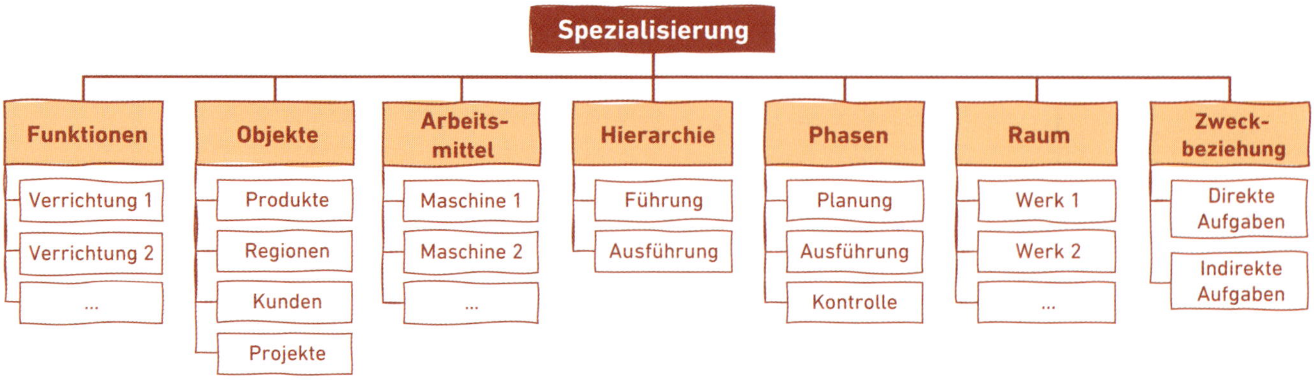

Abb. 5.1.3: Formen der organisatorischen Spezialisierung

Kombinierte, mehrstufige Aufgabenanalyse bei Möbella

Die Mission der *MöBella GmbH* lautet: „Wir entwickeln, produzieren und vertreiben hochwertige Gartenmöbel und Betten mit herausragender Qualität und unverwechselbarem Design. Die Begeisterung unserer anspruchsvollen Kunden durch exzellente Handwerkskunst ist der Schlüssel für unseren wirtschaftlichen Erfolg und nachhaltiges Wachstum" (vgl. Kap. 2.2.3). Abb. 5.1.4 zeigt, wie diese Gesamtaufgabe durch Kombination mehrerer Gliederungskriterien stufenweise in Teilaufgaben zerlegt werden kann.

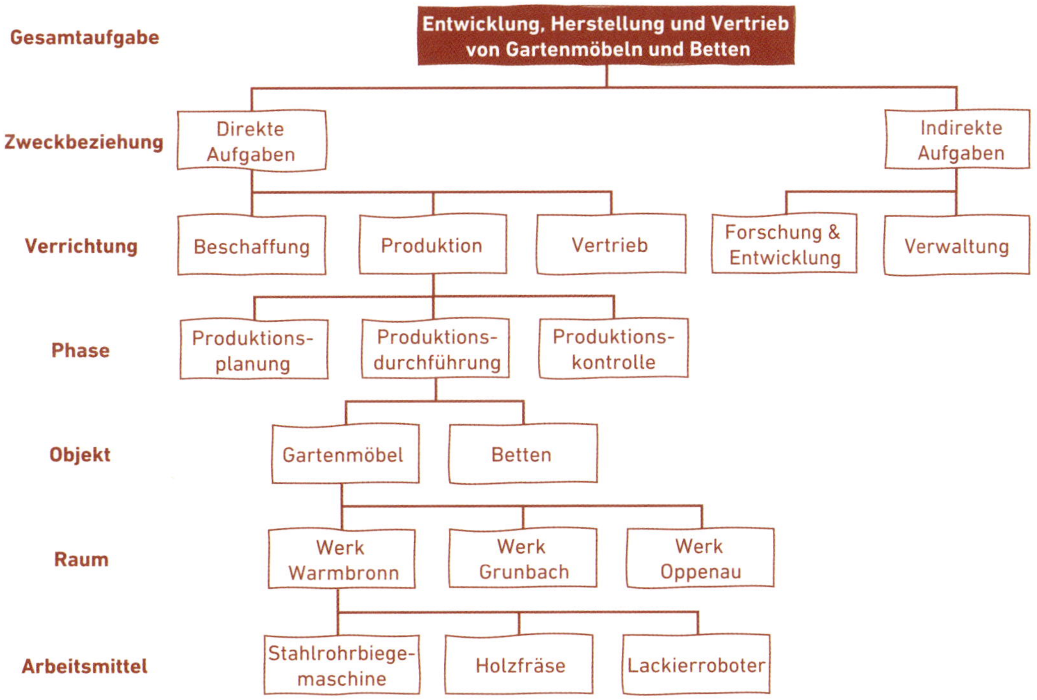

Abb. 5.1.4: Mehrstufige Aufgabenanalyse bei MöBella

von Bettrahmen in einer Abteilung „Holzbearbeitung" gebündelt, deren Mitarbeiter alle dafür erforderlichen Arbeitsschritte ausführen.

- **Aufgabendezentralisation:** Dabei werden gleichartige Teilaufgaben auf mehrere Aufgabenträger verteilt, um umfangreiche Arbeiten effizient zu bewältigen. Dies wird als Mengenteilung oder segmentierende Arbeitsteilung bezeichnet. Beispielsweise übernehmen in einer Möbelfabrik zwei Teams die Holzbearbeitung für Bettrahmen, wobei eines die Seitenteile und das andere die Kopf- und Fußteile fertigt.

In der Praxis finden sich häufig Mischformen. Beispielsweise werden zunächst nach dem Prinzip der Artenteilung objektbezogene Stellen gebildet, die bei zunehmendem Arbeitsumfang nach dem Prinzip der Mengenteilung auf mehrere Stellen aufgeteilt werden.[11]

Die Aufgabensynthese führt zur Bildung **organisatorischer Einheiten**:

- Einer **Stelle** wird ein Aufgabenkomplex zugewiesen, der von einem qualifizierten Mitarbeiter unter üblichen Bedingungen bewältigt werden kann. Eine Stelle ist grundsätzlich unabhängig von der jeweiligen Person, die sie ausfüllt. Ein Beispiel wäre eine Sachbearbeiterstelle im Personalwesen, die für Urlaubsanträge, Datenpflege und die Ausfertigung von Arbeitsverträgen zuständig ist.
- Eine **Abteilung** entsteht durch die Zusammenfassung mehrerer Stellen mit vergleichbarem Aufgabenbereich oder fachlicher Ausrichtung. Sie wird von einer weisungsbefugten Stelle geleitet, welche als Instanz bezeichnet wird. Beispielsweise wird die Personalabteilung vom Chief Human Resources Officer (CHRO) geleitet und besteht aus Stellen für Verwaltung, Recruiting und Weiterbildung.

Das Ergebnis der Aufgabensynthese ist die Aufbauorganisation, die sich in einem Organigramm veranschaulichen lässt. In der Arbeitssynthese werden die einzelnen Arbeitsschritte nach personellen, räumlichen oder zeitlichen Kriterien zu Prozessen zusammengefasst. Daraus entsteht die Ablauforganisation, die auf eine optimale Gestaltung der Aufgabenerfüllungsprozesse abzielt. Zusammenfassend lässt sich sagen: In der Analysephase wird die Mission als übergeordnete Aufgabe in Teilaufgaben zerlegt. In der anschließenden Synthesephase werden diese Teilaufgaben anschließend wieder sinnvoll zu einer Gesamtlösung zusammengeführt. Das Ergebnis ist eine klar strukturierte und aufeinander abgestimmte Aufbau- und Ablauforganisation.[12]

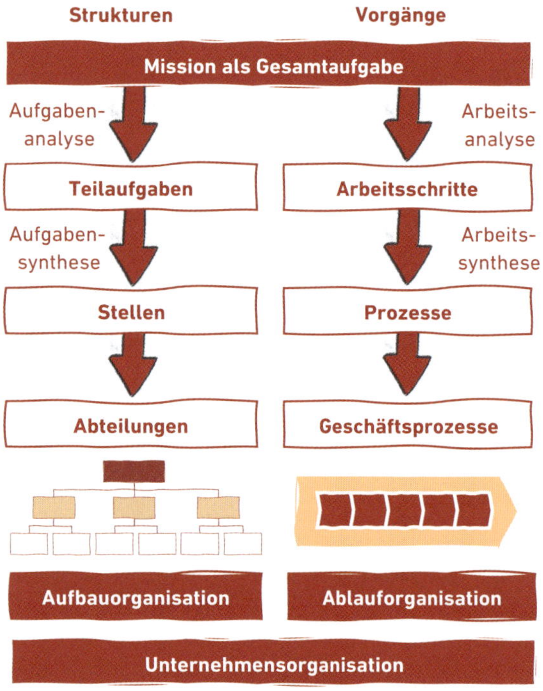

Abb. 5.1.5: Von der Gesamtaufgabe zur Unternehmensorganisation[13]

Kompetenzverteilung

Die Kompetenzverteilung regelt die Ausstattung der Organisationseinheiten mit Entscheidungs- und Weisungsbefugnissen. Dabei sollte gemäß dem **Kongruenzprinzip** eine Übereinstimmung zwischen Aufgabe, Kompetenz und Verantwortung bestehen: Nur wenn der Stelleninhaber über die zur Aufgabenerfüllung erforderlichen Kompetenzen verfügt, kann er auch für die Ergebnisse seiner Arbeit verantwortlich gemacht werden.[14] Nach dem **Subsidiaritätsprinzip** sollen Entscheidungen immer auf der untersten hierarchischen Organisationsebene getroffen werden, die dazu noch in der Lage ist. Höhere Ebenen greifen nur dann ein, wenn es unbedingt erforderlich ist. Das stärkt die Selbstständigkeit und Eigenverantwortung der einzelnen Organisationseinheiten. Zusätzlich soll die Delegation von Entscheidungsbefugnissen nach dem **Relevanzprinzip** zu sinnvollen und zusammenhängenden Aufgabenfeldern führen.[15]

Bei der **Delegation** werden Entscheidungskompetenzen vollständig auf eine Organisationseinheit übertragen. **Partizipation** hingegen bedeutet, dass nachgeordnete Einheiten in den Entscheidungsprozess einbezogen werden, ohne dass ihnen die Entscheidungsbefugnis formal überlassen wird. Auf diese Weise werden Betroffene zu Beteiligten. Bei direkter Partizipation sind die Organisationseinheiten unmittelbar in Entscheidungen eingebunden, bei indirekter Partizipation werden ihre Interessen durch Vertreter wie etwa Betriebsräte wahrgenommen.

Dezentralisation bedeutet, dass Entscheidungsaufgaben an untergeordnete Einheiten übertragen werden. **Zentralisation** hingegen bezeichnet die Konzentration der Entscheidungsbefugnisse auf den oberen Führungsebenen. Der Dezentralisationsgrad beschreibt, in welchem Umfang die Verantwortung innerhalb der Organisation nach unten delegiert wird. Das Ausmaß von Delegation und Partizipation prägt die hierarchische Struktur eines Unternehmens. In einer **zentralistischen Hierarchie** trifft die Unternehmensführung alle wesentlichen Entscheidungen selbst und delegiert lediglich ausführende Aufgaben. Eine Beteiligung untergeordneter Einheiten an Entscheidungsprozessen findet nicht statt. In einer **dezentralistischen Hierarchie** hingegen konzentriert sich die Unternehmensführung auf normative und strategische Grundsatzentscheidungen, während operative Entscheidungen weitgehend an untere Organisationseinheiten delegiert werden. Je nach Grad der Delegation und Partizipation entstehen unterschiedliche Strukturen, die auch innerhalb eines Unternehmens variieren können. So kann etwa das Rechnungswesen zur Steigerung der Effizienz zentralistisch organisiert sein, während der Vertrieb aus Gründen der Kundennähe dezentral strukturiert ist.[16]

Zu den **Grundformen der Gestaltung von Weisungsbefugnissen** zählen das Einliniensystem, das Stab-Liniensystem und das Mehrliniensystem.[17]

In einem **Einliniensystem** ist jede Organisationseinheit genau einer übergeordneten Instanz unterstellt. Diese verfügt gegenüber den untergeordneten Einheiten über Entscheidungs- und Weisungsbefugnisse.

Das Einliniensystem, auch Liniensystem genannt, gestaltet die Weisungsbefugnisse nach dem **Prinzip der Einheit der Auftragserteilung**. Demnach soll ein Mitarbeiter nur Anweisungen von einer einzigen Führungskraft erhalten. Jeder Mitarbeiter ist genau einem Vorgesetzten unterstellt und diesem allein rechenschaftspflichtig. Entscheidungen und Anweisungen erfolgen ausschließlich vertikal von oben nach unten, wodurch sich eine hierarchische Struktur ergibt. Umgekehrt hat jede Führungskraft nur eine begrenzte Zahl direkter Mitarbeiter. Diese sogenannte Kontroll- oder Leitungsspanne beschreibt die Anzahl der Personen, die einer Führungskraft unmittelbar unterstellt sind. Je nach Aufgabenbereich variiert dabei die optimale Kontrollspanne. Bei einfachen Routinetätigkeiten ist sie meist größer als bei komplexen Aufgaben mit hohem Abstimmungsbedarf.

Abb. 5.1.6: Einlinien-Organisation

Die Verantwortung ist im Einliniensystem eindeutig geregelt. Unstimmigkeiten werden an die nächsthöhere Hierarchieebene weitergegeben. Dies führt häufig zu einer Vielzahl an Hierarchieebenen und einer damit verbundenen starken Belastung der Instanzen mit Koordinationsaufgaben. Bei bereichsübergreifenden Problemstellungen folgen daraus oft langwierige Entscheidungsprozesse. Eine streng arbeitsteilige Aufgabenerfüllung begünstigt Rivalitäten zwischen Stelleninhabern, hemmt die Kreativität und mindert das Engagement der Mitarbeiter. Zudem fördert das Einliniensystem risikovermeidendes Verhalten, da unsichere Entscheidungen häufig an höhere Ebenen weitergereicht werden. Die starre Kompetenzverteilung verhindert flexibles und eigenverantwortliches Handeln.

Beim **Stab-Linien-System** werden die Entscheidungsträger durch Stabsstellen unterstützt, die über keine Weisungsbefugnis verfügen und vorrangig Informations- und Beratungsaufgaben übernehmen. Die Stäbe bringen ihre fachliche Expertise in schwierige Entscheidungsprozesse ein, wie etwa in Form juristischer oder betriebswirtschaftlicher Beratung. Auch klassische Unterstützungsfunktionen der Unternehmensführung, wie Marketing oder Controlling, können als Stabsstellen organisiert sein. Sie treffen keine Entscheidungen, sondern bereiten diese vor. Zu ihren Aufgaben gehören unter anderem die Sammlung relevanter Informationen und die Erarbeitung von Lösungsalternativen.

In einem **Stab-Linien-System** werden Entscheidungen von Stabsstellen vorbereitet, während die Entscheidungskompetenz bei der Linie verbleibt.

Während Stäbe in der Regel keine Weisungsbefugnis besitzen, verfügen sie in der Praxis häufig über informelle Autorität. Diese ergibt sich vor allem aus ihrem Wissensvorsprung und dem engen Kontakt zur jeweiligen Linieneinheit. So kennt ein Controller als Vorstandsstab beispielsweise die wirtschaftliche Lage und die strategischen Pläne des Unternehmens sehr genau. Der Übergang zum Mehrliniensystem ist daher oft fließend.

Abb. 5.1.7: Stab-Linien-Organisation

Beim **Mehrliniensystem** kommt es zu einer bewussten Überschneidung von Weisungsbefugnissen, da einzelne Stellen von mehreren Instanzen geführt werden. Dies kann unklare Verantwortlichkeiten, Reibungsverluste, Konflikte und erhöhten Abstimmungsaufwand zur Folge haben. Gleichzeitig ermöglicht die Spezialisierung der Vorgesetzten jedoch eine fachlich fundiertere und oft schnellere Entscheidungsfindung.

In einem **Mehrliniensystem** haben Organisationseinheiten zwei oder mehrere übergeordnete Stellen, deren Weisungsbefugnisse unterschiedlich stark sein können.

Abb. 5.1.8: Zweilinien-Organisation als Beispiel für ein Mehrliniensystem

Diese grundlegenden Organisationsformen regeln die **Primärorganisation**, die dauerhaft eingerichtete Stellen und Abteilungen umfasst. Häufig wird sie durch eine **Sekundärorganisation** ergänzt, die aus temporären, überlagernden Einheiten besteht. Diese werden zur Koordination oder zur Bearbeitung neuartiger Aufgaben eingerichtet. Beispiele hierfür sind Projektteams, Gremien, Ausschüsse, Kommissionen, Beiräte, Zirkel oder Arbeitskreise. Für einzelne Mitarbeiter kann sich daraus eine **Dualorganisation** als Kombination aus Primär- und Sekundärorganisation ergeben. In diesem Fall sind verschiedene Aufgaben unter unterschiedlichen organisatorischen Bedingungen zu erfüllen: Regelaufgaben werden im Rahmen der Linientätigkeit erledigt, während Sonderaufgaben an weitgehend eigenverantwortlich arbeitende Teams übertragen werden.

Organisatorische Regelungen können in Form von Stellenbeschreibungen, Datenflussplänen, Entscheidungstabellen, Netzplänen oder Organisationsanweisungen umgesetzt werden. Dabei handelt es sich um Formen der **Fremdkoordination durch Dritte**, in der Regel durch eine übergeordnete hierarchische Instanz. Fremdkoordination lässt sich auch mit Elementen der **Selbstkoordination** kombinieren, bei der die Abstimmung direkt zwischen den beteiligten Organisationseinheiten erfolgt. Dies kann etwa durch informellen Informationsaustausch, Kollegien oder die Zusammenarbeit im Team geschehen.

5.1.1 Welche Organisationsformen gibt es?

Aus den unterschiedlichen Ausprägungen der organisatorischen Gestaltungsparameter lassen sich idealtypische Organisationsstrukturen ableiten. Zu den **Grundformen** der Aufbauorganisation zählen die funktionale und die divisionale Organisation, die Matrixorganisation, die Prozessorganisation sowie die agile Organisation.[18]

Funktionale Organisation

Die **funktionale Organisation** strukturiert das Unternehmen nach Tätigkeitsbereichen.

Das Unternehmen wird nach seinen betrieblichen Kernaufgaben gegliedert. In einem Industrieunternehmen sind dies beispielsweise Beschaffung, Produktion und Vertrieb. Anschließend können weitere Gliederungsebenen festgelegt werden. So lässt sich der Beschaffungsbereich beispielsweise in Lieferantenbewertung, Einkauf und Disposition unterteilen. Die Funktionsbereiche können jedoch auch nach Objekten gegliedert werden. Ein Beispiel hierfür ist die Unterteilung der Beschaffung nach Warengruppen.

Die Führung der Funktionsbereiche erfolgt nach dem Einliniensystem, das heißt, sie sind direkt der Unternehmensführung unterstellt. Zwischen den Funktionen bestehen jedoch vielfältige Abhängigkeiten, da kein Bereich eine eigenständige Marktleistung erbringt. Alle Bereiche müssen zusammenarbeiten, um die Kundenanforderungen zu erfüllen. Da nur die Unternehmensführung den Gesamtüberblick hat, müssen die Funktionsbereiche intensiv koordiniert werden. Daraus folgt insbesondere bei strategischen Entscheidungen eine Tendenz zur Zentralisation von Entscheidungsaufgaben.

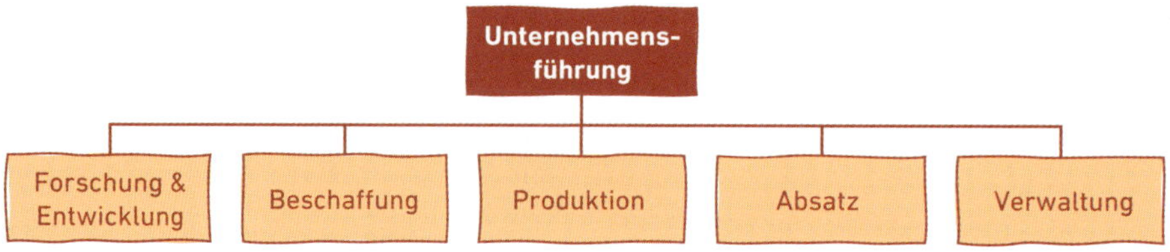

Abb. 5.1.9: Funktionale Organisation

Funktionale Organisationen bieten folgende **Vorteile:**

- **Spezialisierung:** Die einzelnen Bereiche können sich vollständig auf ihre Aufgaben konzentrieren. Dies fördert vertieftes Fachwissen und ermöglicht Lerneffekte.
- **Höhere Effizienz:** Die Zusammenfassung gleichartiger Aufgaben verbessert die Ressourcennutzung, beschleunigt die Abläufe und senkt die Kosten.
- **Klare Verantwortlichkeiten:** Es ist eindeutig ersichtlich, wer für welchen Aufgabenbereich zuständig ist. Die Leiter der Funktionsbereiche berichten in der Regel direkt an die Unternehmensführung, was eine zentrale Planung und Kontrolle sowie die gezielte Umsetzung der Strategie ermöglicht.

Nachteile der funktionalen Organisation sind:

- **Hoher Koordinationsaufwand**: Alle bereichsübergreifenden Entscheidungen müssen von der Unternehmensführung getroffen werden. Der erhöhte Koordinationsaufwand bei einem breiten und heterogenen Leistungsspektrum kann die Vorteile der Spezialisierung zunichtemachen.
- **Rivalitäten zwischen Funktionsbereichen**: Konflikte entstehen häufig aufgrund unterschiedlicher funktionaler Interessen. Ein klassisches Beispiel ist der Gegensatz zwischen der Produktion, die eine gleichmäßige Auslastung anstrebt, und dem Vertrieb, der flexibel auf Nachfrageschwankungen reagieren möchte.
- **Bereichsegoismen**: In funktionalen Strukturen konzentrieren sich die Mitarbeiter auf ihre eigenen Aufgaben, wodurch das Verständnis für das Gesamtunternehmen verloren gehen kann. Verstärkt wird dies durch Anreizsysteme, die individuelle Ergebnisse belohnen. Zudem erschwert die Spezialisierung den Wechsel von Führungskräften und Mitarbeitern in andere Funktionsbereiche.
- **Fehlende dezentrale Ergebnisverantwortung**: Für das Ergebnis ist ausschließlich die Unternehmensführung verantwortlich. Das erhöht die Leitungsspanne, verzögert Entscheidungen und führt leicht zur Überlastung der Führungsspitze.
- **Geringe Kundenorientierung**: Da der Fokus auf internen Abläufen und Funktionen liegt, können die Kundenbedürfnisse aus dem Blickfeld geraten.

Funktionale Organisation bei Eder Garten

Die *Eder Garten GmbH* produziert und vertreibt Gartenmöbel und ist eine Tochtergesellschaft des *Möbella-Konzerns* (vgl. Kap. 1.1.4). Das Unternehmen ist auf der ersten hierarchischen Ebene funktional in die Bereiche Beschaffung, Produktion, Vertrieb und Verwaltung gegliedert. Auf der zweiten Ebene sind Produktion und Verwaltung ebenfalls funktional strukturiert, während der Vertrieb nach Regionen aufgeteilt ist. Jede dieser Organisationseinheiten wird jeweils von einer Führungskraft in einem Einliniensystem geleitet. Abb. 5.1.10 zeigt das Organigramm der *Eder Garten GmbH* als typisches Beispiel einer funktionalen Organisation.

Eder Garten

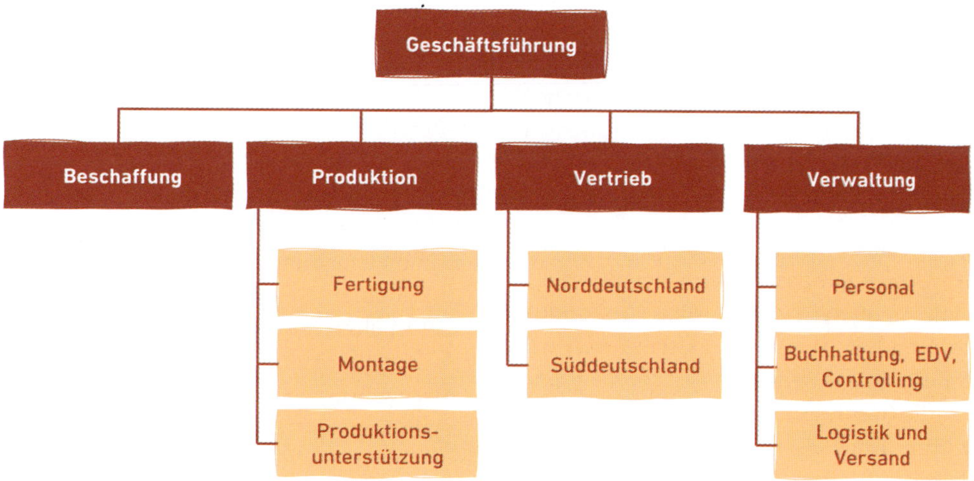

Abb. 5.1.10: Funktionale Organisation der Eder Garten GmbH

Die funktionale Organisation ist die älteste Organisationsform. Sie ermöglicht Spezialisierungsvorteile und fördert die Effizienz der Funktionsbereiche. Bereichsübergreifende Prozesse erfordern jedoch einen hohen Koordinationsaufwand und sind daher oft langsam und ineffizient. Keiner der Funktionsbereiche hat den Überblick über das gesamte Leistungsspektrum des Unternehmens. Dies erschwert das gegenseitige Verständnis und begünstigt Bereichsegoismen. Zudem fehlt der Fokus auf Kundenbedürfnisse, da die internen Abläufe im Vordergrund stehen. Die wesentlichen Schwächen der funktionalen Organisation liegen in ihrer fehlenden Marktorientierung und geringen Flexibilität. Sie eignet sich daher vor allem für Unternehmen, die in stabilen Führungskontexten agieren (vgl. Kap. 1.5.1) und nur ein überschaubares Produktsortiment anbieten.

Divisionale Organisation

Mit zunehmender Diversifikation, Internationalisierung und Unternehmensgröße wird die funktionale Organisation ineffizient, da unterschiedliche Produkte, Märkte und Regionen jeweils spezifische Anforderungen stellen. Diese lassen sich innerhalb starrer Funktionsbereiche nur unzureichend berücksichtigen, was zu langen Entscheidungswegen, Doppelarbeit und fehlender Kundennähe führt. Darüber hinaus bieten divisionale Strukturen in volatilen Umfeldern deutlich mehr Flexibilität.

> Die **divisionale Organisation** gliedert das Unternehmen nach Objekten wie Produkten, Kundengruppen oder Regionen und fördert dadurch sowohl die Ergebnisverantwortung als auch die Marktorientierung.

In der divisionalen Organisation gilt ebenfalls das Einliniensystem, wonach jeder Mitarbeiter ausschließlich einem direkten Vorgesetzten unterstellt ist. Die gebildeten Organisationseinheiten werden als Divisionen, Unternehmensbereiche oder Sparten bezeichnet – daher auch die Bezeichnung Spartenorganisation.

Unterscheidungskriterien der divisionalen Organisation sind:

- **Produkte**: Dies ist die gängigste Form der divisionalen Organisation. Sie bietet sich an, wenn die Produkte hinsichtlich Kunden, Wettbewerbsstrukturen und Leistungserstellungsprozessen sehr verschieden sind, wie etwa bei Industrieunternehmen mit heterogenem Produktprogramm. Ein Beispiel ist das Bergbauunternehmen *Rio Tinto*.

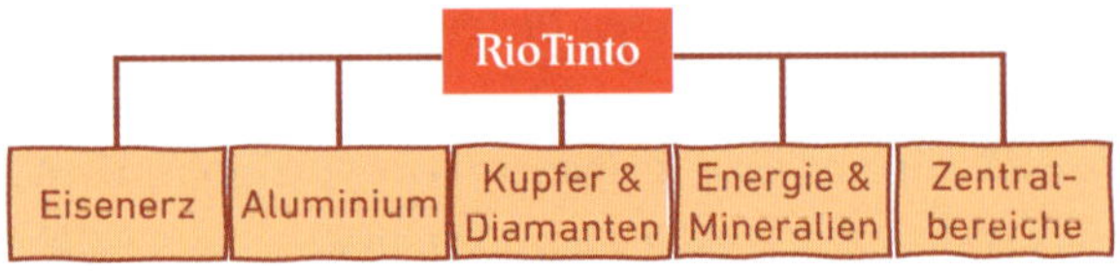

Abb. 5.1.11: Divisionale Organisation nach Produkten bei der Rio Tinto Group

- **Kunden**: Ist ein Unternehmen in heterogenen Marktsegmenten tätig, deren Kundenbedürfnisse sich deutlich unterscheiden, bietet sich eine Gliederung nach Kundengruppen an. Ein Beispiel ist die *Deutsche Bank*.

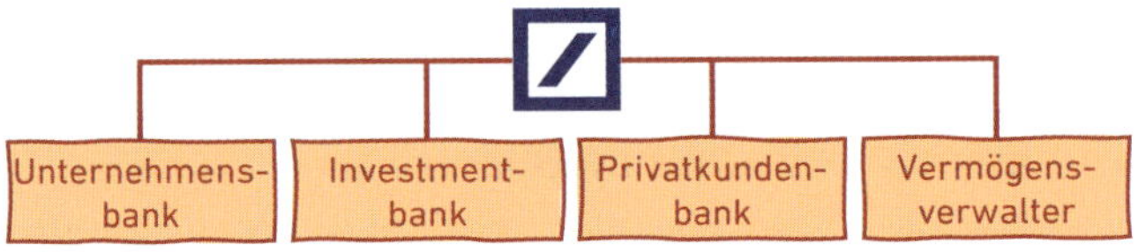

Abb. 5.1.12: Divisionale Organisation nach Kunden bei der Deutschen Bank AG

- **Regionen:** Für Unternehmen mit sehr verschiedenen Vertriebsgebieten kann eine Aufteilung nach Regionen sinnvoll sein. So lassen sich regionale Unterschiede gezielt berücksichtigen – etwa in Bezug auf Nachfrageverhalten, Kundenbedürfnisse, gesetzliche Vorgaben oder kulturelle Besonderheiten. Dies ist besonders vorteilhaft für international tätige Unternehmen. Ein Beispiel ist die *Ford Motor Company*.

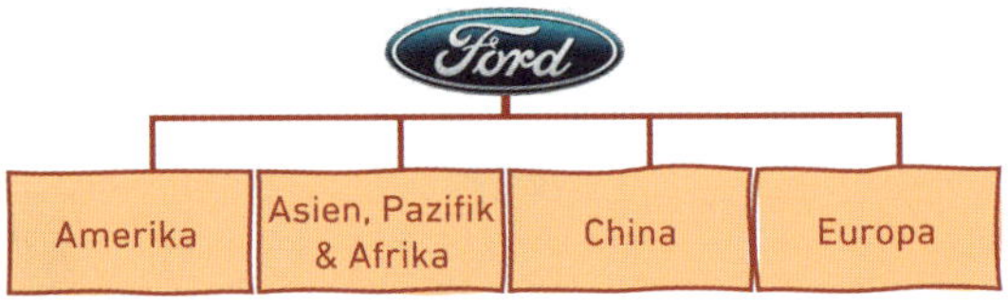

Abb. 5.1.13: Divisionale Organisation nach Regionen bei der Ford Motor Company

Da die einzelnen Divisionen weitgehend eigenständige Marktleistungen erbringen, bestehen deutlich weniger bereichsübergreifende Interdependenzen als in der funktionalen Organisation. Die Divisionen handeln wie „Unternehmen im Unternehmen" und verfügen über eine relativ hohe Autonomie. Durch die **Dezentralisation von Entscheidungen** sinkt der Koordinationsbedarf an der Unternehmensspitze. Dennoch unterstehen die Divisionen einer einheitlichen Leitung. Innerhalb einer Sparte kann die Struktur wiederum funktional oder objektorientiert gestaltet werden.

Die Divisionen sind mit allen Funktionen auszustatten, die zur Erfüllung ihrer Marktaufgabe erforderlich sind. Von dieser Regel ausgenommen sind meist Funktionen, die:

- nicht unmittelbar zur Leistungserstellung beitragen, wie die Buchhaltung,
- in allen Divisionen in ähnlicher Form vorhanden sind, wie das Personalmanagement,
- der divisionsübergreifenden Koordination dienen, wie das Controlling.

Solche Aufgaben werden in sogenannten **Zentralbereichen** gebündelt, die für ihr Tätigkeitsgebiet fachliche Richtlinienkompetenz gegenüber den Divisionen besitzen. Dies schränkt die Autonomie der Divisionen und die Eindeutigkeit der Weisungsbeziehungen ein. Gleichzeitig lassen sich jedoch Größen- und Spezialisierungsvorteile nutzen. Typische Querschnittsfunktionen wie Personalmanagement, Organisation, Finanzwesen oder Controlling werden daher häufig in der Unternehmenszentrale angesiedelt. Die Zentralbereiche legen aufgrund ihrer fachlichen Weisungsbefugnis fest, wie diese Funktionen in den Geschäftsbereichen ausgeführt werden sollen.

Vorteile der divisionalen Organisation sind:

- **Marktorientierung**: Die Divisionen bestehen aus überschaubaren, eigenständigen Einheiten, die sich gezielt auf die Besonderheiten eines bestimmten Produkts, einer Region oder einer Kundengruppe konzentrieren können.
- **Flexibilität**: Durch die größere Marktnähe können Umweltveränderungen früher erkannt und schneller darauf reagiert werden.
- **Autonomie**: Die Divisionen können bereichsspezifische Entscheidungen eigenständig treffen und umsetzen. Da die Spartenleitung unternehmerische Verantwortung trägt, steigert dies die Motivation der Führungskräfte.
- **Entlastung der Unternehmensspitze**: Die Ergebnisverantwortung liegt bei den Divisionen, während sich die Unternehmensleitung auf übergreifende Fragestellungen und die strategische Ausrichtung konzentriert. Dadurch entfällt ein erheblicher Teil des Koordinationsaufwands, der in einer funktionalen Organisation erforderlich wäre.
- **Unternehmerische Verantwortung**: Die Divisionen sind für ihre Ergebnisse verantwortlich und agieren wie eigenständige Unternehmen. Dies stärkt das unternehmerische Denken und erhöht die Identifikation mit dem Erfolg der eigenen Sparte.

Wesentliche **Nachteile** der divisionalen Organisation sind:

- **Bereichsegoismen**: Der Einfluss der Unternehmensführung ist geringer als in der funktionalen Organisation. Die Sparten verfolgen oft ihre eigenen Ziele, auch wenn dies zu Lasten des Gesamtunternehmens geht. Die Unternehmensführung steht vor der Herausforderung, bereichsübergreifende Synergien zu erkennen und diese zu realisieren.
- **Konflikte**: Bei gemeinsamen Kunden oder geteilten Ressourcen kann es zu Konflikten zwischen den Divisionen kommen. Dies erfordert eine übergreifende Koordination.
- **Geringe Ressourceneffizienz**: Da die Divisionen ihre Aufgaben unabhängig voneinander erfüllen, gehen Spezialisierungsvorteile verloren. Die Dezentralisierung kann zu Doppelarbeiten und Redundanzen führen. Gleichartige Funktionsbereiche werden möglicherweise mehrfach gebildet, wie etwa separate Rechenzentren in jeder Sparte. Dadurch steigt auch der Bedarf an qualifizierten Führungskräften.
- **Kostensteigerung durch Dezentralisierung**: Die Einrichtung zusätzlicher Führungsebenen und die parallele Ausstattung der Divisionen mit ähnlichen Funktionen erhöhen die Gesamtkosten.

Matrixorganisation

Matrixstrukturen vereinen verschiedene Organisationsformen. Ein solches **Zweiliniensystem** entsteht durch die Kombination zweier Organisationskriterien. Dies können etwa Funktionen, Produkte, Regionen oder Projekte sein. Abb. 5.1.14 zeigt ein Beispiel für eine Matrixorganisation.

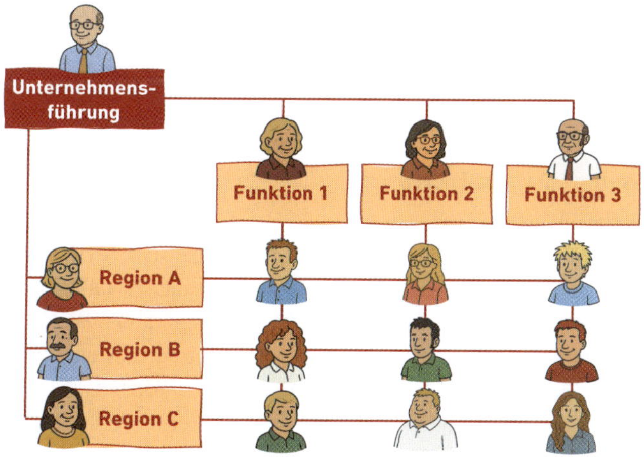

Abb. 5.1.14: Matrixorganisation

> Eine **Matrixorganisation** ist eine zweidimensionale Organisationsstruktur, bei der das Unternehmen gleichzeitig nach zwei Kriterien gegliedert wird (Zweiliniensystem).

In einer Matrixorganisation sind die Mitarbeiter zwei Instanzen unterstellt. Die Struktur besteht aus der Matrixleitung, den Matrixstellen, also den Leitern der jeweiligen Funktionen oder Objekte, und den Matrixschnittstellen, also den Mitarbeitern an den Kreuzungspunkten der Matrix. An den Schnittstellen überschneiden sich die Zuständigkeiten, wodurch eine Abstimmung zwischen den Matrixstellen erforderlich wird. Da die Schnittstellen von zwei Einheiten geführt werden, wird jede Aufgabenstellung aus unterschiedlichen Perspektiven betrachtet. Dies macht die Entscheidungsfindung zwar sachgerechter, aber auch komplexer und langwieriger.

Die Matrixorganisation wurde entwickelt, um die Stärken der funktionalen und divisionalen Organisation zu nutzen und deren Schwächen zu vermeiden. Zusätzlich bietet sie noch weitere **Vorteile**:

- **Mehrdimensionale Entscheidungsfindung**: Die Berücksichtigung unterschiedlicher Perspektiven führt zu ganzheitlicheren Entscheidungen.
- **Gegenseitige Kontrolle**: Die Doppelunterstellung sorgt für eine wechselseitige Kontrolle der Instanzen, was tendenziell zu besseren Entscheidungen führt.
- **Förderung der Zusammenarbeit**: Die Matrixstruktur stärkt die innerbetriebliche Kooperation.
- **Flexibilität**: Durch die Kombination funktionaler und divisionaler Sichtweisen kann die Matrixorganisation flexibel und schnell auf Veränderungen reagieren.
- **Mitarbeiterentwicklung**: Die Einbindung in verschiedene Aufgabenbereiche fördert eine breite Qualifizierung, wodurch die Beschäftigten flexibler einsetzbar sind.

Die Matrixorganisation hat jedoch auch **Nachteile**, die in der funktionalen und divisionalen Organisation nicht auftreten. Sie resultieren hauptsächlich aus der mehrfachen Unterstellung:

- **Konfliktpotenzial**: Zwischen den einzelnen Stellen besteht ein hohes Konfliktpotenzial, da unterschiedliche Interessen aufeinanderprallen. Dies soll zwar zu kreativen und produktiven Problemlösungen führen, kann jedoch auch Machtkämpfe auslösen. Dadurch können Entscheidungs- und Anpassungsprozesse verlangsamt und unbefriedigende Kompromisse nötig werden.
- **Komplizierte Entscheidungsfindung**: Unklare Zuständigkeiten führen zu langwierigen Abstimmungen. Können sich die beiden Matrixstellen nicht einigen, muss die Matrixleitung eine Entscheidung treffen. Je mehr Konflikte auftreten und je angespannter der Umgang miteinander wird, desto größer ist die Gefahr einer Überlastung der Unternehmensspitze.
- **Kommunikationsbedarf**: Die Matrixorganisation erfordert eine intensive Abstimmung zwischen den Beteiligten, was erheblichen Zeitaufwand verursachen kann.
- **Mehrkosten**: Da jede Stelle von zwei Vorgesetzten verantwortet wird, steigt der Bedarf an Führungskräften und damit auch die Personalkosten.
- **Begrenzte Dezentralisierung**: Zwar ermöglicht die Matrixorganisation eine Delegation von Entscheidungsaufgaben auf die zweite Führungsebene, doch aufgrund der Mehrfachunterstellung der Mitarbeiter ist eine weitergehende Dezentralisation kaum umsetzbar.

Im **Grundmodell der balancierten Matrix** erhalten die Mitarbeiter von beiden Vorgesetzten gleichberechtigte Weisungen. Die parallele Berücksichtigung von Funktions- und Objektinteressen soll zu qualitativ besseren Entscheidungen führen. Daraus ergeben sich jedoch hohe Anforderungen an alle Beteiligten. Die balancierte Matrix ist daher nur sinnvoll, wenn die Aufgabenstellung so kompliziert ist, dass zwei Perspektiven gleichzeitig berücksichtigt werden müssen. Andernfalls ist der hohe Abstimmungsaufwand kaum gerechtfertigt.[19]

Zur Entschärfung des Konfliktpotenzials können einer Führungsebene stärkere Entscheidungsbefugnisse eingeräumt werden. Dadurch entsteht eine **asymmetrische oder abgeschwächte Matrix**, in der die dominierende Führungskraft letztlich die Entscheidung bestimmen kann. Dies schafft klare Verantwortlichkeiten, reduziert die Gefahr von Blockaden und beschleunigt die Entscheidungsfindung.

Ein Unternehmen kann auch nach drei Dimensionen gegliedert werden, was als Tensororganisation bezeichnet wird. Diese ist überwiegend in Großunternehmen anzutreffen.[20]

> Eine **Tensororganisation** ist eine dreidimensionale Organisationsstruktur, bei der das Unternehmen gleichzeitig nach drei Kriterien gegliedert wird.

Die Tensororganisation ist nicht zwangsläufig ein Mehrliniensystem. Während die Mitarbeiter in der Matrixorganisation stets zwei Vorgesetzte haben, sind in der Tensororganisation nicht alle Mitarbeiter zwingend allen drei Dimensionen gleichzeitig unterstellt.

Tensororganisation bei Volkswagen

Der *Volkswagen* Konzern mit Sitz in Wolfsburg ist mit fast 680.000 Mitarbeitern und einem Umsatz von rund 325 Mrd. Euro einer der weltweit führenden Automobilhersteller.[21] Der Automobilbereich des Konzerns gegliedert sich in vier **Markengruppen**, die jeweils eine eigene strategische Ausrichtung verfolgen:

- **Core**: *Volkswagen, Škoda, Seat/Cupra* und *VW Nutzfahrzeuge* bilden den volumenstarken Kern des Konzerns.
- **Progressive**: *Audi, Bentley* und *Lamborghini* repräsentieren die Premium- und Luxusmarken des Konzerns, während *Ducati* dort als sportliche Motorradmarke positioniert ist.
- **Sport & Luxury**: Diese Gruppe besteht nur aus der *Porsche AG*, die seit 2022 wieder börsennotiert ist.
- **Trucks**: Die *Traton-Gruppe* mit den Marken *MAN, Scania, Navistar* und *Volkswagen Truck & Bus* konzentriert sich auf schwere Nutzfahrzeuge.

Volkswagen verfolgt die Vision, bis 2030 ein weltweit führender Anbieter nachhaltiger Mobilität zu werden: „New Auto – Mobility for Generations to Come". Dazu soll der Konzern fokussierter, effizienter, innovativer, kundennäher, nachhaltiger und profitabler werden. Als Grundlage der strategischen Neuausrichtung wurden markenübergreifend vier zentrale technologische Querschnittsthemen und sieben Basisinitiativen festgelegt, die in einer Tensororganisation miteinander verknüpft sind.

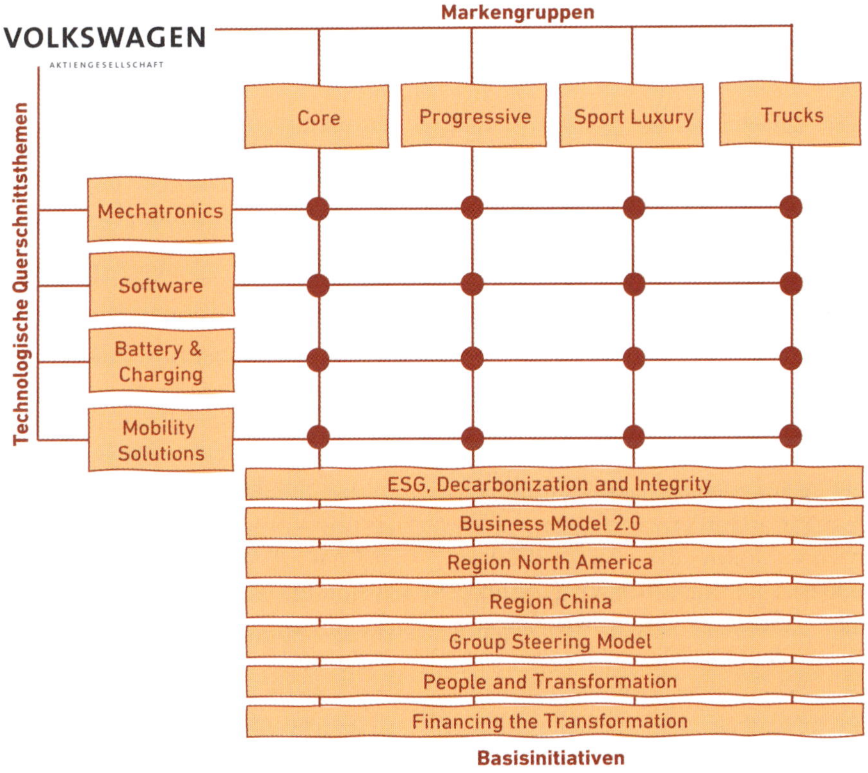

Abb. 5.1.15: Tensororganisation von Volkswagen

Ein typisches Anwendungsbeispiel sind globale Wirtschaftsprüfungsgesellschaften, die etwa nach den drei Dimensionen Regionen, Kundengruppen und Dienstleistungen gegliedert sind. Die Tensororganisation eignet sich insbesondere für international tätige Unternehmen, die in heterogenen Märkten agieren. Als Erweiterung der Matrixorganisation ermöglicht sie eine noch differenziertere Steuerung komplexer Unternehmensaktivitäten, eine bessere Marktorientierung und eine flexiblere Ressourcenallokation. Gleichzeitig fördert sie eine stärkere Spezialisierung in jeder Dimension, was die Qualität von Entscheidungen steigern kann. Die Nachteile der Matrixorganisation, insbesondere Konflikte und ein hoher Koordinationsaufwand, werden durch die zusätzliche Dimension jedoch noch verstärkt.

Prozessorganisation

Die Ablauforganisation befasst sich mit den betrieblichen Vorgängen zur Aufgabenerfüllung. Horizontal betrachtet haben alle Prozesse einen Anfang und ein Ende. An diesen Schnittstellen sind sie mit anderen Prozessen zu Prozessketten verknüpft. Vertikal lassen sich die Prozesse unterschiedlich detailliert betrachten, wodurch eine Prozesshierarchie entsteht. Auf der obersten Ebene stehen die Geschäftsprozesse, welche die zentralen Aufgabenfelder des Unternehmens abdecken und sowohl zum Kundennutzen als auch zur Wertschöpfung einen wesentlichen Beitrag leisten.

Während die funktionale Organisation gleichartige Tätigkeiten bündelt, zielt die prozessorientierte Organisation darauf ab, zusammenhängende Vorgänge funktionsübergreifend zu optimieren. Die Prozessorganisation wird in Kapitel 5.4 erläutert.

> Die **Prozessorganisation** strukturiert das Unternehmen nach den betrieblichen Abläufen, um deren Kosten, Qualität und Zeit ganzheitlich zu optimieren und dadurch die Kundenanforderungen bestmöglich zu erfüllen.

Agile Organisation

Die agile Organisation soll es dem Unternehmen ermöglichen, sich schnell an Veränderungen in der Umwelt anzupassen und gleichzeitig hinreichend stabil zu bleiben. Disposition und Improvisation fördern eine hohe Marktorientierung und Flexibilität, während die Formalisierung auf ein Minimum reduziert wird. Stattdessen gewinnen informelle Handlungen, verbale Kommunikation sowie Normen und Werte an Bedeutung. Die Strukturen sind nach dem Prinzip zeitlich befristeter Projekte aufgebaut und lassen sich daher schnell anpassen.

Die Koordination erfolgt vorwiegend durch selbstorganisierte, funktionsübergreifende Teams, die eng miteinander vernetzt sind. Entscheidungskompetenzen werden dezentralisiert, die Autonomie ist hoch und die Hierarchien sind flach. Dadurch entsteht ein hohes Maß an Eigenverantwortung und Selbstorganisation. Die agile Organisation wird im folgenden Kapitel 5.1.2 dargestellt.

> Eine **agile Organisation** ist darauf ausgerichtet, marktorientiert und flexibel zu agieren, um eine hohe Anpassungsfähigkeit des Unternehmens sicherzustellen.

In welchem Kontext eignet sich welche Organisationsform?

Eine universelle Organisationsform im Sinne eines „One best way“, die für alle Unternehmen und situativen Gegebenheiten geeignet ist, gibt es nicht. Erfolgreiche Organisationsstrukturen lassen sich auch nicht pauschal auf andere Unternehmen übertragen.[22]

Die Eignung einer Organisationsform richtet sich nach folgenden **Kontextfaktoren**:[23]

- **Dynamik und Unsicherheit**: In stabilen Umwelten sind starre, bürokratische Strukturen effizient, da die Abläufe vorhersehbar und kaum anpassungsbedürftig sind. In technologiegetriebenen Branchen erfolgt die Koordination meist über detaillierte Pläne, weil Entwicklungs- und Produktionsschritte präzise aufeinander abgestimmt werden müssen und technische Schnittstellen keine Abweichungen zulassen, wie etwa in der Luft- und Raumfahrtindustrie. Eine präzise Planung und klare Regeln dienen dazu, die Qualität sicherzustellen. Dynamische und unsichere Umwelten benötigen hingegen flexible Strukturen mit flachen Hierarchien, geringem Formalisierungsgrad und hoher Anpassungsfähigkeit. Sie erfordern spezialisierte Teams und flexible Koordinationsmechanismen, um auf unvorhergesehene Veränderungen reagieren zu können.
- **Unternehmensgröße und Kompliziertheit**: Mit zunehmender Unternehmensgröße steigt die Kompliziertheit der Organisation. Dies führt zu einer stärkeren Spezialisierung, Standardisierung und Formalisierung, aber zugleich zu einer geringeren Flexibilität und Anpassungsfähigkeit. Auch die Dezentralisation steigt, weil zentrale Entscheidungen in komplizierten Strukturen schwer umsetzbar sind.
- **Produkt- und Marktstruktur**: In Unternehmen mit homogenem Produktprogramm und wenigen bereichsübergreifenden Aufgaben sind funktionale Strukturen vorteilhaft. Heterogene Produktportfolios oder regionale Marktbesonderheiten erfordern hingegen divisionale oder matrixartige Strukturen, um die Organisation an spezifische Marktanforderungen anzupassen.
- **Strategische Ausrichtung**: Nach *Alfred Chandler* folgt die Struktur der Strategie („Structure follows Strategy“):[24]
  - Eine **funktionale Organisation** eignet sich für Unternehmen mit Fokus auf Kostensenkung und Effizienz.
  - Eine **divisionale Organisation** bietet sich bei einer Differenzierungsstrategie an, da die autonomen Divisionen gezielt auf spezifische Kundenbedürfnisse eingehen können.

  - Eine **Matrixorganisation** ermöglicht die gleichzeitige Berücksichtigung von Ressourceneffizienz und Marktorientierung und begünstigt damit die Umsetzung einer simultanen Strategie. Sie eignet sich für Unternehmen in dynamischen Branchen mit hohem Innovationsdruck, wie etwa Technologie, Pharma oder Konsumgüter.
- **Kundenorientierung**: Je vielfältiger die Kundenanforderungen, desto eher eignet sich eine prozessorientierte Organisation. Sie ermöglicht es, Abläufe gezielt auf Kundenbedürfnisse auszurichten und sich dadurch vom Wettbewerb abzuheben. In komplexen Führungskontexten unterstützt eine agile Organisation die schnelle und kundenorientierte Umsetzung innovativer Lösungen.
- **Flexibilität**: In dynamischen Märkten ist die Fähigkeit zur schnellen Anpassung entscheidend. Agile Strukturen fördern kurze Entscheidungswege, hohe Eigenverantwortung und eine flexible Reaktion auf Veränderungen.

Abb. 5.1.16 zeigt, welche Organisationsformen für welche Zielsetzungen und Führungskontexte geeignet sind. Die Struktur der Organisation beeinflusst dabei maßgeblich das Verhalten ihrer Mitglieder.

5.1.2 Marktorientiert und flexibel durch agile Organisation

Organisationen bestehen aus **drei Strukturen**, die jeweils über unterschiedliche Formen von Macht verfügen:[25]

- Die **formelle Struktur** beschreibt die hierarchisch verankerte Macht und sorgt für die Effizienz der operativen Abläufe. Sie entsteht durch die Übertragung von Weisungsbefugnissen und wird durch Organigramme abgebildet. Ihre Hauptaufgabe besteht in der Sicherstellung der Compliance, also der Einhaltung von Gesetzen, Regeln und Vorschriften. Um Bürokratie zu begrenzen und die Kundenorientierung zu wahren, sollte sie sich möglichst an den marktbezogenen Einheiten ausrichten.
- In der **Wertschöpfungsstruktur** werden die Leistungen für die Kunden durch selbstständig agierende Teams erbracht. Diese sind direkt mit dem Markt verknüpft und arbeiten in einem Netzwerk eng miteinander zusammen. Der Impuls zur Leistungserbringung kommt dabei stets vom Kunden. Die eigenständigen Teams richten sich konsequent an den Kundenbedürfnissen aus.
- Die **informelle Struktur** umfasst die sozialen Beziehungen innerhalb der Organisation. Diese können ein gemeinsames Wir-Gefühl fördern, aber auch Konflikte oder Widerstände hervorrufen. Personen mit vielen Kontakten, breiter Erfahrung oder wertvollen Kompetenzen können darin andere Mitarbeiter beeinflussen. Solche „grauen Eminenzen" spielen insbesondere bei fundamentalen Veränderungen eine wichtige Rolle, da sie sowohl den Wandel vorantreiben als auch blockieren können. Transparenz, Dezentralisierung und geteilte Werte unterstützen eine positive informelle Struktur und tragen so zu einem konstruktiven Arbeitsumfeld bei.

Jedes Mitglied einer Organisation ist in allen drei Strukturen präsent. In der formellen Struktur hat jede Person eine festgelegte Position, in der informellen Struktur pflegt sie ein Netzwerk sozialer Beziehungen, und in der Wertschöpfungsstruktur übernimmt sie verschiedene fachliche Aufgaben.

Organisationsform / Organisationsziele	Funktional	Divisional	Matrix	Prozess	Agil
Marktorientierung	○ niedrig	◉ mittel	◉ mittel	● hoch	● hoch
Ressourceneffizienz	● hoch	◉ mittel	◉ mittel	◉ mittel	○ niedrig
Stabilität	● hoch	● hoch	◉ mittel	◉ mittel	○ niedrig
Flexibilität	○ niedrig	◉ mittel	◉ mittel	◉ mittel	● hoch
Geeigneter Führungskontext	einfach	kompliziert	kompliziert & komplex	kompliziert & komplex	komplex

● hoch ◉ mittel ○ niedrig

Abb. 5.1.16: Eignung der Organisationsformen nach Organisationszielen und Führungskontexten

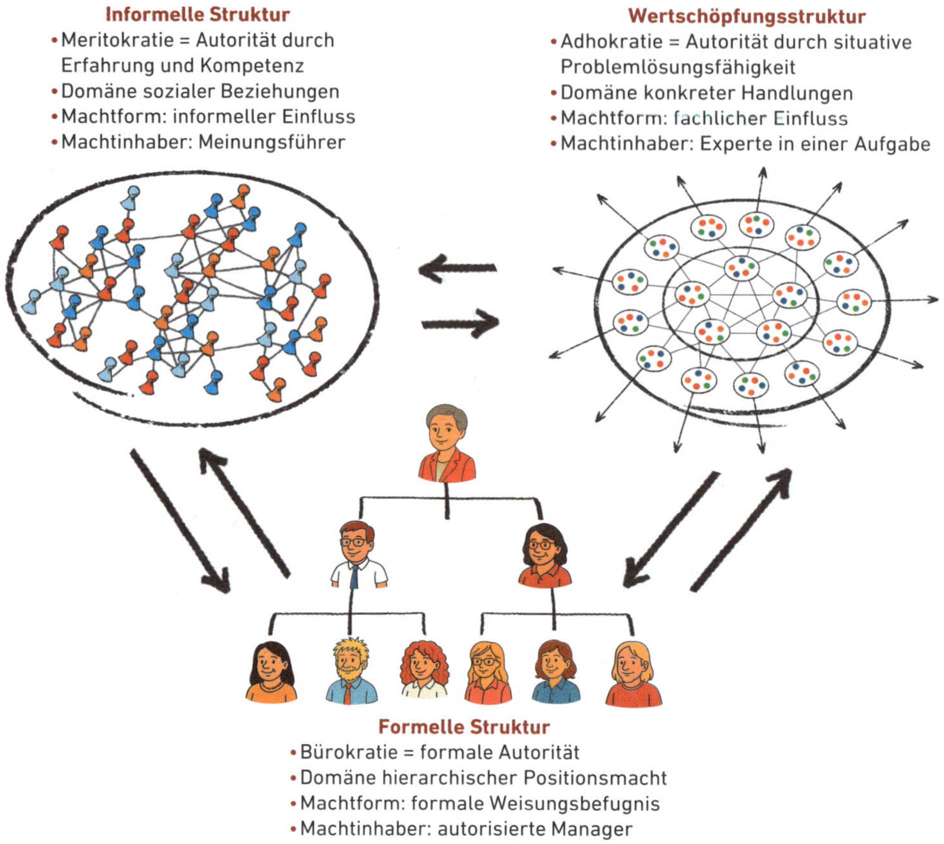

Abb. 5.1.17: Zusammenspiel der drei Organisationsstrukturen[26]

Die Organisation wird durch gezielte Eingriffe gestaltet, die alle drei Strukturen betreffen. Vor jeder Intervention ist zu prüfen, welche Akteure aus welchen Strukturen benötigt werden, um ein gewünschtes Ergebnis zu erreichen. Wenn Mitarbeiter eigene Initiativen anstoßen und gemeinsam vorantreiben, kann daraus Agilität und Innovation entstehen.[27] Abb. 5.1.17 zeigt das Zusammenwirken der drei Strukturen.

Welche Organisationsstruktur ein Unternehmen benötigt, hängt vom vorherrschenden Führungskontext ab (vgl. Kap. 1.5.1). Große Unternehmen setzen auf Hierarchien, um sich auf ein gemeinsames Ziel auszurichten. Dabei nutzen sie Leitlinien, Prozesse, Regeln sowie Planungs- und Kontrollsysteme. Mit zunehmender Größe fällt es ihnen jedoch schwer, neue Chancen und Gefahren frühzeitig zu erkennen und schnell darauf zu reagieren. Sie handeln oft in der Illusion einer allwissenden Unternehmensführung und vernachlässigen das Potenzial verteilter Kompetenzen. Dadurch sind sie besonders anfällig für unvorhergesehene Entwicklungen.

Hierarchiearme Organisationen sind hingegen flexibler und können neue Ideen rasch aufgreifen und umsetzen. Komplexe, vernetzte Systeme können sich teilweise selbst organisieren und stabilisieren. Dies zeigt sich etwa bei innovativen Start-ups, die netzwerkartig zusammenarbeiten und sich immer wieder neu erfinden.[28]

Agilität bedeutet, flexibel, tatkräftig, vorausschauend und entschlossen zu handeln, um in komplexen Führungskontexten eine hohe Anpassungsfähigkeit zu erreichen. Agile Unternehmensführung ermöglicht eine gelenkte Selbstorganisation.

Eine agile Organisation soll Marktorientierung und **Flexibilität** sicherstellen. Im Vordergrund der organisatorischen Gestaltung steht die Fähigkeit, sich an Veränderungen der Unternehmensumwelt anzupassen. Gleichzeitig benötigt jede Organisation aber auch ausreichend **Stabilität**. Diese lässt sich durch einen übergeordneten Purpose, eine langfristige Vision und klare Organisationsprinzipien erreichen. Sie schaffen den Rahmen, in dem Flexibilität gelingen

kann. Agile Organisationen sollen deshalb sowohl flexible als auch stabile Strukturen beinhalten. Einerseits ähneln sie einem **Palast**, der wehrhaft und uneinnehmbar ist, um die umliegenden Ländereien zu schützen. Andererseits gleichen sie einem **Zeltlager**, das sich jederzeit schnell verlegen lässt, wenn Chancen oder Gefahren dies erfordern.[29] Agilität erfordert somit ein **duales Betriebssystem**, das sowohl eine stabile, effizienzfördernde Hierarchie als auch schnelle, agile Strukturen umfasst.[30]

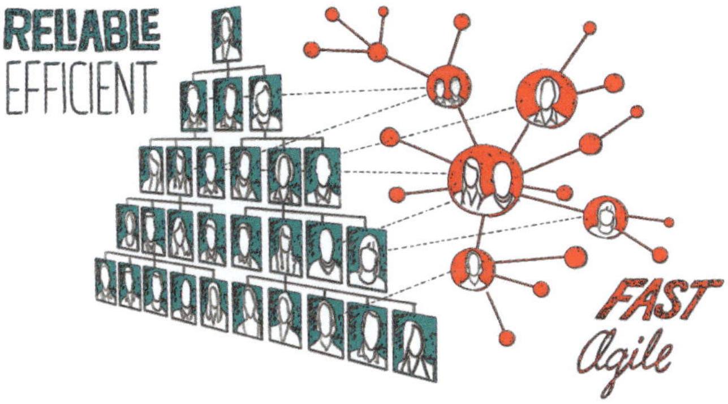

Abb. 5.1.18: Duales Betriebssystem aus hierarchischen und agilen Strukturen[31]

Agile Organisationskonzepte zielen auf ein ausgewogenes Verhältnis von Stabilität und Flexibilität. Wiederkehrende Aufgaben und deren Abwicklung erfordern Strukturen, die nicht laufend verändert werden, sondern ein gewisses Maß an Standardisierung aufweisen. Nur so lassen sich Effizienz und Qualität der internen Leistungserstellung gewährleisten. Dies gilt insbesondere für unterstützende Prozesse ohne unmittelbaren Marktbezug. Im Hinblick auf den externen Markt ist jedoch zeitnah und flexibel auf die Anforderungen der Kunden und die Aktivitäten der Wettbewerber zu reagieren. Dafür sind kurze Entscheidungswege, die Delegation von Kompetenzen, neue Formen der Projektorganisation und der Abbau bürokratischer Strukturen erforderlich. Die benötigten Ressourcen sollen den Teams flexibel und bedarfsorientiert zugeteilt werden.[32]

Eine agile Organisation basiert auf eigenverantwortlichen und autonomen Strukturen, um das Unternehmen konsequent an den Markt- und Kundenanforderungen auszurichten sowie möglichst anpassungsfähig zu gestalten. Sie besteht aus miteinander vernetzten, dezentralen Teams, die über weitreichende Entscheidungsbefugnisse verfügen. Die Hierarchien sind flach, die Formalisierung gering und die Teams koordinieren sich überwiegend selbst. Im Vergleich zu traditionellen Unternehmen setzen sie auf Netzwerkstrukturen statt starrer Hierarchien.[33]

Die **agile Organisation** ist eine flexible Netzwerkorganisation, die kontextabhängig, bedarfsgerecht und lösungsorientiert gebildet und kontinuierlich an Veränderungen angepasst wird. Entscheidungen werden dezentral getroffen, um eine schnelle Reaktionsfähigkeit auf Marktanforderungen und Kundenbedürfnisse zu gewährleisten.

Diese temporäre Struktur dient ausschließlich der Wertschöpfung und ist vollständig an der Ablauforganisation ausgerichtet. Die Prozesse werden konsequent von außen nach innen gestaltet, gehen also vom Markt und Kunden aus. In einer agilen Organisation ist Macht stark dezentralisiert, und die Organisationseinheiten verfügen über größtmögliche Autonomie. Entscheidungen werden dort getroffen, wo die erforderliche Kompetenz und der Kundenkontakt sind.

Eine gemeinsame Ausrichtung erreichen die Menschen in einer agilen Organisation durch den Purpose, geteilte Werte sowie die Vision und Mission (vgl. Kap. 2.2). Unterstützt wird dies durch vereinbarte Rahmenbedingungen der Zusammenarbeit, wie beispielsweise die Verpflichtung zur Offenheit. Die Strategien zum Vorgehen und Erreichen der Ziele werden dezentral entwickelt. Daher müssen Sinn und Zweck der Organisation klar und transparent sein. Die agile Organisation fördert eine evolutionäre Entwicklung durch inkrementelles Ausprobieren und schrittweises Lernen. Jeder Einzelne strebt danach, sich selbst weiterzuentwickeln und trägt dadurch zur kontinuierlichen Verbesserung der gesamten Organisation bei. Auch die Außengrenzen der Organisation verschwimmen: Dienstleister und Kunden werden als Partner betrachtet, um Ziele gemeinschaftlich zu erreichen.[34]

Die agile Organisation besteht aus autonomen Einheiten, die flexibel miteinander vernetzt sind. Die übergreifende Abstimmung erfolgt durch lose Kopplungen zwischen den einzelnen Einheiten, etwa durch personelle Verknüpfungen oder koordinierende Rollen. Führung wird als Tätigkeit wie jede andere verstanden. Die Übernahme einer Rolle und der damit verbundenen Verantwortung erfolgt auf Grundlage der dafür erforderlichen Fähigkeiten. Verantwortung wird lediglich temporär und situationsabhängig zugewiesen (vgl. Kap. 6.2). Rangordnungen können auch auf Erfahrung und Kompetenz basieren, etwa im Sinne eines Verhältnisses zwischen Meister und Geselle.[35] Im Folgenden werden gängige Formen agiler Organisationen vorgestellt.

Soziokratie

Soziokratie bedeutet sinngemäß „Die Gemeinschaft regiert".[36] Der Begriff geht auf den niederländischen Reformpädagogen und Quäker *Kees Boeke* zurück, der 1926 in der Nähe von Utrecht eine soziokratische Reformschule gründete.[37] Einer der Absolventen dieser Schule war *Gerard Endenburg*. Dieser übernahm 1968 die Leitung des Familienunternehmens *Endenburg Elektrotechniek* und führte dort die von ihm entwickelte *Soziokratische Kreisorganisationsmethode* (SKM) ein. Die bis dahin bestehende Top-down-Hierarchie ersetzte er durch kreisförmig vernetzte Teams, um Mitverantwortung durch Mitentscheiden zu fördern.

Die Soziokratie basiert auf **vier Grundprinzipien**:[38]

- **Kreisprinzip**: Ein Kreis ist ein halbautonomes Team, das einvernehmlich die Grundsätze zur Verwirklichung eines gemeinsamen Ziels festlegt. Die Zielerreichung wird an die einzelnen Mitglieder delegiert, die klare Zuständigkeiten haben und eigenständig über ihre Handlungen bestimmen. Jeder Kreis trifft seine Entscheidungen innerhalb seines Zuständigkeitsbereichs autonom und steuert sich in einem agilen Zyklus aus „Leiten – Ausführen – Messen". In der Kreisversammlung werden die Ziele und deren Umsetzung durch die Kreismitglieder geplant. Anschließend berichten diese in der nächsten Versammlung über den Erfolg ihrer Maßnahmen. Auf Basis dieser Rückmeldungen wird entweder die Ausführung korrigiert oder der Plan angepasst.
- **Doppelte Kopplung**: Jeder Kreis ist mit dem nächsthöheren Kreis verknüpft. Sowohl der Leiter als auch mindestens ein gewählter Vertreter des Kreises gehören dem nächsthöheren Kreis gleichberechtigt an. Dadurch können sie übergeordnete Beschlüsse mitbestimmen. Anders als in einer Top-down-Hierarchie besteht somit nicht nur eine Verbindung von oben nach unten, sondern auch eine von unten nach oben. Dies schafft eine kreisförmige Organisation mit zirkulären Feedbackschleifen. Ein übergeordneter Kreis kann daher keinen Beschluss fassen, der die Zielerreichung eines unteren Kreises gefährdet. Da jedes Mitglied mindestens einer Kreisversammlung angehört, kann es durch die doppelten Kopplungen auch Grundsatzentscheidungen der Organisation beeinflussen.
- **Konsentprinzip**: Ein *Konsens* ist eine Mehrheitsentscheidung, die möglichst viele Beteiligte akzeptieren. Ein *Konsent* hingegen erfordert lediglich, dass niemand triftige Gründe gegen die Entscheidung vorbringt. Ein Vorschlag gilt als angenommen, wenn er als „ausreichend gut" eingeschätzt wird und keine schwerwiegenden Einwände bestehen („Safe enough to try"). Konsent bedeutet nicht, dass alle einverstanden sein müssen, sondern dass niemand ein untragbares Risiko sieht. Alle Mitglieder der Kreisversammlung haben bei der Entscheidungsfindung die gleichen Rechte, unabhängig von ihrer Funktion. Um den Prozess effizient zu gestalten, sollten die Gruppen weniger als zehn Personen umfassen. Konsent erfordert zudem den Mut zur freien Meinungsäußerung, auch gegenüber Vorgesetzten. Diese müssen deshalb für psychologische Sicherheit (vgl. Kap. 6.2.3) und eine offene Gesprächsatmosphäre sorgen. Falls ein Konsentverfahren zu aufwendig oder langwierig ist, kann der Kreis per Konsent einen *konsultativen Einzelentscheid* beschließen. Dabei wird eine Person ausgewählt, die stellvertretend eine verbindliche Entscheidung trifft.
- **Offene Wahl**: Alle Rollen und Funktionen innerhalb eines Kreises werden offen im Konsent festgelegt. Dies gilt auch für die Wahl des Vertreters im übergeordneten Kreis. Die Leitung des Kreises wird jedoch vom nächsthöheren Kreis bestimmt. Diese Rolle ist keine hierarchische Führungsposition, sondern dient der Koordination der Aufgabenbearbeitung im Kreis. Dadurch wird die Organisation durch ein Netzwerk aus Zustimmung und Mitbestimmung zusammengehalten. Die Beurteilung der Eignung für eine Aufgabe erfolgt auf Basis der erforderlichen Kompetenzen.

Die Einhaltung dieser vier Prinzipien bewirkt, dass jedes Organisationsmitglied und damit alle gemeinsam Verantwortung für die Zielerreichung übernehmen. Dies stärkt das Engagement der Mitarbeiter und stiftet Sinn.

> Die **Soziokratie** fördert größtmögliche Selbstverantwortung und Gleichberechtigung. Dies wird durch kreisförmig vernetzte Teams und konsentbasierte Entscheidungen erreicht.

Die **organisatorischen Ebenen** einer soziokratischen Kreisorganisation sind:[39]

- Der **Topkreis** bildet die Schnittstelle zur Unternehmensumwelt. Er setzt sich aus der Unternehmensführung, einem oder mehreren Delegierten des Allgemeinen Kreises und externen Experten zusammen. Er bestimmt die normative Unternehmensführung, einschließlich Purpose, Vision und Unternehmenswerte. Die Eigentümer bilden einen separaten Kreis – etwa als Gesellschafter- oder Aktionärsversammlung –, der meist mit dem für die Finanzen zuständigen Mitglied aus dem Topkreis verknüpft ist.

- Der **Allgemeine Kreis** koordiniert die Abteilungskreise und steuert die gesamte Organisation. In diesem Kreis treffen sich regelmäßig die Leiter und Delegierten der Abteilungskreise mit der Unternehmensführung, um die Grundsätze der Zielverwirklichung abzustimmen.
- Der **Abteilungskreis** ist für das operative Tagesgeschäft in einem Arbeitsbereich sowie für die Optimierung der Arbeitsabläufe verantwortlich.
- Die **Teamkreise** bestehen aus mehreren Personen eines Abteilungskreises, die auf spezifische Themenstellungen oder Projekte spezialisiert sind.

Wie in Abb. 5.1.19 dargestellt, können die Kreise auch als Dreiecke visualisiert werden, um die Rangordnung der Kreisebenen als verbindliche Entscheidungsstrukturen zu verdeutlichen. Eine soziokratische Kreisstruktur lässt sich aus einer traditionellen hierarchischen Organisation ableiten. Sie unterscheidet sich jedoch dadurch, dass Unterkreise gewählte Repräsentanten in die Oberkreise entsenden, während diese wiederum Führungskräfte in die Unterkreise berufen. Dadurch entstehen doppelte Verknüpfungen zwischen den Kreisen.

Jeder Kreis vollzieht einen dynamischen Steuerungsprozess, bestehend aus den Aufgaben Leiten, Ausführen und Messen. Die Leitung übernimmt der Repräsentant des Oberkreises, während die Rückmeldungen vom Vertreter des untergeordneten Kreises kommen. Innerhalb eines Kreises sind die Mitglieder gleichberechtigt, und einzelne Mitarbeiter sind typischerweise in mehreren Kreisen aktiv. Auf diese Weise wird die Macht auf alle Organisationsebenen verteilt. Die gleichwertige Beteiligung aller Personen an der Beschlussfassung fördert Vertrauen, Kreativität, Respekt, Authentizität und Empathie.[40]

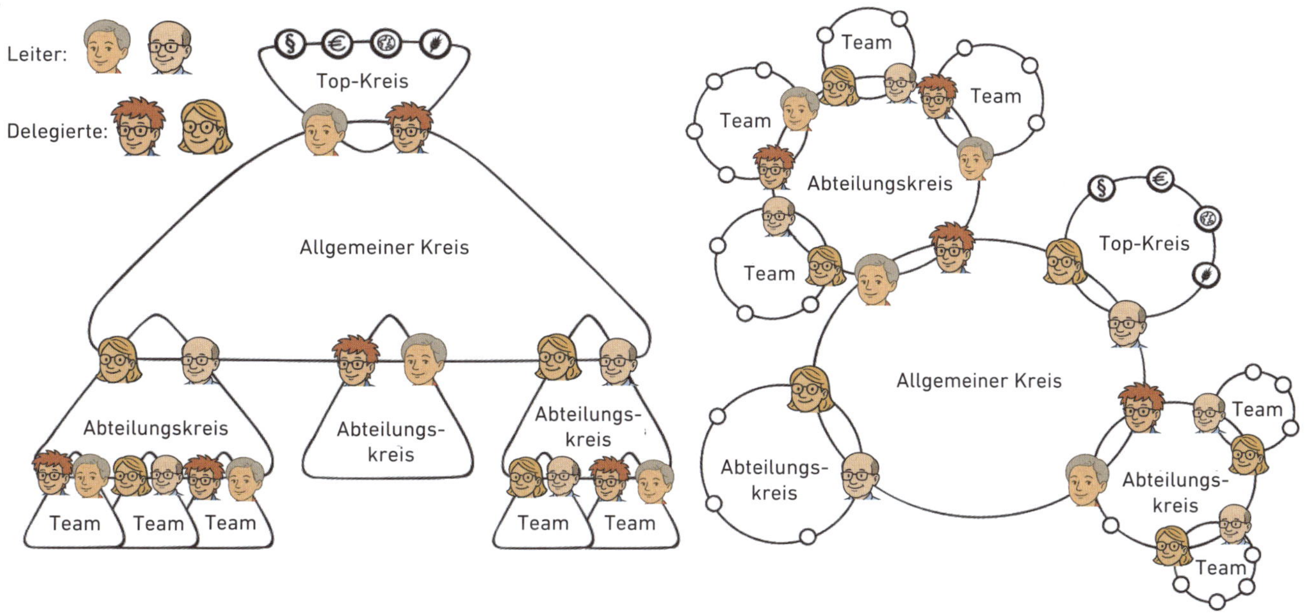

Abb. 5.1.19: Ausprägungen der soziokratischen Kreisorganisation[41]

Soziokratie bei Premium-Cola

Das *Premium-Kollektiv* ist ein Getränkeunternehmen, das 2001 von *Uwe Lübbermann* gegründet wurde. Ausschlaggebend war eine Rezepturänderung seiner Lieblingscola, die er nicht akzeptieren wollte. Mithilfe der Originalrezeptur ließ er daher seine eigene Cola abfüllen und verkaufte diese an andere Fans. Daraus entstand das *Premium-Kollektiv*, das heute neben Cola auch weitere Getränke produziert und jährlich über 1,5 Millionen Flaschen verkauft. Ziel der Gründung war es, eine werteorientierte Alternative zum kapitalistischen System zu schaffen.[42]

Das Unternehmen strebt nicht nach Gewinn, sondern deckt lediglich seine Kosten. Eine Flasche Cola wird für rund 40 Cent an den Großhändler verkauft. Davon werden unter anderem die selbstständigen Mitarbeiter, die Produktions- und Logistikkosten, ein CO_2-Ausgleich, die EDV und Steuern finanziert. Ein Gewinnanteil ist nicht einkalkuliert.[43]

Das *Premium-Kollektiv* ist ein **virtuelles Unternehmen** ohne eigene Fertigungsanlagen oder fest angestellte Mitarbeiter (vgl. Kap. 5.2.1). Den Kern bilden elf Selbstständige im Organisationsteam und rund 50 Sprecher, die den Kontakt zu Handel und Gastronomie pflegen. Darüber hinaus arbeitet das *Premium-Kollektiv* mit über 1.700 gewerblichen Geschäftspartnern zusammen, die Produktion und Vertrieb übernehmen.

Kollektivisten des Unternehmens sind alle Beteiligten – vom Kernteam über Hersteller, Spediteure, Händler und Gastronomen bis hin zu den Konsumenten. Entscheidungen, die nur das eigene Arbeitsgebiet betreffen, wie etwa die tägliche Arbeitszeit, trifft jeder selbst. Die Vergütung beträgt dabei für alle einheitlich 20 Euro pro Stunde. Gruppenentscheidungen werden innerhalb des jeweiligen Teams getroffen. Unternehmensentscheidungen werden im Konsent durch das Board bestimmt. Dabei handelt es sich um ein Onlineforum mit rund 230 registrierten Kollektivisten, von denen etwa die Hälfte Konsumenten sind. Dort kann jeder eine Entscheidung blockieren, aber es ist nicht erforderlich, dass alle aktiv zustimmen, um eine Entscheidung zu treffen.[44]

Holakratie

Die Holakratie (Holacracy) ist eine Weiterentwicklung der Soziokratie, die *Brian Robertson* im Jahr 2007 für sein Unternehmen *Ternary Software Corporation* entwickelte. Seitdem verbreitet er das Konzept über sein Beratungsunternehmen *HolacracyOne*. Ein Holon bezeichnet dabei eine Organisationseinheit, die sowohl eigenständig agiert als auch Teil eines größeren Ganzen ist. In einer Holakratie treten kreisförmige Strukturen mit klar definierten Rollen an die Stelle der klassischen Hierarchie. Die Macht wird auf die gesamte Organisation verteilt, wodurch die einzelnen Einheiten mehr Eigenverantwortung erhalten. Ziel ist es, Transparenz, Partizipation und Agilität zu stärken.[45]

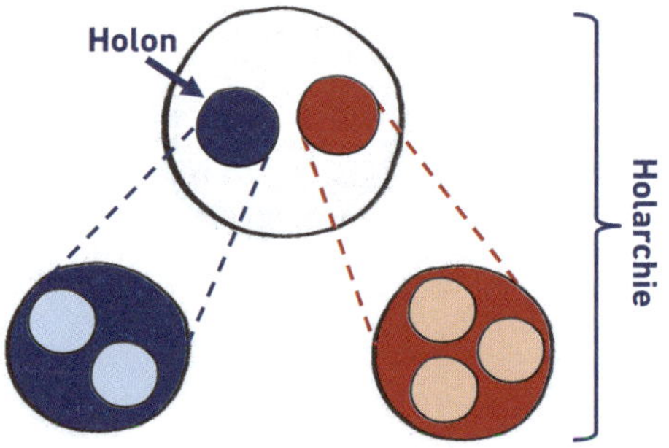

Abb. 5.1.20: Struktur der Holakratie

Die Holakratie ersetzt traditionelle Hierarchien durch eine dynamische Kreisorganisation mit vielfältigen Rollen. Die flexible Zuweisung dieser Rollen soll die Selbstverantwortung stärken und dezentrale Entscheidungen fördern.[46]

Eine holakratische Organisation setzt sich aus verschiedenen **Rollen** zusammen, die jeweils klar definierte Zuständigkeiten und Handlungskompetenzen umfassen:

- **Zweck** (Purpose): Warum gibt es die Rolle?
- **Verantwortlichkeiten** (Accountabilities): Wofür ist die Rolle dauerhaft zuständig?
- **Autoritätsbereiche** (Domains): Welche Ressourcen oder Arbeitsbereiche verwaltet die Rolle?

Die Rollen werden in Kreisen als übergeordnete Einheiten zusammengefasst, beispielsweise in einem Produktions- oder Marketingkreis. Diese können wiederum zu weiteren Kreisen verdichtet werden, den sogenannten Superkreisen. Der oberste Kreis ist der Ankerkreis (General Company Circle), der alle anderen Kreise umfasst und die Gesamtorganisation abbildet.

Die Kreisstruktur soll verdeutlichen, dass es keine formale Hierarchie gibt. Im Gegensatz zu einer Abteilung, der Mitarbeiter mit ihren Aufgaben zugeordnet werden, bestehen die Kreise lediglich aus Rollen, die von den Personen entkoppelt sind. Mitarbeiter übernehmen verschiedene Rollen in unterschiedlichen Kreisen und können diese auch wieder abgeben. Rollen existieren nur, solange sie benötigt werden. Um flexibel auf Umweltänderungen zu reagieren, werden Rollen und Kreise kontinuierlich angepasst, aufgelöst oder neu geschaffen.[47]

Damit die Selbstorganisation nicht im Chaos endet, basiert die Holakratie auf verbindlichen Regeln, die in der sogenannten Verfassung (Holacracy Constitution) festgelegt sind. Diese enthält für viele Prozesse klare Vorgaben, etwa wie Kreise gebildet, angepasst oder aufgelöst werden. Es handelt sich somit um eine kodifizierte Form der Selbstorganisation.[48]

Die wichtigsten **Leitlinien** sind:[49]

- **Doppelte Verbindung (double-linking):** Um die Kommunikation zwischen den Kreisen sicherzustellen, arbeitet die Holakratie mit doppelten Verbindungen. Jeder Kreis wählt einen oder mehrere Vertreter als sogenannte Rep-Links in den nächsthöheren Kreis sowie Lead-Links in die zugehörigen unteren Kreise. Die Lead-Links sorgen dafür, dass die unteren Kreise über die Ziele, Maßnahmen und Anforderungen des höheren Kreises informiert sind und ihre Aktivitäten danach ausrichten. Falls erforderlich, können auch Cross-Links eingesetzt werden, die verschiedene Nachbarkreise miteinander verbinden. Die jeweiligen Vertreter leiten aktuelle Informationen aus ihrem Kreis weiter und setzen sich für die Interessen ihres Kreises ein. Sie sind bei Entscheidungen in den Kreisen gleichberechtigt. Dieses System doppelter Verbindungen soll gewährleisten, dass Entscheidungen unter Beteiligung vieler Mitglieder getroffen werden.
- **Trennung von Steuerungsmeetings und operativen Besprechungen:** Die Steuerung ist im holakratischen System auf alle Elemente der Organisation verteilt. In den Steuerungsmeetings der Kreise wird beschlossen, wie die Zusammenarbeit innerhalb des Kreises gestaltet wird. Zuständigkeiten und Entscheidungsbefugnisse werden festgelegt und die Strukturen weiterentwickelt. Ressourcenfragen bleiben dabei außen vor. Die operativen Besprechungen konzentrieren sich auf die Aktivitäten des Tagesgeschäfts.
- **Zuständigkeiten und Rollen:** Die Holakratie denkt nicht in traditionellen Organigrammen oder Ämterhierarchien, sondern in Rollen und Zuständigkeiten. Konflikte entstehen dort, wo Zuständigkeiten oder Rollen nicht klar definiert sind. In den Steuerungsmeetings werden Spannungen aufgegriffen, um die Organisationsstruktur weiterzuentwickeln. Bestehende Zuständigkeiten und Rollen werden genau festgelegt. Falls erforderlich, werden neue Rollen geschaffen oder bestehende gestrichen.
- **Dynamische Steuerung:** Wichtige Steuerungsentscheidungen werden in jedem Kreis durch integrative Entscheidungsfindung getroffen. Dabei werden die Meinungen aller Beteiligten berücksichtigt. Jeder kann Einwände äußern, die dann gemeinsam bearbeitet und in den Vorschlag einbezogen werden. Ziel ist es, schnelle und pragmatische Lösungsvorschläge zu entwickeln, die sicher genug sind, um erprobt zu werden. Sollten sich diese nicht bewähren, kann ein neuer Vorschlag eingebracht werden. Entscheidungen gelten nicht dauerhaft, sondern nur für den aktuellen Kontext und basieren auf den vorhandenen Informationen. Die Steuerung erfolgt im Sinne einer evolutionären Entwicklung durch kontinuierliche, kleine Kurskorrekturen.

Die Holakratie bringt neben ihren Vorteilen auch erhebliche Herausforderungen mit sich. Da die Mitarbeiter ihre Rollen selbst zusammenstellen und diese nur schwer vergleichbar sind, fehlt eine verlässliche Grundlage für eine anforderungs- und leistungsgerechte Vergütung. Zudem ist die Verwaltung der Rollen sehr zeitaufwendig, und klassische Karrierewege entfallen.[50] Da es keine übergeordneten Aufsichtsinstanzen gibt, können sich die Mitarbeiter ihren Rollenpflichten entziehen oder Dienst nach Vorschrift leisten. Werden bei der dynamischen Restrukturierung der Organisation überflüssige Rollen und Kreise nicht entfernt, besteht die Gefahr, dass die Holakratie ausufert.[51] Dies zeigte sich auch beim amerikanischen Online-Schuhhändler *Zappos*.[52] Im Zuge der Einführung der Holakratie im Jahr 2014 wurden aus 150 Abteilungen rund 18.000 Rollen und 500 Kreise.[53] Doch viele Mitarbeiter empfanden die organisatorischen Prozesse als zu komplex und zeitaufwendig. In der Folge löste sich *Zappos* schrittweise von der reinen Holakratie und entwickelte ein eigenes Modell, in dem Teams als eigenständige Geschäftseinheiten agieren und ihre Leistungen intern wie auf einem Marktplatz anbieten. Diese Selbstorganisation ist wesentlich für die Servicekultur von *Zappos* und das Versprechen außergewöhnlicher Kundenerlebnisse.

Der Übergang zu einer Holakratie erfordert einen langfristig angelegten Veränderungsprozess (vgl. Kap. 6.3). Insbesondere in der mittleren Führungsebene ist mit Widerständen zu rechnen, da diese um ihren Einfluss und ihre Daseinsberechtigung fürchtet. Alle Beteiligten müssen lernen, sich in den neuen Strukturen zurechtzufinden. Während die Führungskräfte ihre Entscheidungsbefugnisse abgeben und sich stärker auf die Koordination und Unterstützung der Kreise ausrichten sollen, sind die Mitarbeiter gefordert, mehr Verantwortung in ihren Rollen zu übernehmen.[54]

Holakratie bei mymuesli

Mit der Idee, dass sich jeder Kunde sein Müsli selbst zusammenstellen kann, gründeten drei Studenten 2007 das Start-up *mymuesli*. Die ersten Mischungen füllten sie in ihrer WG in Passau noch per Hand ab.[55] Seit 2024 ist *Katjes Greenfood* mehrheitlich an dem Unternehmen beteiligt und die drei Gründer haben sich aus der operativen Geschäftsführung zurückgezogen.

In der Anfangszeit entstand durch das rasante Wachstum allmählich ein kleiner Konzern mit Positionshierarchien und zentralisierten Entscheidungswegen, wodurch die Arbeitsbelastung der Gründer stetig zunahm. Neue Mitarbeiter konnten sich nur schwer in die bestehenden Teams integrieren, und der Spaß an der Arbeit ging verloren. 2018 führte *mymuesli* daher eine holakratische Organisation ein, um den Mitarbeitern mehr Autonomie und Verantwortung zu übertragen.[56]

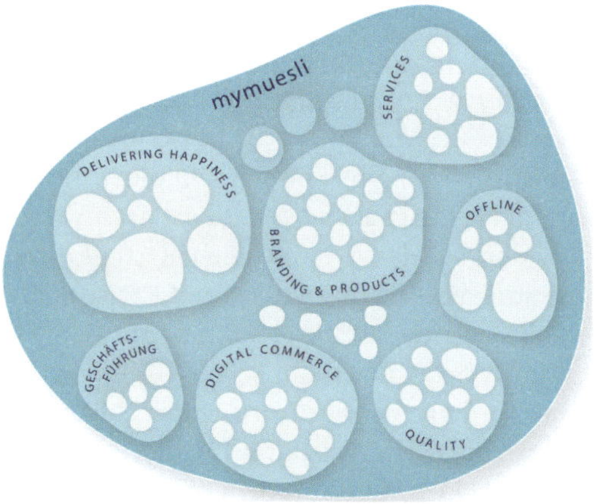

Abb. 5.1.21: Holakratie bei mymuesli[57]

Das Holakratie-Regelwerk wurde flexibel angepasst, um Transparenz, Eigenverantwortung und effiziente Zusammenarbeit zu fördern. Dazu gibt es drei **Arten von Besprechungen**:

- Das **Governance-Meeting** betrifft die Arbeit *an* der Organisation. Die Teilnehmer diskutieren, ob interne oder externe Veränderungen eine Anpassung der Strukturen erfordern. Rollen und Kreise können weiterentwickelt, beendet oder neu geschaffen werden.
- Der **Delegierten-Meeting-Prozess** befasst sich mit der Arbeit *in* der Organisation, also den Kreisen und Rollen. Operative Probleme, wie fehlende Informationen, Beratungsbedarf oder mangelhafte Zusammenarbeit, werden transparent gemacht und gemeinsam gelöst.
- Im **Jour fixe** spricht jeder, der eine Rolle im Kreis hat, regelmäßig mit dem Lead-Link über seine persönliche Entwicklung.

Entscheidungen werden dezentral in den jeweiligen Rollen getroffen. Diese strukturieren den Arbeitsbereich der Teams, was sowohl die Integration neuer Mitarbeiter erleichtert als auch die Grenzen zwischen den Teams durchlässiger macht. Die Übernahme verschiedener Rollen ermöglicht es den Mitarbeitern, ihre Aufgaben nach ihren individuellen Stärken auszurichten – was zu mehr Freude und Zufriedenheit führt. So übernahm der Co-Gründer *Hubertus Bessau* etwa die Rollen *Lead-Link des Enabling Circles*, *Shareholder Relator* und *Unternehmensstratege*. Zweck seiner in Abb. 5.1.22 dargestellten Rolle als *Price/Love Ratio Keeper* war es, ein ausgewogenes Verhältnis zwischen den Produktpreisen und dem wahrgenommenen Kundenwert sicherzustellen.

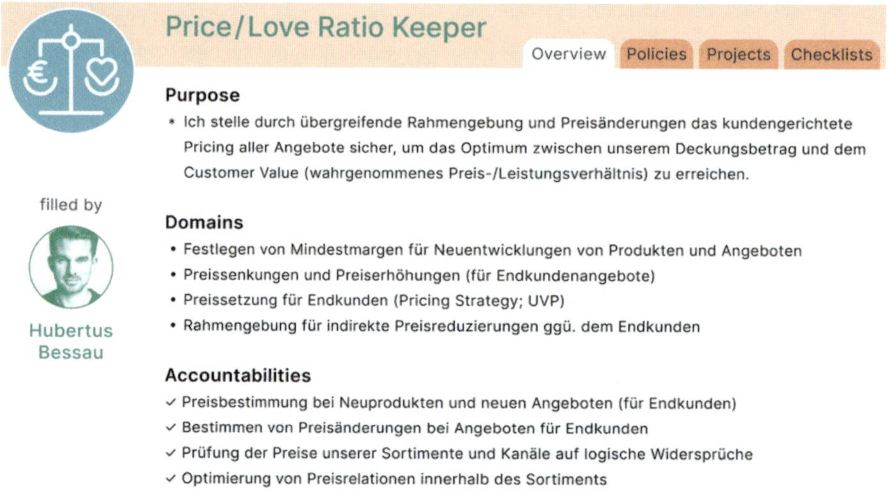

Abb. 5.1.22: Rollenbeschreibung eines Gründers[58]

Zellstrukturdesign

Das Zellstrukturdesign nach *Niels Pfläging* und *Silke Hermann* wird aufgrund seines Aufbaus auch als **Pfirsich-Modell** bezeichnet: Die Peripherie ist vergleichbar mit dem Fruchtfleisch eines Pfirsichs. Sie bildet den äußeren Bereich der Organisation und besteht aus unternehmerisch handelnden Zellen, die weitgehend autonom agieren und die Wertschöpfung für die Kunden erbringen. Hier findet der direkte Austausch mit den Marktpartnern statt, während das Zentrum die Zellen der Peripherie in ihrer Arbeit unterstützt. Das Zentrum entspricht dem harten Kern des Pfirsichs: Es erbringt nur jene Leistungen, die die Peripherie nicht selbst durchführen kann oder will. Normative und strategische Entscheidungen bilden die Haut des Pfirsichs: Sie bestimmen die Identität des Unternehmens und grenzen es gegenüber seiner Umwelt ab. Im Gegensatz zur funktionalen Hierarchie besteht die Zellstruktur aus einem dezentralen Netzwerk ergebnisverantwortlicher, funktionsübergreifender Einheiten. Diese Zellen agieren als Unternehmen im Unternehmen. Sie integrieren Funktionen und Aufgaben, die in einer herkömmlichen Organisation auf verschiedene Abteilungen, Bereiche oder Geschäftsfelder verteilt sind. Die Machtverteilung verläuft nicht wie in der traditionellen Hierarchie von oben nach unten, sondern von außen nach innen.

Das **Zellstrukturdesign** besteht aus miteinander vernetzten, selbstgesteuerten Zellen in der Peripherie der Organisation, die ihre Leistungen flexibel an den Kundenbedürfnissen ausrichten. Sie werden in ihrer Arbeit von einem Zentrum unterstützt, das sich auf Compliance, Innovation und begleitende Dienstleistungen konzentriert.

Bestandteile des Zellstrukturdesigns sind:[59]

- Die **Zellen** stehen im kontinuierlichen Austausch mit Stakeholdern wie Kunden, Lieferanten, Eigentümern und der Gesellschaft. Sie sind multidisziplinär aufgestellt, agieren selbstgesteuert und passen sich flexibel an veränderte Anforderungen an. Sie erbringen ihre Leistungen ganzheitlich und integrieren sämtliche für die Wertschöpfung erforderlichen Fähigkeiten und Kompetenzen. Da die Zellen der Peripherie direkt mit den Kunden in Kontakt stehen, können sie besonders gut auf deren Bedürfnisse eingehen. Um interne Konkurrenz zu vermeiden, werden alle Kunden den Zellen der Peripherie eindeutig zugeordnet. Überschreitet eine Zelle eine bestimmte Größe, dann teilt sie sich, um die Funktionsfähigkeit des Zellstrukturdesigns zu erhalten. Dies ermöglicht eine organische Entwicklung des Unternehmens, ohne die Fähigkeit zur Selbststeuerung zu beeinträchtigen. Die Leistungen der Zellen lassen sich sowohl intern als auch extern vergleichen. Unternehmensweite Ranglisten oder Liga-Tabellen fördern einen sportlichen Wettbewerb und erhöhen die Leistungstransparenz.
- Das **Zentrum** übernimmt unterstützende Aufgaben im Rahmen einer dienenden Führung. Dazu zählen administrative und compliancerelevante Dienstleistungen wie Rechnungswesen, Controlling, Personaladministration oder IT. Akteure des Zentrums mit formaler Autorität schaffen Rahmenbedingungen für eigenverantwortliches Handeln, fördern die Vernetzung der Zellen und sorgen für die kontinuierliche Weiterentwicklung der Organisation.
- Die **Beziehungen** zwischen den Zellen sind durch Leistungs- und Zahlungsvereinbarungen geregelt. Sie bilden die Nahtstellen zwischen den Zellen und machen eine Koordination von oben überflüssig. Diese erfolgt durch Selbstabstimmung auf internen Märkten, bei denen Angebot und Nachfrage mithilfe von Verrechnungspreisen aufeinander abgestimmt werden. Die Nahtstelle ist dabei das Gegenteil zur Schnittstelle: Sie hält zusammen, statt zu trennen. Die Zusammenarbeit orientiert sich an den Marktanforderungen, was eine hohe Flexibilität ermöglicht. Gewinne sollen ausschließlich in den Zellen mit direktem Kundenkontakt anfallen, weshalb die Leistungen des Zentrums kostenbasiert verrechnet werden.
- Die **Mitarbeiter** übernehmen in der Regel mehrere Rollen und können prinzipiell in verschiedenen Zellen tätig sein. Die Entscheidungskompetenz wird beim Zellstrukturdesign auf die marktnahen, dezentralen Zellen verlagert. Es gilt das *Konsultationsprinzip*: Je größer die Tragweite einer Entscheidung, desto mehr Personen sind in die Meinungsfindung einzubeziehen. Letztlich entscheidet jedoch eine einzelne Person, die sich zuvor mit anderen Akteuren beraten hat. Führung ist nicht an hierarchische Positionen gebunden, sondern Aufgabe jedes Einzelnen. Irrtümer werden als Teil unternehmerischer Realität in komplexen Führungskontexten akzeptiert und durch Konsultation und intensive Zusammenarbeit in den Zellteams minimiert. Teams werden ermutigt, unternehmerisch zu handeln, Entscheidungen selbständig zu treffen und Verantwortung für ihr jeweiliges Geschäft zu übernehmen. Dabei ist es essenziell, dass alle Mitarbeiter uneingeschränkten Zugang zu relevanten Informationen wie Schlüsselindikatoren, Ergebnissen, Leistungsvergleichen und (wo nötig) Prognosen haben. Diese Transparenz fördert auch die wechselseitige Kon-

trolle, ob jede Zelle im Sinne der gemeinsamen Ziele handelt.

Beim Zellstrukturdesign liegen Entscheidung und Verantwortung nah beieinander. Anstatt lange im Voraus zu planen, sollen sich das Unternehmen und sämtliche Zellen auf Eventualitäten vorbereiten, um in jeder möglichen Zukunft handlungsfähig zu sein. Die hierfür erforderliche Flexibilität gewährleistet das dezentrale Netzwerk. Rollierende Prognosen und Szenarien können zu einem besseren Verständnis möglicher Entwicklungen beitragen, lassen aber im Gegensatz zur Planung die Entscheidung bis zuletzt offen. Zellen folgen somit keinem festen Plan, sondern legen ihr Vorgehen erst in der jeweiligen Situation auf Basis der zu diesem Zeitpunkt verfügbaren Informationen fest.

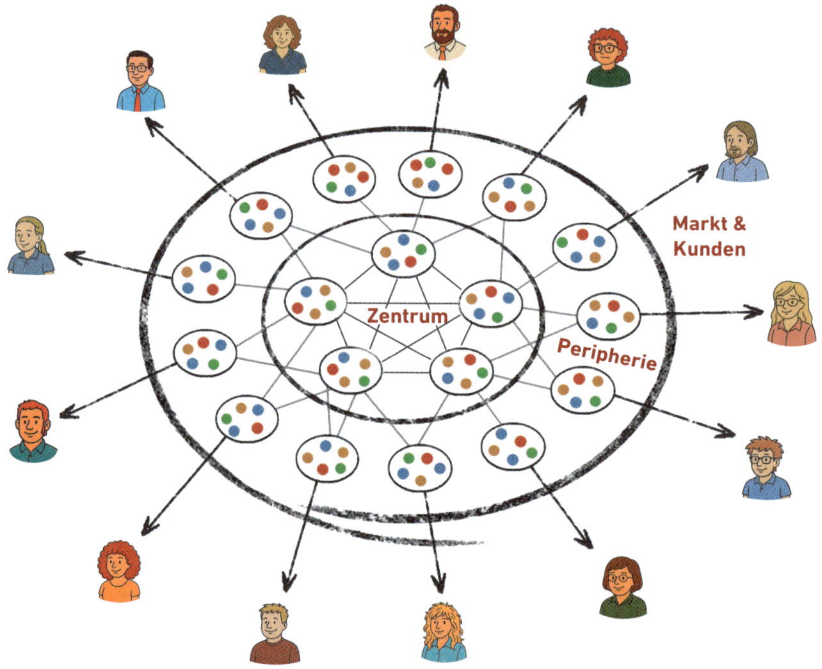

Abb. 5.1.23: Zellstrukturdesign[60]

Das Spotify-Modell

Der schwedische Streamingdienstleister *Spotify* bietet seinen rund 680 Millionen aktiven Nutzern, davon 270 Millionen zahlende Abonnenten, eine Auswahl aus über 100 Millionen Titeln.[61] *Spotify* ist einer der Pioniere agiler Organisation und hat hierfür ein eigenes Modell entwickelt. Es wird mittlerweile auch in anderen Unternehmen eingesetzt, wie etwa bei der *Deutschen Telekom*.

Das Spotify-Modell besteht aus vier verschiedenen **Organisationseinheiten**:[62]

- **Truppe (Squad):** Den Kern bilden kleine, autonome Teams von bis zu acht Personen. Sie sind funktionsübergreifend besetzt und tragen die Verantwortung für den gesamten Produktzyklus – von der Idee über die Konzeption und Entwicklung bis hin zum kommerziellen Erfolg. Die Truppen können selbst entscheiden, wie sie ihre Zusammenarbeit gestalten. Dabei orientieren sie sich an der übergeordneten Strategie und den Zielen des Unternehmens. Der Produktverantwortliche (Product Owner) ist kein disziplinarischer Vorgesetzter, sondern priorisiert die Aufgaben der Truppe, um sicherzustellen, dass die Produktanforderungen erfüllt werden.
- **Stamm (Tribe):** Ein Stamm besteht aus mehreren Truppen und umfasst einen Aufgabenbereich von bis zu 100 Personen. Jede Truppe ist einem Stamm zugeordnet. Der Stamm koordiniert die Ziele der Truppen und deren Zusammenarbeit. Der Leiter des Stammes (Tribe Lead) sorgt dafür, dass Hindernisse beseitigt werden und die Truppen effektiv zusammenarbeiten.

- **Verband (Chapter):** Innerhalb eines Stammes können sich Personen mit gleichen Rollen, Zuständigkeiten und Fähigkeiten in einem Verband fachlich austauschen. Beispielsweise gehören alle Softwareentwickler innerhalb eines Stammes einem Verband an. Der Leiter eines Verbands übernimmt die fachliche Führung der zugehörigen Mitarbeiter, während diese organisatorisch in Truppen eingebunden sind. Dadurch entsteht eine Matrixstruktur aus fachlich orientierten Verbänden und aufgabenbezogenen Truppen.
- **Gilde (Guild):** Eine Gilde ist eine offene und informelle Gruppe von Personen mit ähnlichen Interessen. Sie ist eine freiwillige Gemeinschaft, die den unternehmensweiten Austausch zwischen den Mitgliedern fördert. Beispielsweise können sich Mitarbeiter aus unterschiedlichen Teams zu einer Gilde für agile Zusammenarbeit zusammenschließen. Sie treffen sich regelmäßig, um Erfahrungen auszutauschen und agile Methoden auszuprobieren. Ihre Anregungen tragen dazu bei, die Teamarbeit im gesamten Unternehmen zu verbessern.

Das *Spotify-Modell* ermöglicht sowohl interdisziplinäre Zusammenarbeit innerhalb der Gruppen als auch den Erfahrungsaustausch mit anderen Experten. Die Struktur aus Stämmen, Gilden und Verbänden fördert den Wissenstransfer und die unternehmensweite Verbreitung von Best Practices. Wenn das Unternehmen wächst, werden neue Truppen und Stämme gebildet. Da die Truppen sehr autonom sind, können sie schnell auf neue Anforderungen reagieren und sich dadurch besser auf die Kundenwünsche ausrichten. Allerdings erfordert das Modell ein hohes Maß an Selbstorganisationsfähigkeit. In Unternehmen mit starren Hierarchien oder geringem Vertrauen in die Mitarbeiter kann die Umsetzung daher auf Widerstände stoßen. Zudem besteht die Gefahr, dass durch die starke Dezentralisierung die übergeordnete strategische Ausrichtung des Unternehmens aus dem Blick gerät.

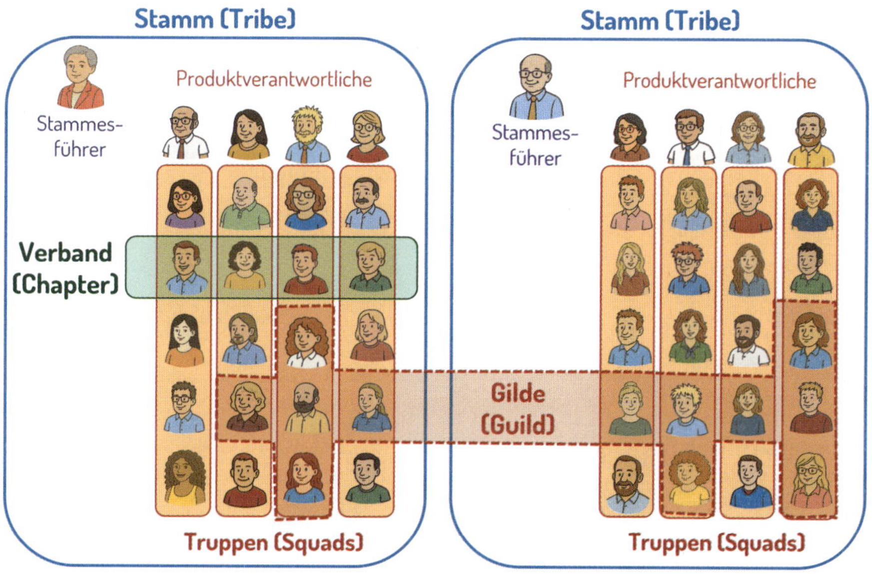

Abb. 5.1.24: Organisationseinheiten im Spotify-Modell[63]

Bewertung der agilen Organisation

Zusammenfassend weisen agile Organisationen folgende **Merkmale** auf:[64]

- **Flexible Organisationseinheiten:** Durch konsequente Dezentralisierung entstehen teilautonome Gruppen, die selbstständig und marktnah agieren. Informelle Strukturen ersetzen formale Regeln. Dies ermöglicht schnelle Reaktionsfähigkeit und fördert Initiative und Kreativität.
- **Mehrdimensionalität der Organisation:** Neben einer stabilen „Palastorganisation“ mit spezialisierten, zentral ausgeführten Aufgaben steht eine flexible „Zeltorganisation“ aus selbstorganisierten, funktionsübergreifenden Teams, die sich dynamisch an neue Herausforderungen anpassen.
- **Kollektive Führung:** Die Organisationsmitglieder agieren in horizontalen Netzwerken auf Augenhöhe. Führungsaufgaben werden themen- oder projektspezifisch von qualifizierten Teammitgliedern für eine begrenzte

Zeit übernommen. Dadurch wird die Verantwortung in der Organisation verteilt und die vorhandene fachliche Expertise in den Projektaufgaben zielgerichtet genutzt.

- **Digitalisierung der Zusammenarbeit**: Digitale Technologien überwinden räumliche und zeitliche Grenzen. Sie fördern die Kommunikation und erleichtern die gemeinsame Arbeit an Projekten.
- **Fokus auf den Kunden:** Im direkten und kontinuierlichen Austausch mit den Kunden sollen deren Bedürfnisse besser verstanden und flexibel erfüllt werden.

Die Gestaltungsempfehlungen agiler Organisationsformen basieren bislang überwiegend auf einzelnen Erfolgsbeispielen, während eine umfassende empirische und organisationstheoretische Bewertung ihrer Funktionsfähigkeit noch aussteht.[65] Agile Organisationsformen sind vor allem in Start-ups oder kleineren Unternehmen anzutreffen, insbesondere in den Branchen IT, Beratung, Weiterbildung und Non-Profit. In größeren Unternehmen stellt die Koordination zwischen den agilen Teams eine besondere Herausforderung dar und erschwert die Skalierbarkeit. Die Abschaffung traditioneller hierarchischer Strukturen kann dabei zu unklaren Verantwortlichkeiten führen.

Dennoch haben sich agile Organisationsformen inzwischen etabliert und gelten nicht mehr als exotische Randerscheinung. In der Praxis werden die Konzepte meist an die spezifischen Unternehmensgegebenheiten angepasst. Dabei wird die Hierarchie nicht zwangsläufig abgeschafft, sondern vielmehr die Autonomie und Partizipation innerhalb der Organisation gestärkt.[66]

Die agile Organisation erfordert ein neues Rollenverständnis der Führungskräfte und setzt eigenverantwortliches Denken und Handeln aller Mitarbeiter voraus. Insbesondere in größeren oder hierarchisch geprägten Unternehmen ist dafür ein kultureller Wandel nötig, denn es erfordert Mut, die neuen Entscheidungsfreiräume zu nutzen.[67]

Eine wesentliche Voraussetzung für die erfolgreiche Umsetzung einer agilen Organisation ist ein agiles Mindset. Dieses zeichnet sich dadurch aus, dass erworbene Autorität mehr zählt als verliehene Macht, schnelle Lösungen wichtiger sind als perfekte, Lernen Freude macht und Fehler offen angesprochen werden.[68] **Agile Führung** erfolgt dabei aus mehreren Richtungen: Agiles Leadership (von oben), Selbstführung (von innen), dienende Führung (von der Seite) und zellulare Führung (von unten). Die Führungskräfte stellen sich dabei in den Dienst der Teams, um diese bestmöglich bei der Erfüllung der Kundenbedürfnisse zu unterstützen. Eine ausführliche Erläuterung der agilen Führung erfolgt in Kapitel 6.3.3.

Agile Organisation bei T-Systems

Praxisbeispiel von Oliver Herrmann, Head of Employee Wellbeing, Health and Safety, Deutsche Telekom AG

Die *T-Systems International GmbH* ist die Großkundensparte der *Deutschen Telekom AG*. Mit rund 26.000 Mitarbeitern und einem externen Umsatz von über 4 Mrd. Euro ist *T-Systems* einer der weltweit führenden Digitaldienstleister. Die Veränderungsgeschwindigkeit hat in den letzten Jahren enorm zugenommen und betrifft alle Marktteilnehmer – Kunden, Mitarbeiter, Partner und Wettbewerber. Deswegen hat *T-Systems* ein Veränderungsprogramm auf den Weg gebracht, um sowohl schneller zu reagieren als auch transparenter und effizienter handeln zu können.

Dieses **agile Betriebssystem** besteht aus sechs Dimensionen und ist der Kompass für die Reise zur Agilität:[69]

- Der **Business Purpose** stiftet Sinn und Identität. Er bestimmt die Daseinsberechtigung des Unternehmens und sollte zu allen Geschäftsmodellen passen. Daneben steht eine Kultur, die durch Leitlinien aufgespannt wird und deren Kern die Zusammenarbeit, Verlässlichkeit und Kundenbegeisterung ist. Wie kamen wir zu diesem Purpose und zu den Leitlinien? Unter anderem, indem wir mehrere tausend Kolleginnen und Kollegen aus allen Ländern dazu eingebunden haben, mit Workshops, Interviews, Co-Creation und Feedback-Sessions.
Das erzeugt Transparenz, Aufmerksamkeit und gemeinsames Ownership – die Basis für gelebte Kultur. Aufbauend auf diesem Fundament gibt es vielfältige Veranstaltungen und kontinuierliche Maßnahmen, um diese sinnorientierte Kultur lebendig zu halten.

- **People** betrifft die Menschen und zielt auf lebenslanges Lernen, Engagement und Motivation. Jeder von uns will sich weiterentwickeln und wachsen, als Mensch, nicht nur als „Ressource". Und jeder Mensch strebt nach Anerkennung für seine Arbeit. Dazu müssen wir ins Handeln kommen. Durch Experimente lernen wir dabei am schnellsten und am meisten – wenn wir Feedback bekommen und Fehler erlaubt sind. Unterstützt von Communities, die sich aus fachlichen Experten zu einzelnen Themengebieten bilden.

- **Way of Working** hat zum Ziel, für den Kunden schneller qualitativ hochwertigen Output zu erzeugen. Dazu braucht es standardisierte, nutzerfreundliche und effiziente Kernprozesse, eine starke Kundenorientierung, rasche Iterationen und zahlreiche Experimente. Und eine nahtlos integrierte IT-Infrastruktur, welche die Kernprozesse möglichst automatisiert unterstützt und sich flexibel an veränderte Kundenbedürfnisse anpassen kann.
- Dem **Work Environment** kommt eine große Bedeutung zu. Es geht dabei um eine nahtlose Integration von physischen und virtuellen Arbeitsumgebungen. Nicht das Büro legt den Arbeitsort fest, sondern die Beschäftigten bestimmen selbst den Ort und Zeitpunkt, an dem sie arbeiten. Dazu sollten sowohl die Arbeitsumgebung zweckmäßig gestaltet sein als auch geeignete Kollaborationswerkzeuge das virtuelle und hybride Arbeiten unterstützen.
- Die **Governance** soll sowohl den Prinzipien des New Work als auch den Konzernbedürfnissen entsprechen – es geht also um den optimalen Mix aus Autonomie und gemeinsamer Zielausrichtung. Autonomie gibt den Projektteams die End-to-End-Verantwortung für ihr Aufgabengebiet. Die Entscheidungen werden dort getroffen, wo die Kompetenzen liegen. Dies ist in der Regel möglichst nah beim Kunden, was zusätzliche Beschleunigung bringt. Alignment stellt sicher, dass kein Chaos ausbricht und jeder unabgestimmt ohne Rücksicht auf andere und das „große Ganze" handelt. Transparente und durchgängige Objectives und Key Results können dabei helfen. Wichtig ist immer wieder zu erklären, dass Autonomie nicht bedeutet, jeder „kann machen, was er will". Es gibt ein übergeordnetes System, in das alle eingebunden sind und dieses System hat Erwartungshaltungen, die es zu erfüllen gilt.
- **Leadership & Mindset** ist einer der Dreh- und Angelpunkte dieser Transformation. Damit hier Raum für Neues entstehen kann, benötigt es zuvorderst psychologische Sicherheit. Denn bei allen Versprechungen flacher Hierarchien und selbstbestimmter Teams gilt es, die Verlustängste auf der Führungsebene (die immer vorhanden sind!) anzuerkennen und so zu behandeln, dass sie nicht im Widerspruch zu einer derartigen Transformation stehen. Nur auf diese Weise kann so etwas wie eine dienende Führung entstehen. Die Führungskräfte können dann auch mal loslassen und sich selbst führen lassen – wenn zum Beispiel ausgewiesene Fachexperten in die inhaltliche Führung gehen.
- **ORG-Design**: Um den größtmöglichen Kundennutzen möglichst effizient zu erreichen und schnell auf sich ändernde Marktgegebenheiten zu reagieren, braucht es eine flexible und flache Ablauf- und Aufbauorganisation. Flexibel bedeutet, dass etwa Mitarbeiter ohne großen Abstimmungsbedarf schnell zwischen Teams wechseln können. Flach bedeutet, dass die Entscheidungen dort getroffen werden, wo die Kompetenzen sind, also möglichst nahe am Kunden. Hierarchien spielen nicht mehr die ausschlaggebende Rolle, sondern es ist Expertenwissen gefragt. Expertenkarrieren stehen deshalb gleichberechtigt neben klassischen Linienkarrieren. Die Strukturen, die auf diese Weise gebildet werden, setzen den Rahmen für Verhaltensänderungen in der Organisation.

All diese Dimensionen müssen in Betracht gezogen werden, wenn sich ein Unternehmen auf die agile Reise begeben will. Zu Beginn empfiehlt sich eine ehrliche Bestandsaufnahme: Wo stehen wir heute? Hierzu dient der **Agility Check** als von den Teams selbst durchführbares Assessment und für größere Organisationseinheiten der **Agile Pitstop** als strukturierter Prozess zur Evaluation des Entwicklungsstands in den einzelnen Kompassdimensionen. Diese Selbsteinschätzung ermöglicht es den Teams und Bereichen, ihre Absprungbasis zu bestimmen. Agile Coaches können dabei unterstützen, die weiteren Verbesserungsschritte zu bestimmen, die das Team oder der Bereich angehen will. Aber Achtung: Auch wenn Führungskräfte gerne schnell alles „besser" machen wollen, ist hier weniger mehr. Dabei gilt ein agiles Prinzip: Fokus. Setzen Sie sich klare Prioritäten und fangen Sie damit an! Und wenn Sie darin ein neues Niveau erreicht haben, dann beginnen Sie mit den nächsten Dimensionen. An mehr als zwei oder maximal drei der agilen Dimensionen parallel zu arbeiten, überfordert in der Regel die Organisation und deren agile Coaches. Es sei denn, Sie wollen sich nur noch mit sich selbst beschäftigen.

5.2 Zusammen geht vieles besser

Kaum ein Unternehmen ist heute noch in der Lage, sämtliche Leistungen allein zu erbringen. Hierfür sind die Kundenanforderungen meist zu vielfältig und veränderlich. Hinzu kommen Kostendruck, Unsicherheiten, komplexe Technologien, regulatorische Hürden, starke Konkurrenz und schwer zugängliche Märkte. Deshalb liegt es nahe, mit rechtlich und wirtschaftlich selbstständigen Partnern zusammenzuarbeiten. Jeder Beteiligte konzentriert sich dabei auf seine Kernkompetenzen. Je intensiver Unternehmen kooperieren, desto stärker entstehen verknüpfte Strukturen, aus denen ein integriertes Wertschöpfungsnetzwerk aus mehreren Partnern entsteht (vgl. Kap. 3.2.2).

Unternehmen können ihre Aktivitäten grundsätzlich entweder dezentral über Markttransaktionen oder zentral durch hierarchische Weisungen koordinieren (vgl. Kap. 1.1.2). Eine Kooperation stellt hingegen eine Mischung aus Markt und Hierarchie dar und wird daher auch als **hybride Organisationsform** bezeichnet.[70] Sie kombiniert die Flexibilität und Innovationskraft der Marktkoordination mit der Effizienz und Kontrolle hierarchischer Weisungen. Wird eine ursprünglich marktliche Koordination mit hierarchischen Mechanismen verknüpft, spricht man von **Internalisierung**. Dies ist beispielsweise der Fall, wenn bislang unabhängige Unternehmen in einem Joint Venture zusammenarbeiten. **Externalisierung** bezeichnet hingegen den Ersatz hierarchischer Koordination durch den Markt.[71] Dies erfolgt etwa beim Outsourcing, wenn Aktivitäten rechtlich verselbstständigt, ausgegliedert oder an einen Partner übertragen werden. Auf diese Weise werden sie aus der eigenen hierarchischen Struktur herausgelöst.

Eine **Kooperation** ist eine längerfristige Zusammenarbeit zwischen rechtlich selbstständigen Unternehmen, um gemeinsame Interessen zu verfolgen.

Die explizite Vereinbarung einer Zusammenarbeit ist ein zentrales Merkmal von Kooperationen. Sie werden eingegangen, wenn sich die Partner davon einen Vorteil versprechen. Diese entscheiden selbst über deren Aufnahme oder Beendigung und sind dabei grundsätzlich gleichberechtigt. Dadurch entstehen jedoch Abhängigkeiten, da viele Entscheidungen, etwa zu den einzubringenden Ressourcen oder zur Verteilung der erzielten Ergebnisse, gemeinsam getroffen werden. Je intensiver die Kooperation, umso mehr lösen sich die Unternehmensgrenzen auf.

Kooperationen bieten viele **Chancen**:

- **Markt:** Die Zusammenarbeit eröffnet neue Absatzmöglichkeiten und stärkt die Position in bestehenden Märkten, etwa durch die Etablierung eigener Standards. Exportmärkte lassen sich gemeinsam mit lokalen Partnern erschließen, und bestehende Vertriebsnetze können gemeinsam genutzt werden.
- **Kompetenzen:** Kooperationen ermöglichen den Transfer eigener Ressourcen und Fähigkeiten auf neue Aktivitäten oder den Zugang zu Kompetenzen, die dem eigenen Unternehmen fehlen. Sie führen zu einer Verbreiterung der finanziellen und personellen Ressourcen, fördern kreative und innovative Kundenlösungen und erleichtern die Umsetzung anspruchsvoller Vorhaben, die allein nicht realisierbar wären. Zudem unterstützen sie den Wissenstransfer und das gemeinsame Lernen.
- **Synergien:** Durch die Bündelung von Ressourcen und Fähigkeiten lassen sich Produktionsprozesse beschleunigen, neue Märkte erschließen, Risiken reduzieren, der Zugang zu Rohstoffen und Kapital verbessern, Entwicklungszeiten verkürzen und die Innovationsfähigkeit steigern.
- **Kosten:** Kostensenkungen ermöglichen etwa die bessere Auslastung bestehender Kapazitäten, das Ausschöpfen von Synergien und die Reduktion von Fixkosten durch gemeinsame Ressourcennutzung. Mithilfe einer Kooperation lassen sich Größennachteile überwinden, sodass auch kleinere Unternehmen ähnliche Skaleneffekte wie Großunternehmen erzielen können.
- **Kundennutzen:** Durch die Integration unterschiedlicher Leistungen entstehen maßgeschneiderte Kundenlösungen. Gleichzeitig erweitert die Bündelung der Angebote der Kooperationspartner das gemeinsame Produkt- und Dienstleistungsportfolio.
- **Zeit:** Kooperationen ermöglichen einen schnelleren Zugang zu neuen Märkten und können die Markteinführung neuer Produkte beschleunigen. Zugleich lassen sich mithilfe der Leistungen, des Know-hows und der Technologien der Partner die Entwicklungszeiten deutlich verkürzen.
- **Flexibilität:** Kooperationen erleichtern die Anpassung an neue Kundenanforderungen und technologischen Fortschritt. Gleichzeitig ermöglichen sie eine flexible Reaktion auf Marktveränderungen, ohne dass dafür eigene Ressourcen aufgebaut werden müssen.
- **Risiken:** Die Verteilung von Risiken auf mehrere Partner hilft, finanzielle, operative und marktbezogene Gefahren abzufedern. Durch ein gemeinsames Risikomanagement lassen sich Krisen besser bewältigen.

Dabei sind jedoch auch einige **Gefahren** zu beachten:

- **Abhängigkeiten:** In Kooperationen verfügen die Unternehmen über weniger Freiheiten und sind auf ihre Partner angewiesen. Die Beteiligten müssen ein gewisses Maß an Kontrolle abgeben. Jeder versucht dabei, seine eigenen Interessen durchzusetzen, was zu Machtungleichgewichten führen kann. Bei starken Abhängigkeiten besteht zudem die Gefahr, dass ein Partner seine Verhandlungsposition opportunistisch ausnutzt.
- **Instabilität:** Die Beständigkeit einer Kooperation hängt stark von der rechtlichen Gestaltung und der Vertrau-

ensbasis ab. Interessenkonflikte können Spannungen verursachen, etwa über die Verteilung der gemeinsam erzielten Ergebnisse. Oft sind Kooperationen nicht von Dauer und werden durch organisches Wachstum, Übernahmen oder Akquisitionen abgelöst. Die übermäßige Abhängigkeit von einem Partner kann zu Problemen führen, etwa wenn dieser aussteigt oder insolvent wird.

- **Bedrohungen:** Erfolgskritisches Know-how kann durch die Partner abgeschöpft werden, wodurch Wettbewerbsvorteile verloren gehen. Chinesische Unternehmen betrieben etwa in der Automobilindustrie zunächst Joint Ventures mit westlichen Firmen, wodurch sie auf dem Weltmarkt zu ernstzunehmenden Konkurrenten heranwuchsen. Kooperationen können auch zum Diebstahl geistigen Eigentums missbraucht werden. Zusätzlich besteht das Risiko, dass vertrauliche Informationen ungewollt preisgegeben werden.
- **Koordinationsaufwand:** Strukturelle, politische und kulturelle Unterschiede können trotz gemeinsamer Ziele einen hohen Koordinationsaufwand verursachen. In internationalen Kooperationen kommen Sprachbarrieren und kulturelle Differenzen hinzu. Unterschiedliche Führungsstile können Entscheidungsprozesse verlangsamen und Missverständnisse hervorrufen.
- **Reputation**: Das Fehlverhalten eines Partners kann auf das eigene Unternehmen ausstrahlen und dessen Ansehen schädigen.
- **Kosten**: Der Aufbau und die Steuerung einer Kooperation erfordern oft zusätzliche Ressourcen. Hohe Transaktionskosten können den wirtschaftlichen Nutzen schmälern.

Die Entscheidung über den Einstieg in eine Kooperation basiert für jeden Teilnehmer auf einer Abwägung dieser Chancen und Gefahren. Zunächst ist klar festzulegen, welche wettbewerbsrelevanten Kompetenzlücken durch eine Kooperation geschlossen werden sollen. Anschließend beginnt die Suche nach geeigneten Kooperationspartnern. Die Auswahl erfolgt häufig über informelle Beziehungen oder bestehende geschäftliche Kontakte, bei denen bereits Vertrauen aufgebaut wurde.

Kooperationen können auch über einen **Broker** geknüpft werden, der zwischen den Beteiligten vermittelt. Diese Rolle übernehmen oft externe Berater. Umfangreiche Kooperationen werden häufig durch einen zentralen Akteur koordiniert. Dieser sogenannte **Fokal** stimmt die Aktivitäten der Kooperationspartner aufeinander ab und stellt sicher, dass die gemeinsamen Ziele erreicht werden. In der Regel übernimmt diese Funktion ein Unternehmen, das entweder über direkten Zugang zu den Absatzmärkten verfügt oder aufgrund des höchsten Wertschöpfungsanteils die Kooperation dominiert. Der Fokal steuert die Kooperation und versucht, opportunistisches Verhalten der Partner zu verhindern.[72] Ein Beispiel dafür ist die *Star Alliance*. Das weltweit größte Netzwerk unabhängiger Fluggesellschaften wird durch den dominanten Akteur *Lufthansa* koordiniert.

Nachdem die gemeinsamen Ziele erreicht wurden, wird die Kooperation wieder aufgelöst. Die Zusammenarbeit kann jedoch bereits zuvor aus verschiedenen Gründen von einem der Beteiligten beendet werden, etwa bei Nichterfüllung vereinbarter Leistungen, bei Konflikten oder wenn ein Know-how-Verlust droht. Aus einer erfolgreichen Kooperation kann jedoch auch ein gemeinschaftliches Unternehmen hervorgehen, das die Zusammenarbeit verstetigt.[73]

Aufgrund der gemeinsamen Nutzung von Ressourcen und Fähigkeiten sowie der Verknüpfung der Stärken unabhängiger Partner gelten Kooperationen als **Organisationsdesign der Zukunft**.[74] Kooperationen sind deshalb weit verbreitet und werden immer beliebter. Die räumliche und zeitliche Entkoppelung der Zusammenarbeit durch die Digitalisierung eröffnet dabei völlig neue Möglichkeiten.

Besonders in forschungs- und kapitalintensiven Branchen wie der Luft- und Raumfahrt, der Automobilindustrie, der Pharmazie oder der Informationstechnologie haben Kooperationen eine hohe Bedeutung. So arbeiten beispielsweise der Chiphersteller *NVIDIA* und der Fahrzeugbauer *Mercedes-Benz* gemeinsam an KI-gestützten Fahrassistenzsystemen. *Alphabet* entwickelte etwa die auf Satellitenaufnahmen basierende Landkarten-App *Google Earth* gemeinsam mit der *NASA*. Abb. 5.2.1 fasst die Chancen und Gefahren von Kooperationen zusammen.

Chancen	Gefahren
• Vielfältige Synergien • Effizienz- und Kostenvorteile • Höhere Flexibilität und Schnelligkeit • Stärkung der Kompetenzen • Steigerung des Kundennutzens • Besserer Marktzugang und höhere Marktmacht	• Abhängigkeit von den Partnern • Instabilität der Geschäftsbeziehung • Einschränkung der Autonomie • Verlust von Wettbewerbsvorteilen • Schädigung der Reputation • Hohe Transaktionskosten

Abb. 5.2.1: Bewertung von Kooperationen

Airbus als europäische Industriekooperation

In den 1960er-Jahren dominierte *Boeing* den globalen zivilen Flugzeugmarkt, weshalb einige europäische Hersteller gemeinsam ein konkurrenzfähiges Passagierflugzeug entwickeln wollten. 1967 schlossen sich hierzu mehrere deutsche Luftfahrtunternehmen zur *Deutsche Airbus GmbH* zusammen. Diese gründete 1970 gemeinsam mit der französischen *Aérospatiale* die wirtschaftliche Interessengemeinschaft *Airbus Industrie*. Später schlossen sich auch die spanische *CASA* und die englische *British Aerospace* an. Sämtliche Beteiligten brachten ihr Know-how, Kapital und ihre Fertigungsstätten ein. Daraus entstanden wegweisende Flugzeugmodelle wie der A320. Mit wachsendem Erfolg wurde die kooperative Zusammenarbeit jedoch zunehmend ineffizient. Im Jahr 2000 fusionierten *Aérospatiale-Matra*, *DASA* und *CASA* zur *European Aeronautic Defence and Space Company (EADS)*. Aus den vormals unabhängigen nationalen Gesellschaften entstand so ein gemeinsamer Konzern. 2017 wurde dieser in eine Aktiengesellschaft umgewandelt und firmiert seither als *Airbus SE*. Diese ist heute der größte Luft- und Raumfahrtkonzern Europas, der zweitgrößte Rüstungskonzern der Welt und der weltweit führende Hersteller von Passagierflugzeugen.

Airbus fertigt seine Flugzeugteile an verschiedenen europäischen Standorten. Abb. 5.2.2 zeigt deren Herkunft am Beispiel des neuen Langstreckenfliegers A321XLR, der in Hamburg endmontiert wird. *Airbus* bezieht rund 80 % seiner Komponenten von etwa 12.000 externen Zulieferern. Das jährliche Beschaffungsvolumen von rund 50 Mrd. Euro entspricht mehr als zwei Dritteln des Konzernumsatzes.[75]

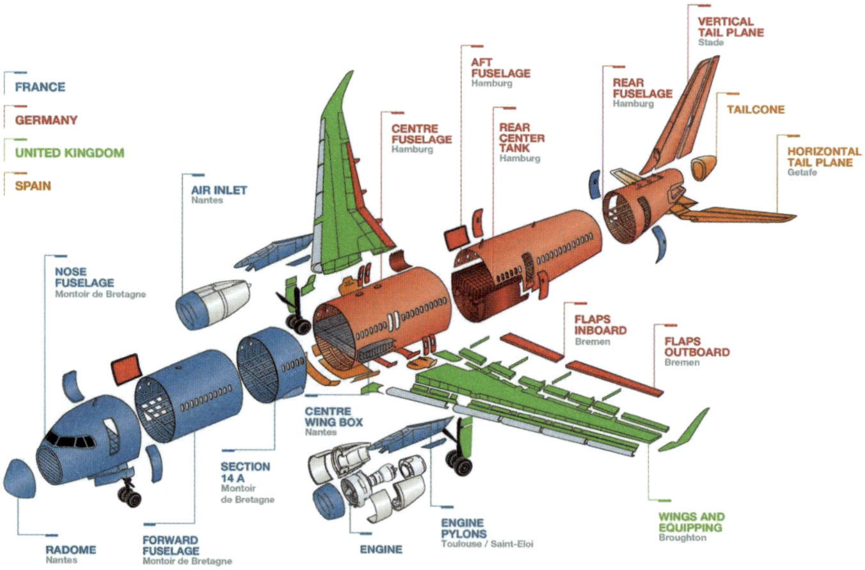

Abb. 5.2.2: Herkunft der Flugzeugteile am Beispiel Airbus A321XLR[76]

5.2.1 Wie können Unternehmen miteinander kooperieren?

Es gibt vielfältige Möglichkeiten, mit anderen Unternehmen zusammenzuarbeiten. Kooperationen können das gesamte Unternehmen oder einzelne Funktionsbereiche betreffen. Die Kooperationsrichtung bezieht sich auf die Beziehung der Partner entlang der Wertschöpfungskette, während die Institutionalisierung die rechtliche und organisatorische Gestaltung der Zusammenarbeit umfasst. Weitere Unterscheidungsmerkmale und die daraus resultierenden Kooperationsformen zeigt Abb. 5.2.3.

Nach der **Kooperationsrichtung** lassen sich unterscheiden:[77]

- **Vertikale Kooperation:** Die Wertschöpfung der beteiligten Partner ist unmittelbar miteinander verknüpft, etwa als Lieferant oder Abnehmer. Die Kooperation erstreckt sich über verschiedene Wertschöpfungsstufen und vertieft bestehende Partnerschaftsverhältnisse. Solche Wertschöpfungspartnerschaften sollen die Zusammenarbeit entlang der Wertschöpfungskette verbessern. So

<table>
<tr><th>Merkmal</th><th colspan="12">Kooperationsformen</th></tr>
<tr><td>Institutionalisierung</td><td colspan="3">Vertragslose Zusammenarbeit</td><td colspan="3">Vertragliche Zusammenarbeit</td><td colspan="3">Kapitalbeteiligung</td><td colspan="3">Joint Ventures</td></tr>
<tr><td>Reichweite</td><td colspan="3">Lokal</td><td colspan="3">Regional</td><td colspan="3">National</td><td colspan="3">International</td></tr>
<tr><td>Kooperationsrichtung</td><td colspan="4">Vertikale Kooperation</td><td colspan="4">Horizontale Kooperation</td><td colspan="4">Konglomerate (laterale/ diagonale) Kooperation</td></tr>
<tr><td>Institutionalisierung</td><td colspan="3">Vertragslose Zusammenarbeit</td><td colspan="3">Vertragliche Zusammenarbeit</td><td colspan="3">Kapitalbeteiligung</td><td colspan="3">Joint Ventures</td></tr>
<tr><td>Kooperationsgegenstand</td><td colspan="2">Gesamtes Unternehmen</td><td colspan="2">Beschaffung/ Einkauf</td><td colspan="2">Produktion</td><td colspan="2">Vertrieb/ Marketing</td><td colspan="2">Forschung & Entwicklung</td><td colspan="2">Finanzen</td></tr>
<tr><td>Partneranzahl</td><td colspan="6">Bilaterale Kooperation (zwei Partner)</td><td colspan="6">Multilaterale Kooperation (mehr als zwei Partner)</td></tr>
<tr><td>Offenheit</td><td colspan="6">Offene Kooperation (Externe können sich beteiligen)</td><td colspan="6">Geschlossene Kooperation (Auf die Partner beschränkt)</td></tr>
<tr><td>Machtrelation</td><td colspan="6">Symmetrische Kooperation (Partnerschaftliche Machtverteilung)</td><td colspan="6">Asymmetrische Kooperation (Eine Partei hat mehr Macht)</td></tr>
<tr><td>Intensität</td><td colspan="4">Lose und unverbindlich</td><td colspan="4">Eng und vertraglich fixiert</td><td colspan="4">Gegenseitige Integration mit geteiltem Risiko & Kapital</td></tr>
<tr><td>Zeitperspektive</td><td colspan="4">Vorübergehend</td><td colspan="4">Mittelfristig</td><td colspan="4">Dauerhaft</td></tr>
</table>

Abb. 5.2.3: Unterscheidungskriterien für Kooperationen

arbeitet beispielsweise *IKEA* mit seinen Holzlieferanten und Möbelproduzenten eng zusammen, um kostengünstige und nachhaltige Möbel anbieten zu können.

- **Horizontale Kooperation:** Sie findet zwischen Unternehmen statt, die innerhalb einer Branche auf der gleichen Wertschöpfungsstufe tätig sind. Dabei kooperieren bestehende oder potenzielle Wettbewerber, um ihre Kräfte zu bündeln. Die Zusammenarbeit kann sich auf alle Unternehmensbereiche oder nur auf einzelne Aktivitäten erstrecken. So kooperieren Automobilhersteller bei der Entwicklung von Fahrzeugbatterien oder in der politischen Lobbyarbeit. In der Luftfahrtallianz *Star Alliance* arbeiten derzeit 25 unabhängige Fluggesellschaften zusammen, um gemeinsam weltweite Verbindungen, Vielfliegerprogramme und Serviceleistungen anzubieten.
- **Konglomerate (laterale/diagonale) Kooperation:** Die Partner sind in unterschiedlichen Branchen tätig. Sie stehen in keiner Wertschöpfungsbeziehung und konkurrieren auch nicht miteinander. Solche Kooperationen entstehen, um komplementäre Produkte anzubieten, die sich gegenseitig ergänzen und gemeinsam besser vermarkten oder entwickeln lassen. Beispielsweise hat der Elektronikkonzern *Samsung SDI* sowohl mit *General Motors* als auch mit *Stellantis* Joint Ventures zur gemeinsamen Fertigung von Batteriezellen gegründet.

Die Institutionalisierung der Zusammenarbeit basiert auf den in Abb. 5.2.4 dargestellten **Koordinationsformen zwischen Markt und Hierarchie**:[78]

- **Kaufvertrag**: Unternehmen treffen ihre Kaufentscheidungen auf dem Markt eigenständig, abhängig vom Preis und von der Verfügbarkeit der angebotenen Güter oder Dienstleistungen. Eine Kooperation findet nicht statt.
- **Vertragslose Zusammenarbeit:** Bei der einfachsten Kooperationsform arbeiten zwei oder mehr Unternehmen lediglich auf Basis von Absprachen und ohne vertragliche Bindung zusammen. Dies ist zwar leicht umsetzbar, jedoch meist wenig verlässlich. Der Getränkehersteller *Premium-Kollektiv* kooperiert beispielsweise auf diese Weise mit seinen Lieferanten und Vertriebspartnern (vgl. Kap. 5.1.2).
- **Kooperationsverträge:** Durch die vertragliche Regelung der Zusammenarbeit gewinnt die Kooperation an Stabilität. *BASF* und *Siemens* kooperieren beispielsweise bei der Entwicklung von Technologien für eine nachhaltige Chemieproduktion. Aufgrund der Vertriebskooperation zwischen *Microsoft* und *Lenovo* sind auf allen *Lenovo*-Geräten die Programme von *Microsoft* vorinstalliert.

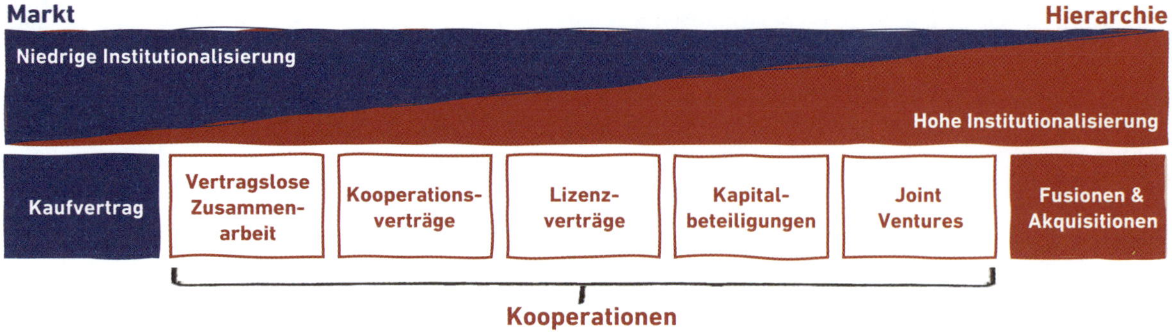

Abb. 5.2.4: Formen der Institutionalisierung zwischen Markt und Hierarchie[79]

- **Lizenzverträge:** Eine Lizenzvereinbarung räumt das Recht auf Nutzung bestimmter Schutzrechte, Patente oder Marken ein, wofür der Lizenzgeber eine Gebühr erhält. Eine besondere Form der Lizenzvereinbarung ist das Franchising. Der Franchisegeber arbeitet mit mehreren rechtlich selbstständigen Partnern zusammen. Das Franchise-Paket besteht aus den Rechten an einem Beschaffungs-, Marketing- und Organisationskonzept in Verbindung mit Finanzierungs- und Führungsunterstützung. Häufig wird ein Markenrecht mit Gebietsschutz gewährt. Auf diese Weise können die Franchisegeber mit wenig Kapitaleinsatz und geringem Risiko expandieren. Bekannte Franchisemodelle sind *McDonald's*, *Eismann* oder *Obi*.
- **Kapitalbeteiligungen:** Durch ein- oder wechselseitige Kapitalbeteiligungen wird die Kooperation gefestigt. Die Unternehmen erhalten dadurch mehr Einfluss auf ihre Partner. Ein Beispiel ist die Allianz zwischen den unabhängigen Automobilherstellern *Renault*, *Nissan* und *Mitsubishi*, die zu Synergien in Forschung, Entwicklung, Produktion und Einkauf führen soll. Dabei hält *Renault* rund 43 % der Anteile an Nissan, das seinerseits mit etwa 15 % an *Renault* und mit rund 34 % an *Mitsubishi* beteiligt ist.
- **Joint Ventures:** Eine noch engere Zusammenarbeit entsteht durch die Ausgliederung von Unternehmensteilen in ein gemeinsames, eigenständiges Unternehmen. *Toyota* und *Panasonic* gründeten beispielsweise 2020 das Joint Venture *Prime Planet Energy & Solutions*, um Batterien für Elektrofahrzeuge gemeinsam zu entwickeln und herzustellen. Diese Partnerschaft vereint die Kompetenzen von *Toyota* als einen der weltgrößten Automobilhersteller und von *Panasonic* als führendes Unternehmen der Batterietechnologie.
- **Fusionen und Übernahmen (M&A: Merger & Acquisitions):** Während bei einer Fusion die beteiligten Unternehmen zu einer rechtlichen und wirtschaftlichen Einheit verschmelzen, wird bei einer Akquisition das gekaufte Unternehmen in das erwerbende Unternehmen integriert. Da die Koordination nun ausschließlich hierarchisch erfolgt, handelt es sich nicht mehr um eine Kooperation. Akquisitionen erfüllen jedoch nicht immer die hohen Erwartungen. Ein markantes Beispiel ist die Übernahme von *Monsanto* durch *Bayer* im Jahre 2018. Vor der Akquisition betrug der Marktwert von *Bayer* noch 110 Mrd. Euro, während er im August 2025 nur noch bei rund 28 Mrd. Euro lag – weit unter dem damaligen Kaufpreis für *Monsanto* in Höhe von 59 Mrd. Euro.

Im Folgenden werden einige übliche Kooperationsformen näher erläutert, deren charakteristische Merkmale in Abb. 5.2.5 gegenübergestellt sind.

Strategische Allianzen

Als strategische Allianzen werden Kooperationen bezeichnet, bei denen die Beteiligten eine gemeinsame Strategie verfolgen. Dabei übernimmt in der Regel einer der Partner die strategische Führung.[80]

> Eine **strategische Allianz** ist die Zusammenarbeit rechtlich selbstständiger Unternehmen, die eine gemeinsame Strategie verfolgen. Sie dient dazu, die Wettbewerbsposition der Partner zu stärken.

Strategische Allianzen haben insbesondere in dynamischen und wettbewerbsintensiven Branchen eine hohe Bedeutung. Sie sollen gemeinsame Wettbewerbsvorteile schaffen, indem sich die strategischen Stärken der Partner gegenseitig ergänzen. Eine wesentliche Voraussetzung für den Erfolg einer strategischen Allianz ist die Auswahl des richtigen

Kooperationsform	Partnerzahl	Bindungsdauer	Kapitalverflechtung	Offenheit
Strategische Allianzen	zwei oder mehrere	langfristig	selten	meist geschlossen
Joint Ventures	zwei oder mehrere	langfristig	hoch	geschlossen
Koopetitionen	zwei oder mehrere	mittel- bis langfristig	möglich	bedingt offen
Konsortien	mehrere	mittel- bis langfristig	möglich	geschlossen
Fokale Netzwerke	mehrere	langfristig	selten	meist offen
Virtuelle Organisationen	viele	kurz- bis mittelfristig	unüblich	offen
Ökosysteme & Plattformen	sehr viele	langfristig	unüblich	sehr offen

Abb. 5.2.5: Vergleich gängiger Kooperationsformen

Partners. Dieser sollte nicht nur strategisch, sondern auch kulturell zum eigenen Unternehmen passen.

In einer Kooperationsvereinbarung werden die gemeinsamen Ziele, gegenseitigen Leistungen sowie Aufgaben und Verantwortlichkeiten vertraglich festgelegt. Zudem enthält sie meist Sanktions- und Haftungsregelungen sowie Beendigungsklauseln. Die Zusammenarbeit kann jedoch auch stärker institutionalisiert werden, etwa durch gegenseitige Kapitalbeteiligungen oder die Gründung eines Joint Ventures.

Strategische Allianz zwischen Pfizer und BioNTech

Das Pharmaunternehmen *Pfizer* und das Biotechnologie-Start-up *BioNTech* bildeten 2020 eine strategische Allianz, um möglichst schnell einen COVID-19-Impfstoff zu entwickeln. *BioNTech* brachte seine führende Kompetenz in der mRNA-Technologie ein, während *Pfizer* seine weltweiten Produktionskapazitäten und die globale Vertriebsinfrastruktur beisteuerte. Nur etwa zehn Monate nach Beginn der Pandemie hatten sie eine wirksame Impfung entwickelt. Nie zuvor wurde ein Impfstoff in so kurzer Zeit auf den Markt gebracht.

Die Beteiligten einer strategischen Allianz können sich auf derselben oder auf unterschiedlichen Wertschöpfungsstufen befinden.[81] Bei **horizontalen Partnerschaften** kooperieren Unternehmen auf einer Wertschöpfungsstufe, um beispielsweise Entwicklungskosten zu teilen, Skaleneffekte zu erzielen oder gemeinsame Standards zu etablieren. *VW* und *Ford* arbeiten etwa im Nutzfahrzeugbereich eng zusammen und stellten 2024 den gemeinsam entwickelten „New Transporter“ vor, der auch als Basis für den *Ford Transit* dient. In **vertikalen Partnerschaften** arbeiten Unternehmen aufeinanderfolgender Wertschöpfungsstufen zusammen. Meist finden sie zwischen Kunden und Lieferanten statt. Ein Beispiel ist die nahtlose Einbindung eines Zulieferers in den Produktionsprozess nach dem Just-in-Time-Prinzip.

Wertschöpfungspartnerschaften in der Fertigung werden auch als **Co-Produktion** bezeichnet. Dabei erfolgt die Herstellung entweder an kostengünstigeren Standorten oder in unmittelbarer Kundennähe. Bei Mode- und Sportartikeln, Konsumelektronik, Spielzeug oder Schuhen sind Entwicklung, Marketing und Vertrieb häufig in Europa oder den USA angesiedelt, während die Produktion überwiegend in Asien stattfindet. Beispielsweise produziert der chinesische Auftragsfertiger *Foxconn* für *Apple* einen Großteil seiner weltweit verkauften Smartphones, Tablets und Laptops.

Strategische Allianzen im Vertrieb und Marketing sind häufig Markenpartnerschaften. Ein bekanntes Beispiel ist die 2018 vereinbarte *Global Coffee Alliance* zwischen *Starbucks* und *Nestlé*. Seitdem vertreibt *Nestlé* die Kaffeeprodukte von *Starbucks* im Einzelhandel. *Nestlé* profitiert dabei vom starken Markenimage von *Starbucks*, während *Starbucks* durch die Zusammenarbeit mit *Nestlé* seine Verkäufe auf mehr als 80 Länder ausweiten konnte. Für die weltweiten Vermarktungsrechte zahlte *Nestlé* an *Starbucks* rund sechs Milliarden Euro.

Strategische Allianz zwischen Deuter und Vina Duke

Die *Deuter Sport GmbH* ist ein deutsches Outdoor-Unternehmen mit Sitz in Gersthofen bei Augsburg, das sich auf Rucksäcke und Schlafsäcke spezialisiert hat. Sie erzielt rund 100 Mio. Euro Umsatz und beschäftigt 165 Mitarbeiter in den Bereichen Logistik, Produktentwicklung, Service, Vertrieb und Marketing.[82]

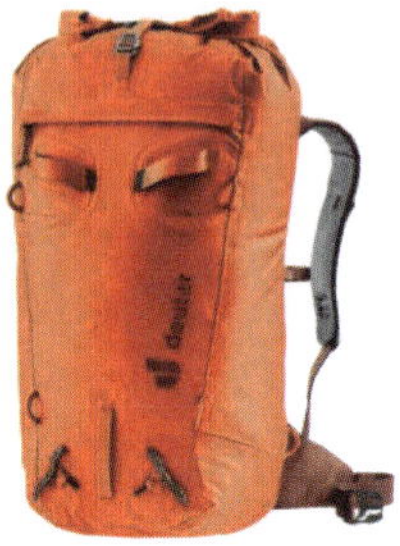

In der gesamten Branche werden die Produkte überwiegend in Asien gefertigt. Die meisten Unternehmen beziehen ihre Waren dort von einer Vielzahl an Lieferanten aus Taiwan, China oder Korea. Dies ermöglicht geringe Abhängigkeiten und hohe Flexibilität, falls ein Lieferant ausfällt. Der Nachteil liegt jedoch in langen Bestellzyklen, dem geringen Einfluss auf die Produktionsbedingungen vor Ort und dem erschwerten Schutz des eigenen Know-hows. Einige Unternehmen fertigen auch selbst in Asien. So betreibt der Konkurrent *Tatonka* beispielsweise zwei eigene Fabriken in Vietnam. Die Eigenfertigung ermöglicht es, die Produktionsprozesse zu kontrollieren und bei Bedarf einzugreifen. Allerdings bedeutet dies auch ein höheres Risiko und einen größeren Kapitaleinsatz.

Deuter setzt hingegen auf langfristige Partnerschaften, die auf Vertrauen und gegenseitigem Respekt basieren. Seit 1991 bezieht das Unternehmen seine gesamte Rucksackkollektion aus Vietnam vom Familienunternehmen *Vina Duke*. Dieses fertigt mit rund 4.000 Mitarbeitern ausschließlich für *Deuter*, das sich im Gegenzug verpflichtet hat, sämtliche Rucksäcke dort herstellen zu lassen.

Diese strategische Allianz ist für beide Seiten vorteilhaft. *Deuter* profitiert durch die enge Beziehung von einer schnellen, pünktlichen und qualitativ hochwertigen Belieferung. Dadurch ist keine große Lagerhaltung erforderlich, und die niedrigen Löhne in Vietnam sichern die Wettbewerbsfähigkeit. Zudem hat *Deuter* erheblichen Einfluss auf die Abläufe in den Fabriken. Als Mitglied der unabhängigen *Fair Wear Foundation* überwacht das Unternehmen etwa die Arbeitsbedingungen vor Ort. Gleichzeitig ist die Gefahr gering, dass Know-how an Wettbewerber abfließt. *Vina Duke* wiederum verfügt über eine langfristig gesicherte Auftragslage und kann seine Kapazitäten verlässlich planen. Die strategische Partnerschaft ermöglicht es *Deuter*, als deutsche Marke wahrgenommen zu werden, obwohl die Produktion längst ins Ausland verlagert wurde.[83]

Joint Ventures

Ein Joint Venture ist ein von zwei oder mehreren Unternehmen gegründetes, rechtlich selbstständiges Unternehmen, das gemeinschaftlich geführt wird.[84]

Bei einem Joint Venture kooperieren die Partner über ein eigens gegründetes, rechtlich selbstständiges Gemeinschaftsunternehmen, in das sie ihre Ressourcen einbringen. Es dient dazu

- technologisch hochkomplexe Aufgaben zu bewältigen, die ein einzelnes Unternehmen allein nicht stemmen kann – wie in der Luft- und Raumfahrtindustrie oder bei der Elektromobilität,
- hohe Forschungs- und Entwicklungsrisiken oder finanzielle Belastungen zu verteilen – wie in der Pharmaindustrie,
- Absatzmöglichkeiten in protektionistisch abgeschotteten Märkten zu vergrößern – wie etwa in China.

Ein Joint Venture kann durch Beteiligung an einem bestehenden Unternehmen, die Ausgliederung einzelner Geschäftsbereiche der Kooperationspartner in ein eigenständiges Unternehmen oder die gemeinsame Übernahme eines dritten Unternehmens gebildet werden. Die häufigste Form ist das Gemeinschaftsunternehmen, bei dem die Anteile gleichmäßig auf die Partner verteilt sind. In diesem Fall ist die Beherrschung durch einen einzelnen Partner ausgeschlossen, und das Joint Venture wird gemeinsam geführt. Es ist jedoch auch eine ungleichmäßige Verteilung der Anteile möglich, wodurch ein Partner eine führende Rolle erhält.

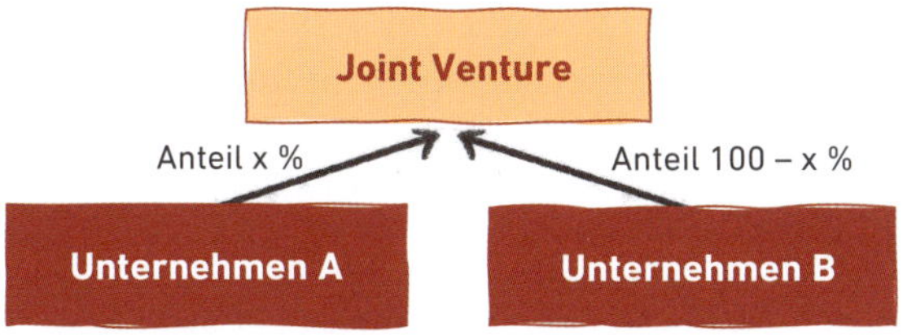

Abb. 5.2.6: Joint Venture als Gemeinschaftsunternehmen

Joint Venture zwischen GlaxoSmithKline und Pfizer

Der britische Pharmakonzern *GlaxoSmithKline* gründete 2019 gemeinsam mit seinem US-Konkurrenten *Pfizer* das Joint Venture *Haleon*. Beide Unternehmen brachten ihre Sparten für Gesundheitsprodukte und rezeptfreie Medikamente ein. Dadurch entstand der weltweit führende Anbieter im wachsenden Markt für Gesundheitsprävention und Selbstmedikation.

Das Joint Venture verfügt über ein breites Portfolio bekannter Marken. Durch die Zusammenlegung von Forschung und Entwicklung, Produktionskapazitäten und Vertriebsnetzen sollten erhebliche Kosten eingespart werden. Seit der Abspaltung ihrer Consumer-Healthcare-Sparten konzentrieren sich *GlaxoSmithKline* und *Pfizer* auf ihre Kernkompetenzen im Pharmageschäft mit verschreibungspflichtigen Medikamenten. Seit 2022 ist *Haleon* an der britischen Börse notiert.

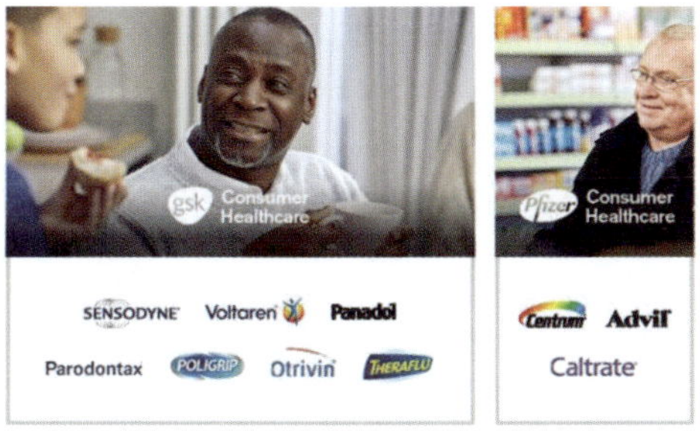

Die Bedeutung von Joint Ventures ist durch die Globalisierung deutlich gestiegen. Politische Rahmenbedingungen und protektionistische Regelungen erfordern für den Eintritt in ausländische Märkte häufig einen regionalen Partner. Dieser kann marktspezifisches Know-how einbringen und den Kapitalbedarf senken. Zudem kann das Gemeinschaftsunternehmen im jeweiligen Land als inländisches Unternehmen auftreten. Allerdings stoßen Joint Ventures auch auf viele Herausforderungen, wie Führungskonflikte zwischen den Partnern, interkulturelle Unterschiede, die Gefahr eines einseitigen Know-how-Verlusts oder das sich einer der Beteiligten benachteiligt fühlt.

Ein Beispiel dafür ist das 2020 gegründete Gemeinschaftsunternehmen *FlexFactory* zwischen dem Versicherer *Munich Re* und dem Autobauer *Porsche*, das bereits 2023 wieder aufgelöst wurde. Ziel war die Entwicklung eines Dienstleistungsgeschäfts mit geteilten Produktionsanlagen (Production as a Service). Industrieunternehmen sollten sich dabei eine Fabrik teilen und nutzungsabhängige Gebühren zahlen. Das Geschäftsmodell scheiterte jedoch an der technischen Umsetzung, der Suche nach geeigneten Investoren sowie an strategischen Differenzen zwischen den Kooperationspartnern.

Joint Venture zwischen Volkswagen und SAIC Motor

Volkswagen gründete 1984 gemeinsam mit der *SAIC Motor Corporation* ein Joint Venture, um Zugang zum stark abgeschotteten chinesischen Automobilmarkt zu erhalten. Diese Kooperation war wegweisend für die gesamte Automobilbranche und spielte eine Schlüsselrolle beim Aufbau der chinesischen Automobilindustrie. *Volkswagen* etablierte sich dadurch als eine der führenden Automobilmarken in China.

Die *SAIC Volkswagen Automotive* produziert seit über 40 Jahren die Fahrzeuge des *VW-Konzerns* für den chinesischen Markt. Derzeit konzentriert sich die strategische Zusammenarbeit auf die Elektromobilität, um im größten Automobilmarkt der Welt weiterhin konkurrenzfähig zu bleiben. Für die chinesischen Kunden werden dafür eigenständige elektrische Modelle auf Basis einer gemeinsamen Fahrzeugplattform entwickelt. *Chen Hong*, Vorsitzender von *SAIC Motor* und Mitglied des Parteikomitees, lässt jedoch keine Zweifel an der politischen Zielsetzung solcher Joint Ventures: Die chinesische Automobilindustrie soll sich vom Nachahmer zum globalen Marktführer entwickeln. Im Zuge der Elektrifizierung wird dieses Ziel voraussichtlich bis 2030 erreicht sein. 2023 hat *BYD* den *VW-Konzern* als Marktführer in China abgelöst. Mithilfe ihrer Kostenvorteile, staatlichen Subventionen, technologischen Innovationen und führenden Kompetenz in der Batteriefertigung wollen chinesische Hersteller nun den europäischen Markt erobern.[85]

Koopetitionen

Die Zusammenarbeit zwischen Wettbewerbern wird als Koopetition (Coopetition) oder auch Koopkurrenz bezeichnet. Beide Begriffe sind Kombinationen aus den Wörtern Kooperation (Cooperation) und Konkurrenz (Competition). In einer Koopetition arbeiten Konkurrenten in ausgewählten Bereichen zusammen, um etwa gemeinsam technische Standards durchzusetzen, Infrastrukturen zu errichten oder Plattformen aufzubauen.

Koopetitionen kommen vor allem in stagnierenden oder langsam wachsenden Märkten mit hohem Wettbewerbsdruck vor. Dies ist etwa in der Telekommunikation zu beobachten. In Deutschland arbeiten die konkurrierenden Anbieter *Telekom*, *Vodafone* und *Telefónica* gemeinsam am Ausbau des Glasfasernetzes und der 5G-Infrastruktur, um Kosten zu sparen und die flächendeckende Versorgung zu beschleunigen.

Ebenso sind *Meta* und *Microsoft* zwar Konkurrenten im Bereich künstlicher Intelligenz, kooperieren aber bei der Weiterentwicklung eines Open-Source-Rahmenwerks für maschinelles Lernen, das beide unabhängig voneinander für ihre jeweiligen KI-Produkte verwenden.

> Eine **Koopetition** ist eine Kooperation zwischen Wettbewerbern zur Erreichung gemeinsamer Ziele, während sie weiterhin im Markt miteinander konkurrieren.

Unter dem Druck milliardenschwerer Zukunftsinvestitionen ist Koopetition in der Automobilindustrie weit verbreitet. Um Synergien und Kostenvorteile zu erzielen, bündeln Wettbewerber ihre Kräfte in Forschung, Entwicklung, Einkauf und Produktion. So arbeiten etwa *Honda* und *General Motors* in den Bereichen Elektromobilität und autonomes Fahren zusammen und *BMW* und *Toyota* kooperieren bei der Entwicklung der Brennstoffzellentechnologie.

Koopetitionen können die in sie gesetzten Erwartungen jedoch häufig nicht erfüllen. Gründe dafür sind kulturelle Unterschiede, strategische Differenzen oder eine unausgewogene Verteilung des Kooperationsnutzens. Zudem können fehlende gemeinsame Ziele, finanzielle Engpässe, moralisch fragwürdiges Verhalten sowie mangelndes Vertrauen die Zusammenarbeit erschweren.[86] Beispielsweise sind *Amazon* und *Microsoft* im Cloud-Geschäft erbitterte Konkurrenten. Dennoch kündigten sie 2017 an, ihre KI-Sprachassistenten *Alexa* und *Cortana* miteinander zu verknüpfen, damit die Kunden die jeweils andere Plattform nahtlos nutzen können. Doch technische Hürden und divergierende strategische Ziele im KI-Bereich führten 2020 zur Beendigung der Kooperation. Seither entwickeln beide Unternehmen ihre Sprachassistenten unabhängig voneinander weiter.

Netzwerke

In multilateralen Kooperationen arbeiten drei oder mehr rechtlich selbstständige Unternehmen zusammen. Eine spezifische Ausprägung davon sind Netzwerke.

> **Netzwerke** sind multilaterale Kooperationen, die sich durch dynamische Strukturen, offene Partnerkonstellationen und flexible Rollenverteilungen auszeichnen.

Ein Netzwerk ermöglicht es, für bestimmte Vorhaben die jeweils passende Betriebsgröße zu wählen. Angesichts der Globalisierung sind internationale Präsenz und Unternehmensgröße ebenso relevant wie die Konzentration auf Kernkompetenzen und eine flexible Organisation. Netzwerke können hier eine Lösung bieten, indem sie durch den Zusammenschluss die Größennachteile kleiner Unternehmen kompensieren. Die Partner bleiben dabei eigenständig und bringen ihre spezifischen Ressourcen und Fähigkeiten ein. Ergeben sich konkrete Vorhaben, können aus dem Netzwerk vorübergehende, projektbezogene Kooperationen entstehen. Durch die gezielte Arbeitsteilung erreicht ein Netzwerk eine hohe Anpassungsfähigkeit und kombiniert somit die Flexibilitätsvorteile kleiner Organisationen mit den Integrationsvorteilen großer Unternehmen.[87]

Die Grundidee von Netzwerken ist die Bildung einer in Abb. 5.2.7 dargestellten „**Best-of-Everyone**"-Organisation. Darin bringt jeder Partner seine jeweilige Kernkompetenz ein, um gemeinsam eine herausragende Gesamtleistung zu erstellen. Dies steigert sowohl die Leistungsfähigkeit als auch die Effizienz, da redundante Fähigkeiten und Ressourcen vermieden werden. Bieten die Partner ihre spezialisierten Leistungen auch außerhalb des Netzwerks an, können sie größere Skalen- und Lerneffekte erzielen, die wiederum dem Netzwerk zugutekommen. Trotz der intensiven Verknüpfung bleibt jeder Partner weiterhin für seine eingebrachten Leistungen verantwortlich.[88]

Durch die enge Zusammenarbeit verschwimmen die Grenzen zwischen den Kooperationspartnern, was deren Autonomie einschränken kann. Vertrauen fördert die Zusammenarbeit, kann sie aber nicht verlässlich absichern. Deshalb sollten klare und verbindliche Regeln festgelegt werden. Netzwerke ergänzen oder überlagern die vorhandene Organisationsstruktur, ohne diese zu ersetzen. Dadurch erhöht sich die Komplexität der Unternehmensführung.

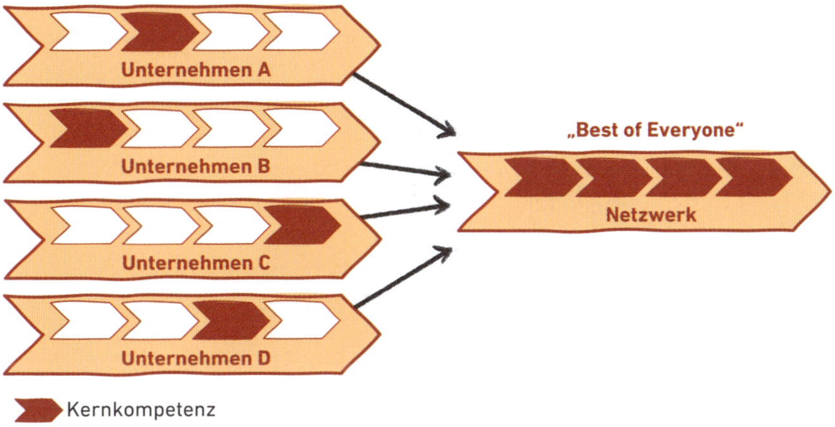

Abb. 5.2.7: Netzwerke als „Best-of-Everyone"-Kooperation

Vor der Beteiligung an einem Netzwerk ist daher sorgfältig abzuwägen, ob der erwartete Nutzen den Abstimmungsaufwand und Verlust an Autonomie rechtfertigt.[89]

Die **Erfolgsformel** für Netzwerke lautet: Minimierung der Organisation bei gleichzeitiger Maximierung der Anpassungsfähigkeit und Kompetenz. Die Abstimmung innerhalb eines Netzwerks erfolgt primär über Marktmechanismen. Für eine effiziente Zusammenarbeit sind niedrige Transaktionskosten zwischen den Netzwerkpartnern erforderlich, wozu heute digitale Informationssysteme einen wesentlichen Beitrag leisten. Dadurch lassen sich auch die Vorteile der internationalen Arbeitsteilung nutzen.[90]

Netzwerke zeichnen sich durch folgende **Merkmale** aus:[91]

- **Projektbezogene Zusammenarbeit**: Die Dauer der Kooperation richtet sich nach der jeweiligen Aufgabe und endet nach Projektabschluss.
- **Spezialisierungsvorteile**: Jeder Partner konzentriert sich auf seine Kernkompetenzen, wodurch dem Kunden eine bessere Gesamtlösung angeboten werden kann.
- **Aufgabenspezifische Zusammenstellung**: Die Netzwerkstruktur wird passgenau auf die Anforderungen des Projekts abgestimmt, um eine optimale Betriebsgröße zu erreichen.
- **Digitale Informationssysteme**: Sie sorgen für eine effiziente Kommunikation und Koordination zwischen den Partnern.
- **Flexibilität**: Netzwerke können schnell auf veränderte Projektanforderungen reagieren.

Die Netzwerkpartner können ihre Aktivitäten entweder gleichberechtigt untereinander abstimmen oder durch einen sogenannten Fokal als zentrale Instanz koordiniert werden.

Fokale Netzwerke werden von einem zentralen Akteur gesteuert, der die beteiligten Partner koordiniert sowie die strategische Ausrichtung und Rollenverteilung des Netzwerks festlegt.

Fokale Netzwerke basieren auf langfristigen Vertragsbeziehungen mit hierarchieähnlichen Strukturen. Typische Beispiele sind Zulieferhierarchien, die insbesondere in der Automobilindustrie weit verbreitet sind.[92] Die Kraftfahrzeughersteller fungieren dabei als Fokale, die sowohl eigene als auch fremdbezogene Leistungen zu einem marktfähigen Produkt bündeln und anschließend vertreiben.

Die Automobilzulieferer sind eigenständige Unternehmen, werden jedoch in ihrer Zielsetzung und Funktion vom Kraftfahrzeughersteller koordiniert. Entsprechend ihrer Stellung im Wertschöpfungsprozess wird zwischen Lieferanten der ersten Ebene (First-Tier-Lieferanten), die direkt mit dem Fahrzeughersteller zusammenarbeiten, und nachgelagerten Lieferanten (Second-Tier usw.) unterschieden. Die Zulieferer der ersten Ebene tragen die Gesamtverantwortung für die Entwicklung, Produktion und Logistik der von ihnen gelieferten Komponenten. Abb. 5.2.8 veranschaulicht diesen pyramidenförmigen Aufbau.

Netzwerke sind meist langfristig angelegt. Es gibt jedoch auch **temporäre Netzwerke** mit begrenzter Laufzeit, wie beispielsweise Konsortien. Dabei verpflichten sich die beteiligten Unternehmen, ein Großprojekt innerhalb eines festgelegten Zeitrahmens gemeinsam zu realisieren. Konsortien verfolgen damit einen genau definierten Zweck. Die Kooperationspartner agieren selbstständig, bringen jedoch ihre jeweiligen Fähigkeiten und Ressourcen ein und teilen das Projektrisiko untereinander auf. Im Gegensatz zu vielen anderen Netzwerken verfügen Konsortien über eine strikte,

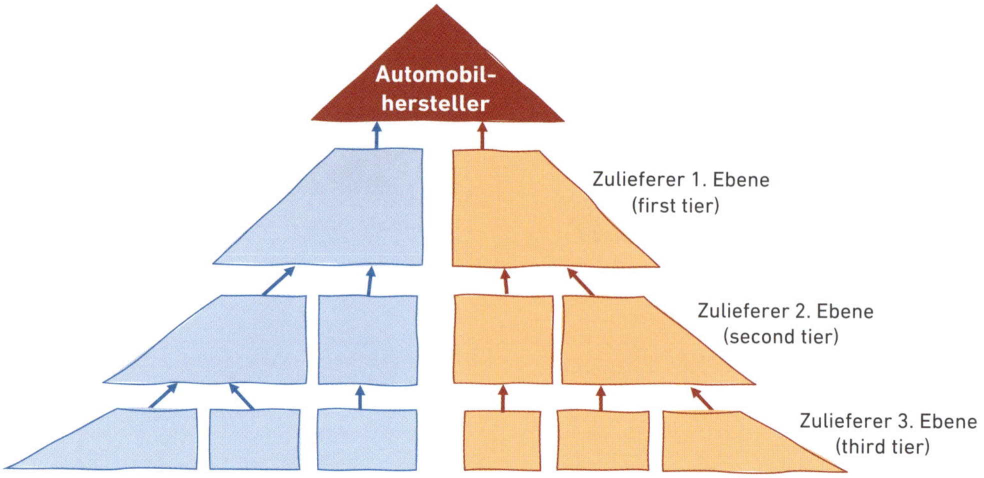

Abb. 5.2.8: Fokales Netzwerk in der Automobilindustrie

vertraglich geregelte Struktur mit klar definierten Rollen und Verantwortlichkeiten.

Ein **Konsortium** ist ein befristetes, vertraglich reglementiertes Netzwerk aus mehreren eigenständigen Partnern, um ein besonders komplexes und eindeutig beschriebenes Projekt gemeinschaftlich zu realisieren.

Konsortien ermöglichen die Realisierung besonders umfangreicher und kostenintensiver Projekte, die für ein einzelnes Unternehmen zu risikoreich wären. Typische Beispiele sind Arbeitsgemeinschaften für große Bauprojekte wie Autobahnen, Tunnel, Brücken oder Kraftwerke. Auch Banken bilden häufig Konsortien, um hohe Kredite zu vergeben oder Wertpapieremissionen durchzuführen.

Virtuelle Organisationen

Unter Virtualität versteht man in der Informationstechnologie eine digitale Darstellung der Realität, die für den Anwender täuschend echt wirkt. Es handelt sich also um eine scheinbare Wirklichkeit, die als realistisch empfunden wird. Auch für Unternehmen gewinnt die Virtualisierung zunehmend an Bedeutung. Viele Aufgaben können heute aufgrund der Digitalisierung orts- und zeitunabhängig erledigt werden.

Je nachdem, wann und wo einzelne Tätigkeiten ausgeführt werden, ergeben sich in der **Anytime/Anyplace-Matrix** unterschiedliche **Virtualisierungsgrade**:[93]

- **Keine Virtualisierung:** In traditionellen Organisationen arbeiten die Mitarbeiter zur gleichen Zeit am selben Ort.
- **Zeitliche Virtualisierung:** Durch flexible Arbeitszeitmodelle (vgl. Kap. 6.2.5) können Tätigkeiten zeitlich entkoppelt und variabler gestaltet werden. Die Mitarbeiter erledigen ihre Aufgaben unabhängig von festen Arbeitszeiten. Dadurch kann das Unternehmen besser auf wechselnde Marktanforderungen reagieren und zugleich auf persönliche Präferenzen der Mitarbeiter eingehen.
- **Räumliche Virtualisierung:** Moderne mobile Endgeräte ermöglichen eine standortunabhängige Zusammenarbeit. Über Meeting-Plattformen wie *Zoom* oder *Microsoft Teams* können sich die Mitarbeiter austauschen, unabhängig davon, wo sie sich befinden. Für Unternehmen ergeben sich daraus hohe Einsparpotenziale, da nicht mehr jeder Mitarbeiter einen standortbezogenen Arbeitsplatz benötigt und auf viele Dienstreisen verzichtet werden kann. Durch die räumliche Virtualisierung lassen sich verteilte Kompetenzen weltweit nutzen und die Kundennähe erhöhen.
- **Vollständige Virtualisierung:** Die Mitarbeiter führen ihre Tätigkeiten sowohl zeitlich als auch räumlich unabhängig aus. Es gibt nur minimale oder keine Präsenzzeiten, und die Zusammenarbeit findet primär in virtuellen Räumen statt. Die Kommunikation erfolgt vor allem über digitale Medien wie E-Mail, Videotelefonie oder Web-Konferenzen. Für die erfolgreiche Arbeit virtueller Teams sind neben einer funktionierenden IT-Infrastruktur insbesondere ausgeprägte Kommunikationsfähigkeiten und emotionale Intelligenz erforderlich (vgl. Kap. 6.3.1). Führungskräfte müssen dabei die physische Distanz zwischen den Teammitgliedern überwinden und Vertrauen aufbauen – was im virtuellen Kontext schwieriger ist als im persönlichen Kontakt.

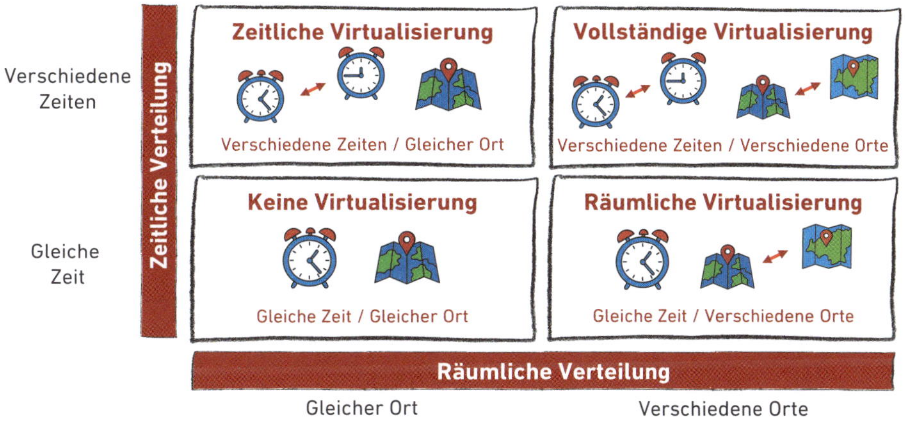

Abb. 5.2.9: Anytime/Anyplace-Matrix[94]

Virtuelle Organisationen sind Kooperationen, die sich flexibel an wechselnde Aufgabenstellungen anpassen, um spezifische Kundenanforderungen zu erfüllen. Nach der erfolgreichen Abwicklung eines Vorhabens lösen sie sich auf oder konfigurieren sich um. Da ihre Strukturen einem ständigen Wandel unterworfen sind, stehen nicht die vorhandenen Ressourcen im Mittelpunkt, sondern die zur Aufgabenerfüllung erforderlichen Fähigkeiten und Kompetenzen. Für die Massenproduktion eignen sich hingegen klassische Linien- oder Matrixorganisationen besser.[95]

Virtuelle Organisationen sind aufgabenorientierte und flexible Netzwerke aus selbstständig operierenden Einheiten, die gemeinsam kundenindividuelle Lösungen entwickeln. Sie koordinieren ihre Wertschöpfungsprozesse mithilfe digitaler Informationssysteme und präsentieren sich den Kunden als geschlossene Einheit.

Kennzeichen virtueller Organisationen sind:[96]

- **Modularität:** Die virtuelle Organisation besteht aus modularen, relativ kleinen Einheiten mit dezentraler Entscheidungskompetenz. Sie tritt am Markt als einheitlicher Anbieter auf, verfügt aber gleichzeitig über offene, dynamische Strukturen („Offen-Geschlossen-Prinzip"). Der Kunde erteilt seinen Auftrag der virtuellen Organisation als zentralem Ansprechpartner. Anschließend wird der Verbund modularer Einheiten konfiguriert. Für den Auftraggeber entsteht nach außen eine sichtbare „Hülle", die sich als geschlossenes Ganzes präsentiert.
- **Heterogenität:** Die modularen Einheiten einer virtuellen Organisation ergänzen sich durch komplementäre Fähigkeiten und Ressourcen, wodurch ein symbiotisches Netzwerk entsteht. Diese Vielfalt bietet einen wesentlichen Vorteil gegenüber anderen Organisationsformen. Ändert sich die Aufgabenstellung, wird der Verbund neu zusammengestellt. Dabei passt sich nicht nur die Größe an, sondern es werden gezielt jene Einheiten integriert, die über die erforderlichen Fähigkeiten und Ressourcen verfügen.
- **Räumliche und zeitliche Virtualität:** Die organisatorischen Einheiten der virtuellen Organisation sind räumlich verteilt und arbeiten asynchron zusammen. Für den Kunden sind der Ort und Zeitpunkt der Leistungserstellung unerheblich. Durch die ständige Rekonfiguration erscheint die Organisation aus Kundensicht stets passgenau auf seine individuellen Bedürfnisse zugeschnitten.

In virtuellen Organisationen erhalten die Kunden ihre Leistungen scheinbar aus einer Hand. Tatsächlich entstehen diese jedoch aus der Kooperation vieler autonom agierender Einheiten. Größe wird oft mit Schwerfälligkeit gleichgesetzt. In einer virtuellen Organisation folgt sie jedoch aus dem Verbund zahlreicher Partner. Durch Modularisierung und Vernetzung entsteht eine virtuell große Organisation, die dennoch flexibel und reaktionsschnell ist. Die beteiligten Organisationseinheiten legen sich nicht dauerhaft auf feste Aufgabenbereiche fest, sondern übernehmen je nach Bedarf unterschiedliche Rollen. Die Kooperation endet, sobald das gemeinsame Projekt erledigt ist.

Das Netzwerk aus Partnerunternehmen wird meist von einem Fokal als Orchestrator dirigiert, der in der Regel einen wesentlichen Anteil zur Wertschöpfung beiträgt (vgl. Kap. 3.3.4). Diese Aufgabe kann aber auch ein Broker als spezialisierter Dienstleister übernehmen. Dieses Prinzip veranschaulicht Abb. 5.2.10.

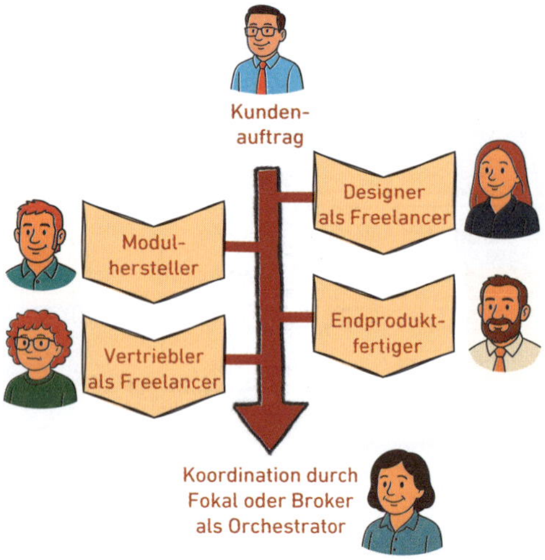

Abb. 5.2.10: Grundmuster virtueller Organisationen

Virtueller Makler eXp Realty

eXp Realty ist eines der größten und am schnellsten wachsenden Maklerunternehmen weltweit. Durch sein cloudbasiertes Geschäftsmodell verzichtet es vollständig auf physische Büros und reduziert dadurch erheblich die Betriebskosten. *eXp Realty* vereint rund 85.000 Immobilienmakler aus 27 Ländern, die über die digitale Plattform *eXp World* miteinander vernetzt sind. In der virtuellen 3D-Umgebung können sie mithilfe von Avataren ortsunabhängig interagieren, an Schulungen teilnehmen und global zusammenarbeiten. Zusätzlich bietet die Plattform umfassende Unterstützung in den Bereichen Buchhaltung, Personalwesen, Recht und IT sowie darüber hinaus auch Marketing-Tools und ein Customer Relationship Management.[97]

Virtuelle Organisationen zeichnen sich durch folgende **Merkmale** aus:[98]

- **Kernkompetenzorientierung**: Die beteiligten Unternehmen konzentrieren sich auf die Aufgabenbereiche, in denen sie besonders leistungsfähig sind. Alle anderen Tätigkeiten werden an Partner abgegeben.
- **Offene Strukturen**: Da es keine festen organisatorischen Vorgaben und Regeln gibt, wird von den Beteiligten ein hohes Maß an Kreativität, Lernfähigkeit und Eigeninitiative gefordert.
- **Verteilte Verantwortung und flexible Abläufe**: Statt formaler Strukturen und detaillierter Planung stehen Eigenverantwortung und Anpassungsfähigkeit im Vordergrund.
- **Netzwerkbasierte Führung**: Führungskräfte agieren nicht hierarchisch, sondern als Moderatoren, Katalysatoren oder Netzverstärker. Die Zusammenarbeit basiert auf Vertrauen und losen Übereinkünften.
- **Technologieeinsatz**: Digitale Plattformen und Kommunikationssysteme ermöglichen eine zeitlich und räumlich unabhängige Zusammenarbeit und dienen der Koordination der Partner.
- **Flexibilität und Skalierbarkeit**: Einheiten können je nach Aufgabenstellung hinzugefügt oder entfernt werden.
- **Kundenorientierung**: Die Struktur wird flexibel an die spezifischen Kundenanforderungen angepasst.

Die Internetbranche gilt als Vorzeigemodell der Virtualisierung. Ein Beispiel für virtuelle Netzwerke ist die Softwareentwicklung durch **Open-Source-Communities**. Der Quellcode ist dabei frei zugänglich und kann von jedem genutzt, angepasst und weiterentwickelt werden. Dezentrale Entwicklerteams aus aller Welt nutzen Plattformen wie *GitHub*, um gemeinsam an einer Software zu arbeiten, Probleme zu diskutieren und Updates abzustimmen. Ein bekanntes Beispiel dafür ist der Webbrowser *Firefox*, der von der gemeinnützigen *Mozilla Foundation* entwickelt wird.

Virtuelles Netzwerk Linux

1991 entwickelte *Linus Torvalds* das PC-Betriebssystem *Linux*. Seitdem tragen kommerzielle Unternehmen, Non-Profit-Organisationen wie die *Linux Foundation* und freiwillige Programmierer zur kontinuierlichen Verbesserung bei. Sie koordinieren sich überwiegend durch informelle Absprachen. Auch die Idee für das Pinguin-Maskottchen *Tux* stammt aus der Community. *Linux* selbst ist kein Unternehmen, sondern ein offenes, gemeinschaftlich organisiertes Softwareprojekt. Trotz fehlender hierarchischer Strukturen bietet *Linux* seit mehr als drei Jahrzehnten eine konkurrenzfähige Alternative zum Marktführer *Microsoft Windows*.[99]

Auch bei Beratungsunternehmen sind virtuelle Teams mittlerweile weit verbreitet. Diese werden projektbezogen aus Beratern mit passender Expertise zusammengestellt. Dabei können auch externe Freelancer oder Wissenschaftler einbezogen werden. Nach Abschluss eines Beratungsauftrags löst sich das Team wieder auf. Darüber hinaus kommen auch Formen der räumlichen Virtualisierung zum Einsatz. So können beispielsweise Mitarbeiter anderer Standorte ein Projektteam unterstützen, ohne vor Ort beim Kunden präsent zu sein. Auch eine zeitliche Virtualisierung ist möglich, etwa indem Präsentationen über Nacht in anderen Zeitzonen erstellt werden.

Ist der Fokal nicht aktiv an der Wertschöpfung beteiligt, beschränkt sich seine Rolle auf die Koordination der modularen Einheiten und die Kommunikation mit den Kunden. In diesem Fall übernimmt er die Funktion eines Schaltbrettunternehmens und bildet das Zentrum einer sogenannten hohlen Organisation (Hollow Organization). Als Bindeglied zwischen den eigenständigen Kooperationspartnern sorgt er für reibungslose Transaktionen.[100]

Ein **Schaltbrettunternehmen** (Switchboard Company) ist ein fokales Unternehmen in einem Wertschöpfungsnetzwerk, das nahezu alle Wertschöpfungsaktivitäten arbeitsteilig an Kooperationspartner auslagert und selbst lediglich die Netzwerksteuerung übernimmt. Für die Kunden erscheint die Organisation dennoch als einheitliches Unternehmen, weshalb sie als hohle Organisation (Hollow Organization) bezeichnet wird.

Vorteile virtueller Organisationsformen sind:[101]

- **Kosten**: Regionale und nationale Unterschiede bei den Personalkosten sind häufig Anlass für die Verlagerung einzelner betrieblicher Funktionen. Auch hohe Immobilienkosten in Ballungsräumen sprechen für eine räumliche Dezentralisierung von Unternehmenseinheiten.
- **Zeit**: Standorte in unterschiedlichen Zeitzonen mit variierenden Arbeitszeiten ermöglichen eine schnellere Abwicklung und nahezu durchgängige Bearbeitung betrieblicher Aufgaben.
- **Qualität**: Der Zugriff auf regionale Fachkompetenz ermöglicht ein höheres Qualitätsniveau. So kann die Lokalisierung von Software, etwa durch die Übersetzung in die Landessprache oder die Anpassung an kulturelle Besonderheiten, durch Einheiten vor Ort besser und zielgruppengerechter erfolgen.
- **Flexibilität**: Die modulare Struktur virtueller Organisationen ermöglicht eine schnelle und bedarfsgerechte Anpassung an veränderte Kundenwünsche, Marktentwicklungen oder Projektanforderungen.
- **Skalierbarkeit**: Virtuelle Organisationen lassen sich rasch erweitern, indem zusätzliche Partner eingebunden werden. Auf diese Weise können Kapazitäten bei Bedarf kurzfristig erhöht werden.

Die virtuelle Organisation überwindet zahlreiche Grenzen, etwa in Bezug auf Ort und Zeit der Zusammenarbeit, die rechtliche Trennung zwischen internen und externen Organisationseinheiten oder die formale Zugehörigkeit der beteiligten Partner.[102] Herausfordernd sind allerdings sowohl die Anforderungen an eine leistungsfähige und verlässliche technische Infrastruktur – etwa im Hinblick auf IT-Sicherheit, Datenverfügbarkeit und digitale Kommunikationssysteme – als auch die komplexe Zusammenarbeit zahlreicher, teils sehr unterschiedlicher Kooperationspartner. Besonders problematisch ist die Gefahr opportunistischen Verhaltens einzelner Partner. Virtuelle Unternehmensstrukturen basieren in hohem Maße auf Vertrauen, da sich Kooperationen nicht vollständig vertraglich absichern lassen. Gleichzeitig erschweren die seltenen persönlichen Kontakte den Aufbau eben dieses Vertrauens. Hinzu kommt der Verlust direkter Kontrollmöglichkeiten, der durch einen erhöhten Koordinationsaufwand ausgeglichen werden muss.

Virtuelle Organisation Automattic

Automattic ist ein Anbieter von Open-Source-Software. Zum Portfolio gehören unter anderem das Content-Management-System *WordPress*, mit dem sich Websites einfach erstellen lassen, die Social-Media-Plattform *Tumblr* sowie das Online-Shop-Tool *WooCommerce*.[103]

Das Unternehmen verfügt über keine festen Büroräume, denn alle rund 2.000 Mitarbeiter aus mehr als 80 Ländern arbeiten im Homeoffice, wo sie eigenverantwortlich an Projekten tätig sind und überwiegend zeitversetzt über digitale Tools wie *Slack* oder *Zoom* kommunizieren. Die gesamte Arbeitsorganisation ist vollständig digitalisiert: Aufgabenverteilung, Projektverfolgung, Leistungsbewertung und Dokumentation erfolgen über Plattformen wie *GitHub*, *P2* oder *Trello*. *Automattic* verzichtet auf klassische Hierarchien und setzt stattdessen auf selbstorganisierte, modular aufgebaute Teams, die je nach Aufgabenstellung flexibel zusammengesetzt werden. Entscheidungen werden dezentral auf Basis von Vertrauen, Transparenz und messbaren Ergebnissen getroffen.

Automattic vereint damit zentrale Merkmale virtueller Organisationen: die vollständige Digitalisierung der Zusammenarbeit, eine dezentrale und modulare Struktur, hohe Flexibilität, selbstverantwortliches Arbeiten sowie die konsequente Ausrichtung auf Vertrauen statt Kontrolle.

Plattformbasierte Ökosysteme

Unternehmensnetzwerke können durch die Integration komplementärer Teilleistungen verschiedener Kooperationspartner ein umfassendes Leistungsangebot für den Kunden erzeugen. Kann dieser gemeinsame Mehrwert von keinem der Beteiligten allein erbracht werden, dann bildet sich ein **wirtschaftliches Ökosystem** (Business Ecosystem).[104]

Im Gegensatz zu klassischen Kooperationen zeichnen sich wirtschaftliche Ökosysteme vor allem durch folgende **Merkmale** aus:[105]

- **Gemeinschaftliche Wertschöpfung (1+1=3)**: Traditionell wird Wertschöpfung als linearer Prozess verstanden, bei dem der Profit eines Unternehmens zulasten eines anderen geht. In einem Ökosystem hingegen werden Werte gemeinsam geschaffen und verteilt (Value Co-Creation). Der Kundennutzen entsteht durch die Kombination verschiedener Leistungsbausteine. Damit die Beteiligung attraktiv ist, muss sie sowohl dem Einzelnen als auch dem gesamten Ökosystem einen Mehrwert bieten. Ein Beispiel dafür ist das Smartphone: Sein Nutzen hängt stark von der Anzahl und Qualität der verfügbaren Apps ab. Ob unabhängige Entwickler eine App programmieren, hängt wiederum davon ab, wie viele Menschen das jeweilige Smartphone nutzen.
- **Komplementäre Rollenverteilung**: Erst durch die enge Vernetzung der Kooperationspartner entfalten die eingebrachten Ressourcen, Fähigkeiten und Kompetenzen ihre volle Wirkung. Die Kooperationspartner sind dabei stark voneinander abhängig. In einem natürlichen Ökosystem übernehmen Pflanzen und Tiere unterschiedliche, aber essenzielle Funktionen für das Überleben aller. Schon geringe Ungleichgewichte oder Störungen können das gesamte System zum Kollabieren bringen. Ähnlich verhält es sich mit einem wirtschaftlichen Ökosystem: Die beteiligten Unternehmen haben verschiedene Rollen und verfolgen ihre eigenen Interessen, sind aber zum Überleben aufeinander angewiesen. Die Unternehmensgrenzen verschwimmen und werden zunehmend durchlässig. Trotz ihrer Komplexität lassen sich wirtschaftliche Ökosysteme mit flachen Hierarchien koordinieren. Versuchen jedoch einzelne Akteure, die Kontrolle über das gesamte System zu erlangen, kann dies zu dessen Zusammenbruch führen.
- **Digitale Informationstechnologien** ermöglichen die Koordination, Kommunikation und Integration aller Beteiligten in Echtzeit – über Unternehmensgrenzen, Zeitzonen und Hierarchieebenen hinweg. Sie schaffen Transparenz, beschleunigen Entscheidungsprozesse und fördern die dynamische Rekonfiguration des Gesamtsystems. Ohne geeignete digitale Werkzeuge zur Koordination und Vernetzung aller Beteiligten lässt sich ein wirtschaftliches Ökosystem weder effizient steuern noch flexibel anpassen.

Wirtschaftliche Ökosysteme basieren meist auf einer **technologischen Plattform** als digitaler Infrastruktur. Diese fungiert als virtueller Marktplatz, auf dem die Kooperationspartner zusammengeführt und koordiniert werden. Dadurch wird die Interaktion zwischen den Beteiligten erleichtert und die Transaktionskosten gesenkt. Die Plattform integriert zahlreiche unabhängige Marktteilnehmer, die dort ihre Dienstleistungen oder Waren anbieten. Auf diese Weise tragen sie zu einer gemeinsamen Wertschöpfung bei, von der alle Beteiligten profitieren.

Als Intermediär vermittelt der **Plattformbetreiber** zwischen Anbietern und Nachfragern und fördert die Entstehung von Netzwerkeffekten. Da diese zwischen zwei Marktseiten entstehen, spricht man von *Cross-side-Effekten*: Steigt die Zahl der Kunden, erhöht sich die Attraktivität für die Anbieter, was wiederum neue Kunden anzieht. Es entsteht eine positive Dynamik: Die Unternehmen gewinnen leichter neue Kunden, während diese ihre Bedürfnisse besser befriedigen können. Auch die Interaktionen zwischen den Kunden stiften zusätzlichen Nutzen, etwa durch Produktbewertungen oder Erfahrungsaustausch. Solche Wechselwirkungen auf einer Marktseite werden als *Same-side-Effekte* bezeichnet.[106]

> Eine **Plattform** ist ein digitaler Marktplatz, der Anbieter und Nachfrager zusammenbringt und den Austausch von Waren, Dienstleistungen oder Informationen ermöglicht. Ihre Attraktivität steigt mit der Zahl der Teilnehmer, da Netzwerkeffekte den Nutzen für alle Beteiligten erhöhen.[107] Sie bildet die Grundlage für ein **plattformbasiertes Ökosystem** als digitales Wertschöpfungsnetzwerk, in dem verschiedene Akteure über die Plattform miteinander interagieren und gemeinsam einen Mehrwert für den Kunden erzeugen.

Je nach Zweck eines solchen **plattformbasierten Ökosystems** sind verschiedene Gruppen von Akteuren beteiligt. In der Regel gibt es jedoch mindestens eine Produzentenseite, die eine Leistung anbietet, und eine Konsumentenseite, die diese in Anspruch nehmen möchte.[108] Die Plattform fungiert als virtueller Marktplatz, auf dem Angebot und Nachfrage gebündelt werden. Häufig stellt sie darüber hinaus zusätzliche Dienste bereit, etwa zur Zahlungsabwicklung sowie für Lagerung und Transport. In der Regel wird die Plattform von einem zentralen Akteur aufgebaut und betrieben.

Amazon, das größte Kaufhaus der Welt

Amazon ist mit einem jährlichen Umsatz von weit über einer halben Billion US-Dollar, mehr als 1,5 Mio. Mitarbeitern und einem Sortiment von rund einer halben Milliarde Produkten der größte Online-Händler der Welt.[109]

Das 1994 gegründete Unternehmen verkaufte anfangs sämtliche Produkte selbst. Erst im Jahr 2000 wurde die Handelsplattform *Amazon Marketplace* eröffnet, auf der auch Drittanbieter ihre Produkte vertreiben können. *Amazon* stellt dafür gegen eine Verkaufsprovision die erforderliche Infrastruktur bereit. Dazu gehören der Onlineshop, die Zahlungsabwicklung, die Qualitätssicherung der Angebote, Nutzerbewertungen sowie die Bearbeitung von Reklamationen. Gegen eine zusätzliche Gebühr übernimmt *Amazon* auch Lagerhaltung und Versand. Darüber hinaus können Drittanbieter kostenpflichtige Werbeanzeigen schalten, um bei Suchanfragen besser platziert zu werden. Heute erwirtschaften Drittanbieter bereits rund zwei Drittel des Umsatzes von *Amazon*.[110]

Amazon analysiert das Kaufverhalten der Kunden und erkennt typische Kombinationen von Produkten, um daraus personalisierte Empfehlungen abzuleiten. Auch die Produktbewertungen der Kunden schaffen einen hohen Mehrwert, da sie anderen Nutzern als Orientierung bei der Kaufentscheidung dienen und für die Anbieter ein wertvolles Feedback liefern. All dies steigert die Attraktivität des Marktplatzes sowohl für die Kunden als auch für die Drittanbieter. Angebotsvielfalt, personalisierte Kundenerlebnisse und digitaler Service sind die Erfolgsfaktoren von *Amazon*, die es zu einem der wertvollsten Unternehmen der Welt gemacht haben (vgl. Kap. 3.3.3).

Die geringen Transaktionskosten eines plattformbasierten Ökosystems ermöglichen auch die kurzfristige Vermietung oder gemeinsame Nutzung von Ressourcen. Diese organisierte Form des Teilens wird als **Sharing Economy** bezeichnet und ist insbesondere bei Immobilien, Verkehrsmitteln, Gebrauchsgegenständen und Dienstleistungen weit verbreitet.[111]

Beispiele der Sharing Economy sind:

- die Vermietung von Wohnungen (*Airbnb*),
- kostenlose Übernachtungsmöglichkeiten (*Couchsurfing*),
- Carsharing (*Free2move*),
- E-Scooter-Verleih (*Lime*),
- Mitfahrgelegenheiten (*BlaBlaCar*),
- der Verleih von Werkzeug oder Haushaltsgeräten (*Tool Libraries*),
- Zeitarbeit und Mikrojobs (*Fiverr*),
- oder organisierte Nachbarschaftshilfe (*Nebenan.de*).

Plattformbasierte Ökosysteme gewinnen zunehmend an Bedeutung und wirken disruptiv auf viele etablierte Geschäftsmodelle. Aus diesem Grund werden sie von traditionellen Unternehmen häufig als Bedrohung wahrgenommen. So wehren sich deutsche Taxiunternehmen seit Jahren juristisch gegen *Uber*, weshalb in Deutschland nur Fahrten an lizenzierte Mietwagenunternehmen und Taxis vermittelt werden dürfen.

Uber – das größte Taxiunternehmen der Welt ohne eigene Fahrzeuge

Das US-amerikanische Unternehmen *Uber* vermittelt Fahrdienstleistungen in mehr als 70 Ländern und über 10.000 Städten, womit es einen Umsatz von rund 50 Mrd. US-Dollar erzielt.[112] Mithilfe einer mobilen App werden Passagiere und Fahrer in Echtzeit zusammengebracht. Für diesen sogenannten Ride-Hailing-Dienst erhält *Uber* eine prozentuale Provision vom Fahrpreis.

Die Fahrer sind nicht bei *Uber* angestellt, sondern nutzen ihre privaten Fahrzeuge und verdienen sich damit etwas hinzu. Dieses Modell senkt die Betriebskosten erheblich, wodurch die Fahrten meist deutlich günstiger sind als bei regulären Taxis. Zudem lassen sich Fahrten bequem und schnell per App buchen, inklusive GPS-Tracking, Zahlungsabwicklung und Nutzerbewertung. Inzwischen hat *Uber* sein Angebot um weitere Dienstleistungen erweitert, darunter Essenslieferungen (*Uber Eats*), Paketdienstleistungen sowie der Verleih von Mietfahrrädern und E-Scootern.

Digitale Plattformen lassen sich je nach Zweck in unterschiedliche **Kategorien** einteilen:

- **Transaktionsplattformen**
  - **Handelsplattformen** (E-Marketplaces) bringen Anbieter und Nachfrager von Gütern und Dienstleistungen zusammen. Durch transparente Preise und einheitliche Produktinformationen ermöglichen sie einen schnellen Vergleich der Angebote und sind da-

her oft effizienter als traditionelle Verkaufswege wie Einzelhandel oder Kataloggeschäft. Beispiele: *Amazon, eBay, Otto.*

- **Zahlungsplattformen** dienen der sicheren und effizienten Abwicklung finanzieller Transaktionen. Beispiele: *PayPal, Stripe.*
- **Finanzplattformen** vereinfachen den Handel mit Vermögenswerten wie Aktien oder Kryptowährungen. Beispiele: *Robinhood, Trade Republic, Coinbase.*
- **Auftragsplattformen** vermitteln Projekte zwischen Auftraggebern und freien Mitarbeitern. Beispiele: *Upwork, Fiverr.*
- **Jobportale** unterstützen Unternehmen bei der Personalsuche und Einzelpersonen bei der Arbeitssuche. Beispiele: *StepStone, Monster.*
- **Crowdfunding-Plattformen** sammeln kleine Geldbeträge von einer Vielzahl an Unterstützern, um Projekte, Initiativen oder Startups zu finanzieren. Beispiele: *Kickstarter, Indiegogo.*

- **Kommunikationsplattformen**
  - **Soziale Plattformen** ermöglichen es den Nutzern, eigene Inhalte zu erstellen und zu teilen. Beispiele: *Instagram, TikTok, X.*
  - **Kontaktplattformen** dienen dem Kennenlernen und der Vernetzung von Personen. Dazu zählen berufliche Netzwerke (*LinkedIn*), soziale Netzwerke (*Facebook*) und Dating-Plattformen (*Tinder*). Darüber hinaus gibt es Angebote für spezielle Gruppen, wie etwa Wissenschaftler (*ResearchGate*), Reisende (*Couchsurfing*) oder Softwareentwickler (*GitHub*).
- **Infrastruktur- und Technologieplattformen**
  - **Cloud-Plattformen** bieten skalierbare IT-Ressourcen wie Speicher, Rechenleistung oder Software auf Abruf (vgl. Kap. 7.3.3). Beispiele: *Amazon Web Services, Microsoft Azure.*
  - **Technologieplattformen** stellen ein technisches Rahmenwerk bereit, mithilfe dessen andere Unternehmen ihre Produkte entwickeln und anbieten können. Beispiele: *Android, iOS.*
  - **IoT-Plattformen** ermöglichen es cyber-physischen Systemen, ihre Daten im Internet der Dinge auszutauschen und weiterzuverarbeiten, etwa zur Optimierung von Fertigungs- und Logistikprozessen (vgl. Kap. 7.3.2). Beispiele: *AWS IoT Core, Siemens Xcelerator.*
  - **Datenplattformen** unterstützen Unternehmen dabei, strukturierte Daten auszutauschen und zu verwerten, etwa durch Verkauf, Lizenzierung oder datenbasierte Dienstleistungen. Sie spielen eine zentrale Rolle für datengetriebene Anwendungen und die Entwicklung künstlicher Intelligenz. Beispiele: *Ocean Protocol, Dawex, Microsoft Azure Data Share.*
- **Bildungs- und Wissensplattformen** bieten Zugang zu Lerninhalten, Kursen und Schulungen. Beispiele: *Coursera, Udemy.*
- **Content-Plattformen** ermöglichen den Konsum digitaler Inhalte wie Musik, Videos, Bilder oder Nachrichten. Bespiele: *YouTube, Spotify, Netflix, Pinterest.*
- **Innovationsplattformen** bringen Unternehmen, Forschungseinrichtungen und Startups zusammen, um durch offene Innovation gemeinsam neue Produkte, Dienstleistungen oder Geschäftsmodelle zu entwickeln (vgl. Kap. 8.6.4). Beispiele: *Siemens Innovation Ecosystem, UnternehmerTUM.*

Upwork verbindet Freiberufler und Unternehmen

Upwork ist mit einem Umsatz von rund 770 Mio. US-Dollar der führende Online-Marktplatz zur Vermittlung von Projekttätigkeiten in 180 Ländern. Die Plattform bringt Unternehmen und unabhängige Auftragnehmer (Freelancer) zusammen. Mehr als 850.000 Auftraggeber haben Zugriff auf über 12 Millionen registrierte Freiberufler. Häufige Tätigkeitsfelder sind IT, Design, Marketing und Kundensupport. Das vermittelte Auftragsvolumen beträgt über 4 Mrd. US-Dollar.[113]

Upwork bietet Unternehmen eine flexible Möglichkeit, externe Fachkräfte für ihre Projekte zu finden. Freiberufler können ihre Dienstleistungen auf der Plattform anbieten und von Auftraggebern kontaktiert werden. Ein zentrales Auswahlkriterium ist der **Job Success Score**, der die Zufriedenheit vorhergehender Auftraggeber angibt.

Die Plattform übernimmt die Vertrags- und Zahlungsabwicklung und vermittelt bei Konflikten. Dieser Schutz vor betrügerischen Aktivitäten schafft für beide Seiten einen echten Mehrwert. Um eine Abwicklung außerhalb der Plattform zu verhindern, ist die Kommunikation über das integrierte Chatsystem verpflichtend, denn nur so kommt *Upwork* an seine Vermittlungsprovision. Solche Plattformen vermitteln sogenannte „Gigs" – kurzfristige, flexible und projektorientierte Tätigkeiten. Dieser wachsende Arbeitsmarkt wird daher auch als **Gig Economy** bezeichnet.

Das sogenannte Raketenmodell zeigt die **Erfolgsfaktoren** eines plattformbasierten Ökosystems:[114]

- **Anziehung** (Attract): Eine kritische Masse an Anbietern und Nachfragern muss dazu motiviert werden, die Plattform aktiv für Transaktionen zu nutzen. Der Start einer Rakete erfordert hohe Energie – die kritische Masse an Akteuren ist der Treibstoff, damit sie abheben kann. Die Zahl der Anbieter und Nachfrager beeinflusst sich dabei gegenseitig. Beispielsweise sind für die Attraktivität von *Airbnb* sowohl ein großes Angebot an verfügbaren Unterkünften als auch eine hohe Zahl an buchungswilligen Gästen entscheidend.
- **Partnervermittlung** (Match): Damit Interaktionen möglich sind, müssen Anbieter und Nachfrager gezielt zusammengeführt werden, ähnlich wie bei einem Dating-Portal. Die Qualität des sogenannten Matchings ist ein zentraler Erfolgsfaktor. Die Auswahl sollte groß genug sein, um passende Angebote zu ermöglichen, aber nicht so unübersichtlich, dass Kunden den Überblick verlieren. Bei *Airbnb* erwartet ein Gast beispielsweise Unterkunftsvorschläge, die seinen Anforderungen an Komfort, Lage und Budget entsprechen.
- **Vernetzung** (Connect): Über die Plattform tauschen die Akteure die notwendigen Informationen aus, um eine Transaktion vorzubereiten und abzuwickeln. Dies schafft Vertrauen und reduziert Informationsasymmetrien. So kann der Gast auf *Airbnb* nach bestimmten Ausstattungsmerkmalen fragen, während die Plattform die Identität des Gastes prüft und dem Gastgeber den Verifizierungsstatus anzeigt.
- **Leistungsaustausch** (Transact): In dieser Phase erfolgt die eigentliche Wertschöpfung. Bei *Airbnb* entspricht dies dem Abschluss eines Mietvertrags, für den die Plattform eine vom Buchungswert abhängige Transaktionsgebühr erhält.

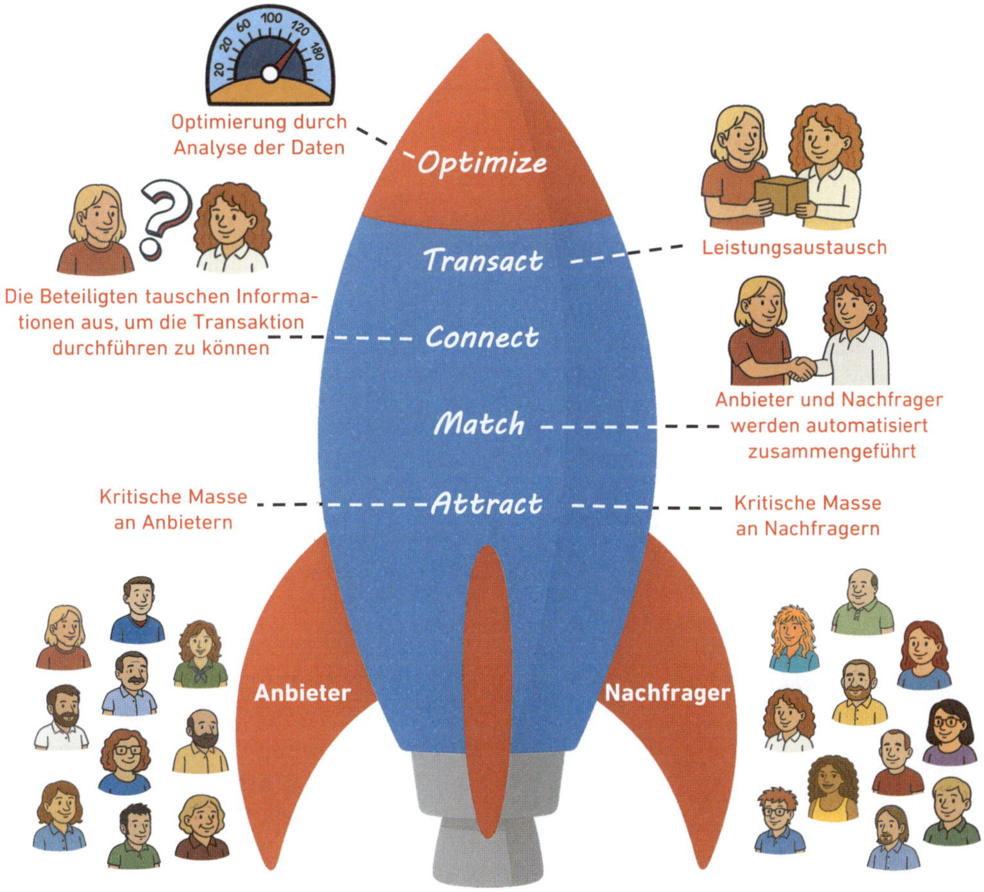

Abb. 5.2.11: Raketenmodell plattformbasierter Ökosysteme[115]

- **Optimierung** (Optimise): Auf Basis der Transaktionsdaten werden die Abläufe kontinuierlich verbessert, um die Plattform für alle Beteiligten attraktiver zu gestalten. Eine stärkere Individualisierung wird durch eine gezielte Erweiterung der Angebotsbreite, -tiefe und -qualität erreicht. Bei *Airbnb* können sich Anbieter und Nachfrager gegenseitig bewerten, etwa ob die Angaben des Anbieters korrekt waren oder wie sorgfältig der Gast mit der Unterkunft umgegangen ist. Dadurch lassen sich die Auswahl an Unterkünften, die Sicherheit der Nutzung und der Buchungsprozess weiter verbessern.

Ein wesentlicher Aspekt eines Geschäftsmodells ist die Beantwortung der Frage, wie das Unternehmen damit Geld verdienen kann (vgl. Kap. 3.2.2). In einem plattformbasierten Ökosystem bieten sich folgende **Einnahmequellen** an:[116]

- **Transaktionsgebühren**: Der Plattformbetreiber erhält für die Vermittlung zwischen Anbieter und Nachfrager eine prozentuale Provision. Online-Reisebüros wie *HRS* oder *Booking.com* berechnen Hotels beispielsweise eine Gebühr von 10 bis 15 % des Buchungswerts.
- **Zugangs- oder Mitgliedsgebühren:** Der Zugang zur Plattform oder zu bestimmten Funktionen ist kostenpflichtig. Ein Beispiel sind Streamingdienste wie *Spotify*, bei denen Nutzer für den Zugriff auf ein umfangreiches Angebot an Musiktiteln, Hörbüchern und Podcasts eine monatliche Gebühr entrichten.
- **Freemium-Modell**: Zur Maximierung von Netzwerkeffekten wird zunächst ein kostenloses, aber eingeschränktes Basisangebot bereitgestellt. Zusätzliche Funktionen oder Leistungen sind im Rahmen einer kostenpflichtigen Premium-Version erhältlich. Bei *LinkedIn* gibt es etwa neben dem kostenlosen Standardkonto verschiedene kostenpflichtige Mitgliedschaften, wie beispielsweise *Premium Career* für Jobsuchende oder *Recruiter Lite* für Unternehmen.
- **Werbeerlöse:** Einnahmen lassen sich auch durch die Einblendung bezahlter Werbung erzielen. So zeigt *YouTube* in der kostenlosen Version vor oder während der aufgerufenen Videos kurze Werbespots. Auch Plattformen wie *Facebook*, *Instagram* oder *TikTok* erzielen einen Großteil ihrer Erlöse durch Werbung.
- **Spenden:** Nutzer können sich auch freiwillig an der Finanzierung einer Plattform beteiligen. Die Online-Enzyklopädie *Wikipedia* verzichtet beispielsweise vollständig auf Werbung und finanziert sich ausschließlich durch Spenden.

Weltweites Networking mit LinkedIn

LinkedIn ist mit über einer Milliarde registrierten Nutzern aus mehr als 200 Ländern das weltweit größte Online-Netzwerk für geschäftliche Kontakte. Jedes Profil enthält Angaben zu beruflichen Stationen, aktueller Position, Ausbildung und Erfahrung. Die Plattform unterstützt den Ausbau des eigenen Netzwerks durch individuelle Kontaktvorschläge und passende Jobangebote. Nutzer können sich aktiv durch Kontaktanfragen vernetzen, Beiträge veröffentlichen und auf Inhalte reagieren.[117]

Unternehmen unterstützt *LinkedIn* gegen Gebühr bei der gezielten Suche nach geeigneten Kandidaten. Zudem können sie Anzeigen schalten, um Fachkräfte zu gewinnen oder ihre Angebote gezielt bei Geschäftskunden zu bewerben.

Der Wert einer Plattform steigt mit der Anzahl ihrer Kunden und Anbieter. Eine hohe Besuchsfrequenz ist daher entscheidend. Ein breites Angebot zieht mehr Kunden an, während Anbieter von einer größeren Kundenbasis profitieren. Da Anbieter zunächst in technische Voraussetzungen investieren müssen, sind für ihre Teilnahme attraktive Anreize notwendig. Die durch die Plattform geschaffene Wertschöpfung sollte deshalb fair unter allen beteiligten Akteuren aufgeteilt werden.

Plattformbetreiber verfolgen häufig eine **Winner-takes-it-all-Strategie**: Die Plattform mit der größten Anzahl an Kunden und Anbietern setzt sich durch und dominiert schließlich den Markt. Ein Beispiel ist *Facebook*, das 2011 in Deutschland die Netzwerke *StudiVZ* und *SchülerVZ* bei den Nutzerzahlen überholte und sie schrittweise vom Markt verdrängte. Allerdings sind selbst die größten Plattformen nicht automatisch profitabel. So erreichte die 2009 gegründete und weltweit führende Fahrdienstvermittlungsplattform *Uber* erst 2023 die Gewinnzone.[118]

Plattformbetreiber müssen darauf achten, dass der geschaffene Mehrwert nicht von Kunden, Kooperationspartnern oder Wettbewerbern abgeschöpft wird. Deshalb sollten sie verhindern, dass die Plattform nach einer erfolgreichen Vermittlung umgangen wird, etwa um Gebühren zu sparen. So könnte auf *Airbnb* ein Interessent den Anbieter einer Unterkunft privat kontaktieren, um dort direkt zu buchen. Ein solches Verhalten lässt sich nur schwer vollständig verhindern. Umso wichtiger ist es, die Plattform durch zusätzliche Serviceleistungen für beide Seiten attraktiv zu gestalten, etwa durch sichere Zahlungsabwicklung oder Unterstützung im Streitfall.

Problematisch für den Plattformbetreiber ist das sogenannte **Multi-Homing**: Verwenden die Kunden und Kooperationspartner mehrere Plattformen gleichzeitig, steigt ihre Wechselbereitschaft, und die Verhandlungsmacht des Betreibers sinkt. Diese Gefahr lässt sich durch ein vielfältiges und exklusives Angebot sowie wertvolle Zusatzleistungen wie etwa Hilfe im Konfliktfall verringern.[119]

Plattformen ermöglichen völlig neue Formen der Wertschöpfung. Es ist kein Zufall, dass einige der wertvollsten Unternehmen der Welt – darunter *Apple*, *Meta*, *Amazon* und *Alphabet* – plattformbasierte Ökosysteme betreiben.[120] Allerdings könnte die Blockchain-Technologie künftig eine Disruption dieser marktbeherrschenden Plattformen auslösen, da sie es Anbietern und Nachfragern ermöglicht, sich direkt und ohne zentrale Vermittlungsinstanz miteinander zu vernetzen (vgl. Kap. 7.3.6).

5.2.2 Gemeinsam zur offenen Innovation

Lange Zeit entstanden Innovationen ausschließlich in der unternehmenseigenen Forschung und Entwicklung. Der Innovationsprozess war nach außen abgeschottet und es bestand weder die Notwendigkeit noch die Bereitschaft, externe Innovationspartner einzubeziehen. Die Verantwortung für Innovationen lag vollständig beim Unternehmen.

Diese traditionelle Sichtweise wird als **geschlossene Innovation (Closed Innovation)** bezeichnet. Sie folgt einem Regelkreis, der in Abb. 5.2.12 in der linken Grafik dargestellt ist: Investitionen in die interne Forschung und Entwicklung führen zu Innovationen, aus denen neue Produkte und Dienstleistungen hervorgehen. Diese steigern Umsatz und Gewinn, was eine erneute Reinvestition in F&E ermöglicht. Der Zyklus setzt sich fort, solange die Innovationen erfolgreich sind und sich wirksam schützen lassen.[121]

Folgende **Entwicklungen** sprechen heute jedoch gegen geschlossene Innovationen:[122]

- **Technologischer Fortschritt**: Die zunehmende Komplexität von Innovationen erfordert spezialisiertes Knowhow und den Zugang zu knappen Ressourcen, über die ein einzelnes Unternehmen meist nicht allein verfügt.
- **Globalisierung**: Aufgrund hoher Entwicklungskosten müssen Innovationen weltweit vermarktet werden, damit diese profitabel sind. Dabei sind viele Märkte schwer zugänglich und in vielen Ländern regulatorische Vorgaben einzuhalten.
- **Wissensverteilung**: Wissen wird heute weltweit und von einer Vielzahl unterschiedlicher Akteure erzeugt. Es ist zudem komplexer und interdisziplinärer geworden. Unternehmen sind deshalb im Innovationsprozess auf externe Quellen wie Forschungseinrichtungen oder Start-ups angewiesen.
- **Innovationszyklus**: Kürzere Technologie- und Produktlebenszyklen erhöhen den Innovationsdruck und verringern die Zeitspanne, um Gewinne zu erzielen.
- **Kosten und Risiken**: Trotz hoher Investitionen in Forschung und Entwicklung scheitern viele Innovationsvorhaben, was zu hohen wirtschaftlichen Risiken führt.
- **Digitalisierung**: Digitale Technologien, wie etwa Innovationsplattformen, Crowdsourcing oder Blockchain, erleichtern die kooperative Zusammenarbeit.
- **Wettbewerbsdruck**: Um den gestiegenen Kundenerwartungen gerecht zu werden, müssen Kunden zunehmend aktiv in den Innovationsprozess eingebunden werden (Customer Co-Creation).

Die Antwort auf diese Herausforderungen ist ein offener Innovationsprozess, bei dem Innovationen nicht mehr durch ein Unternehmen allein, sondern zusammen mit

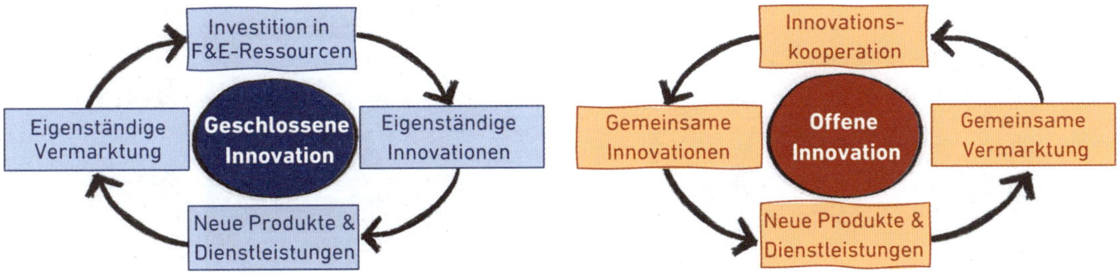

Abb. 5.2.12: Die Prinzipien geschlossener und offener Innovation

externen Partnern entwickelt werden. Zu diesen Partnern zählen beispielsweise Universitäten, Start-ups, Innovations-Hubs, staatliche Institutionen, Zulieferer oder Kunden.

Bei offener Innovation (Open Innovation) werden Wissen, Ideen und Ressourcen in kooperativen Innovationsnetzwerken geteilt, wodurch eine hohe Innovationsdynamik entsteht. Den Unterschied zur geschlossenen Innovation zeigt die rechte Grafik in Abb. 5.2.12.[123]

Offene Innovation (Open Innovation) bezeichnet eine Innovationskooperation, bei der ein Unternehmen externe Partner systematisch in die Entwicklung neuer Produkte und Dienstleistungen einbezieht. Ziel ist es, die eigenen Innovationsressourcen und -kompetenzen zu erweitern und den Innovationsprozess schneller, kosteneffizienter und wirkungsvoller zu gestalten.

Entwicklungsturbo Offene Innovation

Ein Beispiel für ein offenes Innovationsnetzwerk ist die Entwicklung der *Corona-Warn-App*, die während der Corona-Pandemie 2020/21 zum Einsatz kam. Sie sollte Anwender nach Begegnungen mit Infizierten warnen und so Infektionsketten durchbrechen. Die App wurde unter Hochdruck in nur 50 Tagen entwickelt. An dem Projekt arbeiteten Experten aus mehr als 25 Organisationen zusammen, von denen sich die meisten nie persönlich begegnet sind.

Dazu gehörten Epidemiologen des *Robert Koch-Instituts*, Datenschutzrechtler, Informatiker der *Fraunhofer-Gesellschaft*, Mathematiker und Softwareentwickler von *SAP* sowie Nachrichtentechniker und Gesundheits-IT-Experten der *Deutschen Telekom*. Die App war in sieben Sprachen verfügbar und konnte in der gesamten EU genutzt werden. Mit über 48 Millionen Downloads zählte sie weltweit zu den erfolgreichsten Anwendungen zur Kontaktnachverfolgung.[124]

Offene Innovation verspricht zahlreiche **Vorteile**:[125]

- **Schnellere Markteinführung (Time-to-Market)**: Durch die Zusammenarbeit mit externen Partnern können Innovationen schneller entwickelt und auf den Markt gebracht werden.
- **Kosten- und Risikoteilung (Cost-to-Market):** Die Partner tragen Kosten und Risiken einer Innovation gemeinsam.
- **Höherer Markterfolg (Fit-to-Market):** Die frühzeitige Einbindung der Kunden steigert die Erfolgschancen, da die Innovation gezielter auf ihre Bedürfnisse zugeschnitten werden kann.
- **Höherer Innovationsgrad (New-to-Market):** Zusammen mit externen Partnern wie Start-ups lassen sich unkonventionelle Ideen entwickeln, die zu neuartigen und attraktiven Produkten führen können.
- **Synergieeffekte**: Eigene Ressourcendefizite können durch komplementäre Partner ausgeglichen werden. Zudem lässt sich ungenutztes geistiges Eigentum durch Lizenzierung verwerten.
- **Bessere Vermarktung:** Externe Partner ermöglichen den Zugang zu neuen Zielgruppen, Märkten und Vertriebskanälen.

Innovationsplattform Startup Autobahn

Startup Autobahn ist eine internationale Open-Innovation-Plattform im Automobilsektor, die führende Unternehmen wie *Porsche*, *Mercedes-Benz* und *Bosch* mit innovativen Startups aus der ganzen Welt vernetzt.

Ein Beispiel ist die Zusammenarbeit des Startups *what3words* mit *Mercedes-Benz*. Das gemeinsam entwickelte Adresssystem unterteilt die Erde in ein Raster aus 3 mal 3 Metern, vergleichbar mit GPS-Koordinaten. Jedes dieser 57 Billionen Quadrate wird durch eine Kombination aus drei Wörtern eindeutig bestimmt. So bezeichnet etwa ///erdboden.palmen.reiseziel den Eingang des Deutschen Reichstags in Berlin. Das System ermöglicht einfache und präzise Ortsangaben – auch dort, wo es keine Straßen oder Hausnummern gibt. *what3words* ist serienmäßig in die Navigationssysteme aller *Mercedes*-Modelle integriert.

Formen offener Innovation

Je nachdem, ob Wissen, Ideen oder Technologien in das Unternehmen hinein- oder hinausfließen, lassen sich folgende **Formen offener Innovation** unterscheiden:[126]

- **Outside-in-Innovationen (Inbound):** Unternehmen können ihre Innovationsfähigkeit steigern, indem sie externe Ressourcen wie Kunden, Lieferanten, Universitäten, Start-ups oder Innovationscluster einbinden. Dies verschafft ihnen Zugang zu Ressourcen, Technologien oder Kompetenzen, die intern nicht vorhanden sind. So könnte etwa ein Unternehmen für komplexe Berechnungen einen Quantencomputer einer Forschungsinstitution nutzen oder ein Automobilhersteller bei der Entwicklung autonomer Fahrzeuge mit einem KI-Start-up kooperieren. Typische **Formen** von Outside-in-Innovationen sind:
  - **Cross-Industry Innovation:** Die Übertragung von Ideen, Technologien oder Geschäftsmodellen aus anderen Branchen auf das eigene Unternehmen. Dadurch entstehen häufig radikale Neuerungen. Beispielsweise wendet *Airbnb* das Carsharing-Prinzip auf die Vermietung von Privatwohnungen an.
  - **Crowdsourcing**: Innovationen können auch durch die Einbindung einer großen externen Gemeinschaft entstehen, etwa über Ideenwettbewerbe, Nutzerforen oder Onlineplattformen. Ein bekanntes Beispiel ist *Wikipedia*, das auf freiwilligen Beiträgen aus aller Welt basiert. Bei sogenannten Hackathons arbeiten externe Teilnehmer innerhalb weniger Stunden oder Tage gemeinsam an konkreten Herausforderungen.
  - **Lizenzen** (In-Licensing): Erwerb von Nutzungsrechten an fremdem geistigen Eigentum, um es für eigene Innovationen zu verwenden. Dies können etwa Patente oder Technologien sein.
  - **Externe Innovationsdienstleistungen**: Externe Berater, Forschungsinstitute oder Start-ups können wertvolle Impulse liefern.
  - **Finanzielle Beteiligungen**: Durch Investitionen in Start-ups oder Venture-Capital-Fonds erhalten Unternehmen frühzeitigen Zugang zu disruptiven Technologien und reduzieren gleichzeitig ihr Innovationsrisiko. *Google Ventures* investiert etwa gezielt in junge KI-Unternehmen.
- **Inside-out-Innovationen (Outbound):** Ein Unternehmen kann sein internes Wissen oder geistiges Eigentum auch extern verwerten. Innovationen, die nicht ins eigene Geschäftsmodell passen oder intern nicht weiterverfolgt werden, können durch Lizenzierung oder Verkauf wirtschaftlich genutzt werden. Alternativ lassen sie sich über Joint Ventures oder Spin-offs weiterentwickeln. Ein bekanntes Beispiel ist die Kooperation von *Philips* und *Sony*: Mit ihren gemeinsamen CD-Patenten erzielten sie in den 1990er- und frühen 2000er-Jahren jährliche Lizenzeinnahmen von bis zu einer Milliarde US-Dollar.
- **Gekoppelte Innovationen (Coupled):** Sie kombinieren Outside-in- und Inside-out-Innovationen. Durch die enge, langfristige Zusammenarbeit mit komplementären Partnern entsteht ein Innovationsnetzwerk, das auf gegenseitigem Geben und Nehmen beruht. Solche strategischen Allianzen werden häufig als Co-Creation bezeichnet. Auf diese Weise können beispielsweise technologische Standards oder dominante Produktdesigns im Markt durchgesetzt werden. Ein Beispiel für Co-Creation ist die Zusammenarbeit von *Adidas* und dem Start-up *Carbon* bei der Entwicklung des Sportschuhs *Futurecraft 4D*. *Adidas* brachte sein Know-how in Design und Produktentwicklung sowie sein Verständnis der Kundenbedürfnisse ein, *Carbon* ein neuartiges 3D-Druckverfahren, bei dem Kunststoff mithilfe von Licht präzise ausgehärtet wird. So entsteht eine Zwischensohle, die nicht nur schnell und exakt gefertigt, sondern auch individuell auf den jeweiligen Läufer abgestimmt werden kann, etwa in Bezug auf Dämpfung oder Bewegungsprofil.

Zusammenfassend können alle drei Formen offener Innovation strategisch sinnvoll sein, auch wenn sie nicht für jedes Unternehmen gleichermaßen geeignet sind. Während viele Unternehmen zunächst mit Outside-in- oder Inside-out-Prozessen beginnen, bietet der gekoppelte Ansatz langfristig das größte Erfolgspotenzial.[127]

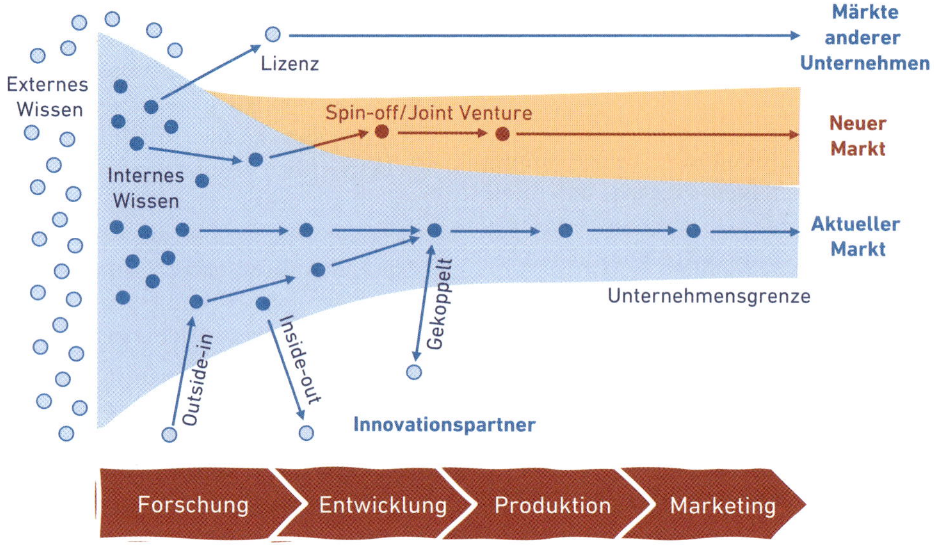

Abb. 5.2.13: Arten offener Innovation[128]

Outside-In-Innovationen in der Praxis

Die dänische *LEGO-Gruppe* ist mit einem Umsatz von rund 10 Mrd. Euro und über 31.000 Mitarbeitern einer der größten Spielwarenhersteller der Welt. *Lego Ideas* ist ein anschauliches Beispiel für Crowdsourcing. *Lego* nutzt dabei die Kreativität seiner Fans zur Entwicklung neuer Bausätze. Kunden können eigene Entwürfe gestalten und als Fotos oder Zeichnungen auf einer Online-Plattform veröffentlichen, wo über sie abgestimmt wird. Erreicht ein Vorschlag innerhalb von maximal zwei Jahren mehr als 10.000 Unterstützer, wird dessen Umsetzbarkeit und Marktpotenzial von *Lego* geprüft. Fällt die Bewertung positiv aus, bringt *Lego* den Entwurf auf den Markt. Der Erfinder erhält eine Umsatzbeteiligung in Höhe von einem Prozent und wird namentlich auf der Verpackung genannt.[129]

Procter & Gamble (P&G) ist mit einem Umsatz von über 84 Mrd. US-Dollar und rund 108.000 Mitarbeitern einer der weltweit führenden Konsumgüterhersteller. Das Unternehmen vertreibt Hygieneartikel, Haushaltswaren und Gesundheitsprodukte bekannter Marken. Über die Plattform *Connect + Develop* können externe Innovatoren wie Universitäten, Start-ups oder Forschungszentren ihre Ideen einreichen. *P&G* prüft, ob die Vorschläge zum Produktsortiment und zur Unternehmensstrategie passen und ob sie kommerziell interessant sind. Ist dies der Fall, geht das Unternehmen eine Kooperation oder Partnerschaft mit dem Innovator ein. Auf diese Weise entstand auch die Produktreihe *Swiffer*, die elektrostatische Aufladung nutzt, um Staub, Schmutz und Haare anzuziehen. Das sorgt für eine schnelle und hygienische Reinigung, da der Schmutz nicht aufgewirbelt, sondern direkt entfernt wird.

Inside-Out-Innovationen in der Praxis

Google hat sein *Android*-Betriebssystem als Open-Source-Software freigegeben. Mit Ausnahme von *Apple* wird es von allen führenden Smartphone-Herstellern genutzt – darunter *Samsung*, *Huawei* und *Xiaomi*. Auf diese Weise hat es einen weltweiten Marktanteil von über 80 % erreicht. *Google* erzielt Einnahmen durch mobile Werbeanzeigen sowie durch Provisionen beim Verkauf von Apps und In-App-Käufen über den *Google Play Store*. Zusätzlich zahlen Smartphone-Hersteller Lizenzgebühren für die Nutzung der *Google Mobile Services*, wie etwa *Google Play*, *Google Maps*, *YouTube* oder *Google Search*.

Microsoft entwickelte die Kinect-Technologie für seine Spielekonsole *Xbox* als Reaktion auf den Erfolg der Bewegungssteuerung von *Nintendos Wii* (vgl. Kap. 3.3.4). Nachdem das Interesse an dieser Steuerungsform im Gaming-Bereich nachließ, lizenzierte *Microsoft* seine Technologie zur Bewegungserfassung und Mensch-Computer-Interaktion an Drittunternehmen. Neue Einsatzbereiche finden sich heute unter anderem in der Medizin, Robotik, Automatisierung, Augmented und Virtual Reality, in interaktiven Lernumgebungen sowie im Einzelhandel.

Die von der *Robert Bosch GmbH* initiierte POWER FOR ALL ALLIANCE ist ein branchenübergreifender Zusammenschluss mehrerer Hersteller, die ein gemeinsames Akkusystem nutzen. *Bosch* stellt dafür sein 18 V-Akkusystem als offenen Standard zur Verfügung. Mitglieder sind unter anderem *Husqvarna*, *Flymo* und *Gardena*. Die Akkus sind mit zahlreichen Geräten für Haushalt und Garten kompatibel. *Bosch* verfolgt damit das Ziel, sein Akkusystem als Branchenstandard zu etablieren. Die Kunden sparen Kosten und Lagerplatz, da ein einziger Akku für mehrere Geräte verwendet werden kann.[130]

Offene Innovation wird heute branchenübergreifend und in Unternehmen jeder Größenordnung erfolgreich eingesetzt. Der Schwerpunkt liegt dabei auf Outside-in- und gekoppelten Innovationen. Sie kann in allen Phasen des Innovationsprozesses angewendet werden, wobei der Fokus meist auf der Ideengenerierung liegt (vgl. Kap. 1.4.6). Mögliche Kooperationspartner sind nicht nur andere Unternehmen (B2B), sondern auch Kunden (B2C) oder staatliche Institutionen (B2G). **Innovationsmittler** wie Hochschulen, Technologiezentren oder spezialisierte Beratungsunternehmen unterstützen Unternehmen bei der Umsetzung offener Innovationsprozesse. Sie helfen zum Beispiel bei der Suche nach geeigneten Partnern, koordinieren das Innovationsnetzwerk oder begleiten die wirtschaftliche Verwertung neuer Entwicklungen. **Innovationsmarktplätze** ermöglichen den gezielten Austausch zwischen Unternehmen und externen Partnern und fördern so die Umsetzung offener Innovationsprozesse. Beispiele hierfür sind Plattformen wie *Agorize* oder *Hyve*.[131]

Bei offener Innovation können übermäßige Geheimhaltung, juristische Hürden oder mangelndes Vertrauen die Zusammenarbeit erschweren. Besonders kritisch ist die Gefahr, dass wertvolles Know-how unkontrolliert abfließt und dadurch Wettbewerbsvorteile oder sogar Kernkompetenzen verloren gehen. Ob ein offener oder geschlossener Innovationsansatz gewählt wird, hängt maßgeblich vom Ziel der Innovation ab: Offene Innovation ist sinnvoll, wenn externe Partner einen echten Mehrwert bieten und das Unternehmen in der Lage ist, vertrauensvolle Kooperationen aufzubauen. Soll eine Innovation hingegen zu einem klaren Wettbewerbsvorteil führen, ist ein geschlossener Ansatz meist die bessere Wahl.[132]

Mit Design Thinking zur kundenfokussierten Innovation

Design Thinking stellt den Nutzer in den Mittelpunkt des Innovationsprozesses und nimmt dabei eine Outside-in-Perspektive ein. Die Entwickler betrachten das Problem durch die Brille der Anwender, um deren tatsächliche Bedürfnisse zu verstehen und sich nicht nur an ihren Wünschen zu orientieren.[133] Das erkannte bereits *Henry Ford*: „Wenn ich die Menschen gefragt hätte, was sie wollen, hätten sie gesagt: schnellere Pferde." Doch er verstand, dass es ihnen in Wahrheit darum ging, große Distanzen in kurzer Zeit zurückzulegen – und begann mit der Massenfertigung von Automobilen.[134]

Design Thinking verfolgt eine schrittweise und mehrstufige Problemlösung durch kontinuierliches Lernen aus dem Feedback der Anwender. Dabei geht es darum, völlig neue Wege zu gehen, die radikale oder sogar disruptive Innovationen ermöglichen.

Design Thinking ist eine iterative Methode, mit der interdisziplinäre Teams unter aktivem Einbezug der Anwender innovative und kundenorientierte Lösungen für komplizierte Problemstellungen entwickeln.

Design Thinking basiert auf drei wesentlichen **Elementen:**[135]

- **Multidisziplinäre Teams** aus unterschiedlichen Fachrichtungen fördern ein „Out-of-the-box"-Denken. Die besten Ideen entstehen in heterogenen Gruppen mit fünf bis sechs Personen, die über unterschiedliche Kompetenzen und Erfahrungen verfügen. Neugier und Offenheit für andere Sichtweisen bilden die Grundlage kreativer Zusammenarbeit. Statt Konkurrenzdenken herrscht ein starkes Wir-Gefühl – alle arbeiten gemeinsam an der besten Lösung.
- **Flexible Arbeitsumgebung:** Steharbeitsplätze, bewegliche Möbel und großzügige Präsentationsflächen schaffen ein kreativitätsförderndes Umfeld. Für die Gestaltung von Prototypen steht dem Team eine Vielzahl an Materialien zur Verfügung, etwa Legosteine, Stoffe, Papier, Kleber oder Farbstifte.

- Der **iterative Design-Thinking-Prozess** führt die Teams in mehreren Schleifen durch sechs Phasen:
  - **Verstehen:** Bevor sich das Team mit der Lösungsfindung befasst, benötigt es ein präzises Verständnis der Problemstellung. Dabei helfen die sechs W-Fragen: Wer ist die Zielgruppe? Warum besteht aus Sicht des Nutzers ein Handlungsbedarf? Welche Lösung schlägt der Nutzer vor? Wann benötigt er das Ergebnis? Wo und wie soll die Lösung umgesetzt werden?
  - **Beobachten:** Ziel dieser Phase ist es, die Bedürfnisse der Kunden besser zu verstehen, zum Beispiel durch Interviews, Beobachtungen oder Rollenspiele. Dabei ist es wichtig, Empathie für die Nutzer aufzubauen und sie möglichst frei sprechen zu lassen, um das Problem aus ihrer Sicht zu erfassen. So werden die Lebenswelten, Verhaltensmuster, Erwartungen, Emotionen und Erfahrungen der potenziellen Anwender greifbar.
  - **Sichtweisen definieren:** In dieser Synthesephase konzentriert sich das Team auf die relevantesten Erkenntnisse und entscheidet, für welche Nutzergruppen es Lösungen entwickeln will. Dazu werden fiktive Personen erstellt, die sogenannten *Personas*. Sie stehen stellvertretend für bestimmte Anwendergruppen und repräsentieren deren Merkmale, Bedürfnisse, Gefühle und Verhaltensweisen. Solche Personas helfen dabei, sich in die Nutzer hineinzuversetzen.
  - **Ideen finden:** Mithilfe verschiedener Kreativitätstechniken entwickelt das Team eine Vielzahl von Lösungsmöglichkeiten, seien sie auch noch so verrückt oder utopisch. Dabei sollen die Grenzen des Machbaren hinterfragt werden. Die Ergebnisse werden bewertet und anschließend danach priorisiert, welche Ideen schnell umsetzbar, visionär oder erfolgversprechend sind.
  - **Prototypen entwickeln:** Die Teams setzen ausgewählte Ideen mithilfe unterschiedlicher Medien und Materialien in physische oder digitale Prototypen um. Dies können etwa Rollenspiele, Rauminstallationen oder Modelle sein. Die Prototypen dienen dazu, dem Kunden die Lösung interaktiv zu veranschaulichen und somit die Innovation erlebbar zu machen.
  - **Testen:** Die Prototypen werden gemeinsam mit potenziellen Nutzern erprobt. Dabei werden deren Reaktionen genau beobachtet, und ihr Feedback fließt unmittelbar in die Weiterentwicklung ein. So entstehen in mehreren Iterationen verbesserte Prototypen, die zunehmend realistischer, konkreter und funktionaler werden. Nach dem Prinzip „Love it, change it or leave it" werden ungeeignete Ansätze konsequent verworfen. Das frühe Testen hilft, potenzielle Probleme zu erkennen, bevor größere Investitionen getätigt werden. Dadurch sinkt die Gefahr, dass eine Lösung am Markt scheitert. Ist der Kunde zufrieden, gilt der Prozess als abgeschlossen. Anschließend wird unter Berücksichtigung der technischen Machbarkeit und wirtschaftlichen Rentabilität entschieden, ob die erarbeitete Lösung umgesetzt werden soll.

Design Thinking ist jedoch nicht für jede Art von Innovation geeignet. Bei technischen oder strukturierten Problemen sind eher klare und effiziente Lösungen gefragt als kreative Ideen. So geht es etwa bei der Konstruktion einer Autobahnbrücke um präzise statische Berechnungen und die Einhaltung von Sicherheitsvorgaben, nicht um ein verbessertes Fahrerlebnis. Obwohl der iterative Prozess mitunter zeitaufwendig ist, sollte insbesondere dem Verständnis der Nutzerbedürfnisse ausreichend Raum gegeben werden. Design Thinking setzt eine offene Fehlerkultur und Experimentierfreude voraus, die in hierarchisch geprägten Organisationen häufig erst aufgebaut werden müssen.[136]

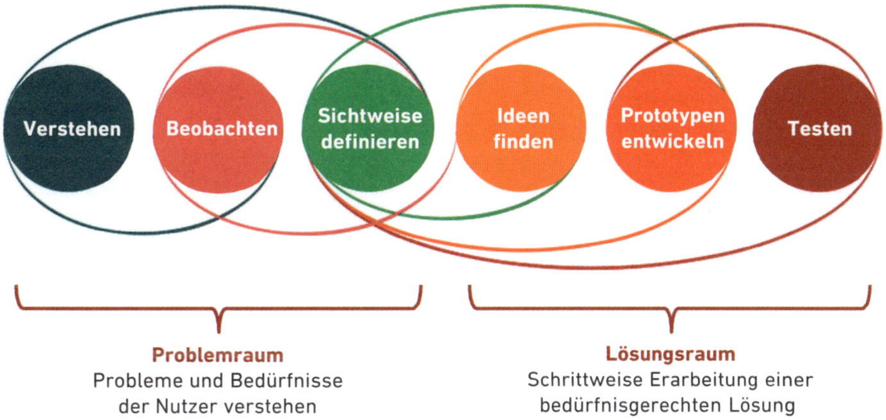

Abb. 5.2.14: Iterativer Design-Thinking-Prozess[137]

Design Thinking in der Praxis

Praxisbeispiel von Dr. Ilke Heller, Geschäftsführerin der Beratungsgesellschaft Human Revolution

In diesem Fallbeispiel entwickelte ein sechsköpfiges Team eines großen Stuttgarter Warenhauses mithilfe des Design Thinkings neue Ideen für den stationären Einzelhandel.

- **Verstehen:** Zu Beginn werteten die Projektteilnehmer Studien zum Einzelhandel aus, um die dort auftretenden Herausforderungen nachzuvollziehen. Danach betrachteten sie die potenziellen Zielgruppen und stellten folgende Fragen:
  - Wer sind die Nutzer des stationären Einzelhandels?
  - Welche Bedürfnisse haben sie?
  - Welche übergeordneten Themen stecken hinter den Bedürfnissen, wie etwa Nachhaltigkeit, Kosten oder Lage?
- **Beobachten:** Jeweils zwei bis drei Personen begaben sich in die Stuttgarter Innenstadt und sprachen dort mit unterschiedlichsten Menschen. Durch diese Gespräche gewannen die Projektmitglieder viele neue Sichtweisen und erkannten zusätzliche Bedürfnisse, die sie noch nicht berücksichtigt hatten.
- **Sichtweise definieren:** Die Aussagen der Interviewpartner wurden mithilfe des strukturierten Storytellings zusammengefasst. Die Zitate wurden auf Post-its visualisiert und den befragten Personen zugeordnet.

  Danach fokussierte sich das Team auf eine Persona: Anke ist 38 Jahre alt, Designerin und Mutter einer einjährigen Tochter. Ihr ist Nachhaltigkeit sehr wichtig und sie wünscht sich in Stuttgart einen Ort, an dem sie in guter Atmosphäre eine große, stylische Auswahl an nachhaltigen Produkten findet. Sie möchte die Waren gerne anfassen und ist daher kein großer Fan des Online-Shoppens. In dieser Person-aha und ihren Bedürfnissen sah das Projektteam einen „Golden Nugget": Ankes Aussagen motivierten das Team, tiefer zu schürfen, um spannende und innovative Lösungen zu finden.

  Bei der **Person-aha-Methode** wird eine Person ausgesucht, die während der Interviews real getroffen wurde. Damit wird sichergestellt, dass in längeren Projektverläufen die Empathie mit der Persona nicht verloren geht. Dabei wird davon ausgegangen, dass hinter der Person-aha viele ähnliche Menschen mit gleichen Bedürfnissen stehen.

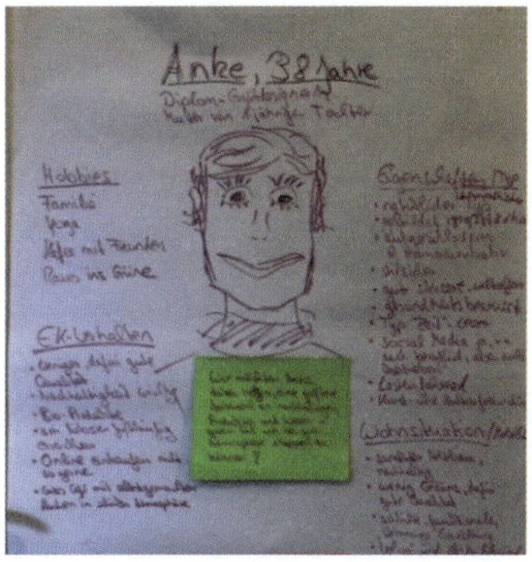

So begab sich das Team mit der „How might we"-Frage in den Lösungsraum: „Wie können wir Anke helfen, eine größere Auswahl an nachhaltigen und ansprechenden Produkten in schöner Atmosphäre einkaufen zu können?".

- **Ideen sammeln** mithilfe unterschiedlicher Methoden:
  - **Negatives Brainstorming:** Hier wird die Fragestellung zunächst ins Negative umgekehrt: „Was müssen wir tun, damit Anke bei ihrem Shopping-Erlebnis keine schöne Atmosphäre vorfindet?". Die gesammelten Ideen werden dann ins Positive umgedreht.

- **Super-Hero:** Diese Methode hilft den Teams, wilde Ideen zu generieren. Man versetzt sich in einen Superhelden oder eine bekannte Figur – wie etwa Pippi Langstrumpf, Sherlock Holmes oder Harry Potter – und überlegt, welche Ideen diese für die Fragestellung hätten. Eine wunderbare Methode, die immer Erstaunliches hervorbringt.
- **Heiße Kartoffel:** Bei dieser Team-Brainstorming-Methode stellen sich die Teilnehmer vor, einen heißen Gegenstand in der Hand zu halten, den sie möglichst schnell weitergeben müssen. Ein Sprecher beginnt, äußert eine Idee und wirft dann beispielsweise einen Ball zum nächsten Teilnehmer. Innerhalb von drei Minuten entsteht so ein Flipchart voller neuer Einfälle. Im Projekt wurde diese Methode genutzt, um dem neuen Einkaufserlebnis den Namen *Stadtwald* zu geben.

Daraus folgte eine große Bandbreite an unterschiedlichen Ideen, die anschließend gruppiert und bewertet wurden.

- **Prototypen bauen:** Die beste Idee wurde in einen Prototyp umgesetzt, um sie für potenzielle Kunden erlebbar zu machen. Dabei nutzten die Projektmitglieder verschiedene Materialien: Zunächst entwarfen sie ein erstes Logo samt Nutzenversprechen, anschließend setzten sie den Stadtwald als Lego-Modell um.
- **Testen:** Um die Idee des Stadtwalds auszuprobieren, luden die Projektmitglieder mehrere Testkunden ein, die dem Persona-Konstrukt von Anke entsprachen. Sie präsentierten ihnen ihre Ideen und holten gezielt Feedback ein. Dabei lieferten die Testpersonen wertvolle neue Impulse für die schrittweise Weiterentwicklung des Lösungsvorschlags.

Das Projektteam identifizierte mithilfe von Design Thinking eine neue Kundengruppe und entwickelte für diese ein gezieltes Angebot – den *Stadtwald*. So entstand ein Einkaufserlebnis, das Nachhaltigkeit, Stil und Atmosphäre überzeugend miteinander verbindet.

5.3 Projekte zum Erfolg führen

Bereits in der frühen Menschheitsgeschichte wurden gewaltige Projekte realisiert – etwa der Bau der ägyptischen Pyramiden, der Chinesischen Mauer sowie zahlreicher Kathedralen, Burgen und Schlösser. Als Meilenstein des modernen Projektmanagements gilt jedoch das 1942 in New York gestartete Manhattan-Projekt zur Entwicklung der Atombombe. Diese unter hohem Zeitdruck stehende Mammutaufgabe war mit traditionellen Organisationsformen nicht zu bewältigen. Zeitweise arbeiteten bis zu 150.000 Menschen an dem streng geheimen Vorhaben, das 1945 erfolgreich abgeschlossen wurde und den Verlauf der Weltgeschichte nachhaltig veränderte. Solche außergewöhnlichen Unternehmungen verdeutlichen, dass traditionelle Linienorganisationen bei komplexen, neuartigen Aufgaben an ihre Grenzen stoßen.

Die hierarchische Primärorganisation ist auf standardisierte Tätigkeiten ausgerichtet und weist eine starre Kompetenzverteilung auf. Muss ein neuartiges Problem stellenübergreifend gelöst werden, sind mehrere Hierarchieebenen sowie unterschiedliche Fachbereiche einzubeziehen. Dies würde in der primären Organisation langwierige Abstimmungsprozesse erfordern. Für interdisziplinäre und innovative Vorhaben sind deshalb Projekte besser geeignet.[138] Dabei handelt es sich um befristete sekundäre Organisationseinheiten, die für einmalige Aufgaben geschaffen und nach deren Abschluss wieder aufgelöst werden. Sie verändern die Primärorganisation eines Unternehmens in der Regel nicht, erhöhen jedoch dessen organisatorische Flexibilität, dezentralisieren Verantwortung und ermöglichen eine ganzheitliche Lösung anspruchsvoller Aufgabenstellungen.

Ein **Projekt** ist ein zielorientiertes, einmaliges, neuartiges, befristetes und komplexes Vorhaben mit wirtschaftlichen Risiken, das durch die interdisziplinäre Zusammenarbeit mehrerer Experten aus unterschiedlichen Fachbereichen realisiert wird.[139]

Ein Projekt ist durch folgende **Merkmale** gekennzeichnet:[140]

- **Zielorientiert**: Projekte verfolgen klar definierte Ziele, die innerhalb eines vorgegebenen Zeit- und Ressourcenrahmens erreicht werden sollen.
- **Einmalig und neuartig**: Projekte sind keine Routinetätigkeiten, sondern einmalige Vorhaben, die neuartige Lösungsansätze erfordern.
- **Befristet**: Der Projektverlauf ist zeitlich begrenzt; Beginn und Ende sind klar festgelegt.
- **Komplex**: Projekte sind sowohl kompliziert als auch dynamisch. Sie unterliegen ständigen Veränderungen und es sind viele Personen beteiligt.
- **Interdisziplinär**: Aufgrund der hohen Anforderungen erfordern Projekte die koordinierte Zusammenarbeit von Experten aus unterschiedlichen Fachbereichen.
- **Riskant**: Projekte sind oft innovativ und daher mit wirtschaftlichen Unsicherheiten verbunden, etwa im Hinblick auf ihre Realisierbarkeit, Marktfähigkeit sowie Termin- und Budgeteinhaltung.

Um den Anforderungen einer VUKA-Welt (vgl. Kap. 1.5.1) flexibel und interdisziplinär begegnen zu können, setzen sich projektorientierte Arbeitsformen zunehmend durch. Sie gelten außerdem als typisches Merkmal agiler Organisationen (vgl. Kap. 5.1.2).

5.3.1 Wie lassen sich Projekte managen?

Die primären Organisationseinheiten sind homogen und aufeinander eingespielt, um wiederkehrende Prozesse möglichst effizient abzuwickeln. Projekte hingegen verfolgen eine einmalige und neuartige Aufgabe, für deren Umsetzung nur ein begrenzter Zeitraum zur Verfügung steht. Dazu ist meist ein Team aus Mitarbeitern verschiedener Fachbereiche erforderlich. Aufgrund ihrer befristeten und interdisziplinären Ausrichtung lassen sich Projekte nur schwer in die bestehende hierarchische Organisation integrieren. Zur Koordination der Projekttätigkeiten wird deshalb für die Dauer des Projekts ein **Projektmanagement** als zentrale Steuerungseinheit eingerichtet. Es ist für die ordnungsgemäße Durchführung verantwortlich und berichtet im Rahmen des Projektcontrollings regelmäßig an die Unternehmensführung als Auftraggeber.

> Das **Projektmanagement** umfasst die Planung, Steuerung und Kontrolle eines Projekts, um die angestrebten Ziele termingerecht und mit den vorgesehenen Ressourcen zu erreichen.

Das Projektmanagement verfolgt drei unterschiedliche **Zielsetzungen**:

- **Qualität:** Das angestrebte Projektergebnis soll bestimmte Merkmale erfüllen, die in der Regel in einem Lasten- oder Pflichtenheft festgelegt sind. Dadurch wird die Qualität der Ergebnisse mess- und überprüfbar.
- **Kosten:** Für die Erfüllung des Projektauftrags steht nur ein begrenztes Budget zur Verfügung.
- **Zeit:** Die Projektdauer ist durch einen definierten Start- und Endtermin festgelegt.

Diese Zieldimensionen bilden das in Abb. 5.3.1 dargestellte **magische Dreieck**. Das Projektmanagement hat die Aufgabe, möglichst alle Ziele gleichzeitig zu erreichen, auch wenn diese oft miteinander konkurrieren. So lässt sich die Ergebnisqualität in der Regel steigern, wenn zusätzliches Budget oder mehr Zeit zur Verfügung stehen. Umgekehrt kann die Einhaltung enger Termine oft durch erhöhten Ressourceneinsatz erzielt werden, was jedoch zu steigenden Kosten führt. Deshalb sollten die Projektziele bereits im Vorfeld klar priorisiert werden. In einem Entwicklungsprojekt kann beispielsweise der angestrebte Endtermin im Vordergrund stehen, um mit einer Innovation vor der Konkurrenz auf den Markt zu kommen.[141]

Abb. 5.3.1: Magisches Zieldreieck des Projektmanagements

Je nach Vorhersehbarkeit des Projektverlaufs und der tatsächlichen Projektergebnisse wird zwischen deterministischen und offenen Projekten unterschieden. Diese stellen jeweils unterschiedliche Anforderungen an die Projektleitung:[142]

- **Deterministische Projekte** sind durch einen weitgehend festgelegten Ablauf und klar definierte Ergebnisse gekennzeichnet. Es existieren präzise Vorgaben sowie ein strukturierter Plan, der möglichst exakt eingehalten werden soll. Typische Beispiele sind der Bau von Einfamilienhäusern oder standardisierte IT-Projekte wie die Einführung einer ERP-Software.

- **Offene Projekte** hingegen zeichnen sich dadurch aus, dass weder der genaue Verlauf noch die tatsächlichen Ergebnisse im Vorfeld eindeutig feststehen. Neue Erkenntnisse oder unvorhergesehene Entwicklungen können kurzfristige Anpassungen des Projektverlaufs oder sogar eine Veränderung der Projektziele erforderlich machen. In solchen Fällen können starre Zielvorgaben den Zugang zu innovativen Lösungen behindern. Die damit verbundenen Unsicherheiten führen jedoch auch zu einem deutlich höheren Projektrisiko. Beispiele sind Großprojekte wie der Bau eines unterirdischen Bahnhofs in einem dicht besiedelten Stadtgebiet oder die Entwicklung eines Impfstoffs gegen ein neues Virus.

Mittlere und große Unternehmen führen meist viele unterschiedliche Projekte parallel durch. Innovationen entstehen dabei in der Regel nicht innerhalb eines einzelnen Projekts, sondern sind das Ergebnis mehrerer aufeinander aufbauender Entwicklungsvorhaben. Häufig konkurrieren diese Projekte dabei um dieselben Ressourcen. Zur Koordination aller im Unternehmen parallel durchgeführten Projekte dient das **Multi-Projektmanagement**. Es priorisiert die Vorhaben innerhalb des betrieblichen Projektportfolios und soll Synergien zwischen den Projekten fördern. Zudem vermittelt es zwischen der Unternehmensführung und den einzelnen Projektleitern.[143]

Projektorganisation

Die Projektorganisation schafft die strukturellen Voraussetzungen für eine effektive Projektdurchführung. Zu Beginn sind die vom Projekt betroffenen Stakeholder zu identifizieren sowie ihre jeweiligen Rollen festzulegen. Dazu zählen beispielsweise die erforderlichen Projektmitarbeiter, deren Linienvorgesetzte, von den Projektergebnissen betroffene Personen sowie externe Kunden oder Berater. Ihr Einfluss auf das Projekt kann sehr unterschiedlich ausfallen – von direkter Einwirkung über mittelbare Beeinflussung bis hin zu reinem Informationsinteresse. Ihre Reaktionen können von euphorischer Unterstützung bis zu offenem Widerstand reichen. Daher sollten deren Interessen systematisch analysiert und im weiteren Projektverlauf angemessen berücksichtigt werden.[144]

Die Entscheidungsträger, die ein Projekt auf Basis eines Projektantrags ins Leben rufen, übernehmen die Rolle des Auftraggebers. Diese Funktion kann ein Mitglied der Unternehmensführung oder ein Steuerungsgremium wahrnehmen. Der **Auftraggeber** initiiert das Projekt, stellt die erforderlichen Ressourcen bereit und trägt die unternehmerische Verantwortung für das Ergebnis, das er nach Projektabschluss entgegennimmt. Der Projektleiter und sein Projektteam übernehmen als **Auftragnehmer** die Umsetzung des Projektauftrags.

Die Rolle des internen Auftraggebers ist vom externen Kunden zu unterscheiden, der dem Unternehmen einen Auftrag erteilt. So bestellt ein Kunde beispielsweise bei einem Maschinenbauer eine Spezialmaschine. Die Abwicklung dieses Auftrags erfolgt intern über ein Projekt, das etwa vom Vertriebsleiter als interner Auftraggeber initiiert wird.[145]

Der Auftraggeber hat folgende **Aufgaben**:[146]

- Formulierung des Projektauftrags und Festlegung von Zielen, Zeitrahmen, Budget und Projektanforderungen.
- Sicherstellung der Übereinstimmung der Projektziele mit der Vision und Strategie des Unternehmens.
- Bereitstellung der für das Projekt erforderlichen materiellen, personellen und finanziellen Ressourcen.
- Festlegung der Projektorganisation und Ernennung des Projektleiters.
- Beratung und Unterstützung des Projektleiters während der Projektlaufzeit.
- Definition der Projektphasen und Meilensteine.
- Festlegung der Projektpriorität im Verhältnis zu anderen Projekten und zur Linienorganisation.
- Unterstützung des Projekts gegenüber konkurrierenden Unternehmensinteressen.
- Regelmäßige Überprüfung des Projektfortschritts hinsichtlich Zeit, Kosten und Qualität.
- Bewertung von Zwischenergebnissen und Freigabe nachfolgender Projektphasen.
- Abnahme des Endergebnisses und formale Beendigung des Projekts.

Die **Projektorganisation** unterscheidet sich je nach Stärke der Ausrichtung auf die Projektziele und den Weisungsbefugnissen des Projektleiters. Die verschiedenen Ausprägungen werden im Folgenden vorgestellt.[147] Im Multi-Projektmanagement führt die zeitliche und inhaltliche Abhängigkeit einzelner Teilprojekte zu einem hohen Abstimmungsbedarf und erfordert daher eine mehrstufige Projektorganisation.

Fachabteilungs-Projektorganisation

> Bei der **Fachabteilungs-Projektorganisation** übernimmt eine Fachabteilung zusätzlich zu ihren regulären Linienaufgaben die Leitung eines Projekts.

In diesem Fall wird keine eigenständige Organisationseinheit gebildet, sondern das Projektmanagement in die bestehende Linienorganisation integriert. Die Fachabteilungs-Projektorganisation eignet sich, wenn das Projekt hauptsächlich abteilungsintern durchgeführt wird und andere Fachbereiche nur wenig dazu beitragen. Darüber hinaus sollte der Projektumfang begrenzt sein, sodass die laufenden Aufgaben der Abteilung nicht beeinträchtigt werden. Die projektführende Abteilung kann auch Teilaufgaben an andere Einheiten delegieren.

Die Fachabteilungs-Projektorganisation hat keinen Einfluss auf die bestehende Organisationsstruktur. Daher fallen keine zusätzlichen Kosten an, und die Akzeptanz in der Linie ist hoch. Ein Vorteil liegt in der direkten und schnellen Entscheidungsfindung innerhalb der Abteilung. Zudem können im Projekt erworbene Fähigkeiten und neue Erkenntnisse nach Projektende unmittelbar weitergenutzt werden.

Da die Mitarbeiter ihre projektbezogenen Aufgaben zusätzlich zu ihrer regulären Tätigkeit übernehmen, kann dies zu einer hohen Arbeitsbelastung des Projektteams führen. Darunter leiden oft sowohl das Projekt als auch das Tagesgeschäft. Besonders bei abteilungsübergreifenden Projekten treten Schwierigkeiten auf, da die Projektleitung keinen direkten Zugriff auf die Ressourcen anderer Abteilungen hat. Dies kann zu Kompetenzstreitigkeiten führen und langwierige Abstimmungen erforderlich machen. Deshalb ist diese Organisationsform nur für kleinere, abteilungsbezogene Projekte empfehlenswert.

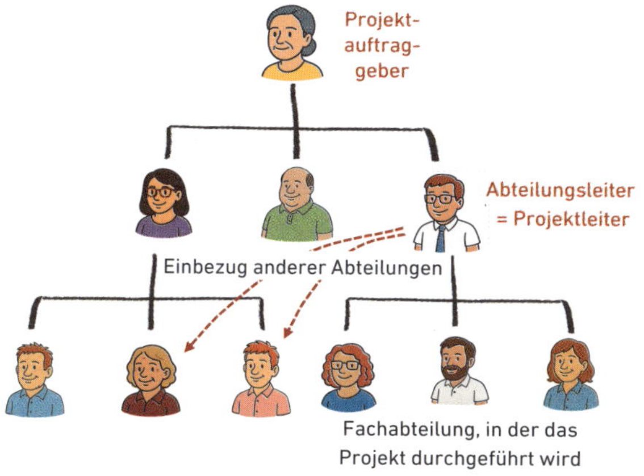

Abb. 5.3.2: Fachabteilungs-Projektorganisation

Stabs-Projektorganisation

> Bei der **Stabs-Projektorganisation** übernimmt eine eigenständige Stabsstelle die Projektleitung, während alle übrigen Projektbeteiligten in ihren jeweiligen Fachabteilungen verbleiben.

Die Stabs-Projektorganisation wird auch als Einfluss-Projektmanagement bezeichnet. Die Stabsstelle koordiniert die Projektarbeit, die von den Projektmitarbeitern innerhalb der bestehenden Strukturen durchgeführt wird. Sie fungiert als neutrale Instanz, die das Projektgeschehen überwacht. Allerdings besitzt der Projektmanager als Stab keine Entscheidungs- oder Weisungskompetenz, sondern lediglich projektbezogene Informations- und Beratungsbefugnisse.

Da das organisatorische Gefüge kaum verändert wird, ist diese Form in der Praxis sehr beliebt. Die Durchsetzungsfähigkeit des Projektmanagers hängt allerdings von der Unterstützung durch den vorgesetzten Projektauftraggeber ab. Um zumindest informellen Einfluss ausüben zu können, sollte die Stabsstelle möglichst hoch in der Unternehmenshierarchie angesiedelt sein. Der Projekterfolg ist jedoch auch vom Wohlwollen der beteiligten Linieneinheiten abhängig.

Vorteile der Stabs-Projektorganisation bestehen darin, dass eine neutrale Instanz die hierarchisch getrennten Bereiche koordiniert und die bestehende Organisationsstruktur weitgehend unverändert bleibt. Ein Nachteil ist die fehlende Weisungsbefugnis des Projektleiters, wodurch er keine umfassende Verantwortung für das Projektergebnis übernehmen kann. Bei Problemen im Projektablauf ist der Abstimmungsaufwand hoch, was schnelle Reaktionen erschwert. Diese Schwächen treten besonders deutlich zutage, wenn die Rückendeckung durch den Auftraggeber fehlt.

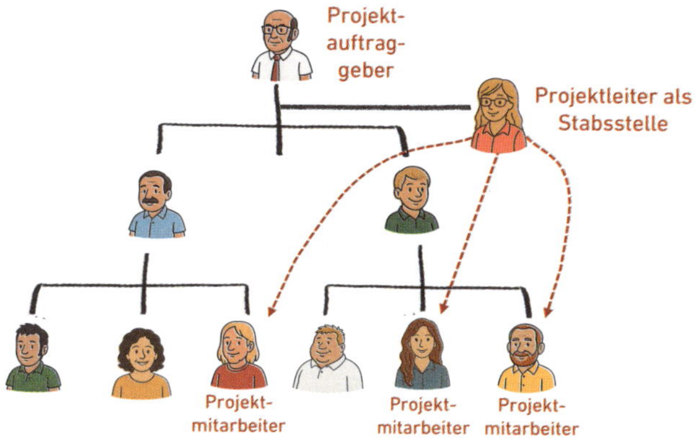

Abb. 5.3.3: Stabs-Projektorganisation

Die Stabs-Projektorganisation ist deshalb besonders für kleinere Projekte geeignet, die wenig Abstimmungsbedarf erfordern und ohne wesentliche Eingriffe in bestehende Organisationsstrukturen umsetzbar sind.

Matrix-Projektorganisation

> Bei der **Matrix-Projektorganisation** wird zusätzlich zur bestehenden Linienorganisation eine horizontale Projektverantwortung eingerichtet.

Die Projektleiter steuern ihre Projekte inhaltlich, zeitlich und finanziell, während die Linienvorgesetzten bestimmen, welche Mitarbeiter welche Aufgaben übernehmen und wie diese entsprechend den Vorgaben ihres Fachbereichs auszuführen sind. Dadurch entsteht eine doppelte Weisungsstruktur, bei der Projekt- und Linienverantwortung parallel nebeneinander bestehen.

Die Projektmitarbeiter werden dem Projekt eindeutig zugeordnet, ohne ihre reguläre Organisationseinheit verlassen zu müssen. Dadurch können sie ihre bisherigen Aufgaben weiterhin wahrnehmen und gleichzeitig ihr Fachwissen flexibel in verschiedene Projekte einbringen. Sie sind dem Projektleiter fachlich und teilweise auch disziplinarisch unterstellt, der für das Projekt verantwortlich ist.

Bei der *balancierten Matrix* verfügen Projektmanager und Linieneinheiten über gleichrangige Kompetenzen. Die Projektmitarbeiter sollen dabei sowohl den Anforderungen des Projekts als auch denen der Linie gerecht werden. Diese Doppelunterstellung birgt Konfliktpotenzial und erfordert einen hohen Abstimmungsaufwand. Daher ist eine klare Regelung von Aufgaben und Zuständigkeiten zwischen Projekt und Linie unerlässlich. Bei der *projektdominierten Matrix* steht das Projekt im Vordergrund; bei der *funktionsdominierten Matrix* haben die Linieneinheiten stärkere Befugnisse.

Matrix-Projektorganisationen ermöglichen eine flexible Koordination interdisziplinärer Projektteams. Für die Mitarbeiter bietet die fachliche Linie eine dauerhafte organisatorische Heimat, sodass es am Projektende zu keinen Versetzungsproblemen kommt. Die Matrixorganisation wird vor allem für Entwicklungsvorhaben und Kundenprojekte in großen Unternehmen eingesetzt, die zahlreiche Projekte parallel durchführen. Dies ist beispielsweise in der Automobilindustrie, in Beratungsunternehmen oder in der IT-Branche der Fall.

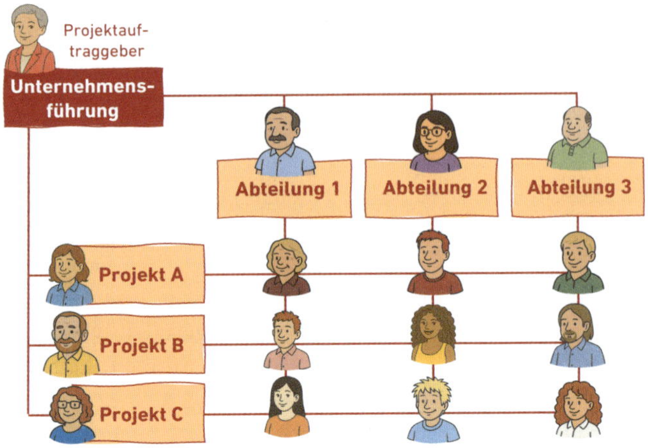

Abb. 5.3.4: Matrix-Projektorganisation

Reine Projektorganisation

> Bei der **reinen Projektorganisation** wechseln Projektleiter und -mitarbeiter aus ihren bisherigen Linienstellen vollständig in eine eigenständige Projekteinheit, der sie für die Dauer des Projekts angehören.

In der reinen Projektorganisation sind die Projektbeteiligten hauptamtlich im Projekt tätig. Während der Projektlaufzeit besitzt der Projektleiter als „Vorgesetzter auf Zeit" gegenüber den Projektmitarbeitern sowohl disziplinarische als auch fachliche Weisungsbefugnisse. Dadurch übernehmen die Beteiligten ein Höchstmaß an Projektverantwortung und identifizieren sich stark mit dem Projekt. Die reine Projektorganisation eignet sich besonders für große, strategisch bedeutsame Vorhaben, die zu einem schnellen Ergebnis kommen sollen. Da die Projektleitung im Rahmen ihrer Projektverantwortung weitgehend autonom entscheidet, kann sie auf Störungen schnell reagieren. Zudem sind das Konfliktpotenzial und der Koordinationsaufwand gering und die Kommunikationswege kurz.

Allerdings führt die Eigenständigkeit des Projekts mitunter zur Gefahr von Doppelarbeiten zwischen Projekt und Linie. Die Projektmitarbeiter werden vollständig aus der Primärorganisation herausgelöst, was zu Personalengpässen in den Funktionsbereichen führen kann. Die beruflichen Perspektiven der Projektmitarbeiter sollten frühzeitig geklärt werden, um Unsicherheit und Orientierungslosigkeit nach Projektende zu vermeiden. Das ausgeprägte Eigenleben einer Projektgruppe birgt die Gefahr, dass sich Projekte von der Linienorganisation abkoppeln. Am Ende des Projekts sollten die gewonnenen Erkenntnisse und Erfahrungen in

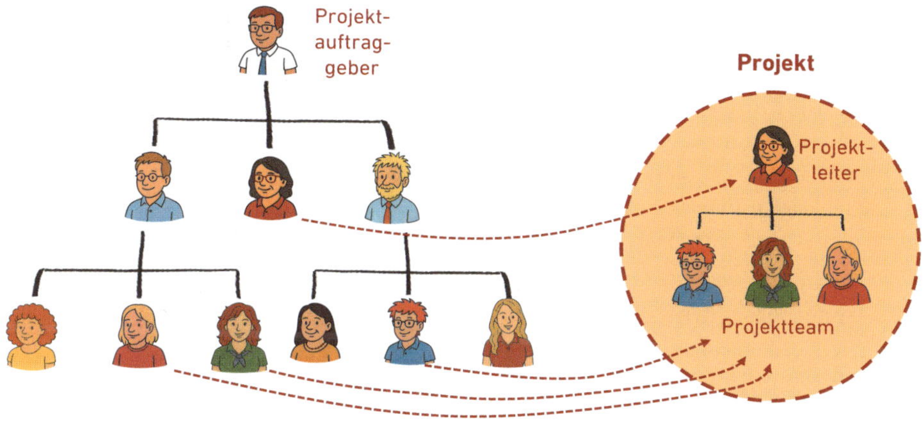

Abb. 5.3.5: Reine Projektorganisation

die Linie übertragen werden, damit kein wertvolles Wissen verloren geht.

Welche Organisationsform für ein Projekt am besten geeignet ist, hängt von dessen Art, Größe, Dauer und Komplexität ab. Kriterien der Projektkomplexität sind etwa der Innovationsgrad, das Risiko, die Anzahl der Beteiligten und die Vernetztheit der Teilaufgaben. Grundsätzlich ist für kleine und wenig komplexe Projekte eher eine Fachabteilungs- oder Stabs-Projektorganisation sinnvoll. Bei umfangreichen und komplexen Projekten mit hoher Tragweite kommt die reine Projektorganisation zum Einsatz. Werden im Unternehmen dauerhaft viele Projekte mittlerer Komplexität parallel durchgeführt, ist eine Matrix-Projektorganisation zu empfehlen.[148] Abb. 5.3.6 zeigt verschiedene Kriterien zur Auswahl der Projektorganisation.

Projekt-merkmale	Fachabteilungs-/ Stabs-Projekt-organisation	Matrix-Projekt-organisation	Reine Projekt-organisation
Bedeutung	gering	mittel	hoch
Umfang	gering	mittel	hoch
Komplexität	gering	mittel	hoch
Risiko	gering	mittel	hoch
Zeitdruck	gering	mittel	hoch
Dauer	kurz	mittel	lang
Interdisziplinarität	gering	hoch	hoch
Mitarbeiter-einsatz	zeitweise (Teilzeit)	zeitweise (Teilzeit)	dauerhaft (Vollzeit)

Abb. 5.3.6: Auswahlkriterien der Projektorganisation[149]

Projektablauf

Jedes Projekt durchläuft mehrere Phasen. Da die meisten Projekte einen ähnlichen Verlauf haben, können standardisierte Phasenmodelle als Orientierung dienen. Diese reichen von einer Zweiteilung in Planung und Realisierung über eine Dreiteilung in Planung, Durchführung und Projektabschluss bis hin zu Modellen mit fünf oder mehr Phasen. Manche Ansätze berücksichtigen auch branchenspezifische Besonderheiten.

Allgemein lassen sich folgende **Phasen** eines Projekts unterscheiden:[150]

- **Projektdefinition** (Phase 0, Anlaufphase, Vorprojekt): In der ersten Projektphase werden die Voraussetzungen für das Vorhaben geprüft. Darauf aufbauend werden Aufgaben und Ziele definiert sowie ein erster Vorschlag zur Projektorganisation erstellt. Dies dient der Planung von Anlaufmaßnahmen und der Auswahl des Schlüsselpersonals, insbesondere des Projektleiters. Außerdem werden Kosten, Nutzen und Zeitbedarf abgeschätzt. Die Ergebnisse fließen in den Projektantrag ein, der die Grundlage für die Genehmigung durch den Auftraggeber bildet. Die Freigabe dieses Antrags stellt den Projektauftrag dar.
- **Konzeption** (Grobkonzeption, Analysephase): Nachdem in der Projektdefinition ein grober Rahmen für das Projekt festgelegt wurde, werden nun alternative Lösungswege entwickelt und bewertet. Ziel ist es, die beste Problemlösungsalternative auszuwählen. Der Auftraggeber genehmigt das Lösungskonzept und erteilt die Freigabe für die nächste Phase.
- **Gestaltung** (Planungsphase, Feinkonzeption): In dieser Phase wird das Projekt detailliert ausgearbeitet. Die end-

gültige Leistungsbeschreibung wird in Arbeitspakete untergliedert, und der Ablaufplan wird im Detail erstellt. Kapazitäten und Ressourcen werden zugewiesen, darauf basierend erfolgt die Kosten- und Finanzplanung sowie eine fundierte Wirtschaftlichkeitsanalyse. Das Ergebnis ist ein vollständiger Projektplan, der vom Auftraggeber verabschiedet wird und die Grundlage für die Realisierung des Projekts und das Projektcontrolling bildet.

- **Realisierung** (Umsetzungsphase): Die Umsetzung eines Projekts beinhaltet die Bearbeitung der Arbeitspakete und ist die zeit- und kostenintensivste Phase. Der Projektleiter ist für die Überwachung und Steuerung der Leistungserbringung zuständig. Ein wirksames Projektcontrolling ist hierbei unerlässlich. Die Realisierungsphase ist in Meilensteine unterteilt, die den Abschluss einzelner Arbeitspakete kennzeichnen.
- **Implementierung** (Projektabschluss, -auslauf, -ende): Abschließend wird geprüft, ob die Projektziele erreicht wurden. Vor der Auflösung der Projektorganisation sind Maßnahmen zur Sicherung des Projekterfolgs festzulegen. Zudem sollte dokumentiert werden, welche Erkenntnisse das Projekt gebracht hat und welche Lehren sich aus dem Projektverlauf ziehen lassen. Diese fließen in den Abschlussbericht für den Auftraggeber ein, der mit der offiziellen Beendigung des Projekts die Projektorganisation auflöst.

Das klassische Projektmanagement basiert meist auf der Vorstellung eines linearen und sequenziellen Ablaufs der Projektphasen nach dem **Wasserfallmodell**. Die Phasen werden nacheinander abgearbeitet, und die jeweils nächste Phase beginnt erst, wenn zuvor definierte Meilensteine erreicht sind. In der Praxis verlaufen die Phasen jedoch nicht immer strikt hintereinander, sondern können sich überschneiden. Um Zeit zu sparen, können einzelne Phasen parallel durchgeführt werden, sofern dies inhaltlich möglich ist.

Die einzelnen Phasen haben unterschiedliche **Auswirkungen auf den Projekterfolg**:

- **Frühe Phasen** haben große Bedeutung, tragen jedoch nicht unmittelbar zum Umsetzungsstand bei. In ihnen werden strategische Aspekte und die Projekteffektivität festgelegt – etwa die Zielsetzung, das Vorgehen oder Maßnahmen zur Senkung des Projektrisikos.
- **Spätere Phasen** beeinflussen maßgeblich den Projektfortschritt, wobei die Tragweite der Entscheidungen kontinuierlich abnimmt. In diesen Phasen steht vor allem die Projekteffizienz im Vordergrund.

Auch im Projektmanagement gilt das **80-20-Prinzip**: Die frühen Phasen verursachen zwar nur etwa 20 % der Gesamtkosten, bestimmen jedoch rund 80 % des Projekterfolgs. Daher sollte mit der Umsetzung erst nach sorgfältiger Planung begonnen werden.[151]

Projekt-Leadership

Der Projektleiter sollte ein Projekt nicht nur managen, sondern zum Erfolg führen. Durch wirksames Projekt-Leadership formt er aus den Beteiligten ein Team und begeistert sie für die Erreichung ambitionierter Projektziele. Werden diese als sinnvoll und erstrebenswert empfunden, stellt sich Motivation von selbst ein.

> **Projekt-Leadership** begeistert die Projektmitarbeiter für anspruchsvolle Ziele, formt ein leistungsfähiges Projektteam und befähigt es, bei der Umsetzung herausragende Ergebnisse zu erreichen.

Je umfangreicher und bedeutender ein Projekt, desto mehr Führungs- und desto weniger Fachaufgaben hat der Projektleiter. Er entscheidet, wer in welcher Form in das Projekt eingebunden wird. Der Projektleiter trägt die Verantwortung für den Projekterfolg, während das Projektteam die inhaltliche Umsetzung übernimmt. Dabei kann das Team durch zeitweilig Beteiligte wie Auftraggeber, Steuerungsgremien, Linieneinheiten oder externe Berater unterstützt werden. Alle unmittelbar am Projekt beteiligten Mitarbeiter sollten Teil des Projektteams sein. Mittelbar Beteiligte wie Betroffene oder Vorgesetzte sollten regelmäßig informiert werden, um ihre Unterstützung zu sichern. Dies kann durch Kick-off-Veranstaltungen, Informationsbroschüren oder regelmäßige Fortschrittsberichte erfolgen.[152]

Die **Größe eines Projektteams** ist erfolgskritisch, da sie einen maßgeblichen Einfluss auf die Effizienz der Projektarbeit hat. Die Anzahl der Projektmitarbeiter hängt insbesondere davon ab, wie intensiv sich die Teammitglieder untereinander abstimmen müssen. Arbeiten sie weitgehend unabhängig voneinander an verschiedenen Teilaufgaben, kann durch ein größeres Team das Projektergebnis schneller erreicht werden. Erfordert die Projektarbeit hingegen enge Zusammenarbeit und intensive Kommunikation, ist die Gruppengröße begrenzt.[153]

Kommunizieren alle Teammitglieder direkt miteinander, lässt sich die **Anzahl der Kommunikationsbeziehungen** mit folgender Formel berechnen:

$$N = n \cdot \frac{(n-1)}{2}$$

N = Zahl der Kommunikationsbeziehungen

n = Zahl der Teammitglieder

Drei Teammitglieder haben folglich drei Kommunikationsbeziehungen, vier bereits sechs, und bei acht steigt die Zahl schon auf 28. Ist eine enge direkte Abstimmung erforderlich, liegt die optimale Gruppengröße je nach Kommunikationsintensität zwischen sechs und neun Personen. Werden jedoch nicht alle Kommunikationsbeziehungen benötigt, können auch größere Projektteams noch effizient zusammenarbeiten.

Nach der „Zwei-Pizza-Team-Regel" des Firmengründers *Jeff Bezos* soll ein Team bei *Amazon* maximal so groß sein, dass es von zwei Familienpizzen satt wird, was etwa fünf bis acht Personen entspricht. Ist die Gruppe größer, wird die Projektaufgabe auf mehrere Teams verteilt. Die optimale Gruppengröße hängt jedoch von vielen Faktoren ab, wie etwa von der Art des Projekts, der Zusammensetzung und Qualifikation des Teams, der Ressourcenausstattung sowie dem Zeitdruck.[154]

Generell gilt folgende **Faustformel**: Ein Team sollte hinsichtlich der erforderlichen Kompetenzen so groß wie nötig, aber aufgrund des Koordinationsaufwands so klein wie möglich sein.[155]

Merkmale effektiver Projektteams sind:[156]

- **Eindeutige Ziele**: Die Teammitglieder verfolgen ein klar definiertes Ziel, das von allen verstanden und mitgetragen wird. Die Identifikation mit dem Projektziel schafft Klarheit über Rollen, Verantwortlichkeiten und individuelle Beiträge.
- **Gegenseitige Abhängigkeit**: Da die Projektaufgabe nur durch enge Zusammenarbeit gelöst werden kann, sind die Mitglieder stark aufeinander angewiesen.
- **Teamgeist**: Intensive Zusammenarbeit, geteilte Erfahrungen und ein gemeinsames Verständnis fördern den Zusammenhalt und das Wir-Gefühl im Team.
- **Vertrauen**: Ein offener, respektvoller Umgang ist unerlässlich für eine gute Zusammenarbeit. Meinungsverschiedenheiten sollten offen angesprochen und konstruktiv gelöst werden.
- **Gemeinsame Überzeugung**: Der Glaube an das Projektziel motiviert das Team und stärkt den Zusammenhalt. Frühzeitige Erfolge können diesen maßgeblich stärken.
- **Intensive Kommunikation**: Effektive Teams tauschen sich laufend aus, sowohl auf formeller als auch informeller Ebene.

Ein **schlagkräftiges Projektteam** zeichnet sich durch klare, gemeinsam getragene Ziele, intensive Kommunikation, gegenseitiges Vertrauen und ein ausgeprägtes Zusammengehörigkeitsgefühl aus.

Da das Team in der Regel speziell für das Projekt zusammengestellt wird, fehlt es zunächst sowohl an Vertrautheit mit den Kollegen als auch mit den anstehenden Aufgaben. Projekte scheitern meist nicht an fehlender Fach- oder Methodenkompetenz, sondern an mangelhafter Zusammenarbeit. Häufig wird aus Zeitdruck direkt mit der Projektarbeit begonnen, bevor ein schlagkräftiges Team geformt wurde. Nimmt sich der Projektleiter jedoch zu Beginn ausreichend Zeit für die Teamentwicklung, lassen sich viele Probleme im Projektverlauf vermeiden oder leichter lösen.[157]

Motivierend auf die Projektmitarbeiter wirken die neuen Herausforderungen, das eigenverantwortliche Arbeiten sowie die willkommene Abwechslung vom Tagesgeschäft. Der Projektleiter sollte für erkennbare Fortschritte sorgen, eigenständiges Arbeiten fördern, intensive Abstimmungen ermöglichen und Konflikte zügig klären. Demotivierend

Anzahl Teammitglieder	3	4	5	10
Kommunikations-struktur	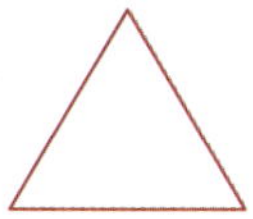		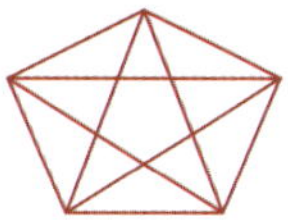	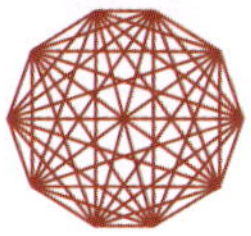
Kommunikations-möglichkeiten	3	6	10	45

Abb. 5.3.7: Kommunikationsstrukturen in Projektteams

wirken hingegen mangelhafte Ergebnisse, fehlende Wertschätzung sowie Verzögerungen, auf die das Team keinen Einfluss hat. Solche Faktoren untergraben das Engagement und können den Projekterfolg gefährden.

Im Projekt durchlaufen die Mitarbeiter folgende **Phasen der Teamentwicklung**:[158]

- **Orientierungsphase (Forming):** Die Teammitglieder tasten sich vorsichtig ab und lernen ihre Rollen und Aufgaben im Projekt kennen.
- **Konfliktphase (Storming):** Es entstehen persönliche und sachliche Spannungen, da die Teammitglieder ihre Interessen im Projekt durchsetzen wollen.
- **Konsolidierungsphase (Norming):** Die Teammitglieder klären ihre Rollen und Aufgaben im Projekt. Sie entwickeln gemeinsame Regeln und Werte, wodurch ein Wir-Gefühl entsteht.
- **Arbeitsphase (Performing):** Das Team arbeitet konstruktiv zusammen, um die Ziele des Projekts zu erreichen.
- **Abschlussphase (Adjourning):** Das Projekt neigt sich dem Ende zu und das Team reflektiert die gemeinsame Zusammenarbeit und die erzielten Ergebnisse. Da die Auflösung des Teams für die Mitglieder emotional belastend sein kann, wird der Projektabschluss auch als Trauerphase (Mourning) bezeichnet.

Diese Phasen werden nicht immer nacheinander durchlaufen und die Beteiligten können auch zwischen ihnen wechseln, wenn neue Anforderungen im Projekt oder Veränderungen im Team auftreten. Die Gruppendynamik und das unterschiedliche Verhalten der Projektmitarbeiter stellen den Projektleiter dabei vor besondere Herausforderungen. Während zu Beginn eindeutige Zielvorgaben im Vordergrund stehen, ist im weiteren Verlauf das Team zu einer funktionierenden Einheit zusammenzuschweißen. In kleinen und homogenen Teams lässt sich ein starker Zusammenhalt meist leichter herstellen als in großen, heterogenen Gruppen.

Die Dauer der Zusammenarbeit, die Identifikation mit gemeinsamen Zielen, der Wettbewerb mit anderen Teams und gruppenbasierte Belohnungssysteme fördern die **Teamkohäsion**.[159] Diese wirkt sich positiv auf die Arbeitsqualität sowie auf das Wohlbefinden und die Leistungsbereitschaft der Teammitglieder aus. Kohäsion ist jedoch kein statischer Zustand, sondern unterliegt internen und externen Einflüssen. Mit zunehmender Zusammenarbeit stellt sich in der Regel eine gewisse Stabilität ein.[160] Im Laufe eines Projekts verändert sich auch die Rolle des Projektleiters: Er ist als Stratege, Berater, Moderator, Schlichter, Teamentwickler und vor allem als Macher mit Umsetzungskompetenz gefordert.

Aus diesem Grund unterscheidet sich die Leitung von Projekten grundlegend von einer Führungsaufgabe in der Linie. In einer dauerhaften Organisationseinheit sind die Abläufe vorgegeben, Zuständigkeiten klar geregelt und sowohl bereichsübergreifende Abhängigkeiten als auch zeitliche Vorgaben im Jahresverlauf zu berücksichtigen. Die Führung einer Linieneinheit erfordert daher sowohl fachliches Spezialwissen als auch organisatorische Kontinuität. In Projekten hingegen stehen nicht etablierte Routinen im Vordergrund, sondern der gemeinsame Antrieb, innerhalb eines begrenzten Zeitrahmens ein klar definiertes Ergebnis zu erreichen. Prozesse und Abhängigkeiten müssen erst entwickelt und fortlaufend angepasst werden.

Da die Projektarbeit interdisziplinär und ganzheitlich zu lösen ist, sollten Projektleiter eher Generalisten als Spezialisten sein. Ein Projektleiter ähnelt einem Trainer für Kurzstreckenläufer: Es geht darum, alle Kräfte schnell zu bündeln und auf ein klares Ergebnis auszurichten. Linienführungskräfte hingegen gleichen Trainern für Marathonläufer: Sie unterstützen ihre Mitarbeiter dabei, langfristige Aufgaben verlässlich und mit Ausdauer zu bewältigen.[161]

Der Projektleiter trägt auch Verantwortung für die berufliche Zukunft der Teammitglieder nach Projektabschluss. In einer reinen Projektorganisation sind diese anschließend wieder in die Linie zu integrieren – sei es durch Rückkehr auf ihre vorherigen Arbeitsplätze oder durch den Wechsel in ein Folgeprojekt. Projektleiter hingegen kehren meist nicht in ihre frühere Funktion zurück, sondern übernehmen in der Regel die Leitung eines anderen Projekts. Aufgrund der spezifischen Anforderungen haben sich für Projektleiter in größeren Unternehmen eigene Karrierepfade etabliert, die sich deutlich von klassischen Linienkarrieren unterscheiden.

Ein Projektleiter sollte über Projekterfahrung, unternehmerisches Denken und Gestaltungskompetenz verfügen. Darüber hinaus benötigt er soziale und kommunikative Fähigkeiten, um das Team erfolgreich zu führen und Konflikte konstruktiv zu lösen. Je nach Projekt sind zusätzlich ausreichende fachliche Kenntnisse erforderlich, um die Projektaufgabe bewältigen zu können.[162]

5.3.2 Werkzeuge des Projektmanagements

Zur Erfüllung seiner Aufgaben verfügt der Projektmanager über verschiedene Instrumente zur Planung, Steuerung

und Kontrolle von Projekten, die hier kurz vorgestellt werden. Abschließend wird auf das agile Projektmanagement eingegangen und erläutert, wie sich klassisches und agiles Vorgehen zu einem hybriden Projektmanagement verbinden lassen.

Projektplanung

Die Projektplanung zielt darauf ab, die konkurrierenden Ziele des magischen Dreiecks in ein ausgewogenes Verhältnis zu bringen. Häufig führt Zeitmangel zu steigenden Kosten, da zusätzliche Ressourcen eingesetzt werden, um den vereinbarten Termin einzuhalten. Überhöhte Qualitätsanforderungen können ebenso kostentreibend sein wie Nachbesserungen infolge mangelhafter Qualität. Auch zwischen Terminen und Qualität muss ein ausgewogenes Verhältnis gefunden werden: Zu großer Zeitdruck erzeugt Hektik und begünstigt das Auftreten von Fehlern. Steht hingegen zu viel Zeit zur Verfügung, kann dies die Konzentration mindern und zu ineffizientem Arbeiten führen.

Die Projektplanung erfolgt häufig im Gegenstromverfahren. Dabei wird das Gesamtprojekt zunächst Top-down als Rahmenplan beschrieben und im Projektauftrag dokumentiert. Anschließend wird es Bottom-up durch das Projektteam konkretisiert und in Arbeitspakete unterteilt.[163]

> Die **Projektplanung** legt die Aktivitäten, Termine und Ressourcen zur erfolgreichen Durchführung eines Projekts fest.[164]

Aufgaben der Projektplanung sind:[165]

- Vorgabe von Planzielen für einzelne Projektschritte als Grundlage der Projektkontrolle
- Prognose des voraussichtlichen Projektverlaufs
- Darstellung und Bewertung von Handlungsalternativen
- Effiziente Gestaltung des Projektablaufs
- Reduktion projektspezifischer Risiken

Ein erster Schritt im Rahmen der Projektplanung ist meist die Erstellung einer Vorstudie, deren Ergebnisse in den **Projektantrag** einfließen. Dieser dient als Entscheidungsgrundlage für die Genehmigung des Projekts und umfasst in der Regel folgende **Bestandteile**:[166]

- **Projektmerkmale**: Festlegung der Projektziele und des Leistungsumfangs.
- **Projektbeteiligte**: Bestimmung der am Projekt mitwirkenden Personen sowie ihrer Aufgaben und Zuständigkeiten.
- **Projektorganisation**: Beschreibung der Struktur und des organisatorischen Ablaufs.
- **Termine**: Definition von Projektbeginn und -ende sowie der zentralen Meilensteine.
- **Personal- und Sachressourcen**: Schätzung des erforderlichen Ressourcenbedarfs.
- **Risiken**: Identifikation von Chancen und Gefahren sowie deren Auswirkungen auf das Projekt.
- **Wirtschaftlichkeit**: Gegenüberstellung von Kosten und Nutzen des Projekts.

Nach Genehmigung des Projektauftrags erfolgt die detaillierte Planung von Ablauf, Terminen, Kapazitäten, Ressourcen und Kosten. Ergänzend werden das Qualitäts- und das Risikomanagement festgelegt.[167]

Der Projektablauf ist das Ergebnis der **Strukturplanung**. Dabei wird das Projekt in kleinere Einheiten gegliedert, etwa in Teilprojekte, Arbeitspakete und einzelne Vorgänge. Neben den Aktivitäten werden auch Ereignisse geplant, wie etwa Meilensteine. Jedes Arbeitspaket soll dabei einem Verantwortlichen eindeutig zugeordnet werden. Zur Strukturplanung kommen folgende **Methoden** zum Einsatz:[168]

- **Organigramm:** Darstellung der Rollen, Zuständigkeiten und hierarchischen Beziehungen im Projekt.
- **Projektstrukturplan (PSP)**: Zerlegt die Projektaufgabe stufenweise in Teilprojekte und Arbeitspakete. Er bietet einen vollständigen Überblick über alle Aufgaben und Inhalte des Projekts (vgl. Abb. 5.3.9).
- **Organisationsstrukturplan (OSP)**: Ordnet die Projektvorgänge oder Arbeitspakete den beteiligten Abteilungen, Einheiten oder Teams zu und macht deren Verantwortlichkeiten deutlich.
- **Ressourcenstrukturplan:** Übersicht aller benötigten Ressourcen, um Engpässe frühzeitig zu erkennen und die Budgetvorgaben einzuhalten.
- **Verantwortlichkeitsmatrix (RACI-Matrix)**: Legt die Zuständigkeiten und Rollen im Projekt transparent fest. Sie zeigt, wer für welche Aufgaben verantwortlich, rechenschaftspflichtig, zu konsultieren oder zu informieren ist:
  - **Responsible** (Verantwortlich): Führt die Aufgabe aus und sorgt dafür, dass sie termingerecht und im vereinbarten Umfang erledigt wird.
  - **Accountable** (Rechenschaftspflichtig): Trägt die Gesamtverantwortung für das Ergebnis und stellt sicher, dass die Aufgabe korrekt ausgeführt wird.

- **Consulted** (Konsultiert): Wird aufgrund fachlicher Kenntnisse einbezogen und liefert relevante Informationen zur Aufgabenerfüllung.
- **Informed** (Informiert): Wird über den Fortschritt oder das Ergebnis informiert, ist aber nicht in die Umsetzung eingebunden.

In der Regel sollte pro Aktivität nur eine Person verantwortlich oder rechenschaftspflichtig sein, wobei beide Rollen auch von derselben Person übernommen werden können. Mehrere Personen können jedoch zu einer Aufgabe konsultiert oder darüber informiert werden. Abb. 5.3.8 zeigt ein einfaches Beispiel zur Rollenverteilung anhand der Charaktere aus dem Roman „Der Herr der Ringe".

	Frodo	Sam	Gandalf	Aragorn	Elrond
Team zusammenstellen	C	C	A	C	R
Ring zum Berg bringen	A / R	R	C	C	I
Feinde bekämpfen	I	C	C	A / R	I

Abb. 5.3.8: RACI-Matrix am Beispiel von „Herr der Ringe"

Aufbauend auf der Strukturplanung folgt die **Terminplanung**. Dazu werden zunächst die Zeitdauern der einzelnen Vorgänge geschätzt. Anschließend wird entweder vom Projektstart aus das Enddatum berechnet (Vorwärtsterminierung) oder ausgehend von einem vorgegebenem Projektendtermin der spätestmögliche Startzeitpunkt bestimmt (Rückwärtsterminierung). Der Netzplan veranschaulicht den Projektablauf als logische und zeitliche Abfolge von Vorgängen. Ein Beispiel zeigt Abb. 5.3.8. Auf dieser Grundlage lassen sich die optimale Reihenfolge der Aufgaben, potenzielle Engpässe und die Projektdauer ermitteln. Vorgänge auf dem *kritischen Pfad* müssen strikt eingehalten werden, da sie keinen Zeitpuffer haben – jede Verzögerung würde deshalb unmittelbar die Projektlaufzeit verlängern.

Sind die Termine eines Projekts festgelegt, werden den Vorgängen die erforderlichen Kapazitäten zugeordnet. Die **Kapazitäts- und Ressourcenplanung** ermittelt den Ressourcenbedarf in Bezug auf Umfang und Einsatzzeitpunkt (Kapazitätsbereitstellungsplanung). Bei Engpässen oder ungleichmäßiger Auslastung ist ein Kapazitätsausgleich vorzunehmen. Dazu können nicht zeitkritische Vorgänge verschoben oder vorhandene Pufferzeiten genutzt werden. Reichen diese Maßnahmen nicht aus, sind entweder eine Verlängerung der Projektdauer oder der Einsatz zusätzlicher Ressourcen erforderlich. Eine gleichmäßige Auslastung aller Ressourcen wird umso schwieriger, je mehr Vorgänge und Ressourcen gleichzeitig geplant werden müssen.

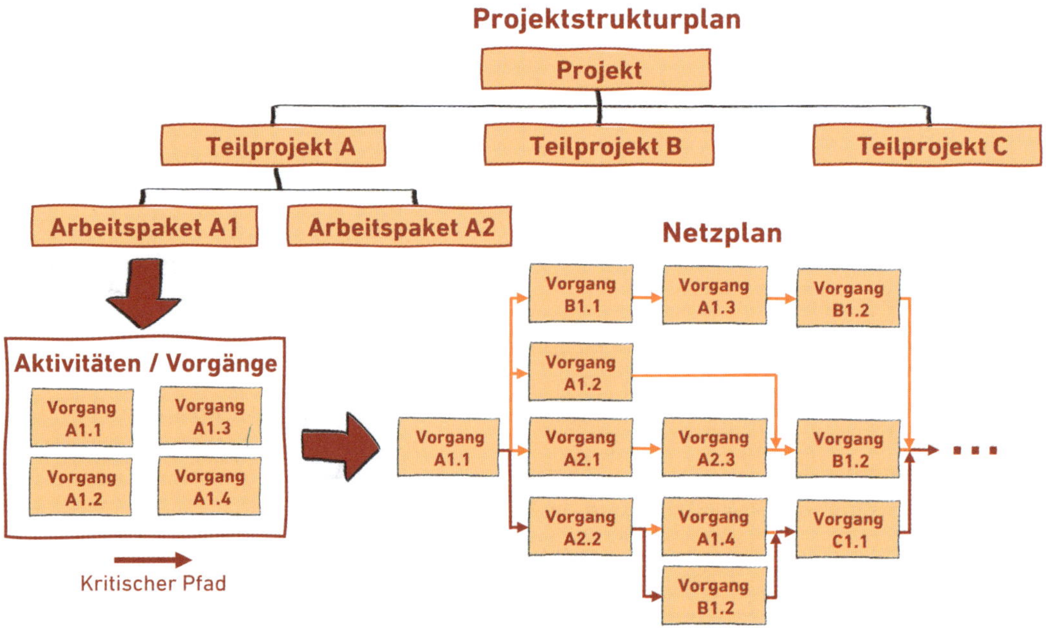

Abb. 5.3.9: Projektstruktur- und Terminplanung[169]

Die **Kostenplanung** erfolgt durch die monetäre Bewertung der eingeplanten Ressourcen. Bei Kundenprojekten dient sie auch der Ermittlung des Angebotspreises. Zusätzlich können im Rahmen einer Finanzplanung die benötigten liquiden Mittel festgelegt werden.[170] Für jedes Projekt ist außerdem das Qualitätsmanagement zu planen (vgl. Kap. 1.4.1). Dabei sind überprüfbare Qualitätsmerkmale zu bestimmen, die eine laufende Kontrolle durch das Projektcontrolling ermöglichen.[171]

Im Rahmen der Projektplanung werden folgende **Projektpläne** erstellt:

- Die **Produktdokumentation** legt das Projektergebnis fest, etwa in Form eines Pflichtenhefts, einer Leistungsbeschreibung, Spezifikation, Bauunterlagen, Test- und Prüfunterlagen oder eines Benutzerhandbuchs.
- Die **Projektdokumentation** beschreibt den Projektablauf. Sie umfasst unter anderem den Projektauftrag, den Projektstrukturplan, Termin- und Kostenpläne, Qualitätssicherungs- und Fortschrittsberichte, die Projektkalkulation sowie den Projektabschlussbericht.

Die Qualität der Projektplanung hängt unter anderem von der Verlässlichkeit der Plandaten, der Erfahrung des Projektleiters und der Stabilität der Rahmenbedingungen ab. Da Projekte einmalige Vorhaben sind, ist ihre Planung in der Regel mit zahlreichen Unsicherheiten verbunden. Daher ist ein projektspezifisches **Risikomanagement** vorzusehen (vgl. Kap. 1.4.4), das sich unter anderem mit personellen Engpässen, technischen Problemen, Zeitverzögerungen oder unvorhergesehenen externen Einflüssen befasst. Ein besonderes Augenmerk gilt den Prämissen, auf denen die Planung basiert. Diese sollten regelmäßig auf ihre Gültigkeit überprüft werden, um frühzeitig gegensteuern zu können, falls sie nicht mehr zutreffen.

Projektcontrolling

Das Projektcontrolling informiert über den Projektverlauf und koordiniert die Projektplanung und -kontrolle. Es wird bei kleinen Projekten durch den Projektleiter selbst durchgeführt. In größeren Projekten gibt es meist eigenständige Projektcontroller, die den Projektmanager bei der Erreichung der Projektziele unterstützen. Die Projektkontrolle umfasst die Erfassung der Ist-Werte und die Durchführung von Soll-Ist-Vergleichen. Die Abweichungen sind zu analysieren und gegebenenfalls korrigierende Maßnahmen einzuleiten.[172]

> Das **Projektcontrolling** überwacht den Projektverlauf und koordiniert die Projektplanung und -kontrolle. Es soll sicherstellen, dass die vorgegebenen Projektziele hinsichtlich Zeit, Kosten und Qualität erreicht werden.[173]

Die regelmäßige **Projektüberwachung** dient der Erfassung des Projektfortschritts. Bei der *Terminüberwachung* ist besonders auf kritische Vorgänge zu achten. Die *Kostenüberwachung* stellt die angefallenen und geplanten Kosten laufend gegenüber. Die *Kapazitätsüberwachung* dient der Kontrolle der geplanten Ressourcenauslastung.

Es gibt zahlreiche Gründe, warum es in einem Projekt zu Abweichungen kommen kann. Häufig liegen diese in Planungsfehlern, etwa wenn Arbeitsschritte übersehen oder Bearbeitungszeiten falsch eingeschätzt werden. Auch während der Durchführung können Probleme auftreten, etwa durch überlastete Kapazitäten oder unzureichend qualifizierte Mitarbeiter. Mitunter erfüllen externe Leistungen nicht die Anforderungen oder treffen verspätet ein. Darüber hinaus können sich im Projektverlauf die Rahmenbedingungen verändern, etwa durch neue Kundenwünsche, den Ausfall von Ressourcen oder geänderte Prioritäten des Auftraggebers. Schließlich ist es möglich, dass die ergriffenen Maßnahmen nicht die gewünschte Wirkung erzielen.

Für die Feststellung von Abweichungen werden in der Praxis häufig Checklisten eingesetzt. Darüber hinaus lassen sich verschiedene **Projektkennzahlen** nutzen, um den Projektverlauf systematisch zu überwachen.[174] Der Projektfortschritt wird mit dem **Fortschrittsgrad** gemessen. Er gibt an, zu welchem Prozentsatz ein Arbeitspaket, ein Teilprojekt oder das Gesamtprojekt abgeschlossen ist. Die Einschätzung erfolgt pragmatisch durch die Projektmitarbeiter, ist jedoch sehr subjektiv. Das Beispiel in Abb. 5.3.10 zeigt eine typische Entwicklung des Fortschrittsgrads im Projektverlauf. Es wird deutlich, dass die Schätzwerte häufig zu optimistisch sind und sich die tatsächliche Fertigstellung des Projekts noch lange hinziehen kann. Dieses sogenannte „95 %-Syndrom" kennt wohl jeder aus eigener Erfahrung. Im Beispiel macht der Zeitbedarf zur Realisierung der letzten fünf Prozent sogar die Hälfte der gesamten Projektdauer aus.

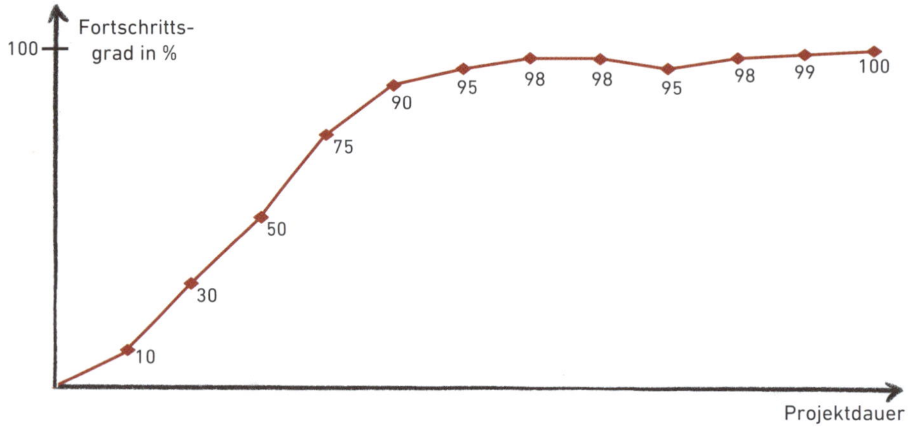

Abb. 5.3.10: 95 %-Syndrom bei der Einschätzung des Projektfortschritts[175]

Eine Methode zur Terminüberwachung ist die **Meilenstein-Trend-Analyse**. Dabei wird zu festgelegten Berichtszeitpunkten geschätzt, wann die einzelnen Meilensteine voraussichtlich erreicht werden. Die Entwicklung dieser Termine im Zeitverlauf macht mögliche Verzögerungen sichtbar.[176] Wie das Beispiel in Abb. 5.3.11 zeigt, bedeutet eine horizontale Linie, dass der Meilenstein planmäßig eingehalten wird. Bei Terminverschiebungen signalisiert ein abfallender Trend eine frühere Fertigstellung, während ein ansteigender Trend auf einen drohenden Terminverzug hindeutet.

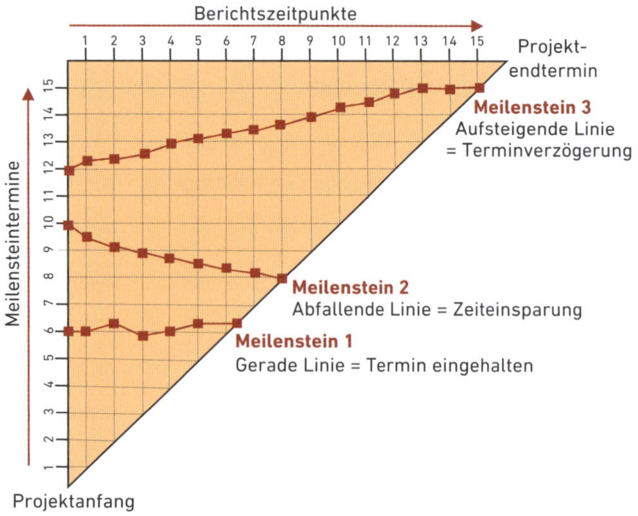

Abb. 5.3.11: Meilenstein-Trend-Analyse

Die **Earned Value-Analyse** dient der Verfolgung von Kosten, Terminen und Leistungen im Projektverlauf. Zu festgelegten Stichtagen werden die tatsächlichen sowie die geplanten Kosten mit dem Fertigstellungswert (Earned Value) verglichen, der die budgetierten Kosten für den bislang erzielten Projektfortschritt ausdrückt.

Eine Beurteilung des Projektverlaufs allein durch den Vergleich der bislang angefallenen Istkosten mit den ursprünglich geplanten Kosten ist wenig aussagekräftig, da in dieser Betrachtung der erzielte Projektfortschritt nicht berücksichtigt wird. Deshalb werden die Sollkosten des Projekts berechnet, die auch als Arbeits- oder Fertigstellungswert, Budgeted Cost of Work Performed oder Earned Value bezeichnet werden. Um den Wert dieser bislang erbrachten Leistung zu bestimmen, werden entweder die budgetierten Werte der abgeschlossenen Arbeitspakete aufsummiert oder die geplanten Kosten mit dem geschätzten Fertigstellungsgrad multipliziert. Der Earned Value entspricht somit den Kosten, die für den bisher erreichten Projektfortschritt eingeplant sind. Die Istkosten sind hingegen die bis zum betrachteten Stichtag tatsächlich angefallenen Kosten.

Die **Kostenabweichung** (Cost Variance) ist die Differenz zwischen Earned Value und Istkosten. Bei einer positiven Kostenabweichung liegen die für den bisherigen Projektfortschritt angefallenen Kosten unter dem Wert der erbrachten Leistung. Eine negative Kostenabweichung weist hingegen auf eine Kostenüberschreitung im Verhältnis zur bereits erbrachten Leistung hin. Der **Kostenindex** (Cost Performance Index) gibt das Verhältnis von Earned Value zu Istkosten an. Bei einem Wert über 1 sind die Istkosten niedriger als der Wert der erbrachten Leistung, was bedeutet, dass das Projekt wirtschaftlicher ist als geplant. Ein

Kostenindex unter 1 weist auf eine Kostenüberschreitung hin, da die Istkosten den Wert der erbrachten Leistung übersteigen.[177]

$$\text{Kostenabweichung} = \text{Earned Value} - \text{Istkosten}$$

$$\text{Kostenindex} = \frac{\text{Earned Value zum Stichtag}}{\text{Istkosten zum Stichtag}}$$

Die **Leistungsabweichung** (Schedule Variance) ist die Differenz zwischen dem Earned Value und den Plankosten (Planned Value). Sie gibt Auskunft darüber, inwieweit das Projekt den geplanten Fertigstellungsgrad erreicht hat. Ist der Earned Value größer als die Plankosten, ist das Projekt weiter fortgeschritten als geplant. Eine negative Leistungsabweichung weist hingegen auf einen Projektrückstand hin. Der **Leistungsindex** (Schedule Performance Index) ist das Verhältnis des Earned Value zu den Plankosten. Ein Wert größer als 1 signalisiert einen Vorsprung gegenüber dem Plan, während ein Wert unter 1 auf einen Zeitverzug hinweist.

$$\text{Leistungsabweichung} = \text{Earned Value} - \text{Plankosten}$$

$$\text{Leistungsindex} = \frac{\text{Earned Value zum Stichtag}}{\text{Plankosten zum Stichtag}}$$

Die **Terminabweichung in Arbeitstagen** ergibt sich aus der Differenz zwischen dem ursprünglich geplanten Datum für den bisher erreichten Projektfortschritt und dem aktuellen Stichtagsdatum, wobei nur Werktage gezählt werden. Ein positiver Wert bedeutet, dass das Projekt dem Plan voraus ist, ein negativer Wert zeigt einen zeitlichen Rückstand an.

$$\text{Terminabweichung} = \text{Geplantes Datum des bisherigen Fertigstellungswerts} - \text{Stichtagsdatum}$$

Die Ergebnisse der **Earned Value-Analyse** lassen sich in einem **Arbeitsfortschrittsdiagramm** visualisieren. Das folgende Beispiel veranschaulicht die Berechnung der Kennzahlen.

Beispiel zur Earned Value-Analyse

Für ein Projekt war geplant, bis zum 1. Juli zehn Arbeitspakete im Wert von jeweils 100 TEUR abzuschließen. Tatsächlich wurden bis zum Stichtag jedoch nur fünf Arbeitspakete fertiggestellt, wofür insgesamt 1,3 Mio. EUR angefallen sind. Diese fünf Arbeitspakete hätten allerdings bereits am 1. Februar beendet sein sollen.

Da bis 1. Juli 10 Arbeitspakete à 100 TEUR abgeschlossen sein sollten, betragen die Plankosten 1 Mio. EUR. Tatsächlich sind aber nur 5 Arbeitspakete abgeschlossen, weshalb der Earned Value nur bei 500 TEUR liegt.

Daraus ergeben sich folgende **Projektkennzahlen**:

$$\text{Kostenabweichung} = 500.000\,€ - 1.300.000\,€ = -800.000\,€ \text{ (Kostenüberschreitung)}$$

$$\text{Kostenindex} = \frac{500.000\,€}{1.300.000\,€} = 0{,}38 \text{ (Projekt ist teurer als geplant)}$$

$$\text{Leistungsabweichung} = 500.000\,€ - 1.000.000\,€ = -500.000\,€ \text{ (Leistungsverzug)}$$

$$\text{Leistungsindex} = \frac{500.000\,€}{1.000.000\,€} = 0{,}5 \text{ (Projekt hinkt dem Zeitplan hinterher)}$$

$$\text{Terminabweichung} = \text{1. Februar} - \text{1. Juli} = -104 \text{ Arbeitstage (Zeitverzug)}$$

Im Vergleich zur Projektplanung sind 800.000 Euro höhere Kosten angefallen, obwohl erst die Hälfte der geplanten Arbeitspakete beendet sind. Setzt sich der beobachtete Trend fort, ist mit einer Kostenüberschreitung von etwa 160 % und einer Verdopplung der Projektdauer zu rechnen.

Im **Arbeitsfortschrittsdiagramm** in Abb. 5.3.12 zeigt die Plankostenkurve die Kosten des geplanten Projektverlaufs und die Sollkostenkurve den bislang realisierten Fertigstellungswert (Earned Value). Die Grafik macht deutlich, dass das Projekt im Zeitverzug ist und für die bislang erbrachten Arbeitspakete zu hohe Kosten angefallen sind. Daraufhin hat der Projektleiter eine Reihe von Maßnahmen ergriffen, um die Kosten wieder in den Griff zu bekommen und weitere Verzögerungen zu vermeiden. Abb. 5.3.13 nennt mögliche Gegenmaßnahmen, um die Ziele des Projekts noch zu erreichen. Die geschätzte Wirkung dieser Maßnahmen und der erwartete zukünftige Projektverlauf zeigt die gestrichelte Istkostenkurve. Daraus ergeben sich auch die erwartete Gesamtkostenabweichung und der voraussichtliche Fertigstellungstermin.

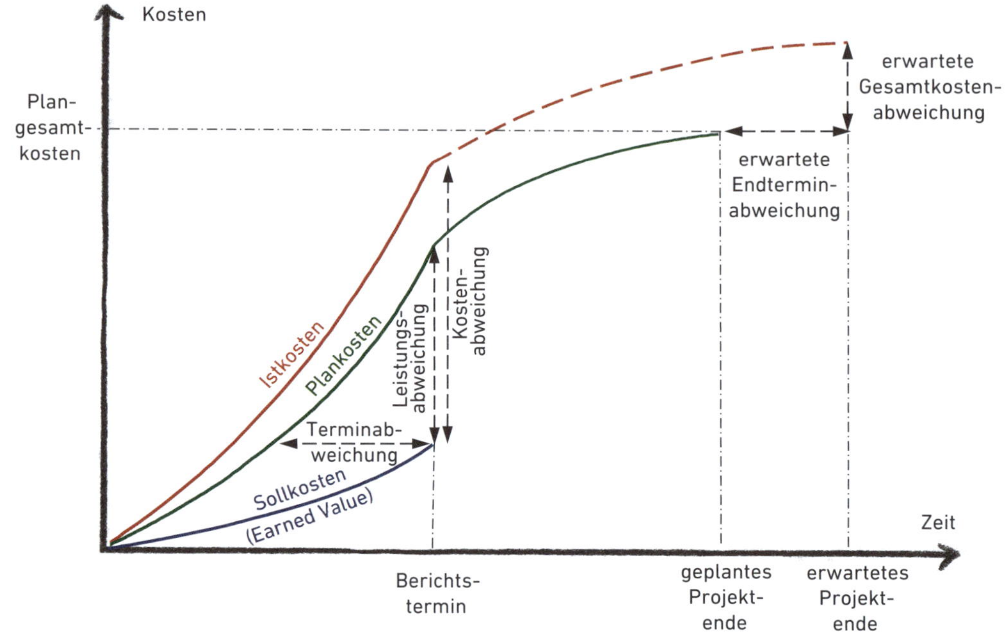

Abb. 5.3.12: Arbeitsfortschrittsdiagramm[178]

Leistung unzureichend	Zeit überschritten	Kosten überschritten
• 1. Priorität: Projektergebnis • Höherer Ressourceneinsatz (z. B. externe Experten hinzuzuziehen) • Teamentwicklung • Qualitätssicherung • Lessons Learned aus früheren Projekten nutzen • Frühzeitige Fehlererkennung und -behebung • Freiräume für kreative Lösungen • Einbindung des Kunden	• 1. Priorität: Termineinhaltung • Höherer Ressourceneinsatz (z. B. mehr Personal, Überstunden) • Projektumfang klar priorisieren (Muss-/Kann-Anforderungen) • Kritischen Pfad verkürzen (z. B. Abstände verringern, Vorgänge aufteilen, rationalisieren) • Einsatz externer Ressourcen • Prozesse beschleunigen • Abhängigkeiten verringern, um Parallelarbeit auszuweiten • Zusatzwünsche des Kunden für Terminverschiebungen nutzen • Entscheidungswege verkürzen (z. B. Eskalationsmechanismen)	• 1. Priorität: Budgeteinhaltung • Ressourceneinsatz senken (z. B. weniger Personal, günstigere Materialien) • Projektumfang reduzieren • Kostensteigerungen auf Kunden überwälzen • Controlling und Forecasts intensivieren • Lieferantenkonditionen nachverhandeln • Teilleistungen outsourcen • Zusatzwünsche des Kunden für Budgetausweitung nutzen

Abb. 5.3.13: Gegenmaßnahmen bei Projektabweichungen[179]

Beim **Multi-Projektcontrolling** werden mehrere Projekte gleichzeitig überwacht, koordiniert und gesteuert. Ein zentrales Instrument zur Zuteilung begrenzter Ressourcen ist das **Leistungs-Kosten-Portfolio**, das die Leistungs- und Kostenabweichungen gegenübergestellt. Die Projekte erscheinen als Kreise, deren Größe dem jeweiligen Projektumfang entspricht, gemessen etwa am Budget oder an der Zahl geplanter Personentage.

Die Positionierung eines Projekts im Portfolio liefert folgende **Handlungsempfehlungen** für das Multi-Projektmanagement:

- **Katastrophenprojekte** sind im Leistungsverzug und haben ihre Kosten überschritten. Hier sind unverzügliches Handeln und einschneidende Maßnahmen erforderlich, gegebenenfalls sogar ein Projektabbruch.
- **Ideale Projekte** liegen sowohl zeitlich vor dem Plan als auch unter dem Budget. Die Leistung des Projektleiters sollte ausdrücklich gewürdigt werden. Zudem ist zu prüfen, ob sich die gewonnenen Erkenntnisse und eingesetzten Methoden auf andere Projekte übertragen lassen.
- **Bummel- und Expressprojekte** zeigen jeweils eine gegenläufige Abweichung: Bei Bummelprojekten bleibt die Leistung hinter dem Plan zurück, wobei allerdings die Kosten unterschritten werden; Expressprojekte hingegen sind dem Plan voraus, verursachen jedoch höhere Kosten. Zwischen diesen Projekten kann ein Ausgleich angestrebt werden. So lässt sich ein Bummelprojekt etwa durch den gezielten Einsatz von Mitarbeitern aus einem Expressprojekt beschleunigen, wodurch dort Personalkosten eingespart werden können.

Das Projektcontrolling ist auch für das **Projektberichtswesen** verantwortlich. Projektberichte informieren über den Verlauf und den aktuellen Stand eines Projekts. Sie fließen in die **Projektdokumentation** ein, welche den gesamten Ablauf und die erreichten Ziele des Projekts festhält. Sie bildet die Grundlage dafür, das Projektmanagement kontinuierlich zu verbessern und die gewonnenen Erkenntnisse als Lessons Learned für kommende Projekte zu nutzen.[180]

Projektverläufe bei öffentlichen Bauprojekten

Ein typisches Beispiel für Kostensteigerungen und Terminverzögerungen bei öffentlichen Großprojekten ist der Bau der *Elbphilharmonie* in Hamburg, der im Jahr 2007 begonnen wurde. Anstelle der ursprünglich für 2010 geplanten Eröffnung mit veranschlagten Kosten von 114 Mio. Euro wurde das Gebäude erst Ende 2016 und damit sechs Jahre später fertiggestellt. Die Baukosten beliefen sich schließlich auf rund 866 Mio. Euro, mehr als das Siebenfache der ursprünglich veranschlagten Summe. Ähnlich problematisch verlief auch die Errichtung des *Flughafens Berlin Brandenburg*, der Ende 2020 mit neun Jahren Verspätung eröffnet wurde und mehr als 6 Mrd. Euro kostete – über drei Mal so viel wie ursprünglich geplant.

Ein weiteres Beispiel für massive Planabweichungen ist das Projekt *Stuttgart 21*, durch das der Stuttgarter Hauptbahnhof in eine unterirdische Durchgangsstation verwandelt wird. Mit dem Bau wurde 2010 nach mehr als 15 Jahren Planungszeit begonnen. Ursprünglich waren Gesamtkosten in Höhe von 2,6 Mrd. Euro und eine Fertigstellung bis

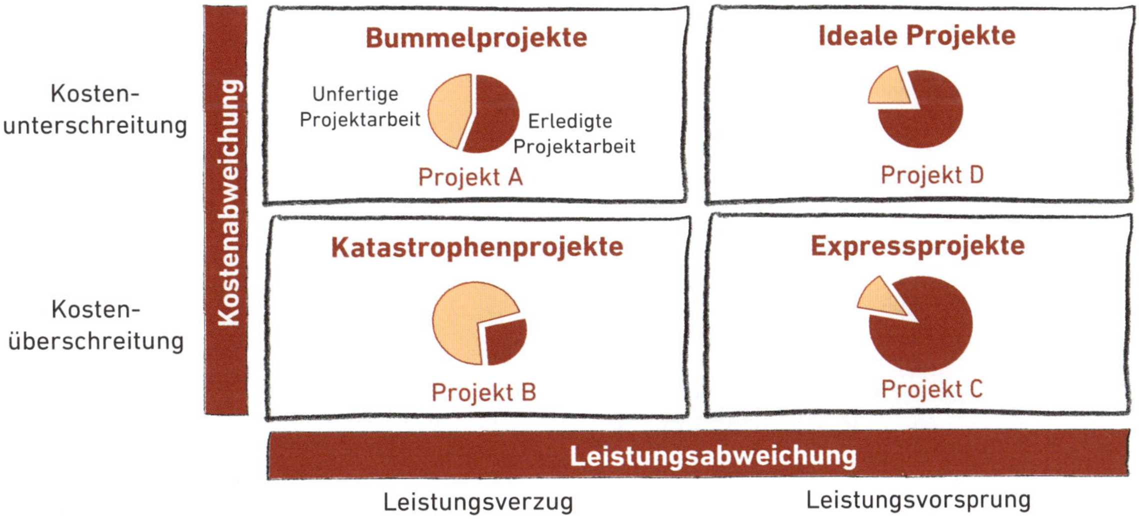

Abb. 5.3.14: Leistungs-Kosten-Portfolio

2019 vorgesehen. Derzeitige Schätzungen gehen von über 12 Mrd. Euro und einer vollständigen Inbetriebnahme frühestens 2027 aus.

Ein positives Beispiel ist hingegen das Schweizer Großprojekt *Neue Eisenbahn-Alpentransversale (NEAT)*. Es umfasste unter anderem den Bau des Gotthard-Basistunnels – mit 57 Kilometern der längste Eisenbahntunnel der Welt. Das Projekt wurde nach 17 Jahren Bauzeit im Jahr 2016 planmäßig und im Rahmen des genehmigten Budgets von 18,7 Mrd. CHF abgeschlossen. Zwar wurden in den 1990er-Jahren zunächst lediglich 8 Mrd. CHF veranschlagt, doch höhere Sicherheitsanforderungen, geologische Herausforderungen und gestiegene Baupreise machten eine frühzeitige Anpassung des Budgets erforderlich. Ausschlaggebend für den reibungslosen Projektverlauf waren ein strenges Projektcontrolling, klare Verantwortlichkeiten und eine umfassende Aufsichtsstruktur unter Einbindung wirtschaftlicher, politischer und öffentlicher Interessengruppen.

Agiles Projektmanagement mit Scrum

Manche Projekte sind so komplex, dass sie sich im Vorfeld nicht vollständig planen lassen. Dabei sind sowohl die Anforderungen als auch die Vorgehensweise zu Beginn noch recht vage, auch weil die Kunden selbst noch nicht genau wissen, was sie eigentlich brauchen. Im agilen Projektmanagement werden deshalb frühzeitig Zwischenergebnisse erarbeitet und regelmäßig mit den Kunden abgestimmt. Auf Basis der Rückmeldungen werden die Anforderungen fortlaufend konkretisiert und die Lösungsansätze kontinuierlich weiterentwickelt.[181]

Agiles Projektmanagement wird bei komplexen Vorhaben eingesetzt, deren Anforderungen und Vorgehensweise anfangs nicht vollständig bekannt sind. Der Projektverlauf wird deshalb kontinuierlich angepasst. Das Projektergebnis entsteht schrittweise, wobei der Kunde fortlaufend in die Bewertung der Zwischenergebnisse einbezogen wird.

Ein zentrales Werkzeug des agilen Projektmanagements ist die **Scrum-Methode**. Ursprünglich Mitte der 1990er-Jahre für die Softwareentwicklung konzipiert, wird sie heute in vielen Anwendungsbereichen eingesetzt.[182] Der Begriff *Scrum* stammt aus dem Rugby und bezeichnet dort ein sogenanntes „Gedränge“: Nach einer Spielunterbrechung formieren sich acht Spieler beider Mannschaften in drei Reihen, um gemeinsam den Ball zu erobern. Dabei verschränken sie sich ineinander und stemmen sich gegen das gegnerische Team. Ähnlich agieren bei Scrum die Produktentwicklungsteams als kleine, selbstorganisierte Einheiten, die lediglich eine grobe Zielvorgabe erhalten und eigenständig über ihr Vorgehen entscheiden.[183]

Scrum ist eine strukturierte Methode des agilen Projektmanagements, bei der selbstorganisierte Teams komplexe Projekte schrittweise in iterativen Zyklen umsetzen.

Die Planungs- und Entwurfsphase wird bewusst auf ein Minimum reduziert, um frühzeitig ausführbare Lösungen zu entwickeln. Scrum unterteilt das Projekt dazu in mehrere Arbeitsabschnitte. Während dieser sogenannten **Sprints** wird die Funktionalität des Produkts nach und nach erweitert oder verbessert. Am Ende jedes Sprints erhält der Kunde ein funktionsfähiges Zwischenprodukt, um sein Feedback einzuholen. Anschließend wird das Produkt so lange weiterentwickelt, bis es die gewünschten Anforderungen erfüllt.[184]

Bei Scrum gibt es keinen klassischen Projektleiter; stattdessen werden die Aufgaben der Projektsteuerung auf mehrere **Rollen** verteilt:[185]

- Der **Produktverantwortliche** (Product Owner) ist für die Erfüllung der Kundenwünsche und den wirtschaftlichen Erfolg des Produkts zuständig. Er steht in regelmäßigem Austausch mit den Kunden, um deren Bedürfnisse zu verstehen, abzuwägen und in das Projekt einzubringen. Hierfür erstellt er eine Liste aller Produktanforderungen (Product Backlog) und legt die Prioritäten für die Projektarbeit fest.
- Das **Entwicklungsteam** (Development Team) setzt die Produktfunktionalitäten in der vorgegebenen Reihenfolge und gemäß den vereinbarten Qualitätsmerkmalen um. Das selbstorganisierte, interdisziplinäre Team lernt fachlich durch den regelmäßigen Austausch mit den Kunden und methodisch durch die Reflexion des eigenen Vorgehens im Projekt.
- Der **Scrum-Meister** (Scrum Master) stellt sicher, dass die Scrum-Prinzipien eingehalten werden, und kümmert sich um die Beseitigung von Störungen im Scrum-Prozess. Diese können sowohl aufgrund mangelnder Zusammenarbeit im Entwicklungsteam als auch durch Konflikte zwischen dem Produktverantwortlichen und anderen Fachabteilungen entstehen. Der Scrum-Meister nimmt gegenüber dem Entwicklungsteam eine dienende Führungsrolle ein und stärkt dessen Selbstorganisation (vgl. Kap. 6.2.3). Als Coach für den Scrum-Prozess hält er sich aus der operativen Arbeit heraus und ist primär für das Auflösen von Blockaden zuständig.

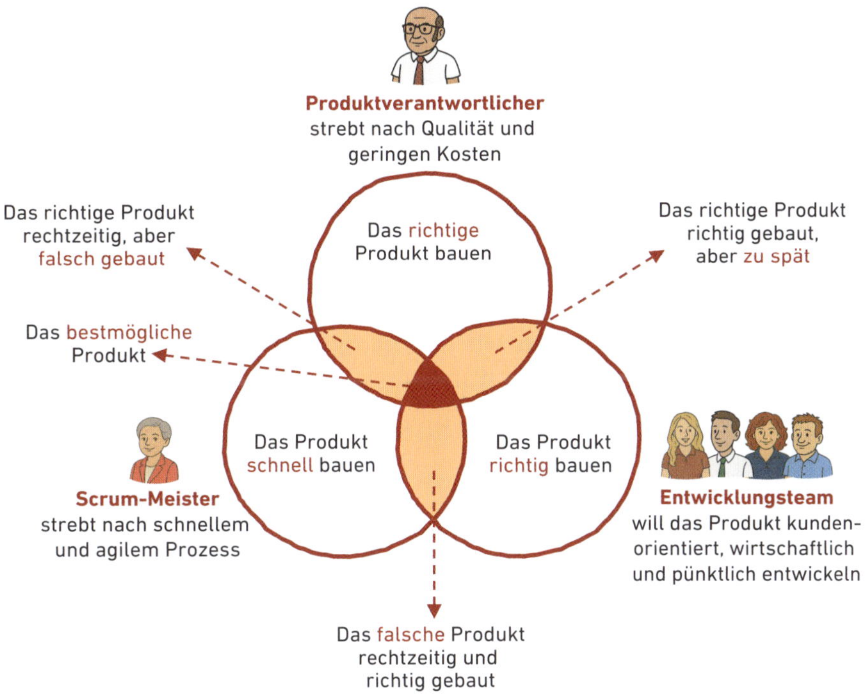

Abb. 5.3.15: Zielsetzungen der verschiedenen Scrum-Rollen[186]

Idealerweise bestehen Entwicklungsteams aus drei bis neun Mitgliedern. Bei größeren Projekten ist die Arbeit auf mehrere Teams zu verteilen, die sich in regelmäßigen Cross-Team-Meetings untereinander abstimmen. Diese teamübergreifende Koordination wird auch als **Scrum of Scrums** bezeichnet. Beim *Large-Scale Scrum (LeSS)* arbeiten mehrere Teams gemeinsam an einem Produkt, für das ein zentraler Produktverantwortlicher zuständig ist. Für sehr große und komplexe Projekte eignet sich das Rahmenwerk *Scaled Agile Framework (SAFe).*

Um den erzielten Projektfortschritt zu verfolgen, werden im Scrum-Prozess drei sogenannte **Artefakte** verwendet:[187]

- **Produktanforderungsliste (Product Backlog)**: Sie umfasst alle Anforderungen an das Produkt sowie alle noch offenen Aufgaben. Die Priorisierung der Aufgaben erfolgt vor allem nach Nutzen und Dringlichkeit. Zusätzlich wird der Aufwand jeder Aufgabe ins Verhältnis zum erwarteten Ergebnis gesetzt, um die verfügbaren Ressourcen auf die wichtigsten Produktfunktionen zu konzentrieren. Risikoreiche Aufgaben können vorgezogen werden, um Unsicherheiten zu verringern und potenzielle Probleme zu vermeiden. Die Einträge mit der höchsten Priorität werden im nächsten Sprint umgesetzt. Die Anforderungen werden aus Sicht der Anwender leicht verständlich formuliert. Häufig geschieht dies in Form von Benutzergeschichten (User Stories), die die gewünschten Produktmerkmale in einfacher Sprache beschreiben. Dadurch versteht das Entwicklungsteam besser, welche Funktionen für die Nutzer wichtig sind und wie das Produkt tatsächlich verwendet werden soll. Nach jedem Sprint werden die erledigten Aufgaben erfasst und die Produktanforderungsliste vom Produktverantwortlichen aktualisiert.
- **Sprint-Aufgabenliste (Sprint Backlog)**: Sie beschreibt die für einen Sprint zu erledigenden Aufgaben, die das Entwicklungsteam aus der Produktanforderungsliste ausgewählt hat, sowie die dazu erforderlichen Aktivitäten. Sie wird laufend aktualisiert und spiegelt den derzeitigen Arbeitsstand des Sprints wider. Visualisiert werden kann sie beispielsweise mit einem Taskboard oder einer Kanban-Tafel. So wird ersichtlich, welche Einträge aus der Produktanforderungsliste ausgewählt wurden, welche Aufgaben noch zu bearbeiten sind und wie weit die Bearbeitung bereits fortgeschritten ist.
- **Produktinkrement**: Dabei handelt es sich um einen funktionsfähigen und gebrauchsfertigen Bestandteil des Produkts, der das Ergebnis eines Sprints darstellt. Das Endprodukt entsteht nach und nach, indem die einzelnen Inkremente zusammengeführt werden.

Der Scrum-Prozess besteht aus mehreren wiederkehrenden Ereignissen, die als **Rituale** bezeichnet werden. Sie strukturieren den Arbeitsablauf, schaffen einen verlässlichen Rahmen und fördern eine kontinuierliche Zusammenarbeit. Diese Rituale werden in festen Zyklen innerhalb eines **Sprints** durchlaufen. Dabei handelt es sich um einen festgelegten Arbeitsabschnitt, bei dem ein konkreter Zwischenstand des Produkts entwickelt wird. Ein Sprint dauert in der Regel zwischen sieben Tagen und maximal vier Wochen und darf nicht verlängert werden. Nur wenn sich die Anforderungen grundlegend ändern oder das Sprintziel nicht mehr erreichbar ist, kann der Produktverantwortliche den Sprint abbrechen. Damit ein klarer Rhythmus entsteht, sollten alle Sprints eines Projekts gleich lang sein.

Während eines Sprints werden vier **Rituale** durchlaufen:[188]

- **Sprint-Planung**: Der Produktverantwortliche legt gemeinsam mit dem Entwicklungsteam das Ziel des nächsten Sprints fest. Er priorisiert die Einträge in der Produktanforderungsliste und das Entwicklungsteam entscheidet auf Basis eigener Aufwandsschätzungen, wie viele es davon im kommenden Sprint umsetzen kann. Anschließend werden diese in konkrete Arbeitsschritte (sogenannte Tasks) unterteilt. Zudem verständigt sich das Team auf die *Definition of Done*, also einheitliche Abnahmekriterien, ab wann ein Eintrag als abgeschlossen gilt. Ziel ist die Erstellung eines auslieferbaren Zwischenprodukts, das am Ende des Sprints getestet werden kann.
- **Tägliches Scrum-Treffen (Daily Scrum/Daily Stand-up)**: Innerhalb eines Sprints trifft sich das Entwicklungsteam täglich zur gleichen Zeit zu einem etwa 15-minütigen Meeting, um über erledigte Aufgaben, das Tagesziel und mögliche Hindernisse zu sprechen. So wird der Arbeitsstand transparent, und bei Bedarf kann die Sprint-Planung unmittelbar angepasst werden, um einen reibungslosen Ablauf sicherzustellen.
- **Sprint-Abnahme (Sprint Review)**: Am Ende des Sprints stellt das Entwicklungsteam die erzielten Ergebnisse dem Produktverantwortlichen, dem Scrum-Meister sowie den Kunden und Anwendern vor. Gemeinsam wird geprüft, ob das Sprintziel erreicht wurde, wie weit das Projekt fortgeschritten ist und welche nächsten Schritte sich daraus ergeben. Die Beteiligung von Kunden und Anwendern ist dabei besonders wichtig, da nur sie die Funktionalität des Produktinkrements richtig beurteilen können. Ihr Feedback fließt in die weitere Produktgestaltung ein und kann zur Aufnahme neuer Anforderungen führen. Wird ein Ziel nicht erreicht, kehrt die betreffende Benutzergeschichte in die Produktanforderungsliste zurück und wird neu priorisiert.
- **Sprint-Retrospektive**: Zum Abschluss des Sprints reflektiert der Scrum-Meister gemeinsam mit dem gesamten Scrum-Team die bisherige Zusammenarbeit. Ziel ist es, den Scrum-Prozess sowie die Teamarbeit systematisch zu verbessern und dafür konkrete Maßnahmen für den nächsten Sprint zu bestimmen.

Nach der Sprint-Retrospektive wird ein neuer Scrum-Zyklus eingeleitet. Die Produktanforderungsliste wird aktualisiert, wodurch ein kontinuierlicher Entwicklungsprozess gewährleistet ist. Das Projektergebnis entsteht schrittweise, während sowohl die Produktanforderungen als auch das Vorgehen laufend angepasst werden – bis das Endprodukt die gewünschten Eigenschaften aufweist.

Scrum reduziert die Komplexität der Produktentwicklung, indem diese in kleinere, überschaubare Aufgaben zerlegt wird. Darüber hinaus ermöglicht die Methode einen besonders flexiblen Projektverlauf. Dies allein garantiert jedoch noch keinen Projekterfolg, denn Selbstorganisation birgt auch Konfliktpotenzial und ist nicht unbegrenzt skalierbar. In vielen Unternehmen stehen die agilen Werte und die Arbeit in selbstorganisierten Teams im starken Gegensatz zur bestehenden Unternehmenskultur. Besonders wichtig für den Erfolg eines Scrum-Teams ist daher psychologische Sicherheit: Teammitglieder müssen ihre Ideen und Meinungen frei äußern und offen mit Fehlern umgehen können, ohne negative Konsequenzen befürchten zu müssen (vgl. Kap. 6.2.3).[189]

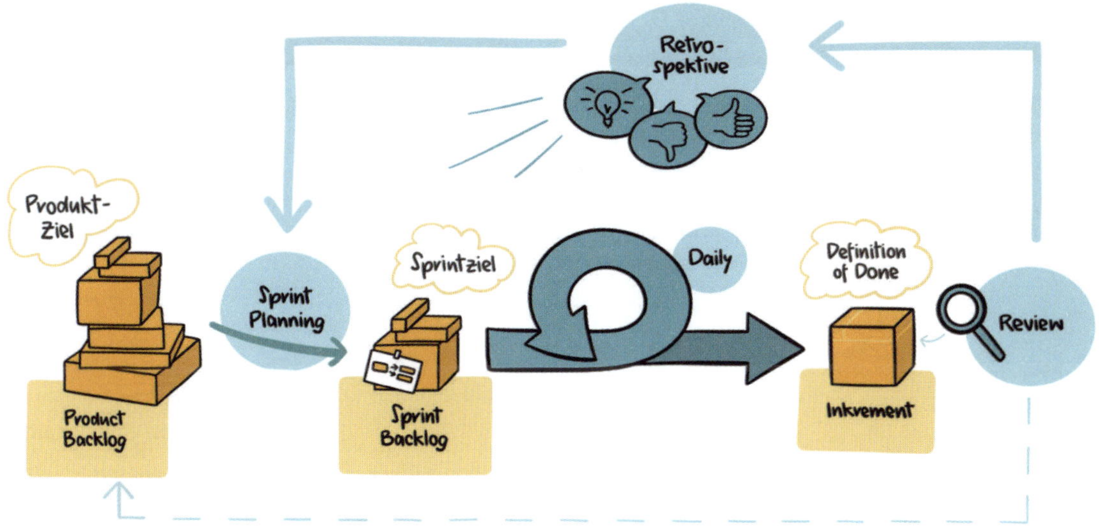

Abb. 5.3.16: Scrum-Prozess[190]

Scrum bei Bosch

Die *Bosch-Gruppe* ist ein international führendes Technologie- und Dienstleistungsunternehmen mit einem Umsatz von über 90 Mrd. Euro und rund 420.000 Mitarbeitern. Die Scrum-Methode wird bei *Bosch* unter anderem zur Entwicklung innovativer Internet-of-Things-Lösungen eingesetzt. So wurde beispielsweise in nur drei Wochen eine vernetzte Sensorlösung für Spargelbauern entwickelt.

Spargel wächst bei etwa 20 Grad Celsius besonders gut. Um diese Temperatur zu erreichen, decken Landwirte die Hügel je nach Wetterlage mit Folienstreifen ab. Bei der Lösung von *Bosch* werden winzige Sensoren in verschiedenen Bodentiefen platziert, um dort die Temperatur zu messen. Die Messergebnisse werden zunächst an eine kleine Box gesendet und von dieser an eine Cloud weitergeleitet. Mithilfe einer Smartphone-App können die Landwirte die Temperaturentwicklung in den Spargelbeeten genau verfolgen. Auf Basis dieser Daten lassen sich optimale Wachstumsbedingungen schaffen und der beste Erntezeitpunkt vorhersagen.[191]

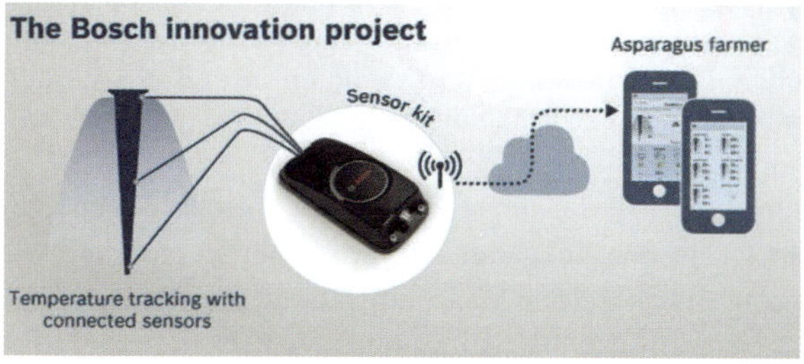

Agiles Projektmanagement ist nicht grundsätzlich besser und auch nicht für jedes Projekt geeignet. Wesentliche Unterschiede zum klassischen Projektmanagement bestehen darin, von wem, wie, ab wann und bis wann neue oder geänderte Anforderungen in den Entwicklungsprozess eingebracht werden können.

Das klassische Vorgehen eignet sich vor allem für einfache bis komplizierte Projekte mit stabilen und vorhersehbaren Anforderungen. Das gilt auch für sicherheitskritische Bereiche wie die Luft- und Raumfahrt oder die Medizin, in denen strenge Vorgaben einzuhalten sind und die Erprobung halbfertiger Produkte weder praktikabel noch verantwortbar ist.[192] Agile Vorgehensweisen sind dagegen bei komplexen Projekten vorteilhaft, da sich deren Anforderungen häufig ändern und meist mehrere Fachbereiche beteiligt sind. Deshalb werden möglichst frühzeitig Zwischenlösungen entwickelt und mit den Anwendern abgestimmt.

In vielen Unternehmen werden beide Ansätze parallel verwendet, etwa in unterschiedlichen Funktionsbereichen oder bei verschiedenen Projekttypen. Innerhalb eines einzelnen Projekts herrscht jedoch meist eine Entweder-oder-Mentalität.[193] Abb. 5.3.17 nennt Kriterien für die Auswahl der geeigneten Projektmanagementmethode.

Kriterien	Klassisches Projektmanagement	Agiles Projektmanagement
Projektablauf	Determiniert (Projekt in Phasen unterteilt)	Offen (Iteratives und flexibles Vorgehen)
Projektgegenstand	Klar definierte, meist technische oder organisatorische Vorhaben mit vorhersehbarem Ablauf, wie etwa Bauprojekte, Infrastrukturmaßnahmen, Prozessoptimierungen	Projekte mit hohem Neuheitsgrad, unsicheren Anforderungen oder starker Kundenbeteiligung, wie etwa Software- oder Produktentwicklung sowie Forschung und Innovation
Projektziele	Klar formuliert (SMART); im Projektverlauf konstant	Grob formuliert; im Projektverlauf veränderlich
Zielpriorität	Termin wichtiger als Qualität	Qualität wichtiger als Termin
Projekt-anforderungen	Kompliziert (Anforderungen sind konstant)	Komplex (Anforderungen sind dynamisch)
Bekanntheit der Anforderungen zu Projektbeginn	Ja	Nein
Priorität und Zahl der Anforderungen	Fest	Variabel und fortlaufend priorisiert
Innovationsgrad	Gering bis mittel	Hoch
Vorhersagbarkeit des Ergebnisses zu Projektbeginn	Ja	Nein
Projektsteuerung	Phasen- und meilensteinorientiert	In kurzen Arbeitszyklen (Sprints), mit täglicher Abstimmung und laufender Fortschrittskontrolle
Umgang mit Anforderungs-änderungen nach Beginn	Sind ein Problem	Sind die Regel
Projektteam	Meist groß, in Voll- oder Teilzeit im Projekt; klare Hierarchie mit formaler Projektleitung	Kleines, cross-funktionales Kernteam in Vollzeit; selbstorganisiert und kollegial geführt
Projektkultur	Kontrolle und Fehlervermeidung	Vertrauen und Lernen aus Fehlern
Interaktion mit dem Kunden	Gering (Am Beginn und bei Abnahme)	Intensiv (Bei jeder Iteration)
Interaktion der Fachexperten	Gering (Spezialisierte Arbeitsgruppen)	Intensiv (Interdisziplinäre Teams)
Lieferung der Projektergebnisse	Am Projektende und als komplette Lösung (Big Bang)	Früh im Projektverlauf als inkrementelle Lösung, die schrittweise erweitert wird

Abb. 5.3.17: Kriterien zur Auswahl des geeigneten Projektmanagements[194]

In der Praxis weisen viele Projekte eine Kombination der genannten Merkmale auf. Daher ist es häufig sinnvoll, im Projektmanagement das strukturierte Vorgehen klassischer Methoden mit agilen Werkzeugen zu einem hybriden Ansatz zu verbinden. Je nach Projekt kann dabei entweder die klassische oder die agile Vorgehensweise im Vordergrund stehen.[195]

> **Hybrides Projektmanagement** kombiniert klassische und agile Methoden, um ein strukturiertes und effizientes Vorgehen mit der flexiblen Anpassung an veränderte Kundenanforderungen zu verbinden.

Es vereint damit das Beste aus beiden Welten. Bei einem **hybrid-klassischen Vorgehen** legt eine übergeordnete Projektplanung die einzelnen Phasen mit detaillierten Zeitplänen, Ressourcen und Meilensteinen fest, während innerhalb der Phasen agile Methoden zur iterativen Entwicklung eingesetzt werden. Ebenso kann in einem Projekt die Software agil und die Hardware klassisch entwickelt werden. Möglich ist auch, in den frühen Phasen der Projektdefinition und -konzeption agile Werkzeuge zu nutzen, um möglichst viele kreative Ideen zu generieren. Sobald die Entscheidung für einen Prototyp gefallen ist, kann der weitere Projektverlauf klassisch organisiert werden, da das Vorgehen nun klar ist.[196] Beim **hybrid-agilen Vorgehen** wird das agile Projektmanagement durch klassische Elemente ergänzt, etwa indem Meilensteine das Projekt zeitlich strukturieren oder ein Projektleiter regelmäßig an die Unternehmensführung berichtet. Auf diese Weise lassen sich Reibungspunkte mit der hierarchischen Organisation verringern.[197]

5.4 Prozesse gezielt erneuern und laufend verbessern

Die arbeitsteilige Produktion prägt seit Beginn des 20. Jahrhunderts die Leistungserstellung vieler Unternehmen. Ihr zufolge lässt sich die Produktivität durch Spezialisierung und Aufgabenteilung steigern. Die betrieblichen Abläufe orientieren sich dabei an der Aufbauorganisation mit ihren Hierarchien und Instanzen. Doch die Zerlegung betrieblicher Vorgänge in kleinere Teilaufgaben sowie die Trennung von Planung, Ausführung und Kontrolle erzeugen im Unternehmen zahlreiche Schnittstellen. Diese führen zu langen Warte-, Transport- und Liegezeiten und verursachen einen hohen Koordinationsaufwand. Eine rein funktionale Arbeitsteilung vernachlässigt, dass die meisten betrieblichen Prozesse stellenübergreifend ablaufen.[198] Beispiele hierfür sind die Auftragsabwicklung oder die Produktentwicklung. Abb. 5.4.1 veranschaulicht die vielfachen Unterbrechungen eines Prozesses in einer hierarchischen Organisation. Daraus resultieren folgende **Probleme**:[199]

- Reibungsverluste durch zahlreiche Schnittstellen, die zu Bereichsegoismen, Suboptima und Kommunikationsdefiziten führen.
- Mangelnde Kundenorientierung, d.h. die Bedürfnisse der Kunden sind entweder nicht bekannt oder werden unzureichend berücksichtigt.
- Inflexibilität und lange Bearbeitungszeiten infolge zahlreicher Abstimmungsvorgänge, die zur Vermeidung von Fehlern und Redundanzen erforderlich sind.
- Übermäßige Standardisierung und lange Entscheidungswege infolge des strikten Dienstwegprinzips.
- Geringe Transparenz der Leistungserstellung, was das Erkennen von Zusammenhängen erschwert und die Prozessverantwortung unklar macht.
- Unzureichende Digitalisierung, z. B. durch Medienbrüche, die eine mehrfache Datenerfassung erforderlich machen.
- Geringe Mitarbeitermotivation aufgrund eintöniger Tätigkeiten, fehlender Verantwortung und ausbleibender Erfolgserlebnisse

Während in der funktionalen Organisation gleichartige Tätigkeiten zu Funktionsbereichen zusammengefasst werden,

Abb. 5.4.1: Prozessverlauf und Schnittstellen in einer funktionalen Organisation

zielt die **prozessorientierte Organisation** darauf ab, zusammenhängende Abläufe ganzheitlich zu betrachten. Durch ablauforientierte Strukturen sollen Schnittstellen entlang betrieblicher Prozesse weitgehend vermieden und transparente, prozessorientierte Einheiten geschaffen werden. Dadurch soll die Arbeitsteilung nicht abgeschafft, sondern wirkungsvoller gestaltet werden. Sachlich zusammenhängende Aktivitäten werden durch das Prozessmanagement gebündelt und einer verantwortlichen Stelle übertragen, die sowohl Planung als auch Ausführung übernimmt.[200]

Eine prozessorientierte Organisation verspricht folgende **Vorteile**:[201]

- Abbau hierarchischer Strukturen im Sinne einer „flachen Organisation"
- Höhere Mitarbeitermotivation durch Erweiterung des Arbeitsinhalts und mehr Eigenverantwortung
- Reduzierung nicht wertschöpfender Tätigkeiten
- Verbesserter Informationsfluss und schnellere Entscheidungswege
- Höhere Flexibilität und Reaktionsfähigkeit
- Stärkere Marktorientierung und höhere Kundenzufriedenheit durch Ausrichtung an den Kundenwünschen.

Das Prozessmanagement stellt einen umfassenden Ansatz zur ganzheitlichen Gestaltung und Optimierung betrieblicher Abläufe dar. Es soll Rationalisierungspotenziale deutlich machen und die Kundenorientierung verbessern. Während Fertigungsprozesse meist präzise geplant und überwacht werden, sind administrative Tätigkeiten oft kaum transparent. Deshalb bestehen in den indirekten Bereichen meist große Verbesserungsmöglichkeiten.[202]

Das **Prozessmanagement** umfasst die integrierte Planung, Steuerung und Kontrolle der betrieblichen Abläufe. Ziel ist es, Kosten, Durchlaufzeit und Qualität der Prozesse ganzheitlich zu optimieren, um die Anforderungen der Kunden an das Prozessergebnis bestmöglich zu erfüllen.

Prozessmanagement eignet sich vor allem für **repetitive bzw. strukturierte Aufgaben** wie Finanzbuchhaltung, Kostenrechnung oder Auftragsbearbeitung. Repetitive Verwaltungsprozesse unterscheiden sich grundsätzlich nicht von Abläufen in der Fertigung und lassen sich daher ebenfalls systematisch optimieren. Viele im Produktionsbereich bewährte Methoden können auf den administrativen Bereich übertragen werden.[203] Ziel ist jedoch nicht, vollständig auf funktionale Arbeitsteilung zu verzichten. Bei einfachen, relativ autonomen Tätigkeiten können die Spezialisierungsvorteile gegenüber der höheren Flexibilität einer prozessorientierten Organisation überwiegen.[204]

Das Prozessmanagement lässt sich organisatorisch in Form einer **asymmetrischen Matrixorganisation** umsetzen (vgl. Kap. 5.1.1). Dabei wird die funktionale Hierarchie horizontal durch Prozessverantwortliche überlagert. Da die funktionalen Führungskräfte weiterhin disziplinarisch verantwortlich bleiben, müssen sie in die Abläufe eingebunden werden. Dies kann den Arbeitsfluss verlangsamen und eine konsequente Prozessorientierung erschweren. Für die Prozessverantwortlichen ist es unter diesen Bedingungen schwierig, bereichsübergreifende Verbesserungen durchzusetzen. Werden ihnen dagegen vorrangige Kompetenzen eingeräumt, agieren die funktionalen Einheiten im Auftrag der Prozesse und stellen diesen die erforderlichen Ressourcen zur Verfügung. Dies erhöht zwar die Flexibilität

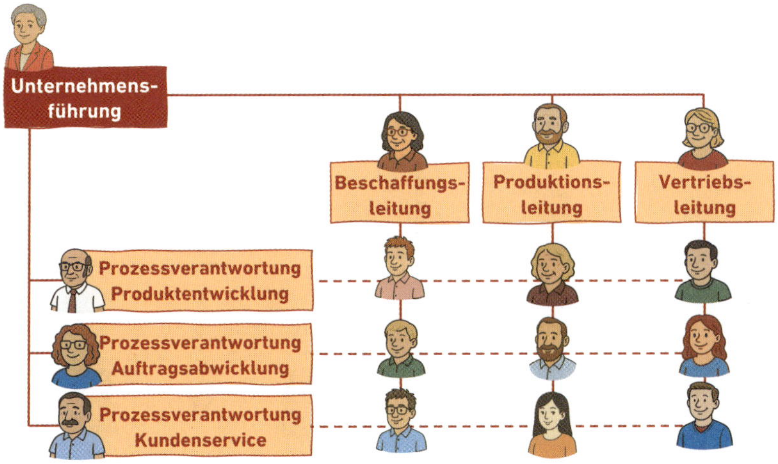

Abb. 5.4.2: Funktionsdominierte Matrixorganisation mit Prozessverantwortung

und Kundenorientierung, kann jedoch zu Effizienzverlusten führen, da Spezialisierungsvorteile verloren gehen. Da die Linienverantwortlichen in diesem Fall nicht mehr die ausschließliche Kontrolle über ihre Funktionsbereiche behalten, ist häufig unklar, wer für welche Entscheidung verantwortlich ist. Dies kann zu Konflikten führen und erfordert einen hohen Koordinationsaufwand.

In der Praxis dominieren deshalb meist die Funktionsbereiche, während die Prozessverantwortlichen lediglich über fachliche Weisungsbefugnisse verfügen. Dies wird in Abb. 5.4.2 durch gestrichelte Linien veranschaulicht, weshalb auch vom sogenannten *Dotted-line-Prinzip* gesprochen wird.[205] Generell sollten die Rollen, Aufgaben und Entscheidungsbefugnisse der Linien- und Prozessverantwortlichen eindeutig abgegrenzt werden.

5.4.1 Woraus bestehen Prozesse und woran werden sie gemessen?

Ein **Prozess** ist eine Folge logisch zusammenhängender Aktivitäten zur Erstellung einer kundenorientierten Leistung.

Ein Prozess weist die folgenden **Merkmale** auf:[206]

- **Auslösendes Ereignis (Trigger)**: Ein Prozess wird durch ein Ereignis ausgelöst, etwa durch einen Kundenanruf, den Eingang einer Bestellung oder einen festgelegten Zeitpunkt.
- **Eingabe (Input)**: Der Prozess verarbeitet eine Eingabe, die von mindestens einer Quelle (Lieferant) stammt. Eingaben können etwa eine Bestellung, Rohstoffe oder ein defektes Produkt sein. Ereignis und Eingabe können identisch sein.
- **Ausgabe (Output)**: Der Prozess endet mit einem festgelegten Ergebnis, wie etwa der Lieferung eines Produkts oder der Ausführung einer Dienstleistung wie einer Reparatur. Der Output kann wiederum als Input für nachgelagerte Prozesse dienen.
- **Kunden (Senken)**: Kunden sind Personen oder Organisationseinheiten, welche das Prozessergebnis empfangen. Sie werden auch als Senken bezeichnet.
- **Leistungsanforderungen**: Die Zufriedenheit des Kunden mit dem Prozessergebnis hängt von der Erfüllung seiner Anforderungen bezüglich Termin, Qualität und Kosten ab.
- **Kunden-Lieferanten-Beziehung**: Quellen stellen als Lieferanten die Eingaben bereit, während Senken als Kunden das Prozessergebnis empfangen. Beide können von innerhalb oder außerhalb des Unternehmens stammen.
- **Aktivitäten**: Die Umwandlung der Eingabe in das gewünschte Ergebnis erfolgt durch logisch aufeinander abgestimmte Arbeitsschritte. Diese Aktivitäten können von Menschen, Maschinen oder IT-Systemen nacheinander (sukzessive) oder gleichzeitig (parallel) ausgeführt werden. Jede Aktivität lässt sich eindeutig durch das Objekt („Woran wird gearbeitet?") und die Verrichtung („Was wird getan?") beschreiben.

Welche Aktivitäten einen Prozess bilden, hängt vom jeweiligen Sachverhalt ab. Eine Vorgangskette gilt als inhaltlich abgeschlossen, wenn sie zur Erstellung oder Verwertung einer betrieblichen Leistung führt und isoliert von vor-, neben- oder nachgelagerten Vorgängen betrachtet werden kann. Um Anfang und Ende eines Prozesses eindeutig be-

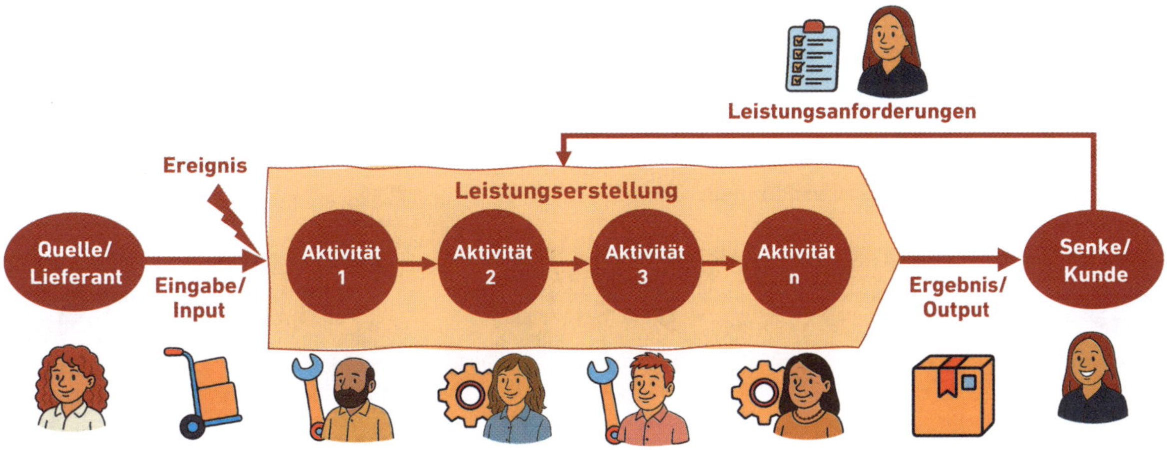

Abb. 5.4.3: Merkmale eines Prozesses

stimmen zu können, müssen dessen Eingabe und Ausgabe klar definiert sein. Ein- und Ausgaben, die während des Prozesses auftreten, gelten als Schnittstellen zu anderen Prozessen.[207] Abb. 5.4.4 veranschaulicht am Beispiel der Auftragsabwicklung eines Versandhauses die wesentlichen Merkmale eines Prozesses.

Als wesentliche **Prozessarten** lassen sich unterscheiden:[208]

- **nach dem Prozessgegenstand**
  - **Materielle Prozesse** umfassen die Bearbeitung und den Transport von physischen Gegenständen und lassen sich in der Regel gut strukturieren.
  - **Informationsprozesse** beziehen sich auf den Austausch und die Verarbeitung von Informationen. Sie verlaufen häufig verzweigt und lassen sich deshalb nur schwer oder gar nicht strukturieren.
  - **Dienstleistungsprozesse** beinhalten typischerweise sowohl materielle als auch informationsverarbeitende Elemente und zeichnen sich durch die direkte Einbindung des Kunden in die Leistungserstellung aus. Sie sind häufig weniger standardisierbar als materielle Prozesse und verlaufen oft situativ oder fallbezogen. Ihre Strukturierbarkeit hängt von der jeweiligen Dienstleistung ab.
- **nach der Tätigkeit bzw. dem Beitrag zur Wertschöpfung**
  - **Leistungsprozesse** dienen zur Erstellung und Verwertung materieller oder immaterieller Leistungen:
    - ***Direkte Leistungsprozesse (Ausführungsprozesse)*** tragen unmittelbar zur Erstellung von Produkten oder Dienstleistungen bei und erbringen eine Wertschöpfung für den externen Kunden.
    - ***Indirekte Leistungsprozesse (Unterstützungsprozesse)*** sorgen dafür, dass die Ausführungsprozesse reibungslos ablaufen.
  - **Führungsprozesse** dienen zur Planung, Steuerung und Kontrolle der Leistungsprozesse. Sie können strategisch oder operativ ausgerichtet sein.

  Diese weit verbreitete Kategorisierung wird auch als **FAU**-Prinzip (Führungs-, Ausführungs-, Unterstützungsprozesse) oder **SOS**-Konzept (Steuerungsprozesse, operative Prozesse, Serviceprozesse) bezeichnet.[209]
- **nach dem Marktbezug**
  - **Primäre Prozesse** entsprechen den direkten Leistungsprozessen und erzeugen einen Wert für externe Kunden.
  - **Sekundäre Prozesse** entsprechen den indirekten Leistungsprozessen; sie sichern die Betriebsbereitschaft und unterstützen die Durchführung der primären Prozesse.
  - **Innovationsprozesse** dienen der Entwicklung und Einführung neuer Produkte, Verfahren und Strukturen (Produkt-, Prozess- oder Strukturinnovationen).

Abb. 5.4.5 nennt einige praktische Beispiele für die einzelnen Prozessarten.

Das Prozessergebnis kann als Eingabe einen nachfolgenden Prozess auslösen. Mehrere inhaltlich verknüpfte Prozesse, die gemeinsam zur Wertschöpfung beitragen, bilden gemeinsam eine **Prozesskette**. Jedes Glied dieser Kette ist zugleich Kunde, Produzent und Lieferant. Kunden und Lieferanten sind dabei nicht nur externe Marktpartner, sondern häufig auch interne Abteilungen, Stellen oder Personen. Diese stehen in vielfältigen Wechselbeziehungen zueinander und bilden ein internes **Lieferanten-Kunden-Netzwerk**. Um die Schnittstellen innerhalb dieses Netzwerks zu koordinieren, übernehmen prozessverantwortliche Mitarbeiter die Abstimmung zwischen den Beteiligten und stellen sicher, dass die Kundenanforderungen erfüllt werden.[210] Prozessorientierung bedeutet daher immer auch Kunden-

Abb. 5.4.4: Auftragsabwicklung in einem Versandhaus

Unterscheidung nach dem Prozessgegenstand	
Prozessarten	**Beispiele**
Materielle Prozesse	• Einlagerung von Rohstoffen • Montage eines Produktes • Auslieferung eines Produktes
Informationsprozesse	• Analyse von Personaleinsatzdaten • Erstellung eines Produktionsplans • Prüfung von Lieferantenangeboten
Dienstleistungsprozesse	• Technische Beratung vor dem Kauf • Wartung und Reparatur von Maschinen • IT-Support für Funktionsbereiche
Unterscheidung nach der Tätigkeit bzw. dem Wertschöpfungsbeitrag	
Prozessarten	**Beispiele**
Direkte Leistungsprozesse (Ausführungsprozesse / operative Prozesse)	• Erfassung eines Kundenauftrags • Sägen eines Werkstücks • Beladung des LKWs zur Auslieferung
Indirekte Leistungsprozesse (Unterstützungsprozesse / Serviceprozesse)	• Einstellung eines neuen Mitarbeiters • Verbuchung der Eingangsrechnung • Bewachung des Werksgeländes
Strategische Führungs- bzw. Steuerungsprozesse	• Formulierung einer Strategie • Aufbau einer Vertriebsstruktur in Asien • Akquisition eines Zulieferers
Operative Führungs- bzw. Steuerungsprozesse	• Aufstellung eines Fertigungsbudgets • Produktionsplanung und -steuerung • Kontrolle der Mitarbeiterleistung
Unterscheidung nach dem Marktbezug	
Prozessarten	**Beispiele**
Primäre Prozesse	• vgl. direkte Leistungsprozesse
Sekundäre Prozesse	• vgl. indirekte Leistungsprozesse
Innovationsprozesse	• Entwicklung eines neuen Produkts • Reorganisation des Vertriebs • Einführung agiles Projektmanagement

Abb. 5.4.5: Beispiele für Prozessarten in einem Industrieunternehmen

orientierung. Diese bezieht sich nicht nur auf den Absatz- oder Beschaffungsmarkt, sondern schließt ausdrücklich auch interne Lieferanten-Kunden-Beziehungen mit ein.

Geschäftsprozesse

Die Gesamtheit der in einem Unternehmen ablaufenden Prozesse bildet die **Prozessstruktur**. Horizontal gesehen haben die Prozesse einen Anfang und ein Ende. An diesen Schnittstellen sind sie mit anderen Prozessen zu einer Vielzahl unterschiedlicher Prozessketten verknüpft. Vertikal lassen sich Prozesse in unterschiedlichem Detaillierungsgrad analysieren und bilden so eine **Prozesshierarchie**. Auf der obersten hierarchischen Ebene stehen die **Geschäftsprozesse**, welche die grundlegenden Aufgabenfelder des Unternehmens beschreiben. Als Kern- bzw. Schlüsselprozesse leisten sie einen wesentlichen Beitrag zur betrieblichen Wertschöpfung und zum Kundennutzen.

> **Geschäftsprozesse** sind zentrale betriebliche Vorgänge, durch die ein Kundennutzen geschaffen wird. Sie bestehen aus logisch zusammenhängenden, wertschöpfenden Aktivitäten, die bereichsübergreifend miteinander verknüpft sind. Geschäftsprozesse werden durch externe Kunden ausgelöst und enden, wenn diese das Prozessergebnis erhalten haben.

Geschäftsprozesse bilden das Rückgrat des Unternehmens. Sie erstrecken sich vom ersten Kundenkontakt bis zur Übergabe der Leistung an den Kunden. Deshalb werden sie auch als End-to-End-Prozesse bezeichnet. Dabei sollten die Leistungen des Unternehmens möglichst genau den Erwartungen der Kunden entsprechen. Geschäftsprozesse sind unternehmensindividuell und von strategischer Bedeutung, da sie maßgeblich über die Wettbewerbsfähigkeit entscheiden. In der Regel reichen fünf bis zehn Geschäftsprozesse aus, um das betriebliche Leistungsspektrum vollständig abzubilden.[211] Grundlegende Geschäftsprozesse eines Industrieunternehmens zeigt Abb. 5.4.6.

Die **Prozesshierarchie** ergibt sich aus der schrittweisen Zerlegung eines Geschäftsprozesses in Haupt- und Teilprozesse, bis eine weitere Untergliederung nicht mehr möglich oder sinnvoll ist. Auf der untersten hierarchischen Ebene befinden sich die Elementarprozesse bzw. Tätigkeiten. Sie weisen sämtliche Prozessmerkmale auf und lassen sich von einer Person an einem Arbeitsplatz ohne Unterbrechung durchführen. Elementarprozesse stellen die kleinste, nicht weiter zerlegbare Einheit eines Geschäftsprozesses dar. Innerhalb eines Elementarprozesses gibt es keine Schnittstellen, da er genau dort endet, wo ein Übergang zu einem

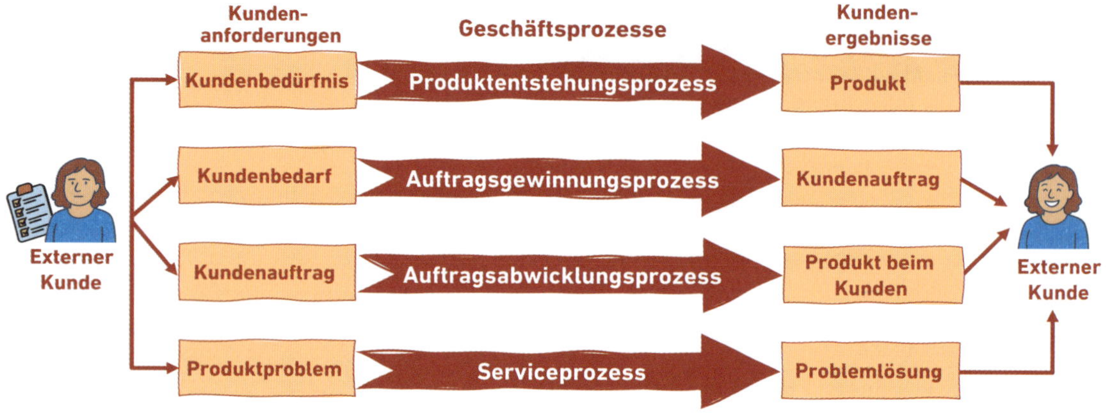

Abb. 5.4.6: Geschäftsprozesse eines Industrieunternehmens

anderen Arbeitsplatz, einer anderen Person oder einem nachgelagerten Prozess erfolgt. Schnittstellen bestehen folglich nur am Anfang oder Ende eines Elementarprozesses.

Der Detaillierungsgrad und die Anzahl der Hierarchieebenen richten sich nach der Art und dem Umfang des jeweiligen Geschäftsprozesses. Generell sollten häufig wiederkehrende Prozesse zur Optimierung des Ablaufs eher tief gegliedert werden. Bei selten auftretenden Prozessen oder solchen mit geringer Wertschöpfung genügt meist eine grobe Unterteilung.[212] Die vertikale Aufteilung eines Geschäftsprozesses zeigt Abb. 5.4.7 am Beispiel der Auftragsabwicklung.

Die Prozessarchitektur eines Unternehmens lässt sich mithilfe einer **Prozesslandkarte** übersichtlich darstellen. Sie veranschaulicht die Geschäftsprozesse und ihre logischen Zusammenhänge. Prozesslandkarten sind stets unternehmensspezifisch. Allerdings orientieren sich viele Unternehmen bei ihrer Gestaltung an generischen Referenzmodellen, die Geschäftsprozesse idealtypisch beschreiben.[213]

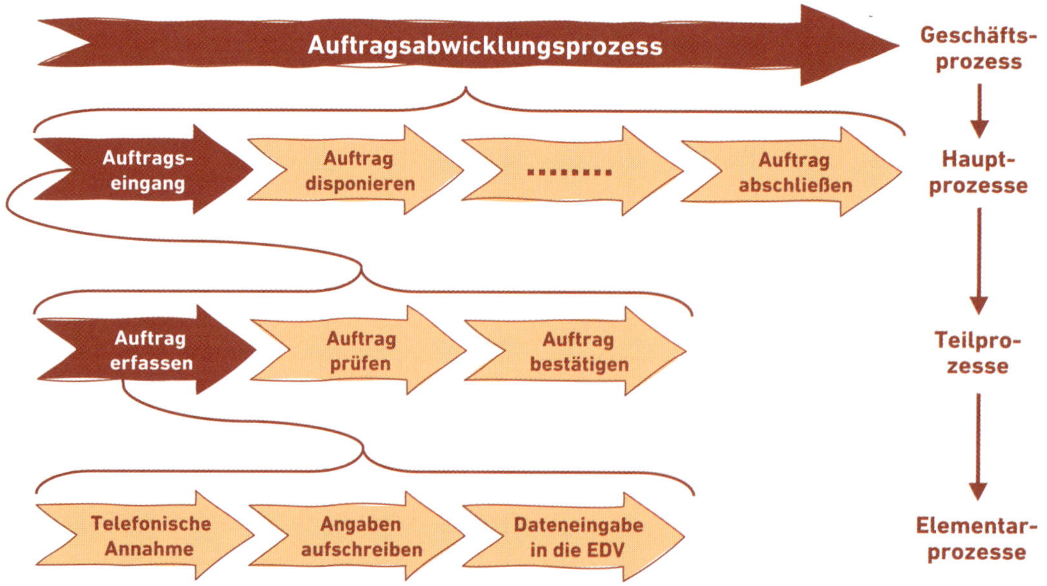

Abb. 5.4.7: Struktur des Geschäftsprozesses Auftragsabwicklung

Prozessmanagement bei Bürkert

Bürkert Fluid Control Systems fertigt Mess-, Steuerungs- und Regelungssysteme für Flüssigkeiten und Gase. Das Unternehmen beschäftigt über 3.700 Mitarbeiter und erwirtschaftet einen Umsatz von mehr als 700 Mio. Euro.[214]

Bürkert hat seine Verantwortlichkeiten nach Prozessen strukturiert und erhält dadurch einen zusammenhängenden Blick auf seine betrieblichen Abläufe, wie die Prozesslandkarte in Abb. 5.4.8 zeigt. Da kundenorientierte Prozesse schwer zu imitieren sind, kann sich das Unternehmen wirksam von seiner Konkurrenz abheben. Die Idee dieses ganzheitlichen Ansatzes besteht in der Beseitigung von Schnittstellen durch die Zusammenfassung von Arbeitsfeldern und Aufgaben. Auf diese Weise lassen sich Abstimmungsprobleme auf ein Minimum reduzieren und die Kompetenzen bündeln. Die wertschöpfenden Einheiten sind in gemeinsame Teams integriert und werden aktiv in den Prozess einbezogen. Verantwortung wie auch Budget werden dorthin delegiert, wo die Wertschöpfung erzeugt wird. Jeder, der an dieser Kette von Aufgaben beteiligt ist, trägt Verantwortung. Dies gilt einschließlich aller Konsequenzen, die daraus resultieren. Offenheit im Umgang miteinander ist hierfür absolute Voraussetzung.

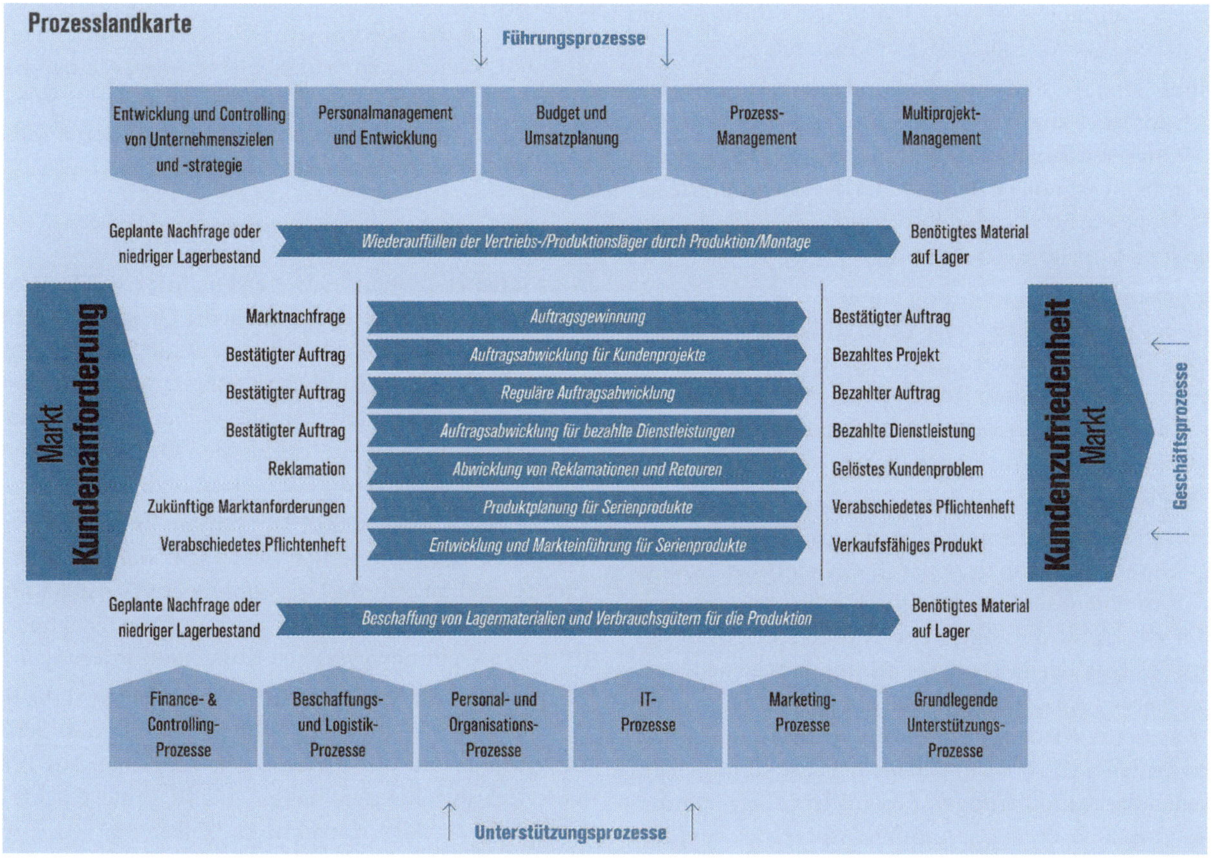

Abb. 5.4.8: Prozesslandkarte der Christian Bürkert GmbH

Im Vordergrund des Prozessmanagements steht nicht nur die Optimierung der **Prozesseffizienz** („Die Dinge *richtig* machen"), sondern insbesondere die Konzentration auf die wertschöpfungsrelevanten Prozesse, also die Erhöhung der **Prozesseffektivität** („Die *richtigen* Dinge machen"). Die Effizienz eines Prozesses folgt aus dessen Zeitdauer, Termintreue, Qualität und Kosten. Diese Faktoren wirken sich auch auf die Prozesseffektivität aus, da sie die Zufriedenheit der Kunden mit dem Prozessergebnis beeinflussen.

Es lassen sich vier **Arten von Prozessleistungen** unterscheiden:[215]

- **Nutzleistungen** sind geplant und für den Kunden wertschöpfend. Beispiele sind Montage, Materialbeschaffung oder Kundenberatung. Nutzleistungen gilt es zu **optimieren**.
- **Unterstützungsleistungen** (auch „Stützleistungen") sind zwar geplant, aber selbst nicht direkt wertschöpfend. Sie ermöglichen oder erleichtern die Erbringung von Nutzleistungen und tragen somit nur indirekt zum Kundennutzen bei. Vom Kunden werden sie meist nicht wahrgenommen. Beispiele sind Rüstvorgänge, Personalplanung oder innerbetrieblicher Transport. Unterstützungsleistungen sind möglichst wirtschaftlich zu erbringen und auf das notwendige Ausmaß zu **reduzieren**.
- **Blindleistungen** sind ungeplant und tragen weder direkt noch indirekt zur Wertschöpfung bei. Sie sind für die Leistungserstellung unnötig und werden vom Kunden weder bemerkt noch honoriert. Beispiele sind Wartezeiten, Doppelarbeiten oder Rückfragen. Blindleistungen sind konsequent zu **eliminieren**.
- **Fehlleistungen** sind ursprünglich geplante, aber fehlerhaft ausgeführte Nutz- oder Unterstützungsleistungen, deren Ergebnisse unbrauchbar sind. Sie wirken sich wertmindernd aus und führen häufig zur Verärgerung des Kunden. Beispiele sind defekte Produkte, fehlerhafte Lieferungen oder Ausschuss. Fehlleistungen gilt es zu **vermeiden**.

Die Zufriedenheit des Kunden bestimmt dessen Bindung an das Unternehmen und ist damit ein zentraler Erfolgsfaktor. Um eine hohe Kundenzufriedenheit zu erreichen, müssen die Anforderungen der Kunden bekannt sein und im Prozess der Leistungserstellung konsequent umgesetzt werden. Nach dem **Kundenzufriedenheitsmodell** (vgl. Kap. 3.2.1) wird zwischen drei Anforderungstypen unterschieden: den vom Kunden als selbstverständlich angesehenen Basisanforderungen, den ausdrücklich geforderten Leistungsanforderungen und den nicht erwarteten, aber besonders wirkungsvollen Begeisterungsanforderungen.[216]

Die **Messung der Kundenzufriedenheit** kann durch direkte Befragung der Kunden ermittelt werden. Sie lässt sich jedoch auch indirekt über die Rückmeldungen der Mitarbeiter mit Kundenkontakt oder die Analyse abgeschlossener Aufträge beurteilen. Hinweise auf geringe Kundenzufriedenheit sind etwa Beschwerden oder Garantiefälle. Eine unmittelbare Befragung des Kunden direkt nach Übergabe des Prozessergebnisses ermöglicht eine schnelle Reaktion auf Beanstandungen. Dies ist meist der beste Weg, um die Zufriedenheit des Kunden dauerhaft zu gewährleisten oder falls erforderlich wiederherzustellen.

Die Prozessleistung wird durch Qualität, Durchlaufzeit und Kosten des Prozesses bestimmt, die gemeinsam über die Kundenzufriedenheit entscheiden. Deshalb sind diese zentralen Steuerungsgrößen des Prozessmanagements stets ganzheitlich zu betrachten.

Eine isolierte Betrachtung einzelner Dimensionen ist wenig sinnvoll, da sich die Leistungsmerkmale meist ergänzen und wechselseitig beeinflussen. So wirkt sich eine Verringerung der Prozesszeit in der Regel auch positiv auf die Termintreue und die Prozesskosten aus. Die Anforderungen der Kunden bestimmen, welche Leistungen zu erbringen sind. Dabei ist zu prüfen, ob ein Prozess einen Beitrag zum Kundennutzen leistet und damit wertschöpfend ist. Die Dimensionen der Prozessleistung und deren Messung werden im Folgenden näher erläutert.

Prozessqualität

Nach einem kundenorientierten Qualitätsverständnis spiegelt die Zufriedenheit der Kunden die Qualität des erbrachten Prozesses wider. Sie folgt aus dem subjektiven Vergleich zwischen dem Prozessergebnis und den individuellen Erwartungen des Kunden. Demgegenüber lässt sich die Prozessqualität nach einem technischen Qualitätsverständnis anhand objektiver Kriterien messen (vgl. Kap. 1.4.1).

Die Prozessqualität sollte nicht nur am Ende eines Prozesses, sondern kontinuierlich überwacht werden. Eine hohe Prozessqualität erfordert die konsequente Vermeidung von Fehlern, Beanstandungen, Terminverzögerungen und sonstigen Abweichungen von den Kundenanforderungen.

Ein zentraler Maßstab für die Prozessqualität ist die Kennzahl **First Pass Yield (FPY)**, auch Ersttrefferquote genannt. Sie gibt an, wie viel Prozent der Vorgänge den Prozess fehlerfrei durchlaufen haben – also ohne Rückfragen, Nacharbeiten oder Korrekturen.[217] Der FPY wird in der Regel für jeden einzelnen Prozessschritt berechnet, um Fehlerquellen genau lokalisieren zu können.

$$\text{FPY} = \frac{\text{Anzahl der fehlerfrei abgeschlossenen Vorgänge}}{\text{Gesamtzahl der gestarteten Vorgänge}} \cdot 100\,\%$$

Der **Rolled Throughput Yield (RTY)** beschreibt die Prozessausbeute eines mehrstufigen Prozesses, also den Anteil der Vorgänge, die alle Prozessschritte beim ersten Mal fehlerfrei durchlaufen haben.[218] Er ergibt sich aus der Multiplikation der Ersttrefferquoten sämtlicher Prozessschritte.

$$RTY = FPY_1 \cdot FPY_2 \cdot FPY_3 \cdot \ldots \cdot FPY_n$$

Abb. 5.4.9 veranschaulicht die Berechnung. Obwohl die dargestellten Teilprozesse mittlere bis hohe Ersttrefferquoten aufweisen, beträgt die Prozessausbeute lediglich 43 %. Damit ist nicht einmal die Hälfte der Vorgänge im ersten Durchlauf fehlerfrei. Bereits ein einzelner schwacher Teilprozess kann die Gesamtqualität erheblich beeinträchtigen. Dies unterstreicht die Notwendigkeit einer integrativen Betrachtung des gesamten Ablaufs und der gezielten Reduktion von Schnittstellen als potenzielle Fehlerquellen. Nur wenn alle Teilprozesse eine exzellente Ersttrefferquote erreichen, lässt sich insgesamt eine hohe Prozessqualität realisieren.

Prozesszeit

Die Geschwindigkeit von Geschäftsprozessen prägt maßgeblich die Leistungsfähigkeit eines Unternehmens, wie etwa dessen Effizienz, Reaktionsdauer und Anpassungsfähigkeit. Verzögert sich beispielsweise die Produktentwicklung und kommt ein Wettbewerber dem Unternehmen zuvor, können wertvolle Pioniererlöse und Marktanteile verloren gehen. Verzögerungen in Prozessen wirken sich meist negativ auf die Kundenzufriedenheit aus.

Die **Durchlaufzeit** (Total Cycle Time) ist die Zeitspanne von der Auslösung eines Prozesses bis zur Übergabe des Prozessergebnisses an den Kunden.[219]

Die Durchlaufzeit besteht aus folgenden **Bestandteilen**:[220]

- **Bearbeitungszeit**, die unterteilt wird in
  - **Rüstzeit** zur Vorbereitung der eigentlichen Arbeitsgänge und
  - **Ausführungszeit** zur unmittelbaren Erstellung des Prozessergebnisses.
- **Transportzeit:** Zeitbedarf, um ein unfertiges Prozessergebnis an den nächsten Bearbeiter weiterzuleiten oder das fertige Ergebnis an den Kunden zu liefern.
- **Warte- und Liegezeit:** Verweildauer eines Prozessergebnisses im Prozessablauf, in der es weder bewegt noch bearbeitet wird.

Nur die im Rahmen der Ausführungszeit erbrachte **Nutzleistung** ist wertschöpfend. Rüstzeiten entstehen häufig an Schnittstellen, wenn sich etwa der nachfolgende Bearbeiter zunächst in den Vorgang einarbeiten muss. Rüst- und Transportzeiten gelten als **Stützleistungen** und sollten daher möglichst reduziert werden. Warte- und Liegezeiten sind **Blindleistungen** und weitestgehend zu vermeiden.

Das Verhältnis der Ausführungszeit zur gesamten Durchlaufzeit wird als **Zeiteffizienz** bezeichnet. Sie zeigt, welche Anteile der Prozesszeit tatsächlich zur Wertschöpfung bei-

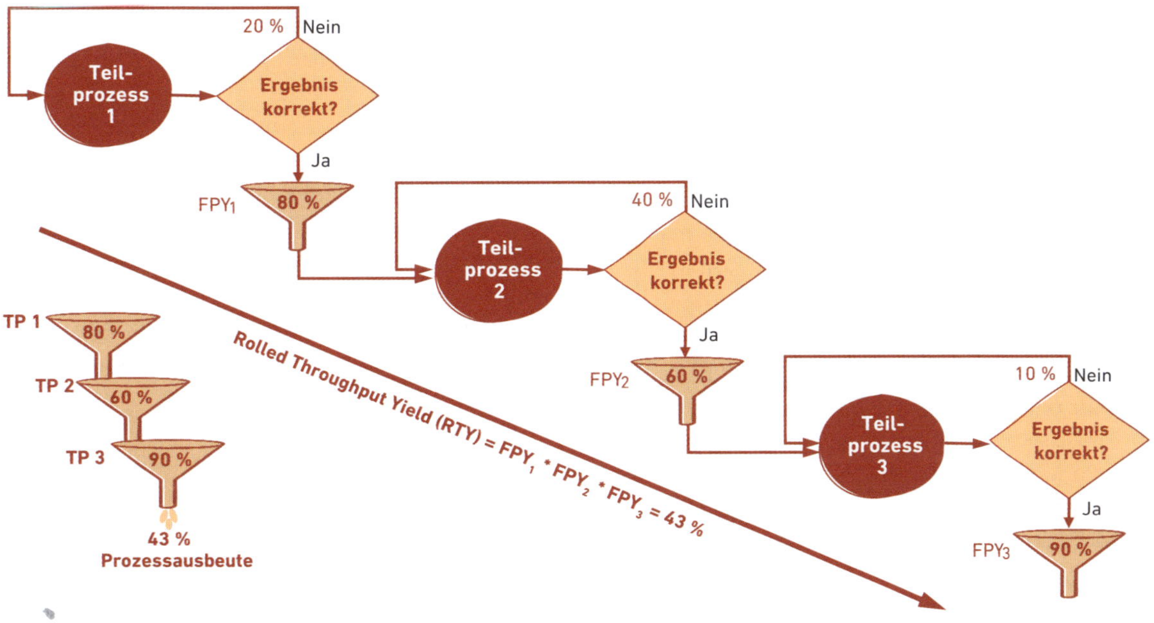

Abb. 5.4.9: Aus der Güte der Teilprozesse resultiert die Qualität des Gesamtprozesses

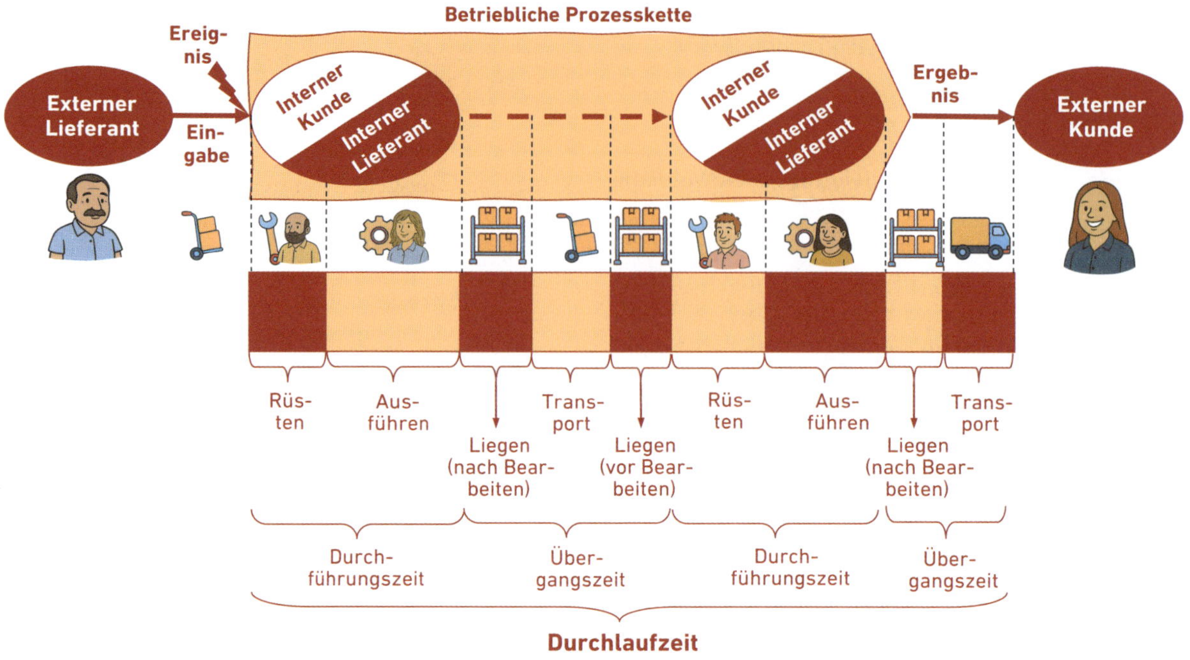

Abb. 5.4.10: Zusammensetzung der Durchlaufzeit eines Prozesses

tragen und erlaubt Rückschlüsse darauf, wie viel Zeit im Ablauf ungenutzt verstreicht. In vielen Geschäftsprozessen liegt die Zeiteffizienz unter 5 %, da die Warte- und Liegezeiten häufig ein Vielfaches der Ausführungszeit betragen. Die Durchlaufzeiten lassen sich daher nicht in erster Linie durch schnellere Bearbeitung, sondern vor allem durch die Reduktion der Warte- und Liegezeiten verkürzen.[221]

$$\text{Zeiteffizienz} = \frac{\text{Ausführungszeit}}{\text{Durchlaufzeit}} \cdot 100\ \%$$

Die **Zykluszeit** gibt an, wie viel Zeit insgesamt für die Erstellung einer Leistung benötigt wird. Dazu werden die Durchlaufzeiten aller Teilprozesse addiert, auch wenn sie parallel ablaufen. Eine Verkürzung der Zykluszeit verbessert die Zeiteffizienz und reduziert die Dauer, in der Ressourcen im Prozess gebunden sind.[222]

Der Prozesstermin gibt an, wann das Prozessergebnis dem Kunden vereinbarungsgemäß übergeben werden soll. Terminüberschreitungen können zu Verzögerungen nachfolgender Prozesse und insbesondere zu einer Beeinträchtigung der Kundenzufriedenheit führen. Die Termineinhaltung lässt sich mit der Kennzahl **Termintreue** messen, die den Anteil der rechtzeitig fertiggestellten Ergebnisse angibt. Da sich die Termintreue eines Gesamtprozesses aus der Multiplikation der Termintreue seiner Teilprozesse ergibt, sollte sie über den gesamten Prozessablauf hinweg ganzheitlich optimiert werden.[223]

$$\text{Termintreue} = \frac{\text{Anzahl der termingerecht abgeschlossenen Vorgänge}}{\text{Gesamtzahl der abgeschlossenen Vorgänge}} \cdot 100\ \%$$

Prozesskosten

Die Prozesskosten dienen dazu, die Effizienz und Rentabilität von Geschäftsprozessen zu beurteilen. In den direkten Bereichen lassen sie sich mit der traditionellen Kostenrechnung relativ einfach ermitteln, wie etwa bei der Berechnung der Herstellkosten eines Karosserieteils. In den indirekten Bereichen ist dies hingegen deutlich schwieriger. Diese übernehmen vorbereitende, planende, steuernde, überwachende oder koordinierende Aufgaben, wie etwa Forschung und Entwicklung, Beschaffung, Produktionsplanung oder Vertrieb. Da sie nicht unmittelbar an der Leistungserstellung beteiligt sind, lassen sich ihre Kosten den Produkten nicht eindeutig zuordnen. Traditionelle Verfahren der Kostenrechnung verrechnen diese als Gemeinkosten über Zuschlags- oder Verteilungsschlüssel – und damit wenig verursachungsgerecht.

In einem prozessorientierten Unternehmen reicht diese pauschale Verrechnung nicht aus, um das betriebliche Geschehen adäquat abzubilden. Nur wenn die Kostenrechnung die veränderten Wertschöpfungsstrukturen berücksichtigt, kann sie ihre Abbildungs- und Steuerungsfunktion weiterhin erfüllen. Deshalb wurde für die indirekten Leistungsbereiche die **Prozesskostenrechnung** entwickelt.[224] Sie soll die traditionelle Kostenarten- und Kostenstellenrechnung nicht ersetzen, sondern bei der Verrechnung der Gemeinkosten sinnvoll ergänzen.

> Die **Prozesskostenrechnung** wird vor allem in den indirekten Leistungsbereichen eingesetzt und ermittelt, wie teuer die Ausführung der Teilprozesse einer Kostenstelle ist. Durch die Verknüpfung logisch zusammenhängender Teilprozesse zu kostenstellenübergreifenden Hauptprozessen werden die Ursachen der Kostenentstehung transparent.

Das Vorgehen der Prozesskostenrechnung wird in Abb. 5.4.11 veranschaulicht.[225] Zunächst werden die Tätigkeiten in allen betroffenen Kostenstellen analysiert. Dies geschieht vor allem durch Interviews, ergänzt durch Dokumentenanalysen und Selbstaufschreibungen. In digitalen Prozessen lassen sich die erforderlichen Informationen wie Bearbeitungszeiten oder Prozessmengen auch direkt aus Ereignisprotokollen (Event-Logs) von Workflow-Management-Systemen oder mithilfe von Process Mining bestimmen.[226]

Die erfassten Aktivitäten werden anschließend strukturiert und zu Teilprozessen verdichtet. Danach wird geprüft, ob diese vom Arbeitsvolumen der Kostenstelle abhängig sind:

- Ändert sich der Ressourcenverbrauch mit steigendem Leistungsanfall, dann bezeichnet man den Prozess als **leistungsmengeninduziert** (lmi). Ein Beispiel ist die Auftragsabwicklung.
- Ist der Ressourcenverbrauch vom Leistungsvolumen der Kostenstelle unabhängig, dann ist der Prozess **leistungsmengenneutral** (lmn). Dabei handelt es sich typischerweise um Führungsaufgaben oder unterstützende Tätigkeiten.

Die Menge der leistungsmengeninduzierten Prozesse wird mithilfe sogenannter **Kostentreiber** gemessen. Für die Auftragsabwicklung wäre dies etwa die Anzahl an Aufträgen.[227] Im nächsten Schritt werden den Teilprozessen die Kostenstellenkosten für die in Anspruch genommenen Ressourcen zugeordnet. Da der Personalaufwand den größten Anteil an den Gemeinkosten ausmacht, erfolgt dies anhand des zeitlichen Aufwands der Mitarbeiter für die jeweiligen Teilprozesse. Hierfür wird die erforderliche Mitarbeiterkapazität in **Personenjahren (PJ)** gemessen. Ein Personenjahr umfasst die tatsächlich verfügbare Arbeitszeit eines Mitarbeiters pro Jahr, also abzüglich Pausen, Urlaub und Feiertagen. Diese variiert in Deutschland je nach Unternehmen, Branche, Bundesland und Jahr. Bei einer 38-Stunden-Woche werden durchschnittlich rund 1.650 Arbeitsstunden pro Jahr angesetzt. Um die Kosten je Personenjahr zu berechnen, werden die Kosten einer Kostenstelle durch deren Kapazität in Personenjahren geteilt. Werden diese mit dem Kapazitätsbedarf der leistungsmen-

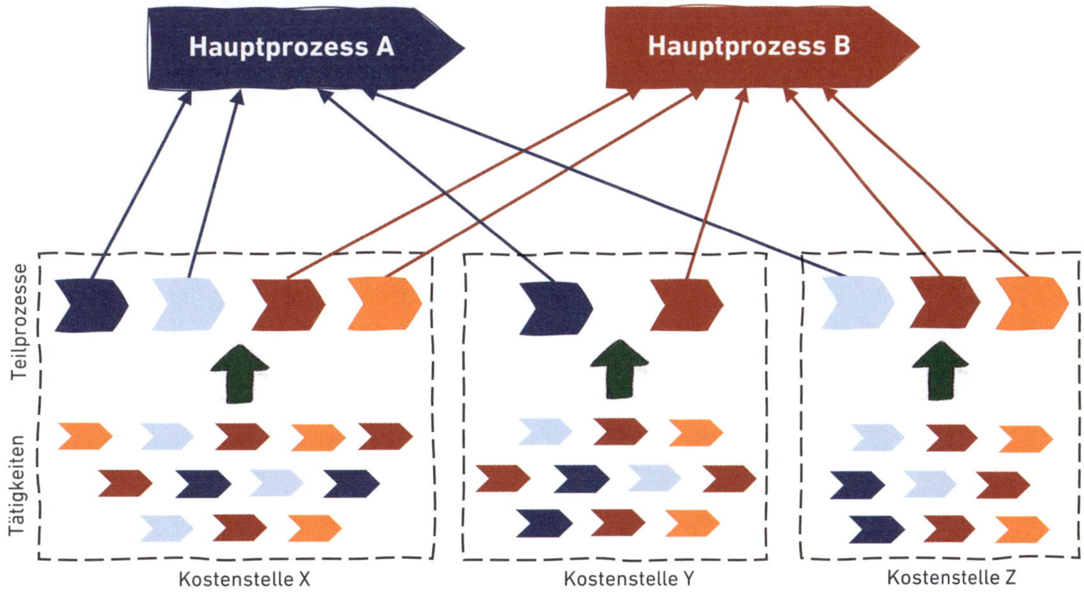

Abb. 5.4.11: Vorgehensweise der Prozesskostenrechnung

geninduzierten Teilprozesse in PJ multipliziert, erhält man deren **Prozesskosten**. Die leistungsmengenneutralen Kosten werden anschließend auf die leistungsmengeninduzierten Prozesse im Verhältnis ihrer Kapazitätsinanspruchnahme verteilt. Teilt man die Prozesskosten durch die jeweilige Kostentreibermenge, ergeben sich daraus die **Prozesskostensätze**. Sie zeigen an, wie viel die einmalige Ausführung eines Teilprozesses durchschnittlich kostet.

Anschließend werden die Teilprozesse zu kostenstellenübergreifenden **Hauptprozessen** verdichtet. Diese sind unabhängig von organisatorischen Strukturen und beschreiben die wesentlichen Abläufe in den betrachteten indirekten Bereichen. Die Hauptprozesse und ihre Kostentreiber verdeutlichen die Ursachen der Kostenentstehung und zeigen konkrete Verbesserungspotenziale auf. Der Fokus der Prozesskostenrechnung liegt vor allem auf strategischen Entscheidungen mit lang- bis mittelfristigem Planungshorizont, wie etwa einer Umgestaltung des Produktsortiments oder einer Anpassung der Preispolitik auf Basis einer prozessorientierten Kalkulation. Zur Senkung der Prozesskosten ist es erforderlich, durch ein **Prozesskostenmanagement** die hinter den Kosten stehenden Prozessstrukturen und Kostentreiber zu beeinflussen.

Beispiel zur Prozesskostenrechnung

Abb. 5.4.12 zeigt das Ergebnis der Untersuchung einer Kostenstelle im sogenannten **Prozesskostenblatt**.[228] Es enthält die Gesamtkapazität der Kostenstelle in Personenjahren (PJ) sowie die Kostenstellenkosten. Daraus lassen sich die Kosten pro PJ berechnen. Im Beispiel sind das 60 T€/PJ. Der Kapazitätsbedarf eines leistungsmengeninduzierten Teilprozesses ergibt sich aus der Multiplikation der Zeitdauer je Prozessausführung mit der entsprechenden Kostentreibermenge. Im Beispiel dauert die Annahme einer Kundenanfrage durchschnittlich 14,16 Minuten. Kostentreiber dieses Prozesses ist die Anzahl der Kundenanfragen. Bei einer jährlichen Menge von 10.000 Kundenanfragen verwenden die zuständigen Sachbearbeiter für diesen Prozess somit 10.000 · 14,16 min = 2.360 Stunden pro Jahr. Die Division durch 1.650 Stunden je Personenjahr ergibt 1,43 Personenjahre.

Durch Multiplikation der benötigten Mitarbeiterkapazität mit den Kosten pro Personenjahr (PJ) der Kostenstelle ergeben sich die leistungsmengeninduzierten Teilprozesskosten. Die Kosten der leistungsmengenneutralen Tätigkeiten werden anschließend im Verhältnis zur Kapazitätsinanspruchnahme auf die lmi-Teilprozesse verteilt. Daraus ergeben sich die gesamten Teilprozesskosten (lmi + lmn). Werden diese durch die jeweilige Kostentreibermenge geteilt, erhält man die Prozesskostensätze. Sie zeigen, wie teuer die einmalige Ausführung eines Teilprozesses ist. Die Annahme einer Kundenanfrage kostet im Beispiel somit 9,54 Euro.

	Kostenstelle Vertrieb	Kapazität: 10 PJ Kosten: 600.000 €		Kosten pro PJ: 60.000 €				
Nr.	**Teilprozess** Bezeichnung	**Kostentreiber** Anzahl der	**Prozess-menge**	**Mitarbeiter-einsatz** Kapazität (PJ)	**Teilprozesskosten (€)**			**PK-Satz (€)**
					lmi	Umlage lmn	lmi+lmn	
1	Kundenanfrage entgegennehmen	Kunden-anfragen	10.000	1,43	85.800	9.600	95.400	9,54
2	Kundenanfrage prüfen	Kunden-anfragen	10.000	7,10	426.000	47.400	473.400	47,34
3	Kundenauftrag bestätigen	Kunden-aufträge	1.500	0,47	28.200	3.000	31.200	20,80
	Summe			**9,00**	**540.000**	**60.000**	**600.000**	

lmn-Prozesse	Kapazität (PJ)
Abteilung leiten	1

Umlage im Verhältnis der lmi-Prozesse

Abb. 5.4.12: Beispiel für ein Prozesskostenstellenblatt

Das Prinzip der Hauptprozessverdichtung zeigt Abb. 5.4.13 am Beispiel des Hauptprozesses „Kundenauftrag bearbeiten". Dieser setzt sich aus mehreren Teilprozessen der Kostenstellen „Vertrieb" und „Datenverarbeitung" zusammen. Für den Hauptprozess wird ein gemeinsamer Kostentreiber festgelegt. Im Beispiel ist das die Anzahl der Aufträge. Die Kosten der Teilprozesse werden den jeweiligen Kostenstellen entnommen und aufsummiert. Die Division der Hauptprozesskosten durch die Kostentreibermenge ergibt den Hauptprozesskostensatz. Im Beispiel betragen die bereichsübergreifenden Gesamtkosten der Bearbeitung eines Kundenauftrags 453,20 Euro.

Hauptprozess Kundenauftrag bearbeiten	**Kostentreiber: Anzahl der Kundenaufträge Menge: 1.500**		
Teilprozesse	**Herkunft Kostenstelle**	**Prozess-kosten (€)**	**PK-Satz (€)**
Kundenanfragen entgegennehmen	Vertrieb	95.400	63,60
Kundenanfrage prüfen	Vertrieb	473.400	315,60
Kundenauftrag erfassen	DV	79.800	53,20
Kundenauftrag bestätigen	Vertrieb	31.200	20,80
Summe		**679.800**	**453,20**

Abb. 5.4.13: Beispiel für eine Hauptprozessverdichtung

5.4.2 Aus Alt mach Neu: Prozesse umgestalten und perfektionieren

Am Anfang des Prozessmanagements steht eine umfassende Prozessidentifikation und -analyse. Auf Basis der dabei gewonnenen Erkenntnisse werden zunächst die unzureichenden Prozesse grundlegend erneuert. Anschließend werden die Prozessabläufe regelmäßig überprüft und kontinuierlich verbessert. Diese Phasen des Prozessmanagements werden im Folgenden näher erläutert.[229]

Die Prozesse bestimmen und analysieren

Zunächst werden Top-down die Geschäftsprozesse des Unternehmens identifiziert und in einer Prozesslandkarte visualisiert. Anschließend werden diese in Haupt- und Teilprozesse zerlegt und hierarchisch strukturiert. Dabei wird untersucht, welche Leistungen erbracht werden und welche Aktivitäten hierzu in welcher Form ablaufen. Die **Prozessmodellierung** stellt den Aufbau des Prozesses einschließlich seiner Verknüpfungen zu anderen Prozessen dar. Sie erfolgt nach definierten Regeln und mithilfe festgelegter Symbole, etwa in Form ereignisgesteuerter Prozessketten. Im nächsten Schritt erfolgt Bottom-up die Analyse der Ist-Situation auf der untersten Prozessebene. Diese Prozessaufnahme erfolgt nur so detailliert wie nötig, um den Erhebungsaufwand in Grenzen zu halten. Mögliche Erhebungstechniken sind Beobachtung, Zeitaufnahme, Multimomentaufnahme, Fragebogen, Interview und Workshop.

Gerade bei komplexen Prozessen hat sich in der Praxis die Durchführung eines Workshops bewährt, an dem ausgewählte Mitarbeiter der beteiligten Organisationseinheiten teilnehmen. Dabei kommt häufig das sogenannte *Brown-Paper-Mapping* zum Einsatz: Eine lange Bahn aus meist braunem Papier wird an der Wand befestigt, um darauf den Prozess als **Schwimmbahnendiagramm** (Swimlane-Chart) zu visualisieren. Die prozessbeteiligten Organisationseinheiten werden durch waagerechte Bahnen dargestellt, in die einzelne Prozessschritte eingezeichnet werden. Dabei entstehen bei den Beteiligten häufig Aha-Erlebnisse, zum Beispiel hinsichtlich der Prozessstruktur, vorhandener Schnittstellen oder des Ablaufs.[230] Durch die gewonnene Prozesstransparenz lassen sich Fehl- und Blindleistungen sowie Verbesserungsmöglichkeiten erkennen. Abb. 5.4.14 veranschaulicht dies am Beispiel eines Reklamationsprozesses im Versandhandel.

Digitale Geschäftsprozesse werden in IT-Systemen detailliert aufgezeichnet. Die zugehörigen Ereignisprotokolle (Event-Logs) enthalten eine eindeutige Kennung, Informationen zur ausgeführten Aktivität sowie einen Zeitstempel. Mithilfe von Process Mining lässt sich daraus der tatsächliche Prozessablauf rekonstruieren. Der automatisierte Abgleich mit den Soll-Prozessen deckt Ineffizienzen und Schwachstellen auf und ermöglicht eine Optimierung der Ist-Prozesse. Voraussetzung dafür ist jedoch, dass die Ereignisdaten in ausreichender Menge und Qualität vorliegen.[231]

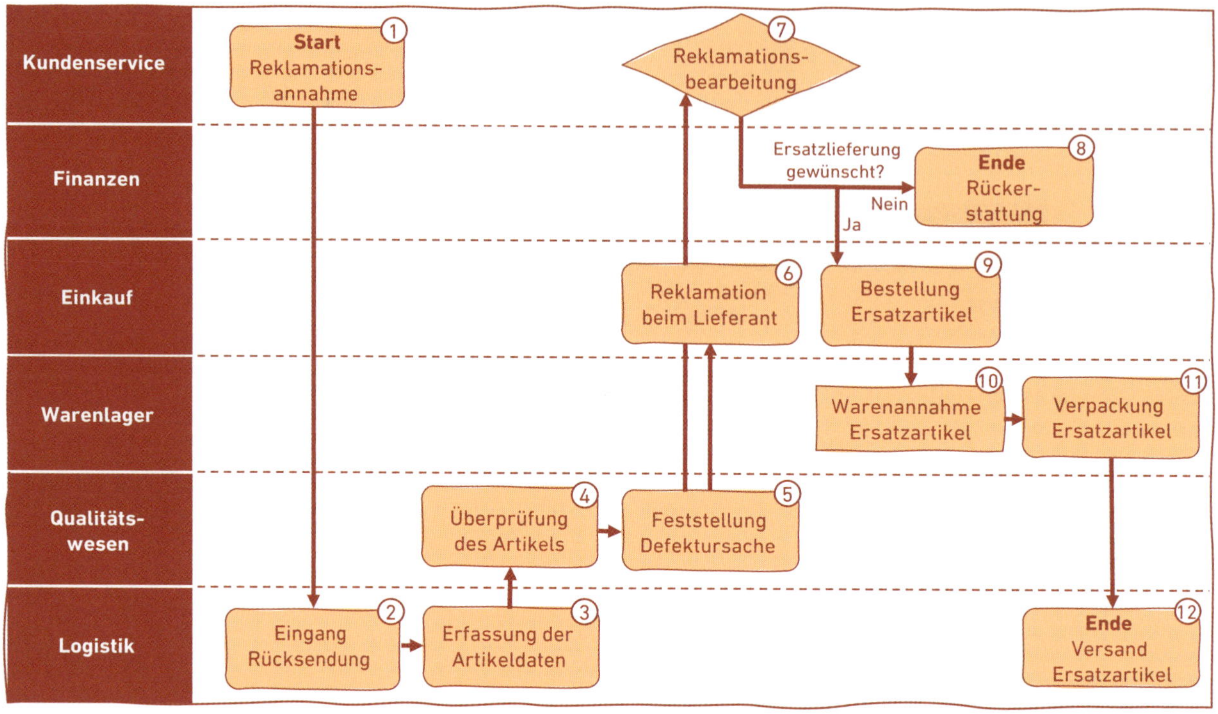

Abb. 5.4.14: Schwimmbahnendiagramm eines Reklamationsprozesses im Versandhandel

Die Prozesse radikal erneuern

Ausgehend von den Ergebnissen der Prozessanalyse werden idealtypische Geschäftsprozesse (Soll-Prozesse) aufgestellt und deren Ablauf, Zuständigkeiten und Leistungsumfang klar beschrieben. Die Kundenanforderungen lassen sich an den Prozessschnittstellen durch Leistungsvereinbarungen (Service Level Agreements) konkretisieren. Sie legen fest, was bis wann, in welchem Umfang und zu welchem Preis geliefert wird. Darüber hinaus enthalten sie mögliche Sanktionen bei Nichteinhaltung der Vereinbarung.

Oberstes Gebot der Prozesserneuerung ist die konsequente Kundenorientierung. Das Motto lautet: „Die Kunden übernehmen das Kommando!".[232] Daher sollten alle nicht wertschöpfenden Aktivitäten, die keinen Beitrag zum Kundennutzen leisten, möglichst eliminiert werden. Eine solche Prozesserneuerung kann durch den Einbezug von Lieferanten und Kunden auch unternehmensübergreifend erfolgen.

> Die **Prozesserneuerung** bezeichnet die radikale Umgestaltung bestehender Geschäftsprozesse, um deren Leistung, Qualität und Effizienz wesentlich zu steigern.[233]

Dies wird auch als **Business Process Reengineering (BPR)** oder Durchbruchs-Kaizen (japanisch: Kaikaku) bezeichnet. Ziel ist es, durch eine konzentrierte Anstrengung rasch eine umfassende Leistungssteigerung zu erreichen. Dabei werden die bestehenden Prozessabläufe grundsätzlich infrage gestellt, insbesondere im Hinblick auf ihren Beitrag zum Kundennutzen. Solche „Radikalkuren" erfolgen meist Top-down, was jedoch organisatorische Widerstände hervorrufen kann, die den Erfolg der angestrebten Leistungssteigerungen gefährden. Dies gilt insbesondere, wenn Kostensenkungen im Fokus stehen. Aufgrund des hohen Aufwands und Erfolgsrisikos sollte sich die Prozesserneuerung auf Kernprozesse mit gravierenden Defiziten konzentrieren. In Krisensituationen ist sie häufig der einzig gangbare Weg, denn dann reichen kontinuierliche Verbesserungen meist nicht aus und dauern zu lange.[234]

Ein weitreichendes Verbesserungspotenzial bietet die **Prozessdigitalisierung**. Automatisiert werden vor allem zeitintensive, hochstandardisierte und stark reglementierte Prozesse, die in hoher Frequenz ablaufen. Dies kann etwa mithilfe von Workflow-Management- oder ERP-Systemen erfolgen. Systemübergreifende, regelbasierte und repetitive Abläufe lassen sich mithilfe der robotergestützten Prozessautomatisierung (RPA) abwickeln, ohne dass dafür Schnittstellen programmiert werden müssen (vgl. Kap. 7.3.5). Dabei agiert ein Software-Roboter wie ein virtueller Mitarbeiter, der die Benutzeroberflächen der beteiligten Anwendungsprogramme bedient. Vor einer Automatisierung sollten die Prozesse jedoch erneuert werden, um nicht ineffektive Abläufe zu zementieren. Prozesse mit geringer Häufigkeit, hoher Variantenvielfalt und flexiblen Entscheidungsanforderungen eignen sich nicht zur Automatisierung und werden weiterhin manuell ausgeführt.[235]

Zunehmend kommt in digitalen Prozessen auch künstliche Intelligenz zum Einsatz (vgl. Kap. 7.3.4). Bei einem Onlineversandhändler können beispielsweise KI-gestützte Empfehlungen zur passenden Kleidergröße oder zum individuellen Stil die Rücksendequoten senken und die Kundenzufriedenheit steigern.[236] Perspektivisch ermöglicht die KI sogar autonome Prozesse, die sich durch maschinelles Lernen kontinuierlich selbst verbessern. Langfristig wird erwartet, dass sich bis zu 80 % der operativen Prozesse und 40–60 % der Unterstützungsprozesse automatisieren lassen. Führungsprozesse hingegen, bei denen kreatives Denken, intuitives Gespür, Empathie oder strategische Entscheidungen gefragt sind, bleiben dagegen auf absehbare Zeit dem Menschen überlassen.[237]

Prozessverantwortliche (Process Owner / Prozesseigentümer) sind für die ganzheitliche Steuerung einzelner Geschäftsprozesse zuständig. Sie tragen die Gesamtverantwortung für den Ablauf und das Ergebnis des Prozesses, überwachen die Zielerreichung und koordinieren die am Prozess beteiligten Personen und Teams. Die **Prozessbearbeiter** (Case Worker / Case Teams) führen die operativen Tätigkeiten innerhalb eines Prozesses aus. Für eine kundenorientierte Rundum-Betreuung sollten ihnen alle zusammenhängenden Tätigkeiten als geschlossene Bearbeitungssequenz übertragen werden. In der Auftragsabwicklung bedeutet das beispielsweise, dass ein Prozessbearbeiter alle Teilprozesse eines Auftrags – von der Kundenberatung über Auftragsannahme, Kommissionierung, Versand und Fakturierung bis hin zur Reklamationsbearbeitung – möglichst eigenständig durchführt. Um flexibel und rasch auf Kundenwünsche reagieren zu können, benötigen Prozessbearbeiter ausreichende Entscheidungsspielräume. Die Kundenbindung lässt sich zusätzlich stärken, wenn der Kunde bei einem Geschäftsprozess nach dem Prinzip „One face to the customer" stets denselben Ansprechpartner hat.[238]

Bei bereichsübergreifenden Prozessen übernimmt in der Regel derjenige Mitarbeiter die Prozessverantwortung, in dessen Verantwortungsbereich die größte Wertschöpfung erfolgt, denn dort ist das Potenzial zur Beeinflussung des Prozesses am höchsten. Alternativ kann die Verantwortung auch bei dem Bereich liegen, in dem der Prozess endet. Prozessverantwortliche verfügen meist über eine fachliche Weisungsbefugnis gegenüber den Prozessbearbeitern oder werden von einem höhergestellten Machtpromotor in ihrer Rolle unterstützt.[239]

Prozessverantwortung bei AMG

Die *Mercedes-AMG GmbH* mit Sitz in Affalterbach ist eine Tochter der *Mercedes-Benz Group AG* und bildet die Sportwagensparte des Konzerns. Die Vorteile der Prozessverantwortung lassen sich bei *AMG* am Beispiel der Motorenfertigung eindrucksvoll veranschaulichen.

In der Automobilindustrie werden Motoren üblicherweise am Fließband in vielen kleinen Arbeitsschritten und von einer Vielzahl an Mitarbeitern hergestellt. Jeder führt dabei nur wenige Handgriffe aus und kann das Ergebnis seiner Arbeit weder sehen noch erleben. In der *AMG*-Motorenmanufaktur hingegen erfolgt die Montage in Handarbeit nach dem Prinzip „One Man – One Engine": Ein Mitarbeiter übernimmt jeweils die komplette Montage eines Motors. Beim abschließenden Leistungstest erlebt er unmittelbar, was er geschaffen hat – ein persönliches Erfolgserlebnis.

Jeder Motor trägt eine Plakette mit der eingravierten Unterschrift des Monteurs. Damit übernimmt er sichtbar Verantwortung: „Wenn ich einen Motor baue, muss er perfekt sein, denn am Ende steht mein Name drauf". Die daraus resultierende hohe Fertigungsqualität ist für *AMG* im exklusiven Premiummarkt ein zentraler Wettbewerbsvorteil.[240]

Beim klassischen Prozessmanagement werden Abläufe detailliert analysiert, umfassend dokumentiert und erst dann umgesetzt, wenn sie so perfekt wie möglich sind. In komplexen Führungskontexten (vgl. Kap. 1.3.5) sind jedoch auch die Geschäftsprozesse komplex, da sie aus vielen miteinander verflochtenen Teilprozessen bestehen und laufenden Veränderungen unterliegen. Deshalb sind die Anforderungen zu Beginn einer Prozesserneuerung häufig unklar oder ändern sich im Laufe der Zeit. Neugestaltete Prozesse können somit bereits kurz nach ihrer Einführung schon wieder veraltet sein.[241] Aus diesem Grund kommen im Prozessmanagement zunehmend **agile Methoden** wie Scrum zum Einsatz (vgl. Kap. 5.3.5). Dabei wird der Prozess schrittweise in kurzen Entwicklungszyklen verändert. Am Ende jedes Sprints steht ein funktionsfähiger Prozess, der unmittelbar ausgeführt und zusammen mit dem Kunden getestet werden kann. Es wird also nicht alles gleich bis ins letzte Detail analysiert und daraus ein idealer Gesamtprozess entwickelt, sondern die Anforderungen werden nach und nach umgesetzt, wobei sich neue Erkenntnisse flexibel integrieren lassen.[242]

Perfektion durch kontinuierliche Verbesserung

An die Erneuerung der Geschäftsprozesse schließt sich die kontinuierliche Verbesserung an. Sie erfolgt in kleinen Schritten und unter Einbezug aller am Prozess beteiligten Mitarbeiter. Häufig wird sie als **KVP** (kontinuierlicher Verbesserungsprozess) oder nach ihren japanischen Wurzeln als **Kaizen** („Veränderung zum Besseren") bezeichnet. Kultureller Hintergrund ist die Philosophie des Zen-Buddhismus, nach der jeder Zustand – so gut er auch sein mag – stets weiter verbessert werden kann.[243]

> Beim **kontinuierlichen Verbesserungsprozess (KVP)** werden die betrieblichen Abläufe in kleinen Schritten fortlaufend optimiert.

Abb. 5.4.15 zeigt mögliche **Ansatzpunkte zur Prozessoptimierung**. Bei der Auftragsabwicklung wären dies beispielsweise folgende Maßnahmen:

- **Auslagern**: Die Kommissionierung wird von einem externen Dienstleister übernommen.
- **Zusammenfassen**: Der Mitarbeiter prüft bei der Auftragsannahme den Lagerbestand direkt im Vertriebssystem, um dem Kunden ein voraussichtliches Lieferdatum nennen zu können.
- **Beschleunigen:** Die Auftragserfassung erfolgt nicht mehr manuell, sondern direkt online durch den Kunden.
- **Umstellen**: Bevor dem Kunden der Auftrag bestätigt wird, erfolgt zunächst eine Prüfung des Lagerbestands.
- **Eliminieren**: Durch die Zusammenarbeit mit zuverlässigen Schlüssellieferanten kann auf die Wareneingangskontrolle verzichtet werden.
- **Automatisieren**: Repetitive Abläufe der Auftragsabwicklung werden durch Software-Roboter ausgeführt (Robotic Process Automation).
- **Parallelisieren**: Kommissionierung und Rechnungsstellung erfolgen gleichzeitig.
- **Hinzufügen**: Eine zusätzliche Ausgangsprüfung reduziert das Risiko von Reklamationen.

Zur Senkung der Durchlaufzeiten und Verbesserung der Termintreue ist vor allem bei den nicht wertschöpfenden Warte-, Transport- und Liegezeiten anzusetzen, da diese häufig über 95 % der gesamten Durchlaufzeit ausmachen.

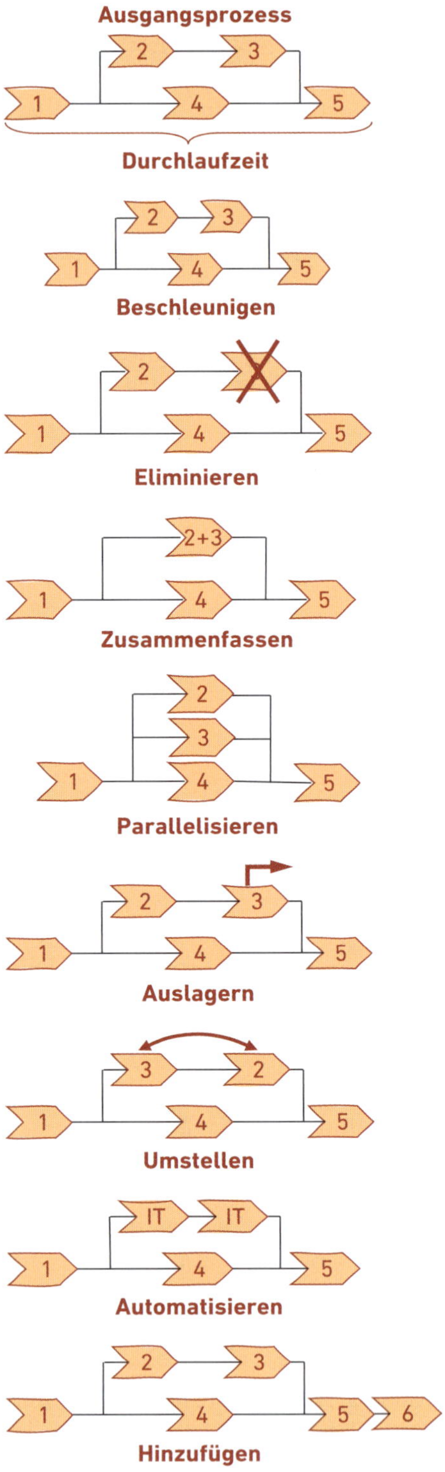

Abb. 5.4.15: Möglichkeiten der Prozessoptimierung[244]

Durch die Integration von Teilprozessen bei einem Bearbeiter lassen sich Schnittstellen reduzieren sowie Rüst-

und Übergangszeiten verringern. Eine Möglichkeit zur Beschleunigung ist die Parallelisierung von Abläufen. Kürzere Durchlaufzeiten und höhere Prozessqualität senken die Prozesskosten und erhöhen die Kundenzufriedenheit.

Je nach Umsetzungsfortschritt lassen sich die Maßnahmen zur Prozessoptimierung in verschiedene Stufen unterteilen, die als **Härtegrade** bezeichnet werden. Ein Härtegrad gilt jeweils dann als erreicht, wenn die zugehörige Phase abgeschlossen ist:[245]

- **Zieldefinition (Härtegrad 1)**: Ein neuer Optimierungsvorschlag wird formuliert und der angestrebte Zielwert festgelegt.
- **Potenzialabschätzung (Härtegrad 2)**: Es wird beurteilt, welches Verbesserungspotenzial grundsätzlich erreichbar ist, ohne dabei bereits konkrete Maßnahmen festzulegen.
- **Maßnahmenplanung (Härtegrad 3)**: Die Maßnahmen werden erarbeitet und die Meilensteine und Verantwortlichkeiten für deren Umsetzung festgelegt.
- **Maßnahmenrealisierung (Härtegrad 4)**: Die Maßnahmen werden umgesetzt und regelmäßig überprüft, ob sie wie geplant durchgeführt werden.
- **Maßnahmenwirkung (Härtegrad 5)**: Die Maßnahme hat nachweislich zu einer Prozessverbesserung geführt. Der Grad der Zielerreichung wird gemessen und die Wirksamkeit abschließend beurteilt.

Eine universelle Vorgehensweise zur kontinuierlichen Verbesserung ist der Plan-Do-Check-Act-Zyklus **(PDCA-Zyklus)**. Er wurde in den 1950er-Jahren durch *William Edwards Deming* bekannt gemacht und wird daher auch als *Deming-Kreis* bezeichnet. Danach lässt sich jede betriebliche Tätigkeit als Prozess verstehen und systematisch verbessern.

Der PDCA-Zyklus besteht aus vier **Phasen**:[246]

- **Plan** (Planung): Nach einer detaillierten Analyse der Ausgangssituation werden die Ziele der angestrebten Veränderung festgelegt, Alternativen entwickelt und bewertet sowie geeignete Maßnahmen ausgewählt.
- **Do** (Ausführung): Die ausgewählten Maßnahmen werden testweise in kleinem Umfang oder einem begrenzten Bereich realisiert.
- **Check** (Überprüfung): Die Ergebnisse der Umsetzung werden analysiert. Dabei werden Abweichungen identifiziert und Erkenntnisse für weitere Verbesserungen gewonnen.
- **Act** (Verbesserung): Anschließend wird entschieden, ob die Veränderungsmaßnahme umfassend implementiert, angepasst oder verworfen wird. Der Zyklus kann danach erneut angestoßen werden, etwa in einem anderen Bereich oder mit einem anderen Team.

Der PDCA-Zyklus wird als unablässiger Verbesserungsprozess verstanden, der kontinuierlich durchlaufen wird. Anders als beim klassischen Führungsprozess mit Planung, Steuerung und Kontrolle (vgl. Kap. 1.3.1) erfolgt die Umsetzung zunächst experimentell in kleinem Maßstab – ganz im Sinne eines agilen Vorgehens. Abhängig vom Ergebnis wird entschieden, ob die Veränderung übernommen, verworfen oder in angepasster Form in einem neuen Zyklus nochmals getestet wird.[247] Jeder Durchlauf führt zu einem verbesserten Leistungsniveau, das als Ausgangspunkt für die nächste Veränderung dient. So entsteht eine schrittweise, kontinuierliche Verbesserung.

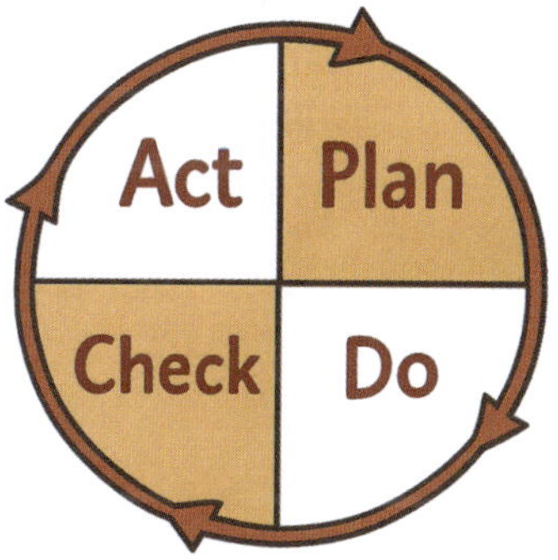

Abb. 5.4.17: Der PDCA-Zyklus[248]

Abb. 5.4.16: Härtegrade von Prozessen

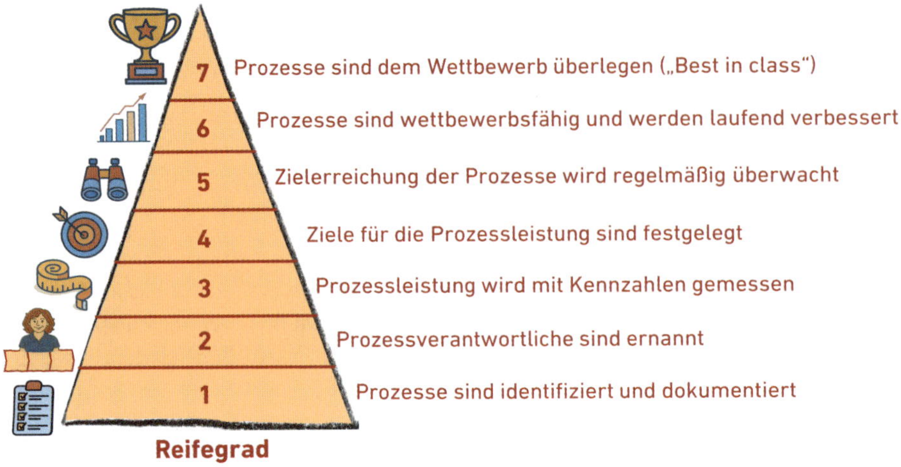

Abb. 5.4.18: Reifegrade von Prozessen

Prozessreifegradmodelle (Business Process Maturity Models) drücken aus, inwieweit ein Prozess beherrscht wird. Sie verdeutlichen den Leistungsstand der Prozesse und die Wirksamkeit des Prozessmanagements. Die Bewertung erfolgt anhand von Checklisten, in denen der Reifegrad nach festgelegten Kriterien auf einer Punkteskala ermittelt wird. Dies ermöglicht eine nachvollziehbare und vergleichbare Beurteilung. Abb. 5.4.18 zeigt ein siebenstufiges Reifegradmodell.[249]

Erfolgreiches Prozessmanagement umfasst sowohl die kontinuierliche Verbesserung (Kaizen) als auch die grundlegende Erneuerung (Kaikaku). Die durch Prozesserneuerung erreichten Leistungssprünge werden durch einen kontinuierlichen Verbesserungsprozess konsolidiert, stabilisiert und schrittweise ausgebaut. In einem VUKA-Umfeld und in komplexen Führungskontexten (vgl. Kap. 1.5.1) sind laufende Anpassungen der Geschäftsprozesse unerlässlich, da sich die Rahmenbedingungen und Kundenanforderungen permanent ändern.[250] Angesichts des erheblichen Aufwands und der damit verbundenen Risiken sollte eine grundlegende Erneuerung nur erfolgen, wenn ein Prozess den Erwartungen der Kunden nicht mehr genügt. Über die Notwendigkeit einer solchen Maßnahme sollten der Prozessverantwortliche und die Unternehmensführung gemeinsam entscheiden.

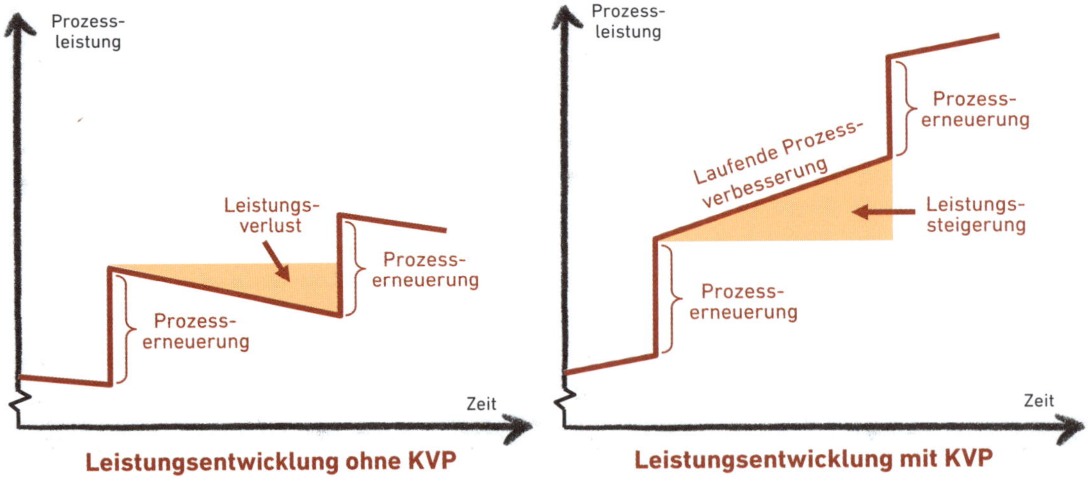

Abb. 5.4.19: Wechsel zwischen KVP und Prozesserneuerung[251]

Exzellente Prozesse und ständige Perfektion bei TRUMPF

Praxisbeispiel von Dr.-Ing. Christian Blaich, COO Lasertechnik, TRUMPF SE + Co. KG

Die *TRUMPF SE + Co. KG* ist mit einem Umsatz von über 5 Mrd. Euro und rund 19.000 Mitarbeitern eines der weltweit führenden Unternehmen für Werkzeugmaschinen, Laser und Elektronik für industrielle Anwendungen. Ziel des Verbesserungsprozesses bei *TRUMPF* ist es, den Arbeitseinsatz der Mitarbeiter, die Produktionsmittel und das Produkt optimal aufeinander abzustimmen, um Verschwendung zu vermeiden. Dieses systematische Vorgehen wird als **synchrones Produktionssystem (SYNCHRO)** bezeichnet. Es steht bei *TRUMPF* für Innovationskraft und Verbesserungskultur bei der Gestaltung von Prozessen sowie für Leistungsfähigkeit und Flexibilität – und dies nicht nur in der Produktion. Zentrales Prinzip ist die synchronisierte Produktion: Gefertigt wird nur, was sofort benötigt wird. Das vermeidet Überproduktion und Lagerhaltung. Dies erfordert allerdings exzellente Prozesse, in denen stets einwandfreie Qualität hergestellt wird.

Die Bestandteile von SYNCHRO zeigt Abb. 5.4.20. **Prozessexzellenz** bedeutet, alle Prozesse durch Fließen, Takten, Ziehen und das Null-Fehler-Prinzip zu synchronisieren. Durch das Fließprinzip verkürzen wir die Durchlaufzeiten und machen Probleme schneller sichtbar. Eine optimierte Austaktung gewährleistet gleichmäßige Auslastung und ermöglicht Produktivitätssteigerungen. Das Pull-Prinzip verringert Durchlaufzeiten und beschleunigt den Materialfluss. Ein offener Umgang mit Fehlern macht ständige Verbesserungen möglich. Standardisierte Arbeitsabläufe, einfache Logistik, Transparenz und intelligente Betriebsmittel sorgen für reibungslose Abläufe. **Managementexzellenz** heißt bei *TRUMPF*, durch Führung vor Ort Probleme zu erkennen und zu beheben. Die Ziele werden klar festgelegt und allen Prozessbeteiligten vermittelt. Diese Offenheit fördert Eigenverantwortung, gibt Orientierung und dient der Fehlervermeidung. Aber Exzellenz kann man nicht verordnen, sondern sie muss gelebt werden. Deshalb gehört zu SYNCHRO auch die **Verhaltensexzellenz**, denn unsere Führungskultur ist von Respekt und Verantwortung gegenüber den Mitarbeitern geprägt.

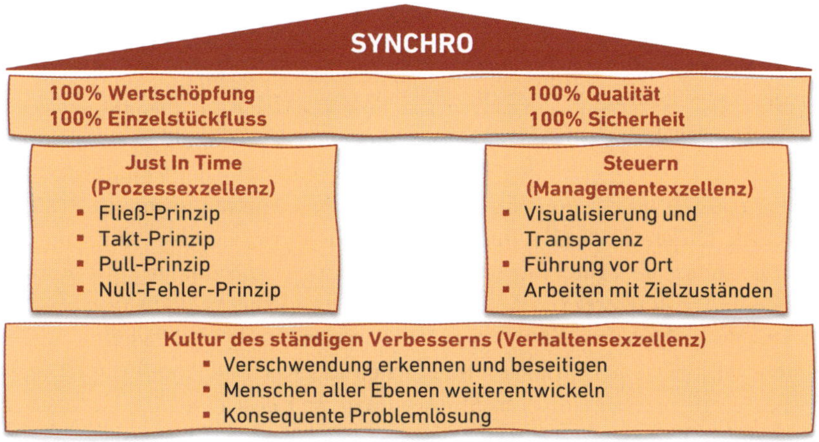

Abb. 5.4.20: Das SYNCHRO-Haus der Prozess-, Management- und Verhaltensexzellenz bei TRUMPF

SYNCHRO erfordert auf allen Ebenen und in allen Bereichen engagierte Mitarbeiter. Die Führungskräfte legen die Verbesserungsziele fest und verantworten die Umsetzung, während die Optimierung gemeinsam stattfindet. Die Visualisierung der Prozesskennzahlen an Kanban Boards macht deutlich, wo steuernd eingegriffen werden muss, und Verbesserungen werden messbar.

Die Herausforderungen liegen in der Erfüllung der Kundenwünsche hinsichtlich Schnelligkeit und Flexibilität in allen Bereichen der Wertschöpfungskette. Die Installation einer Maschine ist beispielsweise ein wichtiger Zeitfaktor für den Kunden und seine Wettbewerbsfähigkeit. Grund genug für *TRUMPF*, diesen Prozess genau unter die Lupe zu nehmen. Vom Verpacken der Maschinenkomponenten bis zur Instruktion des Kunden – in allen Prozessschritten kann Zeit eingespart werden. Dabei wird der Kunde aktiv in den Verbesserungsprozess einbezogen. Die Erkenntnisse von SYNCHRO fließen in das Design und die Funktionalität der Produkte ein, sodass auch die Kunden in ihrer eigenen Fertigung davon profitieren.

Mithilfe schlanker Prozesse individuelle Produkte massenhaft herstellen

Die Beherrschung der wertschöpfenden Aktivitäten eines Unternehmens und deren konsequente Ausrichtung an den Kundenanforderungen ist eine dauerhafte Führungsaufgabe. Dieses Streben nach Perfektion wird auch als Lean Management bezeichnet. Es basiert auf den Prinzipien der schlanken Produktion (Lean Production) des japanischen Automobilherstellers *Toyota* und wird heute in vielen Branchen eingesetzt. Dabei konzentriert sich das Unternehmen auf die wertschöpfenden Prozesse. Alle Aktivitäten, die keinen Mehrwert für den Kunden schaffen, gelten als Verschwendung (japanisch: Muda).

> Durch **Lean Management** sollen sämtliche betrieblichen Prozesse konsequent auf den Kunden ausgerichtet und jegliche Form von Verschwendung systematisch vermieden werden.

Lean Management beschreibt verschiedene Gestaltungsprinzipien für das Prozessmanagement. Probleme sollen dabei stets am Ort des Geschehens (japanisch: Gemba) behoben werden. Das Fluss-Prinzip (Make value flow) zielt auf kontinuierliche Abläufe: Wertschöpfungsprozesse sollen nicht durch Warte-, Transport- oder Liegevorgänge unterbrochen werden. Jedes Zwischenergebnis ist daher unmittelbar an die nächste Bearbeitungsstation weiterzuleiten (One-piece flow).

Beim Pull- bzw. Kanban-Prinzip wird die Wertschöpfung durch den Kunden ausgelöst. Dieser Impuls zieht sich durch den gesamten Prozess, sodass sich die Abläufe am tatsächlichen Bedarf orientieren (Built to order). Dies steht im Gegensatz zum weit verbreiteten Push-Prinzip der plangesteuerten Leistungserstellung, bei dem Produkte ohne konkreten Kundenbedarf auf Vorrat gefertigt und anschließend in den Markt geschoben werden.[252]

Der Wunsch der Kunden nach maßgeschneiderten Lösungen zum Preis eines Serienprodukts lässt sich durch kundenindividuelle Massenproduktion (Mass Customization) realisieren.

> **Mass Customization** ermöglicht die effiziente Herstellung individueller Kundenlösungen mithilfe standardisierter Komponenten.

Die Produkte werden dazu modular aus einzelnen Komponenten aufgebaut, die sich flexibel zu kundenspezifischen Lösungen kombinieren lassen.

Diese Modularisierung hat viele **Vorteile**:

- Reduzierte Produktentwicklungskosten durch die Wiederverwendung bestehender Komponenten.
- Kosteneinsparungen durch Fremdbezug und Benchmarking einzelner Module.
- Höhere Flexibilität in der Produktentwicklung dank anpassungsfähiger Module, was eine schnelle Reaktion auf veränderte Kundenbedürfnisse ermöglicht.
- Größere Variantenvielfalt im Produktangebot und damit bessere Erfüllung individueller Kundenwünsche.
- Senkung der Produktionskosten durch effiziente Fertigung baugleicher Komponenten in hohen Stückzahlen.
- Einfache und kostengünstige Wartung durch Austausch defekter Module.

Die Modularisierung erfolgt meist mithilfe eines Baukastensystems, das aus standardisierten Komponenten mit festgelegten Schnittstellen besteht, die sich flexibel zu kundenspezifischen Produkten verknüpfen lassen.

> **Baukastensysteme** bestehen aus einer Reihe standardisierter Komponenten, die sich flexibel miteinander kombinieren lassen, um eine große Vielfalt an Produktvarianten kosteneffizient herstellen zu können.[253]

Charakteristisch für Baukastensysteme ist, dass sich damit aus einer überschaubaren Anzahl von Komponenten eine große Anzahl an Produktvarianten konfigurieren lässt. Auf diese Weise lassen sich Skaleneffekte insbesondere in Entwicklung, Beschaffung und Produktion erzielen. Die Nutzung vorproduzierter Komponenten ermöglicht zudem kürzere Lieferzeiten und eine schlanke, kundenorientierte Variantenfertigung. Basieren die Baukästen auf einem einheitlichen Grundprodukt, spricht man auch von einer **Plattform**, an die sich weitere Komponenten andocken lassen.

Beispielsweise bietet *Mercedes* seinen Kunden die Möglichkeit, ihr Fahrzeug mithilfe eines digitalen Online-Konfigurators individuell zusammenzustellen. Dabei können verschiedene Modellvarianten, Motorisierungen, Farben, Felgen, Ausstattungsoptionen und Assistenzsysteme zu einem maßgeschneiderten Fahrzeug kombiniert werden. Die zugrunde liegenden Komponenten sind weitgehend standardisiert und werden in hoher Stückzahl vorproduziert. So verbindet *Mercedes* individuelle Kundenwünsche mit den Vorteilen effizienter Massenfertigung. Die Wirkungsweise und die zentralen Elemente von Baukastensystemen veranschaulicht Abb. 5.4.21.

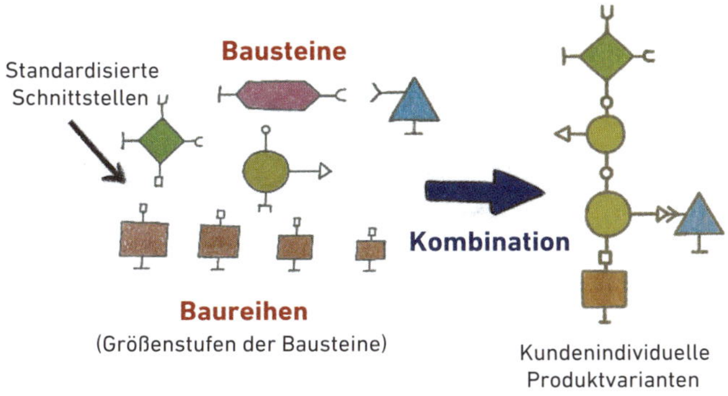

Abb. 5.4.21: Wirkungsweise und Elemente eines Baukastensystems[254]

Bei Baukästen handelt es sich um eine Sammlung standardisierter Komponenten, die über definierte Schnittstellen zu einer Vielzahl kundenspezifischer Produktvarianten konfiguriert werden können. In Analogie zur Musik ist dies mit einer Komposition vergleichbar: Die Bauteile entsprechen Akkorden und Themen, aus denen sich zahlreiche Musikstücke entwickeln lassen. Aus denselben Akkorden können unendlich viele Sinfonien entstehen, doch nur wenige davon sind ein Hörgenuss. Die Kunst liegt in der sinnvollen Kombination der Elemente. Ein Baukasten allein genügt daher nicht. Erst das gezielte Zusammensetzen der Komponenten führt zu markt- und kundengerechten Produkten. Der Produktentwickler stellt aus den Bausteinen ein vollständiges Produkt zusammen, das möglichst viele Standardkomponenten enthält.

Ziel eines Baukastensystems ist es, die interne Vielfalt zu begrenzen und dennoch möglichst viele unterschiedliche Gesamtlösungen anbieten zu können. Zur Realisierung von Skaleneffekten müssen die Komponenten so gestaltet sein, dass sie in möglichst vielen Produktvarianten einsetzbar sind. Die Standardisierung von Komponenten und Schnittstellen verursacht allerdings einen erheblichen Entwicklungsaufwand, der sich nur bei einer hohen Wiederverwendungsrate rechnet.

Es lassen sich verschiedene **Formen der Modularisierung** unterscheiden, wobei die ersten drei auf einer einheitlichen Plattform basieren:[255]

- **Generische Modularisierung** basiert auf einer festgelegten Anzahl universeller Bausteine, die über standardisierte Schnittstellen auf einer Plattform verbunden werden. Varianten entstehen durch den Einsatz von Modulen mit unterschiedlichen Leistungsmerkmalen. Alle Komponenten werden auftragsunabhängig konstruiert und vorgefertigt. Ein Beispiel sind Computer: Kompatible Bauteile verschiedener Hersteller, wie etwa Prozessor, Grafikkarte, Arbeitsspeicher oder Festplatte, werden auf einer Hauptplatine miteinander kombiniert.
- **Quantitative Modularisierung** ermöglicht zusätzlich die Verwendung einer unterschiedlichen Anzahl an standardisierten Komponenten. *Mymuesli* bietet beispielsweise eine breite Auswahl an vorgefertigten Zutaten wie Haferflocken, Schokolade, Früchten oder Nüssen. Daraus lassen sich theoretisch bis zu 566 Billiarden verschiedene Müslimischungen kombinieren.
- **Individuelle Modularisierung** ergänzt die Standardmodule durch kundenindividuelle Bauteile, die erst nach Auftragseingang gefertigt werden. Ein Beispiel sind Fertighäuser: Sie bestehen aus vorgefertigten Modulen wie Wänden, Dächern, Fenstern und Türen, die in der Fabrik produziert und auf der Baustelle zusammengesetzt werden. Dies verkürzt die Bauzeit und senkt die Kosten. Gleichzeitig können Kunden ihr Haus individuell gestalten, etwa die Größe und Anordnung der Räume, Materialien, Farben, Fassaden oder Dachformen.
- **Freie Modularisierung** ist die flexibelste Form und verzichtet auf eine feste Produktstruktur. Stattdessen wird das Produkt sowohl aus standardisierten als auch individuellen Modulen zusammengesetzt, die sich beliebig miteinander verbinden lassen. Ein Beispiel ist das Montagesystem von *Festo*: Es besteht aus standardisierten mechanischen, elektrischen und pneumatischen Modulen, die frei kombiniert werden können. Ergänzend können kundenspezifische Sonderlösungen integriert werden, wie etwa spezielle Greifer oder individuell programmierte Steuerungen.

Der Grad der Individualisierung nimmt von der generischen bis zur freien Modularisierung stetig zu. Trotz ihrer großen Gestaltungsspielräume kommt die freie Modularisierung in der Praxis nur selten zum Einsatz. Aufgrund der fehlenden Plattform als verbindendes Element müssen dabei sämtliche Module vollständig kompatibel und beliebig kombinierbar sein, um ein funktionierendes Gesamtsystem zu ergeben. Die technische Umsetzung einer freien Modularisierung ist deshalb aufwendig, fehleranfällig und teuer.

Auch wenn die Modularisierung ein großes Potenzial bietet, kann sie niemals alle Kundenwünsche erfüllen. Die Entwicklung eines modularen Baukastensystems ist mit hohen Kosten verbunden. Je mehr Kombinationsmöglichkeiten dem Kunden zur Verfügung stehen, desto aufwendiger ist die Koordination der Leistungserstellung. Die Grenzen der Modularisierung sind erreicht, wenn ein Produkt sehr spezifische Anforderungen erfüllen muss. Werden bei neuen Modellen ausschließlich standardisierte Komponenten eingesetzt, kann dies auch Innovationen behindern. Daher ist regelmäßig zu prüfen, ob das bestehende Baukastensystem noch den Kundenanforderungen entspricht. Darüber hinaus erhöht die Modularisierung die Imitierbarkeit durch die Wettbewerber, da sich standardisierte Module mit festgelegten Schnittstellen leichter nachahmen lassen als integrierte Gesamtlösungen.[256]

Modulare Produktion bei Volkswagen

Der *Volkswagen-Konzern* mit Sitz in Wolfsburg ist mit mehr als 320 Mrd. Euro Umsatz und rund 680.000 Mitarbeitern einer der weltweit führenden Automobilhersteller. Das Sortiment umfasst zwölf Marken und reicht vom Kleinwagen über Motorräder, leichten Nutzfahrzeugen, LKW und Bussen bis zu Fahrzeugen der Luxusklasse. Um eine derart breite Angebotspalette wirtschaftlich herstellen zu können, müssen Technik, Produktion und Antriebe weitgehend standardisiert sein. Zu diesem Zweck wurden einheitliche Fahrzeugarchitekturen entwickelt, mit denen sich verschiedene Fahrzeugteile nach dem Baukastenprinzip immer wieder neu kombinieren lassen. Je nach Einbaurichtung des Motors kommen entweder der **modulare Querbaukasten (MQB)** oder der **modulare Längsbaukasten (MLB)** zum Einsatz.[257]

Trotz der einheitlichen Plattform aus Achsen, Fahrwerk und Getriebe bleiben Radstand und Spurbreite dabei variabel, was differenzierte Fahrzeugaufbauten ermöglicht. Die Bandbreite des MQB reicht beispielsweise vom *Polo* und *T-Cross* bis zum siebensitzigen SUV *Atlas*. Durch das Baukastenprinzip wird die Einbaulage der Motoren vereinheitlicht, wodurch sich die Anzahl der Motor- und Getriebevarianten um rund 90 % reduzieren lässt. Bislang wurden über 100 Millionen Fahrzeuge auf Basis des modularen Querbaukastens gefertigt. Der modulare Längsbaukasten kommt vor allem in Modellen des Premiumsegments zum Einsatz, wie etwa beim *Audi Q7*, *Porsche Cayenne* oder *Lamborghini Urus*.

Um auch in der Elektromobilität zukünftig eine führende Position einzunehmen, entwickelte der *Volkswagen-Konzern* den **modularen E-Antriebs-Baukasten (MEB)** für Pkw und leichte Nutzfahrzeuge. Design, Achsen, Antriebe, Radstände und Gewichtsverhältnisse sind dabei konsequent auf das elektrische Fahren ausgelegt. Zentrales Element ist die flache Hochvolt-Batterie, die aus mehreren Untermodulen besteht. Der dadurch bedingte niedrige Schwerpunkt ermöglicht ein ausgewogenes und dynamisches Fahrverhalten. Die im Fahrzeugboden verbauten Komponenten schaffen zugleich deutlich mehr Platz im Innenraum: So bietet das erste MEB-Volumenmodell *VW ID.3* trotz der Außenmaße eines *Golfs* das Raumangebot eines *Passats*. Während der MEB im Volumensegment zum Einsatz kommt, entwickelten *Audi* und *Porsche* für das Premiumsegment die **elektrische Premium-Plattform (PPE)**, die auch für die Marken *Bentley*, *Bugatti* und *Lamborghini* vorgesehen ist.

Der MEB bildet die Grundlage für die Großserienfertigung von Elektrofahrzeugen. Er wurde gezielt auf eine schnelle und effiziente Produktion ausgelegt, um rasch hohe Skaleneffekte zu erzielen und die Herstellungskosten von Elektroautos zu senken. Im Jahr 2026 folgt mit dem modularen E-Antriebs-Baukasten **MEB+** eine weiterentwickelte Plattform, die höhere Reichweiten, kürzere Ladezeiten und Einstiegspreise unter 25.000 Euro ermöglichen soll.[258]

Ab 2026 beginnt *Volkswagen* mit der Einführung der **skalierbaren Systemplattform (SSP)**. Im Gegensatz zum weiterentwickelten MEB+ für den Volumenbereich handelt es sich dabei um eine vollständig neue Fahrzeugarchitektur. Sie soll langfristig als gemeinsame technische Basis für alle elektrischen Fahrzeugmodelle über sämtliche Marken und Segmente hinweg dienen. Die SSP bietet maximale Flexibilität, eine zentrale Softwarearchitektur und eine erweiterte technische Bandbreite – von kompakten Stadtfahrzeugen bis hin zu Luxusmodellen mit hochautomatisierten Fahrfunktionen. Dadurch entsteht ein erhebliches Potenzial zur Standardisierung und Skalierung. Gleichzeitig ermöglicht das Plattformkonzept die notwendige Differenzierung zwischen den Marken. Die Investitions- und Entwicklungskosten sollen im Vergleich zum MEB um rund 30 % gesenkt werden. Zudem ist geplant, bis 2030 in etwa 80 % aller E-Fahrzeuge einheitliche Batteriezellen zu verbauen, wodurch deren Kosten um bis zu 50 % sinken sollen.[259]

Executive Summary

- Der Begriff Organisation kann aus unterschiedlichen Sichtweisen betrachtet werden: Institutional ist das Unternehmen eine Organisation, funktional gestaltet die Unternehmensführung die Organisation und instrumental hat das Unternehmen eine Organisation.
- Die Aufbauorganisation legt fest, welche Personen welche Aufgaben übernehmen und welche Ressourcen ihnen dafür zur Verfügung stehen. Die Ablauforganisation bestimmt, wer welche Aufgaben wann, wo und in welcher Reihenfolge ausführt.
- Die Kernaufgaben der organisatorischen Gestaltung sind Arbeitsteilung (organisatorische Differenzierung), Arbeitsvereinigung (organisatorische Integration) und Kompetenzverteilung (organisatorische Autonomie).
- Die Arbeitsteilung kann nach Funktion/Verrichtung, Objekt, Arbeitsmittel, Hierarchie/Rang, Phase, Ort und Zweckbeziehung erfolgen. Die anschließende Aufgabensynthese lässt sich entweder nach dem Prinzip der Arten- oder Mengenteilung durchführen und führt zur Bildung organisatorischer Einheiten.
- Die Kompetenzverteilung regelt die Ausstattung der Organisationseinheiten mit Entscheidungs- und Weisungsbefugnissen. Das Ausmaß der Delegation und Partizipation prägt die Unternehmenshierarchie.
- Grundformen der Gestaltung von Weisungsbefugnissen sind Ein-, Stab-Linien- und Mehrliniensysteme.
- In einem Einliniensystem ist jede Organisationseinheit genau einer übergeordneten Instanz unterstellt. Diese verfügt gegenüber den untergeordneten Einheiten über Entscheidungs- und Weisungsbefugnisse.
- In einem Stab-Linien-System werden Entscheidungen von Stabsstellen vorbereitet, während die Entscheidungskompetenz bei der Linie verbleibt.
- In einem Mehrliniensystem haben Organisationseinheiten zwei oder mehrere übergeordnete Stellen, deren Weisungsbefugnisse unterschiedlich stark sein können.
- Grundformen der Aufbauorganisation sind die funktionale und divisionale Organisation, die Matrixorganisation, die Prozessorganisation und die agile Organisation.
- Die funktionale Organisation strukturiert das Unternehmen nach Tätigkeitsbereichen.
- Die divisionale Organisation gliedert das Unternehmen nach Objekten wie Produkten, Kundengruppen oder Regionen und fördert dadurch sowohl die Ergebnisverantwortung als auch die Marktorientierung.
- Eine Matrixorganisation ist eine zweidimensionale Organisationsstruktur, bei der das Unternehmen gleichzeitig nach zwei Kriterien gegliedert wird (Zweiliniensystem).
- Eine Tensororganisation ist eine dreidimensionale Organisationsstruktur, bei der das Unternehmen gleichzeitig nach drei Kriterien gegliedert wird.
- Organisationen bestehen grundsätzlich aus einer formellen Struktur, einer Wertschöpfungsstruktur und einer informellen Struktur.
- Agilität bedeutet, flexibel, tatkräftig, vorausschauend und entschlossen zu handeln, um in komplexen Führungskontexten eine hohe Anpassungsfähigkeit zu erreichen. Agile Unternehmensführung ermöglicht eine gelenkte Selbstorganisation.
- Die agile Organisation ist eine flexible Netzwerkorganisation, die kontextabhängig, bedarfsgerecht und lösungsorientiert gebildet und kontinuierlich an Veränderungen angepasst wird. Entscheidungen werden dezentral getroffen, um eine schnelle Reaktionsfähigkeit auf Marktanforderungen und Kundenbedürfnisse zu gewährleisten.
- Die Soziokratie fördert größtmögliche Selbstverantwortung und Gleichberechtigung. Dies wird durch kreisförmig vernetzte Teams und konsentbasierte Entscheidungen erreicht.
- Die Holakratie ersetzt traditionelle Hierarchien durch eine dynamische Kreisorganisation mit vielfältigen Rollen. Die flexible Zuweisung dieser Rollen soll die Selbstverantwortung stärken und dezentrale Entscheidungen fördern.
- Das Zellstrukturdesign besteht aus miteinander vernetzten, selbstgesteuerten Zellen in der Peripherie der Organisation, die ihre Leistungen flexibel an den Kundenbedürfnissen ausrichten. Sie werden in ihrer Arbeit von einem Zentrum unterstützt, das sich auf Compliance, Innovation und begleitende Dienstleistungen konzentriert.
- Eine Kooperation ist eine längerfristige Zusammenarbeit zwischen rechtlich selbstständigen Unternehmen, um gemeinsame Interessen zu verfolgen.

- Nach der Richtung der Zusammenarbeit können vertikale, horizontale und konglomerate Kooperationen unterschieden werden.
- Nach dem Grad der Institutionalisierung lassen sich vertragslose Zusammenarbeit, Kooperationsverträge, Lizenzverträge, Kapitalbeteiligungen und Joint Ventures als Kooperationsformen unterscheiden.
- Eine strategische Allianz ist die Zusammenarbeit rechtlich selbstständiger Unternehmen, die eine gemeinsame Strategie verfolgen. Sie dient dazu, die Wettbewerbsposition der Partner zu stärken.
- Ein Joint Venture ist ein von zwei oder mehreren Unternehmen gegründetes, rechtlich selbstständiges Unternehmen, das gemeinschaftlich geführt wird.
- Eine Koopetition ist eine Kooperation zwischen Wettbewerbern zur Erreichung gemeinsamer Ziele, während sie weiterhin im Markt miteinander konkurrieren.
- Netzwerke sind multilaterale Kooperationen, die sich durch dynamische Strukturen, offene Partnerkonstellationen und flexible Rollenverteilungen auszeichnen.
- Ein Konsortium ist ein befristetes, vertraglich reglementiertes Netzwerk aus mehreren eigenständigen Partnern, um ein besonders komplexes und eindeutig beschriebenes Projekt gemeinschaftlich zu realisieren.
- Fokale Netzwerke werden von einem zentralen Akteur gesteuert, der die beteiligten Partner koordiniert sowie die strategische Ausrichtung und Rollenverteilung des Netzwerks festlegt.
- Virtuelle Organisationen sind aufgabenorientierte und flexible Netzwerke aus selbstständig operierenden Einheiten, die gemeinsam kundenindividuelle Lösungen entwickeln. Sie koordinieren ihre Wertschöpfungsprozesse mithilfe digitaler Informationssysteme und präsentieren sich den Kunden als geschlossene Einheit.
- Ein Schaltbrettunternehmen (Switchboard Company) ist ein fokales Unternehmen in einem Wertschöpfungsnetzwerk, das nahezu alle Wertschöpfungsaktivitäten arbeitsteilig an Kooperationspartner auslagert und selbst lediglich die Netzwerksteuerung übernimmt. Für die Kunden erscheint die Organisation dennoch als einheitliches Unternehmen, weshalb sie als hohle Organisation (Hollow Organization) bezeichnet wird.
- Eine Plattform ist ein digitaler Marktplatz, der Anbieter und Nachfrager zusammenbringt und den Austausch von Waren, Dienstleistungen oder Informationen ermöglicht. Die Attraktivität der Plattform steigt mit der Zahl der Teilnehmer, da Netzwerkeffekte den Nutzen für alle Beteiligten erhöhen. Sie bildet die Grundlage für ein plattformbasiertes Ökosystem als digitales Wertschöpfungsnetzwerk, in dem verschiedene Akteure miteinander interagieren und gemeinsam einen Mehrwert für den Kunden erzeugen.
- Die Erfolgsfaktoren eines plattformbasieren Ökosystems sind Anziehung, Partnervermittlung, Vernetzung, Leistungsaustausch und Optimierung. Einnahmequellen sind dabei Transaktionsgebühren, Zugangs- oder Mitgliedsgebühren, Freemium-Modelle, Werbeerlöse und Spenden.
- Offene Innovation (Open Innovation) bezeichnet eine Innovationskooperation, bei der ein Unternehmen externe Partner systematisch in die Entwicklung neuer Produkte und Dienstleistungen einbezieht. Ziel ist es, die eigenen Innovationsressourcen und -kompetenzen zu erweitern und den Innovationsprozess schneller, kosteneffizienter und wirkungsvoller zu gestalten. Es gibt Outside-in-Innovationen (Inbound), Inside-out-Innovationen (Outbound) und gekoppelte Innovationen (Coupled).
- Design Thinking ist eine iterative Methode, mit der interdisziplinäre Teams unter aktivem Einbezug der Anwender innovative und kundenorientierte Lösungen für komplizierte Problemstellungen entwickeln. Es basiert auf multidisziplinären Teams, einer flexiblen Arbeitsumgebung und einem iterativen Prozess. Dieser besteht aus den sechs Phasen Verstehen, Beobachten, Sichtweisen definieren, Ideen finden, Prototypen entwickeln und Testen.
- Ein Projekt ist ein zielorientiertes, einmaliges, neuartiges, befristetes und komplexes Vorhaben mit wirtschaftlichen Risiken, das durch die interdisziplinäre Zusammenarbeit mehrerer Experten aus unterschiedlichen Fachbereichen realisiert wird.
- Das Projektmanagement umfasst die Planung, Steuerung und Kontrolle eines Projekts, um die angestrebten Ziele termingerecht und mit den vorgesehenen Ressourcen zu erreichen.
- Das Multi-Projektmanagement umfasst die ganzheitliche Planung, Steuerung und Kontrolle mehrerer gleichzeitig ablaufender Projekte.
- Der Auftraggeber initiiert das Projekt und stellt die erforderlichen Ressourcen zur Verfügung. Am Ende des Projekts nimmt er das Ergebnis entgegen, für das er die unternehmerische Verantwortung trägt. Der Projektlei-

ter und sein Projektteam sollen als Auftragnehmer den Projektauftrag erfüllen.

- Die Projektorganisation unterscheidet sich hinsichtlich der Stärke der Ausrichtung auf die Projektziele und den Weisungsbefugnissen des Projektleiters. Welche Organisationsform am besten geeignet ist, hängt von der Art, Größe, Dauer und Komplexität eines Projekts ab.
- Bei der Fachabteilungs-Projektorganisation übernimmt eine Fachabteilung zusätzlich zu ihren regulären Linienaufgaben die Leitung eines Projekts.
- Bei der Stabs-Projektorganisation übernimmt eine eigenständige Stabsstelle die Projektleitung, während alle übrigen Projektbeteiligten in ihren jeweiligen Fachabteilungen verbleiben.
- Bei der Matrix-Projektorganisation wird zusätzlich zur bestehenden Linienorganisation eine horizontale Projektverantwortung eingerichtet.
- Bei der reinen Projektorganisation wechseln Projektleiter und -mitarbeiter aus ihren bisherigen Linienstellen vollständig in eine eigenständige Projekteinheit, der sie für die Dauer des Projekts angehören.
- Mögliche Phasen eines Projekts sind Projektdefinition, Konzeption, Gestaltung, Realisierung und Implementierung.
- Projekt-Leadership begeistert die Projektmitarbeiter für anspruchsvolle Ziele, formt ein leistungsfähiges Projektteam und befähigt es, bei der Umsetzung herausragende Ergebnisse zu erreichen.
- Ein schlagkräftiges Projektteam zeichnet sich durch klare, gemeinsam getragene Ziele, intensive Kommunikation, gegenseitiges Vertrauen und ein ausgeprägtes Zusammengehörigkeitsgefühl aus.
- Die Projektplanung legt die Aktivitäten, Termine und Ressourcen zur erfolgreichen Durchführung eines Projekts fest.
- Das Projektcontrolling überwacht den Projektverlauf und koordiniert die Projektplanung und -kontrolle. Es soll sicherstellen, dass die vorgegebenen Projektziele hinsichtlich Zeit, Kosten und Qualität erreicht werden.
- Der Fortschrittsgrad gibt an, zu welchem Prozentsatz ein Arbeitspaket, ein Teilprojekt oder das Gesamtprojekt abgeschlossen ist. Eine Methode zur Terminverfolgung ist die Meilenstein-Trend-Analyse.
- Die Earned Value-Analyse dient der Verfolgung von Kosten, Terminen und Leistungen im Projektverlauf. Zu festgelegten Stichtagen werden die tatsächlichen sowie die geplanten Kosten mit dem Fertigstellungswert (Earned Value) verglichen, der die budgetierten Kosten für den bislang erzielten Projektfortschritt ausdrückt.
- Agiles Projektmanagement wird bei komplexen Vorhaben eingesetzt, deren Anforderungen und Vorgehensweise anfangs nicht vollständig bekannt sind. Der Projektverlauf wird deshalb kontinuierlich angepasst. Das Projektergebnis entsteht schrittweise, wobei der Kunde fortlaufend in die Bewertung der Zwischenergebnisse einbezogen wird.
- Scrum ist eine strukturierte Methode des agilen Projektmanagements, bei der selbstorganisierte Teams komplexe Projekte in iterativen Zyklen umsetzen. Das Scrum-Team besteht aus dem Produktverantwortlichen, dem Entwicklungsteam und dem Scrum-Meister.
- Hybrides Projektmanagement kombiniert klassische und agile Methoden, um ein strukturiertes und effizientes Vorgehen mit der flexiblen Anpassung an veränderte Kundenanforderungen zu verbinden.
- Das Prozessmanagement umfasst die integrierte Planung, Steuerung und Kontrolle der betrieblichen Abläufe. Ziel ist es, Kosten, Durchlaufzeit und Qualität der Prozesse ganzheitlich zu optimieren, um die Anforderungen der Kunden an das Prozessergebnis bestmöglich zu erfüllen.
- Das Prozessmanagement eignet sich vor allem für repetitive bzw. strukturierte Aufgaben und lässt sich organisatorisch als asymmetrische Matrixorganisation realisieren.
- Ein Prozess ist eine Folge logisch zusammenhängender Aktivitäten zur Erstellung einer kundenorientierten Leistung.
- Geschäftsprozesse sind zentrale betriebliche Vorgänge, durch die ein Kundennutzen geschaffen wird. Sie bestehen aus logisch zusammenhängenden, wertschöpfenden Aktivitäten, die bereichsübergreifend miteinander verknüpft sind. Geschäftsprozesse werden durch externe Kunden ausgelöst und enden, wenn diese das Prozessergebnis erhalten haben.
- Die Prozessleistung wird durch Qualität, Durchlaufzeit und Kosten des Prozesses bestimmt, die gemeinsam über die Kundenzufriedenheit entscheiden. Deshalb sind diese zentralen Steuerungsgrößen des Prozessmanagements stets ganzheitlich zu betrachten.
- Die Prozessqualität misst die objektive Erreichung der für den Prozess definierten Anforderungen und ob der Prozessablauf fehlerfrei war.

- Die Durchlaufzeit ist die Zeitspanne von der Auslösung eines Prozesses bis zur Übergabe des Prozessergebnisses an den Kunden.
- Die Prozesskostenrechnung wird vor allem in den indirekten Leistungsbereichen eingesetzt und ermittelt, wie teuer die Ausführung der Teilprozesse einer Kostenstelle ist. Durch die Verknüpfung logisch zusammenhängender Teilprozesse zu kostenstellenübergreifenden Hauptprozessen werden die Ursachen der Kostenentstehung transparent.
- Am Anfang des Prozessmanagements steht eine umfassende Prozessidentifikation und -analyse. Auf Basis der dabei gewonnenen Erkenntnisse werden unbefriedigende Prozesse anschließend grundlegend erneuert. Danach werden die Prozessabläufe regelmäßig geprüft und kontinuierlich verbessert.
- Die Prozesserneuerung bezeichnet die radikale Umgestaltung bestehender Geschäftsprozesse, um deren Leistung, Qualität und Effizienz wesentlich zu steigern.
- Beim kontinuierlichen Verbesserungsprozess (KVP) werden die betrieblichen Abläufe in kleinen Schritten fortlaufend optimiert. Dies kann mithilfe des Plan-Do-Check-Act-Zyklus (PDCA-Zyklus) erfolgen.
- Die Maßnahmen zur Prozessoptimierung lassen sich nach deren Umsetzungsfortschritt in verschiedene Prozesshärtegrade unterteilen.
- Durch Lean Management sollen sämtliche betrieblichen Prozesse konsequent auf den Kunden ausgerichtet und jegliche Form von Verschwendung systematisch vermieden werden.
- Mass Customization ermöglicht die effiziente Herstellung individueller Kundenlösungen mithilfe standardisierter Komponenten.
- Baukastensysteme bestehen aus einer Reihe standardisierter Komponenten, die sich flexibel miteinander kombinieren lassen, um eine große Vielfalt an Produktvarianten kosteneffizient herstellen zu können.
- Der Grad der Individualisierung nimmt von der generischen, über die quantitative und individuelle bis zur freien Modularisierung zu.

Lesetipps

Kraus, G./Westermann, R.: Projektmanagement mit System, 6. Aufl., Wiesbaden 2019.

Oestereich, B./Schröder, C.: Agile Organisationsentwicklung, München 2020.

Robertson, B.: Holocracy, München 2016.

Schmelzer, H./Sesselmann, W.: Geschäftsprozessmanagement in der Praxis, 9. Aufl., München/Wien 2020.

Schulte-Zurhausen, M.: Organisation, 6. Aufl., München 2014.

Vahs, D.: Organisation, 11. Aufl., Stuttgart 2023.

KAPITEL 6

Das Potenzial der Mitarbeiter entfalten

6.1 Die Aufgaben des Personalmanagements 358

6.2 Leadership: Menschen fordern, fördern und begeistern 377

6.3 Die Führung des Wandels 414

Führungsimpulse

- Welche Aufgabenfelder umfasst die Personalfunktion der Unternehmensführung?
- Was sind die Aufgaben des Personalmanagements?
- Wie lässt sich Motivation erklären und fördern?
- Wie wird ein Unternehmen kontextabhängig geführt?
- Worin bestehen die Unterschiede zwischen Leadership und Management?
- Was ist New Work, und welche Perspektiven hat die agile 360°-Führung?
- In welchen Phasen verlaufen fundamentale Veränderungsprozesse?
- Mit welchen Widerständen und Emotionen ist dabei zu rechnen?
- Wie lässt sich Wandel erfolgreich steuern?

Die Mitarbeiter bestimmen durch ihr Wissen, ihre Fähigkeiten und ihr Engagement maßgeblich den Erfolg eines Unternehmens, denn sie setzen sowohl die strategischen Vorgaben als auch die operativen Maßnahmen in die Praxis um. Sie sind eine wertvolle Ressource, um welche die Unternehmen angesichts des zunehmenden Fachkräftemangels verstärkt konkurrieren. Darüber hinaus sind sie Träger und Gestalter des organisationalen Wissens und verkörpern als Humankapital einen bedeutenden immateriellen Vermögenswert (vgl. Kap. 1.4.3).

In Zeiten von Digitalisierung, demografischem Wandel, wachsender Unsicherheit und kontinuierlicher Veränderung kommt der Unternehmensführung eine zentrale Rolle zu: Sie muss Orientierung geben, Vertrauen schaffen und Rahmenbedingungen gestalten, in denen die Mitarbeiter ihre Potenziale gezielt entfalten und selbstverantwortlich handeln können. Dieses Kapitel beleuchtet die Personalfunktion der Unternehmensführung – vom Personalmanagement über wirksame Führung durch Leadership bis hin zur systematischen Gestaltung von Transformationsprozessen.

Die **Personalfunktion** umfasst sämtliche mitarbeiterbezogenen Führungsaufgaben. Dazu zählen das Personalmanagement, das Leadership und die Führung des Wandels.

Die Personalfunktion übernimmt normative, strategische und operative Aufgaben. Neben den organisatorischen und administrativen Tätigkeiten des Personalmanagements liegt der Schwerpunkt auf der Führung der Mitarbeiter, um anspruchsvolle Visionen gemeinsam zu verwirklichen. Damit leistet die Personalfunktion einen wesentlichen Beitrag zur Erreichung der Unternehmensziele.

Die **normative Personalfunktion** legt die grundlegenden Ziele, Werte, Einstellungen und Verhaltensregeln im Umgang mit den Mitarbeitern fest und bildet damit den Rahmen für die Personalführung.

Die normative Personalfunktion bietet eine grundlegende Orientierung für das Verhalten der Mitarbeiter und definiert zugleich Leitlinien für das Führungshandeln der Vorgesetzten. Sie bestimmt die **Führungsphilosophie** als Ausdruck ethischer, moralischer und sozialer Haltungen gegenüber den Beschäftigten. Ihren konkreten Ausdruck findet sie in der Personalpolitik und den Führungsgrundsätzen des Unternehmens. Damit prägt sie maßgeblich die gelebte Führungskultur.

Die **Personalpolitik** konkretisiert die in der Führungsphilosophie verankerten Richtlinien im Umgang mit den Mitarbeitern. Sie legt fest, wie die Personalfunktion ausgestaltet und umgesetzt werden soll. Ein Beispiel ist das Prinzip der internen Stellenbesetzung, wonach Führungspositionen möglichst mit Kandidaten aus den eigenen Reihen besetzt werden.[1]

Führungsgrundsätze sind verbindliche, schriftlich fixierte Vorgaben für das Handeln und Verhalten von Führungskräften. Sie sind Bestandteil der Personalpolitik und regeln die Beziehung zwischen Vorgesetzten und Mitarbeitern. Dabei legen sie sowohl grundlegende Führungsprinzipien als auch den gewünschten Führungsstil fest (vgl. Kap. 6.2.1). Sie sollen für ein einheitliches Führungsverhalten sorgen und eine effiziente Zusammenarbeit ermöglichen. Ein Beispiel ist das „Prinzip der offenen Tür", wonach Mitarbeiter ihre Anliegen jederzeit direkt und persönlich mit ihren Vorgesetzten besprechen können.

Führungsgrundsätze dienen den Führungskräften als Orientierung und stärken ihre Handlungssicherheit, während sie für die Mitarbeiter die Transparenz und Berechenbarkeit des Führungshandelns erhöhen. Allerdings besteht die Gefahr, dass manche Führungskräfte bei der Umsetzung überfordert sind. In solchen Fällen kann Führung als starr, bürokratisch und unpersönlich wahrgenommen werden. Um ihre stabilisierende Wirkung zu entfalten, sollten Führungsgrundsätze langfristig angelegt und schriftlich dokumentiert sein.[2]

Die Führungsgrundsätze beschreiben den angestrebten Umgang mit den Mitarbeitern. Doch erst in der **Führungskultur** zeigt sich, wie die Personalfunktion von den Führungskräften tatsächlich gelebt wird. Sie prägt das Betriebsklima und beeinflusst das Verhalten der Mitarbeiter und Führungskräfte im Umgang mit Vorgesetzten, Kollegen, Lieferanten, Kunden, Geschäftspartnern und der Öffentlichkeit. Die Ebenen der normativen Personalfunktion zeigt Abb. 6.1.1.

Die **strategische Personalfunktion** umfasst alle personellen Aufgaben im Rahmen der strategischen Unternehmensführung. Ihr Fokus liegt auf dem gesamten Unternehmen und nicht auf einzelnen Mitarbeitern oder Stellen. Sie gestaltet die Personalfunktion als strategischen Erfolgsfaktor des Unternehmens.[3]

Die strategische Personalfunktion konkretisiert die Umsetzung der Führungsgrundsätze und die damit verbundenen Führungsaufgaben. Sie ist verantwortlich für die Entwicklung der Personalstrategie, die vorgibt, in welche Richtung sich die Personalaktivitäten bewegen sollen. Dabei geht es unter anderem um die Sicherung der Wettbewerbsfähigkeit im „War for Talents“ oder um Maßnahmen zur Förderung von Diversität, etwa durch Quotenregelungen. Die Personalstrategie sollte integraler Bestandteil der Unternehmensstrategie sein. Sie soll die Mitarbeiter befähigen und motivieren, zur Erreichung der strategischen Unternehmensziele beizutragen. Erst wenn sich die Mitarbeiter diese Ziele zu eigen machen, kann die Unternehmensstrategie wirksam umgesetzt werden.[4]

Die **operative Personalfunktion** umfasst die detaillierte Planung und Umsetzung konkreter personalbezogener Maßnahmen zur Erreichung strategischer Personalziele sowie die administrative Abwicklung personalwirtschaftlicher Prozesse.

Die individuelle, direkte Personalführung erfolgt in der täglichen Zusammenarbeit zwischen Vorgesetzten und Mitarbeitern im Rahmen der Steuerung und Kontrolle konkreter Arbeitshandlungen. Themen sind unter anderem Mitarbeitergespräche, Stellenbesetzungen, Leistungsprämien oder

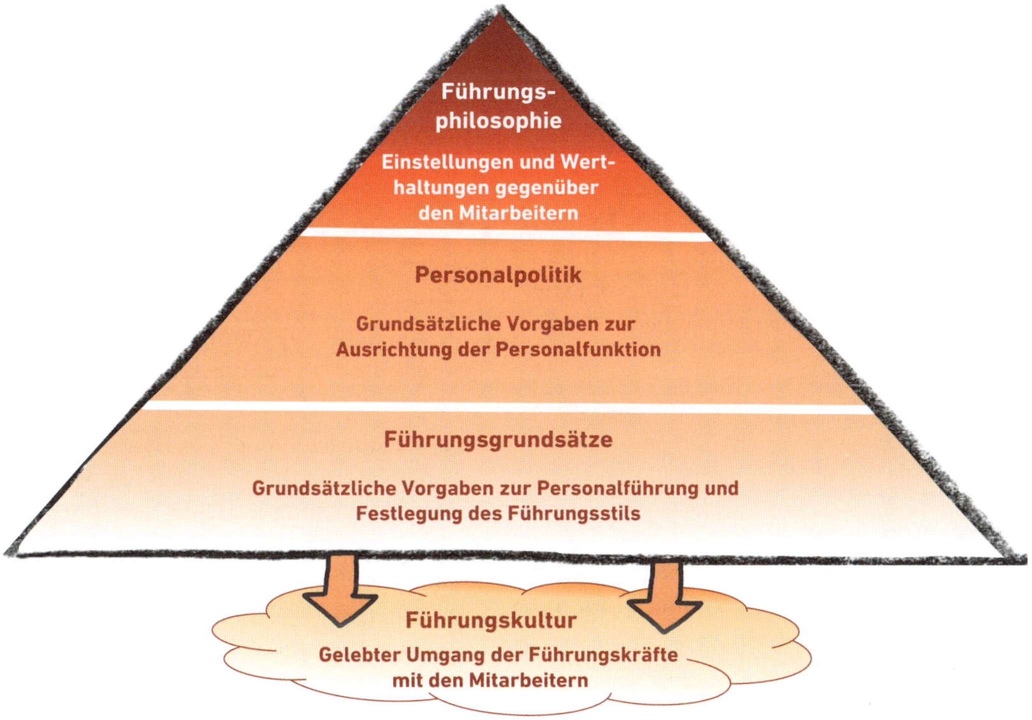

Abb. 6.1.1: Inhalte und Ebenen der normativen Personalfunktion

Schulungsmaßnahmen. Die operative Personalfunktion ist überwiegend kurz- bis mittelfristig ausgerichtet. Aufgrund gesetzlicher Vorgaben und der Mitbestimmungsrechte des Betriebsrats sind viele personalbezogene Maßnahmen stark reglementiert, wie etwa die diskriminierungsfreie Formulierung von Stellenausschreibungen oder die Einhaltung gesetzlicher Kündigungsfristen. Zuständig für die operative Personalfunktion sind neben der Personalabteilung vor allem die direkten Vorgesetzten.[5]

Führungsphilosophie von Upstalsboom

Die *Upstalsboom Hotel + Freizeit GmbH & Co. KG* betreibt mit etwa 635 Mitarbeitern zehn Hotels und rund 500 Ferienwohnungen an der Nord- und Ostsee sowie in Berlin. Der Geschäftsführer *Bodo Janssen* beschreibt seine werteorientierte Führungsphilosophie, die den Menschen in den Mittelpunkt stellt: „Im Spannungsfeld zwischen Spiritualität und Wissenschaft haben wir begonnen, unseren eigenen Weg zu gehen – den *Upstalsboom*-Weg. Mittlerweile ist er [...] zu einem Synonym für unsere Unternehmenskultur geworden, die auf Werten basiert, die uns *Upstalsboomern* besonders am Herzen liegen. Hierbei spielt das Thema „Freiheit" eine zentrale Rolle. Denn wir möchten, dass jeder bei seiner Arbeit die Freiheit hat, sich persönlich weiterzuentwickeln und sich für das einzusetzen, was ihm wichtig ist. [...] Dies hat zu einer Entwicklung hin zu selbstorganisierten Teams und zur teilweisen Abschaffung von Positionen im Unternehmen geführt. In unserer täglichen Zusammenarbeit orientieren wir uns an Leitsätzen wie „Wertschöpfung durch Wertschätzung", „Führung ist Dienstleistung, kein Privileg" oder „Potenzialentfaltung statt Ressourcenausnutzung". Frei nach *Goethe*: „Hier bin ich Mensch, hier darf ich sein!", ist es unser Ziel, dass jeder Mensch bei der Arbeit so sein kann, wie er ist, ohne eine Rolle ausfüllen zu müssen oder sich zu verstellen. Der *Upstalsboom*-Weg ist für uns auch immer wieder ein Weg ins Unbekannte – er bereitet uns sehr viel Freude, da er unsere Arbeitswelt komplett wandelt. Er fordert uns aber auch immer wieder heraus, unsere gewohnten Abläufe und Denkweisen zu hinterfragen. Dies geht nicht immer, ohne die persönliche Komfortzone zu verlassen und Risiken einzugehen."[6]

6.1 Die Aufgaben des Personalmanagements

Das Personalmanagement steuert das Verhalten der Mitarbeiter über abstrakte und allgemeine Regeln sowie organisatorische Strukturen, die in der Regel von der Personalabteilung vorgegeben werden. Es wird auch als Human Resources Management (HRM) bezeichnet. Im Gegensatz dazu steht bei der Personalführung die direkte, persönliche und individuelle Beziehung zwischen Führungskraft und Mitarbeiter im Vordergrund.[7]

Das **Personalmanagement** umfasst alle mitarbeiterbezogenen Aufgaben zur systematischen und wirkungsvollen Gestaltung der Personalarbeit im Unternehmen.

Wesentliche **Aufgabenfelder** sind:[8]

- **Personalbedarfsbestimmung:** Wie viele Mitarbeiter werden mit welcher Qualifikation wann, wo und wofür benötigt?
- **Personalbeschaffung:** Wie kann der qualitative, quantitative, zeitliche und örtliche Personalbedarf gedeckt werden?
- **Personalentwicklung:** Welche Aus-, Fort- und Weiterbildungsmaßnahmen bieten sich zur Qualifikation und Förderung der Mitarbeiter an?
- **Personalfreisetzung:** Wie kann eine qualitative, quantitative, zeitliche oder örtliche Personalüberdeckung beseitigt werden?
- **Personaleinsatzplanung:** Wie lässt sich der anforderungs- und eignungsgerechte Einsatz der Mitarbeiter sicherstellen?
- **Personalbeurteilung:** Wie lassen sich die Leistung, das Verhalten und das Potenzial der Mitarbeiter bewerten, um eine leistungsgerechte Vergütung, den bestmöglichen Personaleinsatz und eine gezielte Personalentwicklung zu ermöglichen?
- **Personalkompensation:** Welche materiellen und immateriellen Gegenleistungen erhalten die Beschäftigten für ihre Arbeit?

Abb. 6.1.2 zeigt den Zusammenhang zwischen den verschiedenen Aufgabenfeldern. Die Personalbedarfsbestimmung erfolgt auf Grundlage der in der Personalstrategie festgelegten Zielsetzungen. Auf Basis der Personalbewertung wird im Anschluss festgelegt, wie der bestehende Personalbedarf gedeckt oder Personalüberdeckungen abgebaut werden können. Das **Personalveränderungsmanagement** kombiniert dann je nach Bedarf Maßnahmen der Personalentwicklung, -beschaffung oder -freisetzung, um den Personalbestand quantitativ, qualitativ, zeitlich oder örtlich anzupassen. Die Personaleinsatzplanung sorgt für einen anforderungs- und eignungsgerechten Personaleinsatz, indem sie die Mitarbeiter den passenden Stellen zuordnet. Dies erfolgt auf Basis einer regelmäßigen Personalbeurteilung, um die Leistung und das Potenzial der Mitarbeiter richtig einschätzen zu können. Deren Ergebnisse fließen auch in die Festlegung einer gerechten Personalkompensation ein.

Das Personalmanagement wird in seinen Aufgaben durch das Personalcontrolling und die Personalverwaltung unterstützt. Das **Personalcontrolling** übernimmt dabei eine Querschnitts- und Unterstützungsfunktion: Es soll sowohl die Informationsversorgung des Personalmanagements sicherstellen als auch die Planung und Kontrolle im Personalbereich systematisch gestalten und laufend koordinieren. Zu seinen Aufgaben gehören unter anderem die Budgetierung der Personalkosten, die Analyse der Effizienz des Personaleinsatzes sowie die Bewertung des Beitrags des Personalmanagements zum Unternehmenserfolg. Dadurch sollen Wirtschaftlichkeit und Rationalität des Personalmanagements sichergestellt werden.[9]

Die **Personalverwaltung** übernimmt administrative Serviceaufgaben im Personalbereich. Dazu zählen unter anderem die Erfassung und Meldung von Personaldaten, die Lohn- und Gehaltsabrechnung sowie die Durchführung konkreter Personalmaßnahmen wie Einstellung, Versetzung, Beförderung oder Entlassung. Darüber hinaus ermittelt sie personelle Kennzahlen und beobachtet deren Entwicklung, wie etwa Fluktuation, Krankenstand, Arbeitszeiten oder Überstunden. Da die Personalverwaltung vorwiegend operative Tätigkeiten übernimmt, wird sie auch an externe Dienstleister vergeben oder bei großen Unternehmen in ein zentrales Shared Service Center ausgelagert.[10]

6.1.1 Welches und wie viel Personal wird gebraucht?

> Die **Personalbedarfsbestimmung** ermittelt den qualitativen, quantitativen, zeitlichen und örtlichen Bedarf an Mitarbeitern, die zur Erbringung gegenwärtiger und zukünftiger Leistungen erforderlich sind.[11]

Abweichungen zwischen Personalbedarf und Personalbestand wirken sich unmittelbar auf das Unternehmensergebnis aus. Die Personalbedarfsbestimmung steht daher am Anfang des Personalmanagementprozesses. Ziel ist es,

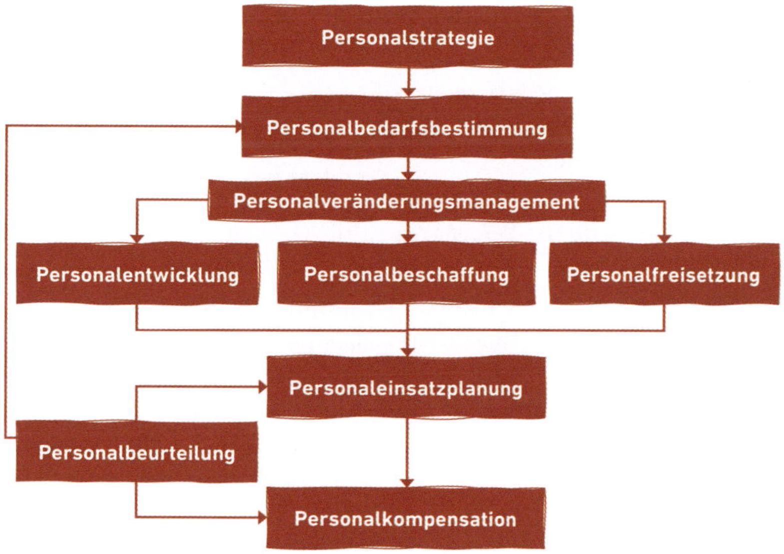

Abb. 6.1.2: Zusammenhang der Aufgaben des Personalmanagements

sowohl Personalengpässe als auch Personalüberhänge frühzeitig zu erkennen und vorausschauend zu vermeiden.

Folgende **Arten des Personalbedarfs** sind zu bestimmen:[12]

- **Örtlicher Personalbedarf:** Wo sollen die Mitarbeiter räumlich eingesetzt werden?
- **Zeitlicher Personalbedarf:** Wann und wie lange werden die Mitarbeiter benötigt?
- **Qualitativer Personalbedarf:** Über welche Fähigkeiten und Kenntnisse sollen die Mitarbeiter für eine bestimmte Aufgabe oder Stelle verfügen? Der qualitative Personalbedarf kann durch eine Stellenbeschreibung als konkretes Anforderungsprofil formuliert oder generell nach Berufsgruppen, wie etwa Informatik oder Controlling, zusammengefasst werden.
- **Quantitativer Personalbedarf:** Wie viele Mitarbeiter werden benötigt? Aus Gründen der Wirtschaftlichkeit sollen anfallende Tätigkeiten mit möglichst wenigen Mitarbeitern realisiert werden. Dieser Maxime stehen jedoch andere Ziele gegenüber, wie etwa die Sicherung der Leistungsfähigkeit, die Anpassungsfähigkeit an veränderte Umweltbedingungen oder die Förderung der Innovationskraft. Darüber hinaus ist eine angemessene und gleichmäßige Arbeitsbelastung der Mitarbeiter anzustreben, um sowohl gesundheitsschädliche Überbeanspruchungen als auch kostenintensive Unterauslastungen zu vermeiden.

  In diesem Zusammenhang wird unterschieden:[13]

  - **Brutto-Personalbedarf:** Anzahl der Arbeitskräfte, die erforderlich sind, um eine geplante Leistung zu erbringen (Soll-Personalbestand). In Industrieunternehmen wird er aus der Produktions- und Absatzplanung abgeleitet. Der Brutto-Personalbedarf umfasst den arbeitsbedingten Einsatzbedarf sowie einen Reservebedarf für zeitweilige Abwesenheiten wie Krankheit, Urlaub oder Weiterbildung.
  - **Personalbestand:** Anzahl der zu einem bestimmten Zeitpunkt vorhandenen Arbeitskräfte (Ist-Personalbestand).
  - **Netto-Personalbedarf:** Differenz zwischen Brutto-Personalbedarf und Personalbestand. Ein positiver Netto-Personalbedarf weist auf eine Personalunterdeckung hin, ein negativer auf eine Personalüberdeckung.

Der Brutto-Personalbedarf kann mit folgenden **Verfahren** ermittelt werden:[14]

- **Schätzverfahren:** Bewertung anhand von Erfahrung und Intuition.
- **Statistische Verfahren:** Berechnung mithilfe historischer Daten, etwa durch Multiplikation des bisherigen Personalbestands mit der erwarteten prozentualen Umsatzentwicklung.
- **Organisatorische Verfahren:** Ermittlung auf Grundlage organisatorischer Regelungen wie gesetzliche Bestimmungen oder interne Vorgaben zur personellen Ausstattung bestimmter Funktionen oder Abteilungen. Ein Beispiel ist die Vorgabe, dass jeder Führungskraft eine Assistenzstelle zusteht. Diese Methoden werden vor allem dann eingesetzt, wenn die zu besetzenden Stellen weitgehend unabhängig von der quantitativen Arbeitsleistung sind, wie beispielsweise bei Datenschutz- oder Gleichstellungsbeauftragten.
- **Personalbemessungsverfahren (Kapazitätsrechnung):** Der Personalbedarf wird berechnet, indem die für das geplante Leistungsprogramm erforderliche Gesamtarbeitszeit durch die individuelle Arbeitszeit pro Mitarbeiter geteilt wird. Die erforderliche Arbeitszeit ergibt sich aus der Multiplikation der Anzahl der Arbeitsvorgänge mit den jeweiligen Bearbeitungszeiten. Letztere können durch Methoden wie Selbstaufschreibungen, Arbeitsplatzbeobachtungen (z. B. Multi-Moment-Verfahren), REFA-Zeitaufnahmen oder Elementarzeitverfahren ermittelt werden. Beim Elementarzeitverfahren werden alle Arbeitsvorgänge in kleinste Einheiten (Elementartätigkeiten) zerlegt, deren Dauer standardisierten Zeittabellen entnommen werden können. Die Summe der Zeiten aller Elementartätigkeiten ergibt dann die Bearbeitungszeit je Vorgang.

Schätzverfahren sind aufgrund ihrer Einfachheit insbesondere in kleinen und mittleren Unternehmen weit verbreitet. Allerdings fehlt es ihnen an objektiven Maßstäben, sodass der Personalbedarf häufig ungenau beurteilt wird. Bei statistischen Verfahren wird angenommen, dass sich zukünftige Entwicklungen aus der Vergangenheit ableiten lassen, etwa durch lineare Fortschreibung von Umsatz-, Produktions- oder Auftragszahlen. Diese Methoden setzen stabile Rahmenbedingungen und eine gewisse Prognosefähigkeit voraus, was in dynamischen oder krisenanfälligen Umfeldern meist nicht der Fall ist. Vorteile sind die Nachvollziehbarkeit der Ergebnisse und der geringe Erhebungsaufwand. Diesen stehen die teils komplizierte und schwer durchschaubare Berechnung sowie die unreflektierte Ableitung der Zukunft aus der Vergangenheit gegenüber. Organisatorische Verfahren ordnen den einzelnen Stellen in der Regel detaillierte Stellenbeschreibungen zu, in denen sich der qualitative Personalbedarf widerspiegelt. Ihr Einsatz beschränkt sich jedoch überwiegend auf Verwaltungs- und Dienstleistungstätigkeiten. Die Personalbemessungsverfahren werden vor allem im Fertigungsbereich eingesetzt, da sich dort die Leistungen quantifizieren lassen. Kritisch ist allerdings die objektive Ermittlung der Bearbeitungszeiten, da die Messergebnisse durch bewusste oder unbewusste Verhaltensänderungen der beobachteten Mitarbeiter verfälscht werden können.

Ergibt die Personalbedarfsbestimmung qualitative, quantitative, zeitliche oder örtliche Personalunterdeckungen, sind diese durch Maßnahmen der Personalentwicklung oder Personalbeschaffung zu beheben. Im Falle einer Personalüberdeckung ist eine Personalfreisetzung erforderlich. In vielen Unternehmen treten gleichzeitig Über- und Unterdeckungen in verschiedenen Bereichen auf. Im Rahmen des Personalveränderungsmanagements wird dann versucht, diese Differenzen durch eine Kombination aus Personalentwicklung, -freisetzung und -beschaffung auszugleichen.

6.1.2 Wie kann das Personal weiterentwickelt werden?

Die **Personalentwicklung** umfasst alle planmäßigen Aus-, Fort- und Weiterbildungsmaßnahmen zur Qualifikation und gezielten Förderung von Mitarbeitern im Hinblick auf ihre aktuellen und zukünftigen Aufgaben.[15]

Unter Beachtung ihrer persönlichen Interessen und Bedürfnisse sollen den Mitarbeitern die erforderlichen fachlichen, methodischen, sozialen und persönlichen Kompetenzen zur Bewältigung gegenwärtiger und kommender Aufgaben vermittelt werden. Personalentwicklung kann durch eine berufsvorbereitende Ausbildung, eine berufsbegleitende Fortbildung oder eine berufsverändernde Weiterbildung erfolgen, wobei die Grenzen zwischen Fort- und Weiterbildung oft fließend sind.

Ein **Personalentwicklungsbedarf** entsteht, wenn die vorhandenen Qualifikationen der Mitarbeiter nicht mit den Anforderungen der Arbeitsstelle übereinstimmen und dies nicht durch Personalbeschaffung ausgeglichen werden kann oder soll. Er kann durch externe Faktoren ausgelöst werden, etwa durch das Bildungssystem, den Arbeitsmarkt oder das Verhalten der Wettbewerber. Daneben spielen auch interne Faktoren wie Branche, Unternehmensgröße, Strategie und nicht zuletzt die Mitarbeiter selbst eine Rolle. Darüber hinaus können auch Umweltveränderungen wie neue Technologien oder Reorganisationsmaßnahmen einen Entwicklungsbedarf verursachen.[16]

Zur Bestimmung des Personalentwicklungsbedarfs sind zunächst die vorhandenen Kompetenzen der Mitarbeiter zu beurteilen. Aus der Analyse ihrer Stärken und Schwächen werden individuelle Entwicklungsziele sowie konkrete Fördermaßnahmen abgeleitet und in einem Entwicklungsplan festgehalten. Im Anschluss an die Entwicklungsmaßnahmen ist eine Erfolgskontrolle sinnvoll. Da sich Veränderungen individueller Qualifikationen jedoch häufig einer direkten Bewertung entziehen, werden deren Effekte meist erst im Laufe der Zeit sichtbar, beispielsweise in der Arbeitsqualität oder im Verhalten. Die Kontrolle der Entwicklungsmaßnahmen erfolgt daher in der Regel langfristig durch den direkten Vorgesetzten, etwa im Rahmen der Potenzialeinschätzung im jährlichen Mitarbeitergespräch. Um die Rentabilität von Investitionen in die Personalentwicklung sicherzustellen, sollten diese stets durch Maßnahmen zur Mitarbeiterbindung (Retention) flankiert werden. Andernfalls verliert das Unternehmen nicht nur die Arbeitskraft, sondern auch das neu aufgebaute Wissen und die Investition in die Personalentwicklung bleibt wirkungslos.

Die Personalentwicklung soll sowohl die Ziele des Unternehmens (Organisationsziele) als auch der Mitarbeiter (Individualziele) berücksichtigen.[17] Zu den betrieblichen Zielen zählen etwa die Erhöhung der fachlichen Qualifikation des Mitarbeiters, die Verbesserung der Wettbewerbsfähigkeit oder die Verringerung der Abhängigkeit vom externen Arbeitsmarkt. Mitarbeiter hingegen erwarten von der Personalentwicklung beispielsweise bessere Karrierechancen, ein höheres Einkommen oder ein gesteigertes soziales Ansehen.[18] Die für eine Stelle erforderlichen Qualifikationen werden durch den qualitativen Personalbedarf bestimmt. Aus dem Abgleich mit den individuellen Qualifikationen des Mitarbeiters ergeben sich die jeweils erforderlichen Maßnahmen der Personalentwicklung.

Die im Rahmen der Personalentwicklung vermittelten **Qualifikationen** lassen sich in drei Gruppen unterscheiden:[19]

- **Vermittlung von Fachwissen (Knowledge)** – etwa in Betriebswirtschaft, Technik oder IT.
- **Förderung methodischer, analytischer und sozialer Fähigkeiten (Skills)** – etwa Zeitmanagement, Problemlösungskompetenz, Konfliktfähigkeit oder Teamarbeit.
- **Entwicklung neuer Einstellungen (Attitudes)** – etwa Lernbereitschaft, Verantwortungsbewusstsein, unter-

nehmerisches Denken oder Offenheit gegenüber Veränderungen.

Die Personalentwicklung sollte geeignete Rahmenbedingungen schaffen, um Mitarbeiter zum kontinuierlichen Lernen zu befähigen und zu motivieren (vgl. Kap. 7.1.3). Dies kann etwa durch Web-based Trainings, Inhouse-Seminare oder individuell nutzbare Bildungsguthaben erfolgen. Die Mitarbeiter sollten auf dem Weg in eine neue Arbeitswelt begleitet werden, die zunehmend durch digitale Technologien (vgl. Kap. 7.3) und komplexe Führungskontexte (vgl. Kap. 1.5.1) geprägt ist. Agile Organisationsformen (vgl. Kap. 5.1.2) erfordern ein hohes Maß an Selbststeuerung und unternehmerischem Denken. Fähigkeiten, die häufig erst gezielt entwickelt werden müssen.

In der **digitalen Arbeitswelt** scheint jeder Mensch ersetzbar, und dauerhafte Loyalität zwischen Unternehmen und Mitarbeitern ist selten geworden. Die Zeiten, in denen Menschen ihr gesamtes Arbeitsleben im selben Unternehmen verbrachten, gehören wohl der Vergangenheit an. Viele Mitarbeiter verfügen über keinen festen Arbeitsplatz mehr oder arbeiten im Homeoffice. Digitale Nomaden sind mit ihrem mobilen Büro weltweit unterwegs und verbinden Arbeit (Work) und Urlaub (Vacation) zu einer sogenannten „Workation". Künftig sind die Mitarbeiter zunehmend selbst dafür verantwortlich, ihre Qualifikationen zu sichern. Sei es, um in ihrer aktuellen Tätigkeit auf dem neuesten Stand zu bleiben (Anpassungsqualifizierung) oder um sich auf neue Aufgaben vorzubereiten (Aufstiegsqualifizierung).[20]

Methoden

Zur Personalentwicklung stehen vielfältige Instrumente zur Verfügung. Je nach Grad der Beteiligung der Teilnehmer lassen sich aktive und passive Methoden unterscheiden. Die Durchführung kann durch interne oder externe Anbieter erfolgen und richtet sich entweder an Einzelpersonen oder an Gruppen. Eine gängige Systematisierung unterscheidet die Verfahren danach, wie eng sie mit der konkreten Arbeitsaufgabe und dem Ort des Lernens verbunden sind:[21]

- **Into the Job:** Vorbereitung auf zukünftige berufliche Aufgaben, etwa durch das Anlernen einfacher Tätigkeiten, eine duale Berufsausbildung, Trainee-Programme oder ein duales Studium.
- **On the Job**: Vermittlung praktischer Kenntnisse und Erfahrungen direkt am Arbeitsplatz. Das Lernfeld der Mitarbeiter entspricht ihrem Aufgabenbereich; das Lernen erfolgt häufig schrittweise und unbewusst im Rahmen der laufenden Tätigkeit. Dies kann etwa durch systematische Unterweisung oder Coaching erfolgen. Eine qualifikationsfördernde Arbeitsgestaltung kann den Arbeitsinhalt vergrößern oder anreichern. Beispielsweise durch Job Rotation (Arbeitsplatzwechsel), Job Enlargement (Erweiterung um zusätzliche, gleichwertige Aufgaben) oder Job Enrichment (Übernahme höherwertiger Tätigkeiten mit mehr Verantwortung).
- **Near the Job**: Maßnahmen in räumlicher, zeitlicher und inhaltlicher Nähe zum Arbeitsplatz, jedoch außerhalb der eigentlichen Arbeitsaufgabe. Beispiele für solche befristeten Sonderaufgaben sind die Mitarbeit in Projekten (vgl. Kap. 5.3), die Stellvertretung oder Assistenz einer ranghöheren Position sowie die Teilnahme an einem Qualitätszirkel. Lernen kann auch selbstorganisiert in Gruppen (Lernstatt), in Wissensgemeinschaften (Communities of Practice) oder durch die gemeinsame Bearbeitung einer konkreten, praxisrelevanten Aufgabenstellung (Action Learning) erfolgen.
- **Off the Job**: Maßnahmen, die unabhängig von der konkreten Arbeitsaufgabe und meist außerhalb des Arbeitsplatzes stattfinden. Ziele sind sowohl die Wissensvermittlung als auch das Erlernen von Verhaltensweisen. Beispiele sind E-Learning in Form von computerbasierten Schulungen (Computer-based Training, CBT) oder netzbasierten Trainings (Web-based Training, WBT), Fachseminare oder Konferenzen, unternehmenseigene Bildungseinrichtungen (Corporate Universities) sowie Blended Learning als Kombination aus E-Learning und Präsenzschulungen. Erlebnispädagogische Maßnahmen wie Outdoor- oder Survival-Trainings sollen den Zusammenhalt im Team stärken.
- **Along the Job**: Begleitung und Förderung der beruflichen Laufbahn leistungsfähiger Mitarbeiter, etwa durch Beratungs- und Fördergespräche, Coaching, Karriere- und Nachfolgeplanung oder Mentoring.
- **Out of the Job**: Begleitung des Austritts aus dem Unternehmen, etwa durch Altersteilzeit oder durch Unterstützung bei der beruflichen Neuorientierung (Outplacement).

Aus der Vielzahl an Möglichkeiten ist für jeden Mitarbeiter abhängig von seinem individuellen Entwicklungsbedarf eine geeignete Kombination von Maßnahmen auszuwählen. Dies erfolgt auf Grundlage der Personalbeurteilung (vgl. Kap. 6.1.6) im engen Austausch zwischen Vorgesetztem und Mitarbeiter sowie unter fachlicher Begleitung durch den Personalbereich.

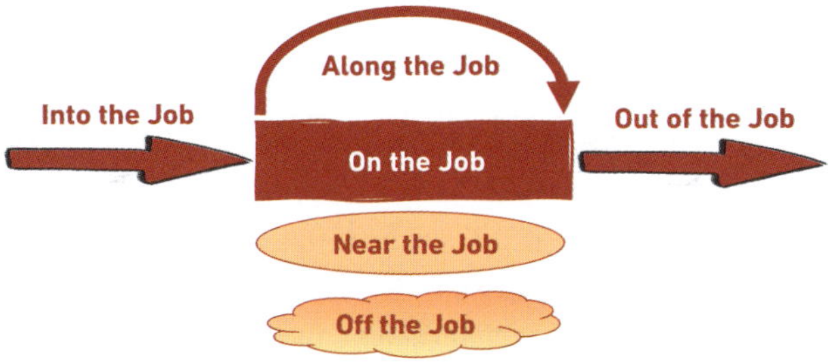

Abb. 6.1.3: Methoden der Personalentwicklung[22]

6.1.3 Wie lässt sich Personal beschaffen?

> Die **Personalbeschaffung** umfasst alle Maßnahmen zur Gewinnung von Mitarbeitern, um einen qualitativen, quantitativen, zeitlichen oder örtlichen Personalbedarf zu decken.

Die Deckung des Personalbedarfs kann nicht nur durch neue Mitarbeiter, sondern auch mit vorhandenen Beschäftigten erfolgen. Folglich wird zwischen interner (innerbetrieblicher) und externer (außerbetrieblicher) Personalbeschaffung unterschieden.[23] Die Vor- und Nachteile beider Beschaffungswege zeigt Abb. 6.1.4.

Interne Personalbeschaffung bedeutet die Besetzung freier Stellen aus den eigenen Reihen. Sie kann entweder mit oder ohne Personalbewegung erfolgen. Bei der **Bedarfsdeckung ohne Personalbewegung** bleiben die bestehenden Arbeitsverhältnisse unverändert, was insbesondere bei vorübergehendem Personalbedarf sinnvoll ist.[25] Kurzfristige Bedarfsspitzen lassen sich durch Mehrarbeit oder Überstunden abfangen. Bei saisonalen Schwankungen können auch Arbeitszeitverlängerungen oder Urlaubsverschiebungen erfolgen. Darüber hinaus kann der Personalbedarf durch gezielte Qualifizierungsmaßnahmen im Rahmen der Personalentwicklung gedeckt werden.

Erfolgt die **Bedarfsdeckung mit Personalbewegung**, kann dies durch die Zuweisung einer gleich-, höher- oder geringerwertigen Stelle geschehen. Einer solchen Versetzung kann eine Umschulung vorausgehen. Bei horizontaler Versetzung bleibt der Mitarbeiter auf derselben hierarchischen Ebene, während eine vertikale Versetzung in der Regel mit einem Aufstieg verbunden ist. Innerbetriebliche Stellenausschreibungen ermöglichen berufliche Veränderungen, ohne das Unternehmen verlassen zu müssen. Die interne Besetzung von Führungspositionen wirkt leistungsfördernd, da sie Entwicklungsperspektiven eröffnet. Weitere Möglichkeiten sind die Umstellung von Teilzeit- auf Vollzeitverträge, die Umwandlung befristeter in unbefristete Arbeitsverhältnisse sowie die Übernahme von Auszubildenden oder Absolventen dualer Studiengänge.

Bei der **externen Personalbeschaffung** wird der Personalbedarf von außen gedeckt – entweder durch den Abschluss neuer Arbeitsverträge mit externen Bewerbern oder durch den Einsatz von Fremdarbeitnehmern. Mögliche Beschaffungswege für neue Mitarbeiter sind die Arbeitsvermittlung durch die *Bundesagentur für Arbeit* oder durch private Headhunter, Stellenanzeigen, E-Recruiting über soziale Netzwerke (z. B. *LinkedIn*) oder Online-Jobbörsen (z. B. *Stepstone*), College-Recruiting an Schulen und Hoch-

	Interne Personalbeschaffung	Externe Personalbeschaffung	
Vorteile	▪ Motivationswirkung und Mitarbeiterbindung durch Aufstiegschancen ▪ geringe Beschaffungskosten ▪ geringes Risiko, da Mitarbeiter bekannt ▪ Betriebskenntnis bereits vorhanden ▪ schnelle Stellenbesetzung ▪ Freie Stellen für Nachwuchs	▪ Demotivation durch fehlende Aufstiegschancen ▪ hohe Beschaffungskosten ▪ höheres Risiko durch Unbekanntheit des Mitarbeiters („Katze im Sack") ▪ betriebliche Einarbeitung erforderlich ▪ zeitaufwendig ▪ Blockierung für Nachwuchs	Nachteile
Nachteile	▪ geringe Auswahl ▪ Gefahr der Betriebsblindheit ▪ quantitativer Personalbedarf wird nur verlagert und nicht gedeckt ▪ qualitativer Personalbedarf erfordert Personalentwicklungsmaßnahmen ▪ Spannungen bei Aufrücken eines Mitarbeiters in Vorgesetztenposition	▪ breite Auswahl ▪ neue Person bringt neue Impulse ▪ quantitativer Personalbedarf wird direkt gedeckt ▪ qualitativer Personalbedarf wird direkt gedeckt ▪ Externer Mitarbeiter wird leichter als neuer Vorgesetzter anerkannt	Vorteile

Abb. 6.1.4: Vor- und Nachteile der Personalbeschaffungswege[24]

schulen, Empfehlungen durch eigene Mitarbeiter, Initiativbewerbungen sowie die Pflege eines Talentpools. Eine unkonventionelle Methode ist das Guerilla Recruiting, bei dem überraschende oder unorthodoxe Maßnahmen eingesetzt werden. Beispielsweise Personalmarketing an ungewöhnlichen Orten wie Diskotheken oder Stellenanzeigen auf Pizzakartons.

Hohe Flexibilität bei der externen Personalbedarfsdeckung bieten verschiedene Formen des Fremdpersonaleinsatzes. Eine Möglichkeit ist das Personalleasing im Rahmen der Arbeitnehmerüberlassung, bei dem eine Zeitarbeitsfirma ihre Mitarbeiter gegen Gebühr für einen begrenzten Zeitraum zur Verfügung stellt. Alternativ kann der Personalbedarf auch durch den Einsatz von Freelancern oder selbstständigen Dienstleistern gedeckt werden, etwa auf Basis eines Werk- oder Dienstvertrags. Bei einem Dienstvertrag verpflichtet sich der Auftragnehmer zur Erbringung bestimmter Tätigkeiten, zum Beispiel Beratungs- oder Schulungsleistungen. Ein Werkvertrag hingegen zielt auf die Erreichung eines konkreten Ergebnisses, wie etwa bei der Gebäudereinigung oder Reparaturarbeiten.[26]

Die Personalbeschaffung lässt sich durch die **Digitalisierung** wirkungsvoll unterstützen. So beantworten beispielsweise Chatbots rund um die Uhr häufig gestellte Fragen von Bewerbern. Darüber hinaus entlastet Robo-Recruiting die Personalverantwortlichen von repetitiven Aufgaben. Die Vorauswahl von Kandidaten kann etwa mithilfe künstlicher Intelligenz erfolgen (vgl. Kap. 7.3.4). Diese basiert auf zuvor definierten Kriterien wie Qualifikation oder Auslandserfahrung und ermöglicht eine objektivere und konsistentere Personalauswahl, wodurch potenzielle Diskriminierungen reduziert werden. Voraussetzung ist jedoch, dass die KI zuvor mit vorurteilsfreien Daten trainiert wurde (vgl. Kap. 7.2.4). Die Personalverantwortlichen können die gewonnene Zeit nutzen, um unter den verbleibenden Kandidaten den passendsten Bewerber auszuwählen. Eine vollständig automatisierte Personalauswahl wäre hingegen weder sinnvoll noch mit der Europäischen Datenschutz-Grundverordnung vereinbar.[27]

Eine Übersicht über die Beschaffungswege gibt Abb. 6.1.5. Welcher davon gewählt wird, hängt von der Bedeutung und der erforderlichen Qualifikation der Stelle, der Bewerberzielgruppe sowie der Situation am Arbeitsmarkt ab. Grundsätzlich sind dabei eine Reihe rechtlicher Vorschriften zu beachten, welche eine faire, transparente und diskriminierungsfreie Personalauswahl gewährleisten sollen.

Die Entscheidung über die Auswahl eines Bewerbers treffen in der Regel die Personalabteilung und der Vorgesetzte der jeweiligen Fachabteilung. In zunehmend teamorientierten und agilen Arbeitsumfeldern wirkt dieses Vorgehen jedoch nicht mehr zeitgemäß. Beim sogenannten **Peer Recruiting** wird die Auswahlentscheidung deshalb von denjenigen getroffen, die später auf derselben Ebene mit dem Bewerber zusammenarbeiten. „Peer" steht dabei für Gleichgestellte oder Kollegen. Da die Gruppe am besten einschätzen kann, ob ein Bewerber fachlich und menschlich ins Team passt, verringert sich dadurch das Risiko einer Fehlbesetzung. Eine gute Integration ins Team wirkt sich sowohl positiv

Abb. 6.1.5: Personalbeschaffungswege

auf die Leistung der Gruppe als auch auf die Zufriedenheit des neuen Mitarbeiters und damit dessen Verbleib im Unternehmen aus. Allerdings sollte das Personalwesen das Peer Recruiting begleiten, damit rechtliche Vorgaben eingehalten werden und unbewusste Vorurteile nicht zur Bevorzugung bestimmter Bewerbertypen führen.[28]

Die Gemeinschaft fördern

Viele Unternehmen fördern in ihrer Belegschaft **Vielfalt** (Diversity), **Chancengerechtigkeit** (Equity), **Teilhabe** (Inclusion) und zunehmend auch das Gefühl der **Zugehörigkeit** (Belonging) – kurz: **DEIB**, früher DEI. Damit soll sichergestellt werden, dass niemand benachteiligt wird und alle Menschen in der Organisation respektiert und wertgeschätzt werden. Darüber hinaus sind Unternehmen durch das *Allgemeine Gleichbehandlungsgesetz (AGG)* verpflichtet, jegliche Form von Diskriminierung zu vermeiden. Diversität bezieht sich meist auf unveränderbare demografische Merkmale wie Geschlecht, Alter, ethnische Herkunft, Behinderung, sexuelle Orientierung oder Religion. Darüber hinaus umfasst sie auch individuell erworbene Merkmale wie Berufserfahrung oder persönliche Wertvorstellungen sowie sozioökonomische Merkmale wie Bildungsgrad, beruflicher Status oder Einkommen.[29] Eine vielfältige Belegschaft fördert die Pluralität von Meinungen, Beobachtungen und Erkenntnissen, was für das gesamte Unternehmen vorteilhaft sein kann. Eine globale Organisation mit einer multikulturellen Belegschaft kann etwa in unterschiedlichen Ländern erfolgreich tätig sein.[30]

DEIB kann sich sowohl evolutionär im Zuge der Unternehmensentwicklung als auch durch gezieltes **Diversitätsmanagement** (Diversity Management) entwickeln. Dabei geht es nicht nur um die Einhaltung gesetzlicher Vorgaben, sondern auch um Chancengleichheit, Diskriminierungsfreiheit und die Nutzung wirtschaftlicher Potenziale wie bessere Teamleistung, höhere Innovationskraft und gesteigerte Arbeitgeberattraktivität.[31] Die wirtschaftlichen Effekte sind jedoch schwer zu quantifizieren, da der Unternehmenserfolg von zahlreichen Einflussfaktoren abhängt. Empirisch konnte bislang kein kausaler Zusammenhang zwischen Diversität und Unternehmenserfolg nachgewiesen werden, etwa in Bezug auf Geschlecht, Alter oder ethnische Herkunft.[32] Neuere Studien deuten jedoch auf statistische Zusammenhänge hin. Eine von *McKinsey* im Jahr 2019 durchgeführte Analyse öffentlich zugänglicher Daten von 1.039 Unternehmen aus 15 Ländern ergab, dass sowohl ein höherer Frauenanteil als auch ethnische Diversität in Führungspositionen positiv mit der Unternehmensprofitabilität korrelieren.[33]

Die neue US-Regierung unter Präsident *Donald Trump* lehnt die Förderung von Vielfalt, Chancengerechtigkeit und Teilhabe ab und hat entsprechende Initiativen in Bundesbehörden und staatlichen Einrichtungen gestoppt. Diese politische Entwicklung beeinflusst auch die DEIB-Strategien international tätiger Unternehmen. So hat der deutsche Softwarekonzern *SAP* im Mai 2025 das Ziel eines globalen Frauenanteils von 40 % aufgegeben und in den USA alle Maßnahmen zur gezielten Förderung von Frauen in Führungspositionen beendet. Auch die amerikanische *Telekom*-Tochter *T-Mobile* hat im Frühsommer 2025 angekündigt, ihre DEIB-Programme einzustellen. *SAP* und die *Telekom* begründen ihre Entscheidungen mit den veränderten gesetzlichen Rahmenbedingungen in den Vereinigten Staaten. Um rechtliche, wirtschaftliche und politische Risiken in den USA zu vermeiden, dürften viele Unternehmen ihrem Beispiel folgen – mit weitreichenden Konsequenzen für die Gleichstellung und Vielfalt in der Unternehmenspraxis.

Individuelle Unterschiede der Teammitglieder und insbesondere die Qualität ihrer Zusammenarbeit haben allerdings einen deutlich stärkeren Einfluss auf die Arbeitsleistung als demografische Merkmale. Bei der Teambildung ist jedoch darauf zu achten, dass keine Untergruppen entstehen, die sich etwa nach Alter, Herkunft oder Geschlecht voneinander abgrenzen oder gar diskriminieren. Solche Gruppendynamiken können die Zusammenarbeit stören und das Vertrauen im Team untergraben. Ein Beispiel ist ein Projektteam, in dem sich die Männer bei wichtigen Entscheidungen gezielt untereinander abstimmen, während weibliche Kollegen systematisch übergangen und aus dem Entscheidungsprozess ausgeschlossen werden. Nachweislich leistungsfördernd sind **Teams mit vielfältigen fachlichen Kompetenzen**. Sie agieren kreativer und sind in der Lage, komplexe, multidisziplinäre Aufgaben effektiver zu bewältigen. Ein Beispiel hierfür ist ein großes Bauprojekt, in dem Architekten, Juristen, Controller und Ingenieure gezielt zusammenarbeiten.[34]

Personalmarketing

Das Personalmarketing unterstützt sowohl die Gewinnung neuer Mitarbeiter am externen Arbeitsmarkt als auch die Retention, also die langfristige Bindung bestehender Mitarbeiter an das Unternehmen. Es dient nicht der unmittelbaren Personalbeschaffung, sondern zielt darauf ab, das Unternehmen als attraktiven Arbeitgeber zu positionieren und potenzielle Bewerber anzusprechen. Besonders in Branchen mit Fachkräftemangel ist Personalmarketing entscheidend, um qualifizierte Mitarbeiter zu gewinnen und zu halten.[35]

> Das **Personalmarketing** zielt darauf ab, in den relevanten Arbeitsmarktsegmenten ein positives Image des Unternehmens aufzubauen, um qualifizierte Mitarbeiter zu gewinnen und bestehende Mitarbeiter langfristig an das Unternehmen zu binden.[36]

Die **Employee Value Proposition (EVP)** soll das Unternehmen sowohl für bestehende als auch für potenzielle Mitarbeiter attraktiv machen. Sie beschreibt das subjektiv wahrgenommene Austauschverhältnis zwischen der Leistung des Mitarbeiters und der Gegenleistung des Unternehmens und verdeutlicht, warum es sich lohnt, dort zu arbeiten. Die EVP wird durch materielle und immaterielle Anreize geprägt (vgl. Kap. 6.1.7).

Employer Branding zielt darauf ab, eine starke Markenidentität als Arbeitgeber aufzubauen und sich als „Employer of Choice" von der Konkurrenz abzuheben. Voraussetzung dafür ist jedoch, dass das Unternehmen am Arbeitsmarkt überhaupt wahrgenommen wird, etwa durch Auftritte auf Karrieremessen, gezielte Online-Kampagnen oder Kooperationen mit Hochschulen. Zum Aufbau einer attraktiven Arbeitgebermarke tragen neben einer fairen Vergütung auch eine kooperative und wertschätzende Führung, flexible Arbeitszeitmodelle, ein positives Arbeitsklima und eine hohe Jobsicherheit bei.

Unternehmensbewertungen in beruflichen sozialen Netzwerken gewinnen zunehmend an Bedeutung. Mit über 5 Millionen Beurteilungen zu mehr als einer Million Unternehmen ist *kununu* die größte Arbeitgeber-Bewertungsplattform in Europa. Bewerber können sich auf diese Weise ein umfassendes Bild von potenziellen Arbeitgebern machen. Die Erzielung von Auszeichnungen und Gütesiegeln spielt dabei eine wichtige Rolle im Employer Branding.

Ein Unternehmen kann sich am Arbeitsmarkt sowohl durch sachliche Informationen als auch durch emotionale Botschaften positionieren. Zunächst geschieht dies über den Kontakt zu potenziellen Bewerbern, etwa durch Kooperationen mit Ausbildungsinstituten oder das allgemeine öffentliche Auftreten. Dabei soll Interesse für das Unternehmen geweckt werden. Anreize für die Belegschaft wirken wie eine Art „After-Sales-Service". Auch die Handhabung von Absagen oder Kündigungen beeinflusst das Arbeitgeberimage nachhaltig und trägt zur Wahrnehmung des Unternehmens auf dem Arbeitsmarkt bei.[37]

Die **Digitalisierung** gewinnt auch im Personalmarketing zunehmend an Bedeutung. Dies gilt insbesondere für jüngere Zielgruppen, die mit digitalen Medien aufgewachsen sind. Kandidaten der Generation Y („Millennials", geboren zwischen 1980 und 1995) und der Generation Z („Digital Natives", geboren zwischen 1996 und 2010) verbringen viel Zeit in sozialen Netzwerken. Unternehmen, die nach jungen Mitarbeitern suchen, sollten deshalb dort präsent sein. Für die Personalakquise bieten vor allem Business-Netzwerke wie *XING* oder *LinkedIn* attraktive Möglichkeiten: Nutzer hinterlegen dort ihre Qualifikationen, suchen aktiv nach Stellen und knüpfen berufliche Kontakte. Unternehmen können diese Plattformen nutzen, um gezielt nach passenden Kandidaten zu suchen und diese direkt anzusprechen.

Im Web 2.0 können Nutzer selbst Inhalte erstellen und teilen. Das ermöglicht eine partizipative und interaktive Kommunikation mit potenziellen Bewerbern. Beispiele sind Weblogs, Wikis, Podcasts, Online-Jobbörsen und Recruiting Games.[38] Die Generationen Y und Z wünschen sich abwechslungsreiche Aufgaben und flexible Arbeitsbedingungen. Dazu gehört insbesondere die Möglichkeit, orts- und zeitunabhängig zu arbeiten. Attraktiv sind für sie vor allem Arbeitgeber, die die Prinzipien von New Work umsetzen und hybride Arbeitsmodelle anbieten (vgl. Kap. 6.2.3).[39]

McDonald's Snaplications

Die Fastfood-Kette *McDonald's* nutzt *Snapchat* für innovative Recruiting-Kampagnen, bei denen sich Interessierte mit nur einer Handbewegung direkt bewerben können – per „Snaplication" (Snapchat-Application). Dabei erstellen sie ein 10-sekündiges Bewerbungsvideo, bei dem sie mithilfe eines Filter eine virtuelle *McDonald's*-Uniform tragen. Dies senkt die Hemmschwelle für Bewerbungen deutlich. Über standortbezogene Geofilter werden gezielt Nutzer in der Nähe von Filialen mit Personalbedarf angesprochen. Die erste Kampagne wurde 2017 in Australien gestartet und ging schnell viral: Bereits in den ersten 24 Stunden wurden fast 3.000 Bewerbungen eingereicht. Inzwischen wurde sie in zahlreichen Ländern wiederholt, darunter in den USA, Kanada, Frankreich, Spanien und Saudi-Arabien. Allein in den USA erreichte *McDonald's* damit über 100 Millionen Menschen. Das Unternehmen positioniert sich dadurch als moderner Arbeitgeber und konnte seine Employer Brand bei Jugendlichen deutlich stärken.

6.1.4 Wie kann Personal abgebaut werden?

Die **Personalfreisetzung** bezeichnet die Verringerung des Personalbestands zur Beseitigung einer qualitativen, quantitativen, zeitlichen oder örtlichen Personalüberdeckung.

Mögliche Gründe für eine Personalfreisetzung sind globale Krisen, konjunkturelle Einbrüche, saisonale Schwankungen, technologischer Wandel, strukturelle Veränderungen, Betriebsstillegungen, Standortverlagerungen, Reorganisationen oder Rationalisierungsmaßnahmen.[40]

Die Personalfreisetzung erfolgt entweder intern durch Anpassungen bestehender Beschäftigungsverhältnisse oder extern durch die Beendigung von Arbeitsverträgen. Während die interne Personalfreisetzung ohne Abbau von Personal auskommt, führt die externe Personalfreisetzung zu einer Verringerung des Personalbestands. Eine Übersicht möglicher Maßnahmen zeigt Abb. 6.1.6.[41]

Maßnahmen der **internen Personalfreisetzung** sind:

- **Qualitativ:** Änderung der Mitarbeiterqualifikation durch Anpassungs- oder Aufstiegsfortbildung sowie durch Umschulung. Im Anschluss an diese Personalentwicklung erfolgt eine horizontale oder vertikale Versetzung auf eine andere Stelle.
- **Örtlich:** Die Versetzung oder Entsendung von Mitarbeitern an andere Standorte dient in erster Linie dem unternehmensinternen Kapazitätsausgleich.
- **Zeitlich:** Dazu zählen etwa die generelle Verkürzung der Arbeitszeit (z. B. Reduktion der Wochenarbeitszeit), eine vorübergehende Arbeitszeitverkürzung durch Kurzarbeit, flexible Arbeitszeitmodelle wie die Umwandlung von Vollzeit- in Teilzeitarbeitsverhältnisse, der Abbau von Überstunden oder urlaubsbezogene Maßnahmen wie die Verlängerung der Betriebsferien.

Möglichkeiten der **externen Personalfreisetzung** sind:

- **Ohne Kündigung („weicher" Personalabbau)**: Dies kann z. B. durch natürliche Fluktuation, einen Einstellungsstopp, die Nichtverlängerung befristeter Arbeitsverträge, einvernehmliche Aufhebungsverträge gegen Abfindung, Altersteilzeit oder Frühpensionierung erfolgen.
- **Mit Kündigung („harter" Personalabbau):** Reichen die weichen Maßnahmen nicht aus, sind betriebsbedingte Kündigungen oft unvermeidlich. Eine Kündigung ist eine einseitige, empfangsbedürftige und rechtsgestaltende Willenserklärung, durch die ein Arbeitsverhältnis beendet wird.
  - Bei einer **ordentlichen Kündigung** erfolgt die Entlassung unter Einhaltung gesetzlicher, tariflicher oder betrieblicher Fristen aus personen-, verhaltens- oder betriebsbedingten Gründen.
  - Eine **außerordentliche Kündigung** erfolgt fristlos oder mit Auslauffrist und ist nur zulässig, wenn dem Arbeitgeber die Fortführung des Arbeitsverhältnisses aus schwerwiegenden Gründen unzumutbar ist, wie etwa bei dauerhafter Arbeitsunfähigkeit, Betrug oder Diebstahl.

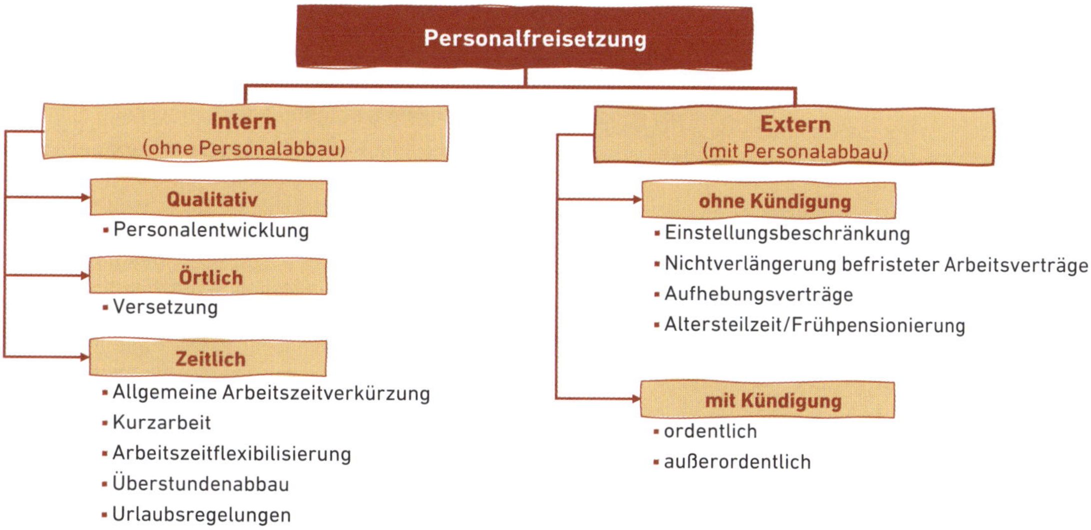

Abb. 6.1.6: Maßnahmen der Personalfreisetzung

Beschäftigungssicherung statt Personalfreisetzung

Gastbeitrag von Stephan Kraft, Inhaber von KRAFT management, www.kraft-management.de

Sanierungs-, Restrukturierungs- und Kostenoptimierungsprogramme von Unternehmen gehen in aller Regel mit Personalabbaumaßnahmen einher und werden unter anderem mit Unterauslastungen und Überkapazitäten, hohen Lohn- und Lohnnebenkosten und vermeintlichen Vorteilen von „Best- oder Low-Cost-Countries" begründet. Dabei sprechen gute Gründe für eine nachhaltige Standort- und Beschäftigungssicherung in Deutschland.

Ein zentrales Argument für den Erhalt von Beschäftigung ist der demografisch bedingte **Fachkräfte- und Expertenmangel** in Deutschland. Unternehmen riskieren, durch Personalfreisetzungen langfristig in einen akuten Mangel an qualifizierten Arbeitskräften zu geraten – zumal nicht selten gerade die Leistungs- und Wissensträger das Unternehmen verlassen. Gegen Personalabbau und -verlagerung ins Ausland spricht zudem, dass **Standortverlagerungen** mit erheblichen Risiken verbunden sind, wie etwa einer geringeren Verweildauer der Beschäftigten. Dies verursacht hohe Einarbeitungs- und Fluktuationskosten und führt zu Qualitätseinbußen und dem Ausbleiben der errechneten Effizienzgewinne. Geopolitische Spannungen können zudem zur Sanktionierung, zum Verkauf und/oder zur Schließung von ins Ausland verlagerten Betrieben führen.

In der Praxis werden verschiedene **Instrumente zum Personalabbau** eingesetzt. Hierzu zählen neben *betriebsbedingten Beendigungskündigungen* aus wirtschaftlichen Gründen insbesondere *Freiwilligenprogramme*, die Angebote zur Vertragsauflösung mit finanziellen Anreizen verknüpfen, *Vorruhestandsregelungen*, die älteren Beschäftigten einen frühzeitigeren Renteneintritt ermöglichen, und die Nutzung der *natürlichen Fluktuation* in Kombination mit der Nicht-Nachbesetzung freiwerdender Stellen. Im Rahmen betriebsbedingter Kündigungen sind Leiharbeitskräfte zwar vor Stammbeschäftigten zu entlassen. Dennoch ist zunehmend zu beobachten, dass Stammbelegschaften durch den Einsatz von Leiharbeitskräften oder Soloselbständigen ersetzt werden.

Dem Ziel der **Beschäftigungssicherung** dienen unter anderem *arbeitsmarktpolitische Maßnahmen* des Staates wie das Kurzarbeitergeld, Arbeitsmarktprogramme, Weiterbildungsinitiativen und Transfergesellschaften und *tarifpolitische Maßnahmen* wie Zukunfts- und Beschäftigungssicherungstarifverträge, die zwischen Gewerkschaften und Arbeitgebern abgeschlossen werden. *Betriebliche Maßnahmen*, die zwischen Betriebsrat und Arbeitgeber vereinbart werden, verfolgen eine Arbeitszeitreduzierung und -flexibilisierung durch den Abbau von Arbeitszeitkonten und Resturlaub, die Reduzierung von Schichten, den Wegfall von Wochenendarbeit, die Verlängerung der Werksferien und die Nutzung von Altersteilzeit im Übergang zur Rente und von Leerlaufzeiten für Qualifizierungsmaßnahmen. Hierüber werden häufig Betriebs- und Dienstvereinbarungen zur Beschäftigungssicherung abgeschlossen, die einen Schutz vor betriebsbedingten Kündigungen beinhalten und allenfalls einen sozialverträglichen Personalabbau zulassen. In aller Regel besteht die Gegenleistung der Beschäftigten in Einkommensverzichten in Kombination mit einer Flexibilisierung der Arbeitszeit. Um dem Risiko der Substitution von Stammbeschäftigten durch Fremdpersonal vorzubeugen, lässt sich ein Verzicht auf Ausgliederung, Ausgründung, Abspaltung und Fremdvergabe von Aufgabenbereichen und auf den Einsatz von Leiharbeit vereinbaren.

Der **Tarifstreit bei *Volkswagen*** im Herbst 2024 zeigt das wirkungsvolle Zusammenspiel staatlicher, gewerkschaftlicher und betrieblicher Akteure bei der Beschäftigungssicherung. Während die Regierung an *VW* appellierte, auf Werkschließungen zu verzichten, kämpften die *IG Metall*, der *VW*-Gesamtbetriebsrat und die *VW*-Beschäftigten im Rahmen harter Tarifverhandlungen mit der *VW*-Konzernspitze für die Fortführung der im September 2024 vom Vorstand gekündigten Beschäftigungssicherung. Im Rahmen eines umfassenden Maßnahmenpakets einigte man sich auf den Verzicht auf Werksschließungen und betriebsbedingte Kündigungen bis Ende 2030. Im Zuge der langfristigen Reduktion der Produktionskapazitäten um ein Viertel soll der Abbau von rund 35.000 Stellen sozialverträglich durch Altersteilzeit und freiwillige Aufhebungsverträge erfolgen. *VW* verpflichtet sich darüber hinaus, verstärkt in Zukunftstechnologien zu investieren. Als Gegenleistung verzichten die Arbeitnehmer bis 2027 auf Entgelterhöhungen. Darüber hinaus wurden auch Ergebnisbeteiligungen, Boni, Urlaubsentgelte und Jubiläumsgratifikationen gekürzt. Auf diese Weise sollen sowohl die Wettbewerbsfähigkeit des Unternehmens als auch die Beschäftigung langfristig gesichert werden.

Maßnahmen der **Beschäftigungssicherung** gehen zwar häufig mit schmerzhaften Einschnitten für die Beschäftigten einher, sind aber Personalentlassungen vorzuziehen. Daher sollten Unternehmen gerade in wirtschaftlich schwierigen Zeiten alle Möglichkeiten zur Beschäftigungssicherung nutzen und diese mit strategischen Investitionsmaßnahmen verknüpfen, um tragfähige Zukunftsperspektiven zu bieten. Personalfreisetzungen, die in erster Linie der Ergebnisverbesserung dienen, sind kurzfristig nicht nur kostspielig, sondern erodieren langfristig sowohl die Wissens- als auch die Leistungsbasis des Unternehmens.

Vor einer Kündigung ist in Deutschland der Betriebsrat anzuhören; zudem ist eine ausführliche Begründung erforderlich. Bei einer außerordentlichen Kündigung hat der Betriebsrat nur ein Anhörungsrecht, bei einer ordentlichen Kündigung kann er hingegen Widerspruch einlegen. Durch den Widerspruch des Betriebsrats hat der betroffene Arbeitnehmer, sofern er Kündigungsschutzklage beim Arbeitsgericht erhebt, bis zur rechtskräftigen Entscheidung einen Anspruch auf Weiterbeschäftigung.[42] Outplacement-Maßnahmen sollen die sozialen Folgen einer Kündigung mindern und die berufliche Neuorientierung der betroffenen Mitarbeiter unterstützen.

6.1.5 Wie wird der Personaleinsatz geplant?

> Die **Personaleinsatzplanung** soll die Mitarbeiter anforderungs- und eignungsgerecht den Arbeitsplätzen zuweisen, damit sie zur richtigen Zeit, am richtigen Ort und in der richtigen Anzahl eingesetzt werden.

Im Rahmen der Personaleinsatzplanung wird geprüft, ob quantitative, qualitative, zeitliche oder örtliche Veränderungen im Personaleinsatz erforderlich sind. Um einen reibungslosen betrieblichen Ablauf sicherzustellen, sind die Anforderungen der jeweiligen Stelle mit den Fähigkeiten, Bedürfnissen und Entwicklungspotenzialen der Mitarbeiter in Einklang zu bringen. Aus der Vielzahl möglicher Einsatzvarianten sind für jeden Mitarbeiter geeignete Lösungen zu entwickeln. Dabei sollen die Arbeitsbedingungen sowohl ökonomischen als auch sozialen Anforderungen gerecht werden.[43]

Die Personaleinsatzplanung bestimmt, wie viele Mitarbeiter mit welchen Qualifikationen, an welchem Ort, ab wann und für welchen Zeitraum benötigt werden. Dazu legt sie folgende **Dimensionen des Personaleinsatzes** fest:[44]

- **Arbeitsaufnahme**: Zu Beginn des Personaleinsatzes ist eine strukturierte Einarbeitung neuer Mitarbeiter erforderlich. Diese kann entweder über systematische Einarbeitungsprogramme vor Arbeitsbeginn oder durch schrittweises Einlernen während der Tätigkeit erfolgen. Der Ablauf der Einarbeitung sollte gezielt geplant werden. Ein Einarbeitungsplan enthält unter anderem die Reihenfolge der Aufgaben, die erforderlichen Bearbeitungszeiten sowie Kriterien zur erfolgreichen Aufgabenbewältigung. Unterstützend kann neuen Mitarbeitern eine erfahrene Führungskraft als Mentor zur Seite gestellt werden, die individuelle Hilfestellung bei der Karriereentwicklung leistet und in die Unternehmenskultur sowie informelle Netzwerke einführt.
- **Arbeitsinhalt**: Ziel der inhaltlichen Arbeitsgestaltung ist es, die Aufgaben stärker an den physischen und psychischen Bedürfnissen der Mitarbeiter auszurichten und die Arbeit dadurch humaner und attraktiver zu gestalten. Um die Arbeitszufriedenheit zu erhöhen, sind abwechslungsreiche und sinnstiftende Tätigkeiten anzustreben. Hierfür kann sowohl der Aufgabenumfang (Job Enlargement) als auch der Entscheidungs- und Kontrollspielraum (Job Enrichment) erweitert werden (vgl. Kap. 6.1.3). Job Crafting ermöglicht es den Mitarbeitern, ihre Aufgaben aktiv an persönliche Stärken und Vorlieben anzupassen, um ihre Arbeitszufriedenheit zu erhöhen.
- **Arbeitsort**: Der Arbeitsplatz kann sich innerhalb oder außerhalb des Unternehmens befinden. Unternehmen sind verpflichtet, die Arbeitsplätze menschengerecht zu gestalten, sodass die Beschäftigten ihre Aufgaben möglichst effizient und gesundheitsschonend ausführen können. Die Gestaltung sollte ergonomischen Kriterien folgen und arbeitswissenschaftliche, arbeitspsychologische sowie arbeitsmedizinische Anforderungen berücksichtigen. Ortsunabhängiges Arbeiten kann im Homeoffice, an wechselnden Standorten oder in Co-Working-Spaces stattfinden.
- **Arbeitszeit:** Die Arbeitnehmer stellen ihre Arbeitskraft dem Unternehmen für einen bestimmten Zeitraum zur Verfügung. Die tägliche Arbeitszeit umfasst dabei die Zeitspanne vom Beginn bis zum Ende der Arbeitstätigkeit abzüglich der Pausen. Grundsätzlich legt der Arbeitgeber sowohl die Dauer der Arbeitszeit als auch deren Verteilung über den Tag oder die Woche fest. Allerdings wächst auf beiden Seiten der Wunsch nach flexibleren Arbeitszeitregelungen. Hierfür stehen eine Reihe von **Arbeitszeitmodellen** zur Verfügung:
  - **Chronometrische Arbeitszeitmodelle** bestimmen das Arbeitszeitvolumen („Wie lange wird gearbeitet?"):
    - ***Normale Regelarbeitszeit***: Tarif- oder arbeitsvertraglich festgelegte Arbeitszeit.
    - ***Teilzeitarbeit***: Die Regelarbeitszeit wird reduziert. Teilzeit lässt sich flexibel gestalten – etwa halbtags, stunden-, tages- oder wochenweise. Sie kann kontinuierlich oder in bestimmten Intervallen erfolgen.
    - ***Altersteilzeit***: Sonderform der Teilzeit für ältere Mitarbeiter vor dem Ruhestand.
    - ***Vorruhestand***: Vorgezogener Eintritt in den Ruhestand durch Verkürzung der Lebensarbeitszeit.
    - ***Mehrarbeit***: Arbeitszeit, die über die vereinbarte Regelarbeitszeit hinausgeht („Überstunden").

- ***Kurzarbeit***: Wirtschaftlich begründete, vorübergehende Herabsetzung der betrieblichen Arbeitszeit. Die *Bundesagentur für Arbeit* gleicht den Verdienstausfall durch Kurzarbeitergeld teilweise aus, meist mit 60 % des Nettolohns bzw. 67 % bei Arbeitnehmern mit Kindern.
- ***Sabbatical***: Befristete Freistellung für Weiterbildung, Reisen oder andere persönliche Zwecke.
- ***Elternzeit***: Bis zu drei Jahre unbezahlte Freistellung nach Geburt eines Kindes, teils kompensiert durch Elterngeld.
- ***Brückenteilzeit***: Befristete Teilzeit mit gesetzlichem Rückkehrrecht in die vorherige Arbeitszeit.

– **Chronologische Arbeitszeitmodelle** legen die zeitliche Verteilung der Arbeitszeit fest („Wann wird gearbeitet?"):

- ***Feste Arbeitszeit***: Beginn und Ende der täglichen Arbeitszeit sind verbindlich festgelegt.
- ***Gleitende Arbeitszeit (Gleitzeit)***: Der Arbeitnehmer kann den Beginn und bei der Gewährung eines Zeitausgleichs auch die Dauer seiner täglichen Arbeitszeit um eine Kernzeit herum selbst bestimmen. Die Kernzeit ist ein festgelegter Zeitrahmen, innerhalb dessen alle Mitarbeiter anwesend sein müssen.
- ***Funktionszeit***: Die Mitarbeiter können ihre Arbeitszeit flexibel gestalten, solange in einem festgelegten Zeitraum bestimmte betriebliche Funktionen zuverlässig abgedeckt sind, wie etwa bei Service-Hotlines oder im IT-Support.
- ***Versetzte/gestaffelte Arbeitszeit***: Im Unterschied zur Gleitzeit werden Beginn und Ende der Arbeitszeit nicht täglich flexibel gewählt, sondern für einen längeren Zeitraum einvernehmlich festgelegt.
- ***Variable Arbeitszeit***: Die Mitarbeiter können frei entscheiden, wann sie arbeiten.
- ***Schichtarbeit***: Die Arbeitszeit wird gegenüber der normalen Tagesarbeitszeit versetzt, um die Betriebsdauer zu erhöhen. Ein Zwei-Schicht-System besteht meist aus einer Früh- und Spätschicht, ein Drei-Schicht-System aus Früh-, Spät- und Nachtschicht. Bei kontinuierlicher Schichtarbeit wird auch am Wochenende gearbeitet, ansonsten handelt es sich um diskontinuierliche Schichtarbeit.
- ***Mehrfachbesetzungssysteme***: Eine spezielle Form der Schichtarbeit, bei der mehr Mitarbeiter eingeplant werden, als Arbeitsplätze vorhanden sind. Dadurch lassen sich Betriebszeiten und individuelle Arbeitszeiten entkoppeln. Die Schichten werden so organisiert, dass jeder Arbeitsplatz zu jeder Zeit besetzt ist.
- ***Komprimierte Arbeitszeit***: Die reguläre Wochenarbeitszeit wird auf weniger Arbeitstage verteilt. Beispielsweise auf vier statt fünf Tage, wodurch sich die tägliche Arbeitszeit verlängert („4-Tage-Woche").
- ***Arbeitszeitkontenmodelle***: Die Arbeitszeitverteilung lässt sich flexibilisieren, indem Unterschiede zwischen der vertraglichen und der geleisteten Arbeitszeit auf Arbeitszeitkonten erfasst werden. Zeitguthaben oder -defizite müssen von den Mitarbeitern meist innerhalb einer bestimmten Frist ausgeglichen werden. Bei der sogenannten „Freie-Tage-Regelung" erfolgt dies durch Gleittage bzw. Freischichten. Im Rahmen von Lebensarbeitszeitmodellen können solche Arbeitszeitguthaben langfristig angespart und dann z. B. für ein Sabbatical, die Altersteilzeit oder den Vorruhestand verwendet werden.

– **Kombinierte Arbeitszeitmodelle** regeln sowohl die Dauer als auch die Verteilung der Arbeitszeit:

- ***Kapazitätsorientierte variable Arbeitszeit (KAPOVAZ)***: Mit dem Mitarbeiter wird ein bestimmtes Arbeitszeitvolumen vereinbart, aber nicht, wann es konkret erbracht wird. Der Arbeitgeber legt Lage und Dauer der Arbeitszeit flexibel fest, je nach Arbeitsanfall und betrieblichen Erfordernissen. Diese sogenannte „Arbeit auf Abruf" bedeutet, dass der Mitarbeiter dem Unternehmen innerhalb eines bestimmten Zeitrahmens kurzfristig zur Verfügung stehen muss. In der Regel wird jedoch nur die tatsächlich geleistete Arbeitszeit vergütet. Trotz gesetzlicher Regelungen zum Schutz der Arbeitnehmer birgt dieses Modell die Gefahr der Flexibilisierung auf Kosten der Mitarbeiter.
- ***Vertrauensarbeitszeit***: Nicht die Anwesenheit am Arbeitsplatz, sondern die Erfüllung vereinbarter Aufgaben und Ziele steht im Vordergrund. Die Mitarbeiter können die Lage und Dauer ihrer Arbeitszeit im Rahmen gesetzlicher und tariflicher Vorgaben frei wählen. Müssen dabei bestimmte Rahmenzeiten eingehalten werden, spricht man von Vertrauensgleitzeit.
- ***Jahresarbeitszeitmodelle***: Die jährliche Dauer sowie die ungefähre Verteilung der Arbeitszeit eines

Mitarbeiters werden in beiderseitigem Interesse vereinbart. Auf diese Weise kann etwa auf saisonale Schwankungen oder persönliche Wünsche des Mitarbeiters eingegangen werden.

- ***Job Sharing***: Zwei oder mehr Mitarbeiter teilen sich eine Vollzeitstelle. Sie stimmen untereinander ab, wie sie ihre Arbeitszeit aufteilen und organisieren.
- ***Baukastenmodelle***: Die betriebliche Arbeitszeit wird in zeitliche Blöcke unterteilt, etwa in Früh-, Spät- und Nachtschichten. Innerhalb dieses Rasters wählen die Mitarbeiter ihre Arbeitszeiten unter Beachtung der festgelegten Rahmenbedingungen individuell aus.
- ***Zeitautonome Arbeitsgruppen***: Teams planen im Rahmen betrieblicher Vorgaben eigenverantwortlich Dauer und Lage ihrer Arbeitszeit. Die Verantwortung für die Arbeitszeitgestaltung liegt bei der Gruppe.
- ***Bandbreitenmodell***: Innerhalb einer vereinbarten Bandbreite (z. B. 30 bis 40 Wochenstunden) können Mitarbeiter die Arbeitszeit flexibel an ihre Bedürfnisse anpassen. Das Entgelt richtet sich nach der tatsächlichen Arbeitszeit.
- ***Saison- oder Jahreszeitmodelle***: In saisonabhängigen Branchen wie Tourismus oder Baugewerbe variiert die Arbeitszeit im Jahresverlauf. In Zeiten hoher Auslastung wird mehr gearbeitet und in schwächeren Phasen weniger, wobei das Monatsentgelt konstant bleibt.

Das klassische Modell der festen Regelarbeitszeit verliert in Zeiten der Digitalisierung und des globalen Wettbewerbs zunehmend an Bedeutung. Viele Mitarbeiter erledigen ihre Aufgaben heute mithilfe von Smartphones, Laptops und Tablets von nahezu jedem Ort der Welt und sind rund um die Uhr erreichbar. Dadurch ist der Arbeitsplatz kein klar abgegrenzter Ort mehr, und auch Arbeitsbeginn und -ende lassen sich nicht mehr eindeutig bestimmen.

Hybrides Arbeiten zählt zu den größten Veränderungen der Arbeitswelt. Die Zusammenarbeit kann an einem gemeinsamen Ort (ortsgebunden) oder von verschiedenen Orten aus (ortsunabhängig) erfolgen. Zudem kann sie entweder zeitgleich (synchron) oder zeitversetzt (asynchron) stattfinden. Ein Meeting ist ein typisches Beispiel für synchrone Zusammenarbeit, während die gemeinsame Bearbeitung eines Cloud-Dokuments meist asynchron erfolgt. Nicht jede dieser vier Dimensionen eignet sich gleichermaßen für jede Tätigkeit. Dezentrale oder asynchrone Arbeitsformen erschweren häufig die nonverbale Kommunikation und die aktive Einbindung aller Beteiligten. Je emotionaler oder kreativer eine Aufgabe ist, desto eher empfiehlt sich eine synchrone und ortsgebundene Zusammenarbeit.[45]

Das hybride Arbeiten bietet den Mitarbeitern mehr Freiheit und Selbstbestimmung und ermöglicht den Unternehmen eine höhere Flexibilität und Effizienz. Ständige Erreichbarkeit und die fehlende Trennung von Arbeit und Freizeit können die Mitarbeiter aber auch überlasten. Deshalb sollte jeder Einzelne auf eine ausgewogene Balance zwischen Arbeit und Erholung achten, um langfristig gesund und leistungsfähig zu bleiben (Work-Life-Balance).

Abb. 6.1.7: Arbeitszeitmodelle im Überblick

Maßgeschneiderte Arbeitszeiten bei TRUMPF

Praxisbeispiel von Dr. Dieter Kuhn, Head of Corporate HR Compensation & Benefits, TRUMPF SE + Co. KG

Die *TRUMPF SE + Co. KG* ist mit einem Umsatz von über 5 Mrd. € und rund 19.000 Mitarbeitern einer der Markt- und Technologieführer bei Werkzeugmaschinen und Lasern für die industrielle Fertigung. Seit fast 30 Jahren bzw. 1997 vereinbart *TRUMPF* mit dem Gesamtbetriebsrat und der *IG Metall* betriebsinterne **Bündnisse für Arbeit**, zuletzt das „Bündnis 2025 – Flexibilität und Vertrauen". Die Bestandteile dieses Modells zur lebensphasenorientierten Arbeitszeit sind in Abb. 6.1.8 dargestellt. *TRUMPF* geht damit auf die individuellen Bedürfnisse seiner Mitarbeiter ein, auch um am Arbeitsmarkt für Fachkräfte attraktiver zu werden. In Form eines Cafeteria-Systems (vgl. Kap. 6.1.7) stehen den Mitarbeitern eine Reihe flexibler Wahlmöglichkeiten zur Verfügung. Die Bündnisse werden regelmäßig neu verhandelt und angepasst.[46]

Grundsätzlich hat jeder Mitarbeiter von *TRUMPF* eine vertragliche **Basisarbeitszeit** zwischen 15 und 40 Stunden. Darüber hinaus kann er sich jedes Jahr für eine davon abweichende **Wahlarbeitszeit** mit entsprechender Entgeltanpassung entscheiden. Für mehr Flexibilität wurde über die bestehende Gleitzeit hinaus das ***TRUMPF*-Familien- und Weiterbildungszeitkonto (TFW-Konto)** eingerichtet. Darin kann jeder Mitarbeiter Entgelte aus geleisteten Arbeitsstunden oder aus dem Urlaubs-, Weihnachts- oder tariflichen Zusatzgeld einbringen und später in Freizeitblöcken entnehmen. Dies kann als Auszeit oder Arbeitszeitverkürzung erfolgen. Im Rahmen des **Sabbaticalprogramms** kann der Mitarbeiter bis zu zwei Jahre für die Hälfte seines Entgelts in Vollzeit arbeiten, um anschließend – oder in Ausnahmefällen zuvor – den gleichen Zeitraum unter Bezug der anderen Entgelthälfte frei zu nehmen; eine ein Drittel zu zwei Drittel Aufteilung ist ebenfalls prinzipiell möglich.

Mithilfe des **Konjunkturkontos** kann *TRUMPF* auf Schwankungen im Auftragseingang flexibel reagieren. Hierauf wird die Hälfte der Überstunden am Monatsende gebucht. Die andere Hälfte wird dem **Gleitzeitkonto** der Beschäftigten gutgeschrieben und kann flexibel genutzt oder ausbezahlt werden. Als Bestandteil ihrer **betrieblichen Altersversorgung** können die Beschäftigen bis zu zwei Stunden wöchentlich länger arbeiten und durch Entgeltumwandlung in vorgegebene Investmentfonds am Kapitalmarkt anlegen. Das Unternehmen zahlt einen von der Entgeltgruppe abhängigen Zuschuss von 50 bis 100 % und garantiert sowohl die eingezahlten Beiträge als auch die Zuschüsse.

TRUMPF

Die Beschäftigten können darüber hinaus auch ihre berufliche und persönliche **Qualifizierung** im Einvernehmen mit ihrer Führungskraft selbst gestalten. Qualifizierung im Rahmen der eigenen Arbeitsaufgabe gilt vollumfänglich als Arbeitszeit; Zeit für Maßnahmen zum Erhalt der Beschäftigungsfähigkeit wird zur Hälfte von *TRUMPF* getragen. Das betriebsärztliche Gesundheitszentrum bietet nachhaltige **Gesundheitsförderung** durch Aktionen oder Seminare und bei Bedarf akute Hilfe in den eigenen Räumlichkeiten auf dem Betriebsgelände. Schließlich leistet *TRUMPF* eine erfolgsabhängige **Gewinnbeteiligung**, die sich am erzielten Wertbeitrag des abgelaufenen Geschäftsjahrs orientiert.

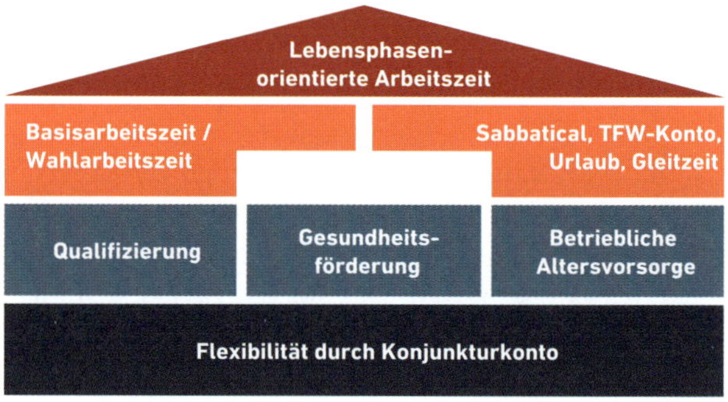

Abb. 6.1.8: Bausteine des TRUMPF-Arbeitszeitmodells

Mit dem Bündnis sieht sich *TRUMPF* in der Verantwortung, durch **innovative Beschäftigungsbedingungen** den Weg zu technologischen Entwicklungen zu eröffnen. Im Mittelpunkt stehen der Erhalt der internationalen Wettbewerbsfähigkeit deutscher Standorte, der Ausbau flexibler Arbeitszeiten zur besseren Vereinbarkeit von Kundenanforderungen und Mitarbeiterbedürfnissen sowie eine nachhaltige Stärkung der Teilhabe der Beschäftigten an ihren Leistungen.

Die Vorsitzende des Vorstands *Nicola Leibinger-Kammüller* ist von den Chancen des Arbeitszeitmodells überzeugt: „Mit diesem Modell stellen wir unsere Innovationskraft unter Beweis. Und die gilt seit jeher nicht nur für unsere Produkte und unsere Verfahren, sondern auch für den Umgang mit unseren Mitarbeitern. Ich glaube, dass wir mit diesem Modell heute schon eine Antwort auf den großen Trend der kommenden Jahre haben: dass sich die Wünsche und Forderungen von Arbeitnehmern immer weiter individualisieren."

6.1.6 Wie kann das Personal beurteilt werden?

Die **Personalbeurteilung** bewertet die Leistung und das Potenzial der Mitarbeiter. Sie bildet die Grundlage für einen optimalen Personaleinsatz, eine gezielte Personalentwicklung und eine leistungsgerechte sowie verhaltensorientierte Kompensation.

Die **Personalbeurteilung** gliedert sich in zwei Bereiche:[47]

- Die **Leistungsbeurteilung** ist vergangenheitsorientiert und bewertet sowohl das erzielte Ergebnis als auch das Verhalten des Mitarbeiters bei der Zielerreichung. Sie ist der Ausgangspunkt für eine leistungsgerechte und verhaltensorientierte Personalkompensation (vgl. Kap. 6.1.7).
- Die **Potenzialbeurteilung** zielt darauf ab, ob ein Mitarbeiter für höherwertige Aufgaben geeignet ist. Dazu werden die Fähigkeiten des Mitarbeiters eingeschätzt und mit den Anforderungen der jeweiligen Zielposition verglichen. Daraus lassen sich anschließend Personalentwicklungsmaßnahmen ableiten (vgl. Kap. 6.1.2). Die Potenzialbeurteilung dient sowohl als Basis für Auswahlentscheidungen wie Beförderung, Versetzung oder Entlassung als auch zur Überprüfung bereits getroffener Personalentscheidungen.

Die **Verfahren der Leistungsbeurteilung** lassen sich nach folgenden Merkmalen unterscheiden:[48]

- **Art der Beurteilungskriterien**: Bei quantitativen Verfahren erfolgt die Bewertung mithilfe quantifizierbarer Größen wie etwa der Anzahl hergestellter Produkte oder des erreichten Umsatzes. Qualitative Verfahren stützen sich dagegen auf nichtfinanzielle Kriterien wie Verhalten, Zuverlässigkeit oder Kundenzufriedenheit
- **Differenzierung der Beurteilungskriterien**: Die summarische Beurteilung bewertet die Gesamtleistung des Mitarbeiters, während die analytische Beurteilung mehrere Leistungsmerkmale separat betrachtet und anschließend zu einer Gesamtbewertung zusammenfasst.
- **Beurteilungsumfang:** Die Leistungsbeurteilung kann sich auf einzelne Mitarbeiter (Einzelbeurteilung) oder auf mehrere Personen gemeinsam (Team- bzw. Gruppenbeurteilung) beziehen.
- **Beurteilungshäufigkeit:** Beurteilungen können entweder regelmäßig in festen Intervallen oder anlassbezogen erfolgen. Beispiele sind jährliche Mitarbeitergespräche, das Ausscheiden eines Mitarbeiters oder der Abschluss der Probezeit. In modernen Zielvereinbarungssystemen wie Objectives and Key Results (vgl. Kap. 4.2.2) finden Beurteilungen in deutlich kürzeren Abständen statt.
- **Beurteilende Stelle:** Die Beurteilung kann durch Vorgesetzte, Kollegen, Untergebene oder den Mitarbeiter selbst erfolgen. Bei der Beurteilung durch den Vorgesetzten können die verwendeten Verfahren und Kriterien entweder vom Unternehmen vorgegeben sein (systematische bzw. gebundene Beurteilung) oder dem Vorgesetzten überlassen werden (systemlose bzw. freie Beurteilung). Gebundene Verfahren sollen für mehr Objektivität sorgen. Dennoch bleiben viele Bewertungen subjektiv, vor allem wenn die Leistung nicht eindeutig messbar ist. Selbst bei identischen Skalen, wie etwa Schulnoten, können gleiche Leistungen unterschiedlich bewertet werden. Gebundene Verfahren vermitteln daher häufig nur eine Scheinobjektivität.

Nach dem *WHU Controller Panel* basiert bei 45 % der Unternehmen die Leistungsbeurteilung vor allem auf der subjektiven Einschätzung des Vorgesetzten. 27 % der Unternehmen beurteilen die Leistung ihrer Führungskräfte anhand der Erreichung vorgegebener Budgetziele. Allerdings gewinnen qualitative Kriterien wie Verhalten und persönlicher Einsatz zunehmend an Bedeutung.[49]

Zum Abschluss der Personalbeurteilung ist vom Vorgesetzten ein **Beurteilungsgespräch** mit dem Mitarbeiter zu führen, in dem ihm die Ergebnisse seiner Leistungsbewertung unter vier Augen erläutert werden. Ziel ist es, mögliche Schwächen aufzuzeigen und den Mitarbeiter zur Leistungsverbesserung zu motivieren.

Das Beurteilungsgespräch ermöglicht dem Mitarbeiter zudem, das Beurteilungsverfahren nachzuvollziehen und zu hinterfragen. Nach dem Betriebsverfassungsgesetz hat er Anspruch auf eine Begründung der Beurteilung durch den Vorgesetzten. Auf Wunsch kann er dabei ein Mitglied des Betriebsrats hinzuziehen. Daher sollte ihm auch die Gelegenheit zur Stellungnahme gegeben werden. Die Beurteilung wird in der Regel schriftlich dokumentiert und von beiden Seiten unterzeichnet.[50]

6.1.7 Wie soll das Personal für seine Leistung entlohnt werden?

Die **Personalkompensation** umfasst alle materiellen und immateriellen Gegenleistungen für die Tätigkeit der Mitarbeiter und soll zugleich deren Leistungsbereitschaft fördern.

Ein wesentlicher Bestandteil der Kompensation der Arbeitsleistung ist die monetäre Vergütung. Diese umfasst die arbeitsvertraglich vereinbarten Entgelte, betriebliche Sozialleistungen sowie Erfolgs- und Kapitalbeteiligungen. Ergänzend können weitere Anreize geboten werden, um die Leistungsbereitschaft und Zufriedenheit der Mitarbeiter zu fördern.[51]

Die Höhe des Entgelts bestimmt die **Personalbasiskosten**. Diese stehen in unmittelbarem Zusammenhang mit der erbrachten Leistung. Darüber hinaus gewähren Unternehmen ihren Mitarbeitern betriebliche Sozialleistungen. Diese sogenannten **Personalnebenkosten** lassen sich in drei Arten unterteilen:

- **Gesetzliche Sozialleistungen**: Vom Arbeitgeber zu erbringende Leistungen zur sozialen Absicherung der Mitarbeiter, wie etwa Beiträge zur Sozialversicherung, Lohnfortzahlung im Krankheitsfall, Mutterschutz und bezahlte Feiertage.
- **Tarifliche Sozialleistungen**: Ergänzende Leistungen, die sich aus Tarifverträgen oder Betriebsvereinbarungen ergeben und über gesetzliche Vorgaben hinausgehen, wie etwa bezahlter Urlaub, 13. Monatsgehalt, Urlaubs- und Weihnachtsgeld oder verlängerte Lohnfortzahlung im Krankheitsfall.
- **Freiwillige Sozialleistungen**: Nicht verpflichtende Zusatzleistungen, die Arbeitgeber aus eigenem Antrieb gewähren, wie etwa Betriebsrenten, Bildungs- und Sportangebote, Arbeitskleidung oder Essenszuschüsse.

Entgeltgerechtigkeit

Entgeltunterschiede in der Belegschaft sollten von den Mitarbeitern als fair und angemessen empfunden werden. Die Entgeltgerechtigkeit beeinflusst die Arbeitszufriedenheit, das Leistungsverhalten, die Fluktuation sowie die Loyalität der Mitarbeiter. Um Entgeltgerechtigkeit zu erreichen, sollte sich die Vergütung an folgenden **Kriterien** orientieren:[52]

- der Schwierigkeit der Arbeit und des Arbeitsaufwands – **anforderungsgerecht**,
- dem Arbeitsergebnis und der Leistung des Arbeitnehmers – **leistungsgerecht**,
- sozialen Aspekten, wie etwa Familienstand, Betriebszugehörigkeit oder Alter – **sozialstatusgerecht**,
- der erforderlichen Qualifikation des Mitarbeiters – **qualifikationsgerecht**,
- dem Verhalten des Mitarbeiters, wie etwa dessen Engagement – **verhaltensgerecht**,
- nach Angebot und Nachfrage auf dem Arbeitsmarkt – **marktgerecht**,
- dem wirtschaftlichen Erfolg des Unternehmens – **erfolgsgerecht**.

Zur Festlegung einer **anforderungsgerechten Vergütung** werden im Rahmen der Arbeitsbewertung die Schwierigkeitsgrade einzelner Tätigkeiten ermittelt. Dabei werden entweder sämtliche Anforderungen gemeinsam betrachtet und die Arbeit als Ganzes bewertet (summarische Arbeitsbewertung), oder die Tätigkeit wird in einzelne Anforderungsarten unterteilt, die separat beurteilt und anschließend zu einem Gesamtwert zusammengeführt werden (analytische Arbeitsbewertung).[53]

Eine **leistungsgerechte Vergütung** erfolgt entsprechend der tatsächlich erbrachten quantitativen oder qualitativen Leistung eines Mitarbeiters innerhalb eines bestimmten Zeitraums. Die Maxime lautet: „Pay for Performance" (P4P). Schwer messbare Leistungen können mithilfe von Leistungsbeurteilungen bewertet werden (vgl. Kap. 6.1.6).

Die Vergütung kann durch verschiedene **Entgeltformen** erfolgen:[54]

- **Zeitlohn:** Die Vergütung erfolgt unabhängig von der erbrachten Leistung und richtet sich ausschließlich nach der geleisteten Arbeitszeit. Dies ist insbesondere dann sinnvoll, wenn sich die erbrachten Leistungen nicht oder nur schwer quantifizieren lassen. Gehälter für Angestellte sowie die Besoldung von Beamten zählen zu den Zeitlöhnen.
- **Akkordlohn:** Die Vergütung erfolgt nach der quantitativ messbaren Leistung, z. B. der produzierten Stückzahl.
- **Prämienlohn:** Dieser setzt sich aus einem leistungsunabhängigen Grundlohn und einer leistungsabhängigen Prämie zusammen.

Nicht alle Entgeltformen sind im engeren Sinne leistungsgerecht. Während der Akkordlohn die erbrachte Leistung unmittelbar vergütet und der Prämienlohn eine teilleistungsbezogene Komponente enthält, ist der Zeitlohn unabhängig von der individuellen Leistung. Aufgrund des direkten Zusammenhangs zwischen Entgelthöhe und Arbeitsleistung werden Akkord- und Prämienlohn als **Leistungslöhne** bezeichnet. Reine Akkordlöhne kommen heute nur noch selten vor, da in Deutschland auch beim Akkordlohn in der Regel ein tariflich garantiertes Mindestentgelt gilt. Generell ist in der Vergütungspraxis ein Trend zu leistungs- und erfolgsabhängigen Entgeltbestandteilen zu beobachten. Diese werden häufig im Rahmen von Prämienlöhnen realisiert, bei denen zum Zeit- oder Akkordlohn eine erfolgsabhängige Komponente hinzutritt, wie etwa in Form von Zielprämien oder Erfolgsbeteiligungen.

Nach dem *WHU Controller Panel* bieten 84 % der Unternehmen ihren Führungskräften einen jährlichen Bonus als Leistungsanreiz. Dessen Höhe orientiert sich deutlich stärker an den Unternehmensergebnissen als an individueller oder teambezogener Leistung. 30 % der Befragten und damit rund ein Drittel sind überzeugt, dass finanzielle Boni das Verhalten von Führungskräften maßgeblich beeinflussen.[55]

Eine vollständig gerechte Entlohnung ist kaum möglich, da Gerechtigkeit immer auch subjektiv wahrgenommen wird. Die Unternehmen können jedoch die Entgeltunterschiede anhand nachvollziehbarer Kriterien gestalten, sodass sie als fair empfunden werden. In diesem Zusammenhang stehen insbesondere die Gehälter von Spitzenführungskräften in Deutschland seit Langem in der Kritik. Ein Maßstab für die Ungleichverteilung innerhalb eines Unternehmens ist die sogenannte **Manager-to-Worker-Pay-Ratio**, die die Bezüge der Unternehmensführung ins Verhältnis zum durchschnittlichen Mitarbeitergehalt setzt. Nach der *DSW-Vorstandsvergütungsstudie* verdienten DAX-Vorstände im Jahr 2024 durchschnittlich das 41-Fache ihrer Beschäftigten. Am höchsten war diese Diskrepanz bei *Adidas* mit dem 95-Fachen, gefolgt von *Volkswagen* mit dem 81-Fachen und Fresenius mit dem 69-Fachen. Die Vorstandsvorsitzenden im DAX verdienten durchschnittlich 5,7 Mio. Euro jährlich. An der Spitze lag *Oliver Blume* von *Volkswagen* mit einer Gesamtvergütung von 10,6 Mio. Euro, gefolgt von *Bjørn Gulden* von *Adidas* mit 10,3 Mio. Euro. In den USA liegen die Vergütungen der CEOs im Dow Jones mit durchschnittlich 28,5 Mio. Euro pro Jahr deutlich höher als in Deutschland.[56] Im Jahr 2024 gehörten zu den bestbezahlten CEOs im S&P 500 *Patrick W. Smith* von *Axon Enterprise* mit 164,5 Mio. US-Dollar, *Henry Lawrence Culp Jr.* von *GE Aerospace* mit 87,4 Mio. US-Dollar und *Tim Cook* von *Apple* mit 74,6 Mio. US-Dollar.[57]

Eine Ursache für diese enormen Vergütungen ist das **Fehlen eines funktionierenden Marktmechanismus**. Die Aktionäre werden in den Gehaltsverhandlungen der Vorstände durch die Aufsichtsräte vertreten, die jedoch häufig selbst Vorstände anderer Unternehmen sind und somit wenig Interesse an einer Verringerung der Bezüge haben. Im Jahr 2009 wurden deshalb die allgemeinen Regeln zur Höhe der Vorstandsbezüge im *Aktiengesetz* (AktG) durch das *Gesetz zur Angemessenheit der Vorstandsvergütung* (VorstAG) ergänzt. Demnach soll der Aufsichtsrat sicherstellen, dass die Vergütung marktgerecht ist und in einem angemessenen Verhältnis zu den Aufgaben und Leistungen des Vorstands sowie zur Lage der Gesellschaft steht. Variable Vergütungsbestandteile sollen auf den langfristigen Unternehmenserfolg ausgerichtet sein.[58]

Mit dem *Gesetz zur Umsetzung der zweiten Aktionärsrechterichtlinie* (ARUG II) erhielten die Aktionäre 2020 zudem mehr Einfluss auf die Vorstandsvergütung. So muss der Aufsichtsrat ein Vergütungssystem für den Vorstand aufstellen, das mindestens alle vier Jahre der Hauptversammlung zur Abstimmung vorgelegt und bei Ablehnung überarbeitet werden muss. Bereits seit 2005 verpflichtet das *Vorstandsvergütungs-Offenlegungsgesetz* (VorstOG) alle börsennotierten Aktiengesellschaften zur Veröffentlichung der Vorstandsbezüge. Trotz dieser gesetzlichen Vorgaben hat sich die Höhe der Vorstandsvergütungen in der Praxis kaum verändert.

Die erhebliche Differenz zwischen der Vorstandsvergütung und den Löhnen von beispielsweise Straßenarbeitern lässt sich nicht allein durch Unterschiede in Qualifikation, Arbeitsleistung, Wertschöpfung oder Arbeitsschwierigkeit erklären. Straßenarbeiter setzen täglich ihre Gesundheit durch den Umgang mit krebserregenden Stoffen, gefährliche Arbeitsbedingungen und physische Belastungen aufs Spiel. Vorstände sind solchen Risiken nicht ausgesetzt. Der Unterschied in der Vergütung resultiert vielmehr aus ihrer **wirtschaftlichen Verantwortung** und dem **potenziellen Schadensausmaß** ihrer Entscheidungen. Während ein Fehler eines Straßenarbeiters möglicherweise einen Schaden von einigen Tausend Euro verursacht, können Fehlentscheidungen eines Vorstands die Existenz des Unternehmens gefährden.

Ein prägnantes Beispiel ist die Übernahme von *Monsanto* durch *Bayer* im Jahr 2018 unter Leitung des damaligen Vorstandsvorsitzenden *Werner Baumann*. Vor der Akquisition betrug die Marktkapitalisierung von *Bayer* etwa 110 Mrd. Euro, womit das Unternehmen der wertvollste Konzern im DAX war. Im August 2025 lag der Börsenwert von *Bayer* nur noch bei rund 28 Mrd. Euro, also deutlich unter dem damaligen Kaufpreis für *Monsanto* in Höhe von

59 Mrd. Euro. Zudem hat *Bayer* infolge der missglückten Übernahme rund 34 Mrd. Euro an Schulden angehäuft. In den USA sind derzeit noch etwa 70.000 Schadensersatzklagen im Zusammenhang mit dem glyphosathaltigen Unkrautvernichtungsmittel *Roundup* anhängig.

Ähnlich gravierend war die Manipulation von Abgasmesswerten durch *Volkswagen* bei weltweit rund 11 Millionen Dieselfahrzeugen, die im Jahr 2015 aufgedeckt wurde. In den Folgejahren leistete der Konzern Strafzahlungen und Schadensersatz in Höhe von über 33 Mrd. Euro. Der damalige Vorstandsvorsitzende *Martin Winterkorn*, der zum Zeitpunkt der Aufdeckung mit einem Jahresgehalt von mehr als 17 Mio. Euro der bestbezahlte Manager Deutschlands war, trat infolge der Enthüllungen zurück (vgl. Kap. 6.2.2).

Eine weitere mögliche Begründung der enormen Einkommensunterschiede ist der sogenannte **Boss-Effekt**.[59] Demnach beeinflusst die Leistung einer Führungskraft nicht nur ihr eigenes Arbeitsergebnis, sondern auch das ihres gesamten Teams. Aus diesem Grund wird es als angemessen angesehen, wenn ein Vorgesetzter zwischen 50 und 100 % mehr verdient als seine direkten Untergebenen. Über mehrere Hierarchieebenen hinweg vervielfacht sich dieser Effekt.[60] Hinzu kommt, dass digitale Technologien die Reichweite und den Verantwortungsbereich von Führungskräften erheblich ausgeweitet haben (vgl. Kap. 7.3). So lassen sich heute etwa globale Fertigungsprozesse zentral steuern und überwachen, wodurch der Wert kompetenter Entscheidungsträger deutlich gestiegen ist.[61] All diese Faktoren erklären zumindest teilweise, warum Spitzenführungskräfte so hohe Gehälter beziehen.

Anreizsysteme

Anreizsysteme dienen der gezielten Mitarbeitermotivation. Damit sie wirksam sind, sollten sie transparent, individuell, flexibel und gerecht sein. Eine Übersicht möglicher Anreize zeigt Abb. 6.1.9. Nach dem **Ursprung der Motivation** lassen sich unterscheiden:[62]

- **Extrinsische Anreize** werden dem Mitarbeiter für gewünschte Verhaltensweisen oder Ergebnisse eingeräumt.
  - ***Materielle Anreize*** sind direkte monetäre Zahlungen oder geldwerte Leistungen, wie etwa ein Firmenwagen. Sie gelten als variabel, leicht steuerbar und sind für den Mitarbeiter ein nahezu universelles Mittel zur Bedürfnisbefriedigung. Ihre Wirkung nimmt jedoch mit steigendem Einkommen ab.
  - ***Immaterielle Anreize*** ergänzen die materiellen Komponenten. Sie betreffen Aspekte wie Karriere, persönliches Umfeld, Führungsverhalten, Arbeitsbedingungen und Qualifikation. Beispiele sind etwa die Einladung des Vorgesetzten zum Segeln oder die Möglichkeit, Überstunden für einen mehrmonati-

Abb. 6.1.9: Anreize für die Mitarbeiter

gen Urlaub anzusparen. Ihre Wirkung wird von den Mitarbeitern allerdings sehr unterschiedlich wahrgenommen und bewertet.

Eine besondere Form der Anreizgewährung ist die **Mitarbeiterbeteiligung**, welche unternehmerisches Denken und Handeln fördern soll. Die materielle Mitarbeiterbeteiligung lässt sich in Erfolgs- und Kapitalbeteiligungen unterteilen. Mitarbeiter werden dabei entweder am betrieblichen Ergebnis oder am Eigen- bzw. Fremdkapital beteiligt, beispielsweise durch Belegschaftsaktien oder Mitarbeiterschuldverschreibungen. Immaterielle Mitarbeiterbeteiligung umfasst die Gewährung von Mitwirkungs- und Informationsrechten.

- **Intrinsische Anreize** entstehen aus dem persönlichen und emotionalen Erleben der Arbeit, des Arbeitsumfelds und des Unternehmens. Ihre motivierende Wirkung entfaltet sich insbesondere durch den Arbeitsinhalt, die übertragene Verantwortung und das eigene Arbeitsergebnis. Die Schaffung solcher Anreize ist Aufgabe der Personalführung und hängt maßgeblich vom Führungsstil der jeweiligen Führungskraft ab (vgl. Kap. 6.2.1). Intrinsisch wirkt auch die Wahrnehmung des Unternehmens als attraktiver Arbeitgeber („Employer Brand"), die durch gezieltes Personalmarketing positiv beeinflusst werden soll (vgl. Kap. 6.1.3).

In einem **Cafeteria-System** lassen sich Anreize sowohl flexibel als auch individuell gestalten. Innerhalb eines festgelegten finanziellen Rahmens können die Mitarbeiter nach ihren persönlichen Präferenzen aus verschiedenen Anreizen wählen, vergleichbar mit der Auswahl von Speisen und Getränken in einer Kantine. So kann auf individuelle Bedürfnisse eingegangen werden, die etwa vom Alter, der Lebenssituation oder dem Familienstand geprägt sind. Während für ältere Mitarbeiter eine höhere Altersversorgung oder ein früherer Ausstieg aus dem Berufsleben attraktiv sein kann, interessieren sich jüngere Mitarbeiter eher für Weiterbildungsangebote oder ein Sabbatical. Im Laufe der Zeit können die gewählten Leistungen an veränderte Lebenssituationen angepasst werden, wie etwa bei der Geburt eines Kindes. Cafeteria-Systeme werden insbesondere bei außertariflichen Fach- und Führungskräften eingesetzt, da dort leistungs- oder erfolgsabhängige Entgeltbestandteile entsprechenden Spielraum bieten.

Anreize prägen die **Employee Value Proposition**, also das subjektiv wahrgenommene Austauschverhältnis zwischen der Leistung des Mitarbeiters und der Gegenleistung des Unternehmens (vgl. Kap. 6.1.3). Sie beeinflussen auch die **Retention** des Unternehmens, also dessen Fähigkeit, wertvolle Fach- und Führungskräfte dauerhaft zu binden.[63] Die Verfechter **agiler Führung** und der neuen Arbeitswelt (New Work) bezweifeln jedoch die nachhaltige Motivationswirkung materieller Anreize. Stattdessen setzen sie auf intrinsische Motivation, etwa durch sinnstiftende Tätigkeiten oder dezentrale Verantwortung (vgl. Kap. 6.2.3).

6.2 Leadership: Menschen fordern, fördern und begeistern

Personalführung ist keine elitäre Aufgabe, die nur den obersten Hierarchieebenen vorbehalten ist. Vielmehr ist jeder, der andere führt, auch eine Führungskraft. Führung findet im Unternehmen somit auf allen Ebenen und durch zahlreiche Personen statt – vom Meister über den Teamleiter bis hin zum Vorstand.[64]

Führung bedeutet heute weit mehr, als lediglich Aufgaben zu delegieren oder Leistungen zu kontrollieren. Sie soll Rahmenbedingungen schaffen, in denen Beschäftigte ihre Potenziale entfalten können. Wirksame Führung fördert ein Arbeitsumfeld, in dem sich Mitarbeiter wohlfühlen, sich mit dem Unternehmen identifizieren und ihm langfristig verbunden bleiben. Grundlage dafür ist eine vertrauensvolle Beziehung zwischen Vorgesetzten und Mitarbeitern, die auf gemeinsamen Werten und gegenseitigem Respekt beruht.[65]

> **Personalführung** ist die zielgerichtete Beeinflussung des Verhaltens, der Leistung und der Entwicklung von Mitarbeitern.

Diese Beeinflussung kann autoritär durch Machtausübung oder kooperativ über Motivation erfolgen.[66] Die Kombination aus direkter und indirekter Personalführung ermöglicht es, sowohl auf individuelle Besonderheiten einzugehen als auch dem Grundsatz der Gleichbehandlung gerecht zu werden:[67]

- **Direkte bzw. interaktive Personalführung** basiert auf der zwischenmenschlichen, wechselseitigen Beziehung zwischen dem Vorgesetzten als Führungskraft und dem Mitarbeiter als Geführtem. Die Verhaltensbeeinflussung erfolgt durch persönliche Einflussnahme, etwa durch Gespräche, Feedback oder Anweisungen. Diese Form der Führung ist besonders geeignet, um auf die spezifischen Anforderungen einer konkreten Führungssituation einzugehen.

- **Indirekte bzw. strukturelle Personalführung** erfolgt über organisatorische Vorgaben wie Regeln, Normen und Strukturen. Dazu zählen beispielsweise Stellenbeschreibungen oder die hierarchische Aufbauorganisation. Sie schaffen einen verbindlichen Rahmen, der für alle Mitarbeiter gilt.

Formelle Personalführung beruht auf der hierarchischen Ordnung des Unternehmens, die den Vorgesetzten eine offiziell legitimierte Führungsrolle gegenüber ihren unterstellten Mitarbeitern zuweist. Diese formale Hierarchie wird in der Praxis durch informelle Beziehungen ergänzt. **Informelle Personalführung** erfolgt durch Personen, denen innerhalb einer Gruppe aufgrund persönlicher Eigenschaften besondere Autorität zugesprochen wird. Ursachen dafür können langjährige Erfahrung, fachliche Kompetenz, persönliche Bindungen, Sympathie, Charisma oder Überzeugungskraft sein.[68] Informelle Führungskräfte wirken oft als „graue Eminenzen" im Hintergrund, indem sie Meinungen prägen und die Stimmung innerhalb der Gruppe beeinflussen. Das kann unterstützend und stabilisierend wirken, aber auch die Autorität des Vorgesetzten untergraben. Deshalb ist es für Führungskräfte wichtig, nicht allein auf formale Macht zu setzen, sondern informelle Führungspersonen gezielt einzubeziehen und für gemeinsame Ziele zu gewinnen.

6.2.1 Wie lassen sich Menschen führen?

Führungskräfte handeln nicht willkürlich. Ihr Verhalten folgt meist bestimmten Prinzipien, die auf Führungstheorien beruhen. Diese basieren wiederum auf Menschenbildern und Motivationstheorien, die erklären, wie Menschen denken, fühlen und was sie antreibt. Diese Zusammenhänge werden im Folgenden erläutert.

Menschenbilder

Der Führung von Menschen liegt stets eine vereinfachende, oft unbewusste Vorstellung von der menschlichen Natur zugrunde. Aus diesen sogenannten Menschenbildern wird abgeleitet, wie sich Mitarbeiter am besten motivieren und führen lassen.

> Ein **Menschenbild** ist eine theoretische Vorstellung über die Natur des Menschen. Es umfasst Annahmen über Bedürfnisse, Motive und Wertvorstellungen der Mitarbeiter und beeinflusst dadurch maßgeblich das Führungsverhalten.[69]

Menschenbilder reichen von pessimistischen bis optimistischen Sichtweisen. Während einige den Menschen als eigennütziges, rein funktionales Wesen betrachten, sehen andere in ihm ein soziales Individuum mit emotionalen und geistigen Bedürfnissen sowie dem Streben nach Sinn, Anerkennung und Selbstverwirklichung.[70]

Die **XY-Theorie** von *Douglas McGregor* unterscheidet zwei gegensätzliche Menschenbilder:[71]

- **Theorie X**: Der Mensch ist von Natur aus arbeitsscheu, vermeidet Verantwortung und strebt nach Sicherheit. Er zeigt keinen Ehrgeiz und muss daher durch einen autoritären Führungsstil zur Arbeit angehalten oder gezwungen werden.
- **Theorie Y**: Der Mensch arbeitet gerne und findet Erfüllung in seiner Arbeit. Er übernimmt Verantwortung und engagiert sich für die Unternehmensziele, wenn er dadurch seine persönlichen Ziele verwirklichen kann. Ein solcher Mitarbeiter erfordert einen kooperativen Führungsstil.

Es ist empfehlenswert, grundsätzlich vom Menschenbild der Theorie Y auszugehen. Denn wer Mitarbeiter nach Theorie X führt, erzeugt oft genau das Verhalten, das er befürchtet: Passivität, Vermeidung von Verantwortung und geringe Eigenmotivation. Ob jedoch ein großer Autonomiespielraum für alle Mitarbeiter gleichermaßen sinnvoll ist, bleibt umstritten.

Folgende **Grundtypen** spiegeln den Wandel der Menschenbilder im Laufe der Zeit wider:[72]

- Der **rational-ökonomische Mensch (Rational-economic man)** wird primär durch materielle Anreize gesteuert. Er handelt nutzenmaximierend und lässt sich nicht von Emotionen leiten (Homo oeconomicus). Dieses Menschenbild wurde Anfang des 20. Jahrhunderts durch das *Scientific Management* von *Frederick Winslow Taylor* geprägt. Danach soll die Arbeit in standardisierte Einzelschritte zerlegt und nach festen Vorgaben ausgeführt werden, um eine möglichst hohe Effizienz zu erzielen.
- Der **soziale Mensch (Social man)** stützt sein Selbstbild vor allem auf zwischenmenschliche Beziehungen, insbesondere auf die Reaktionen und Einschätzungen seiner Mitmenschen. Er hat soziale Bedürfnisse und strebt nach Anerkennung und Zugehörigkeit. Fühlt er sich gesehen und wertgeschätzt, dann steigt seine Leistungsbereitschaft. Dieses Menschenbild geht auf die Human-Relations-Bewegung der 1930er-Jahre zurück, die durch den Psychologen *Elton Mayo* geprägt wurde.

- Der **sich selbst verwirklichende Mensch (Self-actualising man)** strebt danach, seine Potenziale zu entfalten. Er ist intrinsisch motiviert und strebt nach Selbstständigkeit, Einfluss und persönlicher Weiterentwicklung. Dafür benötigt er Handlungsspielräume und Autonomie. Dieses aus den 1950er-Jahren stammende Menschenbild entspricht dem Typ Y nach *Douglas McGregor*.
- Der **komplexe Mensch (Complex man)** ist vielschichtig, wandlungsfähig und wird von zahlreichen inneren und äußeren Faktoren geprägt. Diese ebenfalls in den 1950er-Jahren von *Chris Argyris* und *Edgar Schein* entwickelte Vorstellung betont die Individualität des Menschen. Wegen seiner vielschichtigen Natur lässt sich menschliches Verhalten nicht verallgemeinern oder zuverlässig vorhersagen. Führung sollte daher situativ erfolgen und sowohl die persönlichen Merkmale des Mitarbeiters als auch die jeweilige Führungssituation berücksichtigen.
- Der **gehirngesteuerte Mensch (Brain-directed man)** wird in seinem Erleben und Verhalten durch neurobiologische Prozesse beeinflusst. Diese in den 2000er-Jahren von *Ahmad Ghadiri*, *Theo Peters* und *Christoph Canning* geprägte Vorstellung geht davon aus, dass menschliches Verhalten nicht allein durch rationale Überlegungen gesteuert wird. Vielmehr spielen auch Emotionen, Affekte und die Aktivierung des neuronalen Belohnungssystems eine zentrale Rolle. Werden etwa durch Geld oder Anerkennung emotional-kognitive Reize gesetzt, kann dies zur Ausschüttung von Glückshormonen führen.
- Der **digitale Mensch (Digital man)** ist auf digitale Technologien angewiesen, hochgradig vernetzt und einer permanenten Informationsflut ausgesetzt. Digitale Medien, ständige Erreichbarkeit und die Vermischung von Arbeit und Privatleben prägen sein Denken, Fühlen und Handeln. Der digitale Mensch ist motiviert, wenn er eigenverantwortlich arbeiten kann, Sinn in seiner Tätigkeit erkennt, Anerkennung erhält, sich trotz virtueller Zusammenarbeit in sein Arbeitsumfeld eingebunden fühlt und seine Fähigkeiten weiterentwickeln kann. Führung sollte daher klare Ziele und Erwartungen formulieren sowie Prioritäten setzen, um ihm Orientierung zu bieten und ihn vor Überlastung zu schützen.[73]

Die **Motivation** eines Menschen lässt sich folglich auf unterschiedliche Weise erklären: durch finanzielle Anreize (rational-ökonomisch), das Streben nach Zugehörigkeit und Anerkennung (sozial), den Wunsch nach individueller Entfaltung (selbstverwirklichend), situationsabhängige individuelle Faktoren (komplex), emotionale und kognitive Reize (gehirngesteuert) oder selbstverantwortliche und sinnerfüllte Arbeit (digital).[74] Welche Anreize einen Menschen motivieren, ist individuell sehr unterschiedlich. Letztlich muss daher jede Führungskraft selbst herausfinden, wie sie ihre Mitarbeiter am besten motivieren kann. Orientierung bieten dabei die folgenden Motivationstheorien.

Motivationstheorien

Motivationstheorien beschreiben, was Menschen zum Handeln bewegt und wie innere und äußere Antriebskräfte ihr Verhalten beeinflussen.

Es gibt unterschiedliche Ansätze, um die Motivation von Menschen zu erklären. Diese lassen sich in zwei Gruppen unterteilen:[75]

- **Inhaltstheorien** befassen sich mit der Art, Anzahl und Bedeutung der Motive menschlichen Handelns. Sie sind statisch und erklären, was Menschen motiviert, aber nicht, wie sie motiviert werden können.
- **Prozesstheorien** beschreiben, wie Motivation entsteht. Sie sind dynamisch und erklären, wie das Zusammenspiel verschiedener Motive und situativer Bedingungen das menschliche Verhalten beeinflusst.

Inhaltstheorien sind in der Praxis weit verbreitet, da die Erklärung menschlichen Verhaltens durch einzelne Motive oft einleuchtend wirkt. Ein solches Motivationsverständnis greift jedoch zu kurz. Prozesstheorien betrachten Motivation differenzierter, sind aber oft schwerer verständlich.[76] Im Folgenden werden aus der Vielzahl theoretischer Erklärungsversuche exemplarisch einige bekannte Theorien vorgestellt.[77]

Inhaltstheorien

- Die **Bedürfnishierarchie** des US-amerikanischen Psychologen *Abraham Maslow* unterscheidet fünf aufeinander aufbauende Ebenen:[78]
  - **Physiologische Grundbedürfnisse** (Physiological Needs) dienen der Selbsterhaltung des Menschen, wie etwa Essen, Trinken, Kleidung oder Wohnung.
  - **Sicherheitsbedürfnisse** (Safety Needs) beziehen sich auf den Schutz vor physischen, psychischen oder wirtschaftlichen Gefahren, wie etwa durch Gesetze, Krankenversicherung oder Kündigungsschutz.
  - **Soziale Bedürfnisse** (Belongingness and Love Needs) kennzeichnen den Wunsch nach Kontakt zu anderen Menschen, wie etwa Gemeinschaft, Zugehörigkeit, Zuneigung oder Liebe.

- **Wertschätzungsbedürfnisse** (Esteem Needs) beziehen sich auf die Anerkennung durch andere (Fremdbestätigung) sowie auf das eigene Selbstwertgefühl (Selbstbestätigung), wie etwa durch Lob, Leistung oder Kompetenzentwicklung.
- **Selbstverwirklichungsbedürfnisse** (Need for Self-Actualization) betreffen das Streben nach persönlicher Entfaltung und individuellen Zielen, wie etwa das Schreiben eines Buches, die Gründung eines eigenen Unternehmens oder die erfolgreiche Teilnahme an einem Ironman-Triathlon.

Nach dieser Stufentheorie erfolgt die Bedürfnisbefriedigung in einer festen hierarchischen Reihenfolge: Höherstehende Bedürfnisse gewinnen erst dann an Bedeutung, wenn die darunterliegenden ausreichend erfüllt sind. Ein befriedigtes Bedürfnis verliert dabei seine motivierende Wirkung.

Das Modell ist aufgrund der anschaulichen Darstellung als Bedürfnispyramide sehr populär. Die Eingrenzung der Bedürfnisarten und deren starre Rangfolge sind jedoch umstritten. Allgemein anerkannt ist, dass Menschen den sogenannten Wachstumsbedürfnissen (Wertschätzung und Selbstverwirklichung) erst dann größere Bedeutung beimessen, wenn die grundlegenden Defizitbedürfnisse (physiologische, sicherheitsbezogene und soziale Bedürfnisse) ausreichend befriedigt sind. Eine feste Rangordnung innerhalb der höheren Bedürfnisse gilt hingegen als überholt. Trotz berechtigter Kritik eignet sich das Modell für ein grundlegendes Verständnis motivierender Faktoren und ihrer zeitlichen Entwicklung – insbesondere, dass die Motivationskraft eines Bedürfnisses mit zunehmender Befriedigung abnimmt.

- **ERG-Theorie:** Die vorherige Bedürfnishierarchie wird in drei Bedürfnisklassen zusammengefasst:[79]
  - **Existenzbedürfnisse** (Existence Needs) beziehen sich auf die grundlegenden Voraussetzungen zum physischen Überleben. Dazu zählen etwa physiologische Grundbedürfnisse, Sicherheit oder finanzielles Einkommen.
  - **Beziehungsbedürfnisse** (Relatedness Needs) betreffen das Bedürfnis nach zwischenmenschlichen Beziehungen und sozialer Bindung, wie etwa durch Anerkennung, soziale Kontakte oder Einfluss.
  - **Wachstumsbedürfnisse** (Growth Needs) umfassen das Streben nach persönlicher Weiterentwicklung und Selbstverwirklichung, etwa durch Entfaltung individueller Potenziale.

Im Unterschied zur Bedürfnispyramide sind die Klassen nicht hierarchisch angeordnet, sondern gelten als gleichzeitig wirksam. Dabei können sich Beziehungs- und Wachstumsbedürfnisse gegenseitig verstärken.

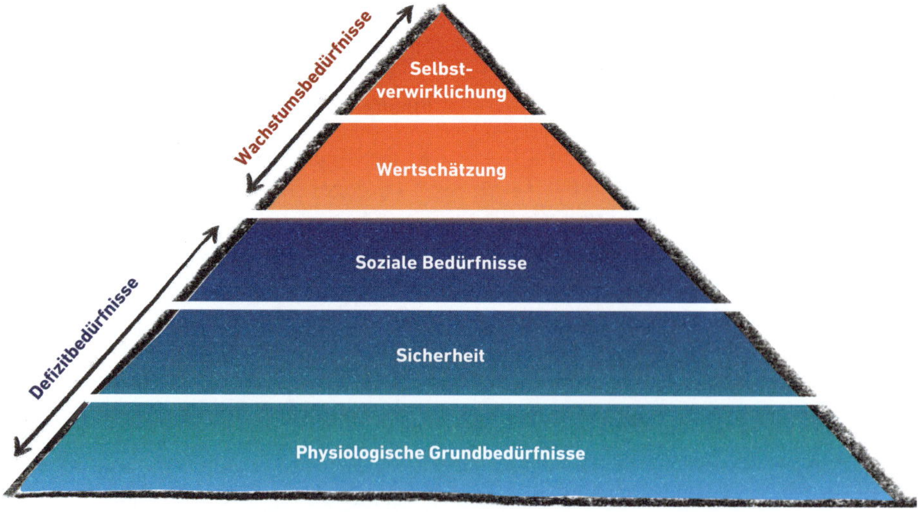

Abb. 6.2.1: Bedürfnispyramide[80]

- **Zwei-Faktoren-Theorie**: Die Einflussfaktoren auf die Arbeitszufriedenheit der Mitarbeiter werden in zwei Gruppen unterteilt, von denen unterschiedliche Motivationseffekte ausgehen. *Motivatoren*, wie etwa Anerkennung, Verantwortung oder interessante Arbeitsinhalte, schaffen dauerhafte Leistungsanreize. *Hygienefaktoren*, wie Bezahlung, Status, soziale Beziehungen oder ein fairer und respektvoller Führungsstil, gelten hingegen als notwendige Rahmenbedingungen für die Leistungserbringung. Fehlende Hygienefaktoren führen zur Unzufriedenheit; ihre bloße Erfüllung reicht jedoch nicht aus, um Motivation zu erzeugen. Ab einem bestimmten Einkommensniveau führt etwa eine Gehaltserhöhung nicht mehr zu zusätzlicher Leistungsbereitschaft. Zwischen Motivatoren und Hygienefaktoren kann es Überschneidungen geben. Zudem wirken sie nicht bei allen Menschen gleich.[81]

Prozesstheorien

- **Erwartungstheorie (VIE-Theorie):** Die Motivation eines Menschen hängt davon ab, welche subjektive Bedeutung er einem Ziel beimisst und inwieweit er glaubt, es durch eine bestimmte Vorgehensweise erreichen zu können. Zunächst beurteilt er, wie wünschenswert das Ziel für ihn ist (Valenz). Anschließend schätzt er ein, inwieweit bestimmte Handlungen zur Zielerreichung beitragen (Instrumentalität) und wie hoch die Wahrscheinlichkeit ist, das Ziel tatsächlich zu erreichen (Erwartung). Die Motivation ergibt sich als Produkt aus Valenz, Instrumentalität und Erwartung. Fällt einer dieser Faktoren weg oder wird er als gering eingeschätzt, sinkt die Motivation deutlich. Wie hoch eine Person ihre Erfolgschancen beurteilt, hängt stark von ihrer Persönlichkeit ab. Die Theorie wurde durch empirische Untersuchungen gestützt, doch ihre praktische Anwendbarkeit ist begrenzt. Dies liegt vor allem an der eingeschränkten Messbarkeit der Faktoren. Viele Menschen handeln zudem nicht rein rational und denken auch nicht bewusst über ihre Motivation nach.[82]
- **Flow-Theorie**: Im sogenannten Flow-Zustand gehen Menschen so in ihrer Tätigkeit auf, dass sie sich vollständig darauf konzentrieren und alles um sich herum vergessen. Diese Form intensiver Vertiefung ist mit einem Gefühl von Begeisterung und innerer Zufriedenheit verbunden. Wer etwa schon einmal eine anspruchsvolle Bergtour unternommen oder ein fesselndes Buch gelesen hat, kennt diesen Zustand aus eigener Erfahrung. In einen Flow können Mitarbeiter aber nur dann gelangen, wenn die Anforderungen einer Aufgabe im richtigen Verhältnis zu den eigenen Fähigkeiten stehen, sie also weder über- noch unterfordert werden. Denn Überforderung würde zu blockierender Angst und Unterforderung zu demotivierender Langeweile führen. Dazwischen kann höchste Motivation und Leistungsfähigkeit entstehen. Mit wachsender Kompetenz der Mitarbeiter werden viele Aufgaben zur Routine. Um wieder für Flow-Erlebnisse zu sorgen, sind daher neue Herausforderungen erforderlich. In der Praxis ist dies nicht immer umsetzbar. Außerdem hängt die Intensität des Flows auch von der individuellen Persönlichkeit ab.[83]
- **Neurobiologische Theorie**: Ein moderner Erklärungsansatz für Motivation basiert auf dem Konzept des gehirngesteuerten Menschen. Danach ist das Gehirn primär auf das kreative Lösen von Problemen ausgerichtet und nicht auf die bloße Ausführung routinierter Abläufe. Um neue Verschaltungsmuster zwischen Nervenzellen zu bilden und dauerhaft zu festigen, benötigt es kontinuierlich neue Herausforderungen. Diese aktivieren emotionale Zentren im limbischen System und verknüpfen bislang isoliert gespeicherte Wissensinhalte. Auf diese Weise entstehen kreative Lösungen, die das Belohnungssystem stimulieren und die Ausschüttung euphorisierender Botenstoffe auslösen. Mithilfe passender Rahmenbedingungen und gezielter Anreize lässt sich diese kindliche Lust am Entdecken und Gestalten auch im Arbeitskontext fördern.[84]

  Folgende **Faktoren** sind dabei für die Motivation entscheidend:[85]

  - **Sinnhaftigkeit**: Die Aufgabe muss als sinnvoll und bedeutsam erlebt werden.
  - **Kohärenz**: Die Aufgaben müssen klar strukturiert, in sich schlüssig und nachvollziehbar sein.
  - **Wirksamkeit**: Die Mitarbeiter müssen das Gefühl haben, einen wertvollen Beitrag zu leisten und diesen im Gesamtergebnis wiedererkennen können.

  Druck und Angst lösen im Gehirn ein archaisches Notfallprogramm aus, das nur noch Angriff, Flucht oder Erstarrung zulässt. Gehirngerechte Führung soll deshalb ermutigen und begeistern, damit die Mitarbeiter ihre Potenziale entfalten können. Zu diesem sogenannten **Supportive Leadership** gehört es, regelmäßig neue Herausforderungen zu schaffen, das Know-how im Unternehmen zu vernetzen, Mitarbeiter wertschätzend zu unterstützen, Erfolgserlebnisse zu ermöglichen und für psychologische Sicherheit (vgl. Kap. 6.2.3) zu sorgen.

Letztlich gibt es keine allgemeingültige Erklärung dafür, wodurch Menschen motiviert werden. Die dargestellten Ansätze beleuchten das menschliche Leistungsverhalten aus unterschiedlichen Perspektiven. Da Motivation aus einer Vielzahl an individuellen Faktoren und Motiven entsteht, können diese Theorien lediglich Anhaltspunkte für mögliche Einflussfaktoren liefern. Konkrete Gestaltungsempfehlungen für die Personalführung bieten hingegen die folgenden Führungstheorien und -modelle.

Theorien und Modelle der Führung

> **Führungstheorien** beschreiben, wie Vorgesetzte das Verhalten ihrer Mitarbeiter beeinflussen können, um bestimmte Leistungen oder Verhaltensweisen zu erzielen.[86]

Die wichtigsten **Führungstheorien** sind:[87]

- **Verhaltenstheorien** betrachten den Führungserfolg als Ergebnis des Führungsverhaltens. Sie untersuchen, welchen Führungsstil erfolgreiche Führungskräfte anwenden. Dieses Führungsverhalten kann dabei mitarbeiter- oder aufgabenorientiert sein. Bezieht der Vorgesetzte etwa seine Mitarbeiter in Entscheidungsprozesse ein, kann sich dies positiv auf die Zielerreichung auswirken.
- **Situationstheorien** führen den Führungserfolg nicht allein auf das Verhalten der Führungskraft zurück, sondern beziehen auch situative Einflussfaktoren mit ein. Hierzu gehören beispielsweise die Aufgabenstellung, die Fähigkeiten und Erwartungen der Mitarbeiter oder externe Rahmenbedingungen. Je nach Situation ist ein passender Führungsstil zu wählen. Die einzelnen Ansätze bewerten die jeweilige Führungssituation dabei sehr unterschiedlich.
- **Eigenschafts- und Merkmalstheorien** gehen davon aus, dass bestimmte Persönlichkeitsmerkmale eine erfolgreiche Führungskraft auszeichnen. Diese Merkmale können sowohl angeboren sein als auch im Laufe der Zeit entwickelt werden. Die Persönlichkeit eines Menschen lässt sich mithilfe des **Fünf-Faktoren-Modells** beschreiben (sogenannte „Big Five"):[88]
  - **Offenheit für Erfahrungen**: kreativ, neugierig, aufgeschlossen vs. konservativ, routiniert, traditionell.
  - **Gewissenhaftigkeit**: diszipliniert, leistungsbereit, zuverlässig vs. spontan, nachlässig, impulsiv.
  - **Extraversion**: gesellig, energiegeladen, begeisterungsfähig vs. introvertiert, zurückhaltend, in sich gekehrt.
  - **Verträglichkeit**: rücksichtsvoll, kooperativ, empathisch vs. konkurrenzorientiert, egoistisch, misstrauisch.
  - **Neurotizismus**: labil, ängstlich, reizbar vs. stabil, gelassen, selbstsicher.

  Positive Ausprägungen der ersten vier Faktoren begünstigen in der Regel das Führungsverhalten, während ein ausgeprägter Neurotizismus eher hinderlich ist. Diese Persönlichkeitsmerkmale allein reichen jedoch nicht aus, um den Führungserfolg zu erklären. Vielmehr sind auch andere Faktoren, wie etwa die individuellen Kenntnisse und Erfahrungen, zu berücksichtigen.

  Häufig genannte Eigenschaften einer wirksamen Führungskraft sind Durchsetzungsvermögen, Intelligenz, Energie, Selbstbewusstsein, Ausdauer, Einfühlungsvermögen, Belastbarkeit und Verantwortungsbewusstsein. Obwohl der Einfluss individueller Merkmale empirisch belegt ist, greift die Eigenschaftstheorie zu kurz. Sie reduziert Führung auf die einzelne Person als „Great Man" und geht davon aus, dass nur außergewöhnliche Persönlichkeiten in der Lage sind, Menschen zu führen. Führungserfolg hängt jedoch nicht allein von persönlichen Merkmalen ab, sondern steht auch in engem Zusammenhang mit der konkreten Situation und den Rahmenbedingungen der Organisation. Dennoch sind Eigenschaftstheorien weiterhin populär, da sie auf vertrauten und leicht verständlichen Vorstellungen basieren.
- **Attributionstheorien** untersuchen, wann und warum jemand von anderen als Führungskraft anerkannt wird. Führung ist damit abhängig von der Wahrnehmung durch die Geführten. Erhält eine Abteilung etwa eine neue Führungskraft, beobachten die Mitarbeiter deren Verhalten, vergleichen es mit ihren Erwartungen und beziehen dabei auch die Einschätzungen ihrer Kollegen mit ein. Auf dieser Grundlage entsteht ein Urteil, das zur Akzeptanz oder Ablehnung der Führungskraft führt. Diese kann offen oder verdeckt zum Ausdruck gebracht werden.
- **Interaktionstheorien** verstehen Führung als einen wechselseitigen Prozess der Beeinflussung zwischen Führungskraft und Mitarbeitern. Der Führungserfolg hängt davon ab, wie gut diese gegenseitige Einflussnahme gelingt. Eine Person wird erst dann zur Führungskraft, wenn ihr Einfluss von anderen anerkannt wird. Dieser Einfluss muss nicht zwingend von oben ausgehen. Möglich ist auch Führung von unten oder durch Gleichgestellte, etwa durch rationale Argumente, emotionale Impulse oder das Einschalten übergeordneter Instanzen.

Darüber hinaus existiert eine Vielzahl weiterer Theorien, etwa zur machtbasierten, authentischen, gehirngerechten, persönlichkeitsorientierten oder interkulturellen Führung. Aufgrund ihrer praktischen Relevanz werden im Folgenden ausgewählte Verhaltens- und Situationstheorien näher erläutert.

Verhaltenstheorien

Nach den Verhaltenstheorien ist das Führungsverhalten der zentrale Bestimmungsfaktor für den Führungserfolg. Situative Bedingungen wie die Merkmale der Geführten oder der Führungskontext werden dabei nicht berücksichtigt. Zur Vereinfachung wird das Führungsverhalten in verschiedene Führungsstile unterteilt.

Der **Führungsstil** beschreibt ein charakteristisches Verhaltensmuster eines Vorgesetzten im Umgang mit seinen Mitarbeitern.

Die Wahl des Führungsstils wird durch das Menschenbild der Führungskraft beeinflusst. Der Führungsstil bestimmt, wie Entscheidungen getroffen, Anweisungen erteilt sowie Aufgaben delegiert und kontrolliert werden. Da der tatsächliche Führungsstil in der Praxis von zahlreichen Faktoren abhängt, lassen sich nur idealtypische Ausprägungen beschreiben.

Dabei werden folgende **Dimensionen des Führungsverhaltens** unterschieden:[89]

- Die **Mitarbeiterorientierung** betont die zwischenmenschlichen Beziehungen bei der Aufgabenerfüllung. Die Führungskraft bringt den Mitarbeitern Wertschätzung entgegen, schafft Vertrauen und berücksichtigt ihre persönlichen Bedürfnisse. Die Führung erfolgt etwa durch Zielvereinbarungen, wobei die Mitarbeiter ihre Aufgaben weitgehend eigenständig erledigen können.
- Die **Aufgabenorientierung** stellt die erfolgreiche Ausführung der Arbeitsaufgaben in den Mittelpunkt, während die Bedürfnisse der Mitarbeiter nur eine untergeordnete Rolle spielen. Die Führungskraft strukturiert die Arbeitsprozesse, legt Aufgaben und Abläufe detailliert fest, überwacht deren Ausführung und stellt sicher, dass alle erforderlichen Ressourcen und Informationen bereitstehen. Den Mitarbeitern werden klare Ziele gesetzt, deren Einhaltung engmaschig überwacht wird.
- Der **Partizipationsgrad** beschreibt das Ausmaß, in dem Mitarbeiter in Entscheidungsprozesse eingebunden werden. Die Bandbreite reicht von autoritären bis zu kooperativen Führungsstilen.

In der Praxis treten meist Mischformen auf. Generell gibt es keinen Führungsstil, der universell einsetzbar und für alle Situationen gleichermaßen geeignet ist. Nach der Anzahl der betrachteten Beurteilungskriterien lassen sich Führungsstile in ein-, zwei- und mehrdimensionale Ansätze unterscheiden. Mehrdimensionale Ansätze kategorisieren den Führungsstil anhand verschiedener Kriterien. Die Darstellung erfolgt häufig in Form eines Führungsprofils, bei dem das Ausmaß der jeweiligen Dimensionen auf einer Skala abgebildet wird. Beispielsweise wird die Einstellung des Vorgesetzten gegenüber seinen Mitarbeitern zwischen den Ausprägungen „Misstrauen" und „Vertrauen" bewertet. Solche Profile eignen sich zur Analyse einer Führungssituation, etwa im Rahmen einer Mitarbeiterbefragung.[90] Im Folgenden werden zwei klassische Modelle zur Kategorisierung von Führungsstilen vorgestellt: das eindimensionale Führungsstil-Kontinuum nach *Tannenbaum/Schmidt* und das zweidimensionale Verhaltensgitter nach *Blake/Mouton*.

- **Das Führungsstil-Kontinuum** unterscheidet sieben idealtypische Ausprägungen des Führungsverhaltens, die sich durch eine zunehmende Beteiligung der Mitarbeiter an der Entscheidungsfindung auszeichnen:[91]
  - **autoritär:** Die Führungskraft entscheidet allein und ordnet an.
  - **patriarchalisch:** Die Führungskraft entscheidet allein, aber versucht, die Mitarbeiter von ihrer Entscheidung zu überzeugen.
  - **informativ:** Die Führungskraft entscheidet allein, aber beantwortet die Fragen der Mitarbeiter, damit diese die Entscheidung nachvollziehen können.
  - **beratend:** Die Führungskraft hört sich die Meinungen und Vorschläge der Mitarbeiter an, bevor sie sich entscheidet.
  - **kooperativ:** Die Führungskraft beschreibt das Problem und lässt die Mitarbeiter Lösungsvorschläge entwickeln, aus denen sie einen auswählt.
  - **partizipativ:** Die Führungskraft beschreibt das Problem und legt den Rahmen fest, innerhalb dessen sich die Gruppe eigenständig für eine Lösung entscheiden kann.
  - **demokratisch:** Die Gruppe entscheidet eigenständig, ohne Vorgaben der Führungskraft.

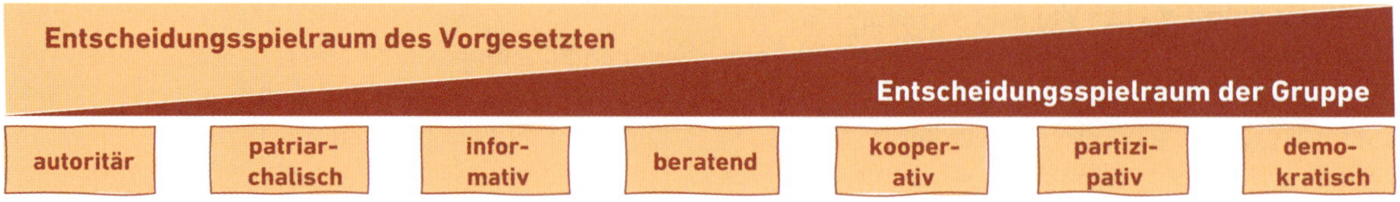

Abb. 6.2.2: Führungsstil-Kontinuum[92]

Das Führungsstil-Kontinuum bevorzugt keinen bestimmten Führungsstil. Dieser soll vielmehr abhängig von der Führungskraft, den Mitarbeitern und der jeweiligen Situation ausgewählt werden. Eine erfolgreiche Führungskraft muss diese Einflussfaktoren richtig einschätzen und ihr Verhalten entsprechend anpassen. Kritisiert wird dabei vor allem, dass ausschließlich der Grad der Entscheidungsbeteiligung als Unterscheidungskriterium herangezogen wird.[93]

- **Das Verhaltensgitter** differenziert das Führungsverhalten nach der Aufgaben- und Mitarbeiterorientierung der Führungskraft. Beide Dimensionen werden als unabhängig voneinander betrachtet und jeweils in neun Stufen unterteilt. Daraus folgt das in Abb. 6.2.3 dargestellte Verhaltensgitter (Managerial Grid) mit 81 Kombinationsmöglichkeiten, die jeweils ein bestimmtes Führungsverhalten charakterisieren. Vereinfachend werden daraus **fünf Idealtypen** gebildet:[94]
  - **Führungsstil 1–1 (Überlebensmanagement):** Die Führungskraft übt nur minimalen Einfluss auf die Arbeitsleistung und die Mitarbeiter aus. Sie erfüllt die minimalen Anforderungen, um ihre Position zu behalten. Die Leistung ist gering und Konflikte werden vermieden, was im Team zu Resignation und Apathie führen kann.
  - **Führungsstil 1–9 (Glacéhandschuh-Management):** Die Führungskraft konzentriert sich auf die zwischenmenschlichen Bedürfnisse der Mitarbeiter, wodurch ein gemächliches Arbeitstempo und ein freundliches Betriebsklima entstehen. Die erbrachte Leistung bleibt gering und Konflikte werden vermieden. Die Führungskraft übernimmt die Meinungen anderer, statt eigene Ideen durchzusetzen und selbst aktiv zu werden. Bei Konflikten versucht sie, die Parteien zu versöhnen.
  - **Führungsstil 5–5 (Organisationsmanagement):** Die Führungskraft strebt eine ausgewogene Lösung an, bei der sowohl die Leistung als auch die Zufriedenheit der Mitarbeiter mittelmäßig sind. Sie handelt nach der Devise „leben und leben lassen“ und geht auf die Meinungen und Ideen anderer ein. Bei Konflikten sucht sie nach einer für alle Beteiligten fairen Lösung. Bei Spannungen wirkt sie unsicher und weiß nicht genau, wie sie die Erwartungen anderer erfüllen soll.
  - **Führungsstil 9–1 (Befehl-Gehorsam-Management):** Die Führungskraft legt den Fokus auf die Arbeitsleistung und vernachlässigt dabei weitgehend die zwischenmenschlichen Beziehungen. Sie organisiert die Arbeit so, dass individuelle Eigenheiten der Mitarbeiter das Ergebnis möglichst nicht beeinträchtigen. Sie fordert absoluten Gehorsam, treibt an, behält die Kontrolle und setzt ihre Ideen und Meinungen konsequent durch. Konflikte erstickt sie im Keim oder entscheidet sie zu ihren Gunsten.
  - **Führungsstil 9–9 (Team-Management):** Die Führungskraft legt gleichermaßen Wert auf die Erfüllung der Aufgaben und das Wohl ihrer Mitarbeiter. Sie fördert engagiertes Arbeiten und ist offen für Vorschläge, auch wenn sie klare Überzeugungen vertritt. Erfolge werden gemeinsam erzielt und Konflikte konstruktiv im Team gelöst. Sie ist ein Vorbild für ihre Mitarbeiter.

Das Verhaltensgitter bildet ein breites Spektrum möglichen Führungsverhaltens ab. Situative Einflüsse bleiben jedoch unberücksichtigt, da ausschließlich der Führungsstil 9–9 als erfolgversprechend gilt. Dies trifft jedoch nicht in allen Fällen zu. Die Wahl des Führungsstils hängt auch von weiteren Faktoren ab, etwa den Mitarbeitern, der Aufgabe oder dem Führungskontext. Zudem fehlen klare Regeln für die Einstufung des Führungsverhaltens.[95]

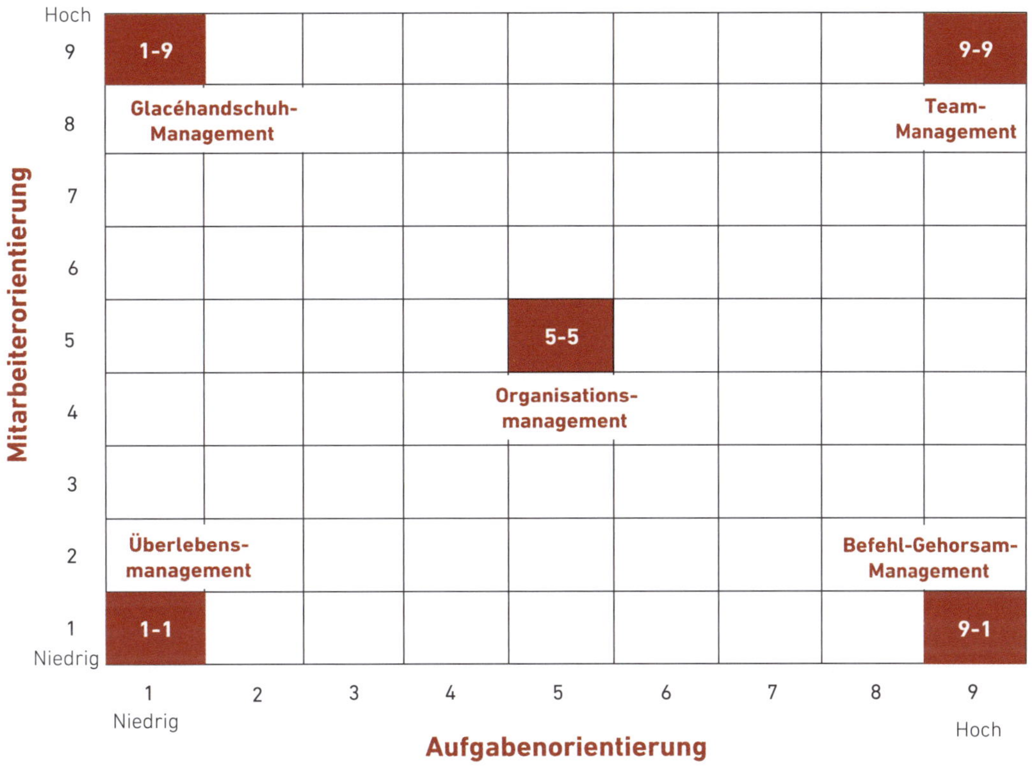

Abb. 6.2.3: Führungsstile im Verhaltensgitter[96]

Situationstheorien

Die Situationstheorien lehnen sowohl die Vorstellung einer aufgrund bestimmter Persönlichkeitsmerkmale herausragenden Führungskraft („Great Man") der Eigenschaftstheorie als auch die eines in allen Situationen anwendbaren Führungsverhaltens („One Best Way") der Verhaltenstheorien ab. Sie gehen davon aus, dass Führungsverhalten und -erfolg maßgeblich von situativen Gegebenheiten abhängen. Je nach Situation wird daher eher aufgaben- oder mitarbeiterorientiert geführt. Erfolgreich sind demnach Führungskräfte, die die jeweilige Führungssituation zutreffend analysieren und ihr Verhalten entsprechend anpassen. Der Führungsstil sollte so gewählt werden, dass er dem Unternehmen, den Mitarbeitern und der konkreten Situation gerecht wird.[97] Bei situativer Führung ist es besonders wichtig, dass die Mitarbeiter den Grund für eine Anpassung des Führungsverhaltens nachvollziehen können. Ansonsten werden sie die Führung als inkonsistent wahrnehmen, was gravierende Auswirkungen auf das Wohlbefinden und die Leistungsfähigkeit der Geführten haben kann.[98]

Um der Bedeutung situativer Einflüsse auf das Führungsverhalten gerecht zu werden, wurden verschiedene Situationstheorien entwickelt. Diese betrachten unterschiedliche situative Einflüsse, wie etwa die Effektivität des Führungsverhaltens, den Reifegrad der Mitarbeiter, emotionale Zustände der Geführten sowie den konkreten Führungskontext. Die folgenden praxisrelevanten Ansätze verdeutlichen, wie vielfältig und differenziert sich Führung an die jeweilige Situation anpassen lässt.

- **3-D-Theorie:** Das Verhaltensgitter wird um eine situative Komponente erweitert. Neben der Mitarbeiter- und Aufgabenorientierung wird dabei auch die Effektivität des Führungsverhaltens berücksichtigt. Es werden vier **Grundstile** unterschieden, die jeweils effektiv oder ineffektiv ausgeführt werden können:[99]
  - **Verfahrensstil:** Die Führungskraft bevorzugt stabile Umweltsituationen und verlässt sich auf Verfahren, Methoden und Systeme. Der „Bürokrat" geht in statischen Situationen routiniert vor, da er sich an feste Regeln hält. Der „Kneifer" beharrt in dynamischen Situationen auf alten Vorschriften.
  - **Beziehungsstil:** Die Führungskraft legt Wert auf zwischenmenschliche Beziehungen und geht auf die

Mitarbeiterbedürfnisse ein. Der „Förderer" delegiert viele Aufgaben, damit sich die Mitarbeiter langfristig weiterentwickeln. Der „Gefälligkeitsapostel" vernachlässigt die Aufgabenorientierung, weil er glaubt, dass zufriedene Mitarbeiter leistungsfähiger sind.

- **Aufgabenstil:** Die Führungskraft ist auf die Produktivität und Zielerreichung fokussiert. Der „Macher" überzeugt durch seine Fachkompetenz und setzt seinen Mitarbeitern anspruchsvolle, aber erreichbare Ziele. Der „Autokrat" beharrt auf seiner Autorität und überfordert seine Mitarbeiter. Dies führt zu Widerständen, die etwa durch Fluktuation oder Fehlzeiten zum Ausdruck kommen.
- **Integrationsstil:** Die Führungskraft strebt nach gleichwertiger Mitarbeiter- und Aufgabenorientierung. Der „Integrierer" führt kooperativ und fördert seine Mitarbeiter. Der „Kompromissler" versucht, Konflikte zu vermeiden und es allen recht zu machen.

Für die Effektivität des Führungsverhaltens ist die richtige Analyse und Einschätzung der Führungssituation entscheidend. Die konkrete Situation bestimmt den Grundstil, der dann wirksam angewendet werden sollte. Allerdings muss der Vorgesetzte die Führungssituation richtig analysieren und sollte alle vier Grundstile beherrschen. Die meisten Führungskräfte dürften hiermit überfordert sein.

- **Die situative Reifegrad-Theorie** berücksichtigt zwar ebenfalls die Aufgaben- und Mitarbeiterorientierung, macht die Wahl des effektiven Führungsstils jedoch vom aufgabenbezogenen Reifegrad des Mitarbeiters abhängig. Dieser ergibt sich aus zwei Merkmalen:
  - der **Fähigkeit** des Mitarbeiters, die Aufgabe zu erfüllen **(Können)**, und
  - seiner **psychologischen Reife**, die sich in dessen Selbstbewusstsein, Motivation und Verantwortungsbereitschaft widerspiegelt **(Wollen)**.

  Der **Reifegrad** der Mitarbeiter wird in vier Stufen eingeteilt, denen jeweils ein geeigneter Führungsstil zugeordnet ist:[100]

  - **M1** („Mitarbeiter kann nicht und will nicht"): Unreife Mitarbeiter verfügen für die Lösung einer Aufgabe weder über die erforderlichen Fähigkeiten noch über ausreichende Motivation. Hier ist ein autoritärer Führungsstil ratsam, bei dem der Vorgesetzte klare Anweisungen erteilt, wie eine Aufgabe durchzuführen ist.
  - **M2** („Mitarbeiter kann nicht, aber will"): Bei geringer bis mäßiger Reife werden die Mitarbeiter in Entscheidungsprozesse einbezogen, die Entscheidung trifft jedoch der Vorgesetzte. Ein integrierender Führungsstil soll die Motivation fördern, indem Entscheidungen nachvollziehbar begründet werden.
  - **M3** („Mitarbeiter kann, aber will nicht"): Mitarbeiter mit mäßiger bis hoher Reife können aktiver in die Entscheidungsfindung und -umsetzung eingebunden werden. Ein partizipativer Führungsstil wirkt dabei motivierend.
  - **M4** („Mitarbeiter kann und will"): Reife Mitarbeiter arbeiten eigenverantwortlich. Beim delegativen Führungsstil überlässt der Vorgesetzte die Aufgabenerfüllung dem Mitarbeiter und beschränkt sich auf fallweise Kontrollen.

  Die in Abb. 6.2.4 dargestellte Kurve zeigt den jeweils optimalen Führungsstil in Abhängigkeit vom persönlichen Reifegrad. Ein neuer Mitarbeiter mit Entwicklungspotenzial durchläuft idealerweise alle Stufen von M1 bis M4. Der Reifegrad ist zwar ein wesentlicher Einflussfaktor auf den Führungserfolg, allerdings lässt er sich nur schwer ermitteln, und andere situationsbezogene Faktoren bleiben in dieser Theorie unberücksichtigt.[101] Zudem hängt die Reife eines Mitarbeiters auch von der jeweiligen Aufgabe ab. Deshalb müssten die Vorgesetzten ihr Führungsverhalten aufgabenspezifisch anpassen. Während dies für die Aufgabenorientierung sinnvoll ist, wäre das für die Mitarbeiterorientierung problematisch. Ein ständiger Wechsel in der Beziehungsorientierung würde Mitarbeiter eher verwirren und demotivieren.[102]

- **Emotionale Führung**: Erfolgreiche Führung beruht nicht nur auf der Fachkompetenz einer Führungskraft, sondern auch darauf, wie gut sie mit sich selbst und anderen umgeht. **Emotionale Intelligenz (EQ)** bezeichnet die Fähigkeit, eigene und fremde Gefühle richtig wahrzunehmen und angemessen darauf zu reagieren. Sie umfasst fünf zentrale **Dimensionen**:[103]
  - **Selbstwahrnehmung**: Die Fähigkeit, eigene Gefühle zu erkennen, zu verstehen und deren Ursachen zu reflektieren.
  - **Selbstregulation**: Die Fähigkeit, die eigenen Emotionen zu kontrollieren, ohne sie zu verharmlosen oder zu dramatisieren. Wer sich selbst beruhigen kann, erholt sich schneller von Rückschlägen und geht besser mit Ängsten, Kränkungen oder Stress um.

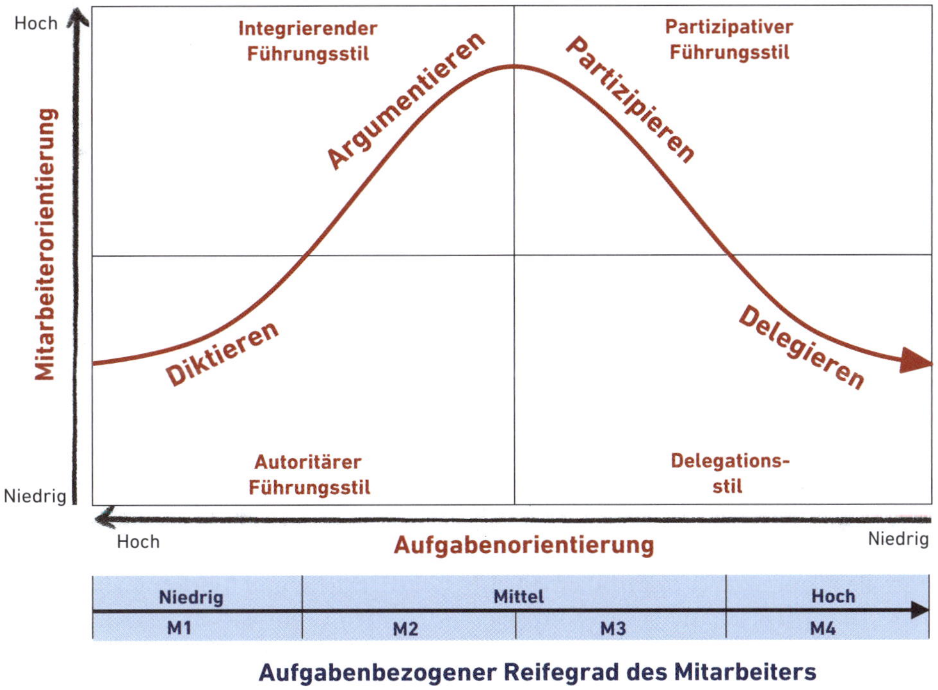

Abb. 6.2.4: Auswahl des Führungsstils in Abhängigkeit vom Reifegrad des Mitarbeiters[104]

- **Motivation**: Führungskräfte sollten bei sich selbst und anderen Anreize schaffen, um mit Ausdauer und Begeisterung auf anspruchsvolle Ziele hinzuarbeiten. Dabei regulieren sie hemmende Impulse, Bedürfnisse und Wünsche. Herausfordernde Aufgaben können Mitarbeiter in einen hochproduktiven Flow-Zustand versetzen, in dem sie ganz in ihrer Arbeit aufgehen.
- **Empathie**: Die Bereitschaft und Fähigkeit, fremde Emotionen wahrzunehmen. Einfühlsame Führungskräfte verstehen, was ihre Mitarbeiter brauchen und können Konflikte frühzeitig erkennen und lösen.
- **Soziale Kompetenz**: Der konstruktive Umgang mit den Gefühlen anderer bildet die Grundlage für gelingende Zusammenarbeit und stabile Beziehungen.

Ein unangemessener Umgang mit Emotionen kann im Unternehmen zu Dissonanzen führen, welche die Leistungsfähigkeit der Beschäftigten beeinträchtigen. Emotionale Intelligenz unterstützt Führungskräfte dabei, ihre Mitarbeiter besser zu verstehen und in ihnen positive Emotionen zu wecken. Die emotionale Reaktion der Mitarbeiter auf das Verhalten der Führungskraft wird als Resonanz bezeichnet.[105]

Emotional intelligente Führungskräfte wenden je nach Situation einen der folgenden **Führungsstile** an:[106]

- **Visionär** („Kommt mit mir!"), um die Mitarbeiter für eine erstrebenswerte Zukunft zu begeistern und Veränderungen einzuleiten (vgl. Kap. 6.2.2).
- **Individuell fördernd** („Probiert das mal!"), um durch Coaching die Mitarbeiter gezielt weiterzuentwickeln und deren Potenziale freizusetzen.
- **Gefühlsorientiert** („Wie geht es euch?"), um das Arbeitsklima zu verbessern und emotionale Bindungen zu verstärken.
- **Demokratisch** („Was denkt ihr?"), um die Mitarbeiter einzubeziehen und bei wichtigen Entscheidungen einen Konsens zu erzielen.
- **Fordernd** („Das geht auch schneller!"), um ehrgeizige Ziele durch effizientes Arbeiten und Leistungsdruck zu erreichen.
- **Befehlend** („Los, marsch, marsch!"), um in kritischen Ausnahmesituationen rasch reagieren und Sicherheit vermitteln zu können.

- **Kontextbedingte Führung** passt das Führungsverhalten an den jeweiligen Führungskontext an. Nach der Erkennbarkeit des Zusammenhangs von Ursache und Wirkung lassen sich vier Führungskontexte unterscheiden (vgl. Kap. 1.5.1), welche jeweils unterschiedliche Führungsstile erfordern.[107] Anhand des Führungsstilkontinuums in Abb. 6.2.5 wird der geeignete Führungsstil nach dem **Stuttgarter Führungsmodell** kontextabhängig ausgewählt:
  - **Einfacher Kontext**: Es besteht ein eindeutiger und offensichtlicher Zusammenhang von Ursache und Wirkung. Für die dabei auftretenden strukturierten Probleme lassen sich optimale Lösungen finden („Best Practice"). Dies gilt für viele Routineabläufe im Unternehmen, wie etwa die Auftragsabwicklung. Die Suche nach Lösungen erfolgt nach dem Schema *Erkennen – Kategorisieren – Reagieren*. Durch Weisung und Kontrolle (Command & Control) erhalten die Mitarbeiter klare Vorgaben, deren Ausführung laufend kontrolliert wird. Je nach Umfang der gewünschten Entscheidungspartizipation des Teams lassen sich autoritäre, patriarchalische oder informative Führungsstile anwenden.
  - **Komplizierter Kontext**: Um den verborgenen Zusammenhang von Ursache und Wirkung zu durchschauen, ist eine hohe Fachkompetenz erforderlich. Es gibt mehrere Lösungsansätze für ein Problem, weshalb nach einer brauchbaren Lösung gesucht wird („Good Practice"). Dies erfolgt durch *Erkennen – Analysieren – Reagieren*. Hierfür sind beratende, kooperierende oder partizipative Führungsstile geeignet. Die Führungskraft diskutiert das Problem mit Experten und wählt dann selbst oder gemeinsam mit dem Team eine Lösung aus.
  - **Komplexer Kontext**: Aufgrund des Mangels klarer Ursache-Wirkungs-Beziehungen und den sich ständig ändernden Umweltzuständen erfordert die Suche nach einer Lösung ein experimentelles *Ausprobieren* und anschließendes *Erkennen* und *Reagieren*. Lösungen und Zusammenhänge können erst im Nachhinein bestimmt werden („Next Practice"). Da es somit stets anders kommen kann als gedacht, werden Entscheidungen in einer agilen Organisation flexibel durch selbstständige Teams getroffen. Dies erfordert einen demokratischen Führungsstil und kollektive Zielvereinbarungen. In Analogie zum Segeln steht es jedem Boot frei, wie es am Ziel ankommt. Die agile Führung sorgt lediglich dafür, dass alle Boote denselben Hafen ansteuern. Sie bestimmt die Rahmenbedingungen, in denen sich Selbstführung entfalten kann.
  - **Chaotischer Kontext**: Die Beziehungen zwischen Ursache und Wirkung sind unmöglich zu bestimmen, weil sie sich ständig verschieben und keine überschaubaren Muster existieren. Daher ist es sinnlos, nach richtigen Antworten zu suchen. Solche Krisensituationen erfordern schnelles *Handeln* und anschließendes *Erkennen* und *Reagieren*. Wenn ein Sturm aufkommt, muss der Kapitän auf die Brücke. Empathie und regelmäßiger Kontakt mit den Mitarbeitern sind dabei wichtig, um deren Ängste wahrzunehmen und ihre Resilienz zu fördern. Eine langfristige Zukunftsperspektive in Form einer Vision und ein übergeordneter Purpose liefern den Mitarbeitern die nötige Orientierung und geben ihnen Halt. Die Dringlichkeit der Maßnahmen in chaotischen Kontexten spricht für einen autoritären Führungsstil. Dieser sollte allerdings nur so lange angewandt werden, bis das Unternehmen wieder einen beherrschbaren Führungskontext erreicht hat.

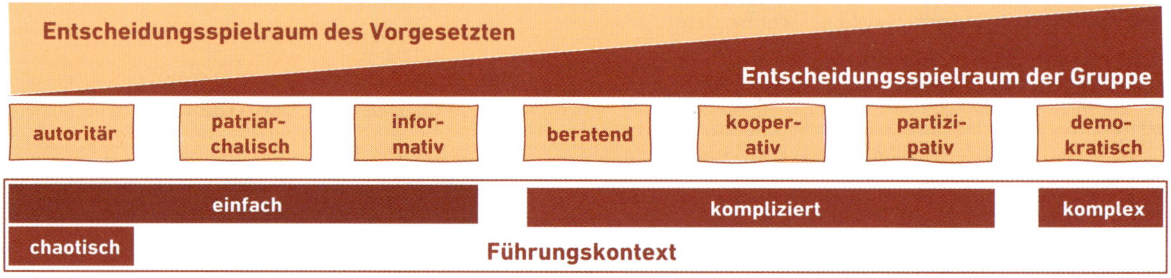

Abb. 6.2.5: Kontextabhängige Führungsstile[108]

Einfache und komplizierte Führungskontexte gelten als geordnet, denn die auftretenden Probleme lassen sich analysieren und systematisch lösen. Komplexe und chaotische Kontexte hingegen sind ungeordnet: Die Probleme erscheinen undurchschaubar und erfordern kontinuierliche Interventionen. Viele Führungskräfte kommen jedoch nur mit einem bestimmten Führungskontext zurecht. Da sich Führungskontexte überlagern oder abrupt ändern können, darf Personalführung kein Einheitsbrei sein. In jedem Unternehmen existieren sowohl stabile, kontrollierbare Kontexte als auch solche, in denen zu viel Planung die Organisation blockiert und ambitionierte Mitarbeiter ausbremst. In einfachen Führungskontexten mit standardisierten, repetitiven Abläufen ist agiles Handeln kein sinnvolles, da ineffizientes Vorgehen. Agilität ist vor allem in kundennahen Bereichen entscheidend, um rasch auf wechselnde Anforderungen zu reagieren und diese im direkten Kontakt mit dem Kunden umzusetzen. In chaotischen Führungssituationen hingegen sind schnelle, entschlossene Maßnahmen erforderlich, um Gefahren abzuwehren und Krisen zu bewältigen.

Exzellente Führung ist demnach ein fortlaufender Lernprozess aus Versuch und Irrtum.[109] Führungskräfte sollten ein breites Spektrum an Führungsstilen beherrschen und ihr Verhalten an den jeweiligen Kontext situativ anpassen. Dazu müssen sie zunächst anhand der in Abb. 6.2.6 aufgeführten Merkmale bestimmen, in welchem Kontext sich ihr Führungsbereich (Unternehmen, Geschäftsbereich oder Team) aktuell befindet. Falls Unsicherheiten bestehen, kann hierüber mit externen Beratern, den eigenen Mitarbeitern oder anderen Führungskräften diskutiert werden. Bei der kontextbezogenen Führung sind stets die beschriebenen Gefahrensignale zu beachten, auf die mit den entsprechenden Empfehlungen reagiert werden kann. Zudem sollten die Mitarbeiter verstehen, in welchem Kontext sich der Führungsbereich befindet, damit sie nachvollziehen können, warum ein bestimmter Führungsstil angewendet wird.

Allen Führungstheorien liegen unterschiedliche Annahmen darüber zugrunde, worauf erfolgreiche Personalführung basiert. Sie beziehen sich entweder auf das Verhalten der Führungskraft, situative Einflussfaktoren, persönliche Eigenschaften oder die wechselseitigen Beziehungen zwischen Vorgesetzten und Mitarbeitern. Aufgrund der Komplexität von Führungssituationen und der Individualität der Mitarbeiter kann es weder eine allgemeingültige Führungstheorie noch eine daraus ableitbare perfekte Führungsmethode geben. Die verschiedenen Ansätze liefern jedoch wertvolle Impulse für die praktische Führung und bilden die Grundlage für die Entwicklung von Führungsmodellen und -prinzipien.

Führungsmodelle beschreiben ein übergeordnetes Konzept zur Führung von Mitarbeitern und dienen als Leitlinie für das gesamte Führungshandeln.

Führungsmodelle bilden einen integrierten und umfassenden Handlungsrahmen, um die Erkenntnisse aus Führungs- und Motivationstheorien praktisch anwendbar zu machen.[110] Es lassen sich zwei **Kategorien von Führungsmodellen** unterscheiden, die im nächsten Kapitel weiter vertieft werden:[111]

- **Transaktionale Führung** beruht auf dem Prinzip des Gebens und Nehmens. Es findet ein wechselseitiger Austausch (Transaktion) zwischen der Leistung des Mitarbeiters und der Gegenleistung der Führungskraft statt. Der Mitarbeiter erfüllt die Erwartungen der Führungskraft, wenn er im Gegenzug eine aus seiner Sicht angemessene Belohnung erhält. Dieser Ansatz stützt sich auf die Verhaltens- und Situationstheorien. Transaktionale Führung ist primär Aufgabe des Managements.
- **Transformationale Führung** zielt darauf ab, die Einstellungen und Werte der Mitarbeiter zu verändern (Transformation). Sie vermittelt eine Vision als gemeinsame Zielrichtung, die von den Mitarbeitern verinnerlicht wird. Dadurch entsteht ein starker Leistungswille, der sie dazu befähigt, über sich hinauszuwachsen. Persönliche Interessen werden zugunsten übergeordneter Unternehmensziele zurückgestellt. Die Grundlage bilden Eigenschafts- und Interaktionstheorien, wobei auch Aspekte der Attributionstheorie einfließen. Transformationale Führung ist Aufgabe des Leaderships.

	Merkmale des Führungskontexts	Aufgabe der Führung	Gefahrensignale	Reaktion auf Gefahrensignale	
Einfach	• Eindeutige, für jeden ersichtliche Ursache-Wirkungs-Zusammenhänge • Es gibt eine richtige Lösung • Repetitive Abläufe • Wiederkehrende Muster und Ereignisse • Bekanntes Wissen („Known knowns")	• Erkennen – *Kategorisieren* – Reagieren • Effiziente Abläufe gewährleisten • Delegieren • Nutzung von „Best Practice" • Klare und direkte Kommunikation • Weisung und Kontrolle • Faktenbasierte Entscheidungen	• Selbstzufriedenheit und Bequemlichkeit • Wunsch, komplexe Probleme zu vereinfachen • Eingefahrenes Denken • Bestehendes Wissen wird nicht infrage gestellt • Festhalten am „Best Practice", auch wenn sich die Rahmenbedingungen ändern	• Bestehende Lösungen infrage stellen • Enger Kontakt zu den Mitarbeitern, ohne sich überall einzumischen • Niemals davon ausgehen, dass die Dinge einfach sind • Den Nutzen, aber auch die Grenzen von „Best Practice" erkennen	**Managementorientierte Führung**
Kompliziert	• Ursache-Wirkungs-Zusammenhänge sind vorhanden, aber nicht für jeden ersichtlich • Diagnose erfordert Expertenwissen • Es sind mehrere richtige Lösungen möglich • Erkanntes, unbekanntes Wissen („Known unknowns")	• Erkennen – *Analysieren* – Reagieren • Expertengremien einrichten • Nutzung von „Good Practice" • Unterschiedliche Ratschläge einbeziehen • Expertenbasierte Entscheidungen	• Fachleute favorisieren eigene oder bestehende Lösungen • Stillstand, wenn Experten sich nicht einigen können • Elfenbeintürme • Vorschläge von Nichtexperten werden ignoriert	• Expertenwissen infrage stellen, um eingefahrenes Denken zu verhindern • Aufstellung von Szenarien, um über den Tellerrand hinauszuschauen	**Integrierte Führung**
Komplex	• Ursache-Wirkungs-Zusammenhänge verändern sich laufend • Instabil und unvorhersehbar • Viele konkurrierende Ideen • Keine richtige Antwort vorhanden • Erfordert kreative und innovative Lösungsansätze • Suche nach „Next Practice" • Unerkanntes, unbekanntes Wissen („Unknown unknowns")	• *Ausprobieren* – Erkennen – Reagieren • Rahmenbedingungen schaffen und Experimente durchführen, um Zusammenhänge zu erkennen • Intensive Zusammenarbeit und Kommunikation • Kreativitätsmethoden einsetzen • Entscheidungen durch selbstorganisierte Teams	• Rückfall in die gewohnte Weisung und Kontrolle ist verlockend • Suche nach Fakten, statt das Entstehen von Strukturen zuzulassen • Wunsch, Probleme rasch zu lösen oder Chancen zu ergreifen, kann zu vorschnellen Lösungen führen • Versuch, Ordnung zu erzwingen	• Geduldig sein und sich Zeit zum Nachdenken nehmen • Interaktive Ansätze verwenden, damit sich Strukturen herausbilden können	**Agile Führung**
Chaotisch	• Starke Unruhe und Anspannung • Keine klaren Ursache-Wirkungs-Zusammenhänge • Suche nach richtigen Lösungen ist zwecklos • Rasche Entscheidungen erforderlich, ohne Zeit nachzudenken • Unerkennbares Wissen („Unknowables")	• *Handeln* – Erkennen – Reagieren • Schauen, was funktioniert, statt nach richtigen Lösungen zu suchen • Sofortige Maßnahmen treffen, um die Ordnung wiederherzustellen • Weisung und Kontrolle • Klare und direkte Kommunikation • Top-down-Entscheidungen	• Chaos hält an • Verpasste Chancen • Übersteigertes Selbstbild und Heldenkult • Autoritärer Führungsstil wird länger als nötig angewendet	• Einfache, komplizierte und komplexe Fragestellungen voneinander trennen und entsprechend bearbeiten • Konsequentes Handeln, um das Unternehmen aus dem Chaos herauszubringen • Den eigenen Führungsstil hinterfragen, wenn die Krise überwunden ist	**Krisenorientierte Führung**

Abb. 6.2.6: Kontextbedingte Führung[112]

Zur Umsetzung dieser Führungsmodelle dienen anschauliche Führungsprinzipien. Sie konkretisieren das Führungshandeln, indem sie sowohl die Individualität der Mitarbeiter als auch die Komplexität von Führungssituationen berücksichtigen. Führung soll dabei unter Berücksichtigung situativer Einflüsse und individueller Bedürfnisse erfolgen.

> **Führungsprinzipien** sind konkrete Gestaltungsregeln für die Personalführung, um die Führungsmodelle situations- und mitarbeitergerecht umzusetzen.

Solche Führungsleitlinien werden häufig in Form von Management-by-Konzepten formuliert.[113] Bekannte **Führungsprinzipien** sind:[114]

- **Management by Objectives (MbO)**: Bei dieser sogenannten *Führung durch Zielvereinbarungen* legen Führungskraft und Mitarbeiter gemeinsam konkrete Ziele fest. Dies erhöht die Akzeptanz und stärkt die Leistungsmotivation. Die Mitarbeiter erhalten einen Entscheidungsspielraum, innerhalb dessen sie die vereinbarten Ziele eigenverantwortlich umsetzen können. Dadurch sollen Kreativität, Motivation, Flexibilität und Ergebnisverantwortung gefördert werden. Zielvereinbarungen sind häufig mit leistungsorientierter Vergütung verknüpft. Die Ziele sollten hinsichtlich Inhalt, Ausmaß und Termin eindeutig formuliert und an den Fähigkeiten des Mitarbeiters ausgerichtet sein. Ihre Erreichung muss objektiv messbar und vom Mitarbeiter beeinflussbar sein. Die Umsetzung von MbO ist mit erheblichem organisatorischem Aufwand verbunden und erfordert Mitarbeiter, die eigenverantwortlich handeln können. Die eindeutige Zurechenbarkeit der Zielerreichung auf individuelle Leistungen kann jedoch problematisch sein. Zudem besteht bei einem einseitigen Fokus auf Leistungsziele die Gefahr, dass die Mitarbeiterorientierung vernachlässigt wird. Eine radikale Ausprägung von MbO ist das **Management by Results (MbR)**, das ausschließlich auf die erzielten Ergebnisse fokussiert – unabhängig davon, wie diese erreicht wurden.[115]

Vorteile	Nachteile
• Förderung von Eigeninitiative, Verantwortung und Leistungsmotivation • Ergebnisorientierung • Identifikation mit den Unternehmenszielen • Objektivere Mitarbeiterbeurteilung zur leistungsgerechten Entlohnung • Verbesserte Kommunikation und Transparenz • Klare Verantwortlichkeiten • Entlastung des Managements • Förderung der Mitarbeiterentwicklung	• Bestimmung eindeutiger und messbarer Ziele für alle Ebenen problematisch • Zeitintensive Zielbildung • Hoher Leistungsdruck • Vernachlässigung qualitativer Aspekte durch Fokus auf messbare Größen • Nicht für jeden geeignet • Zurechenbarkeit individueller Leistungen bei Teamarbeit schwierig • Zielerreichung ggf. durch externe Einflüsse verzerrt • Starre Zielorientierung kann Flexibilität hemmen

Abb. 6.2.7: Bewertung des Management by Objectives

- **Management by Delegation (MbD)**: Bei dieser sogenannten *Führung durch Aufgabenübertragung* werden Aufgaben und Entscheidungskompetenzen weitgehend an untergeordnete Hierarchieebenen delegiert. Den Mitarbeitern wird die Verantwortung für einen klar definierten Aufgabenbereich eingeräumt. Der Vorgesetzte greift nur ein, wenn Probleme auftreten, die der Mitarbeiter nicht eigenständig lösen kann. Die Handlungsverantwortung liegt beim Mitarbeiter, die Führungsverantwortung verbleibt beim Vorgesetzten.

Vorteile	Nachteile
• Förderung von Eigeninitiative, Verantwortung und Leistungsmotivation • Transparenz durch klare Aufgabenbereiche • Nutzung der Mitarbeiterkompetenzen • Schnelle Entscheidung durch Dezentralisierung von Entscheidungsbefugnissen • Entlastung des Managements • Schlanke Führungsebenen • Flexibilität durch dezentrale Entscheidungen • Förderung von Führungskräftenachwuchs	• Gefahr übermäßiger Bürokratie und starrer Strukturen, wenn Delegation zu stark reglementiert wird • Hohe Aufgabenorientierung zu Lasten der Mitarbeiterorientierung • Fehlende Kontrolle kann die Qualität der Arbeit beeinträchtigen • Demotivation, falls nur unattraktive Aufgaben delegiert werden (Alibi-Delegation) • Nicht alle Mitarbeiter sind zur Übernahme von Verantwortung bereit oder geeignet

Abb. 6.2.8: Bewertung des Management by Delegation

- **Management by Exception (MbE)**: Bei dieser sogenannten *Führung durch Abweichungskontrolle* geht es vor allem um die Entlastung der Führungskräfte von Routineaufgaben. Die Mitarbeiter treffen innerhalb eines vorgegebenen Handlungsrahmens eigenständige Entscheidungen, solange keine festgelegten Toleranzgrenzen überschritten werden oder unvorhersehbare Ereignisse auftreten. Die Festlegung der Toleranzgrenzen und Ausnahmen erfolgt durch den Vorgesetzten.

Vorteile	Nachteile
• Entlastet Führungskräfte von Routineaufgaben • Verbesserung der Mitarbeitermotivation durch selbstständiges Arbeiten, allerdings fehlt es häufig an echter Gestaltungsfreiheit • Erleichterung der Mitarbeiterbeurteilung durch objektive Bewertungskriterien • Konzentration auf das Wesentliche • Weniger Kontrollaufwand • Vermeidung von Mikromanagement • Ergebnisorientierung	• Gefahr von Fehleinschätzungen der Mitarbeiter bei Ausnahmefällen • Toleranzgrenzen sind schwierig festzulegen • Kaum Lerneffekte und Gefahr der Demotivation, da anspruchsvolle Aufgaben dem Vorgesetzten vorbehalten bleiben • Eingeschränkte Flexibilität bei unerwarteten Entwicklungen • Wenig geeignet für kreative oder komplexe Aufgabenbereiche

Abb. 6.2.9: Bewertung des Management by Exception

Führungsprinzipien sind oft leicht verständlich, wirken jedoch mitunter pauschal und plakativ. Für die Gestaltung einer konsistenten Personalführung können sie dennoch eine hilfreiche Orientierung bieten. Voraussetzung ist allerdings, dass sie von den Führungskräften auch tatsächlich gelebt werden und nicht nur auf dem Papier stehen. Andernfalls laufen sie Gefahr, unglaubwürdig zu wirken oder ins Lächerliche gezogen zu werden. In der Praxis finden sich zahlreiche zynische Umschreibungen, mit denen Mitarbeiter ihre Unzufriedenheit mit der gelebten Führung ausdrücken. Typische Beispiele sind Management by …

- **Helicopter**: Von oben hereinschweben, viel Staub aufwirbeln und wieder verschwinden.
- **Crocodile**: Immer das Maul aufreißen und wenn's brenzlig wird, abtauchen.
- **Kaffeesatz**: Führen nach Bauchgefühl und Nebelprognose – überzeugend, aber oft daneben.
- **Radar**: Reagiert nur, wenn etwas auf dem Schirm auftaucht, dann aber meist zu spät.
- **Champignon**: Mitarbeiter im Dunkeln lassen, regelmäßig mit Mist überschütten und zurückstutzen, sobald sie den Kopf rausstrecken.

6.2.2 Leadership entfacht das Feuer

Leadership vermittelt Sinn und ein Gefühl der Zugehörigkeit jenseits monetärer Anreize. Wer wirklich führt, inspiriert seine Mitarbeiter und schafft eine Gefolgschaft, die sich mit ganzer Kraft für die Ziele des Unternehmens engagiert – nicht, weil sie es müssen, sondern weil sie es wollen.[116]

Leadership entwickelt sinnstiftende und visionäre Ziele, die den Zusammenhalt stärken und die Mitarbeiter dazu inspirieren, gemeinsam über sich hinauszuwachsen.

Menschen folgen keinem Funktionsträger, sondern nur jemandem, den sie respektieren und dem sie vertrauen. Solche Führungspersönlichkeiten können mit ihren Visionen erstaunliche Erfolge erreichen. Ihre emotional ansprechenden und herausfordernden Ziele vermitteln sie durch Bilder, Geschichten und Metaphern. Ein Beispiel für dieses sogenannte **Storytelling** ist die Geschichte des CEO eines Medizintechnikunternehmens: „Wir wurden anfangs für unsere Vision belächelt, lebenswichtige Medikamente per Drohne in entlegene Regionen zu bringen, schneller als jedes Fahrzeug und unabhängig von der Infrastruktur. Trotz technischer Rückschläge, regulatorischer Hürden und Spott aus der Branche hielten wir an unserem Ziel fest. Am Ende gelang uns der Durchbruch, weil wir an uns glaubten und nie aufgaben. Heute retten unsere autonomen Systeme weltweit Leben – dort, wo jede Minute zählt."

Manager und Leader unterscheiden sich in ihrer Motivation, ihrer persönlichen Entwicklung und ihrer Art zu denken und zu handeln.[117] Das Management ist vorrangig für die effiziente Umsetzung operativer Maßnahmen und die Lösung konkreter Probleme zuständig.[118] Dabei dominieren die Führungsfunktionen Planung und Kontrolle sowie Organisation, während beim Leadership die Perso-

Abb. 6.2.10: Leadership und Management im integrierten System der Unternehmensführung

nalführung sowie Information und Kommunikation im Vordergrund stehen. Die Unternehmensführung umfasst beide Aufgabenbereiche, die sich bestmöglich ergänzen sollten. Die Aufgabenteilung zwischen Management und Leadership verdeutlicht Abb. 6.2.10.

Leadership am Beispiel Elon Musk

Elon Musk gilt als größter Visionär unserer Zeit. Nachdem er sich das Programmieren selbst beigebracht hatte, war er 1995 mit 24 Jahren an der Entwicklung des Online-Unternehmensverzeichnisses *Zip2* beteiligt. Vier Jahre später wurde es für 307 Mio. US-Dollar an *Compaq* verkauft. Seinen Anteil von 22 Mio. US-Dollar investierte er in den Aufbau von *PayPal*, das sich zum weltweit führenden Online-Bezahlsystem entwickelte. 2002 wurde *PayPal* für rund 1,5 Mrd. US-Dollar von *eBay* übernommen.

Noch im selben Jahr gründete er mit *Space Exploration Technologies (SpaceX)* ein Unternehmen für kommerzielle Raumfahrt und erfüllte sich damit einen Kindheitstraum. Ursprünglich verfolgte *SpaceX* die Vision einer bemannten Marsmission, heute strebt das Unternehmen auch die Besiedlung anderer Planeten an: „Making Humanity Multiplanetary". Seitdem hat das Unternehmen die Raumfahrtindustrie wesentlich geprägt.

Im Jahr 2020 brachte *SpaceX* im Auftrag der *NASA* erstmals zwei US-Astronauten mit einem wiederverwendbaren Raumschiff zur internationalen Raumstation *ISS*. Ein Jahr später führte *SpaceX* den ersten touristischen Weltraumflug durch. 2024 kehrte die untere Raketenstufe des Starship-Systems erfolgreich zur Startrampe zurück – ein Meilenstein in der Entwicklung vollständig wiederverwendbarer Trägersysteme. Darüber hinaus betreibt *SpaceX* mit *Starlink* ein Netzwerk aus über 7.000 Satelliten, das weltweiten Internetzugang ermöglicht.

Die Vision des 2003 gegründeten Automobilherstellers *Tesla* lautete zunächst: „To create the most compelling car company of the 21st century by driving the world's transition to electric vehicles". *Tesla* trieb damit die Elektromobilität weltweit voran. Seit der Übernahme des ebenfalls von *Musk* gegründeten Solarstromunternehmens *SolarCity* im Jahr 2016 baut *Tesla* neben reinen Elektrofahrzeugen auch skalierbare Lösungen zur Stromerzeugung und -speicherung. Die heutige Mission des Unternehmens ist es, den weltweiten Übergang zu nachhaltiger Energie zu beschleunigen, um die Vision einer emissionsfreien Zukunft zu verwirklichen.

Darüber hinaus gab *Musk* den Anstoß für weitere **innovative Projekte**:

- **Hyperloop**: Ein futuristisches Verkehrssystem, das Passagiere mit bis zu 1.200 km/h durch nahezu luftleere Röhren befördert.
- **OpenAI**: Ein KI-Forschungsunternehmen, das unter anderem *ChatGPT* entwickelt hat. Musk zog sich 2018 aus dem Projekt zurück.
- **Neuralink**: Entwicklung einer Schnittstelle zwischen Gehirn und Computer.
- **The Boring Company**: Bau unterirdischer Tunnel, um Verkehr und Infrastruktur in den Untergrund zu verlagern.
- **xAI**: Ein 2023 gegründetes KI-Unternehmen mit Fokus auf transparente Modelle und erklärbare Resultate.

Im Oktober 2022 erwarb Musk den Kurznachrichtendienst *Twitter* für 44 Mrd. US-Dollar, der im Juli 2023 in „X" umbenannt wurde. *Musk* lockerte daraufhin die Moderationsrichtlinien, was zu einem Anstieg von Hassrede und Fehlinformationen führte und ihm erhebliche Kritik einbrachte. Eine im Jahr 2024 veröffentlichte Studie ergab, dass *Musk* in den Algorithmus von *X* eingegriffen hat, um republikanische Inhalte im Vorfeld der US-Präsidentschaftswahl gezielt zu bevorzugen.[119] Am 20. Januar 2025 sorgte er bei einer Veranstaltung im Anschluss an *Donald Trumps* Amtseinführung mit einer Geste für Aufsehen, die von vielen Betrachtern als Hitlergruß gedeutet wurde. Seit der Übernahme haben mehr als 30 Millionen Nutzer sowie zahlreiche Werbekunden die Plattform *X* verlassen. Laut einer Bewertung von *Fidelity* ist der Unternehmenswert auf rund 9,4 Mrd. US-Dollar gesunken, rund 80 % unter dem ursprünglichen Kaufpreis.

Musk gab 2021 bekannt, dass bei ihm das Asperger-Syndrom diagnostiziert wurde, weshalb er manchmal ungewöhnliche Dinge sage oder nicht immer verstehe, wie seine Worte auf andere wirken. Als Doppel-CEO von *Tesla* und *SpaceX* ist *Musk* ein Workaholic, der rund um die Uhr arbeitet und das auch von seinen Mitarbeitern verlangt. Wenn er unrealistische Ziele vorgibt, Mitarbeiter niedermacht oder sie bis zur Erschöpfung antreibt, wird das von manchen als tyrannisch bezeichnet. Für andere ist es der Preis, um an seinen Visionen teilzuhaben. *Musk* sieht seine Lebensaufgabe darin, die Menschheit durch die Expansion ins Weltall vor der Auslöschung zu bewahren.[120] Mit einem geschätzten Vermögen von rund 370 Mrd. US-Dollar im Jahr 2025 ist er der reichste Mensch der Welt.

Worin unterscheiden sich Management und Leadership?

Beim **Management** dominiert die **transaktionale Führung** (vgl. Kap. 6.2.1). Der Mitarbeiter erhält im Austausch (Transaktion) für seine Leistung eine individuelle Belohnung oder Sanktion durch die Führungskraft nach dem Prinzip des „Geben und Nehmens". Ziel ist es, eine erwartungsgemäße Anstrengung des Geführten sicherzustellen und eine verlässliche Planungsgrundlage zu schaffen. Management betont Rationalität und Kontrolle mit dem Ziel, Bestehendes zu optimieren. Dafür braucht es keine Genies oder Helden, sondern Ausdauer, Hartnäckigkeit, analytisches Denken, Toleranz und konstruktiven Willen.[121]

Leadership steht dagegen für **transformationale Führung**. Sie verfolgt kollektive Ziele und spricht die tieferen Sehnsüchte der Geführten an, also etwa nach Sinn, Zugehörigkeit oder gemeinsamen Werten. Mitarbeiter wachsen dabei häufig über sich hinaus und erbringen außergewöhnliche Leistungen, weshalb auch von inspirierender Führung gesprochen wird.[122] Wo Manager nur begrenzte Möglichkeiten sehen, gehen Leader neue Wege. Bieten sich vielversprechende Chancen, dann scheuen sie keine Gefahren.[123] Ein Beispiel ist *Steve Jobs*, der mit seiner Leidenschaft und seinem Streben nach Perfektion gleich mehrere Branchen revolutionierte, vom Heimcomputer über Mobiltelefone und Animationsfilme bis hin zur Musikindustrie. Dadurch

	Management	Leadership
Führungstypus	Transaktional	Transformational
Veränderungsintensität	Evolutionär	Revolutionär
Führungsfunktionen	Lenken / Gestalten	Entwickeln / Gestalten
Führungsebene	Operativ / Strategisch	Normativ / Strategisch
Zielsetzung	Effizienz („Die Dinge richtig tun")	Effektivität („Die richtigen Dinge tun")
Zielanspruch	Das Bestehende bewahren und sukzessive fortentwickeln	Mitreißende und kühne Leitlinien (BHAG's, Moonshots)
Zielformulierung	Konkret und quantitativ	Umfassend und eher qualitativ
Zielhorizont	Erreichung operativer, überwiegend kurzfristiger Ziele	Unternehmenswert langfristig steigern und Zukunft sichern
Zeithorizont	Wenige Jahre mit Schwerpunkt auf das kommende Jahr	Von 5 Jahren bis zu mehreren Jahrzehnten
Führungsfokus	Systeme und Strukturen	Menschen
Führungskontext	Einfach oder chaotisch	Kompliziert oder komplex
Risikosicht	Risiken minimieren/eliminieren Risiken sind Gefahren	Risiken eingehen Risiken sind Chancen
Motivationsanreiz	Primär extrinsisch (Belohnung und Bestrafung)	Primär intrinsisch (Sinn und Gemeinschaft)
Fragestellungen	Wie und bis wann?	Was und warum?
Sicht auf die Mitarbeiter	Untergebene/Weisungsempfänger	Anhänger/Partner
Umgang mit Mitarbeitern	Führen durch strikte Anweisungen und Kontrolle	Führen durch Vertrauen darauf, dass sich die Mitarbeiter selbst steuern
Führungskompetenz	Fachkompetenz	Sozialkompetenz
Aufgabenbereich	Exploitation: Die Dinge am Laufen halten	Exploration: Neue Dinge zum Laufen bringen
Aufgaben	Optimierung; Ordnung und Beständigkeit sicherstellen; Aktivitäten planen, organisieren und kontrollieren; Probleme lösen	Wirksamkeit; Energien aktivieren; Wandel einleiten und gestalten; Visionen entwerfen; Mitarbeiter inspirieren/aktivieren; Sinn stiften
Hierarchieebene	Mittlere und untere Führungskräfte	Obere und mittlere Führungskräfte

Abb. 6.2.11: Unterschiede zwischen Management und Leadership

ermöglichte er den Aufstieg *Apples* zu einem der wertvollsten börsennotierten Unternehmen der Welt.

Leadership stärkt die Selbstwirksamkeit der Mitarbeiter, also den Glauben, aus eigener Kraft etwas bewirken und Herausforderungen meistern zu können. In Anlehnung an die 1961 vom US-Präsidenten *John F. Kennedy* ausgerufene Vision, bis zum Ende des Jahrzehnts einen Menschen auf den Mond zu bringen, werden solche mitreißenden, langfristigen und kühnen Ziele als **Moonshots** oder **Big Hairy Audacious Goals** (BHAG, gesprochen „Bi-häg") bezeichnet. Zwar haben alle Unternehmen Ziele, doch ein einfaches Ziel unterscheidet sich grundlegend von der Verpflichtung zu einer großen, gewaltigen Herausforderung, wie etwa der Besteigung des Mount Everest. Ein echtes BHAG ist klar und überzeugend formuliert, dient als Brennpunkt kollektiver Anstrengung und wirkt als Katalysator für den Teamgeist. Es beschreibt eine eindeutige Ziellinie, sodass jeder weiß, wann es erreicht ist.[124]

BHAGs müssen messbar sein und als grundsätzlich erreichbar gelten, auch wenn ihre Umsetzung große Anstrengungen erfordert. Sie verdeutlichen den übergeordneten Zweck der eigenen Tätigkeit und stiften Sinn. Die Umsetzung solcher langfristigen Ziele in kurzfristige, überprüfbare Meilensteine kann mithilfe des integrativen Performance Managements erfolgen, das in Kapitel 4.2.3 erläutert wird.

Abb. 6.2.11 verdeutlicht die Unterschiede zwischen Management und Leadership. Beide schließen sich nicht aus, sondern ergänzen einander. In der Praxis wird jedoch häufig die Dominanz des Managements und ein Mangel an Leadership beklagt – viele Unternehmen gelten als „overmanaged and underled".[125]

Leadership ist nicht nur auf der obersten Führungsebene relevant. In gewissem Maße sollte jede Führungskraft sowohl über Managementkompetenzen als auch über Leadership-Fähigkeiten verfügen.[126] Der konkrete Schwerpunkt hängt von der hierarchischen Ebene und dem Führungskontext ab sowie von den individuellen Stärken und Schwächen der jeweiligen Führungskraft. So kann eine Führungskraft eher analytisch und introvertiert sein, während eine andere durch Ideen, Charisma und Empathie überzeugt. Auf den oberen Ebenen sind starke Leader gefragt, auf den unteren Führungsebenen ist dagegen vor allem konsequentes Management erforderlich. Leader schaffen Aufbruchsstimmung und geben Impulse für Veränderungen, um die langfristige Existenz des Unternehmens zu sichern. Manager sorgen dann dafür, dass die erforderlichen Maßnahmen konsequent umgesetzt werden.

Leadership im Sport

Die Bedeutung von Leadership zeigt sich besonders dort, wo Teams unter Druck Höchstleistungen erbringen müssen – wie im Profifußball, wo der Trainer eine zentrale Rolle spielt. Als herausragendes Beispiel gilt **Jürgen Klopp**, der seine Spieler mit seiner euphorischen und empathischen Art motiviert und begeistert. Er vertritt die Überzeugung, dass Erfolge im Fußball nicht primär durch herausragende Einzelspieler, sondern durch die Geschlossenheit des Teams erzielt werden: „Die Mentalität eines Teams schlägt das Talent einzelner Spieler". *Klopp* gilt zudem als exzellenter Förderer von Talenten, wie etwa *Robert Lewandowski*, *Marco Reus* oder *Mario Götze*. Er orientiert sich an den Menschen und ist für seine Spieler da. Auch wenn er unangenehme Entscheidungen treffen muss, sind diese stets von Respekt geprägt. Er schafft es, ein starkes Wir-Gefühl im Verein zu erzeugen: Vom Spieler bis zum Küchenpersonal fühlt sich jeder als Teil des Teams.[127]

Seine Trainerlaufbahn begann er beim *1. FSV Mainz 05*, den er 2004 erstmals in der Vereinsgeschichte in die Bundesliga führte. Mit *Borussia Dortmund* gewann er 2011 die Deutsche Meisterschaft, 2012 das Double aus Meisterschaft und DFB-Pokal und erreichte 2013 das Finale der Champions League. Nach seinem Wechsel zum *FC Liverpool* gewann er 2019 die Champions League, nachdem das Team bereits 2018 im Finale gestanden hatte. 2020 führte er *Liverpool* erstmals seit 30 Jahren zur englischen Meisterschaft und erreichte 2022 erneut das Champions-League-Finale. Vor seiner Verpflichtung spielten sowohl *Dortmund* als auch *Liverpool* nur im Mittelfeld. In den Jahren 2019 und 2020 wurde *Klopp* als *FIFA*-Welttrainer ausgezeichnet. Im Sommer 2024 beendete er eine der erfolgreichsten Trainerkarrieren im europäischen Spitzenfußball.

Charismatische Führungskräfte zeichnen sich durch ausgeprägten Machtwillen, starkes Selbstbewusstsein und hohe persönliche Glaubwürdigkeit aus. Ihre persönliche Ausstrahlung erzeugt breite Akzeptanz, Zuneigung und Loyalität – und zwar unabhängig von ihrer fachlicher Kompetenz. Sie schaffen Vertrauen in ihre Visionen und erreichen, dass Mitarbeiter ihnen mit voller Überzeugung und hohem Einsatz folgen.[128] Charismatische Führung kann enorme Wirkung entfalten, birgt jedoch auch große Gefahren, wenn sie egoistisch oder manipulativ eingesetzt wird. Dann zeigt sich die dunkle Seite der Führung, das sogenannte **Bad Leadership**: Manche Vorgesetzte schreien ihre Mitarbeiter an, setzen sie herab, nutzen sie aus oder schmücken sich mit ihren Lorbeeren. Handelt es sich nicht um einmalige Ausrutscher, sondern um regelmäßiges und absichtliches Fehlverhalten, führt dies bei den Betroffenen zu erheblichem Stress, gesundheitlichen Beschwerden, erhöhten Fehlzeiten und dem Wunsch, das Unternehmen zu verlassen.

Eine **destruktive Führung** kann sich aber auch gegen das Unternehmen selbst richten, etwa durch Regelbrüche wie Diebstahl, Betrug oder Korruption. Trifft eine machtgetriebene und egozentrische Führungskraft auf angepasste Mitarbeiter, kann das dem Unternehmen schweren Schaden zufügen. Denn durch fehlenden Widerspruch und blinden Gehorsam können solche Führungskräfte ihr destruktives Verhalten ungestört fortsetzen.[129] Beispielsweise weigerte sich US-Präsident *Donald Trump*, seine Wahlniederlage vom 3. November 2020 anzuerkennen. Am 6. Januar 2021 rief er seine in Washington, D.C. versammelten Anhänger dazu auf, den Kongress daran zu hindern, das Wahlergebnis offiziell zu bestätigen. Beim darauffolgenden Sturm auf das Kapitol drangen zahlreiche Demonstranten in das Parlamentsgebäude ein, wobei fünf Menschen ums Leben kamen. Rund 1.500 dafür verurteilte Straftäter wurden von *Trump* im Januar 2025 kurz nach Beginn seiner zweiten Amtszeit begnadigt.

Destruktive Führung am Beispiel Martin Winterkorn

Martin Winterkorn war von 2007 bis 2015 Vorstandsvorsitzender des *VW-Konzerns*. Seine Vision war es, das Unternehmen zum größten Autobauer der Welt zu machen. Dafür setzte er konsequent auf Wachstum. In seiner Amtszeit übernahm der Konzern die Marken *Porsche*, *MAN*, *Scania*, *Ducati*, *Bugatti*, *Bentley* und *Lamborghini* und es wurden zahlreiche neue Werke in China, Osteuropa, den USA, Lateinamerika und Deutschland errichtet. Bei seinem Amtsantritt im Jahr 2007 lag der Absatz bei 6,2 Millionen Fahrzeugen und die Zahl der Beschäftigten bei rund 330.000. Bis Ende 2014 stiegen der Absatz auf 10,2 Millionen und die Beschäftigtenzahl auf fast 600.000. Für diese Erfolge wurde *Winterkorn* gefeiert und mehrere Jahre war er der bestbezahlte Manager Deutschlands.[130]

Doch irgendwann wurde sein Reich zu groß, um beherrschbar zu bleiben, und die Probleme häuften sich. 2015 versuchte der damalige Aufsichtsratsvorsitzende und Hauptanteilseigner *Ferdinand Piëch*, ihn aus dem Amt zu drängen. Als dies misslang, musste schließlich *Piëch* selbst zurücktreten. Am 20. September 2015 räumte *Winterkorn* ein, dass *VW* seit 2007 die Abgaswerte von über elf Millionen Dieselfahrzeugen mithilfe einer illegalen Abschalteinrichtung auf dem Prüfstand manipuliert hatte. Drei Tage später erklärte er seinen Rücktritt. Die strafrechtliche Verfolgung von *Winterkorn* wegen schweren Betrugs und Marktmanipulation zieht sich seither hin, ein abschließendes Urteil ist bislang nicht in Sicht.

Vermutlich wird sich nie eindeutig klären lassen, wer den Abgasbetrug veranlasst und über Jahre hinweg gefördert hat und wer lediglich schweigend zusah. Es gilt jedoch als unwahrscheinlich, dass ein Mann wie *Winterkorn*, der für seine Detailversessenheit bekannt war, nichts davon gewusst haben soll. Er führte den Konzern autoritär, teils sogar diktatorisch. Bei *VW* herrschte ein Klima der Angst, in dem Mitarbeiter entweder alles versuchten, um die geforderten Abgasgrenzwerte einzuhalten oder sich an einem von oben angeordneten Betrug beteiligten. Der Skandal kostete *Volkswagen* bislang rund 33 Mrd. Euro und ruinierte nicht nur den Ruf des Unternehmens, sondern schadete auch dem weltweiten Ansehen der deutschen Wirtschaft.

Integrierte Personalführung

Die Personalführung ist für Unternehmen ein zentraler **Erfolgsfaktor**. Hierfür sind auf allen hierarchischen Ebenen kompetente und erfahrene Führungskräfte erforderlich. Sowohl Management als auch Leadership sollten im gesamten Unternehmen gelebt und gezielt gefördert werden.[131] In anspruchsvollen Aufgaben können Mitarbeiter ihre individuellen Stärken zeigen. Führungskräfte sollten talentierte Nachwuchskräfte fördern und fordern, ihnen das Handwerk der Führung vermitteln und sie so zu wirksamen Führungspersönlichkeiten entwickeln.[132]

Die **Kernaufgaben** der Personalführung sind:[133]

- **Auftragsorientierte Führung** umfasst die Planung und Kontrolle auftragsbezogener Handlungen, begleitet deren Umsetzung und sorgt für Transparenz über erzielte Fortschritte. Damit Aufträge erfolgreich erfüllt werden, brauchen sowohl Führungskräfte als auch Mitarbeiter die richtige Einstellung, passende Fähigkeiten und ein gutes Zeitmanagement.
- **Teamführung** soll die kollektiven Beziehungen innerhalb des Teams stärken und die Mitglieder mit allen zur Auftragserfüllung notwendigen Informationen versorgen. Dies soll eine produktive Zusammenarbeit ermöglichen, um Ziele gemeinsam zu erreichen.

- **Individuelle Führung** bezieht sich auf die einzelnen Mitarbeiter und berücksichtigt persönliche Unterschiede, etwa in Bildung, Alter, Betriebszugehörigkeit oder Engagement. Nicht alle Menschen lassen sich auf die gleiche Weise führen. Individuelle Führung umfasst unter anderem Maßnahmen zur Motivation, Qualifizierung, Entwicklung, Information und gegebenenfalls Disziplinierung.
- **Selbstführung** dient dazu, die eigene Leistungsfähigkeit langfristig sicherzustellen. Dazu gehören Maßnahmen zur Stärkung von Führungskompetenz, Achtsamkeit, Empathie, Resilienz und Gesundheit sowie ein konstruktiver Umgang mit negativen Emotionen.

Zur Erfüllung dieser Kernaufgaben benötigen Unternehmen eine **beidhändige Personalführung**, um gleichzeitig widersprüchlichen Anforderungen gerecht zu werden (vgl. Kap. 6.3.1): transaktionales Management, um Bestehendes am Laufen zu halten (Exploitation) und transformationales Leadership, um Neues zum Laufen zu bringen (Exploration). Die Elemente einer solchen integrierten Personalführung zeigt Abb. 6.2.12.

Integrierte Personalführung beschreibt einen ganzheitlichen Führungsansatz, der auftragsorientierte, teambezogene, individuelle und selbstbezogene Führungsaufgaben systematisch verknüpft. Im Sinne beidhändiger Führung kombiniert sie transaktionales Management zur Sicherung effizienter Abläufe mit transformationalem Leadership zur Gestaltung von Veränderung.

Merkmale wirksamer Führung

Kaum ein Mensch wird als Führungskraft geboren. Doch was zeichnet eine erfolgreiche Führungskraft aus und lassen sich Management und Leadership tatsächlich erlernen? Häufig werden dazu ideale Eigenschaften genannt: Eine Führungskraft soll etwa zielorientiert, gut informiert, charismatisch, entschlossen, verantwortungsbewusst oder intelligent sein.[135] Dies erinnert an die sprichwörtliche eierlegende Wollmilchsau, ein Wesen, das es in der Realität nicht gibt. Solche Zuschreibungen entsprechen einem häufigen Denkfehler, der auf die Eigenschaftstheorie (vgl. Kap. 6.2.1) zurückgeht: Führungserfolg wird dabei auf bestimmte Persönlichkeitsmerkmale zurückgeführt, während erlernbare Kompetenzen und situative Einflüsse unterschätzt werden.

Für wirksame Führung ist nicht die Persönlichkeit einer Führungskraft entscheidend, sondern ihre Fähigkeit, ergebnisorientiert, ganzheitlich, verantwortungsbewusst und motivierend zu führen. Dies erfordert vor allem handwerkliche Professionalität und ist nicht angeboren, sondern muss erlernt werden. Erfahrung spielt dabei eine zentrale Rolle.[136] Führung ist somit weder eine Kunst, noch erfordert es besonderes Charisma. Die Entwicklung einer Vision ist keine Zauberei, sondern beruht bei aller Kreativität vor allem auf der nüchternen Analyse von Chancen und Gefahren. Visionen müssen auch nicht besonders originell sein, sondern in eine erfolgreiche Wettbewerbsstrategie

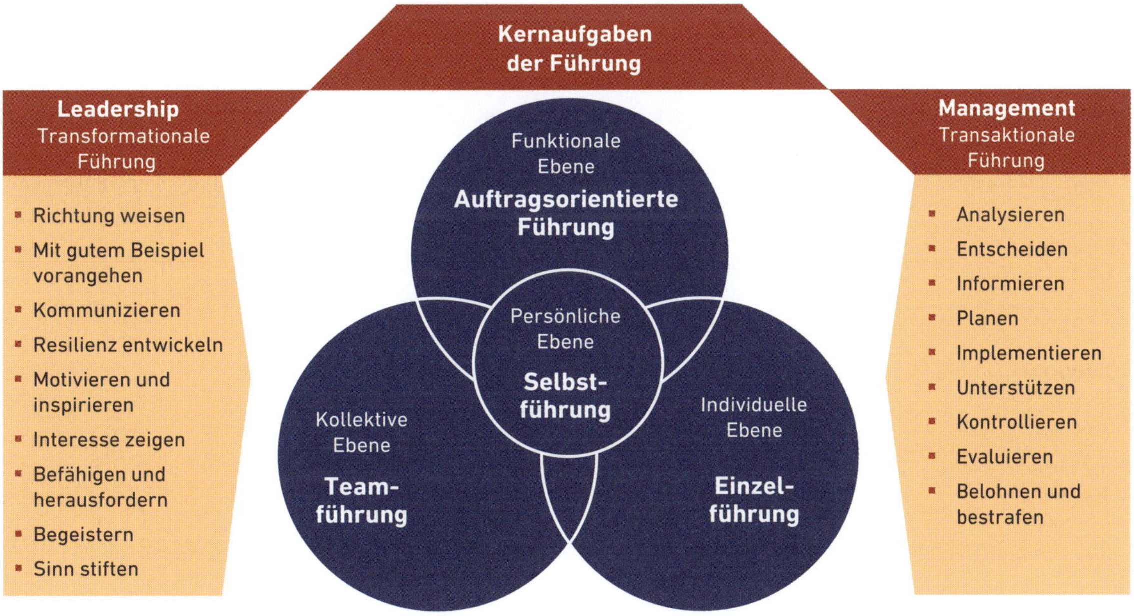

Abb. 6.2.12: Integrierte Personalführung[134]

umgesetzt werden können.[137] Abb. 6.2.13 fasst die Grundsätze und Aufgaben wirksamer Führung zusammen.

Führungsgrundsätze	
Resultatorientierung	Nicht die Arbeit selbst soll Freude machen, sondern das erzielte Ergebnis und die Effektivität, mit der es erreicht wird.
Beitrag zum Ganzen	Führung bedeutet, das große Ganze im Blick zu behalten und sicherzustellen, dass alle ihren Beitrag dazu leisten.
Konzentration auf Weniges	Wirksamkeit entsteht durch Fokussierung auf wenige, klar ausgewählte Schwerpunkte.
Stärken nutzen	Mitarbeiter sollen nach ihren Stärken eingesetzt und gefördert werden, statt sich um die Beseitigung ihrer Schwächen zu bemühen.
Vertrauen	Führung funktioniert nur auf Basis gegenseitigen Vertrauens, sonst sinkt die Motivation.
Positiv denken	Eine konstruktive Haltung lenkt die Aufmerksamkeit auf Chancen statt auf Gefahren und motiviert zu Höchstleistungen.

Führungsaufgaben	
Für Ziele sorgen	Ziele auf das Wesentliche konzentrieren, realistisch formulieren und an die konkrete Unternehmenssituation anpassen.
Organisieren	Schlanke Strukturen mit möglichst wenigen Hierarchieebenen schaffen und direkte Kommunikations- und Entscheidungswege sicherstellen.
Entscheiden	Entscheidungen sollten überlegt, nachvollziehbar und auf einer klaren Grundlage getroffen werden – nicht spontan oder intuitiv.
Kontrollieren	Kontrollen sind notwendig, sollen aber auf Vertrauen basieren und sich auf das Wesentliche beschränken.
Menschen entwickeln und fördern	Individuelle Stärken erkennen und durch herausfordernde Aufgaben gezielt ausbauen.

Abb. 6.2.13: Grundsätze und Aufgaben wirksamer Führung[138]

Die Bedeutung wirksamer Führung wächst mit der Schwierigkeit der Rahmenbedingungen. Das lässt sich gut am Segeln veranschaulichen: Bei idealem Wind kann fast jeder ein Boot steuern, erst bei Sturm ist der erfahrene Kapitän gefragt. Er legt den Kurs fest und entscheidet, wie die Segel zu setzen sind. Er erkennt intuitiv, woher der Wind kommt und wann er dreht. In der Flaute nutzt er die Zeit, um sich auf den nächsten Windstoß vorzubereiten, damit er andere Schiffe überholen kann. Die wahre Führungsstärke eines Unternehmens zeigt sich daher erst unter schwierigen und unberechenbaren Bedingungen. Führung wird damit zum entscheidenden Erfolgsfaktor und zu einem schwer imitierbaren Wettbewerbsvorteil. Die gezielte Auswahl und Entwicklung von Führungskräften ist für Unternehmen somit die wirksamste Vorbereitung auf eine unsichere Zukunft.[139]

Sich führen zu lassen bedeutet, sich jemandem anzuvertrauen. **Vertrauen** entsteht durch die persönliche Integrität, das Ansehen und die Erfolgsbilanz einer Führungskraft sowie durch die Übereinstimmung von Worten und Taten. Vertrauensvolle Führungskräfte taktieren nicht im Verborgenen, sondern sind offen und ehrlich – sie sagen, was sie meinen, und meinen, was sie sagen.[140] Vertrauen sollte jedoch wechselseitig sein. Im Tagesgeschäft bleibt oft keine Zeit für hierarchische Abstimmungen, sodass Mitarbeiter eigenständig Entscheidungen treffen müssen. Führungskräfte müssen sich dann auf ihre Mitarbeiter verlassen können. Dieses Vertrauen verpflichtet, denn viele Mitarbeiter wollen die in sie gesetzten Erwartungen erfüllen und die Führungskraft nicht enttäuschen. Auch wenn Vertrauensbrüche nie völlig auszuschließen sind und gegebenenfalls sanktioniert werden müssen, bleibt Vertrauen eine zentrale Voraussetzung, um andere wirksam führen zu können.[141]

Wirksame Führung bei Google

Im unternehmensinternen *Projekt Oxygen* hat *Google* durch zahlreiche Befragungen und empirische Analysen über viele Jahre hinweg untersucht, was exzellente Führungskräfte ausmacht. Um damit auch andere Unternehmen zu inspirieren, wurde die Initiative *re:Work* gegründet.[142]

Eine **Google-Führungskraft**[143]

- hat eine klare Vision und Strategie für ihr Team,
- ist ein guter Coach,
- befähigt ihr Team und kümmert sich dann nicht um jede Kleinigkeit,
- zeigt Interesse am Erfolg und Wohlbefinden ihrer Mitarbeiter,
- ist produktiv und ergebnisorientiert,
- ist ein guter Kommunikator, hört zu und teilt Informationen,
- unterstützt die Karriere ihrer Mitarbeiter und gibt Feedback zur Leistung jedes Teammitglieds,
- verfügt über die erforderliche Fachkompetenz, um ihr Team zu beraten,
- arbeitet unternehmensweit zusammen und
- ist entscheidungsstark.

6.2.3 Agil Führen

Eine agile Organisation richtet das Unternehmen marktorientiert und flexibel aus, um eine möglichst hohe Anpassungsfähigkeit zu erreichen (vgl. Kap. 5.2). Doch neue Strukturen oder Werkzeuge allein machen ein Unternehmen nicht agil. Dazu ist sowohl bei den Mitarbeitern als auch bei den Führungskräften ein mentaler Wandel erforderlich. Traditionelles hierarchisches Management geht davon aus, dass die Führung stets am besten weiß, was zu tun ist. Die Mitarbeiter erhalten klare Anweisungen und werden kontrolliert, ob sie diese korrekt umsetzen. In einer managementorientierten Unternehmensführung (vgl. Kap. 1.5.2) gelten Hierarchieaufstieg und Machtzuwachs als Maßstab für Karriere und Erfolg. Doch in einem komplexen Führungskontext sind hierarchische Strukturen zum Scheitern verurteilt, da sie nicht mit schwer durchschaubaren und dynamischen Veränderungen umgehen können.[144]

Agile Führung ist die zielgerichtete Beeinflussung des Verhaltens, der Leistung und der Entwicklung von selbstorganisierten Teams. Sie schafft die nötigen Rahmenbedingungen, damit diese eigenständig entscheiden und handeln können, und vermittelt ihnen Orientierung und Sinn.

Die agile Führung soll sowohl die Anpassungsfähigkeit als auch die innere Stabilität der Organisation gewährleisten. Abb. 6.2.14 veranschaulicht die Aspekte agiler Führung in Form eines Zwiebelmodells. Im Kern steht die Mentalität, also die grundlegende Einstellung und Denkhaltung. Dieses sogenannte **Mindset** prägt die agilen Werte, aus denen sich Führungsprinzipien als konkrete Handlungsanweisungen ableiten. Nur auf dieser Grundlage können agile Werkzeuge wirksam eingesetzt werden. Während die Mentalität häufig unbewusst bleibt und von außen kaum wahrgenommen wird, sind die eingesetzten Werkzeuge im Unternehmensalltag direkt erfahrbar.

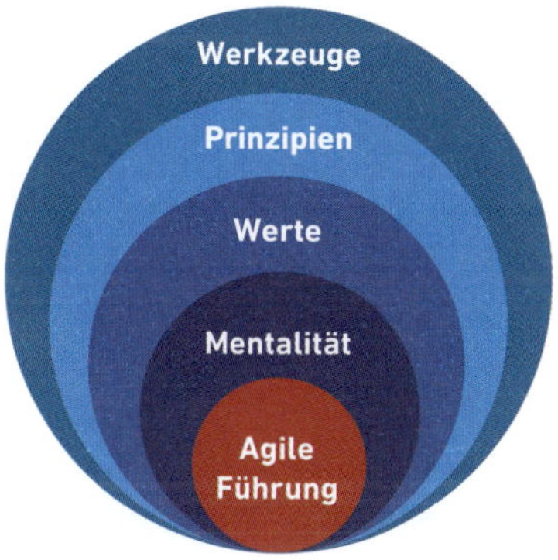

Abb. 6.2.14: Aspekte agiler Führung

Agiles Mindset

Agile Führung erfordert einen grundlegenden Bewusstseinswandel, einen sogenannten **Mindshift**. Die Entwicklung des Unternehmens und das individuelle Wachstum der Mitarbeiter sollten nicht länger als Gegensätze verstanden werden, sondern sich gegenseitig fördern und stimulieren. Dies setzt ein verändertes Verständnis vom Wesen und der Motivation des Menschen voraus, insbesondere im Hinblick auf die Zusammenarbeit in einer VUKA-Welt (vgl. Kap. 1.5.1). Im Zentrum steht ein Menschenbild, das den Mitarbeiter und seine Motivation in den Mittelpunkt rückt. Agile Führung basiert auf der Theorie Y, die davon ausgeht, dass Menschen intrinsisch motiviert sind, gerne Verantwortung übernehmen und ihr Potenzial entfalten möchten (vgl. Kap. 6.2.1). Dieses Menschenbild bildet die

Grundlage agiler Führung in einem komplexen Führungskontext.

In agilen Organisationen werden die Mitarbeiter als soziale Wesen verstanden, die sich in eine Gemeinschaft einbringen und diese aktiv unterstützen wollen, um Anerkennung und Sicherheit zu gewinnen. Durch respektvolle Kommunikation auf Augenhöhe und wechselseitige Interaktion entsteht ein lebendiger Austausch. Agile Führung basiert auf der Überzeugung, dass sich Mitarbeiter nach besten Kräften für das Unternehmen engagieren. Sie schafft die Rahmenbedingungen, in denen sich jeder Einzelne optimal entfalten kann. Das Verhalten wird dabei weniger durch persönliche Eigenschaften als vielmehr durch die organisatorischen Strukturen bestimmt.[145] Agile Führung lässt sich mit einem Gärtner vergleichen, der dafür sorgt, dass seine Pflanzen unter optimalen Bedingungen wachsen können. Er gießt sie regelmäßig, düngt gelegentlich und entfernt Unkraut. Doch an den Pflanzen zu ziehen, würde ihr Wachstum nicht beschleunigen, eher im Gegenteil.[146]

Manche Kritiker bezweifeln, dass sich alle Menschen intrinsisch motivieren lassen. Als Beispiele nennen sie häufig den Fließbandarbeiter, den Kassierer im Supermarkt oder die Reinigungskraft. Solche Aussagen beruhen jedoch auf einem negativen Menschenbild. Intrinsische Motivation ist keineswegs nur hoch qualifizierten Wissensarbeitern oder kreativen Köpfen vorbehalten. Sie erfordert jedoch die richtigen Rahmenbedingungen, sogenannte Hygienefaktoren (vgl. Kap. 6.2.1). Dazu zählen faire Bezahlung, Wertschätzung für den Menschen und dessen Leistung, sichere und angenehme Arbeitsbedingungen sowie soziale Bindungen. Sind diese Voraussetzungen erfüllt, kann grundsätzlich jeder Mensch in gewissem Maß intrinsisch motiviert werden. Jede Arbeit kann folglich Sinn stiften und Menschen sehnen sich danach, sich einzubringen.[147]

Mitarbeiterorientierung bei Southwest Airlines

Der US-Billigflieger *Southwest Airlines* gehört mit über 70.000 Mitarbeitern, einer Flotte von rund 800 Flugzeugen und einem Jahresumsatz von über 27,5 Mrd. US-Dollar zu den größten und rentabelsten Fluggesellschaften der Welt. Die Vision von *Southwest* lautet: „To become the World's Most Loved, Most Efficient, and Most Profitable Airline". Das Unternehmen verfügt über eine mitarbeiterzentrierte Unternehmenskultur – die *Southwest Family*. Nach dem Motto *Employee first* stehen nicht etwa die Kunden, sondern die Mitarbeiter an erster Stelle. Deren Identifikation mit dem Unternehmen, egal ob Piloten, Flugbegleiter oder Bodenpersonal, ist außerordentlich hoch. Dies zeigt sich etwa im herzlichen Umgang mit den Kunden und ist einer der wesentlichen Gründe für die hohe Kundenzufriedenheit. Der frühere CEO *Gary Kelly* betonte: „Our people are our single greatest strength and most enduring long-term competitive advantage". Die Aktie des Unternehmens wird an der Börse unter dem Kürzel LUV gehandelt – eine bewusste Anspielung auf das englische Wort „Love".[148]

Jede Motivation von außen ist nur dann langfristig wirksam, wenn sie zur Selbstmotivation führt. Dafür müssen „Kopf, Bauch und Hand" zusammenpassen: Die expliziten Ziele („Kopf") müssen mit den persönlichen, häufig unbewussten Motiven des Mitarbeiters („Bauch") übereinstimmen, und er muss über die nötigen Kompetenzen, Erfahrungen und das Selbstvertrauen („Hand") verfügen, um diese Ziele umzusetzen.[149] Gemäß der neurobiologischen Motivationstheorie (vgl. Kap. 6.2.1) soll Führung regelmäßig neue Herausforderungen schaffen, das Know-how im Unternehmen vernetzen, Mitarbeiter wertschätzend unterstützen, Erfolgserlebnisse ermöglichen und eine positive Fehlerkultur fördern.[150]

Belohnung und Bestrafung sind Erziehungsmethoden, die im Unternehmenskontext nicht funktionieren. Wer Mitarbeiter für grundsätzlich unmotiviert hält, darf nicht erwarten, dass sie sich mit voller Kraft engagieren. Monetäre Anreize können die Motivation langfristig sogar untergraben: Sie konditionieren Mitarbeiter darauf, nur noch solche Ziele zu verfolgen, die finanziell belohnt werden. Das fördert taktisches und manipulatives Verhalten, wie es etwa bei der traditionellen Budgetierung häufig zu beobachten ist (vgl. Kap. 4.3.2). Zwar kann eine

Prämie anfangs motivierend wirken, doch wird sie schnell als selbstverständlich wahrgenommen. Um weiterhin leistungssteigernd zu wirken, müsste sie deshalb ständig erhöht werden, bis auch das schließlich wirkungslos bleibt. Bleibt die Belohnung hingegen aus oder wird gekürzt, geht die Motivation stark zurück. Ursache hierfür ist unter anderem, dass Verluste emotional deutlich stärker empfunden werden als Gewinne.[151] Werden die Ziele nicht als sinnvoll angesehen, können daran auch monetäre Anreize nichts ändern. Die Mitarbeiter leisten dann nur noch Dienst nach Vorschrift. Komplexe Führungskontexte erfordern hingegen eigenverantwortliches und kreatives Denken und Handeln.[152]

New Work: Agile Werte und Führungsprinzipien

Partizipative Führungsansätze, die auf Agilität, Vertrauen und Sinnstiftung setzen, gelten als Alternative zur traditionellen hierarchischen Führung und werden unter dem Begriff **New Leadership** zusammengefasst. Dahinter steht die Idee einer „Neuen Arbeit" (New Work), die der Sozialphilosoph *Frithjof Bergmann* bereits in den 1970er-Jahren formuliert hat. Nach seiner Ansicht sollte „die Arbeit, die wir leisten, ... nicht all unsere Kräfte aufzehren und uns erschöpfen, [sondern] ... uns stattdessen mehr Kraft und Energie verleihen. Nicht wir sollten der Arbeit dienen, sondern die Arbeit sollte uns dienen."[153] Als Gegenentwurf zur klassischen Lohnarbeit suchte er deshalb nach einer Arbeit, „die wir wirklich, wirklich wollen".[154]

Heute steht **New Work** für eine veränderte Vorstellung von Arbeit, die persönliche Entwicklung, Autonomie, Flexibilität und Sinnhaftigkeit in den Mittelpunkt stellt.[155] Dadurch soll das **psychologische Empowerment** der Mitarbeiter gestärkt werden: Sie sollen ihre Kompetenz wahrnehmen, ihre Arbeit als sinnvoll empfinden, selbstbestimmt arbeiten und das Gefühl haben, einen Beitrag zum Unternehmenserfolg zu leisten. Dies fördert sowohl die Leistung und Zufriedenheit der Mitarbeiter als auch ihre Identifikation mit dem Unternehmen.[156]

Insbesondere jüngere Mitarbeiter der Generationen Y und Z hinterfragen traditionelle Arbeitsweisen und Karrieren. Für sie verliert die Legitimation durch Status an Bedeutung. Sie wollen arbeiten, um zu leben und nicht leben, um zu arbeiten. Ganz im Gegensatz zu den Babyboomern, bei denen die Arbeit im Zentrum stand. Junge Generationen streben nach einer Tätigkeit, die ihren Vorstellungen, Träumen und Begabungen entspricht und ihnen Freude, Energie und Sinn verleiht. Insbesondere Wissensarbeiter wollen an Entscheidungen partizipieren und selbstbestimmt handeln, statt sich in Hierarchien pressen zu lassen.[157]

Sogar Führungskräfte wünschen sich heute eine gelungene Work-Life-Balance. In immer mehr Unternehmen, etwa bei *Beiersdorf*, *Bosch*, *Metro*, *Ikea* oder *SAP*, werden Führungspositionen im Tandem besetzt. Bei **geteilter Führung (Shared Leadership)** tragen zwei Führungskräfte gemeinsam die Verantwortung. Dies reduziert die individuelle Arbeitsbelastung und soll Leistungssynergien erzeugen, ganz nach dem Motto: 1 + 1 = 3. Allerdings sollten die Tandempartner gut harmonieren und sich vertrauen. Zudem müssen ihre Aufgaben, Zuständigkeiten, Arbeitszeiten und Erreichbarkeiten klar geregelt sein.[158]

Um dem Wunsch nach mehr Flexibilität gerecht zu werden, bieten Unternehmen häufig **hybride Arbeitsmodelle** an. Dies dient auch dazu, um bei zunehmendem Fachkräftemangel als Arbeitgeber attraktiv zu sein. Mitarbeiter können dabei entweder am selben oder an verschiedenen Orten sowie gleichzeitig (synchron) oder zeitversetzt (asynchron) zusammenarbeiten. Das Büro hat damit sein Monopol auf Arbeit verloren. Der Trend geht zur „**Anywhere-Organisation**", in der die Zusammenarbeit in geografisch verteilten Teams erfolgt.[159]

Mobiles Arbeiten (Remote Work) eignet sich besonders für Aufgaben, die hohe Konzentration erfordern, jedoch weniger für kreativen Austausch. Zufällige Begegnungen, etwa in Fluren oder Kaffeeküchen, finden in virtuellen Umgebungen kaum statt. Dadurch leidet die informelle Kommunikation, die spontan und unstrukturiert erfolgt. Gerade sie ist jedoch entscheidend für zwischenmenschliche Beziehungen, kooperative Zusammenarbeit und die Zufriedenheit der Mitarbeiter. Darüber hinaus verbreitet sie Informationen oft schneller als formale Strukturen. Beim hybriden Arbeiten ist informelle Kommunikation daher gezielt zu ermöglichen, auch wenn sie weder geplant noch reguliert werden kann. In *Microsoft Teams* symbolisiert etwa der Verfügbarkeitsstatus die offene Bürotür. Ebenso sollten virtuelle Meetings nicht zu viele Teilnehmer haben, und die Kameras möglichst immer eingeschaltet sein. Um räumliche Nähe und Vertrauen zu stärken und damit kreative Prozesse sowie das soziale Miteinander zu fördern, richten Unternehmen beispielsweise Open-Space-Büros mit Campusatmosphäre ein. New Work ist somit auch die Suche nach dem richtigen Verhältnis zwischen Präsenz und Distanz. Eine einfache Faustregel lautet: Je mehr Emotionen im Spiel sind und je mehr Kreativität gefragt ist, desto synchroner und ortsgebundener sollte die Zusammenarbeit sein.[160]

New Work als Antwort auf das Energieproblem

Praxisbeispiel von Oliver Herrmann, Head of Employee Wellbeing, Health and Safety, Deutsche Telekom AG

Die *Deutsche Telekom AG* ist mit einem Umsatz von über 115 Mrd. Euro und rund 200.000 Mitarbeitern eines der weltweit führenden Telekommunikationsunternehmen. Wesentliche Elemente von New Work sind im Konzern bereits seit vielen Jahren verankert. Ohne diese wäre eine Anpassung an die sich in den letzten Jahren rapide ändernden Rahmenbedingungen nicht möglich gewesen.

Im Kern geht es bei New Work um die Frage, wie Arbeit gestaltet werden kann, damit sie die Menschen stärkt, statt sie zu schwächen. Wo stehen wir damit heute? 2024 waren nach dem *Gallup Engagement Index* lediglich 9 % der deutschen Arbeitnehmer emotional an ihr Unternehmen gebunden. Dagegen leisteten 78 % nur noch „Dienst nach Vorschrift", und 13 % hatten innerlich gekündigt. Diese Zahlen sind alarmierend, denn sie zeigen, dass ein Großteil der Beschäftigten nicht in einer stärkenden Arbeitswelt tätig ist. Daraus folgt auch ein hoher Krankenstand. Frustrierte Arbeitnehmer waren 2024 durchschnittlich 9,4 Tage krank, während emotional gebundene Beschäftigte mit 5,4 Tagen deutlich seltener fehlten.[161]

Unternehmen, die führend sein wollen, brauchen nicht nur engagierte Mitarbeitende, sondern Menschen, die aufblühen und voller Energie sind – sogenannte „**thriving employees**". Denn: die Energie, die Unternehmen erfolgreich macht, kommt nicht aus der Steckdose, sondern ergibt sich aus der gebündelten Vitalität aller Beschäftigten, die jeden Tag ihre Tatkraft, Leidenschaft und Kreativität einbringen. Wenn wir wollen, dass Menschen in ihrer Arbeit aufblühen, brauchen wir eine neue Denkweise: Arbeit sollte nicht nur als Ressourcennutzung verstanden werden, sondern als Quelle von Energie und Sinn. Das ist eine Abkehr von der tayloristischen Denkweise, bei der die Menschen nur Mittel zum Zweck sind. Zur Aktivierung der Energie braucht es einen systematischen Ansatz, der davon ausgeht, dass jeder von uns ein Individuum ist. Niemand ist „durchschnittlich" gesund und kein Mensch hat standardisierte Bedürfnisse oder Defizite bei Wohlbefinden, Lebensenergie, Gesundheit oder Leistungsfähigkeit.

Die wichtigsten **Treiber der Energie** sind:

- **Selbstbestimmung**: Unternehmen müssen ihren Beschäftigten Entscheidungsfreiheiten geben. Autonomie ist ein entscheidender Faktor für Engagement und ermöglicht auch die Berücksichtigung individueller Bedürfnisse hinsichtlich Arbeitszeiten und -orten.
- **Sinn und Wirksamkeit**: Wenn die Mitarbeitenden den Zweck ihrer Arbeit verstehen und einen direkten Einfluss auf deren Ergebnisse haben, steigt auch ihr Engagement.
- **Stärken nutzen**: Statt zu versuchen, Defizite auszugleichen, sollten Unternehmen mehr die Stärken jedes Einzelnen fördern. Eine Arbeit, in der ich meine Stärken voll einbringen kann, steigert nicht nur meine Motivation, sondern auch meine Gesamtleistung. Führungskräfte werden damit immer mehr zum Coach, welche die Beschäftigten in ihrer individuellen Entwicklung unterstützen.
- **Energiezentrierte Führung**: Die Rolle der Führung ist es nicht, Energie zu erzeugen. Sie soll stattdessen Rahmenbedingungen und Strukturen schaffen, in denen Energie nicht vergeudet wird, sondern die Menschen sich entfalten können.
- **Psychologische Sicherheit:** Es gilt, eine Kultur der Offenheit und des Vertrauens zu fördern, in der alle Beschäftigten innovative Ideen einbringen und Risiken eingehen können. Das ist der Haupttreiber für Hochleistungsteams.
- **Gamifizierte Vitalitätschecks:** Unternehmen können intuitive digitale Tools bereitstellen, mit denen die Mitarbeitenden ihre Stärken und Bedürfnisse reflektieren und passende Angebote für Arbeit, Gesundheitsförderung, Karriere und Finanzen erhalten. Damit lassen sich individuelle Wünsche nach Wohlbefinden und Wachstum höchst personalisiert erfüllen.

New Work ist als Begriff mittlerweile in die Jahre gekommen, aber relevanter für die Arbeitswelt von morgen denn je. Es ist eine Philosophie, die eine tiefgreifende Veränderung unserer Einstellung zur Arbeit und der Rolle des Menschen darin erfordert. Es ist dringend an der Zeit, die Arbeit so zu gestalten, dass sie Energie liefert, statt sie zu rauben. Unternehmen, die diesen Wandel ernst nehmen, werden nicht nur engagiertere Mitarbeitende haben, sondern auch langfristig erfolgreicher sein. Die Erfahrungen mit New Work bei der *Deutschen Telekom* zeigen, dass sich das lohnt: Das Engagement unserer Beschäftigten liegt deutlich über den genannten *Gallup*-Werten und der Krankenstand in Deutschland ist wesentlich besser als der Durchschnitt der gesetzlichen Krankenkassen. Und die Energie der Menschen endet ja nicht an den Firmentoren. Somit wird die Basis gelegt für mehr Wohlbefinden, bessere Beziehungen, Familien, Freundschaften und Gesellschaften – ein echtes Win-Win-Win für alle Beteiligten.

New Work bezeichnet einen tiefgreifenden Wandel der Arbeitswelt hin zu mehr Flexibilität, Selbstbestimmung und Sinn. Im Mittelpunkt steht dabei der Mensch, dessen Kreativität und Eigenverantwortung gezielt gefördert werden sollen.

Die Potenziale der Mitarbeiter sollen sich entfalten können, und gleichzeitig die Ziele des Unternehmens durch ein kooperatives Miteinander erreicht werden. Beides spielt besonders in agilen Organisationen eine zentrale Rolle.[162] New Work organisiert die Arbeit in Projekten, die von selbstgeführten Teams umgesetzt werden. Durch die Fähigkeit und Bereitschaft zur Kooperation wird verteiltes Expertenwissen nutzbar. Treiber von New Work ist die Digitalisierung, die die betriebliche Kommunikation schneller, flexibler und effizienter macht und eine mobile Zusammenarbeit ermöglicht. Auf diese Weise entstehen innovative und kreative Lösungen. Die Teams sind miteinander vernetzt und werden je nach Projekt immer wieder neu zusammengestellt, wodurch ein komplexes Netzwerk entsteht: die agile Organisation.[163]

Agile Führung basiert auf folgenden **Werten**:[164]

- **Sinnhaftigkeit**: Wenn Mitarbeiter ihre Arbeit als bedeutsam erleben, setzen sie sich engagierter für die Ziele des Unternehmens ein. Menschen wollen Teil von etwas sein, das größer ist als sie selbst. Können sie sich mit dem Purpose sowie der Vision und Mission identifizieren, führt ihre Tätigkeit zu positiven Emotionen wie Freude oder Erfüllung (vgl. Kap. 2.2). Dies fördert auch ihre Kreativität. Ein gutes Beispiel ist der Purpose von *Disney*: „Make people happy“.
- **Ganzheit**: Mitarbeiter sollten in ihrer Vielschichtigkeit mit all ihren Facetten, zwischenmenschlichen Beziehungen und Gefühlen wahrgenommen und nicht auf ihre berufliche Rolle reduziert werden.
- **Offenheit**: Emotionen, Wünsche, Meinungen und auch Fehler sollten offen geteilt werden. Dazu gehört auch wertschätzendes und konstruktives Feedback.
- **Psychologische Sicherheit:** Mitarbeiter sollten sich sicher fühlen, sie selbst zu sein. Sie sollten ermutigt werden, neue Handlungsweisen und Lösungsansätze auszuprobieren – auch auf die Gefahr hin, zu scheitern.
- **Verantwortung und Vertrauen:** Führungskräfte sollten ihren Mitarbeitern zutrauen, eigenständige Entscheidungen zu treffen und Verantwortung für ihre Aufgaben zu übernehmen. Gleichzeitig müssen die Mitarbeiter dieses Vertrauen rechtfertigen, indem sie zuverlässig handeln. Daraus kann gegenseitiges Vertrauen wachsen.
- **Gemeinschaft**: Teammitglieder sollten zueinander in einer positiven Beziehung stehen und sich aufeinander verlassen können. Ein solches Gemeinschaftsgefühl steigert die Leistungsfähigkeit und erhöht die Resilienz.
- **Freiheit der Teams**: Die selbstorganisierten Teams bestimmen eigenständig, welche Aufgaben wann, wie und durch wen erledigt werden.

Diese agilen Werte fördern das **Aufblühen** (Flourishing) der Mitarbeiter und steigern ihr Wohlbefinden, ihre Leistungsfähigkeit und ihr persönliches Wachstum. In traditionellen hierarchischen Systemen verursachen selbstgesteuerte Teams oft Spannungen, da deren Kultur und Denken stark von der bisherigen Arbeitsweise abweichen. Doch Entscheidungsautonomie ist nur dann sinnvoll, wenn sie auch tatsächlich gelebt wird. Werden Teams regelmäßig von Vorgesetzten überstimmt, wirkt das zwangsläufig demotivierend. Selbstwirksamkeit hingegen stärkt die Leistungsbereitschaft. Beispielsweise können in vielen Start-ups die Beschäftigten die Entwicklung des Unternehmens aktiv mitgestalten.[165]

Selbstorganisation fördert Kreativität

Bei seinen GT-Modellen überträgt *Porsche* erfolgreiche Motorsporttechnologie auf Serienfahrzeuge wie den *911 GT3*. Hierfür verfügen die Entwicklungsingenieure über zahlreiche Freiräume für Experimente, wie etwa das sogenannte „Alles-was-geht-Auto“. Dabei können ungewöhnliche Ideen ausprobiert werden – zunächst unabhängig davon, ob sie sich in Serie produzieren lassen oder nicht. Die Teams sollen vielmehr eigenständig völlig neue Lösungen entwickeln.[166]

Fehler sind menschlich und unvermeidlich. Werden sie aber rechtzeitig erkannt, lassen sie sich meist korrigieren, bevor ein großer Schaden entsteht. Die Bestrafung von Fehlern führt hingegen dazu, dass sie vertuscht oder nur hinter verschlossenen Türen besprochen werden. Dies verhindert einen umfassenden Lernprozess, um die Fehlerquellen zu beseitigen. Denn Scheitern hat meist mehrere Ursachen und ist oft das Ergebnis einer Verkettung unglücklicher Umstände.

Ein zentraler agiler Wert ist deshalb die **psychologische Sicherheit**: In einer angstfreien Organisation können sich Mitarbeiter frei äußern, Risiken eingehen und Fehler zugeben, ohne negative Konsequenzen wie Kritik, Bloßstellung oder Repressalien befürchten zu müssen. Daher wird in Hochrisikoorganisationen wie der Luft- und Raumfahrt, in denen schon kleine Unachtsamkeiten fatale Konsequenzen haben können, häufig eine konstruktive Fehlerkultur gelebt. In vielen anderen Unternehmen steht der hierfür notwendige kulturelle Wandel allerdings noch aus.[167] Das mangelnde Gefühl psychologischer Sicherheit führt bei den Mitarbeitern zu Stress und Unbehagen, was sich unter anderem in geringerer Leistung, mehr Krankheitstagen und höherer Fluktuation bemerkbar macht.

Psychologische Sicherheit ermöglicht es den Mitarbeitern, authentisch zu sein und sich frei zu äußern. Sie erleben, dass ihre Meinung wertgeschätzt wird und dass sie ihre Bedenken offen vorbringen können. Die Einbeziehung unterschiedlicher Perspektiven und das Lernen aus Fehlern führen zu besseren Entscheidungen. Darüber hinaus stärkt psychologische Sicherheit nicht nur die Zusammenarbeit im Team, sondern auch die Innovationskraft. Gerade unkonventionelle, potenziell bahnbrechende Ideen werden eher geteilt, wenn keine Angst vor negativen Reaktionen besteht. Psychologische Sicherheit ist daher in einem komplexen Führungskontext ein entscheidender Erfolgsfaktor.[168]

Psychologische Sicherheit bedeutet, dass Mitarbeiter ihre Ideen und Meinungen frei äußern und offen mit Fehlern umgehen können, ohne negative Konsequenzen fürchten zu müssen. Sie bildet die Grundlage für kooperatives Lernen und konstruktive Zusammenarbeit.

Lessons Learned

„Der Projektleiter stand nervös vor dem Schreibtisch der Geschäftsführerin. „Frau Schröder, das Projekt ist gescheitert. 100.000 Euro Verlust. Mein Fehler. Ich verstehe, wenn Sie mich deswegen feuern." Sie lehnte sich zurück. „Und was haben Sie daraus gelernt?" Er zögerte. „Ich hätte die Warnsignale ernst nehmen und früher eingreifen müssen. Auch meine Risikoanalyse war zu oberflächlich." Sie nickte. „Warum sollte ich Sie also entlassen, wo ich doch gerade 100.000 Euro in Ihre Ausbildung investiert habe? Halten Sie Ihre Erkenntnisse fest und sorgen Sie dafür, das so etwas künftig nicht wieder passiert."[169]

Folgende **Prinzipien agiler Führung** dienen als praxisorientierte Handlungsempfehlungen für Führungskräfte:[170]

- **Die Richtung weisen und Sinn stiften**: Führungskräfte sind für die Formulierung und Kommunikation des Purpose sowie der Vision und Mission verantwortlich. Diese normativen Leitlinien geben der agilen Organisation eine klare Orientierung und verdeutlichen die Sinnhaftigkeit der Arbeit. Allerdings sollte diese Ausrichtung regelmäßig hinterfragt und bei Bedarf weiterentwickelt werden („Evolutionary Purpose").
- **Selbstorganisation und Eigenverantwortung fördern und fordern**: In agilen Projekten legen die Teams ihre Arbeitspakete und deren Verteilung auf die Teammitglieder selbst fest. Aufgabe der Führung ist es, geeignete Rahmenbedingungen zu schaffen, die Selbstorganisation ermöglichen. Die Teams tragen die Verantwortung für ihre Entscheidungen.
- **Ausrichtung am Kunden**: Agile Führung bedeutet, dafür zu sorgen, dass sich die gesamte Organisation an den Wünschen und Bedürfnissen des Kunden orientiert – auch und gerade, wenn sich diese laufend ändern.
- **Sich kontinuierlich verbessern:** Dazu zählt die regelmäßige Anpassung von Lösungen an veränderte Anforderungen ebenso wie die Reflexion der Zusammenarbeit im Team und in der Organisation.
- **Flexibel bleiben**: Führung sollte stets situativ erfolgen. Entscheidungen, Rollen und Strukturen sind laufend zu hinterfragen und gegebenenfalls anzupassen.
- **Direkt und offen kommunizieren**: Der Informationsaustausch sollte kontinuierlich und möglichst im persönlichen Gespräch stattfinden. Führungskräfte geben konstruktives Feedback, um Lernprozesse zu fördern, und zeigen dem Team ihre Wertschätzung für die erzielten Ergebnisse. Mitarbeiter sollten ihre Meinungen, Anliegen und Sorgen offen äußern können. Relevante Informationen werden transparent geteilt, damit Teams fundierte Entscheidungen treffen können.
- **Schnell und iterativ handeln und lernen**: Klassische Organisationen planen langfristig und stellen Produkte erst dann vor, wenn sie ausgereift sind. Agile Unternehmen hingegen erproben Lösungen frühzeitig in kleinen Schritten und beziehen die Kunden schon in der Entwicklungsphase ein. In einem komplexen Führungskontext sind Fehler unvermeidlich und sollten deshalb als Chance gesehen werden, um zu einer besseren Lösung zu gelangen („Win or learn"). Agile Führung fördert eine konstruktive Fehlerkultur und initiiert Lernen auf allen

Ebenen, ganz nach dem Motto: „Fail fast – fail cheap – fail early – learn faster".

- **Mitarbeiter und Teams beteiligen, befähigen und entwickeln**: Im Übergang zu einer agilen Organisation können manche Mitarbeiter mit dem selbstverantwortlichen Arbeiten überfordert sein. Führungskräfte haben deshalb die Aufgabe, ihre Mitarbeiter zum agilen Denken und Handeln zu befähigen.
- **Zurückhaltend führen**: Agile Führungskräfte wissen nicht alles besser, sondern stellen die richtigen Fragen. Sie sind offen für neue und unorthodoxe Lösungsansätze, ohne dabei in einen Laissez-faire-Führungsstil zu verfallen. Vielmehr unterstützen sie das Team, räumen Hindernisse aus dem Weg und schaffen die Voraussetzungen, damit es erfolgreich arbeiten kann.

Selbstorganisation führt dann nicht ins Chaos, wenn die agile Führung geeignete Rahmenbedingungen setzt und die gesamte Organisation auf einen übergeordneten Sinn ausrichtet. Um die reibungslose Zusammenarbeit vieler Personen zu gewährleisten, sind auch in agilen Organisationen hierarchische Strukturen erforderlich. Während beim Management in einfachen und komplizierten Führungskontexten disziplinarische, fachliche und prozessuale Verantwortung häufig zusammenfallen, werden diese in agilen Organisationen voneinander getrennt oder in Führungsteams gebündelt. Die vertikale Arbeitsteilung in Führungskräfte mit Entscheidungsmacht und ausführende Mitarbeiter löst sich auf, denn niemand verfügt mehr allein aufgrund seiner Position über eine höhere Autorität. Funktionen werden nicht bestimmten Personen formal zugewiesen, sondern hierfür zunächst verschiedene Fach- und Führungsrollen mit klaren Aufgaben gebildet.

Bayer schafft die Chefs ab

Die Übernahme von *Monsanto* im Jahr 2018 für 59 Mrd. Euro hat die *Bayer AG* in die tiefste Krise ihrer über 160-jährigen Unternehmensgeschichte gestürzt. Seitdem sank der Börsenwert von ursprünglich 110 Mrd. Euro rapide und betrug im August 2025 nur noch rund 28 Mrd. Euro. Zudem sammelten sich Schulden in Höhe von 34 Mrd. Euro an. *Bayer* galt mit seinen zwölf Hierarchieebenen und zahlreichen Vorschriften als überreglementiert. Im Juni 2023 übernahm der neue Vorstandsvorsitzende *Bill Anderson* die Aufgabe, den Konzern mit seinen rund 90.000 Mitarbeitern zu sanieren. Zu diesem Zweck leitete er bei *Bayer* mit der Einführung von **Dynamic Shared Ownership (DSO)** einen radikalen Kulturwandel ein.[171]

Viele Unternehmen werden immer noch geführt wie vor 150 Jahren. Damals gab es nur wenige Personen, die wussten, wie Aufgaben zu bewältigen sind. Sie zeigten es ihren Mitarbeitern und überwachten, ob diese alles richtig machten. Doch diese misstrauensbasierte, hierarchische Denkweise behindert die im heutigen Wettbewerb erforderliche Agilität, Innovation und Kreativität. Während in einem bürokratischen System die Führungskräfte die Mittel und Aufgaben an die Mitarbeiter verteilen, sollen diese im **humanokratischen Modell (Humanocracy)** selbstverantwortlich handeln, eigenständig über Ressourcen entscheiden und die Zusammenarbeit koordinieren. DSO steht daher für eine dynamische Verteilung von Verantwortung und Handlungsspielräumen.[172]

Bislang wurden die internen Arbeitsprozesse bei *Bayer* detailliert auf 1.362 Seiten geregelt. Zukünftig sollen die Teams 95 % aller Entscheidungen selbst treffen. Hunderte Anweisungen und Genehmigungsverfahren wurden hierfür gestrichen oder vereinfacht. Neue Ideen sollen nicht langwierig geplant, sondern in schnellen 90-Tage-Zyklen von den Teams vorangetrieben werden. Dadurch soll der Konzern die Dynamik eines Start-ups erreichen.

Dabei geht es *Bayer* auch um Kosteneinsparungen: Rund die Hälfte der Führungspositionen werden nicht mehr gebraucht. Deshalb wurden 2024 rund 7.000 Führungskräfte entlassen, mit Abfindungen von fast einer Milliarde Euro. Die verbleibenden Führungskräfte haben die Aufgabe, übergeordnete Ziele festzulegen und die Rahmenbedingungen für die Teamarbeit zu gestalten. Durch die neuen Freiheiten und die dezentrale Verantwortung soll der Konzern auch innovativer werden. So wurden etwa die Wissenschaftler in der Medikamentenentwicklung von administrativen Aufgaben entlastet, wodurch sie nun mehr Zeit für die Forschung haben. Als Nächstes möchte *Bayer* das „bürokratische Budgetmonster besiegen". Zukünftig soll jedes Team alle 90 Tage darlegen, wofür es wie viel Geld braucht.

Auch wenn noch nicht alle Führungskräfte mitziehen und einige Mitarbeiter mit den neuen Freiheiten überfordert sind, ist bei *Bayer* etwas in Bewegung geraten. Inzwischen arbeiten mehr als 1.000 Teams nach dem humanokratischen Modell. Doch *Anderson* steht unter Zeitdruck, denn Ende März 2026 läuft sein Vertrag aus. Es bleibt abzuwarten, ob er mit seinem gewagten Experiment das Unternehmen aus der Krise führen kann.

Die **Zuordnung der Rollen** auf Personen erfolgt situationsabhängig und wird regelmäßig angepasst. Hierarchien bilden sich dabei aufgrund unterschiedlicher Kompetenzen oder informeller sozialer Strukturen. Eine Person kann mehrere Rollen übernehmen bzw. eine Rolle kann auch durch verschiedene Personen wahrgenommen werden. Eine Rolle wird neu geschaffen, wenn jemand in der Organisation einen Bedarf aufzeigt, dass etwas nicht so ist, wie es im Sinne des zu erreichenden Ziels sein sollte. Ebenso können Rollen auch wieder abgeschafft werden, wenn diese nicht mehr gebraucht werden.[173]

Agile Führung selbstorganisierter Teams

Führungsarbeit, also Entscheidungen zu treffen und Verantwortung zu übernehmen, ist in agilen Organisationen nicht mehr an hierarchische Positionen gebunden. An die Stelle zentralisierter Macht mit Anweisungen nach dem Push-Prinzip tritt eine **kollegiale, verteilte Führung**, die jeweils zeitlich begrenzt und aufgaben- oder projektbezogen wahrgenommen wird.

Wer eine Führungsaufgabe übernimmt, richtet sich danach, wer über das nötige Wissen, Können, Vertrauen sowie Zeit und Interesse verfügt. Offene Verantwortlichkeiten oder akuter Führungsbedarf werden über einen internen Marktplatz sichtbar gemacht und von passenden Teammitgliedern nach dem **Pull-Prinzip** übernommen. Für wiederkehrende oder vorhersehbare Führungs- und Entscheidungsbedarfe werden Strukturen, Prozesse und Rollen als feste Kooperationsbeziehungen etabliert, damit diese nicht jedes Mal neu ausgehandelt werden müssen. Die Besetzung dieser Rollen erfolgt kollegial und wird regelmäßig überprüft und angepasst. Im Gegensatz zu festen Führungshierarchien werden die Verantwortungsbereiche somit von den Beteiligten laufend weiterentwickelt.[174]

Da sich agile Teams regelmäßig neu formieren, sind sie anfangs weder mit ihren Kollegen noch mit ihren Aufgaben vertraut. Um aus einer Gruppe von Mitarbeitern ein leistungsfähiges Team zu formen, durchlaufen die Mitglieder einen gruppendynamischen Prozess, der in Kapitel 5.3.1 beschrieben wird. Ein erfolgreiches Team ist eine kleine Arbeitsgruppe mit klarer Zielsetzung, intensiven wechselseitigen Beziehungen, starkem Gemeinschaftsgefühl und hoher Zusammengehörigkeit.

Schlüsselfaktoren der Teamarbeit

Google untersuchte zwischen 2012 und 2015 im unternehmensinternen Projekt *Aristoteles*, was Teams erfolgreich macht. Danach ist weniger die Zusammensetzung des Teams als vielmehr die Art der Zusammenarbeit erfolgsentscheidend. Schlüsselfaktoren der Teamarbeit sind klare Ziele, verlässliche Kollegen, sinnstiftende Arbeit, der Glaube, mit der Arbeit etwas zu bewirken und vor allem psychologische Sicherheit – das Vertrauen, offen sprechen und Risiken eingehen zu können, ohne Angst vor Bestrafung oder Ablehnung. Sie ist die Voraussetzung dafür, dass die anderen Faktoren ihre Wirkung entfalten. Selbst leistungsstarke Mitarbeiter benötigen ein psychologisch sicheres Umfeld, um ihr Potenzial voll ausschöpfen zu können.[175]

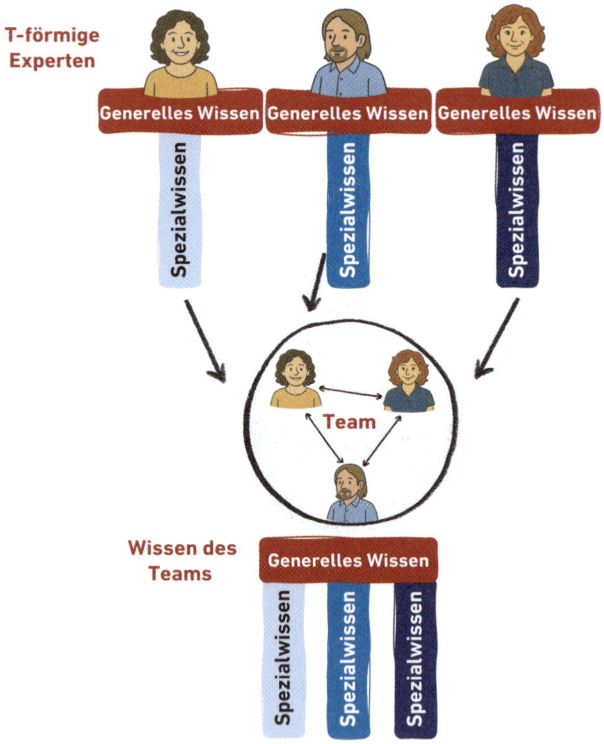

Abb. 6.2.15: Team aus T-förmigen Experten[176]

Um kreative und innovative Lösungen zu erzielen, sollten Teams aus Mitarbeitern mit ergänzenden Persönlichkeiten, Fähigkeiten und Talenten bestehen. Abb. 6.2.15 zeigt, wie sich ein **funktionsübergreifendes Team aus T-förmigen Experten** (Cross functional Team of T-shaped Professionals) zusammensetzt. Diese generalisierten Experten sind sowohl Generalisten mit einem breiten Wissen aus verschiedenen Themenfeldern (Querbalken des T) als auch Spezialisten in einem bestimmten Themengebiet (Längsbalken des T). Dank dieser Kombination können sie Engpässe reduzieren, Fähigkeitslücken schließen und sich schnell neue Kompetenzen aneignen, wodurch die Leistungsfähigkeit und Produktivität des Teams deutlich ansteigt.

Social Fitness – Der unterschätzte Schlüssel für gesunde Teams und starke Zusammenarbeit

Gastbeitrag von Katharina Krentz, Geschäftsführerin Connecting Humans, www.connecting-humans.de

In Zeiten von Fachkräftemangel, steigender psychischer Belastung und wachsender Fluktuation stellt sich für Führungskräfte eine zentrale Frage: Wie schaffen wir es, dass Menschen nicht nur leistungsfähig bleiben, sondern sich verbunden, sicher und motiviert fühlen? Die Antwort liegt nicht in der nächsten App oder einem weiteren Change-Projekt – sondern in etwas Grundlegendem: **Social Fitness**.

Dabei handelt es sich um die Fähigkeit, positive, tragfähige Beziehungen aktiv zu gestalten und zu pflegen. Ähnlich wie beim körperlichen und mentalen Training ist es wie bei einem Muskel, der durch regelmäßige Übung stärker wird. Es geht um Präsenz, Aufmerksamkeit und das bewusste Miteinander. Dazu gehören Fähigkeiten wie aktives Zuhören, klare Kommunikation, Empathie, Vertrauen, Selbstreflexion und die Bereitschaft, sich auf andere einzulassen. Wissenschaftlich fundiert ist das Konzept u. a. durch *Barbara Fredricksons Broaden-and-Build-Theory* und *Jane Duttons High-Quality Connections*.[177]

Zwischen Meeting-Marathons und Projektstress fehlt oft der Raum für echte menschliche Begegnung. Das Ergebnis: Entfremdung, Dienst nach Vorschrift, Konflikte – und eine steigende Zahl an Beschäftigten, die innerlich oder tatsächlich kündigen. Die Folgen: Know-how-Verlust, Performancerückgang, Kosten für Recruiting und Onboarding sowie ein Imageproblem im umkämpften Arbeitsmarkt. Wer heute Talente gewinnen und halten will, braucht mehr als Benefits: Nötig sind vielmehr soziale Verbindung und ein Umfeld, in dem man gerne ist und bleibt.

Social Fitness in der Praxis

Ein eindrückliches Beispiel liefert einer unserer Kunden, ein international tätiges Industrieunternehmen aus dem Mittelstand. Ausgangspunkt war die inhaltliche Arbeit an einer Reorganisation – ein Prozess, der viel Fokus und Struktur erforderte. Gleichzeitig waren die Führungskräfte offen dafür, in den Workshops gezielte **Social Fitness Hacks** einzusetzen, um die Zusammenarbeit und das Gruppengefühl zu stärken:

- **Fragenkarten** mit persönlichen Anekdoten, die das gegenseitige Erneut-Kennenlernen auf eine neue, überraschende Weise ermöglichten sowie für Nähe, Lacher und Staunen sorgten.
- **Reflexion** individueller Stärken, gefolgt vom bewussten Teilen im Team. Das führte zu mehr Klarheit über Rollen und Potenziale – und stärkte Motivation und Engagement.
- **Diskussionen** über Begriffe wie Transparenz, Offenheit, Raum für Ideen, Fehlerkultur oder Feedback, die oft als selbstverständlich gelten, aber ganz unterschiedlich verstanden werden. Die Übungen und klärenden Gespräche sorgten für Aha-Momente und neue Offenheit.

CONNECTING HUMANS

Diese kurzen Interventionen haben die Teamdynamik nachhaltig beeinflusst, sowohl in Präsenz als auch in virtuellen und hybriden Workshops. Sie brachten neue Energie, stärkten die Verbundenheit, förderten Offenheit und sorgten dafür, dass die eigentliche inhaltliche Arbeit effektiver und reibungsloser verlief.

Social Fitness braucht keinen großen Roll-out, sondern die bewusste Entscheidung, in Beziehungen zu investieren. Das kann im Teammeeting geschehen, in Workshops, in der Retrospektive, auf dem Flur oder in der Mittagspause. Es gibt Übungen, die können Menschen allein durchführen, andere gehen nur zusammen im Team oder auf organisationaler Ebene. Entscheidend ist: Die Aktivitäten sollten achtsam gestaltet, mit Aufmerksamkeit durchgeführt und im Anschluss reflektiert werden, damit der Effekt sichtbar wird und die Motivation steigt, weiterzumachen.

Fazit: Investitionen in Beziehungen zahlen sich aus

Viele Unternehmen tun bereits Dinge, die in Richtung Social Fitness gehen – aber oft ohne klares Bewusstsein, ohne Systematik, ohne nachhaltige Wirkung. Dann verpufft der Effekt. Wenn wir jedoch gezielt an der sozialen Fitness arbeiten, entsteht ein Umfeld, das auf psychologischer Sicherheit, Verbundenheit und guter Zusammenarbeit basiert – die Grundpfeiler für erfolgreiche Teams.

Social Fitness ist kein Soft-Skill-Kuschelkurs, sondern ein **strategischer Erfolgsfaktor** für Führung, Kultur und Produktivität. Sie hilft, Fluktuation zu vermeiden, Innovation zu fördern und gesunde Hochleistung zu ermöglichen – online, offline und hybrid. Und das Beste: Sie lässt sich trainieren! Unsere Erfahrung zeigt: Schon kleine, gezielte Interventionen machen einen großen Unterschied. Wenn Teams zusammen lachen, sich alle gesehen fühlen und sich aufeinander verlassen können, wird aus Zusammenarbeit echtes WIRken.

Durch ihr gemeinsames Generalistenwissen können sich die Teammitglieder über alle Aufgaben austauschen und deren bestmögliche Verteilung im Team diskutieren. Die konkreten Aufgaben werden anschließend von einem oder mehreren spezialisierten Experten bearbeitet, während die Verantwortung für das Gesamtergebnis beim Team liegt. Die Mitglieder lernen so voneinander und entwickeln sich weiter. Die Teams sind auf ein gemeinsames Ziel ausgerichtet, das für jedes Teammitglied auch persönlich sinnstiftend sein sollte. Die Arbeit in selbstgesteuerten Teams ist allerdings kein „Ponyhof", sondern äußerst herausfordernd und leistungsorientiert.[178]

Agile 360°-Führung

Die Einflussnahme auf das Verhalten der Mitarbeiter erfolgt in agilen Organisationen aus verschiedenen Richtungen. Daraus ergeben sich die in Abb. 6.2.16 dargestellten **Rollen der agilen 360°-Führung**:[179]

- **Agiles Leadership (von oben)**: Auch agile Organisationen benötigen eine leitende Führungsrolle mit hierarchischer Sonderstellung. Geschäftsführung oder Vorstand sind als rechtliche Organe für das Unternehmen verantwortlich und vertreten es nach außen. In dieser Rolle sichern sie die Einhaltung gesetzlicher Vorgaben, interner Richtlinien und der Compliance. Zudem tragen sie die letztendliche Verantwortung für alle unternehmerischen Entscheidungen. Agiles Leadership soll dem Unternehmen eine Richtung geben und Sinn stiften, etwa durch einen klar formulierten Purpose und eine herausfordernde Vision. Diese verdeutlichen, wohin sich das Unternehmen entwickeln soll. Besteht in chaotischen Führungskontexten akute Gefahr, dann muss die agile Führung schnell und entschlossen handeln. Wird agile Führung als „Segeln auf Sicht" verstanden, sorgt das agile Leadership dafür, dass alle Boote denselben Kurs verfolgen. Doch bei Sturm muss der Kapitän auf die Brücke. Ansonsten bleibt es jedem Boot selbst überlassen, wie es das Ziel erreicht, auch weil der Wind überall anders weht. Agiles Leadership bestimmt die Rahmenbedingungen der Selbstorganisation und schützt diese vor störenden Einflüssen („Holding the Space"). Es stabilisiert die Organisation durch gemeinsame Werte und sorgt für die Einhaltung vereinbarter Regeln. In der Holakratie ist dies beispielsweise in einer verbindlichen Verfassung geregelt (vgl. Kap. 5.1.2)

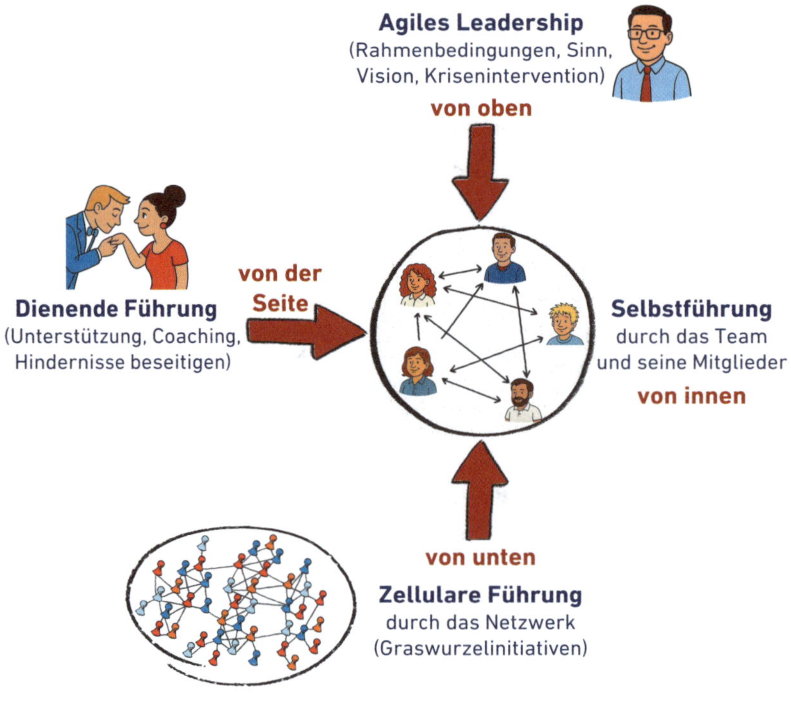

Abb. 6.2.16: Rollen der agilen 360°-Führung[180]

- **Selbstführung (von innen)**: Die Teams entscheiden eigenverantwortlich, wie sie die ihnen übertragenen Aufgaben umsetzen. Sie treffen operative Entscheidungen und übernehmen das Projektmanagement. Der Lösungsweg ist iterativ, experimentell und lernorientiert. Die Fähigkeit zur Selbstführung braucht dabei jedes einzelne Teammitglied. Unterstützend wirken konkrete Rollenbeschreibungen, die klären, in welchem Rahmen eigene Entscheidungen getroffen werden dürfen. Ein selbstgeführtes Team verteilt diese Rollen im Sinne einer geteilten Führung (Shared Leadership) auf einzelne Mitglieder. Die Verantwortung für die Entscheidungen tragen jedoch alle gemeinsam.
- **Dienende Führung (von der Seite)**: Das sogenannte Servant Leadership unterstützt und stärkt die Teams, damit diese sich entfalten können und zu Höchstleistungen fähig sind. Dabei handelt es sich um eine laterale Führung ohne hierarchische Weisungsbefugnis. Stattdessen wirkt sie durch geteilte Verantwortung, Teamgeist, Empathie und gegenseitige Wertschätzung. Sie liefert Ideen und Feedback als Sparringspartner auf Augenhöhe und fördert die Entwicklung der Teams und ihrer Mitglieder. Darüber hinaus räumt sie Hindernisse aus dem Weg, etwa durch die Klärung von Konflikten oder die Bereitstellung von Ressourcen.

Agile Führung bei DB Systel

Die *DB Systel GmbH* ist eine Tochter der *Deutschen Bahn AG* und gestaltet mit rund 7.000 Mitarbeitern die digitale Transformation des *DB-Konzerns*. Das Unternehmen hat einen umfassenden Wandel von klassischen Arbeitsformen und Organisationsstrukturen hin zu Selbstorganisation und unternehmensweiten Netzwerken vollzogen.[181]

Führungsarbeit wird bei *DB Systel* heute nach dem Prinzip der verteilten Führung wahrgenommen – durch viele Personen in unterschiedlichen **Rollen**:

- Der **Product Owner** ist Geschäftsentwickler und Garant von Kundennutzen und Wirtschaftlichkeit. Er sammelt und priorisiert Kundenanforderungen, trifft inhaltliche Entscheidungen und definiert den Budgetrahmen, um einen möglichst hohen Nutzen und Wertbeitrag zu erzielen.
- Das **Umsetzungsteam** ist für die wertschöpfende Leistungserbringung und Produktentwicklung verantwortlich. Es nutzt die Freiräume der Selbstorganisation, um die Arbeit auf Basis der gesetzten Prioritäten eigenständig zu planen und auszuführen. Das Umsetzungsteam sagt die vereinbarten Leistungen verbindlich zu und übernimmt dafür die Verantwortung gegenüber dem Kunden.
- Der **Agility Master** agiert als Organisations-, Team- und Personalentwickler sowie als Hüter der Selbstorganisation und Effizienz. Er befähigt das Umsetzungsteam, beseitigt Hindernisse und übernimmt Aufgaben der Personalführung sowie unternehmerische Pflichten.

Die Selbstorganisation ermöglicht es den Mitarbeitern, sich innerhalb des gegebenen Gestaltungsrahmens flexibel zu entscheiden. Die Delegation und Übernahme von Verantwortung unterstützt die Organisation dabei, sich schnell an neue Marktbedingungen anzupassen. Abb. 6.2.17 zeigt die Merkmale der agilen Führung bei *DB Systel*.

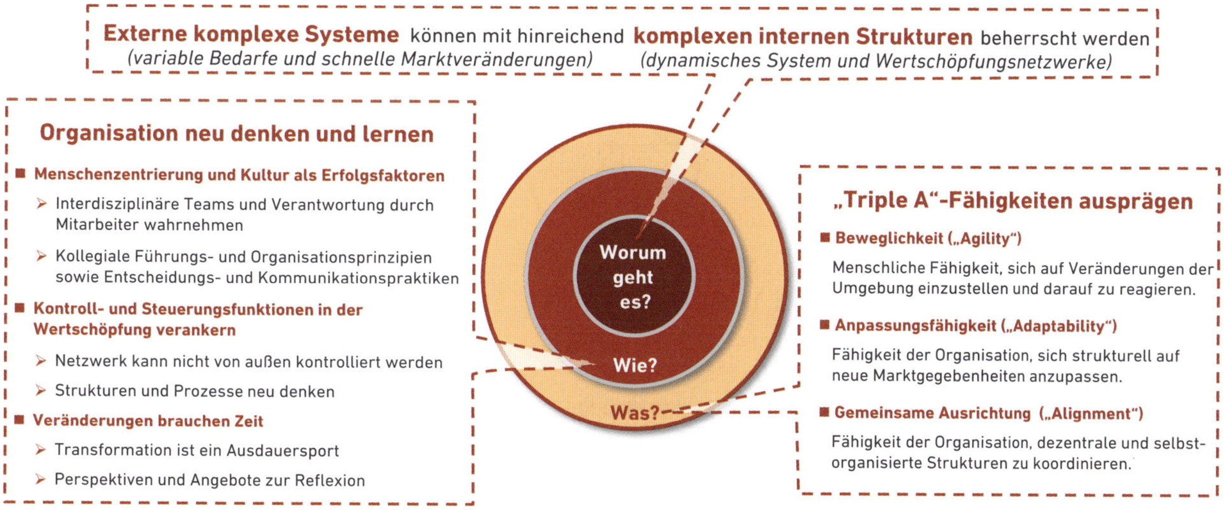

Abb. 6.2.17: Strukturen und Fähigkeiten agiler Führung bei DB Systel[182]

- **Zellulare Führung (von unten)**: In einer agilen Netzwerkorganisation kann jede Person Führungsverantwortung übernehmen und Veränderungen initiieren. Engagierte Mitarbeiter entwickeln Ideen, suchen Mitstreiter und stoßen Veränderungen an. Aus diesen informellen Graswurzelinitiativen können sowohl kontinuierliche Verbesserungen als auch fundamentaler Wandel hervorgehen (vgl. Kap. 6.3.3).

Kontextbedingte Führung in agilen Organisationen

Eine agile Organisation eignet sich für Unternehmen, die sich überwiegend in einem komplexen Führungskontext bewegen. Allerdings muss nicht jeder Bereich einer Organisation gleichermaßen agil sein (vgl. Kap. 6.2.2). Während einige Bereiche stabil und gut steuerbar sind, würde in anderen zu viel Planung die Organisation ausbremsen und engagierte Mitarbeiter in ihrer Arbeit behindern. Im direkten Kundenkontakt sind etwa Flexibilität, soziale Kompetenz und Intuition gefragt. Die Massenfertigung von Produkten muss dagegen möglichst effizient erfolgen. Die Buchhaltung erfordert wiederum die genaue Einhaltung umfangreicher Regularien. Agilität ist vor allem in kundennahen Bereichen wichtig, um die Erfüllung der Kundenwünsche zu gewährleisten oder schnell auf Reklamationen zu reagieren. Gleichzeitig sowohl stabil und verlässlich als auch dynamisch und innovativ zu sein, ist dabei kein Widerspruch, sondern lässt sich durch **kontextbedingte Entscheidungsspielräume** realisieren.[183]

Agile Führung ist deshalb nicht immer und überall sinnvoll. Im Operationssaal, bei einem Feuerwehreinsatz oder im Flugzeugcockpit geht es nicht darum, etwas Neues zu entwickeln oder die beste Lösung durch ein selbstgesteuertes Team experimentell herauszufinden. In Gefahren- und Krisensituationen und somit chaotischen Führungskontexten, sind schnelle und entschiedene Handlungen erforderlich. Auch in einfachen Führungskontexten mit standardisierten, repetitiven Abläufen ist agiles Handeln kein geeignetes, weil ineffizientes Vorgehen. Die Führung sollte deshalb erkennen, wann ein Team selbstgesteuert entscheiden sollte und wann nicht. Aber auch hierarchisch geführte Bereiche profitieren, wenn die Mitarbeiter nicht in blinder Gefolgschaft, sondern auf Augenhöhe agieren. Beispielsweise sollte ein Co-Pilot den Mut haben einzugreifen, bevor ein Fehler des Piloten fatale Folgen hat.[184]

Die Auswahl des passenden Führungsstils hängt vom jeweiligen Kontext ab, in dem eine Entscheidung getroffen wird. Kontextbezogene Führung beherrscht daher unterschiedliche Führungsstile und setzt diese situativ ein (vgl. Kap. 6.2.2). Entsprechend sollte auch der **Grad der**

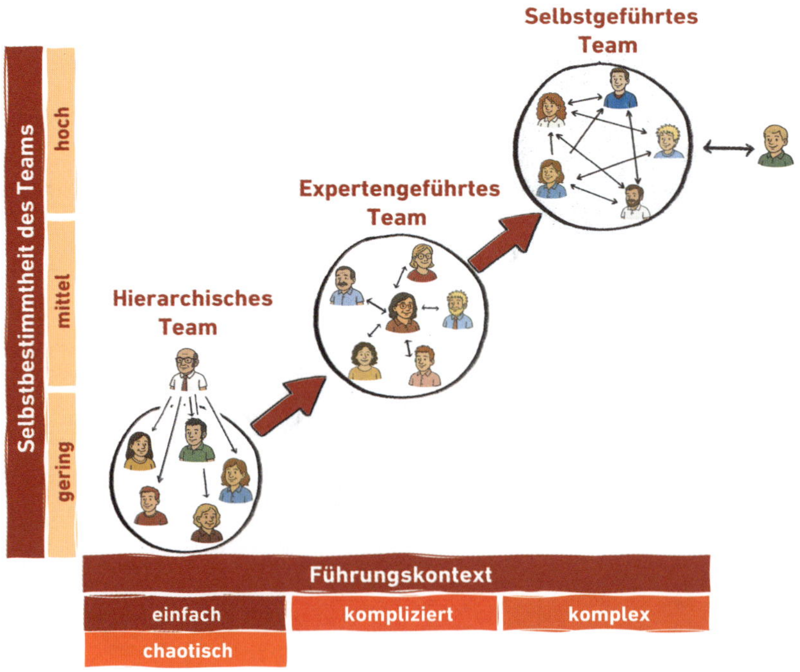

Abb. 6.2.18: Kontextbedingte Führung von Teams

Selbstbestimmtheit eines Teams kontextabhängig festgelegt werden:[185]

- **Hierarchisches Team**: In einfachen Kontexten werden der Führungskraft aufgrund ihrer hierarchischen Position besondere Entscheidungskompetenzen zugewiesen. Sie übernimmt eine zentrale, übergeordnete Rolle im Team und führt durch Weisung und Kontrolle. Auch in chaotischen Kontexten ist hierarchische Führung erforderlich, um durch konsequentes Handeln eine Krise zu bewältigen.
- **Expertengeführtes Team**: In komplizierten Kontexten übernehmen Experten mit besonderer Fachkompetenz die Führungsrolle. Sie sind Teil interdisziplinärer Teams, die projektbezogen und befristet zusammenarbeiten. Die Führung erfolgt ohne disziplinarische Macht als Primus inter Pares auf Basis fachlicher Autorität.
- **Selbstgeführtes Team**: In komplexen Kontexten organisiert sich das Team selbst: Es verteilt eigenständig Aufgaben und Rollen und trifft gemeinsam operative Entscheidungen – begleitet und unterstützt durch eine dienende Führung.

Adaptiv-dezentrale Führung

In einfachen und komplizierten Führungskontexten dominiert häufig eine Philosophie der Weisung und Kontrolle. Zentrales Führungsinstrument ist dabei die Budgetierung (vgl. Kap. 4.3). Die Führung erfolgt strikt hierarchisch: Ziele werden in Form von Plänen vorgegeben, und deren Erreichung anhand eines Soll-Ist-Vergleichs gemessen. Auf dieser Grundlage werden die individuellen Leistungen der Mitarbeiter beurteilt und honoriert. In komplexen Führungskontexten stößt dieses Führungsverständnis jedoch an seine Grenzen, da es die Aufmerksamkeit vom Hier und Jetzt auf Vorgaben lenkt, die rasch überholt sind. In agilen Organisationen verfügen die Teams deshalb über finanzielle Spielräume und tragen für ihre Projekte die volle Verantwortung. Transparente Informationen über den Projektstand und zentrale Leitplanken sorgen dafür, dass die Projekte nicht aus dem Ruder laufen.[186] Die Führung erfolgt somit adaptiv und dezentral: Die Teams agieren eigenständig und reagieren flexibel auf veränderte Kundenanforderungen. Die wesentlichen Unterschiede zur hierarchischen Führung zeigt Abb. 6.2.19. Die Grundsätze und Prinzipien einer adaptiv-dezentralen Führung werden in Kapitel 4.3.3 erläutert.

> **Adaptiv-dezentrale Führung** basiert auf flexiblen, sich selbst anpassenden Steuerungsprozessen und befähigt die Mitarbeiter durch die Übernahme dezentraler Verantwortung zu unternehmerischem Denken und Handeln.

Steuerungsprozesse		
Merkmale	**Tu dies! (Adaptiv-dezentrale Führung)**	**Nicht das! (Hierarchische Führung)**
Zielsetzung	Hochgesteckte, relative Ziele zur kontinuierlichen Verbesserung	Inkrementelle, fixierte Jahresziele
Vergütung	Gemeinsamen Erfolg anhand relativer Ist-Leistung belohnen	Erreichen individueller, vorab fixierter Ziele
Planung	Planung als einbeziehender, kontinuierlicher und aktionsorientierter Prozess	Planung als jährlicher Top-down-Prozess
Kontrolle	Relativer Leistungsvergleich zum Markt, zwischen internen Teams oder zu Vorperioden	Plan-Ist-Abweichungen
Ressourcen	Ressourcen bedarfsbezogen und ad hoc verfügbar machen	Jährliche Budgetzuweisungen, Allokationen und Umlagen
Koordination	Dynamische, horizontale und möglichst marktbasierte Koordination	Jährliche Planungszyklen

Führungskultur		
Merkmale	**Tu dies! (Adaptiv-dezentrale Führung)**	**Nicht das! (Hierarchische Führung)**
Kundenfokus	Fokussierung aller auf die Verbesserung von Kundenergebnissen	Erreichen vertikal verhandelter Ziele
Verantwortung	Schaffung eines Netzwerks vieler kleiner, ergebnisverantwortlicher Einheiten	Zentralisierende Hierarchien
Leistungsklima	Hochleistungsklima, basierend auf relativem Teamerfolg am Markt	Erreichen nach innen gerichteter Ziele „koste es, was es wolle"
Handlungsfreiheit	Dezentralisierung der Entscheidungsmacht an kundennahe Teams	Eingriffe von oben und strikte Planeinhaltung (Mikromanagement)
Führung	Steuerung durch klar formulierte Ziele, Werte und Begrenzungen	Detaillierte Regelwerke und Budgets
Transparenz	Offene und geteilte Informationen	Restriktiver Informationszugang und hierarchischer Status durch Information

Abb. 6.2.19: Adaptiv-dezentrale versus hierarchische Führung[187]

Dialogische Führung bei dm

Die *dm-drogerie markt GmbH & Co. KG* (kurz: *dm*) ist die größte Drogeriemarktkette in Europa. Sie betreibt mit rund 90.000 Mitarbeitern mehr als 4.100 Filialen und erwirtschaftet einen Umsatz von rund 18 Mrd. Euro.[188]

Das Unternehmen wurde 1973 von *Götz W. Werner* (1944–2022) in Karlsruhe gegründet und wuchs bis Ende der 1980er-Jahre rasch auf über 350 Filialen. Diese wurden strikt hierarchisch geführt, ganz nach dem Prinzip: „Oben wird gedacht, unten wird gemacht".[189] Allerdings stagnierte das Wachstum, und die Mitarbeiter agierten zwar regelkonform, jedoch äußerst unselbstständig. Es wurde deutlich, dass ein Umdenken in der Führung erforderlich war, um mehr Eigeninitiative zu fördern, die Steuerbarkeit des Unternehmens zu sichern und weiteres Wachstum zu ermöglichen.[190]

„Wer will, findet Wege – wer nicht will, findet Gründe."

Götz W. Werner stellte sich die Frage: „Wie kann man den Filialen dabei helfen, dass sie selbst erkennen, was notwendig ist und das nützen, was im Unternehmen vorhanden ist? Und zwar so, wie es für die Filiale richtig ist?".[191] 1991 wurde deshalb die Hierarchieebene der Gebietsverkaufsleiter abgeschafft, wodurch die Leitungsspanne der Bezirksleiter drastisch von durchschnittlich sechs auf über zwanzig Filialen anstieg. Sie konnten die einzelnen Filialen dadurch nicht mehr direkt steuern. Nach dem Motto „Filialen an die Macht!" mussten die Filialleiter viele Entscheidungen nun selbst treffen. Das bedeutete einerseits mehr Eigeninitiative und Verantwortung, andererseits mussten sie erst lernen, dieses neue Führungsverständnis gemeinsam mit ihren Mitarbeitern zu entwickeln.[192]

Die Führung ist seither dafür verantwortlich, Entscheidungsfreiräume zu eröffnen. Die Mitarbeiter sollen nicht nur darüber entscheiden können, *wie* sie etwas tun, sondern auch *warum* und *was* getan werden soll. Im Rahmen dieser **dialogischen Führung** sollen sie aus eigener Initiative, eigener Einsicht und in eigener Verantwortung handeln.

Um ein solches unternehmerisches Denken und Handeln zu ermöglichen, werden zwei **Führungsinstrumente** eingesetzt:

- **Vereinbarungen** erfolgen auf Augenhöhe und teilen Verantwortung. Sie werden gemeinsam getroffen und beziehen das Wissen des Mitarbeiters ein. Die gegenseitige Vereinbarung wird dokumentiert und ist verbindlich.
- **Empfehlungen** überlassen dem Mitarbeiter die Entscheidung, wie im konkreten Fall zu handeln ist. Er trägt dafür die Verantwortung, auch wenn er sich lediglich an die Empfehlung hält. Er kann sich aber auch dagegen entscheiden, sofern er dies begründen kann. Niemand kann sich somit hinter der pflichtgemäßen Ausführung einer Anweisung verstecken, wenn er es hätte besser wissen müssen.

Der Verlust an Sicherheit für den Vorgesetzten und die höhere Verantwortung für den ausführenden Mitarbeiter sind für beide Seiten eine Herausforderung und erfordern einen gemeinsamen Lernprozess. Je besser dialogische Führung gelingt, desto geringer wird der Unterschied zwischen Führen und Geführtwerden.[193] Ein solches dezentral organisiertes Zusammenwirken wird erst möglich, wenn der Einzelne aus eigener Einsicht handelt. Dafür muss er über denselben Informationsstand verfügen wie sein Vorgesetzter. So wird er in die Lage versetzt, selbstständig und im Sinne des Unternehmens zu agieren. *Werner* war davon überzeugt: „Je mehr der Einzelne selbst sieht, was für andere notwendig ist, desto unternehmerischer wird er in seiner Arbeit sein."[194]

Hierfür benötigen die Mitarbeiter Informationen und Kennzahlen, welche die wirtschaftlichen Vorgänge des Unternehmens nachvollziehbar machen. Diese Transparenz schafft *dm* mit der sogenannten **Wertbildungsrechnung**, einer monatlichen Ergebnisrechnung für das gesamte Unternehmen, differenziert nach Regionen, Gebieten, Filialen und einzelnen Zentralbereichen. Sie stellt die Leistungsströme transparent und verständlich dar und unterstützt in den Filialen zahlreiche Entscheidungen. Hierarchische Einschränkungen bei den Zugriffsrechten bestehen nicht. Zwischen Regionen, Gebieten und Filialen sind vielfältige Vergleiche möglich, die von den Verantwortlichen intensiv genutzt werden. Darüber hinaus können die Filialen eigenständig Mitarbeiter einstellen und entlassen. Zusätzlich führte *dm* ein Warenwirtschaftssystem ein, das eine flexible Preisgestaltung in den Filialen ermöglicht. Das Verhältnis zwischen Zentrale und Filialen hat sich dadurch grundlegend verändert: Die Zentrale versteht sich heute als Dienstleister, der den Arbeitsalltag der Filialen so einfach wie möglich gestaltet, damit diese mehr Zeit für ihre Kunden haben.[195]

„Wir dürfen das Unternehmen nicht von oben nach unten denken, sondern wir müssen es von außen nach innen denken. Der Mitarbeiter, der mit dem Kunden redet, ist in diesem Moment der Wichtigste; alle anderen sind aus dieser Perspektive nur rückwärtig Dienstleistende", betont Götz Werner.[196]

Da jeder Mitarbeiter aus eigener Einsicht handelt, entsteht ein authentisches Zusammenwirken und ein positives Arbeitsklima. Kundenorientierung lässt sich nicht verordnen, sondern muss authentisch vorgelebt werden. Durch dialogische Führung verhalten sich die Mitarbeiter gegenüber ihren Kunden freundlicher und aufmerksamer.[197] Dies ist sicherlich ein wesentlicher Grund, warum *dm* seit vielen Jahren im *Kundenmonitor Deutschland* den ersten Platz unter den überregionalen Drogeriemärkten belegt.[198]

Eine agile Organisation ist wesentlich komplexer als ein hierarchisch geprägtes Managementsystem. Selbstorganisation erfordert auf allen Ebenen, vom einzelnen Mitarbeiter über das Team bis hin zur Unternehmensführung, das **Erlernen neuer Denk- und Verhaltensmuster**. Nicht jeder ist gleichermaßen dazu in der Lage, mit hoher Komplexität und eigenem Gestaltungsspielraum umzugehen. Agiles Arbeiten setzt eine selbstbewusste Persönlichkeit, Umsetzungsstärke, Durchhaltevermögen sowie Reflexions- und Kritikfähigkeit voraus. Besonders die Generation X (geboren 1965 bis 1979) und die Babyboomer (1950 bis 1964) sind mit hierarchischen Strukturen großgeworden und es nicht gewohnt, eigenverantwortlich, experimentell und flexibel zu arbeiten.[199]

Ein Unternehmen kann jedoch nur so agil sein wie seine Mitarbeiter. Selbstführung lässt sich weder vorschreiben noch erzwingen. Agile Führung sollte die Mitarbeiter daher einladen und ermutigen, sich selbst zu organisieren und Verantwortung zu übernehmen. Um die **Fähigkeit zur Selbstführung** zu stärken, gilt es soziale Kompetenzen wie Kommunikations-, Entscheidungs- und Konfliktfähigkeit zu fördern. Nur wenn die Mitarbeiter diese Einladung annehmen, kann eine agile Organisation gelingen. Selbstführung bedeutet, dass jeder Einzelne die Rollen und Gestaltungsspielräume nach seinen Präferenzen und Fähigkeiten auswählt und dabei den Mut hat, neue Wege zu gehen. In Retrospektiven reflektiert das Team regelmäßig sein Vorgehen, um daraus zu lernen und sich zu verbessern. Ziel ist es, das eigene Handeln flexibel und adaptiv anzupassen, denn eine starre Anwendung von Methoden wäre nicht agil. Dabei geht es nicht um Inhalte, sondern um Aspekte wie Arbeitsabläufe und Zusammenarbeit. Solche Retrospektiven sind auch auf Unternehmensebene sinnvoll, um die agile Organisation kontinuierlich weiterzuentwickeln.[200]

6.3 Die Führung des Wandels

Nichts ist so beständig wie der Wandel. Märkte, Kundenbedürfnisse, Konkurrenzverhältnisse, gesetzliche Vorgaben und sogar gesellschaftliche Werte verändern sich immer häufiger, schneller und tiefgreifender – insbesondere in komplexen Führungskontexten (vgl. Kap. 1.5.1). Unternehmen müssen sich einerseits laufend an neue Rahmenbedingungen anpassen, können andererseits aber auch selbst Veränderungen anstoßen. Wandel findet daher permanent auf allen betrieblichen Ebenen statt, wenn auch mit unterschiedlicher Tragweite und Intensität. Für Unternehmen stellt er stets ein Risiko dar, das sowohl Chancen als auch Gefahren beinhaltet (vgl. Kap. 1.4.4).

Die **Führung des Wandels** soll frühzeitig erkennen, wenn im Unternehmen tiefgreifende Veränderungen erforderlich sind. Bei Bedarf soll sie einen systematischen Wandel einleiten und vorantreiben sowie anschließend die neuen Strukturen, Prozesse und Verhaltensweisen dauerhaft verankern. Darüber hinaus soll sie eine Kultur der kontinuierlichen Verbesserung fördern und fortlaufend schrittweise Veränderungen anstoßen.

Wandel beschreibt den Übergang von einem Zustand in einen anderen. Je nach Umfang der Veränderung wird unterschieden:[201]

- **Inkrementeller Wandel** bezeichnet eine kontinuierliche Selbsterneuerung in kleinen, fortlaufenden Schritten.
- **Fundamentaler Wandel** steht für eine radikale Transformation mit tiefgreifenden Veränderungen.

Die Unterschiede zwischen beiden Formen lassen sich mit einem Beispiel aus der Natur verdeutlichen: Eine Raupe wächst, indem sie Blätter frisst und sich mehrfach häutet – das ist inkrementeller Wandel. Anschließend verpuppt sie sich und wird zum Schmetterling – das ist fundamentaler Wandel. Abb. 6.3.1 fasst die Unterschiede zwischen den Arten des Wandels zusammen.

Im Idealfall folgt auf eine umbruchartige Veränderung ein kontinuierlicher Strom evolutionärer Verbesserungen. Ständiger fundamentaler Wandel würde für Verwirrung und Unruhe in der Organisation sorgen, die Mitarbeiter überfordern und die Leistungsfähigkeit des Unternehmens schwächen. Allerdings erlaubt die VUKA-Welt (vgl. Kap. 1.5.1) den Unternehmen heute keine langen Ruhepausen mehr.[202]

Das **Change Management** ist für die Steuerung fortlaufender Veränderungen zuständig. Der Begriff wird allerdings häufig missverstanden, da er auch für tiefgreifende Transformationen verwendet wird. Diese erfordern jedoch eine visionäre Führung, um die Mitarbeiter für den Wandel zu begeistern und sind deshalb ohne **Change Leadership** unweigerlich zum Scheitern verurteilt.[203] Die Unterscheidung zwischen Management und Leadership wird in Kapitel 6.2.2 ausführlich erläutert. Da die kontinuierliche Verbesserung in Kapitel 5.4.2 im Rahmen des Prozessmanagements behandelt wird, steht in diesem Kapitel die Steuerung fundamentaler Veränderungen im Mittelpunkt.

	Inkrementeller Wandel	Fundamentaler Wandel
Intensität	Evolutionär	Revolutionär
Tiefe	Wandel erster Ordnung	Wandel zweiter Ordnung
Zielrichtung	Optimierung	Reorganisation / Transformation
Ablauf	Kontinuierlich	Diskontinuierlich
Häufigkeit	Hoch / Laufend	Selten / Ausnahme
Stellung	Regelfall	Sonderfall
Reichweite	Auf einzelne Dimensionen und Ebenen beschränkt	Mehrdimensional und ebenenübergreifend
Risiko	Gering	Hoch
Führungstypus	Transaktionale Führung	Transformationale Führung
Führungsansatz	Change Management	Change Leadership

Abb. 6.3.1: Arten des Wandels

Beidhändige Führung

Viele Unternehmen stehen heute vor der Herausforderung, den betrieblichen Wandel zweigleisig zu gestalten. Die gleichzeitige Bewältigung gegensätzlicher Anforderungen erfordert **beidhändige Führung**. Unter Ambidextrie versteht man die Fähigkeit eines Menschen, beide Hände gleich gut einsetzen zu können. Ambidextre Führung bedeutet daher, sowohl Stabilität und Effizienz zu gewährleisten als auch Innovationen voranzutreiben. Evolutionärer und revolutionärer Wandel verlaufen dabei parallel. Dafür gilt es, die Weiterentwicklung des bestehenden Geschäfts (**Exploitation**) und die Erschließung neuer Technologien, Geschäftsmodelle und Märkte (**Exploration**) in Balance zu halten.[204] Beidhändige Führung ist eine Kombination aus Management als transaktionaler Führung, um Bestehendes am Laufen zu halten, und Leadership als transformationaler Führung, um Neues in Gang zu bringen (vgl. Kap. 6.2.2).[205]

Beidhändige Führung im Innovationsdilemma

Das sogenannte **Innovator's Dilemma** beschreibt die Schwierigkeit etablierter Unternehmen, sich von erfolgreichen Geschäftsmodellen zu lösen. Disruptive Technologien werden oft lange ignoriert, weil sie anfangs nicht konkurrenzfähig wirken und das bestehende Geschäft bedrohen.[206] Ein klassisches Beispiel ist *Kodak*, das jahrzehntelang Marktführer für Filmmaterial und zugleich ein bedeutender Hersteller analoger Kameras war. Bereits 1975 entwickelte *Kodak* die erste digitale Kamera. Doch wegen der anfangs geringen Bildqualität und der Angst vor Kannibalisierung des eigenen Filmgeschäfts trieb das Unternehmen die neue Technologie nur halbherzig voran. Erst 1995 brachte *Kodak* eine Digitalkamera auf den Markt, als *Sony*, *Canon* und *Nikon* den Markt bereits dominierten. Aufgrund des Niedergangs des analogen Filmgeschäfts musste *Kodak* 2012 Insolvenz anmelden.[207] 2007 präsentierte *Apple* mit dem iPhone eine disruptive Innovation, die wiederum die klassische Digitalkamera ersetzte. Heute wird mehr fotografiert als je zuvor. Allein 2024 wurden rund 1,9 Billionen Fotos aufgenommen, davon mehr als 94 % mit einem Smartphone.

Zu Beginn der 2000er-Jahre war *CEWE* Europas größter Entwickler analoger Fotos. Doch das Unternehmen erkannte früh das Potenzial der digitalen Fotografie. Im Jahr 2002, dem bis dahin erfolgreichsten Jahr der Unternehmensgeschichte, leitete *CEWE* den Wandel vom Chemieunternehmen zur digitalen Druckerei ein. 2004 kam das erste Fotobuch auf den Markt. *CEWE* hatte erkannt, dass die Menschen ihre besonderen Momente in Händen halten möchten. Das Angebot wird durch personalisierte Fotoprodukte wie Tassen, Kissen, Puzzles und Poster ergänzt. Heute ist *CEWE* mit einem Umsatz von rund 830 Mio. Euro Europas größter Fotoserviceanbieter.[208] Das Beispiel zeigt eindrucksvoll, wie sich etablierte Marktführer erfolgreich an disruptive Innovationen anpassen können – wenn der Wandel rechtzeitig eingeleitet wird.

Insbesondere im Übergang zwischen zwei Technologien spielt beidhändige Führung eine wichtige Rolle. Werden **disruptive Innovationen** nicht ernst genommen, können sie die Existenz des Unternehmens gefährden. So glaubten etwa die Hersteller von Kutschen, Schreibmaschinen oder CDs nicht an den Durchbruch des Autos, PCs oder der MP3. Die Unternehmensführung sollte deshalb stets auf Unvorhersehbares vorbereitet sein und frühzeitig mit innovativen Entwicklungen experimentieren.[209] Die Gewinne aus der bestehenden Technologie finanzieren dabei Investitionen in neue, zunächst unrentable Technologien. Beide Ansätze werden häufig über Jahre hinweg parallel verfolgt, bis sich die neue Lösung durchsetzt oder verworfen wird. So müssen deutsche Automobilhersteller einerseits ihre Fahrzeuge mit Verbrennungsmotor noch geraume Zeit weiter vermarkten, andererseits aber den Wandel zur Elektromobilität vollziehen, um nicht von neuen Konkurrenten wie *Tesla* oder *BYD* vom Markt verdrängt zu werden.

Bedarf und Schichten des Wandels

Ausgangspunkt eines fundamentalen Veränderungsprozesses ist die Feststellung eines **Wandlungsbedarfs**, der die erforderlichen Anpassungen konkret beschreibt. Externe Ursachen können etwa Veränderungen des Marktes, globale Krisen oder gesellschaftliche, technologische und rechtliche Entwicklungen sein. Interne Auslöser sind häufig neue Ziele und Strategien oder kulturelle Veränderungen, die nicht selten durch einen Wechsel an der Unternehmensspitze angestoßen werden.[210] Diese Ursachen bestimmen den konkreten Bedarf eines Wandels. Nur wer versteht, warum eine Veränderung notwendig ist, kann den Wandel auch gezielt gestalten. Ob tatsächlich ein Wandel eingeleitet und erfolgreich umgesetzt wird, hängt maßgeblich davon ab, ob der Wandlungsbedarf im Unternehmen erkannt und akzeptiert wird.

Jedem Wandel stehen Barrieren gegenüber, die ihn verzögern oder sogar verhindern können. Dadurch nimmt der Wandlungsbedarf stetig zu und es entsteht ein Reformstau. Für die Einleitung eines Wandels ist deshalb häufig ein hoher Leidensdruck erforderlich.[211] Eine Krise als Auslöser sollte jedoch möglichst vermieden werden, da sie den sachlichen und zeitlichen Gestaltungsspielraum stark einschränkt und die Führung in eine passive, reaktive Rolle drängt. Deutlich besser ist ein proaktiv eingeleiteter Wandel. Die frühzeitige Erkennung und Umsetzung erforderlicher Veränderungen gilt als Merkmal wirksamer Führung.[212] Beispielsweise zeigte sich in der Corona-Krise 2020, dass viele Unternehmen nicht auf die Umstellung auf mobiles Arbeiten im Homeoffice vorbereitet waren.

Unterschiedliche Wandlungsbedarfe und daraus resultierende Formen des Wandels lassen sich anhand der Reichweite der erforderlichen Veränderungen in einem **Schichtenmodell** darstellen. Äußere Schichten sind wie bei einer Zwiebel leicht zugänglich und veränderbar. Die inneren Bereiche hingegen erfordern tiefgreifenden Wandel, der Zeit braucht und bildlich gesprochen nicht ohne Tränen gelingt. Abb. 6.3.2 veranschaulicht die vier **Schichten und Formen des Wandels nach dem 4R-Modell**:[213]

- **Restrukturierung**: Anpassung von Strukturen, Prozessen und Systemen im Rahmen der bestehenden Strategie, um die Leistungsfähigkeit zu steigern. Diese Form des inkrementellen Wandels dient der Effizienzsteigerung. Das Unternehmen wird dadurch besser, aber nicht grundsätzlich anders. Es geht primär um rationale Sachfragen. So kann z. B. in einem Rationalisierungsprojekt die Auftragsabwicklung durch Reduktion von Warte-, Transport- und Liegezeiten beschleunigt werden. Der Nutzen ist quantifizierbar und für Betroffene leicht nachzuvollziehen.
- **Reorientierung:** Fundamentaler Wandel durch strategische Neuausrichtung. Strategische Stoßrichtungen werden geändert, bestehende Geschäftsfelder aufgegeben oder neue in das Portfolio aufgenommen. Zwar lässt sich eine solche Veränderung sachlich begründen, sie erfordert jedoch politisch-verhaltensorientierte Maßnahmen. Diese dienen etwa zum Ausgleich unterschiedlicher Interessen oder zur Überwindung innerbetrieblicher Widerstände. Ein Beispiel ist der Rückzug aus einem unrentablen Geschäftsbereich: strategisch sinnvoll, aber nachteilig für die betroffenen Mitarbeiter. In solchen Fällen ist ein politischer Interessenausgleich erforderlich, etwa durch das Angebot adäquater Stellen in anderen Geschäftsbereichen.
- **Revitalisierung**: Fundamentale Veränderung personeller Fähigkeiten sowie des Führungs- und Kooperationsverhaltens. Ziel ist etwa ein kundenorientiertes oder agiles Mindset. Zwar sind dabei grundlegende Werte und Überzeugungen betroffen, doch der Wandel bleibt auf das Verhalten und die Haltung einzelner Personen oder Gruppen beschränkt. So sollen etwa in einer Supermarktkette die Filialleiter künftig eigenständig entscheiden, statt lediglich Anweisungen der Zentrale auszuführen. Dazu müssen sowohl bestehende Bedenken der Zentrale hinsichtlich der Kompetenzen vor Ort ausgeräumt als auch unternehmerisches Denken und Handeln in den Filialen gefördert werden.
- **Remodellierung**: Dieser Wandel auf der tiefsten Ebene betrifft die Unternehmenskultur und zielt auf ein neues Selbstverständnis des Unternehmens. Dabei werden kollektive Wertvorstellungen, Normen und Denkmuster grundlegend verändert. Ein Beispiel ist die Postreform im Jahr 1994, bei der aus der öffentlichen Behörde *Deutsche Bundespost* die Aktiengesellschaften *Deutsche Post*, *Deutsche Telekom* und *Deutsche Postbank* hervorgingen – ein Wandel vom staatlichen Beamtenapparat hin zu wettbewerbsfähigen Unternehmen.

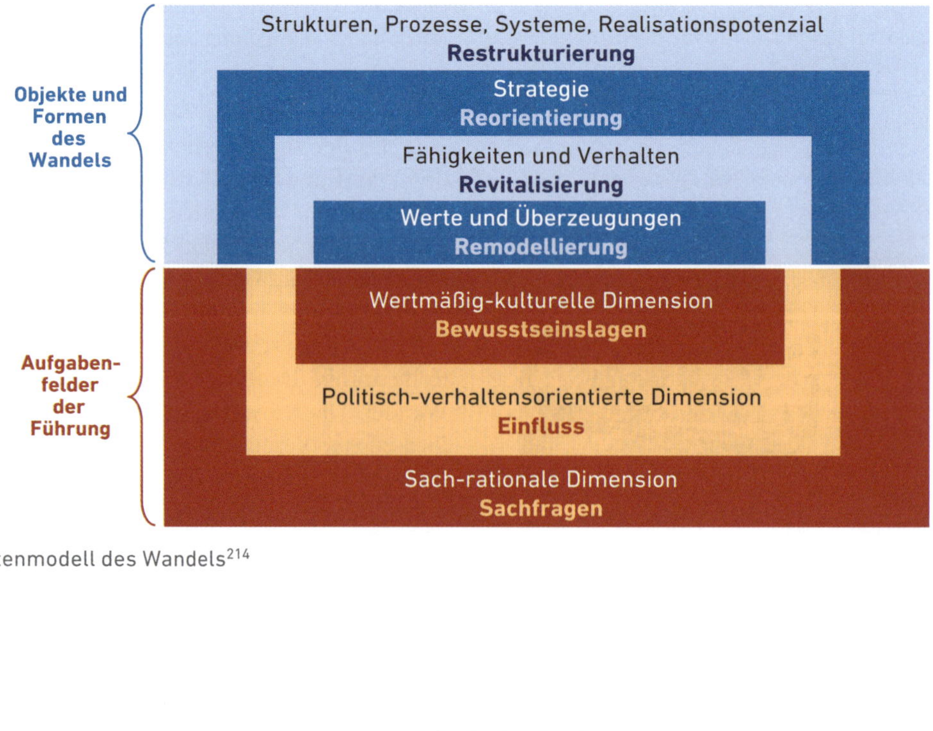

Abb. 6.3.2: Schichtenmodell des Wandels[214]

Unternehmen sollten sich nicht einseitig auf eine bestimmte Form des Wandels festlegen, da sie sonst die Fähigkeiten verlieren, andere notwendige Veränderungen erfolgreich zu bewältigen.[215] Eine Überbetonung effizienzsteigernder Maßnahmen im Rahmen von Restrukturierungsprogrammen kann beispielsweise die Entwicklung unternehmerischen Denkens durch Revitalisierung behindern. Grundsätzlich gilt: Strategien, Werte und Überzeugungen bilden die langfristige Basis des Unternehmens und den Ausgangspunkt für die kontinuierliche Verbesserung von Strukturen, Prozessen, Systemen, Fähigkeiten, Verhaltensweisen und Umsetzungspotenzialen.[216]

6.3.1 Wie verläuft fundamentaler Wandel?

In jedem Unternehmen wirken unterschiedliche Kräfte: **Akzelerierende Kräfte** („driving forces") drängen auf Veränderungen, während **retardierende Kräfte** („restraining forces") diesen entgegenwirken. Um die langfristige Existenz des Unternehmens zu sichern, sollten sich beide Kräfte im Gleichgewicht befinden. Überwiegen die veränderungsbefürwortenden Kräfte, kommt das Unternehmen nicht zur Ruhe und leidet unter inneren Unsicherheiten und Instabilitäten. Überwiegen hingegen die veränderungsablehnenden Kräfte, wird notwendiger Wandel hinausgezögert oder gar verhindert.[217]

Zu Beginn eines Wandels befinden sich akzelerierende und retardierende Kräfte im Gleichgewicht. Um Veränderungen einzuleiten, muss dieses Gleichgewicht gestört werden. Dies kann entweder durch Verstärkung der akzelerierenden oder Schwächung der retardierenden Kräfte geschehen. Der Wandel wird somit als zyklischer Übergang zwischen zwei Gleichgewichtszuständen verstanden. Da Unternehmen jedoch nicht statisch sind, sondern sich kontinuierlich verändern, sollte man sich diesen Zustand nicht als Waage vorstellen, sondern eher als dynamisches Kraftfeld widerstreitender Energien.[218] Abb. 6.3.3 verdeutlicht, dass es im Zuge fundamentalen Wandels zunächst zu einem Rückgang der Leistungsfähigkeit kommt. Ursachen hierfür sind die Bindung betrieblicher Ressourcen im Veränderungsprozess sowie kräftezehrende Widerstände. Erst nach erfolgreichem Abschluss des Wandels kann sich das Unternehmen auf einem höheren Leistungsniveau einpendeln, das wiederum stabilisiert werden muss.[219]

Ein Instrument, das Transparenz und Klarheit in den Veränderungsprozess bringt, ist die **Wandelkontur** (Change Canvas). Sie dient als übersichtlicher visueller Handlungsleitfaden und unterstützt zugleich die unternehmensinterne Kommunikation.[220] Die Bestandteile und zentralen Fragestellungen einer Wandelkontur zeigt Abb. 6.3.4.

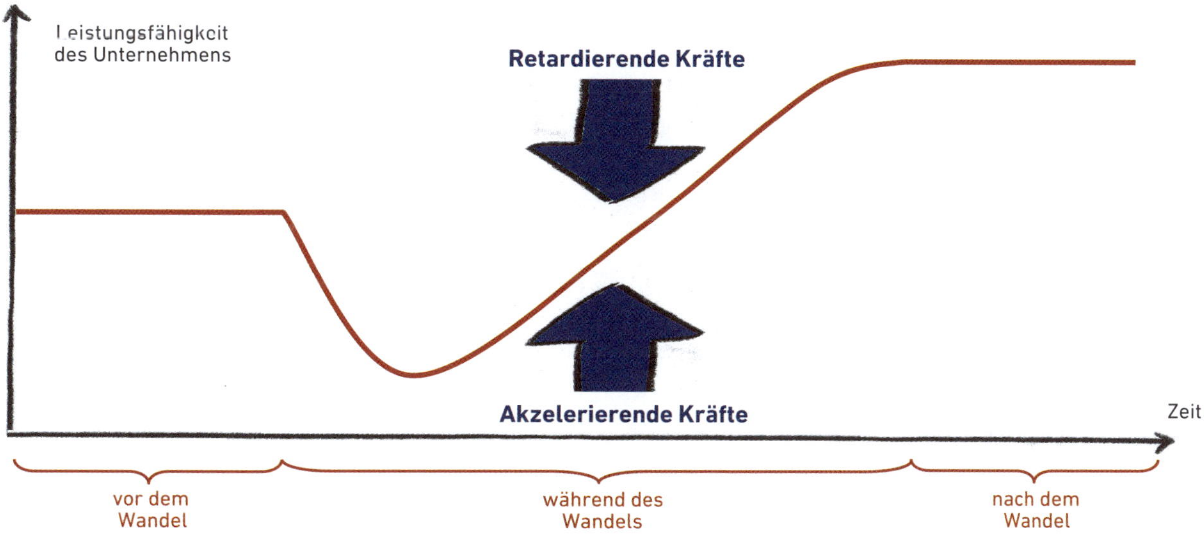

Abb. 6.3.3: Wandel im Wechselspiel der Kräfte[221]

Abb. 6.3.4: Wandelkontur (Change Canvas)[222]

Steuerbarkeit und Phasen des Wandels

Über die Steuerbarkeit betrieblicher Veränderungsprozesse gibt es unterschiedliche Auffassungen. Anhänger des **Determinismus** gehen davon aus, dass die Entwicklung eines Unternehmens vollständig durch Umweltfaktoren und Eigendynamiken bestimmt wird und sich deshalb nicht gezielt steuern lässt. Nach dem **Voluntarismus** wird dagegen das organisatorische Verhalten ausschließlich vom Willen und den Absichten der Führung bestimmt. Tatsächlich funktionieren Unternehmen jedoch nicht nach linearen Ursache-Wirkungs-Beziehungen. Die Wahrheit liegt wohl in der Mitte: Nach dem **gemäßigten Voluntarismus** kann die Führung organisatorische Veränderungen zwar beeinflussen, jedoch nur in begrenztem Ausmaß. Sie kann entweder Wandel durch gezielte Interventionen anstoßen („Was soll sich ändern?“) oder die Veränderungsbereitschaft durch Gestaltung der Rahmenbedingungen fördern („Wie können Voraussetzungen geschaffen werden, damit sich etwas ändert?“).[223]

Intendierter Wandel bezieht sich auf Veränderungen, die rational geplant, implementiert und kontrolliert werden. Im Gegensatz dazu steht der spontane und unvorhersehbare **emergente Wandel**, der durch Impulse inner- und außerhalb des Unternehmens ausgelöst wird und sich kaum steuern lässt.[224] Veränderungsprozesse folgen daher oft eigenen Gesetzmäßigkeiten, und ihr Erfolg lässt sich nur schwer vorhersagen. Dennoch ist es nicht empfehlenswert, betriebliche Veränderungen allein sich selbst und damit dem Zufall zu überlassen. Gerade fundamentaler Wandel sollte von der Unternehmensführung möglichst gezielt gestaltet werden. Dabei dürfen jedoch unvorhergesehene Entwicklungen, informelle Strukturen sowie soziale und ethische Folgen nicht übersehen werden.

Zur gezielten Steuerung von Veränderungsprozessen ist es hilfreich, diese in unterschiedliche Phasen zu unterteilen. Jede Phase umfasst spezifische Aufgaben und Anforderungen, um den Wandel erfolgreich zu realisieren. Die Phasen verleihen dem Wandel einen Rhythmus, der ihn vorantreibt. Auch wenn die meisten Modelle eine lineare Abfolge beschreiben, verläuft der Wandel in der Praxis oft weniger geradlinig oder in überlappenden Schritten.[225]

Nach dem Sozialpsychologen und Pionier der Organisationsentwicklung *Kurt Lewin* erfordert jeder Wandel einen bewussten Einstieg. Im weiteren Verlauf gilt es, Widerstände zu überwinden und am Ende die erreichten Veränderungen zu stabilisieren.

Demnach lassen sich **drei Phasen des Wandels** unterscheiden:[226]

(1) **Auftauen (Unfreezing)**: Damit ein bestehender Gleichgewichtszustand aufgegeben werden kann, muss das System zunächst „aufgetaut" werden. Es gilt, bei den Mitarbeitern Wandlungsbereitschaft zu erzeugen, alte Gewohnheiten infrage zu stellen und den Wandel als notwendig zu erkennen. Der Anstoß dazu kann von innen (z. B. Prozessanalysen, Verbesserungsvorschläge) oder von außen (z. B. Kundenreklamationen, sinkende Aktienkurse) kommen. Damit der Wandel auf breite Unterstützung stößt, müssen die Betroffenen verstehen, warum Veränderungen erforderlich sind. Ein zu abruptes Vorgehen führt häufig zu Widerständen und Blockaden, welche den Wandel verzögern oder gefährden können.

(2) **Verändern (Moving)**: In dieser Phase wird der Wandel konkret umgesetzt. Das System bewegt sich schrittweise in Richtung eines neuen Gleichgewichts auf höherem Leistungsniveau. Dabei werden verschiedene Lösungsansätze erprobt und bewertet, bis sich neue Verhaltensmuster herausbilden. Durch aktiven Einbezug der Mitarbeiter sollen Betroffene zu Beteiligten werden.

(3) **Einfrieren (Refreezing)**: Damit das neue Gleichgewicht und somit die durchgeführten Veränderungen dauerhaft Bestand haben, muss das System im Anschluss wieder „eingefroren" werden. Wird diese Stabilisierung unterlassen, drohen Rückfälle in alte Verhaltensweisen – sei es durch anfängliche Schwierigkeiten oder die Macht der Gewohnheit. Die Kommunikation erzielter Erfolge kann helfen, Unsicherheiten zu verringern und das neue Verhalten dauerhaft zu festigen.

Basierend auf der Analyse von über hundert Veränderungsprozessen empfiehlt der US-amerikanische Change-Experte *John Kotter* die in Abb. 6.3.5 aufgeführten acht Schritte für erfolgreichen Wandel. Jeder davon ist zwingend erforderlich und braucht ausreichend Zeit. Das Überspringen einzelner Schritte führt lediglich zur Illusion schnellen Fortschritts, nicht aber zu dauerhafter Veränderung.[227] Die einzelnen Phasen stellen unterschiedliche Anforderungen an die Unternehmensführung: Zunächst ist vor allem Change Leadership gefragt, um die Mitarbeiter von der Vision zu überzeugen und für den Wandel zu begeistern. Change Management dient im weiteren Verlauf dazu, den Veränderungsprozess zu strukturieren und die eingeleiteten Maßnahmen effizient umzusetzen.[228]

Schritt	Wesentliche Aufgaben
(1) Gefühl für die Dringlichkeit erzeugen	Analyse von Markt und Wettbewerb. Chancen und Gefahren erkennen und diskutieren.
(2) Führungskoalition aufbauen	Team bilden, das mächtig und kompetent genug ist, den Wandel voranzubringen.
(3) Vision und Strategie entwickeln	Eine richtungsweisende Vision aufstellen und eine Strategie entwickeln, um diese zu verwirklichen.
(4) Vision des Wandels kommunizieren	Bei allen Betroffenen für Verständnis und Akzeptanz werben. Das Leitungsteam soll die Vision vorleben.
(5) Mitarbeiter auf breiter Basis befähigen	Handlungsspielräume schaffen, Hindernisse beseitigen, neues Verhalten fördern und Mitarbeiter ermutigen.
(6) Schnelle Erfolge erzielen	Kurzfristig sichtbare Verbesserungen planen, realisieren, hervorheben und Mitarbeiter dafür auszeichnen.
(7) Erfolge konsolidieren und weitere Veränderungen einleiten	Gestiegenes Vertrauen nutzen, um weitere Veränderungen konsequent voranzutreiben.
(8) Neue Ansätze in der Kultur verankern	Zusammenhang zw. Wandel und Unternehmenserfolg herausstellen, neues Verhalten festigen.

Abb. 6.3.5: Die acht Schritte erfolgreichen Wandels[229]

6.3.2 Die Emotionen der Mitarbeiter ernst nehmen

Wandel stößt häufig auf vielfältige **Widerstände**, die innerhalb oder außerhalb des Unternehmens sowie offen oder verdeckt auftreten können. Sie können Veränderungen verlangsamen oder sogar verhindern. Unternehmensinterne Widerstände sind entweder auf Personen oder organisatorische Rahmenbedingungen zurückzuführen. Unternehmensexterne Widerstände entstehen durch Stakeholder wie Kunden oder Lieferanten. Offener Widerstand äußert sich etwa durch Streiks oder Kündigungen, während verdeckter Widerstand beispielsweise durch hohen Krankenstand oder „Dienst nach Vorschrift" zum Ausdruck kommt. Stärke und Ausprägung dieser Widerstände können im Verlauf des Wandels erheblich schwanken.[230]

Menschen halten von Natur aus gern an Vertrautem fest. Veränderungen stören dieses Bedürfnis nach Stabilität und Kontinuität und rufen oft starke Emotionen wie Angst oder Panik hervor. Psychologische Studien zeigen: Die Trauer über einen Verlust wiegt schwerer als die Freude über einen Gewinn. Verluste durch eigenes Fehlverhalten sind schmerzlicher als verpasste Chancen durch Untätigkeit. Damit sich Mitarbeiter freiwillig auf einen Wandel einlassen, müssen die subjektiv wahrgenommenen Vorteile deutlich höher sein als die Gefahren durch das Festhalten an bisherigen Gewohnheiten.[231]

Doch die Unternehmensführung konzentriert sich im Veränderungsprozess meist zu sehr auf Sachfragen und vernachlässigt dabei die emotionalen Aspekte. Fundamentaler Wandel setzt viele Menschen unter Stress, da oft unklar ist, was die Veränderung für sie persönlich bedeutet. Das Gefühlsspektrum reicht von Neugier und Begeisterung bis hin zu Frust und Ablehnung. Besonders häufig ist die Angst vor negativen Konsequenzen, wie etwa dem Verlust von Status, Anerkennung, sozialen Kontakten oder des Arbeitsplatzes.[232]

Aber auch Unternehmen streben nach Kontinuität, und zwar aus gutem Grund, denn eine Organisation soll ja gerade für Stabilität und Identität sorgen. Zudem soll das Unternehmen für seine Stakeholder berechenbar und verlässlich sein. Jede Veränderung stört das erreichte Gleichgewicht, weshalb das Unternehmen bestrebt ist, es wiederherzustellen.[233] Ursachen organisatorischer Widerstände können etwa in einer starren Unternehmenskultur, dem drohenden Verlust von Privilegien und Macht, internen Verflechtungen und Abhängigkeiten, der Berührung von Tabuzonen oder der Ablehnung externer Eingriffe liegen.[234]

Je stabiler ein Unternehmen ist, desto ausgeprägter sind in der Regel auch die Widerstände gegen einen Wandel. Gerade erfolgreiche Unternehmen erweisen sich daher oft als besonders veränderungsresistent und laufen Gefahr, überlebensnotwendige Transformation zu verschlafen.[235] Da Veränderungen im Unternehmen auch dessen Umfeld betreffen, können Widerstände auch von Kunden, Lieferanten, Kapitalgebern, dem Staat oder der Gesellschaft ausgehen. Die Unternehmensführung sollte diese Stakeholder daher aufmerksam beobachten und möglichst in den Veränderungsprozess einbinden.[236]

Der Elefant und sein Reiter

Der Mensch im Wandel lässt sich mit einem Reiter auf einem Elefanten vergleichen. Der Elefant steht für den emotionalen, der Reiter für den rationalen Anteil in uns. Auch wenn es so wirkt, als würde der Reiter den Elefanten führen, ist er in Wahrheit deutlich kleiner und schwächer. Er kann das Tier nicht dauerhaft gegen dessen Willen antreiben.

Für eine erfolgreiche Veränderung müssen daher beide Anteile zusammenwirken: Der Reiter, um vorausschauend zu denken und überlegte Entscheidungen zu treffen. Der Elefant, um mit seiner Kraft und Energie auftretende Hindernisse aus dem Weg zu räumen. Werden im Wandel die Gefühle der Menschen richtig angesprochen, setzt sich der Elefant in Bewegung und der Reiter muss ihm nur noch die Richtung weisen.[237]

Negativ empfundene Veränderungen lösen die in Abb. 6.3.6 dargestellten **Stufen der emotionalen Reaktion** aus:[238]

1. **Stabilität:** Vor Bekanntgabe der Veränderung sind die Mitarbeiter im Status quo emotional ausgeglichen.
2. **Schock:** Die erste Reaktion ist geprägt von Angst, Unsicherheit und Verwirrung. Die Betroffenen zeigen eine ausgeprägte Passivität und fühlen sich wie gelähmt.
3. **Verweigerung:** Die Veränderung wird abgelehnt, und rationale Argumente werden verleugnet. Stattdessen klammern sich die Betroffenen an bestehende Routinen, etwa im Sinne von: „Das haben wir schon immer so gemacht."
4. **Wut:** Die Frustration darüber, den Wandel nicht verhindern zu können, äußert sich in hoher Aktivität und stark ablehnenden Emotionen. Ziel ist es, die Kontrolle über die frühere Normalität zurückzugewinnen.
5. **Verhandlung**: Die Betroffenen versuchen, durch Feilschen oder formale Anpassung negative Folgen abzumildern. Die Veränderung wird mitunter durch sogenannte *Coping-Strategien* umgangen. Dabei passen sich die Mitarbeiter dem Wandel zwar formal an, unterlaufen jedoch dessen eigentliche Intention. Ein Beispiel ist die Begrenzung von Meetings auf 30 Minuten. Um die Zielsetzung dieser Vorgabe zu umgehen, werden mehrere aufeinanderfolgende Besprechungen zum selben Thema angesetzt. Dies ist zwar formal regelkonform, aber inhaltlich wirkungslos. In der Verhandlungsphase droht eine schrittweise Aushöhlung der angestrebten Veränderung.

6. **Depression**: Die Mitarbeiter erkennen die gesamte Tragweite des Wandels und fühlen sich machtlos. In diesem sogenannten „Tal der Tränen" ziehen sie sich zurück, verfallen in Passivität und nehmen eine Opferrolle ein.
7. **Test:** Die Mitarbeiter erproben die neuen Möglichkeiten, versuchen die Kontrolle über ihr Handeln zurückzugewinnen und setzen sich neue persönliche Ziele.
8. **Akzeptanz:** Die Mitarbeiter akzeptieren die neue Situation, auch wenn sie ihr möglicherweise noch mit Zurückhaltung begegnen. Im Idealfall identifizieren sie sich mit der Veränderung, übernehmen deren Ziele und erreichen ein stabiles Gleichgewicht auf einem höheren Aktivitätsniveau.

Die Führung des Wandels sollte sich dieser emotionalen Achterbahnfahrt bewusst sein und die Mitarbeiter mit den in Abb. 6.3.7 aufgeführten Maßnahmen begleiten.

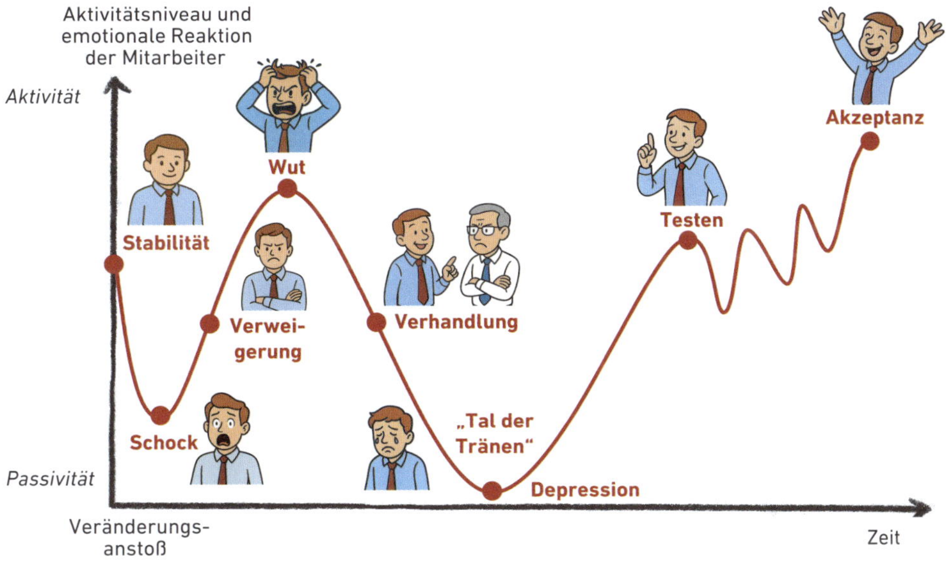

Abb. 6.3.6: Emotionale Reaktionen auf negativ empfundene Veränderungen[239]

Phasen	Steuerungsmaßnahmen
Schock	• Frühzeitige und offene Information aller Betroffenen • Beteiligung der Betroffenen bei der Vorbereitung des Wandels
Verweigerung	• Hilfestellung anbieten; Vertrauensklima schaffen • Verständnis zeigen; Mitarbeiter an die Veränderung heranführen
Wut	• Offene Aussprache und Versachlichung • Grenzen setzen und konsequente Reaktion auf Wandlungsgegner
Verhandeln	• Zielsetzung des Wandels unterstreichen • Kritische Anmerkungen so weit als möglich berücksichtigen
Depression	• Aktive Mitarbeit und Unterstützung anbieten • Mitwirkung fördern und Motivation wecken
Testen	• Erfolgserlebnisse schaffen und erste Erfolge kommunizieren • Vollzug des Wandels belohnen
Akzeptanz	• Selbstständige Anpassung und gemeinsames Lernen fördern • Erfolg des Wandels kommunizieren, zelebrieren und stabilisieren

Abb. 6.3.7: Maßnahmen zur Beeinflussung emotionaler Reaktionen auf negativ empfundene Veränderungen[240]

Ein anderes Modell zur Beschreibung des Umgangs mit belastenden Veränderungen zeigt Abb. 6.3.8. Es beruht darauf, inwieweit der Mitarbeiter glaubt, den neuen Aufgaben oder Anforderungen gewachsen zu sein. Dieses subjektive Kompetenzempfinden wirkt sich unmittelbar auf seine Arbeitsleistung aus. Der Verlauf beschreibt einen idealtypischen **Reifungsprozess:**[241]

1. **Stabilität:** Vor der Veränderung fühlen sich die Mitarbeiter ihren Aufgaben gewachsen.
2. **Schock**: Die Konfrontation mit dem Wandel erzeugt eine starke Diskrepanz zwischen Erwartung und Realität. Der Mitarbeiter kann deshalb vorübergehend gelähmt und reaktionsunfähig sein, wie ein Kaninchen vor der Schlange.
3. **Verneinung**: Die wahrgenommene Kompetenz nimmt wieder zu, weil der Mitarbeiter den Wandel als unerheblich abtut und an seinem bisherigen Verhalten festhält. Er wehrt sich gegen die Einsicht, dass persönliche Veränderungen notwendig sind, und klammert sich an bestehende Routinen. Diese Phase kann sehr zäh und langwierig verlaufen. Ein Übergang zur nächsten Phase ist erst möglich, wenn der Mitarbeiter beginnt, sich ernsthaft mit der Veränderung auseinanderzusetzen.
4. **Rationale Einsicht**: Der Mitarbeiter versteht die Notwendigkeit der Veränderung und erkennt, welche Kompetenzen ihm noch fehlen. Dies kann Unsicherheit und Frustration auslösen.
5. **Emotionale Akzeptanz**: Wird die Veränderung dem Mitarbeiter auch emotional bewusst, erreicht die Selbsteinschätzung der eigenen Kompetenz ihren Tiefpunkt. Er löst sich von alten Gewohnheiten und öffnet sich für neue Denk- und Verhaltensmuster. Dies ist eine wichtige Voraussetzung für den folgenden Lernprozess.
6. **Ausprobieren**: Durch Versuch und Irrtum werden neue Verfahrens- und Verhaltensweisen eingeübt. Erfolge und Fehler wechseln sich ab, weshalb ein geschützter Rahmen zum Experimentieren wichtig ist.
7. **Erkenntnis:** Durch Feedback lernt der Mitarbeiter, wann und warum welche neuen Verfahrens- und Verhaltensweisen erfolgreich sind.
8. **Integration:** Die neuen Verfahrens- und Verhaltensweisen werden verinnerlicht und dauerhaft angewendet.

In der Praxis durchlaufen die Mitarbeiter diesen Reifungsprozess unterschiedlich schnell. Manche bleiben auch in einer Phase hängen und benötigen gezielte Unterstützung, um weiterzukommen. Abb. 6.3.8 nennt hierfür geeignete Maßnahmen.

Abb. 6.3.8: Idealtypische Reifung des Mitarbeiters bei negativ empfundenen Veränderungen[242]

Eine inhaltlich vergleichbare, etwas komprimierte Darstellung dieser acht Phasen entwickelte der schwedische Wirtschaftspsychologe *Claes Janssen* mit seinem **Modell der vier Räume des Wandels** (Four Rooms of Change). Es beschreibt die emotionalen Stadien in Veränderungsprozessen als vier symbolische Zimmer, die nacheinander von den Mitarbeitern durchschritten werden. Dieser idealtypische Verlauf ist in Abb. 6.3.9 blau dargestellt:[243]

1. **Zimmer der Selbstzufriedenheit**: Viele Mitarbeiter sind mit ihrer aktuellen Situation zufrieden und sehen keinen Anlass für Veränderungen. Typische Aussagen lauten: „Uns geht es doch gut – warum sollten wir etwas ändern?". Dies entspricht der Phase der Stabilität.
2. **Zimmer der Verweigerung**: Es zeigen sich offene oder verdeckte Widerstände gegenüber dem Wandel: „Muss das sein? Ohne mich!". Dieses Stadium entspricht den Phasen Schock und Verneinung.
3. **Zimmer der Verwirrung**: Die Mitarbeiter erkennen, dass die Veränderung unausweichlich ist. Sie sind verunsichert und machen sich Sorgen, da gewohnte Regeln und Verhaltensmuster nicht mehr gelten. Die Situation erinnert an einen Hühnerstall: „Jeder sagt etwas anderes und keiner weiß, wo's langgeht". Dies entspricht den Phasen rationale Einsicht und emotionale Akzeptanz.
4. **Zimmer der Erneuerung**: Die Mitarbeiter beginnen, einander zuzuhören und zeigen Lernbereitschaft. Beim Ausprobieren neuer Aufgaben und Verhaltensweisen erleben sie erste Erfolge und gewinnen Vertrauen in ihre eigene Kompetenz zurück. Dies entspricht den Phasen Ausprobieren, Erkenntnis und Integration.

Das Modell wurde von *Peter Kirkbride* um weitere Räume ergänzt und zum **Haus des Wandels** (House of Change) erweitert.[244] Die in Abb. 6.3.9 rot dargestellten Entwicklungen zeigen häufige **Schwierigkeiten im Wandelprozess**:[245]

- **Sonnenbalkon**: Manche Mitarbeiter ruhen sich auf den Erfolgen der Vergangenheit aus. Das führt zu Selbstzufriedenheit, Arroganz und Trägheit. Oft sind auf dem Sonnenbalkon etablierte Marktführer zu finden, die später von disruptiven Innovationen verdrängt werden.
- **Verweigerungsverlies**: In diesen Raum geraten Mitarbeiter, die sich dem Wandel hartnäckig widersetzen und dadurch auf der Strecke bleiben. Sie verteidigen den Status quo und verklären die Vergangenheit. Es kann notwendig sein, sich von diesen Mitarbeitern zu trennen, bevor sie den Wandel untergraben.
- **Paralyseloch**: Widersprüchliche oder unkoordinierte Aussagen der Führung verstärken die Verunsicherung und können negative Spekulationen auslösen. Manche Mitarbeiter fühlen sich hilflos und wie gelähmt. Die Führung sollte in dieser Situation Klarheit schaffen und den Mitarbeitern Orientierung geben.

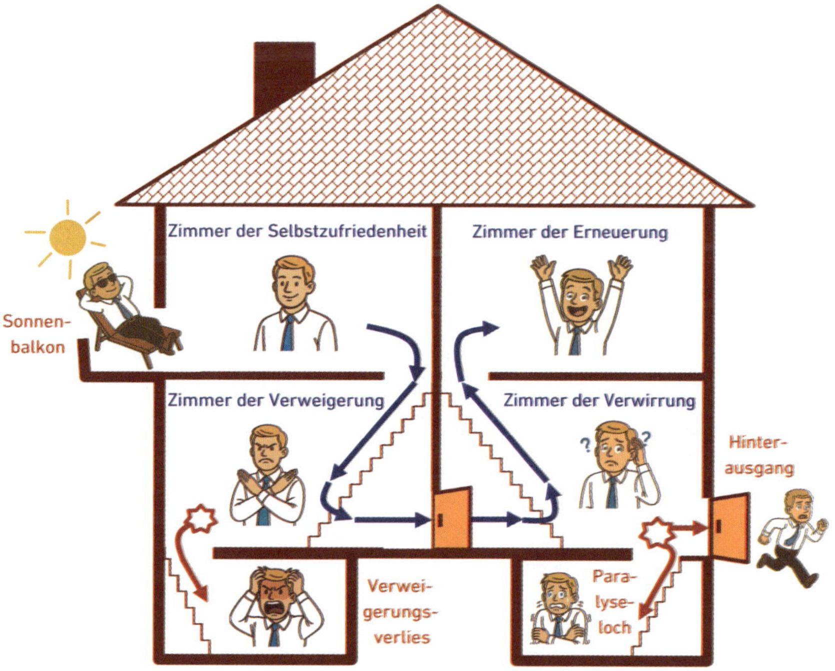

Abb. 6.3.9: Das Haus des Wandels[246]

- **Hinterausgang**: Gelingt es nicht, die Mitarbeiter für die Ziele des Wandels zu gewinnen, ziehen sich manche innerlich zurück oder verlassen das Unternehmen. Um dies zu verhindern, sollte die Führung aktiv auf die Mitarbeiter zugehen, den Wandel verständlich erklären und individuelle Entwicklungsperspektiven aufzeigen.

Das Haus des Wandels sensibilisiert Führungskräfte dafür, dass es keine Abkürzung in das Zimmer der Erneuerung gibt. Vielmehr müssen alle vier Räume durchlaufen werden. Dabei bewegen sich die Mitarbeiter nicht gleichzeitig durch das Haus, sondern halten sich typischerweise in unterschiedlichen Räumen auf. Der Wechsel in einen anderen Raum geschieht nicht schlagartig, sondern ist ein fließender Übergang. Wandel ruft Emotionen hervor, die ihre eigene Dynamik entwickeln und oft erst bewusst gemacht werden müssen. Eine klare Vision und das glaubwürdige Vorbild der Führungskräfte liefern die nötige Orientierung auf dem Weg in das Zimmer der Erneuerung.

Wandel kann bei Mitarbeitern auch positive Emotionen auslösen, etwa wenn ein Reformstau aufgelöst, ein allgemeiner Missstand beseitigt oder die Veränderung als zukunftsweisend wahrgenommen wird. Dennoch ruft auch eine **positiv empfundene Veränderung** nicht ausschließlich angenehme Gefühle hervor. Typischerweise lassen sich dabei die in Abb. 6.3.10 dargestellten **Stufen** der emotionalen Reaktion beobachten:[247]

1. **Stabilität:** Im Ausgangszustand sind die Mitarbeiter emotional stabil und ausgeglichen.
2. **Begeisterung**: Die erste Reaktion auf eine positiv empfundene Veränderung ist oft geprägt von *uninformiertem Optimismus*. Sie kann in einen Hype münden, also eine realitätsferne Euphorie gegenüber dem Wandel. Ein solches Verhalten ist regelmäßig an den Börsen zu beobachten.
3. **Zweifel:** Die Umsetzung der Veränderung erweist sich als deutlich komplizierter und schwieriger als erwartet. Erste Ideen scheitern an der Realität und werden verworfen. In dieser Phase des *informierten Pessimismus* besteht die Gefahr, dass sich Mitarbeiter zurückziehen und der Wandel an tiefgreifenden Zweifeln scheitert.
4. **Hoffnung:** Gelingt es der Führung, die Zweifel glaubwürdig auszuräumen, entsteht ein realistischeres Zukunftsbild. Der Glaube an die Veränderung wächst allmählich.
5. **Vertrauen:** Erste sichtbare Erfolge stärken die Zuversicht der Beteiligten. Diese Phase wird als *informierter Optimismus* bezeichnet.
6. **Zufriedenheit:** Die erzielten Fortschritte und spürbaren Verbesserungen vermitteln den Mitarbeitern ein Gefühl innerer Erfüllung und machen sie stolz.

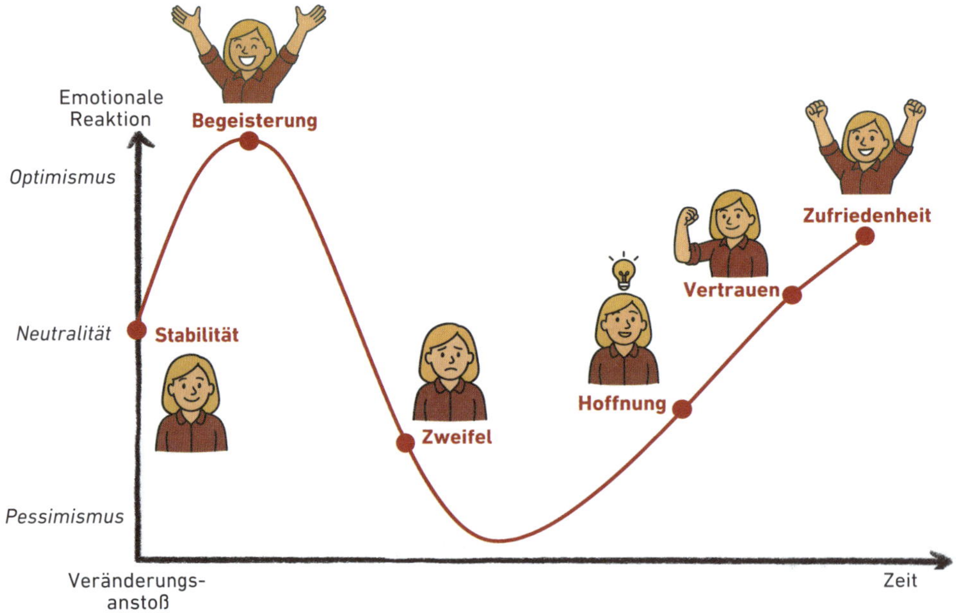

Abb. 6.3.10: Emotionale Reaktionen auf positiv empfundene Veränderungen[248]

Meist folgt auf die anfängliche Begeisterung eine Phase der Ernüchterung und Enttäuschung. Durch erste Erfolgserlebnisse, die Einladung zur aktiven Mitwirkung und das bewusste Feiern von Zwischenzielen kann die Führung die Betroffenen darin bestärken, nicht vorschnell aufzugeben. Grundsätzlich sollte sie im Wandel sowohl überzogene Euphorie dämpfen als auch übertriebener Angst entgegenwirken.[249]

Emotionen bei der Challenge Roth

Ein Beispiel für eine positive Herausforderung ist die Teilnahme am größten Langdistanztriathlon der Welt im fränkischen Roth vor rund 300.000 Zuschauern. Die regulären 3.500 Startplätze für Einzelstarter werden etwa ein Jahr vor dem Rennen online vergeben und sind innerhalb einer Minute vergriffen. Kann ein Hobbytriathlet einen dieser begehrten Plätze ergattern, ist die Freude zunächst riesengroß. Spätestens im Winter kommen jedoch Zweifel auf, ob 3,8 km Schwimmen, 180 km Radfahren und ein Marathonlauf hintereinander für einen normalen Menschen zu schaffen sind. Im Frühjahr wächst mit zunehmendem Trainingsfortschritt die Hoffnung, irgendwie ins Ziel zu kommen. Nach Monaten harten Trainings und spürbarer Leistungssteigerung springt der Athlet Anfang Juli zuversichtlich in den Main-Donau-Kanal und ist bereit für die erste Disziplin. Beim Zieleinlauf erfüllt ihn die tiefe Zufriedenheit, diese Herausforderung gemeistert zu haben. Ein Erlebnis, das er nie vergessen wird.

Resilienz bezeichnet die Widerstandsfähigkeit von Personen oder Organisationen im Umgang mit Veränderungen. Der Begriff leitet sich vom lateinischen Verb „resilire" ab, das mit „zurückspringen" oder „abprallen" übersetzt werden kann. Ursprünglich beschreibt Resilienz die Eigenschaft eines Materials, nach äußerer Einwirkung wieder seine ursprüngliche Form anzunehmen, vergleichbar mit einem Gummiball, der gegen eine Wand geworfen wird. Resiliente Menschen gelten als besonders belastbar und sehen Krisen als Chancen zu persönlichem Wachstum. Dadurch bleiben sie auch unter widrigen Umständen körperlich und seelisch gesund. Die individuelle Resilienz ist sowohl genetisch bedingt als auch durch frühkindliche Erfahrungen geprägt. Sie lässt sich jedoch gezielt entwickeln, etwa durch psychosoziale Techniken wie Stressmanagement, Achtsamkeitsübungen oder Meditation.[250]

In tiefgreifenden Veränderungsprozessen sollten Führungskräfte zunächst ihre eigene Resilienz stärken, um anschließend auch die Belastbarkeit ihrer Mitarbeiter zu fördern. Entscheidend ist dabei, die tiefere Bedeutung des Wandels verständlich zu machen. Denn nur wenn eine Veränderung als sinnvoll und notwendig erlebt wird, lassen sich damit verbundene emotionale Herausforderungen gut bewältigen. Resiliente Unternehmen zeichnen sich durch starke, gemeinsam getragene Werte und einen klaren Purpose aus, die in Veränderungsprozessen und Krisenzeiten für Stabilität und Orientierung sorgen (vgl. Kap. 2).

Akteure im Wandel

Denken und Fühlen bestimmen die **Einstellung eines Mitarbeiters** gegenüber einer geplanten Veränderung. Diese basiert auf der subjektiven Einschätzung der vermuteten Vor- und Nachteile des Wandels. Je schlechter die Betroffenen informiert sind, desto eher rechnen sie mit negativen Konsequenzen. Darüber hinaus bringt jeder Mitarbeiter eine grundsätzliche Haltung gegenüber Veränderungen mit. Diese Grundeinstellung wird sowohl durch individuelle Persönlichkeitsmerkmale wie Neugier, Risikobereitschaft oder Alter als auch durch persönliche Erfahrungen mit früheren Veränderungsprozessen geprägt. Sie lässt sich nur schwer und meist nur über einen längeren Zeitraum beeinflussen.[251]

Bei jedem Wandel gibt es unter den Mitarbeitern sowohl vehemente Gegner (Opponenten) als auch ausdrückliche Befürworter (Promotoren). Die Mehrheit verhält sich jedoch ambivalent und steht der Veränderung weder klar ablehnend noch eindeutig unterstützend gegenüber. Diese Ambivalenz entsteht aus Spannungen zwischen Denken (kognitiv), Fühlen (affektiv) und Handeln (konativ). So kann ein Mitarbeiter die Notwendigkeit des Wandels zwar erkannt und verstanden haben (positive kognitive Einschätzung), gleichzeitig jedoch Angst vor den persönlichen Konsequenzen empfinden (negative affektive Reaktion). Ebenso ist es möglich, dass ein Mitarbeiter sich über neue Aufgaben freut, aber zugleich durch die bevorstehenden Anforderungen verunsichert ist und somit widersprüchliche affektive Reaktionen erlebt. Solche Ambivalenzen können zu latenten oder offenen Widerständen führen. Die Führung sollte daher nicht nur rationale Argumente vermitteln, sondern auch emotionale Reaktionen ernst nehmen und gezielt ansprechen.[252]

Change als Flippen vom Hier nach Neu im Jetzt: Gemeinsame Arbeit am System

Gastbeitrag von Niels Pfläging, BetaCodex Network, Geschäftsführer Red42, www.redforty2.com

Stellen sie sich vor, Sie gießen ein wenig Milch in heißen Kaffee hinein. Durch diesen Anstoß entsteht sofort ein neues Muster in der Tasse – eine neue Ordnung. Das neue Muster („Kaffee mit Milch") ist vollkommen anders als das vorherige („schwarzer Kaffee") und die Veränderung ist permanent: Es gibt keinen Weg, um zum ursprünglichen Muster zurückzukehren. Dieses Bild der Entstehung von Milchkaffee entspricht der Natur von Veränderung viel eher als das oft bemühte Bild vom „Change als Reise". Gut gemachte Veränderungsarbeit ähnelt vielmehr einem Flippen des Systemzustands von Jetzt (dem heutigen Zustand) nach Neu (dem beabsichtigten Zustand).

Veränderungen sind komplex und reichhaltig. Darum ist es ein Fehler, diese planerisch, mechanistisch und steuernd mittels Change Management hervorbringen zu wollen, oder Menschen in sich ändernden Situationen leichtfertig als „Widerständler" abzustempeln. Mehr noch: **Menschen leisten keinen Widerstand gegen Veränderung!** Für Menschen ist die Veränderung selbst nicht das Problem: Sie sind darin geübt, sich an wandelnde Umstände anzupassen. Was es allerdings gibt, das sind Symptome des Ringens mit der Anpassung an das Neue. Statt nun ständig nach Zeichen für möglichen Widerstand zu suchen, sollten wir uns besser mit üblichen Irrtümern in der Inszenierung und Realisierung von Veränderungsarbeit beschäftigen. Womit wir uns als Menschen tatsächlich schwertun, das ist nicht Veränderung selbst, sondern die Fähigkeit, uns künftige Möglichkeitsräume vorzustellen. Dies ist der Grund, warum jede Veränderungsinitiative sich damit beschäftigen muss, Vorstellungskraft und Visionsfähigkeit zu unterstützen.

Veränderungsarbeit sollte sich entsprechend mit der gemeinsamen Arbeit am System beschäftigen. Das bedeutet zunächst einmal, Barrieren zu entfernen. Zudem gilt: Wenn man tiefgreifende Veränderung erzeugen möchte, ist es einfacher, etwas Vorhandenes wegzunehmen, als etwas völlig Neues einzuführen! Es ist leichter, Existierendes abzuschaffen, als neue Werkzeuge, Rituale oder Gewohnheiten zu etablieren. Nehmen Sie deshalb Dinge weg, die ausgedient haben, wie etwa die Budgetierung, Mitarbeiterbeurteilungen, Zielvorgaben, Unterschriftenregeln, Reisekostenverordnungen, Bonussysteme, Plan-Ist-Abweichungsanalysen, Komitees oder das Organigramm. Wir nennen das **Organisationshygiene**. Hunderte obsolete, gleichzeitig aber hochgradig verhaltensprägende Organisationsruinen warten darauf, entrümpelt zu werden, um dem Geist des Unternehmerischen Platz zu machen. Das ist so in jedem Unternehmen.

Aber ganz gleich, ob sie etwas wegnehmen oder neue Artefakte in einem System einführen: Effektive Organisationsveränderung erfordert **zielgerichtete Intervention an Systemelementen und an den Zusammenhängen** – nicht Schuldzuweisung oder Arbeit an Menschen. Im Klartext: Wenn vorgesehene Veränderungen bei einigen Mitarbeitern zu Statusverlust führen, müssen wir geeignete Vorgehensweisen entwickeln, um damit umzugehen. Wenn Veränderung professionelle Entwicklungsbedarfe erzeugt, dann müssen wir uns um eben dieses Lernen kümmern. Wenn der Wandel einen Preis hat, dann braucht es Raum für Emotionen und Trauer. Schwierige, ganz reale Probleme in einem Veränderungsprozess als Widerstand zu betiteln, erschwert dagegen nur die Veränderungsanstrengungen. Widerstand wird dann zu einer sich selbsterfüllenden Prophezeiung. Anders gesagt: Gut gemachte Veränderung produziert keine Verlierer, sie produziert nur Konsequenzen.

Die **Idee des kontinuierlichen Change als Flippen** berücksichtigt, dass Veränderung sich in komplexen Mustern vollzieht, die weder komplett vorhergesehen noch vollständig kontrolliert werden können. Wir können sie nur beobachten. Veränderung ist eine kollektive, selbstorganisierte und sich nach und nach entfaltende Kraft. Individuelle und kollektive Veränderungen folgen dabei auf Interventionen im System oder Arbeit am System. Umgekehrt führt Arbeit an Menschen und ihrem Verhalten nicht zu einem besseren System! Bei der wirksamen Organisationsgestaltung geht es ausschließlich um die Arbeit an Interaktionen zwischen Akteuren – nicht die Arbeit an Akteuren oder ihrem Verhalten. Die Kommunikationsmuster zwischen den Beteiligten sind das Objekt der Veränderungsarbeit, nicht die Personen. Verändern wir das System und die Qualität der Interaktionen, dann wird sich das Verhalten der Akteure ändern.

Es gilt das berühmte Diktum: **Alles ist Intervention**. Das heißt aber nicht, dass jede Intervention gut und sinnvoll wäre. Es bedeutet vielmehr, dass alles eine Wirkung hat, und damit potenziell geeignet ist, eine Organisation von einem Zustand in den anderen zu „flippen". Wir sollten das Handwerk der Veränderung demzufolge als disziplinierte Übung in **konstruktiver Irritation** praktizieren. Irritation ist die einzige Möglichkeit, wie wir wirksam auf ein System einwirken können. Nach der Irritation müssen wir uns darauf beschränken, deren Wirkungen zu beobachten, um dann wieder zu irritieren. Dann zu beobachten. Und so weiter und so fort. Jede Irritation kann das System in einen neuen Zustand flippen, der (mit etwas Glück) dem beabsichtigten Zustand ein Stück näherkommt. Tiefgreifende Veränderung bedeutet zwangsläufig vielfaches, nicht enden wollendes Flippen des Systems vom Hier nach Neu im Jetzt.

Abb. 6.3.11 zeigt, in welche Gruppen sich die Mitarbeiter im Veränderungsprozess unterteilen. Sowohl bei den Promotoren als auch bei den Opponenten stimmen Überzeugung und Einstellung überein. **Promotoren** begeistern sich für den Wandel und arbeiten daran aktiv mit. Die oftmals resignierten oder zornigen **Opponenten** machen aus ihrem Widerstand keinen Hehl und kämpfen offen gegen die Veränderung an. Ihr Verhalten kann den Wandel verzögern oder sogar gefährden, weshalb in manchen Fällen auch Sanktionen erforderlich sind. Pragmatiker und Skeptiker hingegen verhalten sich ambivalent und daher meist passiv und abwartend. **Pragmatiker** stehen Veränderungen zwar grundsätzlich kritisch gegenüber, unterstützen den Wandel jedoch, wenn sie sich davon persönliche Vorteile versprechen. Bleiben diese aus oder treten unerwartete Schwierigkeiten auf, kann sich ihre Zustimmung in Widerstand verwandeln. **Skeptiker** sind häufig Perfektionisten. Sie befürworten zwar grundsätzlich Veränderungen, lehnen jedoch den konkreten Wandel ab, wenn er mit persönlichen Nachteilen oder Kompromissen verbunden ist. Daher halten sie sich mit eigenen Beiträgen meist zurück. Werden sie jedoch als Fachexperten aktiv eingebunden, lassen sie sich häufig für den Wandel gewinnen. Sowohl Promotoren als auch Opponenten versuchen, die ambivalenten Mitarbeiter von ihrer Sichtweise zu überzeugen, um ihre jeweilige Position zu stärken.[253]

Promotoren haben in Veränderungsprozessen eine entscheidende Rolle, wobei eine Koalition aus Macht- und Fachpromotoren besonders wirksam ist:[254]

- **Machtpromotoren** legitimieren den Wandel durch ihre hierarchische Stellung und stellen die notwendigen Ressourcen bereit. Beispielsweise wenn die Geschäftsführung die Einführung eines neuen ERP-Systems beschließt.
- **Fachpromotoren** sichern die inhaltliche Umsetzung durch ihre spezifische Expertise. So kann etwa der IT-Leiter das passende ERP-System auswählen und dessen Implementierung planen.
- **Prozesspromotoren** übernehmen die Koordination des Veränderungsprozesses und vermitteln zwischen Macht- und Fachpromotoren. Deshalb werden sie häufig als Agenten des Wandels oder Change Agents bezeichnet. Diese Rolle übernimmt zum Beispiel ein Projektleiter, der für die Einführung des ERP-Systems verantwortlich ist.
- **Beziehungspromotoren** pflegen Kontakte zu relevanten Stakeholdern wie Lieferanten, Kunden oder Geschäftspartnern und wirken deeskalierend im Umgang mit Opponenten. So kann beispielsweise ein Key Account Manager die Kunden über anstehende Änderungen informieren und gleichzeitig interne Widerstände im Vertriebsteam auffangen. Auf diese Weise tragen Beziehungspromotoren zur Stabilisierung des Veränderungsprozesses bei.

Abb. 6.3.11: Verhaltensweisen der Mitarbeiter[255]

6.3.3 Den Wandel erfolgreich gestalten

Change Leader haben die Aufgabe, notwendige Veränderungen frühzeitig zu erkennen, entschlossen einzuleiten und gezielt zu gestalten. Ein Wandel kann jedoch nur dann gelingen, wenn möglichst alle Beteiligten an einem Strang ziehen und gemeinsam auf die angestrebten Ziele hinarbeiten. Diese **kollektive Aktivierung** zeigt sich in der Vitalität, Intensität und Geschwindigkeit der betrieblichen Veränderungsprozesse. Sie hängt nicht nur vom individuellen Engagement ab, sondern wird auch durch synergetische und emotionale Wechselwirkungen innerhalb der Organisation beeinflusst.

Die Aktivierung des Unternehmens lässt sich in zwei Dimensionen betrachten: die Intensität der freigesetzten Energie und ihre Richtung, also ob sie zielführend ist oder nicht. Daraus ergeben sich folgende **Aktivierungsbereiche**:[256]

- **Resignationszone:** Lange Phasen schlechter Unternehmensergebnisse, fehlende Transparenz in Wandelprozessen oder das Scheitern früherer Veränderungen können zu kollektivem Pessimismus, Frustration und Zynismus führen. Bei den Mitarbeitern entsteht der Eindruck, das Unternehmen sei einfach nicht gut genug und daran lasse sich auch nichts mehr ändern. Sie verlieren das Selbstvertrauen, finden sich passiv mit ihrer Situation ab oder verlassen das Unternehmen, sobald sich eine Gelegenheit bietet. Bedrohungen von außen oder weitere Probleme verstärken diese Negativspirale der Hoffnungslosigkeit. In einer solchen Situation befinden sich beispielsweise viele Lehrer, die aufgrund schwieriger Schüler, unzureichender Schulausstattung, ständiger bildungspolitischer Eingriffe und hoher Unterrichtsverpflichtungen unzufrieden sind und an Burn-out-Symptomen leiden.
- **Korrosionszone:** Interne Konflikte und politische Machtspiele erzeugen starke negative Emotionen wie Angst oder Wut, die produktives Arbeiten verhindern. Ein Unternehmen gerät in diese äußerst ungünstige Zone, wenn die Initiative der Mitarbeiter und Führungskräfte wirkungslos verpufft, etwa aufgrund interner Barrieren, übermäßiger Bürokratie oder fehlender Handlungsspielräume. Auch Veränderungen ohne erkennbaren Sinn können korrosive Energien freisetzen. Dasselbe gilt, wenn die Führung die Unternehmenswerte nicht glaubwürdig vorlebt und ihr Verhalten als egoistisch oder ungerecht empfunden wird. Ein Beispiel dafür ist die Erhöhung von Vorstandsgehältern trotz Verlusten und Massenentlassungen. Aus Enttäuschung und Wut verfolgen die Mitarbeiter dann nur noch ihre eigenen Interessen. Ein solches Verhalten kann ansteckend wirken und eine vernichtende Dynamik entfalten, wodurch das Unternehmen in die sogenannte *Korrosionsfalle* gerät.

  Korrosive Energien wirken wie Rost an einem Auto: Sie sind hochgradig destruktiv und zerstören langfristig die Grundlage für gemeinsames Handeln. Deshalb sollten sie möglichst vorausschauend vermieden oder frühzeitig erkannt werden. Destruktive Aktivitäten sollten eingedämmt und das Unternehmen beruhigt werden. Dies kann etwa durch die Betonung gemeinsamer Werte oder den Appell an übergeordnete Ziele erfolgen. Dadurch wird auch der erneute Aufbau korrosiver Energie verhindert. Auf individueller Ebene kann es sinnvoll sein, einzelne Mitarbeiter in persönlichen Gesprächen mit den Folgen ihres Verhaltens zu konfrontieren. Kooperative Mitarbeiter wiederum lassen sich gezielt als Multiplikatoren einsetzen, um die Stimmung im Unternehmen zu verbessern. Nach Abbau der korrosiven Energie ist das Unternehmen je nach Situation durch Zukunftschancen oder Bedrohungen zu aktivieren, wie nachfolgend erläutert wird.[257]
- **Komfortzone:** Erfolgreiche Unternehmen neigen dazu, mit der Zeit träge und unflexibel zu werden. Solange das Geschäft gut läuft, lässt sich kaum eine Aufbruchsstimmung erzeugen. Die verbreitete Zufriedenheit blockiert die Wahrnehmung sowohl existenzbedrohlicher Gefahren als auch vielversprechender Chancen. Gehandelt wird häufig erst, wenn es bereits zu spät ist. Es fehlt der innere Antrieb zu grundlegenden Veränderungen; das Unternehmen sitzt in der *Komfortfalle*. Disruptive Innovationen treffen solche Unternehmen mit voller Wucht (vgl. Kap. 1.4.6). Ein Beispiel ist das über Jahrzehnte marktführende Versandhaus *Quelle*, das den Wandel vom Kataloggeschäft zum Onlinehandel verschlafen hatte und nach 80-jähriger Firmengeschichte im Jahr 2009 Insolvenz anmelden musste.
- **Produktive Zone:** In dieser Zone dominieren intensive positive Emotionen wie Begeisterung, Freude oder Stolz. Sie erzeugen ein außergewöhnliches Engagement und fördern die gemeinsame Zielerreichung. So erlaubt *Google* seinen Mitarbeitern beispielsweise, bis zu 20 % ihrer Arbeitszeit für frei gewählte Projekte zu nutzen. Dies fördert Kreativität und erzeugt ein hohes Maß an Innovationspotenzial.

Um die notwendige Veränderungsbereitschaft herzustellen, muss im Unternehmen ein **Gefühl der Dringlichkeit** (Sense of Urgency) entstehen. Die Mitarbeiter sollen erkennen, dass der richtige Zeitpunkt für einen Wandel gekommen ist. Dafür stehen zwei unterschiedliche **Strategien zur zielführenden Aktivierung** zur Verfügung:[258]

- **Aktivierung durch Bedrohungen („Den Drachen töten"):** Mithilfe einer Bedrohung lässt sich ein Unternehmen aus der Komfortzone aufwecken. Aktivierende Bedrohungen können beispielsweise konjunkturelle Krisen, aggressive Wettbewerber oder technologische Entwicklungen sein, die das Unternehmen ernsthaft gefährden. Solche Bedrohungen sollten für die Mitarbeiter realistisch und emotional greifbar dargestellt werden. Der daraus entstehende Energieschub ist in kollektives Handeln zu überführen. Dafür müssen die Führungskräfte glaubhaft vermitteln, wie sich der Drache gemeinsam besiegen lässt. Andernfalls drohen unkoordinierter Aktionismus und Überforderung, was dazu führen kann, dass das Unternehmen in die Resignationszone abrutscht. Für Unternehmen, die sich bereits dort befinden, ist diese Strategie deshalb nicht geeignet, da sie den letzten Hoffnungsfunken auslöschen würde.
- **Aktivierung durch Zukunftschancen („Die Prinzessin erobern"):** Um Unternehmen aus der Resignationszone zu führen, können aktivierende Zukunftschancen den Glauben an die eigenen Fähigkeiten wiederherstellen. Solche Chancen entstehen zum Beispiel durch Produktneuheiten, zusätzliche Absatzmärkte, strategische Partnerschaften oder technologische Innovationen. Die Führung muss dazu eine überzeugende Vision einer erstrebenswerten Zukunft entwerfen und die Mitarbeiter dafür begeistern. Dies ist erfahrungsgemäß deutlich schwieriger als die Aktivierung durch bedrohliche Szenarien. Umso wichtiger ist es, den Mitarbeitern zu zeigen, wie die Prinzessin erobert werden kann und welchen Anteil jeder Einzelne daran hat.

Ist das Unternehmen in der **produktiven Zone** angekommen, muss es seine Schwungkraft aufrechterhalten. Da sich die Mitarbeiter mit hohem Engagement einbringen, müssen Führungskräfte darauf achten, dass die Belastungsgrenzen nicht überschritten werden. Exzessives Wachstum und ständiger Wandel können zu einer Überforderung führen, die in einem organisationalen Burn-out mündet und die Leistungsfähigkeit gefährdet. Um eine solche *Beschleunigungsfalle* zu vermeiden, sollte die freigesetzte Energie auf die wesentlichen Ziele fokussiert werden. Bürokratische Strukturen und sämtliche nicht wertschöpfenden Aktivitäten sind konsequent abzubauen. Damit die produktive Energie langfristig erhalten bleibt, sollten sich Phasen intensiver Aktivierung und gezielter Regeneration abwechseln. Nach tiefgreifenden Veränderungen muss die Organisation erst zur Ruhe kommen, bevor ein neuer Wandel eingeleitet werden kann. Auch für den einzelnen Mitarbeiter ist eine Balance zwischen herausfordernden Projektaufgaben und routiniertem Tagesgeschäft sinnvoll.[259] Abb. 6.3.12 fasst die strategischen Handlungsempfehlungen zusammen.

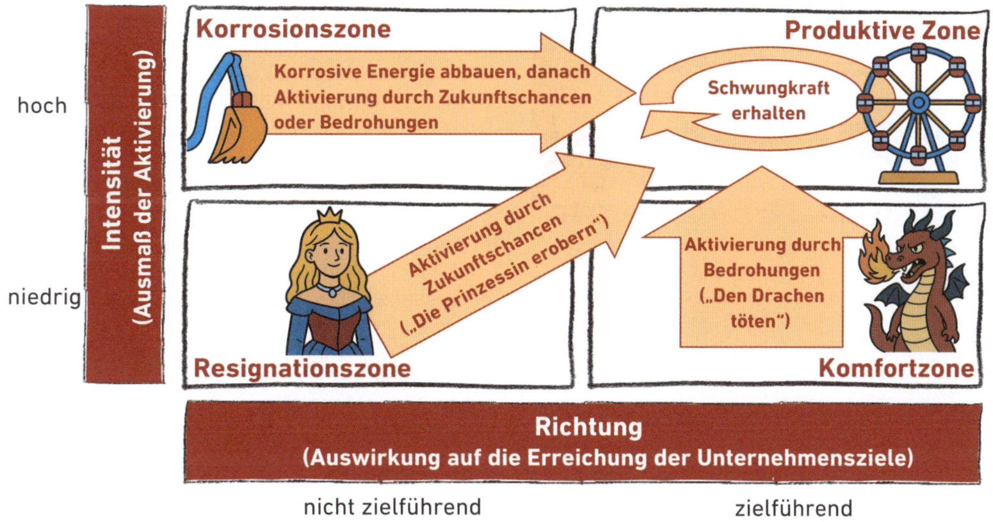

Abb. 6.3.12: Aktivierungsstrategien[260]

Erima – Comeback einer Legende

Die *ERIMA GmbH* mit Sitz in Pfullingen wurde im Jahr 1900 gegründet und ist damit das älteste deutsche Sportartikelunternehmen. Heute erwirtschaftet das Unternehmen mit rund 240 Mitarbeitern einen Umsatz von etwa 60 Mio. Euro. Im Jahr 1936 übernahm *Erich Mak* das Unternehmen und formte 1951 aus seinen Initialen den heutigen Firmennamen.

Bereits Anfang der 1950er-Jahre entwickelte *ERIMA* moderne Kollektionen, die im Fußball, Handball und Turnen als richtungsweisend galten. Zwischen 1960 und 1980 wurde nahezu die gesamte Fußball-Bundesliga von *ERIMA* ausgestattet. Ab 1962 war das Unternehmen zudem Partner des DFB und rüstete die deutsche Fußballnationalmannschaft aus, die 1974 in ERIMA-Trikots Weltmeister wurde. Darüber hinaus stattete *ERIMA* mehrere deutsche Teams bei Olympischen Spielen aus. Durch dieses Engagement stieg das Unternehmen zum bedeutendsten Hersteller von Sporttextilien in Deutschland auf.

Da Trikotwerbung zuvor verboten war, trug die deutsche Fußballnationalmannschaft erstmals bei der Weltmeisterschaft 1978 in Argentinien das *ERIMA*-Logo mit den beiden Schwingen auf der Brust. Ende der 1970er-Jahre befand sich ERIMA als führende deutsche Qualitätsmarke für Mannschaftssporttextilien auf dem Zenit seiner Firmengeschichte. Das Unternehmen beschäftigte über 600 Mitarbeiter und war mit einer Eigenkapitalquote von 50 % kerngesund. Inzwischen zählte auch *Adidas* zu den Kunden und ließ bei *ERIMA* Bademoden sowie Fußballtrikots produzieren.

1976 war jedoch das Jahr, in dem sich das Blatt für *ERIMA* wendete: *Erich Mak* verkaufte das Unternehmen im Alter von 75 Jahren mangels familiärer Nachfolge an *Adidas*. Der Niedergang von *ERIMA* begann, als *Adidas* 1980 sämtliche Sponsorenverträge abzog und fortan selbst nutzte – darunter die Fußball-Bundesligisten, die Fußball-Nationalmannschaft sowie die olympischen Teams. In der Folge verlor *ERIMA* schrittweise an Bekanntheit.

1987 verlagerte *Adidas* die Produktion seiner Bademoden und Fußballtrikots nach Asien. Dadurch brach bei *ERIMA* fast die Hälfte des Produktionsvolumens weg, und das Unternehmen schrieb nach 50 Jahren erstmals rote Zahlen. In dieser Situation versäumte es die damalige Führung, sich konsequent auf den Mannschaftssport als Kerngeschäft zu konzentrieren. Stattdessen versuchte *ERIMA*, mit Sportmode ein neues Standbein aufzubauen. Mangelnde Erfahrung und eine missglückte Kollektion ließen dieses Vorhaben, trotz einer groß angelegten Werbekampagne mit dem bekannten Fernsehmoderator *Thomas Gottschalk*, unweigerlich scheitern. Die Verluste stiegen dramatisch, und die Lage erschien aussichtslos.

ERIMA wandelt sich

1995 wurde *Wolfram Mannherz* von *Adidas* in die Geschäftsführung von *ERIMA* entsandt, um das Unternehmen zu sanieren. „Es war ein Bauchladen mit Kraut und Rüben", erinnert sich *Mannherz*. „Die Kollektion war ein Sammelsurium verschiedenster Sportarten und die Produkte waren zu teuer. Es gab zu viele Segmente und keines war rentabel. Neue Kollektionen wurden zu spät ausgeliefert und von den Fachhändlern deshalb häufig wieder zurückgeschickt." Darüber hinaus wurde das Unternehmen durch hohe Fixkosten belastet. Aufgrund der Schwäche von *ERIMA* hatten Wettbewerber zunehmend das Geschäft mit Fußballvereinen übernommen. Neben den beiden Marktführern *Adidas* und *Nike* traten auch neue Anbieter wie *Jako* und *Uhlsport* in den Markt ein.

Der Wandel wurde durch die Rückbesinnung auf die ursprüngliche Kernkompetenz von *ERIMA* eingeleitet: den Mannschaftssport Fußball. Ziel war es, in diesem Bereich wieder die Nummer eins zu werden. Alle anderen Geschäftsbereiche wurden eingestellt. Das **Teamsportgeschäft** umfasst die komplette Ausstattung von Sportvereinen im einheitlichem Design, von Trikots und Trainingsbekleidung über Bälle bis hin zu Regenjacken. Um die spezifischen Anforderungen dieser Marktnische zu verstehen, wurden die Fachhändler partnerschaftlich in das neue Geschäftsmodell eingebunden. Da Vereine zwar einen kontinuierlichen Bedarf, aber nur geringe finanzielle Mittel haben, sind sie meist auf Sponsoren wie lokale Banken oder Handwerksbetriebe angewiesen. Die Abwicklung erfolgt in der Regel über den örtlichen Sportfachhändler. Die Vereine erwarten dabei eine schnelle Lieferung und die Möglichkeit zur Ersatzbeschaffung über mehrere Jahre.

Alle internen Prozesse bei *ERIMA* wurden konsequent auf die Anforderungen des Teamsports ausgerichtet: Es wurden neue Produkte entwickelt, die Fertigung ins Ausland verlagert, die Marke wieder im Fachhandel positioniert, ein Kundenservice für zügige Auftragsabwicklung eingerichtet sowie Lager und Logistik auf kurze Lieferzeiten ausgerichtet. Im Rahmen dieses anspruchsvollen fünfjährigen Restrukturierungsprozesses mussten nicht nur Strukturen und Abläufe erneuert, sondern auch die Denk- und Verhaltensweisen der Mitarbeiter verändert werden. 1999 erzielte *ERIMA* erstmals wieder ein ausgeglichenes Ergebnis – die Sanierung war erfolgreich. Da das Unternehmen für *Adidas* jedoch keine strategische Bedeutung mehr hatte, sollte es nun gewinnbringend veräußert werden.

ERIMA verstetigt den Wandel und gewinnt zu neuer Stärke

Ausländische Investoren interessierten sich jedoch lediglich für den Warenbestand und beabsichtigten, das Unternehmen zu liquidieren. Der damalige Geschäftsführer *Wolfram Mannherz* verfolgte hingegen eine andere Vision: Er wollte *ERIMA* zum führenden Spezialisten für Mannschaftssport in Europa machen. Deshalb kaufte er das Unternehmen im Jahr 2000 selbst. Zunächst übernahm er im Rahmen eines Management-Buy-outs 49 % der Anteile von *Adidas* und 2005 schließlich die verbleibenden 51 %.

In der Folge trieb *Mannherz* den eingeleiteten Wandel konsequent voran. Als Grundlage für weiteres Wachstum wurde das Angebot um die Sportarten Tennis, Handball, Turnen und Laufen erweitert – und *ERIMA* so zur **Multi-Teamsport-Marke**. Zu diesem Zweck wurde eine zentrale Kollektion entwickelt, bestehend aus Trainingsanzügen, Polos, T-Shirts und Shorts, die sich sportartenübergreifend einsetzen lässt. Die Ausweitung auf weitere Disziplinen ermöglichte höhere Bestellmengen bei den Lieferanten, niedrigere Beschaffungskosten und geringere Lagerbestände. Zur Steigerung des Bekanntheitsgrads als Teamsportmarke modernisierte *ERIMA* sein Corporate Design mit einem neuen Logo und einer grasgrünen Leitfarbe, die aus der fußballgeprägten Markenhistorie stammt. Diese markante Farbe hebt das Unternehmen seither deutlich von seinen Konkurrenten ab. Wesentlich für den erfolgreichen Wandel war auch die Formulierung und Kommunikation klarer Unternehmenswerte, die von der Geschäftsführung glaubwürdig vorgelebt werden. Sie wurden im neuen Leitbild **„Gemeinsam gewinnen"** gebündelt und sind in Abb. 6.3.13 dargestellt. Danach sollen Unternehmen, Mitarbeiter, Kunden und Lieferanten gleichermaßen vom Erfolg profitieren.

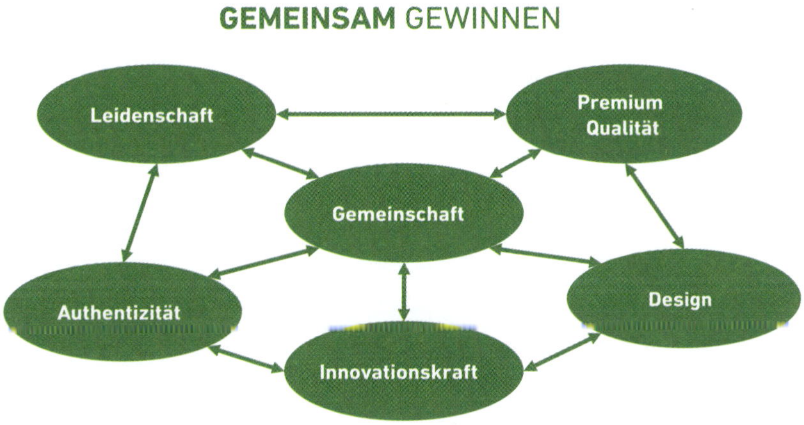

Abb. 6.3.13: Leitbild und Werte von ERIMA

Gerade im Teamsport ist eine hohe Verfügbarkeit und schnelle Lieferung entscheidend. Im Jahr 2019 eröffnete *ERIMA* deshalb im schwäbischen Kirchentellinsfurt das neue Logistikzentrum *Home of Teamsport* als strategische Weichenstellung für die langfristige Expansion des Unternehmens. Auf einem über 20.000 m² großen Gelände sind über 3,5 Mio. Produkte gelagert und es können täglich bis zu 50.000 Artikel versendet werden. Dadurch kann *ERIMA* über 98 % aller Kundenaufträge innerhalb von 48 Stunden ausliefern.

Heute ist *ERIMA* europaweit bei rund 5.500 Fachhändlern vertreten und wurde mehrfach ausgezeichnet, unter anderem als „Hidden Champion" in der Kategorie Marke und als bester Teamsport-Lieferant. „Wir haben ein besonderes Augenmerk auf absolute Premiumqualität gelegt, sei es bei unseren Produkten oder unserem Service. Das hat sich offensichtlich ausgezahlt", freut sich *Mannherz*.

Implementierungsstrategien

Die **Implementierungsstrategie** beschreibt das grundlegende Vorgehen zur erfolgreichen Umsetzung von Veränderungen im Unternehmen.

Die Implementierung umfasst alle in den Phasen des Wandels auftretenden Aufgaben sowie eingesetzten Methoden und Techniken. Sie soll sicherstellen, dass die angestrebten Ziele der Veränderung erreicht werden.[261] Welche Implementierungsstrategie geeignet ist, hängt auch von der Stoßrichtung des Wandels ab: Geht es darum, neue Erfolgspotenziale zu erschließen (Aufbau), die Organisation neu zu strukturieren (Umbau) oder eine Krise zu bewältigen (Abbau)?[262] Häufig wird betrieblicher Wandel von der Führung angestoßen. Veränderungen können jedoch auch aus der Mitte der Organisation oder durch Initiativen der Mitarbeiter eingeleitet werden.

Daraus ergeben sich folgende **generische Implementierungsstrategien**:[263]

- **Bombenwurf-Strategie** (Strikt direktive Top-down-Implementierung): Der Wandel wird von der Unternehmensführung eingeleitet, ohne die Mitarbeiter vorher darüber zu informieren. Durch diese „Überrumplungstaktik“ sollen schnelle Ergebnisse erzielt und eine geringe Wandlungsbereitschaft umgangen werden. Zur Mobilisierung werden im Vorfeld gezielt konforme Einstellungen und Verhaltensweisen gefördert, etwa durch das Schaffen von Feindbildern oder die Darstellung bedrohlicher Szenarien. Die Umsetzung erfolgt zentral gesteuert und mit hoher Geschwindigkeit. Um eine langfristige Verankerung zu erreichen, muss die anfangs unterlassene Kommunikation später nachgeholt werden. Dabei gilt es, den Mitarbeitern sowohl den Wandel als auch das direktive Vorgehen als alternativlos zu verdeutlichen, etwa zur Bewältigung einer Krise. Der gesamte Prozess bleibt führungsgetrieben; Reaktionen oder Anregungen der Mitarbeiter werden nicht berücksichtigt. Diese Strategie wird nicht nur in Krisen angewendet, sondern meist auch bei Fusionen und Übernahmen, da solche Vorhaben im Vorfeld meist geheim gehalten werden müssen.

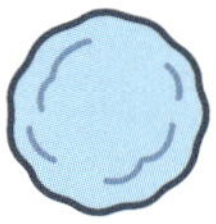

- **Schneeball-Strategie** (Partizipative Top-down-Implementierung): Die Unternehmensführung beteiligt die mittleren Führungskräfte frühzeitig an der Gestaltung des Wandels. Diese bringen ihre Erfahrungen und Perspektiven ein und fungieren als Multiplikatoren, wodurch ein Schneeballeffekt ausgelöst wird. Überraschungen werden vermieden, und es entsteht eine breite Wandlungsbereitschaft. Dieser Mobilisierungsprozess ist zwar zeitaufwendig und kann aus Sicht der Unternehmensführung zu unerwünschten Anpassungen führen, ermöglicht aber anschließend eine zügige Umsetzung. Zudem lässt sich die Gefahr eines Scheiterns deutlich reduzieren.

- **Keil-Strategie** (Center-out-Implementierung): Der Veränderungsimpuls geht von den mittleren Führungskräften aus, die sowohl auf nachgelagerte Ebenen als auch auf die Unternehmensführung einwirken. So treiben sie den Wandel gleichzeitig nach oben und unten voran. Da die mittlere Führungsebene näher am operativen Tagesgeschäft ist, geht sie meist pragmatischer an den Wandel heran. Das lässt die Veränderung weniger bevormundend und zugleich realistischer erscheinen, wodurch die Akzeptanz bei den Mitarbeitern steigt. Allerdings kann es passieren, dass die mittleren Führungskräfte unterschiedliche Schwerpunkte setzen oder sich nicht ausreichend abstimmen. Dadurch besteht die Gefahr, dass der Wandel uneinheitlich umgesetzt wird und einzelne Maßnahmen nicht zusammenpassen. Dies führt zu inkonsistenten und fragmentarischen Lösungen. Die Keil-Strategie eignet sich besonders für Veränderungen im Bereich der Personalführung, wie etwa zur Weiterentwicklung der Führungskultur.

- **Graswurzel-Strategie (Bottom-up-Implementierung)**: Die Initiative des Wandels geht von einzelnen Mitarbeitern aus, die Veränderungen aus eigenem Antrieb und ohne offiziellen Auftrag anstoßen. Solche Initiativen werden zunächst als U-Boot-Projekte unter dem Radar der Unternehmensführung vorangetrieben.[264] Mit der Zeit entsteht daraus eine informelle Koalition des Wandels aus Mitarbeitern und Führungskräften, bis schließlich auch die Unternehmensführung eingebunden wird. Solche Graswurzelinitiativen verlaufen meist langsam, erzeugen jedoch eine hohe Identifikation mit dem Wandel. Eine potenzielle Gefahr besteht darin, dass parallele Initiativen sich gegenseitig behindern oder sich Teile des Unternehmens ungewollt in verschiedene Richtungen entwickeln.

In hierarchiearmen Netzwerkorganisationen kann auch eine **Flecken-Strategie** (Multiple-Nucleus-Implementierung) zielführend sein. Dabei werden Veränderungen gleichzeitig und unabhängig voneinander an verschiedenen Stellen der Organisation angestoßen. Sind diese lokalen Wandelinitiativen erfolgreich, können sie sich wie ein Virus im gesamten Unternehmen ausbreiten. Die Veränderungsimpulse gehen dabei von einzelnen dezentralen Einheiten aus. Herausfordernd ist jedoch die Abstimmung der Veränderungsaktivitäten, damit der Wandel nicht zu inkonsistenten Teillösungen führt.[265]

Die **Wahl der Implementierungsstrategie** hängt von der konkreten Veränderungssituation und dem jeweiligen Führungskontext ab (vgl. Kap. 1.5.1). In chaotischen Kontexten mit hoher Dringlichkeit, die schnelles Handeln erfordern, ist eine zentral gesteuerte Umsetzung notwendig. In solchen Krisensituationen, die oft mit Personalfreisetzungen verbunden sind, ist eine strikt direktive Top-down-Implementierung meist unvermeidlich. Sie ist auch sinnvoll bei Veränderungsmaßnahmen, die geheim gehalten werden müssen, etwa um unerwünschte Reaktionen des Aktienmarkts zu vermeiden. Da der Einbezug der Mitarbeiter die Wandlungsbereitschaft erheblich steigert, sollte er in einfachen, komplizierten und komplexen Führungskontexten stets frühzeitig sichergestellt werden. Für Aufbau- und Erweiterungsvorhaben bietet sich eine partizipative Top-down-Implementierung an. Umbau und Erneuerung können durch die mittlere Führungsebene im Rahmen einer Keil-Strategie oder durch Mitarbeiterinitiativen im Wege einer Bottom-up-Strategie vorangetrieben werden. Graswurzel- und Flecken-Strategien kommen insbesondere in agilen Unternehmen mit komplexen Führungskontexten zum Einsatz. Abb. 6.3.14 fasst die Unterschiede zwischen den generischen Implementierungsstrategien zusammen.

	Bombenwurf-Strategie	Schneeball-Strategie	Keil-Strategie	Graswurzel-Strategie
Vorgehen	Strikt direktives Top-down	Partizipatives Top-down	Center-out	Bottom-up
Wandelimpuls	Unternehmensführung	Obere und mittlere Führungsebene	Mittlere Führungsebene	Mitarbeiter
Herausforderung	Fehlende Akzeptanz der Mitarbeiter wegen mangelnder Einbindung	Änderungswünsche der mittleren Ebene	Fehlende Unterstützung der Unternehmensführung	Fehlende Unterstützung der Führungskräfte
Vorteile	• Schnelle, konsistente Veränderung • Überraschungseffekte durch Geheimhaltung	• Verbesserte Akzeptanz • Rasche Umsetzung	• Vernetzung und Kommunikation • Pragmatismus • Gute Akzeptanz	• Wandlungsbereitschaft und Know-how werden genutzt • Hohe Akzeptanz
Nachteile	• Akzeptanz nachträglich nur schwer erzielbar • Demotivation durch Überrumpelung • Vorhandenes Wissen bleibt ungenutzt	• Hoher Zeitbedarf zur Mobilisierung • Verwässerung der Konzeption	• Inkonsistenzen • Mangelnder Strategiebezug	• Hoher Zeitbedarf • Gefahr unkoordinierter Parallelinitiativen
Eignung	Abbau / Krise, M&A	Aufbau / Erweiterung	Umbau / Erneuerung	Umbau / Erneuerung

Abb. 6.3.14: Generische Implementierungsstrategien

Transformation von unten: Graswurzelinitiativen bei T-Systems

Praxisbeispiel von Oliver Herrmann, Head of Employee Wellbeing, Health and Safety, Deutsche Telekom AG

Die *T-Systems International GmbH* ist die Großkundensparte der *Deutschen Telekom AG*. Mit rund 26.000 Mitarbeitern und einem externen Umsatz von über 4 Mrd. Euro ist *T-Systems* einer der weltweit führenden Digitaldienstleister.

Mit *Magenta Lighthouse* haben ursprünglich sechs Kollegen am Standort Wolfsburg 2016 etwas in Gang gesetzt, was immer größere Kreise gezogen hat. Damals gab es dort eine schwierige Ausgangslage. Mit diesem Leuchtturmprojekt wollten die Initiatoren die Zusammenarbeit spürbar verbessern, gemeinsam neue Ideen entwickeln und so den Großkunden vor Ort begeistern. Und diese Graswurzel-Bewegung hatte Erfolg: Aus den sechs Gründern der Bewegung wurden sehr schnell 400 Kolleginnen und Kollegen an mehreren Standorten. Inzwischen sind mehrere Tausend begeisterte Beschäftigte und Führungskräfte quer durch die ganze Republik Teil von *Magenta Lighthouse* – in Hamburg, Berlin, München, Stuttgart und Karlsruhe.

Bereits in den ersten drei Monaten der Initiative sind mehr als 70 neue Ideen für innovative Lösungen entstanden, aus denen drei Patente hervorgegangen sind. Außerdem haben wir durch *Magenta Lighthouse* zusätzliche Umsätze in Millionenhöhe erwirtschaftet. Nicht nur durch Innovationen an sich, sondern auch, weil unsere neue Expertise in Sachen agiles Arbeiten und Design Thinking im Markt immer stärker gefragt ist. Weil diese unternehmensinterne Initiative die Selbstbestimmung und intrinsische Motivation der Belegschaft deutlich steigern konnte, wurden wir 2018 vom sozialen Netzwerk XING mit dem **New Work Award** ausgezeichnet.

Wie haben unsere Mitarbeitenden das konkret gemacht? Sie haben dafür in kreativen Arbeitsumgebungen bereichs- und standortübergreifend zusammengearbeitet – freiwillig, eigenverantwortlich und mit großem Engagement. Oft auch direkt mit dem Kunden. Der Rest kam von allein. Naja, fast von allein. Denn die Graswurzel-Bewegung hatte Sponsoren aus der Unternehmensführung, die nicht nur für den Freiraum und die richtigen Wachstumsbedingungen sorgten, sondern auf Augenhöhe mitgewirkt haben.

Drei **Faktoren** sind hier aus meiner Sicht ausschlaggebend:

- **Mindset:** An erster Stelle steht ein Umdenken bei allen Beteiligten. Die Initiatoren der Bewegung haben ihre Kolleginnen und Kollegen zu einer neuen Form der Zusammenarbeit ermutigt, zum agilen Arbeiten, zu einer gesunden Fehlerkultur. Denn wer Angst vor Fehlern hat, bringt keine Innovationen hervor. Scheitern, daraus lernen und es beim nächsten Mal besser zu machen, das gehört dazu, wenn man etwas Neues schaffen will. Die Beschäftigten und ihre Führungskräfte brauchen die Gewissheit, dass Fehler toleriert werden und nur das Ergebnis zählt. Und hier sind vor allem die Führungskräfte gefordert, dies nicht nur zu propagieren, sondern vorzuleben.
- **Möbel:** Hört sich zunächst trivial an, ist aber wichtig. Daher haben unsere Beschäftigten auch ihr Arbeitsumfeld transformiert und so spezielle Räume für die Zusammenarbeit und für kreative Prozesse geschaffen. Sie haben Sofas aufgestellt, Sitzecken im Foyer eingerichtet, Ideenwände in den Flur gestellt, gemütliche Sitzsäcke angeschafft und vieles mehr. Erst in einem solchen Umfeld kann sich kreative Zusammenarbeit entfalten, können neue Arbeitsmethoden entstehen und kann ein spontaner informeller Austausch stattfinden. Natürlich ändert sich damit nicht über Nacht die Arbeitskultur, aber es ist ein Anfang.
- **Methoden:** Die Kolleginnen und Kollegen gehen seitdem an die Aufgaben wesentlich agiler heran. Heute liefern wir Problemlösungen eher in kurzen Teilschritten ab, anstatt in langwierigen Phasen eine Komplettlösung zu entwickeln – die vielleicht gar nicht die richtige ist. Wir versuchen nun, schnell aus ersten Ideen konkrete Prototypen für den Kunden zu schaffen und entwickeln die Lösung anschließend gemeinsam weiter. Dafür fragen sich unsere Beschäftigten jedes Mal: Welcher Weg ist der richtige? Welche Methode ist am besten geeignet? Und wie beziehen wir den Kunden bestmöglich mit ein? Dabei ist der Blick über den Tellerrand ganz entscheidend. Es geht darum, immer wieder neue Perspektiven einzunehmen und gern auch mal fremde Lösungsansätze zu adaptieren, wenn sie für die eigene Aufgabe Sinn machen.

Mein Fazit: Mit *Magenta Lighthouse* haben unsere Beschäftigten eine echte Graswurzel-Bewegung angestoßen – von unten heraus, mit nachhaltigem Erfolg. Dafür braucht man keine großen Investitionen. Was man braucht, sind begeisterte Menschen, die sich aus Überzeugung für eine Sache einsetzen und das richtige Umfeld. Wenn diese Voraussetzungen gegeben sind – das hat unsere Graswurzel-Bewegung eindrucksvoll bewiesen – kann man mit kleinen Maßnahmen viel erreichen.

Agile Führung des Wandels (Lean Change)

Agiler Wandel erfolgt nicht detailliert geplant von oben herab, sondern durch ständiges Überprüfen, Ausprobieren und Anpassen. Veränderungen vollziehen sich dabei kontinuierlich in zahlreichen experimentellen Schritten, deren Verlauf kaum vorhersagbar ist.[266] Der Veränderungsprozess soll fließen, transparent sein und selbst permanent verbessert werden.[267] Daraus kann auch fundamentaler Wandel entstehen: Revolution durch Evolution. Die Grundlage ist Selbstorganisation und Eigenverantwortung: Jeder, der ein Problem im Unternehmen erkennt, kann zum Treiber einer Veränderung werden. Um Verbündete und Unterstützer zu gewinnen, muss er ein Gefühl der Dringlichkeit erzeugen. Gelingt das nicht, ist die Veränderung (noch) nicht möglich – andernfalls kommt der Wandel ins Rollen.

Abb. 6.3.15 veranschaulicht den **Ablauf eines agilen Wandels**.[268] Die auslösende Veränderungsidee kann dabei sowohl von der Unternehmensführung als auch von einem einzelnen Mitarbeiter stammen. Ein Kick-off soll für einen gelungenen Start in den Veränderungsprozess sorgen, um die Frage nach dem Warum des Wandels allen verständlich zu machen. Nur wenn die Mitarbeiter in der Veränderung einen Sinn erkennen, werden sie bereit sein, daran mitzuwirken. Erwartungen und Ängste sollten dabei offen angesprochen und Betroffene zu Beteiligten gemacht werden. Anschließend wird die anstehende Veränderung durchdacht und strukturiert: Ideen und Meinungen werden gesammelt, eine grobe Roadmap erstellt und der angestrebte Zielzustand beschrieben. Die zentralen Inhalte des Wandels werden in einer Wandelkontur (Change Canvas) zusammengefasst, die auch als Kommunikationsinstrument dient.[269]

Im Optionen-Meeting werden daraufhin Ideen entwickelt, was sich wie verändern lässt. Diese werden gemeinsam mit dem Change Owner im Team besprochen und nach Nutzen, Kosten und Risiken priorisiert. Die vielversprechends-

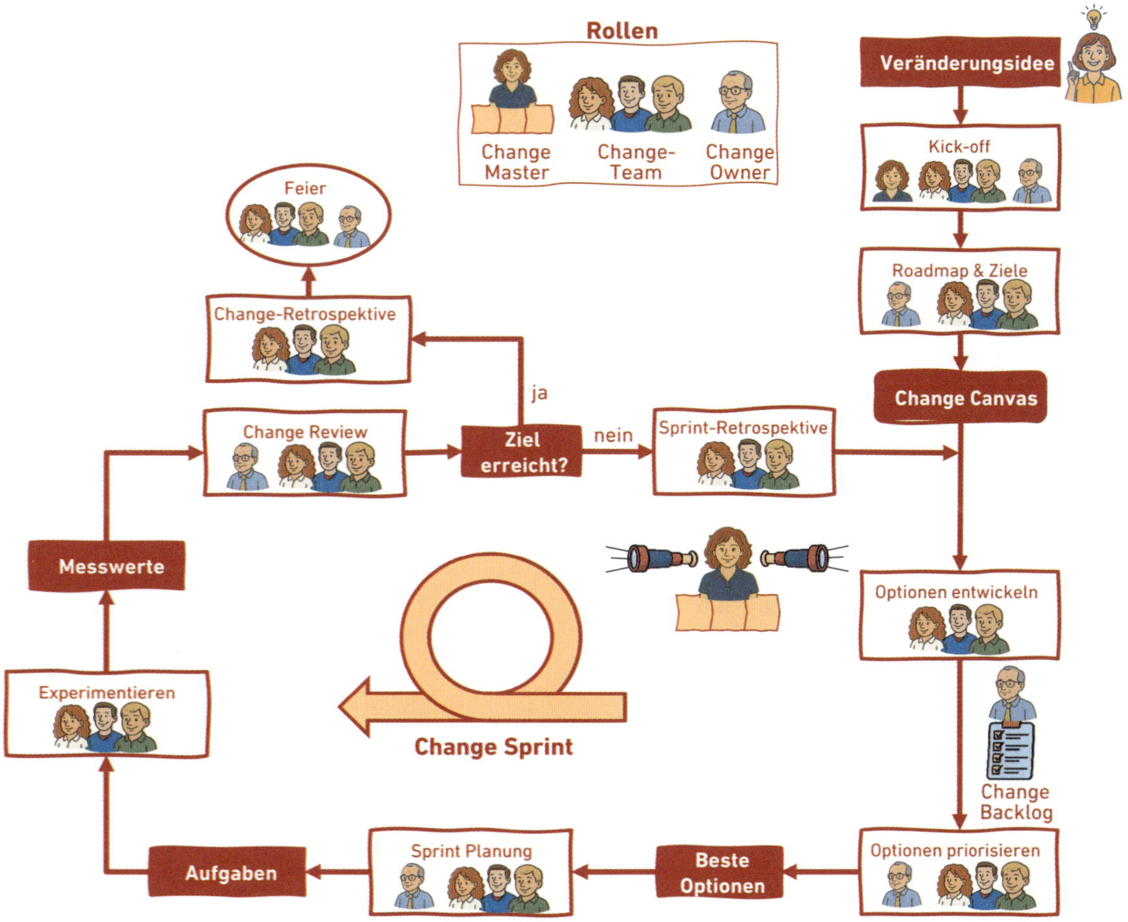

Abb. 6.3.15: Ablauf des agilen Wandels

ten Optionen werden anschließend in einzelne Teilschritte zerlegt und in Change Sprints experimentell umgesetzt. Dabei werden Prototypen entwickelt, um möglichst früh praktische Erfahrungen zu sammeln, etwa mit neuen Abläufen oder geänderten Arbeitsweisen. Im agilen Wandel wird die Unvermeidlichkeit von Fehlern akzeptiert. Sie gelten nicht als Scheitern, sondern zeigen lediglich, was noch verbessert werden kann. Die Ergebnisse des Change Sprint werden anhand festgelegter Erfolgskriterien bewertet und in einem Review mit dem Change Owner besprochen. Solange das Veränderungsziel noch nicht erreicht ist, schließen sich neue Zyklen an. Funktionierende Lösungen werden dabei schrittweise auf andere Bereiche des Unternehmens übertragen. Anschließend werden neue Veränderungsideen ausgewählt und ein weiterer Change Sprint gestartet – so lange, bis das Ziel des Wandels erreicht ist. In einer Retrospektive werden der Veränderungsprozess und die Zusammenarbeit im Team bewertet, um daraus für zukünftige Wandelvorhaben zu lernen. Eine abschließende Feier würdigt die Anstrengungen der Beteiligten und stärkt den Zusammenhalt.[270]

Die Koordination des gesamten Veränderungsprozesses sowie die Vermittlung zwischen dem Veränderungsteam und externen Stakeholdern liegt in der Verantwortung des **Change Owners**. Er sammelt, verwaltet und priorisiert alle Anforderungen, Ideen und Aufgaben im Change Backlog, sodass diese für alle Beteiligten transparent sind und nichts verloren geht. Auftretende Hindernisse und Konflikte versucht er aktiv aus dem Weg zu räumen. Diese Rolle sollte die Person übernehmen, die das größte Interesse am Wandel hat und zugleich über hohe Akzeptanz sowie ausreichende Autorität verfügt. Der **Change Master** sorgt dafür, dass die agilen Methoden korrekt angewendet werden und achtet auf die Einhaltung der agilen Prinzipien. Beide Rollen sind strikt voneinander zu trennen.[271]

Kommunikation des Wandels

Die Kommunikation hat in Veränderungsprozessen einen wesentlichen Einfluss auf die Wandlungsbereitschaft der Mitarbeiter. Entscheidend ist dabei die richtige Mischung aus informeller und formeller sowie persönlicher und medialer Kommunikation. Sie muss auf die einzelnen Phasen des Wandels und auf die jeweiligen Zielgruppen abgestimmt werden. Zur Beeinflussung von Einstellungen und Verhalten eignen sich insbesondere persönliche Kommunikationsformen wie Mitarbeitergespräche, Workshops oder Versammlungen. Eine zentrale Rolle spielt dabei der Überbringer der Botschaft: Er sollte möglichst glaubwürdig sein, eine hohe hierarchische Stellung besitzen und im Idealfall über ein gewisses Charisma verfügen.[272]

Die **Kommunikationsstrategie** muss stets auf die Art des Wandels und das Vorgehen bei dessen Implementierung abgestimmt sein. In Abbausituationen ist eine sachliche und offene Kommunikation erforderlich, die das tatsächliche Ausmaß und die Notwendigkeit der Veränderung wahrheitsgemäß darstellt. In Um- oder Aufbausituationen hingegen sollen Visionen und Leitbilder helfen, die Identifikation der Mitarbeiter mit dem Wandel zu fördern. Die zentralen Botschaften des Wandels sind klar herauszuarbeiten und kontinuierlich über verschiedene Kanäle zu kommunizieren. Hilfreich ist es, dem Wandel einen einprägsamen, emotional ansprechenden Markennamen zu geben. In Kombination mit einem passenden Logo, etwa auf Kaffeetassen, Kugelschreibern, Notizblöcken oder Präsentationen, wird das Veränderungsvorhaben im gesamten Unternehmen sichtbar und kann so leichter verinnerlicht werden.[273]

In der Phase der **Mobilisierung** soll eine Aufbruchsstimmung bei den Mitarbeitern entstehen. Transparenz, Vertrauen, Glaubwürdigkeit und eine positive Grundstimmung lassen sich insbesondere durch gelungene Auftaktveranstaltungen wie Kick-offs oder Roadshows erzeugen. Dabei sollten möglichst viele Mitarbeiter persönlich angesprochen werden, idealerweise direkt durch die Unternehmensführung. Beispielsweise lässt sich der Wandel mithilfe von Führungsdialogen erlebbar machen. Diese Form der Mehrweg-Kommunikation ermöglicht den direkten Austausch zwischen Führung und Mitarbeitern. Ergänzende Informationen werden durch Einweg-Kommunikation verbreitet, etwa über Intranet, E-Mail, Mitarbeiterzeitschriften oder Broschüren. Die Kommunikation im Veränderungsprozess erfolgt entweder über bestehende Kommunikationskanäle oder über speziell hierfür eingerichtete Formate und Medien.[274]

Durch den Einsatz von Großgruppenmethoden lassen sich weite Teile der Organisation zum Mitmachen einladen und eine Aufbruchsstimmung erzeugen. Die **Open Space-Technologie** ist eine Konferenzmethode der Organisationsentwicklung für Gruppen von 20 bis 2.000 Personen. Sie schafft ein offenes Forum, in dem die Mitarbeiter zentrale Fragen des Wandels frei diskutieren und gemeinsam in Gruppen bearbeiten können. Teilnahme und Mitwirkung an einem Open-Space-Meeting sind freiwillig, und jeder kann eigene Arbeitsgruppen vorschlagen. Dabei gilt das sogenannte *Gesetz der zwei Füße*: Befinden sich Teilnehmer in einer Situation, in der sie weder etwas lernen noch einen sinnvollen Beitrag leisten können, sollen sie dorthin gehen, wo sie ihre Zeit besser nutzen können. Alle Teilnehmer sind somit für den Erfolg der Veranstaltung mitverantwortlich.[275]

Auch in der Veränderungskommunikation spielen **soziale Medien** eine zunehmende Rolle. Durch den Wandel von der One-to-Many- zur Many-to-Many-Kommunikation verläuft der Informationsfluss nicht mehr ausschließlich Top-down, also von der Unternehmensführung zu den Mitarbeitern. Vielmehr kommunizieren die Mitarbeiter nun auch untereinander und direkt Bottom-up mit den Führungskräften. Die Mitarbeiter können etwa in Online-Foren und Blogs ihre Meinung äußern. Besonders in großen Unternehmen lassen sich solche Formate in ein internes soziales Netzwerk integrieren. Dadurch werden die Mitarbeiter stärker in den Wandel einbezogen und die Kommunikation wird reichhaltiger, schneller, transparenter und flexibler.[276] Abb. 6.3.16 zeigt einige Kern- und Randinstrumente der Kommunikation in Veränderungsprozessen.

In der **Umsetzungsphase** ermöglichen Dialogveranstaltungen ein direktes Feedback der Mitarbeiter. Für die Motivation aller Beteiligten spielt die Kommunikation erster Erfolge eine wichtige Rolle. Misserfolge werden in der Praxis hingegen häufig verschwiegen. Besser ist es jedoch, auch diese offen anzusprechen und idealerweise auch gleich einen Lösungsvorschlag zu machen. So können alle Betroffenen aus Fehlern lernen, und die Glaubwürdigkeit der Verantwortlichen steigt. Um gescheiterte Vorhaben in lockerer Atmosphäre offen zu diskutieren, veranstalten manche Unternehmen sogenannte „Fuckup-Nights".

Die **Verstetigungsphase** dient dazu, den Veränderungsprozess gemeinsam zu reflektieren und dauerhafte Kommunikationswege für die Mitarbeiter zu schaffen. Dies können beispielsweise Intranet-Foren oder regelmäßige Workshops und themenspezifische Meetings sein. Auf diese Weise wird ein nahtloser Übergang in einen kontinuierlichen Verbesserungsprozess ermöglicht.

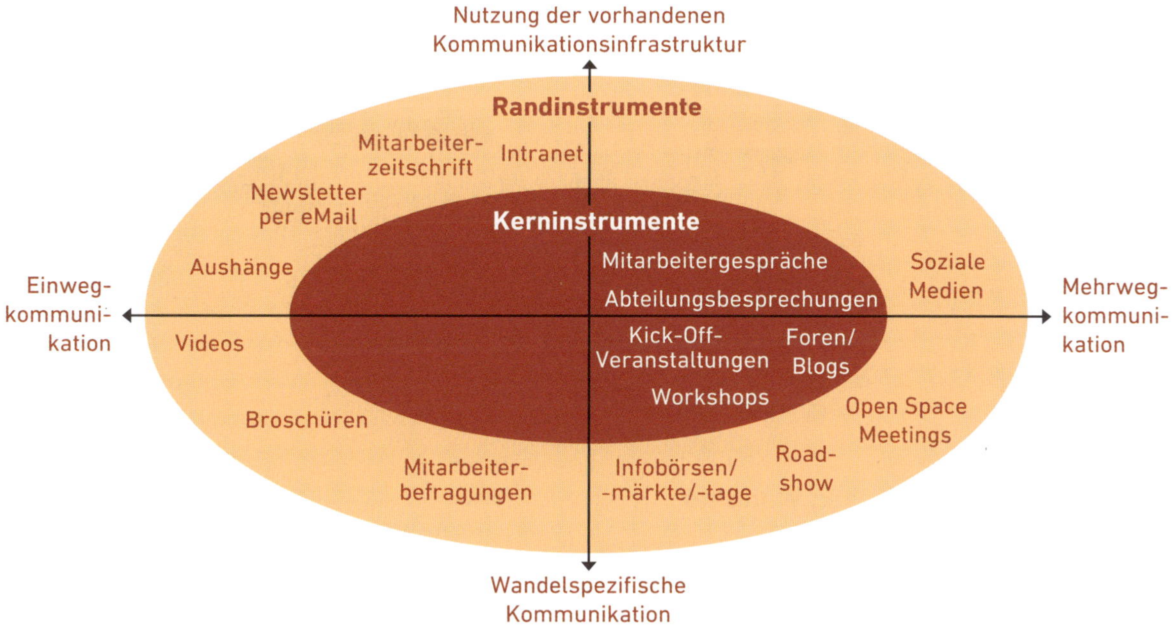

Abb. 6.3.16: Kommunikationsinstrumente des Wandels[277]

Kommunikation des Wandels bei Bosch

Die *Bosch-Gruppe* ist ein international führendes Technologie- und Dienstleistungsunternehmen mit einem Umsatz von über 90 Mrd. Euro und rund 420.000 Mitarbeitern. Wie in Kapitel 4.3.3 beschrieben, hat das Unternehmen seinen Planungsprozess grundlegend reformiert. Ziel war dabei auch ein Wandel der Führungsphilosophie sowie die Förderung unternehmerischen Denkens und Handelns auf allen Ebenen. Die Einführung des *Target Business Plan* wurde deshalb durch aktive Kommunikationsmaßnahmen begleitet. Während des Projekts fanden wiederholt Chats mit dem damaligen CFO *Stefan Asenkerschbaumer* als Change Leader statt, der allen *Bosch*-Mitarbeitern für Fragen zur Verfügung stand.

Vergleiche mit dem Fußball dienten dazu, den Wandel emotional ansprechend zu gestalten. Um die Veränderung konzernweit zu kommunizieren, wurde eine internationale Roadshow durchgeführt. Dabei konnten die Teilnehmer einen mit dem Motto des Wandels bedruckten Ball gewinnen, wenn sie ihn in das obere Loch einer mobilen Torwand trafen – gleichbedeutend mit höchster Zielerreichung und Profitabilität. Darüber hinaus wurden zahlreiche Utensilien wie etwa Anhänger oder Broschüren konzernweit verteilt. Abb. 6.3.17 zeigt zwei Poster zum Wandel.

Abb. 6.3.17: Poster zum Target Business Plan

6.3.4 Grundsätze erfolgreichen Wandels

Viele Wandelinitiativen scheitern in der Umsetzung. Die Unternehmensführung sollte deshalb auf die typischen **Stolpersteine** achten, die Veränderungsprozesse ausbremsen oder zum Stillstand bringen können:[278]

- **Kein Gespür für die Brisanz der Lage:** Wird die Notwendigkeit des Wandels nicht klar vermittelt, wird sich kaum jemand aktiv dafür einsetzen. Herrscht im Unternehmen Selbstgefälligkeit, können Transformationen ihr Ziel nicht erreichen.
- **Mangelnde Priorisierung des Wandels:** Die Führungskräfte machen keine klaren Aussagen zur Bedeutung der Veränderungen. Alles erscheint wichtig, und ständig „wird eine neue Sau durchs Dorf getrieben". Die Mitarbeiter wissen nicht, woran sie sind und die Motivation für Veränderungen sinkt zunehmend.

- **Kein schlagkräftiges Leitungsteam:** Veränderungen benötigen ein starkes Führungsteam, das über Fachwissen, Führungsqualitäten, Einfluss und gute Beziehungen verfügt. Ohne die Unterstützung der Unternehmensführung ist jedoch tiefgreifender Wandel nicht realisierbar.
- **Fehlende Vision und Strategie:** Wandel erfordert eine klare, emotional ansprechende Vision sowie eine Strategie zur konsequenten Umsetzung. Die Vision soll inspirieren und alle Aktivitäten in eine gemeinsame Richtung lenken.
- **Unrealistische Vorstellung vom Umfang des Wandels:** Der Führung fehlt der Gesamtüberblick, und der Aufwand für die Veränderung wird unterschätzt. Mitarbeiter verfallen in Aktionismus, fühlen sich in ihren Zweifeln bestätigt, verlieren die Orientierung und resignieren.
- **Falsch verstandene Delegation:** Die Führung überlässt die Verantwortung für den Wandel operativen Einheiten oder externen Beratern. Die Mitarbeiter erkennen dieses fehlende Engagement und beteiligen sich an Veränderungsmaßnahmen nur dann, wenn sie darin einen persönlichen Vorteil sehen.
- **Mangelhafte Kommunikation:** Wandel gelingt nur, wenn er breit getragen wird. Die Mitarbeiter müssen die Vision verstehen, akzeptieren und von ihrer Umsetzbarkeit überzeugt sein.
- **Führungskräfte ignorieren ihre Vorbildrolle:** Die Führung fordert Veränderungen, an die sie sich selbst nicht hält („Wasser predigen und Wein trinken"). Dadurch wird jegliches Engagement untergraben und Zynismus macht sich breit. Dies ist etwa der Fall, wenn der Vorstand von allen Einsparungen fordert, aber dennoch seine Bezüge erhöht.
- **Wandel wird als Vorwand missbraucht:** Die Unternehmensführung verfolgt mit den eingeleiteten Veränderungen andere Absichten als öffentlich kommuniziert, etwa um Aktionäre zu beruhigen oder das Image des Unternehmens aufzupolieren. So wird beispielsweise ein Kulturwandel verkündet, bei dem es in Wirklichkeit nur um Einsparungen durch Personalabbau geht. Die Mitarbeiter durchschauen jedoch solche Manöver.
- **Unzureichende Sanktionierung:** Die Verantwortlichen nehmen Verstöße gegen den Wandel nicht wahr oder sehen weg. So entsteht der Eindruck, dass Regelbrüche folgenlos bleiben und das neue Verhalten niemanden interessiert.
- **Kein Abbau von Hindernissen:** Wer sich engagiert, braucht auch die Freiheit, etwas zu bewegen. Stoßen die Beteiligten immer wieder auf Hindernisse, geben sie irgendwann frustriert auf.
- **Keine schnellen Erfolge:** Weil tiefgreifende Veränderungen oft langwierig sind, braucht es frühzeitig sichtbare Erfolge, um die Motivation aufrechtzuerhalten. Ansonsten geht der Glaube an die Veränderung verloren.
- **Zu frühe Siegeserklärung:** Die Zeit für einen fundamentalen Wandel ist nicht zu unterschätzen. Entsteht nach den ersten Erfolgen der Eindruck, die Arbeit wäre schon getan, dann gerät der Veränderungsprozess ins Stocken. Die erzielten Ergebnisse sind jedoch fragil und können schnell wieder verloren gehen.
- **Keine Verankerung in der Unternehmenskultur**: Neue Verhaltensweisen müssen durch gemeinsame Werte abgesichert werden. Andernfalls besteht die Gefahr, dass die Veränderungen verfälscht und lächerlich gemacht werden, sodass sich alter Schlendrian wieder einschleicht.

Daraus lassen sich folgende **Erfolgsfaktoren des Wandels** ableiten:[279]

- **Konsens:** Die Umsetzung gelingt nur, wenn in der Belegschaft weitgehend Einigkeit darüber besteht, dass sich etwas ändern muss. Eine breites Gefühl der Dringlichkeit sollte im Vorfeld etwa durch offene Kommunikation sichergestellt werden.
- **Betroffene zu Beteiligten machen:** Der frühzeitige Einbezug der Mitarbeiter und ihre aktive Beteiligung an der Umsetzung erhöhen die Bereitschaft zur Veränderung.
- **Verpflichtung:** Die Mitarbeiter sollten zur Anwendung der neuen Verhaltensweisen formell veranlasst werden.
- **Anreize**: Die Unterstützung des Wandels sollte durch positive Anreize gefördert und das bewusste Verweigern durch Sanktionen geahndet werden.
- **Wandel durch die Gruppe:** Veränderungen gelingen am besten, wenn sie im Team umgesetzt werden. Gruppen geben Halt und Orientierung, wodurch individuelle Unsicherheiten und Ängste abgebaut werden. Darüber hinaus können sie auch eine Dynamik entwickeln, die den Wandel beschleunigen kann.
- **Kooperation:** Partnerschaftliches Verhalten stärkt das Wir-Gefühl und fördert die Wandlungsbereitschaft.
- **Projektmanagement:** Um Wandel beherrschbar zu machen, sollte er in überschaubare Teilprojekte gegliedert und zentral koordiniert werden. Die Festlegung von

Meilensteinen mit regelmäßiger Fortschrittskontrolle und schnellem Feedback beschleunigt die Veränderung.

- **Ressourcen**: Wandel erfordert ausreichend Zeit, personelle Kapazitäten und finanzielle Mittel. Andernfalls gerät der Veränderungsprozess früher oder später ins Stocken und verläuft schließlich im Sande.
- **Wandelzyklus:** Veränderungsprozesse folgen einem typischen Ablauf. Am Anfang steht das *Auftauen* (Unfreezing), bei dem bestehende Strukturen aufgebrochen und die Bereitschaft zum Wandel geschaffen wird. Danach folgt die eigentliche Umsetzung der Veränderung. Abschließend werden die neuen Strukturen durch das *Einfrieren* (Refreezing) gefestigt und dauerhaft im Unternehmen verankert.
- **Kommunikation**: Durch eine frühzeitige, offene und glaubwürdige Kommunikation lassen sich Ängste abbauen und Widerstände verringern. So entsteht ein Klima des Vertrauens.
- **Erfolgserlebnisse:** Frühe Erfolge, die sichtbar gemacht und kommuniziert werden, fördern die Motivation und helfen, den Wandel dauerhaft zu festigen.
- **Führung**: Die Unternehmensführung spielt als Promotor des Wandels eine zentrale Rolle. Ihre Aufgabe ist es, den Veränderungsprozess aktiv voranzutreiben und neue Verhaltensweisen glaubwürdig vorzuleben.

Die heutige VUKA-Welt zwingt Unternehmen, sich laufend auf neue Rahmenbedingungen und Anforderungen einzustellen. Wer darauf nur passiv reagiert, wird von den Veränderungen überrollt und gerät schnell ins Hintertreffen – denn wer nicht führt, der wird getrieben. Umso wichtiger ist es, dass die Unternehmensführung den Wandel mutig, bewusst und mit Weitblick gestaltet. Nur so lassen sich Erfolg und Überleben des Unternehmens dauerhaft sichern.

Executive Summary

- Die Personalfunktion umfasst sämtliche mitarbeiterbezogenen Führungsaufgaben. Dazu zählen das Personalmanagement, das Leadership und die Führung des Wandels.
- Die normative Personalfunktion legt die grundlegenden Ziele, Werte, Einstellungen und Verhaltensregeln im Umgang mit den Mitarbeitern fest und bildet damit den Rahmen für die Personalführung. Sie prägt die Führungsphilosophie, die in der Personalpolitik konkretisiert und schriftlich fixiert wird, und beinhaltet die Führungsgrundsätze zum Handeln und Verhalten von Führungskräften.
- Die strategische Personalfunktion umfasst alle personellen Aufgaben im Rahmen der strategischen Unternehmensführung. Ihr Fokus liegt auf dem gesamten Unternehmen und nicht auf einzelnen Mitarbeitern oder Stellen. Sie gestaltet die Personalfunktion als strategischen Erfolgsfaktor des Unternehmens.
- Die operative Personalfunktion umfasst die detaillierte Planung und Umsetzung konkreter personalbezogener Maßnahmen zur Erreichung strategischer Personalziele sowie die administrative Abwicklung personalwirtschaftlicher Prozesse.
- Das Personalmanagement umfasst alle mitarbeiterbezogenen Aufgaben zur systematischen und wirkungsvollen Gestaltung der Personalarbeit im Unternehmen.
- Die Aufgabenfelder des Personalmanagements umfassen die Personalbedarfsbestimmung, die Beschaffung, Entwicklung und Freisetzung von Personal sowie dessen Einsatz, Beurteilung und Kompensation.
- Unterstützungsfunktionen des Personalmanagements sind das Personalcontrolling und die Personalverwaltung. Das Personalcontrolling stellt die Informationsversorgung sicher und koordiniert die Planung und Kontrolle im Personalbereich; die Personalverwaltung ist für administrative Serviceaufgaben zuständig.

- Die Personalbedarfsbestimmung ermittelt den qualitativen, quantitativen, zeitlichen und örtlichen Bedarf an Mitarbeitern, die zur Erbringung gegenwärtiger und zukünftiger Leistungen erforderlich sind.
- Die Personalentwicklung umfasst alle planmäßigen Aus-, Fort- und Weiterbildungsmaßnahmen zur Qualifikation und gezielten Förderung von Mitarbeitern im Hinblick auf ihre aktuellen und zukünftigen Aufgaben.
- Die Personalbeschaffung umfasst alle Maßnahmen zur Gewinnung von Mitarbeitern, um einen qualitativen, quantitativen, zeitlichen oder örtlichen Personalbedarf zu decken.
- Das Personalmarketing zielt darauf ab, in den relevanten Arbeitsmarktsegmenten ein positives Image des Unternehmens aufzubauen, um qualifizierte Mitarbeiter zu gewinnen und bestehende Mitarbeiter langfristig an das Unternehmen zu binden.
- Die Personalfreisetzung bezeichnet die Verringerung des Personalbestands zur Beseitigung einer qualitativen, quantitativen, zeitlichen oder örtlichen Personalüberdeckung.
- Die Personaleinsatzplanung soll die Mitarbeiter anforderungs- und eignungsgerecht den Arbeitsplätzen zuweisen, damit sie zur richtigen Zeit, am richtigen Ort und in der richtigen Anzahl eingesetzt werden.
- Die Personalbeurteilung bewertet die Leistung und das Potenzial der Mitarbeiter. Sie bildet die Grundlage für einen optimalen Personaleinsatz, eine gezielte Personalentwicklung und eine leistungsgerechte sowie verhaltensorientierte Kompensation.
- Die Personalkompensation umfasst alle materiellen und immateriellen Gegenleistungen für die Tätigkeit der Mitarbeiter und soll zugleich deren Leistungsbereitschaft fördern.
- Personalführung ist die zielgerichtete Beeinflussung des Verhaltens, der Leistung und der Entwicklung von Mitarbeitern.
- Führungsprinzipien basieren auf unterschiedlichen Führungstheorien, die wiederum aus Menschenbildern und Motivationstheorien abgeleitet sind.
- Ein Menschenbild ist eine theoretische Vorstellung über die Natur des Menschen. Es umfasst Annahmen über Bedürfnisse, Motive und Wertvorstellungen der Mitarbeiter und beeinflusst dadurch maßgeblich das Führungsverhalten.
- Motivationstheorien beschreiben, was Menschen zum Handeln bewegt und wie innere und äußere Antriebskräfte ihr Verhalten beeinflussen. Es lassen sich Inhalts- und Prozesstheorien unterscheiden.
- Führungstheorien beschreiben, wie Vorgesetzte das Verhalten ihrer Mitarbeiter beeinflussen können, um bestimmte Leistungen oder Verhaltensweisen zu erzielen. Dazu gehören Verhaltens-, Situations-, Eigenschafts-, Attributions- und Interaktionstheorien.
- Der Führungsstil beschreibt ein charakteristisches Verhaltensmuster eines Vorgesetzten im Umgang mit seinen Mitarbeitern.
- Das Führungsstil-Kontinuum betrachtet das Führungsverhalten als Kontinuum sieben idealtypischer Verhaltensweisen, die sich im Ausmaß der Beteiligung der Mitarbeiter an der Entscheidungsfindung unterscheiden.
- Das Verhaltensgitter differenziert das Führungsverhalten zweidimensional nach der Aufgaben- und Mitarbeiterorientierung der Führungskraft.
- Die 3-D-Theorie erweitert das Verhaltensgitter um die Führungseffektivität als situative Komponente.
- Die situative Reifegrad-Theorie macht die Wahl des effektiven Führungsstils vom aufgabenbezogenen Reifegrad des Mitarbeiters abhängig.
- Emotionale Führung beruht darauf, wie gut die Führungskraft mit sich und anderen in sozialen Beziehungen umgehen kann. Sie erfordert emotionale Intelligenz (EQ). Dies ist die Fähigkeit, eigene und fremde Gefühle richtig wahrzunehmen und angemessen darauf zu reagieren.
- Kontextbedingte Führung passt das Führungsverhalten an den jeweiligen Führungskontext an. Im einfachen Kontext lassen sich autoritäre, patriarchalische oder informative Führungsstile anwenden. Im komplizierten Kontext sind beratende, kooperierende oder partizipative Führungsstile geeignet. Ein komplexer Kontext erfordert einen demokratischen Führungsstil und im chaotischen Kontext dient eine autoritäre Führung dazu, die Krise zu bewältigen.
- Eine idealtypische und allgemeingültige Führungstheorie existiert nicht. Exzellente Führung ist ein fortlaufender Lernprozess aus Versuch und Irrtum.
- Führungsmodelle beschreiben ein übergeordnetes Konzept zur Führung von Mitarbeitern und dienen als Leitlinie für das gesamte Führungshandeln.

- Führungsprinzipien sind konkrete Gestaltungsregeln für die Personalführung, um die Führungsmodelle situations- und mitarbeitergerecht umzusetzen.
- Transaktionale Führungsmodelle gehen von einem wechselseitigen Austausch zwischen Mitarbeiter und Führungskraft aus. Transformationale Führungsmodelle beziehen sich dagegen auf die Veränderung der Einstellung der Mitarbeiter.
- Leadership entwickelt sinnstiftende und visionäre Ziele, die den Zusammenhalt stärken und die Mitarbeiter dazu inspirieren, gemeinsam über sich hinauszuwachsen.
- Leadership sucht nach neuen Möglichkeiten und Wegen („Die richtigen Dinge tun"), während Management diese effizient umsetzt („Die Dinge richtig tun").
- Destruktive Führung (Bad Leadership) kann sich sowohl gegen die Mitarbeiter als auch gegen das Unternehmen richten und verursacht meist erheblichen Schaden.
- Integrierte Personalführung beschreibt einen ganzheitlichen Führungsansatz, der auftragsorientierte, teambezogene, individuelle und selbstbezogene Führungsaufgaben systematisch verknüpft. Im Sinne beidhändiger Führung kombiniert sie transaktionales Management zur Sicherung effizienter Abläufe mit transformationalem Leadership zur Gestaltung von Veränderung.
- Grundsätze effektiver Führung sind: Resultatorientierung, Beitrag zum Ganzen, Konzentration auf Weniges, die Nutzung von Stärken, Vertrauen sowie positives Denken.
- Agile Führung ist die zielgerichtete Beeinflussung des Verhaltens, der Leistung und der Entwicklung von selbstorganisierten Teams. Sie schafft die nötigen Rahmenbedingungen, damit diese eigenständig entscheiden und handeln können, und vermittelt ihnen Orientierung und Sinn.
- New Work bezeichnet einen tiefgreifenden Wandel der Arbeitswelt hin zu mehr Flexibilität, Selbstbestimmung und Sinn. Im Mittelpunkt steht dabei der Mensch, dessen Kreativität und Eigenverantwortung gezielt gefördert werden sollen.
- Durch psychologisches Empowerment nehmen die Mitarbeiter ihre Kompetenz wahr, empfinden ihre Arbeit als sinnvoll, können selbstbestimmt arbeiten und haben das Gefühl, einen Beitrag zum Unternehmenserfolg zu leisten.
- Psychologische Sicherheit bedeutet, dass Mitarbeiter ihre Ideen und Meinungen frei äußern und offen mit Fehlern umgehen können, ohne negative Konsequenzen fürchten zu müssen. Sie bildet die Grundlage für kooperatives Lernen und konstruktive Zusammenarbeit.
- Agile Werte sind Sinnhaftigkeit, Ganzheit, Offenheit, Mut, Respekt, Verantwortung, Vertrauen, Gemeinschaft und Freiheit.
- Agile Führungsprinzipien dienen als praxisorientierte Handlungsempfehlungen für Führungskräfte.
- Die agile Führung von Mitarbeitern und Teams erfolgt multidirektional. Die Rollen agiler 360°-Führung sind agiles Leadership, Selbstführung, dienende Führung und zellulare Führung.
- Nach dem Grad der Selbstbestimmtheit lassen sich hierarchische, experten- und selbstgeführte Teams unterscheiden.
- Adaptiv-dezentrale Führung basiert auf flexiblen, sich selbst anpassenden Steuerungsprozessen und befähigt die Mitarbeiter durch die Übernahme dezentraler Verantwortung zu unternehmerischem Denken und Handeln.
- Wandel findet permanent auf allen Ebenen mit unterschiedlicher Tragweite und Intensität statt. Nach dem Umfang der Zustandsänderung wird zwischen inkrementellem und fundamentalem Wandel unterschieden.
- Die Führung des Wandels soll frühzeitig erkennen, wenn im Unternehmen tiefgreifende Veränderungen erforderlich sind. Bei Bedarf soll sie einen systematischen Wandel einleiten und vorantreiben sowie anschließend die neuen Strukturen, Prozesse und Verhaltensweisen dauerhaft verankern. Darüber hinaus soll sie eine Kultur der kontinuierlichen Verbesserung fördern und fortlaufend schrittweise Veränderungen anstoßen.
- Beidhändige Führung ist eine Kombination aus Management als transaktionaler Führung, um Bestehendes am Laufen zu halten, und Leadership als transformationaler Führung, um Neues in Gang zu bringen.
- Die Formen des Wandels sind nach der Reichweite der zu bewältigenden Änderungen: Restrukturierung, Reorientierung, Revitalisierung und Remodellierung.
- Wandel lässt sich nur in begrenztem Umfang gezielt gestalten, darf aber auch nicht dem Zufall überlassen werden.
- Wandel ist ein zyklischer Prozess mit den Phasen Auftauen (Unfreezing), Verändern (Moving) und Einfrieren (Refreezing).

- Mitarbeiter erleben in Veränderungsprozessen eine emotionale Berg- und Talfahrt.
- Wandel stößt häufig auf vielfältige Widerstände, die innerhalb oder außerhalb des Unternehmens sowie offen oder verdeckt auftreten können.
- Die generelle Haltung zum Wandel und die Einstellung gegenüber der jeweiligen Veränderung prägen das Verhalten der Mitarbeiter. Diese gruppieren sich in Promotoren, Opponenten, Pragmatiker und Skeptiker.
- Nach der Intensität und Richtung der Aktivierung lassen sich vier Bereiche unterscheiden: Resignations-, Korrosions-, Komfort- und produktive Zone. Je nach Ausgangssituation lässt sich das Unternehmen durch Bedrohungen oder Zukunftschancen zielgerichtet aktivieren.
- Stoßrichtungen des Wandels sind Aufbau, Umbau und Abbau.
- Die Implementierungsstrategie beschreibt das grundlegende Vorgehen zur erfolgreichen Umsetzung von Veränderungen im Unternehmen. Optionen sind die Bombenwurf-Strategie (strikt direktiv Top-down), Schneeball-Strategie (partizipativ Top-down), Keil-Strategie (Center-out) und Graswurzel-Strategie (Bottom-up). In hierarchiearmen Netzwerkorganisationen ist auch eine Flecken-Strategie (Multiple-Nucleus) möglich.
- Die Kommunikation ist eine zentrale Querschnittsaufgabe, mit der die Wandlungsbereitschaft und -fähigkeit der Mitarbeiter verbessert werden kann.
- Erfolgreicher Wandel braucht eine klare Führung, offene Kommunikation, sichtbare Beteiligung, gezielte Anreize, ausreichende Ressourcen und verlässliche Strukturen. Nur wenn Mitarbeiter ausreichend eingebunden, Ängste abgebaut und erste Erfolge sichtbar werden, kann Veränderung dauerhaft gelingen.

Lesetipps

Christensen, C. M./Matzler, K./von den Eichen, S.: The Innovator's Dilemma, 2. Aufl., München 2025.

Hofert, S.: Agiler führen, 3. Aufl., Wiesbaden 2021.

Kotter, J.: Leading Change, München 2011; Accelerate, München 2015.

Laloux, F.: Reinventing Organizations, 2. Aufl., München 2024.

Scholz, C./Scholz, T.: Grundzüge des Personalmanagements, 3. Aufl., München 2019.

Sichart, S./Preußig, J.: Agil führen, 2. Aufl., Freiburg 2022.

Stoi, R.: Kontextorientierte Führung und Organisation: Ein situatives Führungsmodell, in: zfo, 91. Jg., 2022, Nr. 2, S. 70–78.

Stoi, R./Patz, M.: Dezentrale Transformation durch agile Führung, in: PERSONALquarterly, 74. Jg., 2022, Nr. 2, S. 40–47.

Weibler, J.: Personalführung, 4. Aufl., München 2023.

KAPITEL 7

Für Transparenz und Dialog im Unternehmen sorgen

7.1 Weshalb Information und Kommunikation entscheidend sind ... 446

7.2 Informationen empfängerorientiert vermitteln 464

7.3 Digitale Werkzeuge zur Information und Kommunikation 488

Führungsimpulse

- Welche Rolle spielen Information und Kommunikation für die Unternehmensführung?
- Welche Wissenskategorien gibt es, und welche Formen des Lernens lassen sich unterscheiden?
- Wie lässt sich Wissen im Unternehmen identifizieren, entwickeln, nutzen, teilen und bewahren?
- In welchen Schritten erfolgt die Informationsversorgung der Unternehmensführung?
- Wie lässt sich das Informationsdesign mithilfe der International Business Communication Standards verbessern?
- Welche kognitiven Verzerrungen sind bei der Informationsverwendung zu beachten?
- Was ist Big Data, und wozu dient Business Analytics?
- Wie funktionieren Industrie 4.0, Cloud Computing, robotergestützte Prozessautomatisierung und Blockchain?
- Was ist künstliche Intelligenz, und wie läuft maschinelles Lernen ab?

7.1 Weshalb Information und Kommunikation entscheidend sind

Information und Kommunikation zählen zu den wichtigsten Aufgaben jeder Führungskraft. Informationen bilden das Fundament sämtlicher Führungsentscheidungen – von der strategischen Planung über die Personalauswahl bis hin zum Prozessmanagement. Doch erst durch Kommunikation gelangen diese Informationen an die richtigen Adressaten. Sie sorgt dafür, dass alle Beteiligten wissen, worum es geht, was zu tun ist und wer welche Verantwortung übernimmt. So entstehen Ideen, werden Entscheidungen vorbereitet, Konflikte gelöst, Aufgaben vermittelt, Zusammenhänge verständlich gemacht und Ziele erreicht. Wer in einer VUKA-Welt entscheidungsrelevante Informationen früh erkennt, rechtzeitig beschaffen kann und sie offen, schnell und glaubwürdig kommuniziert, verschafft sich einen entscheidenden Wettbewerbsvorteil. Erfolgreiche Führung besteht nicht nur darin, die richtigen Entscheidungen zu treffen, sondern beginnt bereits beim Zuhören, Verstehen und Erklären.

In Unternehmen als offene, soziale Systeme sind sämtliche Mitglieder durch Kommunikationsbeziehungen verbunden und tauschen laufend Informationen aus.[1] Information und Kommunikation stehen im Zentrum aller Führungsfunktionen. Sie verknüpfen Personal, Planung und Kontrolle sowie Organisation miteinander und koordinieren diese auf allen Führungsebenen. Entsprechend wird der Informations- und Kommunikationsfluss im integrierten Führungssystem als umlaufender Kreis dargestellt (vgl. Abb. 7.1.4; Kap. 1.1.3). Darüber hinaus bilden Information und Kommunikation die Schnittstelle zwischen Führungs- und Ausführungssystem.

Information und Kommunikation sind grundlegende Voraussetzungen für die Führung eines Unternehmens als soziales System und arbeitsteilige Organisation.

7.1.1 Was sind Informationen und wie wird daraus Wissen?

Allgemein wird unter Information eine Mitteilung verstanden, die für die Aufgaben oder Entscheidungen eines Adressaten nützlich ist.[2] Kommunikation bezeichnet den Austausch solcher Informationen. Werden durch die Verknüpfung mehrerer Informationen neue Zusammenhänge erkannt, dann entsteht daraus Wissen.[3] Informationen lassen sich beispielsweise in schriftlichen Aufzeichnungen oder Datenbanken speichern. Wissen war lange Zeit dem Menschen vorbehalten, doch durch die Fortschritte der künstlichen Intelligenz verfügen zunehmend auch Maschinen über eigenes Wissen (vgl. Kap. 7.3.4).

Abb. 7.1.1 zeigt den Zusammenhang der **Begriffe**:[4]

- **Zeichen** sind zusammenhanglose Elemente eines Zeichenvorrats, wie etwa Buchstaben oder Ziffern.
- **Daten** bestehen aus Zeichen, welche nach bestimmten Regeln angeordnet sind, die als Syntax bezeichnet werden. Sie entstehen bei sämtlichen im Unternehmen ablaufenden Aktivitäten, haben jedoch ohne Kontext keine Bedeutung für betriebliche Aufgaben und Entscheidungen. Daten lassen sich speichern, bearbeiten und übermitteln. Sie bilden den Rohstoff für Informationen.

- **Informationen** sind Daten mit einem Verwendungszweck. Sie dienen der Lösung eines Entscheidungsproblems oder der Erfüllung einer Aufgabe. Informationen sind der Rohstoff des Wissens. Mit ihrer Hilfe lässt sich dieses weitergeben und speichern.
- **Wissen** basiert auf der Verknüpfung, Interpretation und Verarbeitung von Informationen. Es entsteht sowohl durch bewusste Analyse als auch durch unbewusste Lernprozesse wie Intuition oder Erfahrung. Wissen erhöht die Problemlösungsfähigkeit von Menschen und neuerdings auch Maschinen.

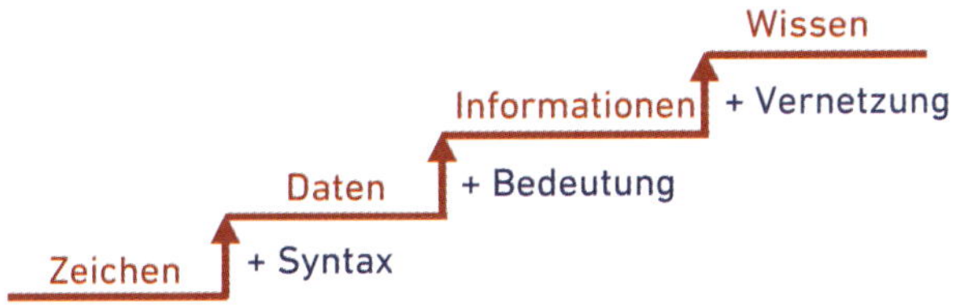

Abb. 7.1.1: Wissenstreppe[5]

Informationen stehen nicht kostenlos zur Verfügung. Für Unternehmen können sie zugleich Rohstoff, Betriebsmittel und Endprodukt sein. Als immaterielle Werte (vgl. Kap. 1.4.3) verfügen sie über folgende **Eigenschaften**:[6]

- Sie werden durch ihre Nutzung nicht verbraucht.
- Sie lassen sich in digitaler Form nahezu beliebig und ohne Qualitätsverlust vervielfältigen.
- Ihre Vermehrung und Weitergabe verursachen keine oder nur geringe Kosten.
- Ihr Wert lässt sich nur schwer bestimmen und hängt vom jeweiligen Zeitpunkt und Kontext ab.
- Ihre Sicherheit und ihr Schutz sind schwer zu gewährleisten.
- Sie können gleichzeitig von mehreren Personen genutzt werden.
- Durch Ergänzen, Kürzen, Filtern oder Verdichten verändert sich ihre Aussagekraft und Qualität.

Auch Wissen zählt zu den immateriellen Werten. Es wird durch seine Nutzung nicht verbraucht und kann sich sogar vermehren, wenn es mit anderen geteilt wird. Zugleich kann Wissen jedoch veralten oder schlagartig an Wert verlieren, etwa durch disruptive Innovationen. So nützt beispielsweise das weltweit führende Know-how deutscher Automobilhersteller in der Verbrennertechnologie wenig, um sich im Markt für Elektromobilität zu behaupten.

Wissen lässt sich nach verschiedenen Kriterien unterscheiden. Nach seiner *Herkunft* wird zwischen internem und externem Wissen differenziert. Internes Wissen ist im Unternehmen vorhanden, während externes Wissen aus Quellen außerhalb des Unternehmens stammt, wie etwa von Kunden, Lieferanten, Beratern oder Hochschulen. Nach dem *Wissensträger* unterscheidet man zwischen dem individuellen Wissen einer einzelnen Person und dem kollektiven Wissen, das von mehreren Personen geteilt wird. **Organisationales Wissen** umfasst das von allen Organisationsmitgliedern gemeinsam genutzte und zugängliche Wissen. Die organisationale Wissensbasis setzt sich somit aus allen individuellen und kollektiven Wissensbeständen zusammen, auf die eine Organisation zugreifen kann.[7]

Nach der **Strukturiertheit, Transparenz und Verfügbarkeit** des Wissens lassen sich zwei Arten unterscheiden:[8]

- **Implizites Wissen** (Tacit Knowledge) beruht auf den subjektiven Erfahrungen, Werten und Fertigkeiten einer Person oder Gruppe. Es ist persönlich, kontextspezifisch und großteils unbewusst. Deshalb ist es dem Menschen vorbehalten und lässt sich nur schwer dokumentieren und vermitteln. Ein Beispiel ist die Fähigkeit eines Sternekochs, durch die Auswahl besonderer Zutaten und raffinierte Zubereitung ein außergewöhnliches Gericht zu zaubern.
- **Explizites Wissen** (Explicit Knowledge) hingegen ist objektiv, systematisiert und lässt sich formal dokumentieren. Es ist bewusst mit dem Verstand erfassbar und kann verarbeitet, rekonstruiert und übertragen werden. Ein Beispiel dafür sind Kochrezepte, die genau beschreiben, wie und aus welchen Zutaten ein Essen zubereitet wird.

Je nach Führungskontext ist das zur Problemlösung erforderliche Wissen in unterschiedlichem Ausmaß verfügbar. Das Wissen wird dabei nach seiner Bekanntheit und prinzipiellen Erkennbarkeit unterschieden. Erkennbares Wissen lässt sich grundsätzlich ermitteln, auch wenn es möglicherweise noch nicht bekannt ist. Im Gegensatz dazu ist unerkennbares Wissen nicht zugänglich und bleibt somit im Verborgenen. Daraus ergeben sich die folgenden **Wissenskategorien**:[9]

- **Bekanntes Wissen (Known Knowns)**: Im einfachen Führungskontext besteht ein eindeutiger und offensichtlicher Zusammenhang zwischen Ursache und Wirkung. Für die auftretenden strukturierten Probleme lassen sich optimale Lösungen finden („Best Practice"). Das hierfür erforderliche Wissen ist verfügbar. Dies gilt etwa für die Behandlung eines grippalen Infekts durch einen Hausarzt.

- **Erkanntes unbekanntes Wissen (Known Unknowns)**: Im komplizierten Führungskontext ist der Zusammenhang zwischen Ursache und Wirkung nicht leicht zu durchschauen und erfordert das Wissen von Experten. Wenn bekannt ist, welches Wissen noch fehlt, werden dafür etwa Fachreferenten, Unternehmensberater, Wirtschaftsprüfer oder Wissenschaftler zu Rate gezogen. Es gibt mehrere Lösungsansätze für ein Problem, weshalb Spezialisten nach einer brauchbaren Lösung suchen („Good Practice"). Ein Beispiel ist die Entwicklung eines saisonalen Grippeimpfstoffs, der jedes Jahr an die aktuellen Virenstämme angepasst wird.
- **Unerkanntes unbekanntes Wissen (Unknown Unknowns)**: Im komplexen Führungskontext lassen sich keine klaren Ursache-Wirkungs-Beziehungen erkennen. Lösungen und Zusammenhänge werden erst im Nachhinein deutlich („Next Practice"). Die sich ständig ändernden Umstände erfordern ein experimentelles Vorgehen. Zu Beginn der Corona-Pandemie im Jahr 2020 wussten die Ärzte nicht, wie COVID-19 zu behandeln ist. Es wurden verschiedene Methoden und Medikamente erprobt, um deren Wirksamkeit zu beurteilen.
- **Unerkennbares Wissen (Unknowables)**: Im chaotischen Führungskontext sind die Beziehungen zwischen Ursache und Wirkung nicht bestimmbar, da sie sich ständig ändern und keine stabilen Muster erkennbar sind. In solchen Krisensituationen ist es sinnlos, nach eindeutigen Antworten zu suchen. So war es für die Bundesregierung im Frühjahr 2020 völlig unklar, welche Bedrohung vom neuartigen SARS-CoV-2-Virus ausgeht, wie sich die Infektionszahlen entwickeln würden und ob die Kapazitäten der Intensivstationen ausreichen. Deshalb wurden drastische Maßnahmen wie ein Shutdown oder Kontaktbeschränkungen ergriffen, in der Hoffnung, damit die Ausbreitung des Virus einzudämmen.

7.1.2 Wie lassen sich Informationen austauschen?

Kommunikation ist der Austausch von Informationen, weshalb beide Begriffe untrennbar miteinander verbunden sind. In der heutigen Arbeitswelt findet Kommunikation in vielfältigen Formen und mithilfe unterschiedlicher Medien statt. Sie kann zwischen Menschen, zwischen Mensch und Maschine oder zwischen Maschinen erfolgen.

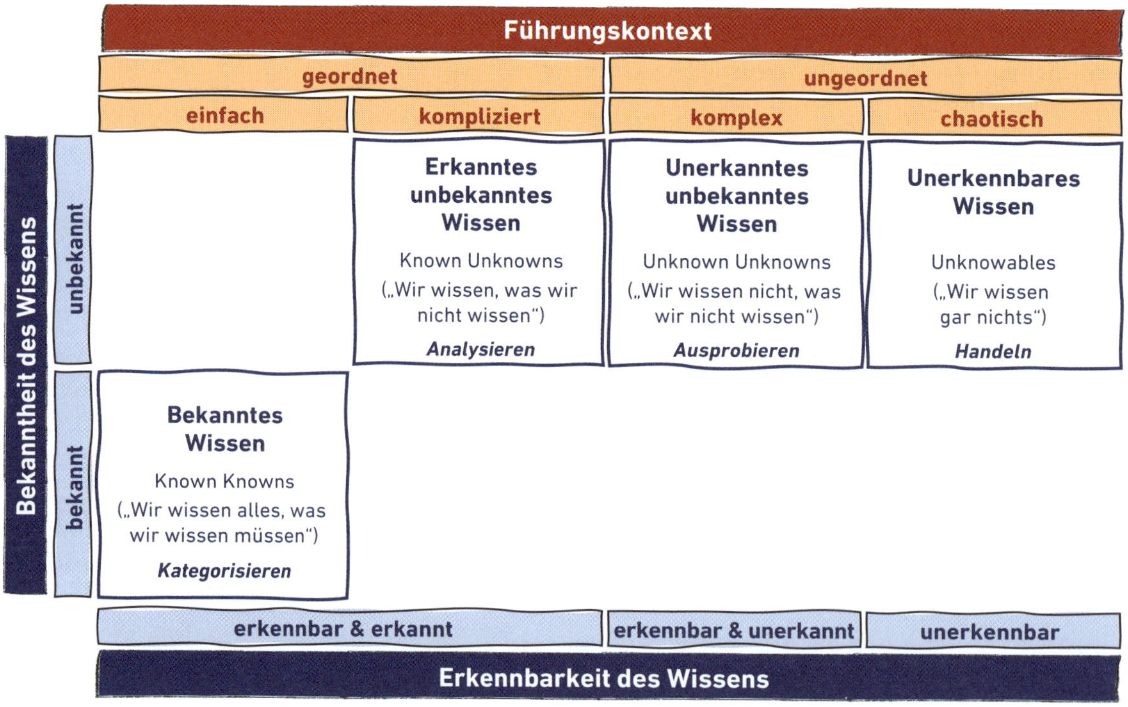

Abb. 7.1.2: Wissenskategorien nach Führungskontexten[10]

Zwischenmenschliche Kommunikation ist der Austausch von Informationen zwischen zwei oder mehr Personen, der dem gegenseitigen Verstehen sowie der Beeinflussung von Meinungen, Einstellungen, Erwartungen und Verhaltensweisen dient.[11]

Zwischenmenschliche Kommunikation umfasst den gegenseitigen, verbalen und nonverbalen Austausch von Aussagen, Botschaften und Gefühlen.[12] Dabei stellt sich die Frage, wer was zu wem über welchen Kanal und mit welcher Wirkung sagt.[13] Kommunikation ermöglicht sowohl die Interpretation der ausgetauschten Informationen, um richtig entscheiden und handeln zu können, als auch die Umsetzung dieser Entscheidungen. Durch Kommunikation drücken Mitarbeiter und Führungskräfte aus, was sie beabsichtigen und warum sie so handeln, und lernen zugleich die Grenzen ihrer Entscheidungen kennen.[14] Kommunikationsmittel als reale, sinnlich wahrnehmbare Form der übermittelten Botschaften, können den persönlichen Informationsaustausch ergänzen oder gar ersetzen.[15] Sie ermöglichen die Reproduktion, Weiterleitung und Dokumentation von Kommunikation. Beispiele sind E-Mails, Sprachnachrichten oder Briefe.

Nach den Zielgruppen lassen sich folgende **Bereiche der Unternehmenskommunikation** (Corporate Communication) unterscheiden:[16]

- **Unternehmensexterne Kommunikation** richtet sich an Stakeholder außerhalb des Unternehmens. Wesentliche Aufgabenfelder sind:
  - ***Marktkommunikation*** umfasst den Informationsaustausch mit Marktpartnern wie Kunden (Customer Relations), Händlern (Retailer Relations) oder Lieferanten (Supplier Relations). Die Kommunikation mit den Kunden ist vor allem Aufgabe des Marketings als Unterstützungsfunktion der Unternehmensführung.
  - ***Finanzkommunikation*** *(Investor & Financial Relations)* dient der Informationsversorgung der Kapitalmärkte, etwa von Aktionären, Analysten oder Fremdkapitalgebern wie Banken. Ziel ist es, die langfristige Kapitalversorgung des Unternehmens sicherzustellen.
  - ***Öffentliche Kommunikation*** *(Public, Community & Media Relations)* dient vor allem der Pflege von Beziehungen zu sozialen und politischen Stakeholdern, wie etwa Gewerkschaften, Politikern, Bürgern oder der Gesellschaft. Diese Öffentlichkeitsarbeit soll das Image und die Reputation des Unternehmens verbessern.
- **Unternehmensinterne Kommunikation** soll die Mitarbeiter und Führungskräfte mit den zur Erfüllung ihrer Aufgaben erforderlichen Informationen versorgen.
  - ***Mitarbeiterkommunikation*** *(Employee Relations)* informiert die Beschäftigten über den Purpose, die Mission, Vision und Werte des Unternehmens, über Ziele, geplante Maßnahmen, laufende Projekte sowie wesentliche betriebliche Vorgänge. Gut informierte Mitarbeiter sind in der Regel zufriedener, motivierter und engagierter.[17] Grundlegende Ziele der Mitarbeiterkommunikation sind die Koordination von Arbeitsabläufen, die Unterstützung der Zusammenarbeit, die Identifikation mit dem Unternehmen und der Aufbau von Vertrauen in die Führung. Die Führungskräfte sollen dabei aufmerksam zuhören, den Sinn der Tätigkeit vermitteln, Orientierung geben und ihr eigenes Verhalten regelmäßig hinterfragen. Mitarbeiterkommunikation ist eine zentrale Aufgabe der Personalführung und ein wesentlicher Bestandteil von Leadership.[18]
  - ***Führungskommunikation*** (Management Communication) soll dafür sorgen, dass den Führungskräften die entscheidungsrelevanten Informationen in der richtigen Menge, der richtigen Qualität, zum richtigen Zeitpunkt und am richtigen Ort zur Verfügung stehen. Je besser dies gelingt, desto eher werden fundierte Entscheidungen getroffen. Die Informationsversorgung der Führung wird in Kapitel 7.2 behandelt. Sie ist im Unternehmen in erster Linie Aufgabe des Controllings als Unterstützungsfunktion der Unternehmensführung.

Kommunikation dient primär dazu, die arbeitsteiligen Prozesse im Unternehmen zu steuern. In der **unternehmensinternen Kommunikation** liegt deshalb der Schwerpunkt auf dem Austausch von Informationen, um die Zusammenarbeit und Aufgabenverteilung abzustimmen. Ohne Kommunikation können Leistungen weder innerhalb des Unternehmens noch mit externen Partnern ausgetauscht werden. Führungskräfte nehmen beispielsweise Informationen in Form von Ergebnisberichten oder Marktstudien entgegen, besprechen diese mit Fachleuten wie etwa Controllern und treffen daraufhin ihre Entscheidungen. Diese werden anschließend an die Mitarbeiter der Fachbereiche kommuniziert.

Die unternehmensinterne Kommunikation kann auf zwei **Wegen** erfolgen:[19]

- **Formelle Kommunikation** ist personenunabhängig und folgt festen Regeln und Vorgaben. Diese offizielle Kommunikation verwendet eine formale Ausdrucksweise und gilt als verlässliche und seriöse Informationsquelle. Beispiele sind Konferenzen, E-Mails, Briefe, das Intranet, Mitarbeitergespräche oder Verfahrensanweisungen. Formelle Kommunikation wird etwa bei Budgetentscheidungen, Personalbeurteilungen oder Kundenreklamationen eingesetzt.

- **Informelle Kommunikation** ist umgangssprachlich und nicht offiziell. Sie ist geprägt durch die sozialen Beziehungen, welche die Mitarbeiter untereinander pflegen, und basiert auf persönlichen Kontakten und gewachsenen Vertrauensverhältnissen. Sämtliche sozialen Beziehungen bilden ein informelles Netzwerk, das parallel zur formalen Organisationsstruktur besteht (vgl. Kap. 5.1.2). Informelle Kommunikation verläuft unverbindlich und spontan, etwa beim Mittagessen in der Kantine oder nach Feierabend in der Kneipe. Da sie situativ und ad hoc erfolgt, entzieht sie sich einer zentralen Steuerung oder Beeinflussung. Sie kann die formelle Kommunikation ergänzen oder sogar ersetzen, zum Beispiel durch die Weitergabe von Informationen auf dem „kleinen Dienstweg". Besonders in Krisensituationen oder bei tiefgreifenden Veränderungen spielt dieser sogenannte *Flurfunk* eine wichtige Rolle. Die darin geäußerten Stimmungen und Emotionen sollten von der Führung sensibel wahrgenommen und gegebenenfalls durch offizielle Verlautbarungen korrigiert werden, um Gerüchten oder Fehlinformationen (Fake News) entgegenzuwirken.

Die Mitarbeiterkommunikation ist ein wesentlicher Bestandteil der Personalfunktion – denn **Führung ist Kommunikation**. Führungskräfte verbringen 70 bis 90 % ihrer Arbeitszeit mit kommunikativen Aufgaben. Sie sind sowohl für die Weitergabe von Informationen als auch für die Pflege sozialer Beziehungen zuständig. Dadurch prägen sie täglich das Denken, Fühlen und Handeln ihrer Mitarbeiter. Insbesondere direkte Vorgesetzte leiten die Informationen der Unternehmensführung weiter und übersetzen sie in den individuellen Kontext ihrer Mitarbeiter und Teams. Eine Führungskraft steht dabei nicht nur auf fachlicher, sondern auch auf emotionaler Ebene in Beziehung zu ihren Mitarbeitern, was deren Motivation, Leistung und Zufriedenheit wesentlich beeinflusst. Die **soziale Kommunikation** dient der Pflege zwischenmenschlicher Beziehungen und soll sowohl individuelle als auch kollektive Emotionen, Bedürfnisse und Ziele der Mitarbeiter ansprechen. Der Informationsgehalt tritt dabei oft in den Hintergrund. So kann etwa ein Gespräch über das Wetter dazu beitragen, zu Beginn eines Treffens eine angenehme Atmosphäre zu schaffen. Kommunikation sollte dabei stets adressatengerecht erfolgen. Dabei spielen auch nonverbale Signale wie Gestik und Mimik eine wichtige Rolle. Generell erwarten die Mitarbeiter von ihren Vorgesetzten eine frühzeitige, vollständige, verständliche und sachlich korrekte Kommunikation aller für sie relevanten Informationen.[20]

Vertrauen und Kommunikation hängen eng zusammen: Einerseits entsteht Vertrauen durch ehrliche und authentische Kommunikation, andererseits setzt offene Kommunikation zunächst Vertrauen voraus.[21] Führung basiert immer auf Glaubwürdigkeit. Entscheidend ist, dass Worte und Taten der Führungskraft übereinstimmen – denn wem man nicht glaubt, dem folgt man nicht.[22] Die Kommunikation der Unternehmensführung ist ein zentraler Hebel, um das Betriebsklima zu gestalten und die Mitarbeitermotivation zu fördern.

Digitale Medien spielen heute eine zentrale Rolle in der Unternehmenskommunikation. Sie ermöglichen einen intensiven Informationsaustausch mit internen und externen Adressaten sowie deren stärkere Einbindung in den Wertschöpfungsprozess und die Entscheidungsfindung.[23] Allerdings hat dadurch das Kommunikationsvolumen deutlich zugenommen, was die Arbeitsbelastung von Führungskräften und Mitarbeitern erhöht. Digitale Medien fordern ständige Erreichbarkeit und drängen die Empfänger zu schnellen Reaktionen.[24] Das Intranet ist das Leitmedium der internen Kommunikation und bietet zahlreiche neue Kommunikationsformen, wie Blogs, Online-Foren, Chats, Videobotschaften oder soziale Netzwerke.[25] Dennoch kann digitale Kommunikation persönliche Gespräche (Face-to-Face) nicht ersetzen. Mitarbeiter kritisieren die innerbetriebliche Kommunikation häufig als zu sachlich und wünschen sich mehr zwischenmenschliche Zuwendung und sozialen Austausch.[26]

Ist eine persönliche Kommunikation zur gleichen Zeit am gleichen Ort nicht möglich oder sinnvoll, kommen **Kommunikationsmedien** zum Einsatz. Die Wahl des Mediums hängt sowohl von der Art der Aufgabe als auch von der gewünschten Kommunikationsform ab. Zugleich beeinflusst sie die Aufgabenerfüllung und die Kommunikationsqualität.[27]

Die **Theorie des Medienreichtums** (Media Richness Theory) unterscheidet nach dem Umfang der übertragenen Informationen folgende Kommunikationsformen:[28]

- **Reiche Kommunikationsformen:** Sie bieten ein breites Spektrum verbaler und nonverbaler Ausdrucksmöglichkeiten wie Mimik, Gestik, Sprache oder Tonfall. Dadurch lassen sich auch Emotionen transportieren, und der Empfänger kann unmittelbar darauf reagieren. Die Kommunikation findet synchron, also zeitgleich statt. Typische Beispiele sind persönliche Gespräche, Videotelefonate oder ein gemeinsames Meeting in der Firma.

- **Arme Kommunikationsformen:** Sie vermitteln nur ein begrenztes Informationsspektrum und ermöglichen lediglich eingeschränktes Feedback. Die Kommunikation kann asynchron erfolgen, also zeitversetzt und ortsunabhängig (Anytime/Anyplace). Beispiele sind E-Mails, Messenger-Nachrichten oder Beiträge in Online-Foren.

Je komplizierter eine Aufgabe ist und je stärker soziale Aspekte eine Rolle spielen, desto besser eignen sich reiche Medien. Ein Beispiel ist eine Kick-off-Veranstaltung zum Auftakt einer fundamentalen Veränderung, zu der alle Betroffenen eingeladen werden (vgl. Kap. 6.3.3). Für strukturierte Aufgaben sind dagegen arme Kommunikationsformen besser geeignet, da sich mit ihnen umfangreiche Informationen exakt, wirtschaftlich, schnell und bequem austauschen lassen.

Information und Kommunikation sind allerdings nicht nur aufgabenabhängig zu gestalten, sondern sollten sich auch am **Führungskontext** (vgl. Kap. 1.5.1) orientieren, wie Abb. 7.1.3 verdeutlicht.[29]

Kontext	Gestaltung von Information und Kommunikation	Führung
Einfach	• Kommunikation erfahrungsbasierter Vorgehensweisen („Best Practice") • Klare und direkte Top-down-Kommunikation • Wissen explizieren und dokumentieren • Wissenstransfer über Mitarbeitergenerationen sicherstellen • Hierarchische und zentralisierte Information und Kommunikation (Push-Prinzip) • Zentrales Wissensmanagement	Management-orientierte Führung
Kompliziert	• Kommunikation zwischen Experten auf der Suche nach möglichen Lösungen („Good Practice") • Unterschiedliche Informationen in die Lösung einbeziehen • Gefundene Lösungen dokumentieren und im Unternehmen kommunizieren • Hierarchische und zentralisierte Information und Kommunikation (Push-Prinzip) • Zentrales Wissensmanagement	Integrierte Führung
Komplex	• Suche nach „Next Practice" • Intensive Kommunikation und schnelles Feedback zum Ausgang von Experimenten • Implizites Wissen in den Teams teilen • Kollektives Lernen zur Generierung von neuem Wissen (Lernende Organisation) • Wissenstransfer durch Kommunikation zwischen den Teams (Soziale Medien / Communities of Practice) • Kurze Lerneinheiten (Micro-Learning), die auch durch die Mitarbeiter selbst erstellt werden können (User-generated Content) • Dezentrale und transparente Information für die Teams im Selbstservice (Pull-Prinzip) • Dezentrales Wissensmanagement	Agile Führung
Chaotisch	• Klare und direkte Top-down-Kommunikation • Konzentration auf Wesentliches • Ad-hoc-Kommunikation • Informelle Stimmungen wahrnehmen und Gerüchten entgegenwirken • Sicherheit und Zuversicht vermitteln • Schnelle Kommunikation aktueller Informationen für das Krisenmanagement • Hierarchische und zentralisierte Information und Kommunikation (Push-Prinzip)	Krisenorientierte Führung

Abb. 7.1.3: Kontextbedingte Gestaltung von Information und Kommunikation

Informationsmanagement

Sowohl Führungskräfte als auch Mitarbeiter sind durch organisatorische, personelle und technische Maßnahmen mit den von ihnen benötigten Informationen zu versorgen. Die Unternehmensführung wird dabei vom Informationsmanagement als Querschnittsfunktion unterstützt.[30]

> Das **Informationsmanagement** umfasst die Planung, Steuerung und Kontrolle von Information und Kommunikation im Unternehmen sowie die Gestaltung und Verwendung der dafür benötigten digitalen Informationssysteme und -technologien. Ziel ist es, die Mitarbeiter und Führungskräfte bedarfsgerecht mit aufgaben- und entscheidungsrelevanten Informationen zu versorgen.

Das Informationsmanagement befasst sich nicht nur mit Informationen, sondern auch mit deren Austausch durch Kommunikation. Darüber hinaus umfasst es die Gestaltung und Weiterentwicklung der Informations- und Kommunikationssysteme sowie der zugrunde liegenden Technologien. Im Grunde handelt es sich somit um ein **Informations- und Kommunikationsmanagement**. Im Folgenden werden aus Gründen der Lesbarkeit die kürzeren, synonym verwendeten Begriffe Informationsmanagement, Informationssysteme und Informationstechnologien verwendet.

Das Informationsmanagement unterteilt sich in zwei **Funktionsbereiche**:

- **Informationsversorgung:** Sie soll den Mitarbeitern und Führungskräften die aufgaben- und entscheidungsrelevanten Informationen adressatengerecht zur Verfügung stellen und für deren korrekte Verwendung sorgen. Die Informationsversorgung soll dabei wirtschaftlich sein und eine hohe Informationsqualität gewährleisten. Zentrale Bedeutung kommt der Führungskommunikation zu, da sie die Grundlage betrieblicher Entscheidungen bildet. Die Informationsversorgung erfolgt im Unternehmen mithilfe digitaler Informationssysteme und -technologien.
- **Digitale Informationssysteme und -technologien:** Dieser Aufgabenbereich umfasst die Installation, den Betrieb und die Wartung der für die Informationsversorgung erforderlichen Hard- und Software, also der Rechner, Kommunikationstechnologien und Anwendungen. Damit werden Informationen erfasst, verarbeitet, gespeichert, übermittelt und genutzt.

Die Funktionsbereiche des Informationsmanagements betreffen sämtliche Führungsfunktionen und -ebenen. Abb. 7.1.4 zeigt am Beispiel eines komplizierten Führungskontexts die Einordnung des Informationsmanagements in das integrierte System der Unternehmensführung als **unterstützende Querschnittsfunktion**. Beide Tätigkeitsfelder durchdringen alle Ebenen und Funktionen der Unternehmensführung. Der als Kreis dargestellte Informations- und Kommunikationsfluss wird durch die Informationsversorgung gespeist, während die Informationssysteme und -technologien die dafür benötigten IT-Ressourcen bereitstellen.

Der Leiter des Informationsmanagements ist der **Chief Information Officer (CIO)**. Er ist für den Aufbau, die Pflege und den reibungslosen Betrieb der digitalen Informationssysteme und -technologien verantwortlich. Er soll den digitalen Wandel im Unternehmen als Change Leader ganzheitlich verantworten (vgl. Kap. 6.3). Darüber hinaus koordiniert er die Informationsversorgung, die in der Regel durch verschiedene Fachbereiche wie Controlling oder Marketing erfolgt. Angesichts der wachsenden Bedeutung von Information und Kommunikation sollte der CIO nicht nur über technisches Know-how verfügen, sondern auch mit den geschäftlichen Zusammenhängen des Unternehmens vertraut sein. Teilweise übernimmt er auch Aufgaben der Organisationsgestaltung, da informationstechnologische Veränderungen häufig organisatorische Konsequenzen nach sich ziehen. So kann etwa die Einführung eines ERP-Systems eine Anpassung der Arbeitsabläufe erfordern oder bestehende Geschäftsprozesse verändern.[31]

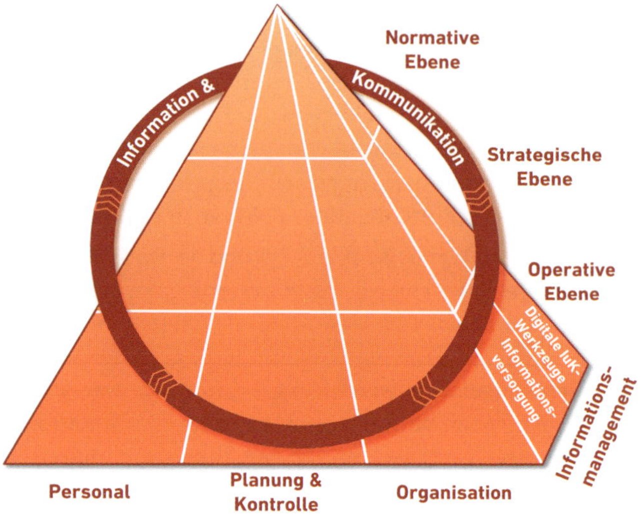

Abb. 7.1.4: Informationsmanagement als unterstützende Querschnittsfunktion im integrierten System der Unternehmensführung

7.1.3 Wie lässt sich Wissen im Unternehmen aufbauen und nutzen?

Wissen stellt für viele Unternehmen einen maßgeblichen Erfolgsfaktor dar:[32]

- **Marktorientiert** betrachtet entstehen Wettbewerbsvorteile durch ungleich verteiltes Wissen. So können manche Unternehmen Chancen und Gefahren früher erkennen und dadurch Wettbewerbsvorteile aufbauen. Diese sind jedoch meist nicht von Dauer, da sich Märkte dynamisch verändern und erfolgreiche Strategien von der Konkurrenz nachgeahmt werden.
- **Ressourcenorientiert** gesehen bietet Wissen einen Wettbewerbsvorteil, wenn es im Vergleich zur Konkurrenz einzigartig ist, sich nur schwer imitieren oder substituieren lässt und einen wertvollen Beitrag zum Kundennutzen leistet.

Die Unternehmensführung hat die Aufgabe, das individuelle Wissen der Mitarbeiter in der Organisation verfügbar zu machen, sinnvoll zu verknüpfen, bestmöglich zu nutzen und gezielt Lernprozesse anzuregen, um kontinuierlich wettbewerbsrelevantes Wissen zu generieren.

Die **wissensorientierte Unternehmensführung** betrachtet das organisationale Wissen als strategische Ressource und zentrale Quelle von Wettbewerbsvorteilen. Sie entwickelt und betreibt ein systematisches Wissensmanagement und schafft die erforderlichen Rahmenbedingungen, um Wissen im Unternehmen wirkungsvoll aufzubauen, zu verteilen, zu nutzen und zu bewahren.

Einerseits nimmt Wissen somit eine zentrale Rolle im Prozess der Leistungserstellung ein, andererseits kann es aber auch selbst Bestandteil der Produkte und Dienstleistungen sein. Danach lassen sich zwei **Kategorien der Intelligenz** unterscheiden:[33]

- **Prozessintelligenz** entsteht durch den gezielten Einsatz von Wissen bei der Konzeption und Abwicklung von Geschäftsprozessen (vgl. Kap. 5.4.2). Beispiele hierfür sind eine schnelle Auftragsabwicklung, die integrierte Gestaltung der Wertschöpfungskette oder eine effiziente Produktionsplanung und -steuerung. Durch den Wisseneinsatz beherrscht das Unternehmen diese Prozesse besser als die Konkurrenz und kann dadurch etwa die Kosten senken oder den Kundennutzen steigern. So ermöglicht *DHL* seinen Kunden, den Verlauf ihrer Sendungen jederzeit online nachzuverfolgen. Weitere Beispiele für Prozessintelligenz sind Just-in-Time-Fertiger oder Unternehmensnetzwerke. *Toyota* erzielte etwa mithilfe seiner schlanken Produktionsprozesse (vgl. Kap. 5.4.2) im ersten Halbjahr 2024 eine operative Umsatzrendite von 11,5 %, während der *VW-Konzern* nur 6,3 % und die Marke *VW* lediglich 2,3 % erreichen konnten. 2023 erwirtschaftete *Toyota* 122 % mehr Gewinn pro Mitarbeiter als *Volkswagen*.[34] *Tesla* fertigt beispielsweise große Karosserieteile im Aluminium-Druckguss (Gigacasting), wodurch tausende Schweißpunkte und viele Montageprozesse entfallen und die Produktion erheblich vereinfacht und beschleunigt wird. Im Gegensatz zu vielen anderen Automobilherstellern, die ähnliche Verfahren erst noch entwickeln oder derzeit einführen, nutzt *Tesla* diese Technologie bereits breitflächig.[35]
- **Produktintelligenz** entsteht, wenn zur Erstellung eines Produkts oder einer Dienstleistung umfangreiches oder spezifisches Wissen benötigt wird, wie etwa bei hochtechnologischen oder forschungsintensiven Produkten. Moderne Autos sind beispielsweise mit zahlreichen Sensoren ausgestattet, deren Daten von den Herstellern analysiert und für technische Verbesserungen genutzt werden. Bei *Tesla* dient dieses Flottenlernen etwa der Weiterentwicklung des Autopiloten per Software-Update. Auch bei wissensintensiven Dienstleistungen wie Unternehmens- oder Rechtsberatung ist das Wissen selbst das eigentliche Produkt. Ihm steht häufig kein oder nur ein geringer materieller Wert gegenüber. Ebenso basiert der Preis eines Medikaments vor allem auf dem zugrunde liegenden Forschungsaufwand. Weitere Beispiele für Produktintelligenz sind Software, Smartphones, KI-Assistenten, medizinische Diagnosewerkzeuge, digitale Plattformen sowie vernetzte Maschinen der Industrie 4.0.

Daraus ergeben sich die in Abb. 7.2.5 dargestellten strategischen Optionen im **Wissensintensitätsportfolio**. Unternehmen können Wettbewerbsvorteile sowohl durch intelligente Produkte als auch durch intelligente Prozesse erzielen. Eine Kombination beider Möglichkeiten kennzeichnet das **wissensintensive Unternehmen**. Dort sind für die Herstellung intelligenter Produkte entweder besonders intelligente Abläufe erforderlich, oder das Unternehmen differenziert sich zusätzlich durch wissensintensive Geschäftsprozesse. Beispiele sind *BioNTech*, das mRNA-basierte Impfstoffe und Krebsmedikamente entwickelt oder *OpenAI* mit *ChatGPT*, dem derzeit leistungsfähigsten generativen Chatbot.

In vielen Unternehmen wächst der Anteil hochqualifizierter Experten, bei denen Kreativität und Innovation im Mittelpunkt stehen. Diese sogenannten **Wissensarbeiter** (Knowledge Worker) sind anspruchsvoll und stellen spezifische Erwartungen an die Unternehmensführung. Sie streben nach größtmöglicher Selbstbestimmung und einer sinnstiftenden, erfüllenden Tätigkeit. Aufgrund des Fachkräftemangels sind sie am Arbeitsmarkt besonders gefragt, weshalb Unternehmen zunehmend auf New-Work-Konzepte setzen, um diese Talente für sich zu gewinnen (vgl. Kap. 6.2.3).[36]

Wissen spielt jedoch nicht in allen Unternehmen eine zentrale strategische Rolle. Es wird weiterhin Branchen und Unternehmen geben, in denen die Produktionsfaktoren Arbeit und Kapital im Vordergrund stehen. Derartige **wissensschwache Unternehmen** sind nicht nur im primären Sektor zu finden. Hierzu zählen beispielsweise Industriebetriebe, die technisch einfache Produkte in Massenfertigung herstellen, wie etwa Einweggeschirr, Verpackungsmaterial oder Standardmöbel. Viele wissensschwache Unternehmen finden sich im Dienstleistungssektor, da die Qualifikationsanforderungen dort häufig gering sind. Dazu gehören Friseurgeschäfte, Supermärkte, Reinigungsdienste, Fast-Food-Ketten, Paketshops, Tankstellenbetriebe oder Callcenter.

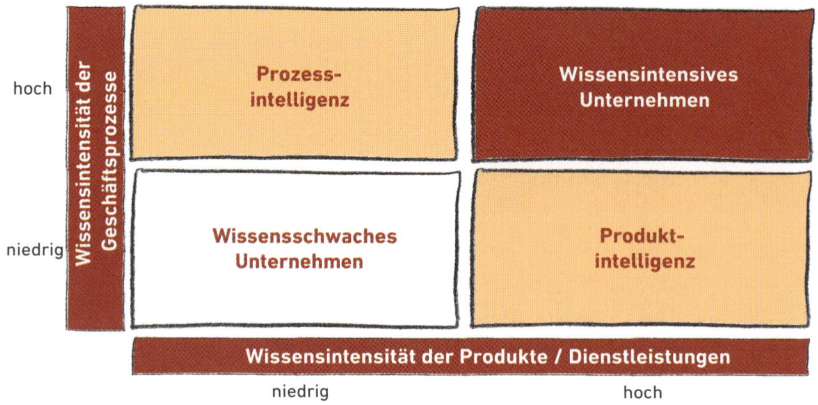

Abb. 7.1.5: Wissensintensitätsportfolio[37]

Die Positionierung eines Unternehmens im Wissensintensitätsportfolio gibt auch Hinweise auf dessen **Führungskontext** und ermöglicht so die Auswahl eines geeigneten Führungssystems (vgl. Kap. 1.5). Wissensschwache Unternehmen befinden sich meist in einem einfachen Führungskontext, da die Märkte für wissensschwache Produkte und Dienstleistungen in der Regel wenig dynamisch sind. Für diese Unternehmen eignet sich daher eine managementorientierte Unternehmensführung. Bei einer Fokussierung auf intelligente Prozesse, etwa im Rahmen einer Massenfertigung mit Industrie 4.0 (vgl. Kap. 7.3.2), befinden sich Unternehmen häufig in komplizierten Führungskontexten. In solchen Fällen empfiehlt sich eine integrierte Unternehmensführung. Wissensintensive Güter sind dagegen oft einer hohen Marktdynamik ausgesetzt. Ihre Lebenszyklen sind meist kurz, und das zugrunde liegende Know-how hat eine geringe Halbwertszeit. Unternehmen sind daher gezwungen, ihr Wissen und ihre Produkte kontinuierlich weiterzuentwickeln. Viele von ihnen konzentrieren sich auf die Produktintelligenz, um sich im Wettbewerb zu differenzieren, während die wenig wertschöpfende Fertigung ausgelagert wird. So lässt *Apple* beispielsweise das *iPhone* vom taiwanesischen Auftragshersteller *Foxconn* produzieren. *Foxconn* hat sich wiederum auf Prozessintelligenz spezialisiert und verfügt über eine hocheffiziente und flexible Fertigung. Unternehmen mit wissensintensiven Produkten oder Dienstleistungen befinden sich häufig in einem komplexen Führungskontext. Dies spricht für eine agile Organisation, welche die Entstehung neuer und kreativer Lösungen fördert (vgl. Kap. 5.1.2).

Wissen hat für viele Unternehmen eine hohe strategische Bedeutung. Daher stellt sich für die Unternehmensführung die Frage, wie sich das organisationale Wissen identifizieren, beschaffen, entwickeln, verteilen, einsetzen und bewahren lässt. Diese wissensbezogenen Führungsaufgaben werden unter dem Begriff Wissensmanagement zusammengefasst.[38]

Wissensmanagement bezeichnet die systematische Identifikation, Beschaffung, Entwicklung, Verteilung, Nutzung und Bewahrung des organisationalen Wissens mit dem Ziel, die Wettbewerbsfähigkeit des Unternehmens zu steigern.

Im Folgenden wird zunächst auf die Formen des Lernens eingegangen, bevor die Aufgabenbereiche des Wissensmanagements erläutert werden.

Individuelles und organisationales Lernen

Menschliches Wissen entsteht durch individuelles Lernen und wird innerhalb von Organisationen unter den Mitgliedern geteilt und verbreitet. Mithilfe künstlicher Intelligenz lässt sich Wissen zunehmend maschinell generieren, verarbeiten und bereitstellen. Aufgabe der Unternehmensführung ist es, das organisationale Lernen systematisch zu fördern, um die Wettbewerbsfähigkeit des Unternehmens zu stärken.

Lernen ist ein Prozess zur Erweiterung oder Veränderung der individuellen Wissensbasis. Es dient dem Erwerb neuen Wissens und verbessert sowohl die Problemlösungsfähigkeit als auch die Handlungskompetenz.[39]

Vereinfachend lassen sich zwei **lerntheoretische Ansätze** unterscheiden:[40]

- **Behavioristische Lerntheorien** stellen die Verknüpfung von Reiz und Reaktion in den Vordergrund. Lernen bedeutet in diesem Verständnis, dass ein Individuum aufgrund von Erfahrungen anders auf einen bestimmten Reiz (Stimulus) reagiert als zuvor. So werden etwa in der Erziehung gewünschte Verhaltensweisen durch Lob oder Tadel eingeübt.

- **Kognitive Lerntheorien** beziehen das Bewusstsein bzw. das menschliche Gehirn als Ort des Lernens mit ein. Lernen wird hier nicht als Prozess von Versuch und Irrtum, sondern als zunehmende Einsicht in Beziehungszusammenhänge verstanden. Die Quelle des Wissens ist dabei nicht die Erfahrung, sondern das Denken (Rationalismus). Verbrennt sich ein Kind beispielsweise an einer heißen Herdplatte die Finger, sammelt es Erfahrungswissen. Die daraus gewonnene Einsicht in den Zusammenhang zwischen Hitze und Schmerz kann es anschließend kognitiv auf andere heiße Gegenstände übertragen.

Für das **individuelle Lernen** sind beide Ansätze relevant: Lernen wird in erheblichem Maße durch Umwelteinflüsse und die wahrgenommenen Konsequenzen des eigenen Verhaltens geprägt. Menschen reagieren jedoch nicht mechanisch auf solche Reize, sondern selektieren und interpretieren die verfügbaren Informationen. Reize werden aufgenommen, verarbeitet und bei Bedarf in neue Verhaltensweisen überführt.

Lernprozesse finden in **individuellen Lernzyklen** statt: Zunächst wird eine Situation wahrgenommen, reflektiert und bewertet. Daraus werden Handlungskonzepte abgeleitet und umgesetzt. Die Ergebnisse des Handelns werden wiederum beobachtet und bewertet, was zu einer Anpassung des Handlungskonzepts und damit zu einem neuen Lernzyklus führen kann. So kann ein Läufer seine Leistung sowohl durch regelmäßiges Training als auch durch die Verbesserung seiner Lauftechnik steigern.

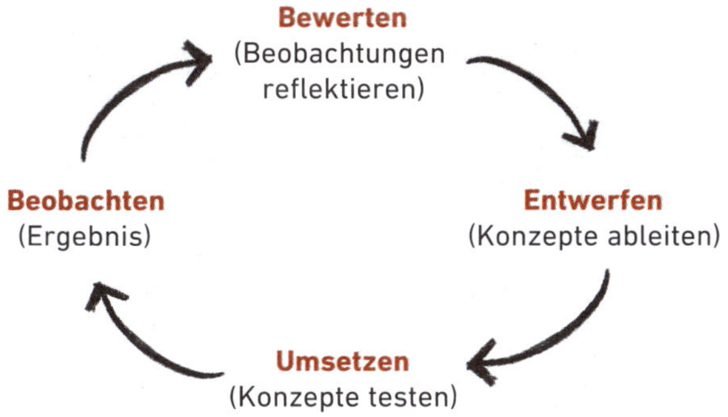

Abb. 7.1.6: Individueller Lernzyklus[41]

Mithilfe künstlicher Intelligenz können auch digitale Informationssysteme solche Lernprozesse durchlaufen. **Maschinelles Lernen** umfasst verschiedene Verfahren der Mustererkennung, die auf statistischer Optimierung basieren. Dabei werden Entscheidungsregeln aus vorhandenen Daten abgeleitet und durch neue Informationen kontinuierlich verbessert. Die Handlung der künstlichen Intelligenz ist nicht vorprogrammiert, sondern wird auf Basis der Daten erlernt. Eine vertiefte Darstellung des maschinellen Lernens erfolgt in Kapitel 7.3.4.

Mentale Modelle bezeichnen vereinfachte innere Bilder der Wirklichkeit, die dem Verstehen und Entscheiden zugrunde liegen. Sie helfen dabei, beobachtete Abläufe und Zusammenhänge zu erklären, relevante Umweltinformationen zu selektieren und Verhaltenswirkungen zu interpretieren. Damit dienen sie als grundlegende Erklärungsmuster. Im Sport entsprechen sie den Spielregeln, wie etwa der Abseitsregel im Fußball. Darauf aufbauend lässt sich individuelles Lernen als das Einordnen neuer Informationen in bestehende mentale Modelle verstehen. Solche Modelle beruhen auf Erziehung, Erfahrung und Persönlichkeit, weshalb Menschen dieselbe Situation unterschiedlich interpretieren und bewerten. Während etwa eine Präsentation vor der Geschäftsführung für den einen Mitarbeiter eine spannende Herausforderung darstellt, kann sie bei einem anderen Versagensängste auslösen.

Nach dem Ausmaß der Veränderung geteilter mentaler Modelle findet Lernen auf **drei Ebenen** statt:[42]

- **Lernen erster Ordnung (Single-Loop-Learning)** bezeichnet reines Anpassungslernen (Einkreislernen). Dabei werden Abweichungen vom Sollzustand erkannt und durch gezielte Korrekturen behoben. Dieses adaptive Lernen erfolgt auf Grundlage bestehender mentaler Modelle. So kann ein Triathlet etwa durch regelmäßiges Training seine Technik beim Brustschwimmen verbessern und dadurch schneller schwimmen.
- **Lernen zweiter Ordnung (Double-Loop-Learning)** ist erforderlich, wenn sich Probleme durch Lernprozesse der ersten Ebene nicht lösen lassen oder keine weiteren Verbesserungen erzielt werden. Dazu müssen die Organisationsmitglieder bereit sein, ihre bislang erfolgreich eingesetzten mentalen Modelle infrage zu stellen und neue Wege zu gehen (Zweikreislernen). Beispielsweise kann der Triathlet seinen Schwimmstil mithilfe eines Trainers auf die Kraultechnik umstellen und zusätzlich einen modernen Neoprenanzug verwenden, um im nächsten Wettkampf eine neue Bestzeit aufzustellen.

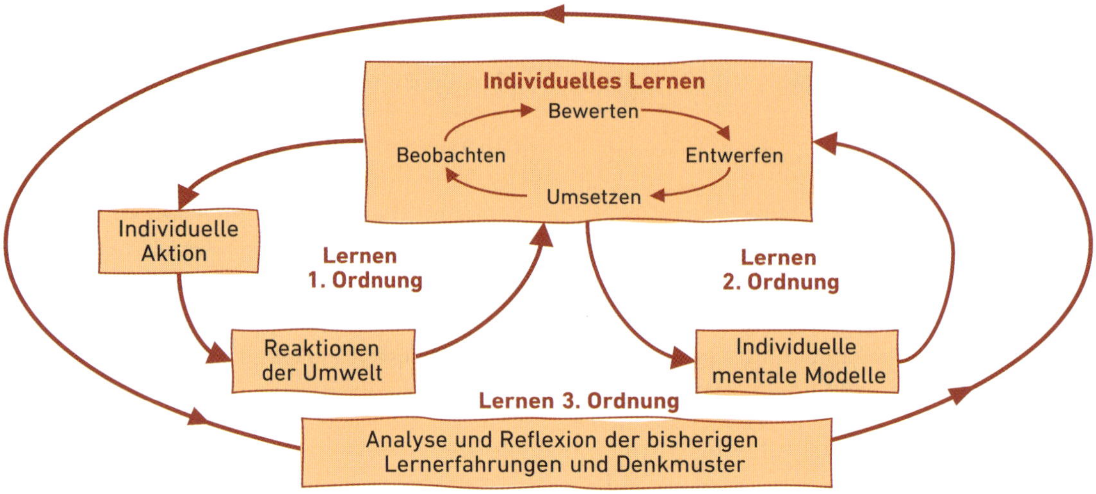

Abb. 7.1.7: Die drei Ebenen des Lernens[43]

- **Lernen dritter Ordnung (Deutero-Learning)** bezeichnet das Lernen des Lernens. Dabei werden die bisherigen Lernprozesse erster und zweiter Ordnung reflektiert, um hemmende und fördernde Faktoren zu identifizieren. Ziel ist es, die Lernfähigkeit zu verbessern. Dieses Problemlösungs- und Prozesslernen entsteht insbesondere durch die Überwindung von Lernbarrieren und die Förderung der Lernbereitschaft. So könnte es dem Triathleten schwerfallen, die Verbesserungsvorschläge seines Trainers umzusetzen, oder er kann aus familiären Gründen nicht regelmäßig trainieren.

Da Organisationen durch ihre Mitglieder lernen, lässt sich das Modell individuellen Lernens auf das organisationale Lernen übertragen. Es basiert zunächst auf individuellen Lernprozessen: Reaktionen und Informationen aus der Umwelt werden auf Grundlage individueller mentaler Modelle wahrgenommen, bewertet und in neue Handlungen überführt. Individuelles Lernen erfolgt überwiegend informell, also fortlaufend im Arbeitsalltag durch kollegialen Erfahrungsaustausch. Dabei basiert es auf sozialen Beziehungen und ist hierarchieunabhängig: Jeder kann von jedem lernen.

Die Mitglieder einer Organisation verfügen über individuelle Erwartungen hinsichtlich der Konsequenzen ihres Handelns. Im Rahmen ihrer Erfahrungen überprüfen sie diese Erwartungen und lernen, indem sie ihre mentalen Modelle konstruieren, testen, anpassen oder bewusst aufgeben. Aus dem Zusammenspiel individueller Lernprozesse entwickelt sich eine **organisationale Handlungstheorie** (Theory of Action), also ein gemeinsames Verständnis darüber, wie in bestimmten Situationen vorgegangen werden sollte und welche Ergebnisse daraus resultieren.[44]

Durch die persönliche Interaktion mit der Umwelt passen Mitarbeiter ihre Denk- und Verhaltensweisen an. Wird dieses veränderte Verhalten von Kollegen übernommen, geht individuelles in kollektives Lernen über. Mentale Modelle und Verhaltensweisen werden dann von mehreren Organisationsmitgliedern geteilt. So kann etwa ein Vorgesetzter zu der Einsicht gelangen, seinen Mitarbeitern aufgrund des schlechten Arbeitsklimas mehr Vertrauen entgegenzubringen. Führt sein neuer Führungsstil zu spürbar höherer Motivation und Leistung, übernehmen ihn womöglich auch andere Führungskräfte, wodurch er sich im Unternehmen verbreitet. Auch einzelne Handlungen können das organisationale Verhalten prägen: Führt ein Abteilungsleiter etwa einen Casual Friday ein, kann sich das durch die positive Reaktion vieler Mitarbeiter im ganzen Unternehmen durchsetzen.

Organisationales Lernen beruht auf dem kollektiven Lernen vieler Unternehmensmitglieder und setzt die Entwicklung geteilter mentaler Modelle voraus.[45] Dazu muss das individuelle Wissen einzelner Mitarbeiter offengelegt und daraufhin geprüft werden, ob es zur Weiterentwicklung der organisationalen Wissensbasis beiträgt. Relevantes Wissen kann beispielsweise in standardisierte Abläufe überführt und damit dauerhaft im Unternehmen verankert werden. So entsteht schrittweise eine lernende Organisation.[46]

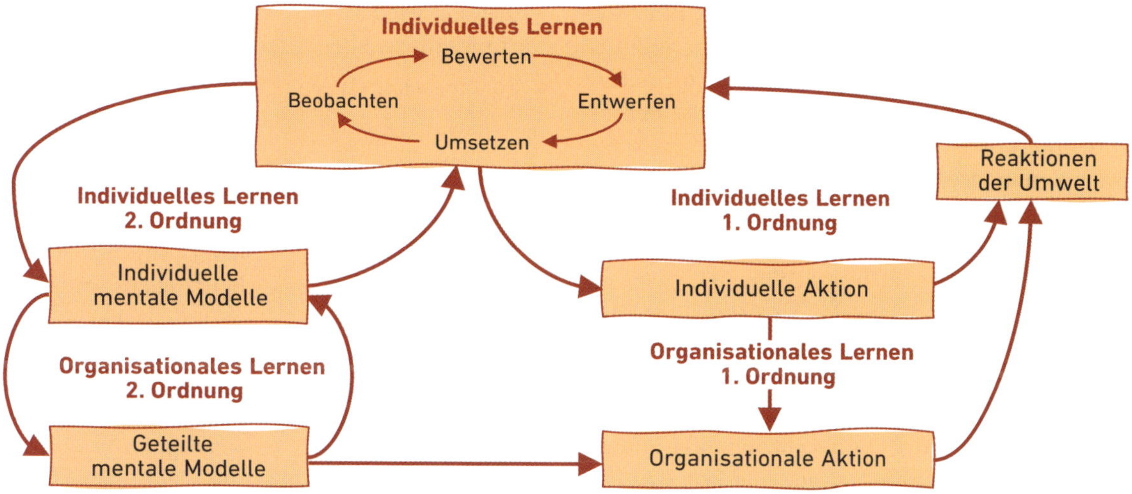

Abb. 7.1.8: Integriertes Modell des organisationalen Lernens[47]

Eine **lernende Organisation** erfasst, entwickelt und teilt ihr Wissen eigenständig und passt ihr Verhalten an neue Erkenntnisse an.[48]

Jedes Unternehmen kann zu einer lernenden Organisation werden, unabhängig von seiner Wissensintensität oder dem jeweiligen Führungskontext. Kollektives und informelles Lernen erweitert die organisationale Wissensbasis und stärkt die Wettbewerbsfähigkeit. Dies ist besonders in wissensintensiven Unternehmen entscheidend, da Lernen in komplexen Führungskontexten eine zentrale Rolle spielt.[49]

Agile Unternehmen müssen ebenfalls lernende Organisationen sein, in denen alle mit- und voneinander lernen. Dieses Lernen erfolgt auch aus Fehlern, indem verschiedene Lösungsansätze nach dem Motto: „Win or learn" ausprobiert werden. Dazu braucht es psychologische Sicherheit, damit Fehler ohne Angst vor negativen Konsequenzen offen angesprochen werden können (vgl. Kap. 6.2.3). Komplexe Führungskontexte erfordern kreative Lösungen. Diese lassen sich nicht erzwingen, denn weder das Ergebnis noch der Ablauf kreativer Prozesse ist planbar. Kreativität kann jedoch durch geeignete Rahmenbedingungen gefördert werden, etwa durch eine entspannte Arbeitsatmosphäre, vielfältige Teams oder das gemeinsame Streben nach Sinn (vgl. Kap. 6.2.3). In agilen Organisationen wird Wissen dezentral und iterativ aufgebaut und weiterentwickelt. Dies geschieht zum Beispiel in Wissensgemeinschaften (Communities of Practice), die in diesem Kapitel noch genauer erläutert werden.[50]

Wissen identifizieren, erwerben und aufbauen

Die fehlende Transparenz über das innerhalb und außerhalb der Organisation vorhandene Wissen ist in vielen Unternehmen ein Problem. Eine stetig wachsende Datenflut erschwert es vielen Führungskräften, die zur Zielerreichung erforderlichen Informationen zu finden und auszuwählen (vgl. Kap. 7.2). Die **Identifikation** der für das Unternehmen relevanten Wissensressourcen und -träger ist deshalb der erste Schritt zu einem wirksamen Wissensmanagement.[51] Hierzu dienen etwa Wissenskarten, welche das Wissen und die betreffenden Wissensträger strukturiert darstellen, beispielsweise als Mind Map oder Infografik. Expertenverzeichnisse führen die wichtigsten Wissensträger mit deren Wissensgebieten und Kontaktdaten auf, weshalb sie auch als „Gelbe Seiten" bezeichnet werden. Eine wirksame Unterstützung zur Erfassung, Verarbeitung und Auffindung von Informationen liefern Dokumentenmanagementsysteme. Darüber hinaus helfen Recherchesysteme bei der Suche nach Informationen in unterschiedlichen Datenquellen.[52] Ein Beispiel sind Suchmaschinen wie etwa *Google*. Die Identifikation des vorhandenen Wissens macht Wissensdefizite sichtbar. Diese lassen sich entweder durch die Nutzung externer Quellen (Wissenserwerb) oder das Erlernen neuen Wissens (Wissensentwicklung) beseitigen.

Unternehmen sind meist nicht in der Lage, sämtliches Wissen selbst zu erzeugen. Ein effektiver Weg, um Wissenslücken zu schließen, ist deshalb der **Wissenserwerb** von externen Trägern.[53] Dies kann beispielsweise durch die Einstellung eines neuen Mitarbeiters erfolgen, der über das erforderliche Know-how verfügt. Externe Experten lassen sich auch befristet „mieten", wie etwa Unternehmensberater. Weitere Möglichkeiten sind Kooperationen mit anderen Organisationen, wie beispielsweise Hochschulen, oder die Übernahme von Unternehmen, die bereits über das gesuchte Wissen verfügen. Darüber hinaus kann das Unternehmen auch **Wissensprodukte** erwerben, etwa Lizenzen, Patente, Blaupausen oder Software. Da dieses Wissen personenunabhängig in Form von Informationen gespeichert ist, spricht man auch von **Wissenskonserven**. Wissen kann aber auch von Stakeholdern stammen, mit denen das Unternehmen in Beziehung steht. Dazu zählen beispielsweise gemeinsame Entwicklungsprojekte mit Lieferanten oder die Zusammenarbeit mit der Hausbank bei der Finanzierung eines Investitionsvorhabens. Besonders wertvoll ist das Wissen über die Kunden und ihre Bedürfnisse, da es die Grundlage für die gezielte Entwicklung und Vermarktung von Produkten und Dienstleistungen bildet.

Problematisch beim Wissenserwerb ist die geringe Markttransparenz, die den Vergleich und die Bewertung des verfügbaren Wissens erschwert. Zudem müssen interne Barrieren überwunden werden, die bei Mitarbeitern gegenüber externem Wissen bestehen. Hierzu gehört das sogenannte „Not-invented-here-Syndrom", das sich etwa in Widerständen gegen Konzepte von Unternehmensberatern äußert. Darüber hinaus reicht der Wissenserwerb allein nicht aus, um dauerhafte Wettbewerbsvorteile zu erzielen, da diese Möglichkeit auch der Konkurrenz offensteht. Das Unternehmen benötigt deshalb schwer imitierbares, exklusives und für den Kunden relevantes Wissen. Es soll zu innovativen Produkten oder leistungsfähigeren Prozessen beitragen und so den Kundennutzen steigern.[54] Solches Wissen lässt sich meist nur intern entwickeln.

Die individuelle **Wissensentwicklung** geschieht durch das Zusammenspiel von implizitem und explizitem Wissen. Implizites Wissen basiert auf persönlichen Erfahrungen, individuellen Werten und praktischen Fertigkeiten. Es ist meist unbewusst und lässt sich nur schwer artikulieren oder weitergeben. Explizites Wissen ist hingegen objektiv, systematisiert, bewusst zugänglich und lässt sich dokumentieren (vgl. Kap. 7.1.1). Bislang ist nur der Mensch in der Lage, neues Wissen zu erzeugen. Zwar hat die künstliche Intelligenz in den letzten Jahren große Fortschritte gemacht, doch sie kann derzeit ausschließlich vorhandenes explizites Wissen verarbeiten (vgl. Kap. 7.3.4).

Die Entwicklung neuen Wissens erfolgt in einem schrittweisen Umwandlungsprozess. In dieser **Wissensspirale** wird implizites Wissen in explizites überführt und anschließend wieder verinnerlicht, wodurch sich das Wissen kontinuierlich weiterentwickelt:[55]

- **Sozialisation** (Implizites Wissen aus implizitem Wissen): Es findet ein Erfahrungsaustausch statt, bei dem implizites Wissen durch Vormachen, Nachahmung oder gezieltes Feedback weitergegeben wird. Das Wissen wird nicht schriftlich oder formal vermittelt, sondern im Arbeitsalltag weitergegeben. Damit das gelingt, sollten beide Personen im gleichen Arbeitsumfeld tätig sein, etwa im selben Team oder an derselben Maschine. Nur so können die Denk- und Handlungsweisen des Kollegen nachvollzogen werden. Dies gilt etwa für das Erlernen der ungeschriebenen Regeln der Unternehmenskultur. Typischerweise lernt so im Handwerk der Geselle vom Meister.
- **Externalisierung** (Explizites Wissen aus implizitem Wissen): Implizites Wissen wird explizit gemacht. Dies geschieht vor allem durch sprachliche Beschreibung oder Dokumentation. Dadurch wird es kommunizierbar und lässt sich übertragen, sodass es von vielen Mitarbeitern genutzt werden kann. Ein Beispiel ist ein Personalleiter, der seine Führungserfahrung (= implizites Wissen) in schriftliche Leitlinien fasst (= explizites Wissen) und diese in einem Rundschreiben unternehmensweit verbreitet.
- **Kombination** (Explizites Wissen aus explizitem Wissen): Vorhandenes explizites Wissen wird zusammengeführt, umstrukturiert oder in andere Kontexte übertragen. So kann etwa eine individuelle Problemlösung eines Mitarbeiters auch in anderen Abteilungen eingesetzt werden. Dies erhöht die Zugänglichkeit und Anwendbarkeit des Wissens, ohne allerdings den Wissensbestand zu erweitern. Ein Beispiel ist die Erstellung eines Projektleitfadens aus mehreren dokumentierten Projekterfahrungen.
- **Internalisierung** (Implizites Wissen aus explizitem Wissen): Explizites Wissen wird durch praktische Anwendung verinnerlicht („Learning by Doing"). Mitarbeiter ergänzen, erweitern und restrukturieren dabei ihr vorhandenes Wissen und stärken so ihre Problemlösungs- und Handlungskompetenz. So kann ein Mitarbeiter etwa anhand eines Projektleitfadens lernen, wie agile Methoden funktionieren, und diese anschließend selbst in einem eigenen Projekt einsetzen.

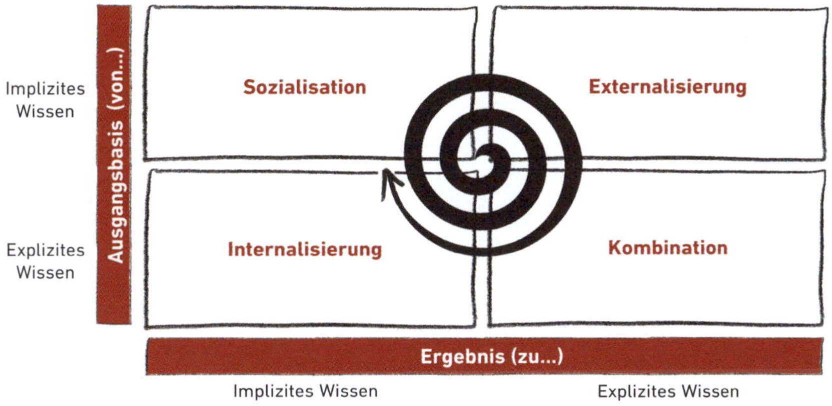

Abb. 7.1.9: Die Spirale des Wissens[56]

Im Anschluss an die Internalisierung werden diese Stufen auf einem höheren Wissensniveau erneut durchlaufen, woraus sich die in Abb. 7.1.9 dargestellte Wissensspirale ergibt. Kritisch sind dabei die Externalisierung und die Internalisierung, da sie das persönliche Engagement der Mitarbeiter erfordern.

Wissensentwicklung kann sowohl auf individueller als auch auf kollektiver Ebene erfolgen. Individuelle Lernprozesse erfordern Kreativität und Problemlösungsfähigkeit, um persönliches Wissen zu erweitern und neue Ideen zu entwickeln. Die meisten Innovationen entstehen jedoch nicht durch einzelne Mitarbeiter, sondern im Team. Dabei kommen Instrumente der **kollektiven Wissensentwicklung** zum Einsatz, wie etwa Kreativitätstechniken, Think Tanks oder Lernarenen. Ein *Think Tank* besteht aus mehreren Experten, die gezielt mit der Entwicklung neuen Wissens beauftragt werden, wie etwa ein Krebsforschungsteam in einem Pharmaunternehmen. In einer *Lernarena* tauschen sich Mitarbeiter regelmäßig aus, um ihr Wissen weiterzuentwickeln. Ein Beispiel sind Qualitätszirkel, in denen die Mitglieder zusammenkommen, um gemeinsam Verbesserungen zu diskutieren.[57]

Unternehmen verfügen heute auch über vielfältige **digitale Formen des Lernens**. E-Learning lässt sich unabhängig von Ort und Zeit individuell durchführen und findet selbstgesteuert im eigenen Tempo statt. Durch *Gamification*, also spielerische Elemente wie Auszeichnungen, Ranglisten oder Fortschrittsbalken, lässt sich die Lernmotivation erhöhen. Beim *Game-based Learning* erfolgt das Lernen durch ein gemeinsames Spiel, um Motivation, Interaktion und Lernerfolg zu steigern. Ein Beispiel ist *LEGO Serious Play*, bei dem die Teilnehmer ihre Ideen mithilfe von *LEGO*-Modellen visualisieren. Online-Kurse als *Corporate MOOCS* (Massive Open Online Courses) ermöglichen unbegrenzte Teilnehmerzahlen. Reines E-Learning weist jedoch hohe Abbruchquoten auf, da für das Lernen auch soziale Aspekte eine wichtige Rolle spielen. Für anspruchsvolle oder kreative Themen ist deshalb integriertes Lernen besser geeignet. Dieses sogenannte *Blended Learning* kombiniert E-Learning mit Präsenzveranstaltungen.[58]

Augmented Reality (erweiterte Realität; kurz: AR) erzeugt eine um virtuelle Elemente bereicherte Lernumgebung. Mithilfe spezieller Brillen werden dem Anwender zusätzliche Informationen direkt ins Blickfeld eingeblendet. Populär wurde die Technik durch das Smartphonespiel *Pokémon Go*. Durch AR lassen sich etwa komplizierte manuelle Tätigkeiten trainieren und unterstützen, wie etwa die Reparatur einer Maschine.[59] In der **Virtual Reality** (VR) hingegen wird die reale Welt vollständig ausgeblendet und der Nutzer taucht in eine animierte virtuelle Umgebung ein. Er kann diesen künstlichen Raum begehen und darin Objekte fühlen, greifen und bewegen. So lassen sich etwa Prototypen neuer Produkte für Kunden mit allen Sinnen erlebbar machen, was Entwicklungsteams wertvolle Hinweise für eine anwendergerechte Gestaltung liefern kann.[60]

Unter **formellem, intentionalem Lernen** versteht man geplante Bildungsveranstaltungen, die einem festen Lehrplan folgen. Ein solch absichtsvolles Lernen lässt sich sinnvoll durch informelles digitales Lernen ergänzen. Hierfür werden zunehmend kurze Lernvideos eingesetzt, die jeweils ein klar abgegrenztes Themenfeld behandeln (Micro-Content). Solche Inhalte können auch dezentral und autonom von einzelnen Mitarbeitern selbst erstellt werden (User-generated Content). Über ein betriebliches soziales Netzwerk lassen sie sich online im Unternehmen bereitstellen. Dies ermöglicht ein arbeitsbegleitendes, bedarfsgerechtes **Micro-Learning**. Die dezentrale Struktur der Lerninhalte unterstützt das selbstorganisierte Lernen.[61]

Wissen mit anderen teilen

Wurde neues Wissen beschafft oder entwickelt, ist es an diejenigen Mitarbeiter weiterzuleiten, die nicht an der Wissensgenerierung beteiligt waren. Nur so lässt es sich für das gesamte Unternehmen nutzbar machen. Dabei ist zu klären, welche Mitarbeiter welches Wissen brauchen und auf welchem Weg die Verteilung stattfinden soll.[62]

Die Wissensverteilung kann direkt oder indirekt erfolgen. Beim **direkten Wissenstransfer** wird gezielt organisationales Wissen an Mitarbeiter weitergegeben, wobei die Vermittlung expliziten Wissens im Vordergrund steht. Beispiele hierfür sind Seminare, Qualitätszirkel oder Mentorenprogramme. Der **indirekte Wissenstransfer** verfolgt nicht ausdrücklich das Ziel, organisationales Wissen zu übertragen. Die Wissensverteilung ist dabei ein mehr oder weniger erwünschter Nebeneffekt von Maßnahmen der Personalentwicklung (vgl. Kap. 6.1.2). Implizites Wissen wird häufig auf diese Weise weitergegeben. So kann etwa durch Job-Rotation, also den planmäßigen Wechsel von Arbeitsplatz und Aufgaben, ein Mitarbeiter die Unternehmenskultur besser kennenlernen und sukzessive sein eigenes Wissensnetzwerk aufbauen.[63]

Die organisationale Wissensverteilung lässt sich nach dem Push- oder dem Pull-Prinzip gestalten. Beim **Push-Prinzip** werden die Mitarbeiter von einer zentralen Stelle mit dem jeweils erforderlichen Wissen versorgt. Dies ist vor allem bei standardisiertem, regelmäßig wiederkehrendem Informationsbedarf sinnvoll oder wenn diese ihre Wissenslücken nicht selbst erkennen. Grundsätzlich sollten die Mitarbeiter jedoch das für ihre Arbeit erforderliche Wissen in eigener Initiative gezielt nachfragen, sobald sie ein Defizit feststellen. Dieses **Pull-Prinzip** stellt am ehesten sicher, dass vorhandenes Wissen aktiv genutzt wird.[64]

Aus technologischer Sicht erfordert die betriebliche Wissensverteilung geeignete digitale Informationssysteme. Mit ihrer Hilfe lassen sich räumliche und zeitliche Distanzen zwischen Mitarbeitern überwinden und die Zusammenarbeit unterstützen. Mittlerweile steht hierfür ein breites Angebot zur Verfügung, das von Intranet- und Extranet-Lösungen bis hin zu Groupware-Systemen reicht. Digitale Webtechnologien ermöglichen zudem den Aufbau von **Wissensnetzwerken**, die den aktiven Wissensaustausch fördern:[65]

- **Community-Support-Systeme** erleichtern die Zusammenarbeit räumlich verteilter Gruppen. Dokumente können gemeinsam bearbeitet und Projekte über zentrale Terminkalender geplant werden. Zudem lassen sich auch soziale Beziehungen zwischen den Mitgliedern pflegen. Manche Unternehmen verfügen über ein internes soziales Netzwerk (Enterprise Social Network), bei dem ähnlich wie bei *Facebook* jeder Mitarbeiter ein eigenes Profil anlegen, Kontakte knüpfen und sich mit anderen Kollegen austauschen kann.
- **Wikis** (hawaiianisch für „schnell") sind digitale Wissenssammlungen, die von allen Mitarbeitern gemeinsam erstellt und gepflegt werden. Jeder Nutzer kann auf die Inhalte zugreifen, sie korrigieren oder ergänzen. So entsteht eine organisch wachsende, aktuelle und lebendige Wissensbasis. Das bekannteste Beispiel ist die Internet-Enzyklopädie *Wikipedia*. Im Unternehmen können beispielsweise häufig gestellte Fragen, sogenannte Frequently Asked Questions (FAQs), in Form eines Wikis von der internen Community beantwortet werden.
- **Blogs** (Kunstwort aus Web und Logbuch) sind Webseiten, die regelmäßig um neue Beiträge ergänzt werden. Diese erscheinen in umgekehrter chronologischer Reihenfolge, sodass der neueste Eintrag zuerst angezeigt wird. Leser können Blogs abonnieren und werden automatisch über neue Inhalte informiert. Informationen lassen sich damit einfach und schnell verbreiten. Die Beiträge können zwar nicht geändert, aber von den Lesern kommentiert werden.
- **Portalsysteme** bündeln verschiedene unternehmensinterne Wissensquellen unter einer einheitlichen und benutzerfreundlichen Oberfläche, etwa Dokumentensammlungen, Expertenverzeichnisse oder Wissensgemeinschaften.

Ein grundlegendes Problem der Wissensverteilung ist die fehlende Interaktion zwischen Wissensträgern und Wissensnutzern. Der Wissensanbieter profitiert oft kaum von der mühsamen Bereitstellung seiner Kenntnisse, während die Wissensnachfrager häufig unklare Vorstellungen darüber haben, welches Wissen sie zur Erfüllung einer Aufgabe benötigen.[66] Auf einem **Wissensmarkt** werden daher Anbieter und Nachfrager gezielt miteinander in Kontakt gebracht. Dies ist sowohl online als auch in Präsenz möglich. Auf diese Weise erkennen Mitarbeiter, welche Kollegen an ähnlichen Problemen arbeiten oder vergleichbare Interessen verfolgen.[67]

In **Wissensgemeinschaften** (Communities of Practice) tauschen sich die Mitglieder informell über fachliche Themen aus, wobei insbesondere implizites Wissen weitergegeben wird. Solche Gemeinschaften entstehen unabhängig von der hierarchischen Organisationsstruktur. Die Teilnahme erfolgt freiwillig und beruht auf einem gemeinsamen Interesse, setzt jedoch gegenseitiges Vertrauen voraus. Solche Wissensgemeinschaften sind heute meist virtuelle Online-Communities, die einen organisations-, kultur- und grenzüberschreitenden Wissensaustausch ermöglichen.[68]

Ein praxisnahes Beispiel ist **Working Out Loud (WOL)**. Dabei vernetzen sich mehrere Mitarbeiter zu bestimmten Themen mit passenden Experten, um voneinander zu lernen, Erfahrungen weiterzugeben und die eigene Arbeit zu verbessern. WOL steht für offene, transparente Zusammenarbeit in Netzwerken. Hierfür bilden sich sogenannte WOL-Kreise mit vier bis fünf möglichst diversen Teilnehmern, die im Arbeitsalltag meist nichts miteinander zu tun haben und sich häufig auch nicht kennen. So können etwa ein Ingenieur, eine Personalreferentin, ein Qualitätsverantwortlicher und eine Vertriebsmitarbeiterin aus unterschiedlichen Standorten einen gemeinsamen Kreis bilden. Die dadurch entstehende Vielfalt an Perspektiven eröffnet neue Möglichkeiten. Die Kreise treffen sich informell, beispielsweise im Chat, per Videokonferenz oder in der Kantine. Jeder bringt eine individuelle Fragestellung mit: Der eine sucht beispielsweise Experten zum Thema Smart Home, die andere möchte eine neue Produktidee verwirklichen. Je unterschiedlicher die Themen, desto spannender der Austausch. Die Teilnehmer unterstützen sich gegenseitig und profitieren voneinander. Dabei sollen sie lernen, wie man sich mit Experten vernetzt, die bei konkreten Herausforderungen weiterhelfen können.

Digitale Informationssysteme können die Verteilung des Wissens im Unternehmen allerdings nur unterstützen. Entscheidend sind die **Fähigkeit und Bereitschaft** der Mitarbeiter, ihr Wissen mit ihren Kollegen zu teilen. Die individuelle Fähigkeit zur Wissensteilung basiert dabei auf der sozialen und kommunikativen Kompetenz eines Mitarbeiters, während die Bereitschaft stark von den organisatorischen Rahmenbedingungen abhängt. Wissensverteilung erfolgt häufig in Netzwerken, die auf Vertrauen basieren. Jeder Mitarbeiter baut aus eigenem Interesse ein individuelles, informelles Netzwerk aus Kollegen, Vorgesetzten oder Geschäftspartnern auf (vgl. Kap. 5.1.2). Durch diese persönlichen Beziehungen kann er bei Bedarf auf deren Wissen zurückgreifen, etwa indem er einen erfahrenen Kollegen anruft, um sich mit ihm über eine kritische Projektsituation zu beraten. Für das Unternehmen ist es daher sinnvoll, eine solch dezentrale, informelle Wissensverteilung systematisch zu fördern. Sie ermöglicht einen bedarfsgerechten und flexiblen Zugriff auf das organisationale Wissen.[69]

Der Wissensaustausch basiert vor allem auf dem persönlichen Kontakt zwischen den Mitarbeitern. Er kann daher durch personelle Maßnahmen zur **Förderung der Kommunikation** begünstigt werden, etwa durch die räumliche Anordnung der Arbeitsplätze, einladende Besprechungsecken oder interaktive Pausenräume. Mitarbeiter können grundsätzlich nicht zur Wissensteilung gezwungen werden, zumal sie darin oft keinen persönlichen Vorteil sehen. Manche befürchten sogar, durch die Weitergabe ihren individuellen Wissensvorsprung als Alleinstellungsmerkmal zu verlieren. Ohne eine entsprechende Gegenleistung sind sie daher meist nicht zur aktiven Teilung bereit. Da Wissen durch Teilen nicht weniger, sondern mehr wird, profitiert am Ende das ganze Unternehmen davon. Um Mitarbeiter zur Wissensteilung zu motivieren und zu befähigen, sind geeignete Anreize sowie unterstützende Rahmenbedingungen erforderlich, wie etwa eine offene Unternehmenskultur oder digitale Tools. Organisatorischer Zwang ist selten zielführend, denn er führt meist nur zum Austausch oberflächlicher Informationen. Intrinsische Motivation zum Wissensaustausch kann hingegen entstehen, wenn Mitarbeiter durch ihre Beiträge eine Expertenreputation aufbauen können, zeitliche Freiräume für eigene Projekte erhalten oder Zugang zu spannenden Aufgaben bekommen.[70]

Netzwerken leicht gemacht: The Power of Working Out Loud

Gastbeitrag von Katharina Krentz, Geschäftsführerin Connecting Humans, www.connecting-humans.de

Was mich an Working Out Loud besonders fasziniert, ist die schlichte Genialität: Mit wenigen, klaren Prinzipien lässt sich die Methode mühelos in den Arbeitsalltag integrieren und schafft Raum für echte Verbindungen und nachhaltige Lernerfahrungen. Jeder Teilnehmende nimmt sich für einige Wochen ein eigenes Lernziel vor – sei es, neue digitale Tools zu beherrschen, seine Sichtbarkeit zu verbessern oder Expertenwissen zu einem Herzensthema zu vertiefen. Alle lernen in einem Circle, einer kleinen Peer-Support-Gruppe aus drei bis fünf Personen. Mithilfe von Circle Guides mit wöchentlicher Agenda und Übungsaufgaben lernen die Teilnehmenden, die richtigen Experten zu finden, sich mit ihnen zu verbinden und ein nachhaltiges Netzwerk zu entwickeln. Jeder kann so gezielt das lernen, was ihn oder sie interessiert. Der Circle ist ein Experimentierraum, um den Aufbau eines Netzwerks und die Zusammenarbeit darin auszuprobieren. Deswegen sollte auch nicht vorgegeben werden, welche Ziele die Mitarbeitenden in ihrem Circle verfolgen, denn das Üben von Beziehungskompetenzen ist unabhängig vom gewählten Thema.

WOL prägt sowohl die Haltung als auch die Fähigkeit, in einem Netzwerk zu arbeiten. Es macht die eigene Arbeit und das individuelle Wissen sichtbar und ermöglicht es, andere daran teilhaben zu lassen und sich gegenseitig zu helfen. Diese Zusammenarbeit nach dem Motto „Put yourself in the shoes of the other person" wird zur Gewohnheit und gelebter Arbeitsalltag. Die Teilnehmenden erleben, dass sie mithilfe des Netzwerks fast alle Aufgaben schneller, effizienter und mit mehr Spaß an der Sache erledigen können. Zudem setzt WOL komplett auf intrinsische Motivation – die Wahl eines persönlichen Ziels hilft, am Ball zu bleiben und verbindet netzwerkbasiertes Arbeiten mit positiven Erfahrungen. Das erklärt auch, warum WOL nicht verordnet oder Top-down ausgerollt werden kann. Der Erfolg der Methode hängt von der individuellen Motivation und der Bereitschaft zur aktiven Mitgestaltung ab – Faktoren, die durch eine hierarchische Anordnung nicht erreichbar sind.

CONNECTING HUMANS

Wir setzen WOL in vielen Unternehmen und für verschiedene Zielgruppen meist über eine Dauer von acht bis zwölf Wochen ein. Beliebt ist **WOL für Teams**. Die Teilnehmenden reflektieren dabei ihre Bedürfnisse bezüglich der Zusammenarbeit und Kommunikation im Team. Das stärkt die psychologische Sicherheit (vgl. Kap. 6.2.3) und ermöglicht die Entwicklung von Spielregeln und Ritualen, welche die Teamleistung verbessern. WOL lässt sich aber auch im Produktionsbereich durchführen, wo oft zu wenig Zeit für die persönliche Weiterentwicklung bleibt. Bei **WOL-Shopfloor** entwickeln kleine Circles mithilfe von Job Crafting (vgl. Kap. 6.1.5) bessere Beziehungen und eine förderlichere Perspektive auf die eigene Aufgabe für insgesamt mehr Zufriedenheit.

Auf Gelassenheit fokussiert **WOL-Resilienz**, bei dem die Teilnehmenden ein Journal führen und täglich rund zehn Minuten Achtsamkeit üben. Sie entwickeln dabei persönliche Strategien für den Umgang mit Herausforderungen, um langfristig Resilienz aufzubauen. Unsere bekannteste Initiative ist **#FrauenStärken powered by WOL**, mit der Frauen in ihrer beruflichen und persönlichen Entwicklung unterstützt werden. Sie lernen dabei, sich selbst und andere zu stärken, um gemeinsam mehr zu beWIRken. Neben organisationsinternen Einsätzen, etwa in Frauennetzwerken oder für Frauen in Führungspositionen, wird das Programm einmal jährlich auch öffentlich angeboten. Bislang haben bereits über 6.000 Personen teilgenommen, darunter auch Männer und non-binäre Menschen.

Alle WOL-Programme lassen sich sowohl in Präsenz als auch online durchführen. Das virtuelle Format ermöglicht es, sich weltweit zu vernetzen, was den Erfahrungsaustausch und die Wertschätzung für Diversität bereichert. Nach wenigen Einsätzen können die Unternehmen WOL selbst skalieren. Die Inhalte lassen sich an die Strategie des Unternehmens anpassen, damit WOL nicht nur ein weiteres Tool ist, sondern direkt zur Erreichung der Unternehmensziele eingesetzt werden kann. Zusätzlich stärkt WOL die Unternehmenskultur, indem es Austausch und Zusammenarbeit fördert – essenziell in einer zunehmend vernetzten Arbeitswelt.

Wissen verwenden und bewahren

Wissen schafft erst dann einen Nutzen, wenn es für konkrete Handlungen oder unternehmerische Entscheidungen verwendet wird. Ziel der **Wissensnutzung** ist es, das Wissen zu verwerten, also in messbare Resultate und wirtschaftliche Ergebnisse zu verwandeln. Diese Wissensverwertung kann direkt oder indirekt erfolgen. Bei der direkten Verwertung stellt das Wissen selbst das Produkt dar, etwa in Form von Lizenzrechten, Schulungen oder Beratungsleistungen. Eine indirekte Wissensverwertung liegt vor, wenn Wissen zur Entwicklung neuer Produkte und Dienstleistungen oder zur Verbesserung von Geschäftsprozessen beiträgt.[71]

So verringert Routine häufig die Bereitschaft, neues Wissen zu nutzen und kann zu einer gewissen Betriebsblindheit führen. Zudem begibt sich der Nutzer fremden Wissens in eine Position der Verwundbarkeit, da er eigene Wissenslücken eingestehen muss. Daher ist es wichtig, die Bereitschaft zur Wissensnutzung sowohl auf individueller als auch auf kollektiver Ebene zu fördern. Aus Sicht des einzelnen Mitarbeiters sollte Wissen leicht zugänglich, einfach nutzbar sowie aktuell und verlässlich sein. Für das Gesamtunternehmen setzt die Wissensnutzung eine Kultur voraus, in der Fragen nicht als Zeichen von Schwäche, sondern als Ausdruck von Lernbereitschaft und Neugier gelten.[72]

Digitale Informationssysteme ermöglichen es, explizites Wissen in kodierter Form dauerhaft, kostengünstig und relativ sicher zu speichern. In vielen Unternehmen kommen dafür Wissensportale wie *SharePoint* oder *Confluence* zum Einsatz, die eine strukturierte Ablage und die schnelle Auffindbarkeit von Informationen ermöglichen. Hierfür müssen die Inhalte allerdings zuvor nach klaren Ordnungskriterien klassifiziert werden. Moderne KI-Systeme analysieren große Datenmengen, erkennen Muster und Zusammenhänge und leiten daraus neue Erkenntnisse ab (vgl. Kap. 7.3.4). Typische Anwendungsbeispiele sind Chatbots, die häufig gestellte Fragen beantworten und Benutzer durch Informationsangebote führen. Semantische Suchsysteme gehen über die einfache Stichwortsuche hinaus, da sie den Bedeutungszusammenhang von Begriffen erkennen und dadurch relevantere Ergebnisse liefern. Empfehlungssysteme berücksichtigen das bisherige Nutzerverhalten und suchen daraufhin nach passenden Experten oder weiterführenden Inhalten.

Auch wenn das menschliche Gehirn kein besonders zuverlässiges Speichermedium ist, bleiben die Mitarbeiter trotz zunehmender Digitalisierung die zentralen Träger des organisationalen Wissens. Denn nur sie verfügen über implizites Wissen, also Erfahrung, Intuition oder handwerkliche Fertigkeiten, das sich nicht digital erfassen oder speichern lässt. Ziel der Wissensbewahrung ist es daher, der Gefahr des organisationalen Vergessens entgegenzuwirken. Gerade bei Restrukturierungen und Entlassungen berichten viele Unternehmen von einer Art „kollektiver Amnesie", ausgelöst durch die Zerstörung informeller Netzwerke und den Abgang zentraler Wissensträger. Um dieser Entwicklung vorzubeugen, sollten Schlüsselpersonen frühzeitig identifiziert, gezielt gefördert und langfristig an das Unternehmen gebunden werden. Nur so lässt sich das implizite Wissen bewahren, das für innovative Ideen, die Lösung unerwarteter Probleme und fundierte Entscheidungen unerlässlich ist.[73]

Der richtige Umgang mit Wissen

In der Praxis lassen sich folgende **Paradoxien im Umgang mit Wissen** beobachten:[74]

- Die Mitarbeiter werden sorgfältig ausgebildet, erhalten aber keine Gelegenheit, ihr Wissen anzuwenden.
- In Projekten wird viel gelernt, aber die gewonnenen Erfahrungen werden nicht weitergegeben.
- Für nahezu jede Frage gibt es einen Experten, aber kaum jemand weiß, wo er zu finden ist.
- Alles wird gründlich dokumentiert, doch das aufgezeichnete Wissen lässt sich nicht nutzen.
- Das Unternehmen weiß alles über seine Konkurrenten, aber wenig über sich selbst.
- Es werden nur die klügsten Köpfe eingestellt, doch viele wechseln später zur Konkurrenz.
- Jeder wird zur Wissensteilung aufgefordert, aber wichtige Informationen behält die Unternehmensführung für sich.

Wissen darf von Führungskräften nicht als Machtinstrument missbraucht werden. Digitale Informationssysteme können zwar die Wissensprozesse im Unternehmen unterstützen, bringen aber ohne die richtigen Rahmenbedingungen nur wenig. Wissen wird vor allem mündlich weitergegeben – allerdings nur, wenn die Mitarbeiter dadurch keine Nachteile befürchten und das Austauschverhältnis mit den Kollegen als fair empfunden wird.[75]

Nur in einem **Klima des Vertrauens** sind Mitarbeiter bereit, ihr Wissen zu teilen, neues Wissen zu nutzen sowie von- und miteinander zu lernen. Sie sollten es für sinnvoll und erstrebenswert erachten, ihr Wissen weiterzugeben. Manche erarbeiten sich aus eigenem Antrieb einen Expertenstatus in einem bestimmten Themengebiet und stärken damit ihre Position im Unternehmen. Damit sich ihre Anstrengungen zur Dokumentation und Weitergabe ihres Wissens auszahlen, sollten sie durch konkrete Anreize wie bessere Karrierechancen oder soziale Anerkennung dafür belohnt werden. Letztlich beruht eine lernende Organisation darauf, dass die Weitergabe von Wissen nicht als persönlicher Verlust, sondern als gemeinschaftlicher Gewinn verstanden wird.

7.2 Informationen empfängerorientiert vermitteln

Informationen sind die Grundlage fundierter Entscheidungen und reibungsloser Abläufe. Doch angesichts der wachsenden Informationsflut fällt es zunehmend schwer, Wichtiges von Unwichtigem zu unterscheiden. Zudem neigen Menschen dazu, Informationen selektiv wahrzunehmen oder falsch zu interpretieren. Die Informationsversorgung muss daher nicht nur relevante Informationen liefern, sondern auch sicherstellen, dass die Empfänger diese richtig verstehen und anwenden.

Ziel der **Informationsversorgung** ist es, die für betriebliche Aufgaben und Entscheidungen benötigten Informationen rechtzeitig, wirtschaftlich sowie in angemessener Genauigkeit und Verdichtung an die richtigen Empfänger zu übermitteln und dafür zu sorgen, dass sie auch korrekt verwendet werden.

Als Teil der internen Unternehmenskommunikation umfasst die Informationsversorgung sowohl die Mitarbeiter- als auch die Führungskommunikation (vgl. Kap. 7.1). Zur Erfüllung ihrer Aufgaben greift sie auf digitale Informationssysteme und -technologien zurück (vgl. Kap. 7.3) und bestimmt damit die Anforderungen an deren Gestaltung, Funktion und Struktur. Die Informationsversorgung soll dabei nicht nur wirkungsvoll, sondern auch effizient sein. Da die Beschaffung, Verarbeitung und Weitergabe von Informationen mit Kosten verbunden sind, muss die Informationsversorgung auch die Wirtschaftlichkeit der Informations- und Kommunikationsprozesse sicherstellen. Dazu gehört auch die Bewertung des Nutzens der bereitgestellten Informationen.

Die Informationsversorgung soll folgende **Fragen** beantworten:

- Welche Informationen sind für eine Aufgabe oder Entscheidung erforderlich?
- Wie und woher lassen sich diese beschaffen?
- Wie sollen sie an die Aufgaben- und Entscheidungsträger übermittelt werden?
- Welchen Beitrag leisten sie zur Aufgabenerfüllung oder Entscheidungsfindung?

Im Folgenden wird zunächst auf einige zentrale Begriffe eingegangen, die für das Verständnis der Informationsversorgung wesentlich sind.

Der **Informationsbedarf** bezeichnet die Art, Menge und Qualität an Informationen, die für das Treffen einer Entscheidung oder die Erfüllung einer Aufgabe objektiv erforderlich sind.

Der Informationsbedarf ergibt sich aus der anstehenden Entscheidung oder der zu erfüllenden Aufgabe. Ihm steht das subjektive Informationsbedürfnis der Aufgaben- und Entscheidungsträger gegenüber. Dabei handelt es sich um Informationen, welche diese aus ihrer Sicht für die jeweilige Aufgabe oder Entscheidung benötigen. Ein Teil dieses subjektiven Informationsbedürfnisses führt zu einer konkreten Informationsnachfrage. Das Informationsangebot wiederum umfasst jene Informationen, die durch die betriebliche Informationsversorgung bereitgestellt werden.[76]

Zwischen dem objektiven Informationsbedarf und dem subjektiven Informationsbedürfnis bestehen häufig erhebliche Unterschiede. Das ist in zweifacher Hinsicht problematisch: Zum einen werden aufgaben- und entscheidungsrelevante Informationen nicht als solche erkannt, zum anderen kann es dazu führen, dass irrelevante Informationen nachgefragt werden. Je größer die Diskrepanz zwischen Bedarf und subjektivem Bedürfnis, desto höher ist die Gefahr falscher Entscheidungen oder einer fehlerhaften Ausführung der übertragenen Aufgaben (vgl. Kap. 7.2.4).

Ziel der Informationsversorgung ist es, den **Informationsstand** der Verantwortlichen zu verbessern. Dieser umfasst diejenigen Informationen, die für eine bestimmte Aufgabe oder Entscheidung erforderlich sind und sowohl angeboten als auch genutzt werden. Das Informationsangebot sollte sich daher am tatsächlichen Bedarf orientieren und so gestaltet sein, dass es von den Empfängern auch aktiv nachgefragt wird.[77] Denn die Qualität der Aufgabenerfüllung und die Güte einer Entscheidung hängen maßgeblich von der Größe der Schnittmenge aus Informationsbedarf, -angebot und -nachfrage ab. Abb. 7.2.1 veranschaulicht diesen Zusammenhang.

Der **Informationsversorgungsprozess** läuft in folgenden Schritten ab, die in den nächsten Kapiteln erläutert werden:[78]

1. **Informationsbedarfsermittlung**: Ausgangspunkt der Informationsversorgung ist die Bestimmung der Informationen, die für eine Entscheidung oder Aufgabe objektiv erforderlich sind. Auf Basis dieses Informa-

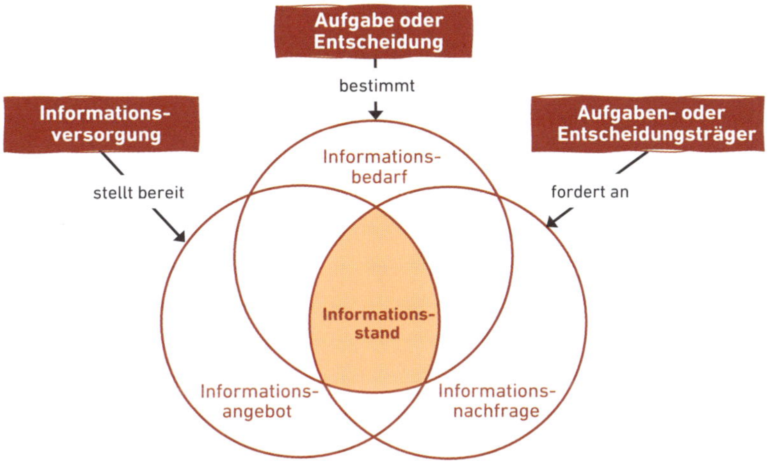

Abb. 7.2.1: Zusammenhang und Bestimmungsfaktoren von Informationsangebot, -nachfrage und -bedarf

tionsbedarfs sowie der vorhandenen Informationsnachfrage wird das Informationsangebot festgelegt.

2. **Informationsbeschaffung**: Das Informationsangebot wird aus internen und externen Quellen zusammengetragen.
3. **Informationsübermittlung**: Das Informationsangebot wird den Aufgaben- und Entscheidungsträgern anforderungsgerecht zur Verfügung gestellt.
4. **Informationsverwendung**: Die übermittelten Informationen werden für die Aufgabenerfüllung oder Entscheidungsfindung genutzt.

7.2.1 Welche Informationen sind erforderlich?

Die **Informationsbedarfsermittlung** bestimmt die für eine Aufgabe oder Entscheidung objektiv erforderlichen Informationen.

Dabei wird festgelegt, wer welche Informationen wann und wo benötigt. Dies kann induktiv geschehen, also empirisch auf Grundlage von Interviews, Beobachtungen oder der Analyse vorhandener Informationen. Alternativ kann der Informationsbedarf auch deduktiv bestimmt werden, indem er aus allgemeinen Modellen wie Planungsverfahren oder Optimierungsansätzen abgeleitet wird.[79]

Wie gut sich der Informationsbedarf ermitteln lässt, hängt von der **Strukturiertheit** der jeweiligen Aufgaben und Entscheidungen ab. Diese ergibt sich daraus, inwieweit sowohl das angestrebte Ergebnis (Was soll erreicht werden?) als auch die dafür erforderlichen Lösungsschritte (Wie soll es erreicht werden?) bekannt sind:[80]

- Bei **strukturierten Aufgaben und Entscheidungen** lässt sich der Informationsbedarf direkt aus der Aufgabe oder Entscheidung ableiten und das Informationsangebot darauf ausrichten. Beispiele sind die Bestellung von Rohstoffen oder die Genehmigung eines Urlaubsantrags. Treten solche Aufgaben oder Entscheidungen regelmäßig in ähnlicher Form auf, kann die Informationsversorgung standardisiert und automatisiert werden. Bei komplexen, sich ständig verändernden Aufgaben oder Entscheidungen ist dies aus Zeit- und Kostengründen nicht sinnvoll.
- Bei **wenig strukturierten oder dynamischen Aufgaben und Entscheidungen** ist der Informationsbedarf nur schwer oder gar nicht bestimmbar. Beispiele sind Entwicklungsprojekte oder strategische Entscheidungen. Allerdings haben gerade schlecht strukturierte Aufgaben und Entscheidungen häufig einen hohen Informationsbedarf. In diesen Fällen ist die Informationsnachfrage stark vom subjektiven Informationsbedürfnis der Aufgaben- und Entscheidungsträger geprägt, das sich kaum planen oder steuern lässt. Deshalb sollte die Informationsbeschaffung weitgehend ihnen selbst überlassen werden, etwa mithilfe benutzerfreundlicher digitaler Informationssysteme. Durch Such- und Auswertungsfunktionen können sie aus den vorhandenen Daten die für sie relevanten Informationen selbst ermitteln.

Für die Unternehmensführung sind **strategische Informationen** von besonderer Bedeutung. Sie sollen frühzeitig Hinweise auf zukünftige Chancen und Gefahren geben sowie Stärken und Schwächen des Unternehmens aufzeigen. Strategische Informationsvorsprünge können zu Wettbewerbsvorteilen führen. Daher ist es wichtig, die relevanten

Beobachtungsbereiche nicht zu stark einzugrenzen, um keine relevanten Entwicklungen zu übersehen. Die strategische Bedeutung einer Information kann sich schnell ändern oder erst nach und nach erkennbar werden. Strategische Aufgaben und Entscheidungen sind in der Regel schlecht strukturiert. Während operative Informationen zur Lösung konkreter Aufgaben und Entscheidungen benötigt werden, zielt der strategische Informationsbedarf auf die Identifikation von Handlungsoptionen und Entscheidungsspielräumen. Strategische Informationen sind daher oft unsicher, überwiegend qualitativer Natur und wenig konkret.[81]

Eine Möglichkeit zur Bestimmung des strategischen Informationsbedarfs ist die **Methode der kritischen Erfolgsfaktoren** (vgl. Kap. 3.1.1). Dabei wird angenommen, dass es für jedes Unternehmen einige wenige Schlüsselfaktoren (Key Performance Indicators, kurz: KPI) gibt, die über Erfolg oder Misserfolg entscheiden. Beispiele sind der Marktanteil, die Innovationsgeschwindigkeit, der Net Promoter Score oder der Anteil von Forschung und Entwicklung am Umsatz. Die Identifikation dieser unternehmensspezifischen Faktoren und deren fortlaufende Messung erfolgt in der Regel durch das Controlling.

7.2.2 Wo kommen die Informationen her?

Die **Informationsbeschaffung** legt auf Basis des ermittelten Informationsbedarfs fest, welche Informationen zu welchem Zeitpunkt, aus welchen Quellen und für welche Aufgaben- und Entscheidungsträger beschafft werden sollen.

Informationsbeschaffung kostet Geld – und zwar umso mehr, je genauer, aktueller und exklusiver die Informationen sein sollen. Aus Gründen der Wirtschaftlichkeit sollten Informationen daher nur beschafft werden, wenn ihr erwarteter Nutzen die damit verbundenen Kosten übersteigt.

Bei der Bestimmung des Wertes einer Information treten jedoch verschiedene **Schwierigkeiten** auf:[82]

- **Informationsparadoxon/Zirkelproblem:** Um den Nutzen einer Information einschätzen zu können, muss sie bekannt sein. Ist sie jedoch bereits bekannt, muss sie nicht mehr beschafft werden.
- **Prognoseunsicherheit:** Eine Informationsbewertung auf Grundlage von Prognosen setzt voraus, dass sich zukunftsbezogene Informationen aus der Vergangenheit ableiten lassen. Dies ist jedoch meist nicht möglich, zumal nicht nur die Informationen selbst, sondern auch deren Wirkungen vorhergesagt werden müssen.
- **Zurechnungsproblem:** Entscheidungen beruhen meist auf einer Vielzahl von Informationen, weshalb sich der jeweilige Erfolgsbeitrag einer einzelnen Information kaum bestimmen lässt.
- **Detaillierungsproblem:** Je höher der Detaillierungsgrad einer Information, desto größer ist ihr potenzieller Nutzen. Die Erhebung solcher Informationen ist jedoch zeitaufwändiger, was die Beschaffungskosten erhöht und ihre Aktualität verringert. Mit zunehmendem Alter sinkt in der Regel der Nutzen einer Information.

Da diese logischen Probleme nicht vollständig lösbar sind, wird der erwartete Informationsnutzen in der Praxis pragmatisch geschätzt. Abhängig von seiner Wahrscheinlichkeit und Quantifizierbarkeit wird unter Abwägung der Kosten entschieden, ob eine Information beschafft wird. Dies kann einmalig oder in regelmäßigen Abständen erfolgen.

Informationen können grundsätzlich aus **internen oder externen Quellen** bezogen werden. Externe Quellen sind beispielsweise Lieferanten, Kunden, Geschäftspartner oder das Internet. Zu den internen Quellen zählen unter anderem eigene Mitarbeiter sowie betriebliche Informationssysteme. Im Folgenden werden exemplarisch Prognosen und Früherkennungssysteme als Instrumente zur Beschaffung strategischer Informationen sowie das Rechnungswesen als zentrale interne Informationsquelle dargestellt. Durch die zunehmende Digitalisierung sind Unternehmen mit einer rasant wachsenden Menge an Daten aus unterschiedlichsten Quellen konfrontiert. Dabei steht Big Data für die echtzeitbasierte Analyse dieser überwiegend unstrukturierter Daten, um daraus verlässliche Erkenntnisse für betriebliche Aufgaben und Entscheidungen zu gewinnen. Darauf wird ausführlich in Kapitel 7.3.1 eingegangen.

Prognosen

Prognosen beschreiben mögliche zukünftige Zustände des Unternehmens und seiner Umwelt. Sie können kurz-, mittel- oder langfristig ausgerichtet sein. Sie unterstellen, dass bisherige Erfahrungen und beobachtete Entwicklungen auch für die Zukunft gelten, was jedoch meist nicht der Fall ist. Deshalb sind Prognosen stets mit **Unsicherheiten** verbunden.

Prognosen (Forecasts) sind Vorhersagen über zukünftige Ereignisse, die auf der Beobachtung der Vergangenheit und Annahmen über deren Zustandekommen basieren.[83]

Es gibt eine Vielzahl an **Prognoseverfahren**, die sich danach unterscheiden, wie die Daten erhoben und verarbeitet werden:[84]

- **Quantitative Verfahren** basieren auf statistischen und mathematischen Methoden. Sie liefern weitgehend rational begründete Voraussagen, die sich logisch aus quantitativen Daten ableiten lassen. Beispiele sind Zeitreihenanalysen oder Indikatorenmodelle.
- **Expertengestützte Verfahren** beruhen auf subjektiven Einschätzungen, die auf der Erfahrung oder Intuition von Sachverständigen basieren. Beispiele sind die Aufstellung von Szenarien durch Zukunftsforscher oder die Delphi-Methode.
- **Simulationsverfahren** untersuchen mögliche Umweltentwicklungen oder Auswirkungen von Handlungsalternativen, indem sie prüfen, wie sich Änderungen einzelner Einflussgrößen auf das Ergebnis auswirken. Ziel ist es, Rückschlüsse auf ursächliche Zusammenhänge zu ziehen, um zukünftige Entwicklungen besser einschätzen zu können. Ein Beispiel ist die Monte-Carlo-Simulation, bei der viele mögliche Szenarien durchgespielt werden, um Wahrscheinlichkeiten für bestimmte Ergebnisse abzuleiten.

Zur Prognose gesamtwirtschaftlicher oder branchenbezogener Entwicklungen können externe Quellen wie Branchenverbände oder statistische Ämter herangezogen werden. Die Einschätzung von Markt- und Technologieentwicklungen und deren Bedeutung für das Unternehmen ist hingegen vor allem Aufgabe interner Organisationseinheiten, etwa des Marketings oder der Forschung und Entwicklung. Dank Big Data und maschineller Analyseverfahren (Business Analytics) lassen sich Prognosen heute wesentlich fundierter, schneller und häufiger erstellen (vgl. Kap. 7.3). Einerseits fließen deutlich größere Datenmengen ein, andererseits sind maschinelle Prognosen frei von Emotionen, da sie keine Eigeninteressen verfolgen und auch keinen individuellen Wahrnehmungsverzerrungen unterliegen (vgl. Kap. 7.2.4). Im Gegensatz dazu kann das menschliche Gehirn auch unbekannte Probleme lösen oder neue Zusammenhänge erkennen. Dies gilt insbesondere für untypische Entwicklungen, für die es keine historischen Daten gibt. Daher ist im Forecasting eine Kombination aus KI-basierten Prognosen und persönlichen Einschätzungen sinnvoll. Auf diese Weise werden automatisierte Analysen durch erfahrungsbasiertes Wissen ergänzt. Abweichungen vom maschinellen Forecast sind von den Verantwortlichen allerdings nachvollziehbar zu begründen.[85]

Prognosen können fehlschlagen, wenn:[86]

- die zugrunde liegenden Annahmen über die relevanten Einflussfaktoren und deren Auswirkungen auf den Prognosegegenstand unzutreffend oder veraltet sind,
- die verfügbaren empirischen Daten ungenau oder fehlerhaft sind,
- unvorhersehbare Ereignisse eintreten,
- methodische Fehler bei der Prognoseerstellung auftreten oder
- wesentliche Zusammenhänge übersehen wurden.

Prognosen können eine **Eigendynamik** entwickeln, indem sie sich selbst erfüllen oder widerlegen. Ein Beispiel für eine selbsterfüllende Prophezeiung (Self-fulfilling Prophecy) ist die Vorhersage eines steigenden Bitcoin-Kurses durch einen prominenten Unternehmer wie *Elon Musk*. Diese bewahrheitet sich, weil viele Menschen dessen Kaufempfehlung folgen. Eine sich selbst widerlegende Prognose liegt etwa vor, wenn die Ankündigung einer negativen Geschäftsentwicklung so viel Initiative und Engagement bei den Mitarbeitern auslöst, dass die erwartete Krise abgewendet wird. Diese Eigendynamik eröffnet der Unternehmensführung somit auch die Chance, zukünftige Entwicklungen gezielt zu beeinflussen.[87]

Nach dem *WHU Controller Panel* sind Forecasting und Planung in der Praxis eng miteinander verzahnt. Bei 44 % der Unternehmen basieren die vorgegebenen Ziele immer und bei 42 % teilweise auf den prognostizierten Werten. 63 % fertigen einen Jahresendforecast an, während 37 % ihre Prognosen ganz oder teilweise rollierend erstellen. Rollierende Forecasts werden zu 32 % monatlich, zu 19 % quartalsweise, bei 23 % dreimal jährlich, bei 11 % halbjährlich und bei 9 % jährlich aktualisiert. In der Regel werden die Prognosen mit quantitativen Verfahren erstellt und durch subjektive Einschätzungen von Führungskräften, Controllern oder Fachexperten ergänzt. Nur 15 % stützen ihre Prognosen ausschließlich auf individuelle Beurteilungen. 8 % und damit noch sehr wenige Unternehmen setzen im Forecasting bereits künstliche Intelligenz ein (vgl. Kap. 7.3.4). Der Forecast genießt in der Unternehmensführung eine recht hohe Akzeptanz und wird überwiegend als gute Entscheidungsbasis angesehen. Bei 23 % und damit fast einem Viertel der Befragten spielen rollierende Forecasts eine wichtige Rolle in der Unternehmenssteuerung.[88]

Zur Beschaffung strategischer Informationen wird häufig die **Szenariotechnik** eingesetzt. Dabei werden die Einschätzungen mehrerer Experten gesammelt, nach bestimmten Kriterien geordnet und vereinheitlicht. So lassen sie sich systematisch analysieren und miteinander vergleichen. Als Szenarien gelten mögliche zukünftige Zustände des Unternehmens und seiner Umwelt, die systematisch aus der aktuellen Situation abgeleitet werden. Dazu werden zunächst die Einflussfaktoren auf den Untersuchungsgegenstand identifiziert und zu wesentlichen Schlüsselfaktoren verdichtet. Diese werden über den Betrachtungszeitraum hinweg prognostiziert, um daraus konsistente Zukunftsprojektionen zu entwickeln. Für diese werden anschließend strategische Handlungsalternativen erarbeitet. Szenarien zeigen nicht nur eine mögliche Zukunft, sondern auch, wie es dazu kommt. Dabei ist es nicht notwendig, alle denkbaren Szenarien zu betrachten. Sinnvoller sind wenige, aber aussagekräftige und gegensätzliche Szenarien, die zum Denken in Alternativen anregen.

Die Szenariotechnik dient nicht primär der Prognose, sondern soll vor allem deutlich machen, wie zukünftige Entwicklungen zustande kommen. Wie in Abb. 7.2.2 dargestellt, öffnet sich die Spannbreite möglicher Situationen wie ein Trichter, da mit zunehmendem Zeithorizont auch die Entscheidungsmöglichkeiten zunehmen. Die Grenzen des Trichters bilden die beiden extremen Szenarien: Die optimistische Betrachtung wird als Best Case und die pessimistische als Worst Case bezeichnet. Ausgehend vom wahrscheinlichsten Szenario, dem sogenannten Trendszenario oder Base Case, werden die Auswirkungen möglicher Störungen und die bestehenden Reaktionsmöglichkeiten analysiert.[89] Mithilfe von Business Analytics lassen sich auch komplexe Szenarien schnell simulieren. So können deutlich mehr Varianten durchgespielt und strategische Handlungsoptionen besser bewertet werden (vgl. Kap. 7.3.1)

Die Shell-Szenarien

Shell ist mit rund 96.000 Mitarbeitern und einem Umsatz von über 280 Mrd. US-Dollar eines der weltweit größten Mineralöl- und Erdgas-Unternehmen.[91] Seit den frühen 1970er-Jahren entwickelt *Shell* strategische Zukunftsmodelle, um die Auswirkungen globaler Megatrends abzuschätzen (vgl. Kap. 3.2.1). Die *Shell-Szenarien* stellen Fragen nach dem „Was wäre, wenn", um Unternehmen, Gesellschaften und Regierungen auf eine mögliche Zukunft vorzubereiten. Sie helfen dabei, neue Perspektiven einzunehmen und über den Tellerrand zu schauen.

Aktuelle Szenarien befassen sich mit der globalen Energiewende und geopolitischen Herausforderungen. Das Szenario *Sky 2050* beschreibt, wie die globalen CO_2-Emissionen bis 2050 auf Netto-Null reduziert und die Erderwärmung bis 2100 auf 1,5 °C begrenzt werden können. Im Gegensatz dazu geht das Szenario *Archipelagos* von einer Welt mit multipolaren Machtstrukturen und globalem Wettbewerb um Ressourcen und Technologien aus. Zwar sinken auch hier die Emissionen langfristig, jedoch nicht schnell genug, um die Pariser Klimaziele zu erreichen. Die Welt befindet sich deshalb erst im Jahr 2100 auf dem Weg zu Netto-Null-Emissionen, wobei der globale Temperaturanstieg 2,2 °C betragen wird.

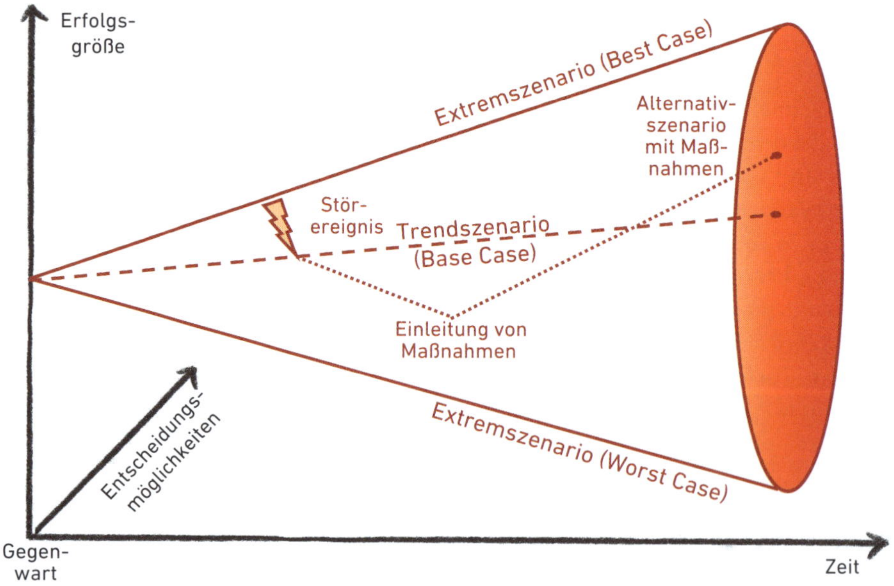

Abb. 7.2.2: Szenariotechnik[90]

Früherkennungssysteme

Chancen und Gefahren werden häufig zu spät erkannt. Um Krisen rechtzeitig abzuwenden und Chancen nicht zu verpassen, werden **Früherkennungssysteme** eingesetzt.

> **Früherkennungssysteme** sollen potenzielle Chancen und Gefahren frühzeitig signalisieren, indem sie relevante, jedoch noch nicht allgemein wahrnehmbare Entwicklungen beobachten und analysieren.

Nach ihrer Leistungsfähigkeit lassen sich folgende **Generationen** von Früherkennungssystemen unterscheiden:[92]

1. **Generation: Kennzahlenmodelle** basieren auf Informationen des Rechnungswesens, wie etwa der Umsatzentwicklung. Die Früherkennung basiert auf dem Vergleich geplanter Werte mit realisierten oder prognostizierten Größen. Unerwartete Entwicklungen lassen sich durch diese Fortschreibung der Vergangenheit jedoch nicht erkennen.
2. **Generation: Indikatorenmodelle** nutzen statistische Zusammenhänge und quantitative Maßgrößen, um zukünftige Entwicklungen zu signalisieren. Ein Beispiel ist die Prognose des Auftragseingangs bei einem Windelhersteller anhand der aktuellen Geburtenrate. Gute Indikatoren zeichnen sich durch einen starken Zusammenhang zur Zielgröße und einen ausreichenden zeitlichen Vorlauf aus. So ist etwa die Populationsentwicklung von Störchen als Indikator für die Nachfrage nach Windeln ungeeignet. Die Beschränkung auf wenige Indikatoren birgt die Gefahr, unvorhergesehene Entwicklungen zu übersehen.

3. **Generation:** Der **strategische Radar** geht davon aus, dass strategisch relevante Veränderungen meist von Menschen angestoßen werden. Erste Hinweise darauf liefern Äußerungen, Handlungen oder Einschätzungen einflussreicher Personen oder Organisationen. Solche Anzeichen werden als schwache Signale bezeichnet. Auf diese Weise lassen sich unerwartete Umweltentwicklungen frühzeitig erkennen, um darauf rechtzeitig reagieren zu können. Schwache Signale sollten möglichst breit beobachtet und ihre potenziellen Auswirkungen auf das Unternehmen sorgfältig analysiert werden.[93]

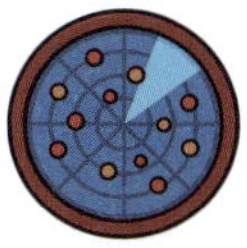

Das Grundprinzip des strategischen Radars veranschaulicht Abb. 7.2.3. Sie zeigt den Verlauf des Wissens über eine zukünftig eintretende Situation. Dies könnte etwa eine verschärfte Umweltgesetzgebung, der Durchbruch einer disruptiven Technologie oder eine konjunkturelle Krise sein. Meist sind erste Signale bereits frühzeitig erkennbar und nehmen dann nach und nach zu, bis die betreffende Situation eintritt. Erkennt ein Unternehmen solche Entwicklungen rechtzeitig, verschafft ihm das einen wertvollen Zeitvorsprung gegenüber seinen Wettbewerbern.[94]

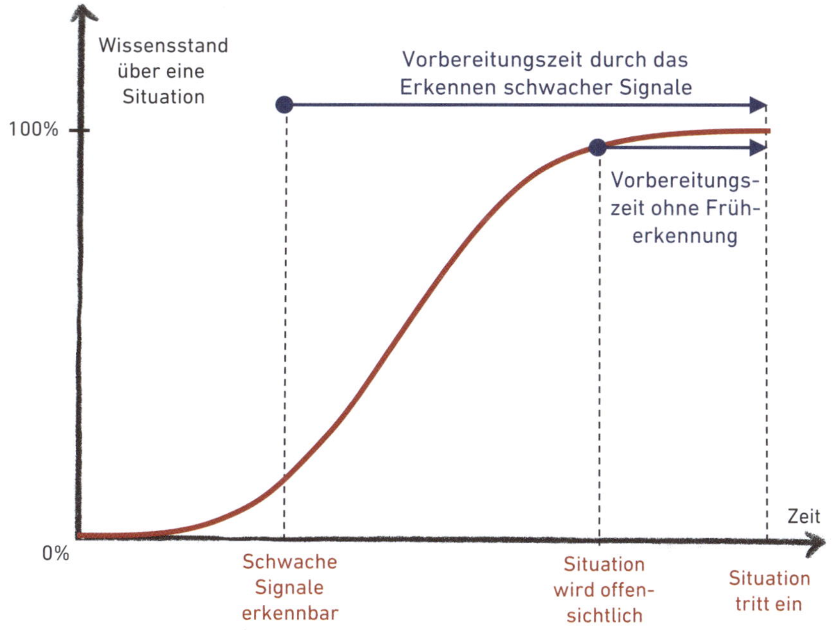

Abb. 7.2.3: Konzept der schwachen Signale[95]

Schwache Signale sind meist qualitative, ungenaue und wenig strukturierte Informationen. Sie stammen beispielsweise aus Presse, Funk und Fernsehen, sozialen Medien oder von Politikern, Kunden, Lieferanten, Verbänden oder wissenschaftlichen Experten. Auch wenn sie keine verlässlichen Hinweise auf das Eintreten einer bestimmten Situation geben, können sie auf disruptive Veränderungen oder Krisen hindeuten. Für erkannte Risiken sollten deshalb potenzielle Auswirkungen und Eintrittswahrscheinlichkeiten abgeschätzt und geeignete Maßnahmen eingeleitet werden (vgl. Kap. 1.4.5).[96] Abb. 7.2.4 verdeutlicht das Konzept der schwachen Signale am Beispiel der Corona-Pandemie.

Schwache Signale der Corona-Pandemie

Nach dem erstmaligen Auftreten des neuen Virus SARS-CoV-2 in der chinesischen Stadt Wuhan wurden die Anzeichen einer drohenden Pandemie von China und der *WHO* zu spät erkannt. Andernfalls hätte sich die weltweite Verbreitung des Virus mit ihren gravierenden Folgen möglicherweise noch verhindern lassen. Abb. 7.2.4 zeigt die Entwicklung des Wissensstands in Deutschland zu Beginn des Jahres 2020. Unternehmen, die den ersten Shutdown vom 23. März bis 19. April 2020 vorhersahen, konnten dessen wirtschaftliche Folgen eindämmen. Beispielsweise indem sie ihre Produktionsmengen reduzierten, Bestellungen stornierten, Investitionen verschoben, Überstunden abbauten, ihre Liquidität sicherten, Arbeit im Homeoffice einführten oder Schutzmaßnahmen für ihre Mitarbeiter ergriffen.

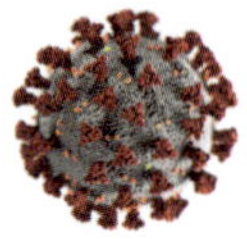

Der *Volkswagen-Konzern*, für den China ein wichtiger Absatzmarkt ist und der dort über 30 Werke betreibt, erkannte schon zu Beginn des Jahres 2020 die schwachen Signale einer bevorstehenden Pandemie: „Ende Januar haben wir bereits angefangen, entsprechende Sicherheitsmaßnahmen zu definieren: strikte Maskenpflicht, Abstand und Homeoffice, wann immer möglich. Nicht zuletzt dank dieses zeitlichen Vorsprungs im Krisenmanagement traf uns die erste Pandemiewelle im März nicht unvorbereitet. Das hat auch dazu geführt, dass wir schnell größere Bestände an Atemschutzmasken und anderer Ausrüstung zur Vorsorge aufbauen konnten", so der damalige Personalvorstand *Gunnar Kilian*.[97]

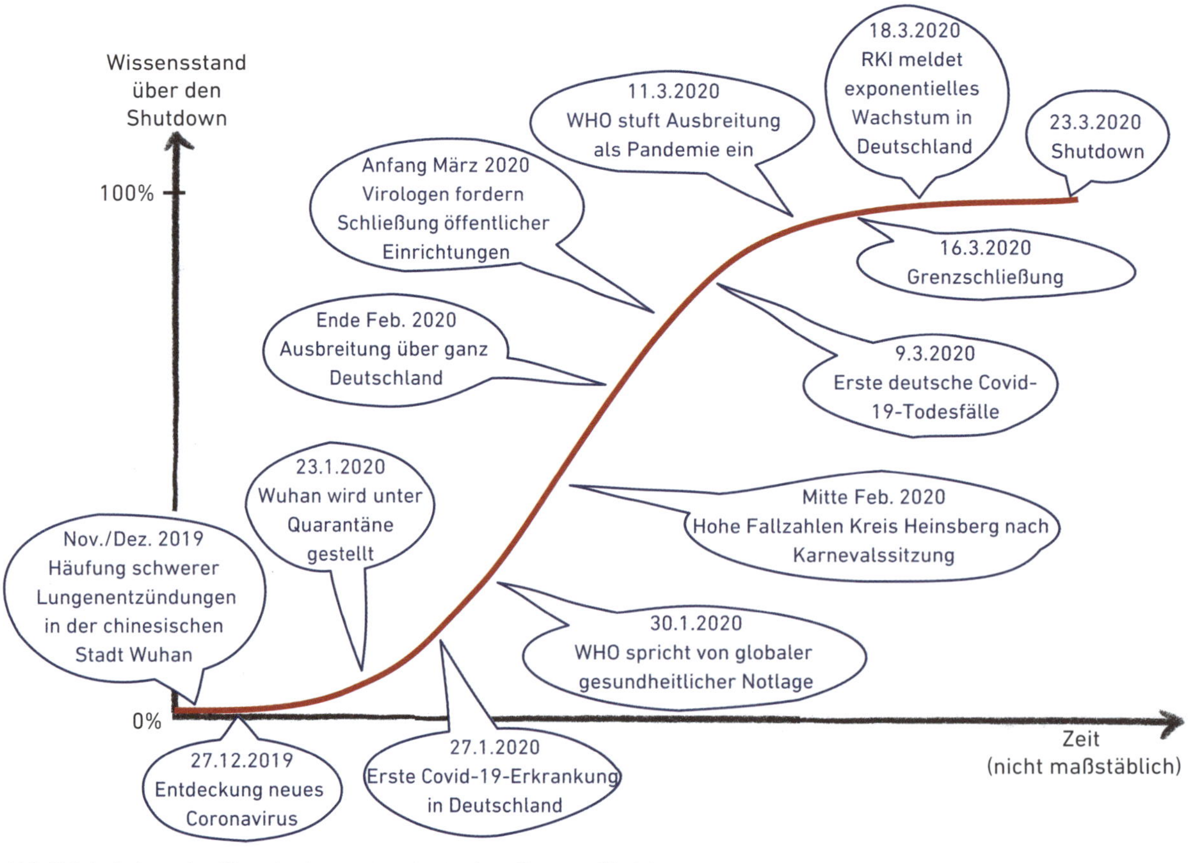

Abb. 7.2.4: Schwache Signale des ersten deutschen Corona-Shutdowns

Informationen aus dem Rechnungswesen

> Aufgabe des **Rechnungswesens** ist die mengen- und wertmäßige Erfassung vergangener, gegenwärtiger und zukünftiger wirtschaftlicher Vorgänge.[98]

Das Rechnungswesen ist sowohl für externe als auch interne Adressaten eine zentrale Quelle zur Beschaffung überwiegend operativer Informationen. Es bildet den Verbrauch an Produktionsfaktoren ab und bestimmt die Wirtschaftlichkeit betrieblicher Abläufe. Allerdings beschreibt es nur Auswirkungen von Entscheidungen und liefert keine Hinweise auf deren Ursachen. Darüber hinaus greift die rein mengen- und wertmäßige Betrachtung zu kurz, da sie zeitliche oder qualitative Aspekte vernachlässigt.[99]

Nach den **Informationsempfängern** lassen sich zwei Bereiche unterscheiden:[100]

- Das **interne Rechnungswesen** richtet sich ausschließlich an betriebsinterne Adressaten. Um entscheidungsrelevante Informationen bereitzustellen, sollen die betrieblichen Vorgänge so realitätsnah und wahrheitsgemäß wie möglich abgebildet werden. Wesentliche Bestandteile sind die Kosten- und Leistungsrechnung sowie die Investitions- und Finanzrechnung.
- Das **externe Rechnungswesen** dient der Rechenschaftslegung gegenüber unternehmensexternen Adressaten, wie etwa Anteilseignern, dem Staat oder Kreditinstituten. Es dokumentiert betriebliche Vorgänge und Ergebnisse auf Grundlage gesetzlicher oder vertraglicher Vorgaben. Datenbasis ist die Finanzbuchhaltung, aus der Bilanz sowie Gewinn- und Verlustrechnung hervorgehen. Ziel ist die Darstellung der Vermögens-, Finanz- und Ertragslage des Unternehmens.

Aufgrund handels- und steuerrechtlicher Bilanzierungs- und Bewertungsvorschriften sowie bilanzpolitischer Überlegungen bildet das externe Rechnungswesen die betriebliche Realität häufig nur unzureichend ab. Für unternehmerische Entscheidungen wird daher vor allem das interne Rechnungswesen herangezogen. Es unterliegt keinen externen Vorgaben, sondern richtet sich nach den spezifischen Informationsbedürfnissen des Unternehmens. Zudem ist es differenzierter und ermöglicht die Betrachtung kurzer Zeiträume sowie unterschiedlicher Analyseobjekte, etwa einzelner Geschäftsbereiche oder Produkte.

7.2.3 Wie lassen sich Informationen übermitteln?

> Die **Informationsübermittlung** soll den Aufgaben- und Entscheidungsträgern das Informationsangebot in geeigneter Form, angemessener Qualität, ausreichender Menge, zum richtigen Zeitpunkt und am richtigen Ort bereitstellen.[101]

Das Informationsangebot soll den Anforderungen der Aufgaben- und Entscheidungsträger entsprechen. Dabei ist zu beachten, dass die Empfänger die bereitgestellten Informationen nur begrenzt verarbeiten können. Ein zu großes Informationsangebot kann dazu führen, dass entscheidungsrelevante Inhalte übersehen werden. Ausschlaggebend für die Ausgestaltung des Informationsangebots ist daher die gezielte Selektion der entscheidungsrelevanten Informationen. Aus der Vielzahl an Entscheidungen, die meist unter Zeitdruck zu treffen sind, ergeben sich die in Abb. 7.2.5 zusammengefassten **Anforderungen** an die Informationsübermittlung.

Anforderungen an die Informationsübermittlung	
korrekt	• Objektiv und unverfälscht • Übertragung der exakten Angaben • Überprüfbar und dokumentiert
verständlich	• Eindeutig und klar strukturiert • Einfache Darstellung der Zusammenhänge • Problemlösungsorientiert
vertraulich	• Kein Einblick für Unbefugte • Schutz vor Manipulation • Identifizierbarkeit des Absenders
bequem	• Rasche und einfache Übermittlung • Möglichkeit zu schnellen Rückmeldungen • Ausschließlich relevante Informationen

Abb. 7.2.5: Anforderungen an die Informationsübermittlung[102]

Je höher die Komplexität und Vertraulichkeit der Informationen und je wichtiger der Beziehungsaspekt in der Kommunikation, desto bedeutender ist die direkte, individuelle Übermittlung. Diese kann im persönlichen Gespräch, per Telefon oder auch per Videokonferenz erfolgen. Für die Übermittlung umfangreicher und strukturierter Inhalte sind dagegen schriftliche Dokumente besser geeignet. Aufgaben- und Entscheidungsträger verarbeiten Informationen grundsätzlich besser, wenn diese schnell und einfach verfügbar, komprimiert, mündlich überbracht sowie ansprechend und verständlich aufbereitet sind.[103] Ein zentrales

Problem der Informationsübermittlung besteht darin, dass Informationen beim Empfänger nicht richtig ankommen oder missverstanden werden. Eine häufige Ursache liegt in der mangelnden Berücksichtigung der verschiedenen Ebenen der Kommunikation, auf die im folgenden Abschnitt eingegangen wird.

Kommunikationsebenen

Nach dem Psychotherapeuten *Paul Watzlawick* umfasst zwischenmenschliche Kommunikation nicht nur Worte, sondern jegliches Verhalten der Gesprächspartner. Dazu zählen auch Körperhaltung, Tonfall, Lautstärke, Gestik und Mimik. Beispiele sind etwa ein Augenrollen oder das Schlagen auf den Tisch. Da jegliches Verhalten in einer zwischenmenschlichen Situation etwas ausdrückt, findet Kommunikation permanent statt: „*Man kann nicht nicht kommunizieren*".[104] Menschliche Kommunikation ist damit immer zugleich Ursache und Wirkung, da die Gesprächspartner fortlaufend aufeinander reagieren. Entscheidend für eine gelungene Kommunikation ist daher nicht, was der Sender gesagt hat, sondern was beim Empfänger ankommt.[105]

Bei der Übermittlung von Informationen ist nach dem Psychologen *Friedemann Schulz von Thun* darauf zu achten, dass zwischenmenschliche Kommunikation sowohl beim Sender als auch beim Empfänger auf vier **Ebenen** stattfindet:[106]

- **Sachinhalt** (Worüber informiert wird): Auf der Sachebene geht es um die inhaltliche Botschaft, die vermittelt werden soll. Da es in der betrieblichen Kommunikation vor allem um Fakten geht, sollte der Sachinhalt im Vordergrund stehen. Ein Beispiel wäre die Mitteilung der Geschäftsführerin an den Vertriebsleiter, dass der Umsatz im letzten Quartal um 10 % gesunken ist.
- **Selbstkundgabe** (Was der Sender von sich selbst mitteilt): Jede Nachricht enthält, ob bewusst oder unbewusst, auch Informationen über den Sender. Der Empfänger bildet sich daraus ein Urteil über dessen Persönlichkeit oder Gemütslage. Im Beispiel könnten Tonfall oder Gestik der Geschäftsführerin darauf hinweisen, dass sie über den Umsatzrückgang besorgt oder verärgert ist.
- **Appell** (Wozu der Sender den Empfänger veranlassen möchte): Auf dieser Ebene geht es um die beabsichtigte Wirkung der Nachricht, da der Sender beim Empfänger eine gewünschte Reaktion auslösen möchte. Im Beispiel erwartet die Geschäftsführerin, dass der Vertriebsleiter ihr mitteilt, wie er den Umsatz künftig steigern will.
- **Beziehungshinweis** (Wie Sender und Empfänger zueinander in Beziehung stehen): Wortwahl, Tonfall, Gestik und Mimik zeigen, welche Wertschätzung der Sender dem Empfänger entgegenbringt. Dieser reagiert auf dieser Ebene oft besonders sensibel. Welche Beziehungsbotschaft er wahrnimmt, hängt auch von seiner Persönlichkeit ab, wie etwa seinem Selbstbewusstsein oder Charakter. Im Beispiel könnte der Vertriebsleiter die Mitteilung als Vorwurf verstehen, allein für den Umsatzrückgang verantwortlich zu sein. Trotz korrektem Sachinhalt kann eine solche Beziehungsbotschaft heftige emotionale Reaktionen auslösen.

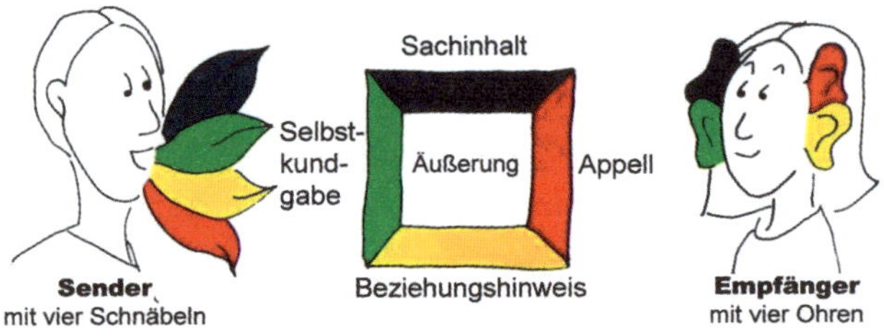

Abb. 7.2.6: Das Kommunikationsquadrat[107]

Die Qualität des Informationsaustauschs hängt davon ab, wie gut diese vier Kommunikationsebenen miteinander harmonieren. **Kommunikationsstörungen** treten bereits dann auf, wenn die Botschaft vom Sender oder Empfänger auf nur einer Ebene unterschiedlich interpretiert wird. Dies kann dazu führen, dass übermittelte Informationen, selbst wenn sie für den Empfänger relevant sind, nicht für die anstehende Aufgabe oder Entscheidung genutzt werden (vgl. Kap. 7.2.4). Missverständnisse können dabei schnell entstehen, wie vermutlich jeder schon in der Partnerschaft erlebt hat. Sie sollten deshalb durch gezieltes Nachfragen frühzeitig thematisiert werden, bevor es zu Störungen auf der Beziehungsebene oder zu unerwünschten Reaktionen des Empfängers kommt.

Diese vier Kommunikationsebenen werden vereinfachend auch als **TALK-Modell** bezeichnet: **T**atsachendarstellung („Es ist"), **A**usdruck („Ich bin"), **L**enkung („Du sollst") und **K**ontakt („Wir sind"). Insgesamt lässt sich die Kommunikation verbessern, wenn der Sender darauf achtet, dass die von ihm übermittelten Informationen verständlich, strukturiert, motivierend und prägnant sind.[108] Zur Klärung und Vermeidung von Kommunikationsstörungen ist auch Metakommunikation hilfreich, also eine gemeinsame Reflexion über die Art und Weise der Kommunikation. Dabei lassen sich beispielsweise Spielregeln vereinbaren, um den

Informationsaustausch zu verbessern, wie etwa das gegenseitige Ausredenlassen oder ein respektvoller Umgangston.

Die zunehmende **Digitalisierung** erhöht die Flexibilität der Kommunikation. Führungskräfte können heute nahezu überall auf der Welt Informationen mit mobilen Endgeräten empfangen, bearbeiten und versenden. Bei schlecht strukturierten Aufgaben und Entscheidungen (vgl. Kap. 7.2.1) erfolgt die Informationsübermittlung vor allem über digitale Informationssysteme, mit denen sich die Verantwortlichen die für sie relevanten Informationen eigenständig beschaffen können. Dagegen lässt sich die Informationsübermittlung bei gut strukturierten Aufgaben und Entscheidungen standardisieren und automatisieren. Dazu werden betriebliche Abläufe sowie die zugehörigen Informationsstrukturen analysiert, modelliert und digital abgebildet. Dies lohnt sich jedoch nur bei Aufgaben und Entscheidungen, die nicht zu komplex sind und regelmäßig in vergleichbarer Form auftreten.[109] Die Informationsübermittlung innerhalb des Unternehmens erfolgt dabei vor allem durch das Berichtswesen.

Berichtswesen

Das **Berichtswesen** dient der anforderungsgerechten Übermittlung unternehmensinterner Informationen an betriebliche Aufgaben- und Entscheidungsträger.

Die Entstehung von Informationen und der Informationsbedarf fallen häufig zeitlich, sachlich, räumlich oder organisatorisch auseinander. Die Informationsübermittlung an die Aufgaben- und Entscheidungsträger erfolgt deshalb in Form von Berichten. Diese dienen vor allem der Vorbereitung und Kontrolle von Entscheidungen, der Auslösung und Durchführung betrieblicher Handlungen sowie der Dokumentation von Ereignissen. Je genauer sich der jeweilige Berichtszweck bestimmen lässt, desto gezielter kann der Informationsbedarf gedeckt werden. Für eine empfängerorientierte Gestaltung der Berichte stellt sich daher die Frage: „Was soll wann an wen berichtet werden?".

Das Berichtswesen soll die Aufgaben- und Entscheidungsträger in der richtigen Häufigkeit und Verdichtung mit den für sie relevanten Informationen versorgen. In der Regel werden die Berichtsinformationen mit zunehmender Führungshierarchie stärker verdichtet, seltener aktualisiert und zugleich umfangreicher. Die Einrichtung und Pflege des Berichtswesens sowie die eigentliche Erstellung der Berichte gehören zu den wesentlichen Aufgaben des Controllings.

Nach dem Erstellungsgrund und der Erscheinungshäufigkeit lassen sich folgende **Berichtsarten** unterscheiden:[110]

- **Standardberichte** werden in festen Zeitabständen erstellt und decken einen wiederkehrenden Informationsbedarf. Form, Inhalt und Erstellungszeitpunkt sind genau festgelegt. Die Aufgaben- und Entscheidungsträger müssen die für sie relevanten Informationen allerdings aus den übermittelten Daten selbst herausfiltern. Standardberichte sind effizient und wirtschaftlich, da sie für viele Empfänger angefertigt werden. Individuelle und aktuelle Informationsbedürfnisse werden jedoch nicht berücksichtigt. Ein Beispiel ist die monatliche Darstellung der Umsätze nach Vertriebsregionen sowie der Abweichungen gegenüber dem Vormonat oder Umsatzbudget.
- **Schnell-, Kurz- oder Blitzberichte (Flash Reports)** informieren regelmäßig über ausgewählte Schlüsselkennzahlen (KPIs). Sie dienen dazu, wesentliche Entwicklungen im Blick zu behalten und bei Bedarf rasch reagieren zu können. Zu diesem Zweck werden sie in kurzer Frequenz erstellt, also etwa täglich oder wöchentlich. Die Berichte sind kurz, verständlich und prägnant gehalten. Ein Beispiel sind wöchentliche Umsatzzahlen nach Warengruppen.
- **Abweichungsberichte** werden nur erstellt, wenn festgelegte Grenzwerte über- oder unterschritten werden. Dies ist etwa der Fall, wenn in einer Vertriebsregion der Umsatz um mehr als 10 % zurückgeht. Auf diese Weise lässt sich eine Informationsüberflutung der Aufgaben- und Entscheidungsträger vermeiden. Abweichungsberichte weisen auf Probleme hin und sollen Anpassungsmaßnahmen anstoßen.
- **Bedarfsberichte** ergänzen die Standardberichte, wenn eine vertiefte Analyse eines Sachverhalts erforderlich ist. Wird im monatlichen Vertriebsbericht beispielsweise ein Umsatzeinbruch in einer bestimmten Region festgestellt, kann der Vertriebsleiter einen Bedarfsbericht anfordern, um dessen Ursache herauszufinden. Darin werden dann etwa die Umsätze nach Kunden und Produkten differenziert. Bedarfsberichte richten sich gezielt auf eine spezifische Fragestellung eines Aufgaben- oder Entscheidungsträgers. Sie lassen sich nicht standardisieren, können jedoch durch moderne BI-Systeme zunehmend automatisiert werden, etwa mithilfe von KI-Assistenten. Die manuelle Erstellung ist hingegen aufwendig und kostenintensiv.

Digitale Berichtssysteme ermöglichen es den Aufgaben- und Entscheidungsträgern, ihre Berichte zunehmend eigenständig anzufertigen. Damit wird der klassische Bedarfsbericht durch interaktive Auswertungen erweitert, die der Nutzer selbst vornehmen kann. Für dieses Self-Service-Reporting oder auch **Self-Service-BI** kommen benutzerfreundliche Systeme zum Einsatz, die Daten aus verschiedenen Quellen in Echtzeit abrufen und individualisierte Dashboards generieren (vgl. Kap. 7.3.1). Intelligente Chatbots verarbeiten intuitive Informationsanfragen in natürlicher Sprache und liefern passende Antworten. Die Anwender können in den Daten navigieren und aggregierte Werte mithilfe von Drill-down-Funktionen aufschlüsseln. KI-gestützte BI-Systeme bewerten die Datenqualität, erkennen Muster, prognostizieren Entwicklungen, visualisieren die Inhalte und liefern kommentierte Auswertungen.[111] Die Informationsnachfrage kann auf diese Weise sowohl wirtschaftlich als auch empfängerorientiert erfüllt werden. Indem die Aufgaben- und Entscheidungsträger ihren Informationsbedarf aktiv selbst decken, verschiebt sich die Informationsversorgung vom Push- zum Pull-Prinzip.[112]

Nach dem *WHU-Controller Panel* wird der Standardbericht in 83 % der Unternehmen monatlich und bei 9 % sogar wöchentlich erstellt. Die Erstellung der Berichte beansprucht 42 % der Arbeitszeit im Berichtswesen und dauert damit länger als die Analyse und Kommentierung, auf die 38 % entfallen. Für die wichtige Diskussion der Ergebnisse mit den Führungskräften bleiben dagegen nur 20 % der Zeit übrig. Nur bei 12 % der Unternehmen enthält die Kommentierung des Standardberichts auch Handlungsempfehlungen. Zwei Drittel der Befragten verschicken den Standardbericht per Mail, während er bei 30 % mithilfe eines digitalen Berichtssystems von den Informationsempfängern selbst abgerufen wird. 60 % der Unternehmen nutzen inzwischen digitale Dashboards oder BI-Systeme, vor allem *Power BI* von *Microsoft* oder ein *SAP*-Tool wie etwa die *Analytics Cloud*. Mit zunehmender Digitalisierung steigen die Effizienz der Informationsversorgung, das Kosten-Nutzen-Verhältnis sowie die Bereitstellungsfrequenz der Standardberichte. Technische Hindernisse und mangelnde Datenqualität hemmen jedoch in vielen Unternehmen die Digitalisierung der Informationsversorgung.[113]

Kennzahlen und Kennzahlensysteme

Die meisten Berichte für die Unternehmensführung enthalten eine Vielzahl an Kennzahlen, da diese schnell und prägnant über einen Sachverhalt informieren. Sie ermöglichen die Operationalisierung von Zielen, messen deren Erreichung und machen Soll-Ist-Abweichungen sichtbar. Eine zentrale Funktion von Kennzahlen besteht zudem in der Festlegung kritischer Zielwerte für einzelne betriebliche Teilbereiche.[114]

> **Kennzahlen** stellen betriebliche Sachverhalte und Zusammenhänge in verdichteter, quantitativ messbarer Form dar.[115]

Kennzahlen lassen sich nach unterschiedlichen Gesichtspunkten differenzieren. **Absolute Kennzahlen** sind einzelne Werte, Summen oder Differenzen wie etwa Preise, Kosten, Umsatz oder Gewinn. **Relative Kennzahlen** setzen absolute Größen ins Verhältnis, um diese miteinander zu vergleichen. Dabei lassen sich drei **Arten relativer Kennzahlen** unterscheiden:[116]

- **Gliederungszahlen** drücken den Anteil einer Größe an einer übergeordneten Bezugsgröße aus, wie etwa die Eigenkapitalquote den Anteil des Eigenkapitals am Gesamtkapital.
- **Beziehungszahlen** setzen begrifflich unterschiedliche Größen ins Verhältnis, um Aussagen über deren Zusammenhang abzuleiten. Die Umsatzrentabilität zeigt beispielsweise die Relation zwischen Gewinn und Umsatz. Sie verdeutlicht, wie viel Prozent des Umsatzes dem Unternehmen als Gewinn verbleiben und inwieweit es in der Lage ist, Preisrückgänge und Kostensteigerungen aufzufangen.
- **Indexzahlen** drücken das Verhältnis gleichartiger Kennzahlen aus, die zu verschiedenen Zeitpunkten oder an unterschiedlichen Orten gemessen wurden. Einem der Werte wird der Indexwert 100 zugewiesen, und die übrigen Werte werden dazu ins Verhältnis gesetzt. Beispiele sind Lohn-, Kosten- oder Preisindizes.

Dem **Vergleich von Kennzahlen** kommt eine besondere Bedeutung zu. Beim Zeitvergleich lassen sich Entwicklungen erkennen, indem Kennzahlenwerte verschiedener Zeitpunkte in Relation gesetzt werden. Der Soll-Ist-Vergleich stellt geplante und realisierte Werte gegenüber und zeigt, ob die vereinbarten Ziele erreicht wurden. Kennzahlen lassen sich sowohl innerbetrieblich zwischen verschiedenen Organisationseinheiten als auch zwischenbetrieblich mit anderen Unternehmen vergleichen.

Bei der Informationsversorgung steht den Aufgaben- und Entscheidungsträgern eine Vielzahl unterschiedlicher Kennzahlen zur Verfügung. Um widersprüchliche oder verwirrende Aussagen zu vermeiden, sollten diese im Rahmen eines **Kennzahlensystems** geordnet und in eine sinnvolle sachliche Beziehung gesetzt werden. Die Einzelkennzahlen ergänzen oder erklären einander und informieren gemeinsam über einen übergeordneten Sachverhalt, wie etwa den Wertbeitrag des Unternehmens. Dadurch wird die Informationsversorgung vollständiger und übersichtlicher.[117]

Nach ihrem Aufbau lassen sich grundsätzlich zwei **Arten** von Kennzahlensystemen unterscheiden, wobei in der Praxis auch Mischformen gebräuchlich sind:[118]

- **Ordnungssysteme** bestehen aus einer Sammlung von Kennzahlen zu einem Thema, die meist zu Gruppen zusammengefasst werden. Die Kennzahlen hängen inhaltlich zusammen, sind aber nicht rechnerisch miteinander verknüpft. Ein Beispiel ist ein Vertriebskennzahlensystem mit Angaben zu Vertriebsregionen, Händlern und Kunden.
- **Rechensysteme** basieren auf einer Spitzenkennzahl, die rechnerisch in ihre Bestandteile zerlegt wird. Daraus ergibt sich eine hierarchische, pyramidenförmige Struktur. Auf diese Weise lassen sich die Ursachen von Veränderungen und Ergebnissen systematisch analysieren. Die Spitzenkennzahl stellt die übergeordnete Zielgröße des Unternehmens dar. Das bekannteste Beispiel ist der in Abb. 7.2.7 dargestellte Return on Investment (RoI). Heutige Kennzahlensysteme orientieren sich meist an wertorientierten Größen wie dem Economic Value Added (EVA) und werden dann als sogenannte Werttreiberbäume bezeichnet (vgl. Kap. 1.4.2).

Häufig dienen Kennzahlen dazu, die erzielte Leistung von Mitarbeitern und Führungskräften zu beurteilen. Dabei besteht jedoch die Gefahr, dass diese ihre gesamte Aufmerksamkeit nur noch auf die Erreichung dieser quantitativen Vorgaben richten und alles andere ausblenden – ganz nach dem Motto: **„What you measure, is what you get“**.[119] Strategische, qualitative, bereichsübergreifende oder andere wichtige Aspekte, welche durch die jeweilige Kennzahl nicht erfasst werden, geraten dadurch leicht ins Vergessen. Traditionelle Kennzahlensysteme bestehen zudem meist nur aus finanziellen und vergangenheitsorientierten Maßgrößen, wodurch Fehlentwicklungen zu spät sichtbar werden. Rechensysteme wie der Return on Investment fördern ein kurzfristiges Denken und Handeln und blenden qualitative Faktoren weitgehend aus. So können strategische Chancen leicht übersehen oder zugunsten kurzfristiger Erfolge vernachlässigt werden.[120]

Performance Management

Kennzahlensysteme werden häufig als zu eindimensional, kurzfristig orientiert, vergangenheitsbezogen und starr kritisiert. Als Reaktion auf diese Schwachpunkte wurde in den 1980er-Jahren das Konzept des Performance Measurement entwickelt. Es soll strategische Ziele messbar machen, zukunftsorientiert sein und mehrdimensionale Kennzahlen integrieren. Eine ausführliche Darstellung erfolgt in Kapitel 4.2.

Performance Measurement bezeichnet die ganzheitliche und mehrdimensionale Beurteilung der Unternehmensleistung anhand quantifizierbarer Maßgrößen, um die Strategie in konkrete Maßnahmen zu überführen und die Wirksamkeit ihrer Umsetzung kontinuierlich zu überwachen.

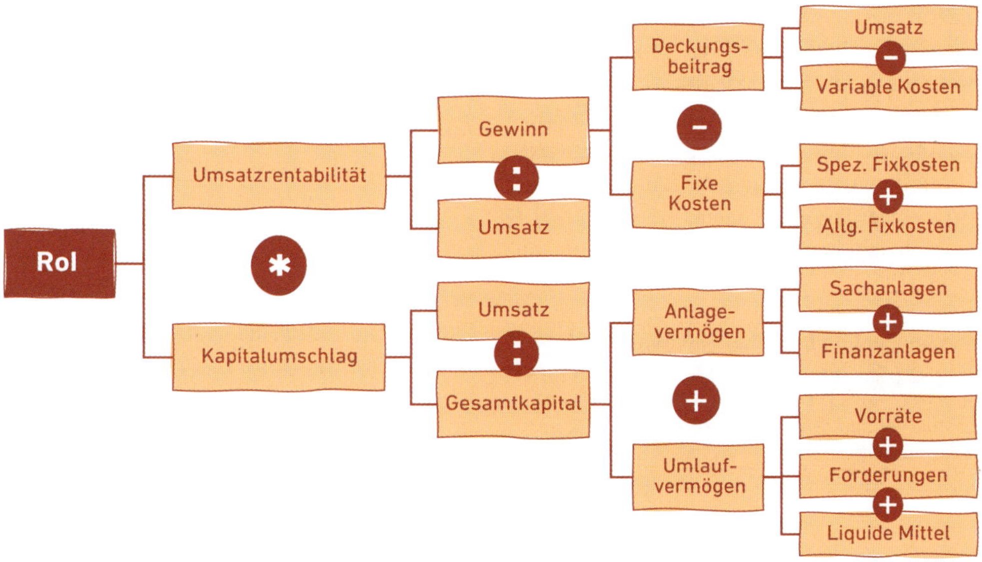

Abb. 7.2.7: RoI-Kennzahlensystem[121]

Beim Performance Measurement wird die Leistung eines Unternehmens nicht nur mithilfe monetärer Kennzahlen beurteilt, sondern auch nichtfinanzielle Aspekte wie Zeit, Qualität, Flexibilität oder Zufriedenheit berücksichtigt.[122] Dies macht deutlich, in welchen Bereichen die Leistung verbessert werden kann. Die Gesamtheit der verwendeten Maßgrößen zur ganzheitlichen Leistungsbeurteilung eines Unternehmens wird als **Performance-Measurement-System** bezeichnet. Die Unterschiede zu traditionellen Kennzahlensystemen zeigt Abb. 7.2.8.

Traditionelle Kennzahlensysteme	Performance-Measurement-Systeme
• vergangenheitsorientiert • eindimensional • operativ ausgerichtet • geringe Flexibilität • standardisiert • fragmentierte Sicht • finanzielle Maßgrößen • individuelle Leistungsanreize • isolierte Bewertung einzelner Merkmale • Fokus: Kostensenkung	• zukunftsorientiert • mehrdimensional • strategisch ausgerichtet • hohe Flexibilität • unternehmensindividuell • integrierte Sicht • finanzielle und nichtfinanzielle Maßgrößen • team- oder unternehmensorientierte Leistungsanreize • ganzheitliche Bewertung verschiedener Merkmale • Fokus: Strategieumsetzung und Leistungsverbesserung

Abb. 7.2.8: Vergleich zwischen Kennzahlensystemen und Performance-Measurement-Systemen[123]

Performance-Measurement-Systeme haben sich in der Unternehmenspraxis etabliert und dienen der ganzheitlichen Messung und Bewertung der Unternehmensleistung. In den 1990er-Jahren entwickelte sich daraus das Performance Management als integriertes, strategisch ausgerichtetes Führungssystem, mit dem die Leistung des Unternehmens ganzheitlich gesteigert werden soll. Es wird zusammen mit den nachfolgend beschriebenen Instrumenten ausführlich in Kapitel 4.2 vorgestellt.

Performance Management umfasst die systematische Planung, Steuerung und Kontrolle der betrieblichen Leistungen, um das Unternehmen an der Strategie auszurichten, seine Leistungsfähigkeit zu steigern und seinen nachhaltigen Erfolg sicherzustellen.

Die **Balanced Scorecard** ist das bei deutschen Unternehmen am weitesten verbreitete Performance-Measurement-System.[124] Sie beurteilt die Unternehmensleistung anhand mehrdimensionaler Kennzahlen aus vier strategischen Perspektiven: Lernen und Entwicklung, interne Geschäftsprozesse, Kunden sowie Finanzen. Die Strategie wird dabei in einem systematischen Prozess operationalisiert. Dazu werden Teilziele für jede Perspektive abgeleitet und mithilfe geeigneter Kennzahlen messbar gemacht. Anschließend werden operative Zielwerte festgelegt und strategische Aktionsprogramme zu deren Umsetzung definiert. Die zentralen Ursache-Wirkungs-Zusammenhänge zwischen den Teilzielen werden in einer sogenannten Strategy Map veranschaulicht. Die BSC ist ein strategisches Führungssystem, das aus der Kommunikation der Strategie, der Schaffung individueller Anreize, der Ableitung operativer Vorgaben und dem Lernen aus den Ergebnissen der strategischen Kontrolle besteht.

Zunehmende Verbreitung erfährt seit einigen Jahren die Methode **Objectives and Key Results (OKR)**. Sie dient ebenfalls dazu, die Vision und Strategie des Unternehmens zu operationalisieren. Im Gegensatz zur Balanced Scorecard ist OKR kurzfristiger angelegt und auf stetiges Lernen in schnellen Zyklen gerichtet. Für einen kurzen Zeitraum von meist drei Monaten konzentriert sich das Unternehmen dabei auf die Erreichung von bis zu fünf anspruchsvollen Zielen (Objectives), die jeweils durch maximal fünf messbare Schlüsselergebnisse (Key Results) konkretisiert werden. Die OKR-Methode fokussiert das Unternehmen auf die wesentlichsten Zielsetzungen, stärkt die strategische Ausrichtung, schafft Transparenz durch regelmäßige Überprüfungen und setzt auf herausfordernde Ziele, die in Abstimmung mit den Teams festgelegt werden.

Beide Instrumente lassen sich zu einem **integrativen Performance Management** (iPM) verbinden. Es besteht aus verketteten Visions-, Strategie-, BSC- und OKR-Zyklen. Die Vision wird im Strategiezyklus, die Strategie im BSC-Zyklus und die operativen Jahresziele im OKR-Zyklus operationalisiert. Mithilfe des mehrstufigen integrativen Performance Managements werden aus vagen visionären Leitbildern konkrete kurzfristige Ziele, die unterjährig iterativ umgesetzt werden.

Die empfängerorientierte Vermittlung der Informationen ist Aufgabe des Informationsdesigns, das im folgenden Abschnitt erläutert wird.

Informationsdesign

Die Informationsübermittlung soll die Unternehmensführung in die Lage versetzen, aus dem breiten Informationsangebot die relevanten Inhalte schnell und korrekt zu erfassen. Sprichwörtlich sagen dabei Bilder oft mehr als tausend Worte, auch wenn aussagekräftige Kommentierungen und Handlungsempfehlungen in keinem Bericht fehlen sollten. Allerdings sind viele der heute in Berichten, Präsentationen, der Presse und Online-Medien verwendeten Diagramme irreführend, verzerrt oder sogar manipulativ. Die Macht der Bilder ist groß: Sie prägen sich beim Betrachter ein und können die Aussage einer Information sowohl verdeutlichen als auch verfälschen.[125] Um Informationen prägnant, plausibel und korrekt zu vermitteln, ist daher ein Informationsdesign erforderlich, das einheitliche Regeln zur Aufbereitung und Darstellung von Informationen festlegt.[126]

> Durch **Informationsdesign** werden Informationen so aufbereitet und dargestellt, dass sie von den Empfängern schnell erfasst, eindeutig verstanden, korrekt interpretiert und effektiv für ihre Aufgaben und Entscheidungen genutzt werden können.

Möglichkeiten zur klaren und verständlichen **Visualisierung** von Informationen sind:[127]

- **Miniaturgrafiken** (Sparklines) sind kleine, schlichte Linien- oder Säulendiagramme, die Trends und Entwicklungen in Form von Zeitreihen oder Verlaufskurven darstellen. Sie kommen nahezu ohne Beschriftungen aus, bieten einen schnellen Überblick und benötigen nur wenig Platz. Sie dienen als Entscheidungsgrundlage, indem sie aktuelle Daten in Relation zu vergangenen Werten setzen. Abb. 7.2.9 zeigt exemplarisch die Miniaturgrafik einer Umsatzentwicklung.

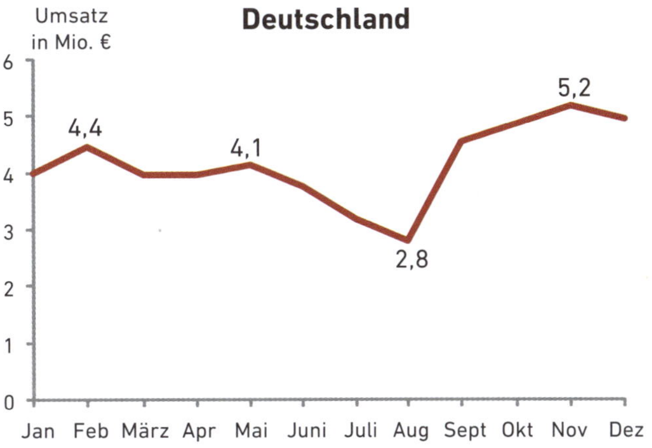

Abb. 7.2.9: Beispiel einer Miniaturgrafik

- **Kleine Multiplikate** (Small Multiples): Diagramme, in denen sich Säulen oder Linien überlagern, sind kaum lesbar. Daher ist es besser, die Darstellung in mehrere kleine Diagramme aufzuteilen und nebeneinander anzuordnen. Ein Vergleich ist jedoch nur möglich, wenn alle identisch skaliert sind. Wiederkehrende grafische Elemente und Beschriftungen werden auf das Nötigste reduziert, um die Darstellung nicht zu überfrachten. Abb. 7.2.10 zeigt etwa die Umsätze in verschiedenen Ländern. Dies ist wesentlich übersichtlicher, als wenn sämtliche Grafiken in einem einzigen „Spaghetti-Diagramm" dargestellt wären.

Fallstricke bei der Gestaltung von Diagrammen sind:[128]

- **Grafikgerümpel** (Chartjunk) bezeichnet alle dekorativen Elemente, die für das Verständnis keine Bedeutung haben. Sie verringern die Aussagekraft der Darstellung und lenken vom Wesentlichen ab. Beispiele sind Muster, Gitternetzlinien, 3D-Effekte, Schraffuren sowie Cliparts oder Firmenlogos. Oft soll damit ein Mangel an Informationsgehalt kaschiert werden. Wird auf solche Verzierungen verzichtet, richtet sich der Blick des Emp-

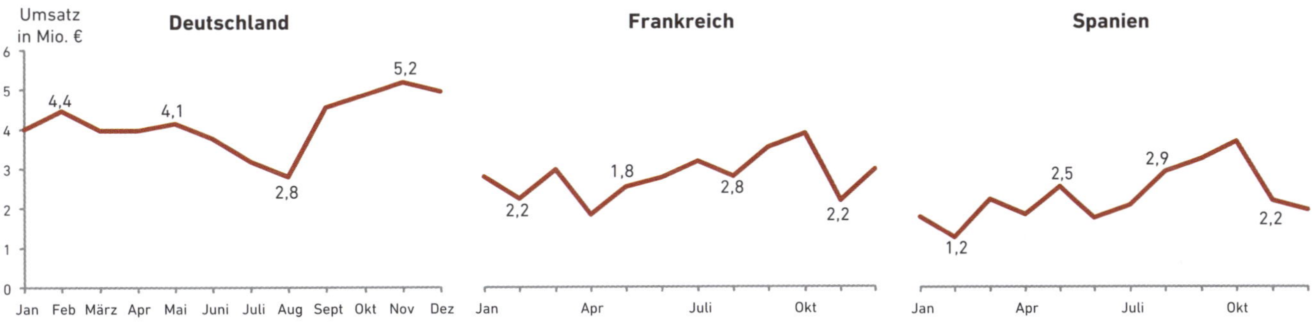

Abb. 7.2.10: Beispiel für kleine Multiplikate

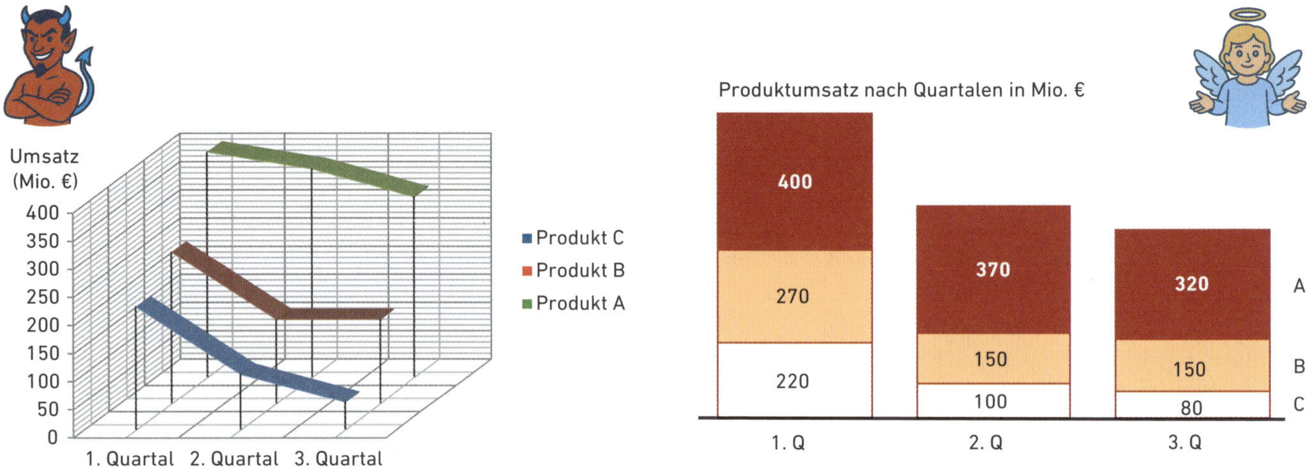

Abb. 7.2.11: Beispiel für Grafikgerümpel (links) und verbesserte Darstellung (rechts)

fängers auf die eigentliche Botschaft der Grafik. Um die Aussagekraft zu erhöhen, sollte deshalb nur das dargestellt werden, was für das Verständnis notwendig ist. Das Beispiel in Abb. 7.2.11 verdeutlicht den Unterschied.

Datenreihen werden häufig außerhalb des Diagramms durch externe **Legenden** beschriftet, so wie in der linken Excel-Grafik in Abb. 7.2.11. Da die Beschriftungen räumlich entfernt sind, lassen sie sich nur über Farbkodierungen zuordnen. Das führt zu einem ständigen Blickwechsel zwischen Legende und Grafik, dem sogenannten „Augen-Pingpong". Werden die Legenden dagegen direkt in das Diagramm integriert, erleichtert das dem Leser die Zuordnung deutlich. Ein Beispiel zeigt die rechte Darstellung in Abb. 7.2.11.

Tortendiagramme sind trotz ihrer Beliebtheit zur Darstellung von Informationen kaum geeignet. Dies zeigt exemplarisch die Grafik zur Marktanteilsverteilung in Abb. 7.2.12. Durch die dreidimensionale Darstellung lassen sich die Werte nicht zuverlässig ablesen. Zwar kann der Betrachter die Marktanteile der Unternehmen grob abschätzen, doch diese Zeit sollte besser für die Interpretation der Inhalte verwendet werden. Ein einfaches Balkendiagramm ist in diesem Fall deutlich wirkungsvoller und effizienter. In der rechten Darstellung in Abb. 7.2.12 wurden die Werte daher absteigend sortiert und das eigene Unternehmen hervorgehoben. Die Marktanteile der Unternehmen B, E und F wurden zusammengefasst, da sie nur eine untergeordnete Rolle spielen.

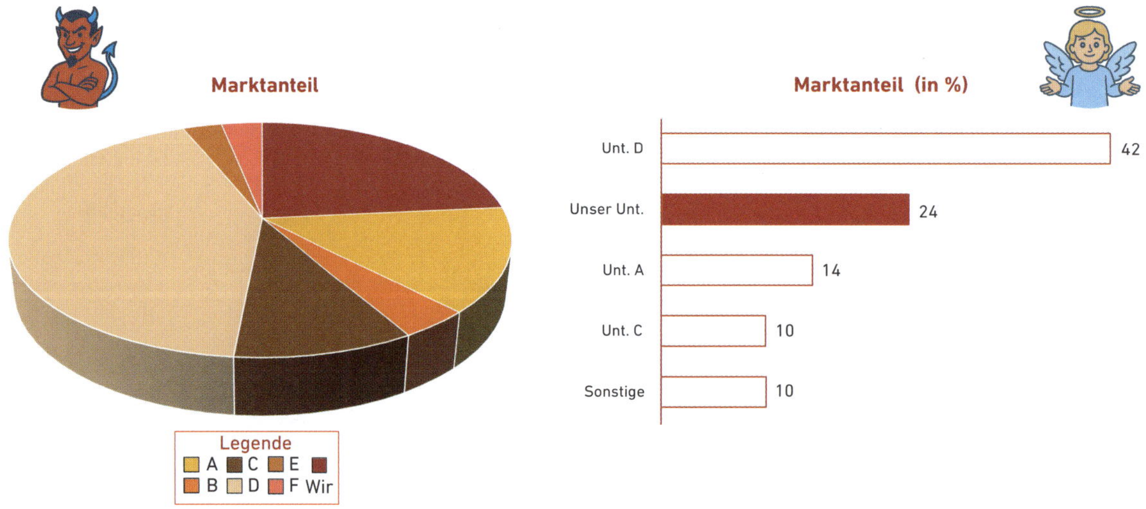

Abb. 7.2.12: Ineffizientes 3-D Tortendiagramm versus effizientes Balkendiagramm

- **Lügenfaktor** (Lie-Factor): Beim Vergleich von Säulendiagrammen orientiert sich das Auge an der Grundlinie, weshalb die Säulenhöhen proportional zu den dargestellten Werten sein müssen. Wird die Y-Achse jedoch abgeschnitten, entsteht eine visuelle Verzerrung. Das Ausmaß dieser Verzerrung lässt sich mit dem sogenannten Lügenfaktor quantifizieren. Er drückt das Verhältnis zwischen der grafisch dargestellten und der rechnerischen Veränderung aus. Da die Y-Achse der linken Grafik in Abb. 7.2.13 erst bei 10 beginnt, erscheint der tatsächliche Umsatzrückgang im Mai von 8,4 % optisch wie ein Minus von rund 70 %. Der daraus berechnete Lügenfaktor beträgt 8,3. In der rechten Darstellung beginnt die Y-Achse bei null, wodurch der Rückgang korrekt abgebildet wird.

  Übertriebene Darstellungen durch das Abschneiden von Achsen kommen sowohl in der Unternehmenspraxis als auch in den Medien häufig vor. Diagramme sollten jedoch stets korrekt skaliert sein, um die Aussage nicht zu verfälschen. Auch Säulenbreite und -abstand beeinflussen die Wahrnehmung: Je schmaler und dichter beieinander die Säulen stehen, desto steiler erscheinen die Unterschiede zwischen den Werten.
- **Informationsdichte** (Data Density) bezeichnet den Informationsgehalt einer Darstellung, also wie viele relevante Inhalte auf einer Seite abgebildet sind. Das visuelle Gedächtnis des Menschen ist relativ begrenzt. Um Vergleiche anstellen zu können, sollte er deshalb sämtliche relevanten Informationen im Blick haben. Die Verteilung relevanter Inhalte auf mehrere Seiten ist daher zu vermeiden. Verschnörkelte Grafiken mit niedrigem Informationsgehalt, welche überdimensioniert dargestellt werden, haben eine geringe Informationsdichte. Dies wäre etwa der Fall, wenn die linke Darstellung in Abb. 7.2.11 eine ganze Seite ausfüllen würde. Eine hohe Informationsdichte ermöglicht es dem Betrachter, gezielt relevante Informationen auszuwählen und die Darstellung zu personalisieren. Die Kontrolle über die Informationen geht so vom Sender auf den Empfänger über. Ein Beispiel für einen Bericht mit hoher Informationsdichte zeigt Abb. 7.2.14.

Die Erstellung aussagekräftiger Berichte erfolgt in **drei Schritten**:[129]

1. **Aussage**: Erst nachdem die zentrale Aussage formuliert wurde, ist es möglich, eine geeignete Vergleichsform zu wählen. Der Titel einer Abbildung kann dazu genutzt werden, um das Diagramm direkt mit dieser Aussage zu überschreiben. Dadurch wird die Gefahr von Fehlinterpretationen reduziert und sichergestellt, dass sich der Betrachter auf die wesentlichen Informationen konzentriert. Dies lässt sich mit einer Zeitungsüberschrift vergleichen, die prägnant den Inhalt eines Artikels zu-

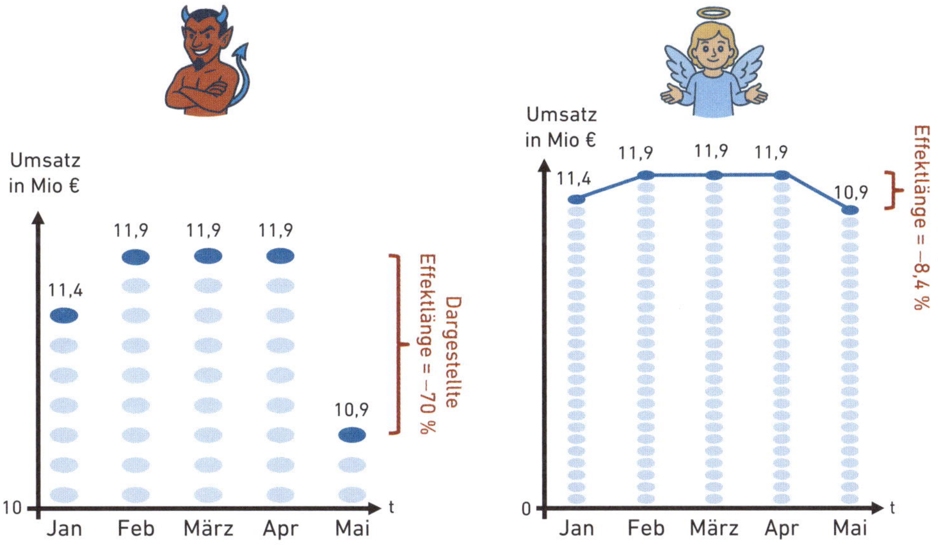

$$\textbf{Lügenfaktor:}\ \frac{\text{Grafisch dargestellte Veränderung in \%}}{\text{Rechnerische Veränderung in \%}} = \frac{-70\ \%}{-8{,}4\ \%} = 8{,}3$$

Abb. 7.2.13: Beispiel für einen hohen Lügenfaktor (links) und korrekte Darstellung (rechts) sammenfasst. Ein aussagekräftiger Diagrammtitel wäre etwa „Unsere Konkurrenten wachsen schneller als wir".

2. **Vergleich**: Der Schritt von der Aussage zum Vergleich ist die Brücke zwischen Inhalt und Visualisierung. Jede datengestützte Aussage enthält immer einen Vergleich. Zu den Grundtypen zählen Zeitreihen, Strukturen, Rangfolgen, Häufigkeitsverteilungen und Korrelationen. Schlüsselwörter in der Aussage weisen jeweils auf einen passenden Vergleichstyp hin. Im Beispiel wäre ein Zeitreihenvergleich der Umsätze mit den drei größten Wettbewerbern sinnvoll.
3. **Darstellung**: Die Wahl des passenden Diagrammtyps hängt von der Art des Vergleichs ab. Zu den Grundformen zählen Kreis-, Balken-, Säulen-, Kurven- und Punktediagramme. Diese eignen sich unterschiedlich gut dazu, einen Vergleich zu visualisieren. Im Beispiel könnte der Zeitreihenvergleich übersichtlich mit Balkendiagrammen in Form kleiner Multiplikate dargestellt werden.

Die **SUCCESS-Regel** fasst die konzeptionellen und visuellen Prinzipien erfolgreicher Geschäftskommunikation zusammen:[130]

- **Say** (Botschaft vermitteln): Berichte sollten nicht nur Feststellungen enthalten, sondern auch Erklärungen und Empfehlungen. Fehlt die zentrale Botschaft, wird faktisch nichts berichtet. Diese sollte klar formuliert, durch Hervorhebungen sichtbar gemacht und im Titel des Diagramms deutlich werden. Der Titel sollte auch die dargestellten Dimensionen enthalten, wie etwa Organisationsbereich, Maßgrößen, Einheiten und Zeiträume. Ein konsistentes Konzept erleichtert das Verständnis. Erklärende Hinweise machen die Botschaft verständlicher, erhöhen die Glaubwürdigkeit, beseitigen Unklarheiten und erläutern Abweichungen.
- **Unify** (Bedeutung vereinheitlichen): Wie bei Landkarten oder technischen Zeichnungen gilt auch für Geschäftsdiagramme: Was gleich aussieht, soll auch das gleiche bedeuten. Es ist praktisch, dass bei Landkarten Norden immer oben und die Flüsse immer blau sind. Derartige visuelle Regeln erleichtern auch das Verständnis für Geschäftsdiagramme. Deshalb sollten Farben nicht dekorativ, sondern nur für einen bestimmten Zweck eingesetzt werden. Auf nichtssagende dekorative Elemente ist zu verzichten. Generell tragen klare, einheitliche Formen zu einem besseren Verständnis bei, etwa indem Ist-Werte als gefüllte und Planwerte als gerahmte Säulen dargestellt werden.
- **Condense** (Information verdichten): Eine hohe Informationsdichte sorgt dafür, dass Schaubilder und Berichte besser zu verstehen sind. Es ist einfacher, mehrere Diagramme auf einer Seite miteinander zu vergleichen, als diese auf verschiedenen Seiten suchen zu müssen. Extremwerte und Ausreißer sollten nicht weggelassen werden, da gerade diese Details wichtig sein können. Außerdem erhöht eine erschöpfende Darstellung sämtlicher Werte die Glaubwürdigkeit.
- **Check** (Qualität sicherstellen): Berichte müssen inhaltlich und formal korrekt sein. Dies gilt besonders für die verwendeten Maßgrößen, Einheiten, Skalierungen und Achsen. Diagramme sind nur dann miteinander vergleichbar, wenn sie dieselbe Skalierung verwenden. Die Qualität umfasst auch die inhaltliche Botschaft, die treffend und präzise formuliert sein soll.
- **Express** (Richtig visualisieren): Grafiken sollen die Aussagen eines Berichts anschaulich und verständlich vermitteln. Dazu ist eine geeignete Form der Visualisierung zu wählen. Zeitliche Entwicklungen werden als Säulen von links nach rechts oder als Balken von oben nach unten dargestellt. Auch in Tabellen sollte die zeitliche Abfolge der Werte in den Spalten von links nach rechts verlaufen. Statt separater Legenden sind Beschriftungen direkt an den jeweiligen Säulen, Linien, Balken oder Kreisausschnitten vorzunehmen.
- **Simplify** (Kompliziertheit vermeiden): In der PowerPoint-Kultur ist die Dekoration oft wichtiger als der Inhalt. Überflüssige Angaben und Grafikgerümpel, wie etwa dreidimensionale Darstellungen, Muster, Schatten, Rahmen, Firmenlogos oder nichtssagende Farben, sind in Berichten zu vermeiden.
- **Structure** (Inhalt gliedern): Berichte sollten logisch aufgebaut sein. Unvollständige Aufzählungen, widersprüchliche Strukturen oder inhaltliche Überschneidungen erschweren das Verständnis. Sachverhalte sollten erschöpfend dargestellt werden, sodass alle Bestandteile aufgeführt sind. Beispielsweise müssen prozentuale Angaben in Diagrammen oder Tabellen in Summe immer 100 % ergeben. Unwesentliche Anteile dürfen nicht weggelassen werden, sondern sind unter „Sonstiges" zusammenzufassen.

Wirksame Berichterstattung erfordert einheitliche Notationsstandards und die Reduktion auf das Wesentliche. Um die Verständlichkeit der Geschäftskommunikation zu verbessern, wurden auf Basis der SUCCESS-Regeln die **International Business Communication Standards (IBCS)** entwickelt. Aus diesen wird derzeit die internationale ISO-

Norm *Standard Notation for Business Reports* erstellt. Viele BI-Tools wie *SAP Analytics Cloud* oder *Corporate Planner* sowie Add-ins für *Excel*, *Power BI* und *Qlik Sense* unterstützen bereits die Umsetzung der IBCS.[131]

Ein **Information Dashboard** ist eine visuelle Zusammenstellung entscheidungsrelevanter Informationen auf einer Seite.[132] Solche Informationstafeln werden auch als One-Pager oder Cockpit-Chart bezeichnet. Sie sollen den Verantwortlichen alle wesentlichen Informationen auf einen Blick zeigen und deutlich machen, wo Handlungsbedarf besteht. Idealerweise ermöglichen sie auch den direkten Zugriff auf weiterführende Details. Technisch lässt sich dies mithilfe eines Business-Intelligence-Systems umsetzen (vgl. Kap. 7.3.1). Ein nach den *IBCS* gestaltetes Information Dashboard ist in Abb. 7.2.14 dargestellt.

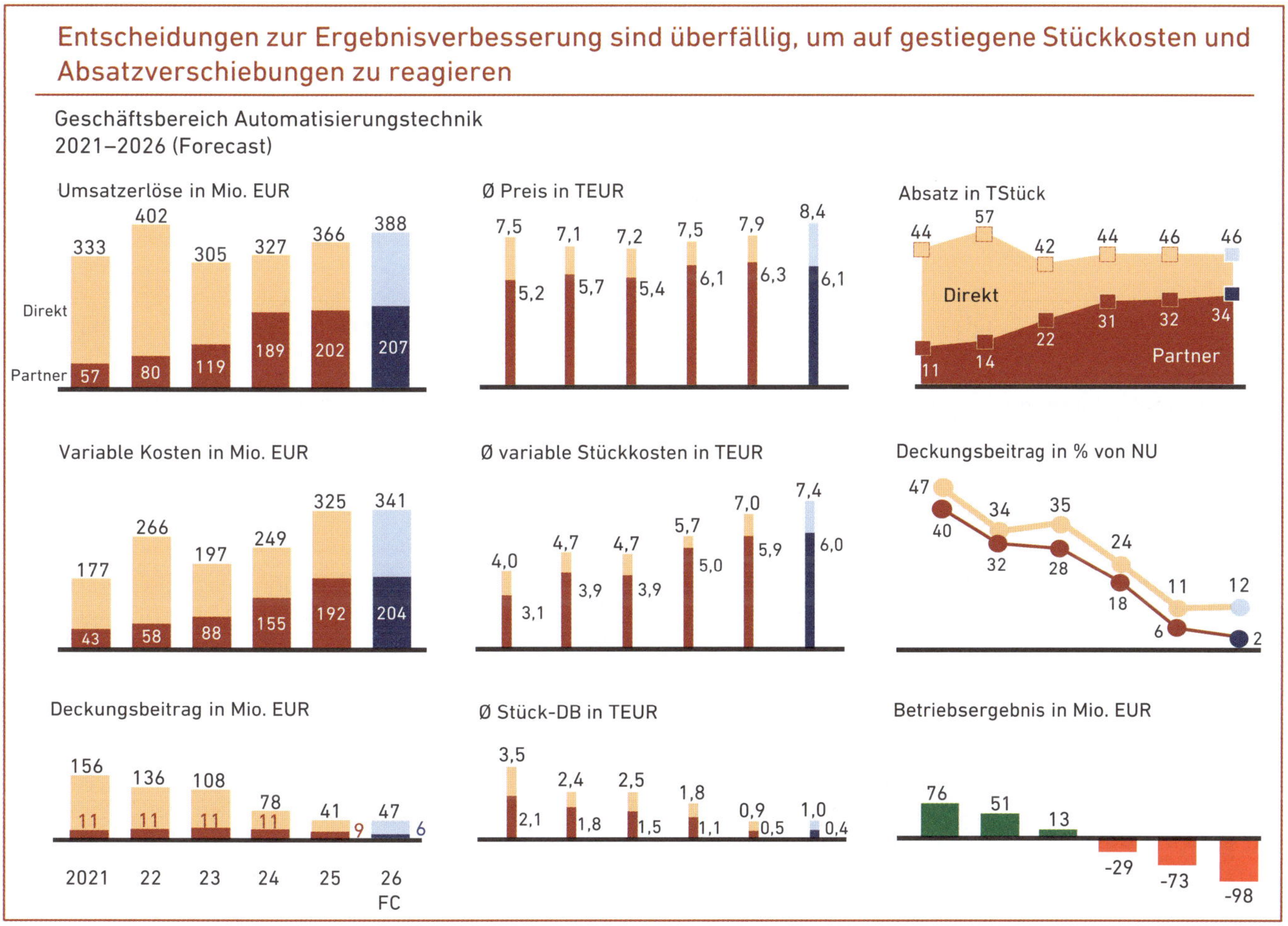

Abb. 7.2.14: Beispiel für ein Information Dashboard

Die Informationsversorgung empfängerorientiert gestalten

Emma Knausrig, langjährige Divisionscontrollerin der *Schlummer GmbH*, sitzt vor ihrem Bildschirm und erstellt Diagramme in *Excel*, die sie nach *PowerPoint* kopiert. Sie möchte den Monatsbericht an die Geschäftsführung so schnell wie möglich fertigstellen. Aufgrund des Zeitdrucks übernimmt sie dabei häufig Analysen und Kommentare unverändert aus dem Vormonat. Das scheint den Konzerncontroller *Edwin Erbse* nicht zu stören. Hauptsache, die Termine werden eingehalten. Überhaupt hat Frau *Knausrig* ihren Kollegen seit Monaten nicht mehr gesehen. Die Kommunikation erfolgt ausschließlich per E-Mail, ein Telefonanruf gilt bereits als erste Eskalationsstufe.

Emma Knausrig ist frustriert, weil sie das Gefühl hat, dass ihr Monatsbericht kaum zur Kenntnis genommen wird. Sie präsentiert ihn auf der monatlichen Sitzung der Geschäftsführung und muss dabei jede einzelne Folie erklären. Doch während ihres Vortrags arbeiten die Mitglieder der Geschäftsführung versteckt ihre E-Mails ab.[133]

MöBella

Als *Erwin Eder* eines Tages persönlich bei ihr im Büro steht, interpretiert *Knausrig* dies nicht als gutes Zeichen. *Eder* teilt ihr mit, dass es bei der *Schlummer GmbH* aufgrund gravierender Qualitätsprobleme beim neuen Wasserbett *Aquadream* zu Abschreibungen und Rückstellungen in Höhe von ca. 750.000 Euro kommen wird. Die Geschäftsführerin *Susanne Schlummer* wurde mit sofortiger Wirkung freigestellt und *Eder* führt die Tochtergesellschaft nun übergangsweise direkt. *Knausrig* ist überrascht und erinnert sich dunkel an die Probleme im Projekt *Aquadream*. „Warum wusste ich davon nichts?", fragt *Eder*. Diese unbequeme Frage beantwortet *Knausrig* mit einem Achselzucken und schlägt nach kurzem Suchen die Seite 43 des Monatsberichts Oktober auf, die in Abb. 7.2.15 zu sehen ist. Ganz rechts unten, neben der Personalentwicklung des Bereichs „Forschung und Entwicklung" und einer Grafik zu deren Ressourcenauslastung findet sich ein Hinweis auf die Probleme im Projekt *Aquadream*. *Eder* schüttelt den Kopf: „Ich kann mich nicht erinnern, das jemals gesehen zu haben. Frau *Knausrig*, ich erwarte von Ihnen, dass Sie alle notwendigen Maßnahmen ergreifen, damit sich so etwas nicht wiederholt."

MöBella

F&E-Kosten Schlummer GmbH

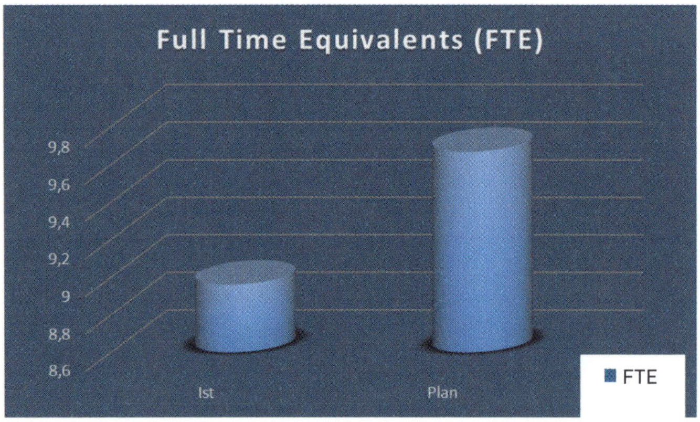

	IST	Plan	IST/Plan
Ertrag extern	34.957,40	68.700,00	-33.742,60
Ertrag intern	784.633,50	650.000,00	134.633,50
Umsatz	819.590,90	718.700,00	100.890,90
Personal	498.638,00	530.000,00	-31.362,00
Sachkosten	139.785,30	50.300,00	89.485,30
IT	130.873,40	90.000,00	40.873,40
Reisespesen	68.234,00	35.500,00	32.734,00
Ergebnis 1	**-17.939,80**	**12.900,00**	**-30.839,80**
Abschreibungen	45.982,60	45.900,00	82,60
Ergebnis 2	**-63.922,40**	**-33.000,00**	**-30.922,40**

Das Ergebnis ist um 30.922,40 schlechter als geplant. Die Personalkosten sind um 31.362 niedriger als geplant.

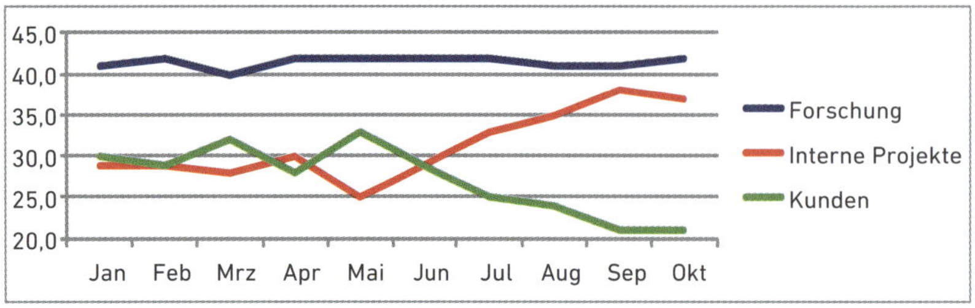

Das Entwicklungsprojekt Aquadream wurde mit Verspätung und einer nicht unerheblichen Kostenüberschreitung abgeschlossen. Die Produkteinführung scheint aus heutiger Sicht nicht gefährdet zu sein. Eine externe Analyse zur Produkteinführung ist in Arbeit.

Abb. 7.2.15: Ausschnitt aus dem Geschäftsführungsbericht von MöBella

Eilig hält sie mit ihren Mitarbeitern einen Workshop ab, an dem auch der Konzerncontroller *Edwin Erbse* teilnimmt. Gemeinsam identifizieren sie folgende **Problemfelder** der Information und Kommunikation bei *MöBella*:

- Direkte offene Kommunikation findet nicht statt. Sie wird ersetzt durch formale Kommunikationsformen, die in der Regel ineffizient und missverständlich sind.
- Die inhaltliche Abstimmung zwischen Controlling und Geschäftsführung ist mangelhaft. Die Führungskräfte nehmen ihre Rolle sowohl als Berichterstatter als auch als Informationsempfänger zu wenig wahr. Berichtsmaterial wird nicht gelesen.
- Die verwendeten Berichtsformate und Medien sind ungeeignet. Diagramme sind nicht standardisiert und enthalten dekorative Elemente, welche die Lesbarkeit erschweren. Aufgrund fehlender Erläuterungen und unklarer Kommentare wird bestehender Handlungsbedarf nicht erkannt und Entscheidungen bleiben aus.

Edwin Erbse regt daraufhin folgende **Verbesserungen** an:

- Ein Bericht muss umfassend und abgestimmt sein. Redundanzen, Widersprüche und Lücken sind zu vermeiden. Die Verantwortung für den Inhalt muss klar festgelegt sein. Berichte entfalten erst dann ihre Wirkung, wenn die einzelnen Bestandteile zu einer Beurteilung der Gesamtsituation zusammengefasst werden. Diese Aufgabe wird zukünftig der Konzerncontroller selbst übernehmen. Außerdem wird er eine Woche vor der Geschäftsführungssitzung einen Jour-fixe mit den Controllern aller Tochtergesellschaften einberufen, um aktuelle Entwicklungen zu besprechen.
- Der Zwang, komplexe Sachverhalte mithilfe einer Präsentationssoftware zu dokumentieren, führt zu Qualitätseinbußen und einer erschwerten Aufnahme von Informationen. Berichte sollten in einem Textverarbeitungssystem in ganzen Sätzen, mit logisch aufbauenden Absätzen und einer klaren inhaltlichen Struktur erstellt werden. In der Präsentation dienen sie als Handout, weswegen nur die wichtigsten Sachverhalte vertieft erläutert und anschließend diskutiert werden.
- Berichte sollen einen hohen Standardisierungsgrad aufweisen, um für alle Informationsempfänger schnell und eindeutig verständlich zu sein. Für die visuelle Darstellung soll ein Notationskonzept entwickelt werden, das die Gestaltung der Berichte vereinheitlicht. Ein Beispiel für eine empfängergerechte Darstellung des Projekts *Aquadream* gemäß den IBCS-Vorgaben zeigt Abb. 7.2.16.

Die **Sachkostenentwicklung** führt zu einem Ergebnis, das um 31 TEUR unter dem Plan liegt.
Die **Risiken aus Projekt Aquadream** sind derzeit nicht abschätzbar. Die Budgetüberschreitung liegt bei 44 TEUR.
Die **Ressourcensituation** bewirkt neue Risiken für laufende Kundenvorhaben (OBI, Hornbach, Dormio).

Schlummer GmbH
Bereich F&E

Ergebnisrechnung in TEUR
Jan.. Oct

	IST	Plan	Δ Plan
Ertrag extern	35	69	-34
Ertrag intern	785	650	+135
Ertrag F&E	**820**	**719**	**+101**
Personal	499	530	-31
Sachkosten	140	50	+89
IT	131	90	+41
Reisespesen	68	36	+33
Ergebnis 1	**-18**	**13**	**-31**
Abschreibungen	46	46	+0
Ergebnis 2	**-64**	**-33**	**-31**
FTE (31.10.)	8,9	9,7	-0,8

+163

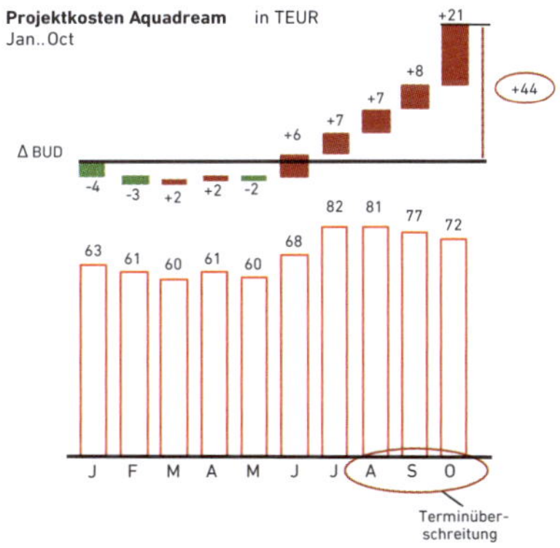

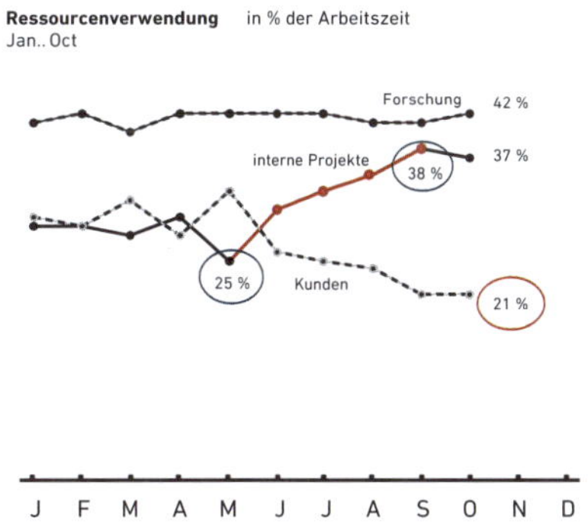

Eine Verbesserung des Ergebnisses bis Jahresende kann nicht erwartet werden.
Das Ergebnis per Oktober ist um rund 31 TEUR schlechter als geplant. Die Überschreitungen der Sachkosten (+163) sind auch auf das Projekt Aquadream (+44) zurückzuführen. Daneben beeinflussen jedoch auch ungeplante Ausbauten der IT-Infrastruktur (+21), Kostenüberschreitungen bei den Umbauten der Büro- und Laborräumlichkeiten (+13) sowie die Kosten für den Kundenevent am 03.06. (+8) das Ergebnis.

Wir empfehlen eine Behandlung im Rahmen einer außerordentlichen Geschäftsführungssitzung.
Das Projekt Aquadream wurde mit einer Verspätung von 3 Monaten und einer Kostenüberschreitung von 44 TEUR abgeschlossen. Die Produkteinführung scheint aus heutiger Sicht nicht gefährdet zu sein. Da das Servicemanagement aber Risiken identifiziert hat und F&E diese nicht entkräften konnte, ist eine begleitende Analyse zur Produkteinführung durch ein externes Institut in Arbeit. Der nächste Statusbericht folgt am 24.11.

Wir empfehlen eine Neuplanung der Ressourcenallokation und ein mit HR abgestimmtes Vorgehen, um die Sollwerte per Jahresende wieder zu erreichen.
Der Effekt aus dem Projekt Aquadream wird auch in der Ressourcenverwendung innerhalb der F&E erkennbar. Die Leistungen für interne Projekte (wie Aquadream) stiegen zwischen Mai und September um 13 % von 25 % auf 38 %. Die gleichzeitige Reduktion der Leistungen auf Kundenprojekten entspricht einem Erlösentgang von ca. 30 TEUR. In 3 Fällen kam es dabei zu kritischen Verzögerungen bei Kundenprojekten (OBI, Hornbach, Dormio). Die F&E-Aufträge sanken auf ein Allzeittief.

Abb. 7.2.16: Geschäftsführungsbericht nach IBCS

7.2.4 Was ist bei der Verwendung von Informationen zu beachten?

Die **Informationsverwendung** umfasst die Nutzung bereitgestellter Informationen zur Lösung konkreter Aufgaben und zur Unterstützung von Entscheidungen.

Ein rationaler Aufgaben- und Entscheidungsträger würde seine Informationsnachfrage am objektiven Bedarf ausrichten, die übermittelten Informationen sorgfältig auswerten und sie bei seinen Aufgaben oder Entscheidungen gewissenhaft berücksichtigen. In der Praxis verhalten sich Menschen jedoch häufig irrational: Wichtige Informationen werden übersehen oder es wird nachträglich nach Gründen gesucht, um fehlerhafte Entscheidungen zu rechtfertigen. Die Annahme „Je mehr Informationen, desto besser" ist daher ein Trugschluss, denn die Informationsverarbeitungsfähigkeit des Menschen stößt schnell an ihre Grenzen. Die meisten Menschen können nur maximal vier Informationen gleichzeitig aufnehmen und behalten diese nur für wenige Sekunden im Gedächtnis. Je länger es dauert und je schwieriger es ist, eine Information zu erfassen, desto eher wird sie ignoriert oder falsch verstanden.[134] Ein zu großes Informationsangebot kann demzufolge zu Aktionismus führen, da die Verantwortlichen sprichwörtlich „den Wald vor lauter Bäumen nicht mehr sehen".[135] Dies liegt auch daran, dass Entscheidungen häufig unter Zeitdruck getroffen werden müssen und mit hohen Unsicherheiten verbunden sind. Das richtige Informationsangebot führt daher nicht zwangsläufig zu einer sachlich fundierten Entscheidung oder korrekten Aufgabendurchführung.[136]

Fehler bei der Informationsverwendung durch irrationales Verhalten und eingeschränkte kognitive Fähigkeiten werden als **Informationspathologien** bezeichnet. Sie beruhen auf persönlichen Eigenschaften und individuellen Prägungen eines Menschen, wie etwa seinem Selbstverständnis, seiner Weltsicht und seinen Persönlichkeitsmerkmalen. Eine Führungskraft mit geringer Risikobereitschaft wird beispielsweise besonders viele Informationen anfordern, um sich bei ihrer Entscheidung sicher zu fühlen.[137] Die wesentlichen Ursachen für irrationales Informationsverhalten sind mangelnde Motivation, fehlende Kompetenz, opportunistisches Handeln, emotionale Befangenheit und kognitive Verzerrungen. So kann es den Informationsempfängern am erforderlichen Know-how fehlen, um die übermittelten Informationen zu verstehen, oder sie ignorieren Informationen, die ihren eigenen Interessen widersprechen. Solche **Rationalitätsdefizite** bei Führungskräften zu erkennen und zu beseitigen, ist eine wichtige Aufgabe des Controllers.[138]

Auch wenn Führungskräfte gerne überlegt und sachlich auftreten, spielen bei ihren Entscheidungen häufig auch Emotionen eine Rolle. Intensive Gefühlszustände wie Wut, Angst oder Freude beeinflussen die individuelle Informationsverarbeitung. So nimmt eine gut gelaunte Führungskraft beispielsweise den Investitionsantrag eines beliebten Mitarbeiters durch die „rosarote Brille" wahr, während sie gleichzeitig die kritischen Anmerkungen des Controllers ignoriert, der sowieso „immer nur Ärger macht".[139]

Nach dem Psychologen und Wirtschaftsnobelpreisträger *Daniel Kahneman* erfolgt menschliches Denken in **zwei kognitiven Systemen**: einem schnellen, unbewussten und einem langsamen, bewussten. Das bewusste Denken hat dabei gegen die unbewussten Vorgänge meist keine Chance. Der Mensch passt seine Wahrnehmungen an seine eigenen Vorstellungen an und konstruiert daraus eine scheinbar schlüssige Wirklichkeit. Widersprüche blendet das Gehirn automatisch aus. Dadurch entstehen Denkfehler, die als kognitive Verzerrungen (Biases) bezeichnet werden.[140]

Kognitive Verzerrungen (Biases) sind systematische Denkfehler, welche die Wahrnehmung, Einschätzung und Bewertung von Informationen unbewusst verfälschen.

Beispiele sind Vorurteile, der Einfluss von Gruppendruck oder persönliche Präferenzen. Darüber hinaus neigen Menschen zu Vereinfachungen, überschätzen sich selbst oder lehnen Veränderungen ab. In der Unternehmenspraxis lassen sich viele solcher **mentalen Verzerrungen** beobachten:[141]

- Aufgaben- und Entscheidungsträger werden häufig von der Präsentation und Aufmachung von Berichten beeinflusst. Sie wählen Informationen entweder subjektiv aus, indem sie bestimmte Aspekte überbetonen und andere ausblenden ***(Fokuseffekt)***, oder sie nehmen nur solche Informationen wahr, die ihre eigenen Überzeugungen bekräftigen (***Bestätigungsfehler/Confirmation Bias***). Dabei erhalten Informationen, die zuerst oder zuletzt genannt werden, durch den ***Reihenfolgeeffekt*** eine höhere Aufmerksamkeit.
- Der ***Ankereffekt*** beschreibt, wie erste Eindrücke oder Vorhersagen die spätere Beurteilung einer Person oder eines Sachverhalts beeinträchtigen. Beispielsweise kann eine abfällige Bemerkung eines Controllers über einen Projektleiter dazu führen, dass dessen Investitionsanträge vom Vorgesetzten besonders kritisch geprüft werden.

- Darüber hinaus schließen Führungskräfte nach dem ***Überstrahlungseffekt* (*Halo-Effekt*)** schnell von einzelnen, hervorstechenden Merkmalen auf die Beurteilung eines Sachverhalts oder einer Person. So werden beispielsweise Controller aufgrund ihrer analytischen Fähigkeiten als kleinliche Erbsenzähler betrachtet.[142]
- Negative Informationen werden stärker wahrgenommen als positive Nachrichten, ebenso wie Verluste intensivere Gefühle hervorrufen als Gewinne (***Negativitätseffekt/ Negativity Bias***).
- Auch die Formulierung einer Nachricht kann die Interpretation einer Information beeinflussen, da sie ein bestimmtes Beurteilungsraster erzeugt. Die Darstellung eines Sachverhalts kann somit die Entscheidung maßgeblich beeinflussen. Dieser sogenannte ***Rahmeneffekt* (*Framing*)** zeigt sich beispielsweise in der Verwendung des Begriffs „Asyltourismus", der hilfesuchende Flüchtlinge mit Urlaubern assoziiert, die es sich auf Kosten der Steuerzahler gut gehen lassen. Dieses Beispiel verdeutlicht die Brisanz des Rahmeneffekts, da sich die Informationsempfänger durch eine bestimmte Wortwahl subtil manipulieren lassen. Populistische Politiker setzen diese verzerrte Realitätswahrnehmung gezielt ein.
- Fatal kann sich der ***Drang zur Normalität* (*Normalcy Bias*)** auswirken. Die Verantwortlichen gehen davon aus, dass die Dinge im Großen und Ganzen normal weiterlaufen, und unterschätzen oder ignorieren daher aktuelle oder zukünftige Bedrohungen. Dies wird noch verstärkt, wenn mögliche Warnungen gegen den verabschiedeten Plan sprechen, da dieser unbedingt eingehalten werden soll (***Beharrlichkeitsfehler/Plan-Continuation-Bias***). Die Unternehmensführung sollte sich dieser Normalitätsverzerrung bewusst sein und zwar das Beste hoffen, sich aber auf das Schlimmste vorbereiten. Denn nur wer auf das Unerwartete eingestellt ist, kann im Ernstfall schnell und gezielt reagieren.[143] Beispielsweise gingen deutsche Automobilhersteller lange davon aus, dass Verbrenner weiter den Weltmarkt dominieren (Normalcy Bias). Frühwarnsignale für den bevorstehenden Durchbruch der Elektromobilität wurden ignoriert. Trotz wachsender Nachfrage hielten sie an bestehenden Entwicklungsplänen fest (Plan-Continuation-Bias). Nun kämpfen sie mit neuen Wettbewerbern wie *Tesla* oder *BYD* um verlorene Marktanteile.

Menschen empfinden widersprüchliche Wahrnehmungen als äußerst unangenehm. Passen die erhaltenen Informationen nicht zu ihren Überzeugungen oder Handlungen, entsteht eine sogenannte **kognitive Dissonanz**. Diese verstörenden Gefühle versuchen Menschen aufzulösen, indem sie entweder nach Informationen suchen, die ihre Überzeugungen und Handlungen bestätigen oder widersprechende Informationen ignorieren, verdrängen oder vergessen.[144] Beispielsweise sieht der Projektleiter das Lob des Vorstands über den Projektfortschritt als Bestätigung seiner guten Arbeit, während er die Warnungen des Controllers vor massiven Budgetüberschreitungen nicht ernst nimmt.

Sogar **künstliche Intelligenz** (vgl. Kap. 7.3.4) kann kognitiven Verzerrungen unterliegen. Ursachen können nicht repräsentative, unvollständige oder verzerrte Trainingsdaten sowie fehlerhafte Algorithmen sein. So kann etwa ein Training mit ungefilterten Daten aus sozialen Medien dazu führen, dass die KI diskriminierende Aussagen macht oder voreingenommene Entscheidungen trifft. Dies kann beispielsweise dazu führen, dass bei der Personalauswahl weibliche Bewerber benachteiligt werden. Die Trainingsdaten sollten deshalb sorgfältig ausgewählt und bei Bedarf bereinigt werden. Zudem sind die Ergebnisse der KI regelmäßig zu überprüfen und durch menschliches Feedback zu verbessern.[145] Ebenso sollten KI-Modelle nur für den vorgesehenen Zweck und von autorisierten Anwendern genutzt werden, da es andernfalls zu Fehlinterpretationen kommen kann.[146] So kann ein Modell zur Gesichtserkennung beispielsweise keine verlässlichen Aussagen über die Stimmung der betrachteten Personen treffen.

Auch **Kommunikationsstörungen** können rationale Entscheidungen behindern:[147]

- Menschen kommunizieren bevorzugt mit Gleichgesinnten. Neues Wissen entsteht jedoch vor allem durch den Austausch mit Personen, die über andere Kenntnisse, Fähigkeiten oder Einstellungen verfügen.
- Unterschiedliche Denkweisen, Begriffsauffassungen und Fachsprachen erschweren die Verständigung, wie etwa zwischen Kaufleuten und Ingenieuren.
- Hierarchische Strukturen können verhindern, dass Informationen weitergegeben werden – getreu dem Motto: „Wissen ist Macht".
- Lange und bürokratische Kommunikationswege führen zu Informationsverzerrungen, ähnlich wie beim Spiel „Stille Post".
- Bereichsdenken und Konkurrenzverhalten behindern den Informationsaustausch. Probleme werden verschwiegen oder verharmlost, um nicht dafür verantwortlich gemacht zu werden.

Informationen werden vor allem dann verwendet, wenn sie leicht verständlich, einfach zugänglich, mit Zahlen untermauert, eindeutig und konfliktfrei sind. Die Empfänger bevorzugen zudem Informationen, die ihre persönlichen Ziele unterstützen, von einer hierarchisch höheren Stelle stammen, einen vertrauenswürdigen Sender haben und die eigene Meinung bestätigen. Informationen werden auch eher wahrgenommen, je geringer die damit verbundenen Kosten und Anstrengungen sind, je höher ihr erwarteter Nutzen ist und je stärker ihre Nichtbeachtung sanktioniert wird.[148]

Die Akzeptanz von Informationen kann gesteigert werden, indem das Vertrauen in das Informationsangebot erhöht wird. Hierfür sollte es zuverlässig bereitgestellt werden und der Sender objektiv und fachlich kompetent erscheinen. Dabei kann das Informationsdesign einen wichtigen Beitrag leisten (vgl. Kap. 7.2.3). Der Einbezug der Empfänger in die Informationsbeschaffung sowie die Berücksichtigung ihrer Wünsche hinsichtlich Inhalt, Häufigkeit und Zeitpunkt der Berichte begünstigen die Verwendung der übermittelten Informationen.

Grundsätzlich ist die direkte Informationsübermittlung wirkungsvoller, da sie Rückfragen ermöglicht, Missverständnisse sofort geklärt werden können und nonverbale Signale mit einbezogen werden. Dabei sind die vier Kommunikationsebenen einer Nachricht zu beachten (vgl. Kap. 7.2.3). Zusätzlich bedarf es gezielter Anreize, damit Verantwortliche aktiv nach Informationen suchen, diese für ihre Aufgaben und Entscheidungen nutzen und relevante Informationen weitergeben. Dazu zählen etwa eine offene Unternehmenskultur und Transparenz in der Entscheidungsfindung.

Nudging

Ein verhaltensökonomischer Ansatz zur Förderung rationalen Informationsverhaltens ist das Nudging, was sinngemäß mit „Anstupsen" übersetzt werden kann. Ein Nudge ist ein sanfter Impuls, um das Verhalten von Aufgaben- und Entscheidungsträgern in eine bestimmte Richtung zu lenken.[149] Anders als bei Verboten oder festen Regeln wird dabei aber keine Option ausgeschlossen. Die Entscheidungssituation wird lediglich behutsam verändert, ohne die Wahlfreiheit zu begrenzen. Die Idee stammt aus der Tierwelt: Eine Elefantenmutter schubst etwa sanft ihr Junges, um ihm zu zeigen, wo es Futter findet. Nudging funktioniert wie ein Navigationsgerät, das eine optimale Route vorschlägt, wobei der Fahrer jederzeit einen anderen Weg einschlagen kann.

Durch **Nudges** („Stupser") erhalten Aufgaben- und Entscheidungsträger einen sanften Anstoß, sich im gewünschten Sinne zu entscheiden, ohne dass ihre Entscheidungsfreiheit eingeschränkt wird.

Die Verhaltensänderung wird durch subtile Präsentation der Handlungsalternativen erreicht. Dies kann etwa durch indirekte Vorschläge, eine bestimmte Anordnung der Optionen, Symbole wie Smileys, voreingestellte Standardwerte oder vereinfachte Entscheidungswege geschehen. Nudges wirken automatisch und unterstützend, indem sie bestimmte Alternativen attraktiver erscheinen lassen. Nudging ist eine sanfte Methode, die gewünschtes Verhalten fördert, ohne es zu erzwingen. Es kann dabei helfen, bessere Entscheidungen zu treffen, und ist meist einfach und kostengünstig umsetzbar. Allerdings wird Nudging auch als manipulativ kritisiert. Es sollte daher stets offen und transparent eingesetzt werden.[150]

Bevormundend wäre es beispielsweise, wenn ein Unternehmen zur Verbesserung der Gesundheit seiner Mitarbeiter in der Kantine einen Vegi-Day einführen würde. Nudging hingegen animiert zur Wahl des vegetarischen Gerichts, indem es an der ersten Essensausgabe angeboten wird, sodass die Mitarbeiter schneller zur Kasse gelangen. Jeder hat aber weiterhin die Freiheit, ein Schnitzel zu essen. Ein ähnliches Beispiel zeigt das Foto einer deutschen Kantine: Dort steht das Obst vor den Süßigkeiten und wird zudem deutlich günstiger angeboten, um die Beschäftigten zum Kauf zu animieren.

Beispiele für **Nudges in der Informationsversorgung** sind:[151]

- **Vereinfachungen („Make it easy"):** In komplexen Entscheidungssituationen gehen relevante Aspekte oft unter. Vereinfachungen helfen, indem wichtige Informationen hervorgehoben, übersichtlich gegliedert oder durch grafische Symbole wie Ampelfarben verdeutlicht werden. Zudem sollten Informationen einfach und bequem verfügbar sein, etwa durch intuitiv bedienbare Berichtssysteme.
- **Bequemlichkeit (Aktive Auswahl):** Entscheider bevorzugen leicht zugängliche Alternativen. Beispielsweise wird ihnen eine Vorauswahl an Handlungsoptionen gegeben, aus denen sie auswählen können.
- **Konsequenzen aufzeigen:** Menschen überschätzen häufig ihre Fähigkeiten und unterschätzen die Folgen ihrer

Entscheidungen. Informationen über mögliche Auswirkungen sollen die Risiken einer Entscheidung verdeutlichen.

- **Voreinstellungen (Default rules):** Dieser Nudge nutzt die menschliche Bequemlichkeit. Standardberichte mit einem vorab ausgewählten Informationsangebot werden den Empfängern automatisch zur Verfügung gestellt, damit sie keine wichtigen Informationen vergessen. Sie können jedoch auch andere Inhalte anfordern. Ein anschauliches Beispiel für Voreinstellungen ist die Organspende: In Österreich ist jeder, der nicht widerspricht, automatisch Organspender. Dadurch liegt die Spenderquote bei 99 %, während Deutschland mit seiner Entscheidungslösung nur auf rund ein Drittel kommt.
- **Aufmerksamkeitslenkung:** Bevorzugte Entscheidungsoptionen werden hervorgehoben oder stehen an erster oder letzter Stelle, damit sie stärker beachtet werden.
- **Erinnerungen:** Vor einer Entscheidung oder Aufgabe können die Verantwortlichen etwa per Mail daran erinnert werden.
- **Nutzung sozialer Normen:** Menschen orientieren sich am Verhalten anderer. Die Verantwortlichen werden deshalb darüber informiert, wie sich die Mehrheit in einer bestimmten Situation verhält.
- **Gestaltung des Informationskontexts (Framing)**: Durch die gezielte Formulierung einer Botschaft kann das Verhalten der Empfänger beeinflusst werden, ohne ihre Entscheidungsfreiheit einzuschränken. Erhalten Patienten etwa die Information, dass ein medizinischer Eingriff eine Überlebensrate von 90 % hat, entscheiden sich mehr Menschen dafür, als wenn von einer Sterblichkeitsrate von 10 % die Rede ist – obwohl die Aussage in beiden Fällen dieselbe ist.

Empfehlungen zum Berichtswesen

Um die Verwendung von Informationen zu verbessern, sollten folgende **Regeln für die Gestaltung von Berichten** beachtet werden:[152]

- **Empfängerorientierung**: Informationen sollten so aufbereitet sein, dass sie den Bedürfnissen der Aufgaben- und Entscheidungsträger entsprechen. Um eine Informationsüberflutung zu vermeiden, sollten die Inhalte auf den individuellen Bedarf des Empfängers abgestimmt und auf das Wesentliche reduziert werden. Besonders relevante Informationen sind entsprechend hervorzuheben, um erforderliche Handlungen anzustoßen.
- **Kontinuität**: Aufbau und Gestaltung von Berichten sollten einheitlich sein und nicht laufend geändert werden.
- **Verständlichkeit**: Die Inhalte eines Berichts sollten für die Empfänger leicht nachvollziehbar sein. Dazu tragen klare Begriffe, präzise Erläuterungen, die Erklärung wichtiger Zusammenhänge, eine Liste der verwendeten Abkürzungen und eine einfache Sprache bei.
- **Relevanz**: Die Empfänger sollten die entscheidungsrelevanten Informationen leicht erkennen können. Irrelevante und redundante Inhalte sind zu vermeiden. Bei Standardberichten ist dies aufgrund der Vielzahl an Empfängern nur bedingt möglich.
- **Reihenfolge**: Besonders wichtige Informationen sollten aufgrund des Reihenfolgeeffekts entweder am Anfang oder am Ende eines Berichts aufgeführt werden.
- **Aktualität**: Informationen müssen zum Zeitpunkt ihrer Verwendung gültig und relevant sein. Veraltete Daten können zu Fehlentscheidungen oder unangemessenen Handlungen führen. Deshalb sollten die Informationen regelmäßig aktualisiert und der Zeitpunkt ihrer Erhebung eindeutig kenntlich gemacht werden.
- **Erfassbarkeit**: Ein an den *International Business Communication Standards* (vgl. Kap. 7.2.3) ausgerichtetes Informationsdesign erleichtert das Erfassen der Berichtsinhalte. Beispielsweise sind Übersichts- und Detailinformationen zu trennen, Grafiken anstelle von Tabellen zu verwenden oder wichtige Aspekte hervorzuheben. Auch eine angemessene Informationsverdichtung trägt zur Übersichtlichkeit bei.

Generell lässt sich die Qualität strukturierter Aufgaben und Entscheidungen durch ein möglichst breites, am Informationsbedarf ausgerichtetes Informationsangebot steigern. Schlecht strukturierte Aufgaben und Entscheidungen beruhen dagegen häufig auf unsicheren oder vagen Informationen. In solchen Fällen führt eine Ausweitung des Informationsangebots meist nicht zu besseren Ergebnissen. Eine Informationsflut kann bei den Verantwortlichen sogar Unsicherheit auslösen und eine undifferenzierte Informationsnachfrage fördern. Daraus entsteht nicht selten ein Teufelskreis, der zu Blockaden und Entscheidungshemmungen führt und damit das Ziel der Informationsversorgung verfehlt.[153]

Digitale Informationssysteme können die Informationsversorgung wirtschaftlicher und effektiver gestalten. Aufgaben- und Entscheidungsträger haben zunehmend über Smartphone oder Tablet von überall auf der Welt unbegrenzten Zugriff auf aktuelle Informationen. Mit benutzerfreundlichen BI-Systemen und intelligenten digitalen Assistenten können sie ihre Berichte individuell zusammenstellen, was als **Self-Service BI** bezeichnet wird. Dabei ist jedoch sicherzustellen, dass die Verantwortlichen sowohl die richtigen Fragen stellen als auch die erhaltenen Antworten korrekt interpretieren (vgl. Kap. 7.3.4). Der Controller, der vor allem für die Informationsversorgung verantwortlich ist, kann sie dabei unterstützen und entwickelt sich so vom „Zahlenknecht" zum Business-Partner der Unternehmensführung.[154]

7.3 Digitale Werkzeuge zur Information und Kommunikation

Die Führungsfunktion Information und Kommunikation stützt sich auf Informations- und Kommunikationssysteme, die personelle, organisatorische und technische Aspekte umfassen. Die technischen Komponenten werden unter dem Begriff Informations- und Kommunikationstechnologien zusammengefasst.[155] Zur Vereinfachung werden im Folgenden die Begriffe Informationssysteme und Informationstechnologien verwendet, die jeweils auch die Kommunikation einbeziehen.

Informationssysteme bestehen aus Menschen und Maschinen, die Informationen erzeugen, verarbeiten, nutzen und untereinander austauschen.[156]

Der primäre Zweck betrieblicher Informationssysteme besteht in der Bereitstellung relevanter Informationen für Aufgaben- und Entscheidungsträger. Grundsätzlich lassen sich analoge und digitale Informationssysteme unterscheiden. Allerdings sind nicht alle Informationsverarbeitungsprozesse automatisierbar (Maschine-Maschine-Systeme). Viele Aufgaben der Information und Kommunikation werden weiterhin von Menschen übernommen. Informationssysteme können auch ausschließlich aus Personen bestehen (Mensch-Mensch-Systeme), etwa bei Preisverhandlungen zwischen Kunde und Verkäufer. In diesem Kapitel stehen rechnergestützte Mensch-Maschine-Systeme im Fokus, die auch als digitale Informationssysteme bezeichnet werden.[157]

Digitale Informationssysteme unterstützen betriebliche Aufgaben und Entscheidungen, indem sie die hierfür erforderlichen Informationen mithilfe digitaler Informationstechnologien bereitstellen.

Digitale Informationssysteme erfordern eine modulare und vernetzte technische **Infrastruktur**. Diese umfasst die notwendige Hardware (z. B. CPU, Festplatten, Netzwerkkabel) und Software (z. B. Betriebssysteme oder Datenbankmanagementsysteme), die den Betrieb von Anwendungen ermöglicht. Darüber hinaus ist eine organisatorische Infrastruktur erforderlich, die aus qualifiziertem Personal und unterstützenden Dienstleistungen besteht. So kann etwa ein IT-Mitarbeiter ein Programm in einer Fachabteilung installieren und die Anwender mit dessen Bedienung vertraut machen.[158]

Kommunikationstechnologien umfassen Übertragungsverfahren, Geräte und Netze und ermöglichen den orts- und zeitunabhängigen Austausch von Informationen. Die zentrale Kommunikationsplattform ist heute das Internet. Viele Unternehmen verfügen zusätzlich über ein Intranet, also ein firmeneigenes Netzwerk zum innerbetrieblichen Informationsaustausch. Es lässt sich zu einem Extranet erweitern, indem auch außenstehende Personengruppen wie Kunden oder Lieferanten eingebunden werden. Diese können dann auf ausgewählte Inhalte wie Produktdaten oder Bestellungen zugreifen.[159]

Digitale Informationstechnologien umfassen Hardware, Software und Kommunikationsmittel zur Erfassung, Verarbeitung, Speicherung, Übermittlung und Nutzung von Informationen.[160]

Unter **Digitalisierung** wird ursprünglich die Umwandlung analoger in digitale Daten verstanden. Analoge Daten umfassen alle akustischen und visuellen Sinneseindrücke des Menschen, wie etwa Bilder, Gespräche oder Musik. Sie beruhen auf physikalischen Größen, die kontinuierlich veränderlich sind, und lassen sich daher stufenlos detaillieren. So kann beispielsweise ein Haar sowohl mit dem bloßen Auge als auch stark vergrößert unter dem Mikroskop betrachtet werden. Bei der Digitalisierung werden je nach gewünschtem Detaillierungsgrad verschiedene Abstufungen analoger Daten gemessen. Jeder dieser Messwerte wird mit den Binärzeichen Null und Eins kodiert. So entsteht ein digitales Abbild der realen, physischen Welt. Ein digitales Foto eines Haares besteht etwa aus einer bestimmten Anzahl an Bildpunkten (Pixeln), die dessen Darstellungsqualität bestimmen. Digitale Informationssysteme verarbeiten diese Daten als Abfolge von Bits, von denen jeweils acht zu einem Byte als kleinster adressierbarer Einheit zusammengefasst werden. Da der Mensch mit seinen Sinnen nur analoge Signale wahrnehmen kann, müssen digitale Daten für ihn wieder in eine wahrnehmbare Form umgewandelt werden.[161] Ein Beispiel dafür ist ein Lautsprecher, der aus einer digitalen mp3-Datei hörbare Schwingungen macht.

Heute steht der Begriff Digitalisierung für den **Megatrend** der fortschreitenden Durchdringung von Wirtschaft und Gesellschaft durch digitale Informationssysteme und -technologien. Die dadurch ausgelösten Veränderungen im Unternehmen werden als digitale Transformation bezeichnet. Sie betrifft unter anderem Produkte, Dienstleistungen, Geschäftsprozesse, Organisationsstrukturen und Geschäftsmodelle (vgl. Kap. 1.4.7).

Die **digitale Transformation** ist geprägt durch

- die weltweite Vernetzung von Menschen, Unternehmen und Dingen,
- ein exponentiell wachsendes Volumen zunehmend unstrukturierter Daten,
- disruptive Informationstechnologien,
- digitale Produkte und Dienstleistungen sowie neue Geschäftsmodelle,
- den als New Work bezeichneten Wandel der Arbeitswelt (vgl. Kap. 6.2.3),
- agile Organisationsformen (vgl. Kap. 5.1.2) und
- die mobile Kommunikation.

Gordon Moore, Mitbegründer des Chipherstellers *Intel*, prognostizierte Mitte der 1960er-Jahre, dass sich die Zahl der Transistoren eines Computerchips etwa alle ein bis zwei Jahre verdoppeln und dies bei Computerchips zu enormen Leistungssteigerungen und Kostensenkungen führen würde.[162] Seither wurden diese immer schneller, kleiner und preiswerter. Obwohl immer wieder physikalische Grenzen der Miniaturisierung angeführt werden, gilt das sogenannte **Mooresche Gesetz** bereits seit rund 60 Jahren.[163]

Der individuelle Nutzen digitaler Informationssysteme hängt wesentlich von der Anzahl der Anwender ab. Nach dem **Gesetz von Metcalfe** steigt der Wert eines Kommunikationsnetzwerks quadratisch mit der Zahl seiner Teilnehmer. Eine Verdopplung der Nutzerzahl vervierfacht somit den Gesamtwert. Das Netzwerk mit den meisten Anwendern bietet den höchsten Nutzen und kann sich deshalb am Markt durchsetzen. Daraus ergibt sich eine Tendenz zur Monopolbildung, wie das Beispiel *Facebook* zeigt. Der ständige technologische Wandel führt jedoch dazu, dass viele Monopole nur von begrenzter Dauer sind.[164]

Das betriebliche Erfolgspotenzial digitaler Informationssysteme lässt sich mit der in Abb. 7.3.1 dargestellten Bedeutungsmatrix beurteilen. Darin werden vier **Typen digitaler Informationssysteme** unterschieden:[165]

- **Unterstützung**: Diese Informationssysteme ermöglichen eine effiziente Abwicklung operativer Aufgaben, sind jedoch weder für das Tagesgeschäft noch für die strategische Ausrichtung von wesentlicher Bedeutung. Ein Beispiel ist eine Finanzbuchhaltungssoftware.
- **Fabrik**: Diese Informationssysteme sind für den laufenden Betrieb erfolgskritisch, da ihr Ausfall zum Stillstand betrieblicher Prozesse führen kann. Sie besitzen jedoch kein strategisches Potenzial. Ein typisches Beispiel ist das Transaktionssystem einer Bank zur Abwicklung des Zahlungsverkehrs.

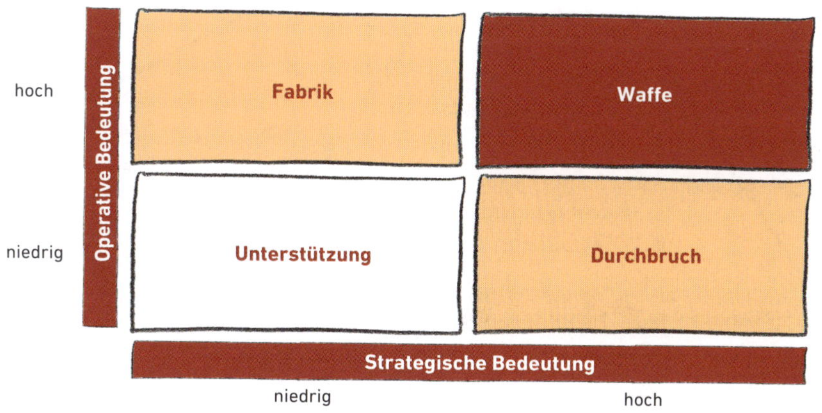

Abb. 7.3.1: Bedeutungsmatrix für digitale Informationssysteme[166]

- **Durchbruch**: Diese Systeme spielen aktuell für die operativen Tätigkeiten nur eine untergeordnete Rolle, können aber zukünftig wettbewerbsentscheidend sein. Für den Paketzusteller *UPS* ist das etwa ein auf Big-Data basierendes KI-Flottenmanagement mit automatisierter Routenoptimierung in Echtzeit.
- **Waffe**: Diese Informationssysteme sind sowohl für die operativen Abläufe als auch für die strategische Wettbewerbsposition von zentraler Bedeutung. Dies gilt etwa für digitale Geschäftsmodelle wie den Online-Versandhändler *Amazon* oder die Suchmaschine *Google*.

Nach dem **Verwendungszweck** lassen sich folgende Arten von digitalen Informationssystemen unterscheiden:[167]

- **Administrationssysteme** dienen der Speicherung und Verarbeitung standardisierter Massendaten, wie etwa in der Finanzbuchhaltung.
- **Dispositionssysteme** unterstützen operative Tätigkeiten, indem sie kurzfristige Entscheidungen vorbereiten oder automatisiert durchführen. Ein Beispiel ist die Auslösung einer Bestellung durch ein Beschaffungssystem bei Unterschreitung eines festgelegten Lagerbestands.
- **Führungssysteme** übernehmen Analyse-, Planungs- und Kontrollfunktionen zur Entscheidungsunterstützung. Sie ermöglichen etwa Simulationen, Szenarien oder Optimierungsrechnungen. Führungssysteme versorgen Aufgaben- und Entscheidungsträger mit relevanten Informationen. Sie beziehen ihre Daten sowohl aus externen Quellen als auch aus betrieblichen Administrations- und Dispositionssystemen.
- **Querschnittssysteme** lassen sich unabhängig von der Hierarchieebene an jedem Arbeitsplatz einsetzen. Sie werden meist in Kombination mit Administrations-, Dispositions- oder Führungssystemen genutzt. Im Vordergrund stehen Büroinformationssysteme zur Unterstützung administrativer Tätigkeiten. Dazu zählen Endnutzerwerkzeuge wie Tabellenkalkulationen und Präsentationsprogramme, Kommunikationsdienste wie E-Mail, Systeme zur Unterstützung von Gruppenarbeit, wissensbasierte Systeme sowie Systeme zur Vorgangsbearbeitung wie Workflow-Management oder Robotic Process Automation.

Administrations- und Dispositionssysteme werden als **operative Informationssysteme** bezeichnet, da sie der Abwicklung des laufenden Geschäftsbetriebs dienen. Sie können sowohl branchenneutral als auch branchenspezifisch sein. Branchenneutrale Systeme übernehmen allgemeine Tätigkeiten und kommen etwa in der Finanzbuchhaltung oder Fakturierung zum Einsatz. Branchenspezifische Systeme unterstützen hingegen spezielle Aufgaben einer Branche, wie die Transaktionsüberwachung bei Banken oder die Warendisposition im Handel. Informationssysteme können zudem unternehmensübergreifend eingesetzt werden. Die verschiedenen Informationssysteme lassen sich als Pyramide anordnen, die in Abb. 7.3.2 dargestellt ist. Die operativen Systeme unterstützen die betrieblichen Funktionsbereiche und liefern die Datenbasis für die Führungssysteme, die der Entscheidungsunterstützung dienen.[168]

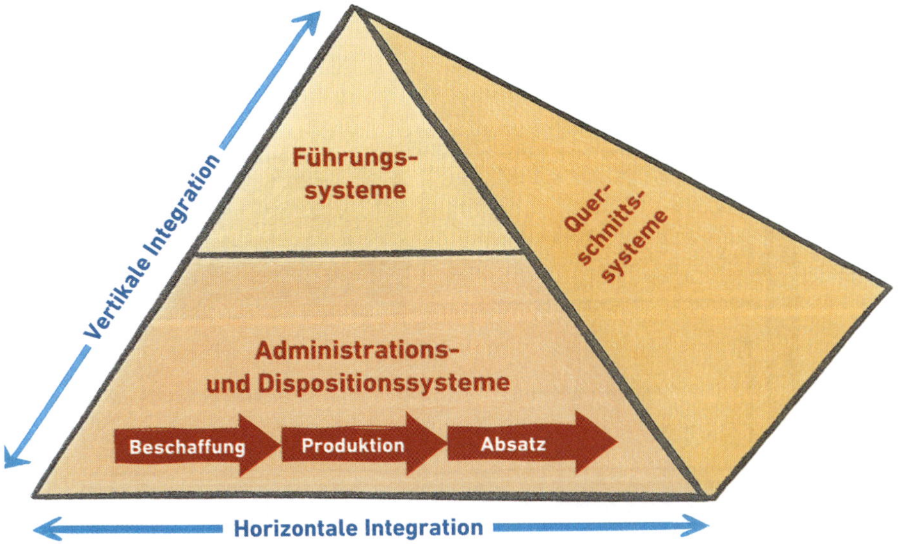

Abb. 7.3.2: Zusammenhang und Integrationsrichtung digitaler Informationssysteme

Bei einem **integrierten Informationssystem** sind die einzelnen Teilsysteme inhaltlich aufeinander abgestimmt, über einheitliche Schnittstellen miteinander verbunden und basieren auf einer gemeinsamen Datenbasis. Wie in Abb. 7.3.2 ersichtlich, kann die Integration sowohl horizontal als auch vertikal erfolgen. Durch **horizontale Integration** sollen die operativen Informationssysteme miteinander verknüpft werden, um die Geschäftsprozesse effizient abwickeln zu können. Die **vertikale Integration** soll den Zusammenhang zwischen operativen Systemen und Führungssystemen sicherstellen. Dadurch können die Führungssysteme auf die operativen Daten zugreifen, sie verdichten und analysieren.[169]

Ein integriertes Informationssystem, das alle wesentlichen betrieblichen Funktionen der Administration, Disposition und Führung abdeckt, wird als **Enterprise-Resource-Planning-System** (ERP-System) bezeichnet.[170] Eine **Business-Suite** ist ein umfassendes integriertes betriebswirtschaftliches Anwendungspaket, das sowohl die internen betrieblichen Leistungsprozesse als auch die unternehmensübergreifende Koordination und Kooperation unterstützt. Sie geht damit über den Funktionsumfang eines ERP-Systems hinaus und kann etwa auch ein Kundenbeziehungsmanagementsystem (CRM), elektronische Marktsysteme oder ein Supply-Chain-Management-System beinhalten.[171]

Informationssicherheit

Mit zunehmender Digitalisierung eines Unternehmens steigt auch dessen Gefährdungspotenzial. Sind digitale Informationssysteme oder gespeicherte Daten etwa durch einen Hackerangriff nicht mehr verfügbar, kann das Unternehmen im schlimmsten Fall handlungsunfähig werden. Viele Daten sind vertraulich und sollten deshalb nur von befugten Mitarbeitern eingesehen und verändert werden können, wie etwa strategische Pläne, Entwicklungsprojekte oder Kundeninformationen. Zudem ist die Erfassung und Verarbeitung dieser Daten mit erheblichem Aufwand verbunden. Aus diesem Grund ist die **Informationssicherheit** eine wesentliche Aufgabe des Risikomanagements, um existenzbedrohende Risiken zu vermeiden (vgl. Kap. 1.4.4). Die zunehmende Nutzung öffentlicher Informationsinfrastrukturen wie das Internet oder von Cloud-Technologien macht ein umfassendes Sicherheitskonzept erforderlich.

Die Informationssicherheit umfasst folgende **Bereiche**:[172]

- **Identitätssicherheit** soll gewährleisten, dass die Benutzer tatsächlich diejenigen sind, für die sie sich ausgeben. Dadurch sollen unberechtigte Zugriffe auf sensible Daten verhindert werden.
- **Datensicherheit** soll den Verlust, Diebstahl oder die Verfälschung von Daten vermeiden sowie deren Vollständigkeit und Korrektheit sicherstellen. Gefährdungen können beispielsweise durch defekte Geräte oder Speichermedien, Brand- oder Wasserschäden, Einbruch, Spionage oder Schadsoftware entstehen.
- **Kommunikationssicherheit** soll einen vertraulichen und manipulationsfreien Informationsaustausch gewährleisten. Dazu sind digitale Informationssysteme und Kommunikationswege vor Angriffen und Abhörmaßnahmen zu schützen.

Die **Maßnahmen** der Informationssicherheit lassen sich in folgende Kategorien einteilen:

- **physikalische**, etwa Einbruchsicherung oder Brandschutz,
- **technische**, etwa Sicherungskopien, Verschlüsselung, Virenschutzprogramme, Ausweichrechenzentren oder biometrische Autorisierungsverfahren wie Gesichtserkennung und
- **organisatorische**, wie etwa individuelle Zugriffsberechtigungen.

Sämtliche Maßnahmen zur Vermeidung des unberechtigten Zugriffs und Missbrauchs personenbezogener Daten fallen unter den **Datenschutz**. In Deutschland gilt das Recht auf informationelle Selbstbestimmung, wonach jeder Mensch grundsätzlich selbst darüber entscheiden darf, ob und wie seine personenbezogenen Daten verwendet werden. In der Europäischen Union wurden die Datenschutzbestimmungen mit dem Inkrafttreten der *Datenschutz-Grundverordnung* (DSGVO) im Jahr 2018 weitgehend vereinheitlicht. Unternehmen sind verpflichtet, die Einhaltung dieser Grundsätze nachzuweisen, da ansonsten hohe Geldstrafen drohen.

Prozessmodellierung

Digitale Informationssysteme dienen vor allem der Unterstützung und Automatisierung betrieblicher Abläufe. Hierfür müssen die Prozesse zunächst formal beschrieben werden. Dazu werden sie analysiert und in ihre Bestandteile zerlegt. Anschließend werden sie modelliert und programmiert, damit ein digitales Informationssystem ihre Planung, Ausführung und Überwachung übernehmen kann.[173]

Prozessmodellierung bezeichnet die formale Abbildung betrieblicher Vorgänge, damit sie durch ein digitales Informationssystem unterstützt und automatisiert werden können.[174]

Zur Prozessmodellierung dienen Beschreibungssprachen wie die Ereignisgesteuerte Prozesskette (EPK) oder Business Process Model and Notation (BPMN). Dabei wird bestimmt, aus welchen Aktivitäten die Prozesse bestehen und welche Ereignisse sie auslösen oder beenden.[175] Die Erstellung von Prozessmodellen ist allerdings sehr aufwendig und erfordert fundiertes Know-how. Aus diesem Grund greifen Unternehmen häufig auf sogenannte **Referenzmodelle** zurück. Diese stellen typische betriebliche Abläufe dar, wie sie in vielen Unternehmen vorkommen. Beispiele sind die Finanzbuchhaltung oder branchenspezifische Abläufe wie die Warendisposition im Großhandel. Referenzmodelle sind meist kostengünstiger, schneller verfügbar und oft auch qualitativ besser als selbst erstellte Prozessmodelle. Ihre Verwendung kann jedoch eine aufwendige Reorganisation erfordern, und durch die Standardisierung können mögliche Wettbewerbsvorteile verloren gehen.[176]

Datenmanagement

Die im Prozessablauf anfallenden Daten werden gespeichert, verarbeitet und daraus Informationen zur Unterstützung betrieblicher Aufgaben und Entscheidungen erzeugt. Das Datenmanagement legt fest, welche Daten bereitzustellen sind, wer für deren Erfassung und Pflege zuständig ist und in welcher Form sie den Informationsempfängern zur Verfügung gestellt werden. Dabei ist es für die fortlaufende Beschaffung, Aufbereitung und Integration der Daten verantwortlich.

> Das **Datenmanagement** stellt relevante Unternehmensdaten bereit und gewährleistet deren Richtigkeit, Aktualität, Konsistenz, Vollständigkeit, Eindeutigkeit und Zugänglichkeit.[177]

Da Unternehmensdaten für unterschiedliche Aufgaben verwendet werden, sind sie zentral zu verwalten. Andernfalls besteht die Gefahr inkonsistenter, redundanter, widersprüchlicher oder fehlerhafter Daten. In solchen Fällen kann dieselbe Abfrage zu unterschiedlichen Ergebnissen führen. Werden Kundendaten beispielsweise in mehreren Fachabteilungen getrennt erfasst, ist es möglich, dass für denselben Kunden unterschiedliche Adressen gespeichert sind. Aus diesem Grund werden Daten und Anwendungen in der Regel voneinander getrennt: Die Datenbestände werden zentral in einer Datenbank gespeichert, während ihre Verarbeitung und Auswertung durch Anwendungen erfolgt, die auf diese Datenbank zugreifen und die darin enthaltenen Daten verändern können.[178]

Durch die zentrale Datenintegration werden Daten nur einmal und damit konsistent und ohne Redundanz gespeichert. Mehrere Programme und Anwender können gleichzeitig auf dieselben Daten zugreifen. Ein **Datenbanksystem** besteht aus einem Datenbankmanagementsystem (DBMS) und einer Datenbank. Das DBMS verwaltet die Datenbank und steuert den Zugriff auf die darin gespeicherten Daten.[179] Anwendungen können geändert oder ersetzt werden, ohne dass die Datenbank angepasst werden muss. Ebenso lassen sich die Daten umstrukturieren, ohne dass dies Auswirkungen auf die Anwendungen hat.[180]

Voraussetzung für die Nutzung einer Datenbank durch mehrere Anwendungen ist ein anwendungsunabhängiges Datenmodell. Die formale Beschreibung der logischen Struktur von Unternehmensdaten wird als **Datenmodellierung** bezeichnet. Dabei werden alle relevanten Datenobjekte, wie etwa Kundenname, Straße oder Postleitzahl, sowie deren Beziehungen zueinander erfasst. Dies geschieht meist in Form von Tabellen, welche über gleiche Datenobjekte miteinander verknüpft sind. So können etwa die Adress- und Auftragsdaten eines Kunden in separaten Tabellen gespeichert und über die Kundennummer verbunden werden. Solche strukturierten Daten werden in **relationalen Datenbanken** gespeichert. Die Kundenaufträge lassen sich dann beispielsweise nach Verkaufsregionen auswerten. Datenmodellierung schafft Transparenz, verbessert die Kommunikation, verhindert eine redundante Datenhaltung und fördert ein einheitliches Verständnis der Bedeutung und Nutzung der Daten. **In-Memory-Datenbanken** unterscheiden sich von herkömmlichen Systemen dadurch, dass die zu verarbeitenden Daten vollständig im Arbeitsspeicher gehalten werden, was kurze Zugriffs- und Verarbeitungszeiten ermöglicht. Diese Technologie nutzt etwa das ERP-System *SAP S/4HANA*.[181]

Unternehmen betreiben häufig verschiedene operative Informationssysteme, die oft inkompatibel und nicht aufeinander abgestimmt sind. Bei der Informationsbeschaffung müssen somit Daten aus unterschiedlichen Systemen abgerufen, zusammengeführt und aufbereitet werden. Oftmals sind diese Daten allerdings inkonsistent und eine flexible Auswertung nach verschiedenen Kriterien kaum möglich. Um dies zu vermeiden und kurze Zugriffszeiten zu gewährleisten, werden sämtliche entscheidungsrelevanten Daten aus unterschiedlichen Quellen in einem zentralen **Data Warehouse** (Datenlager) abgelegt. Dabei werden die Daten bereinigt, qualitätsgeprüft und abfragegerecht aufbereitet. Das Data Warehouse ist eine zentrale Datenbank, die eine einheitliche und konsistente Datenbasis zur Entscheidungsunterstützung bietet. Die Aktualisierung erfolgt nicht laufend, sondern nur in festen Intervallen. Die Datenanalyse kann dabei nach unterschiedlichen Dimensionen erfolgen, etwa nach Zeiträumen, Regionen, Produkten, Lieferanten oder Kunden.[182] Sämtliche Auswertungen erfolgen somit auf einem einheitlichen und konsistenten Datenbestand, dem sogenanntem **Single Point of Truth (SPOT)**.[183]

Moderne Ansätze im **Datenmanagement** sind:[184]

- **Data Mart** (Datenmarkt): Bei sehr umfangreichen Datenbeständen werden bereichs- oder nutzerspezifische Ausschnitte aus dem Data Warehouse separat gespeichert. Dadurch lassen sich Abfragen schneller und einfacher durchführen, der Abstimmungsaufwand sinkt und der Zugriffsschutz wird erleichtert.
- **Data Hub** (Datenknoten): Eine zentrale Plattform zur Bereitstellung und Zusammenführung von Daten unterschiedlicher Formate aus verschiedenen Quellen. Die Daten werden so aufbereitet, dass verschiedene Anwendungen darauf zugreifen können.
- **Data Mesh** (Datengeflecht): Jeder Fachbereich ist für seine eigenen Daten selbst verantwortlich, etwa die Produktion für die Maschinendaten. Die dezentrale Datenverwaltung beschleunigt die Bereitstellung und Aktualisierung.
- **Data Fabric** (Datennetzstruktur): Ein system- und anwendungsübergreifendes Netzwerk, das bestehende Datenquellen miteinander verbindet, ohne die Daten selbst zu speichern. Es ermöglicht eine einheitliche Sicht auf verteilte Daten, sodass Nutzer flexibel über verschiedene Anwendungen darauf zugreifen können.
- **Data Lake** (Datensee): Große Datenmengen aus unterschiedlichen Quellen werden in ihrem Rohformat zentral gespeichert, um bei Bedarf unbekannte Zusammenhänge, Muster und Trends zu erkennen.

Sinnbildlich lässt sich ein Data Warehouse mit einem Lager abgefüllter Wasserflaschen vergleichen, während ein Data Lake einem natürlichen See ähnelt, der kontinuierlich von einer Quelle gespeist wird. Während BI-Systeme den benutzerfreundlichen Zugriff auf ein Data Warehouse ermöglichen, dienen die im Data Lake gespeicherten Rohdaten vor allem Data Scientists zur explorativen Analyse. Nach dem *WHU Controller Panel* nutzen bereits über die Hälfte der Unternehmen In-Memory-Datenbanken und mehr als ein Drittel verfügen über einen Data Lake.[185]

Business Intelligence

Business Intelligence dient der betrieblichen Entscheidungsunterstützung und soll die wirtschaftliche Situation eines Unternehmens ganzheitlich darstellen und analysieren. Der Begriff „Intelligence“ beschreibt in diesem Zusammenhang die Fähigkeit, aus Daten sinnvolle Erkenntnisse zu gewinnen, also sie zu verstehen, richtig einzuordnen und daraus Schlussfolgerungen zu ziehen. Business Intelligence umfasst somit nicht nur die reine Informationsbereitstellung, sondern auch die systematische Analyse des Datenbestands, um verborgene Zusammenhänge und Muster zu erkennen.[186]

> **Business Intelligence (BI)** bezeichnet die systematische Erfassung, Integration, Speicherung, Auswertung und visuelle Aufbereitung vergangener und aktueller Unternehmensdaten zur Unterstützung betrieblicher Aufgaben und Entscheidungen.[187]

Der Trend geht zum **Self-Service BI**, bei dem Aufgaben- und Entscheidungsträger mithilfe benutzerfreundlicher Systeme ihre individuellen Berichte selbst erstellen. Zunehmend kommen dabei intelligente Chatbots als KI-Assistenten zum Einsatz, mit denen auch unerfahrene Anwender ihre Informationsanfragen einfach und intuitiv formulieren können (vgl. Kap. 7.3.4). **Automated BI** kommentiert selbstständig die generierten Berichte, was zur Standardisierung, Beschleunigung und Verbesserung der Analysen beiträgt. Der maschinelle Kommentar kann dabei vom Controlling überarbeitet oder ergänzt werden.[188] Die Nutzung der In-Memory-Technologie ermöglicht den Zugriff auf Informationen in Echtzeit (**Real-Time BI**).

Mit **OLAP-Anwendungen** (Online Analytical Processing) lassen sich die Datenbestände nach verschiedenen Dimensionen analysieren. So können etwa Umsatzzahlen per Drilldown nach Monaten, Kunden, Vertriebsregionen und Produkten aufgeschlüsselt und miteinander verglichen werden. Beim **Data Mining** werden die Daten auf bislang unbekannte Zusammenhänge und Trends durchsucht. Dadurch lassen sich beispielsweise Muster im Kundenverhalten erkennen, die auf eine bevorstehende Vertragskündigung hindeuten.[189]

Digitalisierungsstrategie von MöBella

Die *MöBella GmbH* stellt Gartenmöbel und Betten her (vgl. Kap. 1.1.4). Die Geschäftsführung diskutiert lebhaft, welche Möglichkeiten die Digitalisierung für das Unternehmen bietet. Dabei prallen die traditionellen Vorstellungen von *Egon Eder* und *Susanne Schlummer* auf die innovativen Ideen von *Emil Eder* und *Elvira Rasch*.

Emil Eder ist begeistert: „Durch die systematische Auswertung unserer Daten mithilfe von **Business Analytics** können wir Engpässe und Trends frühzeitig erkennen und unsere Prozesse besser steuern." *Erwin Eder* ist allerdings skeptisch: „Aber was, wenn uns die Zahlen in die Irre führen und wichtige Faktoren übersehen werden? Unsere jahrelange Erfahrung hat uns bisher immer gut geleitet." *Emil Eder* entgegnet: „Es geht doch nicht darum, die Erfahrung zu ersetzen, sondern sie zu ergänzen. Wir kombinieren die bewährten Methoden mit modernen Analysetools, sodass wir fundiertere Entscheidungen treffen können. Dadurch können wir auch die Kundenbedürfnisse besser verstehen und individueller darauf eingehen."

In der Produktion plädiert *Emil Eder* für die Einführung von **Industrie 4.0**: „Mit vernetzten Produktionsprozessen können wir in Echtzeit auf Veränderungen reagieren. Intelligente Sensoren und automatisierte Steuerungssysteme ermöglichen es uns, Ressourcen optimal einzusetzen und Qualitätsprobleme sofort zu beheben." Doch *Susanne Schlummer* entgegnet: „Aber die Investitionen sind enorm, und was ist mit den technischen Risiken?" An dieser Stelle ergreift *Elvira Rasch* das Wort: „Die Echtzeitdaten geben uns nicht nur die Möglichkeit, Produktionsausfälle zu vermeiden, sondern auch Materialverschwendung zu reduzieren. Industrie 4.0 erlaubt uns eine flexible Steuerung des Produktionsprozesses, sodass wir schnell auf Marktveränderungen reagieren können – und das sichert langfristig unsere Wettbewerbsfähigkeit." Doch *Susanne Schlummer* ist noch nicht überzeugt: „Ich möchte aber, dass unsere handwerkliche Qualität erhalten bleibt." *Elvira Rasch* bekräftigt: „Die automatisierte Überwachung sorgt dafür, dass Qualitätsabweichungen sofort erkannt und korrigiert werden. So wird die traditionelle Handwerkskunst durch präzisere Prozesse sogar noch besser unterstützt."

Emil Eder sieht auch Einsatzmöglichkeiten für das **Cloud Computing**: „Eine moderne, cloudbasierte IT-Infrastruktur ermöglicht den reibungslosen Austausch von Informationen zwischen den Tochtergesellschaften. So können alle auf aktuelle Daten zugreifen und Prozesse bereichsübergreifend optimiert werden." Doch *Erwin Eder* ist besorgt: „Aber was ist mit der Datensicherheit? Unsere sensiblen Informationen müssen geschützt werden." Aber sein Sohn *Emil* kann ihn beruhigen: „Aktuelle Cloud-Lösungen nutzen modernste Verschlüsselungstechniken und führen regelmäßige Sicherheitsupdates durch. Damit sind unsere Daten viel sicherer als auf unseren veralteten Systemen."

Besonders begeistert ist *Elvira Rasch* von der **künstlichen Intelligenz**: „Das ist die Zukunft! Wir können damit heute schon prädiktive Analysen durchführen, um Wartungsarbeiten besser zu planen, und unser Kundenservice lässt sich durch intelligente Chatbots unterstützen." *Erwin Eder* warnt: „Das darf aber nicht dazu führen, dass der direkte Austausch mit unseren Kunden verloren geht!" Elvira Rasch stellt klar: „Die KI übernimmt lediglich Routineaufgaben. Dadurch bleibt mehr Zeit für die individuelle Beratung und kreative Lösungsansätze – ganz im Sinne unserer Unternehmensphilosophie."

In der Verwaltung der *MöBella*-Gruppe plädiert *Elvira Rasch* für eine **robotergestützte Prozessautomatisierung**: „Durch automatisierte Abläufe können wir Fehler minimieren und Arbeitsprozesse beschleunigen." Doch *Susanne Schlummer* zeigt sich besorgt: „Ich fürchte, dass dadurch Arbeitsplätze gefährdet werden." *Elvira Rasch* entgegnet: „Nein, RPA ist lediglich als Unterstützung gedacht. Unsere Mitarbeiter werden von monotonen Aufgaben entlastet und haben mehr Zeit, sich um die Anliegen unserer Kunden zu kümmern."

Fasziniert ist *Emil Eder* von der **Blockchain**: „Damit können wir unsere Lieferkette transparent und fälschungssicher dokumentieren. Intelligente Verträge automatisieren Vertragsabschlüsse und Zahlungen, was uns Zeit und Geld spart." *Erwin Eder* ist skeptisch: „Ist das denn überhaupt schon anwendungsreif, und rechnet sich der technologische Aufwand wirklich?" Aber auch *Elvira Rasch* ist überzeugt: „Blockchain dokumentiert lückenlos alle Transaktionen. Das stärkt das Vertrauen unserer Geschäftspartner. Weil Prozesse automatisch und fehlerfrei ablaufen, senkt das langfristig unsere Kosten."

Schließlich einigt sich die Runde auf eine Digitalisierungsstrategie, um langfristig wettbewerbsfähig zu bleiben. Die diskutierten Technologien sollen zunächst priorisiert und dann schrittweise eingeführt werden. Auf diese Weise sollen Tradition und Moderne verbunden werden.

SAP Digital Boardroom

Der *SAP Digital Boardroom* ist eine interaktive Benutzeroberfläche mit integrierten Funktionen zur Visualisierung, Simulation, Planung und Prognose, um Führungsentscheidungen zu unterstützen. Entscheidungsträger können damit während eines Meetings direkt auf aktuelle Zahlen, Trends und Prognosen in Echtzeit zugreifen und diese bis auf Belegebene filtern. Dashboards mit relevanten Key Performance Indicators (KPI) lassen sich auch von ungeschulten Anwendern erstellen. Mithilfe von „Was-wäre-wenn"-Funktionen können die Auswirkungen potenzieller Entscheidungen simuliert werden. Hinter dem *SAP Digital Boardroom* steht die *SAP Analytics Cloud* als Software-as-a-Service-Lösung (vgl. Kap. 7.3.3). Sie dient als Plattform, um Daten aus verschiedenen Quellen zu aggregieren, analysieren und visualisieren. KI-Funktionen ermöglichen prädiktive Analysen sowie das Erkennen von Beziehungen, versteckten Mustern und Ausreißern.[190]

Abb. 7.3.3: Screenshots aus dem SAP Digital Boardroom

7.3.1 Big Data und Business Analytics

Die zunehmende Vernetzung von Unternehmen, Menschen und intelligenten Objekten führt zu einer kaum vorstellbaren Flut digitaler Daten. Diese riesigen Datenmengen unterschiedlichster Formate werden als „Big Data" bezeichnet. Die eigentliche Herausforderung liegt dabei weniger im Umfang, als vielmehr in der fehlenden Struktur der Daten.[191]

Big Data bezeichnet die echtzeitbasierte Analyse großer Mengen überwiegend unstrukturierter digitaler Daten aus verschiedenen Quellen, um daraus verlässliche Erkenntnisse für betriebliche Aufgaben und Entscheidungen zu gewinnen.

Die wesentlichen **Eigenschaften von Big Data** sind:[192]

- **Datenmenge (Volume):** Bis zum Jahr 2003 hatte die Menschheit in ihrer gesamten Entstehungsgeschichte lediglich rund 5 Milliarden Gigabyte an Daten erzeugt. Seit der Digitalisierung wächst das weltweite Datenvolumen exponentiell. Es betrug im Jahr 2020 rund 64 Zettabyte und 2025 bereits 182 Zettabyte. Bis 2030 soll es auf über 400 Zettabyte ansteigen. Ein Zettabyte entspricht einer Billion Gigabyte bzw. 10^{21} Byte. Diese riesige Datenmenge ist kaum vorstellbar: Würden alle im Jahr 2025 vorhandenen Daten auf herkömmlichen DVDs gespeichert und aufeinandergestapelt, würde der Stapel 23-mal die Entfernung zwischen Erde und Mond übertreffen. Bei einer Übertragungsgeschwindigkeit von 100 MBit/Sekunde würde das Herunterladen dieser Daten über 450 Millionen Jahre dauern.[193]

  Heute nutzen bereits über 5,5 Milliarden Menschen und damit mehr als zwei Drittel der Weltbevölkerung das Internet, etwa 5,2 Milliarden davon sind in sozialen Netzwerken aktiv. Ein weiterer Treiber des exponentiellen Datenwachstums sind die rund 20 Milliarden vernetzten Objekte des Internets der Dinge (vgl. Kap. 7.3.4). Ihre Anzahl wird bis 2030 voraussichtlich auf 30 bis 40 Milliarden steigen. Bis dahin erzeugen sie ein Datenvolumen von etwa 80 Zettabyte.[194] Abb. 7.3.4 veranschaulicht, wie sich die globale Datenmenge durch zentrale digitale Entwicklungen und führende Technologieunternehmen erhöht hat.

- **Datenvielfalt (Variety):** Strukturierte Daten, wie etwa ein Kundenstammsatz mit Name und Adresse, sind nach festen Regeln einheitlich und formal aufgebaut. Unternehmen speichern und verarbeiten sie mithilfe relationaler Datenbanken. Unstrukturierte Daten hingegen weisen sehr unterschiedliche Formate auf. E-Mails sind beispielsweise semistrukturiert: Sie enthalten vorgegebene Felder für Absender, Empfänger und Betreff, während ihr Inhalt unstrukturiert ist. Die stark wachsende Datenflut aus sozialen Netzwerken (Posts, Blogs, Bilder, Audio, Video etc.) ist überwiegend unstrukturiert. Auch viele Daten aus dem Internet der Dinge liegen zunächst in uneinheitlichen oder semistrukturierten Formaten vor. Um solche heterogenen Datenformate analysieren, verknüpfen und auswerten zu können, müssen sie kompatibel gemacht und in eine verarbeitbare Form überführt werden. Dazu sind Algorithmen erforderlich, die beispielsweise kontextabhängige Inhalte und emotionale Bewertungen korrekt interpretieren. Abb. 7.3.6 zeigt einige Beispiele für die Masse an unstrukturierten digitalen Daten, die heute jede Minute entstehen.

- **Geschwindigkeit (Velocity):** Der weltweite Datenstrom fließt unablässig. In jedem Augenblick werden Daten erzeugt, verändert und wieder gelöscht. Um möglichst schnell auf neue Entwicklungen reagieren zu können, sollten Daten in Echtzeit analysiert werden, also unmittelbar und ohne Verzögerung direkt nach ihrer Entstehung.
- **Glaubwürdigkeit (Veracity):** Die Qualität einer Datenanalyse hängt wesentlich von der Authentizität, Genauigkeit und Vollständigkeit der verwendeten Daten ab. Deren Erhebung, Erfassung und Übertragung sollte daher verlässlich und nachvollziehbar erfolgen. Ebenso ist sicherzustellen, dass aus unsicheren oder ungenauen Daten wie subjektiven Meinungsäußerungen keine falschen Schlüsse gezogen werden. Insbesondere bei großen, heterogenen Datenmengen können zufällige Scheinkorrelationen auftreten, die zu falschen Interpretationen führen.

Diese Merkmale, die nach den englischen Begriffen auch als die „vier V" bezeichnet werden, sind in Abb. 7.3.5 zusammengefasst.[195] In der Praxis wird der Begriff Big Data allerdings auch dann verwendet, wenn nicht alle vier Merkmale zutreffen.

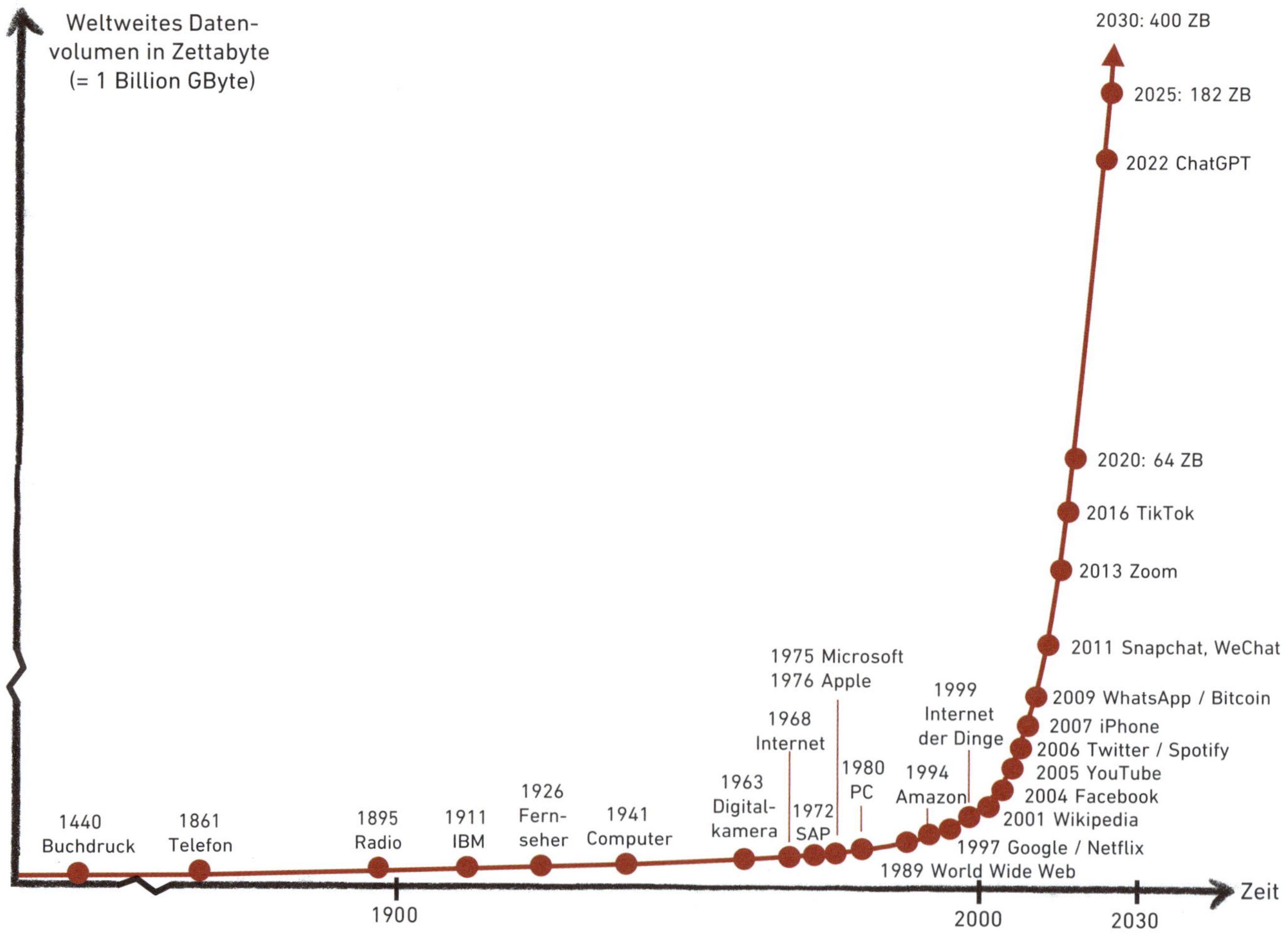

Abb. 7.3.4: Die Entwicklung des weltweiten Datenvolumens

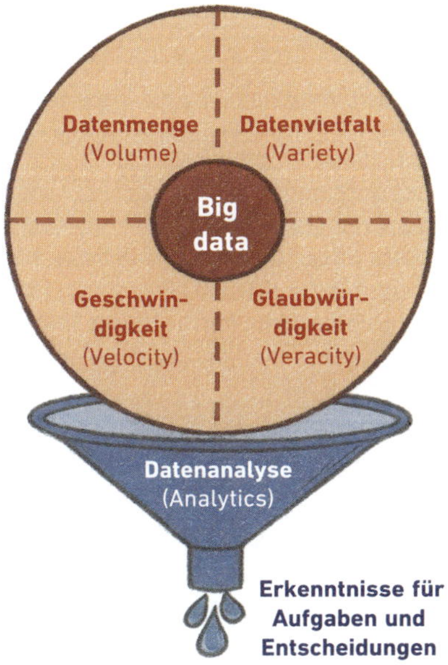

Abb. 7.3.5: Die wesentlichen Merkmale von Big Data

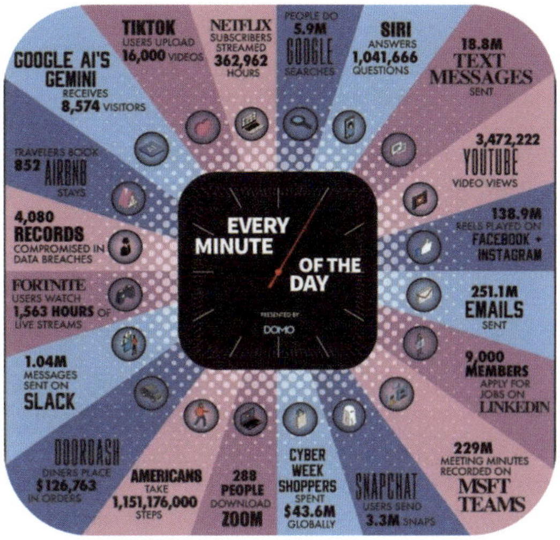

Abb. 7.3.6: Beispiele für die Menge an Daten, die innerhalb einer Minute entstehen[197]

Big Data erfordert neue **Technologien zur Datenspeicherung und -verarbeitung**. Dazu zählen nicht-relationale Datenbanken (Not only Structured Query Language, kurz: *NoSQL*), die ohne feste Tabelleneinteilungen auskommen. Die Daten werden in kleinere Einheiten aufgeteilt, die parallel von mehreren Rechnern verarbeitet werden können (MapReduce-Verfahren). Dies wird durch das Open-Source-Framework *Hadoop* ermöglicht. Es stellt ein Programmiergerüst dar, mit dem sich ein virtueller Supercomputer erzeugen lässt. Mithilfe eines sogenannten Hadoop-Clusters aus mehreren tausend Rechnern können Millionen von Gigabyte unstrukturierter Daten gespeichert und analysiert werden. Bei Big Data kommen auch In-Memory-Datenbanken zum Einsatz, bei denen Speicherung und Verarbeitung im Arbeitsspeicher des Rechners erfolgen. Dies erlaubt sehr schnelle Zugriffszeiten und damit umfangreiche Analysen in Echtzeit. Darüber hinaus sind moderne Datenanalyseverfahren erforderlich, um Zusammenhänge, Muster und Bedeutungen automatisiert zu erkennen und daraus Prognosen abzuleiten. Beispiele hierfür sind multivariate Analysen zur Entdeckung und Überprüfung von Datenstrukturen (Data Mining), Simulationsmodelle, visuelle Analyseverfahren, Sprachtechnologien, Textanalysen (Text Mining) sowie selbstlernende Algorithmen.[196]

Daten gelten als das Öl des 21. Jahrhunderts. Ihre Analyse ermöglicht unter anderem Kosteneinsparungen, ein besseres Verständnis der Kundenbedürfnisse, präzisere Prognosen und insgesamt fundiertere Entscheidungen. So sind etwa die Daten der über drei Milliarden aktiven Nutzer das größte Kapital des sozialen Netzwerks *Facebook*. Sie machen den Mutterkonzern *Meta* mit einem Marktwert von rund 1,5 Billionen US-Dollar zu einem der wertvollsten Unternehmen der Welt.

Blindes Vertrauen in Zahlen kann jedoch zu gravierenden Fehleinschätzungen führen. Die Datenanalyse liefert lediglich Korrelationen, die von Spezialisten wie **Data Scientists** interpretiert werden müssen. Diese Datenwissenschaftler durchforsten Big Data mit statistisch-mathematischen Methoden, um daraus neue Erkenntnisse zu gewinnen.[198] Nach dem *WHU Controller Panel* werden Data Scientists bereits in 71 % der Unternehmen mit einem Umsatz über 1 Mrd. Euro eingesetzt. Bei kleinen Unternehmen mit einem Umsatz unter 50 Mio. Euro sind es hingegen erst 6 %.[199]

Unternehmen außerhalb der EU umgehen das europäische Datenschutzrecht, und internationale Geheimdienste operieren im Verborgenen. Durch den Verkauf und die mehrfache Nutzung personenbezogener Daten droht ein Verlust der Privatsphäre. Das sinkende Vertrauen der Menschen in die Sicherheit ihrer Daten gefährdet jedoch langfristig das Potenzial von Big Data. Daher ist es schon aus wirtschaftlichen Gründen sinnvoll, den Missbrauch personenbezogener Daten zu verhindern. Dies erfordert nicht nur ein wirksames, international gültiges Datenschutzrecht, sondern ist auch eine Frage der unternehmerischen Moral und Ethik.[200]

Big Data in der Praxis

Vestas weiß, woher der Wind weht

Vestas Wind Systems ist einer der weltweit führenden Hersteller von Windkraftanlagen. Das Unternehmen nutzt Big Data, um seine Kunden bei der Suche nach optimalen Standorten für neue Windräder zu unterstützen. Dabei werden rund 160 Einflussfaktoren berücksichtigt, darunter Temperatur, Feuchtigkeit, Niederschläge, Windrichtungen, Gezeiten, Satellitendaten sowie die Leistungsdaten und Laufzeiten von mehr als 55.000 installierten Windrädern. Auf dieser Grundlage lässt sich für nahezu jeden Standort der Erde prognostizieren, wie viel Wind dort in den kommenden Jahrzehnten genutzt werden kann. Diese datenbasierte Unterstützung der Standortwahl ist für Kunden ein wertvoller Service und verschafft *Vestas* einen klaren Wettbewerbsvorteil. Zusätzlich liefern die Sensordaten der Anlagen wichtige Informationen zum technischen Zustand und ermöglichen eine vorausschauende Wartung (Predictive Maintenance).[201]

UPS dirigiert seine Zusteller

Das Logistikunternehmen *UPS* liefert als größter Paketzusteller der Welt mit rund 500.000 Mitarbeitern jährlich rund 5,5 Milliarden Sendungen aus. Die Telemetrie der über 125.000 Zustellfahrzeuge erfasst unter anderem Geschwindigkeit, Fahrtrichtung, Bremsverhalten und Antriebsleistung. Sämtliche Daten werden zur Überwachung der Auslieferung und zur Optimierung der Zustellrouten verwendet. Jeder *UPS*-Zusteller absolviert täglich rund 135 Zustellstopps. Die möglichen Routenkombinationen ergeben eine 25-stellige Zahl. Um die Routen hinsichtlich Entfernung, Treibstoffverbrauch und Zeit zu optimieren, entwickelte *UPS* das Routenplanungssystem *ORION* (On-Road Integrated Optimization and Navigation). Es berechnet den optimalen Weg für die Zustellung und Abholung von Paketen unter Berücksichtigung von Startzeit, Zustell- und Abholfenstern sowie individuellen Kundenanforderungen. Ergänzend passt das Navigationssystem *UPSNav* die Route in Echtzeit an aktuelle Verkehrsbedingungen und spezifische Lieferanforderungen an. Mithilfe von *ORION* spart *UPS* jährlich rund 160 Millionen Kilometer Fahrtstrecke und etwa 38 Millionen Liter Treibstoff.[202]

Verhaltensbasierte Versicherungstarife bei AXA

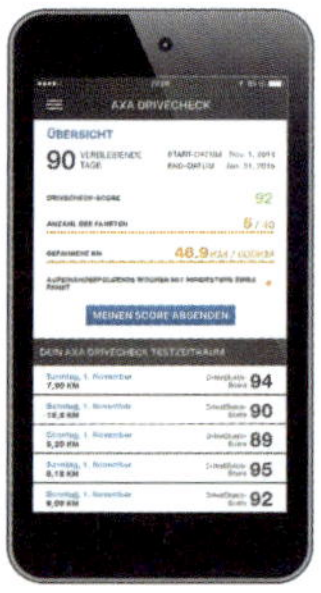

Versicherungsunternehmen nutzen Big Data, um Kunden auf Basis ihres Verhaltens in Risikokategorien einzuteilen und die Tarife entsprechend anzupassen. So könnten etwa Krankenversicherer künftig die Daten von Fitness-Trackern auswerten und sportlich aktiven Kunden bessere Konditionen anbieten. Bereits verfügbar sind sogenannte **Telematik-Tarife** bei einigen Kfz-Versicherern. Nach dem Prinzip „Pay as you drive" erhalten Versicherte bei nachweislich umsichtiger Fahrweise einen Beitragsrabatt. Zur Analyse des Fahrverhaltens werden Smartphone-Apps genutzt, die auf GPS- und Beschleunigungssensoren zugreifen. Bewertet werden unter anderem Fahrstil, Tageszeit, Wochentag, Fahrtdauer, Geschwindigkeit und Aufmerksamkeit. Die gesammelten Daten ermöglichen Rückschlüsse auf die individuelle Unfallwahrscheinlichkeit. Wer häufig abrupt bremst oder stark beschleunigt, wird als risikoreicher eingestuft als vorausschauende Fahrer. Auch Personen, die regelmäßig nachts oder während der Rushhour unterwegs sind, weisen ein erhöhtes Unfallrisiko auf.[203] Als erster deutscher Versicherer brachte *AXA* mit *DriveCheck* eine App auf den Markt, mit der junge Fahrer bis 25 Jahre durch einen sicheren Fahrstil einen Nachlass von bis zu 15 % „erfahren" können.[204]

Business Analytics

Bei der Analyse wird ein Untersuchungsgegenstand systematisch in seine Bestandteile zerlegt, um dadurch Strukturen, Auffälligkeiten und Zusammenhänge zu erkennen. Die Datenanalyse dient dazu, aus Daten entscheidungsrelevante Informationen zu gewinnen. Die Analytik (Analytics) bezeichnet die Wissenschaft des Analysierens. Business Analytics (betriebswirtschaftliche Analytik) ist dementsprechend die systematische Analyse wirtschaftlich relevanter Unternehmensdaten mit dem Ziel, Aufgaben- und Entscheidungsträger zu unterstützen.[205]

Business Analytics soll in den Daten eines Unternehmens wertvolle Informationen identifizieren. Hierzu durchforsten komplexe Algorithmen die Datenbestände nach mathematischen Mustern und statistischen Auffälligkeiten. Dies gleicht allerdings häufig der sprichwörtlichen Suche nach der Nadel im Heuhaufen.[206]

Business Analytics umfasst die Analyse, Prognose und Optimierung von Unternehmensdaten, um künftige Entwicklungen vorherzusagen und fundierte Entscheidungen zu ermöglichen.

Abhängig von der Fragestellung lassen sich folgende **Entwicklungsstufen der Datenanalyse** unterscheiden:[207]

- **Descriptive Analytics** (Beschreibende Analytik: „Was ist passiert?"): Erfassung vergangenheitsorientierter Daten über betriebliche Vorgänge durch das Berichtswesen. Gebräuchliche Maße der deskriptiven Statistik sind Häufigkeiten, Lageparameter (z. B. arithmetisches Mittel oder Median) und Streuungsmaße (z. B. Spannweite, Varianz oder Standardabweichung). Ein Beispiel ist die Analyse monatlicher Umsatzerlöse nach Vertriebsregionen und Kunden, etwa bezüglich der Auftragshöhe oder Bestellhäufigkeit.
- **Diagnostic Analytics** (Diagnostische Analytik: „Warum ist es passiert?"): Mithilfe von Online Analytical Processing (OLAP) werden Daten aufgeschlüsselt, um beobachtete Entwicklungen zu untersuchen und deren Ursachen herauszufinden. So könnte der Grund für einen Umsatzeinbruch im letzten Monat etwa die Stornierung eines Auftrags durch einen wichtigen Kunden sein. Durch Data Mining, etwa mittels Cluster-, Assoziations- und Korrelationsanalysen, Text Mining oder Social-Network-Analysen, werden bislang unbekannte Muster in den Daten gesucht. Auf diese Weise lassen sich typische Verhaltensweisen von Kunden erkennen, aus denen verkaufsfördernde Maßnahmen abgeleitet werden können.
- **Real-time Analytics** (Echtzeitanalytik: „Was passiert gerade?"): In zeitkritischen Anwendungsfällen wie persönlichen Produktempfehlungen im Online-Handel, der Erkennung betrügerischer Transaktionen oder im Börsenhandel muss besonders schnell auf ein Ereignis reagiert werden. Daher werden die Daten ohne Verzögerung erfasst und unmittelbar mit diagnostischen Methoden analysiert, um bei Bedarf sofort geeignete Gegenmaßnahmen einleiten zu können. Das Praxisbeispiel *VISA* zeigt einen Anwendungsfall zur automatischen Erkennung von Betrugsfällen (Fraud detection).
- **Predictive Analytics** (Vorhersagende Analytik: „Was wird passieren?"): Mithilfe von Algorithmen wird nach vorlaufenden Indikatoren für bestimmte Erfolgsgrößen gesucht. Hierfür kommen etwa Regressions-, Klassifikations- und Zeitreihenanalysen zum Einsatz. Das daraus entstehende Prognosemodell ermöglicht automatisierte Vorhersagen, die nicht nur schneller und häufiger erstellt werden können, sondern meist auch präziser sind als manuelle Prognosen. Dies gilt insbesondere für etablierte Produkte in bekannten Märkten, da hierfür genügend Erfahrungswerte vorhanden sind. Durch maschinelles Lernen werden die Vorhersagemodelle fortlaufend verbessert. Typische Einsatzfelder sind Absatz-, Umsatz-, Kosten- oder Liquiditätsprognosen sowie die vorausschauende Wartung technischer Anlagen (Predictive Maintenance). *Bayer* prognostiziert etwa auf diese Weise den operativen Free Cash Flow, um die Liquiditätssteuerung zu optimieren.[208] Die besten Ergebnisse erzielen hybride Modelle, bei denen automatisierte Vorhersagen manuell durch Experten um Einmaleffekte und strategische Maßnahmen ergänzt werden.[209]
- **Prescriptive Analytics** (Empfehlende Analytik: „Was soll passieren?"): Auf Basis identifizierter Muster und erstellter Prognosen werden konkrete Handlungsempfehlungen abgeleitet, die mögliche Maßnahmen und deren Konsequenzen aufzeigen. Dabei kommen Methoden der deskriptiven und prädiktiven Analyse in Kombination mit Optimierungsverfahren und modellbasierten Simulationstechniken zum Einsatz. Da eine analytische Optimierung aufgrund der Kompliziertheit betriebswirtschaftlicher Fragestellungen häufig nicht möglich ist, wird das Verhalten des Modells simuliert. In mehreren Simulationsläufen werden verschiedene Eingangsgrößen systematisch verändert, um deren Auswirkungen auf die Ergebnisgrößen zu beobachten. Die Frage, was getan werden muss, um eine prognostizierte Entwicklung gezielt zu beeinflussen, lässt sich zunehmend mithilfe künstlicher Intelligenz beantworten (vgl. Kap. 7.3.4)

Die unterschiedlichen Stufen der Datenanalyse veranschaulicht Abb. 7.3.7 am Beispiel eines Bekleidungsherstellers.[210] Abb. 7.3.8 zeigt die Entwicklungsstufen der Datenanalyse im Überblick. Ihr potenzieller wirtschaftlicher Nutzen steigt mit ihrem Reifegrad und ihrer Kompliziertheit.

Kategorie	Frage	Beispiel für einen Bekleidungshersteller
Descriptive	Was ist passiert?	Der Vertriebsbericht zeigt in Deutschland einen Absatzeinbruch bei dicken Pullovern im vergangenen Monat November.
Diagnostic	Warum ist es passiert?	Die Vertriebsanalyse stellt einen Zusammenhang zwischen dem Absatz und dem Wetter her, da es im letzten Monat für die Jahreszeit zu warm war.
Real-time	Was passiert gerade?	Echtzeitdaten zeigen, dass das Wetter im laufenden Monat Dezember weiterhin zu mild ist und der Absatz der dicken Pullover unverändert niedrig bleibt.
Predictive	Was wird passieren?	Mithilfe einer Wetterprognose wird die Entwicklung des Absatzes dicker Pullover für die kommenden drei Monate vorhergesagt.
Prescriptive	Was soll passieren?	Absatzsimulationen auf Basis von Wettermodellen zeigen, dass die Nachfrage nach dicken Pullovern aufgrund des Klimawandels langfristig sinken wird. Das System schlägt vor, den Verkauf langärmliger Hemden und Wollshirts gezielt zu fördern.

Abb. 7.3.7: Stufen der Datenanalyse am Beispiel eines Bekleidungsherstellers

Real-time Analytics bei VISA

VISA ist mit einem Jahresumsatz von rund 36 Mrd. US-Dollar und etwa 32.000 Mitarbeitern eines der weltweit führenden Kreditkartenunternehmen. Jeder Kreditkartenbetrag wird bei *VISA* analysiert, um neue Muster zu erkennen und potenziellen Missbrauch zu verhindern. Dabei wird das Kaufverhalten der Kunden unter anderem nach Volumen, Zeitpunkt und Ort ausgewertet.

Jede der jährlich rund 230 Milliarden Transaktionen zwischen Händlern und Finanzinstituten wird mithilfe künstlicher Intelligenz anhand von über 500 Risikoattributen untersucht. Das Echtzeitsystem *VISA Advanced Authorization* erstellt für jede Zahlung eine Risikobewertung, die innerhalb einer Millisekunde an die kartenausgebende Bank übermittelt wird. Diese entscheidet daraufhin, ob die Transaktion genehmigt oder abgelehnt wird. Dadurch wird die Betrugsrate auf unter 0,1 % aller Transaktionen gesenkt und ein jährlicher Schaden von rund 28 Mrd. US-Dollar vermieden.[211]

Die Abgrenzung zwischen Business Intelligence und Business Analytics veranschaulicht Abb. 7.3.8. Business Intelligence konzentriert sich auf deskriptive und diagnostische Analysen von Daten aus der Vergangenheit und Gegenwart. Business Analytics hingegen befasst sich mit zukünftigen Entwicklungen, um fundierte Entscheidungen zu unterstützen. Es umfasst auch explorative Fragestellungen, bei denen oft nicht klar ist, wonach genau gesucht wird. Anspruchsvolle mathematische und statistische Verfahren sowie Methoden des maschinellen Lernens dienen dazu, Vorhersagen zu treffen und daraus Handlungsempfehlungen abzuleiten.[212] Einfach ausgedrückt: Business Intelligence blickt nach hinten und Business Analytics nach vorne.

Während Business Intelligence vor allem interne und strukturierte Daten nutzt, bezieht Business Analytics auch unstrukturierte Daten aus unterschiedlichsten Quellen ein.[213] Da es sich dabei oft um Big Data handelt, spricht man auch von **Big Data Analytics** (BDA). Prädiktive und präskriptive Analytik werden unter dem Oberbegriff **Advanced Analytics** zusammengefasst.[214] Nach dem *WHU Controller Panel* nutzen bereits 32 % der Unternehmen die vorhersagende Analytik (Predictive Analytics), allerdings erst 6 % die empfehlende Analytik (Prescriptive Analytics).[215]

7.3.2 Internet der Dinge und Industrie 4.0

Das **Internet der Dinge** (Internet of Things, kurz: IoT) bezeichnet die Vernetzung physischer Gegenstände, die mithilfe eingebetteter Systeme fortlaufend nutzungs- und umgebungsbezogene Daten erfassen und diese als intelligente Objekte drahtlos und eigenständig untereinander austauschen.[216]

Eingebettete Systeme (Embedded Systems) sind Kleinstcomputer, die in einen Gegenstand integriert sind und etwa über Sensoren oder Antriebselemente verfügen. Sie erfassen, speichern und verarbeiten Daten, beispielsweise über ihre Position, Temperatur oder Bewegung und überwachen, steuern und regeln so ihre Funktion.[217] Die Datenerfassung erfolgt automatisch und in Echtzeit, das heißt direkt und ohne Verzögerung. Dadurch verschwimmen die Grenzen zwischen der realen Welt und ihrem virtuellen Abbild, dem sogenannten Cyberspace. Solche vernetzten, intelligenten Objekte werden deshalb als **cyber-physische Systeme** (CPS)

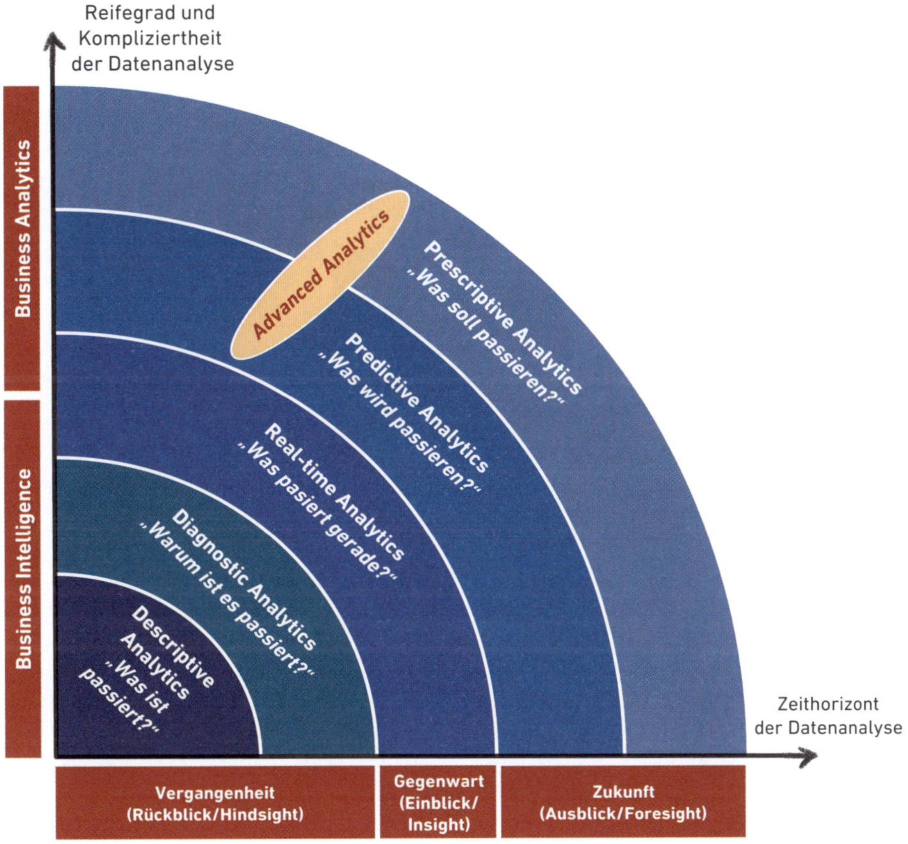

Abb. 7.3.8: Entwicklungsstufen der Datenanalyse

bezeichnet. Sie besitzen eine eigene Identität und können mit ihrer Umgebung interagieren.[218] Alle erdenklichen Dinge lassen sich auf diese Weise miteinander verbinden, wie etwa Fahrzeuge, Maschinen, Stromzähler, Kühlschränke oder Kameras. Bis 2030 werden rund 30 bis 40 Milliarden intelligente Objekte vernetzt sein und mit etwa 80 Billionen Gigabyte den Großteil des weltweiten Datenvolumens erzeugen.[219] Für den systemübergreifenden Datenaustausch sind dabei offene Standards und einheitliche Kommunikationsstrukturen erforderlich.[220]

Cyber-physische Systeme ermöglichen sowohl die Entwicklung intelligenter Produkte (Smart Products) als auch innovativer netzbasierter Dienstleistungen (Smart Services). Das stetig wachsende Angebot an Web-Diensten für nahezu alle Lebensbereiche wird unter dem Begriff **Internet der Dienste** (Internet of Services) zusammengefasst. Die enormen Einsatzmöglichkeiten cyber-physischer Systeme kommen auch in der Umschreibung „Smart Everything" zum Ausdruck. Anwendungsbeispiele sind das intelligente Haus (Smart Home), intelligente Mobilitätskonzepte (Smart Mobility) oder intelligente Städte (Smart Cities). Digitale Technologien sind heute bereits so nahtlos in unseren Alltag integriert, dass wir sie kaum noch bewusst wahrnehmen. Diese Allgegenwärtigkeit wird als **Ubiquitous Computing** bezeichnet.[221]

Für Industrieunternehmen bietet vor allem die **intelligente Fabrik** (Smart Factory) großes Potenzial. Im deutschen Sprachraum ist hierfür der Begriff **Industrie 4.0** gebräuchlich, da der Einsatz cyber-physischer Systeme in der Produktion als vierte industrielle Revolution angesehen wird. Die Stufen der industriellen Entwicklung veranschaulicht Abb. 7.3.9.[222]

> In einer **intelligenten Fabrik** sind Menschen, Maschinen, Ressourcen und Produkte so miteinander vernetzt, dass sämtliche Fertigungs- und Logistikprozesse entlang der gesamten Wertschöpfungskette mithilfe cyber-physischer Systeme flexibel, dezentral und weitgehend autonom gesteuert werden.[223]

Die derzeitigen Fortschritte im Bereich der künstlichen Intelligenz (vgl. Kap. 7.3.4) leiten voraussichtlich den Übergang zur fünften industriellen Revolution ein. Kennzeich-

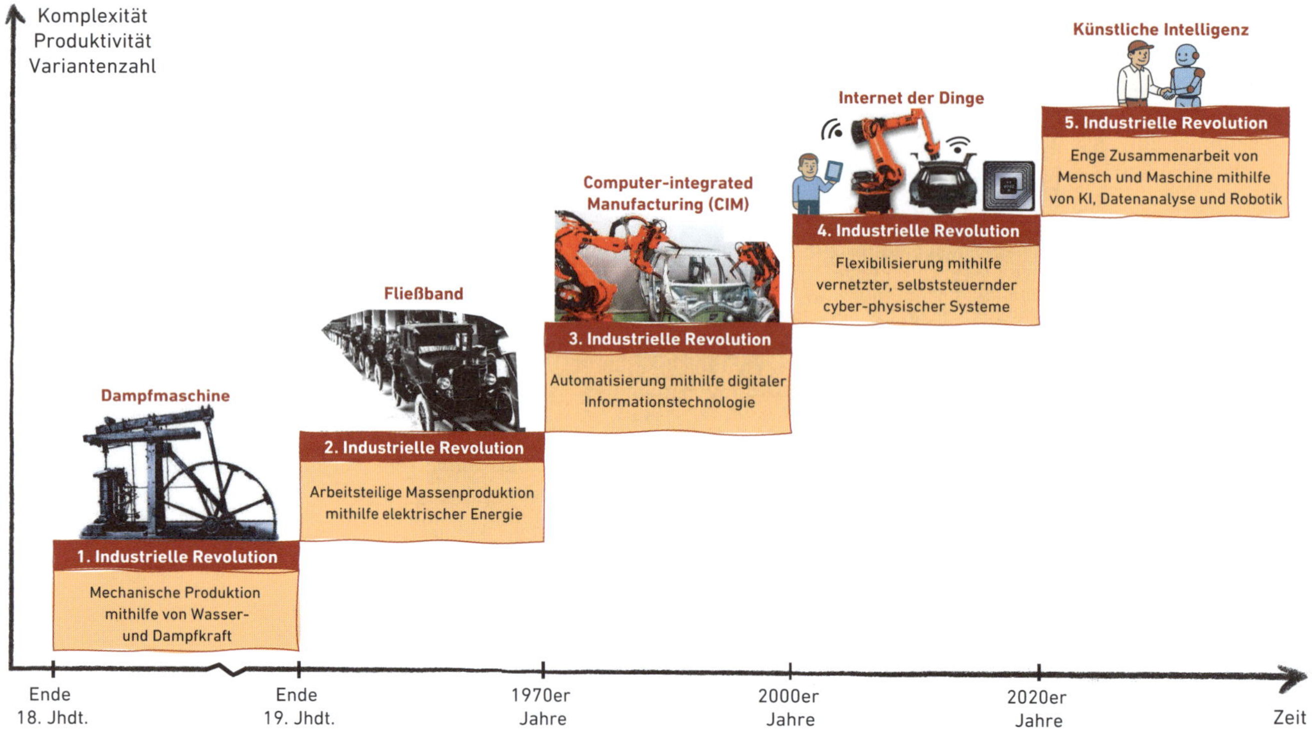

Abb. 7.3.9: Stufen der industriellen Entwicklung

nend dafür ist die enge Zusammenarbeit von Mensch und Maschine, bei der menschliche Stärken wie Kreativität, Empathie und Intuition mit künstlicher Intelligenz, Datenanalyse und Robotik kombiniert werden.[224]

Sämtliche Produktrohlinge werden in einer intelligenten Fabrik mit Funkerkennungschips ausgestattet, die auf der Radiofrequenz-Identifikation (RFID) basieren. Diese bestehen aus einem Chip mit Prozessor und Datenspeicher sowie einer Antenne und können mit oder ohne eigene Stromversorgung betrieben werden. Im Gegensatz zum Barcode ist bei RFID-Transpondern keine Sichtverbindung zwischen Lesegerät und Etikett erforderlich. Dadurch lassen sich mehrere Produkte gleichzeitig in einem einzigen Lesevorgang erfassen. Ausnahmen bilden Metalle und Flüssigkeiten, da sie elektromagnetische Wellen abschirmen. In solchen Fällen wird der RFID-Transponder beispielsweise am Transportbehälter angebracht.[225]

Auf diese Weise können Gegenstände entlang der gesamten Lieferkette berührungslos identifiziert, gesteuert und verfolgt werden. Das entstehende Produkt wird dadurch zum intelligenten Objekt, das seine Fertigung selbst steuern und seinen Bearbeitungsstand dokumentieren kann. Es teilt den Maschinen mit, welche Bearbeitungsschritte erforderlich sind, und kennt seinen späteren Bestimmungsort. So lassen sich selbst kleinste Losgrößen wirtschaftlich herstellen und individuelle Kundenwünsche bedarfsgerecht umsetzen.[226] Dies stellt traditionelle Fabrikationskonzepte infrage, die auf Skaleneffekte durch Massenproduktion ausgerichtet sind.

Im Rahmen von Industrie 4.0 kommen zunehmend **additive Fertigungsverfahren** wie 3D-Druck, Rapid Prototyping oder Rapid Manufacturing zum Einsatz. Im Gegensatz zu abtragenden (subtraktiven) Verfahren wie Drehen, Bohren oder Fräsen wird das Werkstück dabei nicht aus einem Rohmaterial herausgearbeitet, sondern schrittweise Schicht für Schicht aufgebaut. Mithilfe eines Laserstrahls werden dazu feine Pulver aus Metall, Kunststoff oder Verbundwerkstoff zu Prototypen, Bauteilen oder fertigen Produkten verschmolzen. So lassen sich geometrisch komplexe Strukturen schnell und kostengünstig herstellen.[227] Je mehr Komponenten sich im 3D-Druck erzeugen lassen, desto stärker können Industrieunternehmen ihre benötigten Bauteile selbst produzieren und damit die eigene Wertschöpfungstiefe erhöhen.[228]

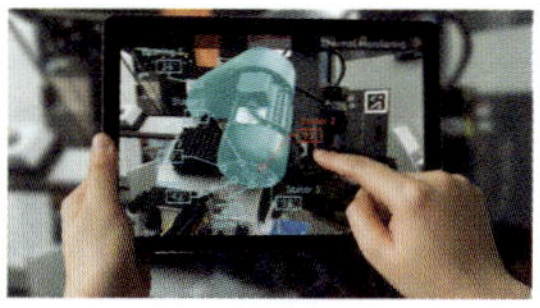

Augmented-Reality-Systeme überlagern die reale Umgebung des Anwenders mit digitalen Informationen, die in dessen Sichtfeld eingeblendet werden. Diese computergestützte Erweiterung der Realität kann zur situativen Unterstützung bei komplexen manuellen Tätigkeiten dienen, etwa bei der Reparatur einer Maschine oder bei einer Gehirnoperation. Head-up-Displays projizieren Informationen auf eine transparente Anzeige im Sichtfeld des Nutzers, während Head-Mounted-Displays sie mithilfe einer Datenbrille direkt vor den Augen einblenden.[229]

Auch sämtliche Fertigungsanlagen, Transporteinheiten, Roboter sowie Förder- und Lagersysteme kommunizieren miteinander und werden so zu **sozialen Maschinen** (Machine-to-Machine, kurz: M2M). Mithilfe intelligenter Softwareagenten verhandeln sie autonom, wer über freie Kapazitäten verfügt, und organisieren sich bei Ausfällen oder schwankender Nachfrage eigenständig. Sie übermitteln zudem Informationen über ihren Zustand, ihre Auslastung, mögliche Störungen oder anstehende Wartungen. So lassen sich Engpässe vermeiden und ungenutzte Kapazitäten besser ausschöpfen.[230] **KI-Agenten** verhandeln selbstständig über die Maschinenbelegung, um eine optimale Auslastung und minimale Umrüstzeiten zu erreichen. Industrie 4.0 steht damit für die Vision einer vollautomatisierten Fabrik, die im Gegensatz zur herkömmlichen Massenproduktion flexibel auf geänderte Kundenwünsche reagieren kann.[231]

Die intelligente Fabrik verspricht neben deutlichen Produktivitätssteigerungen und hoher Flexibilität zahlreiche weitere **Vorteile**. Fehler können frühzeitig erkannt und Ausschuss reduziert werden. Maschinen und Anlagen werden kontinuierlich über Sensoren überwacht, wodurch Wartungsmaßnahmen vorausschauend geplant und durchgeführt werden können (Predictive Maintenance). So lassen sich kostspielige Ausfälle vermeiden und die Anlagensicherheit erhöhen. Darüber hinaus können Transportrouten und Fahrzeugauslastungen optimiert, Warenströme nachverfolgt und der Energieverbrauch gesenkt werden. Eine intelligente Fabrik umfasst idealerweise nicht nur ein einzelnes Unternehmen, sondern integriert alle Partner entlang der Wertschöpfungskette. Die vertikale Vernetzung mit Lieferanten und Kunden verbessert die Wettbewerbsposition des gesamten Unternehmensnetzwerks. Kundenbestellungen werden in Echtzeit entlang der Lieferkette weitergeleitet, sodass alle Beteiligten wissen, welche Produkte in welcher Menge und zu welchem Zeitpunkt benötigt werden. Dadurch lassen sich Peitscheneffekte vermeiden, Lagerbestände reduzieren und die Gefahr von Lieferengpässen verringern.[232]

Auch in der Ära von Industrie 4.0 bleibt der Mensch ein zentraler Bestandteil der Wertschöpfung, da Maschinen sich (noch) nicht vollständig autonom steuern, optimieren und weiterentwickeln können. Die Produktionsmitarbeiter sind fest in den Prozess eingebunden und müssen vielseitig sowie flexibel einsetzbar sein. Sie greifen bei Bedarf in die Prozesssteuerung ein und überwachen Abläufe, Kapazitäten und die Produktqualität. Hochqualifizierte Spezialisten werden bei Installation, Bedienung, Optimierung und Wartung der cyber-physischen Systeme durch mobile, intelligente Assistenzsysteme unterstützt.[233]

Die enormen Fortschritte in der Robotik ermöglichen zunehmend die Überwindung des von *Hans Moravec* in den 1980er-Jahren formulierten **Paradoxons**: Demnach bewältigen Roboter zwar komplexe kognitive Aufgaben, scheitern jedoch an einfachen motorischen Tätigkeiten wie Gehen oder Greifen, die bereits Kleinkinder beherrschen.[234] Da der Bedarf an gering qualifizierten Arbeitskräften durch die Automatisierung komplexer Bewegungsabläufe weiter sinkt, dürften sie zu den Verlierern der vierten und fünften industriellen Revolution gehören.

Die enge Zusammenarbeit entlang der Wertschöpfungskette erfordert von den beteiligten Partnern großes Vertrauen und führt zu wechselseitigen Abhängigkeiten. Umso wichtiger sind eine verlässliche Systemsicherheit, die Vermeidung von Produktionsausfällen aufgrund von Netz- oder Stromunterbrechungen sowie der Schutz sensibler Daten. Im schlimmsten Fall könnten Hacker den Produktionsprozess lahmlegen oder vertrauliches Know-how stehlen.[235]

Abb. 7.3.10 verdeutlicht die **Merkmale einer intelligenten Fabrik**:[236]

- Alle Komponenten sind miteinander vernetzt.
- Der Rohling gibt der Maschine vor, wie er bearbeitet werden soll.
- Das Design ist kundenindividuell hinterlegt.
- Der Rohling findet eigenständig seinen Weg.
- Änderungen sind während der Produktion möglich.
- Bei Störungen finden Rohling und Maschinen gemeinsam alternative Lösungen.
- Das Endprodukt entscheidet selbst über Art und Form seiner Verpackung.
- Das Produkt organisiert selbst seinen Versand.

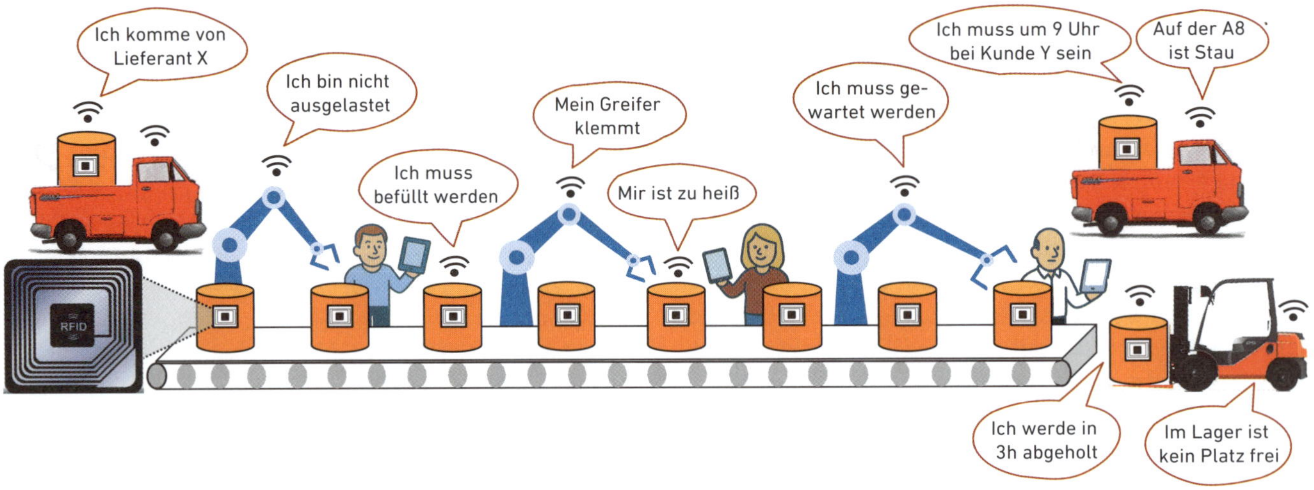

Abb. 7.3.10: In der intelligenten Fabrik kommunizieren Menschen, Maschinen, Ressourcen und Produkte[237]

Die Factory 56 von Mercedes-Benz

Flexibel, digital, effizient und nachhaltig: Die 2020 eröffnete *Factory 56* der *Mercedes-Benz Group AG* gilt als **modernste Automobilfabrik der Welt**. Der Name dieser neuen Montagehalle im *Mercedes-Benz* PKW-Werk Sindelfingen leitet sich aus der internen Nummer 56 ab. Ihre Grundfläche von 220.000 m^2 entspricht rund 30 Fußballfeldern. Konsequent und flächendeckend wurden dort innovative Technologien implementiert, die die mehr als 1.500 Mitarbeiter in ihrer täglichen Arbeit unterstützen. Die *Factory 56* produziert CO_2-neutral und verringert den Energiebedarf im Vergleich zu anderen Montagehallen um ein Viertel. Als Blaupause wird das Konzept sukzessive auf alle *Mercedes-Benz-Pkw-Werke* weltweit übertragen.

Die Produktion in der *Factory 56* zeichnet sich durch maximale **Flexibilität** aus: Dies betrifft sowohl die Anzahl produzierter Modelle und das Produktionsvolumen als auch den Materialfluss. Auf nur einer Ebene können Fahrzeuge verschiedenster Aufbauformen und Antriebsarten montiert werden – vom konventionellen bis zum vollelektrischen Antrieb. Die Halle ist so konzipiert, dass vom Kompaktfahrzeug bis zum SUV alle Modellreihen in kürzester Zeit in die laufende Produktion integrierbar sind. Dabei wird das klassische Fließband durch **Fahrerlose Transportsysteme (FTF)** abgelöst. Insgesamt sind mehr als 400 solcher Systeme im Einsatz.

Mercedes-Benz

Die *Factory 56* verfügt über eine digitale Infrastruktur mit einem leistungsfähigen WLAN und 5G-Mobilfunknetz. Maschinen und Anlagen sind in der gesamten Halle miteinander vernetzt. Digitale Technologien wie Virtual oder Augmented Reality machen die Serienproduktion flexibler und effizienter. Im Austausch mit Lieferanten und Transportdienstleistern werden zudem die Vorteile von Tracking und Tracing genutzt, wodurch Materialströme weltweit digital nachverfolgt werden können. Die *Factory 56* ist dabei völlig papierlos: Dank digitaler Ortung eines jeden Fahrzeugs auf der Linie werden die relevanten Daten in Echtzeit auf den Endgeräten der Mitarbeiter angezeigt, wodurch jährlich rund 10 Tonnen Papier eingespart werden.

7.3.3 Cloud Computing

Cloud Computing stellt IT-Ressourcen und weitgehend standardisierte Netzdienste bereit, die sogenannten Webservices. Eine Cloud kann entweder unternehmensintern oder durch einen externen Dienstleister betrieben werden. Die Serverressourcen sind zentral an einem oder mehreren Standorten gebündelt. Der Zugriff erfolgt jederzeit und ortsunabhängig über das Internet oder ein firmeneigenes Netzwerk. Dadurch lassen sich IT-Ressourcen flexibel und bedarfsgerecht bereitstellen, nutzen und abrechnen.[238]

Cloud Computing ermöglicht den bedarfsgerechten Zugriff auf interne oder externe IT-Ressourcen sowie Webservices über ein firmeneigenes Netzwerk oder das Internet.

Unternehmen können die Kapazitäten, die sie bei einem externen Dienstleister nutzen, je nach Bedarf anpassen. Im Gegensatz zu einem eigenen Rechenzentrum bietet ein solches **On-Demand-Computing** hohe Skalierbarkeit und Flexibilität. Die Cloud-Leistungen werden üblicherweise nutzungsabhängig abgerechnet (Pay-per-Use).[239] Da sich beim Cloud Computing viele Nutzer eine gemeinsame Infrastruktur teilen, ist dies meist kostengünstiger, als wenn ein Unternehmen die benötigten Ressourcen selbst vorhalten oder betreiben müsste. Bei der Nutzung von Cloud Services ist jedoch sicherzustellen, dass der Anbieter die Vertraulichkeit, Integrität, Sicherheit, Verfügbarkeit und den Schutz der gespeicherten Daten gewährleistet. Besonders kritisch ist, dass der Kunde häufig nicht weiß, auf welchem Server und in welchem Land seine Daten verarbeitet werden.[240]

Die **Geschäftsmodelle des Cloud Computings** lassen sich in drei Kategorien unterteilen:[241]

- **Infrastruktur-Cloud** (IaaS: Infrastructure as a Service): Das Angebot umfasst Rechenleistung, Speicherplatz, Netzwerke und Hardware-Ressourcen wie Server, Router sowie Archivierungs- und Backupsysteme. Der Kunde mietet diese standardisierten Leistungen und baut darauf eigene Dienste auf. Beispielsweise kann er externe Rechenleistung sowie Arbeits- und Datenspeicher nutzen und darauf ein Betriebssystem mit eigenen Anwendungen betreiben. Die IT-Infrastruktur wird virtuell und frei skalierbar bereitgestellt, sodass der Nutzer flexibel und bedarfsgerecht auf nahezu unbegrenzte Ressourcen zugreifen kann. Die Einsatzmöglichkeiten veranschaulicht das Praxisbeispiel *Amazon Web Services*.[242]
- **Plattform-Cloud** (PaaS: Platform as a Service): Dem Kunden wird eine Entwicklungs- und Laufzeitumgebung bereitgestellt, mit der er Webanwendungen mithilfe standardisierter Werkzeuge des Cloud-Dienstleisters programmieren und auf der Plattform betreiben kann. Ein Beispiel ist *Google App Engine*.[243]
- **Anwendungs-Cloud** (SaaS: Software as a Service): Der Kunde greift über das Internet auf Anwendungen zu, ohne sie lokal installieren zu müssen. Administration, Wartung und Betrieb der Software übernimmt der Anbieter. Dadurch kann der Kunde stets die aktuelle Programmversion nutzen. Die Abrechnung erfolgt zeit- oder nutzungsabhängig. Beispiele sind *SAP S/4HANA* oder *Salesforce Customer 360*, eine integrierte CRM-Plattform. Mit einem Marktanteil von knapp 10 % im Jahr 2024 ist *Salesforce* der führende Anbieter im SaaS-Bereich, gefolgt von *Microsoft* mit rund 8,7 %.[244] *Microsoft 365* umfasst Office-Anwendungen, die Konferenzsoftware Teams, Cloud-Speicher, Geräteverwaltung und Sicherheitsfunktionen. Die Nutzung ist betriebssystemunabhängig über den Webbrowser auch auf mobilen Endgeräten möglich. In der Regel erfolgt die Abrechnung über ein monatliches Abonnement.[245] Viele große Softwareanbieter wie *Microsoft*, *SAP*, *Oracle* oder *Salesforce* bieten ihre Programme zunehmend als SaaS an.

Auf Basis dieser drei grundlegenden Modelle werden zahlreiche spezialisierte **Cloud-Dienste** angeboten:

- Auf einer **Funktions-Cloud** (FaaS: Function as a Service) wird eine vom Kunden erstellte Programmfunktion gespeichert und nur dann ausgeführt, wenn sie benötigt wird. Ein Beispiel ist ein Online-Shop, bei dem die Kaufabwicklung erst startet, wenn der Käufer seine Bestellung durch Anklicken bestätigt. Der Kunde zahlt nur für die Zeit, in der sein Programmcode in der Cloud aktiv ist, und benötigt keine eigenen Server. Daher wird FaaS auch als *Serverless Computing* bezeichnet. Ein Beispiel ist *Google Cloud Run Functions*.[246]
- In einer **Daten-Cloud** (DaaS: Data as a Service) können Unternehmen ihre Daten verarbeiten und nutzen, ohne hierfür eigene Speicherinfrastrukturen aufbauen und betreiben zu müssen. Die Daten sind jederzeit verfügbar und können teilweise in Echtzeit abgerufen werden. Die Abrechnung erfolgt meist nach dem übertragenen Datenvolumen. Ein Beispiel ist *Snowflake*.[247]
- Mithilfe einer **Blockchain-Cloud** (BaaS: Blockchain-as-a-Service) lässt sich die Blockchain-Technologie ohne hohe Einstiegskosten und mit geringem Risiko für eigene Anwendungen oder intelligente Verträge nutzen. Ein Beispiel ist *SAP Leonardo*, mit dem das Blockchain-Rahmenwerk *Hyperledger* über die *SAP Cloud Platform Blockchain* an *S/4HANA* und damit an die Unternehmensprozesse angeschlossen werden kann.[248]
- Eine **KI-Cloud** (AIaaS: AI as a Service) ermöglicht die Nutzung von KI-Funktionen, ohne in eigene Entwicklung oder Infrastruktur investieren zu müssen. Beispiele sind *Google Cloud AI* für die Bild- und Texterkennung sowie die *GPT-API* von *OpenAI* für den Zugriff auf leistungsstarke Sprachmodelle, die unter anderem in *ChatGPT* verwendet werden.

- **Cyberkriminalitäts-Clouds** (CaaS: Cybercrime-as-a-Service) ermöglichen es technisch wenig versierten Kriminellen, online Straftaten zu begehen, wie etwa durch den Betrieb von Fake-Shops, Phishing-Angriffe oder Erpressungen mittels Ransomware.

Die Bereitstellung von Cloud-Leistungen hängt davon ab, wie der Zugriff erfolgt und wie stark sie in die eigene IT-Infrastruktur eingebunden sind. Eine **Public Cloud** ist öffentlich zugänglich und richtet sich an die breite Allgemeinheit. **Private Clouds** werden dagegen zur Erfüllung der Anforderungen an Datenschutz und -sicherheit ausschließlich für ein einziges Unternehmen eingerichtet und meist von diesem selbst betrieben. Eine Mischform ist die **Hybrid Cloud**, bei der unkritische Daten und Anwendungen über öffentliche Anbieter laufen, während kritische Vorgänge in einer privaten Cloud verbleiben. **Community Clouds** sind eine Sonderform der Private Cloud, die von mehreren Unternehmen gemeinsam genutzt wird, beispielsweise für die kooperative Zusammenarbeit. Die gleichzeitige Nutzung von Cloud-Diensten mehrerer Anbieter wird als **Multi Cloud** bezeichnet.[249]

Cloud Computing von Amazon Web Services

Das zum *Amazon-Konzern* gehörende Unternehmen *Amazon Web Services (AWS)* ist mit einem Umsatz von rund 108 Mrd. US-Dollar der weltweit führende Anbieter im Bereich Infrastruktur- und Plattform-Clouds. *AWS* bietet eine breite Palette an Leistungen in den Bereichen Datenverarbeitung, Speicher, Datenbanken, Analyse, Anwendungsbetrieb und Bereitstellung. Der weltweite Marktanteil von *AWS* betrug 2024 bei Infrastruktur- und Plattform-Clouds rund 32 %. Damit lag *AWS* deutlich vor seinen beiden Hauptkonkurrenten *Microsoft Azure* (23 %) und *Google Cloud* (11 %).[250] Die Sicherheit von Anwendungen und Daten wird durch eine regional verteilte Infrastruktur und umfassende Überwachungssysteme gewährleistet. Für die Rechenzentren von *AWS* wurden begehbare, weitgehend autonome Containersysteme entwickelt, die modular aufgebaut sind und sich flexibel erweitern lassen.[251]

Aufgrund seiner mehr als vier Millionen aktiven Geschäftskunden kann *AWS* seine Rechenzentren deutlich effizienter betreiben als einzelne Unternehmen. Die Kunden können dadurch ihre IT-Kosten senken und die benötigte Rechenleistung flexibel dem tatsächlichen Bedarf anpassen. So wird beispielsweise bei aufwendigen Modellrechnungen, etwa für eine Ölbohrung oder den Neubau einer Fabrik, die benötigte Rechenleistung nur für einen kurzen Zeitraum gemietet. Zu den Kunden zählen Unternehmen jeder Größenordnung: von Start-ups über Großkonzerne bis hin zu öffentlichen Organisationen. Zum *AWS*-Partnernetzwerk gehören Tausende Systemintegratoren, die Unternehmen bei der Planung, Umsetzung und Integration von *AWS*-Lösungen unterstützen, sowie Zehntausende unabhängige Softwareanbieter, die ihre Anwendungen über den *AWS Marketplace* bereitstellen.

Einer der größten Kunden von *AWS* ist der Technologiekonzern *Apple*, der seine digitalen Angebote, wie etwa *iCloud*, *Apple Music* oder den *App-Store*, anteilig bei *AWS* betreibt und hierfür schätzungsweise jährlich rund 360 Mio. US-Dollar bezahlt.[252] Der Video-on-Demand-Anbieter *Netflix*, dessen über 230 Millionen Abonnenten täglich mehr als 125 Millionen Stunden Videos ansehen, nutzt mehr als 100.000 *AWS*-Server und zahlt dafür jährlich rund 330 Mio. US-Dollar. Für den weltgrößten Zimmervermittler *Airbnb* betreibt *AWS* die technische Infrastruktur zur Verarbeitung von über 8 Millionen Inseraten in 220 Ländern. Zu den Kunden von *AWS* gehören auch die sozialen Netzwerke *LinkedIn* und *Facebook*, der Konsumgüterkonzern *Unilever*, der Ölkonzern *Shell*, die chinesische Suchmaschine *baidu*, der Mikroblogging-Dienst *X* und das Internet-Reisebüro *Expedia*. Weitere bekannte Kunden sind *BMW, Disney, General Electric, BBC, McDonald's, NASA, Novartis, Pfizer, Philips, Pinterest, Reddit, Samsung, SAP* und *Siemens*.

7.3.4 Künstliche Intelligenz

Keine andere Technologie verändert unsere Welt derzeit so tiefgreifend wie die künstliche Intelligenz (KI), die in den vergangenen Jahren enorme Fortschritte gemacht hat. Was einst als Utopie galt, ist heute Teil unseres Alltags: Die KI beantwortet Fragen, erkennt Bilder, analysiert Daten und lernt täglich dazu. Für *Sundar Pichai*, CEO von *Google*, ist sie die bedeutendste technologische Entwicklung der Neuzeit, folgenreicher als die industrielle Automatisierung oder die Erfindung des Internets.[253]

Auch in den Unternehmen ist KI nicht mehr wegzudenken. Anwendungsbeispiele sind Chatbots im Kundenservice, maschinelle Forecasts, sprachgesteuerte Assistenten, automatisierte Personalauswahl oder vorausschauende Wartung. Künftig sollen **kollaborative Roboter** (Collaborative Robots, kurz: Cobots) eng mit Menschen zusammenarbeiten und so die fünfte industrielle Revolution einleiten (vgl. Kap. 7.3.2). Mithilfe kognitiver Robotik agieren sie intelligent und eigenständig, um dem Fachkräftemangel zu begegnen. Treiber des KI-Fortschritts sind riesige Mengen überwiegend unstrukturierter Daten (Big Data), leistungsfähige Algorithmen zur Echtzeitanalyse (Business Analytics) sowie der starke Zuwachs an Rechenleistung gemäß dem *Mooreschen Gesetz* (Kap. 7.3.1).[254] Begrenzt wird das Wachstum der KI allerdings durch die eingeschränkte Verfügbarkeit leistungsstarker Chips, den extremen Stromverbrauch der Rechenzentren und die enormen Entwicklungskosten, denen bislang nur vergleichsweise geringe Einnahmen gegenüberstehen.[255]

Ein Pionier der künstlichen Intelligenz war der Mathematikprofessor *John McCarthy*, der den Begriff Mitte der 1950er-Jahre prägte. Gemeinsam mit *Marvin Minsky* gründete er 1959 das *MIT Artificial Intelligence Laboratory* und legte damit die Grundlage für die moderne KI-Forschung.[256] Künstliche Intelligenz soll danach Maschinen in die Lage versetzen, Handlungen durchzuführen, die bislang dem Menschen vorbehalten waren.[257] Dies gilt insbesondere für den Umgang mit unvorhersehbaren Entwicklungen und mehrdeutigen Situationen sowie für die Fähigkeit, aus Erfahrungen zu lernen und das eigene Handeln entsprechend anzupassen. Während ein Mensch beim Autofahren eine Gefahrensituation schnell erfassen und intuitiv reagieren kann, haben intelligente Fahrassistenzsysteme noch Schwierigkeiten, komplexe Verkehrssituationen in Echtzeit zu bewältigen.[258]

Nach dem britischen Mathematiker *Alan Turing* gilt eine Maschine dann als intelligent, wenn der Mensch nicht mehr erkennt, dass er mit einer KI kommuniziert.[259] Beim sogenannten *Turing-Test* unterhalten sich eine oder mehrere Personen über Textnachrichten sowohl mit einem Menschen als auch mit einer Maschine. Können die Testpersonen nach etwa fünf Minuten bei mehr als 30 % der Gespräche oder Sitzungen nicht korrekt erkennen, wer der Mensch ist, hat die Maschine den Test bestanden.[260] Der Test wird allerdings als nicht hinreichend kritisiert, da er sich nur auf die Fähigkeit zur Nachahmung menschlicher Konversation beschränkt. Generative Sprachmodelle wie *ChatGPT* bestehen den *Turing*-Test bereits bei kurzen, oberflächlichen Gesprächen. Bei tiefergehenden Unterhaltungen scheitern sie jedoch am fehlenden Verständnis für den Gesprächsinhalt.

Menschen können sich neues Wissen durch Lernen aneignen und daraus kreative Problemlösungen entwickeln (vgl. Kap. 7.1.3). Sie nehmen Informationen mithilfe ihrer fünf Sinne wahr und können darin Muster und Zusammenhänge erkennen. Kognitive Prozesse dienen dabei zur Verarbeitung unstrukturierter Daten wie Texte, Bilder und Videos sowie zur Interpretation unsicherer oder mehrdeutiger Informationen. Die Entwicklung einer KI, die über ähnliche kognitive Fähigkeiten wie der Mensch verfügt, wird als **Cognitive Computing** bezeichnet.[261] Im Jahr 2025 bestand erstmals ein KI-Modell auf Basis von *OpenAIs Model o3* den *Abstraction and Reasoning Corpus Test* (ARC-Test). Dieser umfasst eine Vielzahl visueller und logischer Aufgaben. Dabei gilt es, Muster zu erkennen, Regeln abzuleiten und diese auf neue Probleme zu übertragen, was bislang nur dem Menschen möglich war.[262]

Eine **künstliche Intelligenz (KI)** erledigt Aufgaben, die kognitive Fähigkeiten erfordern und bislang dem Menschen vorbehalten waren. Durch maschinelles Lernen kann sie ihre Fertigkeiten kontinuierlich verbessern und erweitern.

Nach der **Einsatzbreite** wird die künstliche Intelligenz unterteilt in:[263]

- **Enge oder angewandte KI** (ANI: Artificial Narrow Intelligence) löst konkrete Aufgaben mithilfe spezialisierter Algorithmen und verbessert ihre Leistung durch das Lernen aus neuen Daten. Allerdings ist sie nicht in der Lage, diese Erkenntnisse auf andere Themenfelder zu übertragen. Typische Anwendungsbeispiele sind die Text- und Spracherkennung sowie die Analyse von Röntgenbildern zur Tumorerkennung.
- **Allgemeine KI** (AGI: Artificial General Intelligence) erkennt Muster, Regeln und Zusammenhänge, um Probleme zu lösen, und überträgt dieses Wissen eigenständig auf neue Aufgaben. Ihr anpassungsfähiges Problemlösungsvermögen ähnelt dem des Menschen.

Nach den **kognitiven Fähigkeiten** lassen sich unterscheiden:[264]

- **Schwache KI** (Weak AI) ahmt intelligentes Verhalten bei der Lösung spezifischer Aufgaben nach, ohne die zugrunde liegenden Muster, Regeln oder Zusammenhänge zu verstehen. Die Problemlösung erfolgt auf Basis vorgegebener Algorithmen. Ein Beispiel ist ein Chatbot, der auf bestimmte Eingaben mit standardisierten Antworten reagiert.
- **Starke KI** (Strong AI) besitzt intellektuelle Fähigkeiten, die denen eines Menschen entsprechen oder diese über-

treffen. Sie lässt sich auf beliebige Themen anwenden und ist in der Lage, sämtliche menschlichen kognitiven Handlungen auszuführen, einschließlich der Fähigkeit zu logischem Denken und zum Treffen eigenständiger Entscheidungen.

Angewandte und allgemeine KI dürfen nicht mit schwacher und starker KI gleichgesetzt werden, da sie unterschiedliche Aspekte beschreiben. Eine angewandte KI unterstützt zwar nur einen bestimmten Einsatzbereich, kann aber schwach oder stark sein. Bislang gibt es weder eine allgemeine noch eine starke KI. Heutige Systeme unterstützen den Menschen lediglich in einzelnen Anwendungsbereichen. Derzeit wird mit Hochdruck daran geforscht, eine allgemeine KI zu entwickeln. Eine jedem Menschen überlegene und eigenständig handelnde Superintelligenz (ASI: Artificial Superintelligence) gehört hingegen in den Bereich der Science-Fiction.

Maschinelles Lernen

Eine besondere Stärke menschlicher Intelligenz ist die Adaptivität. Der Mensch kann sein Verhalten durch Lernen an verschiedene Situationen anpassen. Menschen können allerdings nur wenige Informationen gleichzeitig verarbeiten. Darüber hinaus sind sie vergesslich und voller Vorurteile. Diese Schwächen soll die KI überwinden.[265] Maschinelles Lernen umfasst verschiedene Verfahren der Mustererkennung, die auf Statistik und mathematischer Optimierung basieren. Dabei werden Entscheidungsregeln aus vorhandenen Daten abgeleitet, die durch zusätzliche Informationen laufend verbessert werden. Die Handlungen der künstlichen Intelligenz sind nicht vorprogrammiert, sondern werden aus den Daten erlernt. Dies können beispielsweise Texte, Bilder, Sprachnachrichten, Sensordaten oder Unternehmenskennzahlen sein. Dadurch lässt sich etwa ableiten, welche Variablen eine Kaufentscheidung beeinflussen. Für das Training und die Optimierung der Algorithmen sind sowohl eine hohe Rechnerleistung als auch Big Data erforderlich (vgl. Kap. 7.3.1).[266] Allerdings sollten die Ergebnisse nicht unreflektiert übernommen werden, da manche Zusammenhänge auch vage oder zufällig sein können. Maschinelles Lernen liefert lediglich Korrelationen, deren Interpretation weiter in der Verantwortung des Menschen liegt.[267]

Es gibt drei **Arten maschinellen Lernens**:[268]

- **Überwachtes Lernen (Supervised learning)**: Die KI wird auf Basis einer Vielzahl an Eingabedaten durch einen Menschen trainiert, um eine Verbindung zu den Ausgabedaten herzustellen. Dies könnten beispielsweise Bilder von Tieren und deren Namen sein oder die Verknüpfung von Preisen und Umsätzen. Die Daten müssen vorher aufbereitet und das Trainingsziel festgelegt werden. Durch wiederholtes Lernen mit unterschiedlichen Ein- und Ausgabedaten erkennt die KI statistische Zusammenhänge, mit denen sie neue Eingaben eigenständig verarbeiten und passende Ergebnisse ableiten kann. Die Zielwerte können aus einer endlichen oder unendlichen Menge stammen. Bei einer endlichen Menge an Zielwerten erfolgt eine Klassifikation nach Kategorien. Beispielsweise könnte die KI dann auf Fotos verschiedene Tiere identifizieren und zuordnen, wie etwa Hund, Katze oder Maus. Ein Anwendungsbeispiel wäre etwa die Erkennung von Verkehrszeichen durch ein Fahrassistenzsystem oder die Gesichtserkennung bei der Videoüberwachung. Bei Ausgabewerten aus einer unendlichen Menge wird die Regression verwendet, um die Ergebnisse basierend auf den Eingabedaten vorherzusagen. Ein Beispiel wäre die Prognose des Umsatzes eines Unternehmens. Durch den Vergleich zwischen ermittelten und tatsächlichen Ausgabewerten erhält die KI ein Feedback. Durch das Lernen aus Fehlern nimmt etwa die Erkennungsrate der Tiere oder die Genauigkeit der Umsatzprognose zu. Überwacht werden nur die Trainingsläufe und nicht der produktive Einsatz der KI. Diese Form des Lernens hat kein biologisches Vorbild, ist aber sehr effizient. Eine Sonderform des überwachten Lernens ist das **selbstüberwachte Lernen (Self-supervised learning)**. Dabei werden die Klassifizierungen oder Zielwerte automatisch aus den vorhandenen Daten generiert, ohne dass diese vorher manuell zugewiesen werden. Es wird beispielsweise in großen Sprachmodellen verwendet, wobei der Kontext eines Textes dazu genutzt wird, fehlende Wörter vorherzusagen.
- **Unüberwachtes Lernen (Unsupervised learning)** wird angewendet, wenn die Bedeutung der Daten unklar ist. Der Datenbestand wird im Vorfeld nicht aufbereitet, sondern die KI sucht darin ohne Zielvorgabe nach Ähnlichkeiten, um unbekannte Muster zu erkennen. Eine Anwendung ist beispielsweise die Cluster-Analyse als unbeaufsichtigtes Klassifikationsverfahren, bei dem die Daten in Gruppen (Cluster) geordnet werden sollen. Art und Umfang der Klasseneinteilungen sind allerdings vorher unbekannt. Bei der Analyse beliebiger Tierbilder würde die KI die Tiere nach deren Ähnlichkeit nach Hunden, Katzen und Mäusen gruppieren. Allerdings kann die KI diese Klassen nicht benennen, da diese Tierkategorien noch nicht festgelegt wurden. Die inhalt-

liche Beschreibung der Kategorien erfolgt dann durch den Menschen. Eine betriebliche Aufgabenstellung wäre etwa die Gruppierung von Kunden nach deren Kaufverhalten. Ein Anwendungsgebiet ist auch die Bestimmung von Assoziationen, also Regeln für die Beschreibung eines Teils der Daten, wie etwa Personen, die sowohl Produkt X als auch Y kaufen. Unbeaufsichtigtes Lernen kann auch dazu dienen, in den Daten bestimmte Anomalien zu erkennen, die etwa auf einen Fehler im Produktionsprozess oder auf den Ausfall einer Maschine hindeuten. Unbeaufsichtigtes Lernen kommt beispielweise beim Data Mining im Rahmen der Ursachenanalyse (Diagnostic Analytics) zum Einsatz (vgl. Kap. 7.3.1).

- **Bestärkendes Lernen** (Reinforcement learning) funktioniert durch Ausprobieren nach dem Prinzip von Versuch und Irrtum (Trial-and-Error). In der Trainingsphase wird zielführendes Verhalten belohnt, während unerwünschte Aktionen ignoriert oder bestraft werden. Das Feedback erfolgt ähnlich wie beim menschlichen Lernen erst nach der Ausführung einer Aktion. Das Ziel ist dabei vorgegeben, aber nicht der Weg, auf dem es erreicht werden soll. Beispielsweise werden der KI nur die Regeln des Schachspiels beigebracht und diese lernt dann aus den Ergebnissen der absolvierten Spiele gegen sich selbst oder einen menschlichen Gegner, ihre Spielstrategie schrittweise zu verbessern. In Anwendungsgebieten, in denen die kognitive Leistung nach festen Regeln erfolgt und gemessen werden kann, ist die KI dem Menschen bereits überlegen.[269] Als letzter Meilenstein konnte 2015 die von *DeepMind* entwickelte KI *AlphaGo* die besten Spieler im Go schlagen. Mit einer möglichen Zahl von 10^{171} Partien ist es das komplexeste Brettspiel der Welt. *AlphaGo* wurde zunächst nach dem Prinzip des überwachten Lernens mit einer riesigen Menge an dokumentierten Spielen trainiert, bevor es durch bestärkendes Lernen seine Fähigkeiten perfektionierte, indem es Millionen Partien gegen sich selbst spielte.[270]

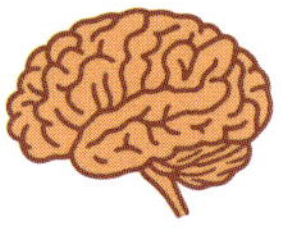

Für das maschinelle Lernen werden häufig **künstliche neuronale Netze (KNN)** eingesetzt, welche auf der Struktur und Funktionsweise des menschlichen Gehirns basieren.[271] Das Gehirn besteht nicht aus einem zentralen Speicher, sondern einer Vielzahl durch Synapsen verbundener Nervenzellen, den sogenannten Neuronen, die untereinander Informationen austauschen. Ein KNN verfügt über Hundertausende oder Millionen solcher künstlicher Neuronen als kleine Recheneinheiten. Da diese in mehreren Schichten angeordnet sind, spricht man vom tiefen Lernen (**Deep Learning**). Beim maschinellen Lernen wird die Stärke der neuronalen Verbindungen schrittweise angepasst, um Muster besser identifizieren und präzisere Vorhersagen treffen zu können. Einsatzbeispiele sind die Erkennung von Objekten oder Personen, die Routenoptimierung in der Logistik, Sprach- und Bildverarbeitung, autonomes Fahren oder die Entwicklung von Medikamenten. Darüber hinaus ermöglichen sie die Erstellung sogenannter *Deepfakes*, also manipulierter Bilder, Videos oder Audiodateien, die täuschend echt wirken. Das Training eines KNN ist äußerst rechenintensiv und erfordert große Datenmengen, die aus Kosten- und Datenschutzgründen zunehmend synthetisch erzeugt werden. Aufgrund der vielen Hundert Zwischenschichten und der enormen Zahl an Verknüpfungen zwischen den künstlichen Neuronen sind die Entscheidungen der KI allerdings für den Menschen kaum nachvollziehbar, was als *Blackbox-Phänomen* bezeichnet wird. Da dies das Vertrauen in die Antworten der KI beeinträchtigen kann, zielt **erklärbare KI** (Explainable AI, kurz: XAI) darauf ab, die Entscheidungsprozesse der KI transparenter zu machen.[272]

Durch **automatisches Schlussfolgern oder Beweisen** (Automated Reasoning) soll die KI aus vorhandenen Informationen logische Folgerungen ableiten. Dies kann auf verschiedene **Arten** erfolgen:[273]

- **Deduktiv** wird aus allgemeinen Regeln oder Annahmen auf einzelne Fälle geschlossen: „Alle Vögel haben Federn (Allgemeine Regel). Ein Papagei ist ein Vogel (Spezifischer Fall). Daher hat ein Papagei auch Federn (Schlussfolgerung)." Beispielsweise werden aus allgemeinen Merkmalen für erfolgreiche Unternehmen, wie etwa hohe F&E-Aufwendungen, die Erfolgsaussichten eines einzelnen Unternehmens beurteilt.
- **Induktiv** werden aus spezifischen Beobachtungen allgemeine Regeln abgeleitet: „In mehreren Umfragen gaben über 80 % der Teilnehmer an, dass sie das neue Produkt mögen (Beobachtung). Wahrscheinlich finden deshalb die meisten unserer Kunden das neue Produkt gut (Schlussfolgerung)". In der Finanzwirtschaft wird etwa durch die Analyse historischer Börsendaten die zukünftige Entwicklung einer Aktie vorhergesagt.
- **Abduktiv** wird nach der plausibelsten Erklärung für eine Beobachtung gesucht: „Es beschweren sich viele Kunden über die Qualität des Produkts (Beobachtung). Wahrscheinlich gibt es Probleme in der Fertigung (Schlussfolgerung)." In der Medizin wird etwa auf Basis der Symptome und Untersuchungsdaten die Krankheit eines Patienten diagnostiziert.

Sprachassistenten und Chatbots

Die **Verarbeitung natürlicher Sprache** (NLP – Natural Language Processing) befasst sich mit dem Verstehen sowie der Semantik von Wörtern und Sätzen, der Klassifizierung von Texten, der korrekten Aussprache und Betonung sowie der Syntaxanalyse. Künstliche Intelligenz soll dadurch sowohl gesprochene als auch geschriebene Sprache inhaltlich richtig interpretieren. Die Schwierigkeit besteht dabei in der Mehrdeutigkeit der menschlichen Sprache, da die Bedeutung einzelner Wörter häufig vom Kontext abhängt. Darüber hinaus sind bei der Erkennung gesprochener Sprache etwa unterschiedliche Aussprachen und Betonungen sowie die Vielzahl an Dialekten eine besondere Herausforderung. Das Ziel ist es, die Kommunikation zwischen Mensch und Maschine durch natürliche Sprache zu ermöglichen und auf diese Weise persönlicher und intuitiver zu gestalten. Dies kann etwa im Kundenservice zur Lösung von Störungsfällen, im Vertrieb zur Kundenberatung, im Personalbereich zur Vorauswahl von Bewerbern oder zur Einschätzung von Stimmungsbildern in sozialen Netzwerken eingesetzt werden.[274]

Sprachassistenten (Voice Assistants) verstehen die menschliche Sprache und interagieren über synthetisierte Stimmen mit dem Benutzer. Bekannte Beispiele sind *Siri* von *Apple*, *Alexa* von *Amazon* oder *Googles Assistant*. Benutzer können Fragen stellen, Geräte per Sprache steuern und E-Mails oder Kalender mit verbalen Befehlen verwalten.[275] Auf diese Weise lassen sich in den Unternehmen mündliche Anfragen der Aufgaben- und Entscheidungsträger unter Rückgriff auf riesige Datenmengen in Echtzeit beantworten.[276] In der Praxis sind darüber hinaus automatisierte Textdialogsysteme als **Chatbots** im Einsatz. Der Name setzt sich aus „Chat" und „(Ro)bot" zusammen. Sie bestehen meist aus einem Avatar als visuellem Erscheinungsbild, einer Dialogmaske für Texte sowie einem NLP-System, das die Eingaben analysiert und dazu passende Antworten in einer Datenbank sucht. Dies gibt den Anwendern die Illusion, mit einer realen Person zu kommunizieren. Das Spektrum reicht von einfachen Frage-/Antwort-Systemen bis hin zu interaktiven **KI-Assistenten**, die in der Lage sind, offen formulierte Fragen zu verstehen und zu beantworten.[277] Ein Beispiel ist *SAP Joule*, das direkt in zentrale *SAP*-Anwendungen wie *S/4HANA* eingebunden ist und Nutzer durch intelligente Vorschläge, automatisierte Analysen und kontextbezogene Empfehlungen in Bereichen wie Controlling, Personalwesen, Beschaffung und Finanzmanagement unterstützt. Während KI-Assistenten auf Anfragen reagieren, handeln **KI-Agenten** eigenständig. Sie überwachen Abläufe und leiten bei Bedarf Maßnahmen ein. Ein Beispiel ist der *Agentforce Service Agent* des führenden Cloud-CRM-Anbieters *Salesforce*, der rund um die Uhr Anfragen in natürlicher Sprache entgegennimmt und automatisiert im Dialog beantwortet.

Ein Chatbot als virtueller Freund

Der KI-Chatbot *Replika* simuliert als persönlicher Gesprächspartner emotionale Intelligenz. Er reagiert empathisch und verständnisvoll wie ein guter Freund.[278] Aussehen und Name des Avatars sowie dessen Persönlichkeit lassen sich individuell konfigurieren. So kann er sich beispielsweise freundlich, nachdenklich oder humorvoll verhalten. Der Chatbot passt sich den eigenen Sprachgewohnheiten an und stellt mit zunehmender Nutzungsdauer immer persönlichere Fragen. Dadurch bauen die Anwender eine emotionale Bindung auf. Die virtuellen Unterhaltungen können etwa depressiven Menschen helfen. 80 % der Nutzer geben an, dass sie sich nach einem Gespräch mit der KI besser fühlen.[279] Manche Nutzer dieser sogenannten Companion-Apps entwickeln sogar eine romantische Beziehung zur KI, was bei psychisch labilen Personen jedoch problematisch sein kann. Um den Schutz der persönlichen Gesprächsdaten sicherzustellen, werden sie bei der Übertragung verschlüsselt und anonymisiert verarbeitet.

Generative künstliche Intelligenz

Eine neue Ära künstlicher Intelligenz ist die **generative KI** (GenAI), die eigenständig Texte, Bilder, Musik, Videos oder virtuelle Welten erzeugt. Beispiele sind *ChatGPT*, *DALL-E* oder *Jukebox*. Hierzu nutzt die KI ein sogenanntes **Basismodell** (Foundation Model). Dabei handelt es sich um ein künstliches neuronales Netzwerk, das vorab mit riesigen Mengen an Daten aus unterschiedlichen Quellen trainiert wurde, um Zusammenhänge zu verstehen, Muster zu erkennen und daraus eigene Schlüsse zu ziehen. Basismodelle können aus Billionen verschiedener Parameter bestehen und für verschiedene Anwendungsbereiche genutzt werden. Manche sehen in ihnen eine erste Stufe auf dem Weg zur Entwicklung einer allgemeinen künstlichen Intelligenz (AGI), obwohl sie derzeit noch weit von den geistigen Fähigkeiten eines Menschen entfernt sind. Die generative KI macht derzeit rasante Fortschritte: Die großen Technologiekonzerne *Microsoft*, *Meta*, *Amazon* und *Alphabet* investierten 2024 rund 200 Milliarden US-Dollar in die Entwicklung neuer Basismodelle sowie in den Ausbau und Betrieb der hierzu erforderlichen Infrastruktur.[280]

Ein typisches Beispiel für Basismodelle sind **große Sprachmodelle** (LLM: Large Language Model), die mit umfangreichen Texten aus Büchern, Artikeln und Webseiten trainiert werden. Durch selbstüberwachtes Lernen werden darin Muster und Zusammenhänge zwischen Wörtern, Satzstrukturen und Kontexten identifiziert. Auf dieser Basis erzeugt die KI neue Texte, indem sie mithilfe von Wahrscheinlichkeiten das nächste Wort in einem Satz vorhersagt. Die Qualität der generierten Antworten wird durch menschliches Feedback im Rahmen von bestärkendem Lernen optimiert.

Ende 2022 präsentierte *OpenAI* mit **ChatGPT** erstmals einen auf dem Sprachmodell *GPT-3.5* (Generative Pre-trained Transformer) basierenden Chatbot. Dieser erreichte innerhalb weniger Wochen bereits 100 Millionen Nutzer – keine andere Innovation verbreitete sich jemals so rasant. Bis Mitte 2025 stieg die Zahl der wöchentlichen Nutzer auf rund 700 Millionen, die täglich über 2,5 Milliarden Anfragen stellen. Während das Basismodell *GPT* die grundlegende Fähigkeit zur Sprachverarbeitung und Texterzeugung bereitstellt, ist *ChatGPT* die darauf aufbauende Anwendung mit Benutzeroberfläche und Zusatzfunktionen. Bedeutsame Konkurrenten von *ChatGPT* sind *Meta AI*, *Google Gemini* und das chinesische *DeepSeek*. *Microsoft* ist hingegen strategischer Partner von *OpenAI* und integriert *ChatGPT* in eigene Produkte, wie zum Beispiel in den *Microsoft Copilot* für *Windows 11* und *Microsoft 365*.

Das Training dieser Sprachmodelle erfordert enorme Rechenleistung und verursacht sehr hohe Kosten. Bei *GPT-4* verbrauchte es etwa so viel Strom wie 5.000 amerikanische Haushalte im Jahr und kostete schätzungsweise rund 100 Mio. US-Dollar. Die Entwicklung des im August 2025 vorgestellten Nachfolgemodells *GPT-5* soll nochmals wesentlich teurer gewesen sein, wobei *OpenAI* hierzu keine offiziellen Angaben macht. Für fortschrittlichere Modelle könnten in Zukunft sogar Entwicklungskosten von über einer Milliarde US-Dollar anfallen.[281]

Eine Schlüsselkompetenz im Umgang mit generativer KI ist die Erstellung präziser Anfragen (Prompts), um hochwertige Antworten zu erhalten. **Prompt Engineering** verwendet hierzu fortschrittliche Fragetechniken. Beim „One-Shot-Prompting" nennt der Anwender etwa ein relevantes Beispiel, an dem die KI ihre Antwort ausrichten soll: „Firma XY hat durch personalisierte Newsletter die Kundenbindung um 20 % erhöht. Wie könnten wir unseren Kundenservice verbessern?". Beim „Few-Shot-Prompting" beschreibt der Anwender mehrere Beispiele, um die Antwortqualität zu verbessern.[282]

Generative Chatbots können die tägliche Arbeit als **intelligente Assistenten** vielfältig unterstützen. Einsatzmöglichkeiten sind etwa die Finanzanalyse, Risikobewertung, Betrugserkennung, Prognose- und Berichterstellung oder generell die Unterstützung bei Aufgaben und Entscheidungen. Allerdings sind dabei die regulatorischen Vorgaben der EU einzuhalten, wie etwa die *Datenschutz-Grundverordnung (DSGVO)* und die *Verordnung über künstliche Intelligenz (KI-VO; AI Act)*. Dies gilt insbesondere für die Verwendung personenbezogener Daten für das maschinelle Lernen.[283] Um auf unternehmensinternes Wissen zugreifen zu können, ohne dabei Geschäftsgeheimnisse preiszugeben, entwickeln manche Unternehmen ihre eigenen KI-Systeme. Das deutsche Start-up *Aleph Alpha* bietet etwa datenschutzkonforme KI-Modelle, die ausschließlich die IT-Infrastruktur des Unternehmens nutzen. Ein Anwendungsbeispiel ist *AskBosch*, ein generativer KI-Assistent, der bei der *Robert Bosch GmbH* intern eingesetzt wird.[284]

Generative KI ermöglicht es jedem Menschen, seine Gedanken in Worte und Bilder zu fassen. Darüber hinaus verändert sie die Wahrnehmung von Information, denn diese wird nicht mehr wie in einem Buch auf einen Schlag vermittelt, sondern entfaltet sich in einem Dialog zwischen Mensch und Maschine. Jeder kann sich mit einem Experten unterhalten, der sämtliches Wissen der Welt kennt. Die KI ist dabei sowohl Erzeuger als auch Überbringer der Botschaft. Dadurch verändert sich die Wahrnehmung eines Textes. Viele Anwender fragen sich allerdings, ob sie den Ergebnissen trauen können. Sprachmodelle erzeugen ihre Antworten mithilfe mathematischer Algorithmen und haben kein Verständnis für deren inhaltliche Bedeutung. Deshalb kann es vorkommen, dass die generierten Antworten fehlerhaft oder frei erfunden sind – die KI „halluziniert". Allerdings ist es häufig nicht leicht, diese Fehler zu erkennen. Ebenso kann die KI aufgrund von stereotypen Trainingsdaten voreingenommen sein. Deshalb sollten diese sorgfältig ausgewählt, die Algorithmen gründlich getestet und die generierten Antworten stets kritisch hinterfragt werden. Darüber hinaus ist sicherzustellen, dass kein Mitarbeiter vertrauliche Unternehmensdaten für Analysezwecke in die KI hochlädt. Generative KI verändert somit zwar die heutige Wissensarbeit, aber sie ist nicht das Ende der Experten. Gefragt sind zukünftig Generalisten und Problemlöser, die über breites Grundlagenwissen und langjährige Erfahrung verfügen und diese mit menschlichen Fähigkeiten wie Kreativität und Einfühlungsvermögen kombinieren.[285]

Viele Mitarbeiter fürchten, zukünftig durch KI ersetzt zu werden. Hinzu kommen mangelnde digitale Fähigkeiten, wodurch die Funktionsweise der KI für sie schwer nachvollziehbar ist. Damit die Einführung von KI im Unternehmen nicht an Widerständen und fehlender Akzeptanz scheitert, sollten die Mitarbeiter frühzeitig und aktiv eingebunden werden. Die KI sollte spürbare Vorteile bieten und sich möglichst intuitiv und benutzerfreundlich anwenden lassen. KI soll die menschliche Arbeit sinnvoll ergänzen, damit Mensch und Maschine jeweils das tun, was sie am besten können. Durch diese Zusammenarbeit und das gegenseitige Lernen entsteht eine **hybride Intelligenz**, welche die Stärken beider Seiten vereinen soll.[286]

Für die derzeit heranwachsende Generation ist KI bereits zum Alltag geworden. Was für diese sogenannten **KI-Natives** zählt, ist längst nicht mehr die Echtheit, sondern die Verfügbarkeit medialer Inhalte.[287] Doch KI birgt die Gefahr technologischer Abhängigkeit: Vernachlässigen Menschen zunehmend ihre kognitiven Fähigkeiten, sind sie irgendwann nicht mehr in der Lage, die Richtigkeit der Abfrageergebnisse zu beurteilen – ähnlich wie beim Kopfrechnen, das viele verlernt haben, seit es Taschenrechner gibt.[288] Es bleibt somit zu hoffen, dass die Ära der kreativen Maschinen nicht zu einer geistigen Verarmung der Menschheit führen wird.

7.3.5 Robotergestützte Prozessautomatisierung

Automatisierung und Roboter sind aus den Produktionshallen nicht mehr wegzudenken. Inzwischen halten sie jedoch auch Einzug in administrative Tätigkeitsfelder, in denen der Mensch lange als unersetzbar galt. Bei der robotergestützten Prozessautomatisierung handelt es sich allerdings nicht um physische Maschinen, sondern um Softwareroboter. Diese sogenannten **Bots** bedienen Anwendungsprogramme auf die gleiche Weise wie ein menschlicher Nutzer. Im Unterschied zur klassischen Geschäftsprozessautomatisierung erfolgt die Steuerung aber nicht über Programmierschnittstellen, sondern direkt über die Benutzeroberflächen der einzelnen Anwendungen. Das hat den Vorteil, dass die Programme dafür nicht angepasst werden müssen. Der Softwareroboter agiert als virtueller Nutzer, der sich ins System einloggt, Eingaben tätigt und sich durch Menüs klickt.[289]

Robotergestützte Prozessautomatisierung (Robotic Process Automation, kurz: RPA) bezeichnet den Einsatz von Softwarerobotern (Bots) zur automatisierten Ausführung wiederkehrender Benutzeraktivitäten in digitalen Informationssystemen.

RPA wird bislang vor allem zur Automatisierung zeitaufwendiger und vergleichsweise einfacher manueller Endbenutzertätigkeiten eingesetzt, wie etwa zum Ausfüllen von Formularen, zur Bedienung von ERP-Systemen oder zum Erfassen von E-Mail-Anhängen.[290] Anwendungsprozesse lassen sich auf diese Weise durchgängig automatisieren und anschließend autonom ausführen. Ist die Software korrekt konfiguriert, arbeitet der Bot schneller, günstiger und zuverlässiger als jeder menschliche Anwender. Die Bots sind rund um die Uhr einsatzbereit, folgen strikt dem vorgegebenen Ablauf und dokumentieren sämtliche Aktionen. Darüber hinaus ist RPA leicht skalierbar, da eine einmal erstellte Konfiguration beliebig oft von mehreren Bots ausgeführt werden kann. Ist im Prozessverlauf eine Entscheidung erforderlich, wird der Mensch einbezogen. Dieses Prinzip wird als „Human-in-the-Loop" bezeichnet.[291]

Nach dem **Autonomiegrad der Bots** lassen sich unterscheiden:[292]

- **Beaufsichtigte bzw. begleitete Automatisierung** (Attended RPA): Die Bots werden vom Benutzer manuell gestartet und überwacht. Sie greifen auf dessen Informationssysteme und Zugriffsrechte zu und laufen meist direkt auf dessen Arbeitsplatzrechner, weshalb auch von *Robotic Desktop Automation (RDA)* gesprochen wird. Der Benutzer verwendet die Bots als virtuelle Assistenten, um einzelne Prozesse seines Arbeitsbereichs abzuarbeiten. RDA-Bots werden häufig von den Endanwendern selbst erstellt und angepasst.
- **Unbeaufsichtigte bzw. unbegleitete Automatisierung** (Unattended RPA): Diese Bots arbeiten völlig eigenständig im Hintergrund, ohne an einen menschlichen Nutzer gebunden zu sein. Sie besitzen eigene Zugriffsrechte und führen ihre Aufgaben autonom aus. Sie starten entweder zu einem festgelegten Zeitpunkt oder werden durch ein bestimmtes Ereignis ausgelöst, etwa wenn eine Bestellung eingeht. Unbeaufsichtigte Bots übernehmen umfangreiche Prozesse mit hohem Transaktionsvolumen und laufen in der Regel auf einem zentralen Server oder in der Cloud. Programmierung und Überwachung liegen meist in der Verantwortung von IT-Spezialisten.

Nach der **Art der automatisierten Prozesse** lassen sich unterscheiden:[293]

- **Regelbasierte Automatisierung** (RBPA: Rule-Based Process Automation) umfasst repetitive, klar strukturierte und formal geregelte Prozesse mit möglichst wenigen Ausnahmen, welche das Eingreifen des Benutzers auf ein Minimum reduzieren.
- **Intelligente Automatisierung** (IPA: Intelligent Process Automation) wird bei komplexen und wenig strukturierten Vorgängen eingesetzt. Sie nutzt künstliche Intelligenz wie selbstlernende Algorithmen, Spracherkennung oder Bildverarbeitung. Die Bots interagieren mit dem Benutzer und orientieren sich am menschlichen Entscheidungsverhalten.

Bislang dominiert in der Praxis die regelbasierte Automatisierung. Sie unterstützt viele sogenannte „Drehstuhltätigkeiten", also manuelle Vorgänge, bei denen Daten von einem System in ein anderes übertragen, validiert und aufbereitet werden. Im monatlichen Berichtswesen kopieren viele Controller beispielsweise Daten aus einem ERP-System zunächst nach Excel, um sie anschließend manuell in PowerPoint oder Word einzufügen. Weitere Anwendungsbereiche sind das automatisierte Einlesen eingehender Rechnungen, die Buchung wiederkehrender Geschäftsvorfälle sowie die Unterstützung bei der Budgetierung und der Erstellung von Prognosen. In all diesen Fällen können Bots die Aufgabenträger von einfachen, aber häufig zeitintensiven Routinetätigkeiten entlasten.[294]

Die regelbasierte Automatisierung bietet erhebliches Potenzial, zahlreiche betriebliche Prozesse kostengünstiger, schneller und effizienter abzuwickeln. Bots arbeiten durchgängig regelkonform und erfassen alle Prozessschritte revisionssicher im Sinne der Compliance-Anforderungen. Sie entlasten die Mitarbeiter von monotonen und häufig wiederkehrenden Tätigkeiten. Die gewonnene Zeit kann für anspruchsvollere und kreative Aufgaben genutzt werden.[295]

Für die Umsetzung der regelbasierten Automatisierung stehen zahlreiche Softwarelösungen mit unterschiedlicher Handhabung und Funktionalität zur Verfügung, wie etwa *UiPath*, *Blue Prism* oder *Automation Anywhere*. Da diese meist intuitiv bedienbar sind, können die Fachabteilungen viele ihrer Prozesse selbst automatisieren. Zuvor ist allerdings zu klären, ob die ausgewählten Prozesse auch reif genug sind, also ausreichend standardisiert, optimiert und dokumentiert.

Die **intelligente Automatisierung** kann mithilfe von KI auch unstrukturierte Datenquellen verarbeiten, wie etwa E-Mails, Spracheingaben oder handschriftliche Aufzeichnungen. Während bei der regelbasierten Automatisierung festgelegte Prozessabläufe abgearbeitet werden, agieren kognitive Bots auf Basis maschinellen Lernens. Sie erfassen den Sinn der Eingabedaten im jeweiligen Kontext und passen ihr Verhalten entsprechend an. Tritt eine bislang unbekannte Situation auf, interagiert der intelligente Bot eigenständig mit dem Anwender und lernt kontinuierlich dazu.[296]

Die intelligente Automatisierung hat ein vielversprechendes Potenzial, ist allerdings noch mit mehr Zeitaufwand und höheren Kosten verbunden. So könnten kognitive Bots im Personalmanagement beispielsweise eingehende Bewerbungen erfassen, die Daten in digitale Personalsysteme übertragen, automatisiert Absagen versenden und eine Vorschlagsliste geeigneter Bewerber erstellen. Selbstlernende Business-Analytics-Systeme (vgl. Kap. 7.3.1) können auf Basis von Big Data in Echtzeit automatisierte Vorhersagen treffen, Abweichungsursachen identifizieren und eigenständig abwägen, welche Gegenmaßnahmen sie den Verantwortlichen vorschlagen (Prescriptive Analytics). Kognitive Bots werden künftig zahlreiche Aufgaben übernehmen, die bisher von Controllern oder anderen Führungsunterstützungsfunktionen ausgeführt wurden. Abb. 7.3.11 zeigt die Unterschiede zwischen regelbasierter und intelligenter Prozessautomatisierung.

Kategorien	Regelbasierte Automatisierung	Intelligente Automatisierung
Prozessstandardisierung	hoch	mittel bis niedrig
Eingabedaten	strukturiert	überwiegend unstrukturiert
Entscheidungsbasis	regelbasiert	erfahrungs- bzw. datenbasiert
Künstliche Intelligenz	nein	ja
Prozessausnahmen	erfordern Benutzereingriff	lösen maschinelles Lernen aus
Menschliche Interaktion	gering	interaktiv, dialogorientiert

Abb. 7.3.11: Formen der robotergestützten Prozessautomatisierung[297]

Robotic Process Automation im Controlling bei Mann+Hummel

Als Weltmarktführer auf dem Gebiet der Filtration erzielt die *MANN+HUMMEL Gruppe* mit über 21.000 Mitarbeitern rund 4,5 Mrd. Euro Umsatz. Im Bereich Finanzen und Controlling wurde in einem Pilotprojekt zusammen mit dem Shared Service Center in Tschechien die Anwendbarkeit des Robotic Process Automation auch für komplizierte Abläufe untersucht. Bereits zuvor wurden dort einfache, stark repetitive Prozesse mithilfe von RPA automatisiert.[298]

Ziel des Projekts war die **Automatisierung des Standardkostenvergleichs**, bei dem die kalkulierten Plankosten auf Artikelebene für alle verkaufsfähigen Produkte mit den geplanten Kosten des Vorjahres verglichen werden. Die hierfür benötigten Daten stammen aus verschiedenen Quellen, wie etwa dem ERP-System. Aufgrund der enormen Datenmenge ist dieser Prozess sehr zeitintensiv, auch weil ein Teil der Daten weiterhin manuell gepflegt werden muss. So müssen beispielsweise geänderte Materialnummern über die Jahre hinweg neu zugewiesen werden. Dabei ist besondere Sorgfalt erforderlich, da bereits kleine Fehler die gesamte Analyse unbrauchbar machen können. Zusätzlich überbrückt der Prozess mehrfach Systemschnittstellen zwischen *Excel*, *SharePoint*, *Access*, *SAP* und *Outlook*.

Bei der robotergestützten Automatisierung arbeiteten der Prozessmanager, der den Geschäftsprozess bisher manuell ausführte, und der Konfigurator, der für die Umsetzung im RPA-System verantwortlich war, eng zusammen. Durch die Automatisierung konnte die Bearbeitungszeit drastisch verkürzt und eine jährliche Rendite von rund 30 % erzielt werden. Diese ergibt sich aus dem Vergleich der Kosten der manuellen Ausführung (vor allem Personalkosten) mit denen des Softwareroboters (z. B. Lizenzgebühren) einschließlich der internen Automatisierungskosten (z. B. Personalkosten des Konfigurators und des Prozessmanagers). Die RPA-Lösung amortisiert sich somit innerhalb von etwa drei Jahren, sofern der Prozess in gleicher Form weitergeführt wird. Darüber hinaus bietet die Automatisierung die Möglichkeit, den Betrachtungsumfang ohne zusätzliche Kosten auf weitere Produktionsstandorte auszuweiten und die Häufigkeit der Durchführung zu erhöhen. Die gewonnene Zeit konnten die Prozessmanager für anspruchsvollere Aufgaben nutzen.

MANN+
HUMMEL

Eine gezielte Information und Schulung der Mitarbeiter waren entscheidend für die Akzeptanz und schufen die Grundlage für weitere Prozessautomatisierungen. Die hierfür infrage kommenden Vorgänge wurden mithilfe der Checkliste in Abb. 7.3.12 bestimmt. Eine wesentliche **Lesson Learned** war, dass es äußerst wichtig ist, einen Prozess erst zu vereinfachen und zu standardisieren, bevor er mit RPA automatisiert wird. Ansonsten muss dieser mit jedem Durchlauf angepasst werden. Dies führt insbesondere dann zu Problemen, wenn Mitarbeiter wechseln und Kapazitäten knapp werden. Wird dieser Grundsatz beachtet, unterstützt RPA ein schlankes und effizientes Arbeiten. Andernfalls wird ein mangelhafter manueller Ablauf lediglich durch einen ebenso schlechten automatisierten Prozess ersetzt, den am Ende niemand mehr versteht.

Lässt sich mein Prozess mit RPA automatisieren?

MANN+
HUMMEL

Mein Prozess ...

- ❑ ist konstant (d.h. keine häufigen Veränderungen der Abläufe)
- ❑ ist reif (d.h. ist dokumentiert und es existiert genügend Prozesserfahrung)
- ❑ ist standardisiert (d.h. er kann z.B. für verschiedene Standorte angewandt werden)
- ❑ ist strukturiert und regelbasiert (d.h. es gibt klare Vorgaben und Abläufe)
- ❑ beinhaltet routinierte Aufgaben (z.B. Kopieren und Einfügen zwischen Systemen)
- ❑ wiederholt sich häufig (z.B. jede Woche oder stündlich)
- ❑ hat digitale Input-und Output-Quellen (z.B. Excel-Tabellen, SAP, etc.)
- ❑ verursacht einen hohen Zeitaufwand

Abb. 7.3.12: Checkliste zur RPA-Prozessauswahl bei der MANN+HUMMEL Gruppe

7.3.6 Blockchain

In den meisten digitalen Informationssystemen werden Daten nach einiger Zeit gelöscht oder durch aktuelle Werte überschrieben. Für viele betriebliche Aufgaben sind jedoch auch historische Daten und deren zeitliche Entwicklung von Bedeutung. In **historischen Datenbanken** werden solche Vergangenheitswerte dauerhaft mit Zeitmarken gespeichert. Ändern sich die Daten, werden sie nicht gelöscht, sondern durch neue Werte mit aktueller Zeitmarke ergänzt. Die Historie der Daten bleibt somit vollständig erhalten, um Entscheidungen und Transaktionen auch nachträglich nachvollziehen zu können. Erfolgt die Speicherung der Daten dabei nicht an einem zentralen Ort, sondern in einem Netzwerk aus mehreren Rechnern, spricht man von einer **verteilten Datenbank** (Distributed Ledger). Sie sorgt dafür, dass die Daten auch bei Ausfall einzelner Rechner erhalten bleiben und schützt diese vor Manipulation. Eine Blockchain ist ein Beispiel für eine solche historische, verteilte Datenbank, deren Einträge nachträglich nicht mehr verändert werden können. Sie dient dazu, die Nachvollziehbarkeit von Transaktionen dauerhaft sicherzustellen.[299]

Die Idee verteilter Datenbanken ist nicht neu: Von 500 n. Chr. bis Anfang des 20. Jahrhunderts wurden auf der mikronesischen Insel Yap riesige Steinmünzen mit einem Gewicht von bis zu fünf Tonnen als Zahlungsmittel verwendet. Der Wert eines solchen Rai-Steins richtete sich nach seiner Größe und Schönheit. Zwar durfte jeder solche Steine herstellen, doch der Aufwand war so groß, dass sich nur wenige Insulaner auf ihre Produktion spezialisierten. Da das geeignete Material auf Yap selbst nicht verfügbar war, mussten die Steine auf der rund 400 km entfernten Insel Palau gefertigt und per Boot überführt werden. Bei der Bezahlung mit diesem Steingeld wurde aufgrund des aufwendigen Transports lediglich das Eigentum an einem Stein übertragen, während dieser selbst an seinem ursprünglichen Ort verblieb. Die übrigen Inselbewohner und die Stammesoberhäupter wurden darüber informiert, wem der Stein fortan gehörte – was im Kern einer verteilten Datenspeicherung entspricht.[300]

Eine **Blockchain** (Blockkette) ist ein fälschungssicheres, dezentrales Register, in dem Transaktionen dauerhaft gespeichert werden und dessen Einträge sich weder löschen noch verändern lassen.

Kryptografisch versiegelte, auf mehrere Teilnehmer verteilte Datenbankeinträge wurden zwar bereits seit den 1980er-Jahren diskutiert, setzten sich aber erst durch die Kryptowährung **Bitcoin** durch.[301] Das Konzept für diese erste digitale Währung wurde 2008 unter dem Pseudonym *Satoshi Nakamoto* veröffentlicht.[302] Es löste das bis dahin bestehende Problem, dass sich digitales Geld leicht kopieren und mehrfach ausgeben lässt, was als sogenanntes *Double Spending* bezeichnet wird. Auf der Blockchain hingegen existiert jeder Bitcoin nur ein einziges Mal und ist absolut fälschungssicher. Digitale Überweisungen erfolgen direkt zwischen zwei gleichrangigen Partnern (Peer-to-Peer, kurz: P2P).

Die ersten Bitcoins wurden am 3. Januar 2009 erzeugt und hatten ursprünglich fast keinen Wert. Erstmals wurde Bitcoin am 22. Mai 2010 als Zahlungsmittel verwendet. *Laszlo Hanyecz* zahlte für zwei Pizzen 10.000 Bitcoin, was Mitte 2025 einem Wert von über einer Milliarde US-Dollar entsprach. Seitdem feiert die Krypto-Community jährlich den Bitcoin-Pizza-Day. Die Menge an Bitcoins ist auf 21 Millionen begrenzt, wovon bereits rund 20 Millionen erzeugt wurden. Aufgrund verlorener privater Schlüssel sind davon schätzungsweise 20 % nicht mehr zugänglich. Bis 2040 sollen alle Bitcoins im Umlauf sein. Die künstliche Verknappung und die kontinuierlich sinkende Erzeugungsrate tragen zur Wertentwicklung des Bitcoins als sogenanntes „digitales Gold" bei, auch wenn der Kurs starken Schwankungen unterliegt. Darüber hinaus existieren inzwischen rund 17.000 Kryptowährungen, von denen etwa 10.500 aktiv gehandelt werden.

Die **Funktionsweise einer Blockchain** zeigt Abb. 7.3.13. Anbieter und Nachfrager vereinbaren den Austausch einer Leistung, wie etwa die Überweisung eines Bitcoins, oder schließen einen digitalen Vertrag. Mehrere Transaktionen werden zu einem Block zusammengefasst und nach erfolgreicher Validierung in chronologischer Reihenfolge über eine kryptografische Signatur mit den bestehenden Blöcken verkettet. Auf diese Weise entsteht eine kontinuierlich wachsende Kette aus Blöcken mit gespeicherten Datensätzen. Sobald ein Block vollständig gefüllt und validiert ist, wird der nächste Block erzeugt. Das Netzwerk besteht aus einer Vielzahl von Rechnern, die ohne zwischengeschaltete Instanz direkt miteinander kommunizieren (Peer-to-Peer-Netzwerk). Diese Rechner bilden die sogenannten Knoten (Nodes) des Netzwerks. Sie validieren die Blöcke und speichern mehrere identische Kopien, sodass ein verteiltes

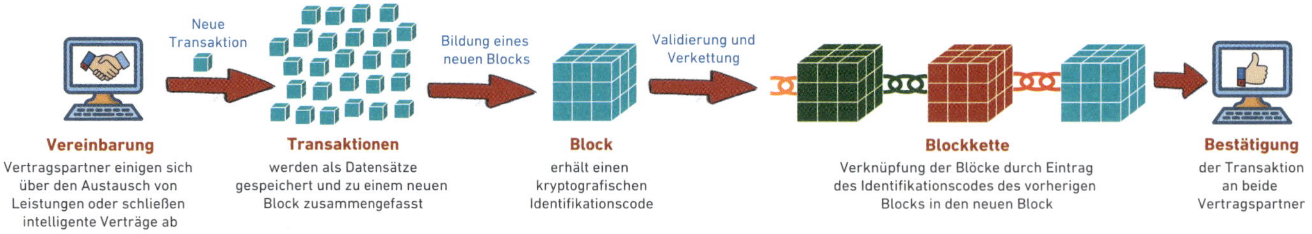

Abb. 7.3.13: Funktionsweise einer Blockchain

Transaktionsverzeichnis entsteht. Auch wenn ein Rechner ausfallen sollte, bleibt dadurch die gesamte Transaktionshistorie erhalten.[303]

Durch diese dezentrale Struktur ist keine zentrale, vertrauenswürdige Instanz mehr erforderlich, um die Richtigkeit eines Geschäftsvorfalls zu bestätigen. Die Blockchain ist somit nicht von einem einzelnen Teilnehmer oder Unternehmen abhängig. Diese Redundanz verringert jedoch die Effizienz, da die Validierung aufwendig ist und die Blöcke dauerhaft parallel gespeichert werden. Dies schränkt insbesondere die Skalierbarkeit offener Blockchains ein.[304]

Anschauliche Begriffe wie „Blöcke" oder „Ketten" dienen lediglich der bildhaften Vorstellung. Tatsächlich besteht die Blockchain aus einer kryptografisch gesicherten Folge von Zahlen und Zeichen, welche sämtliche darin enthaltenen Transaktionen widerspiegeln.[305] Die **Inhalte und die Verknüpfung der Blöcke** zeigt der Ausschnitt aus einer solchen Blockkette in Abb. 7.3.14.

Die Transaktionsdaten enthalten in der Regel eine Leistungsbeschreibung, Angaben zu Erbringer und Empfänger sowie einen Zeitstempel. Eine bestimmte Anzahl noch unbestätigter Transaktionen wird zu einem Block zusammengefasst. Jeder Block enthält einen eindeutigen Identifikationscode, den sogenannten Hash, der mithilfe kryptografischer Verfahren berechnet wird und als eine Art digitaler Fingerabdruck dient. Zusätzlich beinhaltet der Block die zugehörigen Transaktionen mit Zeitstempel sowie den Hash des vorhergehenden Blocks als verknüpfendes Element. Auf diese Weise bauen die Blöcke aufeinander auf, und es ist nicht möglich, Transaktionen nachträglich zu verändern oder Blöcke einzuschieben, ohne die Integrität der gesamten Kette zu verletzen. Jeder neue Block bestätigt die Gültigkeit des vorherigen und damit die Korrektheit der gesamten Blockkette, wodurch die Transaktionen mit jedem weiteren Block stärker abgesichert werden.[306]

Die Blockchain-Technologie wird kontinuierlich weiterentwickelt. So verknüpft etwa das deutsche Start-up *IOTA* die Transaktionen direkt miteinander, ohne sie zuvor in Blöcke zu bündeln. Dies soll eine höhere Transaktionsgeschwindigkeit ermöglichen, um *IOTA* als schnelles Zahlungsmittel im Internet der Dinge einsetzen zu können.[307]

Es gibt verschiedene **Arten** von Blockchains:[308]

- **Geschlossene Blockchain**: Nur registrierte und namentlich identifizierte Nutzer können Daten einsehen und Einträge hinzufügen. Deshalb wird sie auch als genehmigungsbasierte Blockchain (Permissioned Blockchain) bezeichnet. Die Betreiber legen die Ausgestaltung der Blockchain fest. Häufig gibt es in geschlossenen Blockchains einen zentralen Administrator, wodurch die dezentrale Struktur des Netzwerks erheblich eingeschränkt

Block Nr. 879087 Hash # 4ee5d97aa63f528b5269c8fb440f837u				
Transaktionsnr.	Erbringer	Leistung	Empfänger	Zeitstempel
5487652	A	1,5 Bitcoin	D	2025-09-14 17:12:45
5487653	B	0,3 Bitcoin	E	2025-09-14 17:12:47
5487654	C	0,4 Bitcoin	F	2025-09-14 17:12:48
...	...	...	...	...
Vorgängerblock Nr. 879086 Hash # 7c4b77bc23a2bcaa5ee5af7eb4938d5a				

Block Nr. 879088 Hash # xa4b05bd91ea46ae6bb9c8f51eb2bf93				
Transaktionsnr.	Erbringer	Leistung	Empfänger	Zeitstempel
5487681	S	0,8 Bitcoin	G	2025-09-14 17:15:15
5487682	T	2,3 Bitcoin	H	2025-09-14 17:15:16
5487683	V	0,1 Bitcoin	J	2025-09-14 17:15:18
...	...	...	...	...
Vorgängerblock Nr. 879087 Hash # 4ee5d97aa63f528b5269c8fb440f837u				

Zeit

Abb. 7.3.14: Ausschnitt aus einer Blockkette

wird. Eine geschlossene Blockchain kann entweder von einer einzelnen Organisation als *private Blockchain* oder von mehreren Organisationen gemeinsam als *Konsortium-Blockchain* betrieben werden. Die Beschränkung auf einen ausgewählten Nutzerkreis ermöglicht eine bessere Gewährleistung von Datenschutz und Datensicherheit. Dadurch steigt auch die Verarbeitungsgeschwindigkeit, da einfachere Validierungsverfahren verwendet werden können. Einsatzbereiche sind etwa das Lieferkettenmanagement, die Abwicklung von Finanztransaktionen, die Verarbeitung von Patientendaten oder die digitale Identitätsverwaltung. Ein Beispiel für eine Konsortium-Blockchain ist das Open-Source-Projekt *Hyperledger* der *Linux Foundation*, an dem zahlreiche Unternehmen wie *IBM*, *Intel*, *Mercedes-Benz* oder *SAP* mitwirken. Private Blockchains eignen sich insbesondere für einzelne Unternehmen als sogenannte *Enterprise Blockchain*.

- **Offene Blockchain**: Hier kann jeder auf das Transaktionsverzeichnis zugreifen, ohne die eigene Identität preisgeben zu müssen. Da es keine Zutrittsbeschränkungen gibt, wird diese Form auch als öffentliche Blockchain (Public Blockchain) bezeichnet. Die Validierung der Transaktionen und die Fortschreibung der Blockchain kann auf zwei Arten erfolgen:
  - **Genehmigungsbasiert** (public permissioned): Die Validierung erfolgt durch die Betreiber oder hierzu autorisierte Stellen. Dies ist bei offenen Blockchains eher die Ausnahme. Ein Beispiel ist *Ripple* für globale Finanztransaktionen.
  - **Genehmigungsfrei** (public permissionless): Jeder im Netzwerk kann sich an der Erzeugung neuer Blöcke beteiligen. Daher müssen diese Blockchains besonders manipulationssicher sein und Anreize für die Mitwirkung an der Validierung bieten. Beispiele sind *Bitcoin* und *Ethereum*.

Da es in offenen, genehmigungsfreien Blockchains keine zentrale Instanz gibt, die über die Gültigkeit von Transaktionen entscheidet, erfolgt deren Validierung durch ein dezentrales **Konsensverfahren**. Dabei handelt es sich um einen Überwachungsmechanismus, der sicherstellen soll, dass keine ungültigen Transaktionen in der Blockchain gespeichert werden. Darüber hinaus schafft das Konsensverfahren einen finanziellen Anreiz, sich an der Validierung der Transaktionen zu beteiligen.[309] Damit im gesamten Netzwerk eine einheitliche Blockchain entsteht, übernehmen bestimmte Netzwerkteilnehmer die Prüfung der offenen Transaktionen und erhalten dafür eine Vergütung. In der Bitcoin-Blockchain werden sie als sogenannte *Miner* bezeichnet. Der Konsensmechanismus sorgt dafür, dass sich alle Beteiligten auf den nächsten Block der Kette einigen.[310]

In einer offenen, genehmigungsfreien Blockchain wird die Richtigkeit und Unveränderbarkeit der Datenbankeinträge durch die Netzwerkteilnehmer mithilfe eines **Konsensmechanismus** sichergestellt, ohne dass hierzu eine vertrauenswürdige zentrale Instanz erforderlich ist.

In der Praxis kommen vor allem zwei **Konsensmechanismen** zum Einsatz:[311]

- **Proof of Work (Arbeitsnachweis):** Die Lösung eines kryptografischen Puzzles dient als Arbeitsnachweis und berechtigt zur Erstellung des nächsten Blocks. Sie besteht aus einer iterativ zu bestimmenden Zahlenkombination, der sogenannten *Nonce* (Abkürzung für „Number used once"). Die übrigen Netzknoten überprüfen die Lösung und validieren damit sowohl das Ergebnis als auch die im Block enthaltenen Transaktionen. Da es sich um ein Konsensverfahren handelt, muss eine Mehrheit der Knoten zustimmen, bevor alle die neue Version der Blockchain übernehmen. Der erfolgreiche Knoten erhält sämtliche Transaktionsgebühren des Blocks sowie eine zusätzliche Belohnung. In der *Bitcoin*-Blockchain liegt diese seit dem 20. April 2024 bei 3,125 BTC, was je nach Kurs rund 300.000 Euro entspricht. Sie wird etwa alle vier Jahre halbiert. Da beim Arbeitsnachweis neue *Bitcoins* erzeugt werden, spricht man in Anlehnung an den Bergbau vom *Mining* (Schürfen). Proof of Work gilt allerdings als energieintensiv, da dieser Konsensmechanismus erhebliche Rechenleistung erfordert und damit einen hohen Stromverbrauch verursacht. In Kombination mit den damit verbundenen Wartezeiten schränkt dies die Skalierbarkeit der Blockchain deutlich ein. So verbraucht etwa die *Bitcoin*-Blockchain jährlich schätzungsweise 170 Terawattstunden Strom, was rund einem Drittel des Energieverbrauchs in Deutschland entspricht. Immerhin stammt etwa die Hälfte davon aus erneuerbaren Energien.[312]

Abb. 7.3.15: Der Arbeitsnachweis ist die Suche nach dem fehlenden Puzzleteil des Blocks

- **Proof of Stake (Anspruchsnachweis):** Der Erzeuger des nächsten Blocks wird durch eine gewichtete Zufallsauswahl bestimmt, die sich aus den Vermögensanteilen (Stake) der Teilnehmer und weiteren Faktoren wie etwa ihrer Beteiligungsdauer ergibt. Als Nachweis müssen diese einen Teil ihrer Vermögenswerte einfrieren und als Sicherheit hinterlegen. Die Transaktionsgebühren und Ausschüttungen werden nach der Höhe der eingebrachten Vermögenswerte verteilt. Da beim Anspruchsnachweis keine aufwendigen Rechenaufgaben zu lösen sind, ist er deutlich schneller, ressourcenschonender und besser skalierbar. Kritisiert wird allerdings die ungleiche Machtverteilung auf Basis der Vermögensverhältnisse und die damit verbundene Gefahr einer Zentralisierung, was dem Grundgedanken einer Blockchain widerspricht. Als umweltfreundliche Alternative zum Arbeitsnachweis gewinnt dieses Verfahren zunehmend an Bedeutung. Die Erzeuger können auch von den Teilnehmern gewählt werden, wobei sich die Stimmrechte ebenfalls nach den Vermögensanteilen richten. Dieses Verfahren wird als *Delegated Proof of Stake* bezeichnet. Die *Ethereum*-Blockchain stellte am 15. September 2022 ihren Konsensmechanismus von einem Arbeits- auf einen Anspruchsnachweis um.

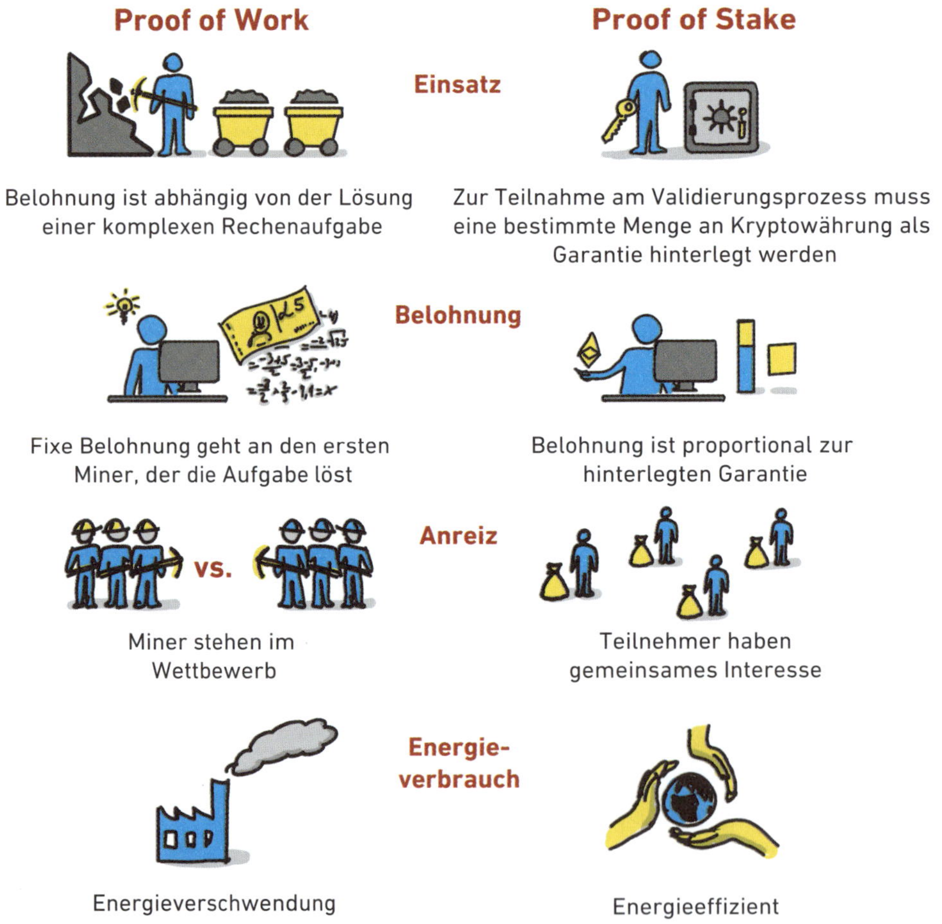

Abb. 7.3.16: Vergleich der Konsensmechanismen[313]

Vertrauen ist ein wesentlicher Bestandteil wirtschaftlichen Handelns. Um dieses Vertrauen insbesondere zwischen fremden Vertragsparteien herzustellen, werden meist bestimmte Organisationen oder Personengruppen, wie etwa staatliche Stellen, Notare, Banken oder Rechtsanwälte, als sogenannte **Intermediäre** hinzugezogen. Aufgrund des steigenden globalen Transaktionsvolumens wird dies allerdings immer zeitaufwendiger, kostspieliger und ineffizienter. Darüber hinaus hat die Finanzkrise 2008 die Anfälligkeit des intermediären Systems deutlich gemacht.[314]

Die Blockchain macht solche Vermittler überflüssig: Anbieter und Nachfrager tauschen Informationen, Leistungen oder Werte direkt miteinander aus, was als *Peer-to-Peer* (kurz: P2P) bezeichnet wird. Eine Blockchain ist besonders vorteilhaft, wenn viele Vertragspartner beteiligt sind und diese sich nicht ohne Weiteres vertrauen können, etwa weil sie sich nicht kennen.[315] Dank der Blockchain-Technologie sind digitale Überweisungen inzwischen problemlos auch ohne traditionelle Banken möglich. Künftig dürfte auch der Kauf von Immobilien oder der Abschluss von Versicherungsverträgen ohne solche Vermittler stattfinden.[316] Abb. 7.3.17 veranschaulicht die Vorteile der Blockchain-Technologie.

Intelligente Verträge und dezentrale Apps

In Blockchains können nicht nur Werte, sondern auch Programme gespeichert werden. Diese werden als **intelligente Verträge** (Smart Contracts) bezeichnet, da sie unter festgelegten „Wenn-dann"-Bedingungen automatisch ausgeführt werden. Sie enthalten nicht nur die Regeln und Sanktionen wie ein herkömmlicher Vertrag, sondern werden auch maschinell geprüft und abgewickelt. Smart Contracts sind dauerhaft, transparent und fälschungssicher auf der Blockchain gespeichert. Sie sind für alle Netzwerkteilnehmer einsehbar und werden dezentral überwacht. Dadurch lassen sich wiederkehrende Geschäftsprozesse sowie standardisierte Transaktionen automatisieren. Im Internet der Dinge können sie auch zwischen Maschinen ausgeführt werden.

Smarte Verträge ermöglichen beispielsweise autonome Vermietungsprozesse, die Rückverfolgung von Produkten in der Lieferkette oder die automatische Zahlung von Lizenzgebühren. **Dezentralisierte Finanzsysteme** (DeFi) bieten mithilfe intelligenter Verträge innovative Finanzdienstleistungen und verzichten dabei auf zentrale Intermediäre wie Banken, Börsen oder Versicherungen. Beispiele sind Peer-to-Peer-Kredite, blockchainbasierte Versicherungen mit automatischer Schadensabwicklung oder Handelsplattformen für Kryptowährungen. Eine Weiterentwicklung stellen **dezentrale autonome Organisationen** (DAOs) dar, deren Regeln in einem Smart Contract verankert sind und bei denen Entscheidungen durch Abstimmungen der Mitglieder getroffen werden. Ein Beispiel ist das dezentrale Finanzsystem *Sky*, das die an den US-Dollar gekoppelte Kryptowährung *USDS* betreibt.

Die Ausführung von Smart Contracts erfolgt auf der Blockchain durch **dezentrale Anwendungen** (Decentralized Apps, kurz: Dapps). Diese werden nicht von einem einzelnen Anbieter, sondern von einem gleichberechtigten Netzwerk betrieben, gewartet und weiterentwickelt. Verschiedene Start-ups bieten auf Basis der Ethereum-Blockchain entsprechende Dienste an und finanzieren sich häufig über sogenannte **Initial Coin Offerings** (ICO), bei denen eigene Token veräußert werden. Dabei handelt es sich um digitale Anteilsscheine, die auf der Blockchain gespeichert sind. Sie

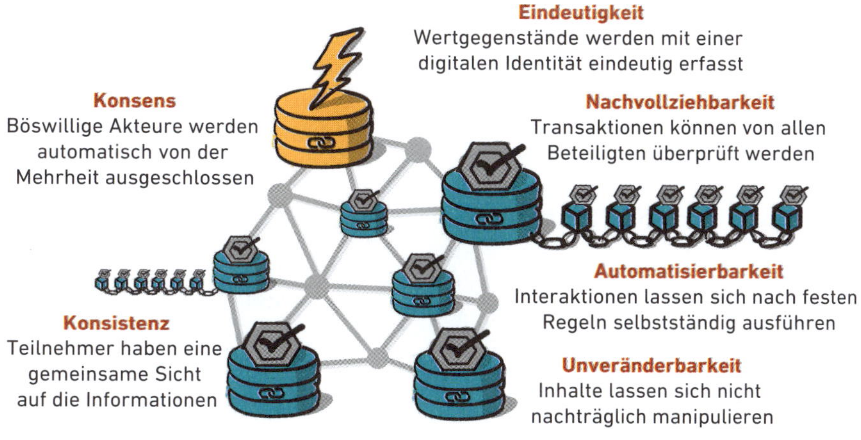

Abb. 7.3.17: Vorteile der Blockchain-Technologie[317]

können den Wert eines physischen oder digitalen Gegenstands abbilden oder ähnlich wie ein Wertpapier bestimmte Rechte repräsentieren. Bei ICOs handelt es sich dabei meist um Kryptowährungen. IT-Dienstleister wie *IBM*, *Microsoft*, *Amazon* und *SAP* bieten Blockchain-Cloud-Lösungen an, die den Einstieg in Smart-Contract-Anwendungen ohne eigene Blockchain-Infrastruktur ermöglichen (BaaS: Blockchain-as-a-Service).[318] *Ethereum* hat durch intelligente Verträge und dezentrale Anwendungen die Einsatzmöglichkeiten der Blockchain deutlich erweitert. Die Kryptowährung *Ether* verfügt hinter *Bitcoin* über die zweitgrößte Marktkapitalisierung.

Die Blockchain bietet viele Möglichkeiten

Auch wenn sich die Blockchain-Technologie noch im Entwicklungsstadium befindet, existieren bereits zahlreiche Anwendungsfelder. In welchen Branchen sie sich flächendeckend durchsetzen wird, ist derzeit noch nicht absehbar. Großes Potenzial bietet die Blockchain unter anderem für die verarbeitende Industrie sowie die Lebensmittel-, Logistik-, Chemie-, Pharma- und Textilbranche.[319] Im Folgenden werden einige mögliche Einsatzbereiche näher erläutert.

Im **Rechnungswesen** ermöglicht die dezentrale und fälschungssichere Blockchain eine automatisierte, vollständige und unveränderbare buchhalterische Erfassung standardisierter Geschäftsvorfälle. Die Finanzberichterstattung wird dadurch zuverlässiger, transparenter und besser überprüfbar. Durch den zusätzlichen Eintrag in der Blockchain entsteht als Erweiterung der doppelten eine dreifache Buchführung (Triple-Entry-Bookkeeping). Sobald in der Blockchain die Leistungserbringung zum Beispiel durch die Bestätigung des Wareneingangs erfasst ist, kann ein Smart Contract automatisch eine Rechnung erstellen und die Zahlung auslösen.[320]

In der **Logistik** ist die Nachverfolgbarkeit von Waren aus Sicherheits- und Qualitätsgründen wichtig und teilweise sogar gesetzlich vorgeschrieben. Dennoch werden beispielsweise in der maritimen Logistik Transportbegleitpapiere, Frachtbriefe und Zolldokumente häufig noch in Papierform, über E-Mail, Cloud-Dienste oder Frachtbörsen ausgetauscht. Dies ist kostenintensiv, zeitaufwendig und fehleranfällig. Mithilfe der Blockchain-Technologie soll dieser Austausch künftig fälschungssicher und effizient durchgeführt werden. Zu diesem Zweck gründeten mehrere führende Schifffahrtsunternehmen das gemeinnützige Konsortium *Global Shipping Business Network (GSBN)*, das ein Blockchain-basiertes elektronisches Frachtbriefsystem entwickelt. Darüber hinaus lässt sich der Weg eines Produkts entlang der Lieferkette vom Erzeuger bis zum Endverbraucher sicher und transparent auf der Blockchain dokumentieren. So nutzt der Einzelhandelskonzern *Walmart* die Blockchain, um beispielsweise Shrimp-Exporte von indischen Lieferanten nachzuverfolgen („From farm to fork").[321] Auch die Zahlungsflüsse entlang der Lieferkette lassen sich mithilfe von Smart Contracts optimieren.[322] Herausforderungen bei der Digitalisierung der Logistik bestehen jedoch vor allem in den Implementierungskosten und der Integration unterschiedlicher Informationssysteme.

Im **Handel** können Zahlungen mithilfe von intelligenten Verträgen automatisch freigegeben werden, sobald ein Produkt beim Kunden angekommen ist. Vermögenswerte wie Immobilien, Kunst oder Schmuck lassen sich in viele Token als kleine digitale Wertmarken aufteilen, die dann in der Blockchain verkauft oder gehandelt werden können. Dies wird als *Tokenisierung* bezeichnet. Die Kunden können beispielsweise im Rahmen eines Treueprogramms mit Token belohnt werden. Mithilfe von digitalen Identitäten lassen sich darüber hinaus die Kunden eindeutig identifizieren und überprüfen (KYC: Know-your-Customer). Dies dient etwa dazu, Geldwäsche oder Wirtschaftskriminalität zu verhindern. Sowohl eine Reihe kleinerer Händler, Online-Shops und Dienstleister als auch große Unternehmen wie *Microsoft*, *AT&T* und *Shopify* akzeptieren bereits *Bitcoin* als Zahlungsmittel. Insgesamt begegnet der Handel dem *Bitcoin* allerdings nach wie vor zurückhaltend. Gründe dafür sind dessen hohe Volatilität, regulatorische Unsicherheiten, der enorme Energieverbrauch, hohe Transaktionsgebühren und die geringe Verbreitung unter den Kunden.

Die Blockchain kann im Handel auch zur Authentifizierung von Markenprodukten eingesetzt werden. Beispielsweise können Kunden von Luxusmarken wie *Louis Vuitton*, *Prada* oder *Cartier* die Echtheit eines Produkts auf der *Aura Consortium Blockchain* überprüfen.[323] Jedes Produkt erhält dafür ein digitales Zertifikat in Form eines *Non-Fungible Tokens* (NFTs) mit einer eindeutigen Kennung (Unique Identification Number). Der Käufer kann damit die Entstehungsgeschichte des Produkts nachverfolgen, einschließlich der verwendeten Materialien, des Fertigungsstandorts und der Nachhaltigkeitsstandards. Für wertvolle Diamanten erstellt etwa das Unternehmen *Everledger* ein NFT, das Angaben zu dessen Schliff, Farbe, Reinheit und Herkunft enthält. Dadurch sind die Authentizität und der Ursprung des Diamanten eindeutig nachweisbar.

Non-Fungible Tokens (NFTs) sind auf der Blockchain gespeicherte digitale Vermögenswerte, die einzigartig und nicht austauschbar sind. Dadurch lässt sich eindeutig nachvollziehen, wer Eigentümer des durch den NFT repräsentierten Gegenstands ist. Im Gegensatz dazu sind fungible Token, wie etwa Kryptowährungen, austauschbar und gleichwertig. Beispielsweise hat jeder Bitcoin stets den gleichen Wert. Der NFT repräsentiert Anteile an einem digitalen oder physischen Objekt, wie etwa Kunstwerken, Luxusgütern, Maschinen oder Immobilien. Ein NFT lässt sich nicht teilen, sondern kann nur als Ganzes auf speziellen Marktplätzen wie etwa *OpenSea* gehandelt werden. Beispiele für NFTs sind In-Game-Käufe, digitale Sammelkarten oder virtuelle Gegenstände, etwa im *Metaverse*. Im Jahr 2021 versteigerte der US-amerikanische Digitalkünstler *Beeple* eine Collage aus 5.000 Bildern als NFT für knapp 70 Mio. US-Dollar.

Für das **Internet der Dinge und Dienste** (vgl. Kap. 7.3.2) können Blockchains als dezentrale, herstellerunabhängige Plattformen zu einer Schlüsseltechnologie werden. Dabei werden Smart Contracts zwischen intelligenten Objekten ausgeführt, um ausgetauschte Leistungen automatisch und sekundengenau abzurechnen. Abb. 7.3.18 veranschaulicht das Prinzip am Beispiel der E-Mobilität. Beispielsweise könnte sich ein Elektroauto während eines Ampelstopps über eine Induktionsschleife aufladen. Grundlage dafür wäre ein intelligenter Vertrag mit einem Energieversorger, in dem festgelegt ist, unter welchen Bedingungen der Ladevorgang starten soll. Das Fahrzeug verfügt über eine digitale Geldbörse, eine sogenannte *Wallet*, mit der es den bezogenen Strom eigenständig per Mikrozahlung in Kryptowährung begleicht. Die anfallenden Transaktionskosten sind dabei äußerst gering, während diese bei Zahlung mit einer Kreditkarte viel zu hoch wären. Der Ladevorgang lässt sich auf diese Weise vollständig automatisieren.[324] Das Auto der Zukunft fährt nicht nur autonom, sondern verdient durch die Beförderung von Passagieren digitales Geld, mit dem es den verbrauchten Strom und eigenständig veranlasste Wartungen und Reparaturen bezahlt. Überschüsse führt es an seinen Besitzer ab, der sich dabei um nichts kümmern muss.[325]

In der **Industrie** spielen die Rückverfolgbarkeit von Produkten entlang der gesamten Lieferkette und die Authentifizierung von Waren ebenfalls eine Rolle. Insbesondere in Verbindung mit Industrie 4.0 ermöglicht die Blockchain einen sicheren Datenaustausch zwischen Maschinen, eine fälschungssichere Dokumentation der Produktionsschritte und eine automatisierte Instandhaltung (Predictive Maintenance). Sicherheitsrelevante Wartungsarbeiten wie etwa in der Luftfahrtindustrie lassen sich in der Blockchain lückenlos nachweisen.

In der **öffentlichen Verwaltung** ermöglicht die Blockchain im Rahmen eines E-Goverments etwa die Modernisierung des Registerwesens. So ließe sich beispielsweise die Zulassung eines Autos oder die Bewilligung von Kindergeld durch intelligente Verträge automatisieren und dadurch schnell und unbürokratisch abwickeln.[327] Blockchainbasierte Grundbücher sind fälschungssicher und transparent, da jeder Bürger einsehen kann, wem ein Grundstück gehört.[328] Der Grundstückskauf ließe sich damit ohne Notar direkt zwischen Eigentümer und Käufer abwickeln, was

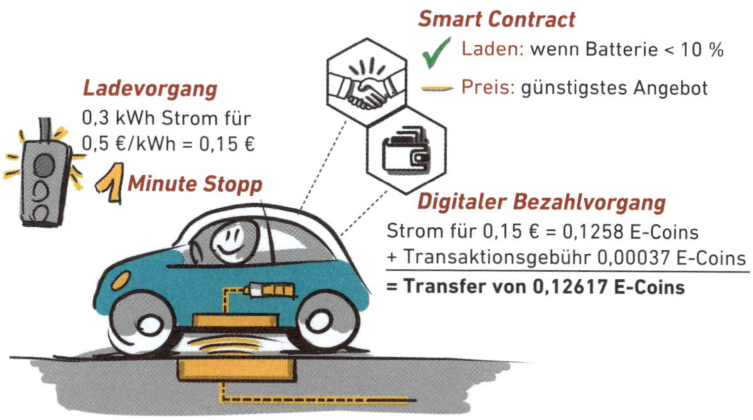

Abb. 7.3.18: Mikrotransaktion über einen intelligenten Vertrag am Beispiel der Elektromobilität[326]

erheblich billiger wäre. Blockchainbasierte Grundbücher werden bereits in vielen Ländern schrittweise eingeführt, wie etwa in Schweden, Kanada oder den Vereinigten Arabischen Emiraten. Estland wickelt darüber hinaus Immobilienverkäufe über Smart Contracts ab und setzt die Blockchaintechnologie bereits für digitale Identitätsnachweise (eID), ein elektronisches Wahlsystem (E-Voting), elektronische Gesundheitsakten (eGA) oder für die digitale Steuererklärung ein.

Die Blockchain hat auch das Potenzial zur **Disruption der digitalen Plattformökonomie** (vgl. Kap. 5.2.2). Seit den 2000er-Jahren verzeichnet diese einen enormen Wertzuwachs und hat globale wirtschaftliche Bedeutung erlangt. Auf ihr basiert das Geschäftsmodell einiger der wertvollsten Unternehmen der Welt, wie etwa *Apple*, *Amazon*, *Microsoft*, *Alphabet*, *Meta* oder *Alibaba*. Mit der Blockchain lassen sich digitale Plattformen ohne zentrale Instanz betreiben. Die Nutzer gewinnen die Kontrolle über ihre Daten zurück und können den gemeinsam erzeugten Mehrwert selbst nutzen.[329] Auf dezentralen Marktplätzen können etwa Käufer und Verkäufer direkt miteinander handeln (Peer-to-Peer-Handel). Vertragsbedingungen, Zahlungen und Bewertungen werden dabei durch Smart Contracts automatisch abgewickelt und manipulationssicher in der Blockchain dokumentiert. Das Start-up *Steemit* betreibt ein dezentrales soziales Netzwerk, in dem jeder Inhalte erstellen, bewerten und teilen kann. Jede Veröffentlichung wird dabei in der Blockchain gespeichert. Inhalte mit hoher Reichweite steigen im Ranking und werden mit der Kryptowährung *Steem* belohnt. Die Urheber profitieren sowohl von ihren Aktivitäten als auch vom Wachstum des Netzwerks, statt wie sonst nur ein zentraler Betreiber wie etwa *Meta*. Auch Urheberrechte, etwa von Musikern oder Autoren, lassen sich mithilfe der Blockchain verwalten und automatisch vergüten. So kann jeder, der an einem Musikstück oder einer Veröffentlichung mitgewirkt hat, durch einen Smart Contract zeitnah und angemessen entlohnt werden. Im Gegensatz zu traditionellen Streaming-Diensten, bei denen Künstler nur einen geringen Anteil der Erlöse erhalten, schüttet die Blockchain-basierte Musikplattform *OPUS* rund 90 % ihrer Einnahmen an die Interpreten aus.

Executive Summary

- Information und Kommunikation sind grundlegende Voraussetzungen für die Führung eines Unternehmens als soziales System und arbeitsteilige Organisation.
- Informationen sind Daten mit einem Verwendungszweck. Sie dienen der Lösung eines Entscheidungsproblems oder der Erfüllung einer Aufgabe.
- Wissen basiert auf der Verknüpfung, Interpretation und Verarbeitung von Informationen. Es entsteht sowohl durch bewusste Analyse als auch durch unbewusste Lernprozesse wie Intuition oder Erfahrung.
- Zwischenmenschliche Kommunikation ist der Austausch von Informationen zwischen zwei oder mehreren Personen, um die Meinungen, Einstellungen, Erwartungen oder Verhaltensweisen des Adressaten zu beeinflussen.
- Unternehmensinterne Kommunikation soll die Mitarbeiter und Führungskräfte mit den zur Erfüllung ihrer Aufgaben erforderlichen Informationen versorgen.
- Das Informationsmanagement ist eine unterstützende Querschnittsfunktion der Unternehmensführung. Es umfasst die Planung, Steuerung und Kontrolle von Information und Kommunikation im Unternehmen sowie die Gestaltung und Verwendung der dafür benötigten digitalen Informationssysteme und -technologien. Ziel ist es, die Mitarbeiter und Führungskräfte bedarfsgerecht mit aufgaben- und entscheidungsrelevanten Informationen zu versorgen.
- Die beiden wesentlichen Funktionsbereiche des Informationsmanagements sind die Informationsversorgung und die digitalen Informationssysteme und -technologien.

- Die Verantwortung für das Informationsmanagement wird häufig organisatorisch getrennt. Installation, Betrieb und Wartung der digitalen Informationssysteme und -technologien erfolgen durch die IT-Abteilung, während die Informationsversorgung von einem oder mehreren Fachbereichen wie dem Controlling wahrgenommen wird.
- Das IT-Controlling soll die Wirtschaftlichkeit und Effektivität des Informationsmanagements sicherstellen.
- Der Leiter des Informationsmanagements wird Chief Information Officer (CIO) genannt.
- Die wissensorientierte Unternehmensführung betrachtet das organisationale Wissen als strategische Ressource und zentrale Quelle von Wettbewerbsvorteilen. Sie entwickelt und betreibt ein systematisches Wissensmanagement und schafft die erforderlichen Rahmenbedingungen, um Wissen im Unternehmen wirkungsvoll aufzubauen, zu verteilen, zu nutzen und zu bewahren.
- Lernen ist ein Prozess zur Erweiterung oder Veränderung der individuellen Wissensbasis. Es dient dem Erwerb neuen Wissens und verbessert sowohl die Problemlösungsfähigkeit als auch die Handlungskompetenz.
- Lernen geschieht durch verbesserte Konzepte und veränderte Erklärungsmodelle. Auf organisationaler Ebene erfolgt dies durch gemeinsame mentale Modelle und letztlich immer über die individuellen und organisationalen Handlungen eines Unternehmens.
- Mithilfe künstlicher Intelligenz lässt sich Wissen zunehmend maschinell generieren, verarbeiten und bereitstellen.
- Eine lernende Organisation erfasst, entwickelt und teilt ihr Wissen eigenständig und passt ihr Verhalten an neue Erkenntnisse an.
- Wissensmanagement bezeichnet die systematische Identifikation, Beschaffung, Entwicklung, Verteilung, Nutzung und Bewahrung des organisationalen Wissens mit dem Ziel, die Wettbewerbsfähigkeit zu steigern.
- Wissensziele legen fest, auf welcher Ebene welches Wissen und welche Kompetenzen aufgebaut werden sollen.
- Die Wissensidentifikation schafft Transparenz über die relevanten Wissensträger und -inhalte.
- Wissen kann und muss nicht vollständig selbst entwickelt werden. Es lässt sich auch von externen Wissensträgern erwerben.
- Die Entwicklung neuen Wissens erfolgt durch das Zusammenwirken von implizitem und explizitem Wissen. Die vier Stufen der Wissensumwandlung in der Wissensspirale sind: Sozialisation, Externalisierung, Kombination und Internalisierung.
- Wissensverteilung ist erforderlich, um isoliert vorhandenes Wissen für das gesamte Unternehmen nutzbar zu machen.
- Durch die Wissensnutzung soll das Wissen in konkrete, messbare Resultate und wirtschaftliche Ergebnisse umgewandelt werden.
- Die Wissensbewahrung erfolgt durch Selektion, Speicherung und Aktualisierung des organisationalen Wissens.
- Im Rahmen der Wissensbewertung wird überprüft, ob die Wissensziele erreicht wurden.
- Die Mitarbeiter sollten dazu motiviert werden, ihr Wissen zu teilen, neues Wissen zu nutzen sowie von- und miteinander zu lernen. Dies erfordert eine von Vertrauen und Offenheit geprägte Unternehmenskultur.
- Ziel der Informationsversorgung ist es, die für betriebliche Aufgaben und Entscheidungen benötigten Informationen rechtzeitig, wirtschaftlich sowie in angemessener Genauigkeit und Verdichtung an die richtigen Empfänger zu übermitteln und dafür zu sorgen, dass sie auch korrekt verwendet werden.
- Der Informationsbedarf bezeichnet die Art, Menge und Qualität an Informationen, die für das Treffen einer Entscheidung oder die Erfüllung einer Aufgabe objektiv erforderlich sind.
- Der Informationsversorgungsprozess besteht aus den Phasen Informationsbedarfsermittlung, -beschaffung, -übermittlung und -verwendung.
- Die Informationsbedarfsermittlung bestimmt die objektiv erforderlichen Informationen für eine Aufgabe oder Entscheidung.
- Bei der Informationsbeschaffung wird festgelegt, welche Informationen zu welchem Zeitpunkt, aus welchen Quellen und für welchen Aufgaben- und Entscheidungsträger beschafft werden sollen.
- Prognosen (Forecasts) sind Vorhersagen über zukünftige Ereignisse, die auf der Beobachtung der Vergangenheit und Annahmen über deren Zustandekommen basieren.
- Früherkennungssysteme sollen potenzielle Chancen und Gefahren frühzeitig signalisieren, indem sie relevante, jedoch noch nicht allgemein wahrnehmbare Entwicklungen beobachten und analysieren.

- Aufgabe des Rechnungswesens ist die mengen- und wertmäßige Erfassung vergangener, gegenwärtiger und zukünftiger wirtschaftlicher Vorgänge.
- Die Informationsübermittlung soll den Aufgaben- und Entscheidungsträgern das Informationsangebot in geeigneter Form, angemessener Qualität, ausreichender Menge, zum richtigen Zeitpunkt und am richtigen Ort bereitstellen.
- Zwischenmenschliche Kommunikation umfasst die vier psychologischen Ebenen Sachinhalt, Selbstoffenbarung, Beziehung und Appell. Die Qualität des Informationsaustauschs hängt davon ab, wie gut diese vier Ebenen miteinander harmonieren.
- Das Berichtswesen dient der anforderungsgerechten Übermittlung unternehmensinterner Informationen an betriebliche Aufgaben- und Entscheidungsträger.
- Kennzahlen stellen betriebliche Sachverhalte und Zusammenhänge in verdichteter, quantitativ messbarer Form dar.
- Performance Measurement bezeichnet die ganzheitliche und mehrdimensionale Beurteilung der Unternehmensleistung anhand quantifizierbarer Maßgrößen, um die Strategie in konkrete Maßnahmen zu überführen und die Wirksamkeit ihrer Umsetzung kontinuierlich zu überwachen.
- Performance Management umfasst die systematische Planung, Steuerung und Kontrolle der betrieblichen Leistungen, um das Unternehmen an der Strategie auszurichten, seine Leistungsfähigkeit zu steigern und seinen nachhaltigen Erfolg sicherzustellen.
- Durch Informationsdesign werden Informationen so aufbereitet und dargestellt, dass sie von den Empfängern schnell erfasst, eindeutig verstanden, korrekt interpretiert und effektiv für ihre Aufgaben und Entscheidungen genutzt werden können.
- Die Informationsverwendung umfasst die Nutzung bereitgestellter Informationen zur Lösung konkreter Aufgaben und zur Unterstützung von Entscheidungen.
- Kognitive Verzerrungen (Biases) sind systematische Denkfehler, welche die Wahrnehmung, Einschätzung und Bewertung von Informationen unbewusst verfälschen.
- Durch Nudges („Stupser“) erhalten Aufgaben- und Entscheidungsträger einen sanften Anstoß, sich im gewünschten Sinne zu entscheiden, ohne dass ihre Entscheidungsfreiheit eingeschränkt wird.
- Wichtige Regeln für die Gestaltung von Berichten sind: Empfängerorientierung, Kontinuität, Verständlichkeit, Relevanz, Aktualität, richtige Reihenfolge und leichte Erfassbarkeit.
- Informationssysteme bestehen aus Menschen und Maschinen, die Informationen erzeugen, verarbeiten, nutzen und untereinander austauschen.
- Digitale Informationssysteme unterstützen betriebliche Aufgaben und Entscheidungen, indem sie die hierfür erforderlichen Informationen mithilfe digitaler Informationstechnologien bereitstellen.
- Digitale Informationstechnologien umfassen Hardware, Software und Kommunikationsmittel zur Erfassung, Verarbeitung, Speicherung, Übermittlung und Nutzung von Informationen.
- Digitale Informationssysteme lassen sich nach ihrer betrieblichen Bedeutung in die Gruppen Unterstützung, Fabrik, Durchbruch und Waffe unterteilen.
- Nach dem Verwendungszweck lassen sich Administrations-, Dispositions-, Führungs- und Querschnittssysteme unterscheiden.
- Prozessmodellierung bezeichnet die formale Abbildung betrieblicher Vorgänge, damit sie durch ein digitales Informationssystem unterstützt und automatisiert werden können.
- Das Datenmanagement stellt relevante Unternehmensdaten bereit und gewährleistet deren Richtigkeit, Aktualität, Konsistenz, Vollständigkeit, Eindeutigkeit und Zugänglichkeit.
- Business Intelligence (BI) bezeichnet die systematische Erfassung, Integration, Speicherung, Auswertung und visuelle Aufbereitung vergangener und aktueller Unternehmensdaten zur Unterstützung betrieblicher Aufgaben und Entscheidungen.
- Big Data bezeichnet die echtzeitbasierte Analyse großer Mengen überwiegend unstrukturierter digitaler Daten aus verschiedenen Quellen, um daraus verlässliche Erkenntnisse für betriebliche Aufgaben und Entscheidungen zu gewinnen.
- Business Analytics umfasst die Analyse, Prognose und Optimierung von Unternehmensdaten, um künftige Entwicklungen vorherzusagen und fundierte Entscheidungen zu ermöglichen.
- Das Internet der Dinge (Internet of Things, kurz: IoT) bezeichnet die Vernetzung physischer Gegenstände, die mithilfe eingebetteter Systeme fortlaufend nutzungs-

und umgebungsbezogene Daten erfassen und diese als intelligente Objekte drahtlos und eigenständig untereinander austauschen.

- In einer intelligenten Fabrik sind Menschen, Maschinen, Ressourcen und Produkte so miteinander vernetzt, dass sämtliche Fertigungs- und Logistikprozesse entlang der gesamten Wertschöpfungskette mithilfe cyber-physischer Systeme flexibel, dezentral und weitgehend autonom gesteuert werden.
- Cloud Computing ermöglicht den bedarfsgerechten Zugriff auf interne oder externe IT-Ressourcen sowie Webservices über ein firmeneigenes Netzwerk oder das Internet. Es lassen sich Infrastruktur-, Plattform- und Anwendungs-Cloud unterscheiden.
- Eine künstliche Intelligenz (KI) erledigt Aufgaben, die kognitive Fähigkeiten erfordern und bislang dem Menschen vorbehalten waren. Durch maschinelles Lernen kann sie ihre Fertigkeiten kontinuierlich verbessern und erweitern.
- Robotergestützte Prozessautomatisierung (Robotic Process Automation, kurz: RPA) bezeichnet den Einsatz von Softwarerobotern (Bots) zur automatisierten Ausführung wiederkehrender Benutzeraktivitäten in digitalen Informationssystemen.
- Eine Blockchain (Blockkette) ist ein fälschungssicheres, dezentrales Register, in dem Transaktionen dauerhaft gespeichert werden und dessen Einträge sich weder löschen noch verändern lassen.
- In einer offenen, genehmigungsfreien Blockchain wird die Richtigkeit und Unveränderbarkeit der Datenbankeinträge durch die Netzwerkteilnehmer mithilfe eines Konsensmechanismus sichergestellt, ohne dass hierzu eine vertrauenswürdige zentrale Instanz erforderlich ist. Dies kann durch einen Arbeits- oder Anspruchsnachweis erfolgen.

Lesetipps

Bissantz, N.: Diagramme im Management, Freiburg 2024.

Hichert, R./Faisst, I.: Gefüllt, gerahmt, schraffiert, München 2019.

Mast, C.: Unternehmenskommunikation, 8. Aufl., München 2020.

Mertens, P. et al.: Grundzüge der Wirtschaftsinformatik, 13. Aufl., Berlin 2024.

North, K.: Wissensorientierte Unternehmensführung, 7. Aufl., Wiesbaden 2021.

Thaler, R. H./Sunstein, C. R.: Nudge: Wie man kluge Entscheidungen anstößt, Berlin 2011.

Watzlawick, P./Bavelas, J. B./Jackson, D.: Menschliche Kommunikation, 13. Aufl., Bern 2017.

Quellen

Kapitel 1

1 www.statista.de
2 vgl. Statistisches Bundesamt 2024
3 vgl. Statistisches Bundesamt 2024
4 vgl. Simon (2021), S. 23
5 www.haribo.com
6 vgl. Ulrich (1970), S. 99 ff.
7 vgl. Lewin (1951), S. 169
8 vgl. Fayol (1916); vgl. Taylor (1911)
9 vgl. Kieser/Walgenbach (2010), S. 30
10 vgl. Wolf (2023)
11 vgl. Knight (1921); Gigerenzer (2019), S. 1 ff.; Beyer/Kirchner-Khairy (2024), S. 404 f.
12 vgl. Neumann/Morgenstern (1944); Nash (1950)
13 vgl. Bain (1956)
14 vgl. Müller-Stewens/Lechner (2016), S. 127
15 vgl. Porter (1980), S. 30 ff.
16 vgl. Barney (1991), S. 101
17 vgl. Penrose (1959)
18 vgl. Leiblein (2011), S. 911 ff.
19 vgl. Schumpeter (1911)
20 vgl. Commons (1934); Coase (1937)
21 vgl. Martiensen (2000), S. 11 ff.
22 vgl. Williamson (1975), S. 49 ff.
23 vgl. Coase (1937), S. 395; Picot et al. (2020), S. 80 ff.
24 vgl. Wolf (2023), S. 350 ff.
25 vgl. Bertalanffy (1968)
26 vgl. Ulrich/Probst (2001), S. 59 ff.
27 vgl. Ashby (1956)
28 vgl. Luhmann (1984)
29 vgl. Darwin (1859)
30 vgl. Schmidt (1992), S. 42
31 vgl. Ulrich/Probst (2001), S. 12
32 vgl. Varela et al. (1974)
33 vgl. Ulrich (1970)
34 vgl. Abegglen/Bleicher (2021)
35 in Anlehnung an Abegglen/Bleicher (2021), S. 59
36 vgl. Abegglen/Bleicher (2021), S. 38 ff.
37 in Anlehnung an Abegglen/Bleicher (2021), S. 38 ff.; Schwaninger (1989), S. 191
38 vgl. z. B. Töpfer (1976); Wild (1982)
39 vgl. Ulrich/Probst (2001), S. 271
40 vgl. Bartlett/Ghoshal (1993), S. 23 ff.
41 vgl. Ulrich (1970), S. 99 ff.
42 vgl. Kotler et al. (2022), S. 40 ff.
43 vgl. Jünemann (1989), S. 18
44 vgl. Horváth et al. (2024), S. 60
45 vgl. i. F. Stoi/Dillerup (2022), S. 853 ff.
46 vgl. Ebel (2003), S. 26
47 vgl. Zollondz (2016a), S. 857 f.
48 vgl. Zollondz (2016a), S. 858
49 vgl. i. F. Wendehals (2000), S. 11 ff.
50 vgl. Masing (2014), S. 4 f.
51 vgl. Zollondz (2016b), S. 1160
52 vgl. EFQM (2019)
53 vgl. Waldherr (2005), S. 120 ff.
54 vgl. Schnetzer/Soukup (2001), S. 11
55 vgl. Rappaport (1999), S. 91 ff.
56 vgl. Rappaport (1999), S. 23
57 vgl. Hauser (1999), S. 400
58 vgl. Rappaport (1999), S. 80 ff.
59 vgl. Rappaport (1999), S. 36
60 vgl. Stern et al. (2002), S. 73 ff.
61 vgl. Beyer/Kirchner-Khairy (2024), S. 277 ff.
62 vgl. Stewart (1991)
63 vgl. Stoi/Dillerup (2022), S. 892 ff.
64 vgl. Sandt (2018), S. 43
65 vgl. Ocean Tomo (2020), S. 2
66 Lev (2001), S. 5
67 vgl. Stoi (2004), 189 f.
68 vgl. Stoi (2004), S. 190
69 vgl. Hahn (2020), S. 303 f.
70 vgl. IFRS (2022), S. 19
71 vgl. IFRS (2022), S. 5 ff.
72 vgl. Kirchhoff (2019), S. 7 ff.
73 IFRS (2022), S. 22
74 vgl. Günther (2005), S. 67
75 vgl. Günther (2005), S. 72
76 in Anlehnung an Günther (2005), S. 72
77 vgl. Warwitz (2021), S. 16 f.
78 in Anlehnung an Gleißner/Romeike (2005), S. 27
79 vgl. Gleißner (2020), S. 10 ff.
80 vgl. Romeike/Hager (2020), S. 67 ff.
81 vgl. Beyer/Kirchner-Khairy (2024), S. 404 f.
82 vgl. Gleißner (2022), S. 123 ff.; Romeike/Hager (2020), S. 87 ff.;
83 vgl. Porter (2014), S. 21; Wrona/Schell (2010), S. 329 ff.
84 vgl. Morschett et al. (2015), S. 217 f.; Büter (2020), S. 69 ff.
85 vgl. Bartlett/Ghoshal (2002); Heenan/Perlmutter (1979); Hofstede et al. (2017), S. 313 ff.
86 www.ritter-sport.com
87 www.unilever.de
88 www.exxonmobil.com
89 www.airbus.com
90 vgl. Stallmann/Wegner (2015), S. 327
91 vgl. Hauschildt et al. (2023), S. 3 ff.
92 vgl. Vahs et al. (2023), S. 70
93 vgl. Vahs et al. (2023), S. 56 ff.
94 vgl. Vahs et al. (2023), S. 299 ff.; Thom (1980), S. 53; Hauschildt et al. (2023), S. 4
95 in Anlehnung an Vahs et al. (2023), S. 299 ff.
96 www.3mdeutschland.de
97 vgl. Rogers (1962), S. 247 ff.; vgl. Bass (1969), S. 215 ff.
98 vgl. Downes/Nunes (2018), S. 103
99 in Anlehnung an Rogers (1962), S. 247
100 vgl. Downes/Nunes (2018), S. 103
101 vgl. Vahs et al. (2023), S. 128
102 www.statista.de
103 vgl. Chesbrough/Bogers (2014), S. 17
104 vgl. Piller et al. (2017), S. 69
105 vgl. Matzler et al. (2016), S. 17 ff.; Gimpel/Röglinger (2017), S. 9 f.
106 vgl. Erner/Böhm (2019), S. 80
107 vgl. i. F. Matzler et al. (2016), S. 78 ff.
108 vgl. Fraunhofer IIS (2021), S. 10 f.
109 vgl. Mertens et al. (2024), S. 196
110 www.statista.de
111 vgl. Langmann (2019), S. 7 f.
112 vgl. Leimeister (2025), S. 380
113 vgl. Wirtz (2024), S. 22
114 vgl. Kastl (2019), S. 66
115 vgl. Seiter/Autenrieth (2019), S. 11 f.
116 vgl. Johansen et al. (2025); Mack et al. (2016)
117 vgl. Stacey (1991); Courtney et al. (1997), S. 67 ff.
118 vgl. Snowden/Boone (2007), S. 68 ff.
119 in Anlehnung an Stacey (1991), S. 67
120 TUI (2020), S. 7
121 vgl. im Folgenden Stoi (2022), S. 70 ff.
122 vgl. Kieser/Kubicek (1992), S. 59 ff.
123 vgl. Vahs (2023), S. 70 ff.
124 vgl. Ashby (1956)
125 Stoi (2022), S. 77
126 vgl. Vahs (2023), S. 72 ff.

Kapitel 2

1 vgl. Buber (2011), S. 548 f.
2 in Anlehnung an Homburg (2020), S. 50
3 vgl. Bleicher (1994), S. 104
4 vgl. Ulrich/Fluri (1995), S. 312
5 www.upstalsboom.de
6 vgl. Steinmann/Löhr (1994), S. 112
7 www.bosch.com
8 vgl. Müller-Stewens/Lechner (2016), S. 244
9 vgl. i. F. www.jochen-schweizer.de; www.jochen-schweizer-arena.de; DUP Unternehmer (2024), S. 10 ff.
10 vgl. Carlowitz (1732)
11 vgl. Sietz et al. (2008), S. 7
12 vgl. WCED (1987), S. 25
13 vgl. Schaltegger et al. (2007), S. 14 ff.
14 www.globalgoals.org/de
15 in Anlehnung an Schaltegger et al. (2007), S. 14
16 in Anlehnung an Wall/Leitner (2012), S. 256 f.
17 vgl. Rudzio (2025), S. 19
18 vgl. www.csr-in-deutschland.de
19 www.globalreporting.org
20 vgl. GRI (2023), S. 12 ff.
21 vgl. Rat für Nachhaltige Entwicklung (2011), S. 3 ff.
22 vgl. IFRS (2022), S. 5 ff.
23 www.statista.de
24 vgl. Glose (2019)
25 vgl. www.hipp.de
26 vgl. Schreyögg (1989), S. 370 f.
27 vgl. Hungenberg (2014), S. 41
28 vgl. Scholz (1988), S. 243 ff.
29 vgl. Schein/Schein (2018), S. 14 ff.
30 vgl. Schein/Schein (2018), S. 14 ff.
31 vgl. Schein/Schein (2018), S. 21 ff.
32 vgl. Schein/Schein (2018), S. 22
33 vgl. Bleicher (1994), S. 57 ff.

34 vgl. Schreyögg/Koch (2020), S. 604 ff.
35 www.wuerth.com
36 vgl. Dyer (1985), S. 211; Schreyögg/Koch (2020), S. 605
37 vgl. Sichart/Preußig (2022), S. 195 ff.; Ahrendt et al. (2023), S. 138; Moeller/Fink (2020), S. 213
38 vgl. Reimer/Schäffer (2024), S. 23
39 vgl. Sinek (2014), S. 39 ff.
40 in Anlehnung an Sinek (2009), S. 37 ff.
41 Sinek (2014), S. 39
42 vgl. Sinek (2014), S. 11 f.
43 vgl. Weißenberger/Schattevoy (2021), S. 5 ff.
44 vgl. Collins/Hansen (2011); Collins/Porras (1996)
45 vgl. Sichart/Preußig (2022), S. 210
46 vgl. Moeller/Fink (2020), S. 214 f.
47 vgl. Hurst/Tavis (2019), S. 1 ff.
48 vgl. Hurst (2014)
49 vgl. Sichart/Preußig (2022), S. 201
50 vgl. Hansen/Amabile (2018)
51 www.airbnb.com
52 www.ikea.com
53 www.instagram.com
54 www.oxfam.de
55 www.patagonia.com
56 www.vivaconagua.org
57 www.thewaltdisneycompany.com
58 www.walmart.com
59 www.wikipedia.org
60 www.volkswagen.de
61 www.waschbaer.de
62 Saint-Exupéry (1948), S. 139
63 vgl. Coenenberg et al. (2015), S. 20
64 vgl. Sinek (2009), S. 4 f.
65 vgl. Senge (2017), S. 225 ff.
66 vgl. Hinterhuber (2015), S. 76 f.; Sichart/Preußig (2022), S. 208
67 vgl. Coenenberg et al. (2015), S. 23
68 www.amazon.com
69 www.biontech.de
70 www.about.google
71 www.spacex.com
72 www.vivaconagua.org
73 www.walmart.com
74 www.thewaltdisneycompany.com
75 www.waschbaer.de
76 www.wikipedia.org
77 vgl. Alberti (2023)
78 vgl. Collins/Porras (1996), S. 66 ff.
79 vgl. Senge (2017), S. 252
80 vgl. Sichart/Preußig (2022), S. 207
81 vgl. Sichart/Preußig (2022), S. 209 f.
82 https://x.company
83 vgl. Coenenberg et al. (2015), S. 35 f.
84 www.bechtle.com
85 vgl. Abegglen/Bleicher (2021), S. 120
86 vgl. Müller-Stewens/Lechner (2016), S. 228 f.
87 vgl. Bleicher (1994), S. 512 ff.
88 vgl. Coenenberg et al. (2015), S. 36
89 vgl. Hungenberg (2014), S. 29
90 www.amazon.com
91 www.biontech.de
92 www.about.google
93 www.spacex.com
94 www.thewaltdisneycompany.com
95 www.waschbaer.de
96 www.wikipedia.org
97 vgl. Abegglen/Bleicher (2021), S. 153
98 vgl. Abegglen/Bleicher (2021), S. 275; Müller-Stewens/Lechner (2016), S. 232 ff.
99 vgl. Bart (1997), S. 9 ff.
100 vgl. Müller-Stewens/Lechner (2016), S. 233 ff.
101 vgl. Abegglen/Bleicher (2021), S. 255
102 www.ms-motorservice.de
103 Alter (2011), S. 411
104 vgl. Bleicher (1994), S. 292
105 vgl. Picot et al. (2020), S. 245
106 vgl. Kieser/Walgenbach (2010), S. 55 ff.
107 vgl. Schmidt (2005), S. 39
108 www.wuerth.com
109 vgl. Werder/Wiedmann (2003), S. 4
110 www.kodex-fuer-familienunternehmen.de
111 vgl. Werder/Wiedmann (2003), S. 16
112 www.dcgk.de
113 www.wuerth.com
114 vgl. Kieser/Walgenbach (2010), S. 52 f.; Werder/Wiedmann (2003), S. 12 f.
115 vgl. Bantleon et al. (2017), S. 386 ff.
116 vgl. Welge/Eulerich (2021), S. 61 ff.; IIA (2020), S. 7 ff.
117 in Anlehnung an IIA (2020), S. 4

Kapitel 3

1 vgl. Kirsch (1997), S. 290
2 vgl. Neumann/Morgenstern (1944)
3 vgl. Ansoff (1965); Chandler (1962); Andrews (1971)
4 vgl. Meyer/Davidson (2000), S. 324 f.
5 vgl. Day/Wensley (1988)
6 vgl. Rockart (1979), S. 85
7 vgl. Simon (2020), S. 286 ff.
8 vgl. Simon (2021), S. 23 ff.
9 www.pims.ai
10 vgl. Welge et al. (2024), S. 477 ff.
11 vgl. Abell (1980), S. 18 ff.
12 vgl. Müller-Stewens/Lechner (2016), S. 141 ff.
13 vgl. Meffert et al. (2024), S. 282
14 vgl. Meffert et al. (2024), S. 282
15 vgl. Müller-Stewens/Lechner (2016), S. 146 ff.
16 vgl. Bea/Haas (2024), S. 191 ff.
17 vgl. Mintzberg (1978), S. 945
18 vgl. Müller-Stewens/Lechner (2016), S. 318
19 vgl. Troßmann (2018), S. 22f.
20 vgl. Lauer (2023), S. 216 f.
21 vgl. Klempien (2018)
22 vgl. Müller-Stewens/Lechner (2016), S. 326
23 vgl. Hahn (2006), S. 452
24 vgl. Hahn (2006), S. 452 ff.
25 vgl. Wheelen et al. (2018), S. 346 ff.
26 vgl. Alter (2019), S. 391
27 vgl. Johnson et al. (2018), S. 46 ff.; Wheelen et al. (2018), S. 73 ff.
28 vgl. Wheelen et al. (2018), S. 80 f.
29 vgl. Gatterer/Tewes (2023)
30 vgl. Horx (2020); www.zukunftsinstitut.de
31 www.zukunftsinstitut.de
32 vgl. Bain (1956)
33 vgl. Müller-Stewens/Lechner (2016), S. 174 f.
34 vgl. Hungenberg (2014), S. 131
35 vgl. Porter (1999), S. 28 ff.
36 vgl. Porter (1999), S. 23
37 in Anlehnung an Porter (2014), S. 25
38 vgl. i. F. Jürgens et al. (2024), S. 17 ff.
39 vgl. Kotler et al. (2022), S. 49 ff.
40 vgl. Kotler et al. (2023), S. 456 ff.
41 vgl. Bruhn (2024), S. 59 ff.
42 vgl. Kotler et al. (2023), S. 410 ff.
43 vgl. Meffert et al. (2018), S. 21 ff.
44 vgl. Kotler et al. (2023), S. 330 ff.
45 vgl. Backhaus/Voeth (2014), S. 175 ff.; Meffert et al. (2024), S. 74 ff.
46 vgl. Matthies (2023), S. 78 f.
47 in Anlehnung an Matthies (2023), S. 79
48 vgl. Borgstedt/Calmbach (2023), S. 33 ff.
49 vgl. Borgstedt/Calmbach (2023), S. 34
50 vgl. Jung/Worthmann (2024), S. 62; www.mairdumont.com
51 vgl. Kotler et al. (2023), S. 182
52 vgl. Kano et al. (1984), S. 39 ff.
53 vgl. Backhaus/Voeth (2014), S. 41
54 in Anlehnung an Seidenschwarz (1997), S. 62
55 vgl. Kotler et al. (2023), S. 526 f.; Meffert et al. (2024), S. 118
56 vgl. Kreutzer (2022), S. 94
57 www.customergauge.com
58 vgl. Meffert et al. (2024), S. 351
59 vgl. Porter (1999), S. 89
60 vgl. Hungenberg (2014), S. 133
61 vgl. Porter (1999), S. 86 ff.
62 vgl. Porter (1999), S. 88
63 in Anlehnung an Alter (2019), S. 149
64 vgl. Camp (1994)
65 vgl. Weber/Schäffer (2022), S. 74
66 vgl. Koch (2009), S. 117
67 vgl. Barney (1991), S. 101
68 vgl. Hinterhuber (2015), S. 145
69 vgl. Hinterhuber (2015), S. 145
70 vgl. Barney (1991), S. 101 ff.
71 www.interbrand.com
72 www.coca-colacompany.com
73 in Anlehnung an Barney (2002), S. 163
74 vgl. Prahalad/Hamel (1990), S. 79 ff.
75 vgl. Prahalad/Hamel (1990), S. 81
76 www.honda.de
77 www.samsung.com
78 vgl. Bruhn (2024), S. 45 ff.
79 vgl. Baum et al. (2013), S. 197
80 vgl. Wright (1936), S. 122 ff.
81 vgl. Henderson (1984), S. 19
82 vgl. Welge et al. (2024), S. 259
83 in Anlehnung an Hinterhuber (2015), S. 37
84 vgl. Müller-Stewens/Lechner (2016), S. 259
85 vgl. Müller-Stewens/Lechner (2016), S. 259 ff.
86 vgl. Wirth (2024), S. 8
87 vgl. Wirth (2024), S. 8
88 vgl. Alter (2019), S. 170 ff.
89 vgl. Osterwalder/Pigneur (2010), S. 5 ff.
90 in Anlehnung an Osterwalder/Pigneur (2010), S. 5
91 vgl. Wirtz (2024), S. 308 ff.
92 vgl. Mertens et al. (2024), S. 197
93 vgl. Gleich (2022), S. 58 f.
94 vgl. Porter/Millar (1988), S. 26 ff.
95 vgl. Porter (2014), S. 68 ff.
96 vgl. Porter (2014), S. 64
97 vgl. Porter (2014), S. 66 f.
98 vgl. Corsten/Gabriel (2004), S. 4
99 in Anlehnung an Bach et al. (2017), S. 6
100 vgl. Welge et al. (2024), S. 460 ff.; Müller-Stewens/Lechner (2016), S. 207 ff.
101 vgl. Wheelen et al. (2018), S. 144

102 vgl. Welge et al. (2024), S. 476 f.
103 vgl. i. F. Stoi (2012), S. 160 ff.
104 vgl. Welge et al. (2024), S. 480 f.
105 vgl. Müller-Stewens/Lechner (2016), S. 284 f.
106 vgl. Troßmann (2018), S. 94
107 vgl. Henderson (2006), S. 36 f.
108 in Anlehnung an Wheelen et al. (2018), S. 180
109 in Anlehnung an Henderson (2006), S. 37
110 vgl. Welge et al. (2024), S. 499
111 vgl. Coyne (2008), S. 124; Welge et al. (2024), S. 499 f.
112 vgl. Whittington et al. (2019), S. 247 ff.
113 vgl. Welge et al. (2024), S. 502
114 in Anlehnung an Alter (2019), S. 217
115 vgl. Wheelen et al. (2018), S. 182
116 vgl. Porter (1999), S. 19 f.
117 vgl. Porter (1999), S. 32
118 vgl. Frieck (2024), S. 65 f.; www.aerocom.de
119 vgl. Lampel et al. (2014), S. 121
120 vgl. i. F. Höfler et al. (2024), S. 42 ff.
121 vgl. Schmidtutz/Steinkirchner (2025), S. 54 ff.
122 vgl. Porter (1999), S. 41 ff.
123 vgl. Welge et al. (2024), S. 550 ff.
124 vgl. Gaitanides/Westphal (1991), S. 247 ff.
125 in Anlehnung an Corsten/Will (1992), S. 4 ff.
126 www.deichmann.com
127 vgl. Knieps (2024), S. 49 ff.; www.snipes.com
128 vgl. Gilbert/Strebel (1986), 4 ff.
129 www.emma-sleep.com
130 vgl. Simon (1988), S. 461 ff.
131 in Anlehnung an Gilbert/Strebel (1986), 32
132 www.canyon.com
133 vgl. Faulkner/Bowman (1994), S. 119 ff.
134 vgl. Bowman/Faulkner (1996)
135 vgl. i. F. Gürtler et al. (2023), S. 46 ff.; Osterholt/Kleindienst (2025), S. 58 f.
136 vgl. Hax/Wilde (1999), S. 12 ff.
137 www.bose.com
138 www.world-insight.de
139 www.playstation.com
140 vgl. Killian/Lindern (2024), S. 20
141 vgl. D'Aveni (1995), S. 26 ff.
142 vgl. D'Aveni (1995), S. 48
143 vgl. D'Aveni (1995), S. 219; www.coca-cola.com; www.pepsi.com
144 www.interbrand.com
145 vgl. Welge et al. (2024), S. 431 ff.
146 in Anlehnung an Ansoff (1966), S. 164
147 vgl. Ansoff (1965), S. 108 ff.; Welge et al. (2024), S. 613 ff.
148 vgl. Ansoff (1966), S. 132
149 www.press.aboutamazon.com
150 Amazon.com (2002), S. 2
151 vgl. Hamel/Prahalad (1995), S. 341 f.; Buchholz (2019), S. 221 ff.
152 vgl. Hamel/Prahalad (1995), S. 341
153 vgl. Gadiesh/Gilbert (1998), S. 141 f.; Müller-Stewens/Lechner (2016), S. 376
154 vgl. Frick (2024), S. 13
155 vgl. Hungenberg (2014), S. 117 ff.; Müller-Stewens/Lechner (2016), S. 365 ff.
156 vgl. Müller-Stewens/Lechner (2016), S. 366
157 vgl. Kim/Mauborgne (2004), S. 70 ff.; Welge et al. (2024), S. 560 ff.
158 vgl. Kim/Mauborgne (2016), S. 79 f.
159 in Anlehnung an Kim/Mauborgne (2004), S. 79
160 www.cirquedusoleil.com
161 in Anlehnung an Kim/Mauborgne (2016), S. 43
162 vgl. Kim/Mauborgne (2016), S. 36 ff.
163 in Anlehnung an Kim/Mauborgne (2016), S. 36
164 www.nintendo.com
165 vgl. O'Gorman (2008), S. 98 ff.
166 in Anlehnung an O'Gorman (2008), S. 104
167 in Anlehnung an Hollensen (2013), S. 29
168 vgl. Hollensen (2013), S. 26 ff.
169 www.statista.de
170 vgl. Welge et al. (2024), S. 566

Kapitel 4

1 vgl. Hahn/Hungenberg (2001), S. 47 ff.
2 vgl. Pfohl/Stölzle (1997), S. 13 ff.
3 vgl. Wild (1982), S. 18
4 vgl. Pfohl/Stölzle (1997), S. 69 f.
5 vgl. Wild (1982), S. 62 f.
6 vgl. Wild (1982), S. 49 ff.
7 vgl. Klein/Scholl (2011), S. 17
8 vgl. Mag (1995), S. 107 ff.
9 vgl. Pfohl/Stölzle (1997), 86
10 vgl. Mag (1995), S. 156
11 in Anlehnung an Pfohl/Stölzle (1997), 87
12 vgl. Kosiol (1966), 212
13 vgl. Dambrowski (1986), 23 ff.
14 vgl. Horváth et al. (2024), 121 ff.
15 vgl. Weber/Schäffer (2022), S. 304 ff.
16 vgl. Dambrowski (1986), 23 ff.
17 vgl. Küpper et al. (2024), S. 479 ff.
18 vgl. Jung (1985), 69 ff.
19 vgl. Kappes/Brosig (2022), S. 21 f.
20 vgl. Szyperski/Müller-Böling (1984), 124 ff.
21 in Anlehnung an Szyperski/Müller-Böling (1984), 124 ff.
22 vgl. Klein/Scholl (2011), S. 15 f.
23 vgl. Hahn/Hungenberg (2001), S. 86 ff.
24 vgl. Rieg (2024), S. 120
25 vgl. Horváth et al. (2024), S. 86 f.; Rieg (2024), S. 121 ff.
26 vgl. Reimer/Schäffer (2024), S. 11
27 vgl. Tschandl et al. (2024), S. 184
28 vgl. Reimer/Schäffer (2023), S. 13
29 vgl. Tschandl et al. (2024), S. 186
30 vgl. Gegenmantel (2020), S. 43 f.
31 vgl. Reimer/Schäffer (2023), S. 9; Reimer/Schäffer (2024), S. 12
32 vgl. Becker/Goretzki (2015), S. 38 ff.
33 vgl. i. F. Graf/Schmitz (2018), S. 32 ff.
34 in Anlehnung an Graf/Schmitz (2018), S. 31
35 vgl. Küpper et al. (2024), S. 233 ff.
36 vgl. Amshoff (1994), 265 f.
37 vgl. Küpper et al. (2024), S. 233 ff.
38 vgl. Hill (1989), Sp. 1457 ff.; Töpfer (1989), Sp. 1516
39 vgl. Bircher (1976), S. 81 ff.
40 vgl. Hahn/Hungenberg (2001), S. 96 ff.
41 in Anlehnung an Hahn/Hungenberg (2001), S. 5
42 vgl. Pfohl/Stölzle (1997), S. 194
43 vgl. Fürtjes (1989), Sp. 1464 f.
44 vgl. Mag (1995), S. 117 ff.
45 vgl. i. F. Scholz (1984), S. 97 ff.
46 in Anlehnung an Wild (1982), S. 191 ff.
47 vgl. Reimer/Schäffer (2023), S. 10
48 vgl. Rauh et al. (2016), S. 6 ff.
49 vgl. Reimer/Schäffer (2023), S. 11
50 vgl. Hahn/Hungenberg (2001), S. 81 ff.
51 vgl. Gutenberg (1951), S. 163 ff.
52 vgl. Mag (1995), S. 110 f.
53 www.bechtle.com
54 vgl. Klein/Scholl (2011), S. 199 ff.
55 vgl. Schröder (2003), S. 119
56 vgl. Mag (1995), S. 27 ff.
57 vgl. Hahn/Hungenberg (2001), S. 799 ff.
58 vgl. Pfohl/Stölzle (1997), S. 127 ff.
59 vgl. Weber/Wallenburg (2010), 121 ff.
60 vgl. Tucker (2019), S. 52; (2020), S. 33 ff.; Gleich et al. (2024), S. 55
61 vgl. Matzke (2019), S. 177 ff.
62 vgl. Horváth et al. (2024), S. 105 ff.
63 vgl. Oehler (2024), S. 82 ff.
64 Oehler (2020), S. 23 ff.; vgl. Hagl et al. (2018), S. 29 ff.
65 vgl. Kappes/Leyk (2018), S. 5 ff.; Kappes/Schentler (2019), S. 57 ff.
66 vgl. Doerfner/Kläsener (2018), S. 178 ff.; Ehlken/Schäffer (2017), S. 38 ff.
67 in Anlehnung an Kappes/Leyk (2018), S. 11
68 vgl. Schröder (2003), S. 126 ff.
69 vgl. Arbeitskreis (1991), S. 812 ff.
70 vgl. Gleißner (2020), S. 234
71 vgl. Taleb (2010)
72 vgl. Gleißner (2020), S. 234 f.
73 vgl. Rateike/Lindner (2009), S. 231 ff.
74 vgl. Rieg (2015), S. 223 f.; (2018), S. 22 ff.
75 vgl. Hinz (2023), S. 52 f.
76 vgl. Krames (2009), S. 34
77 vgl. Reimer/Schäffer (2023), S. 19
78 vgl. Reinermann (1978), S. 51 f.
79 vgl. Kaplan/Norton (1992), S. 71 ff.; Horváth & Partners (2007), S. 19 ff.
80 vgl. Kaplan/Norton (2006), S. 1 ff.
81 vgl. Gleich (2021), S. 9
82 vgl. Klingebiel (1998), S. 4
83 vgl. Jetter (2004), S. 41 ff.
84 vgl. Bredrup (1995), S. 87; Klingebiel (1998), S. 5
85 vgl. Lynch/Cross (1993); Epstein/Manzoni (1997)
86 vgl. Günther/Grüning (2002), S. 6
87 vgl. Kaplan/Norton (1997), S. 41 ff.
88 vgl. Kaplan/Norton (1997), S. 9
89 vgl. Kaplan/Norton (1997), S. 46 ff.
90 vgl. Kaplan/Norton (1997), S. 10 ff.; Gaiser/Greiner (2002), S. 199 ff.
91 vgl. Horváth & Partners (2007), S. 4
92 *Kaplan/Norton (1996)*
93 vgl. Gaiser/Greiner (2002), S. 200
94 in Anlehnung an Maisel (1992), S. 49
95 vgl. Kaplan/Norton (2001), S. 12 f.
96 vgl. Jonen (2020), S. 69 f.
97 vgl. Horváth & Partners (2007), S. 4
98 vgl. Kaplan/Norton (2009), S. 191
99 vgl. Kaplan/Norton (2004)
100 vgl. Kaplan/Norton (1993), S. 134 ff.; (1996), S. 191 ff.; (2001), S. 211
101 in Anlehnung an Kaplan/Norton (1997), S. 191
102 vgl. Gaiser/Greiner (2002), S. 216 ff.
103 vgl. Weber/Schäffer (2022), S. 408 f.
104 vgl. i. F. Stoi (2012), S. 185 ff.
105 vgl. Doerr (2018), S. 12 ff.

106 in Anlehnung an Doerr (2018), S. 39
107 vgl. Lihl et al. (2019), S. 42; Lobacher (2019), S. 243
108 vgl. Doerr (2018), S. 226
109 vgl. Lihl et al. (2019), S. 43
110 vgl. Alberti (2023), S. 31
111 vgl. Doerr (2018), S. 235 ff.
112 vgl. Lobacher (2019), S. 244 ff.
113 vgl. Lobacher (2019), S. 248 ff.
114 vgl. Wiltinger et al. (2023), S. 15
115 vgl. Flinspach/Biel (2019), S. 10 f.
116 vgl. Wiltinger et al. (2023), S. 14
117 vgl. i. F. Stoi et al. (2023), S. 38 ff.
118 vgl. Dambrowski (1986), S. 23 ff.
119 vgl. Reimer/Schäffer (2024), S. 20
120 vgl. Szyperski/Winand (1980), S. 22
121 vgl. Horváth et al. (2024), S. 122
122 vgl. Horváth et al. (2024), S. 124
123 vgl. Dambrowski (1986), S. 34 f.; Wild (1974), S. 326
124 vgl. Horváth et al. (2024), S. 125 ff.
125 vgl. Horváth et al. (2024), S. 126
126 vgl. Friedl (2025), S. 273 ff.; Weber/Schäffer (2022), S. 311 ff.
127 in Anlehnung an Goronzy (1975), S. 24
128 vgl. Küpper et al. (2024), S. 389 ff.
129 vgl. Horváth et al. (2024), S. 127 ff.
130 in Anlehnung an Camillus (1984), S. 5
131 vgl. Küpper et al. (2024), S. 397 ff.
132 vgl. Friedl (2025), S. 273 ff. Locke/Latham (1984), S. 21 ff.
133 vgl. Posselt (1986), S. 135 ff.
134 vgl. Posselt (1986), S. 136
135 Reimer/Schäffer (2023), S. 16 ff.; Reimer/Schäffer (2024), S. 10
136 vgl. Artz/Arnold (2018), S. 16 ff.
137 vgl. Bittner (2015), S. 9f.
138 vgl. Friedl (2025), S. 293 ff.; Höller (1978), S. 227 ff.
139 vgl. Greiner (2006), S. 14
140 vgl. Fisher et al. (2000), S. 93 ff.
141 vgl. Abel/Nevries (2019), S. 50
142 vgl. Mahlendorf (2015), S. 27 ff.
143 vgl. Abel/Nevries (2019), S. 50
144 vgl. Thaler/Johnson (1990), S. 657f.
145 vgl. Abel/Nevries (2019), S. 51 ff.
146 vgl. Greiner (2006), S. 13
147 vgl. Fisher et al. (2000), S. 93 ff.; Schäffer/Kramer (2009), S. 254 ff.
148 vgl. Ehlken/Schäffer (2017), S. 37
149 vgl. Friedl (2025), S. 244 ff.; Kopp/Leyk (2004a), S. 11 ff.; Rieg (2015), S. 81 ff.
150 vgl. Reimer/Schäffer (2023), S. 24 ff.
151 vgl. Fuchs/Tischler (2021), S. 4 ff.
152 vgl. Gleich/Kopp (2001), S. 429 ff.; Kopp/Leyk (2004a), S. 4 ff.
153 vgl. Kopp/Leyk (2004b), S. 16 f.; Schentler et al. (2010), S. 11
154 vgl. Ehlken/Neumann-Giesen (2015), S. 49 ff.
155 vgl. Wilkens/Schäffer (2015), S. 56 ff.
156 vgl. i. F. Rösler et al. (2015), S. 62 ff.
157 in Anlehnung an Rösler et al. (2015), S. 63
158 vgl. Gleich (2015), S. 33 ff.
159 vgl. Nasca et al. (2018), S. 43 ff.
160 vgl. Denninger/Stoi (2022), S. 11 ff.
161 vgl. Fraser/Hope (2001), S. 437 ff.
162 Tschandl/Schentler (2012), S. 106
163 www.bosch.de
164 vgl. i.F. Stoi et al. (2015), S. 16 ff.
165 vgl. Lehmann/Amrhein (2022), S. 36
166 vgl. Hope/Fraser (2003), S. 17 ff.; Bogsnes (2023), S. 9 ff.
167 vgl. Pfläging (2026); (2011)
168 vgl. Pfläging/Hermann (2015), S. 24
169 vgl. Pfläging (2011), S. 112
170 vgl. i. F. Rieg (2015), S. 196 ff.; Schäffer/Zyder (2005), S. 247 ff.
171 vgl. Rateike/Lindner (2009), S. 234; Rieg/Oehler (2009), S. 103 f.
172 vgl. Reimer/Schäffer (2024), S. 23
173 vgl. i. F. Stoi et al. (2011), S. 33 ff.; Stoi et al. (2012), S. 16 ff.; www.bbraun.de
174 vgl. Schäffer (2023), S. 20 ff.; Lehmann/Amrhein (2022), S. 36 ff.

Kapitel 5

1 vgl. Schulte-Zurhausen (2014), S. 1 ff.; Vahs (2023), S. 44 ff.
2 vgl. Schulte-Zurhausen (2014), S. 3
3 vgl. Gutenberg (1951), 239 ff.
4 vgl. Hungenberg/Wulf (2021), S. 200
5 vgl. Kosiol (1976), S. 45 ff.
6 vgl. Gaitanides et al. (1994), S. 62
7 vgl. Kosiol (1976), S. 32 ff.; Vahs (2023), S. 77 ff.
8 vgl. Kosiol (1976), S. 45 ff.
9 vgl. Schulte-Zurhausen (2014), S. 40 ff.
10 vgl. Vahs (2023), S. 84
11 vgl. Schulte-Zurhausen (2014), S. 130 f.
12 vgl. Vahs (2023), S. 85 ff.
13 in Anlehnung an Vahs (2023), S. 86
14 vgl. Schulte-Zurhausen (2014), S. 143 f.
15 vgl. Weber et al. (2018), S. 144
16 vgl. Weber et al. (2018), S. 145 f.
17 vgl. Kieser/Kubicek (1992), S. 105; Picot et al. (2020), S. 236 ff.
18 vgl. i. F. Frese et al. (2019), S. 339 ff.; Schulte-Zurhausen (2014), S. 228 ff.; Krüger (1994), S. 95 ff.; Vahs (2023), S. 179 ff.
19 vgl. Reiß (1994), S. 152 ff.
20 vgl. Bleicher (1991), S. 593 ff.
21 www.volkswagen.de
22 vgl. Grundei (2024), S. 62
23 vgl. Burns/Stalker (1971), S. 147 ff.; Davis/Lawrence (1977), S. 23 ff.; Khandwalla (1974), S. 74 ff.
24 vgl. Chandler (1962)
25 vgl. Hermann/Pfläging (2020), S. 25 ff.
26 in Anlehnung an Hermann/Pfläging (2020), S. 25
27 vgl. Kotter (2015), S. 28 f.
28 vgl. Hofert/Thonet (2019), S. 157
29 vgl. Probst (1992), S. 580
30 vgl. Kotter (2015)
31 Kotter (2012), S. 46
32 vgl. Vahs (2023), S. 637
33 vgl. Vahs (2023), S. 645
34 vgl. Häusling/Fischer (2020), S. 17 ff.; Hofert/Thonet (2019), S. 156
35 vgl. Laloux (2024)
36 vgl. Strauch (2022), S. 43
37 www.wpkeesboeke.nl
38 vgl. Strauch (2022), S. 33 ff.; www.thesociocracygroup.com
39 vgl. Strauch (2022), S. 261 ff.
40 vgl. Strauch (2022), S. 141
41 vgl. Strauch (2022), 43, 157
42 www.premium-kollektiv.de
43 vgl. Lübbermann (2021), S. 17 f.
44 vgl. Lübbermann/Reintgen (2017); Beha (2019)
45 vgl. i. F. Robertson (2016), S. 39 ff.
46 vgl. Robertson (2016), S. 15 ff.; www.holacracy.org
47 vgl. Kühl/Sua-Ngam-Iam (2021), S. 314 f.
48 vgl. Moeller/Fink (2020), S. 215
49 vgl. Hofert/Thonet (2019), S. 159; Robertson (2016), S. 43 ff.
50 vgl. Oestereich/Schröder (2020), S. 76
51 vgl. Kühl/Sua-Ngam-Iam (2021), S. 315
52 www.zappos.com
53 vgl. Bernstein et al. (2016), S. 38 ff.
54 vgl. Kunze et al. (2021), S. 305 f.
55 vgl. www.mymuesli.com
56 vgl. i. F. 9 Spaces (2024)
57 9 Spaces (2024)
58 9 Spaces (2024)
59 vgl. Pfläging (2026); (2011); (2013)
60 vgl. Hermann/Pfläging (2020), S. 28
61 www.spotify.com
62 vgl. Kniberg/Ivarsson (2012); Oestereich/Schröder (2020), S. 210
63 in Anlehnung an Kniberg/Ivarsson (2012)
64 vgl. Kotter (2015); Vahs (2023), S. 651 f.
65 vgl. Grundei (2024), S. 61
66 vgl. Meyer et al. (2021), S. 144 ff.
67 vgl. Vahs (2023), S. 553
68 vgl. Aulinger (2017), S. 7 f.
69 vgl. Herrmann/Stoi (2023), S. 58 ff.
70 vgl. Sydow/Möllering (2015), S. 187
71 vgl. Brockhoff/Hauschildt (1993), S. 400
72 vgl. Sydow/Möllering (2015), S. 188 f.
73 vgl. Porter/Fuller (1991), S. 329
74 vgl. Picot et al. (2020), S. 451 ff.; Müller-Stewens/Lechner (2016), S. 422 ff.; Welge et al. (2024), S. 688 ff.
75 www.airbus.com
76 www.airbus.com
77 vgl. Picot et al. (2020), S. 112 ff.
78 vgl. Picot et al. (2020), S. 304 ff.; Sydow/Möllering (2015), S. 187
79 in Anlehung an Schulte-Zurhausen (2014), S. 291
80 vgl. Schulte-Zurhausen (2014), S. 290
81 vgl. Hungenberg/Wulf (2021), S. 121
82 www.deuter.com
83 vgl. Hofer (2017), S. 20 f.
84 vgl. Welge et al. (2024), S. 684
85 vgl. Stölzel et al. (2023), S. 20 ff.
86 vgl. Heim et al. (2021), S. 7
87 vgl. Hinterhuber/Levin (1994), S. 43
88 vgl. Zahn (1997), S. 4
89 vgl. Sydow (1995), S. 1622 ff.
90 vgl. Sydow/Well (1996), S. 194; Miles/Snow (1993), S. 71
91 vgl. Miles/Snow (1986), S. 64 f.
92 vgl. Sydow/Möllering (2015), S. 187
93 vgl. O'Hara-Devereaux/Johansen (1994); Picot et al. (2020), S. 126 ff.
94 in Anlehnung an O'Hara-Devereaux/Johansen (1994)
95 vgl. Davidow/Malone (1992)

96 vgl. Picot et al. (2020), S. 127 ff.
97 www.expgermany.de
98 vgl. Schulte-Zurhausen (2014), S. 294
99 www.linux.org
100 vgl. Miles/Snow (1986), S. 62 ff.
101 vgl. Picot et al. (2020), S. 127
102 vgl. Picot et al. (2020), S. 139
103 www.automattic.com
104 vgl. Kastl (2019), S. 66
105 vgl. Deloitte (2019), S. 8 ff.; Vetterling/Baumöl (2023), S. 5 ff.
106 vgl. Seiter/Autenrieth (2019), S. 11 f.; Müller-Stewens/Stonig (2019), S. 7
107 vgl. Förderer (2022), S. 27; Wirtz (2024), S. 481 f.
108 vgl. Förderer (2022), S. 27
109 www.press.aboutamazon.com
110 vgl. Förderer (2022), S. 28 f.
111 vgl. Wirtz (2024), S. 494 ff.
112 www.uber.com
113 www.upwork.com
114 vgl. Reillier/Reillier (2017), S. 46 ff.
115 vgl. Reillier/Reillier (2017), S. 75
116 vgl. Förderer (2022), S. 81
117 www.linkedin.com
118 vgl. Müller-Stewens/Stonig (2019), S. 8
119 vgl. Müller-Stewens/Stonig (2019), S. 8
120 vgl. Deloitte (2019), S. 32
121 vgl. Chesbrough (2003), S. 21 ff.
122 vgl. Gassmann/Enkel (2006), S. 132
123 vgl. Chesbrough (2003), S. 43 ff.
124 vgl. Tönnesmann (2020), S. 32
125 vgl. Piller et al. (2017), S. 69; Hauschildt et al. (2023), S. 223
126 vgl. Gassmann/Enkel (2006), S. 134 ff.; Hauschildt et al. (2023), S. 207
127 vgl. Hauschildt et al. (2023), S. 207
128 in Anlehnung an Chesbrough (2003), S. 183; Hauschildt et al. (2023), S. 243
129 www.ideas.lego.com
130 www.powerforall-alliance.com
131 vgl. Höft et al. (2023), S. 300
132 vgl. Chesbrough/Bogers (2014), S. 18
133 vgl. Fuchs/Golenhofen (2023), S. 84 ff.
134 vgl. Springmann (2019), S. 26
135 vgl. Lewrick et al. (2018), S. 32 ff.; www.hpi/school-of-design-thinking.de
136 vgl. Carlgren et al. (2016); Fuchs/Golenhofen (2023), S. 88 f.
137 www.hpi/school-of-design-thinking.de
138 vgl. Heintel/Krainz (2015), S. 27 ff.
139 vgl. Kraus/Westermann (2019), S. 2
140 vgl. Schulte-Zurhausen (2014), S. 425
141 vgl. Meredith et al. (2018), S. 3
142 vgl. Diethelm (2000), S. 14 ff.
143 vgl. Fiedler (2020), S. 13 ff.; Gemünden/Kock (2022), S. 150 f.
144 vgl. Hansel/Lomnitz (2003), S. 31 f.
145 vgl. Litke (2025), S. 35
146 vgl. Kraus/Westermann (2019), S. 29 ff.
147 vgl. i. F. Vahs (2023), S. 233 ff.; Kraus/Westermann (2019), S. 16 ff.; Bergmann/Garrecht (2021), S. 320 ff.
148 vgl. Bergmann/Garrecht (2021), S. 324
149 in Anlehnung an Keßler/Winkelhofer (2004), S. 30
150 vgl. Keßler/Winkelhofer (2004), S. 117 ff.
151 vgl. Corsten/Reiß (2008), S. 11 ff.
152 vgl. Stern/Jaberg (2010), S. 275
153 vgl. Kraus/Westermann (2019), S. 146 ff.
154 vgl. Brehm/Huf (2024), S. 114
155 vgl. Petry/Konz (2022), S. 399
156 vgl. Diethelm (2000), S. 32
157 vgl. Kraus/Westermann (2019), S. 161
158 vgl. Tuckman/Jensen (1977), S. 419 ff.; Keßler/Winkelhofer (2004), S. 57 f.
159 vgl. Brehm/Huf (2024), S. 116
160 vgl. Schmidt et al. (2023), S. 207 f.
161 vgl. Kerzner (2004), S. 256
162 vgl. Keßler/Winkelhofer (2004), S. 86 ff.
163 vgl. Diethelm (2000), S. 224 ff.
164 vgl. Schulte-Zurhausen (2014), S. 476
165 vgl. Zielasek (1999), S. 119
166 vgl. Heche (2004), S. 31 ff.
167 vgl. Burghardt (2018), S. 188 f.
168 vgl. Project Management Institute (2021), S. 216
169 vgl. Schwarze (2014), S. 35
170 vgl. Diethelm (2000), S. 326
171 vgl. Kraus/Westermann (2019), S. 94
172 vgl. Patzak/Rattay (2017), S. 32
173 vgl. Schulte-Zurhausen (2014), S. 503
174 vgl. Britzelmaier (2020), S. 442 f.
175 in Anlehnung an Riedl (1990)
176 vgl. Fiedler (2020), S. 142 f.
177 vgl. i. F. Britzelmaier (2020), S. 441 ff.; Schulte-Zurhausen (2014), S. 644 ff.
178 in Anlehnung an Britzelmaier (2020), S. 442
179 in Anlehnung an Patzak/Rattay (2017), S. 437 f.
180 vgl. Grasl et al. (2004), S. 175
181 vgl. Schwaber/Sutherland (2017), S. 3
182 vgl. Schwaber (1995), S. 117 ff.
183 vgl. Takeuchi/Nonaka (1986), S. 137 ff.
184 vgl. Bergmann/Garrecht (2021), S. 349
185 vgl. Schwaber/Sutherland (2017); Mois (2018), S. 64 ff.; Scheller (2017), S. 497 f.
186 in Anlehnung an www.meserk.eu
187 vgl. Schwaber/Sutherland (2017); Bergmann/Garrecht (2021), S. 352
188 vgl. Schwaber/Sutherland (2017); Bergmann/Garrecht (2021), S. 350 ff.
189 vgl. Bergmann/Garrecht (2021), S. 355 f.
190 Die Grafik wurde von Anna Wörner (www.leadventure.de) zur Verfügung gestellt.
191 www.blog.bosch-digital.com
192 vgl. Dömer (2023), S. 256
193 vgl. Habermann (2013), S. 96 f.
194 in Anlehnung an Habermann (2013), S. 97; Bergmann/Garrecht (2021), S. 357
195 vgl. Habermann (2013), S. 98
196 vgl. Peipe (2022), S. 149 ff.
197 vgl. Völl (2020), S. 46
198 vgl. Schulte-Zurhausen (2013), S. 43 ff.
199 vgl. Kosiol (1976), S. 187
200 vgl. Gaitanides (2012), S. 34 ff.
201 vgl. Bea/Göbel (2018), S. 383
202 vgl. Striening (1988), S. 16 ff.
203 vgl. Mayer/Stoi (2003), S. 625 ff.
204 vgl. Bea/Göbel (2018), S. 383 f.; Fischermanns (2013), S. 180 ff.
205 vgl. Fischermanns (2013), S. 183 f.; Bach et al. (2017), S. 298 f.
206 vgl. Vahs (2023), S. 265 ff.; Schulte-Zurhausen (2013), S. 50 ff.
207 vgl. Gaitanides (2012), S. 34 ff.
208 vgl. Bach et al. (2017), S. 152 ff.; Vahs (2023), S. 267 ff.
209 vgl. Bach et al. (2017), S. 153
210 vgl. Schulte-Zurhausen (2013), S. 59 f.
211 vgl. Schmelzer/Sesselmann (2020), S. 63 ff.; Scholz/Vrohlings (1994), S. 45 ff.
212 vgl. Schulte-Zurhausen (2013), S. 89 ff.; Vahs (2023), S. 288 ff.
213 vgl. Bach et al. (2017), S. 156 f.
214 www.buerkert.de
215 vgl. Füermann (2016), S. 893 f.
216 vgl. Kano (1993), S. 12 ff.
217 vgl. Thomas (1991), S. 117 f.
218 vgl. Bach et al. (2017), S. 229
219 vgl. Schulte-Zurhausen (2013), S. 76
220 vgl. Schulte-Zurhausen (2013), S. 76 f.
221 vgl. Gaitanides (2012), S. 218 f.
222 vgl. Bach et al. (2017), S. 228
223 vgl. Schmelzer/Sesselmann (2020), S. 417 ff.
224 vgl. Horváth/Mayer (1989), S. 214 ff.
225 vgl. Stoi (1999b), S. 24 ff.
226 vgl. Gleich et al. (2024), S. 34
227 vgl. i. F. Horváth/Mayer (1993), S. 19 ff.
228 vgl. i. F. Stoi (1999b), S. 27 ff.
229 vgl. Schulte-Zurhausen (2013), S. 75 ff.
230 vgl. Bach et al. (2017), S. 217 ff.
231 vgl. Zschech et al. (2017), S. 24 ff.; Wahrstötter (2025), S. 18 ff.
232 Hammer/Champy (2003), S. 30
233 vgl. Schmelzer/Sesselmann (2020), S. 506
234 vgl. Schmelzer/Sesselmann (2020), S. 509 ff.
235 vgl. Smeets et al. (2019), S. 10 f.
236 vgl. Beckers (2025), S. 11
237 vgl. Hierzer (2020), S. 111 ff.
238 vgl. Gaitanides (2012), S. 53 f.
239 vgl. Stoi (1999a), S. 278 ff.
240 www.mercedes-amg.com
241 vgl. Gadatsch (2020), S. 62
242 vgl. Becker (2018), S. 289 ff.
243 vgl. Imai (1997)
244 in Anlehnung an Bleicher (1991), S. 196
245 vgl. Becker (2018), S. 272 ff.
246 vgl. Deming (1982), S. 89 ff.
247 vgl. Andresen (2019), S. 140 f.
248 vgl. Deming (1982), S. 88
249 vgl. Schmelzer/Sesselmann (2020), S. 474 ff.
250 vgl. Schmelzer/Sesselmann (2020), S. 508
251 in Anlehnung an Imai (1986), S. 26 f.
252 vgl. Womack/Jones (1994), S. 93 ff.
253 vgl. Arnoscht (2018), S. 25 ff.
254 vgl. Krause/Gebhardt (2018), S. 146
255 vgl. Piller (2006), S. 228 ff.
256 vgl. Piller (2006), S. 233 f.
257 vgl. VW AG (2012), S. 22 ff.
258 www.drive-volkswagen-group.com; www.volkswagenag.com
259 www.vw-platform-business.com

Kapitel 6

1 vgl. Jung (2017), S. 21 ff.
2 vgl. Domsch (2005), S. 406; Jung (2017), S. 518 ff.
3 vgl. Scholz/Scholz (2019), S. 29
4 vgl. Scholz/Scholz (2019), S. 29 ff.
5 vgl. Scholz/Scholz (2019), S. 110 ff.
6 www.der-upstalsboom-weg.de
7 vgl. Holtbrügge (2022), S. 249
8 vgl. Holtbrügge (2022), S. 111 ff.
9 vgl. Wunderer/Jaritz (2007), S. 12 ff.
10 vgl. Berthel/Becker (2025), S. 765 ff.
11 vgl. Drumm (2008), S. 203
12 vgl. Holtbrügge (2022), S. 112 ff.
13 vgl. Berthel/Becker (2025), S. 350 ff.
14 vgl. Bühner (2005), S. 57 ff.; Hentze/Kammel (2001), S. 202 ff.; Jung (2017), S. 122 ff.
15 vgl. Holtbrügge (2022), S. 149
16 vgl. Bühner (2005), 96 f.
17 vgl. Bühner (2005), S. 95
18 vgl. Staehle (1999), S. 873 ff.
19 vgl. Holtbrügge (2022), S. 149
20 vgl. Scholz/Scholz (2019), S. 15
21 vgl. Berthel/Becker (2025), S. 521 ff.; Holtbrügge (2022), S. 153 ff.
22 vgl. Holtbrügge (2022), S. 153
23 vgl. Bühner (2005), S. 69
24 vgl. Bühner (2005), S. 70
25 vgl. Berthel/Becker (2025), S. 383 ff.
26 vgl. Berthel/Becker (2025), S. 383 ff.; Oechsler/Paul (2024), S. 219 ff.
27 vgl. Czernietzki/Westmattelmann (2024), S. 237
28 vgl. Höfler et al. (2022), S. 110 ff.
29 vgl. Herrmann-Pillath (2016), S. 271 f.
30 vgl. Buchholz/Knorre (2019), S. 117 f.
31 vgl. Scholz/Scholz (2019), S. 198 ff.
32 vgl. den Überblick bei Bell et al. (2011)
33 vgl. Hunt et al. (2020), S. 3 ff.
34 vgl. Kanning (2016), S. 21 ff.
35 vgl. Scholz (2013), S. 488 ff.
36 vgl. Becker (2002), S. 437
37 vgl. Scholz (2013), S. 519 ff.
38 vgl. Beschorner/Hajduk (2011), S. 195 ff.; Scholz/Scholz (2019), S. 160 f.
39 vgl. Losekam/Buckert (2024), S. 111
40 vgl. Hentze/Graf (2005), S. 356 ff.
41 vgl. i. F. Berthel/Becker (2025), S. 544 ff.; Scholz (2013), S. 613 ff.
42 vgl. Jung (2017), S. 90
43 vgl. Bühner (2005), 148 f.
44 vgl. Jung (2017), S. 186; Scholz (2013), S. 687 ff.
45 vgl. Herrmann/Stoi (2023), S. 62
46 vgl. Trumpf (2025)
47 vgl. Hentze/Kammel (2001), S. 279 f.
48 vgl. Jung (2017), S. 753 ff.
49 vgl. Reimer/Schäffer (2024), S. 19 f.
50 vgl. Scholz (2013), S. 857 f.
51 vgl. Jung (2017), S. 562 ff.
52 vgl. Domsch (2005), S. 411 ff.; Huf (2022), S. 73 ff.
53 vgl. Jung (2017), S. 565 ff.
54 vgl. Berthel/Becker (2025), S. 675 ff.
55 vgl. Reimer/Schäffer (2024), S. 21
56 vgl. Ernstberger et al. (2025)
57 vgl. Anderson/Harloff (2025)
58 vgl. Holtbrügge (2022), S. 242 ff.
59 vgl. Lazear et al. (2012)
60 vgl. Gminder (2005), S. 37
61 vgl. Brynjolfsson/McAfee (2014), S. 184 f.
62 vgl. Frey/Osterloh (1997), S. 308 ff.
63 vgl. Beschorner/Hajduk (2011), S. 183 ff., 459 ff.
64 vgl. Malik (2025), S. 62 f.
65 vgl. Richter (1999), S. 17 f.
66 vgl. Holtbrügge (2022), S. 249
67 vgl. Jung (2017), S. 414 f.
68 vgl. Hentze et al. (2005), S. 261
69 vgl. Drumm (2008), S. 410 ff.
70 vgl. Weibler (2023), S. 43
71 vgl. McGregor (1970)
72 vgl. Schein (1965); Peters (2015), S. 11 ff.; Peters/Ghadiri (2013), S. 7 ff.
73 vgl. Spiekermann-Hoff (2023), S. 407 ff.
74 vgl. Scholz/Scholz (2019), S. 282
75 vgl. Jung (2017), S. 381 ff.
76 vgl. Berthel/Becker (2025), S. 60 f.
77 vgl. i. F. Jung (2017), S. 382 ff.; Scholz/Scholz (2019), S. 300 ff.
78 vgl. Maslow (1954), S. 35 ff.
79 vgl. Alderfer (1972)
80 vgl. Maslow (1954), S. 35 ff.
81 vgl. Herzberg et al. (1959)
82 vgl. Vroom (1964)
83 vgl. Csikszentmihalyi (1985)
84 vgl. Hüther (2009), S. 30 ff.
85 vgl. Hüther (2013), S. 25 ff.
86 vgl. Drumm (2008), S. 409
87 vgl. Weibler (2023), S. 109 ff.; Peters (2015), S. 20 ff.; Seelhofer (2020), S. 32 ff.
88 vgl. Hoffmann (2019), S. 84
89 vgl. Ridder (2015), S. 315; Peters (2015), S. 22 f.
90 vgl. Bühner (2005), S. 277 ff.
91 vgl. Tannenbaum/Schmidt (1958), S. 96 ff.
92 vgl. Tannenbaum/Schmidt (1958), S. 96
93 vgl. Albert (2024), S. 205 ff.
94 vgl. Blake/Mouton (1968), S. 21 ff.
95 vgl. Albert (2024), S. 210 f.
96 vgl. Blake/Mouton (1968), S. 33
97 vgl. Holtbrügge (2022), 272 ff.
98 vgl. Schilling (2022), S. 368 f.
99 vgl. Reddin (1977), S. 25 ff.
100 vgl. Hersey/Blanchard (1982), S. 151 ff.; Huf (2022), S. 127 f.
101 vgl. Hentze et al. (2005), S. 300
102 vgl. Albert (2024), S. 204 ff.
103 vgl. Goleman (1995), S. 65 f.
104 vgl. Hersey/Blanchard (1982), S. 152
105 vgl. Goleman et al. (2002), S. 22
106 vgl. Goleman et al. (2002), S. 80 ff.; Seelhofer (2020), 47 ff.
107 vgl. Stoi (2022), S. 72 ff.
108 Stoi (2022), S. 73
109 vgl. Wüthrich (2021), S. 317 f.
110 vgl. Jung (2017), S. 496
111 vgl. Scholz (2013), S. 1144 ff.; Bass (1986), S. 24 ff.
112 Stoi (2022), S. 75; in Anlehnung an Snowden/Boone (2007), S. 74
113 vgl. Jung (2017), S. 496
114 vgl. Albert (2024), S. 219 ff. ; Jung (2017), S. 496 ff.
115 vgl. Drucker (1954)
116 vgl. Sinek (2014), S. 5 f.
117 vgl. Zaleznik (1977), S. 70
118 vgl. Drath (2023), S. 95 ff.
119 vgl. Probst (2025), S. 25
120 vgl. Vance (2015), S. 20 ff.
121 vgl. Zaleznik (1977), S. 68
122 vgl. Bass (1986), S. 24 ff.
123 vgl. Zaleznik (1977), S. 73
124 vgl. Collins/Porras (1996), S. 73
125 Kotter (1991), S. 35
126 vgl. Bach et al. (2017), S. 323
127 vgl. Brand (2020), S. 106
128 vgl. Scholz/Scholz (2019), S. 315 f.
129 vgl. Weibler (2023), S. 738 ff.; Schmid (2022), S. 366
130 vgl. i. F. Grolle et al. (2015), S. 11 ff.
131 vgl. Bruch et al. (2012), S. 323
132 vgl. Malik (2025), S. 58 ff.
133 vgl. Seelhofer (2020), S. 96 ff.
134 in Anlehnung an Seelhofer (2020), S. 100
135 vgl. Peters (2015), S. 22
136 vgl. Malik (2025), S. 35 ff.
137 vgl. Kotter (1991), S. 38 ff.
138 vgl. Malik (2025), S. 80 ff.
139 vgl. Hinterhuber/Raich (2012), 51. ff.
140 vgl. Oelsnitz (2022), S. 375
141 vgl. Sprenger (2012), S. 77 ff.
142 www.rework.withgoogle.com
143 vgl. Garvin (2013), S. 74 ff.
144 vgl. Pircher (2018), S. 47 f.
145 vgl. Oestereich/Schröder (2020), S. 18
146 vgl. Scheller (2017), S. 147
147 vgl. Hofert (2021), S. 35
148 www.southwest.com
149 vgl. Kneip/Brüggemann (2018), S. 59
150 vgl. Hüther (2009), S. 30 f.
151 vgl. Roth/Herbst (2019), S. 311 ff.
152 vgl. Oestereich/Schröder (2020), S. 18
153 Bergmann (2004), S. 11
154 Bergmann (2004), S. 121
155 vgl. Dreyer et al. (2024), S. 276 f.
156 vgl. Schermuly (2024), S. 49 ff.
157 vgl. Wüthrich (2020), S. 68
158 vgl. Richter et al. (2025), S. 10
159 vgl. Hossiep/Märtins (2023), S. 10
160 vgl. Herrmann/Stoi (2023), S. 63; Wendt (2023), S. 5 ff.; Handke et al. (2024), S. 298 ff.
161 vgl. Gallup (2025)
162 vgl. Appen (2019), S. 14 ff.
163 vgl. Sichart/Preußig (2022), S. 34 ff.; Stahl (2019), S. 297
164 in Anlehnung an Laloux (2024), S. 80 ff.; Pircher (2018), S. 104 ff.; Scheller (2017), S. 135 ff.; Müller et al. (2023), S. 162 f.
165 vgl. Pircher (2018), S. 37; Müller et al. (2023), S. 162 ff.
166 vgl. Bruch et al. (2022), S. 383
167 vgl. Hagen (2022), S. 219 ff.
168 vgl. Edmondson (2020), S. 6 ff.
169 vgl. Seiwert/Stehr (2015), S. 47 ff.
170 in Anlehnung an Sichart/Preußig (2022), S. 42 ff.
171 vgl. i. F.Knollenborg/Salz (2024), S. 16 ff.; Tönnesmann (2024), S. 20; Tönnesmann (2025), S. 19
172 vgl. Hamel/Zanini (2020)
173 vgl. Pircher (2018), S. 39 ff.; Andresen (2019), S. 149 f.
174 vgl. Oestereich/Schröder (2020), S. 32

175 vgl. Edmondson (2020), S. 37; www.rework.withgoogle.com
176 in Anlehnung an Scheller (2017), S. 186
177 vgl. Fredrickson (2001), S. 218 ff.; Dutton/Heaphy (2003), S. 263 ff.
178 vgl. Scheller (2017), S. 116 f.; Egle et al. (2021), S. 65; Petry/Konz (2022), S. 399
179 vgl. Stoi/Patz (2022), S. 42 f.; Herrmann/Stoi (2023), S. 60 f.; Hofert (2021), S. 32 ff.; Pircher (2018), S. 108 ff.; Andresen (2019), S. 132 ff.
180 vgl. Stoi/Patz (2022), S. 43
181 vgl. Stoi/Patz (2022), S. 44 ff.
182 Stoi/Patz (2022), S. 46
183 vgl. Pircher (2018), S. 115
184 vgl. Hofert (2021), S. 36
185 in Anlehnung an Pircher (2018), S. 35f.
186 vgl. Pircher (2018), S. 215 f.
187 vgl. Pfläging (2011), S. 95 ff.
188 www.dm.de
189 Dietz/Kracht (2016), S. 32
190 vgl. Dellbrügger (2007), S. 66 ff.
191 Dietz/Kracht (2016), S. 37
192 vgl. Scheytt (2004), S. 72
193 vgl. Dellbrügger (2007), S. 72 ff.
194 Werner (2006), S. 40
195 vgl. Kaletta/Gerhard (1998), S. 404 ff.; Scheytt (2004), S. 73
196 Werner (2015), S. 90
197 vgl. Werner (2006), S. 27 f.
198 www.kundenmonitor.de
199 vgl. Würzburger (2019), S. 59 ff.
200 vgl. Pircher (2018), S. 115 f.; Scheller (2017), S. 182, S. 497 f.
201 vgl. *Staehle* (1999), S. 900 ff.
202 vgl. *Vahs* (2023), S. 532
203 vgl. *Kotter* (2011), S. V
204 vgl. *Duwe* (2018), S. 7 ff.
205 vgl. *Aulinger/Diensthuber* (2021), S. 135 f.
206 vgl. *Christensen* et al. (2025), S. 21 ff.
207 vgl. *Christensen* et al. (2025), S. 55 ff.
208 vgl. *Parnack* (2022), S. 23
209 vgl. *Leemann* (2023), S. 41
210 vgl. *Bea/Göbel* (2018), S. 436 ff.
211 vgl. *Krüger* (2014a), S. 19 f.
212 vgl. *Müller-Stewens/Lechner* (2016), S. 483
213 vgl. *Krüger* (2009), S. 56 ff.
214 vgl. *Krüger* (2003), S. 359
215 vgl. *Müller-Stewens/Lechner* (2016), S. 521
216 vgl. *Krüger* (2003), S. 358 ff.
217 vgl. *Lewin* (1963); *Staehle* (1999), S. 591
218 vgl. *Krüger* (2014a), S. 2 ff.
219 vgl. *Staehle* (1999), S. 591 ff.
220 vgl. *Bertagnolli* et al. (2018), S. 9 f.
221 vgl. *Staehle* (1999), S. 592
222 vgl. *Bertagnolli* et al. (2018), S. 13
223 vgl. *Müller-Stewens/Lechner* (2016), S. 475 ff.
224 vgl. *Krüger* (2014a), S. 58;
225 vgl. z. B. *French/Bell* (1994); *Greiner* (1967); *Kotter* (2011); *Krüger* (2014b); *Seidenschwarz* (2003)
226 vgl. *Lewin* (1963), 262 ff.
227 vgl. *Kotter* (2011), S. 20 f.
228 vgl. *Krüger* (2012), S. 103 f.
229 vgl. *Kotter* (2011), S. 18; (2015), S. 21 ff.
230 vgl. *Staehle* (1999), S. 977
231 vgl. *Bea/Göbel* (2018), S. 477; *Schein* (1993), S. 85 ff.
232 vgl. *Müller-Stewens/Lechner* (2016), S. 489 ff.; *Rosenstiel* (2011), S. 145 f.
233 vgl. *Bea/Göbel* (2018), S. 477 ff.
234 vgl. *Staehle* (1999), S. 978
235 vgl. *Kieser* et al. (1998), S. 126 f.
236 vgl. *Bea/Göbel* (2018), S. 477 ff.; *Kieser* et al. (1998), S. 131 ff.
237 vgl. *Haidt* (2006), S. 13 ff.; *Scheller* (2017), S. 398 f.
238 vgl. *Conner/Clements* (1999), S. 38 ff.; *Dobléy/Wargin* (2001), S. 30 ff.; *Haiss* (2001), S. 64 ff.
239 in Anlehnung an *Conner/Clements* (1999), S. 40; *Haiss* (2001), S. 65
240 in Anlehnung an *Haiss* (2001), S. 64 ff.; *Streich* (2003), S. 22 ff.
241 vgl. *Streich* (1997), S. 242 ff.
242 in Anlehnung an *Streich* (1997), S. 243
243 vgl. *Janssen* (1996); *Eckrich* (2017), S. 371 ff.; *Nienkerke-Springer* (2020), S. 179 ff.
244 vgl. *Kirkbride* et al. (1994)
245 vgl. *Eckrich* (2017), S. 372 ff.; *Nienkerke-Springer* (2020), S. 180 ff.
246 in Anlehnung an *Eckrich* (2017), S. 372
247 vgl. *Conner/Clements* (1999), S. 41 ff.
248 in Anlehnung an *Conner/Clements* (1999), S. 42
249 vgl. *Dobléy/Wargin* (2001), S. 35 f.
250 vgl. *Drath* (2023), S. 104 ff.
251 vgl. *Veil* (1999), S. 273 ff.
252 vgl. *Schirmer/Luzens* (2003), S. 316 f.
253 vgl. *Stahl* (2014), S. 152 ff.; *Brehm/Huf* (2024), S. 169
254 vgl. *Hauschildt* (2001), S. 332 ff.
255 in Anlehnung an *Stahl* (2014), S. 152
256 vgl. *Bruch/Vogel* (2009), S. 39 ff.
257 vgl. *Bruch/Vogel* (2009), S. 173 ff.
258 vgl. *Bruch/Vogel* (2009), S. 83 ff.
259 vgl. *Bruch/Vogel* (2006), S. 189
260 in Anlehnung an *Bruch/Ghoshal* (2006), S. 205 ff.
261 vgl. *Stahl* (2014), S. 129 ff.
262 vgl. *Krüger* (2014a), S. 8 ff.
263 vgl. *Krüger* (2014b), S. 55 ff.; *Stahl* (2014), S. 135 ff.; *Vahs* (2023), S. 439 ff.
264 vgl. *Düsterbeck* et al. (2024), S. 64
265 vgl. *Vahs* (2023), S. 443
266 vgl. *Gergs* et al. (2019), S. 85 ff.
267 vgl. *Bertagnolli* et al. (2018), S. 6 f.
268 in Anlehnung an *Scheller* (2017), S. 432
269 vgl. *Gergs* et al. (2019), S. 90 ff.
270 vgl. *Scheller* (2017), S. 432 ff.
271 vgl. *Gergs* et al. (2019), S. 94 ff.
272 vgl. *Brehm* (2014), S. 245 ff.
273 vgl. *Esch* (2005), S. 535 ff.
274 vgl. *Bernecker/Reiss* (2003), S. 37 ff.
275 vgl. *Hermann/Pfläging* (2020), S. 46 ff.
276 vgl. *Tesch/Pfannenberg* (2013), S. 54 ff.
277 in Anlehnung an *Bernecker/Reiss* (2003), S. 38
278 vgl. *Kotter* (2008), S. 141 ff.; (2011), S. 3 ff.; *Eckrich* (2017), S. 420 ff.
279 vgl. *Lawrence* (1954); *Lewin* (1963); *Lippitt* et al. (1991)

Kapitel 7

1 vgl. Mast (2020), S. 3 f.
2 vgl. Seiffert (1971), S. 24
3 vgl. Bürgel (1998), S. 53
4 vgl. North (2021), S. 35 ff.
5 vgl. North (2021), S. 37
6 vgl. Pietsch et al. (2004), S. 46 f.
7 vgl. Romhardt (1998), S. 27 ff.
8 vgl. Nonaka/Takeuchi (2012), S. 75 ff.
9 vgl. Stoi (2022), S. 70 ff.
10 Stoi (2022), S. 72
11 vgl. Bruhn (2025), S. 3
12 vgl. Mast (2020), S. 3
13 vgl. Lasswell (1966), S. 178
14 vgl. Mast (2020), S. 288
15 vgl. Bruhn (2025), S. 7 f.
16 vgl. Bruhn (2025), S. 6; Duwe (2018), S. 41
17 vgl. Mast (2020), S. 397
18 vgl. Buchholz/Knorre (2019), S. 7 ff.
19 vgl. Mast (2020), S. 156 f., 172 f.
20 vgl. Mast (2020), S. 304 ff.
21 vgl. Picot et al. (2020), S. 66
22 vgl. Arndt/Reinert (2006), S. 25
23 vgl. Buchholz/Knorre (2019), S. 261
24 vgl. Picot et al. (2020), S. 41 ff.
25 vgl. Mast (2020), S. 315
26 vgl. Schick (2014), S. 135 f.
27 vgl. Picot et al. (2020), S. 51 f.
28 vgl. Daft/Lengel (1984), S. 191 ff.; Scholz/Scholz (2019), S. 409
29 in Anlehnung an North (2020), S. 31
30 vgl. Krcmar (2015), S. 109
31 vgl. Mertens et al. (2024), S. 201
32 vgl. North (2021), S. 62 ff.
33 vgl. Pawlowsky (1998), S. 13
34 vgl. Seiwert et al. (2024), S. 20 ff.
35 vgl. Stölzel (2024), S. 44 ff.
36 vgl. Wüthrich (2020), S. 68 ff.
37 in Anlehnung an North (2021), S. 22; Porter/Millar (1985), S. 152 ff.
38 vgl. North (2021), S. 163 ff.; Probst et al. (2012), S. 29 ff.
39 vgl. Probst/Büchel (1998), S. 18
40 vgl. Götz/Schmid (2004), S. 184 f.
41 in Anlehnung an Kim (1993), S. 39
42 vgl. Argyris/Schön (1978), S. 10 ff.
43 in Anlehnung an Kim (1993), S. 44
44 vgl. Argyris/Schön (1978), S. 10 ff.
45 vgl. Pautzke (1989), S. 63 ff.
46 vgl. Kim (1993), S. 46 f.
47 in Anlehnung an Kim (1993), S. 44
48 vgl. Vahs (2023), S. 443
49 vgl. Buchholz/Knorre (2019), S. 120
50 vgl. Schulz (2016), S. 82; Scheller (2017), S. 116 ff.
51 vgl. Probst et al. (2012), S. 63 ff.
52 vgl. Krcmar (2015), S. 684 ff.
53 vgl. Probst et al. (2012), S. 93 ff.
54 vgl. Pawlowsky (1998), S. 25
55 vgl. i. F. Nonaka/Takeuchi (2012), S. 76 ff.
56 vgl. Nonaka/Takeuchi (2012), S. 79
57 vgl. Romhardt (1995), S. 13 ff.
58 vgl. Hromkovic/Lacher (2019), S. 359 ff.; Niemeier (2016), S. 11 ff.
59 vgl. Krcmar (2015), S. 711
60 vgl. Hansen et al. (2019), S. 27
61 vgl. North (2020), S. 31 f.

62 vgl. Probst et al. (2012), S. 143 ff.
63 vgl. Güldenberg (2003), S. 290 ff.
64 vgl. Romhardt (1998), S. 209 ff.
65 vgl. Krcmar (2015), S. 684 ff.; Probst et al. (2012), S. 248 ff.
66 vgl. Schulz (2016), S. 82
67 vgl. North (2021), S. 251 ff.
68 vgl. Vahs (2023), S. 445
69 vgl. Seufert et al. (2002), S. 140 ff.
70 vgl. Krcmar (2015), S. 664 f.
71 vgl. Güldenberg (2003), S. 301 ff.
72 vgl. Probst et al. (2012), S. 185 f.
73 vgl. Güldenberg (2003), S. 274 ff.; Probst et al. (2012), S. 197 ff.
74 vgl. Probst et al. (2012), S. 252
75 vgl. Heinzl/Uhrig (2016), S. 35
76 vgl. *Picot* et al. (2020), S. 42
77 vgl. *Reichwald* (2005), S. 267 f.
78 in Anlehnung an *Picot/Franck* (1988a), S. 544 ff.
79 vgl. *Küpper* et al. (2024), S. 204 ff.
80 vgl. *Reichwald* (2005), S. 265 ff.; *Heinzl/Uhrig* (2016), S. 34 f.
81 vgl. *Bea/Haas* (2024), S. 289 ff.
82 vgl. *Berthel* (1975), S. 54 ff.; *Reichwald* (2005), S. 253 f.
83 vgl. *Brockhoff* (2011), S. 785
84 vgl. *Klein/Scholl* (2011), S. 283
85 vgl. *Losbichler* (2020), S. 14; *Friedl* (2019), S. 36 f.
86 vgl. *Brockhoff* (2011), S. 786 ff.
87 vgl. *Brockhoff* (2011), S. 788 f.
88 vgl. *Reimer/Schäffer* (2024), S. 12 ff.; *Reimer* et al. (2021), S. 8 ff.
89 vgl. *Klein/Scholl* (2011), S. 329 ff.
90 in Anlehnung an *Geschka/Hammer* (1990), S. 315
91 www.shell.com
92 vgl. *Krystek/Müller-Stewens* (2006), S. 181 ff.
93 vgl. *Ansoff* (1976)
94 vgl. *Alter* (2019), S. 223
95 vgl. *Pillkahn* (2007), S. 197
96 vgl. *Alter* (2019), S. 224
97 *Tatje/Kilian (2020), S. 28*
98 vgl. *Coenenberg* et al. (2024), S. 7
99 vgl. *Horváth* et al. (2024), S. 269 ff.
100 vgl. *Weber/Schäffer* (2022), S. 116 ff.
101 vgl. *Picot/Franck* (1988b), S. 611
102 vgl. *Picot/Reichwald* (1987), S. 47
103 vgl. *Reichwald* (2005), S. 254 f.
104 *Watzlawick* (2016), S. 14
105 vgl. *Watzlawick* et al. (2017), S. 57 ff.
106 vgl. *Schulz von Thun* (1981), S. 25 ff.
107 www.schulz-von-thun.de
108 vgl. *Rosenstiel* (2011), S. 317 f.
109 vgl. *Reichwald* (2005), S. 268 ff.
110 vgl. *Weber/Schäffer* (2022), S. 236 f.; *Küpper* et al. (2024), S. 211 f.
111 vgl. *Oehler* (2023), S. 10 ff.
112 vgl. *Horváth* et al. (2024), S. 339
113 vgl. *Reimer/Schäffer* (2022), S. 7 ff.
114 vgl. *Weber/Schäffer* (2022), S. 179 ff.
115 vgl. *Reichmann* et al. (2017), S. 39
116 vgl. *Reichmann* et al. (2017), S. 40
117 vgl. *Küpper* et al. (2024), S. 471 f.
118 vgl. *Weber/Schäffer* (2022), S. 193 ff.
119 *Kaplan/Norton* (1992), S. 71
120 vgl. *Weber/Schäffer* (2022), S. 207 ff.
121 in Anlehnung an *Davis* (1950), S. 7
122 vgl. *Gleich* (2021), S. 9 ff.
123 in Anlehnung an *Lynch/Cross* (1995), S. 38
124 vgl. *Günther/Grüning* (2002), S. 6
125 vgl. *Bissantz* (2024), S. 15 ff.
126 vgl. *Few* (2006), S. 6 f.
127 vgl. *Few* (2006), S. 112 ff.
128 vgl. *Hichert/Faisst* (2022), S. 1 ff.; *Bissantz* (2024), S. 38 ff.; *Faisst* (2021), S. 20 ff.
129 vgl. *Zelazny* (2015), S. 22 ff.
130 vgl. *Hichert/Faisst* (2022), S. III ff.
131 vgl. *Faisst* (2021), S. 25
132 vgl. *Few* (2006), S. 34
133 vgl. i. F. *Griesfelder* (2012), S. 418 ff.
134 vgl. *Bissantz* (2024), S. 298 f.
135 vgl. *Weber/Schäffer* (2022), S. 99 f.
136 vgl. *Heinzl/Uhrig* (2016), S. 33
137 vgl. *Riedl* (2016), S. 58
138 vgl. *Weber/Schäffer* (2022), S. 47 ff.
139 vgl. *Weber/Schäffer* (2022), S. 51 f.
140 vgl. *Kahneman* (2012), S. 31 ff.
141 vgl. i. F.*Weber/Schäffer* (2022), S. 53
142 vgl. *Kunz* (2015), S. 64 f.
143 vgl. *Schmitt/Schnabel* (2025), S. 27
144 vgl. *Festinger* (1957)
145 vgl. *Oesinghaus* (2023), S. 32 f.
146 vgl. *Lampe* (2021), S. 30
147 vgl. *Reichwald* (2005), S. 256 f.
148 vgl. *Reichwald* (2005), S. 254 f.
149 vgl. *Thaler/Sunstein* (2011)
150 vgl. *Rawitzer* (2024), S. 249 f.
151 vgl. *Sunstein* (2014), S. 584 f.; *Rawitzer* (2024), S. 250
152 vgl. *Küpper* et al. (2024), S. 240 ff.
153 vgl. *Krcmar* (2015), S. 157
154 vgl. *Weber/Schäffer* (2022), S. 263 ff.
155 vgl. Leimeister (2025), S. 11 f.
156 vgl. Hansen et al. (2019), S. 5
157 vgl. Hansen et al. (2019), S. 6 ff.
158 vgl. Krcmar (2015), S. 315 ff.
159 vgl. Leimeister (2025), S. 437 ff.
160 vgl. Leimeister (2025), S. 29
161 vgl. Hansen et al. (2019), S. 439 f.
162 vgl. Moore (1965), S. 114 ff.
163 vgl. Hansen et al. (2019), S. 516
164 vgl. Weiber (2002), S. 269 ff.
165 vgl. McFarlan et al. (1983), S. 145 ff.
166 in Anlehnung an McFarlan et al. (1983), S. 150
167 vgl. Leimeister (2025), S. 326
168 vgl. Leimeister (2025), S. 328 f.
169 vgl. Gabriel/Beier (2003), S. 174
170 vgl. Leimeister (2025), S. 327
171 vgl. Hansen et al. (2019), S. 167 f.
172 vgl. Hansen et al. (2019), S. 382 ff.
173 vgl. Reichwald (2005), S. 272 ff.
174 vgl. Reichwald (2005), S. 272 f.
175 vgl. Leimeister (2025), S. 120 ff.; Krcmar (2015), S. 59 ff.
176 vgl. Krcmar (2015), S. 39 ff.
177 in Anlehnung an Krcmar (2015), S. 178 f.
178 vgl. Krcmar (2015), S. 178 f.
179 vgl. Leimeister (2025), S. 86
180 vgl. Reichwald (2005), S. 283 f.
181 vgl. Leimeister (2025), S. 86 ff.
182 vgl. Hansen et al. (2019), S. 303 f.
183 vgl. Isensee/Hüsler (2020), S. 35
184 vgl. Kappes/Johanndeiter (2024), S. 161 ff.
185 vgl. Reimer/Schäffer (2022), S. 188
186 vgl. Gluchowski (2016), S. 275 ff.
187 in Anlehnung an Lanquillon/Mallow (2015b), S. 256 ff.
188 vgl. Koenigs/Stratigakis (2025), S. 19 ff.
189 vgl. Ereth/Kemper (2016), S. 459 f.; Weber/Schäffer (2022), S. 260 f.
190 www.sap.com
191 vgl. Davenport (2014), S. 6 f.
192 vgl. Dapp/Heine (2014), S. 6 ff.
193 vgl. Reinsel et al. (2018), S. 6 f.
194 www.statista.de
195 in Anlehnung an Grönke et al. (2014), S. 66
196 vgl. Fasel (2014), S. 391 ff.
197 Domo (2024)
198 vgl. Davenport (2014), S. 85 ff.
199 vgl. Reimer/Schäffer (2022), S. 198
200 vgl. Dapp/Heine (2014), S. 33 ff.
201 www.vestas.com
202 www.ups.com
203 www.hdi.de
204 www.axa.de
205 vgl. Lanquillon/Mallow (2015a), S. 55 f.
206 vgl. Ereth/Kemper (2016), S. 460
207 vgl. Lanquillon/Mallow (2015a), S. 56 ff.; Hoening et al. (2017), S. 34 ff.; Seiter (2023), S. 96 ff.
208 vgl. Burck et al. (2023), S. 11 ff.
209 vgl. Kappes/Brosig (2022), S. 22
210 in Anlehnung an ICV (2016), S. 2
211 www.visa.de
212 vgl. Ereth/Kemper (2016), S. 459 f.
213 vgl. Lanquillon/Mallow (2015b), S. 263
214 vgl. Lanquillon/Mallow (2015a), S. 62
215 vgl. Reimer/Schäffer (2024), S. 191
216 vgl. Baum (2013), S. 42; Kagermann (2014), S. 604 f.
217 vgl. Kagermann (2014), S. 604
218 vgl. Feld et al. (2012), S. 39 ff.
219 www.statista.de
220 vgl. Reinhardt (2020), S. 302
221 vgl. Leimeister (2025), S. 431; Weiser (1991), S. 94 ff.
222 in Anlehnung an Schlick et al. (2012), S. 31
223 in Anlehnung an Feld et al. (2012), S. 40; Kagermann (2014), S. 606
224 vgl. Seeger (2024), S. 17
225 vgl. Ensthaler et al. (2014), S. 51
226 vgl. Andelfinger/Hänisch (2015), S. 58 f.
227 vgl. Ensthaler et al. (2014), S. 4
228 vgl. Picot et al. (2020), S. 83
229 vgl. Krcmar (2015), S. 711
230 vgl. Weiss (2014), S. 17 ff.
231 vgl. Mertens et al. (2024), S. 102
232 vgl. Feld et al. (2012), S. 40
233 vgl. Kagermann (2014), S. 607 f.
234 vgl. Moravec (1988); Brynjolfsson/McAfee (2014), S. 40 ff.
235 vgl. Faber (2019), S. 15 f.
236 vgl. Heng (2014), S. 5 ff.
237 in Anlehnung an Weiss (2014), S. 16
238 vgl. Hansen et al. (2019), S. 170
239 vgl. Hansen et al. (2019), S. 614
240 vgl. BSI (2012), S. 14 ff.
241 vgl. Leimeister (2025), S. 53; Mertens et al. (2024), S. 30
242 www.aws.amazon.com
243 www.appengine.google.com

244 www.statista.com
245 www.microsoft.com
246 www.cloud.google.com/functions
247 www.snowflake.com
248 vgl. Bauer et al. (2019), S. 43; Holste/Horn (2020), S. 48
249 vgl. Mertens et al. (2024), S. 29; Leimeister (2025), S. 53 f.
250 www.statista.com
251 www.aws.amazon.com
252 www.cnbc.com
253 vgl. Holtel (2024), S. 56; Schnabel (2025), S. 30
254 vgl. Holdren/Smith (2016), S. 6
255 vgl. Tricks (2024), S. 106 f.
256 vgl. McCarthy et al. (1955)
257 vgl. Rich (1978)
258 vgl. Ertel (2021), S. 3
259 vgl. Turing (1950)
260 vgl. Ertel (2021), S. 5 f.
261 vgl. Satzger et al. (2017), S. 25; Scheuer (2020), S. 9 ff.; Portmann/D'Onofrio (2020), S. VII
262 vgl. Schnabel (2025), S. 30
263 vgl. Picot et al. (2020), S. 86; Würschinger (2020), S. 86 ff.
264 vgl. Seth (2009), S. 71 f.; Picot et al. (2020), S. 86
265 vgl. Ertel (2021), S. 3
266 vgl. Friedl (2019), S. 35
267 vgl. Oehler (2020), S. 26
268 vgl. Weber (2020), S. 40 ff.; Lämmel/Cleve (2023), S. 207 f.; Scheuer (2020), S. 19 ff.
269 vgl. Friedl (2019), S. 35
270 www.deepmind.com
271 vgl. Lämmel/Cleve (2023), S. 197 ff.
272 vgl. Mertens/Barbian (2019), S. 11 ff.
273 vgl. Andre (2024)
274 vgl. Satzger et al. (2017), S. 25
275 vgl. Lenz-Kesekamp/Weber (2018), S. 18 f.
276 vgl. Friedl (2019), S. 35 f.
277 vgl. Stäcker/Stanoevska-Slabeva (2018), S. 39
278 www.replika.ai
279 vgl. Baier (2020), S. 56 f.
280 vgl. Killian (2024), S. 20
281 vgl. Shanbhogue (2024), S. 17
282 vgl. Schulze et al. (2023), S. 60
283 vgl. Würschinger (2020), S. 86 f.
284 vgl. Schulze et al. (2023), S. 57 ff.
285 vgl. Holtel (2024), S. 24 ff.
286 vgl. Buxmann/Zöll (2023), S. 19 ff.; Fronczek et al. (2024), S. 214 ff.
287 vgl. Schulz (2025), S. 41
288 vgl. D'Onofrio (2024), S. 339 f.
289 vgl. Lacity/Willcocks (2016), S. 23
290 vgl. Allweyer (2016), S. 7 ff.
291 vgl. Langmann/Turi (2021)
292 vgl. Langmann/Turi (2021), S. 6f.; Kleehaupt-Roither/Unger (2018), S. 50 f.
293 vgl. Kuhr/Derbal (2017), S. 69
294 vgl. Kuhr/Derbal (2017), S. 69; Reuschenbach et al. (2020), S. 71 f.
295 vgl. Brettschneider (2020), S. 1106 f.
296 vgl. McCann (2016), S. 37 f.; Kleehaupt-Roither/Unger (2018), S. 51
297 in Anlehnung an Hermann et al. (2018), S. 29
298 vgl. i. F. Hermann et al. (2018), S. 28 ff.
299 vgl. Hansen et al. (2019), S. 406
300 vgl. Hosp (2018), S. 42 ff.; Holste/Horn (2020), S. 49
301 vgl. Gifford (1982)
302 vgl. Nakamoto (2008)
303 vgl. Fridgen et al. (2017), S. 54
304 vgl. Mittelstand 4.0 (2019), S. 7 f.
305 vgl. Hosp (2018), S. 77 f.
306 vgl. Hansen et al. (2019), S. 406 f.
307 vgl. acatech (2018), S. 14 ff.
308 acatech (2018), S. 14; Mittelstand 4.0 (2019), S. 6; Ballhaus et al. (2018), S. 16
309 vgl. Lewrick/Di Giorgio (2018), S. 39 f.
310 vgl. acatech (2018), S. 13
311 vgl. Hosp (2018), S. 58 ff.; Fill/Meier (2020), S. 139; Mittelstand 4.0 (2019), S. 5
312 vgl. Cambridge Bitcoin Electricity Consumption Index; www.ccaf.io
313 Lewrick/Di Giorgio (2018), S. 40
314 vgl. Deloitte (2015), S. 8
315 vgl. acatech (2018), S. 10
316 vgl. Weissmann/Wegerer (2019), S. 47
317 Lewrick/Di Giorgio (2018), S. 19
318 Holste/Horn (2020), S. 48 f.
319 vgl. Holste/Horn (2020), S. 55
320 vgl. Leibfried/Petry (2022), S. 54 f.
321 vgl. acatech (2018), S. 26
322 vgl. Henke/Culotta (2022), S. 49
323 www.de.louisvuitton.com
324 vgl. Lewrick/Di Giorgio (2018), S. 17 f.
325 vgl. acatech (2018), S. 34 f.
326 vgl. Lewrick/Di Giorgio (2018), S. 18
327 vgl. acatech (2018), S. 29
328 vgl. Faber (2019), S. 33
329 vgl. acatech (2018), S. 32; Mittelstand 4.0 (2019), S. 14

Bildnachweise

Kapitel 1

Haribo	© www.haribo.com
Dabba Wallahs	© Olaf Krüger
Angry Birds	© www.angrybirds.fandom.com
iPod	© www.ifun.de
Hotel	© www.tui.com

Kapitel 2

Robert Bosch	© www.bosch.com
Jochen Schweizer	© www.jochen-schweizer-person.de
HiPP	© www.hipp.de
Reinhold Würth	© www.news.wuerth.com/medienbibliothek
Putzkiste	© www.waschbaer.de
Roboter	© https://x.company

Kapitel 3

Eis	© www.bon-gelati.com
Walmart	© www.spiegel.de
Reiseführer	© www.mairdumont.com
Boxenstopp	© www.sport.sky.de
Laser	© www.mediapool.trumpf.com
Coca-Cola	© www.coca-cola.com
Rohrpost	© www.aerocom.de
Uhr	© www.patek.com
Tasche	© www.sekhonfamilyoffice.com
Ferrari	© www.ferrari.com
Schuh	© www.snipes.com
Bett	© www.emma-sleep.com
Patrick Lange	© www.canyon.com
Temu	© www.ardmediathek.de
Bose	© www.bose.com
Reise	© www.world-insight.de
FC 26	© www.ea.com
NVIDIA	© www.nvidianews.nvidia.com
Pepsi Challenge	© www.thebrandhopper.com
Flasche	© www.greenwaymarkets.com
Nintendo Wii	© www.de.wikipedia.org
Nintendo Switch	© www.de.wikipedia.org

Kapitel 4

Bosch Renningen	© www.bosch-presse.de
M. Forschner	© www.bosch-presse.de
B. Braun	© B. Braun Melsungen Presseservice

Kapitel 5

Premium Cola	© www.newmanagement.haufe.de
Rucksack	© www.deuter.com
Fabrikarbeiter	© www.deuter.com
Haleon	© www.gsk.com
Volkswagen SAIC	© www.csvw.com
eXp Realty Meeting	© www.glassdoor.de
Tux	© www.commons.wikimedia.org
Automattic	© www.droplr.com
Amazon	© www.press.aboutamazon.com
Uber	© www.uber.com
Upwork	© www.upwork.com/enterprise
LinkedIn	© www.news.linkedin.com
Corona-Warn-App	© www.telekom.com
what3words	© www.what3words.com
Lego Ideas	© www.ideas.lego.com
Swiffer	© www.de.pg.com
Kinect	© www.unboundxr.de
Design Thinking	© www.hpi.de
Anke, Stadtwald	© Dr. Ilke Heller
Elbphilharmonie	© www.commons.wikimedia.org
Gotthard-Tunnel	© www.commons.wikimedia.org
Rugby	© www.commons.wikimedia.org
Scrum-Prozess	© Sabina Lammert
Scrum bei Bosch	© www.blog.bosch-digital.com
Prozesslandkarte	© www.buerkert.de
Mercedes AMG	© Mercedes Benz Presse
MEB	© VW Media Services

Kapitel 6

Bodo Janssen	© www.der-upstalsboom-weg.de
Kununu	© www.kununu.com
McDonald´s	© www.linkedin.com/pulse/mcdonalds-snapli-cations
Elon Musk	© www.tagesschau.de
Falcon-9-Rakete	© www.commons.wikimedia.org
Tesla	© www.commons.wikimedia.org
Mont Blanc	© Konrad Leiprecht
Jürgen Klopp	© www.zdf.de
Martin Winterkorn	© VW Media Services
Southwest Airlines	© www.prnewswire.com
Porsche 911 GT3	© Porsche Presseservice
Bill Anderson	© www.bayer.com
Humanocracy	© Harvard Business Review Press
Götz W. Werner	© dm Presseservice
dm-Mitarbeiterin	© dm Presseservice
Fotobuch	© CEWE Mediathek

Challenge Roth	© Roman Stoi
ERIMA	© ERIMA GmbH
T-Systems	© T-Systems
Bosch-Poster	© Robert Bosch GmbH

Kapitel 7

Pokémon Go	© www.pokemongo.fandom.com
WOL	© K. Krentz; K. Joachim; D. Eisele
Shell	© www.shell.com
Sars-Cov-2	© www.commons.wikimedia.org
Tempowarner	© www.schwarzwaelder-bote.de
Obst	© www.oekolandbau.de
Digital Boardroom	© www.sap.com
Windrad	© www.vestas.com
Navigationssystem	© www.ups.com
DriveCheck	© www.axa.de
Kartenzahlung	© www.visa.de
RFID	© www.rfidacademia.ch
3D-Druck	© www.invest-in-bavaria.com
Augmented Reality	© www.cio.de
Factory 56	© Mercedes Benz Presse
aws Server	© www.thesoftwarereport.com
Replika	© www.replika.ai
Gebäude	© www.mann-hummel.com
Rai-Steine	© www.20min.ch
Bitcoin	© www.coin-report.net
Laszlo Hanyecz	© www.opensea.io
NFT Beeple	© www.t3n.de

Leider war es nicht in allen Fällen möglich, die Inhaber der Bildrechte zu ermitteln. Der Verlag ist aber bereit, berechtigte Ansprüche abzugelten.

Literaturverzeichnis

9 Spaces (2024), mymuesli: Pragmatisch in die Selbstorganisation, in: https://9spaces.de/mymuesli-ein-pragmatischer-weg-in-die-selbstorganisation/.

Abegglen, C./Bleicher, K. (2021), Das Konzept Integriertes Management, 10. Aufl., Frankfurt/New York.

Abel, S./Nevries, P. (2019), Fehlsteuerung in der Budgetierung aufgrund von beschränkter Rationalität, Controlling, 31. Jg., Nr. 5, S. 50–56.

Abell, D. F. (1980), Defining the Business, Englewood Cliffs.

acatech (Hrsg.) (2018), Blockchain, München/Berlin.

Ahrendt, B./Nikolaus, R./Zilinski, J. (2023), Organisationale Resilienz, Zeitschrift Führung + Organisation, 92. Jg., Nr. 3, S. 138–143.

Albert, G. (2024), Betriebliche Personalwirtschaft, 17. Aufl., Herne.

Alberti, M. (2023), Was gute von schlechten Vision- und Mission-Statements unterscheidet, www.horizont.net.

Alberti, M. (2023), Wie die Einführung von OKRs gelingt, Controlling & Management Review, 67. Jg., Nr. 1, S. 28–34.

Alderfer, C. P. (1972), Existence, Relatedness, and Growth, New York.

Allweyer, T. (2016), Robotic Process Automation: Neue Perspektiven für die Prozessautomatisierung, Kaiserslautern.

Alter, R. (2011), Strategisches Controlling, München.

Alter, R. (2019), Strategisches Controlling, 3. Aufl., Berlin, Boston.

Amazon.com (2002), Annual report 2001.

Amshoff, B. (1994), Controlling in deutschen Unternehmungen, 2. Aufl., Wiesbaden.

Andelfinger, V. P./Hänisch, T. (2015), Grundlagen. In: *Andelfinger, V./Hänisch, T.* (Hrsg.), Internet der Dinge, Wiesbaden, S. 9–75.

Anderson, M./Harloff, P. (2025), CEO Pay Study 2024, Associated Press.

Andre, D. (2024), What is Automated Reasoning?, in: www.allaboutai.com.

Andresen, J. (2019), Führung – der entscheidende Erfolgsfaktor. In: *Lang, M./Scherber, S.* (Hrsg.), Der Weg zum agilen Unternehmen, München, S. 129–152.

Andrews, K. R. (1971), The Concept of Corporate Strategy, Homewood.

Ansoff, H. I. (1965), Corporate Strategy, New York.

Ansoff, H. I. (1966), Management-Strategie, München.

Ansoff, H. I. (1976), Managing Surprise and Discontinuity, ZfbF, 28. Jg., Nr. 3, S. 129–152.

Appen, K. S. von (2019), New work: Unplugged, München.

Arbeitskreis (1991), Integrierte Unternehmensplanung der Schmalenbach-Gesellschaft, Schmalenbachs Zeitschrift für betriebswirtschaftliche Forschung, 43. Jg., Nr. 9, S. 811–829.

Argyris, C./Schön, D. A. (1978), Organizational Learning, Reading.

Arndt, S./Reinert, M. (2006), Wie versteinert, Enable, Nr. 8, S. 25–26.

Arnoscht (2018), Beherrschung von Komplexität bei der Gestaltung von Baukastensystemen. In: Schuh, G./Riesener, M. (Hrsg.), Produktkomplexität managen, 3. Aufl., München, S. 1–42.

Artz, M./Arnold, M. C. (2018), Starr oder doch flexibel? Zielvorgaben richtig gestalten, Controlling & Management Review, 62. Jg., Nr. 5, S. 14–23.

Ashby, W. R. (1956), An introduction to Cybernetics, New York.

Aulinger, A. (2017), Die drei Säulen agiler Organisationen, Berlin.

Aulinger, A./Diensthuber, R. (2021), Ambidextrie, Zeitschrift Führung + Organisation, 90. Jg., Nr. 3, S. 134–140.

Bach, N./Brehm, C./Buchholz, W./Petry, T. (2017), Organisation, 2. Aufl., Wiesbaden.

Backhaus, K./Voeth, M. (2014), Industriegütermarketing, 10. Aufl., München.

Baier, C. (2020), Voll auf Liebe programmiert, Focus, Nr. 32, S. 56–57.

Bain, J. S. (1956), Barriers to new Competition, Cambridge.

Ballhaus, W./Weyßer, M.-C./v.Perfall, A./Brockmann, S./Siadat, A./Wipper, A.-K./Stallmeier, L./Bröring, H. (2018), Nach dem Streaming kommt die Blockchain, Düsseldorf.

Bantleon, U./D'Arcy, A./Eulerich, M./Hucke, A./Knoll, M./Köhler, A. G./Pedell, B. (2017), Das Three-Lines-of-Defence-Modell: ein Beitrag zu einer besseren Corporate Governance?, WPg, 70. Jg., Nr. 12, S. 682–688.

Barney, J. (1991), Firm Resources and Sustained Competitive Advantage, Journal of Management, 17. Jg., Nr. 1, S. 99–120.

Barney, J. (2002), Gaining and Sustaining Competitive Advantage, 2. Aufl., New York.

Bart, C. K. (1997), Sex, Lies, and Mission Statements, Business Horizons, 40. Jg., Nr. 6, S. 9–18.

Bartlett, C. A./Ghoshal, S. (1993), Beyond the M-form, Strategic Management Journal, 14. Jg., S. 23–46.

Bartlett, C./Ghoshal, S. (2002), Managing Across Borders: The Transnational Solution, 2. Aufl., Boston.

Bass, B. (1986), Transformational leadership, New Jersey.

Bass, F. (1969), A new product growth model for consumer durables, Management Science, 15. Jg., Nr. 5, S. 215–227.

Bauer, M./Schulte, M./Schwab, J. (2019), Was Blockchain für das Accounting bedeutet, Controlling & Management Review, 63. Jg., Nr. 5, S. 40–45.

Baum, G. (2013), Innovationen als Basis der nächsten Industrierevolution. In: *Sendler, U.* (Hrsg.), Industrie 4.0: Beherrschung der industriellen Komplexität mit SysLM, Berlin/Heidelberg, S. 37–54.

Baum, H.-G./Coenenberg, A. G./Günther, T. (2013), Strategisches Controlling, 5. Aufl., Stuttgart.

Bea, F. X./Göbel, E. (2018), Organisation, 5. Aufl., Stuttgart.

Bea, F. X./Haas, J. (2024), Strategisches Management, 11. Aufl., Stuttgart.

Becker, F. G. (2002), Lexikon des Personalmanagements, 2. Aufl., München.

Becker, S. D./Goretzki, L. (2015), Unsicherheiten effizient managen, Controlling & Management Review, 59. Jg., Nr. 1, S. 36–41.

Becker, T. (2018), Prozesse in Produktion und Supply Chain optimieren, 3. Aufl., Berlin.

Beckers, S. (2025), KI im Controlling: Quo vadis?, Controlling & Management Review, 69. Jg., Nr. 1, S. 8–14.

Beha, S. (2019), Premium Cola: Von Grund auf anders, www.newmanagement.haufe.de.

Bell, S. T./Villado, A. J./Lukasik, M. A./Belau, L./Briggs, A. L. (2011), Getting Specific about Demographic Diversity Variable and Team Performance Relationships: A Meta-Analysis, Journal of Management, 37. Jg., Nr. 3, S. 709–743.

Bergmann, F. (2004), Neue Arbeit, neue Kultur, Freiamt im Schwarzwald.

Bergmann, R./Garrecht, M. (2021), Organisation und Projektmanagement, 3. Aufl., Berlin.

Bernecker, T./Reiss, M. (2003), Den Wandel kommunizieren, io management, 72. Jg., Nr. 2, S. 32–41.

Bernstein, E./Bunch, J./Canner, N./Lee, M. (2016), Beyond the holacracy hype: The overwrought claims – and actual promise – of the next generation of self-managed teams, Harvard Business Review, 94. Jg., July/August, S. 38–49.

Bertagnolli, F./Bohn, S./Waible, F. (2018), Change Canvas, Wiesbaden.

Bertalanffy, L. von (1968), General System Theory, New York.

Berthel, J. (1975), Betriebliche Informationssysteme, Stuttgart.

Berthel, J./Becker, F. (2025), Personal-Management, 13. Aufl., Stuttgart.

Beschorner, T./Hajduk, T. (2011), Der ehrbare Kaufmann – Unternehmensverantwortung „light"?, CSR MAGAZIN, 3. Jg., S. 6–8.

Beyer, D./Kirchner-Khairy, S. (2024), Wert- und risikoorientiertes Controlling, München.

Bircher, B. (1976), Langfristige Unternehmungsplanung, Bern.

Bissantz, N. (2024), Diagramme im Management, Freiburg.

Bittner, T. (2015), Mitarbeiter mit ambitionierten Zielen motivieren, Controlling & Management Review, 59. Jg., Nr. 4, S. 6–17.

Blake, R. R./Mouton, J. (1968), Verhaltenspsychologie im Betrieb, Düsseldorf.

Bleicher, K. (1991), Organisation, 2. Aufl., Wiesbaden.

Bleicher, K. (1994), Normatives Management, Frankfurt a.M.

Bogsnes, B. (2023), Beyond Budgeting and dynamic resource allocation, 48. Jg., Nr. 6, S. 8–16.

Borgstedt, S./Calmbach, M. (2023), Das neue Modell der Sinus-Milieus für Deutschland. In: *Barth, B./Flaig, B./Schäuble, N./Tautscher, M.* (Hrsg.), Praxis der Sinus-Milieus, 2. Aufl., Wiesbaden, S. 27–41.

Bowman, C./Faulkner, D. (1996), Competitive and Corporate Strategy, London.

Brand, J.-U. (2020), Wir wollen Spaß – Aber erstmal muss die Abwehr stehen, Focus, Nr. 49, S. 102–108.

Bredrup, H. (1995), Background for Performance Management. In: *Rolstadas, A.* (Hrsg.), Performance Management: A Business Process Benchmarking Approach, Glasgow, S. 61–88.

Brehm, C. (2014), Kommunikation im Wandel. In: *Krüger, W./Bach, N.* (Hrsg.), Excellence in Change: Wege zur strategischen Erneuerung, 5. Aufl., Wiesbaden, S. 237–264.

Brehm, C./Huf, S. (2024), Unternehmensorganisation, Wiesbaden.

Brettschneider, J. (2020), Bewertung der Einsatzpotenziale und Risiken von Robotic Process Automation, HMD Praxis der Wirtschaftsinformatik, 57. Jg., S. 1097–1110.

Britzelmaier, B. (2020), Controlling, 3. Aufl., München.

Brockhoff, K. (2011), Prognosen. In: *Bea, Franz Xaver/Friedl, B./Schweitzer, M.* (Hrsg.), Allgemeine Betriebswirtschaftslehre, 2. Aufl., Stuttgart, S. 785–825.

Brockhoff, K./Hauschildt, J. (1993), Schnittstellen-Management, Zeitschrift Führung und Organisation, 62. Jg., Nr. 6, S. 396–403.

Brown, T./Martin, R. (2015), Design for Action, Harvard Business Review, 93. Jg., Nr. 9, S. 56–64.

Bruch, H./Ghoshal, S. (2006), Entschlossen führen und handeln, Wiesbaden.

Bruch, H./Krummaker, S./Vogel, B. (Hrsg.) (2012), Leadership: Best Practises und Trends, 2. Aufl., Wiesbaden.

Bruch, H./Schuler, A./Barton, L. (2022), Inspirierend-multimodale Führung, Zeitschrift Führung + Organisation, 91. Jg., Nr. 6, S. 378–386.

Bruch, H./Vogel, B. (2006), Organisationale Energie. In: *Bruch, H./Krummaker, S./Vogel, B.* (Hrsg.), Leadership: Best Practises und Trends, Wiesbaden, S. 181–192.

Bruch, H./Vogel, B. (2009), Organisationale Energie, 2. Aufl., Wiesbaden.

Bruhn, M. (2024), Marketing, 16. Aufl., Wiesbaden.

Bruhn, M. (2025), Kommunikationspolitik, 10. Aufl., München.

Brynjolfsson, E./McAfee, A. (2014), The Second Machine Age, Kulmbach.

BSI (2012), Eckpunktepapier- Sicherheitsempfehlungen für Cloud Computing Anbieter, Bonn.

Buber, M. (2011), Wert. In: *Düwell, M./Hübenthal, C./Werner, M.* (Hrsg.), Handbuch Ethik, 3. Aufl., Stuttgart, S. 548–552.

Buchholz, L. (2019), Strategisches Controlling, 3. Aufl., Wiesbaden.

Buchholz, U./Knorre, S. (2019), Interne Kommunikation und Unternehmensführung, Wiesbaden.

Bühner, R. (2005), Personalmanagement, 3. Aufl., München.

Burck, A./Reh, L./Schulze, W. (2023), Wie viel menschliche Unterstützung braucht die künstliche Intelligenz?, Controlling, 35. Jg., Nr. 4, S. 11–17.

Bürgel, H. D. (Hrsg.) (1998), Wissensmanagement: Schritte zum intelligenten Unternehmen, Berlin.

Burghardt, M. (2018), Projektmanagement, 10. Aufl., Erlangen.

Burns, T./Stalker, G. M. (1971), Mechanistische und organische Systeme des Managements. In: *Mayntz, R.* (Hrsg.), Bürokratische Organisation, 2. Aufl., Köln, S. 147–154.

Büter, C. (2020), Außenhandel: Grundlagen internationaler Handelsbeziehungen, 5. Aufl., Berlin/Heidelberg.

Buxmann, P./Zöll, A. (2023), Ökonomische Effekte von ChatGPT, Controlling & Management Review, 67. Jg., Nr. 5, S. 16–21.

Camillus, J. (1984), Budgeting for Profit, Radnor.

Camp, R. (1994), Benchmarking, Milwaukee.

Carlgren, L./Elmquist, M./Rauth, I. (2016), Die Herausforderungen beim Einsatz von Design Thinking in der Industrie – Erfahrungen aus fünf Großunternehmen, Kreativität und Innovationsmanagement, 25. Jg., Nr. 3, 344–362.

Carlowitz, H. C. von (1732), Sylvicultura oeconomica, Leipzig.

Chandler, A. D. (1962), Strategy and Structure, 20. Aufl., Cambridge.

Chesbrough, H. (2003), Open Innovation, Cambridge, MA.

Chesbrough, H./Bogers, M. (2014), Explicating Open Innovation. In: *Chesbrough, H./Vanhaverbeke, W./West, J.* (Hrsg.), New Frontiers in Open Innovation, Explicating Open Innovation, Oxford, S. 1–32.

Christensen, C. M./Matzler, K./den Eichen, S. von (2025), The Innovator's Dilemma, 2. Aufl., München.

Coase, R. H. (1937), The Nature of the Firm, Economica, 4. Jg., Nr. 16, S. 386–405.

Coenenberg, A./Fischer, T./Günther, T./Brühl, R. (2024), Kostenrechnung und Kostenanalyse, 10. Aufl., Stuttgart.

Coenenberg, A. G./Salfeld, R./Schultze, W. (2015), Wertorientierte Unternehmensführung, 3. Aufl., Stuttgart.

Collins, J. C./Hansen, M. T. (2011), Great by choice, New York.

Collins, J. C./Porras, J. I. (1996), Building Your Company's Vision, Harvard Business Review, 74. Jg., Nr. 5, S. 66–77.

Commons, J. R. (1934), Institutional Economics, Madison.

Conner, D. R./Clements, E. (1999), Die strategischen und operativen Gestaltungsfaktoren für erfolgreiches Implementieren. In: *Spalink, H.* (Hrsg.), Werkzeuge für das Change Management, Frankfurt a.M., S. 22–64.

Corsten, D./Gabriel, C. (2004), Supply Chain Management erfolgreich umsetzen, 2. Aufl., Berlin.

Corsten, H./Reiß, M. (Hrsg.) (2008), Betriebswirtschaftslehre, Band 2, 4. Aufl., München.

Corsten, H./Will, T. (1992), Ansatzpunkte zu einer strategiegerechten Produktionsorganisation bei simultanen Strategieanforderungen, Zeitschrift Führung und Organisation, 61. Jg., Nr. 5, S. 293–298.

Courtney, H./Kirkland, J./Viguerie, P. (1997), Strategy Under Uncertainty, Harvard Business Review, 75. Jg., Nr. 6, S. 67–79.

Coyne, K. (2008), Enduring Ideas: The GE–McKinsey nine-box matrix, McKinsey Quarterly, 44. Jg., Nr. 9, S. 142.

Csikszentmihalyi, M. (1985), Das Flow-Erlebnis, Stuttgart.

Czernietzki, C./Westmattelmann, D. (2024), Künstliche Intelligenz in der Personalauswahl, Zeitschrift Führung + Organisation, 93. Jg., Nr. 4, S. 236–242.

Daft, R./Lengel, R. (1984), Information Richness. In: *Cummings, L./Staw, B.* (Hrsg.), Research in Organizational Behaviour: Volume 6, Homewood, S. 191–233.

Dambrowski, J. (1986), Budgetierungssysteme in der deutschen Unternehmenspraxis, Darmstadt.

Dapp, T. F./Heine, V. (2014), Big Data. Die ungezähmte Macht, Frankfurt a.M.

Darwin, C. (1859), The Origin of Species, London.

D'Aveni, R. A. (1995), Hyperwettbewerb, Frankfurt a.M.

Davenport, T. H. (2014), Big data @ work, München.

Davidow, W. H./Malone, M. S. (1992), The Virtual Corporation, New York.

Davis, S./Lawrence, P. (1977), Matrix, Reading.

Davis, T. C. (1950), How the Du Pont Organization Appraises its Performance, Financial Management Series, Nr. 94, S. 3–11.

Day, G. S./Wensley, R. (1988), Assessing Advantage: A Framework for Diagnosing Competitive Superiority, Journal of Marketing, 52. Jg., Nr. 2, S. 1–20.

Dellbrügger, P. (2007), Gestaltungselemente für eine unternehmerische Führungskultur. In: *Raich, M./Pechlaner, H./Hinterhuber, H.* (Hrsg.), Entrepreneurial Leadership, Wiesbaden, S. 65–79.

Deloitte (Hrsg.) (2015), The robots are coming, London.

Deloitte (Hrsg.) (2019), Digitale Strategien im Mittelstand – Ökosysteme, neue Geschäftsmodelle und digitale Plattformen, Berlin.

Deming, W. E. (1982), Quality, Productivity and Competitive Position, Cambridge.

Denninger, H./Stoi, R. (2022), Agile Budgetierung, Controller Magazin, 47. Jg., Nr. 2, S. 10–17.

Diethelm, G. (2000), Projektmanagement, Herne/Berlin.

Dietz, K.-M./Kracht, T. (2016), Dialogische Führung, 4. Aufl., Frankfurt/New York.

Dobléy, D./Wargin, J. (2001), Management of Change, Bonn.

Doerfner, S./Kläsener, M. (2018), Predictive Planning im Mittelstand: Vorteile und Umsetzung in 5 Schritten. In: *Gleich, R./Tschandl, M.* (Hrsg.), Digitalisierung & Controlling, Freiburg, S. 175–187.

Doerr, J. (2018), OKR, München.

Dömer, M. (2023), Agilität in Realität: Chancen und Herausforderungen in der digitalen Transformation, Wirtschaftsinformatik & Management, 13. Jg., Nr. 4, S. 252–259.

Domo (2024), Data Never Sleeps 10.0, in: www.domo.com.

Domsch, M. (2005), Personal. In: *Bitz, M./Domsch, M./Ewert, F./Wagner, W.* (Hrsg.), Vahlens Kompendium der Betriebswirtschaftslehre, 5. Aufl., München, S. 385–447.

D'Onofrio, S. (2024), Generative Künstliche Intelligenz – die neue Ära der kreativen Maschinen, HMD Praxis der Wirtschaftsinformatik, 61. Jg., S. 331–343.

Downes, L./Nunes, P. (2018), Finding your Company's second Act, Harvard Business Review, 96. Jg., Nr. 1, S. 98–107.

Drath, K. (2023), Resilienz in der Unternehmensführung, 3. Aufl., Freiburg/München/Stuttgart.

Dreyer, R./Lehmann-Willenbrock, N./Frost, J. (2024), New-Work-Konzepte für eine bessere Arbeitsgestaltung, Zeitschrift Führung + Organisation, 93. Jg., Nr. 5, S. 276–282.

Drucker, P. F. (1954), The Practice of Management, New York.

Drumm, H. J. (2008), Personalwirtschaft, 6. Aufl., Berlin.

DUP Unternehmer (2024), Springen, Aufstehen, Handeln, DUP Unternehmer, Nr. 1, S. 10–13.

Düsterbeck, J./Bahrami, K./Reihlen, M. (2024), Digitale Geschäftsmodellinnovationen implementieren, Zeitschrift Führung + Organisation, 93. Jg., Nr. 1, S. 61–67.

Dutton, J. E./Heaphy, E. D. (2003), The power of high-quality connections. In: *Cameron, K. S./Dutton, J. E./Quinn, R. E.* (Hrsg.), Positive Organizational Scholarship: Foundations of a New Discipline, San Francisco, S. 263–278.

Duwe, J. (2018), Beidhändige Führung, Berlin.

Dyer, W. G. (1985), The cycle of cultural evolution in organizations. In: *Kilmann, R. H./Saxton, M./Serpa, R.* (Hrsg.), Gaining Control of the Corporate Culture, San Francisco, S. 200–229.

Ebel, B. (2003), Qualitätsmanagement, 2. Aufl., Herne/Berlin.

Eckrich, K. (2017), Kulturveränderung im Unternehmen, München.

Edmondson, A. (2020), Die angstfreie Organisation, München.

EFQM (2019), Das EFQM Modell, Brüssel.

Egle, U./Lehmann, M.-L./Keimer, I. (2021), Der T-Shaped Controller, Controller Magazin, 46. Jg., Nr. 4, S. 64–69.

Ehlken, J./Neumann-Giesen, A. (2015), Idee, Nutzen und Anwendung der Campus-Planung, Controlling & Management Review, 59. Jg., Nr. 1, S. 48–52.

Ehlken, J./Schäffer, U. (2017), Predictive Analytics macht Planung und Steuerung flexibler, Controlling & Management Review, 61. Jg., Nr. 4, S. 34–40.

Ensthaler, J./Grimm, T./Günther, B./Jell, G./Lenz, J./Marquardt, E./Munsch, M./Müller, A.-K./Müller-Lohmeier, K./Paehl, R./Rehme, O./Rieker, S./Sehrt, J. T./Sändig, S./Witt, G. (2014), Statusreport, Düsseldorf.

Epstein, M./Manzoni, J.-F. (1997), The Balanced Scorecard and Tableau de Bord, Management Accounting, 79. Jg., Nr. 8, S. 28–36.

Ereth, J./Kemper, H.-G. (2016), Business Analytics und Business Intelligence, Controlling, 28. Jg., Nr. 8, S. 458–464.

Erner, M./Böhm, F. (2019), Unternehmensführung 4.0. In: *Erner, M.* (Hrsg.), Management 4.0 – Unternehmensführung im digitalen Zeitalter, Berlin, S. 79–122.

Ernstberger, J./Blaschke, M./Hölz, C./Beckendorff, F./Ballof, L./Müller, F./Fohrer, V./Hauch, S. (Hrsg.) (2025), Studie zur Vergütung der Vorstände in den DAX-Unternehmen im Geschäftsjahr 2024, Düsseldorf.

Ertel, W. (2021), Grundkurs Künstliche Intelligenz, 5. Aufl., Wiesbaden.

Esch, F.-R. (2005), Aufbau starker Marken durch integrierte Kommunikation. In: *Esch, F.-R.* (Hrsg.), Moderne Markenführung, 4. Aufl., Wiesbaden, S. 535–574.

Faber, O. (2019), Digitalisierung – ein Megatrend: Treiber & Technologische Grundlagen. In: *Erner, M.* (Hrsg.), Management 4.0 – Unternehmensführung im digitalen Zeitalter, Berlin, S. 3–42.

Faisst, J. (2021), Dynamische Dashboards nach IBCS gestalten, Controlling & Management Review, 65. Jg., Nr. 4, S. 18–25.

Fasel, D. (2014), Big Data – Eine Einführung. In: *Fasel, D./Meier, A.* (Hrsg.), Big Data, Wiesbaden, S. 386–400.

Faulkner, D./Bowman, C. (1994), The essence of competitive strategy, New York.

Fayol, H. (1916), General principles of management, Classics of organization theory, 15. Jg., Nr. 2, S. 57–69.

Feld, T./Hoffmann, M./Schmidt, R./Scheer Management GmbH (2012), Industrie 4.0 – Vom intelligenten Produkt zur intelligenten Produktion, IM Information Management und Consulting, 27. Jg., Nr. 3, S. 38–42.

Festinger, L. (1957), A Theory of Cognitive Dissonance, Evanston.

Few, S. (2006), Information Dashboard Design, Sebastopol.

Fiedler, R. (2020), Controlling von Projekten, 8. Aufl., Wiesbaden.

Fill, H.-G./Meier, A. (2020), Blockchain kompakt, Wiesbaden.

Fischermanns, G. (2013), Praxishandbuch Prozessmanagement, 11. Aufl., Gießen.

Fisher, J. G./Frederickson, J. R./Peffer, S. A. (2000), Budgeting, The Accounting Review, 75. Jg., Nr. 1, S. 93–114.

Flinspach, T./Biel, A. (2019), Objectives and Key Results (OKR) – Hype oder auch Potenzial?, Controller Magazin, 43. Jg., Nr. 6, S. 9–13.

Förderer, J. (2022), Erfolgsmodell Digitale Plattformen, Stuttgart.

Fraser, R./Hope, J. (2001), Beyond Budgeting, Controlling, 13. Jg., Nr. 8/9, S. 437–442.

Fraunhofer IIS (2021), MP3 – Forschung, Entwicklung und Vermarktung in Deutschland, Erlangen.

Fredrickson, B. L. (2001), The role of positive emotions in positive psychology: The broaden-and-build theory of positive emotions, American Psychologist, 56. Jg., Nr. 3, S. 218–226.

French, W./Bell, C. (1994), Organisationsentwicklung, 4. Aufl., Bern.

Frese, E./Graumann, M./Talaulicar, T./Theuvsen, L. (2019), Grundlagen der Organisation, 11. Aufl., Wiesbaden.

Frey, B. S./Osterloh, M. (1997), Sanktionen oder Seelenmassage?, DBW Die Betriebswirtschaft, 57. Jg., Nr. 3, S. 307–321.

Frick, L. (2024), Die Ökonomie der Milch, Wirtschaftswoche, Nr. 11, S. 13.

Fridgen, G./Radszuwill, S./Schweizer, A./Urbach, N. (2017), Entwicklung disruptiver Innovationen mit Blockchain: Der Weg zum richtigen Anwendungsfall, Wirtschaftsinformatik & Management, 9. Jg., Nr. 5, S. 52–59.

Frieck, L. (2024), Volles Rohr, Wirtschaftswoche, Nr. 16, S. 64–66.

Friedl, B. (2025), Controlling, 3. Aufl., Konstanz/München.

Friedl, G. (2019), Künstliche Intelligenz im Controlling, Controlling, 31. Jg., Nr. 5, S. 35–38.

Fronczek, S./Graf-Pfohl, C./Böhme, C./Andersen, G. (2024), KI-Implementierung im Unternehmen, Zeitschrift Führung + Organisation, 93. Jg., Nr. 4, S. 212–218.

Fuchs, C./Golenhofen, F. (2024), Disruption und Innovation im Produktmanagement, Wiesbaden.

Fuchs, C./Tischler, R. (2021), Die Zukunft der Planung, Würzburg.

Füermann, T. (2016), Qualitätsbezogene Kosten. In: *Zollondz, H.-D./Ketting, M./Pfundtner, R.* (Hrsg.), Lexikon Qualitätsmanagement, 2. Aufl., München, S. 889–894.

Fürtjes, H.-T. (1989), Planungsorgane. In: *Szyperski, N./Winand, U.* (Hrsg.), Handwörterbuch der Planung, Stuttgart, Sp. 1464–1468.

Gabriel, R./Beier, D. (2003), Informationsmanagement in Organisationen, Stuttgart.

Gadatsch, A. (2020), Grundkurs Geschäftsprozess-Management, 9. Aufl., Wiesbaden.

Gadiesh, O./Gilbert, J. (1998), Profit Tools, Harvard Business Review, 76. Jg., Nr. 3, S. 133–141.

Gaiser, B./Greiner, O. (2002), Von der Balanced Scorecard zur strategiefokussierten Organisation. In: *Gleich, R./Möller, K./Seidenschwarz, W./Stoi, R.* (Hrsg.), Controllingfortschritte, München, S. 193–222.

Gaitanides, M. (2012), Prozessorganisation, 3. Aufl., München.

Gaitanides, M./Scholz, R./Vrohlings, A. (1994), Prozessmanagement: Grundlage und Zielsetzungen. In: *Gaitanides, M./Scholz, R./Vrohlings, A./Raster, M.* (Hrsg.), Prozessmanagement: Konzepte, Umsetzungen und Erfahrungen des Reengineering, München, S. 1–20.

Gaitanides, M./Westphal, J. (1991), Strategische Gruppen und Unternehmenserfolg, Zeitschrift für Planung, 2. Jg., Nr. 3, S. 247–265.

Gallup (2025), Gallup Engagement Index Deutschland 2024, Hamburg.

Garvin, D. A. (2013), How Google sold its engineers on management, Harvard Business Review, 91. Jg., Nr. 12, S. 74–82.

Gassmann, O./Enkel, E. (2006), Open Innovation, Zeitschrift Führung + Organisation, 75. Jg., S. 132–138.

Gatterer, H./Tewes, S. (2023), Megatrend Research, Hamburg.

Gegenmantel, R. (2020), Planung verändern mit neuer Technologie, Controlling & Management Review, 64. Jg., Nr. 3, S. 40–45.

Gemünden, H./Kock, A. (2022), Das Triple-A-Konzept, Zeitschrift Führung + Organisation, 91. Jg., Nr. 3, S. 150–156.

Gergs, H.-J./Schatilow, L. C./Thun, M. V. (2019), Agiles Change Management: der Weg einer erfolgreichen Veränderung. In: *Lang, M./Scherber, S.* (Hrsg.), Der Weg zum agilen Unternehmen, München, S. 81–97.

Geschka, H./Hammer, R. (1990), Die Szenario-Technik in der Unternehmensplanung. In: *Hahn, D./Taylor, B.* (Hrsg.), Strategische Unternehmensplanung – Strategische Unternehmensführung, 5. Aufl., Heidelberg, S. 311–336.

Gifford, D. K. (1982), Cryptographic sealing for information secrecy and authentication, Communications of the ACM, 25. Jg., Nr. 4, S. 274–286.

Gigerenzer, G. (2019), Rationales Entscheiden unter Ungewissheit ≠ Rationales Entscheiden unter Risiko. In: *Fleischer, B./Lauterbach, R./Pawlik, K.* (Hrsg.), Rationale Entscheidungen unter Unsicherheit, Hamburg, S. 1–14.

Gilbert, X./Strebel, P. (1986), Developing Competitive Advantages. In: *Guth, W. D.* (Hrsg.), Handbook of Business Strategy, 1986/1987 Yearbook, Boston, S. 4-1 bis 4-14.

Gimpel, H./Röglinger, M. (2017), Disruptive Technologien — Blockchain, Deep Learning & Co, Wirtschaftsinformatik & Management, 9. Jg., Nr. 5, S. 8–15.

Gleich, R. (2015), Moderne Budgetierung im Überblick. In: *Gleich, R./Gänßlen, S./Kappes, M./Kraus, U./Leyk, J./Tschandl, M.* (Hrsg.), Moderne Instrumente der Planung und Budgetierung, 2. Aufl., Freiburg, S. 33–53.

Gleich, R. (2021), Performance Measurement: Konzepte, Fallstudien, Empirie und Handlungsempfehlungen, 3. Aufl., München.

Gleich, R. (2022), Servitization – eine neue Mammutaufgabe für das Controlling?, 47. Jg., Nr. 3, S. 58–59.

Gleich, R./Brenner, M./Wald, A./Tschandl, M./Meter, M. (2024), Prozesskostenmanagement, Controller Magazin, 50. Jg., Nr. 3, S. 30–34.

Gleich, R./Kopp, J. (2001), Ansätze zur Neugestaltung der Planung und Budgetierung, Controlling, 13. Jg., Nr. 8/9, S. 429–436.

Gleich, R./Tschandl, M./Oehler, K./Brunlechner, D. (2024), Planung und Forecasting: Metaanalyse von 22 empirischen Studien. In: *Gleich, R./Kappes, M./Maron, C./Oehler, K./Tschandl, M.* (Hrsg.), Planung und Forecasting neu gedacht, Freiburg, S. 41–62.

Gleißner, W. (2020), Lessons learned der Coronakrise – Schwarze Schwäne, Resilienz und robuste Unternehmen, CFO aktuell, 14. Jg., Nr. 6, S. 234–238.

Gleißner, W. (2020), Risikoblindheit, Zeitschrift für Risikomanagement (ZfRM), Nr. 1, S. 10–14.

Gleißner, W. (2022), Grundlagen des Risikomanagements im Unternehmen, 4. Aufl., München.

Gleißner, W./Romeike, F. (2005), Risikomanagement, Freiburg.

Glose, J. (2019), Warum Nestlé so unbeliebt ist, Handelsblatt, S. 10, 2019.

Gluchowski, P. (2016), Business Analytics – Grundlagen, Methoden und Einsatzpotenziale, HMD Praxis der Wirtschaftsinformatik, 53. Jg., Nr. 3, S. 273–286.

Gminder, C. (2005), Nachhaltigkeitsstrategien systematisch umsetzen, Diss, St. Gallen.

Goleman, D. (1995), EQ – Emotionale Intelligenz, München.

Goleman, D./Boyatzis, R./McKee, A. (2002), Emotionale Führung, München.

Goronzy, F. (1975), Praxis der Budgetierung, Heidelberg.

Götz, K./Schmid, M. (2004), Praxis des Wissensmanagements, München.

Graf, P./Schmitz, M. (2018), Neugestaltung der Planung bei der Ensinger Unternehmensgruppe, Controlling, 30. Jg., Nr. 6, S. 29–36.

Grasl, O./Rohr, J./Grasl, T. (2004), Prozessorientiertes Projektmanagement, München.

Greiner, L. E. (1967), Patterns of Organizational Change, Harvard Business Review, 45. Jg., Nr. 3, S. 119–130.

Greiner, O. (2006), Der unerkannte Feind. In: *Gleich, R./Hofmann, S./Leyk, J.* (Hrsg.), Planungs- und Budgetierungsinstrumente, München, S. 11–22.

GRI (2023), GRI 1: Grundlagen 2021, Amsterdam.

Griesfelder, R. (2012), Kommunikationskultur der Technohype AG: Herr Schmidt ist frustriert. In: *Dillerup, R./Stoi, R.* (Hrsg.), Fallstudien zur Unternehmensführung, 2. Aufl., München, S. 417–425.

Grolle, J./Hawranek, D./Kurbjuweit, D./Latsch, G./Medick, V./Stark, H./Wüst, C. (2015), Ende eines Mythos, Der Spiegel, 68. Jg., Nr. 40, S. 10–16.

Grönke, K./Kirchmann, M./Leyk, J. (2014), Big Data. In: *Gleich, R./Grönke, K./Kirchmann, M./Leyk, J.* (Hrsg.), Controlling und Big Data, Freiburg/München/Stuttgart, S. 63–82.

Grundei, J. (2024), Organisationsforschung als Orientierungshilfe für die Praxis, changement!, Nr. 8, S. 60–64.

Güldenberg, S. (2003), Wissensmanagement und Wissenscontrolling in lernenden Organisationen, 4. Aufl., Wiesbaden.

Günther, T. (2005), Unternehmenssteuerung mit Wissensbilanzen – Möglichkeiten und Grenzen, Zeitschrift für Controlling & Management, Nr. 3, S. 66–75.

Günther, T./Grüning, M. (2002), Performance Measurement-Systeme im praktischen Einsatz, Controlling, 14. Jg., Nr. 1, S. 5–13.

Gürtler, T./Hielscher, H./Knieps, S. (2023), O du günstige, Wirtschaftswoche, Nr. 51, S. 43–49.

Gutenberg, E. (1951), Grundlagen der Betriebswirtschaftslehre: Band 1: Die Produktion, Berlin/Heidelberg.

Habermann, F. (2013), Hybrides Projektmanagement – agile und klassische Vorgehensmodelle im Zusammenspiel, HMD – Praxis der Wirtschaftsinformatik, 50. Jg., Nr. 293, S. 93–102.

Hagen, J. (2022), Aus dem Scheitern lernen, Zeitschrift Führung + Organisation, 91. Jg., Nr. 4, S. 218–222.

Hagl, K./Esch, S. P. von/*Schwalb, D.* (2018), Planen mit werttreiberbasierten Simulationen, Controlling & Management Review, 62. Jg., Nr. 5, S. 24–32.

Hahn, D. (2006), Strategische Kontrolle. In: *Hahn, D./Taylor, B.* (Hrsg.), Strategische Unternehmensplanung – Strategische Unternehmensführung: Stand und Entwicklungstendenzen, 9. Aufl., Berlin, S. 451–464.

Hahn, D./Hungenberg, H. (2001), PuK, 6. Aufl., Wiesbaden.

Hahn, J. (2020), Aktivierung eigener Entwicklungskosten und Bilanzpolitik, Darmstadt.

Haidt, J. (2006), The happiness hypothesis, London.

Haiss, P. (2001), Monitoring Change. In: *Gattermeyer, W./Al-Ani, A.* (Hrsg.), Change Management und Unternehmenserfolg: Grundlagen, Methoden, Praxisbeispiele, 2. Aufl., Wiesbaden, S. 57–80.

Hamel, G./Prahalad, C. K. (1995), Wettlauf um die Zukunft, Frankfurt a.M.

Hamel, G./Zanini, M. (2020), Humanocracy, Boston.

Hammer, M./Champy, J. (2003), Business Reengineering, 7. Aufl., Frankfurt.

Handke, L./Begemann, V./Lehmann-Willenbrock, N. (2024), Die Bedeutung informeller Kommunikation, Zeitschrift Führung + Organisation, 93. Jg., Nr. 5, S. 298–303.

Hansel, J./Lomnitz, G. (2003), Projektleiter-Praxis, 4. Aufl., Berlin.

Hansen, H. R./Mendling, J./Neumann, G. (2019), Wirtschaftsinformatik, 12. Aufl., Berlin/Boston.

Hansen, M. T./Amabile, T. M. (2018), Purpose, meaning and passion, Cambridge.

Hauschildt, J. (2001), Promotoren – Erfolgsfaktoren für das Management von Innovationen, zfo, 70. Jg., Nr. 6, S. 332–337.

Hauschildt, J./Salomo, S./Schultz, C./Kock, A. (2023), Innovationsmanagement, 7. Aufl., München.

Hauser, M. (1999), Wertorientierte Betriebswirtschaft, Controller Magazin, 24. Jg., Nr. 5, S. 398–403.

Häusling, A./Fischer, S. (2020), Gründe für eine neue HR-Organisation. In: *Häusling, A, Fischer, S.* (Hrsg.), Der Weg zur agilen HR-Organisation Modelle und Praxisbeispiele zur agilen Transformation, Freiburg, S. 17–24.

Hax, A. C./Wilde, D. L. (1999), The Delta Model, Sloan Management Review, 40. Jg., Nr. 2, S. 11–28.

Heche, D. (2004), Praxis des Projektmanagements, Berlin.

Heenan, D./Perlmutter, H. (1979), Multinational Organizaion Development, Massachusetts.

Heim, E./Stadler, M./Scherrer, M./Hollenstein, L. (2021), Coopetition, Zeitschrift Führung + Organisation, 90. Jg., Nr. 1, S. 4–9.

Heintel, P./Krainz, E. E. (2015), Projektmanagement, 6. Aufl., Wiesbaden.

Heinzl, A./Uhrig, M. (2016), Informationsmanagement im Zeitalter der Digitalisierung, Wirtschaftsinformatik & Management, 8. Jg., Nr. 2, S. 28–39.

Henderson, B. (2006), The Product Portfolio. In: *Stern, C. W./Deimler, M. S.* (Hrsg.), The Boston Consulting Group on Strategy, 2. Aufl., Hoboken, New Jersey, S. 35–37.

Henderson, B. D. (1984), Die Erfahrungskurve in der Unternehmungsstrategie, 2. Aufl., Frankfurt a.M.

Heng, S. (2014), Industrie 4.0, Frankfurt a.M.

Henke, M./Culotta, C. (2022), Blockchain, Controlling, 34. Jg., Sommer, S. 48–50.

Hentze, J./Graf, A. (2005), Personalwirtschaftslehre 2, 7. Aufl., Stuttgart.

Hentze, J./Graf, A./Kammel, A./Lindert, K. (2005), Personalführungslehre, 4. Aufl., Stuttgart.

Hentze, J./Kammel, A. (2001), Personalwirtschaftslehre 1, 7. Aufl., Bern.

Hermann, K./Stoi, R./Wolf, B. (2018), Robotic Process Automation im Finance & Controlling der MANN+HUMMEL Gruppe, Controlling, 30. Jg., Nr. 3, S. 28–34.

Hermann, S./Pfläging, N. (2020), OpenSpace Beta, München.

Herrmann, O./Stoi, R. (2023), Ein Elefant lernt tanzen – Agile Führung und hybrides Arbeiten bei der Deutschen Telekom, Personalführung, 55. Jg., Nr. 4, S. 56–63.

Herrmann-Pillath, C. (2016), Diversity Kompetenz und Diversity Management. In: *Genkova, P./Ringeisen, T.* (Hrsg.), Handbuch Diversity Kompetenz – Band 1, Wiesbaden, S. 267–279.

Hersey, P./Blanchard, K. H. (1982), Management of Organizational Behaviour, 4. Aufl., Englewood Cliffs.

Herzberg, F./Mausner, B. M./Snydermann, B. (1959), The Motivation to Work, 2. Aufl., New York.

Hichert, R./Faisst, J. (2022), International Business Communication Standards, Hilden.

Hierzer, R. (2020), Prozessoptimierung 4.0, 2. Aufl., Freiburg/München/Stuttgart.

Hill, W. (1989), Planungsmanagement. In: *Szyperski, N./Winand, U.* (Hrsg.), Handwörterbuch der Planung, Stuttgart, S. 1457–1463.

Hinterhuber, H. H. (2015), Strategische Unternehmensführung, 9. Aufl., Berlin.

Hinterhuber, H. H./Levin, B. (1994), Strategic Networks, Long Range Planning, 27. Jg., Nr. 3, S. 43–53.

Hinterhuber, H./Raich, M. (2012), Leadership als zentrale Kompetenz von und in Unternehmen. In: *Bruch, H./Krummaker, S./Vogel, B.* (Hrsg.), Leadership: Best Practises und Trends, 2. Aufl., Wiesbaden, S. 49–56.

Hinz, O. (2023), Statt exakt planen lieber auf Sicht segeln – Führung bei Ungewissheit, Controller Magazin, 48. Jg., Nr. 5, S. 52–53.

Hoening, C./Esch, M./Wald, A. (2017), Big Data, Business Intelligence und Business Analytics: Bedeutung, Nutzen und Mehrwert für die Unternehmenssteuerung. In: *Gleich, R./Grönke, K./Kirchmann, M./Leyk, J.* (Hrsg.), Strategische Unternehmensführung mit Advanced Analytics, München, S. 27–41.

Hofer, J. (2017), Gemeinsam genäht hält besser, Handelsblatt, 10.1.2017, S. 20–21.

Hofert, S. (2021), Agiler führen, 3. Aufl., Wiesbaden.

Hofert, S./Thonet, C. (2019), Säule Architektur und Frameworks. In: *Hofert, S./Thonet, C.* (Hrsg.), Der agile Kulturwandel, Wiesbaden, S. 155–196.

Hoffmann, C. (2019), Gehirngerechte Führung.

Höfler, M./Richter, N./Spivak, O. (2022), Peer Recruiting, Zeitschrift Führung + Organisation, 91. Jg., Nr. 2, S. 110–115.

Höfler, N./Seiwert, M./Stölzel, T./Bläske, G. (2024), Handtaschen auf Rädern, Wirtschaftswoche, Nr. 46, S. 41–44.

Hofstede, G./Hofstede, G. J./Minkov, M. (2017), Lokales Denken, globales Handeln, 6. Aufl., München.

Höft, A./Kohlert, H./Maier, L. (2023), Open-Innovation-Matrix, Zeitschrift Führung + Organisation, 92. Jg., Nr. 5, S. 296–304.

Holdren, J. P./Smith, M. (2016), Preparing for the future of artificial intelligence, Washington, D.C.

Hollensen, S. (2013), The Blue Ocean that disappeared – the case of Nintendo Wii, Journal of Business Strategy, 34. Jg., Nr. 5, S. 25–35.

Höller, H. (1978), Verhaltenswirkungen betrieblicher Planungs- und Kontrollsysteme, München.

Holste, B./Horn, I. (2020), Libra und Blockchain – Potenziale für den Mittelstand, Wirtschaftsinformatik & Management, 12. Jg., Nr. 1, S. 48–57.

Holtbrügge, D. (2022), Personalmanagement, 8. Aufl., Berlin.

Holtel, S. (2024), Droht das Ende der Experten?, München.

Homburg, C. (2020), Marketingmanagement, 7. Aufl., Wiesbaden.

Hope, J./Fraser, R. (2003), Beyond Budgeting, Stuttgart.

Horváth, P./Gleich, R./Seiter, M. (2024), Controlling, 15. Aufl., München.

Horváth, P./Mayer, R. (1989), Prozeßkostenrechnung, Controlling, 1. Jg., Nr. 4, S. 214–219.

Horváth, P./Mayer, R. (1993), Prozeßkostenrechnung, krp, 37. Jg., Nr. 2, S. 15–28.

Horváth & Partners (2007), Balanced Scorecard umsetzen, 4. Aufl., Stuttgart.

Horx, M. (2020), Zukunftsreport 2021, Frankfurt am Main.

Hossiep, R./Märtins, J. (2023), Transparenz in verteilten Organisationen, Zeitschrift Führung + Organisation, 92. Jg., Nr. 1, S. 10–15.

Hosp, J. (2018), Kryptowährungen, 2. Aufl., München.

Hromkovic, J./Lacher, R. (2019), E-Learning – Erwartungen, Möglichkeiten und Grenzen, Wirtschaftsinformatik & Management, 11. Jg., Nr. 6, S. 356–363.

Huf, S. (2022), Personalmanagement, 2. Aufl., Wiesbaden.

Hungenberg, H. (2014), Strategisches Management in Unternehmen, 8. Aufl., Wiesbaden.

Hungenberg, H./Wulf, T. (2021), Grundlagen der Unternehmensführung, 6. Aufl., Wiesbaden.

Hunt, V./Dixon-Fyle, S./Dolan, K./Prince, S. (2020), Diversity wins, London, Atlanta, Chicago.

Hurst, A. (2014), The purpose economy, Boise, Idaho.

Hurst, A./Tavis, A. (2019), Workforce Purpose Index, New York.

Hüther, G. (2009), Wie gehirngerechte Führung funktioniert – Neurobiologie für Manager, managerSeminare, o. Jg., Nr. 130, S. 30–34.

Hüther, G. (2013), Die biologischen Grundlagen der Spiritualität. In: *Hüther, Gerald/Roth, W./v. Brück, M.* (Hrsg.), Damit das Denken Sinn bekommt, 6. Aufl., Freiburg im Breigau, S. 25–37.

ICV (2016), Business Analytics – Wege zur einer datengetriebenen Unternehmenssteuerung, München.

IFRS (2022), International <IR> Framework, London.

IIA (2020), Das Drei-Linien-Modell des IIA, Lake Mary.

Imai, M. (1986), Kaizen, New York.

Imai, M. (1997), Gemba Kaizen, München.

Isensee, J./Hüsler, L. (2020), Effizienz im Reporting steigern! Mit den richtigen Maßnahmen den Aufwand reduzieren. In: *Klein, Andreas/Gräf, Jens* (Hrsg.), Reporting und Business Analytics, Freiburg/München/Stuttgart, S. 25–39.

Janssen, C. (1996), Förändringens fyra rum (The four rooms of change), Stockholm.

Jetter, W. (2004), Performance Management, 2. Aufl., Stuttgart.

Johansen, B./Kirschbaum, J./Cervantes, G. (2025), Leaders Make the Future, 3. Aufl., San Francisco.

Johnson, G./Whittington, R./Scholes, K./Angwin, D./Regnér, P. (2018), Strategisches Management, 11. Aufl., Hallbergmoos.

Jonen, A. (2020), Das Ende der Balanced Scorecard? Ab- oder Lobgesang auf die Balanced Scorecard. In: *Nadig, L./Behringer, S.* (Hrsg.), CARF Luzern 2020, Rotkreuz, S. 67–90.

Jünemann, R. (1989), Materialfluß und Logistik, Berlin.

Jung, H. (1985), Integration der Budgetierung in die Unternehmensplanung, Darmstadt.

Jung, H. (2017), Personalwirtschaft, 10. Aufl., Berlin/Boston.

Jung, L./Worthmann, M. (2024), Wo geht's lang?, Die Zeit, Nr. 22, S. 62.

Jürgens, J./Rohwetter, M./Zacharakis, Z. (2024), Im Reich der Unersättlichen, Die Zeit, Nr. 23, S. 17–19.

Kagermann, H. (2014), Chancen von Industrie 4.0 nutzen. In: *Bauernhansl, T./Hompel, M. ten/Vogel-Heuser, B.* (Hrsg.), Industrie 4.0 in Produktion, Automatisierung und Logistik, Wiesbaden, S. 603–614.

Kahneman, D. (2012), Schnelles Denken, langsames Denken, München.

Kaletta, B./Gerhard, T. (1998), Innovation in Distribution und Handel, Controller Magazin, 23. Jg., Nr. 6, S. 403–406.

Kanning, U. P. (2016), Viel Lärm um nichts? Diversity im beruflichen Kontext. In: *Genkova, P./Ringeisen, T.* (Hrsg.), Handbuch Diversity Kompetenz – Band 1, Wiesbaden, S. 18–26.

Kano, N. (1993), A Perspective on Quality Activities in American Firms, California Management Review, 35. Jg., Nr. 3, S. 12–31.

Kano, N./Seraku, N./Takahashi, F./Tsuji, S. (1984), Attractive Quality and Must-be-Quality, The Journal of Japanese Society for Quality Control, 14. Jg., Nr. 2, S. 39–48.

Kaplan, R./Norton, D. P. (1992), In Search of Excellence – der Maßstab muß neu definiert werden, Harvard Business Manager, 14. Jg., Nr. 4, S. 37–46.

Kaplan, R./Norton, D. P. (1993), Putting the Balanced Scorecard to Work, Harvard Business Review, 71. Jg., Nr. 5, S. 134–147.

Kaplan, R./Norton, D. P. (2006), Alignment, Stuttgart.

Kaplan, R. S./Norton, D. P. (1992), The Balanced Scorecard: Measures That Drive Performance, Harvard Business Review, 70. Jg., Nr. 1, S. 71–79.

Kaplan, R. S./Norton, D. P. (1996), The Balanced Scorecard: Translating Strategy into Action, Boston.

Kaplan, R. S./Norton, D. P. (1997), Balanced Scorecard, Stuttgart.

Kaplan, R. S./Norton, D. P. (2001), Die strategiefokussierte Organisation, Stuttgart.

Kaplan, R. S./Norton, D. P. (2004), Strategy Maps, Stuttgart.

Kaplan, R. S./Norton, D. P. (2009), Der effektive Strategieprozess: Erfolgreich mit dem 6-Phasen-System, Frankfurt.

Kappes, M./Brosig, S. (2022), Mit 4 großen Veränderungen Planung und Forecasting wirkungsvoll gestalten, Controller Magazin, 47. Jg., Nr. 2, S. 18–24.

Kappes, M./Johanndeiter, T. (2024), IT-Unterstützung von Planungs- und Forecasting-Prozessen. In: *Gleich, R./Kappes, M./Maron, C./Oehler, K./Tschandl, M.* (Hrsg.), Planung und Forecasting neu gedacht, Freiburg, S. 157–170.

Kappes, M./Leyk, J. (2018), Digitale Planung, Controlling, 30. Jg., Nr. 6, S. 4–12.

Kappes, M./Schentler, P. (2019), Auf dem Weg zur autonomen Planung, CFO aktuell, 13. Jg., Nr. 3, S. 57–61.

Kastl, P. (2019), Business Ecosystems, Platform Ecosystems und Innovation Ecosystems, Controlling, 31. Jg., Nr. 6, S. 66–68.

Kerzner, H. (2004), Projektmanagement, Bonn.

Keßler, H./Winkelhofer, G. (2004), Projektmanagement, 4. Aufl., Berlin.

Khandwalla, P. N. (1974), Mass Output Orientation of Operations Technology and Organizational Structure, Administrative Science Quarterly, 19. Jg., Nr. 1, S. 74–97.

Kieser, A./Hegele, C./Klimmer, M. (1998), Kommunikation im organisatorischen Wandel, Stuttgart.

Kieser, A./Kubicek, H. (1992), Organisation, 3. Aufl., Berlin/New York.

Kieser, A./Walgenbach, P. (2010), Organisation, 6. Aufl., Stuttgart.

Killian, N. (2024), Weiß alles, halluziniert bloß manchmal, Die Zeit, 28.11.2024, Nr. 50, S. 20.

Killian, N./Lindern, J. von (2024), Hier kommen die Roboter, Die Zeit, 27.4.2024, S. 20.

Kim, D. H. (1993), The Link Between Individual and Organizational Learning, Sloan Management Review, 35. Jg., Nr. 1, S. 37–50.

Kim, W. C./Mauborgne, R. (2004), Blue Ocean Strategy, Harvard Business Review, 27. Jg., Nr. 10, S. 70–80.

Kim, W. C./Mauborgne, R. (2016), Der blaue Ozean als Strategie, 2. Aufl., München.

Kirchhoff, K. R. (2019), Integrierte Berichterstattung – die wertschaffende Reporting-Alternative. In: *Kirchhoff, K. R.* (Hrsg.), Integrated Reporting für die Praxis, Wiesbaden, S. 1–12.

Kirkbride, P. S./Durcan, J./Obeng, E. D. A. (1994), Change in a chaotic postmodern world, Strategic Change, 3. Jg., Nr. 3, S. 151–163.

Kirsch, W. (1997), Strategisches Management, München.

Kleehaupt-Roither, B./Unger, T. (2018), Von RPA-Mythen zur Automatisierungsstrategie, Controlling & Management Review, 62. Jg., Nr. 8, S. 48–56.

Klein, R./Scholl, A. (2011), Planung und Entscheidung, 2. Aufl., München.

Klempien, D. (2018), Nutzwertanalyse, www.controllingportal.de.

Klingebiel, N. (1998), Performance Management – Performance Measurement, Zeitschrift für Planung, 9. Jg., Nr. 1, S. 1–15.

Kneip, P./Brüggemann, J. (2018), Wenn Kopf, Bauch und Hand zusammenpassen, Controlling & Management Review, 62. Jg., Nr. 2, S. 58–63.

Kniberg, H./Ivarsson, A. (2012), Scaling Agile @ Spotify with Tribes, Squads, Chapters & Guilds, https://blog.crisp.se/2012/11/14/henrikkniberg/scaling-agile-at-spotify.

Knieps, S. (2024), Alte Schule, junge Schuhe, Wirtschaftswoche, Nr. 3, S. 48–51.

Knight, F. (1921), Risk, Uncertainty, and Profit, Boston/New York.

Knollenborg, L./Salz, J. (2024), Das Experiment, Wirtschaftswoche, Nr. 49, S. 14–22.

Koch, C. G. (2009), Die Kunst des Erfolgs, Weinheim.

Koenigs, D./Stratigakis, G. (2025), Künstliche Intelligenz im Controlling der Deutschen Telekom, Controlling & Management Review, 69. Jg., Nr. 1, S. 16–23.

Kopp, J./Leyk, J. (2004a), Effizient und effektiv planen und budgetieren. In: *Horváth & Partners* (Hrsg.), Beyond Budgeting umsetzen: Erfolgreich planen mit Advanced Budgeting, Stuttgart, S. 1–14.

Kopp, J./Leyk, J. (2004b), Innovative Planungs- und Budgetierungskonzepte und ihre Bewertung. In: *Horváth & Partners* (Hrsg.), Beyond Budgeting umsetzen: Erfolgreich planen mit Advanced Budgeting, Stuttgart, S. 15–59.

Kosiol, E. (1966), Die Unternehmung als wirtschaftliches Aktionszentrum, Reinbek.

Kosiol, E. (1976), Organisation der Unternehmung, 2. Aufl., Wiesbaden.

Kotler, P./Armstrong, G./Harris, L./He, H. (2022), Grundlagen des Marketing, 8. Aufl., München.

Kotler, P./Keller, K./Chernev, A./Opresnik, M. (2023), Marketing-Management, 16. Aufl., München.

Kotter, J. (1991), Leadership läßt sich lernen, Harvard Business Manager, 13. Jg., Nr. 1, S. 35–43.

Kotter, J. (2008), Das Unternehmen erfolgreich erneuern, Harvard Business Manager, 30. Jg., Nr. 4, S. 140–151.

Kotter, J. P. (2011), Leading Change, München.

Kotter, J. P. (2012), Accelerate!, Harvard Business Review, 90. Jg., Nr. 11, S. 45–58.

Kotter, J. P. (2015), Accelerate, München.

Krames, J. A. (2009), Peter F. Druckers kleines Weißbuch, München.

Kraus, G./Westermann, R. (2019), Projektmanagement mit System, 6. Aufl., Wiesbaden.

Krause, D./Gebhardt, N. (2018), Methodische Entwicklung modularer Produktfamilien, Berlin.

Krcmar, H. (2015), Informationsmanagement, 6. Aufl., Berlin u. a.

Kreutzer, R. (2022), Praxisorientiertes Marketing, Wiesbaden.

Krüger, W. (1994), Organisation der Unternehmung, 3. Aufl., Stuttgart.

Krüger, W. (2003), Organisation der Unternehmung, 4. Aufl., Stuttgart.

Krüger, W. (2009), Strategische Erneuerung. In: *Krüger, W.* (Hrsg.), Excellence in Change: Wege zur strategischen Erneuerung, 4. Aufl., Wiesbaden, S. 45–116.

Krüger, W. (2012), Führungsstile für erfolgreichen Wandel. In: *Bruch, H./Krummaker, S./Vogel, B.* (Hrsg.), Leadership: Best Practises und Trends, 2. Aufl., Wiesbaden, S. 99–115.

Krüger, W. (2014a), Das 3 W-Modell. In: *Krüger, W./Bach, N.* (Hrsg.), Excellence in Change: Wege zur strategischen Erneuerung, 5. Aufl., Wiesbaden, S. 1–31.

Krüger, W. (2014b), Strategische Erneuerung. In: *Krüger, W./Bach, N.* (Hrsg.), Excellence in Change: Wege zur strategischen Erneuerung, 5. Aufl., Wiesbaden, S. 33–60.

Krystek, U./Müller-Stewens, G. (2006), Strategische Frühaufklärung. In: *Hahn, D./Taylor, B.* (Hrsg.), Strategische Unternehmensplanung – Strategische Unternehmensführung: Stand und Entwicklungstendenzen, 9. Aufl., Berlin, S. 175–194.

Kühl, S./Sua-Ngam-Iam, P. (2021), Die Hyperformalisierung von Organisationen, Zeitschrift Führung + Organisation, 90. Jg., Nr. 5, S. 314–316.

Kuhr, R./Derbal, K. (2017), Digital Finance: Der Weg in die automatisierte Finanzorganisation, Controller Magazin, 42. Jg., Nr. 3, S. 66–70.

Kunz, J. (2015), Objektive Informationen?, Controlling & Management Review, 59. Jg., Nr. 1, S. 64–65.

Kunze, F./Zimmermann, S./Lauterbach, A. S. (2021), Einführung einer holakratischen Organisationsstruktur, Zeitschrift Führung + Organisation, 90. Jg., Nr. 5, S. 303–307.

Küpper, H.-U./Friedl, G./Hofmann, C./Hofmann, Y./Pedell, B. (2024), Controlling, 7. Aufl., Stuttgart.

Kutschker, M./Schmid, S. (2012), Internationales Management, 7. Aufl., München.

Lacity, M./Willcocks, L. (2016), Robotic Process Automation at Telefónica O2, MIS Quarterly Executive, 15. Jg., Nr. 1, S. 21–35.

Laloux, F. (2024), Reinventing organizations, 2. Aufl., München.

Lämmel, U./Cleve, J. (2023), Künstliche Intelligenz, 6. Aufl., München.

Lampe, J. (2021), Was Controller beim Einsatz von KI beachten müssen, 46. Jg., Nr. 2, S. 24–34.

Lampel, J./Mintzberg, H./Quinn, J. B./Ghosahl, S. (2014), The Strategy Process, 5. Aufl., Upper Saddle River.

Langmann, C. (2019), Digitalisierung im Controlling, Wiesbaden.

Langmann, C./Turi, D. (2021), Robotic Process Automation (RPA), 2. Aufl., Wiesbaden.

Lanquillon, C./Mallow, H. (2015a), Advanced Analytics mit Big Data. In: *Dorschel, J.* (Hrsg.), Praxishandbuch Big Data, Wiesbaden, S. 55–89.

Lanquillon, C./Mallow, H. (2015b), Grenzen konventioneller Business-Intelligence-Lösungen. In: *Dorschel, J.* (Hrsg.), Praxishandbuch Big Data, Wiesbaden, S. 255–277.

Lasswell, H. D. (1966), The Structure and Function of Communication in Society. In: *Berelson, B./Janowitz, M.* (Hrsg.), Reader in public opinion and communication, 2. Aufl., New York, S. 178–192.

Lauer, T. (2023), Unternehmensführung für Dummies, 2. Aufl., Weinheim.

Lawrence, P. R. (1954), How to Deal With Resistance to Change, Harvard Business Review, 32. Jg., Nr. 3, S. 49–57.

Lazear, E. P./Shaw, K. L./Stanton, C. T. (2012), The Value of Bosses, Cambridge.

Leemann, N. (2023), Adaption ist alles, Wirtschaftswoche, Nr. 37, S. 40–41.

Lehmann, M.-L./Amrhein, S. (2022), Die Zukunft des Forecastings, Controlling & Management Review, 66. Jg., Nr. 4, S. 34–40.

Leibfried, P./Petry, H. (2022), Blockchain in der Finanzberichterstattung, Controlling & Management Review, 66. Jg., Nr. 1, S. 54–58.

Leiblein, M. J. (2011), What Do Resource- and Capability-Based Theories Propose?, Journal of Management, 37. Jg., Nr. 4, S. 909–932.

Leimeister, J. M. (2025), Einführung in die Wirtschaftsinformatik, 14. Aufl., Berlin/Heidelberg.

Lenz-Kesekamp, V./Weber, T. (2018), Alexa Skills: Welche Chancen und Risiken sind damit verbunden?, Wirtschaftsinformatik & Management, 10. Jg., Nr. 6, S. 18–25.

Lev, B. (2001), Intangibles, Washington.

Lewin, K. (1951), Problems of Research in Social Psychology. In: *Cartwright, D.* (Hrsg.), Field Theory in Social Science, New York, S. 151–175.

Lewin, K. (1963), Feldtheorie in den Sozialwissenschaften, Bern.

Lewrick, M./Di Giorgio, C. (2018), Live aus dem Krypto-Valley, München/Zürich.

Lewrick, M./Link, P./Leifer, L. (2018), Das Design Thinking Playbook, 2. Aufl., München.

Lihl, H./Mahlendorf, M./Schmoltzi, D. (2019), Agiles Controlling mit OKR für schnelles Wachstum, Controlling & Management Review, 63. Jg., Nr. 8, S. 42–49.

Lippitt, G. L./Langseth, P./Mossop, J. (1991), Implementing organizational change, 4. Aufl., San Francisco.

Litke, H.-D. (2025), Projektmanagement, 6. Aufl., München.

Lobacher, P. (2019), Objectives & Key Results (OKR) als agiler und partizipativer Führungsansatz. In: *Petry, T.* (Hrsg.), Digital Leadership, 2. Aufl., Freiburg, München, Stuttgart, S. 241–252.

Locke, E. A./Latham, G. P. (1984), Goal Setting, Englewood Cliffs.

Losbichler, H. (2020), Künstliche Intelligenz im Controlling, Controller Magazin, 45. Jg., Special, S. 12–15.

Losekam, S./Buckert, C. (2024), Die Relevanz von Employer Branding, Zeitschrift Führung + Organisation, 93. Jg., Nr. 2, S. 109–115.

Lübbermann, U. (2021), Wirtschaft hacken. Von einem ganz normalen Unternehmen, das fast alles anders macht, Marburg.

Lübbermann, U./Reintgen, F. (2017), Je besser wir uns um alle Beteiligten kümmern, desto besser geht es uns!, futur2, Nr. 1.

Luhmann, N. (1984), Soziale Systeme, Frankfurt a.M.

Lynch, R. L./Cross, K. F. (1993), Performance Measurement Systems. In: *Brinker, B. J.* (Hrsg.), Handbook of Cost Management, New York, E3/1-20.

Lynch, R. L./Cross, K. F. (1995), Measure Up!, 2. Aufl., Oxford.

Mack, O./Khare, A./Krämer, A./Burgartz, T. (Hrsg.) (2016), Managing in a VUCA World, Heidelberg/New York.

Mag, W. (1995), Unternehmensplanung, München.

Mahlendorf, M. D. (2015), Wenn Zielübererfüllung bestraft wird, Controlling & Management Review, 59. Jg., Nr. 4, S. 26–33.

Maisel, L. S. (1992), Performance Measurement, Journal of Cost Management, 5. Jg., Nr. 2, S. 47–52.

Malik, F. (2025), Führen, Leisten, Leben, Frankfurt.

Martiensen, J. (2000), Institutionenökonomik, München.

Masing, W. (2014), Das Unternehmen im Wettbewerb. In: *Schmitt, R./Pfeifer, T.* (Hrsg.), Masing Handbuch Qualitätsmanagement, 6. Aufl., München, S. 3–14.

Maslow, A. (1954), Motivation and Personality, New York.

Mast, C. (2020), Unternehmenskommunikation, 8. Aufl., München.

Matthies, B. (2023), Kundenbewertungen mit der RFMR-Analyse, Controlling, 35. Jg., Nr. 4, S. 78–79.

Matzke, H. (2019), Planung im Mittelstand: Alternativen zu Excel in der Praxis. In: *Gleich, R./Kappes, M./Leyk, J.* (Hrsg.), Planung, Budgetierung und Forecasting, S. 175–192.

Matzler, K./Bailom, F./den Eichen, F. S. von/Anschober, M. (2016), Digital Disruption. Wie Sie Ihr Unternehmen auf das digitale Zeitalter vorbereiten, München.

Mayer, R./Stoi, R. (2003), Prozesskostenrechnung. In: Horváth, P./Reichmann, T. (Hrsg.), Vahlens Großes Controllinglexikon, 2. Aufl., München, S. 623–625.

McCann, D. (2016), Robots, Robots everywhere, CFO Magazine, 32. Jg., Nr. 7, S. 34–38.

McCarthy, J./Minsky, M./Rochester, N./Shannon, C. (1955), A Proposal for the Dartmouth Summer Research Project on Artificial Intelligence, Dartmouth.

McFarlan, F./McKenney, J./Pyburn, P. (1983), The Information Archipelago, Harvard Business Review, 18. Jg., Nr. 1, S. 145–155.

McGregor, D. (1970), Der Mensch im Unternehmen, Düsseldorf.

Meffert, H./Bruhn, M./Hadwich, K. (2018), Dienstleistungsmarketing, 9. Aufl., Wiesbaden/Heidelberg.

Meffert, H./Burmann, C./Kirchgeorg, M./Eisenbeiß, M. (2024), Marketing. Grundlagen marktorientierter Unternehmensführung, 14. Aufl., Wiesbaden.

Meredith, J. R./Shafer, S. M./Mantel, S. J. (2018), Project Management, 10. Aufl., Hoboken.

Mertens, P./Barbian, D. (2019), Erreicht Künstliche Intelligenz auch das Controlling?, Controlling & Management Review, 63. Jg., Nr. 4, S. 8–17.

Mertens, P./Buxmann, P./Hess, T./Hinz, O./Muntermann, J./Schumann, M. (2024), Grundzüge der Wirtschaftsinformatik, 13. Aufl., Berlin.

Meyer, A./Davidson, H. (2000), Offensives Marketing, Freiburg.

Meyer, M./Maier, F./Schneider, H. (2021), Die agile Kreisorganisation, Zeitschrift Führung + Organisation, 90. Jg., Nr. 3, S. 141–147.

Miles, R. E./Snow, C. C. (1986), New Concepts for new Firms, California Management Review, 28. Jg., Nr. 3, S. 62–73.

Miles, R. E./Snow, C. C. (1993), Internal Markets and Network Organizations. In: *Halal, W. E.* (Hrsg.), Internal Markets: Bringing the Power of Free Enterprise Inside Your Organization, New York, S. 67–86.

Mintzberg, H. (1978), Patterns is strategy formation, Management Science, 24. Jg., Nr. 9, S. 934–948.

Mittelstand 4.0 (2019), Blockchain in der Praxis, Augsburg.

Moeller, M./Fink, F. (2020), Sinnstiftend und komplexitätsgerecht, Zeitschrift Führung + Organisation, 89. Jg., Nr. 4, S. 212–217.

Mois, T. (2018), Im besten Fall werde ich ignoriert, Harvard-Business-Manager, 40. Jg., Nr. 8, S. 64–70.

Moore, G. (1965), Cramming more components into integrated circuits, Electronics, 28. Jg., Nr. 8, S. 114–117.

Moravec, H. (1988), Mind Children: The Future of Robot and Human Intelligence, Cambridge (Mass.).

Morschett, D./Schramm-Klein, H./Zentes, J. (2015), Strategic international management, 3. Aufl., Wiesbaden.

Moxter, A. (1979), Immaterielle Anlagewerte im neuen Bilanzrecht, Betriebs-Berater, 34. Jg., Nr. 22, S. 1102–1109.

Müller, A./Beckenbauer, A./Cometta, C. (2023), Das PERMA-Modell für Innovation, Zeitschrift Führung + Organisation, 92. Jg., Nr. 3, S. 162–165.

Müller-Stewens, G./Lechner, C. (2016), Strategisches Management, 5. Aufl., Stuttgart.

Müller-Stewens, G./Stonig, J. (2019), Digitale Transformation: Werttreiber beim Aufbau plattformbasierter Ökosysteme in etablierten Unternehmen, Controlling, 31. Jg., Nr. 6, S. 4–10.

Nakamoto, S. (2008), Bitcoin: A Peer-to-Peer Electronic Cash System, in: www.bitcoin.org.

Nasca, D./Munck, J. C./Wald, A./Gleich, R. (2018), Wie die digitale Transformation zum Erfolgsfaktor der „Modernen Budgetierung" wird, Controlling, 30. Jg., Nr. 6, S. 37–46.

Nash, J. F. (1950), Non-cooperative games, Princeton.

Neumann, J. von/Morgenstern, O. (1944), Theory of games and economic behavior, Princeton.

Niemeier, J. (2016), Lernen im Unternehmen vor neuen Herausforderungen, Controlling & Management Review, 60. Jg., Nr. 5, S. 6–17.

Nienkerke-Springer, A. (2020), Evolution statt Revolution, Offenbach.

Nonaka, I./Takeuchi, H. (2012), Die Organisation des Wissens, 2. Aufl., Frankfurt a.M.

North, K. (2020), Wissensorientierte Unternehmenssteuerung, Controlling, 32. Jg., Nr. 1, S. 27–34.

North, K. (2021), Wissensorientierte Unternehmensführung, 7. Aufl., Wiesbaden.

Ocean Tomo (2020), Intangible Asset Market Value Study, Chicago.

Oechsler, W. A./Paul, C. (2024), Personal und Arbeit, 12. Aufl., München.

Oehler, K. (2020), Ist maschinelles Lernen in der Planung einsetzbar?, Controlling & Management Review, 64. Jg., Nr. 3, S. 22–31.

Oehler, K. (2023), KI im Berichtswesen – Zwischen Wunsch und Wirklichkeit, Controlling & Management Review, 67. Jg., Nr. 5, S. 8–14.

Oehler, K. (2024), KI-Assistenten in der Unternehmensplanung, Controlling, 36. Jg., Nr. 5, S. 82–84.

Oelsnitz, D. von der (2022), Humble Leadership, Zeitschrift Führung + Organisation, 91. Jg., Nr. 6, S. 373–377.

Oesinghaus, A. (2023), Biases in Controlling und Machine Learning, Controlling, 35. Jg., Nr. 3, S. 31–34.

Oestereich, B./Schröder, C. (2020), Agile Organisationsentwicklung, München.

O'Gorman, N. (2008), Wii: Creating a Blue Ocean – The Nintendo Way, Palermo Business Review, Nr. 2, S. 97–108.

O'Hara-Devereaux, M./Johansen, R. (1994), Globalwork: Bridging Distance, Culture, and Time, Hoboken, New Jersey.

Osterholt, S./Kleindienst, M. (2025), Die großen Verführer, Focus, Nr. 9, S. 58–59.

Osterwalder, A./Pigneur, Y. (2010), Business model generation, New York.

Parnack, C. (2022), Fühl dich gedruckt, Die Zeit, Nr. 53, S. 23.

Patzak, G./Rattay, G. (2017), Projektmanagement, 7. Aufl., Wien.

Pautzke, G. (1989), Die Evolution der organisatorischen Wissensbasis, München.

Pawlowsky, P. (1998), Integratives Wissensmanagement. In: *Pawlowsky, P.* (Hrsg.), Wissensmanagement: Erfahrungen und Perspektiven, Wiesbaden, S. 9–45.

Peipe, S. (2022), Crashkurs Projektmanagement, 9. Aufl., Freiburg.

Penrose, E. T. (1959), The Theory of the Growth of the Firm, Oxford.

Peters, T. (2015), Leadership, Wiesbaden.

Peters, T./Ghadiri, A. (2013), Neuroleadership – Grundlagen, Konzepte, Beispiele, 2. Aufl., Wiesbaden.

Petry, T./Konz, C. (2022), Charakteristika agiler Organisationen, Zeitschrift Führung + Organisation, 91. Jg., Nr. 6, S. 397–402.

Pfläging, N. (2011), Beyond Budgeting, Better Budgeting: Ohne feste Budgets zielorientiert führen und erfolgreich steuern, 2. Aufl., Freiburg.

Pfläging, N. (2011), Die 12 neuen Gesetze der Führung, Frankfurt a.M.

Pfläging, N. (2013), Organisation für Komplexität, Norderstedt.

Pfläging, N. (2026), Relative Ziele, 2. Aufl., München.

Pfläging, N./Hermann, S. (2015), Komplexithoden, München.

Pfohl, H.-C./Stölzle, W. (1997), Planung und Kontrolle, 2. Aufl., München.

Picot, A./Dietl, H./Franck, E./Fiedler, M./Royer, S. (2020), Organisation, 8. Aufl., Stuttgart.

Picot, A./Franck, E. (1988a), Die Planung der Unternehmensressource Information (I), WISU Das Wirtschaftsstudium, 17. Jg., Nr. 10, S. 544–549.

Picot, A./Franck, E. (1988b), Die Planung der Unternehmensressource Information (II), WISU Das Wirtschaftsstudium, 17. Jg., Nr. 11, S. 608–614.

Picot, A./Reichwald, R. (1987), Bürokommunikation, 3. Aufl., Hallbergmoos.

Picot, A./Reichwald, R./Wigand, R. T./Möslein, K. M./Neuburger, R./Neyer, A.-K. (2020), Die grenzenlose Unternehmung, 6. Aufl., Wiesbaden.

Pietsch, T./Martiny, L./Klotz, M. (2004), Strategisches Informationsmanagement, 4. Aufl., München.

Piller, F. (2006), Mass Customization, 4. Aufl., Wiesbaden.

Piller, F./Möslein, K. M./Ihl, C./Reichwald, R. (2017), Interaktive Wertschöpfung kompakt, Wiesbaden.

Pillkahn, U. (2007), Trends und Szenarien als Werkzeuge zur Strategieentwicklung, Erlangen.

Pircher, R. (2018), Agilstabile Organisationen, München.

Porter, M. E. (1980), Industry strcture and competitive strategy, FAJ, 36. Jg., Nr. 4, S. 30–41.

Porter, M. E. (1999), Wettbewerb und Strategie, München.

Porter, M. E. (2014), Wettbewerbsvorteile, 8. Aufl., Frankfurt/New York.

Porter, M. E./Fuller, M. (1991), Coalitions and Global Strategy. In: *Porter, M. E.* (Hrsg.), Competition in Global Industries, 7. Aufl., Boston, S. 320–347.

Porter, M. E./Millar, V. E. (1985), How Information Gives you Competitive Advantage, Harvard Business Review, 63. Jg., Nr. 4, S. 149–160.

Porter, M. E./Millar, V. E. (1988), Wettbewerbsvorteile durch Information, Harvard Business Manager, Nr. 10, S. 26–35.

Portmann, E./D'Onofrio, S. (Hrsg.) (2020), Cognitive Computing. Theorie, Technik und Praxis, Wiesbaden.

Posselt, S. (1986), Budgetkontrolle als Instrument zur Unternehmenssteuerung, Darmstadt.

Prahalad, C./Hamel, G. (1990), The Core Competence of the Corporation, Harvard Business Review, 68. Jg., Nr. 3, S. 79–91.

Probst, G. (1992), Organisation – Strukturen, Lenkungsinstrumente, Entwicklungsperspektiven, Landsberg/Lech.

Probst, G./Büchel, B. (1998), Organisationales Lernen, 2. Aufl., Wiesbaden.

Probst, G./Raub, S./Romhardt, K. (2012), Wissen managen, 7. Aufl., Wiesbaden.

Probst, M. (2025), Nix wie weg!, Die Zeit, 9.1.2025, S. 25.

Project Management Institute (2021), A Guide to the Project Management Body of Knowledge, 7. Aufl., Newtown Square, Pennsylvania.

Rappaport, A. (1999), Shareholder Value, 2. Aufl., Stuttgart.

Rateike, I./Lindner, S. (2009), Planungssysteme als Maßanfertigung statt „One-size-fits-all", Zeitschrift für Controlling & Management, 53. Jg., Nr. 4, S. 231–236.

Rat für Nachhaltige Entwicklung (2011), Auf dem Weg zu einem deutschen Nachhaltigkeitskodex (DNK), Berlin.

Rauh, A./Bunnenberg, L./Fuchs, C. (2016), Management-Planung – Ansatz zur Steigerung der Effizienz und Planungsqualität, Controller Magazin, 41. Jg., Nr. 4, S. 4–9.

Rawitzer, H. (2024), Nudging, Zeitschrift Führung + Organisation, 93. Jg., Nr. 4, S. 249–250.

Reddin, W. J. (1977), Das 3-D-Programm zur Leistungssteigerung des Managements, München.

Reichmann, T./Kißler, M./Baumöl, U. (2017), Controlling mit Kennzahlen, 9. Aufl., München.

Reichwald, R. (2005), Informationsmanagement. In: *Bitz, M./Domsch, M./Ewert, F./Wagner, W.* (Hrsg.), Vahlens Kompendium der Betriebswirtschaftslehre, 5. Aufl., München, S. 247–301.

Reillier, L./Reillier, B. (2017), Platform strategy. How to unlock the power of communities and networks to grow your business, London, New York.

Reimer, M./Schäffer, U. (2022), Controlling – Trends & Benchmarks, Vallendar.

Reimer, M./Schäffer, U. (2022), Management Reporting in turbulenten Zeiten, Vallendar.

Reimer, M./Schäffer, U. (2023), Budgetierung – Status Quo und neue Entwicklungen, Vallendar.

Reimer, M./Schäffer, U. (2024), Dynamische Unternehmenssteuerung, Vallendar.

Reimer, M./Schäffer, U./Weber, J. (2021), Der Blick in die Zukunft: Forecasting im Fokus, Vallendar.

Reinermann, H. (1978), Systemanalytische Implementierungsstrategien. In: *Pfohl, H. C./Rürupp, B.* (Hrsg.), Anwendungsprobleme moderner Planungs- und Entscheidungstechniken, Königstein, S. 49–78.

Reinhardt, K. (2020), Digitale Transformation der Organisation, Wiesbaden.

Reinsel, D./Gantz, J./Rydning, J. (2018), Data Age 2025; The Digitization of the World, Framingham.

Reiß, M. (1994), Matrixsurrogate, Zeitschrift Führung + Organisation, 63. Jg., Nr. 3, S. 152–165.

Reuschenbach, D./Isensee, J./Ostrowicz, S. (2020), RPA im Controlling: Steigerung der Effizienz im Reporting durch Robotic Process Automation. In: *Klein, Andreas/Gräf, Jens* (Hrsg.), Reporting und Business Analytics, Freiburg/München/Stuttgart, S. 65–76.

Rich, E. (1978), Artificial Intelligence, London.

Richardson, G. B. (1972), The Organization of Industry, Economic Journal, 82. Jg., Nr. 2, S. 883–896.

Richter, M. (1999), Personalführung, 4. Aufl., Stuttgart.

Richter, N./Hohlbein, E./Prinz, C. (2025), Shared Leadership, Zeitschrift Führung + Organisation, 94. Jg., Nr. 1, S. 10–15.

Ridder, H.-G. (2015), Personalwirtschaftslehre, 5. Aufl., Stuttgart.

Riedl, J. E. (1990), Projekt-Controlling in Forschung und Entwicklung, Berlin.

Riedl, R. (2016), Menschliches Informationsverhalten: Warum sich CIOs damit befassen sollten, Wirtschaftsinformatik & Management, 8. Jg., Nr. 2, S. 54–65.

Rieg, R. (2015), Planung und Budgetierung. Was wirklich funktioniert, 2. Aufl., Wiesbaden.

Rieg, R. (2018), Eine Prognose ist (noch) kein Plan, Controlling, 30. Jg., Nr. 6, S. 22–28.

Rieg, R. (2024), Unternehmensplanung: Umgang mit Unsicherheit und Risiko. In: *Gleich, R./Kappes, M./Maron, C./Oehler, K./Tschandl, M.* (Hrsg.), Planung und Forecasting neu gedacht, Freiburg, S. 119–130.

Rieg, R./Oehler, K. (2009), Beyond Budgeting. In: *ICV-Facharbeitskreis „Moderne Budgetierung"* (Hrsg.), Moderne Budgetierung, Freiburg, S. 97–114.

Robertson, B. (2016), Holocracy, München.

Rockart, J. F. (1979), Chief Executives Define Their own Data Needs, Harvard Business Review, 14. Jg., Nr. 2, S. 81–93.

Rogers, E. M. (1962), Diffusion of innovations, New York/London/Toronto/Sydney.

Romeike, F./Hager, P. (2020), Erfolgsfaktor Risikomanagement 4.0, 4. Aufl., Wiesbaden.

Romhardt, K. (1995), Das Lernarenakonzept, Genf.

Romhardt, K. (1998), Die Organisation aus der Wissensperspektive, Wiesbaden.

Rosenstiel, L. (2011), Grundlagen der Organisationspsychologie, 7. Aufl., Stuttgart.

Rösler, C./Ehlken, J./Rauh, A. (2015), Campus-Planung bei der DB Schenker Rail Deutschland, Controlling & Management Review, 59. Jg., Sonderheft 1, S. 60–65.

Roth, G./Herbst, S. (2019), Warum es so schwierig ist, sich und andere zu ändern, 2. Aufl., Stuttgart.

Rudzio, K. (2025), Das bisschen Bürokratie? Kostet 146 Milliarden, Die Zeit, Nr. 8, S. 19.

Saint-Exupéry, A. de (1948), Die Stadt in der Wüste, München.

Sandt, J. (2018), Cash Value Added – Relevance Lost!, Controlling & Management Review, 62. Jg., Nr. 9, S. 40–47.

Satzger, G./Enders, T./Reimer, N. (2017), Künstliche Intelligenz, Controlling, 29. Jg., S. 24–30.

Schäffer, U. (2023), Beyond Budgeting: Kann das überhaupt funktionieren?, Controlling & Management Review, 67. Jg., Nr. 6, S. 18–23.

Schäffer, U./Kramer, S. (2009), Experimentelle Erkenntnisse zu menschlichem Verhalten in Budgetverhandlungen, Zeitschrift für Controlling & Management, 53. Jg., Nr. 4, S. 254–256.

Schäffer, U./Zyder, M. (2005), Beyond Budgeting – eine kritische Würdigung. In: *Daum, J. H.* (Hrsg.), Beyond Budgeting, München, S. 245–268.

Schaltegger, S./Herzig, C./Kleiber, O./Klinke, T./Müller, J. D. (2007), Nachhaltigkeitsmangement in Unternehmen, Lüneburg.

Schein, E. H. (1965), Organizational Psychology, Englewood Cliffs.

Schein, E. H. (1993), How can Organizations Learn Faster?, Sloan Management Review, 35. Jg., S. 85–92.

Schein, E. H./Schein, P. (2018), Organisationskultur und Leadership, 5. Aufl., München.

Scheller, T. (2017), Auf dem Weg zur agilen Organisation, München.

Schentler, P./Rieg, R./Gleich, R. (2010), Budgetierung im Spannungsverhältnis zwischen Motivation und Koordination, Controlling, 22. Jg., Nr. 1, S. 6–11.

Schermuly, C. (2024), New Work – Gute Arbeit gestalten, Freiburg.

Scheuer, D. (2020), Akzeptanz von Künstlicher Intelligenz, Wiesbaden.

Scheytt, S. (2004), Filialen an die Macht, McK Wissen, 8. Jg., S. 68–73.

Schick, S. (2014), Interne Unternehmenskommunikation, 5. Aufl., Stuttgart.

Schilling, J. (2022), Inkonsistente Führung, Zeitschrift Führung + Organisation, 91. Jg., Nr. 6, S. 368–372.

Schirmer, F./Luzens, M.-A. (2003), Widerstand und Ambivalenz im Veränderungsprozess am Beispiel eines Flexible-Office-Projektes, Zeitschrift Führung + Organisation, 72. Jg., Nr. 6, S. 316–323.

Schlick, J./Stephan, P./Zühlke, D./DFKI (2012), Produktion 2020, IM Information Management und Consulting, 03/2012, S. 26–33.

Schmelzer, H. J./Sesselmann, W. (2020), Geschäftsprozessmanagement in der Praxis, 9. Aufl., München/Wien.

Schmid, E. (2022), Destruktive Führung, Zeitschrift Führung + Organisation, 91. Jg., Nr. 6, S. 364–367.

Schmidt, D. (1992), Strategisches Management komplexer Systeme, Frankfurt a.M.

Schmidt, J./Oelsnitz, D. von der/*Weisenburger, K./Doering, I.* (2023), Teamgeist, Zeitschrift Führung + Organisation, 92. Jg., Nr. 4, S. 207–212.

Schmidt, O. (2005), Corporate Governance für Familienunternehmen, Going Public, Nr. 8, S. 38–39.

Schmidtutz, T./Steinkirchner, P. (2025), In Schieflage, Focus, Nr. 8, S. 52–56.

Schmitt, S./Schnabel, U. (2025), Totaler Irrsinn? Völlig normal!, Die Zeit, Nr. 8, S. 27.

Schnabel, U. (2025), Wann ist die KI schlauer als wir?, Die Zeit, 80. Jg., Nr. 5, S. 30.

Schnetzer, R./Soukup, M. (2001), Business Excellence effizient und verständlich, Braunschweig.

Scholz, C. (1984), Planning Procedures in German Companies, LRP, 17. Jg., Nr. 6, S. 94–103.

Scholz, C. (1988), Organisationskultur, Schmalenbachs Zeitschrift für betriebswirtschaftliche Forschung, 40. Jg., Nr. 3, S. 243–272.

Scholz, C. (2013), Personalmanagement, 6. Aufl., München.

Scholz, C./Scholz, T. M. (2019), Grundzüge des Personalmanagements, 3. Aufl., München.

Scholz, R./Vrohlings, A. (1994), Prozeß-Struktur-Transparenz. In: *Gaitanides, M./Scholz, R./Vrohlings, A./Raster, M.* (Hrsg.), Prozessmanagement, München, S. 37–56.

Schreyögg, G. (1989), Unternehmenskultur und Innovation, Personal, 41. Jg., Nr. 9, S. 370–373.

Schreyögg, G./Koch, J. (2020), Management, 8. Aufl., Wiesbaden.

Schröder, E. F. (2003), Modernes Unternehmens-Controlling, 8. Aufl., Ludwigshafen.

Schulte-Zurhausen, M. (2013), Organisation, 6. Aufl., München.

Schulz, C. (2016), Wiki-Friedhof ade! Unternehmensinternes Wissensmanagement leichtgewichtig und nutzerzentriert umsetzen, Wirtschaftsinformatik & Management, 8. Jg., Nr. 5, S. 78–85.

Schulz, M. (2025), Ich, Ich, Die Zeit, 80. Jg., S. 41.

Schulze, M./Broßmann, F./Wallraff, B. (2023), KI in Controlling und Finance: Einsatzmöglichkeiten und Risiken, Controller Magazin, 48. Jg., Nr. 6, S. 56–61.

Schulz von Thun, F. (1981), Miteinander reden 1, Reinbek.

Schumpeter, J. (1911), Theorie der wirtschaftlichen Entwicklung, Düsseldorf.

Schwaber, K. (1995), Scrum Development Process. In: *Sutherland, J./Patel, D./Casanave, C./Hollowell, G./Miller, J.* (Hrsg.), Business Objects Design and Implementation, Berlin/Heidelberg, S. 117–135.

Schwaber, K./Sutherland, J. (2017), Der Scrum Guide, in: www.scrumguides.org.

Schwaninger, M. (1989), Integrale Unternehmensplanung, Frankfurt a.M.

Schwarze, J. (2014), Projektmanagement mit Netzplantechnik, 11. Aufl., Herne.

Seeger, C. (2024), Künstliche Intelligenz – (k)ein Grund zur Panik?! In: *Seeger, C.* (Hrsg.), KI in der Unternehmenspraxis, Stuttgart, S. 15–24.

Seelhofer, D. (2020), Das Leadership Buch, Hallbergmoos.

Seidenschwarz, W. (1997), Nie wieder zu teuer!, Stuttgart.

Seidenschwarz, W. (2003), Steuerung unternehmerischen Wandels, München.

Seiffert, H. (1971), Information über die Information, 3. Aufl., München.

Seiter, M. (2023), Business Analytics, 3. Aufl., München.

Seiter, M./Autenrieth, P. (2019), Steuerung plattformbasierter Geschäftsmodelle, Controlling, 31. Jg., Nr. 6, S. 11–17.

Seiwert, L./Stehr, C. (2015), Autonomie gehört zur Führungskultur, Personalführung, 47. Jg., Nr. 1, S. 44–48.

Seiwert, M./Reimann, A./Álvarez, S./Haerder, M./Hielscher, H. (2024), Die Wagenburg, Wirtschaftswoche, Nr. 37, S. 18–25.

Senge, P. M. (2017), Die fünfte Disziplin, 11. Aufl., Stuttgart/Heidelberg.

Seth, A. (2009), The Strength of weak artificial consciousness, International Journal of Machine Consciousness, 1. Jg., Nr. 1, S. 71–82.

Seufert, A./Back, A./Krogh, G. (2002), Wissensnetzwerke. In: *Götz, K.* (Hrsg.), Wissensmanagement: Zwischen Wissen und Nichtwissen, 4. Aufl., München, S. 133–156.

Shanbhogue, R. (2024), Für KI wird es ernst. In: *The Economist* (Hrsg.), Die Welt in 2025, Berlin, S. 17.

Sichart, S./Preußig, J. (2022), Agil führen, 2. Aufl., Freiburg.

Sietz, M./Sonnenberg, A./Wrenger, B. (2008), Nachhaltigkeit, Frankfurt a.M.

Simon, H. (1988), Management strategischer Wettbewerbsvorteile, Zeitschrift für Betriebswirtschaft, 58. Jg., Nr. 4, S. 461–480.

Simon, H. (2020), Erfolgsfaktoren der Hidden Champions, Zeitschrift Führung + Organisation, 89. Jg., Nr. 5, S. 285–290.

Simon, H. (2021), Hidden Champions – Die neuen Spielregeln im chinesischen Jahrhundert, Frankfurt/New York.

Sinek, S. (2009), Start with why, New York.

Sinek, S. (2014), Frag immer erst: Warum, München.

Smeets, M./Erhard, R./Kaussler, T. (2019), Robotic Process Automation (RPA) in der Finanzwirtschaft, Wiesbaden.

Snowden, D. J./Boone, M. E. (2007), A Leader's Framework for Decision Making, Harvard Business Review, 85. Jg., Nr. 11, S. 68–76.

Spiekermann-Hoff, S. (2023), Das digitale Menschenbild – Eine kritische Diskussion. In: *Zichy, M.* (Hrsg.), Handbuch Menschenbilder, Berlin/Boston, S. 407–420.

Sprenger, R. (2012), Vertrauen. In: *Bruch, H./Krummaker, S./Vogel, B.* (Hrsg.), Leadership: Best Practises und Trends, 2. Aufl., Wiesbaden, S. 77–86.

Springmann, J. (2019), Design Thinking als Innovationstreiber, Controller Magazin, 44. Jg., Nr. 5, S. 26–27.

Stacey, R. D. (1991), The Chaos Frontier: Creative Strategic Control for Business, Oxford.

Stäcker, O./Stanoevska-Slabeva, K. (2018), Quo vadis Chatbots?, Wirtschaftsinformatik & Management, 10. Jg., Nr. 6, S. 38–46.

Staehle, W. H. (1999), Management, 8. Aufl., München.

Stahl, J. (2014), Wandel akzeptieren, Wandel bewirken – Die Rolle der Mitarbeiter bei der Strategischen Erneuerung. In: *Krüger, W./Bach, N.* (Hrsg.), Excellence in Change: Wege zur strategischen Erneuerung, 5. Aufl., Wiesbaden, S. 129–162.

Stahl, U. (2019), New Work und das neue WIR, Wirtschaftsinformatik & Management, 11. Jg., Nr. 5, S. 296–303.

Stallmann, F./Wegner, U. (2015), Internationalisierung von E-Commerce-Geschäften, Wiesbaden.

Steinmann, H./Löhr, A. (1994), Grundlagen der Unternehmensethik, 2. Aufl., Stuttgart.

Stern, J. M./Shiely, J. S./Ross, I. (2002), Wertorientierte Unternehmensführung mit Economic Value Added, München.

Stern, T./Jaberg, H. (2010), Erfolgreiches Innovationsmanagement, 4. Aufl., Wiesbaden.

Stewart, G. B. (1991), The Quest for Value, New York.

Stoi, R. (2004), Management und Controlling von Intangibles auf Basis der immateriellen Werttreiber des Unternehmens. In: *Horváth, P./Möller, K.* (Hrsg.), Intangibles in der Unternehmenssteuerung, München, S. 187–201.

Stoi, R. (2012), Strategieumsetzung mit der Balanced Scorecard bei der Schlummer GmbH. In: *Dillerup, R./Stoi, R.* (Hrsg.), Fallstudien zur Unternehmensführung, 2. Aufl., München, S. 185–195.

Stoi, R. (2012), Strategische Planung bei der Schlummer GmbH. In: *Dillerup, R./Stoi, R.* (Hrsg.), Fallstudien zur Unternehmensführung, 2. Aufl., München, S. 159–184.

Stoi, R. (2022), Kontextorientierte Führung und Organisation: Ein situatives Führungsmodell, Zeitschrift Führung + Organisation, 91. Jg., Nr. 2, S. 70–78.

Stoi, R. (1999a), Organisatorische Aspekte des Prozesskostenmanagements, Zeitschrift Führung + Organisation, 68. Jg., Nr. 5, S. 278–283.

Stoi, R. (1999b), Prozessorientiertes Kostenmanagement in der deutschen Unternehmenspraxis, München.

Stoi, R./Asenkerschbaumer, S./Bley, K. (2015), Bosch geht neue Wege in der Wirtschaftsplanung, Controlling & Management Review, 59. Jg., Sonderheft 1, S. 16–23.

Stoi, R./Braun, L. G./Große, H.-W. (2011), Unternehmenssteuerung ohne Budgets bei der B. Braun Melsungen AG, Zeitschrift für Controlling & Management, 55. Jg., Nr. 1, S. 33–39.

Stoi, R./Dillerup, R. (2022), Unternehmensführung – Erfolgreich durch modernes Management & Leadership, 6. Aufl., München.

Stoi, R./Große, H.-W./Walde, A. (2012), Planlos zum Erfolg. Erfahrungen mit Forecasts als Führungsinstrument bei der B. Braun Melsungen AG, Zeitschrift für Controlling & Management, 56. Jg., Sonderheft 2, S. 16–22.

Stoi, R./Mozer, M./Schukraft, A. (2023), Integratives Performance Management – Die Verknüpfung von BSC und OKR bei Magna, Controller Magazin, 49. Jg., Nr. 6, S. 38–43.

Stoi, R./Patz, M. (2022), Dezentrale Transformation durch agile Führung, PERSONALquarterly, 74. Jg., Nr. 2, S. 40–47.

Stölzel, T. (2024), Aus einem Guss, Nr. 3, S. 42–46.

Stölzel, T./Seiwert, M./Álvarez, S./Petring, J./Reimann, A. (2023), Der große Strom, Wirtschaftswoche, Nr. 50, S. 16–23.

Strauch, B. (2022), Soziokratie, 2. Aufl., München.

Streich, R. (1997), Veränderungsmanagement. In: *Reiß, M./Rosenstiel, L.v./Lanz, A.* (Hrsg.), Change Management: Programme, Projekte und Prozesse, Stuttgart, S. 237–254.

Streich, R. (2003), Lust und Frust im Changeprozess, io management, 73. Jg., Nr. 10, S. 18–25.

Striening, H.-D. (1988), Prozess-Management, Frankfurt a.M.

Sunstein, C. R. (2014), Nudging, Journal of Consumer Policy, 37. Jg., Nr. 4, S. 583–588.

Sydow, J. (1995), Netzwerkbildung und Kooperation als Führungsaufgabe. In: *Kieser, A./Reber, G./Wunderer, R.* (Hrsg.), Enzyklopädie Betriebswirtschaftslehre, 2. Aufl., Stuttgart.

Sydow, J./Möllering, G. (2015), Produktion in Netzwerken, 3. Aufl., München.

Sydow, J./Well, B. (1996), Wissensintensiv durch Netzwerkorganisation. In: *Schreyögg, G./Conrad, P.* (Hrsg.), Managementforschung, 6. Aufl., Berlin, S. 191–234.

Szyperski, N./Müller-Böling, D. (1984), Aufgabenspezialisierung in Planungssystemen, Schmalenbachs Zeitschrift für betriebswirtschaftliche Forschung, 36. Jg., Nr. 2, S. 124–147.

Szyperski, N./Winand, U. (1980), Grundbegriffe der Unternehmungsplanung, Stuttgart.

Takeuchi, H./Nonaka, I. (1986), The new new product development game, Harvard Business Review, 64. Jg., Nr. 1, S. 137–146.

Taleb, N. N. (2010), Der Schwarze Schwan, München.

Tannenbaum, R./Schmidt, W. H. (1958), How to Choose a Leadership Pattern, Harvard Business Review, 36. Jg., Nr. 2, S. 95–101.

Tatje, C./Killian, G. (2020), Unruhe ist fast schon Normalzustand, Die Zeit, Nr. 53, S. 28.

Taylor, W. (1911), The Principles of Scientific Management, New York.

Tesch, J./Pfannenberg, J. (2013), Die Medien der Veränderungskommunikation. In: *Pfannenberg, J.* (Hrsg.), Veränderungskommunikation, 3. Aufl., Frankfurt a.M., S. 53–70.

Thaler, R. H./Johnson, E. J. (1990), Gambling with the house money and trying to break even: The effect of prior outcomes on risky choice, Management Science, 36. Jg., Nr. 6, S. 643–660.

Thaler, R. H./Sunstein, C. R. (2011), Nudge, Berlin.

Thom, N. (1980), Grundlagen des betrieblichen Innovationsmanagements, 2. Aufl., Königstein.

Thomas, P. (1991), Getting Competitive, New York.

Tönnesmann, J. (2020), Keine Zeit zum Rumprobieren, Die Zeit, Nr. 53, S. 32.

Tönnesmann, J. (2024), Der Chef, der die Chefs abschafft, Die Zeit, Nr. 29, S. 20.

Tönnesmann, J. (2025), Er zersägt die Karriereleiter, Die Zeit, 80. Jg., Nr. 20, S. 19.

Töpfer, A. (1976), Planungs- und Kontrollsysteme industrieller Unternehmungen, Berlin.

Töpfer, A. (1989), Planungsträger. In: *Szyperski, N./Winand, U.* (Hrsg.), Handwörterbuch der Planung, Stuttgart, S. 1542–1548.

Töpfer, A./Günther, S. (2007), Steigerung des Unternehmenswertes durch Null-Fehler-Qualität als strategisches Ziel. In: *Töpfer, A.* (Hrsg.), Six Sigma: Konzeption und Erfolgsbeispiele für praktizierte Null-Fehler-Qualität, 4. Aufl., Berlin, S. 3–39.

Tricks, H. (2024), Die wahren Grenzen für künstliche Intelligenz. In: *The Economist* (Hrsg.), Die Welt in 2025, Berlin, S. 106–107.

Troßmann, E. (2018), Controlling als Führungsfunktion, 2. Aufl., München.

Trumpf (2025), Arbeiten bei TRUMPF – Leistungen und Angebote, Ditzingen.

Tschandl, M./Hofmann, P./Möstl, D. (2024), Forecasting in der Unternehmenssteuerung – von der Hochrechnung zu Artificial Intelligence/Machine Learning. In: *Gleich, R./Kappes, M./Maron, C./Oehler, K./Tschandl, M.* (Hrsg.), Planung und Forecasting neu gedacht, Freiburg, S. 171–194.

Tschandl, M./Schentler, P. (2012), Moderne Budgetierung, Gauting.

Tucker, S. (2019), Erfolgreich durch vernetzte Planung, Controlling & Management Review, 63. Jg., Nr. 4, S. 52–57.

Tucker, S. (2020), Mehrdimensional planen mit Connected Planning, Controlling & Management Review, 64. Jg., Nr. 3, S. 32–39.

Tuckman, B./Jensen, M. (1977), Stages of Small-Group Development Revisited, Group & Organization Studies, 2. Jg., Nr. 4, S. 419–427.

TUI (Hrsg.) (2020), Geschäftsbericht 2020, Hannover.

Turing, A. (1950), Computing Machinery and Intelligence, Mind, 59. Jg., Nr. 236, S. 433–460.

Ulrich, H. (1970), Die Unternehmung als produktives soziales System, 2. Aufl., Bern.

Ulrich, H./Probst, G. (2001), Anleitung zum ganzheitlichen Denken und Handeln, Bern.

Ulrich, P./Fluri, E. (1995), Management, 7. Aufl., Bern.

Vahs, D. (2023), Organisation, 11. Aufl., Stuttgart.

Vahs, D./Brem, A./Oswald, C. (2023), Innovationsmanagement, 6. Aufl., Stuttgart.

Vance, A. (2015), Elon Musk, München.

Varela, F. G./Maturana, H. R./Uribe, R. (1974), Autopoiesis: The organization of living systems, its characterization and a model, Biosystems, 5. Jg., Nr. 4, S. 187–196.

Veil, P. (1999), Der Zeitfaktor im Change Management, Mering.

Vetterling, D./Baumöl, U. (2023), Ecosystems als Quelle kundenzentrierter Wertschöpfung, Controlling, 35. Jg., Nr. 5, S. 4–10.

Völl, W. (2020), Hybrid-agiles Projekt-Management, Controlling & Management Review, 69. Jg., Nr. 5, S. 42–50.

Vroom, V. (1964), Work and Motivation, New York.

VW AG (2012), Baukastenprinzip, Viavision, 2. Jg.

Wahrstötter, S. (2025), Prozesscontrolling mit Process Mining, Controlling, 37. Jg., Nr. 1, S. 18–24.

Waldherr, G. (2005), Der Weg der vielen Hände, brand eins, Nr. 7, S. 118–123.

Wall, F./Leitner, S. (2012), Die Relevanz der Nachhaltigkeit für unternehmerische Entscheidungen, Controlling Special, 24. Jg., Nr. 4/5, S. 255–260.

Warwitz, S. A. (2021), Sinnsuche im Wagnis, 3. Aufl., Baltmannsweiler.

Watzlawick, P. (2016), Man kann nicht nicht kommunizieren, 2. Aufl., Bern.

Watzlawick, P./Bavelas, J. B./Jackson, D. D. (2017), Menschliche Kommunikation, 13. Aufl., Bern.

WCED (1987), Our common future, Oxford.

Weber, F. (2020), Künstliche Intelligenz für Business Analytics, Wiesbaden.

Weber, J./Schäffer, U. (2022), Einführung in das Controlling, 17. Aufl., Stuttgart.

Weber, J./Wallenburg, C. M. (2010), Logistik- und Supply Chain Controlling, 6. Aufl., Stuttgart.

Weber, W./Kabst, R./Baum, M. (2018), Einführung in die Betriebswirtschaftslehre, 10. Aufl., Wiesbaden.

Weiber, R. (2002), Die empirischen Gesetze der Netzwerkökonomie. Auswirkungen von IT-Innovationen auf den ökonomischen Handlungsrahmen, Die Unternehmung, 56. Jg., Nr. 5, S. 269–294.

Weibler, J. (2023), Personalführung, 4. Aufl., München.

Weiss, U. (2014), Der Schatz im Datensee. In: *Hompel, M.* ten (Hrsg.), Software in der Logistik – Big Data gezielt nutzen, München, S. 16–20.

Weiser, M. (1991), The Computer for the 21st Century, Scientific American, 265. Jg., Nr. 3, S. 94–110.

Weissmann, A./Wegerer, S. (2019), Unternehmen 4.0: Wie Digitalisierung Unternehmen & Management verändert. In: *Erner, M.* (Hrsg.), Management 4.0 – Unternehmensführung im digitalen Zeitalter, Berlin, S. 43–76.

Weißenberger, B./Schattevoy, S. (2021), Purpose als Prinzip, Controlling, 33. Jg., Nr. 4, S. 4–9.

Welge, M./Eulerich, M. (2021), Corporate Governance Management, 3. Aufl., Wiesbaden.

Welge, M. K./Al-Laham, A./Eulerich, M. (2024), Strategisches Management, 8. Aufl., Wiesbaden.

Wendehals, M. (2000), Kostenorientiertes Qualitätscontrolling, Wiesbaden.

Wendt, T. (2023), Irgendwie, irgendwo, irgendwann?, Zeitschrift Führung + Organisation, 92. Jg., Nr. 1, S. 4–9.

Werder, A./Wiedmann, H. (2003), Internationalisierung der Rechnungslegung und Corporate Governance, Stuttgart.

Werner, G. W. (2006), Führung für Mündige, Karlsruhe.

Werner, G. W. (2015), Womit ich nie gerechnet habe, 7. Aufl., Berlin.

Wheelen, T. L./Hunger, J. D./Hoffman, A. N./Bamford, C. E. (2018), Concepts in strategic management and business policy, 15. Aufl., Harlow u. a.

Whittington, R./Regnér, P./Duncan, A./Johnson, G./Scholes, K. (2019), Exploring strategy, 12. Aufl., London/New York/Munich.

Wild, J. (1974), Budgetierung, München.

Wild, J. (1982), Grundlagen der Unternehmensplanung, 4. Aufl., Hamburg.

Wilkens, M./Schäffer, U. (2015), „Die Entscheidungsträger sitzen sich am Tisch direkt gegenüber", Controlling & Management Review, 59. Jg., Sonderheft 1, S. 54–59.

Williamson, O. E. (1975), Markets and Hierachies, New York.

Wiltinger, K./Mutzenbach, F./Michels, K.-M. (2023), Implementierung von OKRs bei Sportfive, Controlling & Management Review, 67. Jg., Nr. 1, S. 10–17.

Wirth, H. (2024), Aktuelle Fakten zur Photovoltaik in Deutschland.

Wirtz, B. W. (2024), Digital Business, 8. Aufl., Wiesbaden.

Wolf, J. (2023), Organisation, Management, Unternehmensführung, 7. Aufl., Wiesbaden.

Womack, J./Jones, D. (1994), From lean production to the lean enterprise, Harvard Business Review, 34. Jg., Nr. 3, S. 93–103.

Wright, T. P. (1936), Factors affecting the cost of airplanes, Journal of Aeronautic Science, S. 122–128.

Wrona, T. (1999), Globalisierung und Strategien der vertikalen Integration, Wiesbaden.

Wrona, T./Schell, H. (2010), Globalisierungsbetroffenheit von Unternehmen und die Potentiale der Kooperation. In: *Zentes, J./Swoboda, B./Morschett, D.* (Hrsg.), Kooperationen, Allianzen und Netzwerke: Grundlagen, Ansätze, Perspektiven, 2. Aufl., Wiesbaden, S. 323–349.

Wunderer, R./Jaritz, A. (2007), Unternehmerisches Personalcontrolling, 4. Aufl., Neuwied.

Würschinger, C. (2020), Künstliche Intelligenz – Zwischen Wunsch und Wirklichkeit, Wirtschaftsinformatik & Management, 12. Jg., Nr. 2, S. 86–89.

Würzburger, T. (2019), Die Agilitäts-Falle, München.

Wüthrich, H. (2020), Verteilte und kollektive Führung, Zeitschrift Führung + Organisation, 89. Jg., Nr. 2, S. 68–72.

Wüthrich, H. (2021), Das Geheimnis perfekter Führung, Zeitschrift Führung + Organisation, 90. Jg., Nr. 5, S. 317–318.

Yip, G. S./Hult, G. T. M. (2011), Total Gobal Strategy, 3. Aufl., Upper Saddle River.

Zahn, E. (1997), Rüsten für den Wettbewerb um die Zukunft. In: *Zahn, E./Foschiani, S.* (Hrsg.), Wettbewerb um die Zukunft, Stuttgart, S. 1–17.

Zaleznik, A. (1977), Managers and leaders, Harvard Business Review, 55. Jg., Nr. 3, S. 67–78.

Zelazny, G. (2015), Wie aus Zahlen Bilder werden, 7. Aufl., Wiesbaden.

Zielasek, G. (1999), Projektmanagement als Führungskonzept, 2. Aufl., Berlin.

Zollondz, H.-D. (2016a), Qualität als Fachbegriff des Qualitätsmanagements. In: *Zollondz, H.-D./Ketting, M./Pfundtner, R.* (Hrsg.), Lexikon Qualitätsmanagement, 2. Aufl., München, S. 857–861.

Zollondz, H.-D. (2016b), Total Quality Management (TQM). In: *Zollondz, H.-D./Ketting, M./Pfundtner, R.* (Hrsg.), Lexikon Qualitätsmanagement, 2. Aufl., München, S. 1155–1160.

Zschech, P./Pfitzner, M./Hilbert, A. (2017), Vom Controller zum Prozessanalysten, Controlling & Management Review, 61. Jg., Nr. 4, S. 24–32.

Über den Autor

Prof. Dr. Roman Stoi

- Professor für Unternehmensführung und Controlling an der Dualen Hochschule Baden-Württemberg Stuttgart
- **Ausbildung**
  - Studium der technisch-orientierten Betriebswirtschaftslehre an der Universität Stuttgart
  - Wissenschaftlicher Mitarbeiter und Promotion am Lehrstuhl Controlling der Universität Stuttgart
- **Berufliche Stationen**
  - Commercial Officer bei Siemens-Nixdorf in London
  - Internationales Führungsnachwuchskräfteprogramm und Fachreferent Controlling bei der Robert Bosch GmbH
  - Wissenschaftlicher Assistent am Lehrstuhl Controlling der Universität Stuttgart und Chefredakteur der Zeitschrift Controlling
  - Begründer, Dozent und wissenschaftlicher Leiter des Masterstudiengangs Controlling & Consulting an der School of Management and Technology der Steinbeis-Hochschule Berlin
- **Ehrungen in der Lehre**
  - Landeslehrpreis Baden-Württemberg
  - TheoPrax-Preis für herausragende Projekte zwischen Hochschulen und Wirtschaft
  - Fünffache Auszeichnung für die Betreuung von Bachelorarbeiten, die mit dem Controlling Newcomer Award prämiert wurden
- **Ausgewählte Veröffentlichungen**
  - Stoi, R., Dillerup, R.: Unternehmensführung – Erfolgreich durch modernes Management & Leadership, 6. Aufl., München 2022.
  - Dillerup, R., Stoi, R. (Hrsg.): Fallstudien zur Unternehmensführung, 2. Aufl., München 2012.
  - Stoi, R.: Prozessorientiertes Kostenmanagement in der deutschen Unternehmenspraxis, München 1999.
  - Stoi, R., Mozer, M., Schukraft, A.: Integratives Performance Management – Die Verknüpfung von BSC und OKR bei Magna, in: Controller Magazin, 49. Jg., 2023, Nr. 6, S. 38–43.
  - Herrmann, O., Stoi, R.: Ein Elefant lernt tanzen – Agile Führung und hybrides Arbeiten bei der Deutschen Telekom, in: Personalführung, 55. Jg., 2023, Nr. 4, S. 56–63.
  - Stoi, R.: Kontextorientierte Führung und Organisation – Ein situatives Führungsmodell, in: Zeitschrift Führung + Organisation, 91. Jg., 2022, Nr. 2, S. 70–78.
  - Denninger, H., Stoi, R.: Agile Budgetierung, in: Controller Magazin, 47. Jg., 2022, Nr. 2, S. 10–17.
  - Stoi, R., Patz, M.: Dezentrale Transformation durch agile Führung, in: PERSONALquarterly, 74. Jg., 2022, Nr. 2, S. 40–47.
  - Hermann, K., Stoi, R., Wolf, B.: Robotic Process Automation im Finance & Controlling der Mann+Hummel Gruppe, in: Controlling, 30. Jg., 2018, Nr. 3, S. 28–34.
  - Stoi, R., Asenkerschbaumer, S., Bley, K.: Bosch geht neue Wege in der Wirtschaftsplanung, in: Controlling & Management Review, 59. Jg., 2015, Sonderheft Nr. 1, S. 16–23.
  - Stoi, R., Braun, L.G., Große, H.-W.: Unternehmenssteuerung ohne Budgets bei der B. Braun Melsungen AG, in: Zeitschrift für Controlling & Management, 55. Jg., 2011, Nr. 1, S. 33–39.
  - Stoi, R.: Controlling von Intangibles, in: Controlling, 15. Jg., 2003, Nr. 3/4, S. 38–46.

Stichwortverzeichnis

3-D-Theorie 385
4R-Modell 416

A

Ablauforganisation 257
Abweichungsbericht 473
Adaptiv-dezentrale Führung 247 ff.
- Bewertung 250
- Praxisbeispiel 250
- Prinzipien 247

Additive Fertigungsverfahren 502
Administrationssysteme 490
Adoption 38
Advanced Analytics 500
Agile Führung 399 ff.
- 360° 408
- dienende 409
- geteilte 409
- mit OKR 212
- Prinzipien 404
- Rollenzuweisung 406
- Werte 403

Agile Organisation 270 ff.
- Bewertung 279
- Spotify-Modell 278

Agiles Mindset 399
Agiles Projektmanagement 324 ff.
- Scrum 324

Agile Unternehmensführung 45
Agilität 270
Akkordlohn 374
Akquisition 286
Aktivierungsbereiche 428 ff.
Along the Job 362
Alternativplanung 178
Ambidextre Führung 414
Ambiguität 42
Anpassungsqualifizierung 362
Anreize
- Cafeteria-System 377
- extrinsische 376
- immaterielle 376
- intrinsische 377
- materielle 376

Anreizsysteme 376
Ansoff-Matrix 153
Anwendungs-Cloud 505
Anytime/Anyplace-Matrix 292
Anywhere-Organisation 401
AR 459
Arbeitgeberbewertung 366
Arbeitsfortschrittsdiagramm 321
Arbeitssynthese 258
Arbeitsteilung 257
- arbeitsmittelorientiert 258
- funktional 258
- hierarchisch 258
- objektorientiert 258
- phasenorientiert 258
- räumlich 258
- zweckorientiert 258

Arbeitsvereinigung 257, 258
Arbeitszeitmodelle
- chronologische 370
- chronometrische 369
- kombinierte 370

Arme Hunde 134
Ashbys Gesetz 45
Attributionstheorien 382
Aufbauorganisation 257
- Grundformen 262

Aufblühen 403
Aufgabendezentralisation 259
Aufgabenorientierung 383
Aufgabenzentralisation 258
Aufstiegsqualifizierung 362
Auftragsorientierte Führung 396
Augmented Reality 459
Augmented-Reality-Systeme 503
Ausgleichsgesetz der Planung 188
Austrittsbarrieren 102
Automated BI 493
Autonomie 257

B

Bad Leadership 396
Balanced Scorecard 203 ff., 476
- Erfolgsfaktoren 208
- Fallbeispiel 208
- Führungskreislauf 207
- Perspektiven 203
- Strategisches Führungssystem 207
- Strategy Map 206

Bandbreitenplanung 179
Base Case 468
Basisanforderungen 111
Basisannahmen 60
Baukastensysteme 348
BCG-Matrix 133 ff.
Bearbeitungszeit 337
Beaufsichtigte Automatisierung 512
Bedarfsbericht 473
Bedürfnishierarchie 379
Bedürfnispyramide 380
Begeisterungsanforderungen 111
Beidhändige Führung 414
Benchmarking 117
Benutzergeschichten 325
Berichte
- Arten 473
- Gestaltungsregeln 487

Berichtsarten 473
Berichtswesen 473 ff.
- Berichtsarten 473
- Empfehlungen 487

Beschäftigungssicherung 368
Beschleunigungsfalle 429
Bestärkendes Lernen 509
Best Case 468
Best-of-Everyone 290
Best Product Strategy 147
Better Budgeting 243 ff.
- Praxisbeispiel 246

Beurteilungsgespräch 373
Beyond Budgeting 247 ff.
- Bewertung 250

Beziehungszahlen 474
BHAG 67, 213, 395
BI 493
Biases 240, 484
Big Data 495 ff.
- Eigenschaften 495
- Praxis 498

Big Data Analytics 500
Big Five 382
Big Hairy Audacious Goals (BHAG) 67, 213, 395
Bitcoin 515 ff.
- Konsensverfahren 517
- Mining 517
- Proof of Work 517

Blended Learning 459
Blindleistungen 336
Blitzbericht 473
Blockchain 515 ff.
- Arten 516
- as-a-Service 505
- Cloud 505
- Disruptionspotenzial 522
- Funktionsweise 515
- genehmigungsbasierte 517
- genehmigungsfreie 517
- geschlossene 516
- im Handel 520
- im Rechnungswesen 520
- in der Industrie 521
- in der Logistik 520
- in der Verwaltung 521
- Industrie 4.0 521
- Kryptowährungen 515
- NFT 521
- offene 517
- öffentliche 517
- Vertrauen 519

Blockchain-Cloud 505
Blockkette. *Siehe* Blockchain
Blogs 460
Blue-Ocean-Strategie 159 ff.
Blue Washing 59

Bombenwurf-Strategie 432
Bootleg Rule 38
Boss-Effekt 376
Bots 512
Bottom-up 186
BPMN 492
BPR 342
Branchenstrukturanalyse 99 ff.
- Checkliste 103
- Praxisbeispiel 103
Break-Even Effect 240
Broker 283
Brown-Paper-Mapping 341
Budget 220 ff.
- Erzielungsschwierigkeit 237
- Merkmale 220
Budgetierte Betriebsergebnisrechnung 221
Budgetierte Erfolgsrechnung 221
Budgetierung 177, 220 ff.
- Aufgaben 220
- Better Budgeting 243
- Biases 240
- Break-Even Effect 240
- Definition 177
- digitale 243
- dysfunktionale Wirkungen 239
- entscheidungsbasierte 224
- Ergebnisbudgets 221
- Fallbeispiel 226
- Finanzbudget 221, 235
- House Money Effect 240
- input-output-orientiert 224
- Moderne 245
- outputorientiert 224
- Phasen 222
- Planbilanz 221, 236
- Plan-GuV 221
- Probleme 242, 244
- Projektbudgetierung 225
- prozessorientierte 224
- Spielgewinneffekt 240
- Stretch Targets 237
- Verbesserungsansätze 243
- Verfahren 224
- Verhaltenseffekte 240
- Verhaltenswirkungen 237, 239
- Verlustausgleichseffekt 240
- Wahrnehmungsverzerrungen 240
- Wertanalyse 225
- Zero-Base-Budgeting 225
Budgetierungsgrundsätze 241
Budgetierungsinstrumente 224
Budgetierungsorgane 221
Budgetierungsprozess 222
Budgetierungssystem 221
Budgetierungsverfahren
- aperiodische 225
- periodische 224
Budget-Knetphase 221
Budgetkontrolle 225
Budgetreserven 239
Budgetsystem
- Aufbau 222
- Verdichtung 221
Budgetverhandlungen 239
Budgetverschwendung 240
Business Analytics 498
- Entwicklungsstufen 499
Business Ecosystem 296
Business Intelligence (BI) 493
- automated 493
- Real-Time 493
- Self-Service 493
Business Judgement Rule 30
Business Model Canvas 124
Business Process Maturity Model 346
Business Process Model and Notation (BPMN) 492
Business Process Reengineering (BPR) 342
Business-Suite 491
Business-to
- Business (B2B) 41
- Consumer (B2C) 41

C

Cafeteria-System 377
Campus-Planung 244
Cash Cows 134
Cashflow Return on Investment 26
CFROI 26
Chance 30
Change als Flippen 426
Change Canvas 417
Change Leadership 414
Change Management 414
Change Master 436
Change Owner 436
Chatbot 510
Chief Information Officer (CIO) 452
Closed Innovation 301
Cloud Computing 504 ff.
- Anwendungs-Cloud 505
- Arten 505
- Blockchain-Cloud 505
- Community Cloud 506
- Geschäftsmodelle 505
- Hybrid Cloud 506
- Infrastruktur-Cloud 505
- Multi Cloud 506
- Plattform-Cloud 505
- Private Cloud 506
- Public Cloud 506
Cloud-Dienste 505
Cockpit-Chart 481
Code of Compliance 76
Cognitive Computing 507
Communities of Practice 461
Community Cloud 506
Community Relations 449
Community-Support-Systeme 460
Compliance 76
Comply-or-Explain 75
Controlling 20
- des Personalmanagements 359
Coping-Strategien 420
Co-Produktion 287
Corporate Identity 52
Corporate Social Responsibility 56
CRM 114
Cross-Side-Effekte 296
Crowdsourcing 303
CSR 56
Customer Relations 449
Customer-Relationship-Management 114
Customer Value Proposition 124
Cyberkriminalität 506

D

Daily Stand-up 326
DAO 519
Dapps 519
Data Fabric 493
Data Hub 493
Data Lake 493
Data Mart 493
Data Mesh 493
Data Mining 493
Data Scientist 497
Data Warehouse 492
Daten 446
Datenanalyse
- Verfahren 499
Datenbanken
- historische 515
- In-Memory 492
- relationale 492
- verteilte 515
Datenbanksystem 492
Daten-Cloud 505
Datengeflecht 493
Datenknoten 493
Datenlager 492
Datenmanagement 492 ff.
- Ansätze 493
Datenmarkt 493
Datenmodellierung 492
Datennetzstruktur 493
Datenschutz 491
Datensee 493
Datensicherheit 491
DCF 26
Deep Learning 509
DeFi 519
Definition of Done 326
DEI 365
DEIB 365
Delegated Proof of Stake 518
Delegation 260
Delta-Wettbewerbsstrategien 147
Denken 484
Descriptive Analytics 499
Design Thinking 305 ff.
- Elemente 306
- Prozess 306
Determinismus 418
Deutero-Learning 456
Deutscher Corporate Governance Kodex 75
DEVA 25
Dezemberfieber 240
Dezentrale Anwendungen (Dapps) 519

Dezentrale autonome Organisationen (DAO) 519
Dezentralisierte Finanzsysteme (DeFi) 519
Diagnostic Analytics 499
Dialogische Führung 412
Dienende Führung 409
Differenzierung 257
Differenzierungsfokus 141 ff.
Differenzierungsstrategie 140 ff.
Diffusionsgeschwindigkeit 38
Diffusionskurve 38
Digital Boardroom 495
Digitale Nomaden 362
Digitaler Reifegrad 196
Digitale Transformation 489
- der Musikindustrie 40
- Praxisbeispiel 40
Digitalisierung 40
- Begriff 488
- der Budgetierung 243
- der Kommunikation 450
- Geschäftsmodelle 125
- im Personalmarketing 366
- in der Personalbeschaffung 364
- Informationssysteme 488
- Informationstechnologien 488
- Kooperation 41
- Netzwerke 41
- Ökosysteme 42
- Prozess- 342
- Technologien 40
- Transformation 489
- von Wissen 463
Digitalisierungsorientierte Unternehmensführung 40
Digital Readiness 196
Direktinvestition 34
Discounted Cashflow 26
Discounted Economic Value Added 25
Diskrepanzmodelle 112
Disposition 256
Dispositionssysteme 490
Disruptive Innovation 415
Distributed Ledger 515
Diversifikation 153
- horizontale 153
- laterale 153
- vertikale 153
Diversität 365
Dokumentenmanagementsysteme 457
Dotted-line-Prinzip 331
Double-Loop-Learning 455
Drei-Linien-Modell 77
Drohender Marktanteilsverlust 146
Duales Betriebssystem 271
Dualorganisation 262
Durchführungskontrolle 92
Durchlaufzeit 337
Dynamic Shared Ownership (DSO) 405
Dynamik 11

E

Earned-Value-Analyse 320
E-Business 41
Echtzeitanalyse 499
Eckwerteplanung 243
Economic Value Added 25
Economies of Scale 122
Economies of Scope 123
EERC-Matrix 161
Effektivität 15
Effizienz 16
E-Government 521
Eigenschaftstheorien 382
Eingebettete Systeme 500
Einliniensystem 261
Eintrittsbarrieren 101
E-Learning 459
Emotionale Führung 386
Emotionale Intelligenz (EQ) 386
Employee Relations 449
Employee Value Proposition (EVP) 366, 377
Employer Branding 366
Entgeltformen 374
- Akkordlohn 374
- Leistungslohn 375
- Prämienlohn 374
- Zeitlohn 374
Entgeltgerechtigkeit 374
- Vorstandsvergütung 375
Entscheidung
- unter Risiko 6
- unter Sicherheit 6
- unter Ungewissheit 6
- unter Unkenntnis 6
- unter Unsicherheit 6
Entscheidungstheorie 6
EPK 492
EQ 386
E-Recruiting 363
Ereignisbasierte Planung 179
Ereignisgesteuerte Prozesskette (EPK) 492
Erfahrungskurve 122
- Konsequenzen 123
- Ursachen 122
Erfolgsfaktoren 85
- Plattformen 299
Erfolgspotenziale 85
Ergebnisbudgets 221
Ergebniskontrolle 92, 182
ERG-Theorie 380
Erklärbare KI 509
ERP-System 491
Ersttrefferquote 336
Ertragsmodell 124
Erwartungswert 25
Erwerbswirtschaftliches Prinzip 2
ESG-Bericht 27, 58
Ethereum
- Dapps 520
- intelligente Verträge 520
- Konsensverfahren 518
- Proof of Stake 518
Ethikkodex 56
EVA 25
Event-based Forecasts 180
Event-based planning 179
Evolutionstheorie 12
EVP 366
Execution Premium Process (XPP) 207
Explainable AI 509
Exploitation 415
Exploration 415
Export 33
Externalisierung 282
Extremrisiken 199

F

Fachabteilungs-Projektorganisation 311
Factory 56 504
Fähigkeiten 117
Fahrerlose Transportsysteme (FTF) 504
Fallbeispiel MöBella 13
Fallspezifische Prognosen 180
FAU-Prinzip 332
Fehlleistungen 336
Fertigstellungswert 320
Financial Relations 449
Finanzbudget 221
Finanzkommunikation 449
First Pass Yield (FPY) 336
Flash Report 473
Flecken-Strategie 433
Flourishing 403
Flow-Theorie 381
Fokal 283
Forecasts 466
Formelle Struktur 269
Fortschrittsgrad 319
Four Rooms of Change 423
FPY 336
Fragezeichen 133
Framing 485
Franchising 34, 286
Freemium-Erlösmodell 125, 300
Freier Cashflow 25
Fremdkoordination 262
Früherkennungssysteme 469
- Generationen 469
Fuckup-Nights 437
Führung
- adaptiv-dezentrale 411 ff.
- agile 399 ff.
- agile 360° 408 ff.
- ambidextre 414
- auftragsorientierte 396
- Begriff 4
- beidhändige 397, 414
- bei Google 399
- charismatische 395
- destruktive 396
- des Wandels 414 ff.
- dialogische 412
- dienende 409
- funktionale 4
- geteilte 401, 409
- individuelle 397

- institutionale 5
- integrierte 396
- kollegiale 406
- laterale 409
- Selbst- 397, 409
- Team- 396
- transaktionale 394
- transformationale 394
- verteilte 406
- Vertrauen 398
- wirksame 397
- zellulare 410

Führungsaufgaben 398
Führungsebenen 15 ff.
- normative 15
- operative 16
- strategische 15
- taktische 16

Führungsfunktionen 20 ff.
Führungsgrundsätze 356, 398
Führungshierarchie 16
Führungskommunikation 449
Führungskontext 42, 454
- Bestimmung 47
- chaotischer 43
- einfacher 42
- geordnet 43
- komplexer 43
- komplizierter 43
- ungeordnet 43

Führungsmodelle 389
- Kategorien 389
- Stuttgarter 45
- transaktionale 389
- transformationale 389

Führungsperspektiven 21
- Digitalisierung 40
- immaterielle Werte 26
- Innovation 36
- Internationalisierung 33
- Qualität 21
- Risiken 29
- Unternehmenswert 23

Führungsphilosophie 356
Führungsprinzipien 391
Führungsprozess 18
- Kontrolle 18
- Kreislauf 19
- Planung 18
- Steuerung 18

Führungsstil 383
- beratend 383
- demokratisch 383
- emotional-intelligenter 387
- informativ 383
- kooperativ 383
- partizipativ 383
- patriarchalisch 383

Führungsstil-Kontinuum 383
Führungstheorien 382
- Attributionstheorien 382
- Eigenschaftstheorien 382
- Interaktionstheorien 382
- Situationstheorien 382
- Verhaltenstheorien 382

Führungsunterstützungsfunktionen 20
- Controlling 20
- Logistik 20
- Marketing 20

Fünf-Faktoren-Modell 382
Funktionale Organisation 262
- Probleme 329

Funktionalführung 16
Funktionalstrategien 89
Funktions-Cloud 505
Fusion 286

G

Game-based Learning 459
Gamification 459
Gap-Analyse 152
Gefahr 29
Gegenstromverfahren 186
Gelbe Seiten 457
Gemba 348
Generative KI 510
Generische Wettbewerbsstrategien 140
Gesamtzufriedenheitsbefragung 112
Geschäftsmodell 124
- digitales 125
- Elemente 124

Geschäftsmodellinnovation 159
Geschäftsmodellkontur 124
Geschäftsmodellstrategien 157
Geschäftsprozess 333
Geschäftsstrategien 88
Gesetz der erforderlichen Varietät 12
Gesetz von Metcalfe 489
Geteilte Führung 401, 409
Gliederungszahlen 474
Globale Umweltanalyse 95 ff.
Globale Unternehmen 35
Globalisierung
- Auswirkungen 33

Global Reporting Initiative 58
Golden Circle 63
Grafikgerümpel 477
Graswurzelstrategie 432
Green Washing 59
GRI 58
Große Sprachmodelle 511
Guerilla Recruiting 364

H

Hadoop 497
Härtegrade 345
Hauptprozess 340
Haushalte 2
Hidden Champions 4, 86
Hohle Organisation 295
Holakratie 274
- Leitlinien 275
- Rollen 274

Hollow Organization 295
House Money Effect 240
House of Change 423
Humanocracy 405
Humanokratie 405
Hybrid Cloud 506
Hybride Arbeit 401
Hybride Intelligenz 512
Hybrides Arbeiten 371
Hybride Segmentierung 143 ff.
Hybrides Projektmanagement 328
Hybride Wettbewerbsstrategien 142
Hygienefaktoren 381
Hypercompetition 149
Hyperledger 517
Hyperwettbewerb 149

I

IBCS 480
ICO 519
Immaterielle Werte 26 ff.
- Bestandteile 26
- Führungskreislauf 29
- Vermögensanteil 26

Immateriell orientierte Unternehmensführung 26
Implementierungsstrategien
- Arten 432

Improvisation 256
Indexzahlen 474
Indikatorenmodelle 469
Individuelle Führung 397
Industrie 4.0 501 ff.
- Factory 56 504

Industrieökonomie 7
Information 446 ff.
- aus dem Rechnungswesen 471
- Begriff 447
- Eigenschaften 447
- Empfänger 471
- kontextbedingte 451
- strategische 465

Information Dashboard 481
Informationsbedarf 464
Informationsbedarfsermittlung 465
Informationsbeschaffung 466
Informationsdesign 477 ff.
- Fallstricke 477
- Grafikgerümpel 478
- Informationsdichte 479
- kleine Multiplikate 477
- Lügenfaktor 479
- Miniaturgrafiken 477

Informationsdichte 479
Informationsmanagement 451 ff.
- Aufgabenbereiche 452

Informationsparadoxon 466
Informationspathologien 484
Informationsquellen 466
Informationssicherheit 491
- Bereiche 491
- Maßnahmen 491

Informationsstand 464

Informationssysteme 452, 488 ff.
- Bedeutungsmatrix 489
- digitale 488
- integrierte 491
- operative 490
- Typen 489
- Verwendungszweck 490
Informationstafel 481
Informationstechnologien 488
- Zusammenhang 41
Informationsübermittlung 471
- Anforderungen 471
- Probleme 472
Informationsversorgung 452, 464 ff.
Informationsversorgungsprozess 464
Informationsverwendung 484
Informelle Struktur 269
Infrastruktur-Cloud 505
Inhaltstheorien 379
- ERG-Theorie 380
- Zwei-Faktoren-Theorie 381
Initial Coin Offerings (ICO) 519
Inkrement 325
In-Memory-Datenbanken 492
Innovationen
- Cross-Industry 303
- disruptive 415
- Gegenstand 36
- geschlossene 301
- inkrementelle 36
- Neuigkeitsgrad 36
- offene 302
- Outside-in 303
- Produktinnovationen 36
- Prozess 37
- radikale 36
- Sozialinnovationen 37
- Verbreitung 38
- Verfahrensinnovationen 36
Innovationsfolger 39
Innovationsführerschaft 39
Innovationsorientierte Unternehmensführung 36
Innovationsprozess 37
Innovationsstrategien 39
Innovator's Dilemma 415
Institutionalisierung 285
Integrated Reporting 27 ff., 58
Integration 257
Integratives Performance Management (iPM) 214 ff., 476
- Ablauf 214
- Praxisbeispiel 217
Integratoren 158
Integrierte Berichterstattung 27, 58
Integriertes Lernen 459
Integrierte Unternehmensführung 45
Intellectual Capital Statement 29
Intellektuelles Kapital 26
Intelligente Automatisierung 513
Intelligente Fabrik 501 ff.
- Merkmale 503
Intelligente Verträge 519
Intelligenz
- Kategorien 453
Interaktionstheorien 382
Intermediäre 519
Internalisierung 282
International Business Communication Standards (IBCS) 480
Internationale Unternehmen 34
Internationale Unternehmensführung 33 ff.
Internationalisierung
- Direktinvestition 34
- Export 33
- Formen 33
- Kooperation 34
- Strategien 34
Internationalisierungsstrategien 34
Internes Kontrollsystem 76
Internet
- der Dinge 500
Internet der Dienste 501
Internet of Things (IoT) 500
Into the Job 362
Investitionsgüter 108
Investor Relations 449
iPM 214

J

Job Crafting 369
Job Enlargement 362, 369
Job Enrichment 362, 369
Job Rotation 362
Joint Venture 34, 286

K

Kaikaku 342
Kaizen 344
Kapazitäts- und Ressourcenplanung 318
Kapitalbeteiligungen 286
Keil-Strategie 432
Kennzahlen 474
- absolute 474
- Arten 474
- relative 474
Kennzahlenmodelle 469
Kennzahlensystem 474
- Arten 475
- Ordnungssystem 475
- Rechensystem 475
Kernkompetenzen 119
- Baummodell 120
- Praxisbeispiel 119, 121
Kernkompetenzstrategien 155
Kernprozesse 333
Key Performance Indicators 85
Key Results 211
KI 506 ff.
KI-Agenten 503, 510
KI-Assistenten 510
KI-Cloud 505
KI-Natives 512
Kleine Multiplikate 477
Knightsche Unsicherheit 6
KNN 509
Know-your-Customer 520
Kognitive Dissonanz 485
Kognitive Systeme 484
Kognitive Verzerrungen 484 f.
- Ankereffekt 484
- Beharrlichkeitsfehler 485
- Bestätigungsfehler 484
- Fokuseffekt 484
- Negativitätseffekt 485
- Normalitätsverzerrung 485
- Rahmeneffekt 485
- Reihenfolgeeffekt 484
- Überstrahlungseffekt 485
Kollegiale Führung 406
Kollektive Aktivierung 428
Komfortfalle 428
Komfortzone 428
Kommunikation 446 ff.
- Begriff 448
- Bereiche 449
- digitale 450
- Ebenen 472
- Finanzkommunikation 449
- Förderung 461
- formelle 449
- Formen 450
- informelle 450
- Kommunikationswege 449
- kontextbedingte 451
- Marktkommunikation 449
- Medien 450
- öffentliche 449
- Sicherheit 491
- soziale 450
- Störung 485
- unternehmensexterne 449
- unternehmensinterne 449
- zwischenmenschliche 449, 472
Kommunikationsebenen 472
Kommunikationsformen 450
Kommunikationsmedien 450
Kommunikationsquadrat 472
Kommunikationssicherheit 491
Kommunikationsstörungen 472, 485
Kommunikationstechnologien 488
Kompetenzarten 118
Kompetenzen 118
Kompetenzlücken 118
Kompetenz-Markt-Matrix 155
Kompetenzportfolio 118
Kompetenzverteilung 257
- Kongruenzprinzip 260
- Relevanzprinzip 260
- Subsidiaritätsprinzip 260
Komplementoren 147
Komplexität 11, 42
Kompliziertheit 12
Kongruenzprinzip 260
Konkretisierung 70
Konkurrenten 114
Konkurrenzanalyse 114
Konkurrenzprofil 115

Konsensverfahren 517
- Anspruchsnachweis 518
- Arbeitsnachweis 517
- Arten 517
- Delegated Proof of Stake 518
- Proof of Stake 518
- Proof of Work 517
Konsent 272
Konsortium 292
Konsultationsprinzip 277
Konsultativer Einzelentscheid 272
Konsumgüter 108
Kontextbedingte Führung 388
Kontinuierliche Verbesserung (KVP) 344
Kontrolle 18, 170 ff.
- Aktionskontrolle 175
- Definition 170
- Ergebniskontrolle 181
- Ex-post 181
- Formen 181
- Funktionen 170
- Planfortschrittskontrolle 181
- Prämissenkontrolle 181
- Prognosekonsistenzkontrolle 181
- Realisationskontrolle 181
- strategische 91
- Verfahren 182
- Verhalten 182
- Zeitpunkte 181
- Zielerreichbarkeitskontrolle 181
- Zielkonsistenzkontrolle 181
Kooperation 34, 282
- Bewertung 282
- diagonale 285
- Formen 284
- horizontale 285, 287
- konglomerate 285
- laterale 285
- multilaterale 290
- strategische 286
- vertikale 284, 287
Kooperationsformen 284
Kooperationsverfassung 72
Kooperationsverträge 285
Koordination 170
Korrosionsfalle 428
Korrosionszone 428
Kostenführerschaftsstrategie 140
Kostenplanung 319
Kostentreiber 339
KPIs 85, 466
Kräfte
- akzelerierende 417
- retardierende 417
Kreisorganisation 272
Kreuzpreiselastizität 114
Krisenorientierte Unternehmensführung 46
Kritische Erfolgsfaktoren (KPI) 466
Kryptowährungen
- Bitcoin 515
- Ethereum 517
- IOTA 516
- Ripple 517
Kundenerfolgsrechnung 109
Kundenportfolio 109
Kundensegmentierung 108, 110
- Praxisbeispiel 111
Kundenwertanalyse 108
Kundenzufriedenheit 111 ff., 336
- Messung 112
Kundenzufriedenheitsmodell 111
Künstliche Intelligenz (KI) 506
- Anwendung 510
- Arten 507
- Einsatzbreite 507
- generative 510
- große Sprachmodelle 511
- KI-Assistenten 510
- kognitive Fähigkeiten 507
- kognitive Verzerrungen 485
- maschinelles Lernen 508
- Schlussfolgerungen 509
- Sprachassistenten 510
Künstliche neuronale Netze (KNN) 509
Kurzbericht 473
KVP 344
KYC 520

L

Large Language Model (LLM) 511
Laterale Führung 409
Leadership 392 ff.
- agiles 408
- Bad 396
- im Sport 395
- New 401
- Servant 409
- Shared 401, 409
- vs. Management 394
Lean Management 348
Lebenszyklusphasen 121
Legitimation 70
Leistungsanforderungen 111
Leistungsbeurteilung 373
Leistungs-Kosten-Portfolio 323
Leistungslohn 375
leistungsmengeninduziert (lmn) 339
leistungsmengenneutral (lmn) 339
Leitbild 70
Lernen 454 ff.
- absichtsvolles 459
- Augmented Reality 459
- behavioristisches 454
- Blended Learning 459
- digitales 459
- Ebenen 455
- E-Learning 459
- formelles 459
- Game-based Learning 459
- Gamification 459
- individuelles 455
- informelles 459
- integriertes 459
- intentionales 459
- kognitives 455
- kollektives 456
- Lernzyklen 455
- maschinelles 455, 508
- mentale Modelle 455
- Micro-Learning 460
- MOOC 459
- organisationales 456
- Theorien 454
Lernende Organisation 456
Lernzyklen 455
Liegezeit 337
Liniensystem 261
Lizenzvergabe 34
Lizenzverträge 286
Logistik 20
Lückenanalyse 152
- Fallbeispiel 156
Lügenfaktor 479
Luxusstrategie 142

M

M&A 286
Magisches Dreieck 309
Makro-Umwelt 93
Management 18, 394
Management by
- Delegation (MbD) 391
- Exception (MbE) 391
- Objectives (MbO) 391
- Results (MbR) 391
Managementorientierte Unternehmensführung 45
Managerial Grid 384
Manager-to-worker-Pay-Ratio 375
Marketing 20
Marktanalyse 106
- Checkliste 107
Marktanteil
- relativer 107, 133
Marktattraktivitäts-Wettbewerbsvorteil-Portfolio 137
Marktdurchdringung 153
Marktdynamik 106
Marktentwicklung 153
Marktgröße 106
Marktposition 106
Marktsegmentierung 106
Marktwachstums-Marktanteils-Portfolio 133
Maschinelles Lernen 508
- Arten 508
- bestärkendes 509
- selbstüberwachtes 508
- überwachtes 508
- unüberwachtes 508
Mass Customization 348
Massive Open Online Course (MOOC) 459
Matrixorganisation 265
- abgeschwächte 266
- asymmetrische 266, 330
- balancierte 266
Matrix-Projektorganisation 312
McKinsey-Portfolio 137
- Fallbeispiel 139

Media Relations 449
Media Richness Theory 450
Medienreichtum 450
Megatrends 97
Mehrliniensystem 261
Meilenstein-Trend-Analyse 320
Melkkühe 134
Menschenbilder 378
- digitale 379
- gehirngesteuerte 379
- Grundtypen 378
- komplexe 379
- rational-ökonomische 378
- sich selbst verwirklichende 379
- XY-Theorie 378
Mentale Modelle 455
Merkmalstheorien 382
Metaplanung und -kontrolle 182
Methode der kritischen Ereignisse 112
Micro-Learning 460
Mikro-Umwelt 93
Milieus 110
Mindshift 399
Miniaturgrafiken 477
Mining 517
Mitarbeiterbeteiligung 377
Mitarbeiterkommunikation 449
Mitarbeiterorientierung 383
MOALs 213
MöBella 13
Mobiles Arbeiten 401
Moderne Budgetierung 245
Modularisierung
- Formen 349
Monopolpreisstrategien 146
MOOC 459
Moonshots 67, 213, 395
- Praxisbeispiel 68
Mooresches Gesetz 489
Motivation 70
Motivationstheorien 379
- Inhaltstheorien 379
- Prozesstheorien 379
Muda 348
Multiattributive Messung 112
Multi Cloud 506
Multifaktorenportfolio 137
Multi-Homing 301
Multinationale Unternehmen 35
Multi-Projektcontrolling 323
Multi-Projektmanagement 310

N

Nachhaltigkeit 56 ff.
- als Erfolgsfaktor 57
- als Pflicht 57
- altruistische 57
- aus Überzeugung 57
- Praxisbeispiel 59
Nachhaltigkeitsdreieck 56
Nahtstelle 277
Natural Language Processing (NLP) 510
Near the Job 362
Net Promoter Score 112
Netzwerke 290 ff.
- Best-of-Everyone 290
- Digitalisierung 41
- fokale 291
- Merkmale 291
- temporäre 291
- virtuelle 292
Netzwerkorganisation 271
Neue Institutionenökonomie 8
Neurobiologische Theorie 381
New Leadership 401
New Work 401 ff.
NFT 521
Niedrigpreisstrategie 145
No-Frills-Strategie 145
Nonce 517
Non-fungible Tokens (NFT) 521
Normative Unternehmensführung 52 ff.
Normen und Standards 60
Normstrategien 133
- BCG 133
- McKinsey 137
NoSQL 497
NPS 112
Nudging 486 ff.
Nutzeninnovation 159
Nutzenkurve 159
Nutzenversprechen 124
Nutzleistungen 336
Nutzwertanalyse 90, 109

O

Objectives and Key Results (OKR) 210 ff., 476
- agiler Zyklus 212
- Bestandteile 211
- Fallbeispiel 213
- Grundsätze 212
- vs. MbO 211
Offene Innovation 302 ff.
- Bewertung 305
- Formen 303
- gekoppelte 303
- Inside-out 303
- Outside-in 303
- Vorteile 302
Öffentliche Kommunikation 449
Off the Job 362
Ökosystem
- digitales 42
- Merkmale 296
- Plattform 42
- plattformbasiertes 296
- wirtschaftliches 296
OKR 210 ff.
OKR-Zyklus 213
OLAP 493
One-Pager 481
Online Analytical Processing 493
On the Job 362
Open Innovation 302 ff.
- Bewertung 305
- Formen 303
- gekoppelte 303
- Inside-out 303
- Outside-in 303
- Vorteile 302
Open-Source-Communities 294
Open Space-Technologie 436
Opponenten 427
Orchestratoren 158
Organisation 256 ff.
- agile 268, 270 ff.
- Arbeitsteilung 257
- Arbeitsvereinigung 257
- Autonomie 257
- Begriff 256
- Differenzierung 257
- duale 262, 271
- funktionale 262
- Gestaltungsbereiche 257
- hohle 295
- hybride 282
- Integration 257
- Kernaufgaben 257
- Kompetenzverteilung 257
- kontextorientierte 268
- Kreis- 272
- Matrix- 265
- Pfirsich-Modell 277
- primäre 262
- Prozess- 268
- prozessorientierte 330
- sekundäre 262
- Substitutionsgesetz 257
- Tensor- 266
- virtuelle 292
- Weisungsbefugnisse 260
- Zellstrukturdesign 277
Organisationsstrukturplan (OSP) 317
Organisationstheorie
- situative 44
Organisatorische Einheiten 259
Organverfassung 72
Out of the Job 362
Outpacing 144

P

P4P 374
Partizipation 260
Partizipationsgrad 383
Passion 65
PDCA-Zyklus 345
Peer Recruiting 364
Performance Management 202 ff., 476
- Prozess 202
Performance Measurement 201 ff., 475
Performance-Measurement-System 202, 476
Personalabbau
- harter 367
- weicher 367
Personalbasiskosten 374

Personalbedarf
- Arten 360
- Brutto 360
- Netto 360
- örtlicher 360
- qualitativer 360
- quantitativer 360
- zeitlicher 360
Personalbedarfsbestimmung 358 ff.
- Verfahren 360
Personalbedarfsdeckung 363
Personalbeschaffung 358, 363
- extern 363
- intern 363
Personalbestand 360
Personalbeurteilung 358, 373
- Bereiche 373
Personalcontrolling 359
Personaleinsatzplanung 358, 369
- Dimensionen 369
Personalentwicklung 358, 361
- Along the Job 362
- Bedarf 361
- Into the Job 362
- Methoden 362
- Near the Job 362
- Off the Job 362
- On the Job 362
- Out of the Job 362
- Qualifikationen 361
Personalfreisetzung 358, 367
- externe 367
- interne 367
Personalführung 377 ff., 396 ff.
- adaptiv-dezentrale 411
- agile 399
- beidhändige 397
- charismatische 395
- destruktive 396
- dialogische 412
- direkte 377
- formelle 378
- indirekte 377
- informelle 378
- integrierte 396
- interaktive 377
- Kernaufgaben 396
- strukturelle 377
- Vertrauen 398
- wirksame 397
Personalfunktion 356 ff.
- normative 356
- operative 357
- strategische 357
Personalkompensation 358, 374
Personalmanagement 358
- Aufgabenfelder 358
- Controlling 359
Personalmarketing 366
Personalnebenkosten 374
Personalpolitik 356
Personalveränderungsmanagement 359
Personalvergütung 358, 374
- anforderungsgerecht 374
- Entgeltformen 374
- leistungsgerecht 374
- P4P 374
Personalverwaltung 359
Personenjahr 339
PESTEL-Analyse 95
Pfirsich-Modell 277
Phasenmodell
- nach Kotter 419
PIMS-Studie 86
Pioniere 158
Plan
- Bestandteile 172
- Geltungsbereich 173
- hierarchische Ableitung 185
- Qualität 185
- Zeithorizonte 173
Planbilanz 221
Plan-GuV 221
Planreserven 178
Planung 18
- Ablauf 188
- Aktionsplanung 175
- anschließende 191
- Ausgleichsgesetz 188
- Bottom-up 186
- Definition 170
- Detaillierungsgrad 174
- digitale 197
- Ebenen 174
- ereignisbasierte 179
- fallweise 178
- Flexibilisierung 178
- Funktionen 170
- Funktionsbereiche 173
- Gegenstromverfahren 186
- gleitende 191
- Grenzen 199
- Häufigkeit 178
- in Bandbreiten 179
- Komitee 185
- laufende 178
- progressiv 186
- Reihung 188
- rekursive 192
- retrograd 186
- revolvierende 192
- Rhythmus 191
- Richtung 186
- rollende 191
- rollierende 191
- Schachtelung 188
- serielle 191
- simultane 188
- Stäbe 185
- Staffelung 188
- Terminplanung 192
- Top-down 186
- Top-down-Middle-up 187
- treiberbasierte 179, 197
- überlappende 191
- Zeithorizonte 174
- zeitliche Verkettung 188
- zirkuläre 186
Planungsinstrumente 183
Planungsorgane 184
Planungsrhythmen 191
Planungsrichtung 186
Planungs- und Kontrollprozess 185
Planungs- und Kontrollsystem 182
- Elemente 183
- funktional 183
- institutional 183
- instrumental 183
- Subsysteme 183
Planungs- und Kontrollzyklus 170
Planung und Kontrolle (PuK) 170 ff.
- Ablauf 185
- Aktivitäten 183
- Aufgabenbereiche 177
- betriebliche Bereiche 173
- Blickrichtungen 183
- Controller 185
- Digitalisierung 196
- Ebenen 174, 189
- formale Aufgaben 177
- Funktionen 170
- Gestaltungsmöglichkeiten 172
- Grenzen 198
- Informanten 185
- inhaltliche Aufgaben 177
- Instrumente 183, 193
- kontextbedingte 199
- Meta-PuK 182
- Objekte 178
- optimale Distanz 184
- Organe 183 f.
- Planungshäufigkeit 178
- Planungskalender 195
- Planungszyklus 194
- Probleme 198
- Prozess 183, 190
- sachzielorientierte 175
- strategische 89
- Unterstützungsaufgaben 177
- Wertigkeit 184
- wertzielorientierte 175
- Zeithorizonte 173
Plattformbasiertes Ökosystem 296
- Blockchaindisruption 522
- Einnahmequellen 300
- Erfolgsfaktoren 299
- Freemium-Modell 300
- Kategorien 297
- Raketenmodell 299
Plattform-Cloud 505
Plattformen
- Arten 297
- Erfolgsfaktoren 299
- Infrastruktur- und Technologie- 298
- Kommunikations- 298
- Transaktions- 297
Poor dogs 134
Portalsysteme 460

Portfolio 132
- BCG-Matrix 133
- Dimensionen 132
- Erstellung 132
- Marktattraktivitäts-Wettbewerbsvorteil 137
- Marktwachstums-Marktanteil 133
- McKinsey 137
- Multifaktoren 137
- Wissensintensität 453
Potenzialbeurteilung 373
Potenzialkompetenzen 118
Pragmatiker 427
Prämienlohn 374
Prämissenkontrolle 92
Predictive Analytics 499
Predictive Maintainance
- mit KI 509
Prescriptive Analytics 499
Primärorganisation 262
Principal-Agent-Theorie 9
Private Cloud 506
Process Mining 341
Product Backlog 325
Produktanalyse 121
Produktanforderungsliste 325
Produktdokumentation 319
Produktentwicklung 153
Produktinkrement 325
Produktinnovationen 36
Produktintelligenz 453
Produktive Zone 428
Produktlebenszyklus 121
- integrierter 121
- Phasen 121
Produkt-Markt-Portfolio 153
Produkt-Markt-Strategien 153 ff.
Profit-Pool-Analyse 157
Prognosen 466 ff.
- expertengestützte 467
- fallspezifische 180
- Fehlerursachen 467
- quantitative 467
- rollierende 180
- Simulationen 467
- Verfahren 467
Projekt 309 ff.
- Ablauf 313
- Arten 323
- Auftraggeber 310
- Auftragnehmer 310
- deterministisch 309
- Dokumentation 319
- Kostenabweichung 320
- Kostenindex 320
- Leistungsabweichung 321
- Leistungsindex 321
- Merkmale 309
- offen 309
- Phasen 313
- Terminabweichung 321
Projektablauf 313
Projektantrag 317
Projektberichtswesen 323
Projektcontrolling 319
Projektdokumentation 319, 323
Projektkennzahlen 319
Projekt-Leadership 314
Projektmanagement 309 ff.
- agiles 324
- hybrides 328
- Multi- 310
- Werkzeuge 316
- Zieldreieck 309
Projektorganisation
- Arten 310
- Fachabteilungs- 311
- Matrix 312
- reine 312
- Stabs- 311
Projektpläne 319
Projektplanung 317
Projektstrukturplan (PSP) 317
Projektteam 314
- effektives 315
- Entwicklungsphasen 316
- Größe 314
- Kohäsion 316
Projektüberwachung 319
Promotoren 427
Prompting 511
Proof of Stake 518
Proof of Work 517
Property-Rights-Theorie 9
Prozess 331 ff.
- Arten 332
- Case-Teams 343
- Digitalisierung 342
- End-to-End 333
- Erneuerung 342
- Führungs- 332
Gegenstand 332
- Geschäfts- 333
- Härtegrade 345
- Informations- 332
- innovativer 332
- Kaizen 344
- Kosten 339
- KVP 344
- Leistungs- 332
- Leistungsarten 336
- leistungsmengeninduziert (lmn) 339
- leistungsmengenneutral (lmn) 339
- materieller 332
- Merkmale 331
- Optimierung 344
- Owner 343
- primärer 332
- Reifegrad 346
- sekundärer 332
- Verantwortung 343
Prozessanalyse 341
Prozessausbeute 336
Prozessbearbeiter 343
Prozessdigitalisierung 342
Prozesseffektivität 335
Prozesseffizienz 335
Prozesseigentümer 343
Prozesserneuerung 342
Prozesshierarchie 333
Prozessintelligenz 453
Prozesskosten 338
Prozesskostenblatt 340
Prozesskostenrechnung 339
- Einführung 339
- Vorgehen 339
Prozesskostensatz 340
Prozesslandkarte 334
Prozessleistung 336
Prozessmanagement 330 ff.
Prozessmodellierung 341, 492
Prozessoptimierung 344
Prozessorganisation 268
Prozessorientierte Organisation 330
Prozessqualität 336
Prozessstruktur 333
Prozesstheorien 379
- Erwartungstheorie 381
- Flow-Theorie 381
- neurobiologische Theorie 381
Prozessverbesserung 345
Prozesszeit 337
Psychologisches Empowerment 401
Psychologische Sicherheit 404
Public Cloud 506
Public Relations 449
Purpose 63 ff.
Purpose-driven Organizations 64

Q

Qualität 21
- kundenorientierte 21
- technische 21
Qualitätsorientierte Unternehmensführung 21 ff.
Question marks 133

R

RACI-Matrix 317
Raketenmodell 299
Rationalitätsdefizite 484
Ratscheneffekt 240
Real-time Analytics 499
Real-Time BI 493
Recherchesysteme 457
Rechnungswesen 471
- externes 471
- internes 471
Referenzmodelle 492
Regelbasierte Automatisierung 513
Reifegrad
- der Mitarbeiter 386
Reifegradmodelle 346
Reine Projektorganisation 312
Relationale Datenbanken 492
relativer Marktanteil 106 f., 133
Relative Ziele 248
Relevante Kunden 111
Relevanter Markt 106

Relevanzprinzip 260
Remodellierung 416
Remote Work 401
Reorientierung 416
Resignationszone 428
Resilienz 425
Ressourcen 117
Ressourcenstrukturplan 317
Restrukturierung 416
Retention 361, 377
Reverser Markt 125
Review Meetings 250
Review-Prozess 250
Revision 76
Revitalisierung 416
RFID 502
RFMR-Analyse 109
Ripple 517
Risiko 29 ff.
- Aggregation 31
- Analyse 31
- Berichterstattung 31
- Bewertung 31
- Identifikation 31
- i. e. S. 30
- i. w. S. 30
- Politik 31
- Steuerung 31
- Überwachung 31
Risikomanagement 31 ff.
Risikoorientierte Unternehmensführung 31
Risikostrategien 146
Riskant hohe Margen 146
Robo-Recruiting 364
Robotic Process Automation (RPA) 512 ff.
- beaufsichtigt 512
- intelligent 513
- nach Autonomiegrad 512
- nach Prozessart 513
- regelbasiert 513
- unbeaufsichtigt 512
Rolled Throughput Yield (RTY) 336
Rollierende Prognose 180
Rollierender Forecast 250
Rolling Forecast 180
RPA 512
RTY 336

S

Sachziele 175
Same-side-Effekte 296
Sandbagging 239
Schaltbrettunternehmen 295
Schichtenmodell 416
Schichtenspezialisten 158
Schlüsselfaktoren der Teamarbeit 406
Schlüsselkennzahlen 85
Schlüsselprozesse 333
Schneeball-Strategie 432
Schnellbericht 473
Schwache Signale 469
Schwarzer Schwan 199
Schwimmbahnendiagramm 341
Scoring-Verfahren 109
Scrum 324 ff.
- Artefakte 325
- Master 324
- Product Owner 324
- Produktverantwortlicher 324
- Rituale 326
- Rollen 324
- Sprint 325
Scrum of Scrums 325
Scrum-Prozess 326
Scrum-Zyklus 326
SDGs 56
Sekundärorganisation 262
Selbsterfüllende Prophezeiung 467
Selbstführung 397, 413
Selbstkoordination 262
Selbstüberwachtes Lernen 508
Self-Service-BI 474, 488
Sequenzielle Ereignismethode 112
Servant Leadership 409
Servitization 126
SGE 87
SGF 86
Shared Leadership 401, 409
Sharing Economy 297
Shell-Szenarien 468
Silo-Denken 240
Simultaner Fokus 142
Simultane Strategie 142
Single-Loop-Learning 455
Single Point of Truth 493
Sinnorientiertes Unternehmen 64 ff.
SINUS-Mileus 110
Situationstheorien 382, 385
- 3-D-Theorie 385
- Emotionale Führung 386
- Kontextbedingte Führung 388
- Situative Reifegrad-Theorie 386
Situative Reifegrad-Theorie 386
Skaleneffekte 122
Skeptiker 427
Slacks 239
SMART 171
Smart Contracts 519
Snaplication 366
Social Fitness 407
Social Shopping 146
Softwareroboter 512
SOS-Konzept 332
Soziale Maschinen 503
Sozialinnovationen 37
Soziokratie 272
Sparklines 477
Spielgewinneffekt 240
Spieltheorie 7
SPOT 493
Spotify-Modell 278
Sprachassistenten 510
Sprint 325
Sprint-Abnahme 326
Sprint-Planung 326
Sprint-Retrospektive 326
Sprint Review 326
Stab-Linien-System 261
Stabs-Projektorganisation 311
Stakeholder 69
Standardbericht 473
Standardkompetenzen 118
Stars 134
Stategy Map 206
Sterne 134
Steuerung 18
Steuerung auf Sicht 46, 199
St.-Galler-Management-Modell 12
Stiftungsunternehmen 4
Storytelling 392
Strategic Alignment 201
Strategic Choice 91
Strategic Fit 91
Strategie
- Begriff 82
- Operationalisierung 204
- Winner-takes-it-all 300
Strategieauswahl 91
Strategiebewertung 90
Strategie der Systembindung 147
Strategieformulierung 90
Strategien 131 ff.
- Arten 131
- SWOT 129
Strategie überlegener Produkte 147
Strategie umfassender Kundenlösungen 147
Strategieumsetzung 91, 200
- Probleme 201
Strategieverabschiedung 91
Strategische Allianz 286
Strategische Analysen 93
Strategische Ausrichtung 201
Strategische Ebenen 89
Strategische Geschäftseinheiten 87
Strategische Geschäftsfelder 86
Strategische Gruppe 100
Strategische Kontrolle 90 ff.
Strategische Kontur 159
Strategische Landkarte 206
Strategische Planung und Kontrolle 89
Strategischer Führungskreislauf 207
Strategischer Radar 469
Strategisches Controlling 93
Strategische Strukturierung 86
Strategische Unternehmensführung 82 ff.
Strategy Canvas 159
Strategy Map 209
Stretch Goals 214
Stretch Targets 237
Strukturplanung 317
Stuck in the middle 142
Stuttgarter Führungsmodell 45 ff., 388
Stützleistungen 336
Subsidiaritätsprinzip 260
Substitutionsgesetz 257
SUCCESS-Regel 480
Supply Chain Management 127
Supportive Leadership 381
Sustainable Development Goals 56
Switchboard Company 295
SWOT-Analyse 128

SWOT-Inventar 129
SWOT-Strategien 129
Symbole und Artefakte 61
Systeme
- atomistische 11
- dynamische 11
- holistische 11
- komplexe 11
- komplizierte 12
System Lock-In Strategy 147
Systemtheorie 10
- bei Organisationen 12
Szenarioplanung 179
Szenariotechnik 467

T

TALK-Modell 472
Team
- funktionsübergreifendes 406
Teamführung 396
Teamkohäsion 316
Tensororganisation 266
Terminplanung 192, 318
Termintreue 338
T-förmige Experten 406
Theorie des Medienreichtums 450
Theorien 5 ff.
- entscheidungsorientierte 6
- evolutionsorientierte 12
- institutionenorientierte 8
- ressourcenorientierte 7
- systemorientierte 10
- umweltorientierte 7
Three Lines Model 77
Tokenisierung 520
Top-down 186
Top-down-Middle-up 187
Total Customer Solution Strategy 147
Total Cycle Time 337
Total Quality Leadership 23
Total Quality Management 22
TOWS-Matrix 129
TQM 22
Transaktionale Führung 389, 394
Transaktionskostentheorie 9
Transformationale Führung 389, 394
Transnationale Unternehmen 35
Transportzeit 337
Treiberbasierte Planung 179
Trendszenario 468
T-shaped Professionals 406
Turing-Test 507

U

Überholstrategie 144
Überwachtes Lernen 508
Ubiquitous Computing 501
Umsatzanalyse 108
Umweltanalysen 93
Unbeaufsichtigte Automatisierung 512
Unsicherheit 42
Unternehmen 2
- Eigentumsformen 4
- Einzelunternehmen 3
- Größen 3
- Kapitalgesellschaften 3
- öffentliche 2
- Personengesellschaften 3
- private 2
- Privatunternehmen 4
- Rechtsform 3
- Sektoren 3
- sich selbst gehörende 4
- sinnorientierte 64
- Staatsunternehmen 4
- Typen 3
- wissensintensive 453
- wissensschwache 453
Unternehmensanalysen 94
Unternehmensethik 54
Unternehmensführung
- agile 45
- Dimensionen 13
- integrierte 13, 45
- kontextorientierte 45 ff.
- krisenorientierte 46
- managementorientierte 45
- marktorientierte 7
- nachhaltige 56
- normative 52
- strategische 82
- systemorientierte 12
- Theorien 5
- werteorientierte 55
- wissensorientierte 452
Unternehmensgrößen 3
Unternehmensidentität 52
Unternehmenskommunikation 449
Unternehmenskultur 60 ff.
- Ebenen 60
- Metapher Seerosenteich 61
- Praxisbeispiel 62
- Wandel 61
Unternehmensleitbild 70 ff.
Unternehmensphilosophie 53
Unternehmensstrategien 88
Unternehmensverfassung 72
- deutsche Aktiengesellschaften 73
- US-Aktiengesellschaften 72
Unternehmensvision 66 ff.
- Anforderungskriterien 66
- Empfehlungen 68
Unternehmenswerte 53 ff.
Unüberwachtes Lernen 508
Ursachenanalyse 499
User Stories 325

V

Varietät 45
Veränderungsprozess
- nach Kotter 419
Verantwortlichkeitsmatrix 317
Verbundvorteile 123
Verfahrensinnovationen 36
Verfahrenskontrolle 182
Verhaltensgitter 384
Verhaltenskontrolle 182
Verhaltenstheorien 382 ff.
Verlustausgleichseffekt 240
Verteilte Datenbanken 515
Verteilte Führung 406
Vertraglose Zusammenarbeit 285
Vertrauen 450, 463
Vier Räume des Wandels 423
VIE-Theorie 381
Virtualisierungsgrade 292
Virtualität 292
Virtual Reality (VR) 459
Virtuelle Organisation 292 ff.
Vision 66 ff.
Volatilität 42
Voluntarismus 418
Vorstandsvergütung
- Boss-Effekt 376
- Manager-to-worker-Pay-Ratio 375
VR 459
VRIO-Kriterien 119
VUKA 42

W

Wachstumsstrategien 152
Wahrnehmungsverzerrungen 240
Wandel
- 4R-Modell 416
- agiler 435
- Akteure 425
- Aktivierungsstrategien 429
- als Flippen 426
- Arten 414
- Bedarf 415
- bei Bosch 438
- bei Erima 430
- bei T-Systems 434
- Coping-Strategien 420
- emergenter 418
- Emotionen 420, 424
- Formen 416
- fundamentaler 414
- Haus des 423
- Implementierungsstrategien 432
- inkrementeller 414
- intendierter 418
- Kommunikation 436
- Kontur 417
- Phasen 419
- Reifungsprozess 422
- Schichten 416
- Schwierigkeiten 423
- Stolpersteine 438
- Unternehmenskultur 61
- Verhaltensweisen 427
- Vier Räume 423
- Widerstände 419
Wasserfallmodell 314
Wertaktivitäten 126
Wertanalyse 225
Werte 53 ff.

Werteorientierte Unternehmensführung 55 ff.
Wertewandel 53
Wertorientierte Unternehmensführung 23
Wertschöpfungsarchitektur 158
Wertschöpfungsmodell 124
Wertschöpfungsstruktur 269
Wertschöpfungssystem 127
Werttreiber-Baum 25
Wertverteilungsanalyse 157
Wertziele 175
Wettbewerbsarenen 149
Wettbewerbskräfte 101
Wettbewerbsstrategien 140 ff.
- generische 140
- hybride 142
Wettbewerbsvorteile 83 ff.
- Arten 83
- kombinierte 84
- konkurrenzbezogene 84
- kundenspezifische 83
- ressourcenbasierte 84
Wikis 460
Winner-takes-it-all-Strategie 300
Wissen
- als Wettbewerbsvorteil 452
- Begriff 447
- Entwicklung 458
- Erwerb 457
- explizites 447, 458
- Gemeinschaften 461
- Identifikation 457
- implizites 447, 458
- Kategorien 447
- kontextbedingtes 447, 451
- marktorientiertes 452
- Netzwerke 460
- Nutzung 462
- organisationales 447
- Paradoxien 463
- ressourcenorientiertes 452
- Transfer 460
Wissensarbeiter 453
Wissensbilanz 29
Wissensentwicklung 458
Wissenserwerb 457
Wissensgemeinschaften 461
Wissensidentifikation 457
Wissensintensitätsportfolio 453
Wissenskategorien 447
Wissenslandkarten 457
Wissensmanagement 454 ff.
Wissensmarkt 460
Wissensnetzwerke 460
Wissensnutzung 462
Wissensorientierte Unternehmensführung 452 ff.
Wissensprodukte 458
Wissensspirale 458
Wissensverwendung 462
Workation 362
Working Out Loud (WOL) 461
Work Life Balance 371
Worst Case 468

X

XAI 509
XY-Theorie 378

Z

Zeichen 446
Zeiteffizienz 337
Zeitlohn 374
Zellstrukturdesign 248, 277
Zellulare Führung 410
Zero-Base-Budgeting 225
Ziele 171
- OKR 211
- relative 179, 248
- Sachziele 175
- SMART 171
- Wertziele 175
Zielschwierigkeitseffekt 238
Zwei-Faktoren-Theorie 381
Zykluszeit 338